Unterwegs in Australien

Kapitel 1 Der Südosten

Auf einen Blick: Der Südosten	108
Sydney	110
Die Wiege der Nation	110
The Rocks – die Altstadt	111
Aktiv unterwegs: Spaziergang über die Harbour Bridge	114
Downtown und Royal Botanic Gardens	117
Darling Harbour	125
Stadtviertel östlich der Downtown	127
Aktiv unterwegs: Küstenwanderung von Bondi Beach nach Clovelly	130
Die Nordseite des Port Jackson	131
Sehenswürdigkeiten westlich des Zentrums	133
Blue Mountains	145
Blue Mountains National Park	145
Aktiv unterwegs: Klippenwanderung zu den Wentworth Falls	146
Jenolan Caves / Lithgow	152
Zurück nach Sydney	153
Capital Territory und Great Dividing Range	155
Southern Highlands	155
Canberra	156
Snowy Mountains	165
Albury und Umgebung	169
Beechworth	170
Victorian Alps	171
Weiter nach Melbourne	172
Die Küste zwischen Sydney und Melbourne	175
Wollongong	175
Kiama	175
Nowra	176
Batemans Bay	178
Weiter nach Narooma	179
Über Bermagui nach Merimbula	180
Eden und die Twofold Bay	181
Über Mallacoota nach Orbost	182
Die Gippsland Lakes	183
Wilsons Promontory National Park	186

Inhalt

Phillip Island	187
Aktiv unterwegs: Rundwanderung im Wilsons Promontory	188
Melbourne und Umgebung	192
Central Melbourne	193
Carlton	196
Fitzroy und Richmond	197
Am Yarra-River	199
Rund um Melbourne	209
Die Küste zwischen Melbourne und Adelaide	213
Werribee / Geelong	213
Queenscliff	215
Great Ocean Road	216
Warrnambool	218
Port Fairy	220
Nordwestlich von Portland	221
Mount Gambier	222
Zwischen Mount Gambier und Kingston S. E.	224
Coorong National Park	225
Goldenes Dreieck und Grampians National Park	226
Ballarat	226
Ararat / Grampians National Park	228
Aktiv unterwegs: Wanderung zum Pinnacle Lookout	229
Von den Grampians nach Adelaide	232
Goldfields und Murray River	233
Goldfields	233
Bendigo	234
Echuca	235
Nach Swan Hill	237
Mildura	238
Aktiv unterwegs: Hausboottouren auf dem Murray River	240
Nach Adelaide	241
Das Outback von New South Wales	242
Bathurst	242
Orange und Wellington / Dubbo	243
Abstecher von Dubbo	244
Aktiv unterwegs: Touren im Warrumbungle National Park	246
Von Dubbo nach Cobar	247
Wilcannia und Umgebung	249
Broken Hill	249
Burra	251

Adelaide und Umgebung	254
Downtown Adelaide	255
Rund um Adelaide	263
Barossa Valley	265
Fleurieu Peninsula	269
Kangaroo Island	271

Kapitel 2 Der Westen

Auf einen Blick: Der Westen	278
Entlang der Südküste	280
Die Eyre Peninsula	280
Von Port Lincoln nach Ceduna	282
Von Port Augusta nach Ceduna / Durch die Nullarbor Plain	283
Die Goldfields	286
Kalgoorlie-Boulder	286
Coolgardie / Auf dem Great Eastern Highway nach Perth	289
Der Southern District	291
Esperance	291
Cape Le Grand National Park / Albany	292
Zwischen Albany, Walpole und Busselton	294
Von Margaret River nach Perth	298
Perth	300
Downtown	301
Rund um Perth	305

Von Perth nach Darwin	312
Von Perth nach Norden	312
Die Hutt River Province	315
Kalbarri National Park	316
Monkey Mia	318
Carnarvon	319
Abstecher zum Mount Augustus	319
Coral Bay / Exmouth	320
Aktiv unterwegs: Schwimmen mit Walhaien	321
Die Pilbara	321
Karijini National Park	323
Millstream-Chichester National Park	324
Entlang der Küste in die Kimberleys	325
Die Kimberleys	326
Aktiv unterwegs: Flugsafari über die Kimberleys	327

Inhalt

Aktiv unterwegs: Geländewagentour zum Mitchell-Plateau	334
Ins Northern Territory	341

Kapitel 3 Das Zentrum und Top End

Auf einen Blick: Das Zentrum und Top End	344
Von Adelaide ins Landesinnere	346
Yorke Peninsula	346
Port Augusta	347
Flinders Ranges	349
Aktiv unterwegs: Wanderungen im Wilpena Pound	350
Outback-Tracks	351
Aktiv unterwegs: Pistentour in die Bergwelt der Gammon Ranges	354
Stuart Highway	356
Mount Connor und Yulara	359
Uluru-Kata Tjuta National Park	360
Kings Canyon	362
Nach Alice Springs	363
Aktiv unterwegs: Umrundung des Uluru	364
Alice Springs und Umgebung	366
Innenstadt	366
Außenbezirke	367
MacDonnell Ranges	372
Aktiv unterwegs: Mit dem Geländewagen ins Palm Valley	376
Von Alice Springs nach Darwin	378
Von Alice Springs nach Mataranka	378
Katherine	379
Nitmiluk National Park	381
Von Katherine nach Darwin	382
Top End	384
Darwin	384
Rund um Darwin / Litchfield National Park	391
Kakadu National Park	392
Vom Top End zur Ostküste	399

Kapitel 4 Der Osten

Auf einen Blick: Der Osten	402
Die Küste zwischen Townsville und Cooktown	404

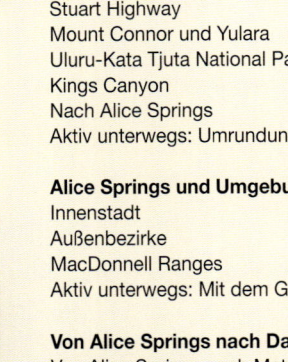

Townsville und Umgebung	404
Von Townsville nach Cardwell	406
Tully und Mission Beach	407
Weiter Richtung Cairns	408
Cairns und Umgebung	409
Atherton Tableland	413
Marlin Coast	418
Mossman und Daintree	421
Cape Tribulation	423
Cooktown	424
Cape York Peninsula	425
Aktiv unterwegs: Geländewagentour zum Cape York	426

Great Barrier Reef — 428
Wunderwelt unter Wasser — 428
Die wichtigsten Inseln von Süd nach Nord — 430

Die Küste zwischen Townsville und Brisbane — 439
Die Küste bis Proserpine / Whitsunday — 439
Mackay und Umgebung — 440
Aktiv unterwegs: Urlaub auf einer Cattle Station — 442
Rockhampton und Umgebung — 443
Abstecher in die Gemfields / Weiter nach Maryborough — 446
Aktiv unterwegs: Durchquerung der Carnarvon Gorge — 447
Hervey Bay und Fraser Island — 448
Aktiv unterwegs: Walbeobachtung in Queensland — 449
Sunshine Coast — 452
Das Hinterland der Sunshine Coast — 454

Brisbane und Umgebung — 456
Das Zentrum — 457
Rund um Brisbane — 460
Inseln in der Moreton Bay — 467

Die Küste zwischen Brisbane und Sydney — 469
Gold Coast — 469
Das Hinterland der Gold Coast — 471
Aktiv unterwegs: Touren im Tweed Valley und im Border Ranges National Park — 472
Summerland Coast — 474
Grafton / Coffs Harbour — 477
Port Macquarie — 479
Central Coast — 480

Inhalt

Das Inland zwischen Brisbane und Sydney	482
Darling Downs	482
New England Tableland	483
Waterfall Way	486
Tamworth / Scone	487
Hunter Valley	488

Kapitel 5 Tasmanien

Auf einen Blick: Tasmanien	492
Hobart	494
Rund um Hobart	502
Huon River Valley und Bruny Island	503
Tasmanien-Rundreise	506
Tasman und Forestier Peninsula	506
Von Sorell nach Bicheno	508
Von Bicheno nach Launceston	510
Launceston	511
Von Launceston nach Devonport	514
Cradle Mountain-Lake St. Clair National Park	514
Aktiv unterwegs: Overland Track	516
Von Devonport nach Stanley	518
Von Burnie nach Queenstown	521
Von Queenstown nach Hobart	523

Themen

Das ungeliebte Wappentier	22
Bumerangs: Meisterwerke der Aerodynamik	43
Der große Durst	61
Ned Kelly: Der australische Robin Hood	173
Die Parade der befrackten Zwerge	191
Opale: Funkelnde Feuersteine	248
Die fliegenden Ärzte im Outback	253
ABC aus dem Äther	295
Monarch von eigenen Gnaden: Hutt River Province	314
Das Kamel – ein gefährlicher Import	348
Yipirinja: Die Schule der kleinen Raupen	373
Crocodile Dundees Spielgefährten: Krokodile	396
Immer mit der Ruhe – die Koalas	415
Die Geschichte Tasmaniens	499

Alle Karten auf einen Blick

Der Südosten: Überblick	109
Sydney – The Rocks: Cityplan	112
Sydney – Harbour Bridge	114
Sydney – Downtown: Cityplan	118
Rund um Sydney	129
Von Bondi Beach nach Clovelly	131
Blue Mountains	150
Canberra: Cityplan	160
Wilsons Promontory	189
Melbourne: Cityplan	200
Die Umgebung von Melbourne	211
Pinnacle Lookout	229
Warrumbungle National Park	246
Adelaide: Cityplan	256
Die Umgebung von Adelaide	264
Der Westen: Überblick	279
Perth: Cityplan	302
Gibb River Road	331
Das Zentrum und Top End: Überblick	345
Wilpena Pound	350
Gammon Ranges	355
Uluru	365
Alice Springs: Cityplan	370
MacDonnell Ranges	375
Darwin: Cityplan	386
Litchfield National Park und Kakadu National Park	393
Der Osten: Überblick	403
Cape York	427
Brisbane: Cityplan	462
Tasmanien: Überblick	493
Hobart: Cityplan	496
Overland Track	517
Register	526
Abbildungsnachweis/Impressum	536

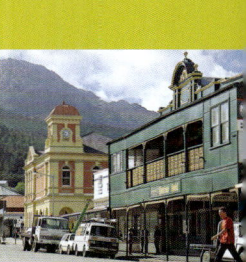

▶ Dieses Symbol im Buch verweist auf die Extra-Reisekarte Australien

Immer auf dem Sprung

Wissenswertes über Australien

Rotes Land am anderen Ende der Welt

Die Kombination von urbaner Vitalität und einer exotisch wilden Landschaft hat Australien zu einem beliebten Ferienziel werden lassen. Schon nach wenigen Tagen ist man bezaubert von den weltoffenen australischen Metropolen, der üppigen Natur und der Gelassenheit der Einheimischen, die das Leben leicht und sich selbst nicht so ernst nehmen.

»No worries«, sagte der Taxifahrer, überhaupt kein Problem, jetzt noch ein Hotelzimmer zu finden. Nach einem 22-stündigen Flug waren wir gegen Mitternacht angekommen. Unsere Köpfe waren noch in Frankfurt, unsere Bäuche in Bangkok, mit den Füßen aber standen wir auf australischem Beton, in Brisbane, der Hauptstadt von Queensland. »No worries«, sagte der Mann am Steuer des Taxis auch, als die ersten beiden Anläufe der Zimmersuche fehlschlugen. Vielleicht hatte er unsere verstohlenen Blicke auf den Taxameter bemerkt, auf dem schon ein stattlicher Dollarbetrag blinkte. »No worries«, sagte er ein drittes Mal und schaltete das Gerät aus. Mit quietschenden Reifen chauffierte er uns dann durch das nächtliche Brisbane, eine gute Stunde lang, bis er für uns endlich ein passendes Hotel gefunden hatte. »No worries«, sagte er schließlich zum Abschied, als wir ihm einen Geldschein in die Hand drücken wollten, das ginge schon in Ordnung.

»No worries« – das war auch der einzige Kommentar des Australiers, dessen Wagen wir einige Tage später beim Rückwärtsfahren leicht beschädigten. Gewiss, das Auto war alt, aber Schramme und Beule waren doch unübersehbar. »No worries, that may happen to anyone«, kein Problem, das kann doch schließlich jedem einmal passieren, lachte der Besitzer, ein junger Familienvater, und machte dabei ein Gesicht wie ein übermütiger Emu. Freundschaftlich legte er mir die Hand auf die Schulter und fuhr mit Kind und Kegel davon. »No worries«, ist schon alles in Ordnung, in Australien ist das keine leere Floskel, sondern ein liebenswertes Lebensmotto, das vielen Besuchern nachhaltig in Erinnerung bleibt.

Australien bietet viel Raum für solche Erfahrungen, für Begegnungen mit der sprichwörtlichen Hilfsbereitschaft der Einheimischen. Man muss sie einfach mögen, die sonnengebräunten, unbeschwerten Aussies, Menschen voller Energie und Lebensfreude, Charme und Aufgeschlossenheit. Ihre Gastfreundschaft tut ein Übriges, um sich bei ihnen wie zu Hause zu fühlen.

Überhaupt kommt einem zunächst, kaum hat man den Flughafen verlassen, vieles vertraut vor. Besucher aus Übersee, die nach der Ankunft in Sydney, Melbourne oder einer anderen australischen Metropole eine beschauliche Fahrt durch Grassteppen mit Känguruherden erwarten, werden schon bald eines Besseren belehrt. Stattdessen fahren sie durch weitläufige Außenbezirke oder Vororte und bleiben in hoffnungslos verstopften Straßen stecken. Aber nach einer Weile spürt man, dass in Australien doch vieles ein wenig anders ist als in unseren Breiten.

Down Under, wie die Australier selbstironisch sagen und was so viel bedeutet wie ›irgendwo unter dem Äquator‹, stehen die Jahreszeiten auf dem Kopf; dort beginnt die Weinlese im Februar, und die Junikäfer fliegen im Dezember. Dort gibt es Pflanzen und Tiere, die in keiner anderen Region des Globus zu finden sind, Bäume, die im Herbst ihre Rinde schälen, statt ihre Blätter abzuwerfen, und Säugetiere, die Eier legen. Auch bedarf es einer gewissen Zeit, bis man sich daran gewöhnt hat, dass man seinen Schatten um 12 Uhr nicht auf der gewohnten Seite sieht, weil nämlich die Mittagssonne im Norden steht, dass der Mond in umgekehrter Richtung zu- und abnimmt und dass auch gewohnte Verkehrsregeln in ihr Gegenteil verkehrt sind: Man fährt auf der linken statt auf der rechten Seite. Vieles geht in Australien verkehrt herum, selbst das Wasser im Waschbecken fließt andersrum ab.

Obwohl überwiegend von Menschen europäischer Herkunft besiedelt, darf man Australien mit Fug und Recht ein fremdartiges Land nennen. Ein Land, zugleich ein Kontinent, von der Größe der USA mit gut 21 Millionen Einwohnern, gerade so viel wie in Mexico City leben. Zudem ist dieser am weitesten von Europa entfernte Erdteil, den zu entdecken sich einst Kapitän Cook aufgemacht hatte, ein Land der Superlative und Extreme.

Allein die zahlreichen Landschafts- und Klimazonen sind atemberaubend. Das weite Spektrum umfasst die Koralleninseln des Great Barrier Reef (das größte Korallenriff der Erde) und die regengeschwängerten Urwälder im tropischen Nordosten ebenso wie das Outback mit seinen unermesslich großen Savannenebenen und steinübersäten Einöden, wo es Viehfarmen von der Ausdehnung deutscher Bundesländer gibt und wo heute noch unvorsichtige Reisende in sonnenverglühten Halbwüsten ums Leben kommen.

Im Süden findet man vielgestaltige Küstenstriche mit bizarren Klippen, im tropischen Norden Bilderbuchstrände mit der Exklusivität von Fünf-Sterne-Hotels. Über den ganzen Kontinent und die im Südosten vorgelagerte Insel Tasmanien verstreut liegen hier einige der gewaltigsten Urlandschaften unserer Erde. Kein anderer Monolith kann sich mit dem geheimnis-umwitterten Uluru (besser bekannt als Ayers Rock) messen, der sich aus einer trostlosen Ebene im heißen, roten Wüstenherz von Australien erhebt.

Und weltweit gibt es nur zwei als Nationalparks geschützte Wildnisgebiete, die größer sind als der Kakadu National Park im Northern Territory, wo man auf Crocodile Dundees Spuren urzeitliche Panzerechsen beobachten kann. All dies macht Australien zu einem Spektakel der Schöpfung, reich an Farben und Kontrasten, an Formen und Phänomenen.

Australien, ein uralter, von der Zeit abgenutzter Erdteil, 50 000 Jahre lang nur von wenigen Ureinwohnern bevölkert, später sagenumwobenes ›Land im Süden‹ und britische Strafkolonie, dann Sehnsuchtsziel für Emigranten und Aussteiger und schließlich eine bedeutende Industrienation, ist so jung und modern wie archaisch und unzugänglich. Hier kontrastieren jahrtausendealte kulturelle Traditionen der Aborigines mit den sozialen Strukturen eines modernen, weitgehend britisch-amerikanisch geprägten Einwanderungslandes, in dem Menschen aus aller Welt für schillernde Facetten sorgen.

Für viele Australien-Besucher liegt der besondere Reiz in der Mischung aus ›kosmopolitischer‹ Zivilisation und wildem Abenteuerland. Australien – das ist das geschäftige Treiben in den großen Metropolen, aber auch das völlig andersartige Leben auf dem Land, wo noch viel vom Pioniergeist der ersten weißen Siedler zu spüren ist.

Die attraktivste Stadt in Australien ist sicherlich Sydney, die heimliche Hauptstadt des Landes, die aufgrund ihrer unvergleichlichen Lage sowie ihres Kontrastprogramms aus Weltstadt-Flair und Freizeit-Metropole als eine der weltweit schönsten Städte bezeichnet wird. Aber auch Adelaide, Brisbane, Hobart, Perth und selbst das viktorianisch-biedere Melbourne haben einiges zu bieten.

Staub schlucken auf rauen Schotterpisten oder Cocktails schlürfen am Pool eines luxuriösen Strandhotels, mit Bushies am Tresen eines Outback-Pub ein Bier trinken oder in einem Gourmet-Restaurant ein mehrgängiges Menü genießen, eintauchen in die farbenprächtige Unterwasserwelt der Korallenriffe oder aufsteigen in alpine Höhen – Australien hat einfach jedem etwas zu bieten. Es gibt Down Under 1001 Möglichkeit für einen gleichermaßen erlebnisreichen wie erholsamen Urlaub. *No worries!*

Steckbrief Australien

Daten und Fakten

Name: The Commonwealth of Australia (Australischer Bund)

Fläche: 7 682 300 km^2
Hauptstadt: Canberra (340 000 Ew.)
Amtssprache: Englisch
Einwohner: 21 Mio.
Bevölkerungswachstum: 1,4 %
Lebenserwartung: Frauen 83 Jahre, Männer 77 Jahre (weiße Australier); Frauen 65 Jahre, Männer 56 Jahre (Aborigines)

Währung: Australischer Dollar (A-$), unterteilt in 100 Cents (c). Banknoten zu 100, 50, 20, 10 und 5 A-$, Münzen zu 2 und 1 A-$ sowie 50, 20, 10, 5, 2 und 1 c.

Zeitzonen: Eastern Standard Time (MEZ plus 9 Std.) in New South Wales (außer Broken Hill), Victoria, Queensland und Tasmania; Central Standard Time (MEZ plus 8,5 Std.) in South Australia (mit Broken Hill/NSW) und im Northern Territory; Western Standard Time (MEZ plus 7 Std.) in Western Australia. Während der Sommerzeit in New South Wales, South Australia und Victoria eine Stunde zusätzlich.

Landesvorwahl: 0061

Landesflagge: Der Union Jack erinnert an die ehemalige Zugehörigkeit zu Großbritannien; der große siebenstrahlige Stern steht für die Gesamtheit der Staaten, und die kleinen Sterne bilden das Kreuz des Südens.

Geografie

Der ›Inselkontinent‹ erstreckt sich zwischen Pazifischem und Indischem Ozean. Wegen seiner isolierten Lage tief unten in der südlichen Hemisphäre nennen die Australier ihren Kontinent auch *Down Under,* was so viel bedeutet wie ›da unten‹. Australien ist ein Land der geografischen Superlative. Von Nord nach Süd dehnt es sich (mit Tasmanien) über knapp 3700 km aus; seine West-Ost-Erstreckung beträgt rund 4000 km. Auf die Landkarte Europas projiziert, reicht Australien von Madrid bis Moskau, von Island bis Istanbul. Die Küstenlinie beträgt 36 750 km. Flächenmäßig rangiert es unter allen Ländern an sechster Stelle.

Geschichte

Ab ca. 50 000 v. Chr. wandern die Ureinwohner über eine Landbrücke aus Südostasien ein. 1770 geht James Cook in der Botany Bay vor Anker und nimmt den Ostteil des Kontinents für die Britische Krone in Besitz. Mit etwa 1000 Siedlern, zumeist Strafverbannten, erreicht Arthur Phillip am 18. 1. 1788 die Botany Bay und gründet acht Tage später in der nahen Port Jackson Bay die erste englische Niederlassung, das heutige Sydney. Die Zahl der Ureinwohner beträgt damals zwischen 500 000 und 1 Mio. Dem permanenten Nahrungsmittelmangel in den Anfangsjahren begegnet man mit der Erschließung landwirtschaftlich nutzbarer Gebiete westlich der

Great Dividing Range. Zu einem wirtschaftlichen Aufschwung führt die Entdeckung von Gold Mitte des 19. Jh. Am 1. 1. 1901 wird in Sydney das *Commonwealth of Australia* proklamiert und Melbourne zur Hauptstadt bestimmt (ab 1913 Canberra). Im Ersten Weltkrieg kämpfen australische Freiwillige an der Seite englischer Soldaten; im Zweiten Weltkrieg bombardieren die Japaner Darwin und andere nordaustralische Städte. Durch ein umfassendes Einwanderungsprogramm begünstigt, strömen nach 1945 Millionen Neubürger vorwiegend aus Europa ins Land. Die forcierte Ausbeutung mineralischer Rohstoffe führt in den 1950er- und 1960er-Jahren zu einer raschen Steigerung des Nationaleinkommens. Unter schweren Rezessionen leidet die australische Wirtschaft Anfang der 1970er- und während der 1980er-Jahre. Seit Beginn der 1990er-Jahre verzeichnet die Wirtschaft wieder ungebrochenes Wachstum.

Staat und Politik

Das *Commonwealth of Australia* ist eine parlamentarisch-demokratische Monarchie und Mitglied des *Commonwealth of Nations*. Staatsoberhaupt und nominell Inhaber der höchsten Exekutivgewalt ist der britische Monarch, vertreten durch einen von der australischen Regierung vorgeschlagenen Generalgouverneur. Die gesetzgebende Gewalt liegt beim Bundesparlament mit Sitz in Canberra, das sich aus Repräsentantenhaus und Senat zusammensetzt. Die einzelnen Gliedstaaten der Föderation besitzen eigene Verfassungen und unabhängige Staatsparlamente, die für ihre Gebiete weitgehend die gleichen legislativen Befugnisse haben wie die Bundesregierung für das gesamte Land. Seit 3. Dezember 2007 regiert Premierminister Kevin Michael Rudd von der Australian Labor Party (ALP).

Wirtschaft und Tourismus

Australien ist ein rohstoffreiches Industrieland mit einem modernen Agrar- und Bergbausektor, allerdings wird der Großteil des Bruttoinlandsprodukts im Dienstleistungssektor erwirtschaftet. Wichtigste Exportgüter sind Wolle, Weizen, Rind- und Kalbfleisch, Zucker, Steinkohle, Eisenerz und Bauxit, wichtigste Handelspartner Japan, USA, VR China, Neuseeland, Südkorea und Länder der EU.
2009 besuchten knapp 5 Mio. ausländische Touristen Australien, davon knapp 20 % aus Neuseeland, gefolgt von Großbritannien, Japan, USA und Singapur (sowie 140 000 Deutsche, rund 40 000 Schweizer und etwas weniger als 10 000 Österreicher).

Bevölkerung und Religion

In Australien leben gut 21 Mio. Menschen, also weniger als in Nordrhein-Westfalen, dessen Landfläche 226-mal auf den Kontinent passt. Die Bevölkerungsdichte beträgt 2,6 Ew./km^2, wobei sich die Einwohner sehr ungleichmäßig verteilen. 92 % leben in Orten mit mehr als 2000 Einwohnern, 70 % in den zehn größten Städten. Bevölkerungsreichster Staat ist New South Wales mit rund 7 Mio. Einwohnern (Sydney allein 4,4 Mio.). Etwa 75 % der Australier sind britischer Abstammung. Rund 18 % stammen ursprünglich aus anderen europäischen Ländern (v. a. Italien, Jugoslawien, Griechenland, Deutschland) und 5 % aus asiatischen und afrikanischen Staaten. Der Anteil der Aborigines beträgt ca. 2 %. Die Religionszugehörigkeit ist gewöhnlich durch das Herkunftsland der Einwanderer bestimmt. Vor dem Zweiten Weltkrieg waren fast 40 % Anglikaner, danach stieg durch Immigranten aus katholischen Ländern (Irland, Italien, Polen u. a.) die Bedeutung der römisch-katholischen Kirche.

Natur und Umwelt

Kängurus, Koalas und Kloakentiere, Eukalypten und Akazien – während seiner Jahrmillionen dauernden meerumschlossenen Isolation von den übrigen Erdteilen prägten sich in Australien Tier- und Pflanzenformen aus, die keine Entsprechung in anderen Teilen des Globus haben.

Geografische Gliederung

Der Aufbau des australischen Kontinents gleicht einer Schüssel mit Erhebungen am Rand und einem flachen Innern. Nach der Oberflächengestalt lassen sich drei Großregionen unterscheiden: das westaustralische Tafelland, die mittelaustralische Senke und das ostaustralische Hochland.

Das durchschnittlich 300 bis 500 m hohe, leicht gewellte **westaustralische Tafelland** (Great Western Plateau) nimmt, weit in das Zentrum hineinreichend, etwa zwei Drittel des Kontinents ein. Vereinzelt erheben sich aus den riesigen Erosionsflächen des Plateaus Bergketten, die zum Teil Höhen von über 1200 m erreichen. An vielen Stellen ragen steile Inselberge empor, etwa der Uluru, wie der weltberühmte Ayers Rock in der Sprache der Ureinwohner heißt. Als Farbe dominiert hier ein leuchtendes Rot, hervorgerufen durch die Oxydation des im Gestein enthaltenen Eisens.

Ausgedehnte Wüstengebiete, die zu den größten der Erde zählen und rund 40 % der gesamten Landmasse einnehmen, umgeben das ›Rote Herz‹ Australiens. Da sie im Durchschnitt mit mehr als 250 mm Niederschlag knapp über jener Marke liegen, bei der die Wüste im wirklichen Sinne beginnt, müsste man sie als Halbwüsten oder Wüstensteppen bezeichnen.

Die **mittelaustralische Senke** (Central Eastern Lowlands), die sich in wechselnder Breite vom Golf von Carpentaria im Norden bis zum Spencer-Golf an der Südküste erstreckt, gliedert sich in drei Beckenlandschaften. Unter der Oberfläche hat sich dort in Äonen eine gigantische Grundwasserblase angesammelt – das Große Artesische Becken (Great Artesian Basin). Dieses größte unterirdische Wasserreservoir der Welt ist ein riesiges Entwässerungsbassin, das hauptsächlich von den im östlichen Randgebirge entspringenden Flüssen gespeist wird.

Entlang der Pazifikküste erstreckt sich das 3200 km lange **ostaustralische Hochland** (Eastern Highlands). Weite Teile dieses zusammengeschobenen Hochplateaus, besser bekannt als Great Dividing Range, wurden durch Vulkanismus geprägt. Eiszeitliche Gletscher hinterließen ihre Spuren im zentralen Hochland Tasmaniens und im Bereich der Australischen Alpen im Südosten des Festlands, wo man auch die höchsten Berge findet. So erheben sich in den Snowy Mountains einige Zweitausender, darunter auch der Mount Kosciusko, mit 2228 m Australiens höchster Gipfel.

Wie aus dem Namen hervorgeht, ist die Great Dividing Range die Hauptwasserscheide zwischen den Küsten- und Inlandflüssen. Zugleich stellt sie eine Klimascheide dar. Westlich des großen Schollengebirges, an dem sich die feuchten ozeanischen Luftmassen abregnen, beginnt die Trockenzone. Gegen Osten fällt das Hochland fast überall steil ab zu einer bis zu 150 km breiten, sehr fruchtbaren Küstenebene. In dieser klimatisch günstigen Region konzentrieren sich die wichtigsten Städte und Agrargebiete des Kontinents.

Klimatische Extreme

Infolge der riesigen Ausdehnung von Australien über mehr als 30 Breitengrade findet man in Nord-Süd-Richtung die unterschiedlichsten klimatischen Varianten. Beinahe in der Mitte wird der Kontinent vom Wendekreis des Steinbocks durchschnitten. Nördlich davon liegt die tropische Region, in welcher die Niederschläge im Jahresverlauf stark schwanken. Ursache dafür ist der Nordwestmonsun, der während der Sommermonate reichlich Feuchtigkeit vom Indischen Ozean herführt. Während der Regenzeit wird der Norden immer wieder von verheerenden tropischen Zyklonen heimgesucht.

Dem feucht-heißen Norden stehen der warm-gemäßigte Südosten und Südwesten gegenüber, die klimatisch dem Mittelmeerraum ähneln. Subpolare Westwinde bringen diesen Regionen im australischen Winter von Juni bis August kalten Regen, in Höhen ab etwa 1000 m auch häufig Schnee.

Zwischen diesen beiden großen Klimaregionen dominiert der subtropische Hochdruckgürtel. Aus der Äquatorzone stammende Luftmassen bewirken durch ihr Absinken aus oberen Schichten im Bereich des Südlichen Wendekreises ausgedehnte Hochdruckgebiete, die lang andauernde Schönwetterperioden garantieren. Durchschnittlich 2500 Stunden Sonnenschein pro Jahr (in Deutschland nur 1400 Stunden) verleihen dem südlichen und zentralen Queensland den Charakter einer Ganzjahres-Urlaubsregion.

Gänzlich aus diesem Klimaschema fällt der Kernraum von Australien, etwa drei Viertel des Kontinents, um den sich die anderen Hauptklimazonen in nahezu konzentrischen Kreisen legen. Bestimmt ist das Klima im Binnenland durch extrem heiße Sommer, in denen Temperaturen von 40 °C eher die Regel sind. Hier sind Niederschläge Mangelware, da sich die mit Feuchtigkeit beladenen Wolken, die vom Pazifischen und Indischen Ozean herübertreiben, bereits an den Gebirgsketten und Hochplateaus der Küstenregionen abregnen.

Abgesehen von der Antarktis ist Australien mit einem Jahresdurchschnitt von gerade einmal 400 mm der niederschlagärmste Kontinent, allerdings mit starken regionalen Schwankungen. Während man in Tully im tropischen Norden von Queensland, dem feuchtesten Ort Australiens, in jährlich 4500 mm Regen schier ertrinkt, lassen im südaustralischen Oodnadatta die Viehzüchter die Sektkorken knallen, wenn die Niederschläge den dortigen Durchschnittswert von 115 mm im Jahr übersteigen.

Wie zu Pionierzeiten ist auch heute die Wasserversorgung Australiens wichtigstes Problem. Die Hauptstädte der Bundesstaaten wurden alle an Flussmündungen angelegt. Australiens Flüsse sind aber keine gewaltigen Ströme, alle zusammen führen nur halb so viel Wasser wie der Ganges in Indien. Und bei den meisten auf den Landkarten eingezeichneten blauen Flächen handelt es sich um fast ständig ausgetrocknete Salzseen.

Ein Großteil der riesigen Trockengebiete könnte nicht landwirtschaftlich genutzt werden, gäbe es nicht als Lebensquell des Landes die immensen unterirdischen Vorräte an artesischem Wasser. Darunter versteht man unter Druck stehendes Grundwasser, das durch wasserundurchlässige Schichten am Versickern und um Austreten an die Oberfläche gehindert wird. Das Große Artesische Becken, das rund 20 % der Landfläche einnimmt, ist durch mehr als 30 000 Brunnen und Bohrstellen erschlossen. Der Grundwasservorrat ist aber nicht unerschöpflich. Versiegende Brunnen und der nachlassende Druck deuten darauf hin, dass das entnommene Wasser nicht durch versickerndes Regen- oder Flusswasser ersetzt wird.

Wegen seines hohen Salz- und Mineralgehalts ist das artesische Wasser nur zum Tränken von Vieh geeignet, nicht aber zum Bewässern von Ackerland. Da das brackige Wasser auch für Menschen nicht genießbar ist, wird auf den Farmen des Outback jeder der spärlich fallenden Regentropfen auf den Wellblechdächern aufgefangen und in großen Tanks gespeichert.

Natur und Umwelt

Die Pflanzenwelt

Millionen Jahre war die Vegetation des heute überwiegend trockenen Kontinents eine ganz andere. Üppige Regenwälder überzogen weite Regionen des Landes. Mit der Austrocknung des Erdteils vor rund 2 Mio. Jahren aber wandelte sich die Flora entscheidend. Pflanzenarten, die sich nicht schnell genug dem veränderten Klima anpassen konnten, starben aus. Heute überwiegen Spezies, für welche die Adaption an das heiße Klima und die Fähigkeit, lange Trockenperioden überstehen zu können, charakteristisch sind.

Zu den großen ›(Über-)Lebenskünstlern‹ gehören die **Eukalypten,** die rund 600 Arten hervorgebracht haben. Selbst Experten bereitet es oft Mühe, die unterschiedlichen Eukalyptusbäume (*Gum Trees,* Gummibäume, genannt) zu bestimmen. Gemeinsam ist allen, dass sie im Herbst nicht ihre dickledrigen Blätter verlieren, sondern ihre Borke schälen. Die meisten Eukalypten können wegen ihres sehr harten Holzes Schädlingen und Parasiten, etwa Termiten und Pilzen, sowie vor allem auch Buschbränden widerstehen.

Noch artenreicher als die Eukalypten sind die **Akazien** *(Wattle),* die man in annähernd 700 nur in Australien heimischen Arten antrifft. Wie die Eukalyptusbäume kommen sie in allen Klimazonen vor. Die Variationsbreite ihrer Erscheinungsformen ist nahezu unbegrenzt; sie reicht von nur zentimeterhohen Arten in den Binnenwüsten bis zu wohl geformten Bäumen von 15 bis 25 m Höhe in den Hochländern der östlichen Küstenregion.

Gemessen an der Gesamtfläche besitzt Australien nur wenig Wald. Lediglich 5 % des Kontinents sind bewaldet, rund 60 % dagegen praktisch völlig baumlos. Eine Art Flickenteppich bildend, bedecken tropische, subtropische und gemäßigte **Regenwälder** Teile der Ostküste von der Nordspitze des Kontinents bis zur Insel Tasmanien. Allerdings ist heute nicht einmal 1 % des Kontinents noch von Regenwald bestanden.

Bedeutender sind die **Hartlaubwälder,** die man vorwiegend in den küstennahen Gebieten im Südosten und Südwesten findet. Die Bezeichnung Hartlaub bezieht sich auf den lederartigen Charakter der schmalen, länglichen Eukalyptusblätter, die eine geringe Verdunstungsrate gewährleisten. In den Hartlaubwäldern fällt vor allem der Grasbaum – *Grass Tree* oder auch *Black Boy* genannt – ins Auge. Diese eigenartigen Bäume, die auf ihrem Stamm einen Schopf hartgrasartiger Blätter tragen, werden bis zu 6 m hoch, benötigen dafür aber bei einem jährlichen Wachstum von nur knapp 3 mm eine sehr lange Zeit.

Die Pflanzenwelt

Mit abnehmenden Niederschlägen wird die Vegetation von der Küste zum Landesinnern hin immer karger, bis schließlich sehr lichte **Trockenwälder** mit schmalstämmigen Akazien und Eukalypten sowie offene **Savannen** das Landschaftsbild bestimmen. In Gebieten des tropischen Nordens mit mehr als zwei Monaten Trockenzeit wachsen sogenannte **halbimmergrüne Wälder** mit einem dichten, vor allem während der Regenperiode kaum passierbaren Unterwuchs. In den **Feuchtsavannen** von Nord- und Nordwestaustralien, die noch von den monsunartigen Sommerregen erreicht werden, liegt das Verbreitungsgebiet der sonst nur in Afrika anzutreffenden Baobab-Bäume, die in ihrem Aussehen dickbauchigen Flaschen ähneln. Dieser Vergleich ist nicht einmal falsch, da diese Bäume in ihren großvolumigen, porösen Stämmen einen großen Wasservorrat für die Trockenperiode speichern können.

Zum Zentrum hin gehen die Savannen fließend in den **Trockenbusch** über. Um zu überleben, haben die Bäume und Sträucher der Trockenzone vor allem ihr Blattwerk der sengenden Hitze angepasst. Damit weniger

Akazie in den Devils Marbles (Zentralaustralien)

19

Natur und Umwelt

Feuchtigkeit durch die Spaltöffnungen an der Oberfläche verdunsten kann, rollen manche Pflanzen bei Trockenheit ihre Blätter ein. Die Blätter anderer Bäume sind durch eine wachsartige Schicht oder durch einen Besatz von weißen Haaren geschützt, wodurch die Sonnenstrahlen stärker reflektiert werden. Um ihren Wasserhaushalt zu stabilisieren, werfen verschiedene Akazienarten in Trockenperioden vermehrt Blätter ab.

Im Zentrum Australiens verschmilzt die semi-aride Trockenbuschzone schließlich mit einer **wüstenähnlichen Landschaft,** die jedoch im Gegensatz zu ›echten‹ Wüsten fast durchweg von dauerhaften, harten Gräsern bewachsen ist. Meist handelt es sich dabei um ein sehr widerstandsfähiges Steppengras der Gattung Triodia, besser bekannt als Spinifex. Fast ein Viertel der Gesamtfläche Australiens wird von Spinifex-Grasland eingenommen. Das monotone Bild der Halbwüsten im ›Roten Herz‹ ändert sich jedoch schlagartig, wenn – was zumindest hin und wieder einmal vorkommt – ergiebige Regenfälle über dem Zentrum niedergehen. Millionen von Blumen, deren Samen monate- oder jahrelang im Erdreich verharrten, beginnen dann zu blühen und verwandeln die sonst verdorrten Landstriche in riesige bunte Blumenteppiche.

Die Tierwelt

Einer gigantischen Arche Noah gleich, driftete das prähistorische Australien nach seiner Abspaltung vom Urkontinent Gondwana fast 50 Mio. Jahre ohne Kontakt zu anderen Landschollen in nördliche Richtung. Unbeeinträchtigt von Vorgängen auf anderen Kontinenten, vermochte die Natur auf sehr eigenwillige Weise endemische Tier- und Pflanzenformen auszuprägen, die keinerlei Entsprechung in anderen Teilen des Globus haben. In der ›Studierstube der Evolution‹ fand eine völlig eigenständige Entwicklungsgeschichte der Säugetiere statt. Sehr eindrucksvoll zeigt sich die Sonderstellung der australischen Fauna an den Beuteltieren.

Beuteltiere

Denkt man an Australien, kommt einem fast automatisch eine Tierart in den Sinn: die Kängurus. Sie gehören zu den Beuteltieren, die mit den Eier legenden Kloakentieren die einfachste Form der Säuger darstellen. Diese Marsupialia (von lat. marsupium – Beutel) sind Zeugen der Urzeit, die in der langen Isolation Australiens überleben konnten. Fossile Funde, die auf ein Alter von 120 Mio. Jahren geschätzt werden, beweisen, dass Beuteltiere einst weit verbreitet waren. Doch in den meisten Teilen der Welt wurden sie von höheren Säugern verdrängt. Im Laufe ihrer Evolution konnten die australischen Beuteltiere eine einzigartige Variation von Formen entwickeln. Es entstanden ›Spezialisten‹ für bestimmte Lebensräume, für extreme klimatische Bedingungen, für besondere Nahrungsangebote. Erst seit Menschen den Fünften Kontinent kolonisierten und Raubtiere wie Hunde und Katzen mitbrachten, sind manche der rund 150 Beuteltierarten bedroht.

Ein Beuteltier wird, je nach Art, 8 bis 42 Tage nach der Befruchtung geboren. Sobald die Nahrung in den winzigen, dotterarmen Eiern aufgebraucht ist, verlässt der Keimling (selbst beim Roten Riesenkänguru gerade einmal 25 mm groß und nur wenige Gramm schwer) den Mutterleib. Die vorderen Gliedmaßen der neugeborenen Winzlinge sind bereits so stark ausgebildet, dass sie den Weg durchs mütterliche Fell zur Milchquelle im Beutel finden. Dort saugen sie sich an den Zitzen fest und bleiben in der folgenden Wachstumsphase untrennbar mit der Mutter verbunden, bevor sie nach zwei bis sieben Monaten ihre ›springende Wiege‹ verlassen.

Die am weitesten verbreiteten Beuteltiere sind die **Kängurus** (s. S. 22). Neben dem australischen Wappentier das berühmteste Beuteltier ist der **Koala,** ein Vertreter der Familie der vorwiegend Pflanzen fressenden Kletterbeutler. Als charakteristisches Merkmal besitzen diese Beuteltiere einen langen Greifschwanz, den sie als ›fünfte Hand‹ einsetzen. Weit verbreitet sind die **Possums** (auch Opossums genannt). Wegen ihrer weichen Felle stellten ihnen früher Jäger nach und rotteten

Die Tierwelt

sie fast aus. Heute jedoch bevölkern sie sogar die Bäume städtischer Gärten und Parks.

Am bemerkenswertesten aber sind diejenigen Vertreter der australischen Beuteltierarten, die das Fliegen – oder vielmehr das Gleiten – gelernt haben. Die sogenannten **Beutelgleiter** oder Flugbeutler besitzen entlang der Körperflanken zwischen Armen und Beinen Spannhäute, mit deren Hilfe sie im Gleitflug von Baum zu Baum fliegen können; der buschige Schwanz hilft, die Balance zu halten, und dient gleichzeitig als Steuerruder.

Äußerst ›bodenständig‹ dagegen sind die **Wombats,** in Erdhöhlen lebende Nachttiere, die sich von Pflanzen ernähren. Diese bis zu 30 kg schweren Plumpbeutler, so ihr treffender deutscher Name, gelten als friedliche Gesellen, die kaum natürliche Feinde besitzen.

Die meisten australischen Beuteltiere sind strenge Vegetarier. Zu den wenigen Fleisch fressenden Exemplaren, den sogenannten **Raubbeutlern,** zählen die Insekten vertilgende Beutelmaus, der wegen seiner Angriffe auf Hühnerställe gefürchtete Beutelmarder sowie der Beutelteufel und der Beutelwolf oder Tasmanische Tiger, der jedoch ausgestorben ist. Ebenfalls fast ausgerottet wurde der dachsgroße Beutelteufel, auch Tasmanischer Teufel genannt. Heute steht der nach Vögeln, Reptilien und kleinen Säugetieren jagende Raubbeutler unter Schutz.

Kloakentiere

Als Relikte aus der Urzeit gelten die Kloakentiere, die als Überlebende eines Entwicklungsstadiums von den Reptilien zu den Säugern angesehen werden. Zu ihnen zählen das Schnabeltier *(Platypus)* sowie der Schnabeligel *(Echidna),* zwei Tiere, die allein in Australien und Neuguinea überlebten. Ihr Name rührt daher, dass sie nur eine rückwärtige Körperöffnung – die Kloake – besitzen, die gleichermaßen als Geschlechtsorgan und Exkrementenauslass dient.

Als 1798 das erste Exemplar des *Platypus* am Britischen Museum in London eintraf, glaubten die Wissenschaftler an einen zoologischen Scherz. Ein Tier, halb Reptil, halb Säuger, mit einem Fell wie eine Robbe, mit Schwimmflossen, Entenschnabel und Biberschwanz – das konnte es nicht geben. Weitere 80 Jahre dauerte es, bis man herausfand, dass diese höchst kuriosen Kreaturen Eier legen, ihre Jungen aber später säugen. Dabei tritt die Muttermilch aus Poren aus und wird von den Jungen von der Haut aufgeleckt.

Das **Schnabeltier** lebt in ufernaher Erdlöchern entlang der Binnengewässer von Ostaustralien und Tasmanien, in eiskalten Bächen der australischen Alpen ebenso wie in warmen Flüssen des tropischen Queensland. An das Leben im Wasser ist das 50 bis 60 cm lange Tier hervorragend angepasst. Die Zehen der Füße sind mit Schwimmhäuten bespannt, das dichte und fettige Fell schützt vor Kälte. Mit seinem entenähnlichen, aber ledrigweichen Schnabel sucht es vorwiegend in den Dämmerstunden am Grund der Gewässer nach Wasserinsekten und -larven, Schnecken und Würmern. An den Hinterfüßen besitzt das Männchen einen hohlen Sporn, der mit einer Giftdrüse verbunden ist; das Sekret kann einen Hund töten und bei Menschen schmerzhafte Schwellungen hervorrufen.

Mit seinem einzigen Verwandten hat der **Schnabeligel** rein äußerlich so gut wie nichts gemeinsam. Er liebt das Unterholz und ernährt sich vorwiegend von Ameisen und Termiten. Als relativ kleiner, nur 30 bis 40 cm großer Landbewohner muss sich der *Echidna* gegen natürliche Feinde schützen. Droht Gefahr, kann er sich binnen Sekunden senkrecht in die Erde eingraben, indem er seine spatenartigen Klauen wie ein Schaufelrad benutzt.

Säugetiere

Zur Gruppe der ›normalen‹ Landsäugetiere, die – von Asien eingewandert – bereits vor Ankunft des Menschen auf dem australischen Kontinent vorkamen, zählen lediglich Fledermäuse und Flughunde sowie Mäuse und Ratten. Unter den in Meeresgebieten heimischen plazentalen Säugetieren (Seelöwen, Seebären, Delfine, Wale u. a.) verdienen die **Seekühe** (Dugongs) besondere Beachtung. Als reine Vegetarier ernähren sich diese Tiere, die 3 bis 4 m lang und mehrere hundert Kilogramm schwer werden können, von Wasserpflanzen.

Natur und Umwelt

Das ungeliebte Wappentier

Vor nur etwas mehr als 200 Jahren hatten die Menschen noch Respekt gegenüber den großen Beuteltieren – heute sind die Kängurus in Australien zur Jagd freigegeben. Besonders Rinder- und Schafzüchter fordern die Dezimierung der frei lebenden Pflanzenfresser, denn sie fürchten ihren unbändigen Appetit auf das spärliche Weidegras.

Fahles Dämmerlicht liegt über den riesigen Schafweiden im Süden des Bundesstaates New South Wales. Bob setzt sich ans Steuer seines Geländewagens, legt eine schwere Büchse mit Zielfernrohr auf den Beifahrersitz und fährt in die aufziehende Dunkelheit. Es ist die Stunde des Jägers, der auf den Farmen um die Kleinstadt Deniliquin grauen Schatten nachstellt – Kängurus, die ihm bei Tageslicht mit bis zu 12 m weiten Sprüngen und Geschwindigkeiten von bis zu über 80 Stundenkilometern mühelos entkommen könnten. Doch in der Nacht haben die Tiere keine Chance. Bob ist ein Kangaroo Shooter, einer von rund 2000 professionellen Känguru-Jägern mit staatlicher Lizenz.

Die Jagd auf das Känguru, das mit dem Emu zum Wappentier Australiens erkoren wurde, entzweit die Nation. Tierschützer fordern ein Verbot der Jagd, stoßen dabei aber auf erbitterten Widerstand der Farmer. Diese klagen, die Beutler würden ihren Rindern und Schafen das ohnehin spärliche Gras wegfressen. Überdies machen sie die sprungkräftigen Tiere für einen Großteil der Zaunschäden verantwortlich.

Vor rund 200 Jahren stießen Joseph Banks und Daniel Carl Solander als erste Europäer auf die großen Beuteltiere. Die beiden Naturforscher, die mit Captain Cook an der Nordostküste gelandet waren, beobachteten fasziniert die rätselhaften Lebewesen. Am Kopf und an den Ohren wollte Solander eine Ähnlichkeit zum Hasen erkannt haben. Banks, der über das enorme Lauftempo verblüfft war, verglich das Tier mit Windhunden. Captain Cook selbst fragte die Eingeborenen nach dem Namen. Die Antwort ›Kan-ga-roo‹ wurde später mit ›Langnase‹ übersetzt, während inzwischen Sprachforscher ermittelt haben, dass es ›Ich verstehe dich nicht‹ heißt.

Zoologisch gesehen handelt es sich bei den Kängurus um die Familie der Macropodidae, der Großfüßer. Wer heute an Kängurus denkt, hat hauptsächlich das Graue und das Rote Riesenkänguru (Körpergröße bis zu 2 m) im Sinn. Reviere dieser größten Beuteltiere Australiens sind die Busch- und Grasebenen des ariden Zentrums. Aber es hüpfen noch rund 50 andere Arten von Springbeutlern durchs Land. Wie vielgestaltig die Känguru-Familie ist, zeigt sich an den nur bis zu 50 cm großen Varianten wie Kurzschwanzkänguru – besser bekannt als Quokka –, Hasen- und Moschusrattenkänguru, dem kleinsten Vertreter der Art. Diese Miniaturausgaben ähneln unseren Nagetieren.

Zu den seltenen Erscheinungen unter den Springbeutlern gehören die 50 bis 80 cm großen Baumkängurus, die auf Bäumen leben, obwohl sie ihrer ›Konstruktion‹ nach eher dem Bodenleben angepasst sind. Bereits aus weiten Teilen des Fünften Kontinents verschwunden ist das Felsenkänguru (auch Euro oder Wallaroo genannt). Diese bis zu 80 cm große ›Gämse Australiens‹ kann ohne große Mühe 4 m breite Schluchten überspringen. Vorwiegend in felsigen Gegenden kommen

Kängurus

die Wallabies vor, die zierlichen Vettern des um einiges größeren Grauen Kängurus.

Bemerkenswert ist die effektive Vermehrungsmethode der meisten Känguru-Arten, die als wahre ›Gebärmaschinen‹ gelten können. Sobald ein weibliches Tier geschlechtsreif ist und befruchtet wird, beginnt eine Zeit unablässiger Jungenaufzucht. Ein Muttertier führt gleichzeitig drei Junge in unterschiedlichen Entwicklungsstadien mit sich. Während ein Junges noch ständig an seinem Schürzenzipfel hängt, wächst bereits ein Neugeborenes an den Zitzen im Beutel heran. Zur gleichen Zeit trägt die Gebärmutter meist schon wieder einen Embryo.

Kängurus sind ausnahmslos Pflanzenfresser – das ist ihr Hauptvergehen. Nach Hochrechnungen der australischen Wildlife-Behörde grasen auf dem Fünften Kontinent rund 40 bis 50 Mio. Kängurus aller Art, also knapp drei Springbeutler pro Einwohner. Damit hätte sich deren Kopfzahl seit Captain Cooks Zeiten verdoppelt. Zur Jagd freigegeben sind nur die sogenannten Riesenkängurus: das Red, das Eastern Grey und das Western Grey Kangaroo. Der organisierten Jagd fallen nach Angaben von Tierschützern alljährlich 6 bis 7 Mio. Kängurus zum Opfer. Das wären etwa doppelt so viel, wie die amtliche Abschussquote erlaubt.

Rund 60 % des Känguru-Fleisches landen in den Futternäpfen von Hunden und Katzen – ein wahrlich unrühmliches Ende für ein Wappentier. Als menschliche Nahrung wird es in Australien nicht geschätzt, obwohl es wie Rehfleisch schmeckt und zudem weniger Fett und mehr Protein enthält als das Fleisch jeden Nutztiers.

Australien hautnah – handzahme Kängurus

Natur und Umwelt

Rainbow Lorikeets

Vögel

Von den rund 720 bislang in Australien registrierten Vogelarten wurden 530 als endemisch ausgemacht. Zudem dient der Kontinent für viele in der Nordhemisphäre brütende Küstenvögel als Überwinterungsgebiet.

Bestens bekannt ist der **Emu,** nach dem Strauß mit bis zu 2 m Scheitelhöhe und bis zu 60 kg Gewicht der zweitgrößte Vogel der Welt. Wie sein afrikanischer Vetter ist der Emu ein an weite Ebenen angepasster, behäbig wirkender, tatsächlich aber schnellfüßiger Laufvogel. Er besitzt nur verkümmerte Flügel und kann daher nicht fliegen, entwickelt aber Laufgeschwindigkeiten von bis zu 60 Stundenkilometern. Außerdem gilt er als exzellenter Schwimmer. Ein Emu vertilgt Insekten, aber auch Gräser aller Art. Deshalb rücken ihm die australischen Farmer, ebenso wie dem Känguru (mit dem er das australische Wappen ziert), als Nahrungskonkurrenten ihrer Nutztiere und Zerstörer ihrer Weidezäune auf den Leib.

Ein Unikum der australischen Vogelwelt ist der **Kookaburra,** ein etwa 45 cm großer Eisvogel mit heiseren, wie menschliches Lachen klingenden Rufen, die ihm von deutschen Siedlern einst den Namen Lachender Hans eingetragen haben. Er gilt als ein besonderer Freund des Menschen, da er als Fleischfresser nicht nur Mäuse, Insekten und anderes Ungeziefer vertilgt, sondern gelegentlich auch Schlangen fängt.

Unter den 55 **Papageien**-Arten dominieren die Loris, als deren bekanntester Vertreter der Allfarb- oder Regenbogenlori *(Rainbow Lorikeet)* gilt. Man findet ihn an der Ostküste, und zwar nicht nur in der Wildnis, sondern bis hinein in die Stadtparks. Weitere Papageienarten sind bei uns als Käfigvögel bekannt, etwa Sittiche oder Rosellas. Wie bei uns die Spatzen bewohnen auf dem Fünften Kontinent die Rosakakadus, *Galahs* genannt, die Bäume.

Reptilien

Australien besitzt eine außergewöhnlich artenreiche Reptilienwelt. Förmlich überschwemmt wird es von **Echsen,** die in fünf Familien mit rund 500 Arten in allen Klima- und Vegetationszonen vorkommen. Mit annähernd 300 Arten weisen Skinks die größte Artenvielfalt auf. Die nachtaktiven, bis zu 25 cm großen Ge-

Die Tierwelt

ckos gelten als beliebte ›Haustiere‹, da sie fast ausschließlich Insekten fressen. Am bekanntesten unter den tagaktiven Agamen sind der Dornteufel *(Thorny Devil)* und die Kragenechse *(Frilled Lizard)*. Typisch für Australien sind auch Warane, unter denen man die größten Echsen (bis zu 2,5 m) findet.

Rund 140 verschiedene **Schlangen,** 75 % davon Giftschlangen, begründen Australiens Ruf als ›giftigster Kontinent der Welt‹. Vor allem in der Familie der Giftnattern finden sich einige der giftigsten Schlangen unseres Planeten. Am meisten gefürchtet sind die etwa 1 m lange Tigerotter *(Tiger Snake),* der bis zu 3,5 m lange Taipan, die nur rund 75 cm lange Todesotter *(Death Adder)* und die bis zu 2,5 m lange Schwarzotter *(Black Snake),* die seitlich ein auffallend rotes Schuppenkleid trägt. Weitgehend ungefährlich sind die Riesen- oder Würgeschlangen, deren Verbreitung sich auf den tropischen Norden beschränkt.

Als besonders urtümliche Vertreter der australischen Reptilienwelt gelten die **Meeres-** und die **Süßwasserschildkröten** sowie die **Süßwasser- und Salzwasserkrokodile,** welche die Flüsse im tropischen Nordaustralien bewohnen (s. S. 370).

Wirbellose Tiere

Auch die Welt der Wirbellosen ist von einer schier unerschöpflichen Vielfalt. Riesengrößen erreichen manche **Libellen** wie die *Giant Dragonfly* mit bis zu 16 cm Spannweite und die **Gottesanbeterin** mit einer Länge von bis zu 25 cm. Unter den **Termiten** wurden die Kompass- oder Magnettermiten berühmt, deren Hügel man nur in der Gegend von Darwin und nirgendwo sonst auf der Erde findet. Die Bauten sind bis zu 3 m hoch, etwa genauso lang, aber nur 10 bis 20 cm breit. Durch die exakte Nord-Süd-Ausrichtung der Hügel treffen die Sonnenstrahlen morgens und abends auf die Breitseiten, während der heißesten Tageszeiten jedoch nur auf die schmalen Seiten. Andere Termitenarten in Nordaustralien können bis zu 10 m hohe ›Wolkenkratzer‹ errichten. Giganten gibt es auch unter den **Würmern.** So lebt hier der *Megascolides australis,* mit über 3 m der größte Regenwurm der Welt.

›Importierte‹ Tiere

Kein echter Aussie ist der **Dingo.** Er gilt als ältestes der ›importierten‹ Tiere und ist mutmaßlich ein Abkömmling jener halb domestizierten Hunde, welche die aus Asien eingewanderten Stämme vor 10 000 bis 12 000 Jahren mitgebracht hatten. Der Dingo verwilderte und entwickelte sich zum vorherrschenden Landraubtier.

Zu einer gefährlichen Landplage sind die **Wildkaninchen** geworden. Als die vornehmen englischen Herrschaften die Kaninchenjagd vermissten, setzte man 1858 in Victoria kurzerhand aus England importierte Tiere aus. Niemand hatte vorausgesehen, zu welch katastrophaler Bevölkerungsexplosion es unter den Nagern kommen sollte. Ohne natürliche Feinde fraßen sie sich durch den Busch, machten Schafen, Rindern und wildlebenden Tieren die Nahrung streitig und verursachten teilweise sogar die Versteppung der Weidegründe. Doch alle Maßnahmen, die zu einer Dezimierung führen sollten, scheiterten. Erst der Erreger der Myxomatose, der tödlich verlaufenden Kaninchenpest, der Kaninchen eingespritzt wurde, konnte rund 90 % aller Nager vernichten. Inzwischen sind jedoch viele Kaninchen immun gegen das Virus geworden. So experimentiert man derzeit mit wechselnden Krankheitserregern, um die Kaninchenbestände unter Kontrolle zu halten.

Wasserbewohner

Unter den Süßwasserfischarten befindet sich eine Kreatur, die oft als ›lebendes Fossil‹ bezeichnet wird: der **Lungenfisch.** Diese bis zu 1,5 m großen und 40 kg schweren Quastenflosser leben nur noch in zwei Flusssystemen im Norden von Queensland. Außer ihren Kiemen besitzen die Lungenfische eine primitive Lunge, mit der sie auch atmosphärische Luft atmen können.

Ein geradezu fantastisch anmutender Reichtum an Lebewesen findet sich in den Gewässern, die den Fünften Kontinent umspülen. In rund 2200 Fischarten, darunter fast 100 Hai- und mehr als 50 Rochenarten, kommt die Vielfalt der australischen Aquafauna zum Ausdruck.

Wirtschaft und aktuelle Politik

Nach schweren Krisen in den 1980er-Jahren verzeichnet die Wirtschaft seit den 1990er-Jahren einen ungebremsten Aufschwung. Dazu beigetragen hat auch eine verstärkte Zuwendung Australiens zu seinen asiatischen Nachbarn.

Das Wirtschaftswunder

Es war einmal ein Land am anderen Ende der Welt, in dem es sich gut leben ließ. Ein Land mit amerikanischem Lebensstandard und skandinavischer Klassenlosigkeit – *The Lucky Country,* wo Milch und Honig flossen, das ›glückliche Land‹, das Auswanderer in Scharen anlockte. Basis des Wohlstands der Australier war bis Mitte des vergangenen Jahrhunderts die Landwirtschaft. Großflächige Bewässerung von fruchtbarem Ackerland, die Entwicklung moderner Landmaschinen sowie neue Möglichkeiten der Lebensmittelkonservierung ließen Australien in der ersten Hälfte des 20. Jahrhunderts zu einem Großexporteur für landwirtschaftliche Produkte aufsteigen. Vor allem durch die Ausfuhr von Wolle, Weizen und Fleisch erzielte das Land eines der weltweit höchsten Pro-Kopf-Einkommen.

Nach dem Zweiten Weltkrieg trug die forcierte Ausbeutung immenser Bodenschätze zu einer weiteren Steigerung des Nationaleinkommens bei. Australien begann, sich zu einem der weltgrößten Lieferanten mineralischer Rohstoffe zu entwickeln. Mit Hilfe internationalen Kapitals erschloss man riesige Vorkommen an Stein- und Braunkohle, Gold- und Silbererzen, Bauxit, Kupfer, Nickel, Mangan, Blei, Zink, Uran sowie vor allem auch Eisenerz. Um die Rohstoffversorgung für ihre Schmelzöfen sicherzustellen, engagierten sich beim Abbau von Eisenerz insbesondere japanische Stahlriesen.

Trotz hoher Investitionskosten und eines großen technischen Aufwands konnten die Bodenschätze – überwiegend im Tagebau – kostengünstig abgebaut werden. Allerdings wurden die hochwertigen mineralischen und agrarischen Rohstoffe nur zu einem geringen Teil in Australien selbst verarbeitet. Man überließ es industriell orientierten Ländern wie Japan und den USA, die Ressourcen in Fertigwaren zu verwandeln, und vernachlässigte dabei den Aufbau einer effizient arbeitenden heimischen Konsumgüterindustrie. Dennoch entwickelte sich dank des Wirtschaftswunders Down Under die größte Mittelklasse-Gesellschaft der Welt, die nach den USA und Kanada den weltweit höchsten Lebensstandard genoss. Damals begann sich in Übersee der Mythos von Australien als einem Auswanderungsland mit rosigen Zukunftsaussichten herauszubilden.

»The party is over«

Eingelullt von ihrem Wohlstand, verschliefen die Australier aber neue wirtschaftliche Trends und globale Veränderungen. Schon während der 1960er-Jahre schätzten ausländische Experten die australische Ökonomie als wenig innovativ und international kaum konkurrenzfähig ein. Im Lande selbst jedoch wurde das keineswegs als Handicap empfunden, solange der unwirtschaftlich arbeitende Binnenmarkt durch Einfuhrbeschränkungen und hohe Schutzzölle gegen unliebsame ausländische Konkurrenz abgeschottet war. Die Industrie gewöhnte sich in dieser Zeit daran, dass jegliche potenzielle Bedrohung seitens billiger Importe durch staatliche Intervention abgewendet wurde. Zudem maß man den Einnahmen aus industriellen Exporten so lange keine große Bedeutung bei, wie die Ausfuhr von Agrarprodukten und mineralischen Rohstoffen genügend Geld in die Devisenkassen fließen ließ.

Dies änderte sich schlagartig, als Großbritannien 1972 der Europäischen Gemeinschaft beitrat. Praktisch über Nacht verlor die australische Landwirtschaft dadurch ihren mit Abstand wichtigsten Überseemarkt. Für Australien, das nun auf seinem Schaffleisch und seinem Weizen sitzen blieb, war dies ein Schock. Aber es sollte noch schlimmer kommen. Ein starker Rückgang der Nachfrage auf den internationalen Absatzmärkten brachte Anfang der 1970er- und erneut Anfang der 1980er-Jahre auch die Bergbauindustrie gewaltig ins Trudeln. Da man die Entwicklung exporttauglicher Fertigwaren vernachlässigt hatte, konnte auch die produzierende Wirtschaft die Einnahmeverluste aus dem Agrar- und Bergbausektor nicht auffangen. Als Resultat dieser Entwicklungen erlebte Australien zwischen 1982 und 1984 die schlimmste Wirtschaftskrise seiner Geschichte. Das goldene Zeitalter schien seinem Ende entgegenzugehen. Das Land rutschte auf der Wohlstandsskala der Organisation für wirtschaftliche Zusammenarbeit und Entwicklung (OECD) auf den 15. Platz ab, nachdem es nach dem Zweiten Weltkrieg noch Platz zwei und Mitte der 1960er-Jahre immerhin noch Platz fünf belegt hatte.

Klar wurde weiterhin, dass das Wunder einer wohlhabenden, sozialen Gesellschaft bei weitem nicht nur mit im Lande erwirtschafteten Mitteln realisiert worden war, sondern zum Großteil auch mit fremdem, geliehenem Geld. Der Rausch der Boomjahre verschloss den Wirtschaftsplanern damals die Augen vor der Gefahr einer ungehemmten und unbekümmerten Geldpolitik. Der Schuldenberg blähte sich auf – lange gehörte Australien weltweit zu den Ländern mit der höchsten Pro-Kopf-Verschuldung. Der Kapitalzufluss aus dem Ausland hatte es den Australiern damals ermöglicht, ›über ihre Verhältnisse‹ zu leben. Mit drastischen Worten versuchte der damalige Premierminister Bob Hawke seinen Landsleuten klarzumachen, dass sie den Gürtel enger zu schnallen hatten: »The party is over – finito!«

Kurskorrektur

Die Zeiten, da die Australier mit einem Minimum an Kraftaufwand und unternehmerischem Geschick ihre Ressourcen in klingende Münze verwandeln konnten, waren endgültig vorbei. Die Wirtschaftsstrategen verordneten der verkrusteten australischen Wirtschaft, deren Strukturen zum Teil noch aus der Kolonialzeit stammen, eine Verjüngungskur‹. Leistungsorientierte Löhne, höhere Produktivität, Privatisierung unrentabler Staatsbetriebe, Abbau von Schutzzöllen und Zügelung der Gewerkschaften waren wichtige Komponenten der wirtschaftspolitischen Kurskorrektur, deren Eckpfeiler Strukturwandel und Diversifizierung heißen.

In erster Linie wollte man die Ökonomie auf eine breitere und damit solidere Basis stellen, sich also um eine weiter gefächerte Produktionspalette für den Export bemühen. Ein Kernpunkt der neuen Strategie war die vermehrte Verarbeitung von Rohstoffen an Ort und Stelle, mit dem Ziel, deren Exportwert zu erhöhen. Einen hohen Stellenwert maßen die Planer zudem dem Tourismus bei, der schon seit geraumer Zeit gleich einer im Lande heimischen Tierart große Sprünge macht. Innerhalb nur eines Jahrzehnts mauserte sich die Fremdenverkehrsindustrie zu einem der wichtigsten Wirtschaftszweige, der direkt und indirekt rund 500 000 Arbeitsplätze schafft.

Verlorenes Terrain wollten die Australier auch mittels einer geografischen Neuorientierung hinsichtlich der Handelspartner zurückgewinnen. ›Das 19. Jahrhundert gehörte Europa, das 20. Amerika und das 21. gehört dem asiatisch-pazifischen Raum‹, so lautete der Slogan der Wirtschaftsauguren. Lange Zeit hatten die Australier die Tatsache, dass unmittelbar vor ihrer Haustür sieben der zehn weltweit am schnellsten wachsenden Volkswirtschaften liegen, kaum zur Kenntnis ge-

Wirtschaft und aktuelle Politik

Wolle zählt noch heute zu den wichtigsten australischen Exportgütern

nommen, ihre asiatischen Nachbarn mehr oder weniger ignoriert. Aber langsam begriffen sie, dass sie ihr geografisches Schicksal annehmen mussten, dass ihre wirtschaftliche Zukunft nicht von Europa oder Amerika, sondern von Asien abhängt.

Mittlerweile geht die Hälfte der Exporte in die Länder Ost- und Südostasiens, der größte Teil davon nach Japan. Das nach Erzen hungrige Nippon kauft in Australien mehr als die Europäische Gemeinschaft und die USA zusammengenommen. Der Wunsch, ökonomisch und auch politisch näher an Asien heranzurücken, wird noch verstärkt durch die Bildung wirtschaftlicher Blöcke in anderen Teilen der Welt. Manche australischen Ökonomen, die ihr Land als Asien zugehörig betrachten, entwickeln bereits Pläne für einen Asiatischen Gemeinsamen Markt, in dem Australien eine wirtschaftliche Schlüsselrolle spielen soll.

Durch die wirtschaftspolitische Kurskorrektur wurde nicht nur der Niedergang des Landes abgebremst, es wurde damit sogar die Basis für ein neues kleines Wirtschaftswunder geschaffen. Seit den 1990er-Jahren verzeichnet die australische Ökonomie ungebrochenes Wachstum. Die Organisation für wirtschaftliche Zusammenarbeit und Entwicklung (OECD) lobte die Regierung Australiens für ihre weit reichenden Wirtschaftsreformen. Bei einem soliden Staatshaushalt fährt die Regierung unter Premierminister Kevin Michael Rudd von der Labor Party mit Steuersenkungen und vor allem dem Schuldenabbau fort. Deutlich steigen sollen die Staatsausgaben im Sozial-, Gesundheits- und Bildungswesen.

Inzwischen hat das Wirtschaftswachstum eine solche Dynamik entwickelt, dass die Geburtenrate im Land nicht mehr ausreicht, um für ausreichend Nachschub an Arbeitskräften zu sorgen. Aus diesem Grund gab die Regierung im August 2005 in verschiedenen europäischen und asiatischen Ländern den Startschuss für die größte Werbeaktion für Jobs in Australien seit einem halben Jahrhundert.

Geschichte

Stationen eines Kontinents: Vom unbekannten Land im Süden, der Heimat der Aborigines, zur Strafkolonie Großbritanniens; vom ›Gefängnis‹ zum Einwandererland; von der Föderation zur Unabhängigkeit; vom Außenposten Englands am anderen Ende der Welt zum pazifischen Wirtschaftswunderland und Traumreiseziel.

Vor- und Frühgeschichte

Der Zeitpunkt der frühesten Besiedlung des australischen Kontinents liegt ebenso im Dunkeln wie die genaue Herkunft der ersten Australier. Sicher scheint nur, dass die Einwanderung von Südostasien ausging und dass sie in mehreren Wellen erfolgte. Archäologische Funde lassen den Schluss zu, dass die Besiedlung mindestens 45 000 bis 50 000 Jahre, wahrscheinlich sogar noch wesentlich weiter zurückreicht.

Noch vor rund 10 000 Jahren band eine Eiszeit so viel Wasser an den Polarkappen, dass der Meeresspiegel um den australischen Kontinent etwa 100 bis 200 m tiefer lag als jetzt. Die heutigen Inseln Neuguinea und Tasmanien waren mit Australien verbunden, der größte Teil des heutigen indonesischen Inselbogens gehörte zu Kontinental-Asien. Über eine Kette von Inseln zwischen der asiatischen und der australischen Landmasse fanden die Ureinwohner ihren Weg nach Australien. Allerdings mussten die eiszeitlichen Einwanderer innerhalb der damaligen Inselwelt Meeresstraßen von bis zu 100 km Breite überwinden, wozu sie weder die notwendigen Boote noch die erforderlichen navigatorischen Kenntnisse besessen haben konnten. Man muss also annehmen, dass sie auf vermutlich primitiven Flößen, eher vom Zufall günstiger Meeresströmungen als von ihrer eigenen Absicht getragen, an die damalige Küste des australischen Festlands verschlagen wurden. Als nach dem Ende der letzten Eiszeit vor rund 10 000 Jahren der Meeresspiegel anstieg, kehrte Australien allmählich wieder in seine geografische Isolation zurück, in der sich der Kontinent nach seiner Trennung von Gondwanaland Jahrmillionen befunden hatte.

Das Land im Süden

Schon seit dem Altertum hatte die vermutete Existenz eines legendenumrankten ›Südlandes‹ die Fantasie mancher Europäer beschäftigt. Der Mythos erhielt sogar einen Namen: *Terra Australis Incognita* – das unbekannte Land im Süden.

Mit der Entdeckung des Seewegs um das Kap der Guten Hoffnung und nach dem Ferdinand Magellan die Umsegelung Südamerikas gelungen war, setzte in Südostasien das europäische Kolonialzeitalter ein. Zwar richteten die Iberer das Hauptaugenmerk auf die Gewürzinseln, die indonesische Inselgruppe der Molukken, doch blieb auch Australien vom Expansionsdrang der Europäer nicht verschont. Wer allerdings tatsächlich den Fünften Kontinent entdeckt hat, ist umstritten. Zwar behaupteten im Verlauf des 16. Jh. verschiedene Seefahrer, Australien gesichtet und sogar betreten zu haben, doch hielten diese Ansprüche späteren Nachprüfungen nicht stand. Der Ruhm, die gesuchte Terra Australis tatsächlich entdeckt zu haben, ge-

Geschichte

bührt vermutlich den Holländern, die als erste nachweislich australischen Boden betraten. Im Jahr 1605 hatte die drei Jahre zuvor auf Java gegründete niederländische Vereinigte Ostindische Companie (VOC) ein Schiff unter dem Kommando von Kapitän Willem Janszoon mit dem Auftrag auf die Reise geschickt, sichere Seewege von Niederländisch-Indien zum heimatlichen Holland zu suchen. An Bord der Duyfken segelte er im Golf von Carpentaria an der Küste des heutigen Queensland entlang und ging an der Cape York-Halbinsel an Land. Die Eingeborenen, auf die er stieß, erwiesen sich als feindselig. Bei einer Exkursion wurden mehrere Besatzungsmitglieder getötet. In seinen Notizen beschrieb Janszoon die Ureinwohner dann auch als »besonders hässlich, grausam und verkommen«.

In den folgenden Jahren wurden immer wieder holländische Schiffe an die Westküste Australiens oder gar in die Great Australian Bight (Große Australische Bucht) verschlagen. Während dieser Zufallslandungen und Irrfahrten erkundeten und kartierten die Holländer die gesamte West- und Südküste des Kontinents, den sie fortan *Hollandia Nova* (Neu-Holland) nannten. Zwar entwickelte sich die Route entlang der Westküste im Laufe der Zeit zu einem der gewinnträchtigsten Handelswege der damaligen Welt, aber der neu entdeckte Kontinent selbst blieb für die Holländer uninteressant. Weder fanden sie dort die erhofften Handelspartner noch begehrenswerte Güter wie Gold und Gewürze.

Auch die Engländer hatten von einer näheren Erforschung des immer noch weitgehend unbekannten ›Südlandes‹ Abstand genommen, nachdem Ende des 17. Jh. William Dampier, mehr Freibeuter und Abenteurer als von Ehrgeiz getriebener Entdecker, die Einschätzung der holländischen Kapitäne bestätigte, dass Australien wirtschaftlich völlig uninteressant sei. Entsetzt hatte Dampier nach seiner ersten Begegnung mit Ureinwohnern in sein Logbuch notiert: »Dies ist die trostloseste Gegend, die auf Erden gefunden werden kann. Die Bewohner dieses Landes sind das armseligste Volk der Welt. Lässt man ihre menschliche Form außer Acht, unterscheiden sie sich kaum von Tieren.«

Erst Kapitän James Cook entwickelte eine andere Sicht der Dinge. Am 26. 8. 1768 verließ er mit der Endeavour den englischen Hafen Plymouth – sein (geheimer) Auftrag: die Suche nach dem ›Großen Land des Südens‹. Als erster Europäer landete er am 28. 4. 1770 an der Ostküste in der Botany Bay unweit des heutigen Sydney. Was die Engländer sahen, ließ ihre Herzen höher schlagen. Alles präsentierte sich ihnen üppig grün, dicht bewaldet und allem Anschein nach äußerst fruchtbar. Von der Botany Bay aus gelang es Cook, entlang der Ostküste bis zur Cape York Peninsula vorzudringen. Auf einer Insel an der Spitze des Kaps – heute Possession Island genannt – hisste er die britische Flagge und reklamierte den von ihm entdeckten östlichen Teil des Kontinents, den er New South Wales nannte, im Namen von König George III. für die britische Krone.

Die Strafkolonie New South Wales

James Cooks optimistischen Berichte wurden in Großbritannien zwar mit Interesse, aber ohne Euphorie zur Kenntnis genommen. England besaß damals noch seine Kolonien auf dem amerikanischen Kontinent, und die waren viel leichter zu erreichen. Dies änderte sich jedoch 1775, als der Konflikt mit den amerikanischen Siedlern zum Unabhängigkeitskrieg eskalierte. Mit einem Schlag hatte England nicht nur ein lukratives Handelsgebiet, sondern auch einen Verbannungsplatz für seine Sträflinge verloren. Als die britischen Gefängnisse aus allen Nähten platzten, schien die Deportation der Häftlinge in eine neu zu gründende Kolonie die bequemste Lösung zu sein. Und eben dafür bot sich jenes Land am anderen Ende der Welt an.

Im Oktober 1786 wurde Kapitän Arthur Phillip zum Gouverneur der Kolonie New South Wales ernannt. Am 13. 5. 1787 legte ein Konvoi von Schiffen in Portsmouth ab – 772 schlecht ernährte und von Ungeziefer heimgesuchte Häftlinge sowie 211 Soldaten und Seeleute sollten die ersten weißen Siedler sein. Nach beschwerlicher Reise gingen die Schiffe am 18. 1. 1788 in der Botany Bay vor Anker. Das Gebiet um diese Bucht erwies sich jedoch für eine Besiedlung als äußerst ungeeignet. Arthur Phillip fand eine Alternative in der weiter nördlich gelegenen Bucht von Sydney, der Kapitän Cook bei seiner Entdeckungsreise den Namen Port Jackson gegeben hatte. Hier ließ Phillip am 26. 1. 1788 den Union Jack hissen und gründete damit formell die erste britische Kolonie auf australischem Boden. Dieses Datum wurde später zum Australia Day, zum Nationalfeiertag.

In Port Jackson begannen die Neuankömmlinge mit dem Aufbau einer Siedlung, dem Nukleus des späteren Sydney. Aber auch das Land an der Bucht von Sydney entsprach keineswegs ihren Erwartungen. Im Januar, auf dem Höhepunkt der Sommerhitze, präsentierte es sich ausgedörrt und wasserarm. Die aus Europa mitgebrachten Samen waren für das australische Klima ungeeignet; Bullen und Kühe verwilderten im Busch; die Schafe – eigentlich für Zuchtzwecke vorgesehen – fielen nicht nur hungrigen Sträflingen, sondern auch Ureinwohnern und Dingos zum Opfer. Ohne regelmäßigen Nachschub aus dem Mutterland wäre die neue Kolonie, in der immer wieder Hungersnöte ausbrachen, nicht lebensfähig gewesen. Zudem kam es schon bald zu blutigen Konflikten mit den Eingeborenen – von den Weißen *Aborigines* (von lat. *ab origine* – von Anfang an da) genannt –, die sich vehement gegen die Vertreibung aus ihren Stammesgebieten wehrten.

Während unter Gouverneur Arthur Phillip, später oft ›Vater der weißen Australier‹ genannt, noch Recht und Ordnung in Großbritanniens kolonialem Außenposten herrschten, waren nach seiner Rückkehr in die Heimat im Dezember 1792 Habgier und Gewalttätigkeiten in Port Jackson an der Tagesordnung. Unter seinem Nachfolger, Francis Grose, machte sich das korrupte Militär weitgehend selbstständig und riss die Kontrolle über das beginnende Wirtschaftsleben der Kolonie an sich. Der Einfluss der Offiziere wuchs in dem Maße, in dem sie den Handel mit Rum – aufgrund der hohen Nachfrage eine Art Ersatzwährung – beherrschten. Erst einem neuen, von der zunehmend nervöser werdenden britischen Regierung entsandten Gouverneur, Generalmajor Lachlan Macquarie, der seine eigenen kampferprobten Truppen mitgebracht hatte, gelang es, das Rum Corps – so die verächtliche Bezeichnung der Grose-Truppe – in die Schranken zu weisen und die Ruhe wieder herzustellen.

Vom ›Gefängnis‹ zur Kolonie

Jemand hat einmal ironisch bemerkt: »Die ersten weißen Bewohner Australiens wurden von den besten Richtern der Welt ausgesucht.« Unter den Verbannten befanden sich zwar auch Schwerverbrecher, doch die meisten Sträflinge waren nur wegen Bagatelldelikten zur Deportation verurteilt worden. Bis 1868, als die Verbannung in allen australischen Kolonien eingestellt wurde, ›entsandte‹ England über 160 000 Häftlinge, davon 15 % Frauen. Nach Ablauf ihrer Haft blieben die meisten in Australien, da eine Rückfahrt für sie in der Regel unerschwinglich war. Ein Großteil der Sträflinge wurde den freien Siedlern als billige Arbeitskräfte zugewiesen. Andere setzte die Kolonialverwaltung in Arbeitskommandos bei öffentlichen Arbeiten ein. So trugen die Zwangsverschickten zum allmählichen Aufblühen der Wirtschaft bei.

Mit der Zeit wurde Australien auch für viele Einwanderer attraktiv. Schon 1793 waren die ersten Briten freiwillig gekommen. Gegen 1830 bevölkerten neben den 63 000 Strafverbannten 14 000 freiwillige Immigranten den Kontinent. Und 20 Jahre später waren die freien Siedler und Bürger in der Überzahl. Generalmajor Lachlan Macquarie war der erste Gouverneur, der 1810 die Bedeutung der ehemaligen Strafgefangenen für den Aufbau des Landes erkannte und würdigte, indem er ihnen nach Ablauf oder Erlass ihrer Strafe nicht nur Landtitel, sondern alle Bürgerrechte gewährte. Durch die volle Rehabilitation der

Geschichte

ehemaligen Häftlinge befreite er Australien vom Odium einer Strafkolonie.

Um anderen europäischen Mächten zuvorzukommen, gründeten die Briten in allen Küstenregionen strategisch wichtige Siedlungen, aus denen später einige der bedeutendsten Städte des Landes hervorgingen. Gleichzeitig fand eine politische Bewusstseinsbildung statt, in deren Verlauf die Forderung nach einer partiellen Selbstverwaltung laut wurde. Mit dem *Australian Colonies Government Act* von 1850 gewährte Großbritannien schließlich seinen Kolonien New South Wales, Tasmania, Victoria und South Australia nach dem Muster Kanadas auch formell weitgehende Autonomie. Queensland folgte 1859 und Western Australia 1890. Alle Kolonien erhielten im Laufe der Zeit eine eigene Verfassung sowie eigene Parlamente. Erst 1817 wurde der Kontinent auf Vorschlag des Forschungsreisenden Matthew Flinders offiziell Australien genannt.

Vorstoß ins Landesinnere

Lange Zeit galt das unermessliche, ausgeglühte Binnenland des Kontinents als unbewohnbar und lebensfeindlich, weshalb man in der Gründungsphase der Kolonie New South Wales auch kaum Interesse an der Erforschung der unbekannten Gebiete jenseits der Gebirgskette zeigte, die heute den Namen Blue Mountains trägt. Diese Haltung änderte sich erst, als die Agrarflächen um Sydney nicht mehr ausreichten und der ständige Nahrungsmittelmangel zu einer Bedrohung für die Kolonie wurde. 1813 gelang den drei Briten Gregory Blaxland, William Charles Wentworth und William Lawson die erste Überquerung der Bergbarriere. Nach ihrer Rückkehr berichteten sie von riesigen Weidegründen, woraufhin Generalgouverneur Macquarie in Rekordzeit eine Straße bauen ließ. Bereits 1815 zogen die ersten Siedler in das ›gelobte Land‹ an der Westflanke des Gebirges.

Da die Nachfrage der Spinnereien und Webereien im englischen Mutterland nach hochwertiger Wolle enorm hoch war, suchten viele ihr Glück in der Schafzucht. Wer nicht über die finanziellen Mittel zum Erwerb von Landbesitz verfügte, wurde *Squatter,* das heißt er trieb seine oft mit einem günstigen Kredit erworbene Schafherde in die Wildnis, besetzte ein Stück Land und verschaffte sich später die Bestätigung als legaler Eigentümer.

Der Goldrausch

Vor allem der Entdeckung von Gold Mitte des 19. Jh. verdankte es Australien, dass es seinen Ruf als Sträflingskolonie ablegen konnte. Im Februar 1851 lösten Funde im Bezirk von Bathurst bei Sydney einen Goldrausch aus, der innerhalb kurzer Zeit den ganzen Kontinent erfasste. Als man wenig später auch in Ballarat, Bendigo und Castlemaine im Norden von Melbourne reiche Vorkommen entdeckte, setzte ein wahrer Exodus aus den Städten zu den Goldfeldern ein.

Auf dem Höhepunkt der Förderung lieferten die Goldfelder in Victoria rund ein Drittel der Weltproduktion. Als man in den 1870er-Jahren auch in Queensland auf ergiebige Lagerstätten stieß und zu Beginn der 1890er-Jahre, während eines zweiten großen Goldrausches, bei den westaustralischen Städten Kalgoorlie und Coolgardie die ›Goldene Meile‹ entdeckte, wurde der Fünfte Kontinent zum ›Land der unbegrenzten Möglichkeiten‹. Der Goldboom führte zu einer Bevölkerungsexplosion: Innerhalb nur eines Jahrzehnts stieg die Einwohnerzahl auf fast 1,15 Mio. an.

Durch den wirtschaftlichen Erfolg zunehmend selbstbewusster geworden, forderten nun immer mehr Australier demokratische Verhältnisse und Unabhängigkeit von England. Auslöser war die *Eureka Stockade,* die erste und einzige größere bewaffnete Rebellion von Zivilisten gegen staatliche Willkür in der Landesgeschichte. Im Jahr 1852 hatte die Kolonialregierung in Victoria eine Lizenzgebühr für das Schürfen eingeführt, welche die *Diggers* bezahlen mussten, auch wenn sie kein Gold gefunden hatten. Aus Protest schlossen sich im Dezember 1854 in Ballarat die Goldsucher zur *Ballarat Reform League* zusammen. Neben ihrem eigentlichen Anliegen, gerechteren Schürfgebühren, erhoben sie die Forderung nach jährlichen Parlamentswahlen und einem allgemeinen geheimen Wahlrecht.

Die Situation spitzte sich zu, als sich etwa 150 bewaffnete *Diggers* hinter einer aus Palisaden errichteten Barrikade verschanzten. Die Obrigkeit befahl, die *Eureka Stockade* zu stürmen, wobei 25 Goldgräber und vier Soldaten ihr Leben verloren. Der Aufstand war zwar blutig niedergeschlagen worden, doch nicht lange nach dieser Erhebung erfüllte man die Hauptforderung der Rebellen: die Beteiligung am politischen Entscheidungsprozess. 1857 wurde in Victoria und ein Jahr darauf in New South Wales das demokratische Wahlrecht im Sinne *One man, one vote* eingeführt. Frauen durften allerdings erst 1906 zur Wahlurne gehen.

Australien wird eine Nation

Gegen Ende des 19. Jh. begannen die Menschen auf dem Fünften Kontinent, sich als Australier zu fühlen. Allmählich erwachte der Wunsch, sich vom Schürzenzipfel des Mutterlands England zu lösen. Auf Initiative von Sir Henry Parkes, des damaligen Premiers von New South Wales, beschäftigte sich ab 1890 die *Australia Federation Conference* mit der Ausarbeitung einer Verfassung nach dem Vorbild der USA. Da die australischen Kolonien nicht an eine Loslösung von Großbritannien dachten, war auch die Zustimmung des Mutterlands erforderlich. Die Regierung in London gab grünes Licht, behielt sich jedoch ein Mitspracherecht in den Bereichen Außenpolitik, internationale Wirtschaftsbeziehungen und Verteidigung vor. Mit ihrer Unterschrift unter die Verfassung entließ Queen Victoria im Juli 1900 die australischen Kolonien formell in die Unabhängigkeit. Der 1. 1. 1901 war der Geburtstag der unabhängigen Nation, die als *Commonwealth of Australia* die politische Weltbühne betrat. Neben dem Verfassungsentwurf stellte die Wahl der Hauptstadt die größte Streitfrage dar. Aufgrund der Rivalität zwischen Sydney und Melbourne bestimmte man Canberra zur Kapitale, eine Stadt, die zwischen Sydney und Melbourne erst noch aus dem Boden gestampft werden musste.

Die Zeit des Goldrauschs im Freilichtmuseum von Sovereign Hill, Ballarat

Geschichte

Der Erste Weltkrieg

Auch als Nationalstaat war Australien weiterhin fest im britischen Empire verankert. Nachdem Großbritannien am 4. 8. 1914 Deutschland den Krieg erklärt hatte, zogen australische Soldaten als Bundesgenossen der Engländer auf die europäischen Schlachtfelder. Gemeinsam mit Neuseeländern bildeten sie das *Australia and New Zealand Army Corps* (ANZAC) und entsandten über 500 000 Soldaten ans andere Ende der Welt.

Ein Großteil der Freiwilligen wurde 1915 von der britischen Heeresführung auf der Dardanellen-Halbinsel Gallipoli gegen türkische und deutsche Verbände eingesetzt. Es gab ein schreckliches Blutbad. Australien hatte über 8500 Gefallene zu beklagen, Neuseeland rund 2700. Im Bewusstsein vieler Australier verwandelte sich diese Niederlage jedoch aufgrund der heroischen Kampfhaltung ihrer Soldaten in einen moralischen Sieg. Durch die Schlacht von Gallipoli wurde Australien endgültig zu einer Nation zusammengeschmiedet. Heute noch ist der 25. 4. als *Anzac Day* in Australien wie Neuseeland ein nationaler Gedenktag.

Der Zweite Weltkrieg

Als im September 1939 zwischen Großbritannien und Deutschland erneut Krieg ausbrach, befand sich Australien als Mitglied des Empire ebenfalls im Kriegszustand. Im Gegensatz zum Ersten Weltkrieg war Australien jetzt jedoch selbst unmittelbar betroffen. Japans aggressives Verhalten wandelte sich in eine direkte Bedrohung des Landes. Dennoch zogen nach dem Kriegsausbruch erneut Tausende junger Australier auf die fernen Schlachtfelder in Europa, im Nahen Osten und in Nordafrika.

Während die australischen Luft-, Land- und Seestreitkräfte auf überseeischen Kriegsschauplätzen gebunden waren, eröffneten die Japaner mit ihrem Überfall auf den amerikanischen Stützpunkt Pearl Harbor am 7. 12. 1941 den Pazifischen Krieg. Vom fernen Großbritannien konnte Australien bei einer befürchteten japanischen Invasion keine Hilfe erwarten. Die Lage spitzte sich zu, als japanische Flugzeuge am 19. 2. 1942 Darwin bombardierten – der erste ausländische Angriff auf australischen Boden. Als wenig später japanische Bomben auf Broome, Derby, Wyndham und andere Küstenstädte fielen und schließlich in die Hafenbucht von Sydney eingedrungene japanische Klein-U-Boote Torpedos abfeuerten, richteten sich alle Hoffnungen auf die neue Schutzmacht USA. Zehntausende amerikanischer Soldaten wurden in Australien stationiert. Erst mit Vertreibung der Japaner aus Neuguinea durch australische und amerikanische Bodenstreitkräfte war die unmittelbare Gefahr einer Invasion gebannt. Am Ende des Zweiten Weltkriegs, der unwiderruflich das Verhältnis Australiens zu England veränderte, hatte Australien 35 000 Tote zu beklagen. Nach Kriegsende gab es für die Bewohner des Fünften Kontinents keinen Zweifel mehr daran, dass sie nur im Bündnis mit den USA Sicherheit finden konnten.

Australien nach 1945

Die Nachkriegsphase war durch das Bestreben gekennzeichnet, sich außenpolitisch neu zu orientieren – ein Balanceakt zwischen Abnabelung vom ehemaligen Mutterland und Anlehnung an die USA. Zugleich bemühte sich Australien, eine zunehmend eigenständige Rolle im Weltgeschehen zu spielen, was vor allem auch eine Annäherung an die zuvor weitgehend ignorierten asiatischen Nachbarländer erforderlich machte.

Schon bald nach Ende des Zweiten Weltkriegs erlebte Australien eine wirtschaftliche Prosperität unbekannten Ausmaßes. Einen geradezu revolutionären Einschnitt gab es in der Einwanderungspolitik. Man kam zu der Erkenntnis, dass sich der Kontinent mit damals nur rund 7,5 Mio. Einwohnern selbst nicht schützen konnte. Da Australien zudem dringend neue Arbeitskräfte benötigte, bot sich eine gezielte Einwanderungspolitik an.

Jüngere Geschichte

Unter dem Slogan »Populate or perish« (Bevölkert das Land oder es wird untergehen) beschränkten sich die Immigrationsbemühungen nicht auf britische Staatsbürger, sondern bezogen auch andere europäische Nationalitäten ein; anfangs v. a. osteuropäische Flüchtlinge. Weitgehend ausgeschlossen blieben jedoch Asiaten. Von 1945 bis 1965 wuchs die Bevölkerung des Fünften Kontinents auf 11 Mio. Menschen. Alle Neuankömmlinge, die mit finanzieller Unterstützung des australischen Staats eingewandert waren, mussten diese Kosten abarbeiten. Zwei Jahre lang hatten sie eine ihnen zugewiesene, meist körperliche Arbeit zu verrichten.

Die Jahre 1949 bis 1972, die bis dahin längste ununterbrochene Regierungsperiode der konservativen Parteien, waren politisch stabil und von rasch wachsendem Wohlstand geprägt – die Zeit des australischen Wirtschaftswunders. Unter dem damaligen Premierminister Robert Gordon Menzies, dem ›Adenauer Australiens‹, erhielt das Land das Etikett *The Lucky Country*. Allerdings war die Ära Menzies auch eine Zeit der kulturellen Stagnation sowie der Abkapselung gegenüber den asiatischen Nachbarländern.

Bereits 1951 hatte Australien ein Sicherheits- und Verteidigungsabkommen mit den USA und Neuseeland (Anzus-Pakt) geschlossen. Die Australier verhielten sich zu ihren Verbündeten ebenso loyal wie früher zu Großbritannien und eilten den Amerikanern im Korea-Krieg zu Hilfe. Genauso im Vietnam-Krieg, zumindest anfangs. Als Ende der 1960er-Jahre in Australien wie in den meisten Partnerländern der USA die Anti-Vietnam-Demonstrationen immer lautstärker wurden, zog Canberra bis 1972 seine Kampfverbände aus Indochina zurück.

Schwere innen- und außenpolitische Turbulenzen erlebte das Land in den 1970er-Jahren, der ›Nach-Menzies-Periode‹. So löste 1975 der Generalgouverneur (der Repräsentant der englischen Königin in Australien) eine Verfassungskrise aus, als er auf Druck der oppositionellen Parteien den damaligen Labor-Premier Edward Gough Whitlam und sein Kabinett entließ und den konservativen Oppositionsführer Malcolm Fraser als Chef einer Übergangsregierung einsetzte. Viele Australier, die diesen Schritt als äußerst schockierend empfanden, erhoben damals die Forderung nach einer republikanischen Verfassung.

Jüngere Geschichte

Mit der Wahl von Bob Hawke, dem damaligen Vorsitzenden der Australian Labor Party, zum Premierminister 1983 fand Australien wieder zu politisch und wirtschaftlich stabilen Verhältnissen zurück. Nachdem sich Bob Hawke bei vier aufeinander folgenden Wahlen als Premier behaupten konnte, musste er 1991 nach heftigen innerparteilichen Diskussionen über die künftige Wirtschaftspolitik der Labor Party zurücktreten. Ihm folgte Paul John Keating im Amt des Premierministers. 1996 beendete der Sieg der konservativen Parteien bei den Parlamentswahlen die lange Regierungsperiode der Labor Party. Zum neuen Premier wurde John Howard, Vorsitzender der Liberal Party of Australia, gewählt.

Die Frage, ob Australien eine konstitutionelle Monarchie im britischen Commonwealth of Nations bleiben sollte, war Ende der 1990er-Jahre Down Under ein heiß diskutiertes Thema. Obwohl der Union Jack in der australischen Flagge heute im Grunde genommen ein Anachronismus ist, votierten bei einem Referendum im November 1999 über die Hälfte der Wähler für die Beibehaltung der Monarchie und gegen die Gründung einer unabhängigen Republik. Dieses Votum galt auch als ein persönlicher Erfolg von Premierminister John Howard, der sich selbst als ›überzeugter Monarchist‹ bezeichnete.

Trotz massiver öffentlicher Proteste führte John Howard das Land im März 2003 als enger Verbündeter des damaligen US-Präsidenten George W. Bush in den Irak-Krieg. Im Dezember 2007 endete mit einem klaren Sieg der Labor Party die elfjährige Regierungszeit der Konservativen. Neuer Premierminister wurde Labor-Chef Kevin Michael Rudd. Ihn löste im Juni 2010 Julia Gillard ab.

Zeittafel

Ab 50 000 v. Chr.	Beginn der Einwanderung der ersten Ureinwohner über eine Landbrücke aus Südostasien.
1606	Der Niederländer William Janszoon betritt auf der Cape York-Halbinsel als vermutlich erster Europäer australischen Boden.
28. 4. 1770	Der englische Weltumsegler James Cook geht in der heute zu Sydney gehörenden Botany Bay vor Anker; wenig später nimmt er den Ostteil des Kontinents formell für die Britische Krone in Besitz.
1786	Nach dem Verlust ihrer amerikanischen Kolonien gründet die britische Regierung an der Botany Bay eine Strafkolonie.
18. 1. 1788	Die von Kapitän Arthur Phillip kommandierte ›Erste Flotte‹ erreicht mit ca. 1000 Siedlern, zumeist Strafdeportierten, Australien. An der Bucht Port Jackson wird die erste englische Niederlassung gegründet, das heutige Sydney.
1817	Der Kontinent erhält offiziell den Namen Australien.
1829	Freie Siedler gründen die erste Siedlung ohne Sträflinge in der Nähe des heutigen Perth; Großbritannien dehnt seinen Besitzanspruch auf den gesamten Kontinent aus.
1851	Beginn des Goldrausches in New South Wales und Victoria.
1854	Die Eureka Stockade in Ballarat (Victoria) markiert den Beginn demokratischer Tendenzen in Australien.
1. 1. 1901	Proklamation des Commonwealth of Australia (Zusammenschluss der sechs australischen Kolonien zu einer unabhängigen Nation); Melbourne wird zur vorläufigen Hauptstadt bestimmt.
1902	Australien führt als zweites Land der Welt das Frauenwahlrecht ein.
1908	Canberra löst Melbourne als Hauptstadt von Australien ab.
1914	Nach dem Ausbruch des Ersten Weltkriegs entsenden Australien und Neuseeland über 500 000 Kriegsfreiwillige nach Europa.
1927	Das Parlament zieht von Melbourne nach Canberra um.

Am 3. 9. 1939 tritt Australien in den Zweiten Weltkrieg ein. Mit der Bombardierung Darwins durch die Japaner am 19. 2. 1942 weitet sich der Krieg auf australisches Territorium aus.	**1939–42**
Im umfassendsten Einwanderungsprogramm Australiens strömen ca. 3,5 Mio. Neubürger ins Land.	**1945–65**
Mit dem Wahlsieg von Robert Gordon Menzies beginnt die 23 Jahre dauernde Regierungsperiode der Konservativen.	**1949**
Australien, Neuseeland und die USA schließen den Anzus-Vertrag, einen militärischen Beistandspakt.	**1951**
Die Ureinwohner erhalten das Wahlrecht.	**1962**
Beginn der Amtsperiode von Labor-Premier Bob Hawke.	**5. 3. 1983**
Rückgabe des Uluru (Ayers Rock) an die Aborigines.	**26. 10. 1985**
Wahl von Paul John Keating zum neuen Premierminister.	**1991**
Sieg der konservativen Parteien bei den Parlamentswahlen; John Howard wird neuer Premierminister.	**1996**
Bei einem Referendum votieren 55 % der Wähler für die Beibehaltung der konstitutionellen Monarchie und gegen die Gründung einer unabhängigen Republik.	**1999**
Die XXVII. Olympischen Sommerspiele finden in Sydney statt.	**2000**
Machtwechsel in Australien – Labor-Chef Kevin Michael Rudd beendet mit seinem Sieg die Regierungszeit der Konservativen.	**Dezember 2007**
Der neue Premierminister bittet in seiner ›Sorry‹-Rede die Aborigines offiziell um Entschuldigung.	**Februar 2008**
Dem verheerendsten Feuer in der jüngeren Geschichte Australiens fallen im Bundesstaat Victoria über 170 Menschen zum Opfer.	**Februar 2009**
Nach einer Parteirevolte gegen Premierminister K. M. Rudd führt mit Julia Gillard in Australien erstmals eine Frau die Regierung an.	**24. 6. 2010**

Gesellschaft und Alltagskultur

Australien präsentiert sich als eine tolerante Vielvölkergesellschaft, in deren Gefüge fast jedes Volk der Erde Platz und Stimme hat. Fremdlinge im australischen Haus bleiben trotz mancher Integrationsversuche allerdings immer noch die Ureinwohner, deren Kultur von Außenstehenden lange Zeit ignoriert oder missverstanden wurde.

Aborigines – die ersten Australier

Lange bevor sich im heutigen Europa sowie im Nahen und Mittleren Osten antike Hochkulturen entwickelten, erlebte der australische Kontinent bereits die Blütezeit einer Kultur mit ausgeprägten Sitten und Lebensformen sowie differenzierten Glaubensvorstellungen. Die Existenz dieses reichen, verästelten Kulturlebens der Ureinwohner und die Tiefe ihrer Kosmogonie wurden von den europäischen ›Entdeckern‹ und Kolonisten allerdings nicht erkannt. Das Zusammentreffen der Ur-Australier mit Menschen einer völlig andersartigen Denk- und Lebensweise, vor allem aber einer gewaltigen technischen Überlegenheit stand am Anfang einer Entwicklung, in deren Verlauf die Kultur vernichtet oder zumindest so grundlegend verändert wurde, dass nur noch Rudimente erhalten blieben.

Erst seit Mitte des 20. Jh. bemüht sich eine stetig wachsende Zahl Weißer um ein tieferes Verständnis und eine Würdigung der kulturellen Errungenschaften der australischen Ureinwohner, die die älteste ununterbrochen fortlebende Kultur der Menschheitsgeschichte besitzen. Leider kommen diese Bestrebungen in vielen Fällen zu spät. Zahlreiche Aboriginal-Kulturen sind vom Aussterben bedroht, viele andere bereits vergessen. Heute leben vermutlich nur noch einige hundert Aborigines (von lat. *ab origine* – von Anfang an da) nach Art ihrer Vorväter, vorwiegend in entlegenen Gebieten Zentral- und Nordaustraliens. Da keiner der Stämme eine Schrift kannte, konzentrierte sich das Wissen über die traditionelle Kultur in einigen alten Männern. Mit dem Tod dieser Träger und Vermittler des kulturellen Erbes aber sterben auch die Traditionen der Aborigines. Als Rasse werden die australischen Ureinwohner wohl überleben, ob sie auch als Kulturvolk das nächste Jahrhundert überdauern werden, ist zumindest fraglich.

Immerhin aber gibt es Anzeichen für eine Renaissance der Aboriginal-Kultur. Junge Aborigines sammeln die mündlichen Überlieferungen der Alten, fragen Künstler nach ihren Geheimnissen, gründen Kindergärten und Schulen, in denen die alten Sprachen gelehrt werden. Und auch weiße Australier begreifen zunehmend, dass die Kultur der Aborigines vielleicht der echteste Teil der Tradition ihres Landes ist. Sie geben Bergen und Wäldern, Flüssen und Seen die alten Namen zurück und erkennen langsam, dass die Ureinwohner schon vor Jahrtausenden vorlebten, was ein neues Ökologie-Denken der Weißen jetzt als moderne Erkenntnis verkauft – die behutsame Behandlung der Erde.

Stämme und Sprachen

Anthropologen schätzen, dass es vor Ankunft der Europäer auf dem Fünften Kontinent 500 bis 600 verschiedene Eingeborenenstämme und mindestens 200 unterschiedliche Sprachen gab. Heute sind über 50 bekannte Aboriginal-Idiome nicht mehr im Gebrauch, zahlreiche andere stehen kurz vor dem Aussterben.

Aborigines – die ersten Australier

Weitgehend vergessen ist mittlerweile auch eine Zeichensprache, die einst zur Überwindung von Sprachbarrieren entwickelt wurde.

Verglichen mit der Bevölkerung anderer Erdteile waren die Ureinwohner Australiens kulturell wenig differenziert. Es bildeten sich nur relativ geringfügige Unterschiede in den sozialen Strukturen und Glaubensvorstellungen heraus. Auswirkungen auf die Wirtschaftsweise aber hatten Klima und landschaftliche Gegebenheiten. So legten Regen- und Trockenzeiten die Wanderrouten der Stämme fest und entschied die Fruchtbarkeit eines Gebietes über die Größe der Zusammenschlüsse.

Traditionelle Wirtschaftsweise

Grundsätzlich lebten alle Ur-Australier nomadisch, wenn auch die Küstenstämme aufgrund des reichen Nahrungsangebots ihre Lager seltener wechselten als die Aborigines der Trockengebiete. Hinweise darauf, dass Ackerbau und Viehhaltung betrieben wurden, bevor weiße Siedler auf den Kontinent kamen, gibt es nicht. Wildbeutertum war die Wirtschaftsform der Aborigines. In fest umgrenzten Stammesgebieten wurde die Nahrung durch Sammeln, Jagen und Fischfang gewonnen.

Als komplex gilt das Verständnis der Aborigines gegenüber Landbesitz. Für sie ist die Vorstellung von Landeigentum absurder als für uns der Besitz eines Sternes. Nicht der materielle Besitz ist entscheidend, sondern die geistig-religiöse Verbindung zum Territorium. Aborigines glauben, dass ihr Stammesgebiet von mythischen Schöpferwesen geformt wurde. Jeder Stamm war und ist mit seinem Territorium verbunden. Besondere Landschaftsmerkmale stellen Bezüge zur mythologischen Vergangenheit her – zur Traumzeit, einem Schlüssel zum Verständnis des Eigentumsbegriffs der Aborigines.

Aufgrund dieser spirituellen Bindung an das Land sahen sich die Ureinwohner nicht als Bezwinger der Natur, sondern als Bestandteil des Gefüges aus Land, Mensch, Pflanzen- und Tierwelt. Die Erde war nicht geschaffen, um sie sich untertan zu machen, vielmehr verbot die Ehrfurcht vor den mythischen Urvätern jegliche zerstörende Veränderung. Zwangsläufig musste das Besitzverständnis der Ureinwohner mit den Vorstellungen der eingewanderten Briten kollidieren. Selbst heute ist es bei der Vergabe von Landrechten häufig unmöglich, innerhalb des anglo-australischen Rechtssystems das anzuerkennen, was die Ureinwohner unter *land rights* verstehen.

Aus dieser Auffassung resultierten auch die Wanderungen der Ureinwohner. Was in den Augen der europäischen Siedler wie planloses Umherziehen aussah, war in Wirklichkeit die systematische Nutzung natürlicher Nahrungsangebote. In einem festgelegten jahreszeitlichen Rhythmus, den der Wildwechsel und die Reifezeit der Nahrungspflanzen bestimmten, zogen die Aborigines jagend und sammelnd durch streng abgegrenzte Stammesgebiete. Die Territorien konnten, abhängig von der Größe des Stammes und vom Nahrungsangebot, zwischen wenigen hundert und mehreren hunderttausend Quadratkilometern groß sein. In den Busch- und Wüstenregionen von Zentralaustralien mit ausgiebigen Dürreperioden bedeutete Umherziehen Überleben, am Ort zu bleiben jedoch Selbstmord.

Wichtig war ein regelmäßiger Tauschhandel zwischen den Stämmen. Die seit Urzeiten festgelegten Handelswege, die auch kultische Bedeutung hatten, waren mit den Traumpfaden der mythischen Ahnen (s. S. 42 f.) identisch. Als wichtigste Handelsgüter galten Ockerfarben, bestimmte Muscheln, Mahlsteine, Steinbeile, Speere und Speerspitzen aus Quarzit sowie das milde Narkotikum *Pitcheri,* das man bei Wanderungen gegen den Durst kaute. Doch war der Handel mit materiellen Dingen nur eine Begleiterscheinung des wesentlich wichtigeren Austausches immaterieller Kulturgüter wie Mythen, Legenden, Gesänge und Tänze. An den Schnittpunkten von Handelsrouten lagen meist Zeremonienplätze. Hier fanden, oft in einem festgelegten zeitlichen Rhythmus, *Corroborees* (gesellige Tanzfeste) statt, bei denen die Mitglieder verschiedener Stämme und Klans untereinander ihre Traumzeit-Geschichten austauschten.

Gesellschaft und Alltagskultur

Die Aborigines laden Besucher aus aller Welt ein, ihre Kultur kennenzulernen

Alltagsleben

Die Lagerstätten der Wüsten- und Steppennomaden waren nur temporär. Wenn es ein ausreichendes Nahrungsangebot erlaubte, sich für längere Zeit an einem Standort aufzuhalten, legte man neben einer permanenten Feuerstelle einen geschützten Schlafplatz an. Als Unterkünfte dienten einfache Schutzdächer aus Baumrinde oder Windschirme, die aus einem mit pflanzlichem Material eingedeckten Astgerüst bestanden. Wegen der ausgedehnten Regenperiode errichteten die Ureinwohner des tropischen Nordens relativ solide Unterkünfte. Größere dauerhafte Siedlungen gab es nur in den kälteren Regionen des Südens.

Kleidung in unserem Sinne kannten die Ureinwohner in voreuropäischer Zeit nicht. Außer an der winterkühlen Südküste, wo man sich in Felle aus Känguruhaut hüllte, waren beide Geschlechter nackt. Zum Schutz gegen die oft eisige Kälte der Wüstennächte rieben sich die zentralaustralischen Ureinwohner mit Fett und Asche ein.

Da Aborigines immer wieder lange Strecken zurückzulegen hatten, mussten die einzelnen Geräte leicht transportabel und auf verschiedene Weise nutzbar sein. Gleich mehrere Verwendungszwecke hatte die *Woomera* genannte hölzerne Speerschleuder. Dieses Gerät gibt dem Speer einen solchen Schwung, dass er bei einer sehr hohen Treffgenauigkeit bis zu 100 m weit fliegt. Weiterhin wurde die *Woomera* als Reibstock zum Feuermachen und als Trommel bei religiösen Zeremonien verwendet. Die wichtigsten Jagd- und Kriegswaffen des Mannes waren Speere, deren Spitzen aus Knochen oder Stein be-

Aborigines – die ersten Australier

standen. Zur Waffenausrüstung gehörten auch Keulen und Schilde sowie Bumerangs.

Wichtigstes Arbeitsgerät der Frauen war der zugespitzte Stock zum Ausgraben von Wurzeln und Knollen sowie Insektenlarven und kleinen Beuteltieren. Als ebenfalls unentbehrlich galt das *Coolamon,* eine runde, meist aus einem Stück Holz gefertigte Schale, die als Wassergefäß und Kindertrage diente, aber auch beim Graben nach Termiten und anderen Nahrungsmitteln Anwendung fand. Zu den wenigen Besitztümern der Aborigines gehörten zudem Steinmesser und -beile, Taschen aus Pflanzenfasern sowie Knochennadeln. Unabdingbar war ein Quirl aus Hartholz zum Entfachen von Feuer.

Wüstennomaden konnten fast unsichtbare Tierspuren auf felsigem Boden lesen oder in extremen Klimasituationen ihre Trinkwasserversorgung sicherstellen, indem sie Tau auffingen oder die Wasservorräte in Pflanzen und Tieren nutzten. Bei ihrem Wildbeuterleben praktizierten die Aborigines eine strenge geschlechtsspezifische Arbeitsteilung. Männer lieferten durch die Jagd die Zusatznahrung; die eigentliche Ernährungsgrundlage, pflanzliche Produkte und kleineres Getier, aber sammelten die Frauen. Gejagt wurden vor allem Kängurus, Wallabies, Emus, Opossums, große Echsen und auch Schlangen. Das erlegte Wild gehörte der Gemeinschaft und wurde nach strengen Regeln aufgeteilt, um auch die Versorgung alter und kranker Gruppenmitglieder sicherzustellen.

Kindheit und Jugend

Nach Auffassung der Ureinwohner hatte ein Aboriginal-Kind zwei Väter: einen leiblichen und einen geistigen aus der mythischen Traumzeit. Der biologischen Zeugung maß man wenig Bedeutung bei, sehr viel wichtiger erschien die spirituelle Befruchtung durch ein Wesen der Traumzeit. Den Stammesältesten fiel die Aufgabe zu, die Geister der totemistischen Vorfahren zu beschwören. Derart aktiviert, pflanzten diese Kinderkeime in den Schoß der Aboriginal-Frauen. So waren die Ureinwohner von Anbeginn unlöslich mit den Schöpfern des Kosmos verbunden.

Kinder wurden sehr liebevoll behandelt, viel gehätschelt und wenig gezüchtigt. Bis zum Zeitpunkt der Initiation erzog man sie fast antiautoritär. Allerdings war die Beziehung zwischen leiblichen Eltern und Kindern relativ lose. Verantwortlich für die Erziehung der Jüngeren war immer die Großfamilie. Schon früh lernten die Kleinen, sich in die Gemeinschaft einzufügen, in der stets das Kollektiv zählte, niemals aber das Individuum, das den Aborigines als Daseinsform heute noch unbekannt und unverständlich ist.

Mit der Initiation männlicher Jugendlicher, der die Einweihung in die mythischen und spirituellen Geheimnisse der Gruppe folgte, war die Trennung der Geschlechter vollzogen. Die Riten, mit denen man die Jugendlichen im Alter von 12 bis 16 Jahren in die Gemeinschaft der Männer einführte, unterschie-

Gesellschaft und Alltagskultur

den sich nach Gegend und Stamm. Eines jedoch hatten sie gemeinsam: Es waren durch Schmerz unvergesslich gemachte zeremonielle Akte, die im Geheimen stattfanden, fern von den Blicken Fremder. Bei den Aranda in der Gegend von Alice Springs traktierten die Stammesältesten den Prüfling so lange mit den Fäusten, bis ihm das Blut aus Mund und Nase quoll. Das Blut wurde dem Totem-Urvater geopfert, gleichzeitig bezahlte der Initiierte die Sünden seiner Jugend. Viele Riten schlossen die Beschneidung des Geschlechtsorgans ein. Zu den schmerzhaften körperlichen Eingriffen gehörten auch die Durchbohrung der Nasenscheidewand, das Ausschlagen von Schneidezähnen, das Ziehen von Fingernägeln und das ›Kopfbeißen‹, bei dem die Ältesten an den Schädeln der jungen Männer nagten oder sie mit geschärften Speerspitzen bearbeiteten.

Was in den Augen Weißer wie Barbarei wirkte, war für die Ureinwohner unabdingbar. Zum einen war es eine Vorbereitung auf die Strapazen in einer erbarmungslosen Natur, zum anderen erlangten nur die Vollinitiierten den Status erwachsener Männer, denen es erlaubt war, zu heiraten sowie die Geheimnisse der religiösen Mythen und geheiligten Traditionen zu erfahren. Wer sich den Initiationsriten entzog, wurde aus der Gemeinschaft ausgeschlossen.

Am Ende der Initiation, die sich über Jahre hinziehen konnte, erhielt der Erwachsene seinen *Tjurunga,* als Verkörperung seiner Ahnen von nun an sein Allerheiligstes. Ein *Tjurunga* ist eine ovale, rund 40 bis 50 cm lange, aus Stein oder Hartholz geschnittene Platte. In die Oberfläche sind Zeichen eingraviert, welche die Wanderungen der Ahnen ihres Besitzers symbolisieren. Nach den Gesetzen der Ureinwohner darf keine nicht initiierte Person je einen Blick auf einen *Tjurunga* werfen.

Religion, Mythos und Kult

Die Ureinwohner haben über Jahrtausende hinweg eine spirituelle Welt mit einem reichen Mythenschatz und spezifischen Glaubensinhalten entwickelt, wie sie im Kontrast zu ihrer materiellen Kultur komplexer kaum denkbar ist. Auch heute noch bildet die (Natur-)Religion bei den traditionell lebenden Aborigines den Mittelpunkt ihres Daseins. Der Schlüssel zum Verständnis der Gedankenwelt der Ureinwohner heißt Traumzeit, die allerdings mit unseren Vorstellungen von Träumen nichts zu tun hat. *Lalai,* wie ein Aboriginal-Begriff für Traumzeit lautet, umschreibt den Prozess der Gestaltung, Form- und Sinngebung allen Lebens durch mythische Gestalten, die Schöpferwesen, Kulturheroen und Vorfahren der Menschen zugleich waren.

Am Anfang, so will es die Schöpfungsmythologie, war die Erde flach, leer und wüst. Es gab kein Licht, keine Wärme und keine Lebewesen. Dann tat der Boden sich auf, und riesige überirdische Kreaturen – teils Mensch, teils Tier, teils Pflanze – begannen ihr Schöpfungswerk. Auf ausgedehnten Traumzeitwanderungen durch die Weiten des Kontinents erschufen die Schöpferwesen mit ihren übernatürlichen Energien und Kräften alles, was es auf der Welt gibt. Höhlen und Schluchten entstanden durch das Hervorbrechen der Urväter aus dem Erdinnern; Flüsse und Seen bildeten sich aus ihrem Urin; Wasserstellen gingen aus den Rastplätzen der traumzeitlichen Nomaden hervor; aus ihren Fußabdrücken begannen Pflanzen zu sprießen; aus ihrem vergossenen Blut entwickelten sich die für kultische Handlungen so wichtigen Ockerlager; ihre fortgeschleuderten Speere verwandelten sich in Bäume und Felsen.

Zum Schöpfungswerk der mythischen Vorfahren gehört neben den Naturerscheinungen auch alles Leben, das sich heute auf der Erde bewegt. Die gottgleichen Ahnen lehrten die Menschen den Umgang mit Feuer, die Anfertigung von Jagdwaffen oder die Zubereitung von Nahrung. Sie führten auch die heute noch gültigen Regeln, Gesetze und Tabus ein, wie etwa die Initiationsriten und die Heiratsvorschriften.

Als die Schöpferwesen ihr irdisches Werk vollbracht hatten, gingen sie in das Land ein. Sie zogen sich zurück in Flüsse, Felsen, Grotten oder Wasserlöcher, zumeist sichtbare Landschaftsmerkmale, die den Ureinwohnern heute noch als Plätze gelten, in denen die

Bumerangs

Bumerangs: Meisterwerke der Aerodynamik

Thema

Obwohl bei weitem nicht die bedeutendste, ist der Bumerang doch die bei uns bekannteste Waffe der australischen Ureinwohner. Dieses für die Kultur der Aborigines typische Wurfholz ist ein uraltes Instrument.

Im Torfboden eines Sumpfgebiets erhalten gebliebene, hölzerne Fragmente beweisen, dass Bumerangs bereits vor 10 000 Jahren in Gebrauch und schon damals nach aerodynamischen Gesichtspunkten gearbeitet waren. Allerdings kannte man die Krummhölzer nicht in allen Teilen des Fünften Kontinents, die Aboriginal-Stämme in Tasmanien und Nordaustralien benutzten sie nicht. Ihre Anwendung wäre bei dem oft sehr dichten Baumbestand auch gar nicht möglich gewesen.

Man unterscheidet zwei Arten von Bumerangs – die nicht zurückkehrende und die zurückkehrende Variante. Zur Jagd benutzten die Aborigines fast nur die nicht zurückkehrenden Krummhölzer, die sich durch eine sehr massive Form auszeichnen und in einer geraden Flugbahn geworfen werden. Diese Variante diente beim Jagen kleinerer Tiere auch als Schlagwaffe. Die Rückkehrbumerangs, die perfekten Meisterwerke der Aerodynamik, sind als Jagdwaffe nur bedingt tauglich – etwa zum Treiben von Beutetieren. Meist werden sie als reine Spielgeräte verwendet.

Da die persönliche Habe der nomadisierenden Ureinwohner auf ein Minimum beschränkt sein musste, hatten Bumerangs auch noch andere Funktionen. So konnten sie als Sichel zum Grasmähen ebenso eingesetzt werden wie als Grabstock zur Nahrungssuche. Bei zeremoniellen Veranstaltungen dienter zwei aneinander geschlagene Bumerangs als Rhythmusinstrument zur Begleitung der Sänger.

Die Formenpalette der meist aus Hartholz gefertigten Bumerangs ist sehr weit gefächert; sie reicht von fast geraden über leicht gebogene bis zu mehrfach gekrümmten Wurfhölzern. Eine spezielle Bedeutung maß man der Verzierung und Bemalung bei. Oft verwendeten die Aboriginal-Künstler dabei Rillenmuster oder geometrisches Dekor mit einem besonderen Symbolgehalt.

Beliebte Souvenirs: mit traditionellen Motiven bemalte Bumerangs

Gesellschaft und Alltagskultur

Schöpferkraft der Traumzeit gespeichert ist. Eine solche heilige Stätte ist etwa der Uluru (Ayers Rock, s. S. 337). Nach Vollendung der Schöpfung vertrauten die überirdischen Wesen den Menschen das Wächteramt über das Geschaffene an. Daher ist das Land für die Aborigines heute noch sakrosankt. Es darf nicht verändert und bepflanzt oder gar weggegeben und zerstört werden.

Die Aborigines betrachten die Heroen der Traumzeit als ihre totemistischen Vorfahren. Jedes dieser Wesen stand in enger Beziehung zu einem bestimmten Tier oder einer speziellen Pflanze. So konnte sich ein Emu-Totemvorfahr, der in menschlicher Gestalt über die Erde ging, auch in einen Emu verwandeln. Somit gilt er als Urvater der Emus aller Gebiete, die er auf seiner Traumzeitwanderung durchstreifte. Aber auch alle Menschen, die in diesem Territorium geboren wurden, führen ihren Ursprung auf ihn zurück. Sie betrachten ihn als mythischen Ahnen und Beschützer und fühlen sich mit dem Emu – ihrem Totem – verbunden. Einen Emu zu töten, um ihn zu verzehren, bedeutet daher sowohl Brudermord als auch Kannibalismus. Aus diesem Grund regeln ein Verhaltenskodex und strikte Tabuvorschriften den Umgang eines Aborigine mit seinem Totemtier oder seiner Totempflanze.

Um den Fortbestand ihres Werkes sicherzustellen, hinterließen die Traumzeitwesen an bestimmten heiligen Plätzen einen Teil ihrer schöpferischen Energie. Als ihre Daseinswelt noch intakt war, erneuerten die Aborigines diese Kraft regelmäßig auf rituell richtige Art und Weise, etwa durch Zeremonien, bei denen eine Verbindung zu den mythischen Vorfahren entstand. Bei diesen kultischen Handlungen trugen initiierte Männer dafür Sorge, dass das Band zwischen der Traumzeit und dem Heute nicht durchschnitten wurde. Der religiöse Kult beinhaltete für einen Ureinwohner wesentlich mehr als etwa für einen Christen der sonntägliche Kirchgang. Von Instinkten geprägt, war das Leben der Aborigines einem komplizierten religiösen Ritual verhaftet. Mit mythischen Tänzen, Beschwörungsritualen und Blutopfern wollten sie ihre wie Götter verehrten Vorfahren bewegen, das labile Gleichgewicht in der Natur zu erhalten sowie ihnen Schutz und Kraft zum Überleben in einer menschenfeindlichen Umwelt zu gewähren. Den Höhepunkt vieler Zeremonien bildete das Blutopfer, das heiligste und geheimste Ritual, bei dem die Männer ihr Blut auf die Erde tropfen ließen, um den Ahnen für ihre Gunst zu danken.

Für Ausführung und Inhalt der Zeremonien galten strenge Vorschriften, die von Generation zu Generation weitergegeben wurden. Zu den Vorbereitungen der kultischen Handlungen, in deren Mittelpunkt mythische Tänze und Gesänge standen, gehörte das rituelle Bemalen und Dekorieren der Körper. Sakrale Ockerfarben und oftmals mit dem eigenen Blut angeklebte Daunenfedern verwandelten die Teilnehmer in die jeweilige Totemgestalt des Urvaters. Dadurch nahmen sie für die Dauer des Rituals selbst die Gestalt von Schöpferwesen an.

Als kultische Handlungen galten auch die *Walkabouts,* das Umherwandern der Ureinwohner, das nichts mit der Nahrungsbeschaffung zu tun hatte, sondern eine rituelle Reise war. Die mythischen Schöpferwesen hatten den Menschen ein Land hinterlassen, das von einem Labyrinth unsichtbarer Wege durchzogen war – den Traumpfaden der Urzeitheroen, welche die heiligen Zentren miteinander verbanden. Beim *Walkabout* wanderte ein Aborigine seinen Traumpfad entlang, er folgte den Spuren seines Totemahnen und vollzog damit dessen Schöpfungsakt nach.

Das Ende der Traumzeit?

Als die Briten das Land eroberten, legten sie den Keim für den Hass und das tiefe Misstrauen, das heute noch latent bei vielen Nachfahren der damaligen Ureinwohner vorhanden ist. Die anfänglichen Strafexpeditionen von schießwütigen Siedlern und Viehzüchtern nahmen schnell die Ausmaße eines Genozids an. Schon gegen 1845 gab es um die Botany Bay und die Bucht von Sydney, die Schwerpunkte der weißen Besiedlung, keine Ureinwohner mehr. Doch nicht nur Mord und Totschlag hatten die Eingeborenen dezimiert,

Aborigines – die ersten Australier

auch die von Weißen eingeschleppten Krankheiten und Seuchen forderten ihren Tribut. Man schätzt, dass weitaus mehr Aborigines an Pocken, Masern, Geschlechtskrankheiten oder der Grippe starben als durch direkte Gewaltaktionen der Europäer.

Die Zahl der Ureinwohner zu Beginn der weißen Besiedlung dürfte zwischen 500 000 und 1 Mio. gelegen haben. Um 1920 lebten nur noch rund 60 000 Aborigines. Gleichzeitig war ihr Landbesitz auf null gesunken. Auf dem erst spät kolonisierten Fünften Kontinent fand in der aufgeklärten Moderne eine Neuauflage der Verbrechen der frühen Kolonialzeit statt. Erst in der zweiten Hälfte des 19. Jh. setzten sich Humanisten durch, die ein Ende des Mordens verlangten. Reste aufgeriebener Stammesgemeinschaften wurden zu Almosenempfängern und Randbewohnern der Ansiedlungen, wo sie bald mit einem weiteren Laster des weißen Mannes in Berührung kamen – dem Alkohol.

Seit etwa 1870, besonders aber seit den 1920er-Jahren, wurden Tausende von Aborigines zwangsweise in Reservaten oder in Missionsstationen angesiedelt. Die christlichen Heilsbringer sahen es als ihre Aufgabe an, die Ureinwohner zu bekehren und sie an ein sesshaftes Leben und die Bodenbearbeitung zu gewöhnen. So entfremdeten sich die Aborigines zunehmend von ihrer traditionellen Lebensweise, ihre sozialen Strukturen lösten sich auf. Über sogenannte Protektorate, Sondergebiete für die Ureinwohner, wachten weiße Aufsichtsbeamte. Aufgabe dieser Protektoren hatte es ursprünglich sein sollen, die Rechte der Ureinwohner zu schützen. Tatsächlich aber kam für die Aborigines das Leben in diesen ›Schutzgebieten‹ einer totalen Entmündigung gleich. Diejenigen Ureinwohner, die als Arbeiter auf Farmen angeheuert wurden, sahen sich bald einer hemmungslosen Ausbeutung ausgesetzt. Sie wurden lediglich mit freier Verpflegung und Bekleidung, nicht aber mit Geld entlohnt.

Auf Anordnung der Behörden wurden zwischen 1910 und 1970 Zehntausende von Aboriginal-Kindern von ihren Familien und Gruppen getrennt und in Missionsschulen, Erziehungsanstalten und Waisenhäusern untergebracht oder in die Obhut weißer Pflegeeltern gegeben, wo sie lernen mussten, ›weiß‹ zu denken und zu handeln. Doch konnten diese Aborigines vielfach ihren Platz in der weißen Gesellschaft nicht finden. Von ihren Stammesverbänden wurden sie häufig als ›schwarze Europäer‹ zurückgewiesen.

Bis in die 1960er-Jahre hatten die Ureinwohner keine Bürgerrechte. Zwar wurde die Hauptstadt Australiens nach dem Wort für Versammlungsplatz in einer Sprache der Aborigines ›Canberra‹ benannt, am politischen Versammlungsplatz, dem Parlament, spielten die Ureinwohner jedoch bislang keine große Rolle. Erst 1960 wurden sie als Staatsbürger anerkannt, erst 1962 erhielten sie das Wahlrecht, erst ab 1967 wurden sie bei Volkszählungen berücksichtigt, und erst 1971 wurde ein Aborigine Senator im Bundesparlament.

Heute noch stellen die Ureinwohner in nahezu allen Negativstatistiken einen überdurchschnittlich hohen Anteil, sei es bei Krankheit, Arbeitslosigkeit oder Kriminalität. So ist die Lebenserwartung der männlichen Aborigines 21 Jahre geringer als die von weißen Australiern (bei Frauen 18 Jahre). Die Wahrscheinlichkeit, dass ein Aboriginal-Kind vor Ende seines ersten Lebensjahrs stirbt, ist viermal höher als bei einem weißen Kind. Zwischen 25 % und 50 % aller schwarzen Kinder bis zu drei Jahren gelten als unterernährt. Alkoholismus ist bei allen schwarzen Australiern weit verbreitet. Die Arbeitslosenquote liegt sechsmal höher als bei Weißen, während das zur Verfügung stehende Einkommen nicht einmal die Hälfte dessen erreicht, was sonst in Australien verdient wird. Das Bildungsniveau der Aborigines ist im Vergleich zur übrigen Bevölkerung niedrig: 11 % aller Schwarzen über 15 Jahre haben nie eine Schule besucht (allgemeiner Durchschnitt 1 %). Dagegen sind mehr als 20 % der Häftlinge in australischen Gefängnissen Aborigines. Programme der Regierung, diese Verhältnisse zu ändern, sind gescheitert und haben die Aborigines zu einer Gemeinschaft mit den Problemen der Dritten Welt inmitten eines der reichsten Länder der Welt gemacht.

Gesellschaft und Alltagskultur

Während auf dem Lande die Aborigines noch ansatzweise die Möglichkeit haben, ein ihren Traditionen nahe stehendes Leben zu führen, vegetieren sie in den Elendsvierteln der Städte häufig als Fürsorge-Empfänger vor sich hin. Meist haben sie den Kontakt zu ihren Stammesgenossen verloren und damit auch die Möglichkeit zur Wiederaufnahme ihrer traditionellen Lebensweise. Nur sehr wenige der jüngeren Generation, zumeist Mischlinge, haben eine Ausbildung abgeschlossen und einen Beruf erlernt. Ein stärkerer Kontrast als zwischen der herkömmlichen Lebens- und Wirtschaftsweise der Aborigines und jener der modernen Zivilisation ist kaum vorstellbar: Ihre Einstellung zur Arbeit, die sie traditionell nur zur Deckung des momentanen Bedarfs, nicht aber als dauerhafte, vorsorgende Tätigkeit ausüben, und ihr Verständnis von Gemeinschaftseigentum, das keinen individuellen Besitz kennt, sowie vor allem ihre Zeitmaßstäbe stehen in unüberbrückbarem Gegensatz zur Wettbewerbs- und Konsumgesellschaft der weißen Australier.

Es stellt sich die Frage, ob eine Integration der Aborigines in das ›weiße‹ Australien sinnvoll ist. Mittlerweile sehen immer mehr Ureinwohner ihre einzige Überlebenschance in einer Art freiwilligen Apartheid, einer weitgehend getrennten Entwicklung von der weißen Gesellschaft. Ein Neubeginn in der Wüste oder im Busch scheint möglich, seitdem immer mehr Aborigines zu ihrem traditionellen Leben in den einstigen Stammesgebieten zurückkehren und in entlegenen Regionen zunehmend kleine Siedlungen errichten.

Ein Kernproblem dabei ist die Landfrage. Zwar wurde 1977 vom Bundesparlament das *Land Rights*-Gesetz ratifiziert und damit der Besitzanspruch der Aborigines offiziell anerkannt, doch können die Regierungen der einzelnen Bundesstaaten bis heute mehr oder weniger willkürlich mit den Landrechten der Ureinwohner verfahren. So behaupten sie beispielsweise das Recht auf alle Bodenschätze und die Vergabe von Schürflizenzen auf autonomen Gebieten der Aborigines. An dieser Praxis änderte sich auch nach dem Urteil des Obersten Gerichtshofs im Juli 1993 kaum etwas, obwohl der Richterspruch, von vielen als ›Jahrhundertentscheidung‹ bezeichnet, die Aborigines als die ersten Bewohner des Kontinents anerkennt und damit die zwei Jahrhunderte lang verbreitete Ansicht der Weißen zerstört, Australien sei bei der Ankunft der ersten englischen Siedler Niemandsland gewesen.

Nation der Nationen

Schon bald nach Ende des Zweiten Weltkriegs öffnete sich Australien und wurde wie die Vereinigten Staaten und Kanada zu einem klassischen Einwanderungsland. Während bis in die 1930er-Jahre fast alle Immigranten von den Britischen Inseln stammten, durften aufgrund des *Assisted Immigration Scheme,* eines staatlich subventionierten Einwanderungsprogramms, nun große Kontingente von Europäern einwandern, die weder britischer noch irischer Herkunft waren. Kamen zunächst Holländer, Deutsche, Österreicher und Skandinavier, so verschob sich der Schwerpunkt später vom nördlichen und mittleren Europa nach Süden und Osten. Italiener, Jugoslawen, Griechen und Malteser sowie Polen und Balten gehören heute zu den größten ethnischen Gruppen in Australien. Die Einwanderung der 1950er- und 1960er-Jahre mit jährlich bis zu 200 000 Neu-Australiern war auch einer der Gründe dafür, dass die Räder der Wirtschaft in Schwung kamen.

Da sich im Laufe der Zeit die Einwanderungsquoten mehr oder minder den Wellen wirtschaftlicher Auf- und Abschwünge anpassten, war Mitte der 1970er-Jahre, als sich Australiens Ökonomie in einer schweren Rezession befand, ein deutlicher Knick zu verzeichnen. Mittlerweile hat sich die Zahl der Zuwanderer bei etwa 120 000 im Jahr eingependelt. Einst ein Haus der offenen Tür, nimmt Australien heute seine neuen Mieter gründlich unter die Lupe. Jeder Einwanderungswillige muss sich einer strengen Bewertung unterziehen, wobei Alter, Ausbildung, Sprachkenntnisse und Familienstand sowie Beruf eine Rolle spielen.

Trotz der in früheren Jahren großzügig bemessenen Einwanderungsquoten verwehrte Australien lange Zeit Angehörigen außereuropäischer Rassen den permanenten Aufenthalt im Lande. Die *White Australia Policy* war vor allem ein erklärter Grundsatz der Gewerkschaften, die farbige Einwanderer fern halten wollten, um das hohe Lohnniveau nicht zu gefährden. Im Rahmen des 1901 verabschiedeten *Immigration Restriction Act* führte man für alle Einwanderungswilligen obligatorisch ein Diktat in irgendeiner europäischen Sprache ein. Diesen willkürlichen Auswahlakt schaffte man erst 1959 ab. Und erst 1972 verkündete der damalige Labor-Premier Gough Whitlam das Ende der *Whites only*-Politik.

Durchlässiger wurden die australischen Grenzen für die asiatischen Nachbarn, als das Land begann, seine Stellung im asiatisch-pazifischen Raum neu zu definieren. Seit Mitte der 1970er-Jahre kamen mit den vietnamesischen Flüchtlingen erstmals Asiaten in größerer Zahl ins Land. Mit Beginn der 1980er-Jahre strömten vermehrt Menschen aus Thailand, Malaysia und Indonesien sowie von den Philippinen, aber auch aus der Türkei und dem Libanon nach Australien. Gegenwärtig sind vor allem Chinesen willkommen, da sie oftmals viel Geld und berufliches Know-how mitbringen. Heute spricht jeder vierte Australier Englisch (wenn er dessen überhaupt mächtig ist) mit einem fremdländischen Akzent. Über ein Viertel der australischen Bevölkerung wurde im Ausland geboren. Auf dem Fünften Kontinent leben heute Menschen aus über 100 verschiedenen Nationen, die ihre Sitten und Gebräuche, Religionen und Kulturen in die neue Heimat mitbrachten.

Bis Anfang der 1980er-Jahre versuchten die Regierungen, mit Assimilationsprogrammen ihre neuen Bürger rasch und nahtlos in die australische Gesellschaft einzugliedern. Doch während etwa die zahlreichen holländischen und deutschen Immigranten nahezu spurlos im Alltag untertauchten, bildeten sich in manchen Großstädten ausgedehnte griechische, italienische und asiatische Viertel mit eigenen Restaurants und Geschäften. So hat Sydney nicht nur sein Little Italy und seine Chinatown, wo italienische oder chinesische Großfamilien alte Traditionen pflegen, sondern seit einiger Zeit auch sein ›Vietnamatta‹ genanntes Viertel der Einwanderer aus Indochina. Nicht allein Immigranten südeuropäischer und asiatischer Herkunft bleiben gerne unter sich und beschränken Kontakte mit ›Alt‹-Australiern auf den beruflichen und wirtschaftlichen Bereich – generell leben die unterschiedlichen Bevölkerungsgruppen eher neben- und nicht miteinander.

Australien – eine Freizeitgesellschaft

Schon nach wenigen Tagen wird Besuchern des Fünften Kontinents deutlich, dass Australier allem Anschein nach stets auf dem Weg in die Freizeit sind. Wie kaum anderswo auf der Welt wird hier die freie Zeit besonders hoch eingestuft. Den Arbeitstag, an dem man tunlichst jene Hektik vermeidet, die in Mitteleuropa zu Stresskrankheiten führt, beendet ein meist penibel pünktlicher Büroschluss. Und danach nimmt man sich Zeit für die wirklich wichtigen Dinge im Leben. Böse Zungen behaupten sogar, die Aussies würden nur arbeiten, um sich von ihren anstrengenden Freizeitaktivitäten zu erholen.

Den Feierabend- und Wochenendrhythmus bestimmen Barbecues und Parties, Heim und Herd, vor allem aber Spiel und Sport. Die Begeisterung für sportliche Aktivitäten durchdringt den australischen Alltag. Banker und Manager flitzen in den frühen Vormittagsstunden auf Rennrädern ins Büro, Angestellte joggen in der Lunch-Pause durch die Straßen, eilige Kunden kommen bisweilen mit dem Surfbrett unterm Arm in Läden und Banken. Dass die Australier zu einer der sportverrücktesten Nationen der Welt werden konnten, hängt sicherlich mit den idealen klimatischen und landschaftlichen Bedingungen zusammen. Herrliche Sommer und milde Winter haben eine ›Freiluftnation‹ begünstigt, für die beim Thema Sport zuerst und vor allem gilt: Do it yourself! Die Aussies schöpfen den hohen Freizeitwert ihres Landes voll aus.

Gesellschaft und Alltagskultur

Zu den beliebtesten Outdoor-Sportarten gehören Fischen und Kajakfahren. Die meisten Menschen ›auf die Beine‹ bringt aber das Wandern in den zahlreichen Nationalparks, die über vorzüglich gekennzeichnete Wegnetze verfügen. Neben Angelrute und Wanderstiefeln haben viele Australier auch Golfschläger im Schrank stehen. Aufgrund der großen verfügbaren Landflächen hat sich Golf in Australien zu einem Volkssport entwickelt. Ausgesprochen populär sind zudem Tennis und Squash, Radfahren und Reiten sowie vor allem Joggen. Sogar Skilaufen ist möglich, z. B. in den Snowy Mountains und den Victorian Alps oder in verschiedenen alpinen Skigebieten auf der Insel Tasmanien. Begeistert greifen die Australier auch jüngere Sportarten auf, etwa *White Water Rafting,* bei dem reißende Flüsse mit großen Schlauchbooten ›bezwungen‹ werden, und *Bungee Jumping,* bei dem sich Wagemutige an einem Gummiseil von hohen Türmen oder Kränen in die Tiefe stürzen.

Staatliche Feiertage

1. Januar – New Year
26. Januar – Australia Day (Gründungstag der ersten europäischen Siedlung auf dem Fünften Kontinent)
Karfreitag, Ostermontag
1. Mo im März – Labour Day (Tag der Arbeit) in WA
2. Mo im März – Labour Day, VIC
3. Mo im März – Labour Day, ACT
25. April – Anzac Day (Gedenktag zu Ehren der in den Weltkriegen gefallenen Australier)
1. Mo im Mai – Labour Day, QLD
2. Mo im Juni – Queen's Birthday, nicht WA
14. September – National Aboriginal Day
1. Mo im Oktober – Labour Day, NSW
2. Mo im Oktober – Labour Day, SA
25. Dezember – Christmas Day
26. Dezember – Boxing Day, nicht in WA; Proclamation Day, nur SA

Fällt ein Staatsfeiertag auf einen Sonntag, ist der darauffolgende Montag arbeitsfrei.

Australian Footie

Australian Football, eine der schnellsten und spektakulärsten Kampfsportarten der Welt, hat seine Hochburg in und um Melbourne, gewinnt aber kontinentweit immer mehr Anhänger und Aktive. Entwickelt hat sich diese Sportart aus einer verrohten Form des Gälischen Fußballs, den Mitte des 19. Jh. irische und walisische Goldgräber in ihrer Freizeit auf den Goldfeldern von Ballarat in Victoria spielten. Schon 1858 wurde in Melbourne der erste *Football Club* gegründet, und auch heute noch stehen in Victoria die Samstage der Wintermonate ganz im Zeichen von *King Footie* (›König Fußball‹). Hunderttausende verfolgen in den Stadien oder am Bildschirm das Abschneiden der 14 zur *Victorian Football League* gehörenden Mannschaften. Beim *Grand Final* kommt in Melbourne alljährlich im September das Alltagsleben praktisch zum Stillstand. Über 120 000 Zuschauer – so lautet der bisherige offizielle Zuschauerrekord eines Finales im Melbourne Cricket Ground Stadium.

Zuschauern aus Übersee erscheint *Footie* meist wie eine wüste, atemberaubend schnell ablaufende Keilerei, bei der die jeweils 18 Spieler eines Teams versuchen, einen eiförmigen Lederball dem hüterlosen gegnerischen Tor zuzuführen, das aus vier Stangen besteht. Gelingt es der angreifenden Mannschaft, das Lederei zwischen den beiden dickeren Hauptstangen hindurchzukicken, erhält sie sechs Punkte. Fliegt der Ball zwischen hoher Haupt- und niedriger Nebenstange hindurch, gibt es nur einen Punkt. Immer wieder kommt es beim Männerstreit ums Lederei zu spektakulären Szenen, wenn der ballführende Spieler angegriffen wird.

Rugby und Soccer

In New South Wales und Queensland bevorzugen Fans **Rugby,** bei dem fast alles erlaubt ist. Die Spieler dürfen das Leder tragen, kullern, schießen und auch seitlich oder nach hinten werfen. Verboten ist nur der Wurf nach vorn. Punkte gibt's, wenn die angreifende Mannschaft den Ball hinter der Grundlinie des Gegners ablegt oder wenn es gelingt, ihn

Australien – eine Freizeitgesellschaft

über die 3 m hohe Querlatte des gegnerischen Tors an der Stirnseite des Spielfelds zu kicken.

Soccer, das in Europa als Fußball bekannte Rasenspiel, war vor dem Zweiten Weltkrieg in Australien fast unbekannt und galt noch bis vor nicht allzu langer Zeit als Domäne der Einwanderer aus kontinentaleuropäischen Ländern. Erst nachdem sich 1974 die nur aus Amateuren bestehende australische Nationalmannschaft völlig überraschend für die Teilnahme an der Fußballweltmeisterschaft in Deutschland qualifizieren konnte, wächst auch Down Under die Begeisterung für die wohl ›zivilisierteste‹ der Football-Arten. Einen weiteren kräftigen Impuls erhielt der australische Fußball durch die Erfolge der australischen Nationalmannschaft bei der WM 2006 in Deutschland.

Cricket und Rasenbowling

Als Sommersport Nummer eins gilt **Cricket,** das sich zu einer australischen Institution entwickelte, von der früher nicht-britische Einwanderer ausgeschlossen waren. Nicht Eingeweihten erscheint diese Sportart mit ihren komplizierten Regeln, die ein amerikanischer Journalist einmal als ›Baseball im Zeitlupentempo‹ beschrieb, eher langweilig. Ein volles Match kann sich über Tage hinziehen, und es können Stunden vergehen, bis auf dem Rasen etwas Aufregendes passiert.

Das *Lawn Bowling* genannte **Rasenbowling** gehört vor allem bei älteren Männern und Frauen zu den beliebtesten Freizeitbeschäftigungen. Die Klubs, in denen sich die Anhänger dieses dem Boccia ähnelnden Spiels organisiert haben, zählen rund 500 000 Mitglieder. Das Rasenbowling ist aber nicht nur ein Spiel, es wird beinahe schon als eine Art Ritual praktiziert, für das eine uniformähnliche Kleidung – schneeweiße Hosen, Kleider, Pullover und Sonnenhüte – unerlässlich ist.

Pferdesport

Die meisten Australier sind Pferdenarren, und wenn sie von Rennen reden, so haben sie meist **Pferderennen** im Sinn. Diese haben auf dem Fünften Kontinent das ganze Jahr über Saison und verbinden vermutlich am besten zwei nationale Leidenschaften der Australier: den Wettkampfeifer und das Wettfieber. Überdies sind Pferderennen auch stets gesellschaftliche Ereignisse. In den Großstädten bieten sie der Schickeria einen Anlass zum Sehen und Gesehenwerden. In kleinen Outback-Orten, wo sie den Höhepunkt im meist recht monotonen Jahresverlauf darstellen, bilden sie den äußeren Rahmen, um neben dem Wetten einem weiteren Laster zu frönen: dem Biertrinken in geselliger Runde.

Das höchstdotierte und zugleich bekannteste Pferderennen des Landes ist der Melbourne Cup. Alljährlich am ersten Dienstag im November um 14.40 Uhr hält ganz Australien für rund fünf Minuten den Atem an und fiebert dem Ausgang dieses Galopprennens entgegen, das über eine Distanz von zwei Meilen geht.

Wassersport

Viele Strände sind berühmt wegen ihrer mächtigen Wellen. Nachdem in den 1930er-Jahren das Surfbrett seinen Weg aus Hawaii an die australischen Küsten gefunden hatte, ist **Wellenreiten** nicht nur zu einem Volkssport, sondern fast schon zu einer Art Religion geworden. Zehntausende junger Australier, Männer wie Frauen, leben anscheinend nur fürs Wellenreiten. In ihren Autos, meist alten Kombis, die Surfboards auf das Dach geschnallt, fahren sie an manchen Tagen von Sonnenaufgang bis -untergang oft Hunderte von Kilometern die Küste hinauf und hinunter, immer der höchsten Brandung nach.

Mindestens ebenso populär sind in Australien **Segeln** und **Motorbootfahren.** Bereits seit den 1950er-Jahren hat sich in australischen Gestaden das Segeln zu einem beliebten Freizeitvergnügen entwickelt. Anders als hierzulande gelten Down Under Segeln und Motorbootfahren nicht als übermäßig teure und exklusive Sportarten. An schönen Wochenenden wimmelt es denn auch in den Häfen und Buchten nahe den Städten von Jachten und Booten jeder Art und Größe

Segelregatten, wie etwa das 1100 km lange Rennen von Sydney nach Hobart, er-

Gesellschaft und Alltagskultur

freuen sich in Australien einer ungeheuren Beliebtheit. Und dass die Australier auch in internationalen Wettbewerben mithalten können, zeigte sich 1983. Damals sorgte die heimische Crew mit ihrer Jacht Australia II für eine Sensation: Es gelang ihnen, die Amerikaner in der bedeutendsten Hochseeregatta der Welt zu schlagen und ihnen die unter Sportseglern begehrteste Trophäe zu entreißen – den *America's Cup,* der 132 Jahre lang die Domäne der Amerikaner gewesen war. Der Jubel im Land war grenzenlos, ganz Australien geriet in einen Begeisterungstaumel.

Feste und Veranstaltungen

Je skurriler, desto australischer

Todd River heißt der Fluss, der durch Alice Springs fließt. Das tut er allerdings nur alle Jubeljahre und dann in der Regel auch nur einige Tage lang. So haben die Einwohner von Alice Springs (s. S. 341) den Todd River zum Schauplatz eines kuriosen ›Bootsrennens‹ erkoren: der **Henley-on-Todd-Regatta** – Henley nach dem berühmten Ruderzentrum an der Themse in England und Todd nach ebendem Fluss, auf bzw. in dem sie ausgetragen wird.

Diese Regatta ist wahrscheinlich das einzige Bootsrennen der Welt, das auf dem Trockenen entschieden wird. Da es kein Wasser gibt, rudern die Teilnehmer nicht, sondern laufen mit ihren bodenlosen Booten, oft recht originellen Konstruktionen, durch das staubtrockene Flussbett dem Ziel entgegen. Wie bei normalen Regatten kann nur die Mannschaft gewinnen, die den Bug vorn behält und im Ziel noch alle Mann an Bord hat.

Ausgeheckt wurde die Idee 1961 von Mitgliedern des Rotary Club, nach deren Meinung zu einem Wohltätigkeitsfest auch eine Regatta gehörte. Und weil es wohl ein Flussbett gab, aber mal wieder kein Wasser drin war, versuchte man es eben ohne das feuchte Element. Mittlerweile ist der Wettkampf eine große Attraktion, die alljährlich am letzten Samstag im September Tausende von Zuschauern anlockt. Ein einziges Mal nur machte das Wetter einen Strich durch die Rechnung – es regnete, und das Spektakel fiel buchstäblich ins Wasser.

Ein solches Dilemma ist den Veranstaltern des **Kynuna Surf Carnival** bislang noch nicht passiert. Den Teilnehmern und Zuschauern dieses Gaudiums wird zwar alles Mögliche geboten, nur auf eines müssen sie verzichten: das Wellenreiten, denn der nächste Brandungsstrand ist gut und gern 500 km entfernt. So klemmen sich die Kombattanten eben ihre Surf Boards unter den Arm und rennen im heißen Wüstensand um die Wette.

Das nach der Henley-on-Todd-Regatta zweitverrückteste Bootsrennen der Welt, die **Beer-Can-Regatta,** findet jedes Jahr Ende Juli oder Anfang August im nördlichen Darwin (s. S. 361) statt. Aufgrund des hohen Bierkonsums im Ort wurden die leeren Bierdosen zu einer Umweltplage. Nichts liegt in einer Hafenstadt näher, so dachten sich zwei clevere Darwiner, als eine Regatta mit Booten auszuschreiben, die aus leeren Blechdosen zusammengebastelt sind. Das Rezept für den Bau eines Dosenschiffes ist sehr einfach: Leere, zugelötete Bierdosen werden mit einem wasserdichten Klebeband miteinander verbunden – schon 360 Dosen tragen einen erwachsenen Menschen. An den Start gehen die abenteuerlichsten Wasserfahrzeuge: Drachenboote, Wikingerschiffe oder Raddampfer. Der Bierkonsum des Renntags sichert übrigens bereits das Baumaterial für die Boote, die an der nächsten Regatta teilnehmen.

Volksfeste, Rodeos und Country Fairs

Die Henley-on-Todd-Regatta von Alice Springs, die Beer-Can-Regatta in Darwin und der Kynuna Surf Carnival gehören zu den bekanntesten und skurrilsten Festen in Australien. Doch landesweit feiert jedes noch so kleine Nest, das etwas auf sich hält, zumindest einmal pro Jahr eine große Fete. Vor allem in ländlichen Regionen und im Outback, wo es nur wenige gesellschaftliche Ereignisse gibt, markieren **Volksfeste** die Höhepunkte des Jahres. Zu ihnen strömen die Einheimischen aus einem oft Hunderte von Kilometern weiten Umkreis zusammen. Im Mittel-

Feste und Veranstaltungen

Sattelfester *stockman* beim Rodeo

punkt eines zünftigen Festes steht meist ein Pferderennen für Amateurjockeys. Ausscheidungsrennen finden am ersten Festtag, in der Regel einem Samstag, statt. Abends folgt gewöhnlich ein Ball mit Musik und Tanz, bei dem formelle Kleidung erwartet wird. Sonntag ist dann Familientag mit Spiel und Spaß für kleine und große Kinder. Meist am Montag werden die Endläufe der Pferderennen ausgetragen.

Ganz oben in der Beliebtheitsskala der Australier stehen **Rodeos,** die in größeren Orten häufig in Verbindung mit **Landwirtschaftsausstellungen** (Country Fairs) stattfinden. Publikumsmagneten wie das jährlich im August abgehaltene Rodeo von Mount Isa in Queensland locken Tausende von Menschen an. Die Rodeo-Reiter sind häufig Profis. In Wohnwagen ziehen sie von Veranstaltung zu Veranstaltung durch ganz Australien. Konkurrenz bekommen sie vor Ort durch *stockmen,* die auf Rinderfarmen der Umgebung arbeiten. Zum Beiprogramm eines Rodeos gehören manchmal Wettbewerbe im Holzhacken.

Eine andere Attraktion sind **Boxkämpfe,** bei denen Mutige für ein paar Dollar mit Profis in den Ring steigen. Um einiges ungefährlicher sind die **Bierbauch-Wettbewerbe.** Im Stil einer Misswahl präsentieren dabei gestandene Mannsbilder ihre jahrelang gepflegten Bierbäuche einer weiblichen Jury. Sieger ist natürlich der Teilnehmer mit dem stattlichsten *beer belly.*

Architektur und Kunst

Lange Zeit orientierten sich Architektur und Kunst der weißen Australier an englischen und amerikanischen Vorbildern. Die Phase der kulturellen Selbstfindung begann erst mit dem Aufkommen des australischen Nationalbewusstseins zu Beginn des 20 Jh. Heute gibt es Down Under ein facettenreiches Kulturleben sowie Anzeichen für eine Renaissance der fast in Vergessenheit geratenen Kunst der Ureinwohner.

Architektur

In der Kolonialzeit und der ersten Hälfte des 20. Jh. spiegelte sich in der Architektur des Fünften Kontinents weitgehend die architektonische Mode des Mutterlandes Großbritannien wider. Das 19. Jh. stand im Zeichen von Neugotik und Neuklassizismus, wobei die herausragenden Kirchen- und Profanbauwerke dieser Epoche, etwa die **St. Marys Cathedral** und die **Universität** in Sydney, die **St. Patricks Cathedral** in Melbourne und das **Parlamentsgebäude** in Adelaide, mit ihren historisierenden Zügen unverkennbar an das europäische Mittelalter erinnern. Bereichert wurde die Vielfalt der Baustile der Gründerzeit durch den sogenannten georgianischen Stil, als dessen wichtigster Vertreter der ›Sträflingsarchitekt‹ Francis Greenway gilt (s. S. 111, 121). Heute noch sieht man in vielen Städten schöne Beispiele für den viktorianischen Terrace-Baustil des späten 19. Jh.: in Zeilen errichtete, schmale Wohnhäuser mit aufwendigen, schmiedeeisernen Verandageländern und Holzschnitzereien.

Mit Beginn des 20. Jh. gewann der amerikanische Baustil der neuen Sachlichkeit an Einfluss. So entstand in den 1920er-Jahren nach Plänen des US-Architekten Walter Burley Griffin die **Bundeshauptstadt Canberra.** Als eigentliche architektonische Leistung des 20. Jh. jedoch gilt der kulturelle Monumentalbau – vor allem drei australische Bauwerke, die eine kulturelle Aufbruchstimmung symbolisieren, zählen weltweit zu den gelungensten und bedeutendsten Beispielen zeitgenössischer Baukunst: das **Victorian Arts Centre** in Melbourne, das **Festival Centre** in Adelaide sowie besonders das **Opera House** in Sydney, Australiens architektonisches Symbol, das allerdings nicht von einem heimischen Architekten, sondern vom Dänen Jørn Utzon entworfen wurde. Für Aufmerksamkeit über die Landesgrenzen hinaus sorgte 2002 die Eröffnung des **Federation Square** in Melbourne, eines weitläufigen Areals mit mehreren futuristischen Bauwerken, die Museen, Galerien und Theater sowie Restaurants, Cafés und Boutiquen beherbergen.

Malerei

Die ›Heidelberg School‹

Erst gegen Ende des 19. Jh. begann mit der Gründung der Heidelberg School für die australische Malerei eine Phase der Selbstfindung. Die Mitglieder der Künstlerkolonie Heidelberg, heute ein Vorort von Melbourne, entdeckten als erste australische Maler die Eigentümlichkeiten der Landschaft des Fünften Kontinents – ihre Weite, ihre Wildheit und ihre Einsamkeit. Beeinflusst vom französischen Impressionismus schufen sie einen völlig neuen, eigenständigen Bildtypus. Zu den bedeutendsten Vertretern der Heidelberger Schule, deren Werke in allen wichtigen Galerien Australiens zu finden sind, zählen **Arthur Streeton** (1876–1943), **Charles Conder** (1855–1909) sowie **Thomas William Roberts** (1856–1931), der Gründer dieser Künstlervereinigung und ›Vater der australischen Landschaftsmalerei‹. In der Tradition der australischen Impressionisten steht auch das Werk des deutschstämmigen Malers **Hans Heysen** (1877–1968), dem es in seinen Aquarellen und Ölgemälden eindrucksvoll gelang, die Farb- und Lichtstimmungen des Outback einzufangen.

Aufbruch in die Moderne

Moderne Stilrichtungen wie Expressionismus, Surrealismus und abstrakte Malerei beeinflussten die australische Malerei erst nach dem Zweiten Weltkrieg. Zwar nahmen **William Dobell** (1899–1970) und **Russell Drysdale** (1912–81) stilistische Anleihen bei europäischen Expressionisten, blieben aber inhaltlich den traditionellen Landschaftsmalern Australiens verbunden. Dagegen brachen **Sidney Nolan** (1917–92), **Albert Tucker** (1914–2000) und **Arthur Boyd** (1920–99) ganz entschieden mit den Traditionen. Ihre künstlerischen Vorbilder finden sich unter europäischen Expressionisten und Surrealisten, inhaltlich jedoch revolutionierten sie die australische Kunstszene: Sie lehnten den Naturalismus ihrer Vorgänger ebenso ab wie den Nationalismus der damaligen Zeit und wandten sich verstärkt sozialkritischen Themenkreisen zu, was weder dem Publikum noch bei Kritikern auf Verständnis stieß. Mit ihrer zunehmenden Distanzierung von bodenständig australischen Themen gelang v. a. Nolan, Tucker und Boyd der Durchbruch über die Landesgrenzen hinaus. Ihre Werke hängen heute in bedeutenden Galerien auf dem ganzen Erdball. 1959 schlossen sie sich mit anderen modernen australischen Künstlern zu der Vereinigung ›Die Antipoden‹ zusammen.

Unter den jüngeren australischen Malern ragen **Brett Whiteley** (1939–92), **Pro Hart** (1928–2006), **John Peart** (geb. 1945) und **Suzanne Archer** (geb. 1945) heraus. Traumpreise erzielen die in brillanten Farben gemalten Werke von **Ken Done** (geb. 1940).

Literatur

Anfänge der australischen Lyrik

Das Leben in den Kolonien, die Sträflinge und Einwanderer sowie insbesondere der australische Busch, das raue und unbekannte Land – das waren im 19. Jh. die zentralen Themen der australischen Prosa und Lyrik. Allerdings gelang es nur wenigen der frühen Literaten, die Besonderheiten Australiens und die Atmosphäre in den Strafkolonien wirklich treffend zu schildern. So handelt es sich bei den Versdramen von **Charles Harpur** (1813–68) und **Henry Kendall** (1839–82), die als Begründer der australischen Lyrik gelten, um betont romantisierte Naturschilderungen. Und auch der Romanschriftsteller **Henry Kingsley** (1830–76) verklärte das raue Australien zu einem Land voller romantischer Reize.

Eine realistische Beschreibung des Lebens in der Strafkolonie gelang erst Autoren, die als Deportierte ins Land gekommen waren. So schilderte **James Tucker** (1801–66) in seinem autobiografischen Roman ›Ralph Rashleigh‹ eindrucksvoll sein Schicksal als Strafgefangener. Zu einer moralischen Anklage der Grausamkeiten des Deportationssystems geriet **Marcus Clarkes** (1846–81) Roman ›For the Term of His Natural Life‹, der heute als einer der Klassiker der australischen Literatur gilt. Ein anderes Phänomen der damaligen Zeit behandelte **Thomas Alexander Browne** alias **Ralph Boldrewood** (1826–1915) in seinem heute noch populären Roman ›Robbery under Arms‹: das Leben der *bushrangers* und Viehdiebe.

Die Buschbarden

Mit dem erwachenden Nationalbewusstsein erlebte Ende des 19. Jh. auch die Literatur einen merklichen Aufschwung. Die *Nineties,* die Jahre ab 1890, gelten als die Geburtsjahre der modernen, eigenständigen australischen Literatur. Die Schriftsteller beschäftigten sich jetzt verstärkt mit spezifisch australischen Themen, die sie stilistisch in Form von Balladen und Kurzgeschichten verarbeiteten. Insbesondere eine Stimme war fortan nicht mehr zu überhören – die der sogenannten

Architektur und Kunst

Buschbarden. Diese Literaten beschreiben in oft sehr drastischer Form die schwierigen Lebensbedingungen in den endlosen Weiten des Outback, aber auch das kumpelhafte Leben der Rinderhirten und Schafscherer. Kameradschaft, Heldentum und raubeiniges Durchhaltevermögen bildeten die Hauptzutaten ihrer Werke. Überdies wandten sie sich einem bislang ignorierten Thema zu: dem sozialen Elend in den rasch wachsenden Städten und der Not der Unterprivilegierten.

Zu den herausragenden Erscheinungen zählen der Balladendichter **Andrew Barton (Banjo) Paterson** (1864–1941), der die 1982 verfilmte Geschichte »The Man from Snowy River« und Australiens inoffizielle Nationalhymne »Waltzing Matilda« schrieb, und **Henry Lawson** (1867–1922), der bekannteste Kurzgeschichtenautor Australiens. Sein Werk zeichnet sich aus durch das Engagement für den ›kleinen Mann‹ und die Forderung nach sozialen Reformen. Mit den Beziehungen zwischen Weißen und Aborigines setzt sich **Ethel Robertson** alias Henry Handel Richardson (1870–1946) in der Trilogie »The Fortunes of Richard Mahoney« auseinander.

Literaten des 20. Jh.

Als überragende Figur der australischen Literaturszene des 20. Jh. gilt der Romancier **Patrick White** (1912–90), der als bislang einziger Australier 1973 den Nobelpreis für Literatur erhielt. In seinem erzählerischen Werk beschäftigte er sich vor allem mit Grundkonflikten des menschlichen Daseins. Zu seinen bekanntesten, teils auch ins Deutsche übersetzten Romanen gehören »The Tree of Man« (1955, »Zur Ruhe kam der Baum des Menschen nie«), eine episch angelegte Familienchronik, sowie »Voss« (1957), die Geschichte vom Glück und Untergang des deutschen Abenteurers Ludwig Leichhardt, der 1844/45 als erster Weißer den tropischen Nordosten Australiens durchquerte und drei Jahre später beim Versuch einer Ost-West-Durchquerung des Kontinents spurlos verschwand.

Ein engagiertes Eintreten für die Rechte der Ureinwohner kennzeichnet das Schaffen von **Xavier Herbert** (1901–84), **Katherine Prichard** (1884–1969) und **Thomas Keneally** (geb. 1935), dessen fesselnder Roman »The Chant of Jimmie Blacksmith« das Schicksal eines jungen Halb-Aborigine zum Inhalt hat, der sich an seinen weißen Peinigern blutig rächt. Nach Keneallys Hauptwerk »Schindler's Ark« drehte Steven Spielberg den von Publikum und Kritikern mit großem Beifall aufgenommenen Film »Schindlers Liste«. Das Verhältnis zwischen Weißen und Ureinwohnern thematisiert auch der Schriftsteller **David Malouf** (geb. 1934), der für seinen Roman »Remembering Babylon« (»Jenseits von Babylon«) 1993 den Prix Baudelaire erhielt.

Von ähnlichem Rang wie Keneally und Malouf ist unter Australiens Autoren **Peter Carey** (geb. 1941), der 2002 für seinen Roman »Die wahre Geschichte von Ned Kelly und seiner Gang« mit dem Booker Prize, dem wichtigsten englischen Literaturpreis, geehrt wurde. Zwei Jahre später erregte **Les Murray** (geb. 1938) mit seinem Versepos »Fredy Neptune« Aufsehen, in dem er die Geschichte des 20. Jh. auf erstaunliche Weise bündelt. In seinem 2004 veröffentlichten Australien-Roman »Der singende Baum« schildert **Tim Winton** (geb. 1960) die Odyssee zweier Menschen zu sich selbst und aufeinander zu, eine Reise durch innere wie äußere Landschaften. Zu Australiens bekanntesten zeitgenössischen Dramatikern gehört **David Williamson** (geb. 1942), der in seinen Stücken die Wertvorstellungen des Mittelstandes in Frage stellt.

Weltweite Bekanntheit im Genre der Trivialliteratur erlangte neben **Colleen McCullough** (geb. 1937), der Autorin des Bestsellers »The Thorn Birds« (1977, »Die Dornenvögel«), vor allem Nancy Cato (1917–2000), als deren Hauptwerk »Forefathers« (1982, »Der ewige Baum«) gilt.

Musik Down Under

Klassische Töne

Nellie Melba (1861–1931) und **Joan Sutherland** (geb. 1926), Australiens bekannteste Sopranistinnen, sangen in Übersee vor ausverkauften Opernhäusern, bevor sie in der

Heimat Anerkennung fanden (nach der ›großen Melba‹ wurde übrigens ein Eiscreme-Dessert benannt). Auch die meisten australischen Komponisten von Weltrang, etwa **Percy Grainger** (1882–1961), verbrachten viele Jahre ihres Schaffens außerhalb des Fünften Kontinents. Erst mit Gründung der *Australian Opera Company* im Jahre 1956 erfuhr die klassische Musik eine deutliche Aufwertung. Das Ensemble mit Sitz im Sydney Opera House gibt regelmäßig Gastspiele in allen großen australischen Städten. Nach einer großzügigen Förderung von klassischer Musik und Oper in den 1970er-Jahren besitzt Australien heute mehrere Symphonieorchester und Kammermusikgruppen sowie Opernhäuser in fast allen Staatshauptstädten.

Country und Folk

Im Gegensatz zu den klassischen Klängen erfreute sich die Country and Folk Music von Anfang an großer Popularität. Zu den nicht nur in ländlichen Regionen ungemein beliebten Barden gehören **Chad Morgan** und vor allem **Slim Dusty,** der den Dauerbrenner ›The Pub with no Beer‹ (»Die Kneipe ohne Bier«) schrieb. Einer der beliebtesten Songs auf dem Fünften Kontinent aber ist die bereits 1895 von Andrew Barton (Banjo) Paterson geschriebene Ballade »Waltzing Matilda«, quasi ein nationaler Evergreen und zugleich die heimliche Nationalhymne Australiens. Es ist die Geschichte von einem *swagman,* einem Wanderarbeiter, der auf der Suche nach Arbeit durch das Outback zieht. Eines Abends schlägt er sein Lager an einem kleinen See auf und stiehlt ein Schaf. Als Polizisten ihn festnehmen wollen, springt er ins Wasser und ertrinkt. Die zu einer alten schottischen Melodie gesungene Ballade besingt die von Australiern hoch geschätzten Ideale wie Loyalität, Integrität und Freiheitsliebe. Es ist aber auch das Lied vom ›armen Hund‹, gegen den sich Gott und die Welt verschworen haben.

Australian Rock

Nicht zuletzt gibt es in Australien eine üppig blühende moderne Musikszene. Als Erste spielten sich in den 1960er-Jahren die **Bee Gees** und die **Easy Beats** in die internationalen Charts. Ihnen folgten in den 1970ern Gruppen wie **The Little River Band, Air Supply, Flash and the Pan,** die Hardrocker **AC/DC** sowie die Solisten **Olivia Newton-John** und **Rick Springfield.** Den internationalen Durchbruch schafften während der 1980er-Jahre Bands wie **Men at Work, INXS, Mental as Anything, Go Betweens** sowie der Solist **John Farnham.**

Einen exponierten Platz in der australischen Musikszene der Gegenwart nimmt seit langem die Öko-Rock-Gruppe **Midnight Oil** mit ihrem eingängigen Gitarrenbeat ein. So spektakulär wie ihre Songs ist das Engagement der Band für die Aborigines und für ökologische Belange. Für ihren Auftritt bei der Abschlussfeier der Olympischen Sommerspiele 2000 in Sydney wählte die Rockformation um den Sänger Peter Garrett schwarze Kleidung, die mit dem Wort ›Sorry‹ bedruckt war. Vor allem innerhalb der Landesgrenzen sind **Redgum** (eine Eukalyptusart) und **Goanna** (eine große Echse) erfolgreich. Die beiden Gruppen widmen sich, was bereits in den Namen zum Ausdruck kommt, australischen Themen und verflechten dabei in ihrer Musik Elemente der Volksmusik mit solchen des Rock und Blues. Eine bemerkenswerte Karriere vom Teeny-Star zur international anerkannten Sängerin machte in den 1990er-Jahren **Kylie Minogue.**

Die Kunst der Aborigines

Die Kunst der australischen Ureinwohner unterscheidet sich grundlegend von dem, was wir im westlich modernen Sinn darunter verstehen. Die verschiedenen Aboriginal-Sprachen kennen nicht einmal einen Begriff für Kunst oder Künstler. Kunst war niemals ästhetischer Selbstzweck, sondern in einem tief religiösen Sinn stets zweckgebunden. Sämtliche künstlerischen Ausdrucksformen dienten einerseits dazu, eine Verbindung zwischen den Menschen und ihren mythischen Vorfahren herzustellen, andererseits sollte das Schöpfungswerk in einem symbolischen Akt nachvollzogen werden. Da die Ureinwoh-

Architektur und Kunst

Aboriginal-Künstler aus dem Arnhem Land

ner nie eine Schrift entwickelt hatten, gaben sie ihre Überlieferungen, insbesondere ihre uralten Schöpfungsmythen, durch Malerei (vornehmlich Felsbilder) und Gesänge von einer Generation zur anderen weiter.

Aufgrund der spirituellen Gedankenwelt der Aborigines war der Inhalt ihres künstlerischen Schaffens stets ihr Land mit all den heiligen Traumplätzen. Die in der Malerei sowie beim Dekor sakraler Schnitzwerke oder auch bei profanen Gegenständen wie Bumerangs oder Speeren verwendeten Motive waren zu einem Großteil standardisiert. Zeichen und Symbole, die immer einen Bezug zur Traumzeit herstellten, waren streng durch die Gesetze der geheimen Riten vorgeschrieben. Nur initiierte Männer verstanden die Symbolik der Spiralen und Wellenlinien, Rauten und Bogen, Streifen und Schlangenmuster, Kreuze und Kreise.

Felszeichnungen und Malerei

Im Bereich der bildenden Kunst nehmen die **Felszeichnungen und -ritzungen** eine zentrale Stellung ein. Zwar kann man Felskunst auf allen Kontinenten finden, doch sind die australischen Ureinwohner das einzige Naturvolk, das von der Frühgeschichte bis zur Gegenwart über Jahrtausende hinweg seiner Vorstellungswelt an Felswänden Gestalt verlieh, einem gigantischen Bilderbuch gleich, in dem die Aborigines lasen.

Ausschließlich initiierte männliche Stammesmitglieder hatten das Recht und – mehr noch – die Pflicht, die bildlichen Darstellungen rituell zu erneuern oder neue Felszeichnungen zu schaffen. Wichtig war nicht unbedingt das fertige Bild, sondern vielmehr der rituelle Akt des Malens oder Auffrischens.

Die Aboriginal-Malerei kennt verschiedene Stilarten. Das Arnhem Land im tropischen Norden ist die Region der sogenannten **Röntgenmalerei,** bei der die inneren Organe und Knochen des dargestellten Lebewesens wie auf einem Röntgenbild eingezeichnet wurden. Ebenfalls auf das Arnhem Land, und hier speziell auf den Kakadu National Park, ist der sogenannte **Mimi-Stil** beschränkt, mit Darstellungen kleiner, anthropomorpher Wesen, die den Aborigines als meist freundliche

Die Kunst der Aborigines

und scheue Geister erschienen. Nur im äußersten Nordwesten, in den rauen Gebirgsketten des Kimberley-Plateaus, kommen **Wandjina-Malereien** vor. Wandjinas, die vermutlich mythologische Schöpferwesen symbolisieren, sind meist menschenähnliche Gestalten mit einem ›Heiligenschein‹, aber ohne Mund und Ohren. Nicht auf eine bestimmte Region begrenzt sind Darstellungen von Händen. Hierzu nehmen die Künstler Farben in den Mund und ›sprühen‹ das Motiv auf.

Seit einiger Zeit erlebt die Aboriginal-Malerei eine Renaissance. Was die Vorfahren einst an Felswände malten, pinseln moderne Aboriginal-Künstler nun mit Acrylfarben auf Leinwände. Als wichtigste Stilrichtung gilt eine Art **Pointillismus** aus Kreisen, Punkten und Linien von tiefem Symbolgehalt. Fast jedes Gemälde erzählt eine Traumzeit-Episode. Was uns als eine australische Variante abstrakter Kunst erscheint, ist die Illustration der Wanderungen mythologischer Traumzeit-Vorfahren – eine ›spirituelle Landkarte‹. Mittlerweile kaufen weltweit Galeristen und Sammler Bilder der Aborigines auf.

Holzschnitzereien

Einen exponierten Platz im Spektrum des Kunstschaffens nimmt neben der Malerei die Holzschnitzerei ein. Als Zentren der Schnitzkunst gelten die der nordaustralischen Küste vorgelagerten Melville und Bathurst Islands. Die dort ansässigen Tiwi ornamentieren ihre indianischen Totempfählen ähnelnden Grabpfosten mit rituellen Darstellungen von Vögeln, Fischen und anderen Tieren sowie mit geheimnisvollen Mustern. Vor allem bei den Schnitzkunstwerken hat in den letzten Jahren allerdings eine Kommerzialisierung überhand genommen.

Musik, Gesang und Tanz

Von Musik und Gesang begleitete Tänze waren bei allen Aboriginal-Gruppen verbreitet. In einigen entlegenen Gebieten wie etwa Arnhem Land führt man traditionelle Tänze im Rahmen zeremonieller Zusammenkünfte noch heute auf. In den Ritualtänzen werden vornehmlich die Schöpfungsakte der Traumzeit-Heroen dargestellt. Es gibt aber auch Zeremonien ohne religiösen Charakter, sogenannte *Corroborees,* die zum Vergnügen und zur Entspannung abgehalten wurden.

Bei allen Tanz-Zeremonien spielt ein Chor eine bedeutende Rolle. Die sehr langen Gesänge, die oft Hunderte von Versen umfassen, erzählen meist die Schöpfungsgeschichte des jeweiligen Stammes oder der jeweiligen Sippe. Als Rhythmusinstrumente dienen Bumerangs oder Klanghölzer und vor allem im Norden das *Didgeridoo* – ein rhythmisches Blasinstrument aus Holz, dessen Laute an ein Alphorn erinnern. Dieses bis zu 3 m lange Rohr wird aus einem von Termiten ausgehöhlten, möglichst geraden Eukalyptusast hergestellt. Auch moderne Aboriginal-Bands, etwa **Yothu Yindi,** die in ihrer Musik neuzeitliche und traditionelle Stilelemente zu einem ungewöhnlichen Klangteppich verbinden, setzen die traditionellen *Didgeridoos* ein. Gegründet wurde Yothu Yindi (›Mutter und Kind‹) von Mandawuy Yunupingu (geb. 1956), dem ersten Aborigine mit akademischem Abschluss. Die meisten Songs, die sich kritisch mit Geschichte und Gesellschaft Australiens auseinander setzen, stammen aus seiner Feder. 1992 wurde Manadawuy Yunupingu zum »Australier des Jahres« gewählt.

Literatur

In den 1960er-Jahren entwickelte sich eine Aboriginal-Literatur von ungewöhnlicher Ausdruckskraft. Zu den bedeutendsten Schriftstellern des ›schwarzen Australien‹ gehört **Sally Morgan** (geb. 1951), die in ihrem autobiografischen Roman »My Place« eindringlich die bis 1970 geübte Praxis schildert, mischblütige Kinder gewaltsam von ihren Eltern zu trennen. Von hoher literarischer Qualität sind auch die Gedichte von **Oodgeroo Noonuccal,** die Romane von **Mudrooroo** und die Erzählungen von **Archie Weller,** welche die Gefühle der Aborigines sensibel zum Ausdruck bringen. Viel Beachtung fand der vom Aborigine **Burnum Burnum** verfasste Reiseführer ›Aboriginal Australia‹ (1988), der sich ausschließlich mit Aboriginal-Völkern und deren Lebensräumen befasst.

Essen und Trinken

So multikulturell Australien heute ist, so wird auch gekocht und gespeist: Die größeren Städte warten mit einem Mega-Angebot an Spezialitätenrestaurants aus aller Herren Länder auf; die fantasievolle ›New Australian Cuisine‹ vermengt im Crossover-Stil australische, asiatische und europäische Einflüsse; und echte kulinarische Abenteuer verheißen die sogenannten ›Bush tucker‹-Gerichte der Aborigines.

Kulinarische Vielfalt

Multikulturelle Versuchungen

»Wenn man gut essen will«, bemerkte ein verzweifelter ausländischer Journalist, der in den 1950er-Jahren über australische Verhältnisse schrieb, »so muss man selbst kochen«. Doch die Zeiten, da man Down Under nur das Nationalgericht – Steak mit Spiegelei und *baked beans* aus der Dose – erhielt, gehören längst der Vergangenheit an. Das Beste, was der australischen Küche, die lange Zeit ähnlich schlicht war wie die britische, passieren konnte, war der Zustrom kreativer Köche aus dem südeuropäischen und ostasiatischen Raum nach dem Zweiten Weltkrieg. Der wichtigste Aspekt der neuen facettenreichen Gastronomie-Landschaft Australiens ist ihre Inspiration durch die Außenwelt oder wie es ein Gastro-Kritiker einmal ausdrückte: ihre »Multikulturalität des Gaumens«. Allen britischen Traditionen zum Trotz findet sich in beinahe enzyklopädischer Vollständigkeit die Weltkarte der regionalen Küchen – von Argentinien bis Vietnam sind alle vertreten.

Mit italienischen Espressobars und Pizzerien fing es Anfang der 1960er-Jahre an. Heute gehören Feinschmeckerrestaurants aller Nationalitäten zum Straßenbild fast jeder Stadt. Selbst entlegene Outback-Nester haben mittlerweile ihren ›Chinesen‹ oder ›Italiener‹. Vor allem südostasiatische Lokale gehören inzwischen zu den Selbstverständlichkeiten in der bunten Restaurantszene. Für Liebhaber fernöstlicher Gaumenfreuden lohnt sich in australischen Metropolen der Weg durch die Chinatown. Hier findet man meist alle regionalen Gerichte Chinas sowie neben indonesischen, malaiischen, thailändischen und vietnamesischen Restaurants auch Spezialitätenlokale von Einwanderern aus Kambodscha und Burma, aus Mauritius und der Mongolei.

Die ›New Australian Cuisine‹

Aufgeschlossen für diese Einflüsse von außen, begannen in den letzten Jahren innovative australische Chefköche die ›moderne australische Küche‹ zu kreieren. Spätestens seit den Olympischen Spielen in Sydney schwärmen Feinschmecker von den leichten Gerichten der lebendigen und experimentierfreudigen *New Australian Cuisine*, die europäisch anmutet, aber einen deutlich asiatisch-pazifischen Stil hat.

Die moderne Aussie-Küche zeichnet sich durch einfache, aber hochwertige Ingredienzen aus, die überdies zunehmend raffinierter zubereitet werden. Manche Küchenchefs überraschen ihre Gäste mit Delikatessen wie austerngefülltem Rinderfilet, Lammkotelett mit Macadamiakruste, im Bananenblatt gegartem Fischfilet oder gebackene Ozeanforelle auf Buschkräuter-Aioli. Vor allem weil es immer mehr Gäste danach gelüstet, gehört zu ihrem Repertoire neuerdings auch das für seinen geringen Cholesteringehalt gerühmte Kängurufleisch: gebraten wie Wild, auf englische Art geschmort, nach irischer Sitte als Gulasch oder als Känguruschwanzsuppe.

Kulinarische Vielfalt

Viele australische Meisterköche haben auch den Ureinwohnern auf die Finger geschaut und bereiten aufregende *Bush tucker*-Gerichte, allerdings verfeinert und dem verwöhnten Gaumen der Städter angepasst. *Tucker* bedeutet in der australischen Umgangssprache Essen. Und *bush tucker* ist alles wild Wachsende und wild Lebende, das essbar und genießbar ist. In manchen Spezialitätenrestaurants kann man neben Känguru weitere Fleischsorten der sogenannten Buschküche goutieren, etwa Büffel-, Emu-, Kamel- oder Krokodilsteaks. Letztere stammen ausschließlich von gezüchteten Tieren; sie schmecken wie eine Mischung aus Huhn und Fisch. Feinschmecker schätzen Gerichte wie gebratene Magpie-Gans mit einer Sauce aus wilden Pflaumen, mariniertes Emu-Geschnetzeltes mit Karamell-Birnen oder über Holzkohle grilltes Wallaby-Filet mit wildem Thymian. Einige Restaurants locken mit gewöhnungsbedürftigen Delikatessen, die ursprünglich zu den Grundnahrungsmitteln der australischen Ureinwohner gehörten, etwa Mottenlarven, Mangrovenwürmern und anderen Insekten. Ein kulinarisches Abenteuer verspricht der Genuss von *Witchetty Grubs,* fingerdicken und sehr proteinreichen Larven eines Nachtfalters, die roh nach Haselnuss und gegart wie ein leicht mit Zucker bestreutes Ei schmecken.

Fisch und Meeresfrüchte

Liebhaber von Fisch und Meeresfrüchten kommen in den australischen Küstenregionen voll auf ihre Kosten. Das Seafood, das meist fangfrisch aus der Speisekammer Neptuns auf die Tische kommt, zählt nach Meinung von Feinschmeckern zum besten der Welt. Besonders geschätzt sind etwa *Rock Oysters* (Felsaustern, die besonders schmackhaft in Sydney serviert werden), *Moreton Bay Bugs* (kleine Krustentiere, eine Spezialität von Brisbane), *Yabbies* (kleine Süßwasserkrebse), *Mud Crabs* (Mangrovenkrebse), *King Prawns* (Riesengarnelen), *Cray Fish* (Meereshummer) und *Scallops* (Jakobsmuscheln, eine Kammuschelart). Ausgezeichnete Meeresfische sind Snapper (weiß, sehr zart), Whiting (weiß, ähnlich unserem Kabeljau), John Dory (kräftig, leicht süßlich) und Trevalla (festes Fleisch). Sehr schmackhaft ist der barschähnliche Barramundi, den man in nördlichen Binnengewässern fängt und der gebacken oder gegrillt serviert wird.

Australische Eigenheiten

Zu den kulinarischen Merkwürdigkeiten des Fünften Kontinents gehören die *Aussie Meat Pies* (Fleischpasteten geheimnisvollen Inhalts, die mit einem kräftigen Schuss Tomatenketchup garniert werden), die *Woppers* (extra große Sandwiches), *Pavlova* (eine ominöse Süßigkeit aus Schaumgebäck, Früchten und Sahne) sowie vor allem das *Vegemite* (eine als Brotaufstrich dienende Hefepaste, die wie Schmieröl aussieht und wie Maggi-Konzentrat schmeckt).

Wo essen?

Aufgrund der verwirrenden australischen Alkoholgesetze lassen sich die Restaurants in drei Hauptkategorien einteilen: In manchen darf prinzipiell kein Alkohol getrunken werden *(Not Licensed Restaurants),* andere sind lizenziert und servieren alkoholische Getränke, allerdings in der Regel nur zusammen mit Mahlzeiten *(Fully Licensed Restaurants),* und die restlichen sind sogenannte *BYOs*. Diese Abkürzung steht für *Bring Your Own* und bedeutet, dass die Restaurants keine Lizenz zum Ausschank von alkoholischen Getränken haben, Gästen aber erlaubt ist, Wein und Bier mitzubringen. Obwohl die Wirte von *BYO*-Restaurants für das Kaltstellen und Öffnen der Flaschen eine Entkorkungsgebühr berechnen, sind die meisten Gaststätten dieser Kategorie preisgünstiger als lizenzierte Restaurants.

Ausgesprochen teuer sind die Spitzenrestaurants, bei denen meist eine telefonische Voranmeldung erforderlich ist und von Gästen formelle Kleidung erwartet wird. Für alle besseren Restaurants gilt: Man nimmt nicht am erstbesten Tisch Platz, selbst wenn dieser frei sein sollte, sondern wartet, bis man einen Platz zugewiesen bekommt. *Please, wait to be seated* nennt man diese Gepflo-

Essen und Trinken

genheit. Ausführliche Informationen über die Gourmet-Tempel der Großstädte findet man u. a. in den Restaurantkolumnen größerer Tageszeitungen sowie in den Broschüren der Reihe »This Week in …«, die in Touristenbüros ausliegen.

Preiswert, aber gut und reichlich sind die *Counter Lunches* oder *Counter Meals,* die an den Theken vieler Pubs oder Hotel-Kneipen serviert werden. Das Gleiche gilt für die unzähligen *Take away*-Restaurants, deren Angebot sich gewöhnlich auf *Burger* und *Pies* beschränkt. Für einen Imbiss geht man besser in einen der zahlreichen *Fish and Chips Shops,* in denen goldbraun frittierte Fischfilets mit riesigen Bergen Pommes frites erhältlich sind. Im Vergleich zu den Hamburger- und Hot-Dog-Buden schneiden auch die asiatischen *Take away*-Lokale wesentlich besser ab.

Kleine, billige Mahlzeiten servieren außerdem viele Bistros und Cafeterien, die häufig die Bezeichnung *Deli* tragen. In größeren Städten findet man Schnellrestaurants bekannter Ketten, vornehmlich entlang der großen Ausfallstraßen.

Das Barbecue – eine australische Institution

Mag *Dining Out*, das abendliche Essengehen in schicken Restaurants, ein noch so wichtiger Bestandteil australischen Lifestyles sein: Viele Aussies können sich nichts Schöneres vorstellen, als sich mit Freunden im Garten zum Grillfest zu treffen. Das Barbecue, kurz *BBQ* oder *Barbie* genannt, ist eine der großen Freizeitleidenschaften der Australier. Einige haben das Grillen zur hohen Kunst perfektioniert und stellen selbst die Geschmacksnerven verwöhnter Feinschmecker zufrieden. Auf den heißen Eisenplatten der modernen, meist strom- oder gasbetriebenen Grills bruzzeln nicht nur Steaks und Würste, sondern auch frischer Fisch und marinierte Hühnchenschenkel, Kartoffelscheiben und knackiges Gemüse oder Delikatessen wie Krabben und Hummer. Das *Barbie* ist so typisch für Australien wie das Känguru – praktisch überall im Land findet man Barbecue-Einrichtungen: in Stadtparks und Naturreservaten ebenso wie auf Campingplätzen und Caravan Parks.

Essenssitten und -zeiten

Ähnlich wie die Bewohner der britischen Inseln schätzen die meisten Australier ein reichhaltiges **Frühstück,** das in Hotels und Restaurants überwiegend aus kompletten Menüs besteht (Steak, Wurst, Eier und Speck u. a.). Sehr beliebt als sättigende Mahlzeit zu Tagesbeginn sind die *Cereals,* Haferflocken und Cornflakes, die zu Müslis in vielfältigen Variationen kombiniert werden.

Bescheidener fällt in der Regel das **Lunch** aus, das meist aus etwas Leichtem, etwa einem Sandwich oder Salat, besteht. Als Zwischengericht am Nachmittag gibt es bei Australiern, die britischen Traditionen verhaftet sind, den **Devonshire Tea:** Tee und Hörnchen *(Scones)* mit Marmelade und Schlagsahne. Generell gilt das **Dinner,** das warme Abendessen, als Hauptmahlzeit.

In Hotels und Restaurants wird das Frühstück meist von 7 bis 10 Uhr, das Mittagessen von 12 bis 14 Uhr und das Abendessen von 18 bis 21 Uhr serviert.

Bier oder Wein?

In den letzten Jahren hat Bier, das Nationalgetränk der Australier, einen ernst zu nehmenden Konkurrenten bekommen: den Wein. Immer mehr Einheimische lernen die hervorragende Qualität ihrer heimischen Tropfen lieben, und praktisch jedes Restaurant und jede Getränkehandlung bieten heute Flaschenweine an. Fast zwei Drittel aller australischen Weine kommen aus South Australia, v. a. dem Barossa Valley (s. S. 252ff.).

Bier, Wein und andere alkoholische Getränke kann man in Australien nicht einfach im Supermarkt kaufen. Alkoholika gibt es nur in lizenzierten Läden, die Bezeichnungen tragen wie *Bottle Shop, Liquore Store* oder *Winery.* Die Alkoholgesetze sind sehr streng, zum Kaufen und Konsumieren muss man mindestens 18 Jahre alt sein.

Pub-Besuch und Bierkonsum

Der große Durst — Thema

Eines haben die meisten australischen Männer gemeinsam: Nach Feierabend treiben sie wie Schiffbrüchige auf die Tresen der Pubs zu, um dort in trauter Männerrunde einen konzentrierten Angriff auf die Leber und das Gehirn zu unternehmen. Doch das schwülheiße Darwin schlägt alle Rekorde. Nirgendwo sonst auf der Welt rinnt so viel Bier durch trockene Kehlen wie dort – in einem Spitzenjahr waren es 230 l pro Einwohner.

Jeder Aussie hat seine eigene Bierphilosophie, bei der auch eine gehörige Portion Lokalpatriotismus eine wichtige Rolle spielt. In jedem Bundesstaat gibt es eine spezielle, von Großbrauereien hergestellte Biermarke. Landesweit führt die auch international bekannte Marke Fosters Lager, die in Victoria und New South Wales gebraut wird. In Western Australia bevorzugt man das regionale Swan Lager, in Queensland das Castlemain XXXX – gesprochen Four Ex –, in South Australia das West End und in Tasmanien das Cascade. Als weitere ›gute Tropfen‹ gelten das Victoria Bitter (Victoria), das Coopers Sparkling Ale (South Australia) sowie das Powers Bitter und Tooheys Bitter (New South Wales).

Doch nicht nur die Biersorten unterscheiden sich von Bundesstaat zu Bundesstaat, auch die Bezeichnung und Größe der Gläser, in die der edle Gerstensaft eingeschenkt wird. Wer ein *glass of beer* bestellt, erhält in Victoria und New South Wales ein 0,2 l, in Queensland aber ein 0,325 l fassendes Glas, *pot* bedeutet in Victoria und Queensland 0,285 l, in Western Australia dagegen 0,575 l. Diese Probleme sind aber eher akademischer Natur, denn Gläser sind in vielen Pubs, zumal in solchen, wo nicht vom Fass gezapft wird, ohnehin die Ausnahme. Die meisten nehmen den Gerstensaft aus Dosen zu sich. Die Bierdosen *(cans)* sowie auch die kleinen Bierflaschen *(stubbies)* werden kurz vor dem Gefrierpunkt in Leder- oder Styroporbechern serviert, damit sich die Kälte möglichst lange hält. Und falls ein Aussie doch einmal ein Glas verwendet, so muss es geeist sein, und das eingeschenkte Bier darf keine Schaumkrone tragen.

Schauplätze geselliger Saufrunden sind stadtein, landaus die Pubs. Vor allem auf dem Lande befindet sich das ›Hotel‹ – früher mussten sie einige Fremdenzimmer parat halten – im Zentrum des Ortes – oder besser: Es ist das Zentrum, eine Stätte der Begegnung und Kommunikation, für viele Australier der Mittelpunkt des sozialen Lebens.

Your shout, mate! ist die australische Variante des ›eine Runde ausgeben‹. Mehr noch, es ist die Aufforderung, beim beliebten Volkssport mitzuspielen. Nicht nur für den Geldbeutel, sondern auch für die Leber ist dieses Rollenspiel eine Strapaze. Eine eherne Trinkerregel will es, dass jeder in einer trauten Säufergemeinschaft eine Lage ausgeben muss, gewöhnlich mit dem Ruf: *It's my shout!* Wer schiefe Blicke erntet, der sollte wissen, dass er dran war. Wer jedoch diese gesellschaftliche Höflichkeitsform beachtet und eine Runde schmeißt, ist schnell anerkannt.

Wenngleich Pub-Besuch und Bierkonsum immer noch viel mit dem Klischee des chauvinistischen Australiers zu tun haben, ist die Zeit vorbei, in der die Pubs eine ausschließlich männliche Domäne waren. Auch Frauen sind heutzutage vielerorts Stammgäste.

Kulinarisches Lexikon

Frühstück

bacon	Speck
bread	Brot
breakfast (brekkie)	Frühstück
cereals	Cornflakes u. a.
egg: hard boiled	hartes Ei
egg: soft boiled	weiches Ei
egg: over easy	Spiegelei, von beiden Seiten gebraten
egg: scrambled	Rührei
egg: sunny side up	Spiegelei, nicht gewendet
ham	Schinken
jam	Marmelade
marmelade	Orangenmarmelade
oatmeal	Haferflocken
pancake	Pfannkuchen
roll	Brötchen
sausages	Würstchen
vegemite	salzige Hefepaste (Brotaufstrich)
weeties	Frühstücksflocken

Fleisch und Geflügel

beef	Rindfleisch
chicken	Hühnchen
cold cuts	Aufschnitt
duck	Ente
lamb chop	Lammkotelett
meat	Fleisch
minced beef	Hackfleisch vom Rind
mutton	Hammelfleisch
pork	Schweinefleisch
pork chop	Schweinekotelett
prime rib	Rinderbratenscheibe
sirloin steak	Lendenstück (Rind)
spare ribs	Schweinerippchen
steak medium rare	kurz angebratenes Steak
steak rare	rosa Steak
steak well done	durchgebratenes Steak
stew	Ragout
turkey	Truthahn
veal	Kalbfleisch

Fisch und Meeresfrüchte

bass	Barsch
catch of the day	fangfrischer Fisch
clams	Muscheln
cod	Kabeljau
crab	Krebs
cray (crayfish)	Hummerart
flounder	Flunder/Scholle
lobster	Hummer, Languste
mackerel	Makrele
mussels	Miesmuscheln
oysters	Austern
prawns	Riesengarnelen
salmon	Lachs
scallops	Jakobsmuscheln
seafood	Meeresfrüchte
shellfish	Schalentiere
shrimps	Garnelen
snapper	Blaufisch
squid	Tintenfisch
sole	Seezunge
swordfish	Schwertfisch
tuna	Thunfisch
yabbies	Süßwasserkrabben

Beilagen und Gemüse

baked beans	gebackene Bohnen in Tomatensauce
baked potatoes	gebackene Kartoffeln mit Schale
cabbage	Kohl
cauliflower	Blumenkohl
coleslaw	Salat aus geraspeltem Kohl, Karotten, Äpfeln und Zwiebeln
cucumber	Gurke
eggplant	Aubergine
french fries	Pommes frites
fried potatoes	Bratkartoffeln
gravy	Bratensauce
hash browns	Bratkartoffeln
mashed potatoes	Kartoffelpüree
mushrooms	Pilze
noodles	Nudeln
peas	Erbsen

pumpkin	Kürbis
rice	Reis
sweet corn	Mais
vegetables (vegies)	Gemüse

Zubereitungsarten

batter	im Teigmantel
braised	geschmort
boiled	gekocht
deep fried	frittiert (meist mit Panade)
fried	gebraten
pickled	gebeizt, eingelegt
roast	gebraten
smoked	geräuchert
stuffed	gefüllt

Nachspeisen und Obst

apple pie	gedeckter Apfelkuchen
blackberries	Brombeeren
brownie	Schokoladenplätzchen
custard	Vanillesauce
donut	Spritzkuchenring
grapes	Weintrauben
pastry	Gebäck
peaches	Pfirsiche
pineapple	Ananas
raspberries	Himbeeren
whipped cream	Schlagsahne

Getränke

beer on tap	Bier vom Fass
booze	alkoholisches Getränk
cider	Apfelwein
fruit juice	Fruchtsaft
grog	alkoholisches Getränk
juice	Saft
schooner	großes Glas Bier
soft drinks	alkoholfreie Getränke
sparkling wine	Sekt
stubbie	kleine Bierflasche
wine	Wein

Kaffeespezialitäten

flat white	Cappuccino mit wenig Schaum
latte	Milchkaffee, meist im Glas
macchiato	Espresso mit Milch
long macchiato	weniger starker Espresso mit viel Milch
short black	Espresso

Wichtige Begriffe und Redewendungen

all you can eat	für einen Einheitspreis darf man essen, soviel man will
barbie	Barbecue
Dine in or take away?	Wollen Sie's hier essen oder mitnehmen?
dinner	Abendessen
eskie	Kühlbehälter
health food	Reformkost
Is this seat taken?	Ist dieser Platz besetzt?
lunch	Mittagessen
May I have the bill, please?	Ich möchte zahlen.
menu	Speisekarte
napkin	Serviette
order	Bestellung
Please, wait to be seated.	Bitte warten Sie, bis Ihnen ein Platz zugewiesen wird.
special of the day	Tagesgericht
tea	einfaches Abendessen
tucker	Essen
waiter	Ober
waitress	weibliche Bedienung
Will it be cash or credit card?	Bezahlen Sie in bar oder mit Kreditkarte?
Would you care for a doggie bag?	(Was übrig bleibt, wird von vielen Restaurants gerne für zu Hause verpackt.)

Bahnhof im australischen Outback

Wissenswertes für die Reise

Informationsquellen

Infos im Internet

www.australian-embassy.de
Die Website der australischen Botschaft mit Basisinformationen zu Australien sowie aktuellen Reisehinweisen und Einreisebestimmungen.

www.australia.com
Auf über 10 000 Seiten präsentiert sich hier das australische Fremdenverkehrsamt Tourism Australia mit allgemeinen touristischen Informationen auf Deutsch.

Informationen zu den einzelnen Bundesstaaten
Auf den deutsch- und/oder englischsprachigen Websites der Fremdenverkehrsämter der einzelnen Bundesstaaten finden sich nützliche Informationen zu Sehenswürdigkeiten, Tipps zu Routenplanung, Hotels, Essen und Trinken sowie u. a. Veranstaltungshinweise und Adressen lokaler Reiseagenturen:
www.canberratourism.com.au: Canberra
www.visitnsw.com.au: New South Wales
www.tourism.nsw.gov.au: ebenso
www.sydneyaustralia.com: Sydney
www.nttc.com.au: Northern Territory
www.australiasoutback.de: ebenso
www.queensland.de: Queensland
www.driveqld.com.au: ebenso
www.tropicalaustralia.com.au: Der Norden von Queensland
www.southaustralia.com: South Australia
www.tourism.sa.gov.au: ebenso
www.southaustralia.de: ebenso
www.discovertasmania.com: Tasmania
www.tourism.vic.gov.au: Victoria
www.tourismvictoria.com.au: ebenso
www.visitvictoria.com/de: ebenso
www.backpackvictoria.com: ebenso
www.visitmelbourne.com/de: Melbourne
www.westernaustralia.net sowie
www.westernaustralia.com/de: Western Australia

Insidertipps
Zwei deutschsprachige Websites präsentieren ein breites und aktuelles Informationsangebot, vor allem Tipps zu Unterkunft, Restaurants, Nightlife, Urlaubsaktivitäten und Routenplanung. Sehr interessant sind auch die persönlichen Erfahrungsberichte, die Hintergrund- und Insiderinformationen sowie die Literaturhinweise, Foren zum Meinungsaustausch und Links zu Buchungsmaschinen:
www.australien-info.de,
www.reisebine.de.
Der Aboriginal Australia Culture Centre dient auf seiner professionellen Website mit Informationen über Kultur, Kunst und Kunsthandwerk, Kulturzentren und Einkaufsmöglichkeiten sowie von Aborigines geführte Touren:
www.aboriginalaustralia.com.
Die Website des Auswärtigen Amtes bietet Basisinformationen, Sicherheitshinweise sowie Visa- und Einreisebestimmungen.
www.auswaertiges-amt.de.

Tagespresse im Internet
Die Websites der bedeutendsten Tageszeitungen mit aktuellen Artikeln zum Tagesgeschehen und nützlichen Links sind:
www.theaustralian.com.au,
www.sydneymorningherald.com.au,
www.theage.com.au.

Rundfunk im Internet
www.abc.net.au: Website der öffentlich-rechtlichen Rundfunkanstalt von Australien mit aktuellen Nachrichten und Wetterbericht.

Touristenbüros

... in Deutschland
Tourism Australia:
Neue Mainzer Str. 22
60311 Frankfurt/Main
Tel./Fax: Das Verkehrsamt ist am besten über www.australia.com zu erreichen.

South Australian Tourism Commission:
Neue Mainzer Str. 22
60311 Frankfurt/Main
service@satc.australia.com
Tourism Northern Territory:
Neue Mainzer Str. 22
60311 Frankfurt/Main
nttc_frankfurt_m@t-online.de.
Tourism Victoria:
Neue Mainzer Str. 22
60311 Frankfurt/Main
tvic.frankfurt@tvic.australia.com.
Tourism Western Australia:
Sonnenstr. 9
80311 München
Tel. 089-236 62 18 11
www.australien-info.de/katalog_watc.html
(Online-Bestellung von Broschüren)

Diplomatische Vertretungen

... in Deutschland
Australische Botschaft:
Wallstr. 76–79, 10179 Berlin
Tel. 030-88 00 88-0
Fax 030-88 00 88-210
Visa-Informationen: Tel. 030-700 129 129
Mo–Do 13–17, Fr 13–16 Uhr
info@australian-embassy.de
www.australian-embassy.de
Australisches Generalkonsulat:
Neue Mainzer Str. 52–58
Main Tower, 28. Stock
60311 Frankfurt/M.
Tel. 069-90 55 80
Fax 069-90 55 81 19
info@austrade.gov.au
www.austrade.gov.au.
Handelsvertretung, keine Visa.

... in Österreich
Australische Botschaft:
Mattiellistr. 2–4, A-1040 Wien,
Tel. 01-50 67 40, Fax 01-504 11 78,
Mo–Fr 9–12.30, 14–16 Uhr, austemb@aon.at,
www.australian-embassy.at.

... in der Schweiz
Australisches Generalkonsulat:
2 Chemins des Fins, Grand Saconner
1211 Genève 19
Tel. 022-799 91 00, Fax 022-799 91 78
www.geneva.mission.gov.au
Keine Visaausstellung – hierfür ist die australische Botschaft in Berlin zuständig.

... in Australien
Konsulate der Bundesrepublik Deutschland, von Österreich und der Schweiz gibt es in Sydney, Melbourne, Brisbane, Adelaide, Perth, Darwin, Hobart und Cairns.
Deutsche Botschaft:
119 Empire Circuit, Yarralumla, Canberra,
Tel. 02-62 70 19 11, Fax 02-62 70 19 51
Mo–Do 8–17, Fr 8–14 Uhr
info1@germanembassy.org.au
www.canberra.diplo.de
Österreichische Botschaft:
12 Talbot St., Forrest, Canberra,
Tel. 02-62 95 15 33, Fax 02-62 39 67 51
Mo–Fr 8.30–13, 14–16.30 Uhr,
canberra-ob@bmeia.gv.at
www.bmeia.gr.at/canberra
Schweizer Botschaft:
7 Melbourne Ave., Forrest, Canberra,
Tel. 02-61 62 84 00, Fax 02-62 73 34 28
Mo–Do 9–12, 14–16, Fr 9–11.30 Uhr
vertretung@can.eda.vep.admin.ch
www.eda.admin.ch/australia

Karten

Zur Routenplanung ist der in vielen Buchhandlungen erhältliche ›BP Australian Road Atlas‹ zu empfehlen. Gute Dienste leisten auch die Straßenatlanten, die Autoverleihfirmen ihren Kunden überlassen. Karten über die Bundesstaaten und Stadtpläne bekommt man oft gratis bei Fremdenverkehrsämtern. Mitglieder eines deutschen Automobilklubs (Mitgliedsausweis mitnehmen) erhalten bei der *Australian Automobile Association* (AAA) kostenlos oder sehr preisgünstig exzellentes Kartenmaterial und Reiseinformationen.

Lesetipps

Erzählungen, Romane, Reiseberichte

Altmann, Andreas: Im Land der Regenbogenschlange – Unterwegs ins Australien, Hamburg 2010. Eine Reise durch den Fünften Kontinent, dargestellt in einer abwechslungs- und kenntnisreichen Reportagensammlung.

Bryson, Bill: Frühstück mit Kängurus, München 2002. Mit scharfem Blick für alles Skurrile und Ungewöhnliche hält der Autor bei seinem Streifzug durch das unbekannte Australien die Leser in Atem.

Carey, Peter: Die wahre Geschichte von Ned Kelly und seiner Gang, Frankfurt/M. 2002. Eine irische Heldenlegende aus dem australischen Outback.

Chatwin, Bruce: Traumpfade, München 2004. Sensible und fesselnde Einführung in das Leben und die Kultur der australischen Ureinwohner.

Davidson, Robyn: Spuren – Eine Reise durch Australien, Reinbek bei Hamburg 1991. Eine junge Frau durchquert mit vier Kamelen und einem Hund die Trockengebiete Australiens.

Hunt, Ken: Die Australier pauschal, Frankfurt/M. 1998. Ironisch-amüsante Annäherung an Land und Leute.

Jungehülsing, Julica: Ein Jahr in Australien – Reise in den Alltag, München 2007. Sehr persönlicher Bericht über den Neubeginn in einem fremden Land.

Lindsay, Joan: Picknick am Valentinstag, Frankfurt/M. 2000. Am Valentinstag im Jahr 1900 verschwinden im australischen Busch auf rätselhafte Weise zwei Schülerinnen und ihre Lehrerin spurlos …

Marsden, John: Winter, Wien 2002. Ein Mädchen sucht im Farmland von New South Wales nach Spuren des Todes ihrer Eltern. Ein Psychothriller, in dem Hitchcocks trügerische Ruhe und Poes latenter Schrecken lauern.

McCullough, Colleen: Dornenvögel, München 2003. Familiensaga, die zu den Klassikern der australischen Literatur zählt.

Murray, Les: Fredy Neptune, Zürich 2004. Versepos, in dem sich eine ganze Epoche im Schicksal eines einzigen Mannes bündelt.

White, Patrick: Im Auge des Sturms, München 1992; Eine Seele von Mensch, Frankfurt/M. 1991; Risse im Spiegel, Frankfurt/M. 1994; Welke Rosen, Frankfurt/M. 1995 – Werke des Literatur-Nobelpreisträgers von 1973.

Winton, Tim: Der singende Baum, München 2004. Eine Reise durch innere wie äußere Landschaften; ausgezeichnet mit dem Miles Franklin Award, Australiens wichtigstem Literaturpreis.

Hintergrundinformationen und Bildbände

Bachmann, Bill und Winton, Tim: Australiens Farben, München 2003. Wundervoller Bildband, der Australien aus ungewöhnlicher Perspektive zeigt.

Bolch, Oliver u. a.: Australien, München 2003. Panoramafotos von Städten und Stränden, Wüste und Regenwald.

Fehling, Lutz: Australien Natur-Reiseführer, München 2003. Umfassende Beschreibung der Tier- und Pflanzenwelt des Fünften Kontinents, ein Standardwerk für Öko-Touristen.

Lawlor, Robert: Am Anfang war der Traum, München 1994. Kenntnisreiche Einführung in die Kultur der Aborigines.

Voigt, Johannes: Australien, München 1995. Umfassende Infos über Geschichte, Politik, Wirtschaft, Mentalität und Entwicklungen.

Reise- und Routenplanung

Australien als Reiseziel

Die Kombination von urbaner Vitalität und wildem Abenteuerland hat Australien zu einem beliebten Ferienziel werden lassen. Australien, das ist der Spannungsbogen zwischen Büroturm und Blockhütte, zwischen Wein und Wildnis, zwischen Stadtkultur und Urnatur. So hat das Land sowohl Kulturreisenden wie Aktivurlaubern viel zu bieten. Wer Abwechslung liebt, kann einen Aufenthalt in Sydney, Melbourne oder einer anderen australischen Metropole – alle mit einem vielfältigen Kulturangebot und einem bunten Völkergemisch – mit einer Entdeckungsreise in eine fremdartige Natur verbinden.

Komfortreisende finden vom mehrsternigen Hotel bis zum Gourmet-Restaurant alles, was zu einem genussreichen Urlaub gehört. Aber auch die Infrastruktur für Rucksackreisende ist vom Backpacker Hostel bis zu speziellen Rundreisen für junge Leute hervorragend ausgebaut. Breit gefächert ist vor allem das Angebot für Aktivurlauber: für Wanderer und Bergsteiger, Camper und Geländewagenfahrer, Angler und Jäger, Kanuten und Segler, Taucher und Schnorchler.

Vorschläge für Rundreisen

Viele, die zum ersten Mal nach Australien kommen, beginnen ihre Reise in **Sydney.** Die heimliche Hauptstadt ist ein guter Startpunkt für eine Rundreise durch den bevölkerungsreichen Südosten des Landes. Durch das Inland gelangt man über **Canberra**, die ›echte‹ Hauptstadt, nach **Melbourne;** Abstecher führen in die Bergwelt der **Snowy Mountains** und der **Victorian Alps** mit den höchsten Gipfeln des Fünften Kontinents (s. S. 171f.). Mindestens ebenso abwechslungsreich ist die Fahrt von Sydney nach Melbourne entlang der Küste mit weiten Sandstränden und schroffen Steilklippen (s. S. 175ff.).

Auch **zwischen Melbourne und Adelaide,** den beiden anderen großen Metropolen des Südostens, hat man die Wahl zwischen Küsten- und Inlandsroute. Erstere führt über die **Great Ocean Road,** die vielleicht spektakulärste Küstenstraße Australiens (s. S. 216ff.), Letztere berührt die wilde Berglandschaft des **Grampians National Park** und den **Murray River,** den ›Rhein des Fünften Kontinents‹ (s. S. 232ff.).

Einen Eindruck von der Weite des Landes vermittelt die Fahrt durch das Outback **von Sydney nach Adelaide** (s. S. 242ff.). Von der Hauptstadt von South Australia lassen sich Ausflüge ins Wüstengebirge der **Flinders Ranges** (s. S. 349f.) oder nach **Kangaroo Island** machen (s. S. 270f.).

Relativ wenig besucht wird der mit Ausnahme des Großraums **Perth** dünn besiedelte Westen Australiens. Viele schreckt die ca. 3000 km lange Reise zwischen Adelaide und der Hauptstadt von Western Australia (s. S. 280ff.). Gut 4000 km lang ist gar die Route **von Perth nach Darwin,** entlang der einige der schönsten Nationalparks Australiens liegen (s. S. 312ff.).

Auf den Spuren der ›Entdecker‹ gelangt man auf dem Stuart Highway **von Adelaide nach Alice Springs** im ›Roten Herz‹ des Kontinents, wo sich der Uluru (Ayers Rock) erhebt, der berühmteste Monolith der Welt und landschaftliches Symbol Australiens (s. S. 360ff.). Der zweite Abschnitt der Fahrt auf dem Stuart Highway führt **von Alice Springs nach Darwin** im tropischen Norden, dem Ausgangspunkt für den berühmten **Kakadu National Park** (s. S. 392ff.).

Während die gut 2600 km lange Fahrt **von Darwin an die Ostküste** zum großen Teil recht monoton verläuft, gehört die Strecke **von Townsville über Cairns nach Cooktown** zu den landschaftlich interessantesten Reiserouten (s. S. 404ff.). Hier wie auch auf der Fahrt **von Townsville nach Brisbane** (s. S. 439ff.) bieten sich Möglichkeiten für

69

Bootsausflüge zu den Inseln am **Great Barrier Reef** (s. S. 428ff.). Durch die beliebteste Ferienregion Australiens mit kilometerlangen Bilderbuchstränden führt die Fahrt entlang der Küste **von Brisbane nach Sydney** (s. S. 469ff.). Aber auch die Inlandroute, die mehrere schöne Nationalparks berührt, hat viel zu bieten (s. S. 482 ff.).

Mit europäisch wirkenden Landschaften überrascht die herzförmige Insel **Tasmanien** vor der Südostküste Australiens (s. S. 490ff.).

Zwei Wochen in Australien

1. Ankunft in Sydney – Fahrt nach Melbourne und weiter nach Adelaide – Ausflug zum Flinders Ranges National Park oder nach Kangaroo Island – Fahrt nach Coober Pedy und weiter nach Alice Springs mit Abstecher zum Uluru (Ayers Rock) und den Kata Tjuta (The Olgas) – Flug nach Sydney.
2. Ankunft in Sydney – Flug nach Alice Springs – Ausflüge zu den MacDonnell Ranges, den Kata Tjuta (The Olgas) und zum Uluru (Ayers Rock) – Flug nach Cairns – Ausflüge zum Great Barrier Reef – Heimflug von Cairns.

Drei Wochen in Australien

1. Ankunft in Sydney – Fahrt nach Brisbane und weiter nach Cairns mit Ausflügen zum Great Barrier Reef – Flug nach Alice Springs – Ausflüge zu den MacDonnell Ranges, den Kata Tjuta (The Olgas) und zum Uluru (Ayers Rock) – Fahrt nach Adelaide mit Stopp in Coober Pedy – Heimflug von Adelaide.
2. Ankunft in Sydney – Fahrt nach Melbourne mit Stopp in Canberra und Abstecher in die Snowy Mountains – Weiterfahrt nach Adelaide über die Great Ocean Road oder den Western Highway mit Stopp im Grampians National Park – Fahrt nach Alice Springs mit Stopp in Coober Pedy und Abstecher zum Uluru (Ayers Rock) und zu den Kata Tjuta (The Olgas) – Flug nach Cairns – Ausflüge zum Great Barrier Reef – Heimflug von Cairns.
3. Ankunft in Sydney – Fahrt nach Port Augusta via Broken Hill – Ausflug zum Flinders Ranges National Park – Weiterfahrt nach Alice Springs mit Stopp in Coober Pedy sowie Abstecher zum Uluru (Ayers Rock) und den Kata Tjuta (The Olgas) – Weiterfahrt nach Katherine – Ausflug in den Nitmiluk National Park – Abstecher gen Westen in die Kimberleys – Fahrt nach Darwin – Ausflug in den Kakadu National Park – Heimflug von Darwin.
4. Ankunft in Perth – Fahrt via Geraldton und Carnarvon nach Port Hedland – Abstecher in den Karijini National Park – Weiterfahrt über Broome und Derby in die Kimberleys – Ausflüge zum Windjana Gorge und Geikie Gorge National Park – Fahrt nach Halls Creek – Abstecher zum Wolfe Creek Meteorite Crater und Purnululu (Bungle Bungle) National Park – Fahrt über Kununurra nach Katherine – Ausflug in den Nitmiluk National Park – Weiterfahrt nach Darwin – Ausflug in den Kakadu National Park – Heimflug von Darwin.

Vier Wochen in Australien

1. Ankunft in Sydney – Fahrt nach Brisbane und weiter nach Cairns mit Ausflügen zum Great Barrier Reef – Flug nach Darwin – Ausflug in den Kakadu National Park – Fahrt nach Katherine – Ausflug in den Nitmiluk National Park – Fahrt nach Alice Springs – Ausflug zu den MacDonnell Ranges – Weiterfahrt nach Adelaide mit Abstecher zum Uluru (Ayers Rock) und den Kata Tjuta (The Olgas) sowie Zwischenstopp in Coober Pedy – Weiterfahrt nach Sydney über Broken Hill oder Mildura – Heimflug von Sydney.
2. Ankunft in Sydney – Fahrt via Melbourne nach Adelaide – Weiterfahrt über Coober Pedy, Uluru (Ayers Rock) und Kata Tjuta (The Olgas) nach Alice Springs – Ausflug in die MacDonnell Ranges – Fahrt nach Darwin mit Stopp im Nitmiluk National Park – Ausflug in den Kakadu National Park – Fahrt in die Kimberley-Region (Purnululu National Park, Geikie Gorge National Park, Windjana Gorge Na-

tional Park) – Weiterfahrt nach Port Hedland mit Abstecher in den Karijini National Park – Weiterfahrt nach Perth – Heimflug von Perth.

Strandurlaub

Bei einer Küstenlinie von rund 36 750 km besitzt Australien unermesslich viele traumhafte Strände, im tropischen Norden ebenso wie im gemäßigten Süden. Obwohl es in allen Bundesstaaten hinreißende Strände gibt, schneidet bei Vergleichen meist **Queensland,** der Sunshine State an der Ostküste, am besten ab – an den scheinbar endlos langen Paradiesstränden kommen Sonnenhungrige und Wassersportler voll auf ihre Kosten. Die meisten Strände sind, da sandig und flach, ideal für einen Urlaub mit Kindern. Während es jüngere Leute an die **Gold Coast** mit ihrem quirligen Nachtleben zieht, bevorzugen Ruhe suchende Urlauber eher die **Sunshine Coast.** Andere Ziele für Badeurlauber in Queensland sind die **Fraser Coast** um Hervey Bay, die **Capricorn Coast** um Rockhampton, die **Magnetic Coast** um Townsville, die **Marlin Coast** nördlich von Cairns sowie die Inseln am **Great Barrier Reef.** Weitere Badehochburgen befinden sich in **New South Wales,** etwa entlang der **Summerland Coast,** die sich im Süden an die Gold Coast anschließt, oder auch an den Küstenabschnitten der **Central Coast** nördlich und südlich von Newcastle. Selbst in den kühleren ›Südstaaten‹ gibt es ausgezeichnete Badegelegenheiten, etwa an der **Illawarra Coast** südlich von Sydney, an der **Sapphire Coast** um Eden, an der **Gippsland-Küste** von Victoria (speziell in der Gegend von Lakes Entrance), am **Gulf St. Vincent** südlich von Adelaide, in den Küstenregionen **nördlich von Perth** sowie entlang der Nord- und Ostküste der Insel **Tasmanien.**

Natur und Abenteuer

National- und Naturparks

In Australien gibt es über 3000 Naturschutzgebiete unterschiedlicher Kategorien (National Parks, State Parks, Nature Reserves und State Recreation Areas), die rund 7,5 % der Gesamtfläche einnehmen. 14 Schutzgebiete hat die Unesco in den Rang einer Weltnaturerbestätte (World Heritage Site) erhoben, etwa den Uluru-Kata Tjuta National Park im ›Roten Herzen‹ des Kontinents oder den Kakadu National Park, den mit fast 2 Mio. Hektar größten Nationalpark Australiens im tropischen Norden.

Alle Naturschutzgebiete unterstehen der Verwaltung der Naturschutzbehörden der einzelnen Bundesstaaten, die unter Bezeichnungen wie *National Parks & Wildlife Service* firmieren. Die meisten Naturschutzgebiete werden von ausgedehnten und gut ausgebauten Wegnetzen durchzogen, die ideale Möglichkeiten zum Wandern und zur Tierbeobachtung bieten. Überall sorgen hoch qualifizierte Ranger für ein möglichst reibungsloses Zusammenspiel zwischen Tourismus und Natur. Die bekanntesten Nationalparks sind im Reiseteil beschrieben.

Während in New South Wales, Queensland, South Australia, Victoria und dem Northern Territory nur für einige größere Nationalparks **Eintrittsgebühren** anfallen (pro Tag/Auto 5–20 A-$), sind in Western Australia und Tasmanien alle Nationalparks gebührenpflichtig (in WA pro Tag/Auto 12 A-$, in TAS

Weltstadt mit Strandparadies
Einige der schönsten Badestrände von Australien erstrecken sich vor den Toren von Sydney, beispielsweise **Manly Beach** und **Bondi Beach.** Auch Melbourne besitzt an der Mornington Peninsula und der Bellarine Peninsula großartige Strände.

pro Tag/Auto 24 A-$). Wenn man plant, in Western Australia oder Tasmanien einen oder mehrere Parks an mehr als zwei Tagen zu besuchen, lohnt es sich, einen sogenannten **Holiday Park Pass** zu erwerben, der zum Besuch aller Nationalparks des jeweiligen Bundeslandes innerhalb eines bestimmten Zeitraums berechtigt (in WA 28 Tage/40 A-$, in TAS 8 Wochen/60 A-$). Die Parkpässe sind an den Kassenhäuschen oder in den Besucherzentren der Nationalparks erhältlich.

Fast in allen Naturschutzgebieten ist mit einer Genehmigung *(Permit)* des zuständigen *National Parks & Wildlife Service* **Camping** möglich, wofür zusätzliche Gebühren anfallen. Die bekannten und größeren Nationalparks und Schutzgebiete besitzen in der Regel Besucherzentren, in denen man fast immer **Informations- und Kartenmaterial** über Fauna und Flora sowie Wander- und Campingmöglichkeiten oder andere Aktivitäten erhält. Auskünfte erteilen die Büros der Naturschutzbehörden in den Staatshauptstädten.

Meist sehr informativ und von hohem Erlebniswert sind die von **Spezialveranstaltern** angebotenen Touren in die bekannteren Nationalparks. Zu empfehlen sind diese Ausflüge vor allem, wenn es sich um abseits gelegene Gebiete handelt, die man auf eigene Faust kaum erreichen kann. Informationen zu Spezialveranstaltern finden Sie bei den praktischen Hinweisen im Reiseteil.

Informationen im Internet

Überblick über Nationalparks in Australien:
www.atn.com.au/parks,
www.deh.gov.au.
Infos zu Nationalparks in New South Wales:
www.nationalparks.nsw.gov.au.
Infos zu Nationalparks im Northern Territory:
www.nt.gov.au/nreta/parks.
Infos zu Nationalparks in Queensland:
www.epa.qld.gov.au.
Infos zu Nationalparks in South Australia:
www.dehaa.sa.gov.au,
www.environment.sa.gov.au/parks.
Informationen zu Nationalparks in Tasmanien:
www.parks.tas.gov.au.
Informationen zu Nationalparks in Victoria:
www.parkweb.vic.gov.au.
Infos zu Nationalparks in Western Australia:
www.dec.wa.gov.au.
Infos zum Great Barrier Reef Marine Park:
www.gbrmpa.gov.au.

Besucher von Naturschutzgebieten sollten folgende Regeln beachten:
Die Pflanzen- und Tierwelt der Parks ist geschützt. Keine Pflanzen ausreißen und (vor allem bei der Fotopirsch) möglichst keine Tiere aufscheuchen.
Jagdwaffen sind ebenso verboten wie Hunde, Katzen und andere Haustiere.
Zelten ist in den meisten Parks ausschließlich auf den dafür vorgesehenen Campingplätzen erlaubt.
Vorsicht mit offenem Feuer. Ein Funke kann einen verheerenden Buschbrand entfachen. Beachten Sie unbedingt die sogenannten *Days of Total Fire Ban*. Benutzen Sie nach Möglichkeit Gas- oder Spirituskocher.
Alle Abfälle müssen wieder mitgenommen werden. Müll zu vergraben, ist zwecklos, da er von wilden Tieren meist wieder ausgegraben wird. Menschliche Ausscheidungen sollten immer mit einer dünnen Schicht Erde bedeckt werden.
Flüsse, Bäche und Wasserstellen niemals mit Speiseresten, Abwaschmitteln und Seife verschmutzen.
Daran denken, dass die Vegetationsdecke schnell zerstört ist und deshalb auf den vorgeschriebenen Wegen bleiben.
Nach Möglichkeit in kleinen Gruppen wandern, da große Trupps die Umwelt zu sehr belasten.
Vor mehrtägigen und schwierigen Touren immer Rücksprache mit den zuständigen Rangern nehmen.

Tipps für die Reiseorganisation

Australien besitzt eine gut entwickelte touristische Infrastruktur. Die einzelnen Bundesstaaten sowie das Northern Territory und das Australian Capital Territory unterhalten ihre eigenen **Fremdenverkehrsorganisationen,** die mit Niederlassungen in den Hauptstädten der jeweils anderen Staaten vertreten sind. In diesen Zentralbüros erhält man Broschüren, Stadtpläne und Landkarten sowie Auskünfte in allen touristischen Belangen. Das meist sehr kompetente Personal hilft bei der Reiseplanung und übernimmt in der Regel auch Buchungen für Hotels, Reiseveranstalter u. a.

Darüber hinaus gibt es in jedem bedeutenden Ferienzentrum sowie in jeder Stadt, die etwas auf sich hält, lokale und regionale Auskunftsbüros und Besucherzentren, die **Visitor Information Centres.** Auch dort kann man Unterkünfte und Touren buchen. Die meisten Infostellen erkennt man an einem großen gelben ›i‹ auf blauem Grund.

Auskunft sowie Info- und Kartenmaterial erhält man zudem bei den **Automobilklubs** (s. S. 83). Vor Besuchen von Nationalparks, insbesondere vor Wanderungen, sollte man unbedingt die jeweils zuständigen Büros des **National Parks & Wildlife Service** kontaktieren, die hilfreiche Broschüren, Karten u. a. zur Verfügung stellen.

Transportmittel

Australien ist ein für europäische Verhältnisse unvorstellbar weites Land. Dies verdeutlichen einige exemplarische Straßenentfernungen: Sydney–Melbourne 900 km, Sydney–Adelaide 1500 km, Adelaide–Darwin 3200 km, Sydney–Perth 4000 km. Wer dem berühmten Highway 1 einmal um ganz Australien folgt, legt – ohne Abstecher ins Landesinnere – 14 000–15 000 km zurück.

Die Wahl des Transportmittels hängt ab von der Reisedauer und den Entfernungen, die man zurücklegen will. Sind zeitliche Grenzen gesetzt, sollte man das Land punktuell erschließen, sich also auf Teilgebiete konzentrieren, um diese in ihrer ganzen Vielfalt zu erleben. Die endlosen Entfernungen zwischen den einzelnen Attraktionen legt man dann sinnvollerweise mit dem Flugzeug zurück und mietet sich an den interessanten Punkten immer wieder ein Fahrzeug.

Generell ist Australien ein ›klassisches‹ Land für eine Rundreise im Mietwagen, den man wegen der günstigeren Tarife am besten bereits im Heimatland bucht (s. S. 80f.). Mit Linienbussen und Zügen kann man zwar schnell und bequem zwischen den größeren Orten reisen, doch lassen sich viele Nationalparks und andere Naturattraktionen nicht mit öffentlichen Verkehrsmitteln erreichen. Wer längere Zeit bleiben will, sollte in Erwägung ziehen, ein Fahrzeug zu kaufen (s. S. 81).

Organisierte Touren

In den Großstädten und Touristenzentren wird ein breites Spektrum an organisierten Touren angeboten, die über die *Visitor Information Centres* gebucht werden können. Sehr beliebt sind seit einiger Zeit sogenannte Bus-Campingreisen in teils entlegene Outback-Gebiete, die mit speziell ausgerüsteten Allradfahrzeugen durchgeführt werden. Ein gutes Renommee haben folgende Firmen:
Adventure Tours Australia: 72 The Parade, Norwood, Tel. 08-81 32 82 30, 13 00-65 46 04 (im Land), www.adventuretours.com.au;
Wayward Bus: 119 Waymouth St., Adelaide, Tel. 08-84 10 88 33 und 1300-65 35 10 (im Land), www.waywardbus.com.au.

Reisen mit Kindern

Das größte Problem für Kinder ist zweifellos die lange Reisedauer an das andere Ende der Welt, weshalb man überlegen sollte, den Hin- und Rückflug mit einem von den meisten

Neben Koalas und Kängerus sind auch die Emus bei Kindern in Australien beliebt

Fluggesellschaften angebotenen Stop-Over-Programm zu stückeln, etwa einem kurzen Badeurlaub in Thailand, Malaysia oder Bali.

Vorausgesetzt man verzichtet auf extrem lange Autofahrten, ist Australien ein ideales Reiseland für die gesamte Familie. Tagesetappen auf Teerstraßen sollten nicht länger als 300 km sein, auf Schotterpisten 200 km oder weniger.

Da die meisten Caravan Parks und Campingplätze mit Spielplätzen und Swimmingpools ausgestattet sind, bietet sich als Reisevehikel ein Wohnmobil an. Auf Campingplätzen schließen Kinder beim Spielen rasch Freundschaft mit anderen Kids. Vor allem in Busch-Camps in Nationalparks kommt es immer wieder zu aufregenden Begegnungen mit Kängurus, Emus und anderen Tieren.

Familien- und kinderfreundlich sind auch zahlreiche Hotels und Motels ausgestattet. Oft verfügen sie über Mehrbettzimmer, Kinderpools und Spielplätze. Manche Hotels der gehobenen Kategorien bieten Kinderbetreuung. Auch viele Restaurants haben sich mit Kindergerichten auf kleine Gäste eingestellt.

Für Kinder, die keinen eigenen Sitzplatz benötigen, kleiner als 1 m und jünger als vier Jahre sind, fallen für den Flug 10 % des normalen Tarifs an, bis zum Alter von 12 Jahren bei einer max. Größe von 1,50 m 67 % des Flugpreises. Australien erkennt zwar deutsche Kinderausweise sowie die Eintragung von Kindern in den elterlichen Reisepass an, dennoch empfiehlt sich ein eigener Reisepass, vor allem wenn man einen Zwischenaufenthalt in einem asiatischen Land plant.

Attraktionen für Kinder

Possierliche Koalas streicheln, handzahme Kängurus und Wallabies füttern – solche Erlebnisse lassen die meisten Kinderherzen höher schlagen. Möglich ist dies in den meisten **Zoologischen Gärten** Australiens, etwa im Taronga Zoo in Sydney, in den Royal Melbourne Zoological Gardens, im Billabong Sanctuary bei Townsville oder im Lone Pine Koala Sanctuary in Brisbane.

Weitere Attraktionen für die Kleinen sind **Ozeanarien,** in denen Haie, Rochen und andere Meeresbewohner hautnah an den Besuchern im Plexiglas-Tunnel vorbeiziehen, z. B. das Sydney Aquarium, das Melbourne Aquarium, die Underwater World in Mooloolaba an der Sunshine Coast nördlich von Brisbane oder das Reef HQ in Townsville.

Im Zentrum faszinieren **Kamelfarmen,** wo Kinder Ausritte auf den Rücken der ›**Wüstenschiffe**‹ unternehmen können. Im tropischen Norden locken Bootsfahrten, bei denen man Krokodilen und anderen Tieren sehr nahe kommt. Unvergessliche Eindrücke garantieren auch Besuche von **Themen- und Erlebnisparks,** etwa von Dreamworld und Sea World an der Gold Coast südlich von Brisbane oder von Australia's Wonderland bei Sydney. Mit Wasserrutschen und Planschpools bietet die White Water World an der Gold Coast den ultimativen Badespaß.

Schulkindern macht **Funkunterricht live** in einer School of the Air (Sprechfunkschule) Spaß. Sprechen sie schon etwas Englisch, dürfen sie bisweilen über Funk mit Outback-Kindern plaudern.

Ein Höhepunkt für Kinder und Eltern ist ein **Flug** in einer Propellermaschine oder einem Hubschrauber oder auch eine **Ballonfahrt** über dem Uluru (Ayers Rock).

Vorsichtsmaßnahmen

Wegen der Schlangengefahr sollten Kinder nur in übersichtlichem Gelände spielen. Tabu sind im tropischen Norden die Ufer von Flüssen, Seen und Wasserstellen, in denen Krokodile lauern könnten. Gefahr besteht dort auch an vielen Strandabschnitten am Meer, vor allem in der Nähe von Flussmündungen.

Nicht unterschätzen darf man die Kraft der ›australischen‹ Sonne. Kinder müssen unbedingt eingecremt werden, am besten mit einer Sonnencreme mit Lichtschutzfaktor 20 aufwärts. Zudem sollten sie beim Baden eine breitkrempige Kopfbedeckung und ein T-Shirt tragen. Kleinkinder im Kinderwagen sollte man mit einem Sonnenschirm schützen. Gute Dienste leistet auch ein Baumwolltuch, das man über den ganzen Wagen ausbreiten kann. Wegen der großen Hitze sollte man zwischen Dezember und Februar nicht mit Kindern ins ›Rote Herz‹ reisen.

Reisen mit Handicap

In Australien bemüht man sich sehr um Behinderte, sodass auch Rollstuhlfahrer oder Blinde nach sorgfältiger Planung keineswegs auf eine Australienreise verzichten müssen. Die meisten öffentlichen Einrichtungen sowie zahlreiche Hotels, Restaurants, Kinos und Museen verfügen über eine behindertengerechte Ausstattung. Immer mehr Stadtbusse werden mit ebenerdigen Türen ausgerüstet, viele Bahnhöfe haben rollstuhlgerechte Eingänge und Rampen, an Fußgängerampeln sind die Bürgersteige abgeflacht.

Auch viele Nationalparks sind zumindest teilweise für Behinderte zugänglich. So haben die örtlichen Büros des National Parks & Wildlife Service in manchen Naturschutzgebieten Wege für Rollstuhlfahrer sowie *senses trails* für Blinde angelegt. Einen besonderen Service bietet Quicksilver Connections, ein Veranstalter von Kreuzfahrten zum Great Barrier Reef: Mit einem Spezialaufzug werden behinderte Gäste ins Wasser gelassen, wo sie mit Schwimmweste in den Korallengärten des äußeren Riffs schnorcheln können.

Infos erteilt der Dachverband der australischen Behindertenorganisationen: National Disability Services, 33 Thesiger Court, Deakin, ACT 2600, Tel. 02-62 83 32 00, Fax 02-62 81 34 88, www.nds.org.au.

Auskunft über behindertengerechte Hotels, Verkehrsmittel, Aktivitäten und weitere Hilfsorganisationen erteilt auch das National Information Communication Awareness Network (NICAN), PO Box 407, Curtin, ACT 2605, Tel. 1800-80 67 69 (innerhalb Australiens) und 02-62 85 37 13, Fax 02-62 85 37 14, www.nican.com.au.

Anreise und Verkehr

Einreise und Zoll

Erforderliche Dokumente

Für die Einreise nach Australien benötigen Besucher aus Deutschland, Österreich und der Schweiz einen noch mindestens sechs Monate gültigen Reisepass sowie ein Touristenvisum, das zur mehrmaligen Einreise innerhalb eines Jahres für jeweils maximal drei Monate berechtigt. Mittlerweile wird das Visum, das sogenannte eVisitor, elektronisch erstellt und kann über die meisten Reisebüros und Australien-Reiseveranstalter beantragt werden. Hierfür werden nur noch die Passnummer und einige persönliche Angaben benötigt. Elektronisch beantragen kann man sein Visum auch auf der Website der australischen Einwanderungsbehörde (www.eta.immi.gov.au); die Kosten in Höhe von 20 A-$ werden von der Kreditkarte abgebucht. Das Online-Visum sollte spätestens zwei Wochen vor der geplanten Abreise beantragt werden.

Reisende, die sich länger als drei Monate in Australien aufhalten möchten, müssen ein normales Visum in Form eines Sichtvermerks bei der australischen Botschaft in Berlin oder Wien beantragen. Formulare hierfür können von der Website der australischen Botschaft (s. u.) heruntergeladen werden. Deutsche und Schweizer reichen den Antrag bei der australischen Botschaft in Berlin ein, Österreicher in Wien (s. S. 67). Die Bearbeitungszeit für die gebührenpflichtige Ausstellung des Visums beträgt ca. 3–4 Wochen.

Flugreisende aufgepasst
Achten Sie darauf, dass sich keine scharfen und spitzen Gegenstände wie Taschenmesser oder Nagelscheren im Handgepäck oder in Hosen- und Jackentaschen befinden. Zudem gelten seit dem 6. November 2006 strengere Bestimmungen für die Mitnahme von Flüssigkeiten an Bord von Passagierjets.

Seit 2000 haben junge Deutsche, Österreicher und Schweizer im Alter zwischen 18 und 30 Jahren die Möglichkeit, ein sogenanntes *Working Holiday Visa* zu beantragen, das ihnen gestattet, ein Jahr lang durch Australien zu reisen und zur Finanzierung der Reise Jobs anzunehmen. Im Flugzeug erhält man eine Einreisekarte, die man vor der Ankunft ausfüllen sollte.
Infos: www.australian-embassy/visa.de.

Einfuhr von Waren

Gegenstände für den persönlichen Bedarf können unbeschränkt mitgebracht werden, z. B. Fotoapparate, Videokameras, Ferngläser, Kofferradios. Reisende ab 18 Jahre dürfen 250 Zigaretten oder 250 g Tabak sowie 2,25 l Spirituosen zollfrei einführen. Andere anmeldepflichtige Waren sind bis zu einem Betrag von 900 A-$ (bis 18 Jahre 450 A-$) zollfrei. Devisenbeschränkungen bestehen nicht. Allerdings müssen Beträge über 10 000 A-$ in australischer oder anderer Währung bei der Ein- und Ausreise deklariert werden.

Um die australische Landwirtschaft vor importierten Schädlingen und Krankheiten wie Maul- und Klauenseuche sowie Tollwut zu schützen, hat man strenge Quarantänebestimmungen sowie Einfuhrrestriktionen für Lebensmittel, Pflanzen und Tiere erlassen. Es ist verboten, frische wie abgepackte Lebensmittel (außer Brot oder Keksen), Gemüse, Früchte und Samen einzuführen. Im Zweifelsfall wendet man sich an die Immigrationsbeamten in der Ankunftshalle, denn bei Verstößen drohen hohe Geldstrafen. Detaillierte Auskünfte erhält man bei den diplomatischen Vertretungen oder im Internet unter www.customs.gov.au oder www.affa.gov.au.

Um das Einschleppen von Insekten zu verhindern, werden die Innenräume von Flugzeugen aus Übersee bisweilen mit einem von der Weltgesundheitsorganisation zugelassenen Sprühmittel desinfiziert, bevor die Passagiere die Kabine verlassen.

Bei der Einreise nach Deutschland, Österreich oder in die Schweiz ist zu beachten, dass nach dem Washingtoner Artenschutzabkommen die Einfuhr von geschützten Tieren bzw. Produkten daraus verboten ist. Dazu gehören Mitbringsel aus Reptilienleder, Elfenbein und Schildpatt, die auf manchen asiatischen Flughäfen, auf denen Zwischenlandungen eingelegt werden, erhältlich sind.
Infos: www.artenschutz-online.de und www.cites.bfn.de.

Anreise

... mit dem Flugzeug

Australien wird von rund 30 internationalen Fluggesellschaften aus fast aller Welt bedient. Die meistfrequentierte Route von Europa führt über Südostasien (Ostroute). Die reine Flugzeit Frankfurt–Sydney (17 000 km) beträgt rund 20 Stunden plus Zwischenstopp in Singapur, Bangkok etc. Bei vielen Fluglinien kann man – meist ohne Aufpreis – auf dem Hin- und/oder Rückflug einen Stopover in einer asiatischen Metropole einlegen. Manche Fluggesellschaften offerieren attraktive Stopover-Programme, die günstige Übernachtungen, Stadtrundfahrten oder Kurzbadeurlaube umfassen.

Schnelle Verbindungen mit kurzen Umsteigezeiten bieten auf der Ostroute die nationale australische Fluggesellschaft **Qantas** sowie **Singapore Airlines** und **Thai Airways International,** die mehrmals pro Woche ab Frankfurt oder München mit nur einem Zwischenstopp australische Metropolen anfliegen. Weitere Fluglinien mit guten Verbindungen auf der Asienroute sind Asiana, Austrian Airlines, British Airways, Cathay Pacific, EVA Airways, KLM, Lauda Air, Malaysia Airlines und Royal Brunei.

Mit günstigen Tarifen locken oft Air China, China Airlines, Emirates, Etihad Airways, Gulf Air, Katar Airways und Korean Air. Gemeinsam mit den Code-share-Partnern Singapore Airlines und Thai Airways International bietet auch die Lufthansa Flüge zum Fünften Kontinent an.

Eine attraktive, allerdings teurere Alternative ist der etwas längere Flug auf der Westroute über Nordamerika. Auf dieser Route fliegen u. a. Air New Zealand, Air Canada und United Airlines. Möglichkeiten zu Zwischenstopps bestehen u. a. in Vancouver, Los Angeles und Auckland sowie auf Pazifikinseln wie Hawaii, Tahiti, Fidschi, Cook Islands, Tonga oder West-Samoa. Interessant sind auch die oft von kooperierenden Fluglinien angebotenen Rund-um-die-Welt-Flüge.

Australiens wichtigste internationale **Flughäfen** sind Sydney, Melbourne, Adelaide, Brisbane, Perth, Darwin und Cairns. Wertvolle Reisezeit lässt sich mit einem Gabelflug sparen, z. B. Ankunft in Sydney und Abflug von Darwin. Zwischen den Flughäfen und den Stadtzentren pendeln von frühmorgens bis spätabends meist in 30-minütigem Rhythmus Flughafenbusse. Zudem stehen ausreichend Taxis zur Verfügung. Vom Kingsford Smith Airport in Sydney gelangt man mit der Bahn in 10 Minuten in die City.

Die **Tarife** unterliegen erheblichen saisonalen Schwankungen. Hochsaison ist von Oktober bis Mitte April, Nebensaison von Ende April bis Juni und Zwischensaison von Juli bis September. Am teuersten sind die Tickets zwischen dem 10. 12. und 31. 12. Bei Qantas kostet das Ticket 1100–1450 € (Jugend- und Studententarif 900–1200 €). Günstiger sind manche asiatische Fluggesellschaften, die auch in der Hauptsaison Flüge für ca. 1100 € anbieten. Beim Preisvergleich sollte man darauf achten, ob die Bahnfahrt zum europäischen Flughafen eingeschlossen ist und ob in Australien ein oder mehrere Gratis-Inlandsflüge enthalten sind bzw. ob man günstige Coupons für Inlandsflüge erwerben kann (s. S. 78). Wegen der starken Nachfrage ist eine frühzeitige Buchung zu empfehlen.

Unterwegs im Land

... mit dem Flugzeug

Dem geografischen Charakter des Landes angemessen, besitzt Australien ein effizientes Binnenflugnetz. Ca. 80 % aller Langstreckenreisen mit öffentlichen Verkehrsmitteln entfallen auf den Flugverkehr. Mit kleinen Fluglinien kann man fast jeden Ort erreichen. Allerdings können die Flüge in kleinen Maschinen wegen der heißen Aufwinde über den inneraustralischen Trockengebieten mitunter recht turbulent sein.

Der Luftverkehr zwischen den größeren Städten wird hauptsächlich von der Staatslinie Qantas bestritten, deren Streckennetz durch zahlreiche Regionallinien ergänzt wird.

Günstige Inlandstarife bieten die Billigflieger Jetstar (Sydney–Melbourne ab 50 €) und Virgin Blue (Melbourne–Alice Springs ab 150 €). Jetstar bedient 15 Ziele überwiegend an der Ostküste und in Tasmanien, Virgin Blue 24 Ziele in ganz Australien. Bei den Billigfliegern muss die Verpflegung extra bezahlt werden, außerdem besteht freie Sitzwahl, d. h. wer einen Fensterplatz haben will, muss rechtzeitig eintreffen.

Die australischen Fluglinien gehören zwar zu den sichersten, aber nicht zu den billigsten der Welt. Tipp: Bestimmte **Sondertarife** von Qantas beinhalten zwei Anschlussflüge innerhalb des Kontinents. Reisenden mit flexiblem Zeitplan bieten alle Fluglinien *Standby Fares*, d. h. 20 % Ermäßigung auf die regulären Economy-Tarife. Studenten können bis zu 25 % Rabatt bekommen, wenn sie unter 26 Jahre alt sind, einen gültigen Studentenausweis besitzen und eine Bescheinigung ihrer Universität (auf Englisch) vorweisen können.

Qantas: Flughafen Frankfurt, Terminal 2, 60549 Frankfurt/M., Tel. 0 18 05-25 06 10, -20, Fax 0 18 05-25 06 39, www.qantas.com.au oder www.australia.com/qantas.

Jetstar: Tel. 00 61-3-83 41 49 01, www.jetstar.com.au.

Virgin Blue: Tel. 00 61-7-32 95 22 96, www.virginblue.com.au.

Flight Centre: www.flightcentre.com.au, Informationen über Inlandsflüge aller Fluglinien.

... mit dem Zug

Alle großen Städte, seit 2004 auch Darwin, sind an das Bahnnetz angeschlossen, das mit knapp 40 000 km im internationalen Vergleich eher bescheiden ist. Am dichtesten ist es im Osten und Südosten sowie im Südwesten. Hier verbinden **Regionalzüge** die Hauptstädte mit den größeren Orten. Eine transkontinentale Fernstrecke wiederum verbindet die beiden Großregionen.

Fernzüge zählen nicht gerade zu den billigsten (z. B. Brisbane–Cairns ab 135 €) und schnellsten, sicherlich aber zu den bequemsten Verkehrsmitteln Australiens. Vor allem die Nachtzüge sind sehr komfortabel ausgestattet mit Klimaanlage, Schlafkabinen, Duschen und Toiletten sowie Speisewagen. Bei allen Fernzügen besteht die Wahl zwischen *First Class* und *Economy Class.* Die Freigepäckgrenze liegt bei 50 kg.

Reisenden, die Australien per Zug kennenlernen wollen, bietet Rail Australia zwei preisgünstige **Netztickets:** Der *Australpass* erlaubt bei einer Gültigkeitsdauer von 14, 21 oder 30 Tagen freie Fahrt mit allen Staatsbahnen und den meisten Regionalzügen; der *Austrail Flexipass* ist innerhalb von sechs Monaten an 8, 15, 22 oder 29 Tagen auf dem gesamten Streckennetz gültig. Beide Tickets können entweder bereits zu Hause oder gegen Vorlage des Reisepasses an jedem größeren Bahnhof vor Ort erworben werden.

Zu den interessantesten **Zugstrecken** gehören die Fahrten in den Expresszügen *Indian Pacific* und *The Ghan.* Der *Indian Pacific* bewältigt auf dem Weg von Sydney nach Perth 4352 km (ca. 65 Std.) und ist damit die drittlängste Bahnstrecke der Welt. Westlich von Adelaide durchquert der Zug auf dem mit 478 km längsten schnurgeraden Schienenstrang der Welt die Nullarbor Plain. Zu den weltweit großartigsten Zugfahrten zählt auch die Reise in *The Ghan* von Adelaide über Alice Springs nach Darwin (48 Std.). In beiden Zügen gibt es drei Klassen: Großraumsitzplätze, klimatisierte Schlafwagenabteile und Doppelkabinen. Für diese und andere Langstreckenzüge, etwa *The Overland* zwischen Melbourne und Adelaide sowie *The Spirit of the Outback* in Queensland, sind frühzeitige Buchungen sehr zu empfehlen.

Rail Australia: c/o hm-touristik, Livry-Gargan-Str. 10, 82256 Fürstenfeldbruck, Tel. 081 44-77 00, Fax 081 44-76 61, www.hm-touristik.de.

Rail Australia: www.railaustralia.com.au, Reservierung im Land: Tel. 13 22 32

Great Southern Railway: www.gsr.com.au oder www.trainways.com.au, Reservierung im Land: Tel. 13 21 47 (Buchung von *Indian Pacific*, *The Ghan* und *The Overland*).

Eine Übersicht über die **Zugfahrpläne** in Australien bietet www.fahrplan-online.de.

... mit dem Bus

Günstige Tarife und gute Verbindungen machen Busse zu einem dominierenden Transportmittel im Überlandverkehr. Die modernen Expressbusse, die rund um die Uhr zwischen den wichtigsten Orten verkehren, sind klimatisiert sowie mit Waschraum, Toilette, Panoramafenstern und verstellbaren Sitzen mit Kopfstützen ausgestattet. An Raststätten werden regelmäßig Pausen eingelegt. Das Freigepäck ist gewöhnlich auf 20 kg begrenzt; für weitere Gepäckstücke wird meist eine Extragebühr verlangt. Als führende Buslinie schickt Greyhound Australia, die in fast jeder größeren Stadt ein Ticketoffice betreibt, ihre Fahrzeuge in ganz Australien auf die Highways. Telefonische Reservierungen sind rund um die Uhr möglich. Ferner gibt es landesweit eine Vielzahl von kleineren Unternehmen, die günstige Busdienste im Fern- und Regionalverkehr anbieten.

Wer längere Strecken mit dem Bus reisen möchte, sollte den Kauf einer **Netzkarte** erwägen. Der *Aussie Explorer Pass* ermöglicht unbegrenztes Reisen mit beliebig vielen Unterbrechungen auf dem Busnetz von Greyhound Australia innerhalb eines bestimmten Zeitraums (10 Tage/380 A-$). Mit dem *Aussie Kilometer Pass* der gleichen Gesellschaft kann man zeitlich unbegrenzt je nach Version 2000 bis 20 000 km zurücklegen (3000 km/420 A-$). Auf demselben Prinzip wie der *Aussie Explorer Pass* basiert der nur auf Tasmanien gültige Explorer Pass von TassieLink Coaches (7 Tage/208 A-$, 10 Tage/248 A-$, 14 Tage/286 A-$). Ein gutes Transportnetz für junge Leute mit Rundreiseoption bieten Oz Experience und Wayward Bus.

Buspässe kann man in den Büros der Busgesellschaften, an Flughäfen, in Reisebüros, Fremdenverkehrsämtern und vielen Hotels kaufen. Eine Vorausbuchung über europäische Reiseveranstalter ist möglich, aber nicht nötig. Pensionäre und Rentner sowie Mitglieder des Deutschen Jugendherbergswerks oder einer australischen Backpacker-Organisation erhalten 10 % Rabatt.

Auskunft erhält man in jedem besseren Reisebüro, bei Tourism Australia in Frankfurt/M. (s. S. 66) oder direkt bei **Greyhound Australia:** www.greyhound.com.au, Reservierung im Land: Tel. 13 00-47 39 46.

Tasmanian Redline Coaches: www.tasredline.com.au, Reservierung: Tel. 13 00-36 00 00.

Oz Experience: www.ozexperience.com.au.

Wayward Bus: www.waywardbus.com.au, Reservierung im Land: Tel. 13 00-65 35 10.

Eine Übersicht über **Busfahrpläne** in Australien findet man unter www.fahrplan-online.de.

... mit der Fähre

Die beiden Passagier- und Autofähren ›M.V. Spirit of Tasmania I‹ und ›II‹ der Reederei TT Line verkehren einmal bzw. während der Hochsaison im Dezember und Januar zweimal täglich zwischen Melbourne und Devonport auf der Insel Tasmanien. Nebensaison: Abfahrt Melbourne und Devonport 20 Uhr, Ankunft im Zielhafen am darauf folgenden Tag um 7 Uhr; Hochsaison: Abfahrt Melbourne und Devonport 9 und 21 Uhr, Ankunft um 18 bzw. 6 Uhr.

Auskunft erhält man bei jedem Tasmanian Travel Centre oder bei **TT Line Reservations:** Tel. 18 00-63 49 06, www.tt-line.com.au oder www.spiritoftasmania.com.au.

... mit dem Mietwagen

Alle international renommierten Mietwagenfirmen haben in den Metropolen und Touristenzentren Niederlassungen. Darüber hinaus findet man in den größeren Städten zahlreiche einheimische Autoverleiher, die häufig recht günstige Konditionen bieten. Äußerst preiswert sind Firmen, die betagte, aber technisch meist einwandfreie Fahrzeuge vermieten, etwa Rent-A-Wreck, Rent-A-Bomb oder Wicked. Landesweit vertreten sind auch besonders auf Wohnmobile und Geländewagen spezialisierte Vermieter.

Vorbeugen für den Schadensfall

Auch wenn vor allem bei Wohnmobilen und Geländewagen die zusätzlichen Kosten hoch erscheinen, sollte man durch eine **Zusatzversicherung** *(Collision Damage Waiver)* die Selbstbeteiligung im Schadensfall so weit wie möglich reduzieren. In jedem Schadensfall – auch wenn die Schuld eindeutig beim Unfallgegner liegt – wird vom Vermieter die Selbstbeteiligung unverzüglich per Kreditkarte eingezogen. Sobald die Versicherung des Unfallgegners den Schaden reguliert hat, wird das Geld zurückerstattet. Allerdings besteht in Australien keine Versicherungspflicht für Kraftfahrzeuge. Im schlimmsten Fall muss also der Mieter, selbst wenn er unschuldig ist, für den Schaden am Mietfahrzeug in Höhe der Selbstbeteiligung aufkommen.

Die Wahl des **Fahrzeugtyps** hängt von der Reiseroute ab. Wer sich auf die bekannten Attraktionen konzentrieren will, kann sich mit einem zweiradgetriebenen Fahrzeug begnügen, mit dem man unter normalen Umständen etwa 95 % aller touristisch interessanten Orte erreicht. Zu einigen landschaftlichen Höhepunkten wie dem Palm Valley im Finke Gorge National Park bei Alice Springs oder den Jim Jim Falls im Kakadu National Park, die man nur mit einem Allradfahrzeug erreicht, bieten lokale Veranstalter Touren an, oder man kann sich vor Ort einen *Four Wheel Drive* mieten. Ein Jeep lohnt nur für Reisende, die sich ausschließlich in Outback-Gebieten aufhalten.

Für alle Mietwagen, außer Geländefahrzeugen, gibt es Beschränkungen für unbefestigte Straßen, obwohl einige ungeteerte Outback-Pisten zumindest in der Trockenzeit problemlos auch mit robusten Pkws oder sogar Wohnmobilen befahrbar sind. Manche Verleihfirmen bieten auch die Möglichkeit, verschiedene Fahrzeugtypen je nach Region miteinander zu kombinieren.

Wegen der günstigeren **Tarife** sollte man im Heimatland buchen. Ein Kleinwagen kostet ab 25 € pro Tag. Die Preise für Campingbusse, Wohnmobile und Geländewagen unterliegen erheblichen saisonalen Schwankungen und können sich in der Hochsaison verdoppeln. Für einen einfachen Camper muss man mit 50–75 € pro Tag rechnen. Hinzu kommen noch etwa 15–25 € pro Tag für freiwillige, aber sinnvolle Zusatzversicherungen. Benzin und Diesel kosten je nach Region 0,75–1 €/l. Am billigsten sind Autos aller Art meist bei großen Veranstaltern wie CA Ferntouristik, FTI Touristik oder Dertour zu buchen. Es lohnt auch ein Blick in die Websites von Vermittlern wie Holiday Autos (www.holidayautos.com), Billiger Mietwagen (www.billiger-mietwagen.de), Travel-Service Australien (www.t-s-a.de), Campervan Rentals (www.campervan-rentals.com) und Camper Boerse (www.camperboerse.de). In der

Hauptsaison ist vor allem für Wohnmobile und Geländewagen eine frühzeitige Reservierung sehr zu empfehlen.

Klären sollte man, ob die Preise unbegrenzte Freikilometer *(Unlimited Mileage)* enthalten, ob man bei Einwegmieten (gewöhnlich zwischen den größeren Städten möglich) für die Rückführkosten aufkommen muss, ob die Haftpflichtversicherung und der *Collision Damage Waiver* (Ausschluss bzw. Reduzierung der Selbstbeteiligung an Fahrzeugschäden bei Teilkaskoversicherung) eingeschlossen sind und ob die Verleihfirma ein Mindestalter verlangt (für Pkw meist 21 Jahre, für Wohnmobile und Geländewagen häufig 25 Jahre). Es lohnt sich, Angebote von Veranstaltern einzuholen, die Flüge kombiniert mit Mietwagen oder Wohnmobil (Fly & Drive) anbieten. Beim Mieten eines Wagens muss man einen internationalen Führerschein vorlegen, bisweilen zusätzlich den nationalen Führerschein. Sinnvoll ist es, eine Kreditkarte mitzunehmen, weil man sonst eine größere Summe als Kaution hinterlegen muss. Unbedingt darauf achten, dass im Kreditkartenabzug die Pfandsumme und *Bond only* eingetragen ist. Nie Blankobelege unterschreiben.

Autokauf

Bei einem längeren Aufenthalt in Australien sprechen Kostengründe für den Kauf eines Gebrauchtwagens. Verschiedene Händler bieten neben einer technisch-mechanischen Garantie auch eine Rückkaufgarantie. Vorteil: Man kann den Kauf meist bereits zu Hause arrangieren und gleich nach Ankunft in Australien sein Fahrzeug übernehmen; hinzu kommt die Zeitersparnis beim Wiederverkauf vor der Abreise. Der Nachteil ist der höhere Preis gegenüber einem Kauf ohne Rücknahmegarantie. Mietkauf rechnet sich bei einem Aufenthalt von mehr als sechs Wochen. Ein gutes Renommee haben folgende Firmen:
World On Wheels: Wittbräuckerstr. 372, 44267 Dortmund, Tel. 0231-47 64 69 90, Fax 0231-47 64 69 99, info@world-on-wheels.eu, www.world-on-wheels.eu.
Travel Car Centre, c/o Bruno Frischknecht, 54 Brookvale, Sydney, NSW 2100, Tel. 00 61-2-99 05 69 28, Fax 00 61-2-99 05 48 81, tcc@travelcar.com.au, www.travelcar.com.au.

Trampen

Zwar ist *Hitchhiking* nur in Queensland verboten, doch kann Australien wegen der großen Distanzen und der geringen Verkehrsdichte keineswegs als Traumland für Tramper gelten. In menschenleeren Regionen muss man häufig stunden-, wenn nicht sogar tagelange Wartezeiten einkalkulieren.

Zeitsparend und relativ billig ist es, gegen Benzinkostenbeteiligung eine **Mitfahrgelegenheit** zu nutzen. Angebote findet man an den Anschlagbrettern der Jugendherbergen und Backpackers Hostels sowie im Internet unter www.needaride.com.au.

Verkehrsregeln

An den Linksverkehr gewöhnt man sich in der Regel rasch, an die **Höchstgeschwindigkeit** von 100 km/h auf den meisten Highways langsamer. Ausnahmen sind die Überlandstraßen in South Australia (110 km/h) und das Northern Territory (keine Geschwindigkeitsbegrenzung). In geschlossenen Ortschaften darf man maximal 50 km/h fahren, sofern es nicht anders ausgeschildert ist. An Schultagen gelten zwischen 7.30–9 und 14.30–16 Uhr vor Schulen ausgeschilderte Geschwindigkeitsbegrenzungen. Vor allem auf dem Highway 1 nimmt die Polizei Geschwindigkeitskontrollen vor. Bei Überschreitungen drohen empfindliche Geldstrafen. Wegen des **Linksverkehrs** gilt an Kreuzungen, im Kreisverkehr, an Fußgängerwegen und vor allem beim Überqueren von Straßen die lebenswichtige Regel: Stets zuerst nach rechts schauen! Trotz Linksverkehr gilt: Wer von rechts kommt, hat üblicherweise Vorfahrt *(Give Way)*. Fahrzeuge im Kreisverkehr haben prinzipiell Vorfahrt. Vorsicht ist vor allem beim Rechtsabbiegen angebracht. Dies gilt besonders für Melbourne, wo sich Rechtsabbieger an Kreuzungen, die mit dem Hinweisschild *Right Turn From Left Only* gekennzeichnet sind, auf der äußerst linken Spur einordnen und zunächst den geradeaus fahrenden Verkehr passieren lassen müssen. Erst kurz bevor die Ampel für den kreuzenden Verkehr auf Grün schaltet, darf man nach rechts abbiegen. In manchen Bundesstaaten darf man bei Rotlicht links abbiegen, sofern ein entsprechendes Hinweisschild *(Turn Left At Any Time With Care)* angebracht ist und es der Verkehr zulässt.

Das Anlegen von Sicherheitsgurten ist Pflicht, auch auf den Rücksitzen. Die **Alkoholgrenze** liegt bei 0,5 Promille – Kontrollen sind häufig und Verstöße werden streng geahndet. Vor allem in Großstädten müssen Parksünder mit hohen Geldstrafen rechnen. Vor unbeschrankten Bahnübergängen ohne Signalanlage muss man kurz stoppen.

Australien besitzt ein recht gut ausgebautes **Straßennetz.** Autobahnähnliche Streckenabschnitte, die *Freeways* (Fwy), gibt es nur zwischen den Großstädten im Südosten. Ansonsten dominieren zweispurige Straßen, die, wenn es sich um Hauptrouten handelt, als *Highways* (Hwy) bezeichnet werden. Mittlerweile sind in Australien sämtliche Hauptverbindungsstraßen durchgehend asphaltiert. Das australische Outback wird abseits der Hauptrouten von einem dichten Netz an Schotterpisten *(Gravel Roads)* und unbefestigten Naturpisten *(Dirt Roads)* durchzogen.

In den Großstädten und entlang der großen Straßen ist das **Tankstellennetz** sehr dicht, im Binnenland und abseits der Hauptrouten wird es rasch recht dünn. Allerdings sollte aus Sicherheitsgründen nur bei Fahrten in extrem entlegene Gebiete ein größerer Treibstoffvorrat mitgeführt werden. Auch auf Outback-Pisten liegen meist nicht mehr als 300–400 km zwischen den Tankstellen.

Generell sollte man Tagesetappen von über 300 km vermeiden und bedenken, dass gerade in der Abenddämmerung das Risiko von Zusammenstößen mit Kängurus und anderen Tieren besonders groß ist. In den Viehweidegebieten halten sich nachts zudem die Rinder gerne auf dem warmen Asphalt auf. Auf der Hut sollte man auch vor den *Road Trains* sein, den bis zu 50 m langen und bis zu 120 t schweren Lastwagengespannen aus Zugmaschine mit drei Anhängern. Den Riesen auf Rädern mit dem Bremsweg eines Güterzugs lässt man üblicherweise die Vorfahrt und verlässt notfalls die Straße, um ihnen nicht in die Quere zu kommen. Beim Überho-len eines *Road Train* muss man die Überlänge einkalkulieren. Unfallschwer-

---

Sperrzonen

Die Gebiete, die den Ureinwohnern auf der Grundlage des Aboriginal Land Rights Act im Jahr 1976 übereignet wurden (Aboriginal Land), dürfen von Nicht-Aborigines nur mit Erlaubnis betreten oder befahren werden. Besucher sollten sich mindestens vier Wochen zuvor schriftlich an das zuständige Land Council wenden (Transit-Permits werden meist kurzfristig vor Ort ausgestellt):

... für das Northern Territory (Top End):
Northern Land Council, 9 Rowlings St., P.O. Box 42921, Darwin, NT 0811, Tel. 08-89 20 51 00, Fax 08-89 45 26 33.

... für das Northern Territory (›Rotes Herz‹):
Central Land Council, 33 Stuart Hwy, P.O. Box 3321, Alice Springs, NT 0871, Tel. 08-89 51 63 20, Fax 08-89 53 43 45.

...für South Australia:
Pitjantjatjara Council, 3 Wilkinson St., P.O. Box 2584, Alice Springs, NT 0870, Tel. 08-89 54 81 11, Fax 08-89 50 15 10.

... für Western Australia:
Aboriginal Permits Office, Capital Centre, 197 St. Georges Terr., Perth, WA 6000, Tel. 08-92 35 80 00, Fax 08-92 35 80 88.

punkte sind, v. a. in Queensland, die einspurigen Brücken.

Besondere Vorsichtsmaßnahmen sollte man bei Reisen im Outback treffen. Mangelhafte Ausrüstung und Leichtsinn kosten auch heute noch Menschen das Leben. Grundvoraussetzung ist, dass sich das Fahrzeug in bestem Zustand befindet. Zur Ausrüstung gehören u. a. zwei Reservereifen, Abschlepp-seil, Bordwerkzeug, Spaten, Axt, Notfallapotheke sowie die wichtigsten Ersatzteile und der Route entsprechend genügend Reservekanister. Auch bei kürzeren Reisen ins Outback muss man stets ausreichend Wasser und Lebensmittel mitnehmen. In der australischen Sommerhitze braucht ein Erwachsener ca. 5 l Wasser pro Tag zum Überleben.

Die meisten unbefestigten Straßen im Zentrum und in den nördlichen Regionen befinden sich während der Regenzeit von November bis April oft in einem abenteuerlichen Zustand. Grundsätzlich gilt: Vor dem Befahren von Naturpisten immer deren Zustand erfragen und vor der Fahrt in eine einsame Region die Polizei oder auch die Ranger eines Nationalparks über Reiseroute und -dauer informieren, damit im Notfall eine Hilfsaktion veranlasst werden kann. Im Falle einer Panne gilt die Regel: Beim Fahrzeug bleiben und Hilfe abwarten, auch wenn dies Tage dauern sollte. Aus der Luft ist ein Auto in der Wüste leichter zu erkennen als ein Mensch. Außerdem gibt es kaum Überlebenschancen, wenn man versucht, sich zu Fuß durchzuschlagen. In sehr abgelegene Gebiete sollte man grundsätzlich nur im Konvoi fahren.

Mitglieder eines **Automobilklubs** können die Dienste der *Australian Automobile Association* (AAA) in Anspruch nehmen. Diese ist in jedem Staat mit Unterorganisationen vertreten (etwa RACV in Victoria oder RACQ in Queensland), von denen man gegen Vorlage eines gültigen Mitgliedsausweises des Heimatlandes kostenlos oder sehr preisgünstig Reiseinfos, Kartenmaterial, Hotel- und Caravan-Park-Verzeichnisse etc. erhält. Zum Service gehört auch die Pannenhilfe in Notfällen (*Breakdown Service*, Tel. 13 11 11).

Öffentlicher Nahverkehr

Taxis

In allen größeren Städten warten klimatisierte Taxis an Ständen und vor großen Hotels, man kann sie aber auch am Straßenrand heranwinken oder telefonisch bestellen. Alle großen Taxiunternehmen bieten behindertengerechte Fahrzeuge. Die Grundgebühr beträgt in der Regel 3,50–4 A-$, der Fahrpreis errechnet sich aus gefahrenen Kilometern und benötigter Zeit. Rauchen ist in Taxis verboten.

In Sydney und anderen Großstädten gibt es **Wassertaxis,** die man chartern kann. Eine telefonische Reservierung ist angeraten.

Bus und Bahn

Der öffentliche Nahverkehr in australischen Metropolen besteht aus Stadtbussen, Vorortzügen und U-Bahnen sowie in Melbourne zusätzlich aus Straßenbahnen, in Sydney, Brisbane und Perth aus Fluss- bzw. Hafenfähren. Die städtischen Großräume sind in Tarifzonen eingeteilt, nach denen sich der Fahrpreis richtet. Fast überall gibt es auch Tages-, Wochen- und Monatstickets. Sie sind erhältlich in den Verkehrsmitteln, in Zeitschriftenläden, Drogerien und an speziellen Kiosken, wo es auch Fahrpläne, Übersichtskarten und Infos über Spezialtarife gibt. Einige Großstädte bieten Kombitickets an, mit denen man die öffentlichen Verkehrsmittel innerhalb eines bestimmten Zeitraums beliebig oft benutzen kann. Busfahren im innerstädtischen Bereich ist zum Teil kostenlos. Das meist dichte Busnetz wird oft durch Sightseeing-Linien ergänzt, z. B. in Sydney durch den Sydney Explorer.

Unterkunft

Das Spektrum der Unterkünfte reicht von Luxushotels mit Suiten um die 500 € bis zu Backpacker Hostels, wo ein Bett weniger als 20 € pro Nacht kostet. In allen Kategorien sind Einzelzimmer nur geringfügig preiswerter als Doppelzimmer. Für ein Zustellbett fallen meist zusätzliche Kosten an. Kinder unter 12 Jahren übernachten in der Regel kostenlos im Zimmer der Eltern. Das Frühstück ist – außer in B&Bs – nur selten im Preis enthalten.

Checkout in den meisten Unterkünften ist bereits um 10 Uhr. Je nach Bundesstaat kommen zum Übernachtungspreis bis zu 10 % Steuern hinzu. Die Preise in Feriengebieten unterliegen zum Teil erheblichen saisonalen Schwankungen. Während der Hochsaison (Juli bis Sept., Dez. bis Feb.) empfehlen sich frühzeitige Vorausbuchungen, auch für Campingplätze und Caravan Parks.

Hotels und Motels

Der Hauptunterschied zwischen Hotels und Motels besteht darin, dass Hotels eine öffentliche Bar besitzen müssen. Vor allem in Outback-Orten präsentieren sich diese ›Hotelkneipen‹ als zünftige Touristenunterkünfte, in denen man sehr viel Lokalkolorit erleben kann.

Hotels der oberen Kategorie bieten Zimmer mit internationalem Standard sowie meist ein oder mehrere Restaurants, Cafés, Bars, kleinere Geschäfte, Wechselstuben und Reiseagenturen. Häufig verfügen sie auch über Swimmingpools, Tennisplätze, Fitness- und Wellnesscenter. In die obere Kategorie fallen auch sogenannte Boutiquehotels – stilvoll restaurierte und modernisierte kleinere Hotels in Kolonialhäusern mit dem Flair des 19. Jh. Die Preise liegen bei 125 bis 250 € für ein Doppelzimmer. Generell gilt, dass die meisten Tophotels bei einer Pauschalbuchung von Europa aus wesentlich günstiger sind, als wenn man sie direkt vor Ort bucht.

In **Hotels der Mittelklasse** muss man hinsichtlich der Zimmerausstattung häufig nur geringfügige Abstriche in Kauf nehmen. Meist sind auch hier Restaurant und Pool vorhanden. Die Übernachtungspreise bewegen sich je nach Region zwischen 50 und 125 €.

Selbst **einfachere Hotels** haben meist ein akzeptables Niveau und bieten durchweg saubere, klimatisierte Zimmer mit Bad und oft eine familiäre Atmosphäre. Für eine Übernachtung muss man mit 35–75 € rechnen.

Während sich die Hotels vorwiegend in den Stadtkernen konzentrieren, findet man **Motels** (oder Motor Inns) meist an den Durchgangs- oder Ausfallstraßen größerer Orte. Motels verfügen über abgeschlossene Ein- und Mehrzimmereinheiten, die teilweise mit Kochnische und fast immer mit Wasserkocher (inkl. Teebeutel, Pulverkaffee, Milch und Zucker) ausgestattet sind. Motelketten wie Flag (www.choicehotels.com.au), Best Western (www.bestwestern.com.au), Golden Chain (www.goldenchainmotels.com.au) oder Budget (www.budgetmotelchain.com.au) bieten landesweit Unterkünfte mit einem durchweg recht ordentlichen Standard.

Resorts

An den Stränden im tropischen Norden und auf Inseln des Great Barrier Reef gibt es luxuriöse, in weitläufige Tropengärten eingebettete **Strandresorts,** die hinsichtlich Ausstattung und Service keine Wünsche offen lassen. Erstklassige Restaurants und mehrere Swimmingpools sind hier ebenso selbstverständlich wie ein großes Sportangebot und oft auch Wellnessprogramme. Bisweilen liegen diese Resorts recht einsam in oder am Rand von Nationalparks und bilden ideale Ausgangsbasen für Naturerkundungen. Eine ›Spezialität‹ von Queensland sind die **Regenwaldresorts.** Übernachtungen in den Resorts kosten ab etwa 125 € aufwärts.

Ferienwohnungen

In allen Großstädten sowie vor allem in Urlaubszentren gibt es ein breites Spektrum an Ferienwohnungen für Selbstversorger, sogenannte *Holiday Flats* oder *Holiday Units*. Diese Unterkünfte sind ideal für Reisende, die sich länger an einem Ort aufhalten. Gewöhnlich verfügen sie zumindest über ein Schlaf- und Wohnzimmer sowie eine Küche oder Kochnische. Je nach Ausstattung und Lage muss man mit Preisen rechnen, die den mittleren bis oberen Hotel-Kategorien entsprechen. Die Anmietung kann normalerweise auf täglicher oder wöchentlicher Basis erfolgen.

Bed & Breakfast

Kontakt mit Einheimischen versprechen die oft sehr stilvollen B&Bs, die – vor allem auf der Insel Tasmanien – gerne in historischen Gebäuden untergebracht sind. Einblicke in australisches Alltagsleben gewinnt man auch als zahlender Gast auf einer Farm. Da bei beiden in der Regel ein recht hoher Standard geboten wird, liegen die Preise je nach Region und Ausstattung zwischen 75 und 125 € für zwei Personen im Doppelzimmer inkl. Frühstück. Die meisten Touristenbüros haben Broschüren von B&Bs und *Farmstays* und übernehmen Buchungen.

Bed & Breakfast Australia: PO Box 448, Homebush, NSW 2140, Tel. 02-97 63 27 99, Fax 02-97 63 13 77, www.bedandbreakfast.com.au.

Worldwide Homestay: 20 Porter St., Templestowe, VIC 3106, Tel. 03-98 46 86 33, Fax 03-98 46 86 44, www.homestay.com.au.

Weitere Infos findet man im Internet auf der **Bed & Breakfast Site** (www.babs.com.au), bei **Farmstay Western Australia** (www.farmstaywa.com.au), bei der **Bed & Breakfast and Farmstay Association of Far North Queensland** (www.bnbnq.com.au), bei **Outback Beds** (www.outbackbeds.com.au) sowie unter www.australianfarmtourism.com.au und www.factv.com.

Backpacker Hostels und Jugendherbergen

Für Reisende mit schmalem Geldbeutel gibt es zahlreiche *Backpackers Hostels,* die gleichzeitig eine tolle Kontaktbörse sind. Übernachtet wird in Doppel- (30–50 €) oder Mehrbettzimmern (15–20 €/Pers.), Küchenbenutzung ist meist inklusive.

Die *Youth Hostel Association of Australia* (YHA) betreibt rund 150 Jugendherbergen. Erforderlich für die Aufnahme ist ein gültiger Jugendherbergsausweis oder eine Gastkarte, die man sich gegen eine geringe Gebühr ausstellen lassen kann.

In den meisten Großstädten gibt es Wohnheime von YMCA und YWCA *(Young Men/Women Christian Association),* oft recht komfortable Herbergen im Hotelstil mit Doppelzimmern. Die Preise liegen deutlich über denen der Backpacker Hostels und können das Niveau von einfacheren Hotels erreichen.

Youth Hostel Association of Australia: 10 Mallett St., Camperdown, NSW 2050, Tel. 02-95 65 16 99, Fax 02-95 65 13 25, yha@yha.org.au, www.yha.com.au.

Deutsches Jugendherbergswerk: Bismarckstr. 8, 32756 Detmold, Tel. 0 52 31-7 40 10, Fax 0 52 31-74 01 49, www.jugendherberge.de.

VIP Backpacker Resorts International: PO Box 600, Cannon Hill, QLD 4170, Tel. 07-33 95 61 11, Fax 07-33 95 62 22, www.vipbackpackers.com.

Camping

Die meisten Campingplätze und Caravan Parks bieten sowohl Stellplätze für Wohnmobile (mit/ohne Strom) als auch für Zelte, außerdem Münzwaschautomaten und -trockner sowie häufig Kinderspielplätze, Swimmingpools und Picknickplätze mit münzbetriebenen Gas- oder Elektro-Barbecues. Auf vielen größeren Caravan Parks gibt es außerdem **Mietwohnwagen** *(On-Site-Vans)* und einfache **Hütten** *(Cabins)* sowie immer häufiger recht komfortable **Ferienhäuser** *(Chalets, Villas).* In der Regel sind diese Unterkünfte *self contained,* also mit Herd, Kühlschrank, Kochtöpfen und und Geschirr ausgestattet. Die sanitären Einrichtungen müssen bei preiswerteren Unterkünften mit den Campern geteilt werden, teurere Cabins besitzen ein eigenes Bad. Besonders gut sind die Plätze der großen Caravan-Park-Ketten wie Big Four Tourist Parks (www.big4.com.au) und Top Tourist Parks (www.toptouristparks.com.au). Diese geben teilweise kostenlos Mitgliedsausweise aus, mit denen man eine Ermäßigung erhält. Die Preise auf den meisten Caravan Parks liegen bei 8–12 € für einen Zeltplatz, 12–20 € für einen Wohnmobil-Stellplatz mit Stromanschluss *(Powered Site),* 35–50 € für *On-Site-Vans* und *Cabins* sowie 50–100 € für *Chalets,* die meist Platz für 4–6 Personen bieten und daher optimal für Familien geeignet sind.

Neben kommerziellen Caravan Parks gibt es **Nationalpark-Campingplätze,** die von den Naturschutzbehörden der einzelnen Bundesstaaten unterhalten werden. Die Palette reicht von Plätzen im Stil von Caravan Parks bis zu einfachen Buschcamps mit Plumpsklos. In manchen Nationalparks ist das Campen kostenlos möglich, in anderen werden pro Person 5–7 € verlangt. Während der Hochsaison sind die Campingplätze in den Nationalparks häufig restlos ausgebucht und sollten daher früh reserviert werden.

Spartipps
Viel sparen kann, wer Touristenhotels mittleren und gehobenen Standards über große Veranstalter bucht, denn gerade Luxus- und All-inclusive-Hotels werden in den Katalogen zu oft konkurrenzlos günstigen Preisen angeboten. Deutlich weniger als die offiziellen Preise zahlt man in der Regel auch bei Online-Reservierung, die direkt aber oft nur bei Hotels der oberen Kategorien möglich ist. Allerdings lassen sich Häuser der Mittelklasse häufig über Internet-Agenturen reservieren, und zwar zu Preisen, die bis zu 50 % unter den *rack rates* liegen. Nützliche Websites hierfür sind: **www.australia-hotels.net, www.planetholiday.com, www.wheretostay.com.au, www.hotel.de, www.hostelworld.com, www.hotelscentral.com**
In Stadthotels der mittleren und oberen Kategorie werden günstige **Wochenendtarife,** sogenannte *weekend packages* angeboten. Auf gute Deals lassen sich viele Hotels in den Touristenzentren auch in der Nebensaison ein. Es ist generell nie verkehrt, sich nach der *best rate* und *stand by rate* zu erkundigen.
Zunehmend beliebter unter Australien-Reisenden werden **Hotelgutscheine,** die man vor der Abreise im Heimatland günstig erwerben kann. Bei längeren Aufenthalten erhält man bei Unterkünften aller Kategorien in der Regel einen ordentlichen Preisnachlass.

Reservierung

Außerhalb der Hauptreisezeiten ist in der Regel eine spontane Zimmersuche möglich. Wer während der Hochsaison anreist, sollte für die ersten Nächte sicherheitshalber von zu Hause eine Reservierung vornehmen, entweder über Reisebüros und Veranstalter oder über das Internet. Während einer Rundreise auf eigene Faust in der Hochsaison empfiehlt es sich, rechtzeitig telefonisch oder per Internet ein Zimmer in einem Hotel am Zielort zu reservieren. Buchungen kann man auch über regionale Fremdenverkehrsbüros vornehmen lassen.

Sport und Aktivurlaub

Angeln

Australien ist ein Mekka für Sportfischer. Zu den beliebtesten Gebieten für Forellenangler zählen der Lake District von Tasmanien, die Flüsse und Seen der Australischen Alpen sowie die Seen in den Snowy Mountains um die Orte Eucumbene und Jindabyne. Jagd auf Australiens Edelfisch Nummer eins, den Barramundi, macht man in den Seen, Flüssen und Flussmündungen des tropischen Nordens. Hochburgen des australischen Hochseeangelns sind Port Stephens nördlich von Sydney, Bermagui an der Südküste von New South Wales, Port Lincoln, Ceduna und Kangaroo Island in South Australia, Bicheno und St. Helens an der tasmanischen Ostküste sowie zahlreiche Hafenorte im Südwesten von Western Australia.

Zwischen September und Dezember wird vor der Küste von Queensland dem bis zu 200 kg schweren Blue Marlin nachgestellt, und Boote auf Charterbasis operieren von Cairns und Lizard Island. In Binnengewässern darf man das ganze Jahr über angeln, allerdings gibt es Fanglimits sowie für bestimmte Arten festgelegte Schonzeiten, die von Bundesstaat zu Bundesstaat verschieden sind. Genauere Auskünfte erteilen die Polizeistationen, Fremdenverkehrsämter und Sportgeschäfte vor Ort. Dort erhält man auch die erforderlichen Angellizenzen. Auch für das Hochseeangeln gelten regional unterschiedliche Bestimmungen.

Golf

Golfen ist Down Under ein Breitensport. Die meisten der zahlreichen Golfplätze sind für jedermann zugänglich; Ausrüstung kann gewöhnlich vor Ort stunden- oder tageweise geliehen werden. Die Greenfee-Gebühren liegen zwischen 15 und 50 A-$. Am Wochenende ist es ratsam, telefonisch zu reservieren. Mitglieder europäischer Golfklubs dürfen mit einem Empfehlungsschreiben ihres Heimatklubs in der Regel die Anlagen der australischen Partnerklubs kostenlos nutzen.

Nähere Infos gibt es im Internet unter **www.ausgolf.com.au** oder bei der **Australian Golf Union,** 153–155 Cecil St. South Melbourne, VIC 3205, Tel. 03-96 99 79 44, Fax 03-96 90 85 10, www.agu.org.au.

Radfahren

In den meisten Großstädten gibt es Radwege, und auf dem Land führen kleine, wenig befahrene Straßen durch die reizvollsten Gegenden. Favoriten bei Radfahrern sind die kurvenreiche Great Ocean Road in Victoria (s. S. 217) und die Insel Tasmanien. Gut ausgerüstete Extrem-Biker zieht es zur Gibb River Road in den west-australischen Kimberleys. Fahrräder kann man vielerorts mieten, für längere Touren solllte man aber besser seinen eigenen Drahtesel mitbringen.

Rafting, Kanu- und Kajakfahren

Zunehmender Beliebtheit erfreut sich das **White Water Rafting,** bei dem es mit Gummibooten durch die Stromschnellen reißender Flüsse geht. Auch Anfänger und weniger Sportliche meistern unter professioneller Anleitung die Stromschnellen bekannter Rafting-Flüsse wie Tully River in Nord-Queensland, Gwydir River in New South Wales und Franklin River in Tasmanien.

Wer sich lieber gemächlicher fortbewegt, kann vielerorts **Seekajaks** *(Seakayak)* oder **Kanus** mieten und damit beschauliche Exkursionen unternehmen. Auskünfte erteilt **Australian Canoeing,** Sports House, Wentworth Park, Wattle St., Ultimo, NSW 2007, Tel. 02-95 52 45 00, Fax 02-95 52 44 57, www.canoe.org.au.

Reiten

Für Reiter bieten Australiens Wildnisgebiete ein schier unerschöpfliches Abenteuerpotenzial. In jedem Bundesstaat kann man Reiterferien machen – in den Snowy Mountains ebenso wie in den zentral-australischen Halbwüsten. Während mehrtägiger, organisierter Ausritte, sogenannten *Trail Rides,* übernachtet man in gemütlichen Blockhütten oder in Camps unter freiem Himmel.

Segeln

Segeln ist bei weitem keine exklusive Sportart in Australien, und an Wochenenden kreuzt auf dem Port Jackson bei Sydney oder der Port Phillip Bay bei Melbourne eine wahre Armada von Jachten. Als eines der besten und schönsten Segelreviere von Australien gilt die Inselgruppe der Whitsundays am Great Barrier Reef; Jachten (mit oder ohne Besatzung) können in Airlie Beach oder Shute Harbour gemietet werden. Weitere beliebte Segelzentren sind Brisbanes Moreton Bay, der Gulf St. Vincent bei Adelaide, die Gewässer vor Fremantle und der Swan River bei Perth sowie der River Derwent bei Hobart auf Tasmanien. Mit einem Empfehlungsschreiben des Heimatklubs dürfen Segler oft die Einrichtungen und Boote australischer Gastklubs benutzen. Auskunft erteilt die **Australian Yachting Federation,** Locked Bag 806, Milsons Point, NSW 2061, Tel. 02-99 22 43 33, Fax 02-99 23 28 83, www.yachting.org.au.

Tauchen

Mit dem Great Barrier Reef vor der Ostküste und dem Ningaloo Reef bei Exmouth im Westen besitzt das Land zwei der weltweit großartigsten Tauchreviere. Neben farbenprächtigen Korallengärten locken an anderen Küstenabschnitten Wracks alter Segelschiffe. Ausrüstung kann in den Touristenzentren gemietet werden, allerdings nur gegen Vorlage eines international anerkannten Tauchscheins. Vor allem im nördlichen Bereich des Great Barrier Reef (z. B. Airlie Beach, Cairns, Port Douglas) bieten zahlreiche Tauchschulen relativ preisgünstige Kurse an. Man muss aber kein trainierter Sporttaucher sein, um die Korallenbänke aus der Fischperspektive zu erkunden – eine Tauchmaske mit Schnorchel und Flossen genügen, denn die größte Farbenpracht findet man bis etwa 5 m Tiefe. Infos: **www.diveaustralia.url4life.com.**

Tennis

Tennis entwickelt sich immer mehr zu einem Breitensport. Landesweit gibt es unzählige allgemein zugängliche Tennisplätze, und fast überall kann man Tennisschläger ausleihen. Außerdem verfügen alle größeren Hotels über einen oder mehrere Plätze, auf denen professionelle Trainer Stunden erteilen.

Wandern

Fast 300 000 km^2 urwüchsiger Wald- und Buschgebiete stehen in Australien unter Naturschutz und sind von einem Netz markierter Wanderwege erschlossen. Möglich ist hier alles, vom einfachen Waldspaziergang bis hin zu mehrtägigen Touren, die selbst eingefleischten Outdoor-Enthusiasten das Letzte abfordern. Gute Wandergebiete findet man landesweit überall, in der rauen Bergwelt von Tasmanien ebenso wie in den zentral-australischen Wüstenlandschaften und in den Regenwäldern des tropischen Nordens. In fast allen Naturschutzgebieten sind auch Campingplätze vorhanden.

Einer der bekanntesten Wanderwege in Australien ist der 65 km lange *Overland Track*

Surfen gehört zu den Lieblingssportarten der Jugendlichen in Australien

zwischen Cradle Mountain und Lake St. Clair auf Tasmanien, für den man vier bis sechs Tage einplanen sollte. Informationen und Wanderkarten gibt es meist bei den Ranger-Stationen der Nationalparks, wo man sich vor schwierigen oder längeren Unternehmungen registrieren lassen sollte. Beim Bergwandern in den südlichen Landesteilen, vor allem auf Tasmanien, in den Snowy Mountains und in den Viktorianischen Alpen, muss man auch im Hochsommer mit plötzlichen Wetterstürzen rechnen. Selbst bei Halbtageswanderungen sollte man daher stets warme Kleidung, gutes Regenzeug und robuste Bergschuhe mitnehmen. Wer keine Erfahrung hat, kann sich vielerorts organisierten Wanderungen anschließen.

Wellenreiten und Surfen

Wellenreiten ist in Australien Volkssport und Lebensstil. Die besten Surfstrände erstrecken sich an den Küsten von South Australia, Victoria und New South Wales sowie im Süden von Queensland und Western Australia. Im Norden von Queensland bremst das Great Barrier Reef die pazifischen Wellen, bevor sie das Festland erreichen; hier finden Windsurfer gute Bedingungen. Weitere Infos: **www.realsurf.com.**

Wintersport

Australiens Wintersportgebiete befinden sich in den Höhenlagen der Great Dividing Range zwischen Sydney und Melbourne sowie in den Bergen von Tasmanien. Der Fünfte Kontinent verfügt über mehr Skipisten und Loipen als Österreich und die Schweiz zusammen. Allerdings wird das Skilaufen selbst von Australiern als relativ teuer empfunden, sodass es bislang nur von einer Minderheit ausgeübt wird. Die Skisaison dauert von Juni bis September. In den Wintersportzentren gibt es eine breite Auswahl an Unterkünften, dort kann man auch Skiausrüstungen leihen.

Einkaufen

Souvenirs

Typische, aber nicht eben billige Souvenirs, sind Opale und Opalschmuck (s. S. 248) sowie andere **Edel- und Halbedelsteine,** etwa Achate, Saphire oder Topase. Im tropischen Norden, v. a. im west-australischen Broome, werden **Zuchtperlen** angeboten.

Meist ebenfalls nicht gerade günstig ist **Kunst(-Handwerk) der Aborigines** wie Bilder, Rindenmalereien, Holzschnitzereien, Bumerangs, Flechtarbeiten, Speere und *Didgeridoos* (traditionelle Musikinstrumente). Qualitativ hochwertige Produkte verkaufen die von Aborigines betriebenen Galerien und Läden. Jeder gut sortierte Souvenirladen führt CDs mit traditioneller Musik der Aborigines.

Praktische Mitbringsel sind **Lederwaren** und **Wollsachen** (Pullover aus Merinowolle, Schaf- und Kängurufelle, Kleidungsstücke aus Känguruleder u. a.) sowie robuste **Outdoor-Bekleidung** wie sie von *stockmen,* den australischen Cowboys, getragen wird. Zur klassischen Ausstattung gehören ein Akubra, ein breitkrempiger Hut aus dem Filz von Kaninchenhaar (ab ca. 100 A-$), Moleskin-Jeans im Eierschale-Farbton (ab etwa 130 A-$) und Aussie Boots, halbhohe Stiefel mit einem seitlichen Gummieinsatz und einer Halteschlaufe am Schaft, die derb genug für den Busch und fein genug für den Pub sind (ab ca. 180 A-$). Nicht fehlen darf ein Driza-Bone (ab ca. 150 A-$), die australische Variante des Ostfriesen-Nerzes; die gewachsten Mäntel halten auch beim stärksten Tropenguss was ihr Name verspricht: *Dry as a bone* – knochentrocken.

Souvenirs aller Art sind in Großstädten und Touristenzentren in **Duty Free Shops** zu relativ günstigen Preisen erhältlich. Besucher aus Übersee können hier gegen Vorlage des Reisepasses und eines internationalen Flugscheins einkaufen. Die verschweißte Verpackung vieler zollfreier Artikel darf man erst nach der Ausreise öffnen.

Märkte

Sammler und Schnäppchenjäger entdecken unter viel Ramsch und Trödel oftmals auch schöne Mitbringsel auf den Flohmärkten, die ein fester Bestandteil des Lebens in den größeren Städten sind. In Städten wie Sydney, Melbourne, Brisbane und Hobart werden meist am Wochenende Straßenmärkte für Kunst und Kunsthandwerk abgehalten. Das Angebot umfasst v. a. Glas, Keramik und Schmuck sowie Holz- und Lederarbeiten.

Rückerstattung der Mehrwertsteuer

Australien gehört zu den Ländern, die Touristen die Umsatzsteuer (*Goods and Services Tax,* GST; z. Zt. 10 %) zurückerstatten. Die Bedingung ist, dass jede der eingereichten Rechnungen mindestens 300 A-$ beträgt und dass man eine vom Händler ausgestellte Steuerrechnung mit der elfstelligen Steuernummer vorlegen kann und die Güter im Handgepäck mitführen. Die Rückerstattung erfolgt an *Refund Counters* in den Abflughallen der internationalen Flughäfen, am besten man präsentiert die Waren in Originalverpackung. Für die Formaliäten sollte man ausreichend Zeit einplanen.

Öffnungszeiten

Geschäfte und Läden sind meist Mo–Fr 9–17.30 und Sa 9–13 oder 14 Uhr geöffnet. In größeren Städten sind viele Kaufhäuser und Supermärkte ein- oder zweimal pro Woche bis 21 Uhr geöffnet, Geschäfte in den Malls (Fußgängerzonen) oft auch sonntags von 10 bis 17 Uhr. Einige Lebensmittelläden sowie die ›Milk Bars‹ (Mini-Krämerläden) sind häufig bis in die späten Abendstunden sowie an Sonn- und Feiertagen geöffnet.

Ausgehen

Bars, Clubs und Discos

Australiens Szene ist ständig in Bewegung, und vor allem an den Wochenenden geht in den Metropolen die Post ab. Die meisten (Cocktail-)Bars und auch die (Night-)Clubs, wie die Discos genannt werden, haben eine strenge Kleiderordnung: Mit Shorts, T-Shirts und Turnschuhen oder Sandalen erhält man keinen Einlass. In fast allen Discos werden 10–30 A-$ Eintritt *(Cover Charge)* verlangt, der z. T. einen Drink beinhaltet. Zwischen 18 und 20 Uhr gibt es in vielen Bars eine *Happy Hour,* dann heißt es meist: ›Pay one, get two!‹

Pubs

Weniger formell gibt man sich in den meisten Pubs, ein englisches Erbe, das zu Australien gehört wie der Ayers Rock. Sehr beliebt sind in den Großstädten die sogenannten Brewery Pubs, in denen hausgebrauter Gerstensaft gezapft wird. Vor allem im Outback sind die Pinten der gesellschaftliche Mittelpunkt – Busch-Pubs verbreiten Outback-Flair und dienen als wertvolle Kontakt- und Infobörse.

Traditionell tragen die meisten Pubs noch die Bezeichnung ›Hotel‹, die aus einer Zeit stammt, als man zur Einschränkung des Alkoholkonsums ein Gesetz erließ, nach dem Alkoholika nur zu bestimmten Zeiten und nur in Hotels ausgeschenkt werden durften. Noch heute gibt es Kneipen, die, um ihre Schanklizenz nicht zu verlieren, irgendwo unter dem Gebälk einige schlichte Gästezimmer bereithalten. Die Pubs öffnen meist zur Mittagszeit und schließen gegen Mitternacht.

Kultur und Unterhaltung

In Australiens Metropolen wird jeden Tag und jede Nacht Kultur gemacht – in Dutzenden von Theatern und Galerien sowie in architektonisch ansprechenden Kunst- und Kulturzentren. Nicht nur in Sydney, Adelaide, Perth und Hobart, sondern auch in Provinzstädten wie Ballarat, Bendigo oder Castlemaine hat sich ein im ›Pionierland‹ Australien kaum vermutetes Kulturleben entwickelt. Jeden Abend präsentieren Bühnen zeitgenössische, oftmals experimentelle australische und ausländische Dramen und ›Klassiker‹, gibt es Konzerte (internationaler) Rock- und Pop-Bands, Musicals, Kammermusik, Ballettaufführungen oder Vernissagen. Filmenthusiasten genießen die neuesten Hollywood-Streifen ebenso wie anspruchsvolle Filmkunst jenseits des Mainstreams. Auf verschiedenen Bühnen zeigen Aboriginal-Tanztheater eine faszinierende Mischung aus traditionellen Tänzen der Ureinwohner und modernem Musical.

Die Höhepunkte des Kulturlebens markieren Festivals wie das Moomba Festival in Melbourne und das Adelaide Arts Festival, beides mehrwöchige Kulturspektakel, oder das Gay and Lesbian Mardi Gras in Sydney, ein schrilles Happening der nach San Francisco zweitgrößten Lesben- und Schwulengemeinde der Welt.

Ticketkauf

Für bedeutende kulturelle Veranstaltungen sollte man sich unbedingt rechtzeitig bei einer der großen Vorverkaufsstellen um ein Ticket bemühen, z. B. bei **Firstcall** (www.firstcall.com.au), **Ticketek** (www.ticketek.com.au und www.premier.ticketek.com.au) oder **Ticketmaster** (www.ticketmaster.com.au). Kreditkarten-Buchungen sind möglich; die Karten kann man persönlich abholen oder zuschicken lassen. In vielen Großstädten gibt es außerdem sogenannte **Halftix-Kioske**, die am Tag der Aufführung ab mittags Restkarten zum halben Preis anbieten. Ebenfalls verbilligt offeriert werden dort manchmal Tickets für Sightseeing-Touren.

Gut zu wissen

Drogen

Strenge Gesetze verbieten in Australien den Besitz, Verkauf und Konsum von Drogen. Bei Verstößen – auch wenn es sich nur um kleine Mengen handelt – drohen harte Strafen.

Fotografieren

Australien bietet eine Unzahl schönster Motive. Vielerorts sind die Einheimischen erstaunlich extrovertiert und lassen sich gerne fotografieren. Man sollte stets versuchen, auch als eine Geste der Höflichkeit, die Fotos im Einverständnis mit den Betreffenden zu machen – oft genügt ein kurzer Blickkontakt oder ein freundliches Lächeln. Respektieren sollte man allerdings die Kamerascheu vieler Aborigines, vor allem von Frauen und älteren Männern. Zu beachten sind die großen Beleuchtungskontraste: Gerade bei Porträtaufnahmen sollte ein Blitzgerät die Schatten aufhellen. Besondere Fotoerlaubnisse benötigt man meist in Museen. Für militärische Anlagen und Flugplätze gelten die üblichen Fotoverbote.

Wer mit einer Digitalkamera fotografiert, kommt gewöhnlich mit ein oder zwei Speicherchips aus, da in den meisten Internetcafés die Dateien voller Chips auf CD bzw. DVD gebrannt oder auf einen eigenen USB-Stick kopiert werden können.

Frauen allein unterwegs

Australien ist ein sehr sicheres Urlaubsland, und allein reisende Frauen setzen sich bei entsprechender Umsicht keinen größeren Risiken aus als Männer. Etwas Vorsicht ist allerdings bei Pub-Besuchen in ländlichen Regionen angebracht, da diese eine Männerdomäne mit oft rauer Atmosphäre sind. Aufs Trampen sollten Frauen generell verzichten.

Maße und Gewichte

Im Allgemeinen ist das metrische System gebräuchlich, gelegentlich erfolgen Höhenangaben aber noch in Fuß (1 *foot* – 30,48 cm), sowie Entfernungsangaben in Yards (1 *yard* – 91,44 cm) und Meilen (1 *mile* – 1609,34 m).

Öffnungszeiten

Touristenbüros: regional recht unterschiedlich, meist Mo–Fr 9–17 Uhr, gelegentlich auch Sa und So halbtags.
Ämter: Mo–Fr 9–17 Uhr.
Museen: regional unterschiedlich, am Karfreitag, am Anzac Day (25. 4.) und am 25. 12. meist geschlossen.

Quarantänebestimmungen

Nicht nur bei der Einreise nach Australien (s. S. 76), sondern auch zwischen den Bundesstaaten gelten strenge Quarantänebestimmungen. Nach Western Australia dürfen keine Gemüse, Früchte oder Samen eingeführt werden, denn das Bundesland ist frei von tierischen und pflanzlichen Schädlingen, die in anderen australischen Bundesstaaten vorkommen. Um die tasmanische Landwirtschaft vor der gefürchteten *Fruit Fly* zu schützen, darf kein Obst auf die Insel mitgebracht werden. Ähnliche Bestimmungen gelten bei Reisen zwischen Victoria und South Australia. Kontrollen mit Hunden sind üblich. Bei Zuwiderhandlungen drohen hohe Geldstrafen.

Rauchen und Trinken

In vielen Bereichen ist Rauchen verboten. Tabu ist der Griff zum Glimmstängel in öffentlichen Gebäuden, Flugzeugen, Bussen oder Bahnen ebenso wie in Geschäften und Einkaufszentren, Kinos und Theatern. Die meisten Restaurants haben einen deutlich gekennzeichneten Nichtraucherbereich, in vielen ist Rauchen gänzlich untersagt. Auch beim Reservieren von Hotelzimmern sollte man sich nach den hausüblichen Gepflogenheiten erkundigen.

In vielen Städten ist der Konsum alkoholischer Getränke auf öffentlichen Plätzen untersagt. Das gleiche gilt für Restaurants, die keine Schanklizenz besitzen.

Richtiges Verhalten

Fremden gegenüber zeigen sich Australier in der Regel sehr aufgeschlossen und außergewöhnlich hilfsbereit – vor allem im menschenleeren Outback ist es ein ungeschriebenes Gesetz, in Not geratenen Mitmenschen zur Seite zu stehen. In der Stadt grüßt man sich beim morgendlichen Joggen, und wenn sich auf einer einsamen Landstraße zwei Autos begegnen, winken die Fahrer einander zu.

Kontaktfreudigkeit und Gastfreundschaft gehen normalerweise jedoch nicht so weit, Fremde in das eigene Heim einzuladen, denn: *My Home is my Castle*, da sind die Aussies britischer als die Briten. Für Kontakte bevorzugen sie Lokalitäten wie Pubs und Clubs. Wird man doch einmal eingeladen, ist eine Flasche Wein oder Hochprozentiges meist das richtige Mitbringsel.

Die klassische Begrüßung in Down Under ist ein herzliches »How are you today?«. Dabei handelt es sich jedoch nur um eine Floskel, auf die als Antwort ein schlichtes »Thank you, fine!« erwartet wird. Keinesfalls sollte man von persönlichen Problemen berichten oder gar »schlecht« sagen.

Die meisten Australier sind – ungeachtet ihres sozialen Status – ausgesprochen *easy going* und kultivieren ein Lebensgefühl, das gerne als *informality,* als Ungezwungenheit, apostrophiert wird. Auf Etikette achten sie gewöhnlich nur in vornehmem Ambiente oder bei ganz speziellen Anlässen. Wenn sie nicht gerade Banker oder Manager sind, sehen die Aussies eigentlich fast immer so aus, als gingen sie gerade zum Surfen oder Joggen. Ebenso informell sind die Australier bei Gesprächen – meist spricht man sich schon nach dem ersten Händedruck kumpelhaft mit dem Vornamen an, und statt lange um den heißen Brei herumzureden, kommt man ohne Schnörkel zur Sache.

Tabu sind allerdings sehr persönliche Fragen. Besucher sollten versuchen, sich diesem legeren Ton anzupassen, denn übertriebene Höflichkeit kann leicht als Arroganz missverstanden werden. Auch sollte man in Gegenwart eines Aussie nie über Australien schimpfen oder gar fluchen – die Reaktion des Einheimischen kann vom Kopfschütteln bis zum Faustschlag reichen.

Zeit

Aufgrund seiner enormen Ost-West-Ausdehnung besitzt Australien drei Zeitzonen: Eastern Standard Time (EST, mitteleuropäische Zeit plus 9 Std.) in New South Wales (außer Broken Hill), Victoria, Queensland und Tasmanien; Central Standard Time (CST, mitteleuropäische Zeit plus 8,5 Std.) in South Australia (inkl. Broken Hill/NSW) und im Northern Territory; Western Standard Time (WST, mitteleuropäische Zeit plus 7 Std.) in Western Australia.

In allen australischen Staaten außer Western Australia und Queensland herrscht zwischen Oktober und März Sommerzeit *(Daylight Saving Time),* die Uhren werden dann eine Stunde vorgestellt.

Wie in Großbritannien und in den USA sind in Australien die Zeitangaben mit dem Zusatz a. m. (*ante meridiem,* von 0–12 Uhr) und p. m. (*post meridiem,* von 12–24 Uhr) versehen.

Reisekasse/Reisebudget

Geld

Öffnungszeiten der Banken
Die meisten Banken sind Mo–Do 9.30–16, Fr 9.30–17 Uhr geöffnet. Längere Öffnungszeiten haben gewöhnlich die Wechselstuben in internationalen Flughäfen und großen Hotels.

Währung
Landeswährung ist der Australische Dollar (A-$), der in 100 Cents (c) unterteilt ist. Im Umlauf sind Banknoten zu 5, 10, 20, 50 und 100 A-$. Münzen gibt es zu 1, 2, 5, 10, 20 und 50 c sowie zu 1 und 2 A-$, wobei 1 und 2 Cent-Münzen praktisch keine Bedeutung mehr haben.

Die Wechselkurse in australischen Banken und Wechselstuben sind immer günstiger als im Ausland. Sinnvoll ist es aber, etwas Bargeld für die Ankunft dabeizuhaben, etwa für Taxifahrten. 1 A-$-Münzen benötigt man für die Gepäckwagen auf den Flughäfen.

Wechselkurse Juli 2010:
1 € = 1,48 A-$, 1 A-$ = 0,67 €
1 CHF = 1,04 A-$, 1 A-$ = 0,96 CHF

Zahlungsmittel im Land
Mit gängigen Kreditkarten und EC-Karten mit Maestro- oder Cirrus-Symbol kann man an den meisten Geldautomaten *(Automatic Teller Machines, ATM)* Bargeld ziehen. Die geringsten Gebühren fallen bei Benutzung der EC-Karte an. Sicherheitshalber sollte man einige auf australische Dollars ausgestellte Traveller Cheques mitnehmen.

Geldautomaten und Wechselstuben findet man im Flughafen. Banken, die Devisen jeglicher Art zu offiziell festgelegten Kursen tauschen, gibt es in jedem größeren Ort. Bei Reisen in entlegene Outback-Regionen sollte man ausreichend Bargeld mit sich führen.

Kreditkarten aller großen Organisationen sind in Australien gebräuchlich und oft von großem Nutzen, z. B. beim Anmieten eines Leihwagens oder im Hotel, wo bei Vorlage einer Kreditkarte die Vorauszahlung entfällt. Mit allen international gebräuchlichen Kreditkarten kann man in Hotels, guten Restaurants und Supermärkten sowie in den meisten Geschäften und Tankstellen bezahlen. Um Kreditkartenbetrug zu vereiteln, sollte man den Zahlvorgang im Auge behalten und darauf achten, dass nur ein Ausdruck erstellt wird.

Preisniveau

Im Vergleich zu Mitteleuropa ist Australien ein preiswertes Reiseland. Vor allem die Treibstoffpreise sind erheblich günstiger, desgleichen die Kosten für Übernachtungen und Restaurantbesuche. Etwa ebenso viel wie in Mitteleuropa muss man für Dienstleistungen bezahlen. Erheblich teurer als zu Hause sind alkoholische Getränke und Tabakwaren.

Unterkunft und Verpflegung sind in den südlichen und östlichen Bundesstaaten um einiges günstiger als im Norden und in Western Australia (v. a. nördlich von Carnarvon). Wegen der Transportkosten besteht auch in den zentral-australischen Outback-Regionen ein recht hohes Preisniveau.

Die Übernachtungspreise in den bekannten Feriengebieten unterliegen erheblichen saisonalen Schwankungen. Hochsaison in den südlichen Urlaubsregionen ist von Oktober bis März, Nebensaison von April bis Juni und Zwischensaison von Juli bis September. Im Norden und Zentrum gelten die Monate Mai bis Oktober als Hochsaison. Am günstigsten ist eine Reise durch den Fünften Kontinent am Ende des australischen Sommers bzw. zu Herbstbeginn.

Kostenbeispiele
Essen: Selbst ›bessere‹ Restaurants in den Großstädten sind im Vergleich zu mitteleuro-

päischen Verhältnissen überraschend preiswert – so schlägt ein Dinner ohne Getränke mit kaum mehr als 15–20 Euro zu Buche. Sehr teuer sind jedoch Spitzen-Restaurants.

Trinken: Für eine Cola (0,375 l) zahlt man im Supermarkt 0,50 € und in einem Restaurant 1,50–2,50 €. Eine Tasse Kaffee wird mit durchschnittlich 1,50–2,50 € berechnet. Ein Sixpack Bier (à 0,375 l) kostet im Bottle Shop 6–8 €. In Bars und Kneipen kostet ein kleines Bier (0,2 l) etwa 2,50–3 €, eine kleine Flasche Bier (0,375 l) etwa 3–5 € und ein Glas Wein 2,50–3 €.

Eintrittsgelder: Die Preise liegen auf mitteleuropäischem Niveau. So kostet der Museumseintritt in einer Großstadt für Erwachsene etwa 3–6 €, die Familienkarte (2 Erwachsene, 2 Kinder) für einen Zoo oder ein Ozeanarium etwa 30–40 € und für einen Freizeit- oder Themenpark etwa 60–70 €.

Sperrung von EC- und Kreditkarten bei Verlust oder Diebstahl*:

001149-116 116

oder 001149-30 4050 4050
(* Gilt nur, wenn das ausstellende Geldinstitut angeschlossen ist, Übersicht: www.sperr-notruf.de)
Weitere Sperrnummern:
- MasterCard: 1800-12 01 13 (in Australien)
- VISA: 1800-12 54 40 (in Australien)
- American Express: 001149-69-97 97 20 00
- Diners Club: 001149-1805-07 07 04

Bitte halten Sie Ihre Kreditkartennummer, Kontonummer und Bankleitzahl bereit! Info im Internet: www.kartensicherheit.de

---

Spartipps

Mitglieder einer australischen **Backpacker-Organisation** (Infos: www.vipbackpackers.com) oder auch des **Deutschen Jugendherbergswerks** (Info: www.jugendherberge.de) erhalten bei Bus- und Zugfahrten sowie Flügen billigere Tarife. Vergünstigungen gewähren auch einige Autovermieter, Tourveranstalter sowie die angeschlossenen Backpacker Hostels. In den Genuss von Ermäßigungen kommen überdies **Rentner** und **Studenten,** die einen entsprechenden Ausweis vorlegen können.

In Sydney, Melbourne und einigen anderen Städten kann man mit einer sogenannten **Smartvisit Card** Geld sparen: Man bezahlt einmal einen höheren Betrag und erhält damit für einen festgelegten Zeitraum freien Eintritt zu zahlreichen Sehenswürdigkeiten, bisweilen werden auch Rabatte in Restaurants gewährt.

Des Weiteren empfehlen sich für Stadtbesichtigungen **Kombitickets** wie zum Beispiel der SydneyPass, mit dem man alle städtischen Buslinien, Vorortzüge und zum Teil auch Fähren innerhalb eines bestimmten Zeitraums, so oft wie man will, benutzen darf. In manchen Städten können spezielle Buslinien im innerstädtischen Bereich sogar kostenlos genutzt werden. Stilvoller und sparsamer als im Hotel genießt man das **Frühstück** im Café gegenüber (z. B. Spiegelei mit Speck, Toast, Kaffee, Saft für 6–8 €). Für ein kleines **Mittagessen** empfehlen sich asiatische Take away-Lokale oder Fish and Chips-Shops – dort wird man oft für weniger als 5 € satt.

Trinkgeld

Taxifahrer, Kellner, Gepäckträger oder Zimmermädchen im Hotel freuen sich immer über Trinkgelder *(tips),* wenngleich natürlich keine Verpflichtung dazu besteht. Als Richtwert gelten in Restaurants der gehobenen Kategorie etwa 5 bis 10 % der Rechnungssumme. Bei Taxifahrten rundet man gewöhnlich auf den vollen Betrag auf. Prinzipiell jedoch liegt die Höhe eines Trinkgelds im eigenen Ermessen.

Reisezeit und Reiseausrüstung

Reisezeit und Klima

Down Under stehen die Jahreszeiten Kopf: Frühling von September bis November, Sommer von Dezember bis Februar, Herbst von März bis Mai, Winter von Juni bis August. Da sich der Kontinent aber über mehrere Klimazonen erstreckt, herrscht immer irgendwo ideales Reisewetter. Die Faustregel für die beste **Reisezeit** lautet: September bis April im Süden, Mai bis Oktober im Norden und Landesinnern. Will man Süden und Norden während einer Reise besuchen, muss man die Jahreszeiten an ihren ›Bruchstellen‹ erwischen: April und November sind gute Kompromisse für Reisen in ganz Australien.

Die **Südregionen** von New South Wales, Victoria, Tasmanien, South Australia und Western Australia sind am schönsten im australischen Frühjahr und Sommer (Sep. bis Feb.), selbst wenn es zwischen Dezember und Februar extrem heiß werden kann. Auch der Herbst (März–Mai) gilt als gute Reisezeit; gelegentlicher Regen wird Mitteleuropäer kaum erschüttern. Die meisten Niederschläge fallen im Winter (Juni–Aug.), der recht kalt werden kann – mit viel Schnee im Gebirge, allerdings kaum Frost in den Küstenregionen. Beste Reisezeit für Tasmanien sind die Monate Dezember, Januar und Februar, da sich während der übrigen Jahreszeiten antarktische Kaltfronten mit Regen und (in den Bergen) Schnee bemerkbar machen.

Für das **Landesinnere** sind die Wintermonate als beste Reisezeit zu empfehlen. Zwischen Juni und August kann man im ›Roten Herzen‹ mit klaren, sonnigen Tagen und Temperaturen von 20–25 °C rechnen. Nachts benötigt man beim Campen jedoch einen warmen Schlafsack, da die Temperaturen oft bis auf den Gefrierpunkt absinken. Im Sommer ist die Hitze beinahe unerträglich. Tagestemperaturen von 40 °C und mehr im Schatten sind keine Seltenheit – und Schatten ist selten zu finden. Überdies erhält das Zentrum des Kontinents seine spärlichen Niederschläge im Sommer, sodass der Himmel häufig wolkenverhangen ist.

Die jahreszeitlichen Unterschiede verringern sich, je weiter man nach **Norden** ge-

Klimadaten Sydney (NSW)

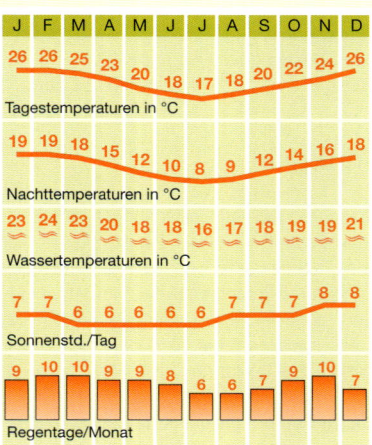

Klimadaten Alice Springs (NT)

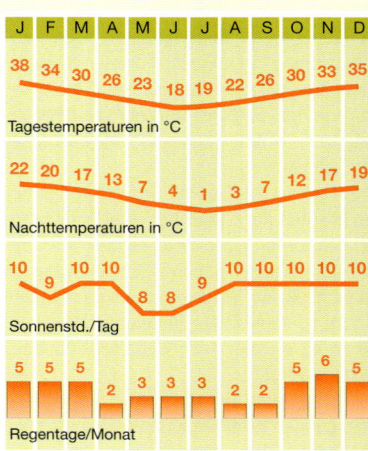

langt. Das vom nordostasiatischen Monsun beeinflusste Wettergeschehen nördlich des Wendekreises des Steinbocks *(Tropic of Capricorn)* kennt nur nur zwei regional mehr oder minder deutlich ausgeprägte Jahreszeiten, die sich weniger in der Temperatur als vielmehr in der Niederschlagsmenge unterscheiden: die Regenzeit *(The Wet)* von November bis April sowie die Trockenperiode *(The Dry)* von Mai bis Oktober. Kurz vor und während der Regenzeit herrscht im Norden ein oft unerträglich schwüles Treibhausklima mit täglichen Wolkenbrüchen. Aufgrund sintflutartiger Regenfälle kommt es dann regelmäßig zu Überschwemmungen, die das Reisen sehr erschweren oder gänzlich unmöglich machen. Zudem treten in der Regenzeit oft verheerende Wirbelstürme auf. Wegen der nur während der Regenmonate auftauchenden Quallen ist von November bis April im Norden an zahlreichen Stränden, die nicht mit Netzen gesichert sind, das Baden verboten. Angenehm warm, freundlich und meist trocken sowie ›quallenfrei‹ sind dagegen die Spätherbst- und Wintermonate. Infos über das aktuelle Wetter in Australien bekommt man unter **www.wetteronline.de.**

Bei der Reiseplanung sollten auch die australischen **Ferientermine** berücksichtigt werden. Während der Sommerferien (Mitte Dez.–Anfang Feb.) muss man mit ausgebuchten Unterkünften und Engpässen im Transport (besonders im Flugverkehr) rechnen. Ähnliche Verhältnisse herrschen zwischen Juli und September.

Was sollte in den Koffer?

Mit leichter und legerer Freizeitkleidung passt man sich den sommerlichen Temperaturen und dem australischen Look am besten an. Nur für gehobene Kulturveranstaltungen sowie schicke Restaurants und Bars wird feine Garderobe erwartet (Krawattenpflicht für die Herren). Während der südlichen Wintermonate leisten eine Regenjacke und ein warmer Pulli gute Dienste. Für Reisen ins Outback braucht man robuste Hosen und Schuhe. Fehlende Outdoor-Bekleidung kann man auch problemlos vor Ort kaufen.

Staub und grelles Licht machen es für Träger von Kontaktlinsen ratsam, eine Brille mitzunehmen. Auch verschreibungspflichtige Medikamente und Filme sollte man in ausreichenden Mengen von zu Hause mitbringen. Digitalfotos können in Internet-Cafés auf CD gebrannt werden, sodass man mit 1–2 Speicherchips auskommt. Wer Tiere beobachten möchte, sollte auf jeden Fall ein Fernglas oder einen Feldstecher einpacken.

Elektrizität

Die Netzspannung beträgt 240/250 Volt. Da australische Steckdosen dreipolig sind, benötigt man einen Adapter, der daheim in Fachgeschäften oder in Australien an Flughäfen und in Elektrogeschäften erhältlich ist.

Klimadaten Darwin (NT)

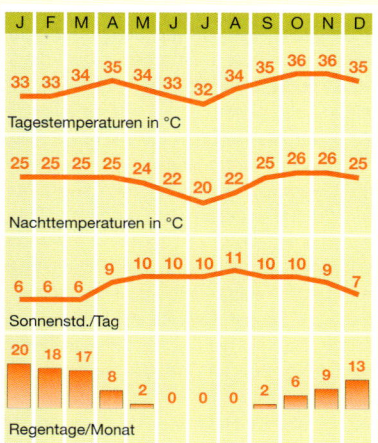

Gesundheit und Sicherheit

Gesundheit

Folgende Sites informieren ausführlich über gesundheitliche Aspekte bei Reisen nach Australien: **www.die-reise-medizin.de** und **www.fit-for-travel.de**.

Impfungen

Derzeit sind für Reisende aus infektionsfreien Gebieten keine Impfungen vorgeschrieben. Auch sind prophylaktische Maßnahmen in der Regel nicht nötig – selbst im tropischen Norden gibt es keine Malaria. Zur Sicherheit empfiehlt sich die Auffrischung des Impfschutzes gegen Tetanus, Poliomyelitis und Diphtherie.

Ärztliche Versorgung

In Australien stehen hoch qualifizierte Ärzte und moderne Krankenhäuser zur Verfügung (Anschriften von Deutsch sprechenden Ärzten bekommt man in den diplomatischen Vertretungen). Selbst im menschenarmen Outback ist die medizinische Versorgung ausgezeichnet organisiert. Dort sorgt der *Royal Flying Doctor Service* im Notfall für rasche ärztliche Hilfe. Während der Luftrettungsdienst in der Regel auch für Besucher kostenlos ist, stellen Ärzte und Krankenhäuser für ihre Leistungen recht hohe Honorare in Rechnung, die in bar oder mit Kreditkarte zu bezahlen sind.

Da die meisten europäischen Krankenversicherungen nicht für ärztliche Behandlungen in Australien aufkommen, sollte man eine Auslandskrankenversicherung abschließen (inkl. Krankenrücktransport). Für die Rückerstattung der entstandenen Kosten benötigt man detaillierte Rechnungen über die Versorgungsleistungen.

Apotheken

Die meisten in Europa gebräuchlichen Medikamente sind bei *Chemists* erhältlich. Für rezeptpflichtige Präparate muss man einen einheimischen Arzt aufsuchen, da australische Apotheken keine ausländischen Rezepte annehmen. Nicht verschreibungspflichtige Medikamente und Verbandsmaterial erhält man in *Drugstores,* die sich oft in Supermärkten oder Einkaufszentren befinden.

Vorsichtsmaßnahmen

›Slip! Slop! Slap!‹ – dieser Slogan fasst zusammen, wie man am besten einem Hautkrebs fördernden Sonnenbrand vorbeugen kann: Zieh dir ein T-Shirt an! *(Slip on a shirt!)*, crem' dich ein! *(Slop on sunscreen!)*, trag' einen Hut! *(Slap on a hat!)*. Nicht vergessen sollte man zudem eine Sonnenbrille mit ausreichendem UV-Schutz.

Bei Wanderungen und anderen körperlichen Betätigungen sollte man genügend Wasser oder ungesüßten Tee trinken. Am besten man meidet das Sonnenlicht gänzlich zwischen 11 und 15 Uhr, wenn die UV-Strahlung am stärksten ist, und beherzigt die während der Sommermonate täglich im Rundfunk verbreitete *Burntime*, d. h. die maximale Zeitdauer, die man sich ohne Sonnenbrandrisiko den gefährlichen ultravioletten Sonnenstrahlen aussetzen darf.

Im tropischen Norden können Moskitos Tropenkrankheiten wie das Dengue- und das Ross River-Fieber. übertragen, gegen die es keine medikamentöse Prophylaxe gibt. Zur Vorbeugung gegen Stiche sollte man in der Morgen- und Abenddämmerung langärmlige Hemden und lange Hosen tragen und sich mit wirksamen Insektenschutzmitteln einreiben, die in Drogerien zu kaufen sind (z. B. Aerogard oder Rid).

In allen Städten und größeren Orten kann man bedenkenlos Leitungswasser trinken. Wegen des hohen Gehalts an Mineralsalzen, der zu Magen- und Darmproblemen führen kann, sollte man im Outback allerdings kein Leitungswasser trinken. Unbedenklich ist der Genuss von Regenwasser, das in großen Tanks gesammelt wird.

Sicherheit

Notruf
Die landesweite, kostenlose Telefonnummer für Polizei, Ambulanz, Feuerwehr lautet: 000.

Kriminalität
Im Allgemeinen gilt Australien als sicheres Reiseland. Gewaltverbrechen wie Raubüberfälle oder Vergewaltigungen kommen sehr selten vor. Allerdings häufen sich in Touristenzentren Diebstähle und Autoeinbrüche. Man beugt vor, indem man Wertsachen und Reisedokumente im Hotelsafe deponiert oder möglichst unauffällig am Körper trägt.

Die australische Regierung geht davon aus, dass das Land ein potenzielles Ziel von terroristischen Anschlägen ist, und hat die Bevölkerung zu erhöhter Wachsamkeit aufgerufen. Aktuelle Infos zur Sicherheitslage gibt es unter **www.auswaertiges-amt.de**.

›Wilde‹ Tiere
Immer wieder kommt es in Australien zu Zwischenfällen mit ›wilden‹ Tieren, aber keine Panik: Bei umsichtigem Verhalten ist die Gefahr relativ gering.

Im tropischen Norden muss man sich vor **Krokodilen** in Acht nehmen (s. S. 396). Diesbezügliche Warnschilder sollten unbedingt beachtet werden, außerdem gilt die Regel: *Ask a local!* Die Einheimischen wissen am besten, wo sich die Tiere aufhalten.

Nirgendwo auf der Welt gibt es mehr und obendrein giftigere **Schlangen** als in Australien. Bei 20 der hier vorkommenden 140 Schlangenarten ist der Biss tödlich. Da Schlangen sehr scheue Tiere sind, ist eine Begegnung in freier Wildbahn aber eher selten. Als bester Schutz gelten folgende Vorsichtsmaßnahmen: Nie allein durch die Landschaft ziehen; vor allem in unübersichtlichem Gelände immer mit festen Schuhen und in langen Hosen wandern; immer geräuschvoll auftreten; evtl. den Boden vor sich mit einem Stock abklopfen; immer auf Steine und Baumstämme treten, nicht darüber steigen; nicht an steinigen, unübersichtlichen Plätzen rasten; Vorsicht an Tümpeln und Wasserstellen; sich nie einer Schlange nähern, auch wenn sie tot scheint; einer Schlange nie den Fluchtweg versperren. Bei einem Schlangenbiss sollte man folgende Erste-Hilfe-Maßnahmen treffen: Sofort einen Druckverband anlegen, also eine Binde oder etwas ähnliches stramm um die Bissstelle wickeln; das Bein oder den Arm mit einem Ast schienen und ruhig stellen; das Opfer nie alleine lassen und nach Möglichkeit beruhigen; unnötige Bewegung vermeiden und sofortige medizinische

Urtümliche Echse in der Gibson Desert

Hilfe suchen; falls möglich, die Schlange töten und sie dem Arzt zur Bestimmung des Antiserums mitbringen; niemals die Bisswunde aufschneiden oder gar aussaugen.

Von den ca. 1500 verschiedenen **Spinnen** Australiens gelten 30 als giftig. Nur zwei Giftspinnen können allerdings dem Menschen gefährlich werden: die Trichternetzspinne *(Funnelweb Spider),* deren Verbreitung auf den Großraum Sydney begrenzt ist, sowie die Rotrückenspinne *(Redback Spider),* die überwiegend in Trockenregionen vorkommt.

In den ariden Gebieten Australiens gibt es auch **Skorpione,** deren Stich für Menschen schmerzhaft, aber nicht lebensgefährlich ist. Prinzipiell gelten dieselben Vorsichtsmaßnahmen wie bei Schlangen: Beim Zelten Schuhe und Kleidung vor dem Anziehen vorsichtig ausschütteln; Steine vor dem Aufheben immer erst mit dem Fuß anstoßen; vor allem abends und nachts nicht direkt auf dem Boden sitzen; auf Busch-Campingplätzen die Plumpsklos vor der Benutzung kontrollieren.

In Meeresgewässern ist das Risiko, auf gefährliche Tiere zu stoßen, um einiges größer als an Land. **Haie** haben in Australien bislang mehr Menschen angefallen und getötet als anderswo auf der Welt. Hier einige Vorsichtsmaßregeln: Sicherheitshalber sollte man weder im Morgengrauen noch in der Abenddämmerung im Meer schwimmen gehen, weil das die Jagdzeit und aktivste Phase für Haie ist (v. a. von Dez.– Feb.), wenn die Haigefahr am größten ist, sollte man nur an kontrollierten oder durch Netze geschützten Stränden baden. Außerdem gilt es zu bedenken, dass die gefürchteten Meeresräuber über Flüsse weit ins Landesinnere vordringen können.

Mindestens ebenso gefährlich wie der Hai sind die Würfelqualle **Box Jelly Fish** (auch *Sea Wasp* oder *Marine Stinger* genannt) und die zum Teil nur Fingernagel große Qualle **Irukandji Jelly Fish**, die vorwiegend im Flachwasser tropischer Meere vorkommen und zwischen November und April die nördlichen Küstengewässer unsicher machen. Die Fangarme der leicht bläulichen, fast unsichtbaren Medusen sind an den Enden mit Nesselzellen ausgestattet, die ein starkes Gift absondern. Diese Substanz bewirkt neben schmerzhaften Verätzungen der Haut in vielen Fällen auch tödliche Lähmungen der Atmungsorgane. Viele Strände in Nordaustralien sind deshalb im Sommer für Badende gesperrt. Keine Gefahr droht an Strandabschnitten, die durch sogenannte *Stinger Nets* gesichert sind. Risikolos schwimmen kann man auch auf den meisten Inseln des Great Barrier Reef, allerdings nicht auf denen in Festlandsnähe.

Meeresströmungen

Vor allem in den südlichen Küstenregionen kann der Ozean an manchen Abschnitten für unerfahrene Schwimmer sehr gefährlich sein. Tückische **Unterströmungen** *(rips)* haben schon manchen in die offene See hinausgezogen. Deshalb sollte man nur an Stränden baden und schwimmen, die von den Lebensrettern der *Surf Life Saving Association* überwacht werden. Und auch dort sollte man sich nur an den mit Flaggen gekennzeichneten Abschnitten ins Wasser wagen (grüne Flagge: gute Badebedingungen; rot-gelbe Flagge: überwachter Strandabschnitt; gelbe Flagge: Vorsicht!; rote Flagge: Baden verboten).

Buschfeuer und Wirbelstürme

Im heißen australischen Sommer kommt es regelmäßig zu Busch- und Waldbränden, im tropischen Norden außerdem zu Wirbelstürmen. Eine Gefahr für Reisende besteht in der Regel nicht, solange sie die über Radio und TV verbreiteten Warnungen ernst nehmen und die Anweisungen der Behörden befolgen. Während der Sommermonate ist landesweit in vielen Regionen an bestimmten Tagen jegliches offene Feuer im Freien strikt untersagt *(Days of Total Fire Ban).* Unbedingt zu beachten sind die in gefährdeten Gebieten errichteten Feuerwarntafeln.

Kommunikation

E-Mail und Internet

An Internet-Cafés besteht in den Metropolen und Touristenzentren kein Mangel. Darüber hinaus bieten zahlreiche Hotels, Motels und Backpacker-Hostels ihren Gästen gegen eine geringe Gebühr oder bisweilen sogar kostenlos Internetzugang. In den meisten Provinzstädten kann man gegen eine Gebühr in Computerläden oder öffentlichen Bibliotheken das Internet nutzen.

Reisen mit dem Laptop

Wer mit Laptop reist, findet in vielen Internetcafés und Hotels *WiFi Hot Spots,* die über WLAN drahtlosen Internetzugang ermöglichen, bisweilen auch kostenlos. Alternativ stellt jedes bessere Hotel einen Breitbandanschluss zur Verfügung. Erforderlich sind so genannte RJ-45 Telefonstecker und vierpolige Telstra EXI-160-Stecker, die man vor Ort in Computerläden und Elektrogeschäften kaufen kann.

Post

Luftpostbriefe nach Mitteleuropa benötigen von den Hauptpostämtern der Metropolen 5–7 Tage, von Provinzpostämtern meist deutlich länger. Briefmarken erhält man in Postämtern, an Automaten, bei Zeitungshändlern und in Hotels. Luftpostpakete sind 10–14 Tage unterwegs, werden jedoch nur bis max. 20 kg befördert (Spezialkartons gibt es in allen größeren Postämtern); auf dem Seeweg brauchen Pakete mindestens 2–3 Monate.

Telegramme kann man in Postämtern oder über die Telefonvermittlung (dann nur mit Kreditkarte) aufgeben.

Die Postämter haben meist Mo–Fr 9–17 Uhr geöffnet, in größeren Städten teilweise auch Sa 8.30–12 Uhr.

Telefonieren

Überall findet man Telefonzellen, die mit Münzen oder Telefonkarten funktionieren, in Großstädten und Ferienzentren außerdem zunehmend Kreditkartentelefone. Telefonkarten (für 5, 10, 20 und 50 A-$) werden in Postämtern, Drogerien, Zeitschriftenläden und Tankstellen verkauft. Ein **Ortsgespräch** kostet mindestens 40 c, in Hotels meist deutlich mehr. Für **Ferngespräche** gelten zu folgenden Zeiten verbilligte Tarife: Mo–Fr 18–22 Uhr und noch günstiger Mo–Fr 22–8 Uhr sowie Sa 18 Uhr bis Mo 8 Uhr. **Überseegespräche** können von Telefonzellen mit der Kennzeichnung ISD *(International Subscriber Dialing)* geführt werden, wobei die Tarife privater Anbieter wesentlich günstiger sind als die der staatlichen Gesellschaft Telstra. Dafür gestaltet sich das Telefonieren etwas umständlicher: Man muss eine spezielle Telefonkarte *(Phone Card,* erhältlich in Postämtern und Internet-Cafés) kaufen und dann zunächst eine Vermittlung anrufen und eine mehrstellige PIN-Nummer eingeben, bevor man den Teilnehmer anwählen kann. Es lohnt, denn die Gesprächsminute nach Deutschland kostet unter 0,10 €.

Vorwahlbezirke:	
ACT und NSW	02
VIC und TAS	03
QLD	07
NT, SA und WA	08
Postleitzahlen wichtiger Orte:	
Sydney, NSW	2000
Canberra, ACT	2600
Melbourne, VIC	3000
Brisbane, QLD	4000
Cairns, QLD	4870
Adelaide, SA	5000
Alice Springs, NT	0870
Darwin, NT	0800
Perth, WA	6000
Hobart, TAS	7000

Mobiltelefone haben nur in der Nähe von Städten Empfang, nicht jedoch im Outback. Von Europa mitgebrachte Mobiltelefone mit Roaming-Service können in Australien benutzt werden; Auskunft gibt die Telefongesellschaft im Heimatland. Um einiges billiger ist das Telefonieren mit einer australischen SIM-Karte, zum Beispiel von Mojoknows, Tel. 00 61-3-97 72 12 79, www.mojoknows.com.au/traveller. Die Firma bietet für knapp 50 € (inkl. 18 € Guthaben) eine SIM-Karte, die ins Heimatland oder ins gebuchte Hotel geliefert wird. Eine SMS nach Deutschland kostet dann nurmehr 0,15 €, die Gesprächsminute 0,30 €, eingehende Anrufe 0,14 €. Im Preis inbegriffen ist eine Telefonkarte, mit der man 5 Std. lang vom Festnetz nach Europa telefonieren kann. Zum Wiederaufladen eignen sich Prepaid-Karten von Telstra- und Vodafone, die es u. a. in Zeitschriftenläden und Tankstellen gibt. Eventuelle Restguthaben werden nach Rücksendung der SIM-Karte aufs Konto überwiesen – **www.prepaidkarten.de.**

Die **Vorwahl** für Australien lautet 00 61. Für Gespräche von Australien ins Ausland gilt folgende Nummernfolge: 0011 + Ländercode + Ortskennziffer ohne 0 + Teilnehmernummer (Ländercodes: Deutschland 49, Österreich 43, Schweiz 41). Etwa 15 Sekunden nach Wählen der Nummer hört man ein melodisches Geräusch, das besagt, dass der Anruf aufgebaut wird. Nach weiteren 15 Sekunden ertönt das Rufzeichen des Teilnehmers.

Die Nummer der **Auskunft** ist 1223 (national) bzw. 1225 (international). Gebührenfreie Anschlüsse haben die Vorwahl 1800. Zum Ortstarif telefonieren kann man landesweit mit der Vorwahl 1300 sowie mit allen 6-stelligen Nummern, die mit 13 beginnen.

Radio & Fernsehen

Neben der öffentlich-rechtlichen Rundfunk- und Fernsehanstalt ABC (Australian Broadcasting Corporation), die landesweit über ca. 1000 Relaisstationen sendet, existieren rund 140 private Rundfunk- und etwa 50 private Fernsehgesellschaften. Dazu kommen die Ethnischen Programme des staatlichen Special Broadcasting Service (SBS) in Sydney, Melbourne und Canberra, der ausschließlich in Sprachen von Immigrantengruppen sendet. Die Community Broadcasting Foundation (CBF) fördert mittels staatlicher Zuschüsse Radio- und TV-Sender der Aborigines.

An den Highways informieren Schilder mit der Aufschrift *Tourist Radio* über die Frequenzen, auf denen man Nachrichten, Verkehrshinweise und touristische Infos empfängt.

Zeitungen & Zeitschriften

In Australien erscheinen über 500 Zeitungen und Zeitschriften, darunter rund 70 Tageszeitungen. Landesweit vertrieben wird die Tageszeitung The Australian. Zu den wichtigsten **Tageszeitungen** gehören: Sydney Morning Herald und The Daily Telegraph (beide Sydney), Age und The Herald Sun (beide Melbourne), The Advertiser (Adelaide), The Courier Mail (Brisbane), The West Australian (Perth), The Canberra Times (Canberra).

Zu den bedeutendsten **Zeitschriften** gehören die australischen Ausgaben der Nachrichtenmagazine Time und Newsweek. In Australien erscheinen ca. 70 fremdsprachige Blätter, darunter die deutschsprachigen Zeitungen Die Woche in Australien und Neue Heimat und Welt. Einzige überregionale Zeitschrift der Aborigines ist die Koori Mail. Wichtigstes politisches Magazin ist das 1880 gegründete Bulletin.

Deutsche Zeitungen und Zeitschriften sind in größeren Städten und Urlaubszentren erhältlich, wegen des langen Postwegs allerdings mit erheblicher Verspätung.

Die Koalas sind Baumbewohner

Kameltour im Finke Gorge National Park

Unterwegs in Australien

Das Sydney Opera House gilt als architektonisches Symbol von Sydney

Kapitel 1
Der Südosten

In Sydney, Melbourne und Adelaide, einst Ausgangspunkte der europäischen Besiedlung des Fünften Kontinents, konzentriert sich annähernd die Hälfte der Gesamtbevölkerung Australiens. Diese kosmopolitischen Metropolen, in denen heute Menschen aller Hautfarben harmonisch zusammenleben, besitzen ein reges Kulturleben sowie alle wichtigen Zutaten, um auf die Hitliste der Weltstädte mit der größten Lebensqualität zu gelangen: ausgedehnte Parks, üppige Gärten, begrünte Straßenzüge selbst in den Zentren und Badestrände in stadtnahen Gebieten, die man mit Bus und Bahn oder dem eigenen Vehikel leicht erreichen kann. Nicht zu vergessen das riesige Angebot an Spezialitätenrestaurants, die zu kulinarischen Streifzügen durch fast alle Länder der Welt einladen.

Die Kombination von urbaner Zivilisation mit allen Annehmlichkeiten und Attraktionen sowie einer abwechslungsreichen Landschaft mit atemberaubenden Naturschönheiten ringsherum hat den Südosten von Australien zu einem beliebten Ferienziel werden lassen. Die kontrastreiche Region bietet Regenwälder und Savannen, Berge und Seen, Wüsten und Küsten und ist zugleich ein Synonym für Freiheit und Abenteuer.

Südost-Australien, das ist der Spannungsbogen zwischen klimatisiertem Büroturm und Blockhütte, zwischen Wein und Wildnis, zwischen Stadtkultur und Urnatur. Obwohl der Südosten der am dichtesten besiedelte Teil des Kontinents ist, sind große Flächen weiterhin unberührtes Busch- und Weideland, karge Wüstensteppe oder geschützte Gebirgsregionen – jedenfalls menschenleer und von sehr eindrucksvollem Charakter.

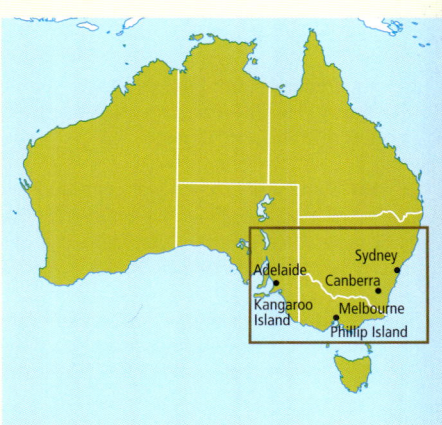

Auf einen Blick
Der Südosten

Sehenswert

1 Sydney: Die heimliche Hauptstadt mit dem Opera House und der Harbour Bridge (s. S. 110).

2 Canberra: Die Hauptstadt des Fünften Kontinents, zugleich die gelungenste Retortenstadt der Welt (s. S. 156).

3 Phillip Island: Insel mit Koala-Kolonie und Pinguin-Parade, ein Muss für Naturliebhaber (s. S. 187).

4 Melbourne: Die viktorianische Stadt der Gärten und Parks mit dem Federation Square, dem Victorian Arts Centre und den Royal Botanic Gardens (s. S. 192).

5 Kangaroo Island: ›Australien im Kleinformat‹ – eine Insel mit einer unglaublich reichen Fauna und Flora (s. S. 271).

Schöne Routen

Von Sydney auf dem Princes Highway nach Melbourne: Diese Strecke entlang der Küste gehört zu den landschaftlich reizvollsten Routen im Südosten von Australien (s. S. 175).

Great Ocean Road: Eine Panoramastraße westlich von Melbourne mit spektakulären Klippenformationen (s. S. 216).

Western Highway und Dukes Highway: Diese Strecke führt durch alte Goldgräberstädte, berührt die wilde Berglandschaft des Grampians National Park und gibt einen Vorgeschmack auf das australische Outback (s. S. 226).

Meine Tipps

Surf Carnival: Im Sommer treffen sich vielen Wochenenden Lebensretterteams zum Kräftemessen an den Stränden der Küstenstädte. Am bekanntesten sind die Wettkämpfe am Bondi Beach von Sydney (s. S. 123).

Strandurlaub in der Großstadt: Die Strände von Sydney sind ein beliebter Freizeittreff von Sonnenanbetern und Schwimmern, Wellenreitern und Windsurfern (s. S. 128).

Great Ocean Road per Rad: Auf Sportive, die eine knappe Woche Zeit mitbringen, wartet westlich von Melbourne ein ganz besonderes Highlight – die Erkundung der Great Ocean Road mit dem Fahrrad (s. S. 217).

Übernachtung unter der Erde: Wegen der mörderischen Hitze leben in der Opalgräberstadt White Cliffs viele Menschen in unterirdischen Schächten, sogenannten *dugouts*. Selbst zwei Höhlenhotels gibt es (s. S. 252).

aktiv unterwegs

Spaziergang über die Harbour Bridge: Unvergleichliche Blicke auf Sydney (s. S. 114).

Zu Fuß von Bondi Beach nach Clovelly: Klippen und endlose Strände (s. S. 130).

Klippenwanderung zu den Wentworth Falls: Bizarre Felsen und Wasserfälle (s. S. 146).

Rundwanderung im Wilsons Promontory: Sandbuchten, Wälder und Sümpfe (s. S. 188).

Wanderung zum Pinnacle Lookout: Einer der schönsten Aussichtspunkte (s. S. 229).

Hausboottouren auf dem Murray River: Beschauliche Reisen auf dem Fluss (s. S. 240).

Touren im Warrumbungle N. P.: Das zerklüftete Naturschutzgebiet lockt mit bizarren Felsformationen (s. S. 246).

1 Sydney ▶ 1, U 15

Die heimliche Hauptstadt Australiens, mit 4,4 Mio. Einwohnern die größte Stadt und das bedeutendste Industrie-, Handels- und Finanzzentrum des Landes, ist zugleich ein richtungsweisender kultureller Mittelpunkt auf dem Fünften Kontinent. Die meisten Globetrotter sind sich einig: Sydney gehört zu den schönsten Metropolen der Welt.

Sydneys traumhafte Lage an verästelten Buchten und auf grünen Hügeln sucht rund um den Globus ihresgleichen. Weltweit hat kaum eine andere Großstadt so viele Strände und Parks im Stadtgebiet wie Sydney. Dazu kommt ein rund ums Jahr sonniges und warmes Klima. Kein Wunder, dass hier das freizeitorientierte Leben zelebriert wird, dass sich Sydney nicht nur als geschäftige Metropole, sondern auch als Erholungsort präsentiert, dass die Stadt vor Lebendigkeit und Lebenslust sprüht. Zu diesem munter-legeren Grundtenor hat sich in den Nachkriegsjahrzehnten, in denen sich die Bevölkerung mehr als verdoppelte, eine kosmopolitische Atmosphäre gesellt. Einwanderer aus aller Welt sorgen für multikulturelle Farbtupfer. Doch Sydney entwickelte sich nicht zu einem Schmelztiegel, vielmehr haben es die ethnischen Gruppen verstanden, in der toleranten Weltstadt ihre kulturelle Eigenständigkeit zu bewahren.

Innerhalb von gut 200 Jahren hat Sydney den Aufstieg von einer kleinen Siedlung zur Weltmetropole vollzogen. Allerdings hatte der wirtschaftliche Höhenflug in den 1960er- und 1970er-Jahren auch seine Schattenseiten. Sydney sieht sich heute mit ähnlichen Schwierigkeiten konfrontiert wie vergleichbare andere Millionenstädte: mit Luft- und Wasserverschmutzung, mit einer steigenden Kriminalitätsrate und mit akuten Verkehrsproblemen. Vor allem jedoch führte der ökonomische Aufschwung zu einem ungezügelten Bauboom, der am Port Jackson die größte Hochhaussammlung der südpazifischen Region hervorbrachte. Dass heute insbesondere im Zentrum von Sydney die architektonischen Konturen der Vergangenheit hart auf die der Moderne prallen, liegt an dem einst unerschrockenen Einsatz der Abrissbirne. Inzwischen ist jedoch das Desinteresse an historisch Gewachsenem einem ausgeprägten Sinn für die Erhaltung alter Bausubstanz gewichen.

Die Wiege der Nation

Kapitän James Cook lag nur knapp daneben. Er ankerte im April 1770 in der Botany Bay und nahm das Land am Ufer für den britischen König in Besitz. Kapitän Arthur Phillip, der Befehlshaber der ersten Sträflingsflotte und erste Gouverneur von New South Wales, landete knapp 18 Jahre später einen Volltreffer. Er ging einige Kilometer weiter nördlich vor Anker – im Port Jackson. Ziemlich genau dort, wo heute das Opernhaus steht, entließ Arthur Phillip seine Fracht: 749 Sträflinge, die ersten Weißen, die auf dem Fünften Kontinent sesshaft wurden. Die Siedlung am Port Jackson wurde Sydney genannt, in Erinnerung an Lord Sydney, den damaligen britischen Innen- und Kolonialminister.

Nach schwierigen Anfängen, in denen die erste britische Kolonie auf dem australischen Kontinent oft gefährdet war, verwandelte Gouverneur Lachlan Macquarie Sydney aus einer Ansammlung von Buden in eine Modell-

The Rocks – die Altstadt

The Rocks – die Altstadt von Sydney

siedlung. Der energische Schotte ließ nicht nur das Parlamentsgebäude bauen, sondern auch Kasernen und Krankenhäuser, Schulen und Kirchen. Unentbehrliche Dienste leistete ihm dabei Francis Greenway, ein wegen Urkundenfälschung verurteilter Architekt. Die von ihm errichteten Bauwerke, etwa die St. James Church und die Hyde Park Barracks, gehören heute zu den historischen Sehenswürdigkeiten der Stadt.

Bis 1840 wurden Sträflinge nach Sydney deportiert. Allmählich aber kamen zunehmend mehr Siedler aus freien Stücken auf den fernen Kontinent. Bereits 1841 konnte man eine Einwohnerzahl von 30 000 verzeichnen. Zwischen 1850 und 1890 stieg die Bevölkerungszahl – hauptsächlich infolge des Goldrausches in Bathurst – von 60 000 auf 400 000 an. Während des Ersten Weltkriegs überschritt Sydney die Millionengrenze, erreichte den Rang der größten Stadt Australiens aber erst nach 1945. Heute leben in den 490 Stadtteilen und Vororten der Metropole, die sich über eine Fläche von knapp 4100 km² (knapp fünfmal so groß wie Berlin) erstreckt, über 20 % aller Australier.

The Rocks – die Altstadt

Cityplan: S. 112

Nur einige Schritte von den Anlegestellen der Hafenfähren am Circular Quay entfernt schlägt das historische Herz der Stadt – The Rocks, die älteste städtische Ansiedlung Australiens, von der die Kolonialisierung des Fünften Kontinents ihren Ausgang nahm. Den Namen erhielt der Ort von den ersten Häftlingen, die 1788 auf der felsigen Halbinsel ihre Hütten errichteten. Mit den Jahren verkamen The Rocks allmählich zu einem Slum, in dem Epidemien grassierten. Als 1900 die Pest ausbrach und mehr als 100 Menschen starben, brannte man viele Häuser nieder, um ein Ausbreiten der Seuche zu verhindern. Weitere historische Gebäude wurden beim Bau der Sydney Harbour Bridge Ende der 1920er-Jahre abgerissen.

Als verwahrlostes Viertel drohten The Rocks in den 1960er-Jahren Bodenspekulanten und Baulöwen zum Opfer zu fallen, doch schließlich begannen Restaurierungsarbeiten, die mit viel Liebe zum Detail durchgeführt wurden. Von Sträflingen erbaute Lager- und Verwaltungshäuser verwandelten sich in at-

traktive Gebäude mit Geschäftsarkaden, Restaurants und Galerien. Obwohl sich heute tagtäglich Zehntausende durch die schmalen Straßen und Gassen der Altstadt drängen, hat sich The Rocks im Schatten der Glas- und Neon-Skyline des modernen Sydney stille, idyllische Plätze bewahren können.

Rund um The Rocks Centre

Als Ausgangspunkt für einen drei- bis vierstündigen Rundgang durch das historische Viertel empfiehlt sich **The Rocks Centre** 1, das sich im Penrhyn House an der Ecke Argyle Street und Playfair Street befindet. Dort kann man geführte Touren durch die Altstadt

Sydney – The Rocks

Sehenswert
1. The Rocks Centre
2. Argyle Department Store
3. The Rocks Discovery Museum
4. Cadmans Cottage
5. Museum of Contemporary Art
6. Suez Canal
7. Nurses Walk
8. Susannah Place
9. Harbour Bridge
10. Sydney Observatory
11. Lord Nelson Hotel
12. Argyle Place
13. Hero of Waterloo Hotel
14. Pier Four
15. Pier One
16. The Rocks Market
17. Mercantile Hotel
18. Metcalfe Stores
19. Westpac Bank
20. Australian Steam Navigation Building
21. Campbells Storehouse
22. Old Mariners' Church
23. – 53. s. Cityplan S. 118

Übernachten
1. – 5. s. Cityplan S. 118
6. Harbour Rocks
7. – 12. s. Cityplan S. 118
13. Sydney Harbour YHA
14. – 15. s. Cityplan S. 118

Essen & Trinken
1. Rockpool
2. – 5. s. Cityplan S. 118
6. Wolfie's Grill
7. – 10. s. Cityplan S. 118
11. MCA Café
12. – 14. s. Cityplan S. 118

Einkaufen
1. – 13. s. Cityplan S. 118
14. The Candle Factory
15. The Puppet Shop

Abends & Nachts
1. – 2. s. Cityplan S. 118
3. Bangarra Dance Theatre
4. – 23. s. Cityplan S. 118

Aktiv
1. – 4. s. Cityplan S. 118
5. The Rocks Walking Tours
6. The Rocks Ghost Tours
7. – 11. s. Cityplan S. 118
12. Bonza Bike Tours

buchen und sich im Sydney Visitor Centre informieren (Tel. 19 02-22 22 22, www.therocks.com, tgl. 9.30–17.30 Uhr). Am Rocks Square in der Playfair Street gibt es sonn- und feiertags kostenlose Openair-Konzerte.

Schräg gegenüber finden Kauflustige den **Argyle Department Store 2**, ein schickes Einkaufszentrum, das sich in einem zwischen 1826 und 1888 errichteten Ensemble aus vier restaurierten Warendepots und Wolllagern ausgebreitet hat.

Archäologische Fundstücke, Fotos, Dokumente, Gemälde, Videofilme und interaktive Displays informieren im **The Rocks Discovery Museum 3** über die Geschichte des historischen Viertels – von der Zeit der einst hier ansässigen Cadigal-Aborigines über die Kolonialisierung bis zur Gegenwart (Kendall Lane, Tel. 02-92 40 86 80, www.rocksdiscoverymuseum.com, tgl. 10–17 Uhr, Eintritt frei).

Im **Cadmans Cottage 4** an der George Street wohnte einst John Cadman. Dieser war als Deportierter in die Strafkolonie gekommen und machte dort eine unglaubliche Karriere vom Häftling zum Oberinspektor der Regierungsflotte. 1816 errichtet, ist dieses Sandsteinhäuschen das älteste erhaltene Gebäude der Stadt. Es beherbergt heute das Infobüro des **National Parks & Wildlife Service,** eine wichtige Anlaufstelle für alle, die planen, Buschwanderungen in den Naturschutzgebieten um Sydney zu unternehmen (s. S. 134).

Museum of Contemporary Art 5

Hinter der schnörkellosen Art-déco-Fassade des nahen, im Jahr 1991 eröffneten **Museum of Contemporary Art** verbirgt sich ein Sanktuarium zeitgenössischer Kunst, das immer wieder mit oftmals provozierenden Wechselschauen und Performances in- und ausländischer Künstler auch auf der internationalen Kunstbühne für Furore sorgt. Publikumsmagneten sind aber auch die reichhaltige permanente Ausstellung australischer und internationaler Gegenwartskunst sowie die hier regelmäßig stattfindenden Darbietungen audiovisueller Kunst, Autorenlesungen und Filmfestivals (Tel. 02-92 45 24 00, www.mca.com.au, tgl. 10–17 Uhr, Ende März bis Ende September tgl. 10–16 Uhr, Eintritt frei, Sonderausstellungen und -veranstaltungen gebührenpflichtig).

aktiv unterwegs

Spaziergang über die Harbour Bridge

Tour-Infos
Start: Cumberland Street, The Rocks
Länge: 3,5–4 km
Dauer: 3 Std.
Anfahrt: Bus 431–434 und Sydney Explorer Haltestelle Argyle/George Streets

Beim Spaziergang über die Harbour Bridge versteht man, warum Cinemascope erfunden wurde: Das Panorama von Altstadt, Hafen und Oper sprengt einfach jeden Rahmen. Vom Fußweg auf der Brücke und besonders vom 89 m hohen Südost-Pylon bietet sich ein grandioser Blick, der über die Sydney Cove mit den ein- und auslaufenden Hafenfähren bis weit hinaus in den Port Jackson reicht, wo eine Armada von Segeljachten kreuzt.

Wer weitere attraktive Aussichten genießen möchte, sollte vom **Pylon Lookout & Museum** (s. S. 115) über die Harbour Bridge zum Nordufer des Sydney Harbour laufen. Hält man sich nach dem Treppenabgang am nördlichen Ende der Hafenbrücke an der Broughton Street rechts, kommt man zum **Stanton Lookout** oberhalb der Jeffrey Street Wharf. Gut platziert ist auch der Aussichtspunkt am **Milsons Point.**

Die Brücke unterquerend geht es weiter zum **North Sydney Olympic Pool,** einst Arena der australischen Weltrekordschwimmerinnen Dawn Fraser und Shane Gould. Im Winter ist das spektakulär gelegene öffentliche Bad überdacht und wird beheizt. Gleich daneben befindet sich der Eingang zum **Luna Park** (s. S. 142), einem Vergnügungspark mit Achterbahn und Riesenrad.

Herrliche Ausblicke eröffnen sich auch immer wieder auf dem Spazierweg entlang der **Lavender Bay.** Die Bucht, in der Segelboote dümpeln, wurde nach dem britischen Kolonialbeamten George Lavender benannt. Vom Luna Park führt ein Holzplankenweg vorbei an den kleinen Grünanlagen **Clark Park** und **Charly Watt Park** zum vornehmen Stadtteil **McMahons Point,** der eine bevorzugte Wohnlage mit einem herrlichen Panoramablick über den Hafen kombiniert.

Etwa auf halbem Weg blockieren schicke Apartmentanlagen den am Ufer verlaufenden Spazierpfad, sodass man auf die oberhalb verlaufende Bay View Street ausweichen muss. Hier bekommt man einen guten Eindruck davon, wie es sich in Sydney am Wasser lebt – vorausgesetzt man hat die notwendigen finanziellen Mittel. Von der **McMahons Point Wharf** kann man mit einer Hafenfähre zum **Circular Quay** in der City zurückfahren.

The Rocks – die Altstadt

Suez Canal und Nurses Walk
Schräg gegenüber vom Museum of Contemporary Art beginnt eine Gasse namens **Suez Canal** 6, die so eng und dunkel geblieben ist, dass man sich mit ein wenig Fantasie in die Zeit zurückversetzen kann, als hier die Gabbage Tree Gang betrunken umherirrenden Seeleuten auflauerte, um ihnen die Heuer zu rauben.

Südlich davon liegt **Nurses Walk** 7, ein Labyrinth kopfsteingepflasterter Gassen, wo sich früher das erste Krankenhaus Australiens befand. Die Schwestern, die hier von 1788 bis 1816 Kranke und Verletzte pflegten, waren strafverbannte Frauen. Für ihre Arbeit erhielten sie außer freier Kost keinen Lohn. In einem Garten pflanzten sie Heilkräuter an.

Susannah Place 8
In den ärmlich wirkenden Ziegelsteinhäusern am **Susannah Place** zwischen Cambridge und Gloucester Street, von 1840 bis Mitte des 20. Jh. eine Arbeitersiedlung, gibt heute ein Museum Einblick in die Wohnverhältnisse der damaligen Zeit. Im kleinen Krämerladen im Eckhaus werden traditionelle australische Produkte feilgeboten (Tel. 02-92 41 18 93, www.hht.net.au, Mo–Fr 14–18, Sa/So 10–18 Uhr, im Januar und in den Schulferien tgl. 10–18 Uhr, Eintritt frei zum Laden, Museum: Erw. 8 A-$, Kin. 4 A-$, Fam. 17 A-$).

Harbour Bridge 9
Wer The Rocks aus der Vogelperspektive sehen möchte, sollte von der Cumberland Street die Stufen zur **Harbour Bridge** hinaufsteigen (s. aktiv unterwegs S. 114). Bevor das Opera House diese Funktion übernahm, war der ›Kleiderbügel‹ *(coat hanger)*, wie die Sydneysiders die Brücke nennen, das Wahrzeichen der Stadt. Die 1932 eingeweihte, mit 503 m zweitlängste Einbogen-Spannbrücke der Welt verbindet die City mit den nördlichen Vororten. 1400 Arbeiter errichteten innerhalb von sechs Jahren die Stahlkonstruktion, auf der acht Autospuren, zwei Bahnlinien sowie zwei Fuß- und Radwege verlaufen.

Um die Instandhaltungskosten zu decken, wird von stadteinwärts fahrenden Pendlern eine Maut von 3 A-$ pro Fahrzeug erhoben. Allein 30 000 l Farbe braucht man für jeden der regelmäßigen Neuanstriche. Auf der Lohnliste der Brückenmaler stand zeitweilig auch Paul Hogan, bevor er als ›Crocodile Dundee‹ Filmkarriere machte. Es lohnt sich, die 200 Stufen zur **Aussichtsplattform** im Südost-Pylon hinaufzusteigen – nicht wegen des herrlichen Blicks, sondern weil sich im Innern des Brückenpfeilers eines der interessantesten Museen von Sydney befindet, in dem man alles über die Entstehungsgeschichte der Brücke erfährt (Tel. 02-92 40 11 00, www.pylonlookout.com.au, tgl. 10–17 Uhr, Erw. 9,50 A-$, Kin. 4 A-$).

Im Stadtteil Millers Point
Ein Fußgängertunnel führt von der Cumberland Street unter der Harbour Bridge hindurch zur Upper Fort Street im Stadtteil Millers Point, der nach den ersten Getreidemühlen der Kolonie benannt ist. Überragt wird das Viertel vom Kuppelbau des **Sydney Observatory** 10. Die 1858 im Renaissance-Stil erbaute Sternwarte dient heute als Museum für Astronomie, doch kann man hier im Rahmen spezieller Veranstaltungen mit Hilfe eines mächtigen Teleskops auch die funkelnde Sternenvielfalt des ›südlichen‹ Nachthimmels bewundern (Tel. 02-99 21 34 85, www.sydneyobservatory.com, tgl. 10–17 Uhr, Eintritt frei. ›Space Theatre and Telescope Tour‹ Mo–Fr 14.30, 15.30, Sa/So u. Fei 11, 12, 14.30, 15.30 Uhr, Erw. 7 A-$, Kin. 5 A-$, Fam. 20 A-$. ›Night Viewing‹ auf Anfrage, Buchung erforderlich, Erw. 15 A-$, Kin. 10 A-$, Fam. 45 A-$).

Vom **Observatory Park,** der die Sternwarte umgibt, genießen viele bei einem Picknick das Hafenpanorama. Am Fuße des Parks steht das 1841 errichtete **Lord Nelson Hotel** 11, die älteste Kneipe von Sydney. Einige Schritte weiter westlich, am **Argyle Place** 12, gruppieren sich gut erhaltene georgianische und viktorianische Terrassenhäuser um eine Grünanlage, die als älteste von Sydney gilt.

An der Ecke Windmill Street und Lower Fort Street lockt ein weiterer historischer Pub:

Sydney

das **Hero of Waterloo Hotel** 13 von 1844, in dem um die Wende zum 20. Jh. die Abenteurer-Schriftsteller Joseph Conrad und Jack London bei ihren Aufenthalten in Sydney verkehrten.

In den restaurierten Lagerhallen am **Pier Four** 14 der Walsh Bay Warves sind heute die **Sydney Theatre Company** und die **Sydney Dance Company** zu Hause, zwei experimentierfreudige Theater- und Tanzensembles. Ein schöner Blick auf den Luna Park am anderen Ufer des Sydney Harbour bietet die ebenfalls sanierte, mehrstöckige Lagerhalle am **Pier One** 15.

Zurück zur George Street

Die Harbour Bridge unterquerend, kommt man durch den **Dawes Point Park,** wo sich einst eine Geschützbatterie befand, zurück zur George Street, die sich am Wochenende in **The Rocks Market** 16 verwandelt. Tausende drängeln sich dann durch die Gänge des Straßenmarkts und durchstöbern das Angebot, vor allem Glas, Keramik und Silberschmuck (www.therocksmarket.com, Sa/So 10–18, im Winter bis 17 Uhr).

Wer ein Guinness schätzt, wird gern im historischen **Mercantile Hotel** 17, dessen Fassade Art-déco-Wandfliesen schmücken, einen Zwischenstopp einlegen.

Schräg gegenüber liegen die **Metcalfe Stores** 18, eine elegante Häuserzeile, die heute Boutiquen und Kunsthandwerk-Shops beherbergt. Ein Stückchen weiter, auf der anderen Straßenseite, steht die 1817 gegründete **Westpac Bank** 19, das erste Geldinstitut von Australien. Nahe der Bank erinnert die Sandsteinskulptur ›First Impressions‹ an den harten Existenzkampf der ersten Siedler.

An der Ecke George Street und Hickson Road setzt das 1883 im flämischen Baustil errichtete **Australian Steam Navigation Building** 20 architektonische Akzente. Etwas nördlich davon steht das **Campbells Storehouse** 21, ein Ensemble mehrerer alter Sandsteinspeicher, die heute einen stilvollen Rahmen für Restaurants und Bistros bilden. Gegenüber Circular Quay West ragt die **Old Mariners' Church** 22 auf, deren Glocken zum ersten Mal 1859 läuteten. Nur wenige Schritte sind es von hier zu The Rocks Centre, dem Ausgangspunkt.

Zu jeder Tageszeit faszinierend: das Sydney Opera House

Downtown und Royal Botanic Gardens

Cityplan: S. 118/119

Trotz der riesigen Ausdehnung von Sydney kann man den touristisch interessanten Kern der Innenstadt zu Fuß erkunden. Mittelpunkt der Metropole und idealer Startpunkt für den Rundgang ist der **Circular Quay** 23, wo alle Verkehrsstränge zusammenlaufen. Von hier aus fahren Busse und Vorortzüge, Fähren und Ausflugsschiffe in alle Stadtteile und Hafengebiete. Trotz des wenig heimeligen Ambientes strömen hier Straßenkünstler, Artisten, Musikanten und Gaukler zusammen, um tagtäglich häufig bis tief in die Nacht das größte Openair-Theater von Sydney zu inszenieren.

Sydney Opera House 24

Vom Circular Quay führt eine Uferpromenade entlang der Sydney Cove zum Bennelong Point, einer nach einem Aboriginal-Berater von Kapitän Arthur Phillip benannten Landspitze. Dort präsentiert sich auf einem knapp 2 ha großen Areal in fotogener Pose die ›Segel-Architektur‹ des **Sydney Opera House.** Der Bau mit zehn perlenfarbenen, wie aufgeblähte Segel wirkenden Dächermuscheln, deren Silhouette als Vorbild für das Olympia-Logo diente, war von der Grundsteinlegung am 2. März 1959 bis zu seiner offiziellen Einweihung durch Queen Elizabeth II. am 20. Oktober 1973 aus ästhetischen wie finanziellen Gründen heftig umstritten. Von der Londoner ›Times‹ zum »Bauwerk des Jahrhunderts« erkoren, wurde die exzentrische Konstruktion von Kritikern respektlos als »Gruppe französischer Nonnen beim Fußballspiel« bezeichnet. Heute gilt das Opera House nicht nur als architektonisches Symbol von Sydney, sondern auch als Sinnbild für ein sich damals entwickelndes, neues Kultur- und Selbstbewusstsein, das von vielen Aus-traliern lange Zeit vermisst worden war.

Die Initiative zum Bau des Opernhauses ging Anfang der 1950er-Jahre von einer Gruppe engagierter Bürger aus. Den 1954 international ausgeschriebenen Ideenwettbewerb gewann der dänische Architekt Jørn Utzon.

Tipp: Unterhaltung gratis in Sydney

Kostenlose Mittagskonzerte von Jazz über Pop bis Klassik gibt es unter der Woche in der Fußgängerzone **Martin Place.** Zur Mittagszeit erklingen auch die Orgeln in der **Sydney Town Hall** und in der benachbarten **St. Andrews Cathedral** zu einem halbstündigen Konzert. Theater unter freiem Himmel, Straßenmusikanten, Gaukler und Zauberkünstler sorgen jeden Tag am **Circular Quay** und in **Darling Harbour** für Stimmung. Kostenlose Unterhaltung wird zudem sonn- und feiertags von 11 bis 16 Uhr an verschiedenen Plätzen in **The Rocks** und vor dem **Sydney Opera House** geboten. Viele Gratisveranstaltungen gibt es während des **Sydney Festival** im Januar; beliebt sind vor allem das »Australia Day Concert« und die »Opera in the Park« in The Domain, bei der Mitglieder der Australian Opera Company Auszüge aus klassischen Opern zum Besten geben.

Doch stellte die Verwirklichung seines kühnen Originalentwurfs die Bauingenieure vor unüberwindbare Schwierigkeiten, sodass Utzon gezwungen war, seine Pläne zu ändern. Nach Jahren technischer Experimente erfolgte 1959 die Grundsteinlegung. Als sich Mitte der 1960er-Jahre eine Explosion der Baukosten abzeichnete und daraufhin weitere Abstriche an den Plänen des Dänen gemacht wurden, zog sich der 2008 im Alter von 90 Jahren verstorbene Utzon im Zorn zurück, und ein australisches Architektenteam setzte seine Arbeit fort. Sieben Millionen australische Dollar sollte das Opera House kosten und in sechs Jahren fertig sein. Als am 20. Oktober 1973 zum ersten Mal der Vorhang aufging, hatte man acht Jahre länger gebaut, und die Kosten waren inzwischen auf 102 Millionen Dollar angestiegen. In ›guter australischer‹ Tradition deckte man die Mehrkosten durch eine ›Opernhauslotterie‹, die der damalige Premier Joseph Cahill persönlich ins Leben rief (Tel. 02-92 50 72 50, www.soh.nsw.gov.au u. www.sydneyope

Sydney – Downtown

Sehenswert

1 – 22 s. Cityplan S. 112
23 Circular Quay
24 Sydney Opera House
25 Royal Botanic Gardens
26 Mrs. Macquaries Point
27 Government House
28 Conservatorium of Music
29 Museum of Sydney
30 Lands Department Building
31 State Library of New South Wales
32 Parliament House
33 Sydney Hospital
34 Martin Place
35 Hyde Park Barracks
36 St. James Church
37 Old Supreme Court Building
38 Art Gallery of New South Wales
39 St. Mary's Cathedral
40 Australian Museum
41 Hyde Park
42 Sydney Tower
43 Strand Arcade
44 Queen Victoria Building
45 Town Hall
46 St. Andrew's Cathedral
47 Chinatown
48 Garden of Friendship
49 Powerhouse Museum
50 Sydney Fish Market
51 Australian National Maritime Museum
52 Sydney Aquarium
53 Sydney Wildlife World

Übernachten

1 Blue Sydney
2 Four Seasons Hotel
3 Vibe Rushcutters
4 Medusa
5 Ravesi's
6 s. Cityplan S. 112
7 Arts Hotel
Fortsetzung siehe S. 120

Sydney – Downtown

Übernachten
- 8 Hotel Ibis Worlds Square
- 9 Central Park Hotel
- 10 Victoria Court
- 11 Hart's Bed & Breakfast
- 12 Aarons Hotel
- 13 s. Cityplan S. 112
- 14 Pensione Hotel
- 15 Lakeside Holiday Park

Essen & Trinken
- 1 s. Cityplan S. 112
- 2 Forty One
- 3 Otto Ristorante
- 4 Doyle's on the Beach
- 5 Billy Kwong
- 6 s. Cityplan S. 112
- 7 King Street Wharf
- 8 Macchiato
- 9 Chinta Ria – Temple of Love
- 10 Jimmy Liks
- 11 s. Cityplan S. 112
- 12 Blue Fish
- 13 Food Court
- 14 Harry's Café de Wheels

Einkaufen
- 1 Oxford Street
- 2 Paddington Markets
- 3 Paddy's Market
- 4 Bondi Beach Markets
- 5 David Jones
- 6 Australian Opal Cutters
- 7 Gavala
- 8 Mambo
- 9 R. M. Williams
- 10 Object Gallery
- 11 Australian Wine Centre
- 12 Berkelouw Booksellers
- 13 Duncan MacLennan Traditional Boomerangs
- 14 – 15 s. Cityplan S. 112

Abends & Nachts
- 1 State Theatre
- 2 Belvoir Street Theatre
- 3 s. Cityplan 112
- 4 LG IMAX Theatre
- 5 Academy Twin Cinema
- 6 Basement
- 7 Excelsior Hotel
- 8 Sandringham Hotel
- 9 Home
- 10 Kinsela's
- 11 Lady Lux
- 12 Minc Lounge
- 13 Ruby Rabbit
- 14 The Midnight Shift Hotel
- 15 Blu Bar on 36
- 16 Establishment
- 17 Hugo's Bar Pizza
- 18 Marble Bar
- 19 The Victoria Room
- 20 The Watershed Hotel
- 21 Bar Coluzzi
- 22 Friend in Hand Hotel
- 23 Madame Fling Flong's

Aktiv
- 1 Australian Travel Specialists
- 2 Captain Cook Cruises
- 3 Tall Ship Harbour Cruises
- 4 Ozjet Boating
- 5 – 6 s. Cityplan S. 112
- 7 Sydney Harbour Kayaks
- 8 Let's go surfing
- 9 Manly Surf School
- 10 Sydney Heli Tours
- 11 Luna Park
- 12 s. Cityplan S. 112

rahouse.com, 1-stündige Führungen tgl. alle 30 Min. 9–17 Uhr, Erw. 35 A-$, Kin. 20 A-$, Fam. 90 A-$ inkl. Softdrink, Tee oder Kaffee; 2-stündige Backstage-Touren tgl. 7 Uhr, 150 A-$ inkl. Frühstück, Buchung erforderlich).

Royal Botanic Gardens 25

Wenige Schritte genügen, um vom Bennelong Point in die ausgedehnte Parklandschaft der **Royal Botanic Gardens** zu gelangen. Im Lieblingspark der Sydneysiders versuchten einst Sträflinge und Soldaten verzweifelt, Gemüse auf dem sandigen Boden anzubauen, um sich vor dem Hungertod zu retten. Heute ist der Botanische Garten, dessen Ursprünge in das erste Drittel des 19. Jh. zurückreichen, ein lebendes Herbarium und ein Refugium für zahlreiche Vertreter der australischen Tierwelt.

Der von einem verzweigten Wegenetz durchzogene Park birgt eine Sammlung von prächtigen Pflanzen des südlichen und südwestlichen Pazifikraums. Eine wahre Wildnis aus Orchideen, Farnen und anderen Regenwaldpflanzen wuchert in den beiden kuppel- und pyramidenförmigen Hightech-Treibhäusern The Arc und The Pyramid Glasshouse. In Sichtweite der City-Hochhäuser ertönen die keckernden Rufe von Kookaburras und tirilieren Regenbogen-Loris in den Wipfeln von Königspalmen (Tel. 02-92 31 81 11, www.rbgsyd.nsw.gov.au, tgl. 7 Uhr bis Sonnenuntergang, Visitors Centre tgl. 9.30–16.30 Uhr; 1,5-stündige, kostenlose Führungen tgl. 10.30 Uhr; 1-stündige, kostenlose Führungen Mo–Fr 13 Uhr (Treffpunkt Visitors Centre); The Arc und The Pyramid Glasshouse, April–Sept. tgl. 10–16, Okt. bis März tgl. 10–17 Uhr, Erw. 5,50 A-$, Kin. 3,30 A-$, Fam. 11 A-$).

Ein schöner Spaziergang führt entlang der Farm Cove zu **Mrs. Macquaries Point** 26,

Downtown und Royal Botanic Gardens

von dem sich das vielleicht beste und besonders bei Sonnenuntergang sehr eindrucksvolle Panorama auf die Szenerie am Port Jackson bietet. Von dort sieht man auch die in der Bucht liegende Felseninsel Pinchgut mit dem Fort Denison, einer düsteren, kleinen Inselfestung, wo im 18. und 19. Jh. Sträflinge inhaftiert und auf Hungerration gesetzt waren. Ein von Strafdeportierten Mitte des 19. Jh. in den Fels gemeißelter Sitz wird Mrs. Macquaries Chair genannt, weil die Gouverneursgattin hier häufig im Kreis von Angehörigen der damaligen Oberschicht Picknicks abhielt.

Im Norden werden die Royal Botanic Gardens von dem festungsartig wirkenden **Government House** 27 ›bewacht‹, dem ehemaligen Sitz des Generalgouverneurs (Tel. 02-99 31 52 22, www.hht.net.au, kostenlose Führungen Fr–So alle 30 Min. 10.30–15 Uhr).

Das **Conservatorium of Music** 29 erinnert mit seinen Zinnen, Söllern und Türmen an eine mittelalterliche Ritterburg. Zwischen 1817 und 1821 als Dienstbotenquartier und Pferdestall errichtet, beherbergt der bizarre Bau seit Anfang des 20. Jh. eine Musikakademie (tgl. 8–18 Uhr, zugänglich ist nur das Foyer).

Museum of Sydney 29

In dem schmalen Gebäude an der Bridge Street, Ecke Phillip Street befindet sich das außergewöhnliche, der Immigrationsphase zwischen 1788 und 1850 gewidmete **Museum of Sydney,** das nicht nur die frühe Stadtgeschichte dokumentiert, sondern sich auch sehr kritisch mit dem Aufeinandertreffen von europäischer und Aboriginal-Kultur beschäftigt. Audiovisuelle Vorführungen auf riesigen Videowänden rollen chronologisch die Geschichte der für die aus-tralischen Ureinwohner fatal endenden europäischen Kolonisation der Terra Australis auf.

Das vor dem Museum platzierte Kunstwerk ›Edge of Trees‹, eine aus 29 Sandsteinstelen, Stahlsäulen und Holzpfeilern bestehende Installation, symbolisiert den ersten Kontakt zwischen Ureinwohnern und Europäern. Symbolträchtig ist auch die Lage des Museums: An genau dieser Stelle befand sich der erste Regierungssitz der Kolonie, von dem heute nur noch die Fundamente erhalten sind (Tel. 02-92 51 59 88, www.hht.net.au, tgl. 9.30–17 Uhr, Erw. 10 A-$, Kin. 5 A-$, Fam. 20 A-$).

Lands Department Building 30

Die Fassade des **Lands Department Building** am Macquarie Place Park wird von 48 Skulpturennischen gegliedert, in denen sich Bildnisse bedeutender Persönlichkeiten der australischen Geschichte befinden. In der Mitte des kleinen Stadtparks erhebt sich ein von Francis Greenway entworfener, 1818 errichteter Sandsteinobelisk, der einst als Kilometerstein null diente, d. h. als Bezugspunkt für alle Entfernungsangaben in der Kolonie New South Wales.

Entlang der Macquarie Street

Ursprünglich war die von Lachlan Macquarie als Zentrum der Stadt konzipierte und nach ihm benannte Straße nur ein staubiger Pfad, der nach jedem Wolkenbruch im Schlamm versank. Heute verleihen zahlreiche prachtvolle Bauwerke im georgianischen Stil der frühen Kolonialepoche (einige davon Greenway-Bauten) dem Boulevard Eleganz und Würde.

Ein Seitenflügel der neoklassizistischen, 1906 fertig gestellten **State Library of New South Wales** 31 beherbergt mit der Mitchell Library eine einzigartige Sammlung von Büchern, Landkarten, Skizzen und anderen wertvollen Dokumenten aus der frühen Kolonialepoche Australiens. Sehenswert ist das Fußbodenmosaik im Foyer des Hauptgebäudes mit einer Darstellung von Abel Tasmans historischer Australien-Karte. Vor dem Säulenportal steht eine Statue von Matthew Flinders, der 1801 bis 1803 Australien umsegelte und damit den Beweis erbrachte, dass es sich bei der Landmasse um einen Kontinent handelt (Tel. 02-92 73 14 14, www.sl.nsw.gov.au, Mo–Do 9–20, Fr 9–17, Sa, So u. Fei 10–17 Uhr, Eintritt frei).

Nach einigen hundert Metern erreicht man das **Parliament House** 32. In den Jahren 1811 bis 1816 als Teil des Sydney Hospital entstanden, dient der im englisch-georgianischen Stil errichtete Kolonialbau seit 1829

Sydney

den beiden Kammern des Parliament of New South Wales als Tagungsstätte. Von der Besuchertribüne kann man die Senatoren oder die Mitglieder des Repräsentantenhauses beim Debattieren beobachten. Im Jubilee Room, dem Parlamentsmuseum, dokumentiert eine Ausstellung die politische Geschichte des Bundesstaates (Tel. 02-92 30 21 11, www.parliament.nsw.gov.au. Mo–Fr 9.30–16 Uhr an sitzungsfreien Tagen, Eintritt frei).

An das Parlament schließt sich das 1894 vollendete **Sydney Hospital** 33 an. Vor dem viktorianischen Sandsteingebäude mit der imposanten Empfangstreppe wacht ›Il Porcellino‹, eine Kopie der berühmten florentinischen Brunnenskulptur. Wie der Bronze-Keiler am Mercato Nuovo in Florenz soll der australische Doppelgänger demjenigen Glück bringen, der seine Schnauze streichelt. Weil die Kolonialverwaltung das erste Krankenhaus von Sydney mit den Profiten aus dem Rumhandel finanzierte, trug es lange Zeit den Beinamen ›Rum Hospital‹.

Das Herz der City schlägt gegenüber am **Martin Place** 34, einer Fußgängerzone, die sich zwischen Macquarie Street und George Street erstreckt. Obwohl betondominiert und wenig heimelig, ist dieser großzügig angelegte Platz eine gute Adresse, um das Sightseeing zu unterbrechen. An Wochentagen sollte man dies nach Möglichkeit in der Mittagszeit tun, denn dann sorgen im Amphitheater nahe der Castlereagh Street vor einem großen, mit Lunchtüten bepackten Publikum Musiker und Artisten für eine ausgelassene Stimmung.

Queens Square

Die wohl schönsten Gebäude im georgianischen Stil gruppieren sich um den Queens Square am Ende der Macquarie Street. Drei davon plante der Sträflingsarchitekt Francis Greenway im Auftrag von Gouverneur Macquarie. Als sein Meisterstück gelten die zwischen 1817 und 1819 erbauten **Hyde Park Barracks** 35, die sich mit ihrer klaren Linienführung in schlichter Eleganz präsentieren. Ursprünglich diente das wohlproportionierte Gebäude der Unterbringung von durchschnittlich 800 strafverbannten Häftlingen, bevor Waisenkinder und mittellose Immigrantinnen dort ihre erste Bleibe fanden. Später fungierte es als Gerichtshof und Sitz verschiedener Behörden. Nach seiner Generalsanierung in den 1980er-Jahren beherbergt es seit 1990 ein didaktisch exzellent aufgebautes Spezialmuseum, das die Sozialgeschichte von Sydney dokumentiert.

Die Greenway Gallery im Erdgeschoss hält Informationen über das Wirken des Sträflingsarchitekten bereit. Am beeindruckendsten ist der restaurierte Hängematten-Schlafsaal im zweiten Obergeschoss. Besucher können sich hier in eine Hängematte legen und sich, der aus versteckten Lautsprechern dringenden Wisper-Unterhaltung der Häftlinge lauschend, in eine lange vergangene Epoche entführen lassen (Tel. 02-82 39 23 11, www.hht.net.au, tgl. 9.30–17 Uhr, Erw. 10 A-$, Kin. 5 A-$, Fam. 20 A-$).

Kreativität und Können von Francis Greenway spiegeln sich auch in der gegenüberliegenden **St. James Church** 36 wider. Ursprünglich als Gerichtsgebäude geplant, musste Greenway seine Entwürfe notgedrungen umändern. Eingeweiht wurde Sydneys älteste Kirche 1824. Vorwiegend aus dem 20. Jh. stammen die Buntglasfenster, welche die Elemente Erde, Luft, Feuer und Wasser symbolisieren. Früher diente der Turm von St. James den Kapitänen einlaufender Schiffe als Orientierungshilfe (Tel. 02-82 27 13 00, www.sjks.org.au, Mo–Fr 11–18, Sa 11–15.30 Uhr, kostenlose Führungen Mo–Fr 14.30 Uhr).

Komplettiert wird das Ensemble der Greenway-Bauten am unteren Ende der Macquarie Street durch das nach achtjähriger Bauzeit 1828 fertig gestellte **Old Supreme Court Building** 37.

Art Gallery of New South Wales 38

Nordöstlich des Queens Square erstreckt sich die Parkanlage **The Domain,** in der alljährlich im Januar beim Festival of Sydney die größte Openair-Party Australiens steigt. Hier liegt auch eines der bedeutendsten Kunstmuseen des ganzen Landes, die **Art Gallery of**

Tipp: Surf Carvival – Lifesavers als Rettungsschwimmer im Ehrenamt

Wer in Australien an belebten öffentlichen Badeständen in Gefahr gerät, dem kommen meist braun gebrannte ›Engel‹ mit bunten Badekappen zur Hilfe: die *Lifesavers,* Mitglieder des Lebensrettungsklubs, des aus-tralischen Pendants zur deutschen DLRG. In einem von zwei Fahnen begrenzten Gebiet können sich Schwimmer relativ unbesorgt in der oft meterhohen Brandung tummeln. Auf einem Ausguck sitzend, überwacht ein Lebensretter den gekennzeichneten Strandabschnitt und schlägt sofort Alarm, wenn jemand von der Strömung ins Meer gesogen wird oder eine verdächtige Flosse auftaucht.

Im Ernstfall stürzt sich ein *Lifesaver* mit einer Rettungsleine um den Körper in die Fluten und versucht, den in Not geratenen Schwimmer zu erreichen. Sobald ihm dies geglückt ist, wird er mit dem Ertrinkenden im Schlepptau von Kollegen mit einer Seilwinde an den Strand zurückgezogen. *Lifesaving* ist Ehrensache – jeder gut besuchte Strand hat einen freiwilligen Lebensrettungsverein.

Schon 1907 schlossen sich die ersten Freiwilligen zusammen, um über die Sicherheit anderer zu wachen. Heute sind die *Lifesavers* fast schon ein Symbol des Fünften Kontinents. Es sollen mehr als als 200 000 Menschen sein, die die Lebensretter bislang vor dem nassen Tod in der Brandung bewahrt haben. Obwohl die Klubs recht autoritär organisiert sind und das Training sehr hart ist, haben sie keine Nachwuchssorgen.

Während des australischen Sommers veranstalten die über 200 Vereine fast an jedem Wochenende Strandfeste – die sogenannten *Surf Carnivals,* bei denen sich verschiedene Teams zum freundschaftlichen Kräftemessen treffen. Am berühmtesten sind die Veranstaltungen an den Stränden von Sydney.

Den Auftakt eines jeden Festes bildet ein Umzug, bei dem die Lebensretter die Standarte ihres Klubs tragen. Als Nächstes stehen Rettungs- und Wiederbelebungsübungen auf dem Programm, bei denen das schnellste Team Punkte erhält. Als Höhepunkt des Tages gelten jedoch die Regatten der Brandungsboote. Unbestrittene Stars dieses rein maskulinen Spektakels sind je fünf gestandene Mannsbilder, die in einem Ruderboot gegen die Brandung und gegen die Konkurrenz der Nachbarstrände kämpfen. Termine von Surf Carnivals erfährt man bei den regionalen Fremdenverkehrsämtern.

Die Lebensretter bei einem *Surf Carnival*

Sydney

New South Wales, untergebracht in einem neoklassizistischen Sandsteinbau, der 1988 großzügig erweitert wurde. In dem Gebäudekomplex wird auf fünf Ebenen eine ebenso exquisite wie kontrastreiche Sammlung australischer, asiatischer und europäischer Kunst präsentiert. Die Abteilung Australische Kunst zeigt einen Querschnitt der ›weißen‹ australischen Malerei. In der vielfältigen Sammlung europäischer Kunst sind alte Meister ebenso präsent wie Vertreter moderner Stilrichtungen. Gemälde und Zeichnungen, Skulpturen und Keramiken aus verschiedenen Epochen zahlreicher Länder Asiens finden sich in der vorzüglichen Asienabteilung. Werke von Aborigines und Künstlern der Torres Strait Islands zeigt die Yiribana Gallery im untersten Stockwerk – traditionelle Rindenmalereien ebenso wie zeitgenössische Arbeiten (Tel. 02-92 25 17 44, www.artgallery.nsw.gov.au, tgl. 10–17 Uhr, Mi bis 21 Uhr, Eintritt frei, Sonderausstellungen und -veranstaltungen gebührenpflichtig; im Domain Theatre im 3. Untergeschoss Di–Fr 12–13 Uhr Didgeridoo-Musik).

St. Marys Cathedral 39

Zwischen 1866 und 1928 im neogotischen Stil erbaut, gilt die im südlichen Teil von The Domain liegende **St. Marys Cathedral** als größtes christliches Sakralgebäude des ehemaligen ›Empire‹ außerhalb von Großbritannien. Im Innern beeindrucken die schlanken Säulen, umspielt vom Sonnenlicht, das durch die bunten Rosettenfenster in der West- und Südfassade dringt. Das Fußbodenmosaik der Krypta besticht durch die handwerkliche Virtuosität der Künstler, die an diesem Meisterwerk 15 Jahre lang arbeiteten (Tel. 02-92 20 04 00, www.sydney.catholic.org.au, tgl. 6.30–18.30 Uhr, kostenlose Führung So 12 Uhr).

Australian Museum 40

Unter dem Dach des mächtigen, 1849 fertig gestellten Sandsteinbaus des **Australian Museum** widmen sich übersichtlich arrangierte Sammlungen mit einer erlesenen Auswahl an Exponaten Sachgebieten wie Geologie, Biologie, Ökologie und Ethnografie. Eine Abteilung beschäftigt sich ausschließlich mit der Kultur der Aborigines und ozeanischer Völker (Tel. 02-93 20 60 00, www.australianmuseum.net.au, tgl. 9.30–17 Uhr, Führungen tgl. 10, 11, 12, 14, 15 Uhr, Erw. 22 A-$, Kin. 14 A-$, Fam. 58 A-$).

Hyde Park 41

Südlich des Queens Square öffnet sich eine weitere Stadtoase, der **Hyde Park.** Einst diente die 1810 geschaffene Grünanlage als Pferderennbahn und Cricketspielfeld sowie in den Anfangsjahren der Strafkolonie als Exerzierplatz und Stätte für öffentliche Exekutionen. Im Nordteil des Parks erinnert die **Archibald Memorial Fountain** an die australisch-französische Waffenbrüderschaft im Ersten Weltkrieg. Im Süden spiegelt sich das **Anzac War Memorial,** ein Ehrenmal im Art-déco-Stil zum Gedenken an die im Ersten Weltkrieg gefallenen Australier, in dem künstlich angelegten Lake of Reflection. In einer Ecke versteckt sich die **St. Marys Catholic Chapel,** ein weiteres Meisterwerk von Francis Greenway.

Sydney Tower 42

Westlich des Hyde Park ragt an der Ecke Market Street und Castlereagh Street als markantestes Bauwerk in der Skyline der **Sydney Tower** empor. Nur 40 Sekunden brauchen die drei Hochgeschwindigkeitsaufzüge, um die Passagiere zur Aussichtsplattform oder zu den beiden Restaurants des mit knapp 305 m Höhe zweithöchsten Bauwerks der Südhalbkugel zu befördern. Von oben kann man sich einen ausgezeichneten Überblick über die Stadt verschaffen und einen Panoramablick genießen, der an klaren Tagen bis zu den fast 100 km westlich liegenden Blue Mountains reicht. Im Eintrittspreis enthalten ist ein Besuch des Kinos ›Oztrek‹, das zu einer virtuellen Reise durch den Fünften Kontinent lädt. Als ›Fundament‹ des Bauwerks dient die **Centre Point Arcade,** eine vierstöckige Ladenstadt mit über 200 Geschäften und Restaurants (Tel. 02-93 33 92 22, www.sydneytower.com.au, Mo–Fr, So 9–22.30, Sa 9–23.30 Uhr, Erw. 25 A-$, Kin. 15 A-$, Fam. 65 A-$).

Strand Arcade 43

In der **Strand Arcade,** einer viktorianischen Passage aus dem 19. Jh., breiten sich auf drei Stockwerken Ladengalerien mit exklusiven Geschäften aus. Bleiverglaste Fenster, kunstvolle Steinböden und gemeißelte Portale sowie Balustraden aus Schmiedeeisen und Edelholz geben diesem Einkaufszentrum eine elegante Note (412–416 George St., Tel. 02-92 32 41 99, www.strandarcade.com.au, Mo–Mi 9–18, Do 9–21, Fr/Sa 9–18, So 11–17 Uhr).

Queen Victoria Building 44

Entlang der Market Street erreicht man, vorbei am ›barocken‹ State Theatre, das **Queen Victoria Building.** Renoviert zu einem Glanz, den es zuvor nie hatte, bildet das majestätische, 1898 zur Feier von Königin Victorias goldenem Krönungsjubiläum errichtete Sandsteingebäude heute das nostalgische Ambiente für einen Bummel durch fast 200 elegante Geschäfte. Auffallend sind die Fassade im neobyzantinischen Stil sowie die das Dach krönende 35 m hohe kupferne Hauptkuppel und ihre 20 Nebenkuppeln. Vor dem Südportal thronte Queen Victoria auf einem Steinsockel (455 George St., Tel. 02-92 64 92 09, www.qvb.com.au, Mo–Mi 9–1 8, Do 9–21, Fr/Sa 9–18, So 11–17 Uhr; 45-minütige Führungen Di, Do, Sa 11.30 Uhr, 15 A-$).

Town Hall und St. Andrews Cathedral

An das Queen Victoria Building schließt sich der Sydney Square an, den zwei weitere viktorianische Bauwerke flankieren. Als Synonym für Stil und Eleganz gilt die **Town Hall** 45 aus dem Jahr 1868. Heute finden in einigen Sälen des Sandsteingebäudes regelmäßig kulturelle Veranstaltungen statt. Die Centennial Hall, in der sich eine der größten Orgeln der Welt mit über 8500 Pfeifen befindet, wird für ihre Akustik gerühmt.

Erst ein halbes Jahrhundert nach der Grundsteinlegung im Jahr 1819 erfolgte die Einweihung der anglikanischen **St. Andrews Cathedral** 46, die als Meisterwerk von Edmund Blacket, des berühmtesten Kirchenarchitekten des kolonialen Australien, gilt. Im Innern des neogotischen Gemäuers überraschen kunstvolles zeitgenössisches Inventar und das Licht sanft filternde Buntglasfenster sowie ein kleines Kirchenmuseum mit liturgischen Objekten der ersten Siedler. Prunkstück des Kirchenschatzes ist eine Bibel von 1539 (Mo–Fr 7.30–17.30, So 7.30–20 Uhr, kostenlose Führungen Mo–Fr 11, 14, So 12 Uhr).

Chinatown 47

Jenseits der Liverpool Street erstreckt sich **Chinatown.** Hinter den farbenprächtigen Pagodeneingängen pulsiert geschäftiges Treiben, ein angenehmer Kontrast zum nüchternen Ambiente des Geschäftsviertels, wenn das ganze Ambiente auch ein wenig wie eine Hollywood-Kulisse in Blattgold und Drachenmustern wirkt. In zahlreichen Restaurants kann man einen kulinarischen Streifzug durch alle Regionen des Reiches der Mitte machen.

Darling Harbour

Cityplan: S. 118/119

Im 19. Jh. war das Hafenviertel Darling Harbour – benannt nach Ralph Darling, dem siebten Gouverneur der Kolonie New South Wales – das Zentrum von Australiens wirtschaftlicher Blüte. Mit dem Aufkommen der Container-Schifffahrt verlor der emsige Exporthafen für Wolle und Getreide an Bedeutung und verkam zum schmuddeligen Hinterhof der City mit verwaisten Kais, vergammelten Lagerhallen und rostenden Brücken. Anlässlich der 200-Jahr-Feier 1988 wurde die verlotterte Industriebrache mit Millionenaufwand in eine 60 ha große glitzernde Mischung aus Freizeitpark, Einkaufszone und Kulturzentrum verwandelt, die über eine Einschienenbahn (Monorail) mit dem Zentrum verbunden ist.

Garden of Friendship 48

Im Südteil von Darling Harbour vermittelt der chinesische **Garden of Friendship** mit Lotusteichen, Wasserfällen, Pagoden und Pavillons fernöstliches Flair. Angelegt wurde

Sydney

Flaniermeile Darling Harbour

der größte chinesische Garten außerhalb Chinas von Gärtnern aus Guangdong (Kanton), einer Partnerstadt von Sydney (tgl. 9.30–17 Uhr, Tel. 02-92 40 88 88, www.chinesegarden.com.au, Erw. 6 A-$, Kin. 3 A-$, Fam. 15 A-$).

Powerhouse Museum 49

Vorbei am Pumphouse, einer populären Bierkneipe mit eigener Brauerei, gelangt man zum postmodernen Hightech-Komplex des **Powerhouse Museum.** Der verschachtelte Ziegelsteinkomplex des ehemaligen Dampfkraftwerks, das einst Sydneys elektrische Straßenbahn betrieb, präsentiert heute auf vier Etagen über 20 Einzelausstellungen zu den Themenkreisen Naturwissenschaft, Technologie, angewandte Künste und Sozialgeschichte. Da all dies nicht einfach hinter Glas in Schaukästen präsentiert, sondern u. a. filmisch aufbereitet und per Computeranimation fantasievoll dargestellt wird und es zudem überall Knöpfe zu drücken und Hebel zu bewegen gibt, ist dieses Museum ein beliebter ›Abenteuerspielplatz‹ für Kinder und Erwachsene (Tel. 02-92 17 01 11, www.powerhousemuseum.com, tgl. 10–17 Uhr, Erw. 10 A-$, Kin. 5 A-$, Fam. 25 A-$).

Sydney Fish Market 50

Auf dem **Sydney Fish Market,** dem größten Fischmarkt Australiens, kann man an Wochentagen in den frühen Morgenstunden die lautstarken Auktionen beobachten und danach fangfrisches Seafood am Pier des Fischereihafens genießen (Tel. 02-90 04 11 00, www.sydneyfishmarket.com.au, Auktionen Mo–Fr ab 5.30 Uhr, Läden Mo–Fr 7–16, Restaurants Mo–Fr 7–21, Sa/So 9–22 Uhr).

Australian National Maritime Museum 51

Das Zentrum von Darling Harbour bildet der **Harbourside,** ein futuristischer Laden- und Restaurantkomplex, der in rund zehn Fußminuten vom Sydney Fish Market zu erreichen ist. Unmittelbar nördlich davon liegt das 1991 eröffnete **Australian National Maritime Museum.** Das dem Leben am und auf dem Wasser gewidmete Museum veranschaulicht mit einer großen Fülle an Exponaten, Schautafeln und audiovisuellen Hilfsmitteln die Seefahrtsgeschichte Australiens. Am Kai im Freigelände dümpelt die Museumsflotte (Tel. 02-92 98 37 77, www.anmm.gov.au, tgl. 9.30–17, im Januar bis 18 Uhr, Eintritt frei, Sonderausstellungen und -veranstaltungen kostenpflichtig).

Sydney Aquarium 52

Die Pyrmont Bridge führt vom National Maritime Museum zum **Sydney Aquarium** auf der anderen Seite des Hafenbeckens. Besucher staunen über die Vegetation eines Mangrovensumpfes oder über das vielfältige Leben in einem tropischen Flusssystem. Kinder können in einem Streichelpool Seesterne und Muscheln (sanft!) berühren – Biologieunterricht zum Anfassen. Highlight ist das riesige Open-Ocean-Aquarium, wo Haie, Rochen und andere Meeresbewohner hautnah an den Besuchern im Plexiglas-Tunnel vorbeiziehen (Tel. 02-82 51 78 00, www.sydneyaquarium.com.au, tgl. 9–20 Uhr, Erw. 31,95 A-$, Kin. 17,95 A-$, Fam. 85 A-$).

Sydney Wildlife World 53

Gleich neben dem Sydney Aquarium kann man die giftigsten Schlangen und gefährlichsten Spinnen der Welt bestaunen. Zwar machen Besucher in der **Sydney Wildlife World** auch Bekanntschaft mit harmlosen Tieren wie Kängurus und Koalas, doch liegt das Schwergewicht auf eher bizarren Vertretern der australischen Fauna (Tel. 02-93 33 92 88, www.sydneywildlifeworld.com.au, tgl. 9–17 Uhr, Erw. 31,95 A-$, Kin. 17,95 A-$, Fam. 85 A-$).

Stadtviertel östlich der Downtown

Karte: S. 129

Die Stadtviertel östlich der City haben jedem etwas zu bieten: Nachtschwärmer zieht es nach Woolloomooloo, Kings Cross oder Darlinghurst, ›Shopaholics‹ nach Paddington, kulturell Interessierte nach Elizabeth Bay und Vaucluse, Seafood-Fans nach Watsons Bay, Sonnenanbeter und Surfer zum Bondi Beach.

Woolloomooloo und Kings Cross

An die Parkanlage The Domain grenzt östlich der Stadtteil **Woolloomooloo** 1. Das von den Einheimischen meist knapp ›The Loo‹ – was im Aussie-Slang ›Toilette‹ bedeutet – genannte Viertel war einst ein schmuddeliger Slum. Doch ein aufwendiges Facelifting verwandelte den verlotterten Hinterhof von Sydney in eine attraktive Wohngegend.

Das benachbarte, nur etwa 1 km östlich des Zentrums gelegene Stadtviertel **Kings Cross** 2 war einst eine teils vornehme, teils bohemehafte Wohngegend. Später galt ›The Cross‹ lange Zeit als Sündenbabel, als ein Viertel der schweren Jungs und leichten Mädchen. Was ein bisschen an die Hamburger Reeperbahn erinnert, ist indes weit weniger verrucht, als es auf den ersten Blick erscheint. Zwar findet man hier heute immer noch Nachtklubs und Kabaretts, Bars und Sex-Shops, aber auch ausgezeichnete Restaurants und Bistros. Vor allem aber präsentiert sich Kings Cross heute mit preiswerten Hotels und Pensionen als In-Viertel jugendlicher Reisender aus aller Welt. Geschmackvoll restaurierte Terrassenhäuser, deren Balkone mit Eisenbalustraden geschmückt sind, stehen entlang der Victoria Street.

Darlinghurst 3

Das südlich von Kings Cross gelegene **Darlinghurst,** ein vor Lebenslust sprühendes Viertel mit kosmopolitischem Flair, ist berühmt für seine Café-Szene und sein buntes Straßenleben, das vor allem in der Oxford Street pulsiert – der berühmten ›schwulen Meile‹ von Sydney. Alljährlich erbebt das Zentrum der Lesben- und Schwulenszene unter dem Trubel des mit überbordender Ausgelassenheit gefeierten Sydney Gay and Lesbian Mardi Gras, eines Homosexuellen-Karnevals, bei dem auch Heteros viel Spaß haben.

Über die Geschichte der jüdischen Einwanderer in Australien informiert das **Sydney Jewish Museum** in der Darlinghurst Road Nr. 148 (Tel. 02-93 60 79 99, www.sydneyjewishmuseum.com.au, Mo–Do 10–16, Fr 10–14, So 10–16 Uhr, Sa und an jüdischen Feiertagen geschl., Erw. 10 A-$, Kin. 6 A-$, Fam. 22 A-$).

Paddington 4

Der südöstlich an Kings Cross grenzende Stadtteil **Paddington** mit hübschen alten Häusern war einst das Quartier der Künstler

Sydney

Tipp: Surf, Sun and Fun – Strandurlaub in einer Großstadt

Schwimmen und surfen, sich im Sand aalen und sonnenbaden – den Sydneysiders geht ihr Beachlife über alles. An schönen Tagen strömen Zehntausende an die leicht zu erreichenden Badestrände, die sich am 350 km langen, ›hauseigenen‹ Pazifikufer erstrecken. Sydney ist ›strandsatt‹, sodass man die Qual der Wahl hat:

Balmoral Beach: Dieser Strand am Nordufer von Sydney Harbour ist wegen seiner geschützten Lage auch für Familien mit kleinen Kindern geeignet. Zudem gibt's ein schönes Schwimmbad. Anfahrt: Hafenfähre ab Circular Quay Pier 2 bis Taronga Zoo, dann Bus 238.

Bondi Beach: An Sydneys berühmtestem Strand, im Jahr 2000 Schauplatz der olympischen Beachvolleyball-Wettbewerbe, laden die Brandungswellen des Pazifiks zum Schwimmen und Surfen. Besonders stark ist die Brandung im Norden bei den Ben-Buckler-Klippen – hier wagen sich nur die besten Wellenartisten auf die Bretter. Wem der Surf zu heftig ist, der kann im Bondi Iceberg Pool am Südende des Strandes ganz entspannt schwimmen. Zwischen Mai und September treffen sich hier sonntagmorgens um 9.45 Uhr die Iceberg Swimmers zum traditionellen Winterschwimmen. Den Auftakt der Saison bildet ein merkwürdig anmutendes Ritual: am 1. Maisonntag in der Früh springen Hunderte Frauen und Männer freiwillig und gut gelaunt mit Eisblöcken in den Händen in den spektakulär gelegenen Meerwasserpool. Anfahrt: Bus 333, 380, L82 ab Circular Quay, 378 ab Central Station und Bondi and Bay Explorer (s. auch aktiv unterwegs S. 130f.).

Coogee Beach: Lang gestreckter Sandstrand südlich des Bondi Beach, gut zum Schwimmen und Surfen. Anfahrt: Bus 373 oder 374 ab Circular Quay.

Lady Bay Beach: An diesem ausgewiesenen FKK-Strand am Südufer der Hafenbucht östlich der City lassen Einheimische und Touristen die Hüllen fallen. Anfahrt: Bus 324, 325 oder L82 ab Circular Quay.

Manly Beach: Außerordentlich beliebter und daher am Wochenende meist hoffnungslos überfüllter Paradestrand, der Schwimmer, Surfer und Sonnenanbeter gleichermaßen anzieht. Man sollte den Vorteil des Urlaubers nutzen und den Strandabstecher nach Manly für einen Wochentag planen. Anfahrt: Jetcat (Tragflügelboot) ab Circular Quay Pier 2 oder Fähre ab Circular QuayPier 3.

Northern Beaches: Zwischen Manly und dem rund 25 km weiter nördlich gelegenen Palm Beach erstrecken sich bei den gleichnamigen ruhigen Vororten einige der schönsten Bade- und Surfstrände, welche die Umgebung von Sydney zu bieten hat: Der **Dee Why Beach** rühmt sich einer guten Brandung für Wellenreiter; am **Narrabeen Beach** gibt es einen bewachten Badestrand mit Seewasser-Pool, weswegen sich hier vor allem Familien einfinden; einen fantastischen Sandstrand mit Surfclub und Schwimmbad bietet der **Newport Beach,** einen kleinen Bade- und Surfstrand mit Salzwasser-Pool der **Bilgola Beach;** bei Surfern extrem beliebt sind der 500 m lange, feinsandige **Avalon Beach** und der **Whale Beach;** und schließlich gibt es noch den **Palm Beach,** einen kilometerlangen, halbmondförmigen Traumstrand, der überwachte Abschnitte sowie ein Meerwasser-Schwimmbad zu bieten hat. Anfahrt an alle Strände: Mit Jetcat oder Fähre nach Manly, dann Bus 136, 139, 178, L88 und L90; alternativ Bus 190, L90 ab Wynyard (City).

Shark Beach: Trotz seines Furcht einflößenden Namens kann man an diesem feinen Sandstrand gefahrlos baden: Vor Haien, die sich tatsächlich manchmal in den Sydney Harbour verirren, schützt ein weit gespanntes Stahlnetz. Wegen seiner geschützten Lage am Südufer der Hafenbucht gibt es hier auch keine großen Wellen, was den Strand zu einem idealen Tummelplatz für Kinder macht.

Rund um Sydney

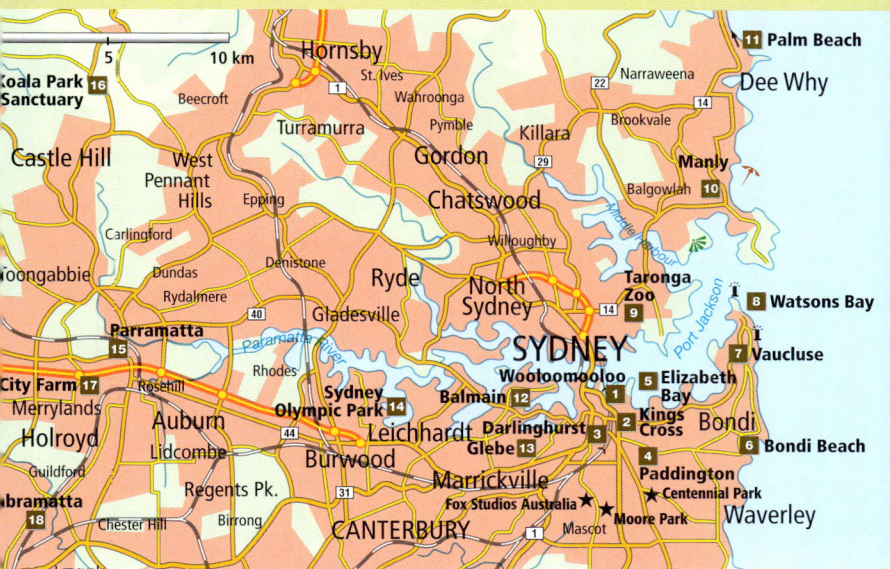

und Bohemiens. Heute noch findet man dort die schönsten Beispiele für den viktorianischen Terrace-Baustil des späten 19. Jh. Besonders sehenswerte Exemplare derartiger in Zeilen errichteter, schmaler Wohnhäuser mit aufwendigen schmiedeeisernen Verandageländern und Holzschnitzereien blieben im **Old Village** erhalten, einem nördlich der Oxford Street gelegenen Viertel zwischen Shadforth Street, Prospect Street und Spring Street.

Tagsüber trifft sich ›Tout Sydney‹ beim Shopping in den Trend-Boutiquen von Paddingtons **Oxford Street,** und jeden Samstag von 10 bis 16 Uhr hat ›Paddo‹ eine kleine Attraktion zu bieten: die **Paddington Markets,** Sydneys berühmtester Openair-Markt auf dem Kirchplatz der St. Johns Church (395 Oxford St., www.paddingtonmarkets.com.au). Nach Sonnenuntergang halten dann die Nachtschwärmer in Paddington Einzug, denn hier hat sich ein neues Epizentrum brodelnden Nightlifes aufgetan.

Südlich von Paddington erstreckt sich der **Moore Park** mit dem **Sydney Cricket Ground,** die Arena für Sydneys Sommerspiel Nummer eins. Wenn keine Spiele stattfinden, kann man auf geführten Touren einen Blick hinter die Kulissen des Stadions und in das interessante Kricketmuseum werfen (Driver Ave., Tel. 1300-72 47 37, www.sydneycricketground.com.au, 1,5-stündige Führungen Mo–Fr 10, 12, 14, Sa 10 Uhr, Erw. 25 A-$, Kin. 17 A-$, Fam. 65 A-$, Bus 339, 340, 390–394 ab Circular Quay). Der an den Moore Park angrenzende **Centennial Park** ist die größte Parkanlage von Sydney.

Elizabeth Bay

In den Eastern Suburbs, die sich östlich der City an das Südufer des Port Jackson reihen, wohnen die betuchten Sydneysiders. Unmittelbar nördlich vom ›verruchten‹ Kings Cross liegt der noble Vorort **Elizabeth Bay.** Einen guten Eindruck vom Lebensstil des gehobenen Bürgertums im kolonialen Australien vermittelt das **Elizabeth Bay House** in der Onslow Avenue Nr. 7. Mit seiner Mischung aus frühem australischem Kolonialstil und neoklassizistischen Zierformen entspricht dieser Herrensitz ganz dem historisierenden Baustil des 19. Jh. Im Innern des 1835–39 errichteten Prachtbaus beeindruckt neben dem Ori-

Sydney

aktiv unterwegs

Küstenwanderung von Bondi Beach nach Clovelly

Tour-Infos
Anfahrt: Buslinien 333, 380 und L82 ab Circular Quay, 378 ab Central Station, Bondi and Bay Explorer
Start: Bondi Pavilion/Nordende der Campbell Parade
Länge/Dauer: 4 km/2 Std.
Verpflegung: An der langen Strandpromenade Campbell Parade reihen sich Restaurants, Bistros und Cafés.

Am **Bondi Beach** 6, der mit seinen viktorianischen Bauten ein wenig an die englischen Seebäder Blackpool und Brighton erinnert, laden die Brandungswellen des Pazifiks zum Schwimmen und Surfen. Sydneys berühmtester Strand ist aber auch Ausgangspunkt für eine teils auf Klippen, teils am Strand verlaufende Wanderung zu den Nachbarstränden von Bronte und Clovelly.

Den besten Eindruck von Bondi Beach, heute ein Hedonisten-Mekka der Schönen und Schrillen, der Surfer und Sonnenanbeter, bekommt man beim Spaziergang vom **Bondi Pavilion** entlang der legendären Sandmeile zum Bondi Icebergs Club, wo der Küstenpfad beginnt. Der Grundstein für den großzügigen **Bondi Pavilion,** der einst ein Restaurant, einen Ballsaal, Umkleidekabinen und ein türkisches Bad beherbergte, wurde 1928 gelegt. In einem Teil des viktorianischen Gebäudes, in dem heute Kulturveranstaltungen stattfinden, gibt das **Marine Discovery Centre** Einblicke in die artenreiche Unterwasserwelt des Südpazifiks (Tel. 02-93 00 02 42, www.marinediscovery.org.au, Sa/So 10–16.30, Nov. und Schulferien Mi–So 10–16.30 Uhr, 10 A-$, Kin. 5 A-$, Familien 22,50 A-$). Bereits 1920 öffnete das schräg gegenüber liegende **Hotel Bondi** als Nobelherberge seine Pforten und stand lange Zeit einsam am berühmten Strand, der damals noch ›im Busch‹ lag.

Ebenfalls in den Pioniertagen des australischen Strandlebens wurde 1929 der **Bondi Icebergs Club** am Südende des Bondi Beach gegründet. Hier können alljene, denen der Surf zu heftig ist, ganz entspannt im Bondi Icebergs Pool, einem spektakulär gelegenen Meerwasserpool, schwimmen (Tel. 02-91 30 31 20, www.icebergs.com.au, Mo–Mi und Fr 6–18.30, Sa/So 6.30–18.30 Uhr, Do geschl., Erw. 5 A-$, Kin. 3 A-$, Fam. 13 A-$).

Südlich des in eine Klippe gebauten Freibads beginnt ein 3,5 km langer betonierter Wanderweg, der eine schöne Aussicht auf

ginalmobiliar vor allem das von einer elliptischen Kuppel überwölbte Treppenhaus (Tel. 02-93 56 30 22, www.hht.net.au, Fr–So 9.30–16, Jan. und Schulferien tgl. 9.30–16 Uhr, Erw. 8 A-$, Kin. 4 A-$, Fam. 17 A-$).

Vaucluse und Watsons Bay

Vorbei an Double Bay, einem teuren Wohnviertel, das auch ›Double Pay‹ genannt wird, gelangt man nach **Vaucluse** 7, wo eines der romantischsten Kolonialhäuser von Sydney steht – das **Vaucluse House,** das eine kurios anmutende Mischung aus Kolonialstil und Spätgotik präsentiert. In dem 1803 begonnenen, aber erst 1830 fertig gestellten Anwesen lebte eine der schillerndsten Persönlichkeiten des kolonialen Australien: der Entdecker, Rechtsanwalt und ›Vater der australischen Verfassung‹ namens William Charles Wentworth. Besonders eindrucksvoll ist der Park, der die damals übliche Mischung aus einheimischen und exotischen Pflanzen zeigt (Wentworth Rd., Tel. 02-93 88 79 22, Fr–So 9.30–16, Jan. und Schulferien tgl. 9.30–16 Uhr, Erw. 8 A-$, Kin. 4 A-$, Fam. 17 A-$).

Westlich von Vaucluse führt eine Stichstraße zum **Naturschutzgebiet Nielson Park** mit hübschen Picknickplätzen.

die Küste mit von der Brandung bizarr ausgespülten Klippen bietet und via Tamarama zum Strand von Bronte führt. Auf steilen Stufen steigt man hinauf zum **Mackenzie's Point,** wo man ein Breitwandpanorama genießt und tief unten die Surfer bei ihren akrobatischen Ritten auf den Riesenwellen beobachten kann.

Weiter geht es über die **Mackenzie's Bay** zum **Tamarama Beach.** An dem auch ›Glamourama‹ genannten Strand frönt Sydneys körperbewusste Jugend ihrem Schönheitsideal: sportlich, muskulös und natürlich braungebrannt. Wenn man von **Bronte** noch einige Hundert Meter weiterläuft, kommt man zum **Waverley Cemetery,** dem schönsten Friedhof Australiens. Dort fand auch Henry Lawson (1867–1922) seine letzte Ruhestätte, der bekannteste Kurzgeschichtenautor Australiens, der sich in seinen Werken für den kleinen Mann engagierte und soziale Reformen forderte. Den **Burrows Park** mit subtropischen Pflanzen durchquerend erreicht man **Clovelly Beach,** den Endpunkt des Spazierwegs. Von dort kann man mit Bus oder Taxi nach Bondi Beach zurückfahren oder man nimmt Bus 339 zurück zum Circular Quay. Besonders lohnend ist die Klippenwanderung übrigens im November, wenn Bildhauer bei der Ausstellung »Sculpture by the Sea« drei Wochen lang ihre Werke zeigen.

Zu den Eastern Suburbs zählt auch **Watsons Bay** 8, das sich den Charme eines Fischerdorfs bewahren konnte. Vor allem wegen seiner ausgezeichneten Seafood-Restaurants ist der Vorort ein beliebtes Ausflugsziel. Nördlich erstreckt sich der **Naturpark South Head,** in dem ein Klippenwanderweg immer wieder schöne Blicke über den Port Jackson eröffnet. Am windumtosten Outer South Head warnt das Macquarie Lighthouse, das der Sträflingsarchitekt Francis Greenway 1816 als sein erstes bedeutendes Bauwerk in der Kolonie entwarf, Seefahrer vor der gefährlichen Klippenküste.

Die Nordseite des Port Jackson

Karte: S. 129
Zu den schönsten kleinen Schiffsreisen der Welt gehört die Fährfahrt vom Circular Quay zu den Vororten im Norden des Port Jackson. Der Naturhafen mit einer der weltweit größten Freizeitflotten verleiht Sydney seine einmalige Schönheit und hohen Freizeitwert.

Taronga Zoo 9

Gerade zwölf Minuten dauert die Überfahrt zum **Taronga Zoo,** aufgrund der herrlichen

Sydney

Eine der schönsten kleinen Schiffsreisen der Welt: die Fährfahrt nach Manly

Lage einer der schönsten Tierparks der Welt. Besonders sehenswert sind das Koala- und Platypus-Haus, das Aviarium und das Haus für nachtaktive Tiere. Nicht übertrieben ist der Slogan ›A zoo with a view‹, denn die Besucher und viele der mehr als 2000 hier versammelten Tiere genießen einen Galablick über den Hafen auf die City (Tel. 02-99 69 27 77, www.zoo.nsw.gov.au, tgl. 9–17 Uhr, ›Zoo Pass‹ für Eintritt inkl. Transport erhältlich im Sydney Ferries Info Centre am Circular Quay, Pier 4, Preis: Erw. 48 A-$, Kin. 23,50 A-$, Fam. 134 A-$; tagsüber alle 30 Min. Hafenfähre ab Circular Quay, Pier 2).

Manly und Palm Beach

Über Mosman, Balmoral und The Spit erreicht man auf dem Landweg das nordöstlich des Taronga Zoo gelegene, traditionelle Seebad **Manly** 10. Lohnender ist aber die Anfahrt mit einer Fähre (ab Pier 3) oder einem Tragflügelboot (ab Pier 2) vom Circular Quay über die Hafenbucht. ›Sieben Meilen von Sydney, aber 1000 Meilen von allen Sorgen entfernt‹ – so lautet ein einst wie heute gebräuchliches Bonmot, das auf diesen hübschen Strandvorort, zugleich eines der beliebtesten Ausflugsziele der Großstädter, anspielt. Obwohl häufig überfüllt, wirkt der lang gestreckte **Manly Beach,** der nahtlos an das Geschäftszentrum anschließt, recht spektakulär. Wer dem Strandleben keine Reize abgewinnen kann, flaniert entlang der schattigen Promenade, wo sich Norfolk-Pinien in der stetigen Seebrise wiegen, und beobachtet die Surf-Freaks in der oft meterhohen Brandung. Das Meerwasseraquarium **Oceanworld,** die neben dem Strand bedeutendste Touristenattraktion des Ortes, liegt außerhalb an der West Esplanade. In einem Tunnel aus Acrylglas betritt man das submarine Reich des Pazifiks, wobei die Illusion vermittelt wird, unter Wasser Haien, Rochen und unzähligen anderen bunten Tropenfischen zu begegnen – ein Taucherlebnis ohne Schnorchel und Sauerstoffflasche. Wagemutigen bietet Oceanworld einen besonderen Nervenkitzel: einen 45-minütigen ›echten‹ Tauchgang im Haibecken (Tel. 02-82 51 78 77, www.oceanworld.com.au, tgl. 10–17.30 Uhr, Erw. 18,50 A-$, Kin. 9,95 A-$, Fam. 49,95 A-$).

In dem Naturpark am **North Head** kann man Kurzwanderungen durch Küstenbuschland unternehmen und dabei das Panorama über den Port Jackson hinweg bis zur Wolkenkratzer-Silhouette von Sydney genießen.

Zwischen Manly und dem weiter nördlich gelegenen **Palm Beach** 11 erstrecken sich

Sehenswürdigkeiten westlich des Zentrums

einige der schönsten Bade- und Surfstrände in der Nähe von Sydney (s. S. 128). Auf dem Sandsteinmassiv des Barrenjoey Head nördlich von Palm Beach wacht ein Leuchtturm über die Wassersportler.

Sehenswürdigkeiten westlich des Zentrums

Karte: S. 129

Einen guten Eindruck von der Hafenbucht westlich der Harbour Bridge vermittelt die Fährfahrt vom Circular Quay zur Homebush Bay Olympic Site und weiter nach Parramatta (ab Pier 5). Auf dem Weg bietet sich ein guter Blick auf die Kaianlagen der Walsh Bay und den neu gestalteten Darling Harbour.

Balmain und Glebe

Mit seinen zahlreichen Sandsteingebäuden und viktorianischen Terrassenhäusern hat sich der Vorort **Balmain** 12 ein liebenswertes, fast kleinstädtisches Flair bewahrt. Wegen seiner Nähe zum Hafen war Balmain einst ein reines Arbeiterviertel, bevor es sich später zu einem Künstler- und Literatenidyll entwickelte.

Urige Kneipen, Restaurants aller Preisklassen, Secondhand-Läden, gut bestückte Buchhandlungen und gut erhaltene Häuser im viktorianischen Terrace-Baustil mit filigranem schmiedeeisernen Dekor kennzeichnen den südlich von Balmain gelegenen Stadtteil **Glebe** 13. Hier wohnen viele Studenten, denn der Campus der University of Sydney grenzt gleich südlich an.

Sydney Olympic Park 14

Rund 15 km westlich der City erstreckt sich auf einem 84 ha großen Areal am Parramatta River der **Sydney Olympic Park,** der Austragungsort der Olympischen Spiele 2000. Nur wenige Gehminuten von dem nach ökologischen Prinzipien errichteten Olympia-Dorf, in dem während der Spiele mehr als 15 000 Athleten aus über 200 Nationen wohnten, befinden sich das 115 000 Zuschauer fassende **ANZ Stadium,** die riesige Hightech-Schwimmhalle **Sydney International Aquatic Centre** mit Platz für 17 500 Zuschauer und weitere Wettkampfstätten. Zum Bummeln lädt die 1,5 km lange Flaniermeile **Olympic Boulevard** ein. Ein guter Blick über das Olympia-Gelände bietet sich vom Aussichtspunkt **Kronos Hill** (Tel. 02-97 14 78 88, www.sydneyolympicpark.com.au, ›Self Guided Audio Tour‹ tgl. 9–16 Uhr, 20 A-$; ANZ Stadium, 1-stündige Führungen Mo–Fr 11, 12.30, 14, 15.30, Sa, So u. Fei 11, 13, 15 Uhr, Erw. 28,50 A-$, Kin. 18,50 A-$, Fam. 70 A-$; mit CityRail (gelbe Linie) ab Central Station direkt zum Olympic Park oder mit Hafenfähre RiverCat mehrmals tgl. ab Circular Quay, Pier 5 zur Anlegestelle Homebush Bay, von dort Shuttlebus zum olympischen Gelände, Auskunft: Tel. 13 15 00).

Parramatta und Cabramatta

Für Besucher mit Interesse an der australischen Geschichte lohnt sich ein Stopp in **Parramatta** 15, das 1788 von Gouverneur Arthur Phillip unter dem Namen Rose Hill als zweite europäische Siedlung nach Sydney auf dem Kontinent gegründet wurde. Zu den Bauwerken aus den Anfängen der Kolonie, die man auf einem etwa zweistündigen Rundgang kennenlernt, gehören das in den 1830er-Jahren errichtete **Roseneath House** (65 O'Connell St., Di–Do 10–16, So u. Fei 11–16 Uhr, Erw. 8,50 A-$, Kin. 3,50 A-$, Fam. 20,50 A-$), die anglikanische **St. Johns Cathedral** aus dem Jahr 1820 (Church Street Mall, Tel. 02-96 35 59 04, Do/Fr 10–14 Uhr) sowie im Parramatta Park das zwischen 1799 und 1815 erbaute **Old Government House** (Tel. 02-96 35 81 49, Di–Fr 10–16.30, Sa/So u. Fei 10.30–16.30 Uhr, Erw. 8,50 A-$, Kin. 3,50 A-$, Fam. 20,50 A-$) und das 1885 im englischen Tudor-Stil errichtete **Parramatta Gate House** (Di–Do 10–16, So u. Fei 11–16 Uhr, Eintritt frei).

Wenige Kilometer außerhalb von Parramatta, im Ortsteil Granville, liegt die im Jahr 1793 gegründete **Elizabeth Farm.** Hier befand sich einst der Wohnsitz von John Macarthur, der die ersten Merino-Schafe in Australien einführte und damit den Grundstein für einen bis heute lukrativen Wirtschaftszweig legte: die Wollindustrie (70 Alice St., Tel. 02-

Sydney

Tipp: See Sydney & Beyond Attractions Pass

Der Pass berechtigt innerhalb eines festgelegten Zeitraums zur kostenfreien Benutzung der öffentlichen Verkehrsmittel und gewährt freien Eintritt zu über 40 Attraktionen in und um Sydney sowie den Blue Mountains innerhalb eines festgelegten Zeitraums. Erhältlich sind die Karten in den Sydney Visitors Centres in The Rocks und Darling Harbour oder online unter www.seesydneycard.com zu folgenden Preisen: Zweitageskarte Erw. Erw. 135 A-$, Kin. 79 A-$; Dreitageskarte Erw. 165 A-$, Kin. 95 A-$; Siebentageskarte Erw. 225 A-$, Kin. 160 A-$

96 35 94 88, www.hht.net.au, tgl. 10–17 Uhr, Erw. 8,50 A-$, Kin. 3,50 A-$, Fam. 20,50 A-$).

Im **Koala Park Sanctuary** 16 etwa 15 km nördlich von Parramatta begegnet man den flauschigen Kuscheltieren, die Generationen von Teddybären als Vorbild dienten. Angeschlossen ist das Koala Hospital, wo kranke und verletzte Koalas gepflegt werden (Castle Hill Rd., Pennant Hills West, Tel. 02-94 84 31 41, www.koalapark.com, tgl. 9–17 Uhr, Erw. 19 A-$, Kin. 9 A-$, Fam. 44 A-$).

Einen Eindruck vom australischen Landleben bietet die **City Farm** 17 südwestlich von Parramatta. Auf dem Programm stehen z. B. Schafschurvorführungen, Peitschenknallen und Lassoschwingen. Schäferhunde zeigen ihr Können, wenn sie nur mit den Augen eine Schafherde dirigieren. Wer möchte kann selbst Hand anlegen, etwa beim Kühemelken (31 Darling St., Abbotsbury, Tel. 02-98 23 32 22, www.cityfarm.com.au, tgl. 9–16.30 Uhr, Erw. 16 A-$, Kin. 10 A-$, Fam. 45 A-$).

Cabramatta 18, südwestlich von Parramatta, ist der Dreh- und Angelpunkt asiatischen Lebens in Sydney. Beim Bummel durch diesen Vorort mit seinen bunten Geschäften, dem exotischen Lebensmittelangebot und dem asiatischen Sprachengewirr wähnt man sich für einen Moment in Hanoi oder Phnom Penh. Weil hier seit Mitte der 1970er-Jahre Flüchtlinge aus Indochina eine zweite Heimat fanden, wird der Stadtteil auch ›Vietnamatta‹ genannt.

Infos

Sydney Visitor Centre: c/o The Rocks Centre, Argyle St., Ecke Playfair St., The Rocks; Filiale in Darling Harbour (neben LG IMAX Cinema); Tel. 18 00-06 76 76 u. 02-92 40 87 88, www.sydneyvisitorcentre.com.au, tgl. 9.30–17.30 Uhr. Infos zu Sydney und Umgebung sowie zu allen touristisch bedeutsamen Regionen von New South Wales, Buchung von Hotels, Touren, Mietwagen etc., Verkauf des SydneyPass (s. S. 143).

Travellers Information Service: Kingsford Smith Airport, Tel. 02-96 67 60 50, tgl. 6–23 Uhr. Hotelbuchung zu Standby-Tarifen und Verkauf des SydneyPass (s. S. 143).

National Parks & Wildlife Service: 102 George St., The Rocks, Tel. 13 00-36 19 67 und 02-92 53 46 00, Mo–Fr 9.30–16.30, Sa/So 10–16.30 Uhr.

National Roads and Motorists Association (NRMA): York St., Ecke Margaret St., City, Tel. 13 11 22, www.nrmatravel.com.au. Automobilclub.

Sydney im Internet: www.discoversydney.com.au, www.thesydneymagazin.smh.com.au, www.cityofsydney.nsw.gov.au, www.sydneyaustralia.com, www.sydney.citysearch.com, www.bestrestaurants.com.au.

Übernachten

Cooles Design mit cineastischem Touch ▶ Blue Sydney 1**:** Finger Wharf 9, 6 Cowper Wharf Rd., Woolloomooloo, Tel. 02-93 31 90 00, www.tajhotels.com/sydney. Viel Design, viel Charme, Top-Lage mit Blick auf Hafenbucht und Skyline. Die Zimmer sind minimalistisch-elegant ausgestaltet. Im gleichen Komplex, eine stilvoll restaurierte Werftanlage, gibt es mehrere extravagante Restaurants. DZ 675–975 A-$.

Auf geschichtsträchtigem Boden ▶ Four Seasons Hotel 2**:** 199 George St., City, Tel. 02-92 50 31 00, www.fourseasons.com/sydney. Wo heute das Fünf-Sterne-Hotel steht,

Adressen

darbten einst die Insassen von Australiens erstem Gefängnis. Berühmt ist das Four Seasons wegen seiner Aussicht auf Oper und Hafen – den besten Blick bieten die Zimmer mit der Endnummer 15. DZ ›City View‹ 460–480 A-$, DZ Harbour View 530–595 A-$.

Zimmer mit Ausblick ▶ Vibe Rushcutters 3: 100 Bayswater Rd., Rushcutters Bay, Tel. 02-83 53 89 88, www.vibehotels.com.au. Wer in diesem modernen Boutiquehotel ein Zimmer zur Hafenseite gemietet hat, kommt in den Genuss eines *view with a room*. Ruhige Lage, elegantes Gourmet-Restaurant, nette Frühstücksterrasse und beheizbarer Pool auf der Dachterrasse. Günstige Onlinebuchung! DZ 355–495 A-$.

Edles Design ▶ Medusa 4: 267 Darlinghurst Rd., Darlinghurst, Tel. 02-93 31 10 00, www.contemporaryhotels.com.au. Das Designer-Hotel in einer viktorianischen Stadtvilla nahe Darlinghursts ›Cappuccino Strip‹ bietet 18 minimalistisch-schick gestylte Zimmer, in denen Designermöbel und ungewöhnliche Farbakzente individuelle Noten setzen. Rauchen ist nur im Innenhof gestattet. DZ 310–420 A-$.

Stadturlaub plus beachlife ▶ Ravesi's 5: 118 Campbell Par., Ecke Hall St., Bondi Beach, Tel. 02-93 65 44 22, www.ravesis.com.au. Das oft ausgebuchte Hotel bietet 12 minimalistisch-elegant gestylte Zimmer; von den Balkons der Zimmer 5, 6 und 12 hat man ebenso wie von der Frühstücksterrasse im 1. Stock einen herrlichen Blick auf den Sonnenaufgang über dem Meer. Der Bilderbuchstrand von Bondi liegt vor der Haustür, aber Sydney ist mit dem Bus leicht erreichbar. DZ 249–529 A-$.

Koloniales Ambiente ▶ Harbour Rocks 6: 34–52 Harrington St., The Rocks, Tel. 02-82 20 99 99, www.harbourrocks.com.au. Gemütliches Hotel in einem von Grund auf saniertem Kolonialgebäude mit 55 geschmackvollen Zimmern. Ideale Lage für Entdeckungstouren. Günstige Tarife bei Onlinebuchung. DZ 240–350 A-$.

Im In-Viertel gelegen ▶ Arts Hotel 7: 21 Oxford St., Paddington, Tel. 02-93 61 02 11, www.artshotel.com.au. Modernes Haus im Herzen von ›Trendy Paddo‹, 64 zweckmäßig und gemütlich ausgestattete Zimmer, mit Pool im begrünten Innenhof. Besitzer Peter Sullivan gibt gerne Tipps zu Sightseeing, Shopping und Nightlife. DZ 185–210 A-$.

Quadratisch, praktisch, gut ▶ Hotel Ibis Worlds Square 8: 382-384 Pitt St., City, Tel. 02-82 67 31 11, www.ibishotel.com.au. Gewiss nicht der coolste Ort und zudem von außen auch nicht unbedingt ein Schmuckstück, aber 166 gut ausgestattete Zimmer, opulentes Frühstücksbuffet und hinsichtlich der Lage kaum zu toppen. DZ 165–200 A-$.

Top-Lage ▶ Central Park Hotel 9: 185 Castlereagh St., Ecke Park St., City, Tel. 02-92 83 50 00, www.centralpark.com.au. Top-Lage mitten in der City mit bester Verkehrsanbindung – idealer Ausgangspunkt für Stadterkundungen und Einkaufsbummel. 36 helle, geräumige Zimmer mit Kitchenette. DZ 145–210 A-$.

Flair des 19. Jh. ▶ Victoria Court 10: 122 Victoria St., Potts Point, Tel. 02-93 57 32 00, www.VictoriaCourt.com.au. Familiäre Pension in einem 1881 erbauten, renovierten und prachtvoll eingerichteten Terrassenhaus mit nostalgischem Charme; ruhig gelegen, aber nur wenige Gehminuten zu den Zentren des Nachtlebens; reichhaltiges Frühstücksbuffet im üppig mit Tropengrün ausstaffierten Wintergarten. DZ 135–210 A-$ (inkl. Frühstück).

Wohlfühlpension ▶ Hart's Bed & Breakfast 11: 91 Stewart St., Paddington, Tel. 02-93 80 55 16, www.atn.com.au/harts. Die heimelige Frühstückspension mit nur vier Zimmern liegt in einer ruhigen Wohngegend nur zwei Gehminuten von der quirligen Oxford Street entfernt. Nach Meinung der Stammgäste serviert Kathrine Hart das beste Frühstück auf dem Fünften Kontinent. Im Haus besteht Rauchverbot. DZ 140–170 A-$ (inkl. Frühstück).

Luftig-helle Zimmer ▶ Aarons Hotel 12: 37 Ultimo Rd., Haymarket, Tel. 02-92 81 55 55, www.aaronshotels.com.au. Gemütliches, generalsaniertes Stadthotel mit freundlichen Zimmern (alle mit AC und Bad/WC). Chinatown, Darling Harbour und der Central Business District sind fußläufig zu erreichen. DZ 125–175 A-$.

Sydney

Pub-Hotel ▶ The Mercantile Hotel 17: 25 George St., The Rocks, Tel. 02-92 47 35 70, www.mercantile.citysearch.com.au. Im viktorianischen Stil erbautes Haus im historischen Kern von Sydney mit 12 individuell gestalteten Zimmern (einige noch mit Etagenbad). Frühzeitig buchen! Großes Plus: Von der irischen Molly Malone Bar im Erdgeschoss, wo es Guinness vom Fass gibt, ins Bett ist der Weg erfreulich kurz. DZ 120–150 A-$.

Nobel-Jugendherberge ▶ Sydney Harbour YHA 13: 110 Cumberland St., The Rocks, Tel. 02-82 72 09 00, www.yha.com.au. Ende 2009 eröffnete bestens ausgestattete Jugendherberge im historischen Viertel mit großzügiger Lobby und Internetcenter. Von der Dachterrasse bietet sich ein herrlicher Blick auf den Hafen und das Opera House. DZ 128-170 A-$, im Mehrbettzimmer ab 37,50 A-$.

Preiswertes Boutiquehotel ▶ Pensione Hotel 14: 631-635 George St., Haymarket, Tel. 02-92 65 88 88, www.pensione.com.au. Dieses originelle Hotel, das zwei Gebäude aus dem 19. Jh. belegt, ist ein Geheimtipp unter jugendlichen Reisenden auf Budget-Niveau. Die 72 Zimmer sind zwar sparsam möbliert und winzig, aber Lage und Preis sind nahezu unschlagbar. DZ ab 115 A-$.

Camping am Strand ▶ Lakeside Holiday Park 15: Lake Park Rd., North Narrabeen, Tel. 02-99 79 75 33, www.sydneylakeside.com.au. Großer, bestens ausgestatteter Platz in Strandnähe 25 km nördl. der City, große Auswahl an geräumigen Cabins, mit Fähre und Bus gut erreichbar.

Essen & Trinken

Klassiker ▶ Rockpool 1: 107 George St., The Rocks, Tel. 02-92 52 18 88, www.rockpool.com.au, Di–Sa 18–23 Uhr. Vornehmes Speiselokal, das schon seit 20 Jahren die Gastro-Kritiker begeistert. Das Motto von Küchenchef Neil Perry lautet: »East meets west«. Seine Kreationen, unter denen Fischgerichte den Schwerpunkt bilden, sind eine Mischung aus klassischen asiatischen Rezepturen mit einem kräftigen Schuss Italienisch-Französischem – das Resultat ist beste Crossover-Küche. 4-gängiges Menü 120 A-$, 9-gängiges Menü 195 A-$

New Australian Cuisine ▶ Forty One 2: Level 42, The Chifley Tower, 2 Chifley Square, City, Tel. 02-92 21 25 00, www.forty-one.com.au, Di–Fr 12–14.30, Mo–Sa 18–21.30 Uhr. 42 Stockwerke über der Erde, in Tuchfühlung mit den Wolken und eine unvergleichliche Aussicht – das Restaurant im obersten Stock des Wolkenkratzers Chifley Tower bietet ›gehobene‹ kulinarische Genüsse der modernen australischen Küche mit französischem und asiatischem Touch. 2-gängiges Menü 65 A-$, 3-gängiges Menü 80 A-$.

Edelitaliener ▶ Otto Ristorante 3: Area 8, Finger Wharf, 6 Cowper Wharf Rd., Woolloomooloo, Tel. 02-93 68 74 88, www.otto.net.au, tgl. 12–15.30, 18–22.30 Uhr. Australische Zutaten auf italienisch-mediterrane Art zubereitet, z. B. gegrillter Barramundi mit Olivenöl oder Riesengarnelen mit Zucchini. Umfangreiche Weinkarte. Vorspeisen 28–30 A-$, Hauptgerichte 39–68 A-$.

Institution für Seafood-Freunde ▶ Doyle's on the Beach 4: 11 Marine Pde., Watsons Bay, Tel. 02-93 37 20 07, www.doyles.com.au, tgl. 12–15, 18–21.30 Uhr. Traditionsreiches Seafood-Restaurant, unbedingt einen Platz auf der Terrasse reservieren. Eingekauft wird täglich frisch auf dem Sydney Fish Market, wo sich auch eine Dependance von Doyles befindet (Tel. 02-95 52 43 39, tgl. 11.30–15 Uhr). Ein weiterer Ableger befindet sich am Circular Quay West (Tel. 02-92 52 34 00, tgl. 11–23 Uhr). Stilvoll ist die Anfahrt mit der Hafenfähre. Vorspeisen 20–27,50 A-$, Hauptgerichte 35–50 A-$.

›Modern chinese‹ ▶ Billy Kwong 5: 3/355 Crown St., Surry Hills, Tel. 02-93 32 33 00, www.kyliekwong.org, Mo–Do 18–22, Fr/Sa 18–23, So 18–21 Uhr. Mit viel Fantasie verzaubert der kreative Kopf dieses kleinen, ungewöhnlichen Lokals, Australiens Fernsehkochstar Kylie Kwong, Marktfrisches zu Gerichten, die als Inbegriff der modernen chinesischen Küche gefeiert werden. Ein schönes Mitbringsel sind die von Kylie Kwong handsignierten Kochbücher. Vorspeisen 14–32 A-$, Hauptgerichte 26–49 A-$.

Adressen

Alteingesessener Restaurant-Pub in The Rocks: das Palisade Hotel

Vor dem Hafenpanorama ▶ Wolfie's Grill 6 : 17–21 Circular Quay West, The Rocks, Tel. 02-92 41 55 77, www.wolfiesgrill.com.au, tgl. 11–24 Uhr. Rustikales Lokal in einem kolonialen Backsteinhaus unter der Harbour Bridge, das mit exzellenter australischer Hausmannskost lockt, vor allem Steaks (auch Känguru!) und über Holzkohle gegrilltes Seafood. Als Dreingabe gibt es einen schönen Blick auf die Szenerie am Sydney Harbour. Hauptgerichte 29–46 A-$.

Kulinarische Weltreise ▶ King Street Wharf 7 : Little St., Darling Harbour, www.ksw.com.au, meist tgl. 11–23 Uhr. Die Uferpromenade schräg gegenüber von Darling Harbour ist eine einzige Schlemmermeile. Hier kann man einen kulinarischen Streifzug durch Küchen aus aller Welt machen, z. B. **Casa di Nico** (italienisch, Tel. 02-92 79 41 15), **I Thai** (thailändisch, Tel. 02-92 99 89 99), **Kobe Jones** (japanisch/kalifornisch, Tel. 02-92 99 52 90), **Steersons Steakhouse** (australisch, Tel. 02-92 79 22 25) oder **The Malaya** (südostasiatisch, Tel. 02-92 79 11 70). Durchweg mittleres bis gehobenes Preisniveau, Hauptgerichte 25–40 A-$.

Italienische Leckereien ▶ Macchiato 8 : Pitt St., Ecke Liverpool St., City, Tel. 02-92 62 95 25, www.macchiato.com.au, tgl. 10-24 Uhr. Beste Pasta und Pizza, Seafood und Steaks. Der Service ist ebenso flott wie freundlich. Gerichte 15,50–37,50 A-$.

Gaumenschmaus und Musik ▶ Chinta Ria (Temple of Love) 9 : Level 2, The Roof Terrace, Cockle Bay Wharf, 201 Sussex St., Darling Park, Tel. 02-92 64 32 11, www.chintaria.com, Mo–Sa 12–14.30, 18–23, So 18– 22.30 Uhr. Malaysische Gerichte und gute Musik unter dem Motto ›Hot Food & Cool Jazz‹. Propiertipp: *Sate Ayam* – gegrillte Hühnerfleischspießchen mit würzig süßer Erdnusssauce. Fürs Dinner keine Reservierung! Vorspeisen 13,50–28,50 A-$, Hauptgerichte 16–32 A-$.

Panasiatische Küche ▶ Jimmy Liks 10 : 186–188 Victoria St., Potts Point, Tel. 02-83 54 14 00, www.jimmyliks.com, tgl. 18–24 Uhr. Spannende Melange verschiedener südostasiatischer Küchen; der Grundton ist thailändisch, die Zwischentöne sind malaysisch und vietnamesisch. Vorspeisen 4–16 A-$, Hauptgerichte 19–32 A-$.

Snack-Stop vor dem Hafenpanorama ▶ MCA Café 11 : Circular Quay West, The Rocks, Tel. 02-92 41 42 53, tgl. 10–16.30 Uhr. Das Café im Museum of Contemporary Arts bietet sich an für ein leichtes Mittagessen oder einen Kaffee zwischen Altstadtbummel und Museumsbesuch. Von der Terrasse aus hat man die Szenerie am Circular Quay gut im Blick. Gerichte 12,50–29,50 A-$.

Sydney

Bei den Locals beliebt ▶ Blue Fish 12: 287 Harbourside Promenade, Darling Harbour, Tel. 02-92 11 03 15, www.bluefishsydney.com.au, tgl. 11–23 Uhr. Das bodenständige, besonders von Einheimischen besuchte Seafood-Restaurant wurde mit dem ›Australia's Best Fish & Chips Award 2009‹ prämiert. Die Terrassenplätze sind vor allem abends heiß begehrt, wenn die Lichter der City-Skyline über der Cockle Bay glitzern. Gerichte ab 19,90 A-$.

Frisch aus Neptuns Garten ▶ Sydney Fish Market 50: Pyrmont Bridge Rd., Ecke Bank St., Blackwattle Bay, Pyrmont, Tel. 02-90 04 11 00, www.sydneyfishmarket.com.au, Mo–Fr 7–21, Sa/So 9–22 Uhr. Sushi- und Sashimi-Bars und luftige Terrassenlokale mit fangfrischem Seafood, ganz besonders stimmungsvoll isst man hier am Wochenende. Gerichte 15–20 A-$.

Gut und günstig ▶ Food Court 13: Basement Dixon House, 80 Dixon St., Chinatown, tgl. 10.30–20.30 Uhr. Mehrere Dutzend Essensstände mit einem bunten Querschnitt durch die Küchen Asiens. Dazu eine lebhafte Atmosphäre wie auf einem asiatischen Nachtmarkt. Gerichte ab 7,50 A-$.

Mit Kultstatus ▶ Harry's Café de Wheels 14: Cowper Wharf Roadway, Woolloomooloo, Tel. 02-93 57 30 74, www.harryscafedewheels.com.au, tgl. 8–3 Uhr. Seit über einem halben Jahrhundert ist dieser urige Imbiss-Waggon eine kulinarische Institution der Stadt – hier gibt's zu Retro-Musik von den Beach Boys und Bee Gees die besten Meat Pies und Hot Dogs von Sydney.

Einkaufen

Shoppingmeile ▶ Oxford Street 1: Die interessanteste Shoppingmeile von Sydney im angesagten Stadtteil Paddington mit einer Vielzahl von Designershops, Trend-Boutiquen und individuellen Läden, s. S. 129.

Märkte ▶ Paddington Markets 2: Sydney's beliebtester Openair-Markt, s. S. 129.

Paddy's Market 3: Groundfloor, Market City, Hay St., Ecke Thomas St., Haymarket, Mi–So 9–17 Uhr und Parramatta Rd., Flemington, Fr 10–16.30, Sa 6–14, So 9–16.30 Uhr, Tel. 1300-36 15 89, www.paddysmarkets.com.au. Beliebte Flohmärkte mit mehreren hundert Ständen. **The Rocks Market 19:** George St., The Rocks, Tel. 02-92 40 87 17, www.therocksmarket.com, Sa/So 10–18, im Winter bis 17 Uhr. Überdachter Straßenmarkt für Kunst und Kunsthandwerk. Zwischen November und März wird freitags 17.30–22 Uhr der Nachtmarkt **The Rocks Market by Moonlight** abgehalten.

Bondi Beach Markets 4: Campbell Par., Bondi Beach, www.bondimarkets.com.au, So 10– 16 Uhr. Zwischen Krimskrams findet man Designermode aus zweiter Hand und Klamotten mit Retro-Schick.

Elegantes Shopping Center ▶ David Jones 5: Elizabeth St., Ecke Market St., City, Tel. 02-92 66 55 44, www.davidjones.com.au, Mo–Mi 9.30–18, Do 9.30–21, Fr 9.30–19, Sa 9–18, So 10–18 Uhr. Traditonsreiches Edelkaufhaus mit einer eigenen Abteilung für ›Australiana‹, das australische Pendant zu Harrods in London und Bloomingdale's in New York.

Funkelnde Feuersteine ▶ Australian Opal Cutters 6: 3rd Floor, 295-301 Pitt St., City, Tel. 02-92 61 24 42, www.australianopalcutters.com, Mo–Fr 9–18, Sa 10–16 Uhr. Opale und Opalschmuck, steuerfreier Einkauf bei Vorlage von Reisepass und internationalem Flugschein. Mit Schleiferwerkstatt und kleinem Museum.

Kunst(-Handwerk) der Aborigines ▶ Gavala 7: Harbourside Shopping Centre, Darling Harbour, Tel. 02-92 12 72 32, www.gavala.com.au, tgl. 10–19 Uhr. Die Galerie für Kunst und Kunsthandwerk der Ureinwohner im Besitz von Aborigines versteht sich als Cultural Education Centre: Künstler zeigen ihre Maltechnik und erläutern die Symbolik ihrer Bilder, erzählen Schöpfungsmythen aus der Traumzeit und spielen Didgeridoo, das dumpf tönende Holzrohr.

Trendige Strandkleidung ▶ Mambo 8: 80 Campbell Par., Ecke Hall St., Bondi Beach, Tel. 02-93 65 22 55, www.mambo.com.au, tgl. 9.30–18.30 Uhr. Die knallbunte, wild gemusterte Sports-, Swim- und Surfwear dieser Kultmarke ist in vielen Shoppingcenters

Adressen

in Sydney erhältlich, die Zentrale aber befindet sich direkt an Sydneys Paradestrand.

Fashion Aussie Style ▶ R. M. Williams 9 : 389 George St., Ecke King St., City, Tel. 02-92 62 22 28, www.rmwilliams.com.au, Mo–Mi 9–18, Do 9–21, Fr/Sa 9–17. Akubra-Hüte, Aussie Boots, Moleskin-Jeans, Driza-Bone-Regenmäntel und anderes Outback-Outfit.

Made in Australia ▶ Object Gallery 10: 417 Bourke St., Surry Hills, Tel. 02-93 61 45 11, www.object.com.au, Di–Fr 11–17, Sa/So 10–17 Uhr. Das Zentrum für Kunsthandwerk und Design präsentiert die wichtigsten australischen Vertreter und gibt einen Überblick von Objektdesign bis Mode.

Edle Tropfen ▶ Australian Wine Centre 11: 7 Alfred St., Circular Quay, City, Tel. 02-92 47 27 55, www.australianwinecentre.com, Mo–Fr 9–19, Sa/So 10–16 Uhr. Eine Probierstube und ein Restaurant laden zum Verweilen ein, im angeschlossenen Laden findet man erlesene Flaschenweine aus allen australischen Anbaugebieten nicht nur für die Lieben daheim.

Mit Literaturcafé ▶ Berkelouw Booksellers 12: 19 Oxford St., Paddington, Tel. 02-93 60 32 00, Mo–Sa 8.30–22, So 9–20 Uhr. Der bestens sortierte Buchladen ist eine Fundgrube für Bibliophile; im angeschlossenen Literaturcafé kann man bei einer Tasse Cappuccino herrlich schmökern.

Meisterwerke der Aerodynamik ▶ Duncan MacLennan Traditional Boomerangs 13: 224A William St., Kings Cross, Tel. 93 58 23 70, Mo–Fr 9–18, Sa 9–16 Uhr. Große Auswahl an Bumerangs, So 10–12 Uhr kostenloser Unterricht im Bumerangwerfen.

Kerzen in jeder Form und Farbe ▶ The Candle Factory 14: Shop 5, Metcalfe Arcade, 80–84 George St., The Rocks, Tel. 02-92 41 33 65, www.thecandlefactory.com.au, tgl. 9.30–17.30 Uhr. Handgemachte Kerzen von kunstvoll bis kitschig, z. B. in Form von Eisbechern, Tortenstücken, Weihnachtsmännern, Totenköpfen oder Fußbällen. Die australische Tierwelt ist mit Koala-, Krokodil-, Platypus- und Spinnenkerzen vertreten.

Puppen aus aller Welt ▶ The Puppet Shop at the Rocks 15: 77 George St., The Rocks, Tel. 02-92 47 91 37, www.thepuppetshop.com, tgl. 10–17 Uhr. Eine Mischung aus Werkstatt, Verkaufsgalerie und Museum mit Puppen aus aller Welt.

Tipp: Kartenvorverkauf

Buchungen (auch aus Übersee) für alle bedeutenden kulturellen Veranstaltungen übernehmen Ticketek (50 Park St., City u. Theatre Royal, 108 King St. City, Tel. 13 28 49, www.ticketek.com.au, Mo–Fr 9–17, Sa 10–14 Uhr) und Ticketmaster (69 Elizabeth St., City, Tel. 13 61 00, www.ticketmaster.com.au, Mo–Fr 9–18, Sa 9–16, So 10–14 Uhr).

Abends & Nachts

Nightlife-Zentren sind Darlinghurst und Paddington mit jeweils Dutzenden Bars und Pubs, Discotheken und Nightclubs. Treffpunkte von Gays und Lesben konzentrieren sich entlang der Oxford Street, die durch diese beiden Stadtteile verläuft. Bunt gemischt ist das Nightlife-Angebot in Kings Cross: Von gemütlichen Pubs bis zu eher schmuddeligen Sexclubs ist alles vertreten. Niveauvolle Nachtlokale gibt es im Nachbarviertel Woolloomooloo. Bodenständige Studentenkneipen finden sich vorwiegend in Balmain und Glebe. Im Altstadtviertel The Rocks genießt man in historischen Pubs z. T. selbst gebraute Biere. Ab dem späteren Freitagnachmittag verwandelt sich der Central Business District in ein Epizentrum brodelnden Nachtlebens, wenn honorige Geschäftsleute bei einer verlängerten Happy Hour mit reichlich Bier und Wein lautstark das Wochenende begrüßen.

Kulturelle Unterhaltung: Jeden Abend präsentieren Bühnen zeitgenössische, oftmals experimentelle australische und ausländische Dramen sowie ›Klassiker‹, gibt es Konzerte (internationaler) Rock- und Pop-Bands, Musicals, Kammermusik, Ballettaufführungen sowie Vernissagen in einer der unzähligen Galerien. Filmenthusiasten genießen in zahlreichen Kinos nicht nur die neuesten Holly-

Sydney

wood-Kassenschlager, sondern auch anspruchsvolle Filmkunst jenseits des Mainstreams. Auf verschiedenen Bühnen zeigen Aboriginal-Tanztheater eine faszinierende Mischung aus traditionellen Tänzen der Ureinwohner und modernem Musical.

Sprechtheater ► State Theatre 1: 49 Market St., City, Tel. 02-93 73 66 55, www.statetheatre.com.au. Theater- und Musicalproduktionen aus dem In- und Ausland in ›barockem‹ Ambiente. Tickets: 50–150 A-$. **Sydney Theatre Company** 14: Pier 4, Hickson Rd., Walsh Bay, Millers Point, Tel. 02-92 50 17 00, www.sydneytheatre.com.au. Etabliertes Ensemble, das sich einem Programm-Mix aus zeitgenössischen australischen und ausländischen Dramen sowie ›Klassikern‹ verschrieben hat. Aufführungen auch auf der Theaterbühne des Sydney Opera House. Tickets: 60–120 A-$. **Belvoir Street Theatre** 2: 25 Belvoir St., Surry Hills, Tel. 02-96 99 34 44, www.belvoir.com.au. Experimentierfreudige, alternative Bühne für freie Gruppen aus dem In- und Ausland. Tickets: 35–60 A-$.

Musiktheater und Ballett ► Sydney Opera House 24: Bennelong Point, Circular Quay East, City, Tel. 02-92 50 71 11, www.sydneyoperahouse.com. Sitz der Australian Opera Company, aber auch Sprechtheater, Kammermusik, Musicals und Ballett. Kenner schwärmen von der Akustik, im Opernsaal ebenso wie in der Konzerthalle, der Heimspielstätte des Sydney Symphony Orchestra. Tickets: 30–300 A-$.

Tänze der Aborigines ► Bangarra Dance Theatre 3: Pier 4/5, Hickson Rd., Walsh Bay, Millers Point, Tel. 02-92 51 53 33, www.bangara.com.au. Auf verschiedenen Bühnen präsentiert dieses Aboriginal-Tanztheater eine faszinierende Mischung aus traditionellen Tänzen der Ureinwohner und modernem Musical.

Kino ► LG IMAX Theatre 4: Southern Promenade, Darling Harbour, Tel. 02-92 81 33 00 und 13 16 20-12 55 (Programmauskunft), www.imax.com.au, So–Do 10–22, Fr/Sa 10–23 Uhr (wechselnde Vorstellungen, Beginn zur vollen Stunde). Ultimatives Kinoerlebnis in einem 8-stöckigen Filmpalast mit der angeblich größten Leinwand der Welt. Tickets: Erw. ab 19,50 A-$, Kin. ab 14,50 A-$, Fam. ab 56 A-$. **Academy Twin Cinema** 5: 3A Oxford St., Paddington, Tel. 02-93 61 44 53. Künstlerisch wertvolle Streifen aus aller Welt für Filmenthusiasten.

Livemusik ► Basement 6: 29 Reiby Place (Eingang 7 Macquarie Place), Circular Quay, City, Tel. 02-92 51 27 97, www.thebasement.com.au, tgl. 19–1 Uhr. Alteingesessener Jazzkeller, in dem auch renommierte Ensembles aus Übersee auftreten. **Excelsior Hotel** 7: 64 Foveaux St., Surry Hills, Tel. 02-92 11 49 45, www.excelsiorhotel.com.au, Mo–Mi, So 19–1, Do–Sa 20–3 Uhr. Tgl. Livemusik von Blues bis Folk, dienstags wird gejazzt. **Sandringham Hotel** 8: 387 King St., Newtown, Tel. 02-95 57 12 54, www.sando.com.au, Mo–Do, So 11–1, Fr/Sa 11–3 Uhr. Das Sandringham hat seit Jahren sein erfolgreiches Rezept nicht verändert: harte Rock-Musik, enge Tanzfläche, eiskaltes Bier.

Discos und Nachtclubs ► Home 9: 101 Cockle Bay Wharf, Sussex St., Darling Park, Tel. 02-92 66 06 00, www.homesydney.com, Fr–So 22.30–4 Uhr. Angesagter Riesentanztempel mit DJ- und Livemusik. **Kinsela's** 10: 383 Bourke St., Taylor Square, Darlinghurst, Tel. 02-93 31 31 00, www.kinselas.com.au, Mo–Do, So 19–1, Fr/Sa 20–4 Uhr. Schriller Nachtclub mit vielfältigem Unterhaltungsprogramm in einem ehemaligen Beerdigungsinstitut. **Lady Lux** 11: 2A Roslyn St., Kings Cross, Tel. 02-93 61 50 00, www.ladylux.com.au, Fr–So 21–4 Uhr. Kleiner Club mit großartigen DJs und jungem Publikum. Hier legt man meist schwarze Rhythmen auf: Soul, Funk und grooviger Underground House. **Minc Lounge** 12: 365 George St., Ecke King St., City, Tel. 02-82 35 13 33, So–Do 18–1, Fr/Sa 18–3 Uhr. Nightclub und Lounge in den Tresorräumen einer ehemaligen Bank, viel Edelstahl und coole Atmosphäre. **Ruby Rabbit** 13: 231 Oxford St., Darlinghurst, Tel. 02-93 26 00 44, www.rubyrabbit.com.au, Di–Sa 21–3 Uhr. Großer, bunt ausgeleuchteter Club mit exzellenten Sound- und Lichteffekten. **The Midnight Shift Hotel** 14: 85 Oxford St., Darlinghurst, Tel. 02-93 60 44 63, www.the

Adressen

midnightshift.com, So–Do 21–2, Fr/Sa 21–4 Uhr. Schwulen- und Lesben-Hotspot mit Techno-Sound und Lasershow.

Bars ▶ **Blu Bar on 36** 15: 176 Cumberland St., City, Tel. 02-92 50 61 23, tgl. 17–1 Uhr. Hippe Cocktailbar im 36. Stock des Shangri-La Hotel. Der Blick über Hafen und City ist atemberaubend – die Getränkepreise sind es auch. **Establishment** 16: 252 George St., City, Tel. 02-92 40 30 00, www.merivale.com.au, tgl. 12–15, 17–1 Uhr. 12 Bars, drei Restaurants und einer der bekanntesten Nachtclubs der Stadt machen das Etablissement zu einem beliebten Treffpunkt für Nachtschwärmer. **Hugos Bar Pizza** 17: 33 Bayswater Rd., Kings Cross, Tel. 02-93 57 44 11, www.hugos.com.au, tgl. 17–2 Uhr. Eine der angesagtesten Bars in ›The Cross‹. Ab dem frühen Abend drängeln sich hier die Jungen und Schönen und anderes Trendvolk, um zu sehen, gesehen zu werden und zwischendurch an einer der leckeren Pizzas zu knabbern. **Marble Bar** 18: Sydney Hilton, 259 Pitt St., City, Tel. 02-92 66 20 00, www.marblebarsydney.com.au, Mo–Do 16– 0.30, Fr/Sa 15–2, So 16–0.30 Uhr. Dauerbrenner seit 1893 – ein Tempel aus Spiegeln, Marmor und Walnussholz, vom australischen ›Playboy‹ wiederholt zur besten Bar des Landes gekürt. **The Victoria Room** 19: Level 1, 235 Victoria St., Darlinghurst, Tel. 02-93 57 44 88, www.thevictoriaroom.com, Mo–Do 17–1, Fr/Sa 17–2, So 12–22 Uhr. Im 1920er-Jahre-Shanghai-Stil eingerichtete promi- und promillelastige Bar. Das museale Inventar und die Atmosphäre erinnern an Szenen aus Romanen Graham Greenes. **The Watershed Hotel** 20: 198 Harbourside Promenade, Darling Harbour, Tel. 02-92 82 94 44, www.thewatershedhotel.com.au, tgl. 12–1 Uhr. Bar und Bistro, sehr schön zum Draußensitzen in warmen Sommernächten mit einem überwältigenden Blick auf das Lichtermeer der City.

Kneipen und Szenetreffs ▶ **Bar Coluzzi** 21: 322 Victoria St., Darlinghurst, Tel. 02-93 80 54 20, tgl. 4.45–19.30 Uhr. Ab den frühen Morgenstunden geöffnetes Szenelokal an Sydney ›Cappuccino Strip‹. **Friend in Hand Hotel** 22: 58 Cowper St., Glebe, Tel. 02-96 60 23 26, www.friendinhand.com.au, So–Do 12–23, Fr/Sa 12–1 Uhr. In der urigen Kneipe werden jeden Mittwochabend ›Krabbenrennen‹ ausgetragen. **Lord Nelson Hotel** 11: 19 Kent St. (Millers Point), Tel. 02-92 51 40 44, www.lordnelsonbrewery.com, So–Do 12–23, Fr/Sa 12–1 Uhr. Ältester Pub der Stadt mit eigener Minibrauerei, die sechs verschiedene, sehr süffige Biere produziert. **Madame Fling Flong's** 23: Level 1, 169 King St., Newtown, Tel. 02-95 65 24 71, www.madameflingflong.com.au, tgl. 17–24 Uhr. In dieser heimeligen Lounge mit viel Alte-Welt-Charme fühlt man sich ins 19. Jh. zurückversetzt. **The Mercantile Hotel** 17: 25 George St., The Rocks, Tel. 02-92 47 35 70, So–Do 11–24, Fr/Sa 11–1 Uhr. Inoffizielles irisches Kulturzentrum von Sydney mit Guinness vom Fass und irischem Folkrock am Wochenende.

Aktiv

Baden & Beachen: s. S. 128.

Hafenrundfahrten ▶ Sydneys traumhafte Lage genießt man am besten im Rahmen einer der Hafenrundfahrten, die ganzjährig von zahlreichen Unternehmen ab Circular Quay veranstaltet werden. Informationen über die unterschiedlichen Angebote (z. B. Luncheon, Cabaret Dinner, Twilight und Starlight Dinner Cruises) bekommt man an den Kiosken der Veranstalter am Circular Quay, Pier 6 oder auch bei **Australian Travel Specialists** 1 (Shop W1, Alfred St., Circular Quay (gegenüber Pier 6), Tel. 02-92 11 31 92, www.atstravel.com. au). Über 20 unterschiedliche Touren

Tipp: Sydney für Schwindelfreie

Eine atemberaubende Aussicht über ganz Sydney verspricht der Sydney Tower Skywalk, eine 45-minütige Kletterpartie am Sicherungsseil 260 m über dem Erdboden. Infos und Buchung: 100 Market St., City, Tel. 02-93 33 92 22, www.skywalk.com.au, tgl. 9–20.30, Sa bis 21.30 Uhr, Erw. ab 65 A-$, Kin. (Mindestalter 10 J.) 45 A-$.

Sydney

bietet **Captain Cook Cruises** 2 (Circular Quay, Pier 6, Tel. 02-92 06 11 11, www.captaincook.com.au), z. B. die 75-minütige Harbour Highlights Cruise (tgl. 9.30, 11, 12.45, 14.30, 16, 18, 19.30 Uhr, Erw. 29 A-$, Kin. 15 A-$, Fam. 59 A-$). In die koloniale Vergangenheit zurückversetzt fühlt man sich bei einer Kreuzfahrt auf einem alten Segelschiff der **Tall Ship Harbour Cruises** 3 (Circular Quay East, Tel. 1300-66 44 10, www.sydneytallships.com.au, z. B. ›Family Pirate BBQ Lunch‹, tgl. 11–13 Uhr, Erw. 89 A-$, Kin. 39 A-$, Fam. 217 A-$). Bei den rasanten, bis zu 80 km/h schnellen Jetboot-Fahrten von **Ozjet Boating** 4 (Circular Quay East, Tel. 02-98 08 37 00, www.ozjetboating.com, Erw. 60 A-$, Kin. 40 A-$, Fam. 170 A-$/30 Min.) durch den wohl schönsten Hafen der Welt stockt den Passagieren schon mal der Atem.

Stadttouren ▶ Die Guides von **The Rocks Walking Tours** 5 kommentieren die 1,5-stündigen Touren durch das historische Viertel auf unterhaltsame Art, Buchung in The Rocks Centre (s. o.) oder direkt beim Veranstalter (23 Playfair St., The Rocks, Tel. 02-92 47 66 78, www.rockswalkingtours.com.au, Mo–Fr 10.30, 12.30, 14.30, Sa/So u. Fei 11.30, 14 Uhr, Erw. 30 A-$, Kin. 15 A-$, Fam. 75 A-$). Spannend wird es zu nächtlicher Stunde bei den zweistündigen **The Rocks Ghost Tours** 6 die beim Cadmans Cottage starten. Buchung in The Rocks Centre (s. o.) oder direkt beim Veranstalter (Shop 121, Clocktower Square, Harrington St., Ecke Argyle St., The Rocks, Tel. 1300-73 19 71, www.ghosttours.com.au, April–Sept. tgl. 18.45 Uhr, Okt.–März tgl. 19.45 Uhr, Erw. 38 A-$, Jugendliche (13–17 J.) 29 A-$).

Kajaktouren ▶ Sydney Harbour Kayaks 7**:** Spit Rd., Spit Bridge, Mosman, Tel. 02-99 60 43 89, www.sydneyharbourkayaks.com. Im Kajak durch den Hafen – auf eigene Faust oder im Rahmen einer 3-stündigen geführten Tour (99 A-$).

Surfen ▶ Anfängerfreundlich sind bestimmte Abschnitte an den Stränden von Bondi und Manly. Dort bieten Surfshops Kurse an (Anfängerkurs 3 x 2 Std. ab 180 A-$) und verleihen Boards, z. B. **Let's go surfing** 8**:** 128 Ramsgate Ave., North Bondi, Tel. 02-93 65 18 00, www.letsgosurfing.com.au, und **Manly Surf School** 9**:** 42 Pittwater Rd., Manly, Tel. 02-99 77 69 77, www.manlysurfschool.com.

Rundflüge ▶ Sydney Heli Tours 10**:** 472 Ross Smith Ave., Mascot, Tel. 02-93 17 34 02, www.sydneyhelitours.com.au. 20- bis 30-minütige Hubschrauber-Rundflüge über den Sydney Harbour mit atemberaubenden Aussichten auf das Opera House und die Harbour Bridge (ab 185 A-$).

Freizeitpark ▶ Luna Park 11**:** Alfred South St., Milsons Point, North Sydney, Tel. 02-90 33 76 76, www.lunaparksydney.com, Mo 11–18, Fr/Sa 11–23, So 10–18 Uhr, Weihnachts- und Sommerferien So–Do 10–21, Fr/Sa 10–23 Uhr, Herbst-, Winter- und Frühlingsferien So-Do 10–18, Fr/Sa 10–23 Uhr. Vergnügungspark mit Achterbahn und Riesenrad am Nordufer des Sydney Harbour; der Eintrittspreis bemisst sich nach der Körpergröße: über 130 cm/40 A-$, 106–129 cm/30 A-$, 85–106 cm/20 A-$; Anfahrt mit Hafenfähre ab Circular Quay Pier 4, Haltestelle Milsons Point.

Fahrradtouren ▶ Bonza Bike Tours 12: s. Tipp S. 143.

Termine

Sydney Festival (Jan.): 2-wöchiges Kunst- und Kulturfestival mit Konzerten, Openair-Veranstaltungen etc.

Chinese New Year (Jan./Feb.): Drachenumzüge, Feuerwerke u. a.

Gay and Lesbian Mardi Gras (Feb.): Lesben- und Schwulenfest – eine Mischung aus Kulturveranstaltungen, Jahrmarkt und Straßenfest; Höhepunkt und Abschluss des vierwöchigen Spektakels ist eine Parade in schrillen Kostümen entlang der Oxford Street in Darlinghurst und Paddington.

Royal Easter Show (Ostern): Landwirtschaftsausstellung mit vielfältigem Beiprogramm.
Sydney Cup (Ostern): Pferderennen.
Sydney International Film Festival (Juni).
City to Surf Run (2. So im Aug.): 40 000 bis 50 000 ansonsten völlig vernünftige Männer und Frauen joggen 14 km von der William Street zum Bondi Beach.

Adressen

Tipp: Sydney mit dem Fahrrad entdecken

In die Pedale, fertig los – so lautet ein neues Motto für aktive Sydney-Urlauber. Mit dem Fahrrad durch Sydney zu fahren ist ein besonderes Erlebnis. Der Veranstalter **Bonza Bike Tours** 12 organisiert die wohl interessantesten Stadtrundfahrten, z. B. halbtägige Rundtour durch die Innenstadt (Erw. 89 A-$, Kin. 69 A-$, Fam. 259 A-$), Harbour-Bridge-Tour durch die nördlichen Stadtteile (Erw. 129 A-$, Kin. 109 A-$, Fam. 395 A-$), Manly-Beach-Tour (Erw. 129 A-$, Kin. 109 A-$, Fam. 395 A-$). Alle Preise inkl. Getränke und ggf. Mittagessen. Die Teilnehmer werden von einem Reiseleiter begleitet und auf unterhaltsame Art mit geschichtlichen und kulturellen Informationen versorgt. Für Solo-Touren können auch Räder gemietet werden (halbtags 40 A-$, ganztags 55 A-$).

Festival of the Winds (2. So im Sept.): Drachenwettkampf am Bondi Beach.
Sculpture by the Sea (Nov.): Künstler aus aller Welt zeigen drei Wochen lang entlang dem Küstenweg zwischen Bondi Beach und Tamarama Beach ihre Werke. Der Eintritt ist kostenlos.
Sydney-Hobart-Regatta (29. Dez. bis 2. Jan.): Prestigeträchtige Segelregatta.
New Year's Eve (31. Dez.): Große Openair-Party, gegen 20.30 Uhr Feuerwerk über dem Sydney Harbour.

Verkehr

Flüge: Zwischen dem 9 km südl. der City gelegenen Kingsford Smith Airport und dem Zentrum pendelt ein Flughafenbus (Airport Express, Tel. 13 15 00, 5–23 Uhr alle 20–30 Min., ca. 50 Min., Erw. 13,50 A-$, Kin. 7,50 A-$). Schneller geht es mit dem Zug (Airport Link, Tel. 02-83 37 84 17, www.airportlink.com.au, 5–24 Uhr alle 15–20 Min., 10–15 Min., Erw. 15 A-$, Kin. 10 A-$). Wer ein Taxi nehmen möchte, bezahlt 35–40 A-$.
Züge: Fernzüge in alle Richtungen starten ab der Central Railway Station, Eddy Avenue. Auskunft und Buchung: CountryLink Travel Centre, Central Station, Tel. 13 22 32.
Busse: Überlandbusse starten ab dem Sydney Coach Terminal, Eddy Avenue, Ecke Pitt Street. Auskunft und Buchung: Tourist Information Service, Tel. 02-92 81 93 66.
Mietwagen: Eine große Auswahl an Fahrzeugen jeder Art haben Avis, Tel. 13 63 33; Budget, Tel. 13 27 27; Hertz, Tel. 02-96 69 24 44. Alle Firmen haben Filialen am Flughafen. Günstige Tarife bietet Bayswater Car Rental, 180 William St., Kings Cross, Tel. 02-93 60 36 22, www.bayswatercarrental.com.au.

Fortbewegung in der Stadt
An den drei Infoschaltern von State Transit (dem Betreiber aller öffentlichen Verkehrsmittel) am Circular Quay erhält man Fahrpläne und Übersichtskarten sowie Hinweise auf günstige Tarife. Der **Bus InfoKiosk** befindet sich an der Ecke Alfred und Loftus Streets (gegenüber Circular Quay), das **City Rail Information Centre** gegenüber Pier 5 und das **Sydney Ferries Info Centre** am Pier 4. Auskunft (Public Transport InfoLine) für alle öffentlichen Verkehrsmittel: Tel. 13 15 00 (tgl. 6–22 Uhr), www.131500.info.
Kombitickets: Mit dem **SydneyPass** kann man alle Buslinien (inkl. Sydney Explorer, Bondi and Bay Explorer, Airport Express), verschiedene Linien der CityRail (inkl. Airport Link) und bestimmte Fähren (inkl. *Hydrofoil* nach Manly, Rivercat nach Parramatta) innerhalb eines festgelegten Zeitraums benutzen. Der Pass ist wahlweise drei, fünf oder sieben – nicht unbedingt aufeinander folgende – Tage gültig und kostet für Erw. 115/150/170 A-$, für Kin. 57/75/85 A-$ und für Fam. 285/375/425 A-$. Erhältlich ist er u. a. im Sydney Visitor Centre, beim Travellers Information Service am Kingsford Smith Airport, beim Bus InfoKiosk am Circular Quay sowie in den beiden Explorer-Bussen und im Airport Express. Weitere Infos: www.sydney

Sydney

pass.info. Für Busse, Züge und Fähren im Bereich der City und den zentrumsnahen Vororten gibt es die günstige Tageskarte **DayTripper** (17 A-$).

Busse: Das dichte Busnetz wird durch Flughafenbusse (Airport Express) und zwei Sightseeing-Linien ergänzt. Auf der Route Central Station, George St., Circular Quay, Elizabeth St. verkehrt der **kostenlose Bus 555** im 10-Min.-Takt, Mo–Mi, Fr 9.30–15.30, Do 9.30–21, Sa/So u. Fei 9.30–18 Uhr. Der **Sydney Explorer** (rot) fährt tgl. 8.40–17.20 Uhr auf einer 26 km langen Rundstrecke in Abständen von 20 Min.; Abfahrt ist am Circular Quay, an 27 verschiedenen Haltepunkten in der Stadt kann man mit einer Tageskarte die Fahrt beliebig oft unterbrechen. Das Gleiche gilt für den **Bondi and Bay Explorer** (blau), der tgl. 8.45–16.15 Uhr in Abständen von 30 Min. vom Circular Quay über Kings Cross, Double Bay, Vaucluse und Watsons Bay zum Bondi Beach fährt und auf dem Rückweg in Coogee Beach, Randwick und Paddington hält (insgesamt 19 Stopps). Die Haltestellen beider Linien sind mit roten bzw. blauen Schildern markiert. Die für beide Busse gültigen Tickets sind bei den Busfahrern erhältlich: ›One Day Combined Ticket‹ Erw. 39 A-$, Kin. 19 A-$, Fam. 97 A-$; Two Day Combined Ticket Erw. 70 A-$, Kin. 35 A-$, Fam. 175 A-$.

Züge: Das engmaschige Netz von CityRail erstreckt sich nördlich bis Newcastle, südlich bis Nowra und westlich bis Lithgow jenseits der Blue Mountains. Alle Vorortzüge starten ab Circular Quay. Im Bereich der citynahen Stadtteile sind – vor allem während der Rush Hour – die Doppeldecker-Züge meist deutlich schneller als Busse. Es gibt acht farblich gekennzeichnete Hauptrouten. Unterirdisch verläuft der City Circle, die wichtigste Linie im Zentrum mit den Stationen Central, Town Hall, Wynyard, Circular Quay, Martin Place, St. James und Museum. Die **Metro Monorail** (einschienige Hochbahn) fährt in einer 3,6 km langen Schleife durch den südwestlichen Innenstadtbezirk und Darling Harbour (Mo–Sa 7–24, So 8–21 Uhr, alle 5 Min.). Die **Metro Light Rail** (Straßenbahn) fährt von der Central Railway Station über Chinatown und Darling Harbour zum Sydney Fishmarket (tgl. 24 Std., alle 10 Min.). Empfehlenswert sind der Supervoucher Day Pass (beliebig viele Fahrten in Metro Monorail oder Metro Light Rail inkl. Rabatten bei verschiedenen Sehenswürdigkeiten, je 9,50 A-$) oder der Combined Supervoucher Day Pass (für beide Verkehrsmittel, 15 A-$). Auskunft: Tel. 02-92 85 56 00, www.metromonorail.com.au.

Fähren: Zentrale Anlegestelle der Fähren ist der Circular Quay. Die Hafenfähren verkehren tgl. 6–24 Uhr, die Tragflügelboote *(Hydrofoils)* nach Manly 6.30–19 Uhr.

Taxis: Entweder auf der Straße heranwinken oder telefonisch bestellen, z. B. Legion Cabs, Tel. 13 14 51; Premier Cabs, Tel. 13 10 17; RSL Cabs, Tel. 13 22 11. Für individuelle Ausflüge im Sydney Harbour kann man **Wassertaxis** chartern; sinnvoll ist eine telefonische Reservierung, z. B. bei Harbour Taxis, Tel. 02-95 55 11 55; Taxis Afloat, Tel. 02-95 55 32 22; Yellow Water Taxis, Tel. 02-92 11 77 30.

Mit dem eigenen Fahrzeug: Wegen des hohen Verkehrsaufkommens und sündhaft teurer Parkplätze sollte man nicht mit dem Mietwagen in die City fahren. Sydney lässt sich gut zu Fuß oder mit öffentlichen Verkehrsmitteln erkunden.

Wer dennoch mit einem Auto in die City fährt, muss an Harbour Bridge oder Tunnel 2,50–4 A-$ Maut zahlen. Dies ist allerdings nur noch mit E-Maut möglich, d. h. man muss sich online registrieren oder vor Ort einen Aufkleber besorgen. Für die meisten Touristen ist der Short Time Tag die beste Lösung (5 A-$/Woche plus Maut). Der Aufkleber kommt an die Windschutzscheibe und wird von Scannern auf der Brücke erfasst. Mittels eines sogenannten E-Pass oder E-Tag muss man auch für den Sydney Harbour Tunnel und die mautpflichtige Stadtautobahn M7 bezahlen. An anderen mautpflichtigen Stadtautobahnen kann man die Gebühren weiterhin bar entrichten (Infos: www.rta.nsw.gov.au, Stichwort »Using NSW Roads«). Das auch für Wohnmobile geeignete Parkhaus beim Overseas Passenger Terminal am Circular Quay West kostet für 24 Std. 35 A-$ (Mo–Fr) bzw. 25 A-$ (Sa/So).

Blue Mountains

Die zwei- bis dreitägige Rundfahrt führt von Sydney nach Westen in die Bergwelt der Blue Mountains. Die gut 500 km lange, äußerst reizvolle Route berührt zudem geschichtsträchtige Städte wie Richmond und Windsor mit architektonischen Relikten aus den Anfängen der Kolonie.

Keine 100 km westlich des Zentrums von Sydney ragen aus der Küstenebene die **Blue Mountains** auf, ein bis zu 1200 m hohes, meist dicht bewaldetes und wild zerklüftetes Plateau. Spektakuläre Felsabbrüche, Wasserfälle, kilometerlange Canyons, ausgedehnte Eukalyptuswälder, atemberaubende Aussichtspunkte und zahlreiche Wandermöglichkeiten – das sind die Hauptkennzeichen dieses an Naturschönheiten überaus reichen Höhenzugs. Ihren Namen verdanken die ›Blauen Berge‹ dem zarten bläulichen Dunstschleier der ätherischen Öle, die von Tausenden von Eukalyptusbäumen abgesondert werden.

Ein Vierteljahrhundert lang bildete die Bergwelt der Blue Mountains eine unüberwindbare Schranke für die ersten weißen Siedler an der Ostküste. Erst 1813 gelang es dem Farmer Gregory Blaxland, dem Landvermesser William Lawson und dem Rechtsanwalt William Charles Wentworth, die natürliche Barriere zu überqueren. Die drei Pioniere waren Wegbereiter für die Arbeiter, die auf derselben Route in der Rekordzeit von nur sechs Monaten eine Straße anlegten. Nun waren die ausgedehnten Weidegründe im Westen der Berge erreichbar, und die Versorgung der Siedlung am Port Jackson war gesichert.

Heute sind die Blue Mountains, von denen 1959 knapp 220 000 ha zum Nationalpark erklärt wurden, ein beliebtes Ausflugsziel für Einheimische und Besucher aus Übersee. Touristisch gut entwickelt ist nur die zentrale Region des Nationalparks beiderseits des Great Western Highway, während die nördlichen und südlichen Randgebiete erfahrenen Buschwanderern Natur pur bieten. Im Jahr 2001 wurde der Blue Mountains National Park zusammen mit dem benachbarten Kanangra Boyd National Park und dem Wollemi National Park von der UNESCO als **Greater Blue Mountains World Heritage Area** in den Rang eines Weltnaturerbes erhoben.

Blue Mountains National Park ▶ 1, U 15

Karte: S. 150/151

Glenbrook 1

Glenbrook an den östlichen Ausläufern der Blue Mountains ist Ausgangspunkt für Erkundungen der Südregion des Nationalparks, der hier noch viel von seiner ursprünglichen Wildheit bewahrt hat. Erste Anlaufstelle sollte das Blue Mountains Visitor Information Centre sein, das mit hilfreichen Infos über den Nationalpark dient. Hier beginnen auch verschiedene Wanderwege. Relativ einfach sind die Wanderungen zur Glenbrook Gorge (hin und zurück 1 Std.) und zum Jelly Bean Pool (hin und zurück 1 Std.), etwas anspruchsvoller der Weg zur Red Hands Cave mit Aboriginal-Felsmalereien (Rundweg 8 km/3 Std.).

Infos

Blue Mountains Visitor Information Centre: Great Western Hwy, Tel. 13 00-65 34 08, Mo–Sa 8.30–16, So 8.30–15 Uhr.

Blue Mountains

aktiv unterwegs

Klippenwanderung zu den Wentworth Falls

Tour-Infos
Start: Conservation Hut, Wentworth Falls
Länge: 5 km
Dauer: 3–4 Std.
Schwierigkeitsgrad: einfach

Diese nicht ohne Grund sehr beliebte Wanderroute verbindet Panoramaaussichten von den Klippen der Blue Mountains mit den imposanten **Wentworth Falls** 3. Sie beginnt an der Conservation Hut an der Ecke Valley Road und Fletcher Street in Wentworth Falls. Von dort nimmt man den ausgeschilderten

Blue Mountains National Park

Faulconbridge [2]

In **Faulconbridge** kann man das Wohnhaus des Malers und Schriftstellers Norman Lindsay (1879–1969) besichtigen. Heute beherbergt das Gebäude die **Norman Lindsay Gallery and Museum,** wo zahlreiche seiner Werke ausgestellt sind (14 Norman Lindsay Cresc., Tel. 02-47 51 10 67, www.normanlindsay.com.au, tgl. 10–16 Uhr, Erw. 10 A-$, Kin. 5 A-$, Fam. 25 A-$).

Leura [4]

In dem charmanten Städtchen **Leura** zeugen stattliche Kolonialhäuser und weitläufige Parks vom frühen Tourismus im vorigen Jahrhundert. Nahe Leura donnern die **Gordon Falls** und die **Leura Falls** in die Tiefe. Am Sublime Point kann man vor dem herrlichen Panorama des sich öffnenden Jamison Valley picknicken. Eine überbordende Farbenpracht entfaltet sich in den von Pfauen bevölkerten **Everglades Gardens** am Rande des Bergstädtchens (37 Everglades Ave., Tel. 02-47 84 19 38, tgl. 10–17 Uhr, Erw. 8 A-$, Kin. 4 A-$, Fam. 20 A-$).

In Leura sollte man den Great Western Highway verlassen und auf dem Cliff Drive nach Katoomba fahren. Die Strecke bietet fantastische Ausblicke – Stopps lohnen sich bei den Aussichtspunkten Cahills Lookout, Narrow Neck Lookout und Hildas Lookout.

Übernachten

Koloniales Flair ► **Leura House:** 7 Britain St., Tel. 02-47 84 20 35, www.leurahouse.com.au. In dem familiären Kolonialhotel mit 11 behaglich möblierten Zimmern fühlen sich nicht nur Nostalgiker wohl. DZ ab 168 A-$.

Charme alter Zeiten ► **Megalong Manor:** 151 Megalong St., Tel. 02-47 84 14 61, www.megalongmanor.com. Elegante Bed & Breakfast-Pension in einem Kolonialhaus mit Originalmobiliar. Nachmittags werden auf der Veranda Tee und Gebäck serviert. DZ ab 175 A-$ inkl. Frühstück.

Camping und Cabins ► **Leura Village Caravan Park:** Great Western Hwy/The Mall, Tel. 02-47 84 15 52. Gut ausgestattet, geräumige Cabins.

Pfad in Richtung Valley of the Waters. Nach etwa 10 Min. ist der **Queen Victoria Lookout** mit schönem Ausblick auf das Tal erreicht. Kurz darauf rückt der **Empress Lookout** das Naturschauspiel der **Empress Falls** in den Blick. Steile Metalltreppen führen nach unten, an den Fuß der Fälle gelangt man auf der National Pass Route. Bei der Abzweigung zu den Vera Falls hält man sich links und folgt weiter der National Pass Route. Wer die Wanderung verlängern möchte, kann von hier aus in ca. 2,5–3 Stunden zu den **Vera Falls** und zurück laufen, eine etwas anspruchsvollere, aber sehr schöne Wanderung.

Der folgende Abschnitt der National Pass Route gehört zu den spektakulärsten der Wanderung. Der Weg verläuft durch farbenprächtige Sandsteinfelsen, nach unten eröffnen sich sagenhafte Blicke auf das Jamison Valley. Nach 45 Min. ist die Abzweigung zu den **Slacks Stairs** erreicht. Steile Metalltreppen führen hinunter zu einem idyllischen natürlichen Pool mit kleinem Sandstrand am unteren Ende der **Lower Wentworth Falls,** wo man ein erfrischendes Bad nehmen kann. Der anschließende Aufstieg zurück zur Hauptroute setzt allerdings gute Fitness voraus. Zurück auf der National Pass Route sind nach ein paar Hundert Metern die **Upper Wentworth Falls** erreicht. Ein ziemlich steiler, aber kurzer Anstieg führt zum oberen Ende der Wasserfälle.

Nun folgt man dem Overcliff-Undercliff Track. Auf den letzten Kilometern zurück zur Conservation Hut führen immer wieder kurze Abstecher zu lohnenden Aussichtspunkten. Nach einem letzten Blick vom **Lyrebird Lookout** auf das Tal gelangt man in einem zehnminütigen steilen Anstieg zur Conservation Hut zurück. *Corinna Melville*

An den Wentworth Falls kontrastiert saftiges Grün mit rotem Sandstein

Blue Mountains

Die Three Sisters in den Blue Mountains

Essen & Trinken

Dinner with a view ▶ Solitary: 90 Cliff Dr., Leura Falls, Tel. 02-47 82 11 64, www.solitary.com.au, Mi–So 18.30–23, Sa und So zusätzlich 12–15 Uhr. Zeitgenössische australische ›Interpretationen‹ klassischer französischer und italienischer Speisen sowie ein elegantes Ambiente – das bietet dieses preisgekrönte Restaurant in einem romantischen Kolonialhaus mit herrlichem Blick über das Jamison Valley! Viele Einheimische behaupten, Chefkoch John Cross kredenze die beste *New Australian Cuisine* im Großraum Sydney. Vorspeisen 19,50–23,50 A-$, Hauptgerichte 29,50–39,50 A-$.

Termine

Leura Gardens Festival (Okt.): Blumenfest mit kulturellem Beiprogramm.

Katoomba 5

Bereits in den 1930er- und 1940er-Jahren ein beliebter Ausflugsort für Sydneysiders, die etwas auf sich hielten, ist der 1017 m hoch gelegene Ort **Katoomba** heute noch der touristische Mittelpunkt der ›Blauen Berge‹. In den Sommermonaten zieht es Tausende von Besuchern in die bequem per Auto, Bus oder Bahn erreichbare Gebirgsstadt mit frischer Höhenluft. In der Hauptstraße, der Katoomba Street, gibt es noch einige schöne Art-déco-Gebäude, etwa das denkmalgeschützte Paragon Café (tgl. 8–18 Uhr).

Von verschiedenen Aussichtspunkten am **Echo Point,** wo sich auch ein Besucherzentrum befindet, hat man spektakuläre Blicke auf die wohl fotogenste Felsenformation der Region: die **Three Sisters.** Einer Legende der Aborigines zufolge handelt es sich bei den

Blue Mountains National Park

drei freistehenden Sandsteinspitzen um die drei verzauberten Schwestern Gunnedoo, Meenhi und Weemala, die, als sie mit drei Freiern tändelten, von ihrem Vater zur Strafe in Felsen verwandelt wurden.

Von den Wanderungen, die man vom Echo Point unternehmen kann, ist vor allem jene vom Informationszentrum zu den Three Sisters und weiter über den steilen Stufenpfad Giants Stairway hinunter ins Jamison Valley zu empfehlen. Im Talgrund geht es dann über den Federal Pass Walk, vorbei an den Katoomba Falls, zur Talstation der **Scenic Railway.** Die mit 52° Gefälle angeblich steilste Eisenbahn der Welt, die 1880 zum Kohletransport angelegt wurde, fährt hinauf zum Plateau (tgl. 9–17 Uhr, letzter Zug um 16.50 Uhr, Erw. 9,50 A-$, Kin. 5 A-$, Fam. 24 A-$). Von dort folgt man dem Clifftop Walk zurück zum Echo Point (Rundweg 10 km/4 Std.).

Auch mit der **Scenic Skyway,** einer Seilbahn, die aus 275 m Höhe atemberaubende Blicke in die Tiefe bietet, kann man das Jamison Valley mit dem Felsen-Trio kennenlernen (Tel. 02-47 80 02 00, www.scenicworld. com.au, tgl. 9–17 Uhr, Erw. 16 A-$, Kin. 8 A-$, Fam. 40 A-$).

Infos

Blue Mountains Visitor Information Centre: Echo Point Rd., Tel. 13 00-65 34 08, www.visitbluemountains.com.au, tgl. 9–16.30 Uhr.

Übernachten

Im Landhausstil ▶ **Avonleigh Country House:** 174 Lurline St., Tel. 02-47 82 15 34, www.bluemts.com.au/avonleigh. Komfortables B & B mit kolonialem Flair und hervorragendem Restaurant. DZ 120–175 A-$ inkl. Frühstück.

Nahe den Three Sisters ▶ **Echo Point Motor Inn:** 18 Echo Point Rd., Tel. 02-47 82 20 88, www.echopointmotel.com. Ruhiges Motel mit behaglichen Zimmern und Restaurant in schöner Lage. DZ ab 90 A-$.

Familienfreundlich ▶ **Sky Rider Motor Inn:** 302 Bathurst Rd., Tel. 02-47 82 16 00, www.skyridermotorinn.com.au. Gut geführt, Kinder sind willkommen, schöner Swimmingpool. DZ ab 89 A-$, Familienzimmer ab 120 A-$.

Edel-Jugendherberge ▶ **Blue Mountains YHA:** 207 Katoomba St., Tel. 02-47 82 14 16, www.yha.com.au. Beste Budget-Unterkunft der Region in einem denkmalgeschützten Art-déco-Gebäude. DZ 73–82 A-$, im Mehrbettzimmer 24–29 A-$.

Camping und Cabins ▶ **Katoomba Falls Caravan Park:** Katoomba Falls Rd., Tel. 02-47 82 18 35, www.bmcc.nsw.gov.au. Gut ausgestattet, große Auswahl an geräumigen Cabins, schön gelegen.

Essen & Trinken

New Australian Cuisine ▶ **Echoes:** 3 Lilianfels Ave., im Echoes Boutique Hotel, Tel. 02-47 82 19 66, tgl. 12–15, 18.30–23 Uhr. Exzellente italienische und moderne australische Gaumenfreuden vor dem Panorama des Jamison Valley. An sonnigen Tagen unbedingt einen Terrassentisch reservieren! Zweigängiges Menü 65 A-$, dreigängiges Menü 80 A-$.

Thailändisch genießen ▶ **Chork Dee:** 216 Katoomba St., Tel. 02-47 82 19 13, Mo–Do 17.30–21, Fr/Sa 17.30–22, So 17.30–21Uhr. Hervorragende Thai-Küche – die Gerichte sind nicht nur ein Gaumenschmaus, sondern auch ein Fest fürs Auge. Vorspeisen 8–9 A-$, Hauptgerichte 13–18 A-$.

Zeitgenössisch australisch ▶ **The Elephant Bean:** 159 Katoomba St., Tel. 02-47 82 46 20, tgl. 8–19 Uhr. Kleines Bistro-Café mit exzellenter *New Australian Cuisine*. Gerichte 7,50–18 A-$.

Aktiv

Touren und Abenteuersport ▶ **Blue Mountain Adventure Company:** 84A Bathurst Rd., Tel. 02-47 82 12 71, www.bmac.com.au. Anfängerkurse im Abseilen, Klettern, Kanu- und Kajakfahren sowie Bushwalking- und Mountainbike-Touren. **High 'n' Wild Mountain Adventures:** 3–5 Katoomba St., Tel. 02-47 82 62 24, www.high-n-wild.com.au. Neben Kursen im Abseilen, Klettern, Kanu- und Kajakfahren auch Survival-Training und mehrtägige Wildniswanderungen in wenig erschlossenen Regionen des Blue

Blue Mountains

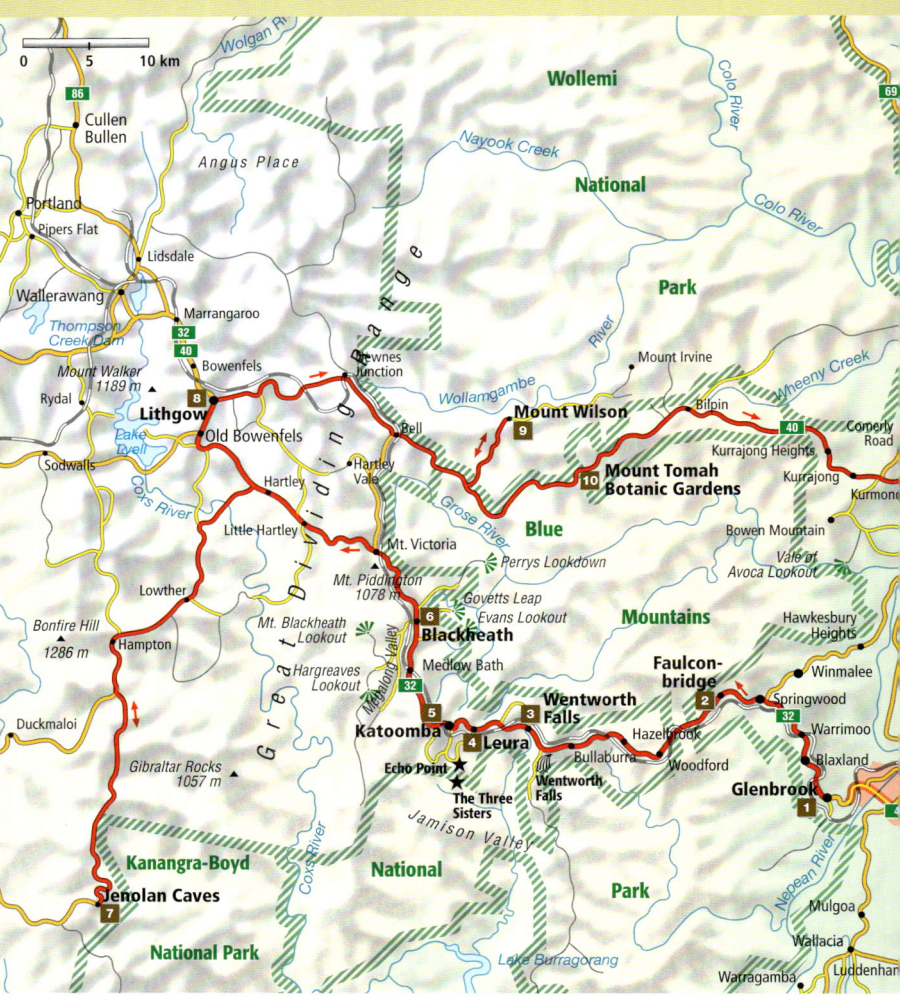

Mountains National Park und des Kanangra-Boyd National Park.
Kino-Event ▶ **The Edge Cinema:** 225 Great Western Hwy, Tel. 02-47 82 89 00, www.edgecinema.com.au. Ein atemberaubendes Kinoerlebnis: Die Blue Mountains auf einer riesigen Leinwand in gestochen scharfen Bildern (wechselnde Vorstellungen, tgl. 10–22 Uhr alle 60 Min., Erw. 15 A-$, Kin. 10 A-$, Fam. 44,50 A-$).

Termine
Blue Mountains Music Festival (März): Einwöchiges Musikfest – von Jazz bis Klassik.
Yulefest (Juni–Aug.): Traditionelles Weihnachtsfest in verschiedenen Berggemeinden.

Verkehr
Züge: Das Netz der Sydney CityRail erstreckt sich bis Lithgow. Tgl. Züge (gelbe Linie) ab Sydney Central Station nach Wentworth

Falls, Leura, Katoomba, Blackheath, Lithgow, Infos: Tel. 13 15 00 (tgl. 6–22 Uhr).
Busse: Blue Mountains Explorer Bus, Tel. 13 00-30 09 15, www.explorerbus.com.au. Der Doppeldeckerbus für Touristen verkehrt tgl. 9.45–17.45 Uhr alle 60 Min. auf einer Rundstrecke mit 30 verschiedenen Haltepunkten, Abfahrt ab Katoomba Railway Station (Erw. 34 A-$, Kin. 17 A-$, Fam. 85 A-$ inkl. Rabatte für diverse Sehenswürdigkeiten). Die Anreise mit CityRail und dem Blue Mountains Explorer Bus umfasst das Blue Mountains Explorer Link Ticket (Erw. ab 51 A-$, Kin. ab 21 A-$, Fam. ab 123 A-$).

Blackheath

Ein alternatives Standquartier zu Katoomba ist das weniger überlaufene, 1065 m hoch gelegene Bergstädtchen **Blackheath.** Auf der Hinfahrt passiert man bei Medlow Bath das

Blue Mountains

liebevoll restaurierte Hotel Hydro Majestic, das mit seiner Mischung aus viktorianischen Stilelementen und Art déco noch etwas vom Charme vergangener Jahre ausstrahlt. Südlich von Blackheath zweigt eine Stichstraße zum **Evans Lookout** ab, dem Ausgangspunkt für den Grand Canyon Walk (Rundweg 5 km/4 Std.).

Mit dem Auto ist der nahe Aussichtspunkt **Govetts Leap** erreichbar. Nach kurzen Spaziergängen, die nahe der Aussichtsplattform beginnen, sieht man die Wasserfälle Horseshoe Falls und Bridal Veil Falls über Terrassen in die Tiefe stürzen.

Auf einer anderen, nur abschnittsweise geteerten Stichstraße erreicht man von Blackheath den **Pulpit Rock** und den **Perrys Lookdown** mit schönem Blick über das Tal des Grose River.

Weitere Ausflüge führen von Blackheath ins malerische **Megalong Valley** sowie zu den Aussichtspunkten **Hargreaves Lookout** und **Mt. Blackheath Lookout.** In der Nähe des 6 km nordwestlich von Blackheath gelegenen Bergorts **Mount Victoria** erinnern auf dem 1060 m hohen Mount York zwei Denkmäler an die erste Überquerung der Blue Mountains.

Infos

Blue Mountains Heritage Centre: Govetts Leap Rd., Tel. 02-47 87 88 77, tgl. 9–16.30 Uhr. Vielfältige Informationen über die Tier- und Pflanzenwelt der Bergregion. Die Ranger geben auch Tipps zu Wanderungen und anderen Aktivitäten sowie Campingmöglichkeiten im Nationalpark.

Übernachten

Wohlfühl-Oase ▶ **Redleaf Resort:** Evans Lookout/Valley View Rds., Tel. 02-47 87 81 08, www.redleafresort.com.au. Gut ausgestattete Zimmer, hilfsbereites Personal, Restaurant, Hallenbad, Spa und Sauna. DZ ab 120 A-$.
Camping ▶ **Blackheath Caravan Park:** Prince Edward St., Tel. 02-47 87 81 01, www.bmcc.nsw.gov.au. Schön gelegen, gut ausgestattet.

Essen & Trinken

Kreativer Gaumenschmaus ▶ **Ashcrofts:** 18 Govetts Leap Rd., Tel. 02-47 87 82 97, www.ashcrofts.com, Mi–So 18–23 Uhr, So zusätzlich 12–15 Uhr. Klein, aber sehr fein und seit Jahren eine kulinarische Institution in den Blue Mountains. Hier wird moderne australische Küche mit mediterranem Einschlag serviert. Zweigängiges Menü 60 A-$, dreigängiges Menü 75 A-$.

Jenolan Caves [7]

Einen Abstecher lohnen die etwa 50 km südlich des Great Western Highway gelegenen **Jenolan Caves.** 1838 entdeckten Polizisten bei der Verfolgung eines *bushranger* die größten und wohl schönsten Tropfsteinhöhlen des Kontinents, die den Aborigines schon seit Urzeiten bekannt waren. Verwinkelte, oft nur schulterhohe Gänge führen in das Schattenreich der Stalagmiten und Stalaktiten. Vom Jenolan Caves Visitor Centre starten mehrmals täglich Führungen unterschiedlicher Dauer und Schwierigkeitsgrade (Tel. 13 00-76 33 11, www.jenolancaves.org.au, tgl. 9–17 Uhr; Eintritt zu einer Höhle: Erw ab 23 A-$, Kin. ab 16 A-$, Fam. ab 59 A-$; *Cave Passport* (für mehrere Höhlen): Erw. ab 31 A-$, Kin. ab 22 A-$, Fam. ab 72 A-$).

Vom stilvollen Hotel Jenolan Caves House windet sich eine 32 km lange Schotterpiste in den **Kanangra-Boyd National Park.** Die Straße endet bei einem Aussichtspunkt nahe den rotbraunen Sandsteinklippen Kanangra Walls.

Lithgow [8]

An den westlichen Ausläufern der Blue Mountains liegt das kleine Bergwerkstädtchen **Lithgow,** das vor allem Freunde alter Eisenbahnen anzieht: Mehrmals täglich lässt dort die historische **Zig Zag Railway** Dampf ab. Die Eisenbahn spielte einst eine wichtige Rolle bei der Erschließung des Landes jenseits der Great Dividing Range und ist heute eine beliebte Touristenattraktion. Knapp 1,5 Stunden dauert die abenteuerliche Zugfahrt von der Clarence Station über drei Sandsteinviadukte und eine atemberaubend kurvige Trasse nach Bell am Rande des Wollemi National Park (Tel. 02-63 55 29 55, www.zigzagrailway.com.au, tgl. 11, 13, 15 Uhr, Erw. 25 A-$, Kin. 12,50 A-$, Fam. 62,50 A-$).

Infos
Lithgow Visitors Centre: Great Western Hwy, Tel. 13 00-76 02 76, www.tourism.lithgow.com, tgl. 9–17 Uhr.

Übernachten
Umweltfreundliche Luxuslodge ▶ Wolgan Valley Resort: Wolgan Rd., Wolgan Valley (ca. 20 km nördl. von Lithgow), Tel. 02-92 90 97 33, www.emirateshotelsresorts.com. Für das umweltverträglich in die Landschaft eingepasste Resort, das auch in puncto Wasseraufbereitung, Solarenergie und Energieeffizienz gute Noten erhält, wurden ausschließlich vor Ort gewonnene Naturmaterialien verwendet. Klare Linien, keine Schnörkel, viel Holz und Sandstein prägen das Bild. Zum Tal öffnen sich in den luxuriös ausgestatteten freistehenden Bungalows großzügige Glasfronten. Mit Gourmet-Restaurant und Pool. Bungalow ab 1660 A-$.
Funktionelle Motel-Units ▶ Zig Zag Motel: Chifley St./Bells Line of Road, Tel. 02-63 52 24 77, www.zigzagmotel.com.au. 36 zweckmäßig ausgestattete Zimmer, Restaurant und beheizter Pool. DZ ab 105 A-$.
Camping ▶ Lithgow Caravan Park: Cooerwull Rd., Tel. 02-63 51 43 50. Einfach.

Zurück nach Sydney

Bells Line of Road
Für den Rückweg nach Sydney empfiehlt sich Selbstfahrern die nördlich zwischen dem Blue Mountains National Park und Wollemi National Park verlaufende, sehr reizvolle Bells Line of Road. Ca. 10 km hinter dem Ort Bell führt ein 8 km langer Abstecher zum Dorf **Mount Wilson** 9 auf der Kuppe eines erloschenen Vulkans, wo es hübsche Gärten und Parks mit im Oktober und November blühenden Rhododendronsträuchern zu besichtigen gibt.

Zurück auf der Bells Line of Road kann man in den **Mount Tomah Botanic Gardens** 10 über 10 000 Pflanzenarten aus den kühl gemäßigten Zonen der Erde entdecken (Tel. 02-45 67 21 54, www.rbgsyd.nsw.gov.au, März–Sept. tgl. 10–16 Uhr, Okt.–Feb. 10–17 Uhr, Erw. 4,40 A-$, Kin. 2,20 A-$, Fam. 8,80 A-$). Über Bilpin geht es weiter nach Kurrajong Heights mit dem Bellbird Hill Lookout, von wo sich die Straße hinab in die Küstenebene windet.

Am Hawkesbury River
Architektonische Relikte aus den Anfängen der Kolonie besitzen **Richmond** 11 am Hawkesbury River und das benachbarte Kolonialstädtchen **Windsor** 12, das Gouverneur Lachlan Macquarie bereits 1794 gründete. Dort errichtete man 1817 nach Plänen des Sträflingsarchitekten Francis Greenway die **St. Matthews Church,** die erste anglikanische Kirche auf dem Kontinent. Restaurierte Kolonialgebäude gruppieren sich um den Thompson Square.

Am pittoresken Hawkesbury River entlang geht es über Wilberforce nach **Ebenezer** 13 mit der ältesten Kirche Australiens aus dem Jahre 1809. Bei **Sackville North** 14 kann man tagsüber mit einer Autofähre den Hawkesbury River überqueren, dessen östlichem Ufer eine landschaftlich reizvolle Straße bis **Wisemans Ferry** 15 folgt. Hier setzt man erneut per Fährboot über den Hawkesbury. Eingeklemmt zwischen dem Fluss und den steil aufragenden Sandsteinklippen des Dharug National Park mäandert die Straße durch eine wildromantische Landschaft und erreicht hinter Central Mangrove wieder den Pacific Freeway, der zurück nach Sydney führt.

Gosford 16 und Umgebung
Ein Stopp lohnt sich in **Gosford** mit dem auf einheimische Reptilien spezialisierten **Australian Reptile Park.** Stars der angeschlossenen **Spider World,** Australiens erstem

Blue Mountains

Spinnenzoo, sind neben handtellergroßen Vogelspinnen und Skorpionen die gefährlichen *Funnelweb Spiders* und *Redback Spiders,* deren Bisse einen Menschen töten können. Über interaktive Bildschirme und Filmvorführungen lernen kleine und große Besucher auf spielerische Weise die Spinnenwelt Australiens kennen (Pacific Hwy, Somersby, Tel. 02-43 40 11 46, www.reptilepark.com.au, tgl. 9–17 Uhr, Erw. 24,50 A-$, Kin. 12,50 A-$, Fam. 64 A-$).

Infos
… in Gosford
Central Coast Visitor Centre: 200 Mann St., Tel. 1300-13 29 75, www.visitcentralcoast.com.au.

Essen & Trinken
… in Gosford
Verfeinerte Regionalküche ▶ **Arc:** Victoria Court, 36–40 Victoria St., Tel. 02-43 24 77 10, tgl. 12–14.30, 17.30–22 Uhr. Oase in der kulinarischen Wüste mit leichter, saisonal orientierter Regionalküche im Stil der *New Australian Cuisine*. Vorspeisen 12–14 A-$, Hauptgerichte 20–27 A-$.

Brooklyn 17

In **Brooklyn,** wo zwei Brücken den breiten Mündungstrichter des Hawkesbury River überspannen, startet im verästelten Delta des Flusses wochentags am frühen Vormittag **Australia's Last Riverboat Postman,** Australiens letzter Fluss-Postbote, den Motor seines Bootes. Wie in kolonialen Zeiten dient der mächtige Hawkesbury als wichtiger Transportweg. Auf seiner Tour flussaufwärts bringt der Postbote Briefe, Päckchen und Pakete, aber auch Lebensmittel zu entlegenen Siedlungen, die nur auf dem Wasserweg erreichbar sind. Wer einen halben Tag Zeit hat, kann ihn begleiten (Hawkesbury River Ferries, Tel. 02-99 85 75 66, www.hawkesburyriverferries.com.au, Mo–Fr 9.30–13.15 Uhr; Buchung auch über Australian Travel Specialists, Shop W1, Alfred St., Circular Quay (geg. Pier 6), Sydney, Tel. 02-92 11 31 92, www.atstravel.com.au, Erw. 50 A-$, Kin. 30 A-$, Fam. 130 A-$).

Faszinierende Unterwelt in den Jenolan Caves

Capital Territory und Great Dividing Range

Mit rund 870 km ist der Hume Highway die kürzeste Verbindung zwischen Sydney und Melbourne. Landschaftlich ist diese Route weniger spektakulär als die Küstenstrecke, dafür aber ›typisch‹ australisch – über weite Abschnitte bestimmen Schafweiden und Weizenfelder das Bild. Abstecher führen in die Snowy Mountains, die Victorian Alps und nach Canberra, die Hauptstadt des Fünften Kontinents.

Southern Highlands
▶ 1, U 15

Südlich von Sydney erstrecken sich als Ausläufer der Great Dividing Range die Southern Highlands. Die fruchtbare Agrarregion erinnert mit ihren sanften Hügeln und grünen Weiden an England oder Schottland.

Camden und Mittagong

Etwas abseits des Hume Highway, der die ersten 120 km nach dem Großraum Sydney vier- bis sechsspurig ausgebaut ist und South Western Freeway heißt, liegt **Camden**. Von hier führt ein lohnender Abstecher zur Gledswood Homestead, einer kolonialen Farm, wo man eine Landwirtschaftsshow mit Schafschur-Demonstration erleben kann (Camden Valley Way, Catherine Field, Tel. 02-96 06 51 11, www.gledswood.com.au, tgl. 9–17 Uhr, Erw. 15 A-$, Kin. 7,50 A-$, Fam. 37,50 A-$).

In **Mittagong** mit einigen Bauwerken aus der frühen Kolonialzeit führt eine teils ungeteerte Straße durch eine reizvolle Landschaft mit Mittelgebirgscharakter zu Kalksteingrotten mit spektakulären Tropfsteinen, den **Wombeyan Caves**. Mehrmals täglich werden Führungen unterschiedlicher Dauer angeboten (Tel. 02-48 43 59 76, tgl. 9–17 Uhr; Eintritt zu einer Höhle: Erw. ab 18 A-$, Kin. ab 12 A-$, Fam. ab 44 A-$; Pass für mehrere Höhlen: Erw. 42 A-$, Kin. 22 A-$, Fam. 88 A-$).

Berrima und Moss Vale

Südwestlich von Mittagong liegt abseits des South Western Freeway das georgianische Postkartenstädtchen **Berrima**. Ein Großteil der stilvoll restaurierten Sandsteingebäude des 1831 gegründeten Ortes steht unter Denkmalschutz. Für historisch Interessierte bietet die Stadt Sehenswürdigkeiten wie das klassizistische Court House von 1838, das ein Jahr später fertig gestellte Berrima Jail und die Holy Trinity Church, in der 1849 erstmals eine Heilige Messe gefeiert wurde. Bei dem Streifzug durch die Vergangenheit darf auch der Surveyor General Inn nicht fehlen, das 1834 eröffnete, älteste Gasthaus Australiens, in dem man heute noch ein gepflegtes Bier vom Fass genießen kann.

Moss Vale wurde Anfang des 19. Jh. als einer der ersten Außenposten der Strafkolonie gegründet. Einige Gebäude aus der Pionierzeit blieben erhalten, besonders eindrucksvoll ist das Landhaus im Thorsby Park aus den 1830er-Jahren (tgl. 10–16 Uhr, Erw. 7,50 A-$, Kin. 5 A-$, Fam. 20 A-$).

Abstecher führen zum **Morton National Park** und zum **Kangaroo Valley** (s. S. 177f.).

Goulburn

Goulburn, die zweitälteste Binnenstadt Australiens, ist heute das wichtigste Agrarzentrum der Southern Highlands. Unter den historischen Gebäuden im Ortskern ragt der georgianische Backsteinbau des Court House

Capital Territory und Great Dividing Range

aus dem Jahre 1880 heraus. In der 1836 gegründeten Old Goulburn Brewery in der Bungonia Road wird heute noch edler Gerstensaft gebraut. In der Maud Street am Ortsrand steht inmitten einer Parkanlage das gegen 1840 erbaute, herrschaftliche **Riversdale Homestead.** Als Familienmuseum präsentiert es Erinnerungsstücke aus den Pionierjahren und historisches Mobiliar (Tel. 02-48 21 47 41, So u. Fei 10–16 Uhr, Erw. 5 A-$, Kin. 3 A-$, Fam. 12 A-$).

Am Hume Highway an der westlichen Peripherie der Stadt erhebt sich **The Big Merino,** ein über 15 m hoher Schafbock aus Beton. In seinem Innern befinden sich ein Laden für Wollprodukte sowie ein kleines Museum, in dem sich alles um Schafe dreht (Tel. 02-48 22 80 13, www.bigmerino.com.au, tgl. 8.30–17.30 Uhr, Eintritt frei).

Wenige Kilometer westlich von Goulburn zweigt vom Hume Highway der Federal Highway ab. Vorbei am Lake George, der so seicht ist, dass er in längeren Dürreperioden immer wieder austrocknet, geht es auf einem kargen Hochplateau weiter nach Canberra.

Infos
… in Mittagong
Southern Highlands Visitor Information Centre: Winifred West Park, Old Hume Hwy, Tel. 02-48 71 28 88, www.southern-highlands.com.au, Mo–Fr 9–17, Sa/So 10–16 Uhr.
… in Goulburn
Goulburn Visitors Centre: 201 Sloane St., Tel. 18 00-35 36 46, www.igoulburn.com.au, tgl. 9–17 Uhr.

Übernachten
… in Goulburn
Komfortables Motel ▸ **Goulburn Heritage Motor Lodge:** 69 Sydney Rd. (Hume Hwy), Tel. 18 00-61 88 32, www.goulburnheritagelodge.com.au. Gut ausgestattetes Motel mit geräumigen Zimmern und dem hauseigenen Madison's Restaurant. DZ 99–149 A-$.

Camping und Cabins ▸ **Goulburn South Caravan Park:** 113 Sydney Rd., Tel. 02-48 21 32 33. Gut ausgestattet, viele geräumige Cabins.

Essen & Trinken
… in Mittagong
Kulinarische Oase ▸ **The Blue Cockerel:** 95 Hume Hwy, Tel. 02-48 72 16 77, Di–So 12–14.30, 17–21 Uhr. Gemütliches Restaurant mit offenem Kamin, leichter, französisch angehauchter Regionalküche und guten Weinen. Vorspeisen 11,50–18 A-$, Hauptgerichte 19,50–36 A-$.

2 Canberra ▸ 1, T 16

Cityplan: S. 160

Als einzige Großstadt des Fünften Kontinents liegt Canberra, die Hauptstadt des Commonwealth of Australia, nicht am Meer, sondern etwa 100 km von der Küste entfernt im landschaftlich reizvollen Monaro-Tafelland. Die weitläufige Metropole erstreckt sich im Australian Capital Territory (ACT), einem Gebiet, das, ähnlich wie das Northern Territory, keine volle bundesstaatliche Souveränität besitzt, sondern in vielen Belangen der australischen Bundesregierung untersteht.

Mit rund 340 000 Menschen leben im ACT, vorwiegend in Canberra und seinen Satellitenstädten, etwa 1,6 % der australischen Bevölkerung. Canberra ist Sitz des Bundesparlaments, des Obersten Gerichtshofs sowie zahlreicher Verwaltungsbehörden und ausländischer Botschaften. Weiterhin gilt die Metropole als ein Zentrum für Wissenschaft, Technik und Kultur. Etwa 65 % der Arbeitnehmer sind im öffentlichen Dienst beschäftigt.

Canberra ist keine natürlich gewachsene Stadt, sondern das Produkt sorgfältiger Planung. Ihre Existenz verdankt die Hauptstadt aus der Retorte der Rivalität, die seit den Pionierjahren zwischen Sydney und Melbourne besteht. Da sich die Gründerväter der Nation nicht auf eine der beiden Metropolen einigen konnten, fanden sie eine Kompromisslösung: Eine neue Hauptstadt sollte aus dem Boden gestampft werden, in gebührendem Abstand zwischen den Kontrahenten, aus historischen Gründen jedoch auf dem Gebiet von New South Wales. Melbourne fungierte zunächst als Regierungssitz. Erst 1908 wurde das Ge-

Canberra

biet bestimmt, in dem die spätere Hauptstadt Canberra liegen sollte. Am 12. März 1913 erfolgte die offizielle Gründungszeremonie, bei der die neue Kapitale nach dem Aboriginal-Begriff ›Kamberra‹ – Treffpunkt oder Versammlungsort – benannt wurde.

Den internationalen Wettbewerb für die Gestaltung der Hauptstadt gewann 1912 der Amerikaner Walter Burley Griffin. Nie zuvor am Ort gewesen, kannte der Chicagoer Architekt die Gegebenheiten nur von Karten, entwarf aber einen faszinierenden Plan mit Zukunftsperspektiven. Seine harmonisch auf die natürlichen Gegebenheiten des Monaro-Plateaus abgestimmte Konzeption orientierte sich am Vorbild der amerikanischen Hauptstadt Washington D. C.

1913 kam Griffin nach Australien und begann mit der Umsetzung seiner noch heute gerühmten Planung. Schon bald jedoch verlangsamten Uneinigkeit von Politikern und Bürokraten, föderalistischer Zank und rigorose Sparmaßnahmen die Stadtentwicklung. Sieben Jahre lang kämpfte der *Federal Capital Director* gegen diese Hindernisse, bevor die Aufsicht über den Bau von Canberra einem australisch-britischen Architektenteam übertragen wurde. Wegen der beiden Weltkriege und der Wirtschaftskrise zu Beginn der 1930er-Jahre ging es nur schleppend voran. Erst 1927 konnten die Parlamentarier nach Canberra umziehen, und erst in den 1960er- und 1970er-Jahren wurden die Pläne von Walter Burley Griffin weitgehend verwirklicht.

Wenn es bei den Aussies um ihre Hauptstadt geht, schwanken die Bewertungen zwischen Liebe und Abneigung. Zwar ist Canberra in den letzten Jahren in seine Hauptstadtrolle hineingewachsen, doch tut sich die Stadt immer noch schwer, eigenes Profil zu finden. Es fehlen historisch gewachsene Urbanität und ein vielfältiges kommunales Leben. Trotz zahlreicher Parks und Grünanlagen mit hohem Freizeitwert wirkt die Metropole vor allem im Zentrum und im Regierungsviertel künstlich und steril. Auf Canberras Ruf als ge-

Der Blick von oben zeigt es: Canberra ist eine Reißbrettstadt

Capital Territory und Great Dividing Range

pflegte, aber langweilige Beamtenstadt spielen einige Spitznamen an, wie etwa ›bestbeleuchteter Friedhof der südlichen Hemisphäre‹ oder ›das schönste Sanatorium Australiens‹.

Hauptstadt vom Reißbrett

Canberras mustergültiger Grundriss, der auf Dreiecken und Kreisen basiert, verrät eine meisterhafte Hand. Das um ein gigantisches Dreieck herum angelegte Stadtzentrum wird durch einen künstlich aufgestauten See, nach dem Planer der Stadt Lake Burley Griffin genannt, in zwei Bezirke geteilt. Beide Hälften der Innenstadt besitzen einen Mittelpunkt – nördlich des Sees den City Hill, südlich davon den Capital Hill – mit konzentrisch angeordneten Straßenringen und strahlenförmig verlaufenden Ausfallstraßen. Während sich im Norden Canberras das Geschäfts- und Einkaufszentrum ausbreitet, erstreckt sich im Süden das Regierungsviertel mit dem Parlament, den Ministerien, dem Bundesgerichtshof und der Mehrzahl der diplomatischen Missionen.

Da die Entfernungen zwischen den Sehenswürdigkeiten groß sind, ist eine Erkundung zu Fuß nur punktuell möglich. Aber auch eine Stadtrundfahrt im Auto gestaltet sich aufgrund des verwirrenden Straßensystems kompliziert. Empfehlenswert ist daher eine Kombination aus Stadtrundfahrt im Bus und Rundgang in überschaubaren Stadtbezirken.

Am Nordufer des Lake Burley Griffin

Als Ausgangspunkt für eine Erkundung von Canberra bietet sich **The National Capital Exhibition** 1 im Commonwealth Park an, eine Ausstellung mit Modellen, Diagrammen und Fotografien, die einen Überblick über die Geschichte der Stadt gibt (Tel. 02-62 57 10 68, www.nationalcapital.gov.au, tgl. 9–17 Uhr, Eintritt frei). Ganz in der Nähe befindet sich das Captain Cook Memorial: eine große Weltkugel aus Metall, auf der die Entdeckungsreisen von James Cook aufgezeichnet sind. Ebenfalls nur wenige Schritte entfernt setzte man mitten im See mit dem **Captain Cook Memorial Water Jet** 2 dem ›Entdecker‹ Australiens ein imposantes Denkmal. Bei Windstille erreicht die Fontäne des Hochstrahlbrunnens eine Höhe von 147 m (tgl. 10–12, 14–16, 19–21 Uhr).

Ein Spaziergang in östlicher Richtung durch den Commonwealth Park führt zu **Blundell's Cottage** 3, einem der ältesten Häuser in Canberra aus dem Jahre 1860 (Wendouree Dr., Tel. 02-62 57 10 68, Sa 10–15 Uhr, Erw. 4 A-$, Kin. 2 A-$, Fam. 10 A-$). Der Uferpromenade folgend, erreicht man Aspen Island mit dem **Canberra Carillon** 4. Zum 50. Geburtstag 1963 erhielt Canberra den mit weißem Quarz verkleideten, rund 50 m hohen Glockenturm als Geschenk von der britischen Regierung. Die 55 Glocken des Turms erklingen regelmäßig zu einem dreiviertelstündigen, weithin hörbaren Konzert (Mi/So um 12.30 Uhr, Tel. 02-62 57 10 68).

Australian-American Memorial 5

Am nordöstlichen Ende der Kings Avenue ragt neben dem Verteidigungsministerium das 73 m hohe **Australian-American Memorial** in die Höhe, das an die Allianz von Australiern und Amerikanern im Pazifischen Krieg (1941–1945) erinnert. Auf der Spitze des riesigen Aluminiumobelisken thront ein Adler, den man aus der Ferne leicht mit einem Paar Kaninchenohren verwechseln kann. So nennt der Volksmund das Denkmal denn auch ›Bugs Bunny‹. Östlich der Gedenkstätte erhebt sich der 663 m hohe Aussichtshügel Mount Pleasant.

Anzac Parade

Vom Lake Burley Griffin erstreckt sich die Anzac Parade, eine von Eukalypten gesäumte, breite Prachtstraße. Etwa im Schnittwinkel von Anzac Parade und Constitution Avenue liegen die beiden ältesten Gebäude der Stadt: die anglikanische **Church of St. John the Baptist** 6 und das **St. John's Schoolhouse** 7 aus den 40er-Jahren des 19. Jh. (Tel. 02-62 49 68 39, Mi 10–12, Sa/So 14–16 Uhr, Erw. 4 A-$, Kin. 2 A-$, Fam. 10 A-$).

Am nördlichen Ende der von Kriegerdenkmälern flankierten Anzac Parade erinnert das

Canberra

im neobyzantinischen Stil errichtete **Australian War Memorial** 8 an die in den Kriegen des 20. Jh. gefallenen Australier. Herzstück des riesigen Halbrunds mit markanter Kupferkuppel ist die Hall of Memory mit 24 m hohen, mit rund sechs Millionen Mosaiksteinchen verkleideten Wänden. Auf einer *Roll of Honour* sind dort die Namen der mehr als 100 000 Gefallenen alphabetisch aufgelistet. Im angeschlossenen Museum illustrieren Dioramen, Fotografien, Gemälde und zahlreiche Militaria Australiens Teilnahme an neun Kriegen. Das Australian War Memorial wird alljährlich von über einer Million Menschen besucht (Tel. 02-62 43 42 11, www.awm.gov.au, tgl. 10–17 Uhr, Führungen tgl. 10, 10.30, 11, 13.30, 14 Uhr, Eintritt frei).

Vom Denkmal lohnt sich die Fahrt mit dem eigenen Auto oder Taxi auf den 842 m hohen **Mount Ainslie,** von dessen Aussichtsplattform man den besten Eindruck vom geometrisch klaren Konzept der Stadtanlage erhält.

Shopping District und National Film and Sound Archive

Mit Ausnahme des architektonisch attraktiven National Convention Centre hat das Einkaufs- und Geschäftsviertel, das sich um den City Hill ausbreitet, nichts Außergewöhnliches zu bieten. Westlich davon befindet sich der Campus der Australian National University. Dort lohnt sich ein Besuch des im Jahre 1984 gegründeten **National Film and Sound Archive** 9, in dem eine Ausstellung die australische Rundfunk-, Film- und Fernsehgeschichte dokumentiert (McCoy Circuit, Tel. 02-62 48 20 00, www.nfsa.gov.au, Mo–Fr 9–17, Sa/So u. Fei 10–17 Uhr, Eintritt frei).

National Museum of Australia 10

Aufgrund seiner wellenförmigen Architektur und farbenfrohen Gestaltung fällt an der Spitze der Acton Peninsula das **National Museum of Australia** ins Auge. Das außergewöhnliche Museum dokumentiert ebenso anschaulich wie unterhaltsam die Geschichte des Fünften Kontinents, von den Felsmalereien im Kakadu National Park über die Ankunft der ›Ersten Flotte‹ bis zur Gegenwart. Interaktive Displays wecken das Interesse von Kindern. Dem Verständnis mancher Besucher entzieht sich der eigenwillig gestaltete Garden of Australian Dreams im Innenhof, aber die hilfsbereiten Angestellten geben gern Erläuterungen (Tel. 02-62 08 50 00, www.nma.gov.au, tgl. 9–17 Uhr, Eintritt frei, Sonderausstellungen und -veranstaltungen gebührenpflichtig).

Besucher mit Interesse an der Kultur der australischen Ureinwohner sind im benachbarten **Australian Institute of Aboriginal and Torres Strait Islanders Studies,** kurz AIATSIS genannt, herzlich willkommen (Mo–Fr 9–17 Uhr).

National Botanic Gardens 11

Auf der Ostflanke des 812 m hohen Black Mountain präsentieren die **National Botanic Gardens** die landesweit umfangreichste Sammlung australischer Flora: rund 90 000 Pflanzen von über 6000 Arten aus allen Regionen des Kontinents. Ein großzügig angelegtes Wegenetz lädt zu ausgedehnten Spaziergängen ein (Clunies Ross St., Tel. 02-62 50 95 40, www.anbg.gov.au/anbg, tgl. 8.30–17 Uhr; Visitor Information Centre, tgl. 9.30–16.30 Uhr; Führungen tgl. 11, 14 Uhr; Eintritt frei).

Vom Black Mountain mit dem 195 m hohen **Telstra Tower** 12 kann man sich einen guten Gesamteindruck der Stadt verschaffen (Tel. 02-62 19 61 11, tgl. 9–22 Uhr, Erw. 5,50 A-$, Kin. 2,20 A-$).

National Aquarium und Zoo

Obwohl im Binnenland gelegen, bietet auch Canberra einen Blick in die australische Unterwasserwelt. Durch einen Plexiglastunnel gelangen Besucher des 6,5 km südwestlich der City am Scrivener Dam gelegenen **National Aquarium** 13 in das Reich des Pazifiks, während sie Hunderte farbenprächtiger Fische neugierig umschwimmen. Im angeschlossenen **National Zoo** macht man Bekanntschaft mit Vertretern der australischen Fauna (Tel. 02-62 87 84 00, nationalzoo.

com.au, tgl. 10–17 Uhr, Erw. 30 A-$, Kin. 18,50 A-$, Fam. 89,50 A-$).

Am Südufer des Lake Burley Griffin

Einige der zum Teil architektonisch sehr imposanten Bauwerke der Bundeshauptstadt befinden sich im südlichen Teil der Stadt, vor allem im ›Parlamentarischen Dreieck‹ zwischen Commonwealth und Kings Avenue.

Ausgangspunkt der Besichtigungstour ist die **National Library of Australia** 14. Die angeblich atombombensichere Nationalbibliothek, deren Betongerüst mit einem Mantel aus weißem Marmor überzogen ist, besitzt rund vier Millionen Bände, eine Sammlung historischer Karten und Fotografien sowie Berichte über die ›Entdeckung‹ und Erforschung des australischen Kontinents. Drei große, im französischen Aubusson gewebte Wandteppiche sowie 16 von dem australischen Künstler Leonard French gestaltete Buntglasfenster schmücken das Foyer. Die beiden Galerien im Untergeschoss und im Mezzanin präsentieren Wechselausstellungen zeitgenössischer Kunst (Parkes Pl., Tel. 02-62 62 11 11, www.nla.gov.au, tgl. 9–17 Uhr, Eintritt frei).

Wenige Schritte weiter bietet das **National Science and Technology Centre** 15 Naturwissenschaft und Technologie zum Anfassen (King Edward Terr., Tel. 02-62 70 28 00, www.questacon.edu.au, tgl. 9–17 Uhr, Erw. 18 A-$, Kin. 11,50 A-$, Fam. 49 A-$).

Canberra

Sehenswert
1. The National Capital Exhibition
2. Captain Cook Memorial Water Jet
3. Blundell's Cottage
4. Canberra Carillon
5. Australian American Memorial
6. Church of St. John the Baptist
7. St. John's Schoolhouse
8. Australian War Memorial
9. National Film and Sound Archive
10. National Museum of Australia
11. National Botanic Gardens
12. Telstra Tower
13. National Aquarium
14. National Library of Australia
15. National Science and Technology Centre
16. High Court
17. National Gallery of Australia
18. National Portrait Gallery
19. Old Parliament House
20. New Parliament House
21. High Commission of Papua New Guinea
22. Indonesische Botschaft
23. Indische Botschaft
24. Thailändische Botschaft
25. Griechische Botschaft
26. Royal Australian Mint

Übernachten
1. Hyatt Hotel Canberra
2. Diamant Boutique Hotel
3. Tall Trees Motel
4. Olims Canberra Hotel
5. Embassy Motel
6. University House at the Australian National University
7. Canberra YHA
8. Capital Country Holiday Village

Essen & Trinken
1. Anise
2. The Boathouse by the Lake
3. Ottoman Cuisine
4. The Chairman and Yip
5. Abell's Kopi Tiam
6. Two Sisters

Einkaufen
1. Gorman House Markets
2. Old Bus Depot Market

Abends & Nachts
1. Galaxy Nightclub
2. King O'Malley's
3. Transit Bar

Nach einem kurzen Spaziergang entlang der Seepromenade erreicht man den **High Court** 16, den Obersten Gerichtshof. Von der 24 m hohen Great Hall führen Fußgängerrampen zu den drei Gerichtssälen. Im Foyer informieren eine Ausstellung und Videovorführungen über das australische Rechtssystem (Parkes Pl., Tel. 02-62 70 68 50, www.hcourt.gov.au, Mo–Fr 9.45–16.30 Uhr, Eintritt frei).

Östlich des Gerichtsgebäudes liegt die **National Gallery of Australia** 17. In dem aus mehreren riesigen Kuben zusammengesetzten Bauwerk verteilen sich elf Galerien über drei Stockwerke. Die exzellente Kollektion australischer Kunstwerke, in der die Kunst der Ureinwohner einen dominierenden Platz einnimmt, gibt als umfangreichste des Kontinents einen umfassenden Überblick über das australische Kunstschaffen aller Epochen.

Auch ein Besuch des Skulpturengartens zwischen der Nationalgalerie und dem See lohnt sich (Parkes Pl., Tel. 02-62 40 65 02, www.nga.gov.au, tgl. 10–17 Uhr, Führungen tgl. 11.15, 13.15, 14.15 Uhr, Eintritt frei, Sonderausstellungen und -veranstaltungen kostenpflichtig).

Das bemerkenswerteste Gebäude, das in den letzten Jahren errichtet wurde, ist die im Dezember 2008 eröffnete **National Portrait Gallery** 18 mit den Porträts von mehr als 400 bedeutenden Persönlichkeiten der australischen Geschichte und Gegenwart (Tel. 02-62 70 82 36, www.portrait.gov.au, tgl. 10–17 Uhr, Eintritt frei).

Old Parliament House 19

Am 9. Mai 1927 übergab der Herzog von York das weiße **Old Parliament House** seiner Bestimmung. Über 60 Jahre lang diente es dem australischen Bundesparlament als Tagungsstätte. Heute bildet das neoklassizistische Gebäude den Rahmen für das Museum of Australian Democracy. Eine kostenlose Führung vermittelt einen Einblick in die bedeutsamen politischen Ereignisse, die sich zwischen 1927 und 1988 in dem historischen Gemäuer abspielten. Umgeben ist das Bauwerk von den National Rose Gardens, in denen zwischen November und April 5000 Ro-

Capital Territory und Great Dividing Range

New Parliament House

senbüsche ihre Farbenpracht entfalten (King George Terr., Tel. 02-62 70 82 22, www.moadoph.gov.au, tgl. 9–17 Uhr, Erw. 2 A-$, Kin. 1 A-$, Fam. 5 A-$). Vor dem Gebäude haben Aborigines, die für Landrechte demonstrieren, eine Tent Embassy (›Zelt-Botschaft‹) errichtet.

New Parliament House [20]

Im Rahmen der 200-Jahr-Feier eröffnete Königin Elizabeth II. am 9. Mai 1988 das **New Parliament House,** das auf dem 610 m hohen Capital Hill thront. Tausende von Arbeitern, Handwerkern und Künstlern benötigten acht Jahre, um dieses Bauwerk der Superlative fertigzustellen. Um die Harmonie der Stadtanlage nicht zu beeinträchtigen, wurde der Capital Hill ›aufgeschnitten‹ und das Bauwerk, wie ein Bunker, in den Hügel versenkt. So können Besucher auf dem rasenbewachsenen Dach des Hohen Hauses spazieren gehen, was nicht eines gewissen Symbolgehalts entbehrt, denn das Volk steht somit buchstäblich über den Politikern. Das in Form zweier Bumerangs gestaltete Bauwerk mit insgesamt 4500 Räumen beherbergt den Senat und das Repräsentantenhaus.

Ganz im Sinne der Architekten, die das Parlament als einen ›Palast für das Volk‹ konzipierten, gibt es in dem mit Marmor und edlen Hölzern ausstaffierten Bauwerk weite öffentliche Bereiche. Mit 48 Marmorsäulen, die einen Wald aus Eukalypten darstellen sollen, gleicht das Foyer einem römischen Forum. Einer der größten Wandteppiche der Welt schmückt die Empfangshalle *(Great Hall).* Herzstück des Bauwerks ist die *Members' Hall* mit pyramidenförmigem Glasdach, durch das man den über 80 m hohen Flaggenmast sehen kann. Rund 3000 Gemälde, Skulpturen und kunstgewerbliche Kostbarkeiten sind über das ganze Gebäude verteilt, wodurch das Parlament zugleich zu einem der größten Kunstmuseen des Landes wird. Wer den 76 Senatoren oder den 148 Mitgliedern des Repräsentantenhauses beim Debattieren zusehen möchte,

Canberra

kann sich um einen Platz auf der Besuchertribüne bemühen (allgemeine Infos: Tel. 02-62 77 53 99, Tickets für Besuchertribüne: Tel. 02-62 77 48 89, www.aph.gov.au, tgl. 9–17 Uhr, kostenlose 45-minütige Führungen an sitzungsfreien Tagen alle 30 Min. ab 9 Uhr).

Yarralumla

Zeit nehmen sollte man sich für einen Besuch von Yarralumla, dem Viertel mit den meisten der rund 70 diplomatischen Vertretungen. Dort haben viele Nationen ihre Missionen im landestypischen Stil errichtet. Besonders sehenswert ist die **High Commission of Papua New Guinea** 21 am Forster Crescent mit einem Geisterhaus, das ein ethnographisches Museum beherbergt (Tel. 02-62 73 33 22, Mo–Fr 9–13, 14–17 Uhr, Eintritt frei). Neben dem Hauptgebäude der **Indonesischen Botschaft** 22, dessen Eingang von mythologischen Wächterstatuen flankiert wird, hat man im Stil eines balinesischen Tempels ein kleines Museum mit Artefakten aus der indonesischen Inselwelt errichtet (Tel. 02-62 50 86 00, Mo–Fr 9.30–12.30, 14–17 Uhr, Eintritt frei). Weitere gelungene architektonische Visitenkarten ihrer Nationen sind die **Indische Botschaft** 23, die an einen Mogul-Palast erinnert, die **Thailändische Botschaft** 24 mit nach oben gewölbten Giebeln im Stil eines buddhistischen Tempels und die **Griechische Botschaft** 25, deren säulengegliederte Fassade Erinnerungen an den Parthenon weckt.

Im südlich des Botschaftsviertels gelegenen Stadtteil Deakin kann man in der Denison Street die **Royal Australian Mint** 26 besichtigen. Das Museum der Königlichen Münzprägeanstalt informiert über die Geschichte und Entwicklung des Geldwesens. Von einer Besuchergalerie lässt sich durch große Glasscheiben der gesamte Produktionsablauf verfolgen (Tel. 02-62 02 69 99, www.ramint.gov.au, Mo–Fr 9–16, Sa/So u. Fei 10–16 Uhr, Eintritt frei).

Infos

Canberra Visitors Centre: 330 Northbourne Ave., Dickson, Tel. 02-62 05 00 44 u. 13 00-55 41 14, Mo–Fr 9–17, Sa/So u. Fei 9–16 Uhr. Infos zu Canberra und Umgebung sowie zu allen touristisch bedeutsamen Regionen in New South Wales und Victoria; Buchung von Hotels, Tagesausflügen, Mietwagen etc.
ACT Parks and Conservation Service: P.O. Box 1065, Tuggeranong, ACT 2901, Tel. 02-62 37 52 22.
National Roads and Motorists Association (NRMA): 92 Northbourne Ave., Braddon, Tel. 02-62 40 46 00. Automobilclub.
Canberra im Internet: www.visitcanberra.com.au, www.canberratourism.com.au, www.bestrestaurants.com.au.

Übernachten

Fünf-Sterne-Luxus ▶ **Hyatt Hotel Canberra** 1**:** Commonwealth Ave., Yarralumla, Tel. 02-62 70 12 34, www.canberra.park.hyatt.com. Firstclass-Hotel mit Restaurants, Pool und Fitnessstudio. DZ 315– 525.

Modernes Designhotel ▶ **Diamant Boutique Hotel** 2**:** 15 Edinburgh Ave., Acton, Tel. 02-61 75 22 22, www.diamant.com.au. Modern designte Zimmer mit cremefarbenen Wänden, viel Holz, schwarzen Möbeln und drahtlosem Internetzugang über WLAN. DZ 185–245 A-$, Suite 300 A-$.

Von viel Grün umgeben ▶ **Tall Trees Motel** 3**:** 21 Stephen St., Ainslie, Tel. 02-62 47 92 00, www.talltrees.bestwestern.com.au. Gut geführtes, ruhiges Motel mit komfortabel ausgestatteten Zimmern und schönem Garten. DZ 185–225 A-$.

Historisches Ambiente ▶ **Olims Canberra Hotel** 4**:** Limestone Ave., Ecke Ainslie Ave., Braddon, Tel. 1300-65 65 65, www.olimshotel.com. Die einzelnen Gebäude dieses denkmalgeschützten Ensembles aus den 1920er-Jahren gruppieren sich um einen üppig grünen Garten; Zimmer mit persönlicher Note, Restaurant und Bar. DZ ab 185 A-$.

Mit Gourmet-Restaurant ▶ **Embassy Motel** 5**:** Hopetoun Circuit, Deakin, Tel. 02-62 81 18 43, www.embassymotelcanberra.com.au. Ruhige Lage nahe dem Parliament House, großzügig ausgestattete Zimmer und preisgekröntes Restaurant. DZ ab 165 A-$.

Auf dem Campus ▶ **University House at the Australian National University** 6**:** 1 Bal-

Capital Territory und Great Dividing Range

main Cresc., Acton, Tel. 02-61 25 52 76, www.anu.edu.au/unihouse. Ruhiges Hotel am Rande der City mit gut ausgestatteten Zimmern und Restaurant. EZ 85 A-$ (mit Gemeinschaftsbad), DZ 130–147 A-$ (mit Bad/WC), Apartment mit zwei Zimmern ab 180 A-$.

Jugendherberge ► **Canberra City YHA** [7]: 7 Akuna St., City, Tel. 02-62 48 91 55, www.yha.com.au. Moderne, kleine Jugendherberge mit freundlichen Räumen, Pool, Sauna und Dachterrasse. DZ 80–89 A-$, im Mehrbettzimmer 25–33 A-$ pro Pers.

Camping und Cabins ► **Capital Country Holiday Village** [8]: 1520 Bidges Rd. (Federal Hwy), Sutton, Tel. 02-62 30 34 33, www.capitalcountry.holidayvillages.com.au. Etwa 10 km nordöstl. der City gelegener Campingplatz mit Stellplätzen für Wohnmobile, Cabins, Pool und Tennisplatz.

Essen & Trinken

Mit Aussicht ► **Alto** [12]: Telstra Tower, Black Mountain Dr., Acton, Tel. 02-62 47 55 18, www.altotower.com.au, Di/Mi 18–21.30, Do/Fr 12–15, 18–21.30, Sa 18–21.30, So 12–15, 18–21.30 Uhr, fürs Dinner unbedingt reservieren. Die beste Aussicht zum Essen gibt es in dem Drehrestaurant des Telstra Tower, serviert werden kreative Gerichte der leichten modernen australischen Küche mit thailändischem Einschlag. Vorspeisen 21–27 A-$, Hauptgerichte 30–45 A-$.

Preisgekrönt ► **Anise** [1]: Melbourne Building, 20 West Row, City, Tel. 02-62 57 07 00, www.anisecanberra.com.au, Di–Fr 12–14, 18.30–22, Sa 18–22 Uhr. Der Küchenchef des preisgekrönten Restaurants verbindet regionale Produkte mit mediterraner Leichtigkeit und zaubert eine innovative moderne australische Küche vom Feinsten. Vorspeisen 17–21 A-$, Hauptgerichte 29–41,50 A-$.

East meets west ► **The Boathouse by the Lake** [2]: Grevillea Park, Menindee Dr., Russell, Tel. 02-62 73 55 00, www.boathousebythelake.com.au, Mo–Fr 12–15, 18–22, Sa 17–23 Uhr. Asiatisch angehauchte *New Australian Cuisine* bei schönem Blick auf den Lake Burley Griffin, Tipp: Frischer Salat mit Erdbeeren an Truthahnstreifen. Vorspeisen 15–19,50 A-$, Hauptgerichte 27,50–39,50 A-$.

In historischem Gemäuer ► **The Ginger Room** [19]: Old Parliament House, King George Terr., Parkes, Tel. 02-62 70 82 62, www.gingercatering.com.au, Di–Sa 12–15, 18–22 Uhr. Ausgefallenes Restaurant, sowohl kulinarisch als auch mit seinem Ambiente im alten Parlamentsgebäude aus dem frühen 20. Jh., vorwiegend Gerichte der modernen australischen Küche. Vorspeisen 14,50–18 A-$, Hauptgerichte 17,50–38 A-$.

Moderne türkische Küche ► **Ottoman Cuisine** [3]: Broughton St., Ecke Blackall St., Barton, Tel. 02-62 73 61 11, www.ottomancuisine.com.au, Di–Fr 12–14.30, 18–22, Sa 18–22 Uhr, Reservierung empfohlen. Gerichte aus der Türkei und dem Mittleren Osten, ideenreich neu ›interpretiert‹; elegantes Ambiente in einem Art-déco-Gebäude. Vorspeisen 16–21 A-$, Hauptgerichte 29–34 A-$.

Modern Asian ► **The Chairman and Yip** [4]: 108 Bunda St., City, Tel. 02-62 48 71 09, www.thechairmanandyip.com, Mo 18–22.30, Di–Fr 12–14.30, 18–22.30, Sa 18–22.30 Uhr. Innovative asiatische Küche, guter Service, ansprechendes Ambiente. Vorspeisen 9,50–19,50 A-$, Hauptgerichte 27,50–33 A-$.

Panasiatische Küche ► **Abell's Kopi Tiam** [5]: 7 Furneaux St., Manuka, Tel. 02-62 39 41 99, Di–So 11.30–14.30, 17.30–22 Uhr. Ausgezeichnete *Nonya*-Küche, eine Mischung aus malaysischen, indonesischen und chinesischen Einflüssen. Vorspeisen 8,50–17,50 A-$, Hauptgerichte 18–29,50 A-$.

Scharf, schärfer, am schärfsten ► **Two Sisters** [6]: Woolley St., Dickson, Tel. 02-62 47 71 99, Di–Sa 12–14.30, 17.30–22.30, So 17.30–22.30 Uhr. Laotisch-thailändische Küche, Tipp: *Laab Gai* – chilischarfes Hackfleisch vom Huhn mit Pfefferminzblättern und anderen aromatischen Kräutern. Vorspeisen 7,50–12 A-$, Hauptgerichte 14,50–26 A-$.

Einkaufen

Märkte ► **Gorman House Markets** [1]: Gorman House Arts Centre, Ainslie Ave., Braddon, Tel. 02-62 47 32 02, www.gormanhouse.com.au, Sa 10–16 Uhr. Bunter, multikultureller Markt für Kunsthandwerk und Kurioses. **Old Bus Depot Market** 2 : Wentworth Ave., Kingston, Tel. 02-62 92 83 91, www.obdm.com.au, So 10–16 Uhr. Markt für Kunst und Kunsthandwerk, Textilien und Trödel.

Abends & Nachts

Mega-Disco ▶ **Galaxy Nightclub** 1 : Canberra Casino, 21 Binara St., Civic, Tel. 13 11 14, www.casinocanberra.com.au, Mo–Do 19–1, Fr/Sa 19–3, So 19–1 Uhr. Beliebte Diskothek mit sowohl DJ- als auch Livemusik.

Irischer Pub ▶ **King O'Malleys** 2 : 131 City Walk, City, Tel. 02-62 57 01 11, www.kingomalleys.com.au, tgl. 11–24 Uhr. Das inoffizielle irische Kulturzentrum von Canberra ist tagsüber ein rustikal gestyltes Pub-Restaurant. Freitag- und samstagabends stehen die Gäste mit ihrem Guinness in Dreierreihen vor dem Tresen, wenn eine Folk-Rock-Formation live aufspielt.

Livemusik ▶ **Transit Bar** 3 : 9 Akuna St., City, Tel. 02-62 57 83 69, tgl. 15–24 Uhr. Gemütlicher Pub mit Livemusik von Blues über Funk bis Jazz.

Termine

Royal Canberra Show (letztes Wochenende im Feb.): Landwirtschaftsausstellung mit vielfältigem Beiprogramm.

Multicultural Festival (Feb./März): Folkloristische Veranstaltungen ethnischer Gruppen.

Canberra Festival (März): Zehntägige ›Geburtstagsparty‹ der Stadt mit Volksfestcharakter.

Floriade Spring Festival (Sept./Okt.): Blumenfest mit kulturellem Beiprogramm.

Verkehr

Flüge: Zwischen dem 8 km östlich der City gelegenen Flughafen und dem Zentrum pendelt ein Flughafenbus; Auskunft: Tel. 02-62 95 69 99.

Züge: Fernzüge in alle Richtungen (u. a. mehrmals tgl. nach Sydney) starten ab der Central Railway Station, Wentworth Ave., Kingston. Auskunft und Buchung: Country-Link Travel Centre, Jolimont Centre, 65–67 Northbourne Ave., Tel. 13 22 32, www.countrylink.info. Nach Melbourne gibt es nur eine kombinierte Bus-Zug-Verbindung über Yass (Infos und Buchung: V/Line, Tel. 13 61 96).

Busse: Überlandbusse in alle Richtungen starten ab Jolimont Centre, 65–67 Northbourne Ave. Auskunft und Buchung: Greyhound Australia, Tel. 1300-47 39 46; Murrays Australia, Tel. 13 22 51.

Fortbewegung in der Stadt

Infos über alle öffentlichen Verkehrsmittel erteilt ACTION, der Betreiber des Transportnetzes in Canberra: Tel. 13 17 10, www.action.act.gov.au.

Busse: Das Busnetz wird durch einen Airport-Shuttle und eine Sightseeing-Linie ergänzt. Der **Canberra Explorer Bus** verkehrt tgl. von 9–17 Uhr auf einer 25 km langen Rundstrecke in Abständen von 60 Min.; an 19 Haltepunkten in der Stadt kann man mit einer Tageskarte die Fahrt beliebig oft unterbrechen; Abfahrt beim Melbourne Building, 59 Northbourne Ave.; Auskunft: Tel. 13 00-55 41 14, www.canberradaytours.com.au; Tickets: Erw. 35 A-$, Kin. 15 A-$, erhältlich bei den Busfahrern. Für die regulären Busse empfiehlt sich das ›Adult Shopper's Off Peak Daily Ticket‹, eine Tageskarte für 4,50 A-$.

Snowy Mountains

▶ 1, T 16/17

Südwestlich von Canberra erstrecken sich die Snowy Mountains, die ›Schneeberge‹ von New South Wales, wo das transaustralische Randgebirge – die Great Dividing Range – Höhen von mehr als 2000 m erreicht. Einen Großteil dieser auch ›Australische Alpen‹ genannten Region mit sanft abfallenden Hängen und abgerundeten, bewachsenen Gipfeln schützt der **Kosciusko National Park,** so getauft nach dem mit 2228 m höchsten Gipfel Australiens. Gletscher ließen hier nach der letzten Eiszeit zahlreiche durch Endmoränen aufgestaute Gebirgsseen zurück. Schnee-Eukalypten *(Snow Gums)* treten in dieser rauhen Hochgebirgslandschaft häufig

Capital Territory und Great Dividing Range

in recht bizarren Formen auf. Die rund 1000 km² umfassenden Schneefelder sind bis zu sechs Monate im Jahr bedeckt. Hier befinden sich die beliebtesten Skigebiete von Australien, die von Juni bis November Zehntausende von Wintersportlern anlocken. In den australischen Sommermonaten sind die Snowy Mountains Ausflugsziel für Bergwanderer und Angler.

Zum Landschaftsbild gehören nicht nur idyllische Gletscherseen und versteckte Hochmoore, sondern auch mächtige Staudämme und riesige Rohrleitungen – die ›Schneeberge‹ stehen im wahrsten Sinne des Wortes unter Spannung. Als Quellgebiet wichtiger Flüsse (Murray River, Murrumbidgee River und Snowy River) bergen sie ein immenses wasserwirtschaftliches und hydro-elektrisches Potenzial, welches das *Snowy Mountains Irrigation and Hydroelectric Scheme* erschließt.

Durch ein System von 16 Stauseen, die durch Tunnel und Aquädukte miteinander verbunden sind, wurden der Snowy River und seine wichtigsten Nebenflüsse in den Murray und Murrumbidgee umgeleitet. Damit war das erste Ziel des Projekts erreicht: die Bewässerung der weiten Ebenen der Riverina Region. Zuvor treiben die Ströme noch die Turbinen von sieben Wasserkraftwerken an. Damit leisten sie einen wichtigen Beitrag zur Energieversorgung des südöstlichen Australien und lassen selbst vielen Einwohnern Sydneys ein Licht aufgehen. 25 Jahre dauerten die 1972 abgeschlossenen Bauarbeiten. Über 100 000 Arbeiter, zumeist Einwanderer aus aller Welt, standen in diesem Zeitraum auf den Lohnlisten der Snowy Mountains Hydroelectric Authority.

Cooma

Den besten Eindruck von den Snowy Mountains gewinnt man auf einer in Cooma (800 m) beginnenden Panoramastrecke, die – mit einigen Abstechern – einmal quer durch das Gebirge führt. Cooma selbst ist der größte Ort der Region, zugleich Drehscheibe des Tourismus. Im **Centennial Park** mit der Avenue of the Flags flattern die Fahnen der 27 Nationen, aus denen die Erbauer des Snowy River Projekts stammten. Am Monaro Highway in Cooma North befindet sich das administrative Zentrum der **Snowy Mountains Hydroelectric Authority.** Dort informieren Videofilme, Modelle und Schautafeln über das Projekt (Tel. 18 00-62 37 76, www.snowyhydro.com.au, Mo–Fr 8–17, Sa/So 8–13 Uhr, Eintritt frei).

Berridale und Jindabyne

Erste Zwischenstation nach Cooma ist das Städtchen **Berridale,** bekannt für hochwertige Töpferwaren und andere kunstgewerbliche Produkte. Von dort gelangt man auf einer Stichstraße zum **Lake Eucumbene,** dem zentralen Stausee des Snowy Mountains Scheme, zugleich ein beliebtes Angelrevier.

Im 930 m hoch gelegenen **Jindabyne,** dem größten Wintersportzentrum der Snowy Mountains, vermittelt das großzügig gestaltete Snowy Region Visitor Centre Wissenswertes über den Mount Kosciusko National Park. Eine Statue am Jindabyne-Stausee erinnert an den polnischen Grafen Paul Edmund von Strzelecki (1797–1873, s. auch S. 351f.), der 1840 im Alleingang den höchsten Berg Australiens bestieg. Jindabyne ist der Startpunkt für den 109 km langen, über Thredbo nach Khancoban führenden Alpine Way, schlechthin die Panoramastraße durch die ›Schneeberge‹.

Kosciusko National Park

Etwa 5 km westlich von Jindabyne zweigt vom Alpine Way die Kosciusko Road nach **Sawpit Creek** in der Kernregion des Kosciusko National Park ab. Dort lädt der Sawpit Creek Nature Track, ein Naturlehrpfad durch Eukalyptuswald, zu einem informativen Spaziergang ein (Rundweg 1,6 km/1 Std.).

Die Straße windet sich hinauf zum 1440 m hoch gelegenen Skiort Wilsons Valley. Weiter geht es zu den Wintersportzentren Smiggin Holes (1675 m) und Perisher Valley (1813 m), die beide über eine Vielzahl von Hotels und zahlreiche Skilifte verfügen. Das Mitte der 1980er-Jahre eröffnete Skizentrum Mount Blue Cow ist durch die 8,5 km lange U-Bahn ›Skitube‹ über Perisher Valley mit Bullocks

Snowy Mountains

Im Kosciusko National Park

Flat am Alpine Way westlich von Jindabyne verbunden. Einige Kilometer südwestlich von Perisher Valley kommen wir zum Charlotte Pass (1840 m) mit dem schön gelegenen Bergort Charlotte Pass Village, der mit -22,3 °C den bisherigen Kälterekord in Australien hält. Vom **Charlotte Pass Lookout** bietet sich ein grandioser Blick auf den Mount Kosciusko und andere Gipfel auf dem ›Dach Australiens‹. Hier liegt auch der Ausgangspunkt für einige Wanderungen. Sehr zu empfehlen sind der Summit Walk auf den Mount Kosciusko (hin und zurück 16 km/7 Std.) und der Main Range Walk über den Mount Carruthers und den Mount Townsend sowie die Gletscherseen Blue Lake, Club Lake und Lake Albina. Der Main Range Walk kann mit dem Summit Walk zu einer Rundwanderung kombiniert werden (20 km/9 Std.).

Auf dem Alpine Way nach Khancoban

Auf der Kosciusko Road geht es zurück zum Alpine Way und über Bullocks Flat, der Talstation der ›Skitube‹, zum Wintersportort **Thredbo** (1370 m) mit mondänen Skihotels. Auch von dort kann man den Gipfel des Mount Kosciusko erreichen: Ein Sessellift fährt zum 1930 m hohen Mount Crackenback, wo ein Wanderpfad zum Mount Kosciusko beginnt (hin und zurück 12 km/6 Std.).

Südwestlich von Thredbo windet sich die Straße hinauf zur Passhöhe Dead Horse Gap. Eine 9 km lange Schotterpiste führt zum **Olsens Lookout,** der einen herrlichen Blick auf die westlichen Steilabbrüche der Snowy Mountains bietet. Vorbei an Wasserkraftwerken, die man besichtigen kann, schwingt sich der Alpine Way hinab ins Tal des Murray River. Endpunkt der Panoramastraße ist der Bergort **Khancoban** am gleichnamigen Stausee, einem bei Wassersportlern beliebten Revier.

Weiter Richtung Albury

Die kürzeste und gleichzeitig landschaftlich reizvollste Route nach Albury (s. S. 169f.), einer nächsten möglichen Zwischenstation auf dem Weg nach Melbourne, führt von Khancoban geradewegs nach Westen. Bereits nach etwa 30 km trifft man auf das Landstädtchen **Corryong,** das als Schauplatz von Andrew Barton (Banjo) Patersons Ballade ›The Man from Snowy River‹ landesweite Bekanntheit erlangte.

Das ca. 80 km entfernte **Tallangatta** am Lake Hume, ein beliebtes Wassersport- und Angelrevier, befand sich ursprünglich einige

Capital Territory und Great Dividing Range

Kilometer weiter östlich. Mitte der 50er-Jahre des 20. Jh. mussten die Bewohner umziehen, da man den Mitta Mitta River und den Murray River zum Lake Hume aufstaute. Von Aussichtspunkten sieht man auf die gespenstisch wirkenden Spitzen abgestorbener Bäume, die aus den Fluten ragen. Nach weiteren 45 km, größtenteils am Lake Hume entlang, ist Albury erreicht.

Infos

… in Cooma
Cooma Visitors Centre: 119 Sharp St., Tel. 18 00-63 65 25, www.visitcooma.com.au, tgl. 10–17 Uhr.

… in Jindabyne
Snowy Region Visitor Centre: Tel. 02-64 50 56 00, www.nationalparks.nsw.gov.au, tgl. 8–18 Uhr.

… in Khancoban
National Parks & Wildlife Service Information Centre: Scott St., Tel. 02-60 76 93 73, tgl. 8.30–12, 13–16 Uhr.

Übernachten

… in Cooma
Das neueste Quartier in Cooma ▶ **Kinross Inn:** 15 Sharp St., Tel. 02-64 52 35 77, www.kinrossinn.com.au. Gut geführtes Haus mit geräumigen Zimmern und beheiztem Pool. DZ 80–120 A-$.

Intimes Boutique-Motel ▶ **White Manor Motel:** 252 Sharp St., Tel. 02-64 52 11 52, www.whitemanor.com.au. Familiäres Motel mit bequemen, in fröhlichen Farben eingerichteten Zimmern. DZ 80–90 A-$.

Camping und Cabins ▶ **Snowtels Caravan & Camping Area:** Snowy Mountains Hwy, Tel. 02-64 52 18 28, snowtels@snowy.net.au. Gut ausgestattet, zahlreiche geräumige Cabins, schöne Lage.

… in Jindabyne
Am Seeufer ▶ **Banjo Paterson Inn:** 1 Kosciusko Rd., Tel. 18 00-04 62 75, www.banjopatersoninn.com.au. Komfortable Zimmer unterschiedlicher Qualität, z. T. mit Seeblick; Restaurant und Bar. DZ 80–155 A-$.

Camping und Cabins ▶ **Snowline Caravan Park:** Kosciusko Rd., Ecke Thredbo Rd., Tel. 18 00-24 81 48, www.snowline.com.au. Gut ausgestattet, viele gemütliche Cabins, schöne Lage am Lake Jindabyne.

… in Sawpit Creek
Sehr gutes Standquartier ▶ **Kosciusko Mountain Retreat:** Tel. 02-64 56 22 24, www.kositreat.com.au. Gut ausgestattet, mit

Der Ettamogah Pub bei Albury

gemütlichen Blockhäusern, schöne Lage, ideal zur Erkundung der Snowy Mountains, in der Hochsaison unbedingt rechtzeitig reservieren.

... in Thredbo
Gediegen ▶ Thredbo Alpine Hotel: Tel. 13 00-85 79 22, www.rydges.com.au. Spitzenhotel im Ortszentrum mit Restaurant, Hallenbad, Spa und Sauna. DZ ab 160–170 A-$.
Charmant rustikal ▶ House of Ullr: Banjo Dr., Tel. 02-64 57 62 10. Gemütliches kleines Hotel. DZ ab 75 A-$.
Jugendherberge ▶ Thredbo YHA Hostel: 8 Jack Adams Pathway, Tel. 02-64 57 63 76, www.yha.com.au. Architektonisch ansprechende, komfortable Jugendherberge. DZ ab 70 A-$, im Mehrbettzimmer ab 26 A-$ p. P.

... in Khancoban
Mit ländlichem Charme ▶ Khancoban Alpine Inn: Alpine Way, Tel. 02-60 76 94 71, www.alpineinn.com.au. Rustikales Haus mit Zimmern unterschiedlicher Qualität, Restaurant und Bar. DZ 65–115 A-$.
Camping und Cabins ▶ Khancoban Lakeside Caravan Resort: Alpine Way, Tel. 02-60 76 94 88. Gute Ausstattung, gemütliche Cabins, schöne Lage am See.

Essen & Trinken
... in Cooma
Verfeinerte Regionalküche ▶ Elevation: Alpine Hotel, 170 Sharp St., Tel. 02-64 52 51 51, Di–Sa 18.30–22.30 Uhr. Moderne australische Küche‹ mit mediterranem Einschlag. Vorspeisen 14–18 A-$, Hauptgerichte 18–28 A-$.

... in Jindabyne
Für Heimwehkranke ▶ Bergkeller: Kosciusko/Thredbo Rds, Tel. 02-64 56 20 52, tgl. 12–15, 17–22 Uhr. Sehr schmackhafte alpenländische Hausmannskost. Vorspeisen 8–12 A-$, Hauptgerichte 16–28 A-$.

... in Thredbo
Gewölbesaal mit Kamin ▶ Crackenback Cottage: Alpine Way, Tel. 02-64 56 21 98, tgl. 10–16, 18–22 Uhr (Winter), Do–So 10–22 Uhr (Sommer). Italienisch inspirierte *New Australian Cuisine*. Vorspeisen 8,50–16 A-$, Hauptgerichte 20,50–36 A-$.

Termine
... in Cooma
Numeralla Folk Festival (Jan.): Drei Tage Countrymusic und Volkstänze.
Snowy Ride (Nov.): Großes Motorradfahrer-Treffen mit volksfestähnlichem Beiprogramm und Musik.

... in Jindabyne
Man from Snowy River Rodeo (26. Dez.): Rodeo mit Musik- und Tanzveranstaltungen.

Albury und Umgebung
▶ 1, S 16

Die aufstrebende Stadt Albury entwickelte sich mit ihrer auf der anderen Seite des Murray River in Victoria gelegenen Schwesterstadt **Wodonga** in den letzten Jahren zu einem der Wirtschaftszentren des Kontinents. Der Ort ging aus einer 1838 zum Schutz einer Furt über den Murray errichteten Polizeistation hervor. Zwischen 1850 und 1870 befand sich hier der Endhafen für die auf dem Murray verkehrenden Raddampfer.

Einen Besuch in Albury lohnen die Anfang des vergangenen Jahrhunderts im venezianischen Renaissance-Stil erbaute, ehemalige Town Hall, die heute das **Albury Regional Art Gallery** mit einer Kunstgalerie beherbergt (546 Dean St., Tel. 02-60 21 11 33, Mo–Fr 10.30–17 Uhr, Sa/So 10.30–16 Uhr, Eintritt frei), der **Monumental Hill** mit einem über 30 m hohen Obelisken und das **Albury Regional Museum** im 1877 erbauten Turks Head Hotel im Australia Park (Wodonga Pl., Tel. 02-60 21 45 50, tgl. 10.30–16.30 Uhr, Eintritt frei).

Nahebei ankert im Murray River die ›**P. S. Cumberoona**‹. Bei passendem Wasserstand legt der Nachbau eines Schaufelraddampfers zu nostalgischen Kreuzfahrten ab (Tel. 02-60 21 11 13, www.cumberoona.com.au, tgl. 10, 12, 14 Uhr, Erw. 18 A-$, Kin. 9,50 A-$, Fam. 45,50 A-$).

Im **Ettamogah Wildlife Sanctuary** am Hume Highway 10 km nördlich der Stadt beäugen Kängurus, Koalas, Emus und andere Vertreter der australischen Fauna neugierig Besucher aus aller Welt (Tel. 02-60 40 36 77,

Capital Territory und Great Dividing Range

Tipp: Wangaratta Festival of Jazz

Jazz jeglicher Stilrichtung von Dixieland bis Free Jazz, gespielt von Ensembles aus aller Welt, zieht alljährlich Ende Oktober/Anfang November eine große Fangemeinde nach Wangaratta am Hume Highway, ca. 60 km südwestlich von Albury. Infos: www.wangaratta-jazz.org.au.

tgl. 9–17 Uhr, Erw. 12 A-$, Kin. 6 A-$, Fam. 30 A-$). Eine weitere Attraktion ist der 2 km nördlich gelegene **Ettamogah Pub,** ein Gasthaus, das nach den Entwürfen eines Karikaturisten errichtet wurde.

Über Wodonga, das nordöstliche Eingangstor des Bundesstaats Victoria, erreicht man **Rutherglen** und **Chiltern.** Dort siedelten sich gegen 1850 zahlreiche deutsche Winzer aus dem Rheintal an, die den Weinanbau im nördlichen Victoria begründeten. In einigen der Kellereien sind Besichtigungen und Weinproben möglich.

Infos
… in Wodonga
Albury-Wodonga Gateway Visitor Information Centre: Lincoln Causeway, Tel. 1300-79 62 22, www.destinationalburywodonga.com.au, tgl. 9–17 Uhr.

Übernachten
… in Albury
Am Flussufer ▶ **Australia Park Motel:** Wodonga Pl., Tel. 1800-02 48 88, www.australiaparkmotel.com.au. Komfortabel, am Murray River, mit Restaurant und Pool. DZ 115–145 A-$.

Ideal für Familien ▶ **Albury City Motel:** Young St., Ecke Tribune St., Tel. 02-60 21 76 99, www.alburycitymotel.com. Familienfreundlich, mit Pool und Spielplatz. DZ 85–95 A-$.

Camping und Cabins ▶ **Albury Motor Village:** 372 Wagga Rd. (Hume Hwy), Lavington, Tel. 02-60 40 29 99, www.alburymotorvillage.com.au. Mit komfortablen Cabins.

Essen & Trinken
… in Albury
Modern australisch ▶ **Cadells Restaurant:** Country Comfort Albury, Dean St., Ecke Elizabeth St., Tel. 02-60 21 53 66, tgl. 12–15, 18–22 Uhr. Moderne australische Küche in elegantem Ambiente. Vorspeisen 12–14 A-$, Hauptgerichte 18–34 A-$.

Deftig australisch ▶ **Beafeaters Bar and Grill:** Sundowner Paddlesteamer, 324 Wodonga Pl., Tel. 02-60 42 05 00, tgl. 18–24 Uhr. Steaks und andere Fleischgerichte, nichts für Vegetarier. Vorspeisen 6,50–8,50 A-$, Hauptgerichte 18,50–27,50 A-$.

Termine
… in Albury
Wine & Food Festival (1. Wochenende im Okt.): Alles, was Küche und Keller hergeben.

Beechworth ▶ 1, S 16

Vor oder nach einer Fahrt durch die ›Viktorianischen Alpen‹ (s. S. 171) sollte man unbedingt einen Abstecher zur gut erhaltenen Goldgräberstadt Beechworth einplanen. Mit über 30 unter Denkmalschutz stehenden historischen Gebäuden könnte das Städtchen als Kulisse eines Western dienen. Sehenswert sind vor allem das Post Office Building mit einem markanten Glockenturm, das Tanswells Commercial Hotel mit einem schmiedeeisernen Verandageländer und die Ruine des Ovens Goldfields Hospital.

Einen Besuch lohnt das **Burke Museum** in der Loch Street mit einer rekonstruierten Ladenarkade aus dem 19. Jh. und der nachgebildeten Zelle aus dem Old Melbourne Gaol, in der Ned Kelly (s. S. 172) seine letzten Tage verbrachte (Tel. 03-57 28 14 20, tgl. 10.30–15.30, während der Schulferien tgl. 10.30–16.30 Uhr, Erw. 7,50 A-$, Kin. 4 A-$, Fam. 17,50 A-$).

Alte Pferdekutschen kann man im **Carriage Museum** der Beechworth Railway Station betrachten (Tel. 03-57 28 45 97, tgl. 10.30–12.30, 13.30–16.30 Uhr, Erw. 5 A-$, Kin. 2,50 A-$, Fam. 12,50 A-$). In der William

Street lädt das **Brauereimuseum MB Historic Cellars** zu einem Besuch ein (Tel. 03-57 28 13 04, tgl. 10–16 Uhr, Erw. 5 A-$, Kin. 2 A-$, Fam. 10 A-$). Das **Powder Magazine,** ein historisches Munitionsdepot an der Ecke Gorge Road und Camp Street, beherbergt heute ein heimatkundliches Museum (tgl. 10.30–12.30 und 13.30–16.30 Uhr, Eintritt frei).

Infos
Beechworth Visitor Information Centre: Town Hall, Ford St., Tel. 13 00-36 63 21, www.beechworthonline.com.au, tgl. 9–17 Uhr.

Übernachten
Wohlfühlpension ▶ **Barnsley House:** 5 John St., Tel. 03-57 28 10 37, www.barnsleyhouse.com.au. Stilvolles B & B in einem eleganten Landhaus, nur für Nichtraucher. DZ ab 160 A-$.

Erschwinglicher Komfort ▶ **Golden Heritage Motor Inn:** 51 Sydney Rd., Tel. 03-57 28 14 04, www.goldenheritage.com.au. Zentral, ruhig, ordentlich, mit Pool. DZ 115–135 A-$.

Camping ▶ **Lake Sambell Caravan Park:** Peach Dr., Tel. und Fax 03-57 28 14 21, www.caravanparkbeechworth.com.au. Gute Ausstattung, hübsche Lage an einem kleinen See.

Essen & Trinken
Innovative Küche in altem Gemäuer ▶ **The Bank Restaurant:** 86 Ford St., Tel. 03-57 28 22 23, www.thebankrestaurant.com, tgl. 12–15, 17–22 Uhr. Kreative Gerichte der modernen australischen Küche in gediegenem Kolonialambiente. Vorspeisen 10–15 A-$, Hauptgerichte 19,50–35 A-$.

Victorian Alps ▶ 1, S 16/17

Ausgedehnte Weinfelder und große Obstplantagen im fruchtbaren Tal des Murray sind das eine Gesicht des Nordostens von Victoria, das andere sind herrliche Berglandschaften mit einer artenreichen alpinen Vegetation und den größten und schönsten Nationalparks des Bundesstaates.

Von Wodonga führt der Kiewa Valley Highway ins High Country. Hier befinden sich einige der bekanntesten australischen Wintersportorte wie Mount Buffalo, Falls Creek und Hotham Heights. Aber auch im Sommer lohnen sich Abstecher in die Alpenregion, die spektakuläre Aussichtspunkte und ein großes Wanderwegenetz besitzt.

Bright und Alpine National Park
Drehscheibe des Tourismus der Region ist der große Ferienort **Bright.** Mit seinen Tausenden von Laubbäumen hält das Städtchen im Herbst jeden Vergleich mit dem Indian Summer in den Oststaaten der USA stand.

Bright dient als Ausgangspunkt für eine 225 km lange Rundfahrt auf mittlerweile fast durchgehend asphaltierter Straße durch den östlichen Teil des **Alpine National Park** mit den höchsten Berggipfeln von Victoria. Etwa 6 km südöstlich von Bright beginnt die Alpine Tourist Road, der man durch das Tal des Ovens River zunächst nach Harrietville folgt. Hinter dem freundlichen Bergort windet sich die schmale Teerstraße kurvenreich ins Hochland. Hotham Heights und Dinner Plain sind in den Wintermonaten quirlige Skizentren, im Sommer nahezu verwaiste ›Geisterstädte‹. Bei **Omeo** mündet die Bergstraße in den gleichnamigen Highway, auf dem man die Rundfahrt in nördlicher Richtung fortsetzt. Etwa 5 km südlich von Glen Valley biegt eine Nebenstraße nach Westen ab, an der, vorbei am Rocky Valley-Stausee, das Wintersportzentrum Falls Creek liegt. Die landschaftlich reizvolle Bergstrecke zwischen dem Ferienort **Mount Beauty** und Bright führt über den 895 m hohen Pass Tawonga Gap, von dem sich ein schöner Blick auf den Mount Bogong bietet, den mit 1986 m höchsten Berg Victorias.

Mount Buffalo National Park
Vom Städtchen Porepunkah, ca. 7 km nordwestlich von Bright, windet sich eine landschaftlich reizvolle Bergstraße kurvenreich

Capital Territory und Great Dividing Range

zum Mount Buffalo National Park empor (Eintritt: 11,50 A-$/Auto). Im Zentrum dieses beliebten Wander- und Skigebiets liegt in etwa 1300 m Höhe das Hotel-Restaurant **Mount Buffalo Chalet.**

In der Nähe der traditionsrei-chen Herberge bieten spektakulär platzierte Aussichtsterrassen wie **Echo Point Lookout** und **Bents Lookout** atemberaubende Panoramen der Bergwelt. Kurze Wanderungen führen zu weiteren Aussichtspunkten, etwa zum 1419 m hohen Granitblock **Monolith,** von dessen Spitze man einen herrlichen Rundumblick genießt (hin und zurück 2 km/ 1 Std.).

Vom Chalet schlängelt sich die 11 km lange Panoramastraße **Nature Drive** über die von Mooren durchsetzte Hochebene, die sich im Frühling und Frühsommer in ein Meer aus bunten Wildblumen verwandelt. Dicht an der Straße, von der meist kurze Wanderwege abzweigen, ragen die mächtigen Granitformationen **The Cathedral** und **The Hump** empor. Vom Endpunkt des Natur Drive kann man **The Horn,** die mit 1724 m höchste Erhebung im Nationalpark, besteigen (hin und zurück 1,5 km/45 Min.).

Infos
… in Bright

Alpine High Country Visitor Centre: Great Alpine Rd., Tel. 03-57 55 22 75, www.go.bright.vic.com.au, Mo–Fr 9–17, Sa/So 8.30–16.30 Uhr.

Übernachten
… in Bright

Mit Flussblick ▶ **Colonial Inn Motel:** 54–58 Gavan St., Tel. 03-57 55 16 33, www.brightcolonial.com.au. Gepflegte Unterkunft am Owens River mit behaglichen Zimmern. DZ 95–130 A-$.

Zum Wohlfühlen ▶ **Grevillea Gardens Motel:** 2–4 Gavan St., Tel. 03-57 55 13 75, www.grevilleagardens.com. Gemütlich eingerichtete Zimmer, es gibt einen schönen Garten und einen Pool. DZ 85–120 A-$.

Camping und Cabins ▶ **Freeburgh Cabins & Caravan Park:** 1099 Great Alpine Rd., Tel. 03-57 50 14 35. Sehr gut ausgestattet, gemütliche Cabins.

… in Mount Beauty

Mit netter Weinbar ▶ **Allamar Motor Inn:** Ranch Rd., Tawonga South, Tel. 03-57 54 43 65, www.allamarmotorinn.com.au. Kleines, gemütliches Motel. DZ 95–115 A-$.

… im Mount Buffalo National Park

Romantisches Hideaway ▶ **Mount Buffalo Resort:** Tel. 18 00-03 70 38, www.victravel.com.au/mount-buffalo-accommodation.html. Von Grund auf restauriertes traditionsreiches Kolonialhotel mit Restaurant und Wellness-Center. DZ 310–350 A-$ (Vollpension).

Essen & Trinken
… in Bright

Raffiniert ▶ **Simone's Restaurant:** Ovens Valley Motor Inn, Ashwood Ave., Ecke Great Alpine Rd., Tel. 03-57 55 20 22, tgl. 12–15, 18–22 Uhr. Exellente Gerichte der leichten *New Australian Cuisine.* Vorspeisen 10–14 A-$, Hauptgerichte 18–36 A-$.

Weiter nach Melbourne

Glenrowan und Benalla
▶ 1, S 16

Zurück auf dem Hume Highway lockt etwa 20 km südlich von Wangaratta der kleine Ort **Glenrowan** mit einer makabren Einladung: »Stop at Glenrowan like the Kelly Gang did« (s. Thema rechts). Hier fand einst Ned Kellys letztes Gefecht mit der Polizei statt – heute sorgt man mit allen Mitteln dafür, dass Australiens berühmtester Strauchdieb nicht in Vergessenheit gerät. Im Ned Kelly Theatre wird mit lebensgroßen, computeranimierten Puppen »Ned Kelly's Last Stand«, das blutige Finale im Glenrowan Pub, nachgespielt (tgl. 9.30–16.30 Uhr alle 30 Min., Erw. 13,50 A-$, Kin. 7,50 A-$, Fam. 34,50 A-$).

Kelly-Memorabilien und andere Kuriositäten aus der Pionierzeit kann man auch im Städtchen **Benalla** im Costumes and Pioneer Museum bestaunen (tgl. 9–17 Uhr, Erw. 3 A-$, Kin. 0,50 A-$). Einen Besuch lohnt die am

Ned Kelly: Der australische Robin Hood — Thema

Über Ned Kelly scheiden sich die Geister. War er ein feiger Polizistenmörder oder ein armer Teufel, der sein Schicksal in die eigenen Hände nahm? War er ein Wegelagerer und Bankräuber oder ein Robin Hood des Fünften Kontinents?

Edward Kelly wurde 1855 als Sohn eines irischen Strafverbannten in ärmlichsten Verhältnissen in Melbourne geboren, verbrachte seine Kindheit aber bei Farmer-Familien. Der bereits als Zehnjähriger zum Pferdedieb ›ausgebildete‹ Ned stand schon in jungen Jahren mehrfach vor dem Richter und wanderte mit 14 zum ersten Mal ins Gefängnis. Noch keine 18 Jahre alt, legte sich Kelly mit der Polizei an, nachdem er erlebte, wie verarmte irische Bauern auf Drängen reicher Großgrundbesitzer von der Obrigkeit verfolgt wurden.

Nach einer Attacke auf einen Gesetzeshüter floh er mit seinem Bruder Dan und zwei Freunden in den Busch und wurde Bandit. Kelly & Co. spezialisierten sich auf Banküberfälle, holten sich aber das, was sie brauchten, auch bei reichen Viehbaronen. Die Kleinsiedler dagegen ließen sie in Ruhe. Diese wiederum revanchierten sich, indem sie der Kelly-Bande oft Unterschlupf gewährten. Während das koloniale Bürgertum in Kelly somit einen kaltblütigen Killer sah, erwarb er sich in den Unterschichten den Nimbus eines Volkshelden und Anwalts der Unterdrückten. Als Ned Kelly schließlich drei Polizisten, die ihm auf der Spur waren, erschoss, wurde er zum meistgesuchten Verbrecher seiner Zeit.

Zum blutigen Finale kam es im Juni 1880, nachdem ein ehemaliges Bandenmitglied den Schlupfwinkel der Kelly-Gang verraten hatte. In einem Pub im kleinen Ort Glenrowan wurden Ned Kelly und seine Männer von 50 Polizisten gestellt. Während des folgenden Feuergefechts kamen drei Mitglieder der vierköpfigen Bande um. Die Polizisten steckten schließlich das Gebäude in Brand, und Ned Kelly unternahm einen Fluchtversuch, bei dem er aber einen Treffer ins Bein erhielt und gefangengenommen wurde. Wenig später machte man ihm in Melbourne den Prozess, der mit dem Todesurteil endete. Obwohl 32 000 Menschen ein Gnadengesuch unterzeichneten, legte am 11. November 1880 der Henker im Old Melbourne Gaol die Schlinge um Ned Kellys Hals. Die Kelly-Legende lieferte den Stoff für Gedichte und Balladen. Die ›Heldentaten‹ des Wild Colonial Boy haben australische Maler wie Sidney Nolan inspiriert und sogar in den Film Eingang gefunden. In den 1970er-Jahren verkörperte Mick Jagger den Volkshelden auf der Leinwand. Zum vorläufig letzten Mal wurde Ned Kellys abenteuerliches Leben 2003 mit Heath Ledger und Orlando Bloom zu einem großen Kinodrama.

Noch heute stellt man sich oft die Frage, weshalb eine offensichtlich kriminelle Person als australischer Volksheld solche Berühmtheit erlangen konnte, weshalb heute noch die Charakterisierung *game as Kelly* (mutig wie Kelly) für einen Australier ein großes Lob bedeutet. Nancy Keesing gibt dazu in ihrer Kelly-Biografie folgende Erklärung: »Ganz nüchtern, logisch betrachtet, ist mir bewusst, dass Kelly ein Dieb, Betrüger und Mörder war. Mein australisches Blut sagt mir aber auch, dass er das Produkt unseres unbarmherzigen, tapfer kämpfenden und in sich widersprüchlichen Landes ist – Held und Teufel in einem.«

Capital Territory und Great Dividing Range

Lake Benalla gelegene Benalla Art Gallery mit einer Sammlung zeitgenössischer Kunst (Benalla Rose Gardens, Tel. 03-57 62 30 27, tgl. 9–17 Uhr, Eintritt frei).

Lake Eildon und Umgebung
▶ 1, S 16/17

Schon lange vor Benalla hat sich der zweispurige Hume Highway in den vierspurigen Hume Freeway verwandelt, der nun auf direktem Wege nach Melbourne führt, allerdings durch eine wenig abwechslungsreiche Agrarregion. Reizvoller ist es, zunächst ab Benalla dem Midland Highway nach Mansfield und von dort dem Maroondah Highway nach **Eildon** zu folgen. Südlich der Straße erstreckt sich der weit verzweigte **Lake Eildon,** der größte künstliche See von Victoria.

In **Snobs Creek** kurz vor Eildon werden in der Freshwater Fisheries Research Station and Hatchery Forellen gezüchtet, um die Bestände der überfischten Flüsse und Seen in Victoria wieder aufzustocken (Tel. 03-57 74 22 08, tgl. 10–16.30 Uhr, Erw. 5 A-$, Kin. 2 A-$, Fam. 10 A-$).

Südwestlich von Eildon zweigt die Straße zum 543 m hohen **Mount Pinninger Lookout** ab, der einen tollen Blick über den Lake Eildon, ein Dorado für Wassersportler und Angler, bietet. Von Eildon führt die reizvolle Höhenstraße Skyline Road zum **Lake Eildon National Park** mit schönen Camping- und Picknickplätzen.

Marysville und Healesville
▶ 1, R/S 17

Weiter südlich hat ein Abstecher vom Maroondah Highway den Bergort **Marysville** zum Ziel, in dessen Nähe die 82 m hohen, nachts beleuchteten Steavenson Falls in eine farnbestandene Schlucht stürzen. Der kleine Bergort wurde am ›Black Saturday‹ im Februar 2009 von verheerenden Buschfeuern fast völlig zerstört, ist mittlerweile aber wieder weitgehend aufgebaut

Zwischen Narbethong und Healesville mäandert der Maroondah Highway kurvenreich durch den hügeligen **Yarra Ranges National Park** mit majestätischen Königseukalypten und riesigen Baumfarnen. Letzte Highlights auf der Strecke Strecke – nur noch eine gute Autostunde von Melbourne entfernt – sind **Healesville** mit seinem bekannten gleichnamigen Tierpark (s. S. 211) und der **Dandenong Ranges National Park** (s. S. 210).

Infos
… in Benalla
Benalla Visitors Information Centre: 14 Mair St., Tel. 03-57 62 17 49, tgl. 9–17 Uhr.

Übernachten
… in Benalla
Familiär und ruhig ▶ **Benalta Motel:** 27 Bridge St. West, Tel. 03-57 62 56 00, www.benaltamotel.com. Kleines, familienfreundliches Motel mit Pool, im ganzen Haus Rauchverbot. DZ ab 85 A-$.

Camping und Cabins ▶ **Benalla Leisure Park:** 115 Sydney Rd., Tel. 1800-88 85 48, www.benallaleisurepark.com.au. Sehr gute Ausstattung, mit gemütlichen Cabins und Pool.

… in Eildon

Von viel Grün umgeben ▶ **Eildon Parkview Motor Inn:** Hillside Ave., Tel. 03-57 74 21 65, Fax 03-57 74 21 55. Kleines, ruhig gelegenes Motel. DZ 85–95 A-$.

Camping und Cabins ▶ **Eildon Caravan Park:** Eildon Rd., Tel. 03-57 74 21 05, Fax 03-57 74 26 80. Einfach.

… in Healesville

Ruhig und preiswert ▶ **Maroondah View Motel:** Maroondah Hwy/McKenzie Ave., Tel. 03-59 62 41 54, www.healesvillemotel.com.au. Unscheinbares, aber sehr angenehmes Motel mit Restaurant, Salzwasser-Pool und schönem Garten. DZ ab 80 A-$.

Essen & Trinken
… in Healesville
Authentische Thai-Küche ▶ **Poppy's:** 434 Maroondah Hwy, Tel. 03-59 62 13 00, tgl. 12–15, 17–22 Uhr. Authentische Thai-Küche. Tipp: *Laab Gai* – chilischarfes Hackfleisch vom Huhn mit Pfefferminzblättern. Vorspeisen 7,50–9,50 A-$, Hauptgerichte 10,50–19 A-$.

Die Küste zwischen Sydney und Melbourne

Bizarre Steilklippen im Wechsel mit weiten Sandstränden, buchtartige Flussmündungen und verästelte Meeresarme, idyllische Binnenseen und ein hügeliges Hinterland mit oftmals (noch) dichtem Regenwaldbestand – wie Perlen an einer Kette sind die Attraktionen entlang der Südostküste aufgereiht. Drei bis vier Tage sollte man sich Zeit lassen für diese gut 1000 km lange Route.

Wollongong ▶ 1, U 15

Das Tor zu den Urlauberdorados an der australischen Südostküste bildet ausgerechnet das 80 km südlich von Sydney gelegene Industriezentrum Wollongong-Port Kembla mit qualmenden Schornsteinen und riesigen Kohlehalden. In der mit knapp 250 000 Einwohnern drittgrößten Stadt von New South Wales befindet sich das größte Stahlwerk des Kontinents. Wenig südlich von Wollongong steht der monumentale **Nan Tien Temple,** der größte buddhistische Tempel der südlichen Hemisphäre. Zwischen der Stahlmetropole und Shellharbour liegt der Binnensee **Lake Illawarra,** ein beliebtes Naherholungsgebiet mit vielfältigen Wassersportmöglichkeiten. Der Küstenabschnitt zwischen Wollongong und Gerrigong südlich von Kiama trägt den Namen Illawarra Coast, was einem Idiom der Aborigines entstammt und ›schönes Land am Meer‹ bedeutet.

Kiama ▶ 1, U 15

Der Ferienort Kiama ist bekannt für ein sehenswertes Naturschauspiel: das **Blowhole.** Durch eine quadratmetergroße Spalte in einer Felsenklippe wird bei starker Brandung das Meerwasser wie bei einer Fontäne bis zu 60 m hoch geschleudert. In der Nähe befindet sich das **Pilots Cottage** aus dem Jahre 1881, das ein kleines Seefahrtsmuseum beherbergt (Tel. 02-42 32 10 01, Fr–Mo 11–15 Uhr, Eintritt frei).

3 km nördlich des Orts ragen die Cathedral Rocks auf, eine Klippenformation, in der man mit ein wenig Fantasie eine Kathedrale erkennen kann. Ein lohnender Abstecher führt ins 8 km westlich gelegene Dorf **Jamberoo** mit einem gut erhaltenen Gebäudeensemble aus dem 19. Jh. und weiter durch sanft hügeliges Agrarland zum **Minnamurra Rainforest Centre im Budderoo National Park,** in dem ein 4,2 km langer Naturlehrpfad mit der üppigen Vegetation des subtropischen Regenwalds vertraut macht. Die ersten 500 m verlaufen auf einem Holzsteg und sind daher auch für Rollstuhlfahrer geeignet (Visitors Centre: Tel. 02-42 36 04 69, tgl. 9–17 Uhr 11 A-$/Auto).

Am Steilabbruch der Great Dividing Range, 18 km westlich des Minnamurra Rainforest Centre, ermöglicht es der Illawarra Fly Tree Top Walk Besuchern ohne Höhenangst, den Regenwald auf einem außergewöhnlichen Spaziergang aus ungewöhnlicher Perspektive zu erleben. Auf brückenähnlichen Metallrampen geht es in Schwindel erregenden Höhen 500 m durch das grüne Laubdach der majestätischen Urwaldriesen zu einem 45 m hohen Aussichtsturm (Knights Hill, Tel. 1300-36 28 81, www.illawarrafly.com, tgl. 9–17 Uhr, Erw. 22 A-$, Kin. 9,50 A-$, Fam. 55 A-$).

Die Küste zwischen Sydney und Melbourne

Infos
Kiama Visitors Centre: Blowhole Point, Tel. 13 00-65 42 62, www.kiama.com.au, tgl. 9–17 Uhr.
Im Internet: www.sydney-melbourne.com.au

Übernachten
Schön gelegenes B & B ▶ Bed and Views: 69 Riversdale Rd., 3 km außerhalb Richtung Jamberoo, Tel. 02-42 32 36 62, www.bedandviewskiama.com.au. Sympathische B & B-Pension mit modernen Zimmern; reichhaltiges europäisches Frühstück, hilfsbereite deutschsprachige Besitzer. DZ 155–210 A-$.
Komfortables Stadthotel ▶ Kiama Terrace Motor Lodge: 45–51 Collins St., Tel. 02-42 33 11 00, www.kiamaterracemotel.com.au. Ruhiges Motel mit behaglichen Zimmern, Restaurant, Pool. DZ 125–150 A-$.
Camping und Cabins ▶ Blowhole Point Holiday Park: Blowhole Point Rd., Tel./Fax 02-42 32 27 07. Gut ausgestattet, große Auswahl geräumiger Cabins, schön gelegen.

Essen & Trinken
Für Seafood-Fans ▶ Cargo's Wharf Restaurant: Kiama Harbour, Tel. 02-42 33 27 71, tgl. 12–15, 18.30–22 Uhr. In dem Terrassenlokal kommen fangfrischer Fisch und Meeresfrüchte auf den Tisch. Vorspeisen 8–14 A-$, Hauptgerichte 19–38 A-$.).
Guter Italiener ▶ Chachi's: 5/32 Collins St., Tel. 02-42 33 11 44, tgl. 11–23 Uhr. Beste Pasta und Pizza, Fisch- und Fleischgerichte. Gerichte 13,50–32 A-$.

Verkehr
Infos zu Verkehrsverbindungen entlang der Küste s. S. 172.

Nowra   ▶ 1, U 16

Über den Strandort Gerringong, der den Beginn der sogenannten South Coast markiert, erreicht man das Feriengebiet um Nowra am Shoalhaven River. An dessen Mündungstrichter liegt das bereits im Jahr 1822 gegründete Dorf **Coolangatta,** wo man Töpfer und Glasbläser bei der Arbeit beobachten kann. **Shoalhaven Heads** am Nordufer der Flussmündung ist ein Wassersport- und Urlaubszentrum, in dessen Nähe sich der ausgezeichnete Bade- und Surfstrand Seven Mile Beach erstreckt. Am Ufer des Shoalhaven River etwas nördlich von Nowra beheimatet der **Nowra Wildlife Park** Kängurus, Koalas & Co. (Rockhill Rd., Tel. 02-44 21 39 49, tgl. 9–17 Uhr, Erw. 10,50 A-$, Kin. 5,50 A-$, Fam. 26,50 A-$).

Südöstlich von Nowra öffnet sich die **Jervis Bay,** die einst mit Port Jackson als führender Kolonialhafen konkurrierte. Mit traumhaften Stränden, spektakulären Klippen und einem Ableger der National Botanic Gardens von Canberra (Mo–Fr 8–16 Uhr, Sa/So u. Fei 10–17 Uhr) wartet auf der hügeligen Halbinsel zwischen der Bucht und dem St. Georges Basin der **Jervis Bay National Park** auf.

Infos
Shoalhaven Visitors Centre: Princes Hwy, Bomaderry, Tel. 1300-66 28 08, www.shoalhavenholidays.com.au, tgl. 9–17 Uhr.

Übernachten
Luxus-Camp ▶ Paperbark Camp: 571 Woollamia Rd., Huskisson, Tel./Fax 02-44 41 60 61, www.paperbarkcamp.com.au. Einer afrikanischen Lodge nachempfundenes Luxus-Zeltcamp; die Einrichtung aus rustikalen Edelmöbeln wurde von lokalen Künstlern handgefertigt; mit preisgekröntem Restaurant (s. u.). Zelt bei Doppelbelegung ab 340–370 A-$ (inkl. Frühstück und Dinner).
Am Flussufer ▶ Riverhaven Motel: 1 Scenic Dr., Nowra, Tel. 02-44 21 20 44, Fax 02-44 21 21 21. Schöne Lage am Flussufer, mit Restaurant und beheizbarem Pool. DZ ab 85 A-$.
Camping und Cabins ▶ Shoalhaven Heads Tourist Park: Shoalhaven Heads Rd., Tel. 02-44 48 71 78, www.shoalhaventouristpark.com.au. Bestens ausgestattet, mit komfortablen Cabins, direkter Zugang zum Seven Mile Beach.

Nowra

Die Southern Highlands erinnern an das ländliche England oder Schottland

Essen & Trinken

Kulinarische Offenbarung in einem Baumhaus ▶ **The Gunyah:** Paperbark Camp, 571 Woollamia Rd., Huskisson, Tel. 02-44 41 72 99, Di–Sa 18.30–22.30 Uhr (Juli/Aug. geschl.). Gerichte der modernen australischen Küche, vor allem fangfrisches Seafood, serviert in einem Baumhaus. Dreigängiges Menü 65–75 A-$.

Spezialitäten aus dem Meer ▶ **D.J.'s Fish 'n' Chips:** Greenwell Point, 15 km südöstlich von Nowra, Tel. 02-44 47 13 32, tgl. 11–21 Uhr. Kulinarische Wallfahrtsstätte für Seafood-Fans (v. a. Austern). Vorspeisen 8,50–11,50 A-$, Hauptgerichte 18–30 A-$.

Einkaufen

Kunsthandwerk ▶ **Historic Coolangatta Craft Centre:** 1180 Bolong Rd., Nowra, Tel. 02-44 48 80 35, Mo–Fr 9–18, Sa/So 10–17 Uhr. Töpferwaren und anderes Kunsthandwerk.

Aktiv

Delfin- und Walbeobachtung ▶ **Dolphin Watch Cruises Jervis Bay:** 50 Owen St., Huskisson, Tel. 02-44 41 63 11, www.dolphinwatch.com.au. 2-stündige Bootstouren auf der Jervis Bay zur Beobachtung von Delfinen und Seerobben (tgl. 10, 13 Uhr, Erw. 27 A-$, Kin. 16 A-$, Fam. 76 A-$); Mitte Sept.–Mitte Nov. Touren zur Walbeobachtung (Erw. 65 A-$, Kin. 35 A-$, Fam. 170 A-$).

Abstecher in die Southern Highlands

Westlich von Nowra beginnen, die Küste bis zu 700 m überragend, die Southern Highlands (s. auch S. 149). Von Nowra windet sich eine landschaftlich reizvolle Straße über den 678 m hohen Mount Cambewarra, der eine grandiose Fernsicht über das Delta des Shoalhaven River bis zur Tasman-See bietet. Nach knapp 20 km ist das **Kangaroo Valley** erreicht, ein liebliches, von einer imposanten

Die Küste zwischen Sydney und Melbourne

Tipp: Transport an der Südostküste

Wer diesen Küstenabschnitt genauer erkunden möchte, sollte sich unbedingt ein Auto mieten, denn längst nicht alle Orte entlang der Route sind mit öffentlichen Verkehrsmitteln zu erreichen. Die **Züge** der Sydney CityRail (blaue Linie), Tel. 13 15 00, enden bereits in Nowra-Bomaderry (s. S. 176). Eine direkte Bahnverbindung nach Melbourne gibt es erst wieder mit V/Line, Tel. 13 61 96, ab Sale im Bundesstaat Victoria (s. S. 186). Entlang der Südostküste verkehren außerdem **Busse,** die jedoch nur in den größeren Orten am Princes Highway halten: u. a. Greyhound Australia, Tel. 13 00-47 39 46 (tgl. Sydney–Melbourne); Premier Motor Services, Tel. 13 34 10 (tgl. Sydney–Bega bzw. Eden); Sapphire Coast Express, Tel. 18 00-81 21 35 (mehrmals wöchentl. Batemans Bay–Melbourne). Nahverkehrsbusse zu Orten abseits des Highway sind eher rar.

Bergkulisse umrahmtes Hochtal, das seit 1820 besiedelt wurde. Heute befinden sich hier eine kleine Feriensiedlung und das sehenswerte **Pioneer Museum Park,** das einige historische Gebäude sowie eine Sammlung landwirtschaftlicher Geräte aus der Pionierzeit präsentiert präsentiert (Tel. 02-44 65 13 06, www.kangaroovalleymuseum.com, Fr–Mo 10–16 Uhr, Erw. 4 A-$, Kin. 2,50 A-$, Fam. 10 A-$). Eine weitere Attraktion des Tals ist die 1898 eingeweihte Hampden Bridge, eine trutzig wirkende, von zwei Dutzend Stahlseilen getragene Hängebrücke.

Auf der serpentinenreichen Weiterfahrt landeinwärts geht das hügelige Agrarland allmählich in üppigen Regenwald über, aus dem vereinzelt rote Felsklippen ragen. Nach 16 km erreicht man den **Morton National Park,** eine Wildnis aus Schluchten und Felsabbrüchen, Wasserfällen und Regenwäldern. Hier stürzen die Fitzroy Falls 120 m tief in eine Schlucht. Das beste Panorama bietet sich von einer Aussichtsplattform beim Visitor Centre. Zu **Jersey Lookout, Starkeys Lookout** und weiteren Aussichtspunkten führt der West Rim Track (hin und zurück 3 km/1 Std.).

Übernachten

... im Kangaroo Valley
Sehr gemütliche Frühstückspension ▶ **Tall Trees:** 8 Nugents Creek Rd., Tel. 02-44 65 12 08, www.talltreesbandb.com.au. Gut geführtes B & B. DZ 105–165 A-$.
Camping und Cabins ▶ **Kangaroo Valley Tourist Park:** Moss Vale Rd., Tel. 02-44 65 13 10. Gute Ausstattung, schöne Lage.

Batemans Bay ▶ 1, U 16

Über den bedeutenden Fischereihafen Ulladulla geht es an der Küste entlang nach **Batemans Bay.** Der bereits 1770 von Kapitän James Cook nach dem späteren Gründer von Melbourne benannte Ferienort an der Mündung des Clyde River lockt Besucher mit einem vielfältigen Freizeitangebot. Spaß für Groß und Klein verspricht der **Birdland Animal Park** mit Papageien, Koalas, Wombats und anderen australischen Tieren (55 Beach Rd., Tel. 02-44 72 53 64, www.birdlandanimalpark.com.au, tgl. 9.30–16 Uhr, Erw. 16 A-$, Kin. 9 A-$, Fam. 45 A-$).

Flach abfallende Badestrände mit blendend weißem Silikatsand erstrecken sich 3 km südöstlich bei Batehaven. Bootsausflüge führen zur nahen **Tollgate Island,** auf der man mit etwas Glück Pinguine beobachten kann. Zutraulichen Kängurus begegnet man vor allem in den späten Nachmittagstunden im kleinen **Murramarang National Park.** Bei **Nelligen,** einige Kilometer nordwestlich von Batemans Bay, verbreitert sich der Clyde River auf Seengröße. Noch etwas weiter landeinwärts liegt das hübsche Kolonialstädtchen **Braidwood,** ein beliebtes Ausflugsziel mit Cafés und Souvenirläden, in denen man Kunsthandwerk kaufen kann.

Infos

Batemans Bay Visitors Centre: Princes Hwy, Tel. 18 00-80 25 28, www.eurobodalla.com.au, tgl. 9–17 Uhr.

Übernachten

Am Flussufer ▶ Mariners Lodge on the Waterfront: 31 Orient St., Tel. 02-44 72 62 22, www.marinerslodge.com.au. Komfortables Motel am Clyde River mit Restaurant und Pool. DZ 115–135 A-$.

Klein und preiswert ▶ Bayside Motel: 60 Beach Rd., Tel. 02-44 72 64 88, www.baysidemotel.com.au. Etwas außerhalb, nicht weit vom Strand, mit Pool. DZ 89–119 A-$.

Camping und Cabins ▶ Riverside Holiday Park: Wharf Rd., Tel. 02-44 72 40 48, www.easts.com.au. Gut ausgestatteter Caravan Park am Clyde River mit geräumigen Komfort-Cabins.

Essen & Trinken

Leckere Bistroküche ▶ Blank Canvas Waterfront Cuisine: Annett's Arcade, Orient St., Tel. 02-44 72 50 16, tgl. 11–15, 17–23 Uhr. Moderne australische Küche mit Blick auf den Clyde River. Vorspeisen 12–16 A-$, Hauptgerichte 18–34 A-$.

Aktiv

Hochseefischen und Walbeobachtung ▶ Bluefin Adventures: Main Wharf, Orient St., Tel. 04 29-20 09 66, www.bluefinadventures.com.au, Erw. 60 A-$, Kin. 35 A-$, Fam. 155 A-$. Bootstouren zur Tollgate Island, zum Hochseefischen sowie Mitte Sept.–Mitte Nov. zur Walbeobachtung.

Weiter nach Narooma
▶ 1, U 16

Mogo, 10 km südlich von Batemans Bay, lockt Besucher mit der Gold Rush Colony, dem originalgetreuen Nachbau einer Goldgräbersiedlung (Tel. 02-44 74 21 23, www.goldrushcolony.com.au, Führungen tgl. 10.30, 12, 13.30, 15 Uhr, Erw. 15 A-$, Kin. 8 A-$, Fam. 40 A-$) und dem Mogo Zoo mit Tieren aus aller Welt (Tel. 02-44 74 48 55, tgl. 9–17 Uhr, Erw. 23 A-$, Kin. 12 A-$, Fam. 65 A-$).

Im Big Cheese, dem Verkaufsraum der Käserei von **Bodalla,** kann man Käse probieren. Von 1880 stammt die aus Granit und Sandstein erbaute All Saints Anglican Church, die wie eine mittelalterliche Wehrkirche wirkt. Ab dem Bade-, Angel- und Surfzentrum **Moruya** heißt die Küste verheißungsvoll Sapphire Coast.

Narooma ist ein Paradies für Sportfischer, die sich das recht kostspielige *game fishing* auf Haie und Marlins leisten können. Auf der vorgelagerten Montague Island, die nur in Begleitung von Rangern betreten werden darf, kann man Zwergpinguine und Seehunde beobachten. Im Oktober und November tummeln sich in den Gewässern um die Insel neben Delfinen zahlreiche Buckelwale.

Infos
… in Narooma

Narooma Visitors Centre: Princes Hwy, Tel. 18 00-24 00 03, www.www.eurobodalla.com.au, tgl. 9–17 Uhr.

Übernachten
… in Narooma

Großzügige Studios ▶ Amooran Court: 30 Montague St., Tel. 02-44 76 21 98, www.amoorancourt.com.au. Familiäres, strandnahes Motel mit Zimmern und Apartments unterschiedlicher Qualität und beheiztem Pool. DZ 100–160 A-$, Apartment 160–240 A-$.

Camping und Cabins ▶ Island View Beach Resort: Princes Hwy, Tel. 02-44 76 46 00, Fax 02-44 76 34 66. Großer Caravan Park am Strand mit Cabins und Pool.

Essen & Trinken
… in Narooma

Schöne Terrasse ▶ The Quarterdeck Marina: 13 Riverside Dr., Tel. 02-44 76 27 23, tgl. 12–15, 18.30–23 Uhr. Stimmungsvolles Lokal mit leckerem, fangfrischem Seafood. Vorspeisen 8–14 A-$, Hauptgerichte 16–32 A-$.

Aktiv
… in Narooma

Bootsausflüge ▶ Narooma Charters: 9 Collins Cresc, Tel. 02-44 76 22 40, www.naroomacharters.com.au, Erw. 110 A-$, Kin. 88 A-

Die Küste zwischen Sydney und Melbourne

$, Fam. 376 A-$. 3-stündige Bootsausflüge zur Montague Island sowie Mitte Sept.–Mitte Nov. zur Walbeobachtung.

Über Bermagui nach Merimbula ▶ 1, T/U 16/17

Central Tilba, ca. 20 km südwestlich von Narooma und etwas abseits des Princes Highway gelegen, lohnt einen Stopp. Das Bild des gegen Ende des 19. Jh. während eines kurzen Goldrausches angelegten Dorfes prägen zwei Dutzend Holzbauten, die heute unter Denkmalschutz stehen. Geschmackvoll restauriert, beherbergen sie Galerien sowie Ateliers von Kunsthandwerkern. Rund um Käse geht es in der in einem Holzhaus aus der Kolonialzeit untergebrachten ABC Cheese Factory (Bate St., Tel. 02-44 73 73 87, tgl. 9–17 Uhr, Eintritt frei). Überragt wird der Ort, der einem lebenden Museum gleicht, von dem markanten Gipfel des 808 m hohen Mount Dromedary.

Einen weiten Bogen durch das Hinterland beschreibend, führt der Princes Highway nun südwärts nach Bega. Folgt man stattdessen der Nebenstraße entlang der Küste, so kommt man vorbei am fischreichen Wallaga Lake nach **Bermagui.** Bekannt wurde der Ort durch den amerikanischen Schriftsteller Zane Grey, der dort in den 1930er-Jahren seiner großen Leidenschaft frönte, dem Hochseeangeln. Auch heute starten von Bermagui Sportfischer zu Fangtörns in den Südpazifik. Ein gutes Renommee hat der Ort zudem wegen seiner frischen und preiswerten Austern, die von umliegenden Farmen stammen.

Über Tathra, in dessen Nähe sich der **Mimosa Rocks National Park** mit bizarren Felsenklippen und einsamen Buchten erstreckt, erreicht man **Bega,** das Zentrum einer von Milchwirtschaft geprägten Region. Im Besucherzentrum der Bega Cheese Factory kann man diverse Käsesorten probieren und sich ein Bild von der Käseherstellung machen (Lagoon St., Tel. 02-64 91 77 62, www.begacheese.com.au, tgl. 9–17 Uhr).

Bootsanleger in Batemans Bay

Der beliebte Strandort Merimbula bietet Besuchern den Vergnügungspark Magic Mountain (Tel. 02-64 95 22 99, tgl. 10–16 Uhr, Erw. 33 A-$, Kin. 27 A-$) und das Merimbula Aquarium, das einen guten Eindruck von der Vielfalt der hiesigen Meeresfauna vermittelt (Tel. 02-64 95 44 46, Mi–Mo 10–16 Uhr, Fütterung Mo, Mi, Fr 11.30 Uhr, Erw. 11,50 A-$, Kin. 6,50 A-$, Fam. 27,50 A-$).

Infos
… in Bermagui
Bermagui Tourist Information Centre: Lamont St., Tel. 18 00-64 58 08, tgl. 10–15.30 Uhr.

… in Merimbula
Merimbula Visitor Information Centre: Beach St., Tel. 18 00-15 04 57, www.sapphirecoast.com.au, Mo–Sa 9–17, So 10–17 Uhr.

National Parks & Wildlife Service Discovery Centre: Merimbula Dr., Ecke Sapphire Coast Dr., Tel. 02-64 95 50 00, tgl. 10–17 Uhr. Wissenswertes über die Fauna und Flora der Region, Tipps zu Unternehmungen in freier Natur.

Übernachten
… in Central Tilba
Viel Lokalkolorit ▶ **Dromedary Hotel:** 5 Bate St., Tel. 02-44 73 72 23. Bed & Breakfast mit historischem Flair im lokalen Pub-Hotel. DZ ab 65 A-$.

… in Bermagui
Hilfsbereite Besitzer ▶ **Bermagui Motor Inn:** 38 Lamont St., Tel. 02-64 93 43 11, www.bermaguimotorinn.com.au. Familiäres Motel mit 17 behaglichen Zimmern, 100 m vom Strand; John und Sue, das hilfsbereite Besitzerehepaar, organisieren Ausflüge zu Wasser und zu Land. DZ 99–104 A-$.

… in Merimbula
Komfortables Ferienresort ▶ **Black Dolphin Resort Motel:** Arthur Kaine Dr., Tel. 02-64 95 15 00, www.blackdolphin.com.au. Resort zwischen Merimbula Lake und Main Beach, mit Garten, Pool und Restaurant. DZ 95–175 A-$.

Zimmer mit Ausblick ▶ **Kingfisher Motel:** 105 Merimbula Dr., Tel. 02-64 95 15 95, www.kingfishermotel.com.au. Gut geführt, mit beheiztem Pool und Kinderplantschbecken, jedes Zimmer mit Balkon und Meerblick. DZ 88–155 A-$.

Camping und Cabins ▶ **Merimbula Beach Holiday Park:** 2 Short Point Rd., Tel. 02-64 99 89 40, www.merimbulabeachholidaypark.com.au. Sehr gut ausgestattet, mit architektonisch ansprechenden und geräumigen Cabins, am herrlichen Short Point Beach gelegen.

Essen & Trinken
… in Bermagui
Für manche gibt es nur einen Grund, den Abstecher nach Bermagui zu machen:

Frische Austern ▶ Zu kaufen im **Seafood-Laden** am Fischerhafen oder in einem der kleinen **Fish 'n' Chips-Lokale** an der Hauptstraße. Ein Dutzend zu etwa 15–20 A-$.

… in Merimbula
Leicht und kreativ ▶ **Pier One:** Lakeside, Tel. 02-64 95 11 01, tgl. 11.30–14.30, 17.30–22.30 Uhr. Moderne australische Küche, vor allem Fischgerichte, vor dem Panorama des Merimbula Lake. Vorspeisen 12–18 A-$, Hauptgerichte 16–34 A-$.

Aktiv
… in Merimbula
Bootsausflüge ▶ **Merimbula Marina:** Merimbula Jetty, Tel. 02-64 95 16 86, www.merimbulamarina.com, Erw. 69 A-$, Kin. 39 A-$, Fam. 179 A-$. Bootstouren zur Walbeobachtung (Mitte Sept.–Mitte Nov.).

Eden und die Twofold Bay
▶ 1, T 17

Eden, malerisch an der Twofold Bay gelegen, ist der letzte größere Ort vor der Grenze zu Victoria. Einst Heimat einer stattlichen Flotte von Walfangschiffen, ist der Naturhafen Twofold Bay heute ein Zentrum der kommerziellen Fischerei. Hervorragende Möglichkeiten zur Walbeobachtung ziehen jedes Jahr Tausende Besucher an. Zu sehen sind vor allem Buckelwale *(Humpback Whales),* mit etwas Glück auch Killer-, Pott- und Zwergwale.

Die Küste zwischen Sydney und Melbourne

Über die Geschichte des Walfangs in den Gewässern von New South Wales informiert das **Eden Killer Whale Museum,** in dem man auch das Skelett eines Schwertwals bestaunen kann (Imlay St., Tel. 02-64 96 20 94, www.killerwhalemuseum.com.au, Mo–Sa 9.15–15.45, So 11.15–15.45 Uhr, Erw. 7,50 A-$, Kin. 2 A-$, Fam. 17 A-$). Viel Atmosphäre vermittelt ein Spaziergang durch den Hafen.

Gegenüber von Eden, am Südufer der **Twofold Bay,** gründete 1842 der Schotte Benjamin Boyd den Hafen Boydtown. Boyd hatte in der Schafzucht und im Walfang ein Vermögen erworben. Nach seinen Vorstellungen sollte Boydtown zunächst zum Mittelpunkt seines Wirtschaftsimperiums werden und später Sydney als Hauptstadt der Kolonie ablösen. Doch Ende der 1840er-Jahre platzten die kühnen Pläne, als Boyd in finanzielle Schwierigkeiten geriet und sich auf die Salomon-Inseln absetzte. Viel blieb nicht übrig von dem hochtrabenden Projekt. In Boydtown stehen noch eine neogotische Kirche sowie das restaurierte Seahorse Inn, das heute ein Hotel und Restaurant beherbergt. Über den Red Point im **Ben Boyd National Park** wacht der Boyds Tower, ein 31 m hoher Leuchtturm aus Sandstein, den Ben Boyd 1846 errichten ließ. Von dort bietet sich ein schöner Blick auf die rötlichen Sandsteinklippen des Naturschutzgebiets.

Infos
Eden Visitor Centre: Princes Hwy, Tel. und Fax 02-64 96 19 53, www.edentourism.com.au, tgl. 10–17 Uhr.

Übernachten
Koloniales Ambiente ▶ Crown & Anchor Inn: 239 Imlay St., Tel. 02-64 96 10 17, www.crownandanchoreden.com.au. Stilvolles B & B in kolonialem Gemäuer, für Kinder weniger geeignet. DZ 130–170 A-$.
Ideal für Familien ▶ Twofold Bay Motor Inn: 166 Imlay St., Tel. 02-64 96 31 11, www.twofoldbaymotorinn.com.au. In schöner Lage über der Twofold Bay, mit familiengerechten Zimmern, Pool. DZ 99–160 A-$.
Camping und Cabins ▶ Twofold Bay Beach Resort: Princes Hwy, Tel. 02-64 96 15 72, www.aspenparks.com.au. 7 km südl. von Eden an der Twofold Bay, gut ausgestattet, mit gemütlichen Cabins.

Essen & Trinken
Fangfrisches aus dem Meer ▶ Wheelhouse Restaurant: Fishermans Wharf, Tel. 02-64 96 33 92, tgl. 18–24 Uhr (Sept.– April), Di–So 18–24 Uhr (Mai– Aug.). Edles Fischlokal mit toller Weinkarte; es gilt es als eines der besten des Landes. Vorspeisen 10,50–21 A-$, Hauptgerichte 19,50–34 A-$.

Aktiv
Bootsausflüge ▶ Cat Balou Cruises: Main Wharf, Tel. 04 27-96 20 27, www.catbalou.com.au, Erw. 70 A-$, Kin. 40 A-$, Fam. 180 A-$. Bootstouren zur Twofold Bay, im Okt./Nov. mit Walbeobachtung.

Termine
Eden Whale Festival (Nov.): 3-tägiges Volksfest mit Straßenparaden, viel Musik und Tanz; Höhepunkt sind die Eden Games mit so abenteuerlichen Wettbewerben wie ›Schleimiges Makrelenwerfen‹.

Über Mallacoota nach Orbost ▶ 1, T 17

Ca. 50 km südlich von Eden passiert der Princes Highway die Grenze zum Bundesstaat Victoria. Bis Melbourne führt der Highway nun durch Gippsland, ein Gebiet, das nach dem in den 1840er-Jahren amtierenden Gouverneur George Gipps benannt wurde. Unberührte Waldgebiete und einsame Strände kontrastieren hier mit Tagebauminen und Kraftwerken. Während man im Westen der Region die größten Braunkohlelager der Welt abbaut, präsentiert sich der Osten als eine noch weitgehend intakte Naturoase, in der rund zwei Drittel aller Vogel- und Säugetierarten von Victoria heimisch sind.

Bei Genoa zweigt eine Stichstraße nach Süden ab und mäandert durch den **Croajin-**

golong National Park. Nach 23 km endet sie im ruhigen Ferienort **Mallacoota** am Mallacoota Inlet. Herrliche Blicke auf die verästelte Bucht bieten sich vom Lakeside Drive.

Wieder zurück auf dem Princes Highway geht es nun durch bergiges, dicht bewaldetes Terrain gen Westen. Nach etwa 48 km könnte man beim **Cabbage Tree Palms Reserve** einen Abstecher an die einsame und pittoreske Granitfelsenküste beim **Cape Conran** machen. Nach weiteren 27 km auf dem Highway ist **Orbost** erreicht, das Zentrum der Holz verarbeitenden Industrie im östlichen Gippsland.

Infos
… in Mallacoota
Mallacoota Information & Booking Service: Tel. 03-51 58 07 88, Fax 03-51 58 05 36, tgl. 9–17 Uhr.

Übernachten
… in Mallacoota
Einfache Motel-Units ▶ **Mallacoota Hotel:** 51–55 Maurice Ave., Tel. 03-51 58 04 55, www.mallacootahotel.com.au. Gut geführtes Haus mit Restaurant u. Pool. DZ 70–90 A-$.
Camping und Cabins ▶ **Beachcomber Caravan Park:** 85 Betka Rd., Tel. 03-51 58 02 33, www.beachcombercaravanpark.com.au. Gut ausgestattet, schön gelegen.

Termine
… in Mallacoota
Festival of the Southern Ocean (April, Ostern): Mehrtägiges Volksfest mit Musik, Tanz, Straßentheater etc.

Buchan Caves

Orbost ist Startpunkt des Snowy Mountains Country Trail, einer gut 300 km langen Rundfahrt, die durch die einsame, häufig nebelverhüllte Bergwelt des Snowy River National Park führt. Auch wer die Rundfahrt durch den National Park nicht unternimmt, sollte etwas Zeit einplanen für einen Abstecher zum ca. 60 km nordwestlich von Orbost gelegenen Buchan. Der Besuchermagnet dieses Städtchens sind die **Buchan Caves,** ein verästeltes System von rund 300 Kalksteinhöhlen, die mit gewaltigen Stalaktiten und Stalagmiten beeindrucken. Besonders sehenswert sind die Fairy Cave und die Royal Cave (Tel. 13-19 63, www.parkweb.vic.gov.au, Führungen Okt.–März tgl. 10, 11.15, 13, 14.15, 15.30, April–Sept. tgl. 11, 13, 15 Uhr, Erw. 13 A-$, Kin. 7 A-$, Fam. 32,50 A-$).

Übernachten
… in Buchan
Countra Style Motel ▶ **Buchan Motel:** Main St., Tel./Fax 03-51 55 94 94, www.buchanaccommodation.com. Rustikales Haus mit geräumigen Zimmern. DZ 70–125 A-$.
Camping und Cabins ▶ **Buchan Caves Caravan Park:** Buchan Caves Reserve, Tel. 03-51 55 92 64, Fax 03-51 55 94 90. Gut ausgestattet, geräumige Cabins, schöne Lage.

Die Gippsland Lakes

Lakes Entrance ▶ 1, T 17

Bevor der Princes Highway das weitläufige Touristenzentrum Lakes Entrance erreicht, beschreibt er einen weiten Bogen um den fischreichen und reizvollen Lake Tyers. Lakes Entrance schmückt sich mit dem Attribut ›Victoria's Holiday Capital‹ – nicht zu Unrecht. In dem außerhalb der Saison gerade einmal knapp 4000 Einwohner zählenden Ort schwillt die Bevölkerung in den Sommermonaten auf das Zehnfache an.

Angelockt werden die vielen Besucher vor allem von der lang gestreckten Seenplatte der **Gippsland Lakes,** die bei Lakes Entrance durch eine schmale Öffnung mit dem Meer verbunden sind. Einst war diese Küstenregion Teil einer großen Meeresbucht. Heute erstreckt sich hinter der schützenden, bis zu 40 m hohen Dünenbarriere, die das Meer in Jahrtausenden aufbaute, eine Kette von Lagunen und Seen. Für Angler und Segler ist das Geflecht aus Wasserwegen, Inseln und Buchten ein ideales Revier.

Vom **Jemmy's Point** am Princes Highway westlich der Stadt öffnet sich eine überwältigende Aussicht auf vogelreiche, türkis schil-

183

Die Küste zwischen Sydney und Melbourne

lernde Lagunen, Dünenketten und die Brandung der Tasman-See.

In Lakes Entrance lohnt sich ein Blick in das **Griffiths Sea Shell Museum** mit Aquarien und 90 000 Muscheln aus aller Welt (125 Esplanade, Tel. 03-51 55 15 38, tgl. 10–17 Uhr, Erw. 6 A-$, Kin. 3 A-$, Fam. 15 A-$).

Infos
Lakes Entrance Visitor Information Centre: Marine Par./Esplanade, Tel. 18 00-63 70 60, www.discovereastgippsland.com.au, tgl. 9–17 Uhr.

Übernachten
Komfortables Haus in Strandnähe ▶ Coastal Waters Motel: 635 Esplanade (Princes Hwy), Tel. 03-51 55 17 92, www.coastalwaters.com.au. Komfortabel, mit Restaurant und beheiztem Pool, 200 m zum Strand. DZ 115–210 A-$.

Mit Restaurant und Pool ▶ Pelican at Lakes Motel: 171 Esplanade (Princes Hwy), Tel. 03-51 55 12 77, www.pelicanatlakesmotel.com. Geräumige Zimmer, beheizter Pool, lizenziertes Restaurant Café Pelicano, strandnah. DZ ab 95 A-$.

Zentral und ruhig ▶ Heyfield Motel: 115 Esplanade (Princes Hwy), Tel. 03-51 55 17 11, www.heyfieldmotel.com. Modern ausgestattete, geräumige Zimmer und Ferienwohnungen mit Kitchenette, kleiner Pool, strandnah. DZ ab 85 A-$.

Camping und Cabins ▶ Koonwarra Family Holiday Park: 683-687 Esplanade (Princes Hwy), Tel. 03-51 55 12 22, www.koonwarrapark.com.au. Bestens ausgestatteter Caravan Park mit Cabins und Villas sowie Pool.

Essen & Trinken
Seafoood mit Hafenblick ▶ Nautilus Floating Restaurant: 315 Esplanade (Princes Hwy), Tel. 03-51 55 14 00, tgl. 12–15, 18–22.30 Uhr. Ausgezeichnete Fischgerichte und Seafood vor dem Hafenpanorama. Vorspeisen 14–22 A-$, Hauptgerichte 18–34 A-$.

Frische Regionalküche ▶ Miriam's Restaurant: 297 Esplanade, Tel. 03-51 55 39 99,

tgl. 11.30–15, 17–23 Uhr. Seafood und internationale Speisen. Vorspei-sen 7,50–9,50 A-$, Hauptgerichte 14–26 A-$.

Aktiv
Bootstouren ▶ Peels Tourist and Ferry Service: Post Office Jetty, Tel. 03-51 55 12 46. Bootstrips auf den Gippsland Lakes (tgl. 10, 14 Uhr, Erw. 38 A-$, Kin. 19 A-$, Fam. 95 A-$). **Scenic Eco-Cruises:** Post Office Jetty, Tel. 0413-66 66 38, www.lakescruise.com. Bootsausflüge auf den Gippsland Lakes zur

Die Gippsland Lakes

Die Gippsland Lakes bei Lakes Entrance

Beobachtung von Delfinen, Robben und Wasservögeln (tgl. 13 Uhr, Erw. 45 A-$, Kin. 25 A-$, Fam. 99 A-$).
Bootsverleih ▶ Riviera Nautic: Metung, Tel. 03-51 56 22 43, Fax 03-51 56 24 04. Vermietung von Segel- und Motorbooten.

Bairnsdale und Paynesville
▶ 1, S 17

Attraktionen von **Bairnsdale** sind der Botanische Garten und die katholische St. Marys Church aus dem Jahre 1913 mit italienisch inspirierten Decken- und Wandmalereien. Über Leben und Kultur der einst hier ansässigen Ureinwohner informiert das Museum Krowathunkoolong Keeping Place (37–53 Dalmahoy St., Tel. 03-51 52 18 91, tgl. 9–17 Uhr, Erw. 6 A-$, Kin. 4 A-$, Fam. 15 A-$).

18 km südlich von Bairnsdale wurde im Ferienort und Jachthafen **Paynesville** die St. Peter by the Lake Church einem Schiff nachempfunden. Der Kirchturm wirkt wie ein Leuchtturm, die Kanzel wie ein Schiffsbug, und als Altarlicht brennt eine alte Positions-

Die Küste zwischen Sydney und Melbourne

laterne. Mit einer Autofähre kann man von Paynesville über die schmale McMillan Strait zur kleinen Raymond Island übersetzen, wo an der Swan Cove Koalas leben.

In der wilden Landschaft des **Mitchell River National Park** nordwestlich von Bairnsdale können gut ausgerüstete bushwalker einige Tage der Zivilisation den Rücken kehren.

Infos
In Bairnsdale
Bairnsdale Visitors Centre: 240 Main St. (Princes Hwy), Tel. 18 00-63 70 60, tgl. 9–17 Uhr.

Übernachten
In Bairnsdale
Angenehmes Kettenmotel ▶ **Mitchell Motor Inn:** 295–299 Main St. (Princes Hwy), Tel. 03-51 52 50 12, www.mitchell.bestwestern.com.au. Komfortabel, mit Restaurant und Pool. DZ ab 130 A-$.
Camping und Cabins ▶ **Bairnsdale Holiday Park:** 139 Main St. (Princes Hwy), Tel. 03-51 52 40 66. Gut ausgestattet, mit Pool.

Sale ▶ 1, S 17

Landschaftlich wenig reizvoll ist die Strecke zwischen Bairnsdale und Sale. Im ›Dallas von Victoria‹ befindet sich das Zentrum der Öl- und Gasindustrie, der Hauptstützpunkt für die Förderplattformen der Bass Strait. Außer einigen historischen Gebäuden, der Sale Regional Art Gallery am Rande der Innenstadt (Foster St., Tel. 03-51 44 28 29, Mo–Fr 9.30–17, Sa 9.30–12 Uhr, Eintritt frei) sowie dem Lake Guthridge mit reicher Vogelwelt, hat Sale Besuchern wenig zu bieten. Doch ist der Ort ein idealer Ausgangspunkt für die Erkundung der **Gippsland Lakes,** eine der schönsten ›Wasserlandschaften‹ der Welt (s. S. 183f.).

Von Sale gelangt man zu den beiden benachbarten Feriensiedlungen **Golden Beach** und **Paradise Beach** jenseits des Lake Reeve. Am fantastischen Ninety Mile Beach kann man kilometerlange Strandabschnitte ganz für sich alleine haben. Wegen der Brandung und tückischer Unterströmungen ist Schwimmen allerdings nicht ungefährlich.

Am Westufer des Lake Reeve führt eine Straße zu dem Ort Loch Sport. Dort befindet sich der Zugang zum **Lakes National Park,** dessen Vegetation sich als ein Potpourri aus Eukalypten, Akazien und Küstenheiden präsentiert. Vom Hauptquartier führt eine Piste zum Point Wilson, wo man Dutzende von Grauen Kängurus und Sumpfwallabies beobachten kann. Die lang gestreckten Seen Lake Reeve und Lake Victoria sind ein Vogelparadies mit Tausenden schwarzer Schwäne.

Infos
Central Gippsland Tourism: Princes Hwy, Tel. 18 00-67 75 20, www.gippslandtourism.com.au, tgl. 9–17 Uhr.

Übernachten
Zentral, aber ruhig ▶ **Aspen Motor Inn:** 342 York St., Tel. 03-51 44 38 88, www.aspen.bestwestern.com.au. Komfortabel und ruhig. DZ 80–130 A-$.
Camping und Cabins ▶ **Sale Motor Village:** Princes Hwy, Tel. 03-51 44 13 66, www.salemotorvillage.co.au. Gute Ausstattung.

Verkehr
s. S. 178; außerdem Regionalbusse nach Bairnsdale und Lakes Entrance.

Wilsons Promontory National Park ▶ 1, S 18

Der **Wilsons Promontory National Park,** kurz ›The Prom‹, ist ein uraltes Granitvorgebirge und Teil der ehemaligen Landbrücke zur Insel Tasmanien, die infolge des Anstiegs des Meeresspiegels nach der letzten Eiszeit vor etwa 10 000 Jahren überflutet wurde. Lichte Eukalyptusforste mit kleinen Flecken subtropischem Regenwald überziehen die gebirgige Halbinsel, drängen sich bis an die Zyklopenfelsen und versteckten Strände am Meer. Die großen Moore im Landesinnern mit harten Gräsern und dem mannshohen Strauchwerk erinnern an norddeutsche Heidelandschaften. Hier ist die Heimat von Känguru- und Emuherden. In dem Naturschutzgebiet, das sich auf der südlichsten Spitze des australischen Kontinents erstreckt, kann man auf rund 100 km Wanderpfaden kurze Spaziergänge oder mehrtägige Wildniswanderungen unternehmen (s. aktiv unterwegs S. 188f.). Bereits die Fahrt auf der 32 km langen Panoramastraße **Prom Nature Drive** vom Parkeingang bei Yanakie bis Tidal River, wo sich das Besucherzentrum und ein Campingplatz befinden, vermittelt einen guten Eindruck vom Park.

Spaziergänge führen zur **Whisky Bay** und zum feinsandigen **Squeaky Beach.** Mit etwas Glück können Frühaufsteher dort ein possierliches Schauspiel erleben: Kurz nach Sonnenaufgang hüpfen Kängurus und Wallabies ans Wasser und nippen einige Tropfen, um ihren täglichen Salzbedarf zu decken. Meterhohe Baumfarne wachsen im **Lilly Pilly Gully,** durch das sich ein Naturlehrpfad windet (Rundwanderung 5 km/2 Std.). Ein grandioser Rundumblick ist die Belohnung für die schweißtreibende Wanderung auf den Gipfel des 558 m hohen **Mount Oberon** (hin und zurück 6 km/2 Std.).

Infos

Prom Country Visitor Information Centres: South Gippsland Hwy, Korumburra und Stockyard Gallery, McDonald St., Ecke Main St., Foster, Tel. 1800-63 07 04, www.visitprom country.com.au und www.promcountrytour ism.com.au.

Wilsons Promontory National Park Visitor Centre: Tidal River, Tel. 03-56 80 95 55, und 13 19 63, www.parkweb.vic.gov.au, tgl. 8.30–16.30 Uhr. Hier oder am Parkeingang ist eine Gebühr von 11 A-$/Auto zu entrichten.

Übernachten

Motel in Parknähe ▶ **Comfort Inn Foster:** 3800 South Gippsland Hwy, Foster, Tel. 03-56 82 20 22, www.choicehotels.com.au/au 385. Angenehmes Motel mit Restaurant und Pool in Foster ca. 50 km nördl. des Nationalparks. DZ ab 130 A-$.

Camping und Cabins ▶ **Tidal River Caravan Park:** Tel. 03-56 80 95 55, wprom@ parks.vic.gov.au. Großer Campingplatz mit gut ausgestatteten Cabins; ideales Standquartier für die Erkundung des Nationalparks, während der Hochsaison rechtzeitig buchen

Phillip Island ▶ 1, R 17

Seit jeher hat die nach dem ersten Gouverneur Australiens benannte **Phillip Island** den Ruf eines Tierparadieses. Sie ist die Heimat von Koalas, Seehunden und zahlreichen Vogelarten. Größter Besuchermagnet sind die possierlichen Zwergpinguine *(Little Penguins),* die hier vor allem in den Sommermonaten allabendlich zur berühmten ›Pinguinparade‹ antreten (s. Thema S. 191).

Erstes Highlight ist **Churchill Island** nördlich von Newhaven, zu der man auf einer Holzbrücke gelangt. Aus der viktorianischen Epoche blieb dort ein stattliches Herrenhaus erhalten, das von einer schönen Parkanlage umgeben wird. Vom Wanderweg, der um die kleine Insel führt, bieten sich herrliche Panoramen der Western Port Bay (Erw. 10,30 A-$, Kin. 7,20 A-$, Fam. 25,75 A-$).

Nur zu Fuß lässt sich das **Cape Woolamai** südlich der Phillip Island Road erreichen. Auf der mit 109 m höchsten Erhebung der Insel nisten Tausende Sturmvögel *(Mutton Birds).* Fotografen finden in der pittoresken Klippenformation The Pinnacles ein lohnendes Motiv (Rundweg 8 km/3,5 Std.).

Im **Koala Conservation Centre** an der Phillip Island Road zur ›Inselhauptstadt‹ Cowes kann man von einem in Baumwipfelhöhe verlaufenden Stelzenpfad frei lebende Koalas beobachten (Tel. 03-59 52 13 07, tgl. 10–17 Uhr, Erw. 10,30 A-$, Kin. 7,20 A-$, Fam. 25,75 A-$, Tipp: Fernglas mitbringen). Bekanntschaft mit Emus, Dingos, Wallabies, Wombats und anderen Vertretern der australischen Tierwelt macht man im **Phillip Island Wildlife Park** südlich von Cowes (Thompson Ave., Tel. 03-59 52 20 38, www.piwildlifepark.com.au, tgl. 9 Uhr bis Sonnenuntergang, Erw. 15 A-$, Kin. 7,50 A-$, Fam. 40 A-$). Der Inselhauptort **Cowes** bietet den Besuchern gemütliche Unterkünfte und gute Restaurants.

Ein ›Muss‹ für jeden Besucher von Phillip Island ist die Fahrt zur Südwestspitze der Insel.

aktiv unterwegs

Rundwanderung im Wilsons Promontory

Tour-Infos
Start: Telegraph Saddle (Mount Oberon Car Park). Von Nov. bis Ostern verkehrt ein Shuttle-Bus zwischen Tidal River und Telegraph Saddle (gratis). In der übrigen Zeit muss die Strecke zu Fuß bewältigt werden (ca. 1 Std.).
Ziel: Tidal River
Länge: 57,2 km
Dauer: 2 bzw. 3 Tage
Schwierigkeitsgrad: mittelschwer
Ausrüstung: Zelt, Schlafsack, Gaskocher, ausreichend Proviant und Wasser
Vorbereitung: Übernachtungen müssen im Voraus gebucht und bezahlt werden: Parks Victoria, Tel. 13 13 63, oder beim Visitor Centre in Tidal River, Tel. 03-56 80 95 55. Die Nationalparkgebühr ist in der Übernachtung inbegriffen; Preise siehe Tourbeschreibung.

Diese mehrtägige Wanderung deckt die Highlights der Ost- und Westküste ab und gibt auch einen Eindruck von der Wildnis im rauen Süden des Wilsons Promontory. Fast der gesamte Park wurde von den Buschfeuern im Februar 2009 in Mitleidenschaft gezogen. Viele Pflanzen haben jedoch Strategien entwickelt, um dem Feuer zu widerstehen und z. B. Zapfen ausgebildet, in denen Samen brandsicher aufbewahrt und nach dem Feuer freigesetzt werden. Dieser natürliche Schutzmechanismus bescherte Wanderern im Frühling und Sommer 2009/2010 eine besonders üppig blühende und grünende Natur. Aus verkohlten Baumstämmen sprossen zartgrüne Blätter, hohe Eukalypten waren wieder zum Leben erwacht und auf den Wiesen leuchteten bunte Wildblumen um die Wette. Auch die Tiere sind mittlerweile in den Park zurückgekehrt. Die Selbstheilungskräfte der Natur, die man sich hier so eindrucksvoll entfalten sieht, machen diese Rundwanderung zu einem ganz besonderen Erlebnis.

Die erste Tagesetappe führt vom **Telegraph Saddle** zur **Refuge Cove** (16,6 km, 4–5 Std.). Vom Parkplatz am Telegraph Saddle aus ist der Weg nach Sealers Cove ausgeschildert. Durch Eukalyptuswald geht es zunächst aufwärts zum **Windy Saddle,** einem aussichtsreichen Pass zwischen Mount Ramsay und Mount Wilson. Von dort fällt der Weg bis nach Sealers Cove wieder ab. Auf den letzten 1,8 km durchquert man ein Sumpfgebiet – zum größten Teil auf einem Brettersteg (Boardwalk). Am schönen und meist einsamen Strand von **Sealers Cove** hält man sich rechts, um nach ca. 500 m zum **Sealers Creek** zu gelangen. Auch bei Ebbe lässt sich dieser nicht trockenen Fußes durchqueren – also Schuhe aus und Hosen hochkrempeln! Man passiert den Zeltplatz und folgt den Schildern zur Refuge Cove. Der etwa 45-minütige Aufstieg zum **Horn Point** wird mit einem grandiosen Blick auf den Five Mile Beach im Norden und Seal Island im Osten belohnt. Hier verlässt der Pfad die Küste und senkt sich langsam zum **Refuge Beach** hinab. Direkt hinter dem Strand am südlichen Ende der Bucht befindet sich ein Zeltplatz für Wanderer mit fließend Wasser (8 A-$/Pers.).

Etappenziel des zweiten Tages ist das **Lighthouse** (17,9 km, 6–7 Std.). Gleich zu Beginn geht es steil aufwärts auf ein offenes Felsplateau und anschließend durch ein kleines Waldgebiet. Ein kurzer, lohnender Abstecher (0,3 km einfach) führt zum **Kersop Peak,** von wo man das Lighthouse bereits ausmachen kann. Zurück auf der Hauptroute fällt der Weg langsam zur **North Waterloo Bay** ab. Hier folgt man dem Strand in südwestlicher Richtung. Am seinem Ende beginnt ein steiniger Pfad, der an der Küste entlang zur **Little Waterloo Bay** führt.

Wer die Wanderung verkürzen möchte, biegt am Waterloo Beach 50 m hinter **Freshwater Creek** rechts ab und steigt hinauf zum

Wilsons Promontory

Boulder Saddle. Teile der Strecke führen über Bretterstege. Nach 1–1,5 Std. stößt der Weg auf den **Telegraph Track.** Auf diesem gelangt man in etwa 2 Std. zurück zum Telegraph Saddle. Alternativ folgt man dem ursprünglichen Weg bis zur **Oberon Bay** und wandert von dort weiter wie für den dritten Tag beschrieben (ca. 3,5 Std.).

Wer den gesamten Rundwanderweg begehen möchte, folgt in der **Little Waterloo Bay** ca. 40 Min. lang dem Strand, bis kurz vor seinem Ende der Pfad im Zickzackkurs zum **Mount Boulder** hinaufführt. Oben angekommen folgt man dem Bergkamm, der unerwartet zu einem offenen Felsplateau führt. Hier belohnt ein herrlicher Blick für den anstrengenden Aufstieg. Im Anschluss fällt der Weg gemächlich ab. Auf einer markierten Abzweigung vom South East Track erreicht man in 15 Min. das **Lighthouse.** Dort kann man in gemütlichen Cottages mit 2 bis 4 Betten die müden Knochen ausruhen (Standard um 51 A-$/Bett, Sa 81 A-$).

Die dritte Tagesetappe führt vom Lighthouse nach **Tidal River** (23,2 km, 7–8 Std.). Man kehrt zunächst zurück zum South East Track und wandert auf diesem in westlicher Richtung bis zum **Roaring Meg Camp** (ca. 2 Std.). Dort stößt man auf den Telegraph Track, dem man an **Martins Hill** und **Half Way Hut** vorbei nordwärts bis zur Kreuzung mit dem Waterloo Bay Track folgt (ca. 2 Std.). Hier hält man sich links, um nach ca. 1 Std. die **Oberon Bay** zu erreichen. Am Meer wendet man sich nach rechts und folgt dem Strand etwa 1,2 km lang, bis man am Ende den Pfad zur **Little Oberon Bay** erreicht. Ein letzter kurzer Aufstieg führt zum **Norman Point,** dann fällt der Pfad allmählich zum **Norman Beach** ab. Hier läuft man entweder am Strand entlang oder folgt dem schattigeren Pfad nach **Tidal River** (2–3 Std.). *Corinna Melville*

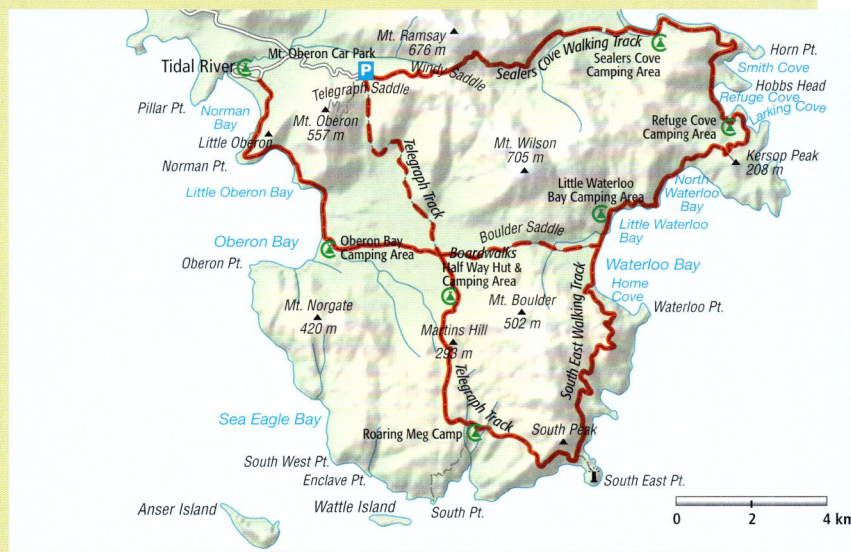

Die Küste zwischen Sydney und Melbourne

Vom Endpunkt der Straße, dem Point Grant, führen Holzstege entlang der Basaltküste. Sehenswert ist das **Blowhole** – durch von der Meereserosion geschaffene Röhren presst die Flut Seewasser mit so starkem Druck nach oben, dass es wie bei einem Geysir meterhoch emporgeschleudert wird.

The **Nobbies,** zwei winzige Inseln, die man bei Ebbe trockenen Fußes erreichen kann, sind der Landspitze unmittelbar vorgelagert.

Gut 1 km vor Point Grant trotzen die **Seal Rocks** der tosenden See. Auf den kleinen Felseninseln hat sich eine 20 000 bis 25 000 Tiere zählende Kolonie von Pelzrobben angesiedelt. Man kann sich den Robben in Ausflugsbooten, die in Cowes ablegen, nähern. In kolonialen Zeiten hatten Jäger die Pelzrobben fast ausgerottet, aber seitdem die Tiere unter Schutz stehen, haben sich ihre Bestände rasch vergrößert.

Im **Nobbies Centre** am Point Grant wird mit modernster Technologie Wissenswertes über die Meeressäuger vermittelt (Tel. 03-5951 28 00, tgl. 10 Uhr bis zum Sonnenuntergang, Eintritt frei).

Infos

Phillip Island Information Centre: Phillip Island Rd., Newhaven, Tel. 13 00-36 64 22, www.visitphillipisland.com, tgl. 9–17, in den Sommerferien bis 18 Uhr. Hier gibt es u. a. Eintrittkarten für die ›Pinguinparade‹ sowie den Phillip Island Three Parks Pass, der Zugang zu ›Pinguinparade‹, Koala Conservation Centre und Churchill Island bietet (Erw. 35 A-$, Kin. 24,50 A-$, Fam. 87,50 A-$).

Übernachten

Plüschige Pension ▶ **Genesta House:** 18 Steele St., Cowes, Tel. 03-59 52 36 16, www.genesta.com.au. Gemütliches B & B in strandnahem Kolonialgebäude, Zimmer mit individueller Note, Kinder unter 15 J. sind unerwünscht. DZ 150–220 A-$.

Strandnah und behaglich ▶ **Seahorse Motel:** 29–31 Chapel St., Cowes, Tel. 03-59 52 20 03, www.seahorsemotel.com.au. Ruhiges, kleines Motel in Strandnähe. DZ 85–180 A-$.

Ideal für Familien ▶ **Koala Park Resort:** Phillip Island Rd., Tel. 03-59 52 21 76, www.koalaparkresort.com. Familienfreundlich, Pool, Tennisplätze und sehr gutes Seafood-Restaurant. DZ 80–140 A-$.

Camping und Cabins ▶ **Cowes Caravan Park:** 164 Church St., Cowes, Tel. 03-59 52 22 11, www.cowescaravanpark.com.au. Gut ausgestattet, gemütliche Cabins, direkt am Strand.

Essen & Trinken

Frisch aus Neptuns Garten ▶ **Harry's on the Esplanade:** 17 The Esplanade, Cowes, Tel. 03-59 52 62 26, www.harrysrestaurant.com.au, tgl. 11.30–14.30, 17–23 Uhr. Fangfrisches Seafood und saftige Steaks in stimmungsvoller Atmosphäre. Vorspeisen 13,50–21 A-$, Hauptgerichte 19,50–35 A-$.

Familienfreundlich ▶ **The Hotel Restaurant:** 25 The Esplanade, Cowes, Tel. 03-59 52 20 60, tgl. 12–15, 17–22.30 Uhr. Seafood, Steaks und Schnitzel, spezielles *kids' menu.* Vorspeisen 4–10,50 A-$, Hauptgerichte 16–27 A-$.

Aktiv

Freizeitpark ▶ **A Maze'n Things:** Phillip Island Rd., Tel. 03-59 52 24 00, www.amazenthings.com.au, tgl. 9–18 Uhr, Erw. 18 A-$, Kin. 14,50 A-$, Fam. 55 A-$. Vergnügungspark mit großem Labyrinth.

Tierbeobachtung und Bootstouren ▶ **Wildlifecoast Cruises:** Tel. 1300-76 37 39, www.wildlifecoastcruises.com.au, Mo–Fr 14, Sa/So 10, 14 Uhr, Erw. 67 A-$, Kin. 45 A-$, Fam. 185 A-$. 2-stündige Bootstouren zu den Seal Rocks. **The Wharf:** San Remo, tgl. 11.30 Uhr. Halbzahme Pelikane lassen sich von Hand mit Fischen füttern.

Verkehr

Busse: Tgl. mehrere Busse von V/Line von/nach Melbourne (Info: Tel. 13 61 96). Auf Phillip Island gibt es keine öffentlichen Verkehrsmittel. Von Melbourne aus werden zahlreiche **Tagesausflüge** nach Phillip Island angeboten (Buchung über: Melbourne Visitor Centre, s. S. 201).

Zwergpinguine

Die Parade der befrackten Zwerge

Thema

Die possierlichen Little Penguins – Zwergpinguine – sind die prominentesten Bewohner von Phillip Island, zugleich der größte Besuchermagnet der Insel. Für viele Touristen ist die ›Pinguinparade‹ am Summerland Beach der Höhepunkt ihres Aufenthalts.

Die Zwergpinguine, mit weniger als 35 cm die kleinsten der Welt, sind die einzigen Pinguine, die auf dem australischen Festland brüten. Sie tauchen alljährlich einige Monate lang an der Südküste auf, von New South Wales bis Western Australia. Auf Phillip Island sind sie von zeitweiligen Besuchern zu *permanent residents* geworden.

Von Mai an suchen die befrackten Zwerge ihre alten Nistplätze in Erdhöhlen oder Felslöchern auf oder graben neue tief in den sandigen Boden. Zwischen August und Oktober legen dann die Weibchen meist zwei bis drei Eier, die beide Partner abwechselnd bebrüten, bis nach 35 Tagen die Jungen schlüpfen. Während der Brutperiode und in den ersten Wochen der Aufzucht der Küken bleibt immer ein Elternteil im Bau, während der andere Partner die Nisthöhle beim ersten Morgenlicht verlässt, um in den Brandungswellen nach kleinen Fischen und Tintenfischen zu jagen. Pünktlich nach Einbruch der Abenddämmerung finden sich die Zwergpinguine in Gruppen zusammen, um in die Brutkolonie in den Dünen zurückzukehren. Bevor sie sich aber nach dem Tagewerk zur Ruhe begeben, müssen sie über einen von Scheinwerfern beleuchteten Strandabschnitt watscheln, vorbei an Scharen von Schaulustigen. Der Rummel scheint die Wichten kaum etwas auszumachen, denn seit Jahrzehnten fühlen sie sich auf Phillip Island heimisch.

Sobald die Jungen gegen Februar/März flügge geworden sind, beginnt für die Eltern die etwa drei Wochen dauernde Mauser, während der sie ihr Nest nicht verlassen. In dieser Zeit, in der ihnen ein neues Federkleid wächst – graublau auf dem Rücken, weiß an der Brust –, sind sie nicht ›wasserdicht‹ und können sich folglich auch nicht zur Nahrungssuche in die Fluten stürzen. Ein vorher angefressener Fettvorrat hilft ihnen über die Hungerperiode hinweg.

Die ›Pinguinparade‹ findet zwar ganzjährig am Summerland Beach statt, am schönsten ist sie jedoch im Dezember und Januar. Zum Schutz der Tiere hat man eigens Tribünen errichtet, von denen die Besucher das possierliche Schauspiel verfolgen können. Fast noch besser kann man die kleinen Frackträger von einem Holzbohlenpfad beobachten, der rechts nach dem Besucherzentrum beginnt. Obwohl man sich das Spektakel, bei dem Blitzlichtaufnahmen tabu sind, mit Scharen von Schaulustigen teilen muss, sollte man es nicht versäumen.

Wissenswertes über die befrackten Zwerge vermitteln Displays und Multi-Visions-Shows im Besucherzentrum. Mittels Guckkästen kann man das Innenleben in Bruthöhlen live beobachten (Tel. 03-59 56 83 00, www.penguins.org.au, tgl. 10 Uhr bis zum Sonnenuntergang, Erw. 20,60 A-$, Kin. 10,30 A-$, Fam. 51,50 A-$, Tipp: Wegen des großen Andrangs ist es sinnvoll, im Phillip Island Information Centre kurz nach der Brücke, welche die Insel mit dem Festland verbindet, rechtzeitig Tickets zu besorgen oder sie im Besucherzentrum telefonisch vorzubestellen. Warme Kleidung und Regenschutz nicht vergessen!).

4 Melbourne und Umgebung ▸ 1, R 17

Die Hauptstadt von Victoria, mit rund 3,9 Mio. Einwohnern nach Sydney zweitgrößte Metropole des Kontinents, ist keine Stadt, die Besucher auf Anhieb in ihren Bann zieht, vielmehr erschließt sie sich ihnen erst auf den zweiten oder dritten Blick. Doch besitzt Melbourne neben einem abwechslungsreichen Kulturangebot vieles von dem, was nötig ist, um auf die Hitliste der Weltstädte mit der größten Lebensqualität zu gelangen.

Melbourne liegt am Nordufer der fast gänzlich von Land eingeschlossenen **Port Phillip Bay.** Obwohl sich ein Großteil der verarbeitenden Industrie des Landes in und um Melbourne angesiedelt hat und an den Ufern des **Yarra** mächtige Banken und Versicherungen, Minengesellschaften und andere Industriegiganten residieren und hier der größte australische Gewerkschaftsverband sowie alle bedeutenden politischen Parteien ihre Zentralen etabliert haben, ist Melbourne wirtschaftlich und politisch weniger bedeutend als Sydney. Trotz einer monströsen Skyline präsentiert sich Melbourne eher als Provinzstadt mit heute noch vornehmlich viktorianischem Charakter. Zwar fielen während der 1960er- und 1970er-Jahre zahlreiche spätviktorianische Gebäude einer überhitzten Baukonjunktur zum Opfer, doch weist keine andere australische Metropole mehr britische Züge auf als Melbourne.

Kaum ein Australier fühlt sich angelsächsischen Traditionen stärker verpflichtet als ein waschechter Melbournian, vor allem, wenn er dem vornehmen Geldadel angehört. Dieser ist es auch, der die Mischung aus britischem Konservatismus und amerikanischer Geschäftigkeit geprägt hat. Etwas ins Wanken kam die Bastion angelsächsischer Wertvorstellungen, als Melbourne nach dem Zweiten Weltkrieg mehr Einwanderer aufnahm als jede andere australische Stadt. Heute leben dort Menschen aus rund 140 Nationen, die ganzen Stadtteilen ihr typisches Flair gegeben haben.

Während ein Aufenthalt in Sydney zum Pflichtprogramm einer Australien-Reise gehört, wird Melbourne oft von Besuchern aus Übersee ignoriert. Im touristischen Vergleich mit Sydney zieht das Aschenbrödel am Yarra auch meist den Kürzeren. Die Stadt besticht nicht durch eine schöne Lage, und ihr fehlen – vielleicht abgesehen vom hypermodernen, Ende 2002 eröffneten Federation Square – spektakuläre Sehenswürdigkeiten. Dennoch hat Melbourne auch seine Reize: zahlreiche Theater und Kunstgalerien, eine unüberschaubare Palette an Restaurants und eleganten Geschäften sowie sehenswerte viktorianische Kirchen und Profanbauten. Das größte Plus aber sind die ausgedehnten Parks, die üppigen Gartenanlagen und begrünten Straßenzüge. Etwa ein Drittel der Fläche im Zentrum ist reine Parklandschaft. In dieser Hinsicht schlägt Melbourne jede andere Metropole der Welt. Dies mag der Hauptgrund dafür sein, dass Melbourne in puncto Lebensqualität unter den Großstädten auf dem Globus ganz vorne rangiert.

Ein Blick in die Geschichte

Anders als Sydney war Melbourne ursprünglich keine Strafkolonie, sondern wurde von freien Siedlern gegründet. Im Mai 1835 landete John Batman, von der Insel Tasmanien kommend, an der Port Phillip Bay. Im Auftrag

Central Melbourne

von britischen Kolonisten, denen es auf Tasmanien zu eng wurde und die neues Land für ihre Schaffarmen suchten, ›kaufte‹ er den dort ansässigen Ureinwohnern rund 240 000 ha Land ab. Der Preis: ein paar Decken, Äxte, Spiegel, Glasperlen und anderer Plunder im Wert von nicht einmal 200 englischen Pfund. Am Yarra gründeten Batman und seine Gefolgsleute eine Siedlung, die sie später nach dem damaligen britischen Premierminister Viscount Melbourne benannten.

Die sich rasch verbreitende Kunde vom üppigen Weideland um Melbourne führte zu einem starken Zustrom von freien, finanzkräftigen Siedlern aus dem britischen Mutterland. Gegen 1840 war Melbourne zu einem Städtchen mit 4000 Bewohnern angewachsen. Grundlage dieser Entwicklung war die erfolgreiche Zucht von Merino-Schafen, von denen Anfang der 1940er-Jahre etwa 500 000 auf den saftigen Weiden rund um die Stadt grasten. Den Schafzüchtern folgten bald reiche Handelskaufleute, und Melbourne wurde zu einem wichtigen Wollexporthafen.

Mit den Goldfunden von Ballarat, Bendigo und Castlemaine im Norden von Melbourne wuchs die Bevölkerung der Kolonie explosionsartig an. Zehntausende von Glücksrittern aus aller Welt folgten dem Lockruf des Goldes nach Victoria. Große Bergwerksgesellschaften und Banken ließen sich am Ufer des Yarra nieder, und in nur zehn Jahren wurde Melbourne zur wohlhabendsten Stadt des Kontinents – aus dem Zentrum einer Agrarregion war eine Metropole von Weltrang geworden. In dieser Zeit entstanden die meisten der prunkvollen viktorianischen Bauwerke, die noch heute das Zentrum prägen. Überdies gründete man eine Universität und errichtete Theater und Konzerthallen.

Einige Jahrzehnte lang war Melbourne der wirtschaftliche und geistige Mittelpunkt des Landes, und es schien so, als würde Sydney diesen Vorsprung nie wieder aufholen können. Dem damaligen Höhenflug aber folgte in den 1890er-Jahren ein tiefer Sturz. Eine lang andauernde Wirtschaftskrise trieb zahlreiche Firmen und Banken in den Konkurs. Danach kam die Queen City of the South nur langsam wieder auf die Beine. Zwischen 1901 und 1927 fungierte Melbourne als Hauptstadt des jungen Commonwealth of Australia, bevor Canberra diese Rolle übernahm.

Nach dem Zweiten Weltkrieg erfuhr Melbourne durch einen großen Einwandererstrom aus Europa einen ähnlichen Aufschwung wie ein knappes Jahrhundert zuvor. Trotz des rapiden Wachstums der Bevölkerung und des Wirtschaftspotenzials aber muss sich Melbourne heute mit Rang zwei hinter Sydney begnügen. Daran ändert auch die Tatsache wenig, dass Melbourne 1956 Austragungsort der ersten Olympischen Spiele auf dem Fünften Kontinent war. Dieses Ereignis galt nicht nur als eine Sternstunde des australischen Sports, sondern auch als eine der Melbourner Lokalpatrioten. Zumindest auf sportlichem Gebiet hatten sie es den Erzrivalen aus Sydney wieder einmal gezeigt. Mit sportlicher Solidarität begrüßte man jedoch trotz aller Rivalität die Vergabe von Olympia 2000 an Sydney.

Central Melbourne

Cityplan: S. 200

Der Rundgang durch die City und den zentrumsnahen Stadtteil südlich des Yarra River entspricht einem vollen Tagesprogramm. Will man Sehenswürdigkeiten wie die Museen am Federation Square, das Melbourne Museum, das Victorian Arts Centre oder die Royal Botanic Gardens intensiver kennenlernen, muss man mindestens einen zusätzlichen Tag einplanen. Da man in Melbourne an vielen Tagen im Jahr in 24 Stunden alle vier Jahreszeiten erleben kann, sollte man Jacke und Regenschirm mitnehmen.

Federation Square [1]

Mittelpunkt der Metropole und idealer Startpunkt ist der im Stil europäischer Piazzas gestaltete **Federation Square**. Auf dem weitläufigen Areal erheben sich mehrere futuristische Gebäude, die Museen, Galerien, Theater und Kinos sowie Restaurants, Cafés und Boutiquen beherbergen. Hervorzuheben

Melbourne und Umgebung

ist das Ian Potter Centre, das als ›Ableger‹ der National Gallery of Victoria (s. S. 199) auf drei Stockwerken die größte Sammlung australischer Kunst von der Kolonialzeit bis zur Gegenwart präsentiert (Tel. 03-86 20 22 22, www.ngv.vic.gov.au, Di, Mi 10–17, Do 10–21, Fr, Sa, So 10–17 Uhr, Eintritt frei, Sonderausstellungen und -veranstaltungen gebührenpflichtig). Das Australian Centre for the Moving Image dokumentiert die australische Film- und Fernsehgeschichte (Tel. 03-86 63 22 00, www.acmi.net.au, Mo–Do 10–17, Fr 10–21, Sa/So 10–18 Uhr, Eintritt frei, Sonderausstellungen und -veranstaltungen gebührenpflichtig). Das großzügig gestaltete Melbourne Visitor Centre befindet sich im Untergeschoss eines Glaspavillons am Eingang.

Errichtet hat man den Federation Square über den Gleisanlagen der gegenüberliegenden **Flinders Street Station.** Der 1905 in Betrieb genommene Bahnhof mit einer Prachtfassade im französischen Renaissance-Stil ist für zehntausende Pendler das tägliche Tor zur City.

Südliche Swanston Street

Die viktorianischen Prachtbauten an diesem Boulevard zeugen vom frühen Reichtum der Stadt. Zugleich spiegeln sie die Ästhetik einer Zeit wider, welche die glatten Linien der klassizistischen Architektur sowie die Verspieltheit barocker Elemente schätzte. Überragt wird das südliche Areal der Swanston Street von der mächtigen, 1891 erbauten **St. Pauls Cathedral** 2, die mit kunstvoll verzierten Spitzbogen- und großen Rosettenfenstern an der Südfassade eines der besten Beispiele australischer Neogotik ist. Jenseits der Collins Street erstrahlt die **Town Hall** 3 im voluminösen Gründerzeitglanz. Das alte Rathaus bildet heute den Rahmen für Empfänge und Konzerte.

Collins Street und Bourke Street

Die Collins Street trägt den Beinamen ›Golden Mile‹. An Melbournes Nobeladresse haben sich Verwaltungen von Handels- und Bankhäusern sowie Luxushotels und Edelboutiquen niedergelassen. Mit einer Art-déco-Fassade glänzt an der Ecke Swanston und Collins Street das Manchester Unity Building.

Die teilweise zur Fußgängerzone erklärte Bourke Street bildet das Zentrum des Einkaufsviertels mit einigen teuren Kaufhäusern. Zum Bummel locken hier auch die Arkaden zwischen der Bourke Street und den parallel verlaufenden Straßen. Aus der Zeit der großen Passagenarchitektur des 19. Jh. stammt die **Royal Arcade** 4. In der eleganten viktorianischen Einkaufspassage mit hohem Kuppelgewölbe und kunstvollem Mosaikfußboden schlagen seit 1892 die mythologischen Riesenfiguren Gog und Magog zu beiden Seiten einer großen Uhr die Zeit an (308 Little Collins St., Mo–Fr 9–19, Sa/So 9–16 Uhr).

Chinatown 5

Mächtige Pagodeneingänge weisen den Weg zur **Chinatown**. Wo früher einmal Opiumhöhlen und Bordelle standen, laden heute Restaurants zu einem kulinarischen Streifzug durch das Reich der Mitte ein. Über die Ge-

Central Melbourne

Die Skyline von Melbourne

schichte der chinesischen Einwanderer, die seit dem Goldrausch von 1851 ins Land geströmt sind, informiert das kleine **Chinese Museum** am Cohen Place (Tel. 03-96 62 28 88, www.chinesemuseum.com.au, tgl. 10–17 Uhr, Erw. 7,50 A-$, Kin. 2,50 A-$, Fam. 17,50 A-$).

Nördliche Swanston Street

Der weitläufige neogotische Gebäudekomplex im Schnittwinkel von Swanston Street und La Trobe Street beherbergt die **State Library** 6 mit einem Bestand von über 1 Mio. Büchern und einer umfassenden Sammlung historischer Dokumente (Tel. 03-96 69 98 88, Mo 10–21, Di 10–18, Mi 10–21, Do–So 10–18 Uhr, Eintritt frei). **Melbourne Central** 7, ein mehrstöckiges Laden- und Restaurantzentrum, ist eines der markantesten modernen Bauwerke der Stadt. Die riesige Glaskuppel des futuristischen Gebäudes spannt sich über einen historischen Shot Tower, der im 19. Jh. zur Herstellung von Bleikugeln diente.

Der Swanston Street in nördlicher Richtung folgend, gelangt man an deren Einmündung in die Victoria Street zu den **Public Baths** 8, die sich heute als ein viktorianisches Schmuckstück präsentieren. Im weitläufigen **Queen Victoria Market** 9, der in über 100 Jahre alten Hallen untergebracht ist, sorgt ein buntes Völkergemisch für exotisches Flair. An mehr als 1000 Verkaufsständen werden vor allem Lebensmittel angeboten (Elizabeth St., Ecke Victoria St., Tel. 03-93 20 58 22, www.qvm.com.au, Di/Do 6–14, Fr 6–18, Sa 6–15, Flohmarkt So 9–16 Uhr; Führungen Di, Do, Fr, Sa 10–12 Uhr, 35 A-$, Di/Do 6–14, Fr 6–18, Sa 6–15, Flohmarkt So 9–16 Uhr).

In der Russell Street steht mit dem **Old Melbourne Gaol** 10 eines der bekanntesten ›Denkmäler‹ aus Pionierzeiten. In dem 1851 errichteten, düsteren Gefängnis wurden bis 1923 über 100 zum Tode Verurteilte gehenkt, unter ihnen auch Ned Kelly, Australiens bekanntester Buschräuber (s. S. 173, Tel. 03-86

Melbourne und Umgebung

63 77 28, www.oldmelbournegaol.com.au, tgl. 9.30–17 Uhr, Erw. 20 A-$, Kin. 11 A-$, Fam. 49 A-$).

Carlton

Im Norden geht die City nahtlos in den Vorort **Carlton** über, bekannt als Standort der Melbourne University und mehr noch der Carlton Brewery. In einigen Straßenzügen findet man Musterstücke des viktorianischen Terrace-Baustils des späten 19. Jh.: schmale, doppelstöckige Reihenhäuser mit reichverzierten, detailverliebten Rundgiebeln und filigranem schmiedeeisernen Gitterwerk als Balkongeländer. Früher die bevorzugte Wohngegend der Melbourner Juden, ist Carlton heute Zentrum des griechischen und vor allem italienischen Lebens. Mediterranes Flair vermittelt die quirlige Lygon Street, Melbournes ›**Little Italy**‹, mit Pizzerias und Espressobars. Übrigens: Seit italienische Einwanderer hier die ersten Espressomaschinen des Fünften Kontinents in Betrieb nahmen, ist der kleine Schwarze ein großes Kultobjekt.

Im Zentrum der Carlton Gardens erhebt sich das **Royal Exhibition Building** 11, das, für die Weltausstellung von 1880 erbaut, von 1901 bis 1927 bis zum Umzug in die neue Hauptstadt Canberra dem Bundesparlament als Tagungsstätte diente (Tel. 13 11 02, Führungen mehrmals tgl. 9–17 Uhr, Treffpunkt Kassenschalter Melbourne Museum, Erw. 5 A-$). Am Rande der Parkanlage steht der futuristische Neubau des **Melbourne Museum** 12, unter dessen mächtigem Dach sich übersichtlich arrangierte Sammlungen und interaktive Displays Sachgebieten wie Geologie, Biologie, Ökologie, Ethnographie und Sozialgeschichte widmen. Die Bunjilaka Gallery beschäftigt sich ausschließlich mit der Kultur der Aborigines. Auf großes Publikumsinteresse stoßen die Wechselausstellungen und das Kindermuseum (Tel. 13 11 02, www.melbourne.museum.vic.gov.au, tgl. 10–17 Uhr, Erw. 8

Die Collins Street gehört zu den teuersten Shoppingadressen in Melbourne

A-$, Kin. frei, Tram 86 oder 96 ab William St.). Ein besonderes Kinoerlebnis verspricht das IMAX Theatre neben dem Museum (Tel. 03-96 63 54 54, www.imax.com.au, wechselnde Vorstellungen tgl. 10–22 Uhr alle 60 Min., Kombiticket für Museum und Kino Erw. 22,50 A-$, Kin. 14 A-$, Fam. 60 A-$).

Nur wenige Ampelstopps nördlich von Carlton, im Vorort Parkville, leben im **Melbourne Zoo** 13, dem ältesten Zoo von Australien, zahlreiche einheimische Tiere sowie exotische Importe. Besuchen sollte man das Schnabeltier- und das Schmetterlingshaus sowie das Koalagehege und die Voliere mit Papageien (Tel. 03-92 85 93 55, www.zoo.org.au, tgl. 9–17 Uhr, Erw. 23 A-$, Kin. 11,50 A-$, Fam. 52,40 A-$, Mo–Sa Tram 55 ab William St., So Tram 68 ab Elizabeth St.).

Fitzroy und Richmond

Zum ›Szene‹-Treff hat sich die Brunswick Street im Vorort **Fitzroy** entwickelt, der nordöstlich an Carlton grenzt. Dort trifft man sich in Restaurants und Künstlercafés. Galerien, flippige Läden und Second-Hand-Shops ziehen ein bunt gemischtes Publikum an.

Ein ›Muss‹ für Melbourne-Besucher mit einem Faible für asiatische Atmosphäre ist ein Abstecher nach **Richmond.** Beim Bummel entlang der Victoria Street mit bunten Geschäften, exotischem Lebensmittelangebot und asiatischem Sprachengewirr fühlt man sich fast nach Vietnam versetzt.

Entlang der Spring Street

Die Spring Street hinab erreicht man, vorbei am Princess Theatre mit verschnörkelt-verspielter Fassade, das **Parliament House** 14, einen klassizistischen Steinkoloss mit mächtigem Portikus aus zehn dorischen Säulen sowie einer 46 m hohen Kuppel. Im repräsentativen Gebäude, einst Sitz der australischen Bundesregierung, residiert heute das Zwei-Kammer-Parlament von Victoria. Begonnen wurde mit dem Bau 1856, fertiggestellt hat man ihn erst 36 Jahre später (Tel. 03-96 51 89 11, www.parliament.vic.gov.au, kostenlose Führungen an sitzungsfreien Tagen Mo–Fr 10, 11, 12, 14, 15, 15.45 Uhr). Schräg gegenüber steht das **Windsor Hotel,** einer der schönsten viktorianischen Hotelpaläste des Landes.

Als ein hervorragendes Beispiel für neogotische Architektur gilt die **St. Patrick's Cathedral** 15, das größte Gotteshaus Australiens, welches das Areal hinter dem Parlament überragt. Östlich der Spring Street dehnen sich mit den Treasury Gardens und den Fitzroy Gardens die ältesten Parkanlagen von Melbourne aus. Stein für Stein wurde im Jahre 1933 **Captain Cooks Cottage** 16, das historische Elternhaus des ›Entdeckers‹ von Ostaustralien, aus dem englischen Yorkshire nach Übersee verschifft (Tel. 03-94 19 46 77, tgl. 9–17 Uhr, Erw. 4,50 A-$, Kin. 2,20 A-$). Etwas abseits befindet sich das English Tudor Village, das Modell eines englischen Dorfes aus dem 19. Jh.

Yarra Park und Olympic Park

Südöstlich der Fitzroy Gardens erstreckt sich der Yarra Park mit dem **Melbourne Cricket Ground** 17. Das nach dem Stadium Australia in Sydney größte Stadion Australiens mit Platz für über 100 000 Zuschauer stand 1956 im Mittelpunkt der Olympischen Sommerspiele und ist auch heute noch Austragungsort wichtiger Sportveranstaltungen. In der Anlage befinden sich die Australian Gallery of Sport und das National Sports Museum, in dem man sich über die Höhepunkte australischer Sportgeschichte informieren kann (Tel. 03-96 57 88 88, www.mcg.org.au, Führungen mehrmals tgl. 10–15 Uhr, Erw. 15 A-$, Kin. 10 A-$, Fam. 45 A-$).

Vom Yarra Park führt eine Fußgängerbrücke über die Eisenbahntrasse zum Olympic Park mit weiteren anlässlich der XVI. Olympischen Sommerspiele von 1956 errichteten Sportstätten. Im **National Tennis Centre** 18, dem Ort des Australian Open, des Tennisturniers um die internationale australische Meisterschaft, feierten schon Steffi Graf und Boris Becker Triumphe. Ein Mehrzweckzentrum für verschiedene Sportarten und das Leichtathletikstadion komplettieren das Olympiagelände.

Melbourne und Umgebung

Tipp: ›Roar 'n' Snore‹

Sprechen Kängurus im Schlaf? Schlafen Emus nachts im Stehen? Diesen und anderen tierischen Geheimnissen können Besucher des Melbourne Zoo auf die Spur kommen, denn beim ›Roar 'n' Snore‹-Abenteuer schlafen die Gäste in Zelten direkt neben den Tiergehegen. Geweckt werden sie am nächsten Morgen vom ersten Löwengebrüll, danach können sie den Zoo auf eigene Faust bei Tageslicht erkunden. Melbourne Zoo, Elliott Ave., Parkville, Tel. 03-92 85 93 55, www.zoo.org.au, Sept.–Mai mehrmals wöchentlich 18–9 Uhr, Erw. 180 A-$, Kin. 130 A-$. Schlafsäcke können ausgeliehen werden.

Während der Bezirk nördlich des Yarra von Wirtschaft und Politik bestimmt wird, dominieren südlich des Flusses Kultur und Natur. Eine einzigartige Parklandschaft nimmt das Areal zwischen dem Yarra River und der St. Kilda Road ein. Eine Domäne der Jogger und Radfahrer ist Kings Domain mit der 15 000 Zuschauer fassenden Freilichtbühne **Sidney Myer Music Bowl** [19]. In den Sommermonaten ist das Geschenk eines Kaufhauskönigs an die Stadt Melbourne Schauplatz vieler Konzerte von Klassik bis Rock. Besucher sind im historischen **Government House** [20] willkommen, das heute für Staatsempfänge und andere repräsentative Zwecke genutzt wird (Tel. 03-96 56 98 00, kostenlose Führungen Mo/Mi 10, 11.30, 13, 14.30 Uhr).

An der südlichen Peripherie der Kings Domain steht Victorias bescheidenes erstes Regierungsgebäude, **La Trobes Cottage** [21], das 1839 in Einzelteilen aus England herübergebracht wurde (Tel. 03-96 56 98 00, So 13–16 Uhr, Eintritt frei, Spende erbeten).

Im südwestlichen Teil der Kings Domain ragt der kolossale **Shrine of Remembrance** [22] empor, ein 1934 eingeweihtes Ehrenmal für die australischen Opfer des Ersten Weltkriegs. Das Herzstück der Anlage, das Sanctuary, ist so konstruiert, dass zur elften Stunde des elften Tages im elften Monat – dem Zeitpunkt, an welchem 1918 der Erste Weltkrieg zu Ende ging – durch eine schmale Öffnung in der Decke ein Lichtstrahl auf den zentralen Gedenkstein Stone of Remembrance fällt. Ein Besuch des Kriegerdenkmals lohnt sich auch wegen des schönen Blicks, der sich von der Spitze bietet (Tel. 03-96 54 84 15, www.shrine.org.au, tgl. 10–17 Uhr, Eintritt frei, Spende erbeten).

Royal Botanic Gardens [23]

Auf einem ausgedehnten Wegenetz kann man in den **Royal Botanic Gardens**, die sich südöstlich der Kings Domain erstrecken, über 12 000 verschiedene Pflanzenarten aus aller Welt entdecken. Zu den Attraktionen des Botanischen Gartens, den Mitte des vergangenen Jahrhunderts der aus Rostock stammende Naturforscher Baron Ferdinand von Müller entwarf, gehören der künstlich angelegte Ornamental Lake, ein Paradies für Dutzende von Vogelarten, ein Kakteengarten, mehrere Gewächshäuser sowie das National Herbarium mit einem Besucherzentrum (Tel. 03-92 52 23 00, www.rbg.vic.gov.au, je nach Jahreszeit tgl. 7.30, 8.30 oder 9 Uhr bis zum Sonnenuntergang; National Herbarium mit Besucherzentrum, Mo–Fr 9–17, Sa/So 9.30–17 Uhr; Eintritt frei, kostenlose Führungen tgl. außer Mo/Sa 10, 11 Uhr, Tram 8 ab Swanston St.).

Victorian Arts Centre [24]

Am nördlichen Ende der St. Kilda Road liegt das **Victorian Arts Centre**, das kulturelle Aushängeschild der Stadt. Das weitläufige, meist nur kurz The Arts Centre genannte Zentrum der Künste besteht aus der kreisförmigen Concert Hall mit 2600 Sitzplätzen, dem Theater mit dem State Theatre für Oper, Ballett und Musicals, dem Playhouse für die Inszenierung von Dramen und dem Studio für experimentelles Theater (Tel. 03-92 81 80 00, einstündige Führungen durch Konzerthalle und Theatergebäude Mo–Fr 12, 14.30, Sa 10.30, 12 Uhr, Erw. 15 A-$), dem Performing Arts Museum, das über die darstellenden Künste in Bild und Ton informiert (Tel. 03-92

Am Yarra River

81 80 00, Mo–Fr 11–17, Sa/So 12–17 Uhr, Eintritt frei) sowie schließlich der National Gallery of Victoria (s. u.). Ein 115 m hoher, eiffelturmähnlicher Aufbau aus Stahl und Aluminium überragt das Theater.

Bereits 1968 eröffnet, ist die **National Gallery of Victoria** mit einer Buntglasdecke im riesigen Foyer das älteste Gebäude des Arts Centre. Fünf Jahre benötigte der Melbourner Künstler Leonard French, um das aus 10 000 Einzelteilen bestehende, größte Mosaikdach der Welt zu schaffen. Umgeben von einem Wassergraben, weckt das fensterlose, aus massiven Basaltquadern errichtete Bauwerk Assoziationen an eine mittelalterliche Festung.

Nachdem der australische Teil der Sammlung mit dem Ian Potter Centre am Federation Square ein eigenes Domizil erhalten hat (s. o.), zeigt die Nationalgalerie heute ausschließlich internationale Kunst. In der Sammlung europäischer Kunst sind Werke alter Meister wie Rembrandt und Renoir ebenso vertreten wie Repräsentanten moder-ner Stilrichtungen. Gemälde und Zeichnungen, Skulpturen und Keramiken aus verschie-denen Epochen zahlreicher asiatischer Länder präsentiert die Asienabteilung (Tel. 03-86 20 22 22, www.ngv.vic.gov.au, tgl. außer Di 10–17 Uhr, kostenlose Führungen tgl. außer Di 11, 14 Uhr, Eintritt frei, Sonderausstellungen und -veranstaltungen sind gebührenpflichtig).

Am Yarra River

Südliches Ufer

Hinter dem Kulturzentrum schmiegt sich der **Southgate Complex** 25 an das südliche Ufer des Yarra. Tagsüber wie abends kann man von der Flanierpromenade das City-Panorama genießen. Ein grandioser Blick auf die Stadt bietet sich von der Aussichtsplattform im 88. Stock des 297 m hohen **Eureka Tower** 26, des zweithöchsten Wolkenkratzers der Südhalbkugel. Adrenalin fließt bei den Besuchern, wenn sie den Ausguck ›The Edge‹ betreten – durch einen gläsernen Boden blicken sie in die schwindelerregende Tiefe (Tel. 03-96 93 88 88, www.eurekaskydeck.com.au, tgl. 10–22 Uhr, Erw. 16,50 A-$, Kin. 9 A-$, Fam. 39 A-$, ›The Edge Experience‹ zzgl. Erw. 12 A-$, Kin. 8 A-$, Fam. 29 A-$).

Etwas abseits dümpelt das alte Segelschiff ›**Polly Woodside**‹ 27, dessen hölzerner Rumpf heute das Melbourne Maritime Museum beherbergt (Tel. 03-96 99 97 60, www.nattrust.com.au, tgl. 10–16 Uhr, Erw. 12 A-$, Kin. 6,50 A-$, Fam. 30 A-$.)

Nördliches Ufer

Im **Melbourne Aquarium** 28 am Rande des Parks gelangen Besucher durch einen Plexiglastunnel in die Unterwasserwelt des Pazifiks mit lebenden Korallenstöcken, während Haie, Mantarochen und andere bunte Fische sie umschwimmen. Neueste Attraktion sind Königspinguine aus der Antarktis (Tel. 03-99 23 59 99, www.melbourneaquarium.com.au, tgl. 9.30–18, im Jan. tgl. 9.30–21 Uhr, Erw. 31,50 A-$, Kin. 18 A-$, Fam. 85 A-$).

Im **Old Customs House** 29 in der Flinders Street dokumentiert das Immigration Museum die Geschichte der Einwanderung nach Victoria (Tel. 03-99 27 27 00, www.immigra

Tipp: Tipp: Aboriginal Heritage Walk

Dort, wo sich heute die Royal Botanic Gardens erstrecken, hielten über Jahrtausende die Boonwurrung- und Woiworung-Stämme ihre Corroborees genannten Treffen ab. Bei Spaziergängen machen Nachkommen der einst im Gebiet des heutigen Melbourne ansässigen Ureinwohner Besucher mit der traditionellen Lebensweise ihres Volkes vertraut. Den Teilnehmern werden nicht nur Pflanzen und Bäume erklärt, sondern auch, welche Nahrungsmittel, Medikamente und Werkzeuge die Aborigines daraus herstellten. Info und Buchung: Royal Botanic Gardens, Birdwood Ave., South Yarra, Tel. 03-92 52 24 29, www.rbg.vic.gov.au, Do/Fr und jeden 2. So 11–12.30 Uhr, Erw. 18 A-$, Kin. 9 A-$, Fam. 50 A-$, Treffpunkt Visitor Centre am Observatory Gate, Buchung erforderlich!

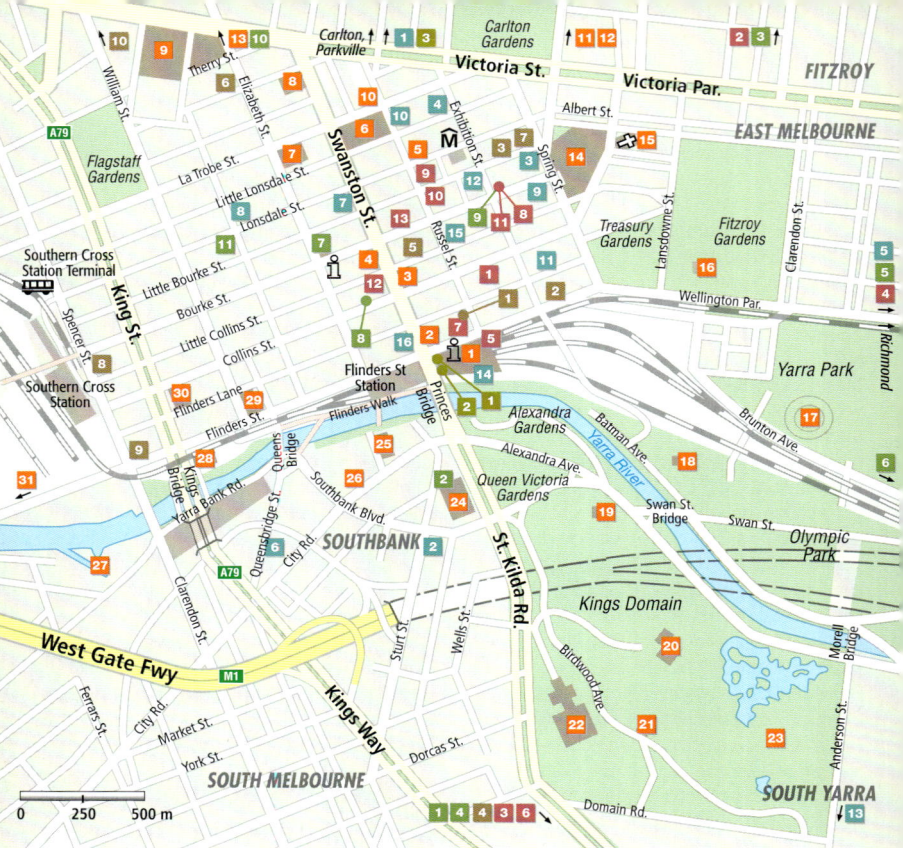

tion.museum.vic.gov.au, tgl. 10–17 Uhr, Erw. 6 A-$, Kin. frei).

Einen atemberaubenden Blick auf Melbourne aus der Vogelperspektive genießt man auch vom Aussichtsdeck im 55. Stockwerk der **Rialto Towers** 30. Mit 253 m ist der Wolkenkratzer eines der höchsten Geschäftsgebäude der südlichen Hemisphäre (Melbourne Observation Deck: Tel. 03-96 29 82 22, www.melbournedeck.com.au, tgl. 10–22 Uhr, Erw. 14,50 A-$, Kin. 8 A-$, Fam. 39,50 A-$).

Docklands 31

Noch vor wenigen Jahren erstreckte sich südwestlich der Spencer Street ein schmuddeliges Hafenareal mit alten Lagerhallen und Schuppen, verwaisten Kais und rostenden Brücken. Heute präsentiert sich **Docklands** als ein gestyltes Stück Melbourne. Mit Millionenaufwand wurde die Industriebrache in einen schillernden Komplex mit Restaurants, Cafés und Bars sowie schicken Apartmenthäusern und Hotels verwandelt. Hier dreht sich der Southern Star, das mit 120 m Höhe drittgrößte Riesenrad der Welt, das aus 21 vollverglasten Kabinen einen 360-Grad-Blick auf Melbourne bietet (Tel. 03-86 28 60 00, www.thesouthernstar.com.au, tgl. 10–22 Uhr, Erw. 29 A-$, Kin. 17 A-$). Den südlichen Eingang ›bewacht‹ ein riesiger, weißer Adler aus Holz, Aluminium und Glas des Melbourner Künstlers Bruce Armstrong (kostenlose City Circle Tram 30 ab La Trobe St., 48 ab Collins St., 70 ab Flinders St. oder 86 ab Bourke St., Information: www.docklands.com).

Melbourne

Sehenswert
1. Federation Square
2. St. Paul's Cathedral
3. Town Hall
4. Royal Arcade
5. Chinatown
6. State Library
7. Melbourne Central
8. Public Baths
9. Queen Victoria Market
10. Old Melbourne Gaol
11. Royal Exhibition Building
12. Melbourne Museum
13. Melbourne Zoo
14. Parliament House
15. St. Patrick's Cathedral
16. Captain Cooks Cottage
17. Melbourne Cricket Ground
18. National Tennis Centre
19. Sidney Myer Music Bowl
20. Government House
21. La Trobes Cottage
22. Shrine of Remembrance
23. Royal Botanic Gardens
24. Victorian Arts Centre
25. Southgate Complex
26. Eureka Tower
27. ›Polly Woodside‹
28. Melbourne Aquarium
29. Old Customs House
30. Rialto Towers
31. Docklands

Übernachten
1. Hotel Adelphi
2. Hotel Lindrum
3. Somerset Gordon Place
4. Tolarno Boutique Hotel
5. The Victoria Hotel
6. Jasper Hotel
7. City Limits Motel
8. Atlantis Hotel
9. Pensione Hotel
10. Ashley Gardens Village

Essen & Trinken
1. Fifteen
2. Cutler & Co.
3. Stokehouse
4. Pearl
5. Tjanabi
6. Circa
7. MoVida Next Door
8. Nudel Bar
9. Ants Bistro
10. Old Town Kopitiam
11. Pellegrini's Espresso Bar
12. Crossways
13. Food Mall

Einkaufen
1. Chapel Street
2. Arts Centre Sunday Market
3. Rose Street Artists' Market
4. The Esplanade Market
5. Bridge Road
6. Chadstone
7. GPO
8. National Opal Collection
9. Original & Authentic Aboriginal Art
10. Something Aussie
11. Wunderkammer

Abends & Nachts
1. La Mama
2. Malthouse Theatre
3. Princess Theatre
4. Bennetts Lane Jazz Club
5. Dizzy's Jazz Club
6. Club Embassy
7. The Lounge
8. The Heist
9. The Metro
10. Chill on
11. Level 35 Atrium Bar
12. The Croft Institute
13. The Xchange
14. Transport Hotel
15. Bridie O'Reilly's
16. Young & Jacksons Pub

Aktiv
1. Melbourne Greeter Service
2. Hidden Secret Tours
3. Carlton & United Brewery Tours

Infos
Melbourne Visitor Centre: Federation Sq., Swanston St., Ecke Flinders St., City, Tel. 03-96 58 96 58, Fax 96 50 61 68, tourism@melbourne.vic.gov.au, Mo–Fr 9–18, Sa/So u. Fei 10–18 Uhr. Infos zu Melbourne und Umgebung sowie zu allen touristisch bedeutsamen Regionen von Victoria; Buchung von Hotels ebenso wie von zahlreichen Tagesausflügen, Mietwagen u. a.

Travellers Information Service: Melbourne International Airport, Tel. 03-93 39 18 05, tgl. 8–22 Uhr. Hotelbuchung u. a.

Melbourne Visitor Booth: Bourke Street Mall, City, Mo–Sa 9–17, So 10–17 Uhr.

Parks Victoria: Tel. 13 19 63 (nur telefonische Auskunft).

Royal Automobile Club of Victoria: 438 Little Collins St., Tel. 03-99 44 88 08, www.racv.com.au, Mo–Fr 10–17, Sa 10–13 Uhr.

Melbourne im Web: www.thatsmelbourne.com.au, www.visitmelbourne.com.au (engl.), www.visitmelbourne.com/de (dt.), www.melbourne.org.au, www.melbourne.citysearch.com.au, www.mdg.com.au (Restaurants).

Übernachten
Strenger Avantgardismus ▶ Hotel Adelphi
1: 187 Flinders Lane, City, Tel. 03-80 80 88 88, www.adelphi.com.au. Top-Designhotel

Melbourne und Umgebung

Victorian Arts Centre

der ersten Stunde mit preisgekröntem *New-Australian-Cuisine*-Restaurant Ezard. Der Clou ist die Dachterrasse mit einem beheiztem 25-Meter-Pool, dessen äußeres, gläsernes Ende über das Gebäude hinaus ragt - nur für schwindelfreie Schwimmer geeignet. DZ 500–600 A-$, Suite 1200 A-$ (Tipp: Sondertarife im Internet).

Elegantes Boutiquehotel ▶ Hotel Lindrum 2: 26 Flinders St., City, Tel. 03-96 68 11 11, www.hotellindrum.com.au. Einst befand sich hier der ›Saloon‹ der australischen Billard-Legende Walter Lindrum. Heute noch sorgen Holzböden und hohe Decken für eine gediegene Atmosphäre. Das hoteleigene Restaurant Felt ist ein Gourmet-Paradies mit modern-raffinierter Küche. DZ 265–360 A-$.

Gediegenes Ambiente ▶ Somerset Gordon Place 3: 24 Little Bourke St., City, Tel. 03-96 63 28 88, www.staysomerset.com.au. Stilvolles Haus im Herzen der Stadt, ruhige Lage, mit Restaurant, beheiztem Pool und begrüntem Innenhof, sehr gut ausgestattete Apartments unterschiedlicher Größe. DZ 185–415 A-$.

Mit moderner Kunst dekoriert ▶ Tolarno Boutique Hotel 5: 42 Fitzroy St. (St. Kilda), Tel. 03-95 37 02 00, www.hoteltolarno.com.au. 32 individuell gestaltete Zimmer mit Gemälden zeitgenössischer Künstler, hervorragendes Bistro mit *New Australian Cuisine*, in der Nähe des St. Kilda Beach, gute Verkehrsanbindung in die City. Achtung: Etwas laut sind die zur Fitzroy St. hingehenden Zimmer. DZ 110–180 A-$, Suite 200–385 A-$.

Günstiger Klassiker ▶ The Victoria Hotel 5: 215 Little Collins St., City, Tel. 03-96 69 00 00, www.victoriahotel.com.au. Großes, beliebtes Hotel im Stadtkern für fast jedes Reisebudget (die preiswerten Zimmer mit Gemeinschaftsbad), hervorragendes Frühstücksbuffet und ebensolches thailändisches Restaurant, Parkmöglichkeit in Tiefgarage. DZ 155–200 A-$.

Designhotel ▶ Jasper Hotel 6: 489 Elizabeth St., City, Tel. 03-83 27 27 77, www.jasperhotel.com.au. Designhotel in einem kernsanierten Stadthaus mit sehr trendig ausgestatteten Zimmern und Restaurant mit modern-australischer Küche. Die Gäste können

Adressen

kostenlos ein nahes Fitnesscenter mit Pool benutzen. DZ 155–175 A-$.

Behaglich-modern ▶ City Limits Motel 7: 20-22 Little Bourke St., City, Tel. 03-96 62 25 44, www.citylimits.com.au. Kleines, achtstöckiges Hotel am Rande der Chinatown; die hellen, geräumigen Zimmer mit Kitchenette wirken beinahe wie kleine Apartments. DZ 128–148 A-$ (inkl. Frühstück).

Zweckmäßig ▶ Atlantis Hotel 8: 300 Spencer St., City, Tel. 03-96 00 29 00, www.atlantishotel.com.au. Modernes, mehrstöckiges Hotel mit Restaurant nahe Southern Cross Station, zweckmäßig ausgestattete Zimmer. DZ ab 125 A-$.

Trendiges Jugendhotel ▶ Pensione Hotel 9: 16 Spencer St., City, Tel. 03-96 21 33 33, www.pensione.com.au. Dieses originelle Hotel, das ein Gebäude aus dem 19. Jh. belegt, ist ein Geheimtipp unter jugendlichen Reisenden auf Budget-Niveau. Die 114 Zimmer sind zwar sparsam möbliert und winzig, aber Lage und Preis sind nahezu unschlagbar. Ein weiteres Plus ist der schöne Roof Top Garden. DZ ab 115 A-$

Camping und Cabins ▶ Ashley Gardens Holiday Village 10: 29 Ashley St., Braybrook, Tel. 03-93 18 68 66, www.aspenparks.com.au. Campingplatz 10 km westl. der City (nahe Western Highway Richtung Ballarat), sehr gut ausgestattet, mit Pool, Kinderspielplatz und geräumigen Cabins.

Essen & Trinken

Die kulinarische Vielfalt ist beeindruckend. Wie auf einer Weltreise kann man in mehr als 3000 Restaurants beinahe jede Küche der Welt genießen: Die Italiener sind in der Lygon Street in Carlton zu Hause (Tram 1 oder 22 ab Swanston St.), die Griechen in der Lonsdale Street und Russell Street, die Spanier in der Johnstone Street, die Chinesen in der Little Bourke Street und die Vietnamesen in der Victoria Street in Richmond (Tram 48 oder 75 ab Flinders St.). Eine bunte Mischung aller möglichen Restaurants findet man in der Acland Street und Fitzroy Street in St. Kilda (Tram 16 ab Swanston St. oder Tram 96 ab Bourke St.), in der Chapel Street in Prahran (Tram 72 ab Swanston St.), in der Brunswick Street in Fitzroy (Tram 112 ab Collins St.) sowie im Southgate Complex an der Southbank Promenade und in Docklands.

Jamie-Oliver-Projekt ▶ Fifteen 1: 115–117 Collins St. (City), Tel. 03-86 48 60 00, www.fifteenmelbourne.com.au, Mo–Sa 11–15, 17– 22.30 Uhr. Die Dependance des Londoner Kultlokals des britischen Starkochs Jamie Oliver ist bekannt für innovative Küche und bietet exzellente italienische und moderne australische Gaumenfreuden. Nebenbei werden benachteiligte Jugendliche zu Köchen ausgebildet. 4- bzw. 6-gängiges Menü 85 bzw. 110 A-$.

Szenig und eigenwillig ▶ Cutler & Co. 2: 55-57 Gertrude St., Fitzroy, Tel. 03-94 19 48 88, www.cutlerandco.com.au, Di–Do 18–23, Fr, So 12–15, 18–23, Sa 18–23 Uhr. Fusion-Food jenseits aller Konventionen, der experimentierfreudige Küchenchef Andrew Mc Connell gilt als ›junger Wilder‹ der Melbourner Gastro-Szene. Vorspeisen 14,50–22,50, Hauptgerichte 32–50 A-$.

Mit Meerblick ▶ Stokehouse 3: 30 Jacka Blvd., St. Kilda, Tel. 03-95 25 55 55, www.stokehouse.com. au, tgl. 11.30–14.30, 17–22.30 Uhr. Leichte Gerichte der modernen australischen Küche, vor allem fangfrisches Seafood, in stimmungsvoller Atmosphäre am St. Kilda Beach. Vorspeisen 14,50–19,50 A-$, Hauptgerichte 22,50–39,50 A-$.

Sehr fantasievolle Fusionküche ▶ Pearl 4: 631-633 Church St., Richmond, Tel. 03-94 21 45 99, www.pearlrestaurant.com.au, Mo–Do 12–14, 18–22, Fr–So 11.30–14, 17.30–23 Uhr, unbedingt reservieren! Küchenchef Geoff Lindsay verwöhnt seine Gäste mit einer Mischung aus australischen Traditionsgerichten und internationalen Köstlichkeiten. Vorspeisen 14–18 A-$, Hauptgerichte 22–38 A-$.

Bush Food vom Feinsten ▶ Tjanabi 5: The Atrium, Federation Square, Ground Floor, Ian Potter Centre, City, Tel. 03-96 62 12 25, www.tjanabi.com.au, tgl. 7.30–22.30 Uhr. Der Küchenchef gehört zu den mutigen Pionieren, die die ›Buschkost‹ (dazu gehört im Prinzip alles, was wild gedeiht und gesammelt

203

Melbourne und Umgebung

oder gejagt werden kann) in Melbourne salonfähig machte. Verarbeitet werden nicht nur Büffel-, Emu-, Känguru- und Krokodilfleisch, sondern vor allem eine Vielzahl von nur in Australien vorkommenden Kräutern und Gewürzen, die der raffinierten Verfeinerung der Speisen dienen. Live-Didgeridoomusik rundet das Erlebnis ab. Vorspeisen 10–14 A-$, Hauptgerichte 24–39 A-$.

St. Kilda-Klassiker ▶ Circa 6: Prince of Wales Hotel, 2 Acland St., St. Kilda, Tel. 03-95 36 11 22, Mo–Do 12–14, 18–22.30, Fr/Sa 12–15, 17.30–23.30, So 12–15, 17.30–22.30 Uhr. Kombination aus europäischem Erbe und Innovationen aus Down Under, preisgekrönte Weinkarte. Vorspeisen 14–16 A-$, Hauptgerichte 18–38 A-$.

Angesagter Spanier ▶ MoVida Next Door 7: 1 Hosier Ln., City, Tel. 03-96 63 30 38, www.movida.com.au, Di–Do 17–24, Fr/Sa 12–24 Uhr. Das kleine, etwas versteckte Lokal lockt mit ausgefallen Tapas-Variationen und einem modernen, spanischen Ambiente. Gerichte 12,50–36 A-$.

Pasta-Variationen ▶ Nudel Bar 8: 76 Bourke St., City, Tel. 03-96 62 91 00, Mo–Sa 11–23 Uhr. Nudelgerichte aus aller Welt. Gerichte 16,80–26,80 A-$.

Pikant-chinesisch ▶ Ants Bistro 9: 7 Corrs Ln., Chinatown, Tel. 03-96 39 29 08, Mo–So 11.30–15, 17.30–23 Uhr. Hier wird à la Szechuan gekocht, also in einem der würzigeren Küchenstile Chinas. Vorspeisen 5–7,50 A-$, Hauptgerichte 12,50– 21,50 A-$.

Pfiffig-südostasiatisch ▶ Old Town Kopitiam 10: 195 Little Bourke St., Chinatown, Tel. 03-96 39 60 98, So–Mi 11.30–21.30, Do 11.30–22.30, Fr/Sa 11.30–2 Uhr. Ideenreiche Küche mit chinesischen, indischen und malaysischen Einflüssen. Vorspeisen 4–10, Hauptgerichte 9–17 A-$.

Kult-Italiener ▶ Pellegrini's Espresso Bar 11: 66 Bourke St., City, Tel. 03-96 62 18 85, tgl. 7.30–22 Uhr. Von diesem kleinen Lokal im authentischen Retro-Look aus trat vor über 40 Jahren der Espresso seinen Siegeszug durch Melbourne an. Beste Pasta und Pizza, sowie guter Kuchen und Kaffee, mittags immer voll. Gerichte 7,50–16 A-$.

> **Tipp: See Melbourne & Beyond Smartvisit Card**
>
> Die ›See Melbourne‹-Karte bietet nach Bezahlung eines All-inclusive-Preises freien Eintritt zu über 60 Attraktionen in und um Melbourne innerhalb eines festgelegten Zeitraums. Erhältlich sind die Karten am Stand von ›Best of Victoria‹ am Federation Square oder online unter www.seemelbournecard.com (Zweitageskarte Erw. 105 A-$, Kin. 65 A-$, Dreitageskarte Erw. 135 A-$, Kin. 79 A-$, Siebentageskarte Erw. 205 A-$, Kin. 135 A-$).

Vegetarische Vielfalt ▶ Crossways 12: 123 Swanston St. (1. Stock), City, Tel. 03-96 50 29 39, Mo–Sa 11.30–15.30 Uhr. Hare-Krishna-Restaurant mit sehr guten vegetarischen Speisen aus aller Welt. Gerichte 4,50–7,50 A-$.

Asia-Snacks ▶ Food Mall 13: Target Centre, Bourke St., City, tgl. 10.30–19.30 Uhr. Mehrere Dutzend Essensstände mit einem bunten Querschnitt durch die Küchen Asiens. Gerichte 4,50–7,50 A-$.

Einkaufen

Shoppingmeile ▶ Chapel Street 1: Prahran und South Yarra, www.chapelstreet.com.au, Tram 72 ab Swanston St. Eine der interessantesten Shoppingmeilen von Melbourne mit mehr als 1000 Boutiquen, Galerien und Läden, vor allem Mode und Accessoires. Ein absolutes Muss ist das originelle Einkaufszentrum Jam Factory (500 Chapel St., South Yarra, Tel. 03-98 60 85 00, www.thejamfactory.com.au).

Märkte ▶ Arts Centre Sunday Market 2: Victorian Arts Centre, 100 St. Kilda Rd., Tel. 03-92 81 80 00, So 10–17 Uhr. Bunter Markt für Kunst und Kunsthandwerk. **Rose Street Artists' Market 3:** 60 Rose St., Fitzroy, Tel. 03-94 19 55 29, www.rosestmarket.com.au, Sa/So 11–17 Uhr. Mode und Schmuck junger Designer auf dem Sprung zum Erfolg. **The Esplanade Market 4:** Upper Esplanade, St. Kilda, www.esplanademarket.com.au, So

Adressen

10–17 Uhr, Tram 16 ab Swanston St. oder Tram 96 ab Bourke St. Kunsthandwerk und Trödel.
Outlet-Shopping ▶ **Bridge Road** 5: Richmond, www.bridgerd.com.au, Tram 48 oder 75 ab Flinders St. Shopping-Paradies für Schnäppchenjäger, vor allem Kleidung. Markenartikel mit bis zu 70 % Rabatt! **Chadstone the Fashion Capital** 6: 1341 Dandenong Rd., ca. 15 km südöstl. der City am Monash Hwy, Tel. 03-95 63 33 55, Mo–Fr 9–19, Sa/So 10–18 Uhr, Sonderbus Mi–So 10.30 Uhr ab Swanston St., Ecke Little Bourke St. (Tel. 13 00-66 84 67, Erw. 21 A-$, Kin. 10,50 A-$, Fam. 52,50 A-$). Designer-Kleidung australischer und internationaler Modeschöpfer in einem Einkaufszentrum mit mehr als 470 Läden.
Edler Konsumtempel ▶ **GPO** 7: Bourke St., Ecke Elizabeth St., City, Tel. 03-96 50 43 69, www.melbournesgpo.com, Mo–Fr 9–19, Sa/So 10–18 Uhr. Schicke Ladengalerie in der ehemaligen Hauptpost, vor allem Mode von australischen Stardesignern.
Opale ▶ **National Opal Collection** 8: 119 Swanston St., City, Tel. 03-96 62 35 24, www.nationalopal.com, Mo–Fr 9–19, Sa/So 10–16 Uhr. Opale und Opalschmuck, steuerfreier Einkauf bei Vorlage von Reisepass und internationalem Flugschein. Interessierte dürfen einen Blick in die Schleiferwerkstatt werfen und erfahren in einem angeschlossenen Museum in Form einer Opalmine Wissenswertes über die Steine.
Aboriginal-Kunst ▶ **Original & Authentic Aboriginal Art** 9: 90 Bourke St., City, Tel. 03-96 63 51 33, www.authaboriginalart.com.au, Mo–Sa 10–18, So 11–17 Uhr. Neben Gemälden namhafter Aboriginal-Künstler findet man hochwertiges Kunsthandwerk der Ureinwohner.
Souvenirs made in Australia ▶ **Something Aussie** 10: 400 Victoria St., North Melbourne, Tel. 03-93 29 86 22, www.somethingaussie.com.au, tgl. 9.30–18 Uhr, Tram 57 ab Elizabeth Street bis Stop 10. Riesige Auswahl an typisch australischen Mitbringseln.
Kitsch & Kuriositäten ▶ **Wunderkammer** 11: 439 Lonsdale St., City, Tel. 03-96 42 46 94, www.wunderkammer.com.au, Mo–Fr 10–18, Sa 10–16 Uhr. Das Spektrum reicht vom chinesischen Skalpell aus dem 19. Jh. über das alte italienische Barometer zur ausgestopften Schleiereule … **W.A.W. – What Australians Wear** 25: Southgate Shopping Centre (Southbank), Tel. 03-96 86 44 44, www.whataustralianswear.com, Mo–Fr 9–19, So u. Fei 10–18 Uhr. Von Aussie Boots aus Känguruleder über Akubra-Hüte und Moleskin-Jeans bis hin zu Driza-Bone-Regenmänteln.

Abends & Nachts

Ausgehmeilen mit zahlreichen Restaurants, Pubs und Clubs sind die Fitzroy St. und Acland St. in St. Kilda (Tram 16 ab Swanston St. oder Tram 96 ab Bourke St.), die Chapel Street in Prahran (Tram 72 ab Swanston St.), die Brunswick St. in Fitzroy (Tram 112 ab Collins St.) und die Lygon St. in Carlton (Tram 1 oder 22 ab Swanston St.).
Kulturzentrum ▶ **Victorian Arts Centre** 24: 100 St. Kilda Rd., South Melbourne, Tel. 03-92 81 81 98. Klassische Konzerte, Ballett und Theater. Tickets 60–300 A-$.
Theater ▶ **La Mama** 1: 205 Faraday St. Carlton, Tel. 03-93 47 61 42, www.lamama.com.au. Alternative Bühne für freie Gruppen aus dem In- und Ausland. Tickets 40–60 A-$. **Malthouse Theatre** 2: 118 Sturt St. (Southbank), Tel. 03-96 85 51 11, www.malthousetheatre.com.au. Avantgardistisches Theater mit bisweilen gewagten Neuinszenierungen. Tickets 30–50 A-$. **Princess Theatre** 3: 163 Spring St. (City), Tel. 03-96 62 29 11. Etablierte Bühne mit z.T. monatelang ausverkauften Vorstellungen, häufig Musicals. Tickets 50–100 A-$.
Jazzlokale ▶ **Bennetts Lane Jazz Club** 4: 25 Bennetts Ln., zwischen La Trobe St. und Little Lonsdale St., nahe Exhibition St., City, Tel. 03-96 63 28 56, www.bennettslane.com, tgl. 19–1 Uhr, Livemusik ab 21.30 Uhr. In dem Jazz-Club mit relaxter Atmosphäre treten australische Spitzen-Jazzer wie Paul Grabowsky, Bob Sedergreen und Ted Vining auf. **Dizzy's Jazz Club** 5: 381 Burnley St., Richmond, Tel. 03-94 28 12 33, www.dizzys.com.

Melbourne und Umgebung

Frisches Obst in Hülle und Fülle – Queen Victoria Market

au, Di–Do 17.30–1, Fr/Sa 17.30–2 Uhr, Livemusik ab 20/21 Uhr. Bester Jazz von Dixieland über Bebop bis Free Jazz, dazu modernaustralische Gerichte und erlesene Weine.

Nachtclubs & Discos ▶ Club Embassy 6: 67 Queensbridge St., Southbank, Tel. 03-96 86 29 44, www.clubembassy.com, So–Do 20–2, Fr/Sa 20–3 Uhr. Der ultimative Club Melbournes: Sechs Bars, zwei Tanzflächen und fünf DJ-Pulte. Am Wochenende oft lange Schlangen vor der Tür – Partyprofis gehen erst nach Mitternacht hin. **The Lounge 7:** 243–245 Swanston St., City, Tel. 03-96 62 99 95, www.thelounge.com.au, tgl. 17–1 Uhr. Crossover aus Bar und Danceclub, DJs und Livemusik, guter Ort zum Eingrooven. **The Heist 8:** Queen St., Ecke Lonsdale St., City, Tel. 03-98 63 74 88, www.theheist.com.au, So–Do 19–2, Fr/Sa 19–4 Uhr. Nightclub und Lounge in den Tresorräumen einer ehemaligen Bank, viel Edelstahl und coole Atmosphäre sowie Funk, House und Rock. **The Metro 9:** 20–30 Bourke St., City, Tel. 03-96 63 42 88, So–Do 21–3, Fr/Sa 21–4 Uhr. Einer der größten Nachtklubs von Melbourne mit drei Tanzflächen und acht Bars, die sich über drei Stockwerke verteilen.

Bars und Lounges ▶ Chill on 10: 296 Russell St., City, Tel. 03-96 63 18 77, www.chillon.com.au, tgl. 12–1 Uhr. Der neueste Kick: In dieser Lounge-Bar mit konstant –10° C. ist alles aus Eis – die Wände, die Tische, die Stühle und sogar die Gläser. **Level 35 Atrium Bar 11:** Sofitel Hotel, 25 Collins St., City, Tel. 03-96 53 00 00, tgl. 17–24 Uhr. Bar mit Live-Unterhaltung im 35. Stock der Nobelherberge; Attraktion ist die ›Glas‹-Toilette mit prächtigem Blick über Melbourne. **The Croft Institute 12:** 21–25 Croft Alley, Chinatown, Tel. 03-96 62 43 69, www.thecroftinstitute.com.au, Mo–Do 17–2, Fr 17–3, Sa 20–3 Uhr. Die mit einer umfangreichen Sammlung an alten medizinischen Geräten dekorierte Trendbar hat den morbiden Charme einer Krankenstation aus den 1930er-Jahren – *das* derzeitige Szene-Highlight. **The Xchange 13:** 119 Commercial Rd., South Yarra, Tel. 03-98 67 51 44, So–Do 21–3, Fr/Sa 21–4 Uhr. Lesben- und Schwulen-Hotspot. **Transport Hotel 14:** Federation Square, City, Tel. 03-96 54 88 08, www.transporthotel.com.au, Mo–Do 11–24, Fr/Sa 11–4, So 11–24 Uhr. In dem angesagten Veranstaltungscenter gibt es in der ›Transport Bar‹ originelle Drinks und im

›Taxi Dining Room‹ japanisch inspirierte Gerichte der zeitgenössischen Aussie-Küche. In warmen Sommernächten sitzt man sehr angenehm auf der Terrasse der ›Transit Lounge‹.
Walter's Wine Bar 25: Southgate Complex, South Melbourne, Tel. 03-96 90 92 11, www.walterswinebar.com.au, tgl. 12–23.30 Uhr. Erlesene Weine aus Victoria und kleine Gerichte der modernen australischen Küche vor dem City-Panorama.

Kneipen ▶ **Bridie O'Reilly's** 15: 62–64 Little Collins St., City, Tel. 03-96 50 08 40, So–Do 12–23, Fr/Sa 12–1 Uhr. Beliebter irischer Pub, in dem die Gäste freitag- und samstagabends in Dreierreihen mit ihrem Guinness vor dem Tresen stehen, wenn eine Folk-Rock-Band live aufspielt. **Young & Jacksons Pub** 16: 1 Swanston St., City, Tel. 03-96 50 38 84, So–Do 12–23, Fr/Sa 12–1 Uhr. Eine der stadtweit bekanntesten Kneipen mit einem der berühmtesten Gemälde Australiens: dem Bildnis der Chloe, einem weiblichen Akt.

Aktiv

Stadttouren ▶ **Melbourne Greeter Service** 1: c/o Melbourne Visitor Centre, Federation Square, Tel. 03-96 58 96 58 (Mo–Fr) u. 03-96 58 99 42 (Sa/So), www.thatsmelbourne.com.au. Engagierte Freiwillige zeigen Gästen bei halbtägigen Spaziergängen ihre Stadt aus einer ganz individuellen Perspektive und machen sie auf Sehenswürdigkeiten aufmerksam, die in kaum einem Reiseführer zu finden sind – gratis und in über 15 Sprachen (mindestens einen Tag im Voraus buchen). **Hidden Secrets Tours** 2: c/o Melbourne Visitor Centre, Federation Square, Tel. 03-93 29 96 65, www.hiddensecretstours.com. Auf eine Stadtführung der etwas anderen Art geht es mit Fiona Sweetman durch die angesagtesten Shops und Läden der Stadt. Die Fashion-Kennerin führt die Teilnehmer durch versteckte Gässchen und Arkaden, stöbert mit ihnen auf Märkten und gibt Tipps für schlaueres Shopping (Di–Sa 10–13.30 Uhr, 115 A-$).

Bootstouren ▶ **Melbourne River Cruises** 25: Southgate Complex, Tel. 03-86 10 26 00, www.melbcruises.com.au. Bootstouren auf dem Yarra River nach Williamstown (alle 30 Min. 10.45–15.45 Uhr, Erw. ab 22 A-$, Kin.r ab 11 A-$, Fam. ab 50 A-$).

Brauereibesichtigung ▶ **Carlton & United Brewery Tours** 3: Carlton Brew House, Nelson St., Ecke Thompson St., Abbotsford, Tel. 03-94 20 68 00, www.visitfostervenues.com. Australiens größte Brauerei (Führungen Mo–Fr 10, 14 Uhr, 25 A-$, Buchung erforderlich).

Termine

Australian Open (Jan.): Tennisturnier

Chinese New Year (Jan./Feb.): An einem Neumondtag zwischen 21. Januar und 19. Februar feiern die chinesischstämmigen Melbourner ihr Neujahrsfest. Höhepunkte sind farbenfrohe Drachen- und Löwenparaden in der Chinatown sowie als Finale ein prächtiges Feuerwerk.

Midsumma Festival (Jan./Feb.): Fest der Schwulen und Lesben mit schrillen Straßenparaden.

Melbourne Grand Prix (März): Wertungslauf für die Weltmeisterschaft der Formel 1.

Moomba Festival (Feb./März): ›Lasst uns zusammenkommen und Spaß haben‹ – so lautet das Motto des ausgelassensten Festivals der Stadt.

Melbourne Food and Wine Festival (März/April): Ein Fest für den Gaumen.

Tipp: Kartenvorverkauf

Buchungen (auch aus Übersee) für alle größeren Kultur- und Sportveranstaltungen übernehmen **Ticketek** (Exhibition St., Ecke Lonsdale St., City, Tel. 13 28 49, www.ticketek.com.au, Mo–Fr 9–18, Sa 9–16, So 10–14 Uhr) und **Ticketmaster** (Atheneaum Theatre, 188 Collins St., City, Tel. 13 61 00, www.ticketmaster.com.au, Mo–Fr 9–18, Sa 9–16, So 10–14 Uhr). Am **Halftix-Kiosk** (Melbourne Town Hall, Swanston St., Ecke Little Collins St., City, Tel. 03-96 50 94 20, www.halftixmelbourne.com, Mo 10–14, Di–Do 11–18, Fr 11–18.30, Sa 10–14 Uhr) bekommt man Restkarten zum halben Preis, meist für Abendvorstellungen am selben Tag.

Melbourne und Umgebung

International Flower and Garden Show (April): Großes Blumenfest in den Fitzroy Gardens.
Melbourne Fringe Festival (Sept./Okt.): Avantgardistisches Kulturspektakel.
Melbourne International Arts Festival (Okt.): Zweiwöchiger bunter Reigen kultureller Veranstaltungen.
Melbourne Cup (erster Dienstag im Nov.): Bedeutendstes Pferderennen des Landes.
Carols by Candlelight (Dez.): Öffentliche Weihnachtsfeiern mit (klassischen) Konzerten.

Verkehr

Flüge: Zwischen dem gut 25 km nordwestl. der City gelegenen Tullamarine Airport und der Southern Cross Station (Spencer St.) im Zentrum pendelt ein Flughafenbus; von dort kostenloser Transfer zu Hotels in der City; nach vorheriger Anmeldung auch kostenlose Abholung im Hotel für die Fahrt zum Flughafen (Skybus, Tel. 03-96 00 17 11, www.skybus.com.au, alle 10–15 Min. rund um die Uhr, Fahrtdauer 20–30 Min., einfache Fahrt: Erw. 16 A-$, Kin. 6 A-$, Fam. 36 A-$, hin und zurück: Erw. 26 A-$, Kin. 10 A-$, Fam. 56 A-$). Wer ein Taxi nehmen möchte, bezahlt 45–50 A-$.
Züge: Fernzüge in alle Richtungen starten ab Southern Cross Station (Spencer St.), Auskunft und Buchung: V/Line, Tel. 13 61 96, www.viclink.com.au.
Busse: Überlandbusse in alle Richtungen starten ab Southern Cross Station Terminal, (Spencer Street, City), Auskunft und Buchung: Greyhound Australia, Tel. 13 00-47 39 46.
Mietwagen: Eine große Auswahl an Fahrzeugen jeder Art (auch Geländewagen und Wohnmobile) haben Avis (Tel. 13 63 33), Budget (Tel. 13 27 27) und Hertz (Tel. 13 30 39); alle Mietwagenfirmen haben Filialen am Flughafen.
Fähren: 1 x bzw. während der Hochsaison (Dez./Jan.) 2 x tgl. Verbindungen nach Devonport auf Tasmanien (s. S. 75). Überfahrten während der Hauptsaison rechtzeitig reservieren! Auskunft und Buchung: TT Line Reservations, Tel. 1800-63 49 06, www.tt-line.com.au oder www.spiritoftasmania.com.au; Tasmanian Travel Centre, 259 Collins St., City, Tel. 03-92 06 79 22.

Fortbewegung in der Stadt

An folgenden Stellen bekommt man Infos über den öffentlichen Nahverkehr: **The Met Shop,** Melbourne Town Hall, Swanston St., Ecke Little Collins St., City, Mo–Fr 9–17.30, Sa 9–13 Uhr; **Public Transport InfoLine,** Tel. 13 16 38 (tgl. 6–22 Uhr); im **Internet** unter www.metlinkmelbourne.com.au.
Kombiticket: Für Busse, Züge und Straßenbahnen im Bereich der City und den zentrumsnahen Vororten empfiehlt sich die preisgünstige **Metcard,** die unbegrenzte Fahrten innerhalb eines bestimmten Zeitraums ermöglicht (2 Std. 3,70 A-$, 24 Std. 6,80 A-$). Erhältlich ist sie an Infoschaltern und Automaten in Bahnhöfen, an Automaten in Straßenbahnen, in Zeitschriftenhandlungen und Drogerien.
Busse: Das Busnetz wird durch einen Flughafenbus (s. o.) und eine Sightseeing-Linie ergänzt. Die kostenlose Busse des **Melbourne City Tourist Shuttle** fahren ab dem Victorian Arts Centre, 100 St. Kilda Rd., tgl. 9.30–16.30 Uhr im Halbstundentakt durch die Innenstadt; an 13 Haltestellen kann man die Fahrt beliebig oft unterbrechen.
Straßenbahnen: Wichtigstes öffentliches Verkehrsmittel in der City und den zentrumsnahen Vororten. Auf dem City Circle (Flinders St.–Spring St.–La Trobe St.–Docklands) verkehrt eine kostenlose Trambahnlinie, welche die meisten Sehenswürdigkeiten der Innenstadt erschließt (tgl. 10–18 Uhr im Zehnminutentakt).
Züge: Nahverkehrszüge in alle Vororte starten ab Flinders Street Station, Auskunft: V/Line, Tel. 13 61 96, www.viclink.com.au.
Taxis: sind zahlreich; Taxibestellung: Arrow Taxi Service, Tel. 13 22 11; Embassy Taxis, Tel. 13 17 55; Silver Top Taxis, Tel. 13 10 08; Yellow Cabs, Tel. 13 19 24.
Mit dem eigenen Fahrzeug: Wer trotz des hohen Verkehrsaufkommens und chronischen Parkplatzmangels mit dem Auto in die City fährt, sollte beachten, dass die 22 km

lange Stadtautobahn CityLink mautpflichtig ist. Man kann die anfallenden Gebühren allerdings nicht bar entrichten.

Dies ist nur noch mit E-Maut möglich, d. h. man muss sich online registrieren oder vor Ort einen Aufkleber besorgen. Dieser kommt an die Windschutzscheibe und wird von Scannern erfasst (Infos: Tel. 13 26 29, www.citylink.com.au). Auch sollte man sich mit den speziellen Regeln beim Rechtsabbiegen in Melbourne vertraut machen (s. S. 77).

Rund um Melbourne

Karte: S. 211

Como House

Ein Ausflug gen Süden, der sich mit der Straßenbahn (Tram 16 ab Swanston St. oder Tram 96 ab Bourke St.) unternehmen lässt, führt in den Vorort **South Yarra** 1. Dort steht inmitten einer weitläufigen Parkanlage das 1847 errichtete **Como House,** das eine Mischung aus frühem australischem Kolonialstil und viktorianischen Elementen zeigt. Ausstaffiert ist es mit erlesenen Einrichtungsgegenständen aus anderthalb Jahrhunderten (William Rd./Lechlade Ave., Tel. 03-98 27 25 00, www.comohouse.com.au, tgl. 10–17 Uhr, Erw. 12 A-$, Kin. 6,50 A-$, Fam. 30 A-$). Südöstlich an South Yarra grenzt das Schickeriaviertel Toorak (gesprochen T'rak) an.

Rippon Lea

Im Vorort **Elsternwick** 2 blieb aus der viktorianischen Epoche das neoromanische Herrenhaus **Rippon Lea** erhalten, das zwischen 1860 und 1887 inmitten einer schönen Parkanlage errichtet wurde. Mit ihrem Originalinventar vermittelt die 33-Zimmer-Villa ein Bild vom Lebensstil einer wohlhabenden viktorianischen Großfamilie. Die Eleganz von Rippon Lea unterstreicht ein schöner Park mit Blumen- und Farnbeeten sowie einem idyllischen See (192 Hotham St., Tel. 03- 95 23 60 95, www.ripponleaestate.com.au, tgl. 10–17 Uhr, Erw. 12 A-$, Kin. 6,50 A-$, Fam. 30 A-$).

St. Kilda und Brighton Beach

Ein ›bodenständigeres‹ Leben herrscht in Melbournes südlichem Strandvorort **St. Kilda** 3 an der Port Phillip Bay (Tram 16 ab Swanston St. oder Tram 96 ab Bourke St.). Neben einem Platz am Strand locken hier ein Bummel durch die Acland Street mit Konditoreien und Spezialitätenrestaurants aus aller Herren Länder sowie die Schnäppchenjagd auf dem Arts and Craft Market, der sonntags an der Esplanade abgehalten wird. Große und kleine Kin. begeistert an der Strandpromenade der Luna Park, ein Rummelplatz mit Achterbahn, Riesenrad und Karussells (Lower Esplanade, Tel. 03-95 25 50 33, www.lunapark.com.au, Sommer Fr 19–23, Sa 11–23, So 11–18, Winter Sa/So 11–18 Uhr, Erw. 37,95 A-$, Kin. 27,95 A-$, Fam. 115,95 A-$). Nachtschwärmer zieht es in die Fitzroy Street mit zahlreichen Pubs und Clubs. Zum Baden und Schwimmen lädt der langgestreckte Sandstrand zwischen St. Kilda und Port Melbourne. Saubere Sandstrände und gute Wasserqualität bietet weiter südlich **Brighton Beach** 4, der berühmt ist für seine *Beach Boxes* – knallbunte Strandhütten.

Mornington Peninsula

An der Port Phillip Bay entlang führt der Nepean Highway zur Mornington Peninsula. Die fast ganz von Land umrahmte Port Phillip Bay besitzt zum offenen Meer hin nur eine schmale Öffnung. Die geschützte Lage macht die Bucht zu einem idealen Revier für fast alle Arten von Wassersport. Kein Wunder, dass die dortigen Strandorte beliebte Wochenend- und Urlaubsziele sind und sich die Autos der Ausflügler an manchen Tagen auf dem Nepean Highway stauen. Aus der Vogelperspektive kann man die Port Phillip Bay und die Mornington Peninsula vom 305 m hohen **Arthur's Seat** 5 kennenlernen. Zu erreichen ist die höchste Erhebung der Halbinsel von Dromana per pedes auf einem Wanderpfad, mit dem eigenen Fahrzeug oder mit einem Sessellift.

Sorrento 6 ist Ausgangspunkt für Bootstouren zur Beobachtung von Delfinen in der Port Phillip Bay. Besonders zahlreich er-

Melbourne und Umgebung

scheinen die Großtümmler hier im australischen Sommer, wenn sie ihre Jungen aufziehen. Bei drei- bis vierstündigen Bootsfahrten kommt man den Delfinen ganz nahe. Wer möchte kann – ausgerüstet mit Neoprenanzug und in Begleitung von Experten – sogar mit den verspielten Tieren schwimmen (Polperro Dolphin Swims, Sorrento Pier, Tel. 03-59 88 84 37, www.polperro.com.au, tgl. 8.30, 13.30 Uhr, Schwimmer 115 A-$, Zuschauer Erw. 55 A-$, Kin. 30 A-$).

Über den gepflegten Bade- und Ferienort **Portsea** 7 geht die Fahrt weiter zum **Point Nepean.** Von der Spitze der stiefelförmigen Mornington Peninsula hat man einen schönen Blick auf The Rip, die schmale Einfahrt in die Port Phillip Bay. Die felsige Landspitze gehört zum **Mornington Peninsula National Park,** der die Vegetation der Küstenregion bis zum **Cape Schanck** 8 schützt. Der Küstenstreifen besticht durch weite Sandstrände, pittoreske Felsformationen sowie mit Küstenheiden und Buschwerk bewachsene Klippen, über die Wanderwege führen. Anders als an der geschützten Port Phillip Bay finden sich hier an der Bass Strait auch ausgezeichnete Brandungsstrände, was Surfer zu schätzen wissen. In der Nähe des Cape Schanck-Leuchtturms führen Holzstege auf die vom Meer umtosten Klippen hinaus.

Dandenong Ranges National Park 9

Erholung von der Großstadt bietet der 35 km östlich des Zentrums gelegene **Dandenong Ranges National Park**. Die zerklüftete Bergkette, von den Aborigines einst Tanjenong (hohe Berge) genannt, gehört zu den schönsten Landschaften in Victoria. Geprägt wird das Naturschutzgebiet von Schluchten mit üppigen, oft meterhohen Baumfarnen sowie riesigen Königseukalypten mit Höhen von bis zu über 100 m. Vom Städtchen Lilydale am Maroondah Highway erreicht man auf einer kurvenreichen Straße das südlich gelegene Montrose. Dort beginnt die Mount Dandenong Tourist Road, von der nach nur wenigen Kilometern eine Straße zum 633 m hohen Mount Dandenong abzweigt. Das fantastische Panorama von diesem Aussichtspunkt vermittelt einen ausgezeichneten Eindruck von der Weitläufigkeit der über 6000 km^2 großen Metropole Melbourne (SkyHigh Mount Dandenong, Auto 5,50 A-$).

Nördlich von Olinda liegt das **William Ricketts Sanctuary** 10, eine Kunstgalerie unter freiem Himmel. In einem kleinen, labyrinthartig angelegten Park werden die Meisterwerke des Bildhauers William Ricketts präsentiert, der sich sein Leben lang mit den Mythen und der Kultur der Ureinwohner beschäftigt hat. Tonskulpturen verschmelzen mit natürlichen Felsen, Köpfe und Figuren aus Holz scheinen aus moosbewachsenen Baumstämmen zu wachsen. Ein Spaziergang durch den Felsengarten ist wie ein Gang durch die Traumzeit (Tel. 03-97 51 13 00, www.parkweb.vic.gov.au, tgl. 10–16.30 Uhr, Erw. 6,70 A-$, Kin. 3 A-$, Fam. 16,40 A-$).

In **Olinda** 11 haben sich zahlreiche Künstler und Kunsthandwerker niedergelassen, die ihre Produkte in Ateliers und Galerien anbieten. Ein Besuch des hübschen Bergdorfs lohnt sich vor allem in den Frühlingsmonaten Oktober und November, wenn sich in den National Rhododendron Gardens eine scharlachrote Farbenpracht entfaltet (Tel. 13 19 63, www.parkweb.vic.gov.au, tgl. 9–17 Uhr, Erw. 8,25 A-$, Kin. 3 A-$, Fam. 19,50 A-$).

Weiter geht die Dandenong-Rundfahrt in südlicher Richtung nach Ferny Creek. Dort kann man der Mount Dandenong Tourist Road bis Upper Ferntree Gully folgen oder zum **Sherbrooke Forest** 12 abzweigen. In dem ausgedehnten Eukalyptuswald lohnt sich ein Spaziergang durch die weitläufigen Alfred Nicholas Memorial Gardens mit riesigen Königseukalypten. Mit etwas Glück begegnet man dabei scheuen Leierschwanzvögeln (Tel. 03-97 55 29 13, www.parkweb.vic.gov.au, tgl. 10–17 Uhr, Erw. 6,50 A-$, Kin. 3 A-$, Fam. 15,50 A-$).

Freunde alter Dampflokomotiven zieht es nach **Belgrave** 13, wo Puffing Billy (Keuchender Billy), ein Schmalspur-Dampfross aus der Frühzeit des Eisenbahnwesens, täglich auf einer 13 km langen Strecke durch Schluchten und Täler zum Bergstädtchen Emerald

Die Umgebung von Melbourne

schnauft (Tel. 03-97 57 07 00, www.puffing billy.com.au, mehrmals tgl., Erw. ab 23 A-$, Kin. ab 11,50 A-$, Fam. ab 40,50 A-$).

Yarra Valley

Nicht fehlen darf bei einem Ausflug in den Osten von Melbourne ein Besuch des sympathischen Städtchens **Healesville** 14 im **Yarra Valley** 15. In der naturbelassenen Buschlandschaft des Healesville Sanctuary am Ortsrand leben mehr als 200 einheimische Säugetier-, Vogel- und Reptilienarten. Star des Parks ist der Platypus, ein Säugetier, das wie eine Amphibie im Wasser lebt und Eier legt, die ge-

Melbourne und Umgebung

Beach Boxes in Brighton Beach

schlüpften Jungen aber säugt. In einer aquariumähnlichen Anlage kann man das scheue Schnabeltier unter Wasser beobachten (Badger Creek Rd., Tel. 03-59 57 28 00, www.zoo.org.au, tgl. 9–17 Uhr, Erw. 24,40 A-$, Kin. 12,10 A-$, Fam. 55,50 A-$).

Im **Yarra Valley,** einer der bedeutendsten Weinregionen des Landes, erstrecken sich Rebenfelder von Plantagendimension. Dort produzieren mehr als 50 Kellereien hervorragende weiße und rote Tafelweine. Berühmt ist der Semillon, ein spritziger Weißwein. Zahlreiche Weingüter sind auf Besucher eingerichtet, mit Führungen durch Keltereien und Keller, ausgezeichneten Gastwirtschaften und gemütlichen Unterkünften. Um die Weinproben auch richtig genießen zu können, schließt man sich am besten einer organisierten Tour an (s. u.). Weinlese ist von Januar bis Mai.

Aktiv
... im Yarra Valley

Weinproben ▶ Domaine Chandon: Green Point, Maroondah Highway, Coldstream, Tel. 03-97 38 92 00, www.greenpointwines.com.au, Führungen tgl. 11, 13, 15 Uhr, Weinproben tgl. 10.30, 16.30 Uhr. Renommiertes Weingut mit informativem Besucherzentrum. **Henkell Vineyards:** Melba Highway, Yarra Glen, Tel. 03-59 65 20 16, www.henkellvineyard.com.au, Do/So u. Fei 11–17, Fr/Sa 11–21 Uhr. Weingut eines Nachfahren des gleichnamigen deutschen Sektherstellers, mit gemütlichem Restaurant. **Long Gully Estate:** Long Gully Road, Healesville, Tel. 03-95 10 57 98, www.longgullyestate.com, tgl. 11–17 Uhr. Von einem deutschen Ehepaar gegründetes Weingut. **Oakridge Winery:** Maroondah Highway, Coldstream, Tel. 03-97 39 19 20, tgl. 10–17 Uhr. Großes Weingut mit Restaurant. **Riverstone Estate Wines:** 105 Skye Rd., Coldstream, Tel. 03-59 62 39 47, www.riverstonewine.com.au, tgl. 10–18 Uhr. Kleines, aber feines Weingut; vom Terrassenrestaurant genießt man einen tollen Blick.

Touren ins Yarra Valley ▶ Australian Wine Tour Company, Tel. 03-94 19 44 44, www.austwinetourco.com.au. Tgl. Tour inkl. Weinprobe und Lunch (ab 95 A-$). **Yarra Valley Winery Tours:** Tel. 03-59 62 38 70, www.yarravalleywinerytours.com.au. Gleiches Angebot (ab 99 A-$).

Die Küste zwischen Melbourne und Adelaide

Diese rund 1000 km lange Route folgt weitgehend einem der spektakulärsten Küstenabschnitte von Australien. Auf schmalen Straßen wie der Great Ocean Road, deren kurvenreiche Streckenführung einer nicht enden wollenden Aussichtsterrasse gleicht, eröffnen sich faszinierende Blicke auf bizarre Felsskulpturen, schroff abfallende Steilklippen, pittoreske Buchten und traumhafte Sandstrände. Mindestens drei Tage sollte man sich für diese erlebnisreiche Fahrt Zeit lassen.

Werribee ▶ 1, R 17

Südlich der Stadt am Princes Freeway steht inmitten eines ausgedehnten Parks das zwischen 1874 und 1877 im italienischen Renaissance-Stil erbaute **Werribee Park Mansion.** Thomas Chirnside, ein in jenen Jahren als ›Woll-König‹ bekannter Großgrundbesitzer, investierte die damals unvorstellbar hohe Summe von über 60 000 englischen Pfund in das Herrenhaus, dessen 60 Räume größtenteils noch Originalmobiliar enthalten. Zwischen November und April entfalten im ausgedehnten Werribee Park 4500 Rosenbüsche ihre Farbenpracht (Tel. 03-97 41 24 44, www.werribeepark.com.au, tgl. 10–17 Uhr, Erw. 14,50 A-$, Kin. 8,50 A-$, Fam. 37,50 A-$). Jenseits des Werribee River erstreckt sich der **Werribee Open Range Zoo,** in dem man von einem Safaribus Tiere der afrikanischen Fauna beobachten kann (Tel. 03-97 31 96 00, www.zoo.org.au, tgl. 9–17, Erw. 24,40 A-$, Kin. 12,10 A-$, Fam. 55,50 A-$).

Geelong ▶ 1, R 17

Als Zentrum der Schafzucht und Wollproduktion war die in den 30er-Jahren des 19. Jh. gegründete Hafenstadt an der Corio Bay lange Zeit wirtschaftlich bedeutender als Melbourne, mit dem sie einst als führender Exporthafen für Wolle konkurrierte. Heute ist die mit 160 000 Einwohnern zweitgrößte Stadt von Victoria immer noch ein wichtiger Standort des verarbeitenden Gewerbes sowie einer der führenden Industriehäfen des Kontinents. Die wirtschaftliche Prosperität des 19. Jh. hinterließ der Stadt mehr als 200 imposante Gebäude, die heute unter Denkmalschutz stehen.

Im **National Wool Museum,** das in einem ausgedienten Wollspeicher eingerichtet wurde, erfährt man alles zum Thema Wolle, vom Schafscheren über die Versteigerung der Schurwolle bis zur Verarbeitung in der Textilindustrie (Moorabool St., Ecke Brougham St., Tel. 03-52 27 07 01, tgl. 9.30–17 Uhr, Erw. 7,30 A-$, Kin. 3,65 A-$, Fam. 20 A-$). Schräg gegenüber steht das alte Customs House aus dem Jahre 1856.

Einen Querschnitt durch die bildenden Künste Australiens präsentiert die **Geelong Art Gallery** in der Little Malop St. (Tel. 03-52 29 36 45, www.geelonggallery.org.au, Mo–Fr 10–17, Sa/So u. Fei 13–17 Uhr, Eintritt frei). Gegenüber der Kunstgalerie, die weit über die Grenzen der Stadt hinaus bekannt ist, setzt die klassizistische Town Hall mit ihrem mächtigen Säulenportal einen architektonischen Akzent. Zu den Kolonialgebäuden, die sich über das ganze Stadtgebiet verteilen, gehört auch die **Seamans Mission** aus dem Jahre 1845 in der Nähe des Hafens.

Die Küste zwischen Melbourne und Adelaide

Am Pier von Geelong

Im Vorort Newtown zeigen das Herrenhaus **The Heights** und die Villa **Barwon Grange** eine Mischung aus frühem australischem Kolonialstil und viktorianischen Elementen (The Heights: 140 Aphrasia St., Tel. 03-52 21 35 10, Mi/So u. Fei 12–16 Uhr, Erw. 9 A-$, Kin. 4,50 A-$, Fam. 19 A-$; Barwon Grange: Fernleigh St., Tel. 03-52 21 39 06, www.nattrust.com.au, Mi/So u. Fei 12–16 Uhr, Erw. 9 A-$, Kin. 4,50 A-$, Fam. 19 A-$). Im **Botanischen Garten** am östlichen Rand der City, dessen Ursprünge in die 50er-Jahre des 19. Jh. zurückreichen, kann man teils seltene einheimische und importierte Pflanzen entdecken (Tel. 03-52 27 03 87, Mo–Fr 7.30–17, Sa/So 7.30–19 Uhr, Eintritt frei).

Infos

Geelong Visitor Information Centre: National Wool Museum, Moorabool St. Ecke Brougham St., Tel. 03-52 22 29 00, www.visitgeelong.org, tgl. 9–17 Uhr.

Übernachten

Mit schöner Aussicht ▶ Chifley on the Esplanade: 13 The Esplanade, Tel. 03-53 44 77 00, www.chifleyhotels.com. Gut geführt, in schöner Lage über der Corio Bay, mit Restaurant, Bar und Pool. DZ ab 125 A-$.
Etwas außerhalb ▶ Geelong Surfcoast Highway Holiday Park: 621 Torquay Rd., Mount Duneed, Tel. 03-52 64 12 43, geelongsurfcoasthp@bigpond.com.au. Gut ausgestattet, mit großer Auswahl an geräumigen Cabins und Pool, 10 km südl.

Essen & Trinken

Fisch und Meeresfrüchte ▶ Fishermen's Pier: Yarra St., Tel. 03-52 22 41 00, www.fishermenspier.com.au, tgl. 11–15, 17–23 Uhr. Einfallsreich zubereitetes Seafood und modern interpretierte regionale Spezialitäten vor dem Panorama der Corio Bay. Vorspeisen 16–19 A-$, Hauptgerichte 34-39 A-$.
Für hungrige Familien ▶ Smorgy's Family Restaurant: Cunningham Pier, Tel. 03-52 22 64 44, www.smorgysgeelong.com.au, Mo 11.30–14.15, Di–Sa 11.30–14.15, 17–20.30, So 11.30–17, 17–20.30 Uhr. Australische Gerichte, *all you can eat* zu einem Fixpreis. Lunch Erw. 19 A-$, Kin. 14 A-$; Dinner Erw. 22 A-$, Kin. 15 A-$.

Einkaufen

Kunsthandwerk der Aborigines ▶ **Narana Creations:** 410 Torquay Rd., Grovedale (8 km südl.), Tel. 03-52 41 57 00, www.narana.com.au, Mo–Fr 9–17, Sa 10–16 Uhr. Hochwertiges Kunsthandwerk der Ureinwohner.

Termine

Festival of Sail (Jan.): Großes Volksfest mit Sportveranstaltungen und kulturellen Ereignissen.

Queenscliff ▶ 1, R 17

Östlich von Geelong schiebt sich die Bellarine Peninsula mit ausgezeichneten Badestränden in die Port Phillip Bay. Queenscliff, um die Wende zum 20. Jh. das beliebteste Seebad der Melbourner Geldaristokratie, wirkt mit seinen großen viktorianischen Strandhotels heute noch wie eine Miniaturausgabe des englischen Brighton. Einige der Nobelherbergen erstrahlen wieder in altem Glanz, etwa das **Vue Grand Hotel** und das **Ozone Hotel**. Eine weitere nostalgische Attraktion ist die Dampfeisenbahn **Bellarine Peninsula Railway** (Queenscliff Railway Station, Tel. 03-52 58 20 69, www.bpr.org.au, So u. Fei sowie Di, Do in den Ferien mehrmals tgl., Erw. 20 A-$, Kin. 12 A-$, Fam. 50 A-$). Bei Ocean Grove, südwestlich von Queenscliff, erstreckt sich ein bei Surfern beliebter Brandungsstrand.

Infos

Queenscliff Visitor Information Centre: 55 Hesse St., Tel. 1300-88 48 43, tgl. 9.30–17 Uhr.

Übernachten

Boutiquehotel mit historischem Flair ▶ **Vue Grand Hotel:** 46 Hesse St., Tel. 03-52 58 15 44, www.vuegrand.com.au. Traditionsreiches Kolonialhotel, in dem noch der Glanz alter Zeiten zu spüren ist, mit französischem Gourmet-Restaurant und Hallenbad. DZ ab 250 A-$ (inkl. Frühstück).

> **Tipp: Unterwegs zwischen Melbourne und Adelaide**
>
> V/Line-Züge verkehren zwischen Melbourne, Geelong und Warrnambool. V/Line-Busse pendeln mehrmals tgl. auf der Great Ocean Road zwischen Geelong und Port Campbell; Sa/So geringe Frequenz; Auskunft: Tel. 13 61 96, www.vline.com.au. Premier Stateliner-Busse befahren tgl. die Küstenroute von Adelaide nach Mount Gambier. Auskunft: Tel. 08-84 15 55 55, www.premierstateliner.com.au. **Allgemein über die Strecke informiert:** www.greatoceanrd.org.au.

Camping und Cabins ▶ **Beacon Resort Caravan Park:** 78 Bellarine Hwy, Tel. 18 00-35 11 52, www.beaconresort.com.au. Bestens ausgestattet, mit Luxus-Cabins sowie Hallenbad und Spielplatz.

Essen & Trinken

Elegantes Hotel-Restaurant ▶ **Mietta's Queenscliff Hotel:** 16 Gellibrand St., Tel. 03-52 58 10 66, tgl. 12–15, 17.30–22.30 Uhr. Ideenreiche Gerichte der modernen australischen Küche und vielfältige Weinkarte. Vorspeisen 14–18 A-$, Hauptgerichte 21–42 A-$.

Aktiv

Mit Delfinen schwimmen ▶ **Sea All Dolphins Swims:** Tel. 03-52 58 38 89, www.dolphinswims.com.au. 3,5-stündige Bootstour zur Beobachtung von Delfinen und Robben. Zwischen Oktober und April ist es sogar möglich, mit den verspielten Tieren zu schwimmen. Schwimmer Erw. 120 A-$, Kin. 105 A-$, Zuschauer Erw. 65 A-$, Kin. 55 A-$.

Termine

Queenscliff Music Festival (letztes Wochenende im Nov.): Die zeitgenössische australische Musikszene – Folk, Jazz und Rock.

Verkehr

Fähre: Zwischen Sorrento auf der Mornington Peninsula und Queenscliff pendeln tgl. 7–

Die Küste zwischen Melbourne und Adelaide

18 Uhr zwei Autofähren, Abfahrt jeweils zur vollen Stunde, Auskunft: Tel. 03-52 58 32 44, www.searoad.com.au.

Great Ocean Road ▶ 1, R 17

In Torquay beginnt die spektakuläre **Great Ocean Road.** Die Panoramastraße, die dem Auf und Ab der Küstenlandschaft folgt und auf kurzen Inlandsabschnitten farnreichen Regenwald durchschneidet, führt von Torquay bis nach Warrnambool, viele halten diese rund 300 Straßenkilometer für die schönsten des südlichen Australiens. Veteranen des Ersten Weltkriegs bauten die Trasse zwischen 1918 und 1932, deren Errichtung nicht nur als eine Arbeitsbeschaffungsmaß-nahme gedacht war. Sie soll zugleich als Mahnmal für die auf den europäischen Kriegsschauplätzen gefallenen Australier dienen.

Torquay

Als *Surf Capital of Australia* besitzt Torquay ein weltweites Renommee. Kenner schwören, dass die Surfbedingungen hier mindestens so gut seien wie auf Hawaii. Alljährlich zu Ostern findet am **Bells Beach** ein Surfwettbewerb mit internationaler Beteiligung statt. Die **Surfworld Australia** illustriert die Geschichte des Wellenreitens (Surf City Plaza, Beach Rd., Tel. 03-52 61 46 06, www.surfworld.org.au, tgl. 10–17 Uhr, Erw. 10 A-$, Kin. 6 A-$, Fam. 20 A-$).

Infos

Torquay Visitor Information Centre: Surfworld Australia, Surf City Plaza, Beach Rd., Tel. 03-52 61 42 19, www.visitsurfcoast.com, tgl. 9–17 Uhr.

Übernachten

Ruhiges Ferienhotel ▶ **Torquay Tropicana Motel:** Surfcoast Hwy/Grossmans Rd., Tel. 03-52 61 43 99, www.torquaytropicanamotel.com.au. Familiäres Motel mit gemütlichen Zimmern und freundlichem Service. DZ 90–180 A-$.

Camping und Cabins ▶ **Torquay Holiday Resort:** 55 Surfcoast Hwy, Tel. 03-52 61 24 93, www.torquayholidayresort.com.au. Gut ausgestatteter Campingplatz mit Cabins und Pool.

Essen & Trinken

Thai-Küche ▶ **Sujin Thai Restaurant:** 45 Surfcoast Hwy, Tel. 03-52 61 62 28, tgl. 11–23 Uhr. Authentische pikant bis scharfe Thai-Küche. Vorspeisen 8,50–10 A-$, Hauptgerichte 14–22 A-$.

Lorne

Über den Ferienort Anglesea mit schönen Stränden und Aireys Inlet, von dessen Split Point-Leuchtturm aus dem Jahre 1891 (Führungen tgl. 11, 12, 13, 14 Uhr, Erw. 12 A-$, Kin. 7 A-$, Fam. 35 A-$) sich ein schöner Blick auf die Kliffküste bietet, erreicht man das Touristenzentrum Lorne.

Nördlich davon beginnen die bis zu 650 m hohen **Otway Ranges.** In den windgeschützten Schluchten dieser Bergkette gedeihen Farnwälder, während man in den höheren Lagen eine Mischvegetation aus Eukalyptus- und gemäßigtem Regenwald findet. Ziel eines knapp 10 km langen Abstechers Richtung Nordwesten sind die 30 m hohen Erskine Falls im **Angahook-Lorne State Park.**

Infos

Lorne Visitor Information Centre: 15 Mountjoy Par. (Great Ocean Rd.), Tel. 03-52 89 11 52, www.visitlorne.com, tgl. 9–17 Uhr.

Übernachten

Mit Blick aufs Meer ▶ **Ocean Lodge:** 6 Armytage St., Tel. 03-52 89 13 30, www.oceanlodge.com. Gemütliches Motel mit Meeresblick, gut ausgestattete und geräumige Zimmer. DZ ab 115 A-$.

Camping und Cabins ▶ **Cumberland River Holiday Park:** Great Ocean Rd., Tel. u. Fax 03-52 89 17 90, www.cumberlandriver.com.au. 5 km westl. gelegener Campingplatz, gut ausgestattet, mit Cabins, herrliche Lage.

Great Ocean Road

Essen & Trinken

Frisch aus dem Netz ▶ Lorne Pier Seafood Restaurant: Pier Head, Tel. 03-52 89 11 19, tgl. 11–23 Uhr. Fangfrisches Seafood, zum Drinnen- und Draußensitzen. Vorspeisen 11,50–18 A-$, Hauptgerichte 22–39,50 A-$.

Apollo Bay

Der beliebte Ferienort bietet sich als Basis zur Erforschung des **Otway National Park** an. Nördlich und südlich von Apollo Bay winden sich von der Great Ocean Road, eine grandiose Aussicht bietend, wiederholt Stichstraßen in die Küstenberge empor, wie etwa die Mariners Lookout Road. Hinter Apollo Bay führt die Great Ocean Road kurvenreich durch den Otway National Park. Westlich des Ortes zweigt eine Stichstraße zum **Cape Otway** ab, wo ein 1848 errichteter Leuchtturm eine fantastische Aussicht bietet (Tel. 03-52 37 92 40, www.lightstation.com, tgl. 9–17, Erw. 16,50 A-$, Kin. 7,50 A-$, Fam. 41,50 A-$). Bei Beech Forest, 40 km nordwestlich von Apollo Bay, bietet der **Otway Fly Tree Top Walk** Besuchern die Möglichkeit, den Regenwald aus ungewohnter Perspektive kennenzulernen. Auf Hängebrücken verläuft der 600 m lange Naturlehrpfad 25 m über dem Erdboden hoch in den Baumwipfeln (Tel. 03-52 35 92 00, www.otwayfly.com, tgl. 9–17 Uhr, Erw. 22 A-$, Kin. 9,50 A-$, Fam. 55 A-$).

Infos

Great Ocean Road Visitor Information Centre: 55 Great Ocean Rd., Tel. 03-52 37 65 29, www.greatoceanroad.org, tgl. 9–17 Uhr.

Übernachten

Zimmer mit Aussicht ▶ Great Ocean View Motel: 1 Great Ocean Rd., Tel. 03-52 37 65 27, www.greatoceanview.motel.com.au. Gut geführtes Haus am westlichen Ortsrand, Zimmer teils mit Balkon und Meeresblick. DZ 85–250 A-$.

In Strandnähe ▶ Skenes Creek Lodge Motel: 61 Great Ocean Rd., Tel. 03-52 37 69 18, www.skenescreekmotel.com. 5 km östl., strandnah, ruhig, mit Restaurant und schönem Blick aufs Meer. DZ 85–135 A-$.

Tipp: Great Ocean Road per Rad

Die meisten Besucher erleben die Great Ocean Road, die zu den schönsten Küstenstraßen der Welt zählt, im Auto, Camper oder Reisebus. Noch besser wahrnehmen und genießen kann man aber die Naturschönheiten in langsamerer Gangart: per Fahrrad. In einer Broschüre der regionalen Touristenorganisation werden sieben Radtouren vorgeschlagen, die auch kombiniert werden können. Streckenverlauf, Entfernungen, touristische Highlights, Schwierigkeitsgrad und ein Höhenprofil jeder Tour sind detailliert beschrieben. Ein wichtiger Tipp: die Strecke von West nach Ost befahren. Der oft starke Wind bläst meist aus südwestlicher Richtung und es ist wesentlich angenehmer, ihn im Rücken zu haben, als gegen ihn anzustrampeln.

Camping und Cabins ▶ Apollo Bay Holiday Park: 27 Cawood St., Tel. 03-52 37 71 11, www.apollobayholidaypark.com.au. Bestens ausgestattet, mit gemütlichen Ferienhäuschen, Spielplatz und Pool.

Essen & Trinken

Stimmungsvolles Ambiente ▶ Chris's Beacon Point Restaurant: 280 Skenes Creek Rd., Tel. 03-52 37 64 11, www.chriss.com.au, tgl. 8.30–22 Uhr. Seafood und modern-australische Gerichte mit mediterranem Akzent, schöner Blick aufs Meer, 4 km östl. Vorspeisen 17–20,50 A-$, Hauptgerichte 26–34 A-$.

Port Campbell National Park

Die spektakulärsten Abschnitte der Südwestküste von Victoria konzentrieren sich im Port Campbell National Park zwischen Princetown und Peterborough. Hier besteht die Steilküste hauptsächlich aus weichem Sand- oder Kalkstein, dem idealen Material für die erodierenden Kräfte von Wind, Wetter und Wellen. In Jahrmillionen haben die Elemente aus der Landmasse bizarre Felsskulpturen modelliert.

Die Küste zwischen Melbourne und Adelaide

Dazu gehören die verwitterten Felsnadeln der **Twelve Apostles,** die isoliert von der Kliffküste der aufgewühlten See trotzen. Eigentlich müsste der größte Publikumsmagnet an der Great Ocean Road in ›Eleven Apostles‹ umbenannt werden, denn im Juli 2005 stürzte eine der Felssäulen in sich zusammen.

Wenige Kilometer weiter erinnern nahe der riesigen, von der Brandung ausgehöhlten Schlucht **Loch Ard Gorge** vier Gräber an den Untergang des Klippers ›Loch Ard‹, der am 1. 6. 1878 an einem Riff zerschellte. Bis 1920 ereigneten sich an der 120 km langen ›Shipwreck Coast‹ zwischen Cape Otway und Port Fairy 80 größere Schiffskatastrophen.

Dass sich die wildromantische Küstenlinie des Port Campbell National Park in ständiger Veränderung befindet, beweist auch die einst zweibogige Naturbrücke **London Bridge,** die früher mit dem Festland verbunden war. Am 15. Januar 1990 stürzte binnen Sekunden einer der Felsbögen in die brodelnden Fluten. Zwei Besucher der Felsbrücke mussten per Helikopter gerettet werden. In den Strandhügeln auf dem Festland befinden sich die Bruthöhlen von Zwergpinguinen. Stopps lohnen sich auch bei dem imposanten Felsentor **The Arch** und der großen, vom Meerwasser aus den Kalkklippen gewaschenen Höhle **The Grotto.** Gelegenheit für einen kurzen Spaziergang bieten die mit Schautafeln bestückten Aussichtspunkte an der **Bay of Islands.** Wegen seiner guten Infrastruktur ist das Städtchen **Port Campbell** als Standort für Ausflüge bestens geeignet. Wissenswertes über die Region erfährt man im dortigen Port Campbell National Park Information Centre (26 Morris St., Tel. 03-55 98 60 89, www.greatoceanroad.org, tgl. 10–17 Uhr, Eintritt frei). Am geschützten Naturhafen entlang führt der Port Campbell Discovery Walk zur malerischen Two Mile Bay (hin und zurück 1,5 Std.).

Übernachten
Sensationelle Lage ▶ **Loch Ard Motor Inn:** 42 Lord St., Tel. 03-55 98 63 28, www.oceanroadaccommodation.com.au. Die gemütlich ausgestatteten Zimmer und Apartments des nur 50 m von einem sicheren Badestrand entfernten Motels haben einen Balkon mit Blick aufs Meer. DZ ab 125 A-$, Apartment ab 160 A-$.

Camping und Cabins ▶ **Port Campbell Holiday Park:** Tregea St., Ecke Morris St., Tel. 1800-78 18 71, www.portcampbell.nu/camping. Schön gelegen, gut ausgestattet, Cabins mit Veranda.

Essen & Trinken
Für Romantiker ▶ **Waves:** 29 Lord St., Tel. 03-55 98 61 11, tgl. 12–15, 17.30–23 Uhr, Reservierung empfohlen. Feine regionale Küche, vor allem frisches Seafood, stimmige Weinkarte. Vorspeisen 12–16 A-$, Hauptgerichte 21–34 A-$.

Aktiv
Helikopter-Rundflüge ▶ **12 Apostles Helicopters:** Tel. 03-55 98 82 83, www.12ah.com, tgl. 7–17 Uhr, ab 90 A-$. Die Twelve Apostles aus der Vogelperspektive.

Warrnambool ▶ 1, Q 17

Östlich des Anfang des 19. Jh. als wichtiger Stützpunkt für Wal- und Robbenfänger gegründeten Warrnambool trifft die Great Ocean Road wieder auf den Princes Highway. Heute lebt die am Rande einer fruchtbaren Vulkanebene gelegene Stadt in erster Linie von Erträgen aus der Landwirtschaft. Einen Blick in die bewegte Vergangenheit des Ortes gewährt das **Flagstaff Hill Maritime Village,** die mehr oder minder originalgetreue Rekonstruktion der Hafenstadt Warrnambool im Jahre 1870 (Merri St., Tel. 1800-55 61 11, www.flagstaffhill.com, tgl. 9–17 Uhr, Erw. 15,95 A-$, Kin. 12,50 A-$, Fam. 39 A-$). Ein Stopp in Warrnambool lohnt sich vor allem von Juni bis September, wenn man von einer Aussichtsplattform am **Logans Beach** dicht an der Küste Buckelwale beobachten kann. Um zwei Vulkankraterseen dehnt sich 10 km westlich von

Blick von der Great Ocean Road auf die Kalksteinfelsen der Twelve Apostles

Die Küste zwischen Melbourne und Adelaide

Warrnambool das **Tower Hill State Game Reserve** mit einheimischen Tieren aus. In der Morgen- und Abenddämmerung kann man dort Kängurus, Koalas und Emus beobachten (Mi–Fr 9–17, Sa/So 10–16 Uhr, Eintritt frei).

Infos
Warrnambool Visitor Information Centre: Flagstaff Hill, Merri St., Tel. 03-55 59 46 20, www.visitwarrnambool.com.au, tgl. 9–17 Uhr.

Übernachten
Designer-Boutiquehotel ▶ Hotel Warrnambool: Koroit St., Ecke Kepler St., Tel. 03-55 62 23 77, www.hotelwarrnambool.com.au. Die 12 schnörkellos designten Zimmer des Boutiquehotels in einem Kolonialgebäude sind in dezenten Braun- und Grüntönen gehalten; preisgekröntes modern-australisches Restaurant. DZ 135–195 A-$.

Gut und günstig ▶ All Star Motor Inn: 762 Raglan Par. (Princes Hwy), Tel. 03-55 62 08 66, www.allstarmotorinn.com.au. 14 makellose Zimmer und zwei Bungalows, hilfsbereiter Besitzer, am westlichen Ortsrand gelegen. DZ ab 85 A-$.

Camping und Cabins ▶ Surfside Holiday Park: Pertobe Rd., Tel. 03-55 61 26 11. Gut ausgestatteter Campingplatz, mit On-Site-Vans und Cabins, am Strand.

Essen & Trinken
Frisch aus dem Meer ▶ Breakers: 79 Banyan St., Tel. 03-55 61 30 88, www.breakers restaurant.com.au, tgl. 11.30–15, 17–22 Uhr. ›Seafood, seafood and more seafood‹. Vorspeisen 12–18 A-$, Hauptgerichte 18–38 A-$.

Kreative Bistroküche ▶ Images: 60 Liebig St., Tel. 03-55 62 42 08, tgl. 11.30–22.30 Uhr. Seafood, Steaks und moderne australische Gerichte mit mediterranem Einschlag. Vorspeisen 7–14 A-$, Hauptgerichte 15–29 A-$.

Aktiv
Touren mit Aborigines ▶ Tower Hill Traditions Aboriginal & Wildlife Experience: Tel. 03-55 65 92 02, www.worngundidj.org.au, Mo–Fr 9.30 Uhr, Erw. 18,95 A-$, Kin. 8,80 A-$, Fam. 48 A-$. Buchung im Warrnambool Visitor Information Centre (s. o.). Nachkommen der einst im Gebiet des heutigen Warrnambool ansässigen Ureinwohner machen Besucher bei Spaziergängen im Tower Hill State Game Reserve mit der traditionellen Lebensweise ihres Volkes vertraut.

Port Fairy ▶ 1, Q 17

Westlich von Warrnambool liegt an der Mündung des Moyne River der um 1810 von Wal- und Robbenfängern gegründete Ort Port Fairy, heute Heimathafen einer der größten Fischfangflotten der Südküste. Zeugen der Vergangenheit sind über 50 Gebäude, die man auf dem etwa einstündigen Port Fairy Historic Walk passiert. Auf der Route liegen **Motts Cottage,** ein von Walfängern gegen 1845 gebautes Wohnhaus (Campbell St., Ecke Sack St., Mi/Sa 14–16 Uhr, Eintritt frei), und der **Caledonian Inn,** die älteste Kneipe von Victoria, in der erstmals 1844 Bier gezapft wurde. Einen Stadtplan erhält man gegen eine geringe Gebühr beim Fremdenverkehrsbüro oder im Port Fairy History Centre, das sich im historischen Courthouse aus dem Jahre 1869 befindet (30 Gipps St., Tel. 03-55 68 22 63, www.historicalsociety.port-fairy. com, Mi, Sa, So 14–17 Uhr). Port Fairy ist auch ein beliebtes Ziel für Tierfreunde, die in den Sommermonaten auf der in der Moyne-Mündung liegenden **Griffiths Island** Tausende von Sturmvögeln *(Mutton Birds)* und auf der vorgelagerten **Lady Julia Percy Island** eine Kolonie von Pelzrobben beobachten können.

Infos
Port Fairy Visitor Information Centre: Bank St., Tel. 03-55 68 26 82, www.moyne.vic. gov.au, tgl. 9–17 Uhr.

Übernachten
Mit hervorragendem Restaurant ▶ Merrijig Inn: 1 Campbell St., Tel. 03-55 68 23 24, www.merrijiginn.com. Eine ganz besondere Atmosphäre umfängt die Gäste dieser ro-

Nordwestlich von Portland

mantischen Pension in einem viktorianischen Kolonialhaus. Trotz Renovierung hat der Merrijig Inn den Charme früherer Jahre bewahrt – mit viel Stuck, alten Lampen und schönen Möbeln. Nachmittags werden auf der Veranda Tee und Gebäck serviert. Abends kann man nach Voranmeldung im ausgezeichneten Restaurant bei Kerzenlicht dinieren. DZ 140–250 A-$ (inkl. Frühstück).

Ruhig und von viel Grün umgeben ► Central Motel Port Fairy: 56 Sackville St., Tel. 03-55 68 18 00, www.centralmotelportfairy.com.au. Gut geführtes Haus mit behindertengerechter Ausstattung und Restaurant, nur Nichtraucher-Zimmer. DZ ab 120 A-$.

Camping und Cabins ► Anchorage Holiday Park: 115 Princes Hwy, Tel. 1800-06 33 46, www.anchorageportfairy.com.au. Gut ausgestatteter Campingplatz, mit großer Auswahl an Cabins.

Essen & Trinken

Für Genießer ► The Victoria Hotel: 42 Bank St., Tel. 03-55 68 28 91, www.vichotelportfairy.com.au, Mo–Fr 11.30–14.30, 18–22, Sa/So 11.30–15, 17–22.30 Uhr. Preisgekröntes Restaurant mit asiatisch angehauchter *New Australian Cuisine,* insbesondere Seafood. Vorspeisen 12–14 A-$, Hauptgerichte 18–36 A-$.

Einfach gutes Seafood ► Wisharts at the Wharf: Am Fischereihafen, Tel. 03-55 68 84 21, tgl. 11–21 Uhr. Die besten *Fish 'n' Chips* der Region. Ab 8,50 A-$.

Aktiv

Bootstouren ► Port Fairy Boat Charters: Tel. 03-55 68 14 80, Erw. ab 75 A-$, Kin. ab 55 A-$. Bootstouren zur Griffiths Island und Lady Julia Percy Island.

Nordwestlich von Portland
► 1, P 17

In der Umgebung von Portland kontrastieren langgestreckte Sandstrände scharf mit schroffen Klippenformationen. Am **Cape Bridgewater,** das sich 22 km westlich der Stadt wie eine Trutzburg dem Ozean entgegenstemmt, führt ein kurzer Spaziergang der Küste entlang zum versteinerten Wald *Petrified Forest.* In dem einst von Wanderdünen bedeckten Wald bildete Sand mit Hilfe von eindringendem Wasser eine Kruste um die Baumstämme. Derart konserviert, blieb der ›Sandsteinwald‹ über Jahrtausende erhalten. Etwas abseits der Mondlandschaft gibt es in den Klippen sogenannte *blowholes,* quadratmetergroße Felsspalten, aus denen bei starker Brandung die Gischt meterhoch emporspritzt. Eine Wanderung über die höchsten Klippen von Victoria führt vom Cape Bridgewater oder vom gleichnamigen Ferienort an der Bridgewater Bay zur **Seal Colony,** wo man oft Hunderte Pelzrobben beobachten kann (hin und zurück 5 km/2 Std.).

Aktiv

Robben beobachten ► Seals by Sea Tours: Tel. 03-55 26 72 47, www.sealsbyseatours.com.au, Erw. 30 A-$, Kin. 20 A-$, Fam. 80 A-$. Bootstouren zur Beobachtung von Pelzrobben.

An der Discovery Bay

Die küstennahe Straße passiert nordwestlich von Portland den **Mount Richmond National Park,** der sich um den erloschenen Vulkan Mount Richmond ausdehnt. Im Frühling verwandelt sich das Naturschutzgebiet in ein Wildblumenparadies. Etwa 20 km weiter westlich beginnt der **Lower Glenelg National Park,** in den der Glenelg River eine bis zu 50 m tiefe Schlucht in den Sandstein gefräst hat. Am Westrand des Nationalparks liegen die Tropfsteinhöhlen Princess Margaret Rose Caves, von denen einige Besuchern zugänglich sind (Tel. 08-87 38 41 71, www.princessmargaretrosecave.com, Führungen tgl. 10, 11, 12, 13.30, 14.30, 15.30, 16.30 Uhr, Erw. 12 A-$, Kin. 7 A-$, Fam. 28 A-$). **Nelson** kurz vor der Grenze zu South Australia ist ein guter Stützpunkt für Erkundungen der Region.

Infos

Nelson Visitor Information Centre: Leake St., Tel. 08-87 38 40 51, www.nelsonvictoria.

Die Küste zwischen Melbourne und Adelaide

Petrified Forest am Cape Bridgewater

gov.au, tgl. 8.30–16.30 Uhr. Hier auch Buchung von Bootstouren.

Übernachten

Einfach und gemütlich ▶ Pinehaven Motel: Main Rd., Tel. 08-87 38 40 41, www.motelpinehaven.com. Klein, rustikal, gemütlich, in der Nähe ein einfaches Restaurant. DZ 75 A-$.

Camping und Cabins ▶ River-Vu Park: Kellet St., Tel. 08-87 38 41 23. Campingplatz in schöner Lage am Glenelg River, mit Cabins.

Aktiv

Bootstouren ▶ Glenelg River Cruises: Tel. 08-87 38 41 91, www.glenelgrivercruises.com.au, Erw. ab 20 A-$, Kin. ab 10 A-$. Bootsausflüge auf dem Glenelg River.

Mount Gambier ▶ 1, P 17

Jenseits der Bundesstaatengrenze zwischen Victoria und South Australia liegt inmitten schier endloser Nadelbaumplantagen **Mount Gambier**. Die drittgrößte Stadt von South Australia verdankt ihren Wohlstand der Holz verarbeitenden Industrie und der Landwirtschaft des Umlands. Mount Gambier empfängt Besucher mit dem Nachbau des historischen Segelschiffs ›**Lady Nelson**‹, der am Jubilee Highway als Blickfang für ein Seefahrtsmuseum dient (Tel. 08-87 24 97 50, tgl. 9–17 Uhr, Erw. 10 A-$, Kin. 5 A-$, Fam. 25 A-$).

Ihren Namen erhielt die Stadt von dem erloschenen Vulkan, an dessen Ausläufern sie sich erstreckt. Obwohl vor rund 5000 Jahren zum letzten Mal aktiv, sorgt der Vulkan heute

Mount Gambier

noch für ein spektakuläres Naturphänomen, das Wissenschaftlern ein Rätsel aufgibt. Sein Hauptkrater wird vom 180 m tiefen und 71 000 m² großen **Blue Lake** gefüllt, dessen Färbung sich unerklärlicherweise mit den Jahreszeiten ändert. Gute Blicke auf den Blue Lake bietet der auf dem Kraterrand verlaufende John Watson Drive.

Naherholungsgebiete mit Wassersportmöglichkeiten sind die östlich angrenzenden Kraterseen **Valley Lake und Brownes Lake.** Einen herrlichen Blick hat man vom 1904 errichteten Centenary Tower am Südostrand des Seengebiets (geöffnet, wenn die Fahne weht, Erw. 2,50 A-$, Kin. 1 A-$).

Infos
The Lady Nelson Visitor and Discovery Centre: Jubilee Hwy East, Tel. 1800-08 71 87, www.mountgambiertourism.com.au, tgl. 9–17 Uhr.

Übernachten
Bewährtes Kettenmotel ▶ **Southgate Motel:** 175 Commercial St. East, Tel. 08-87 23 11 75, www.southgate.bestwestern.com.au. Mit Restaurant und beheiztem Pool. DZ 125–175 A-$.

Mit Blick auf den Kratersee ▶ **Blue Lake Holiday Park:** Bay Rd., Tel. 18 00-67 60 28, www.bluelakeholidaypark.com.au. Schön gelegener, sehr gut ausgestatteter Campingplatz mit komfortablen Cabins.

Essen & Trinken
Rustikales Ambiente ▶ **The Barn Steakhouse:** 69 Nelson Rd., Tel. 08-87 26 82 50, tgl. 11.30–23 Uhr. Steaks mit ›Wildwest‹-Atmosphäre, ab und zu Livemusik. Vorspeisen 8,50–11 A-$, Hauptgerichte 18–29,50 A-$.

Abstecher nach Naracoorte
▶ 1, P 16

Ein Abstecher von Mount Gambier führt über Penola, Zentrum eines renommierten Weinanbaugebiets, nach Naracoorte. Dort verbergen sich die Hauptattraktionen unter der Erde – die von der Unesco in den Rang eines Weltnaturerbes erhobenen **Naracoorte Caves.** Von insgesamt rund 60 bislang erforschten Höhlen sind drei im Rahmen von Führungen zugänglich. In einer der Höhlen machten Wissenschaftler 1969 die bedeutendsten Fossilienfunde in Australien. Sie entdeckten Skelette von bis dahin unbekannten prähistorischen Beuteltieren, darunter ein Riesenkänguru und ein Wombat von der Größe eines Nilpferds (Tel. 08-87 62 23 40, Führungen mehrmals tgl. 9–16.30 Uhr, Erw. ab 11,50 A-$, Kin. ab 7 A-$, Fam. ab 31 A-$). In **The Sheep's Back Wool Museum** dreht sich alles um das Thema Wolle (36 MacDonnell St., Tel. 08-87 62 15 18, tgl. 9–16 Uhr, Erw. 5 A-$, Kin. 2 A-$, Fam. 12 A-$).

Infos
Naracoorte Tourist Information Centre: 36 MacDonnell St., Naracoorte, Tel. 08-87 62 13

Die Küste zwischen Melbourne und Adelaide

99, www.naracoortetourism.com.au, tgl. 9–16 Uhr.

Übernachten
Angenehmes Landhotel ▶ Country Roads Motor Inn: 20 Smith St., Tel. 08-87 62 39 00, www.countryroadsnaracoorte.com.au. Gutes Preis-Leistungs-Verhältnis, freundlich eingerichtete Zimmer, Restaurant. DZ ab 85 A-$.
Camping und Cabins ▶ Naracoorte Holiday Park: Park Terr., Tel. 08-87 62 21 28. Gut ausgestatteter Campingplatz mit Cabins.

Zwischen Mount Gambier und Kingston S. E. ▶ 1, P 16

Von Mount Gambier führt der Princes Highway über Millicent direkt nach Kingston S. E. Reisende mit Zeit sollten in Millicent den Princes Highway aber verlassen und der Küstenstraße über Beachport folgen.

Millicent
Ein unterirdisches Kunstkabinett der Natur sind die Tropfsteinhöhlen **Tantanoola Caves** am Princes Highway ca. 20 km vor Millicent (Tel. 08-87 34 41 53, Führungen mehrmals tgl. 9.15–16 Uhr, Erw. 9 A-$, Kin. 4,50 A-$, Fam. 22,50 A-$). In **Millicent** bietet das historische Millicent Museum einen guten Einblick in die Lebens- und Arbeitsverhältnisse der Pionierzeit (1 Mount Gambier Rd., Tel. 08-87 33 32 05, tgl. Mo–Fr 9–17, Sa/So u. Fei 9.30–16.30 Uhr, Erw. 4,50 A-$, Kin. frei).

Beachport
Die von einer Kette von Seen und Lagunen sowie zerklüfteten Klippen geprägte Küstenlandschaft ist ein beliebtes Feriengebiet mit guter touristischer Infrastruktur. Im **Old Wool and Grain Store** in Beachport ist heute ein reichbestücktes Heimatmuseum untergebracht (Railway Terr., Tel. 08-87 35 80 13, So 10–13, in den Schulferien tgl. 10–16 Uhr, Erw. 5 A-$, Kin. 2,50 A-$, Fam. 12,50 A-$). Die zwischen 1878 und 1882 errichtete **Beachport Jetty,** an der die Fischtrawler ihren Fang anlanden, ist mit 772 m einer der längsten Holzpiers von Australien. In der Rivoli Bay vor Beachport liegt die kleine **Penguin Island** mit Nistplätzen von Zwergpinguinen. Auch ein Abstecher nach Southend am Nordrand des windzerzausten **Canunda National Park** mit spektakulären Klippenformationen sowie weiten Küstendünen lohnt sich.

Infos
Beachport Visitor Information Centre: Millicent Rd., Tel. 08-87 35 80 29, www.wattlerange.sa.gov.au, Mo–Fr 9–17. Sa/so 10–16 Uhr.

Übernachten
Geräumige Zimmer mit Kitchenette ▶ Beachport Motor Inn: 19 Railway Terr., Tel. 08-87 35 80 70, www.beachportonline.com/motor.inn. Gemütliches Haus mit familiärer Atmosphäre, geräumige Zimmer mit Kitchenette. DZ ab 90–135 A-$.
Camping am Strand ▶ Beachport Caravan Park: Beach Rd., Tel. u. Fax 08-87 35 81 28. Gut ausgestatteter Campingplatz mit Cabins, am Strand gelegen.

Essen & Trinken
Verfeinerte Regionalküche ▶ Bompa's by the Sea: 3 Railway Terr., Tel. 08-87 35 83 33, www.bompass.com.au, Mo–Fr 12–15, 18–22, Sa/So 11.30–15, 17–22.30 Uhr. Ausgezeichnetes Seafood und lokale Spezialitäten vor dem Panorama der Rivoli Bay. Vorspeisen 10,50–14,50 A-$, Hauptgerichte 18–36 A-$.

Robe
Im Jahre 1847 gegründet, war Robe bis 1880 eine bedeutende Hafenstadt. Da sie in South Australia, anders als in Victoria, keine Einreisesteuer entrichten mussten, landeten dort in den späten 50er-Jahren des 19. Jh. über 16 000 Chinesen, die auf dem Weg zu den Goldfeldern von Ballarat und Bendigo waren. Ein Gedenkstein am Hafen erinnert an der ›Chineseninvasion‹. Aus der großen Vergangenheit des kleinen Orts blieben zwei Dutzend restaurierte Gebäude erhalten, darunter das gegenüber dem Chinese Monument gelegene **Old Customs House** aus dem Jahre

1863 (Di/Sa 14–16, in den Schulferien und im Jan. tgl. 14–16 Uhr, Erw. 4,50 A-$, Kin. 2,50 A-$, Fam. 10,50 A-$).

Infos
Robe Visitor Information Centre: Library Building, Mundy Terr., Tel. 08-87 68 24 65, www.robe.sa.gov.au, Mo–Fr 9–17, Sa/So 10–16 Uhr.

Übernachten
Klein und individuell ▶ **Grey Masts:** 2 Mundy Terr., Tel. 04 11-62 71 46, www.greymasts.com.au. Kleine Herberge in historischem Gemäuer, individuell verschieden eingerichtete Suiten mit persönlicher Note. Suite ab 205 A-$.

Direkt am Wasser ▶ **Harbour View Motel:** 2 Sturt St., Tel. 08-87 68 21 48, www.robeharbourview.com. Gut ausgestattete Zimmer mit schönem Blick. DZ 85–175 A-$.

Camping und Cabins ▶ **Robe Long Beach Tourist Park:** Esplanade, Long Beach, Tel. 18 00-10 61 06, www.robelongbeach.com.au. Campingplatz, strandnah, bestens ausgestattet, mit sehr komfortablen Cabins und Hallenbad.

Essen & Trinken
Mit schöner Terrasse ▶ **The Gallerie:** 18 Mundy Terr., Tel. 03-87 68 22 56, tgl. 12–15, 17.30–22.30 Uhr. *New Australian Cuisine,* vor allem Fisch und Seafood. Vorspeisen 10–14 A-$, Hauptgerichte 18–37,50 A-$.

Kingston S. E.
In Kingston S. E. (South-East) – trifft die Küstenstraße auf den Princes Highway. **The Big Lobster,** ein gigantischer Hummer aus Fiberglas, weist als Wahrzeichen der Stadt darauf hin, dass die Küstengewässer dieser Region besonders reich an Schalentieren sind. Am Rande des Hafenstädtchens steht das **Cape Jaffa Lighthouse** aus dem Jahre 1872. Ursprünglich wies der 35 m hohe, rot lackierte Leuchtturm am Cape Jaffa 25 km südwestlich von Kingston Seefahrern den Weg (Marine Par., in den Schulferien tgl. 14–16.30 Uhr, Erw. 6 A-$, Kin. 3 A-$, Fam. 15 A-$).

Infos
Tourist Information Office: c/o Littles BP Roadhouse, Princes Hwy, Tel. 08-87 67 24 04, www.kingstondc.sa.gov.au, tgl. 8–20 Uhr.

Übernachten
Drei-Sterne-Komfort ▶ **Comfort Inn Kingston:** Princes Hwy, Tel. 08-87 67 23 22, www.comfortinnkingston.com. Geräumige Zimmer, gutes Seafood-Restaurant. DZ 95–105 A-$.

Camping und Cabins ▶ **Kingston Caravan Park:** Marine Par., Tel. und Fax 08-87 67 20 50. Campingplatz, am Strand, gut ausgestattet, mit Cabins.

Coorong National Park
▶ 1, O/P 16

Nördlich von Kingston beginnt der langgestreckte Coorong National Park. Das Naturschutzgebiet besteht aus einem bis zu 3 km breiten Haff, das sich, geschützt durch die Sanddünen der vorgelagerten Younghusband Peninsula, von der Mündung des Murray River rund 150 km entlang der Küste in südlicher Richtung erstreckt. Der Salzgehalt des Binnensees ist dreimal so hoch wie der des Meeres.

Der Nationalpark gehört zu den bedeutendsten Vogelreservaten des Fünften Kontinents. Tausende von Pelikanen, Seeschwalben, Kormoranen, Ibissen und Albatrossen lassen sich hier beobachten. Einen guten Eindruck von Fauna und Flora des Nationalparks vermittelt der Naturlehrpfad Lakes Nature Trail zwischen Pipe Clay Lake und Salt Lake (Rundweg 3 km/1 Std.), nahe dem Hauptquartier des National Parks and Wildlife Service in **Salt Creek** (Tel. 08-85 75 70 14). Eine Gelegenheit, Pelikane zu beobachten, bietet sich einige Kilometer nördlich der Siedlung Policemans Point im Jacks Point Pelican Observatory.

Nach dem Nationalpark vereint sich der Princes Highway bei Tailem Bend mit dem Dukes Highway zu dem nach Adelaide führenden autobahnähnlichen South Eastern Freeway.

Goldenes Dreieck und Grampians National Park

Der Western Highway, eine von zwei beliebten Inlandsrouten zwischen Melbourne und Adelaide, berührt den sehenswerten Grampians National Park, die andere Strecke folgt dem Murray River (s. S. 222). Wie immer man sich auch entscheidet – erstes Etappenziel ist das ›Goldene Dreieck‹ um die historische Goldrauschstadt Ballarat. Für den Western Highway (725 km) sollte man, mit einem kurzen Abstecher in die Grampians, mindestens drei Tage einplanen.

Die meisten Städte der Zentralregion von Victoria haben eines gemeinsam – ihre Geschichte ist von Gold geprägt. Als im Juni 1851 James ›Civil Jim‹ Esmonds in der Nähe von Clunes auf die ersten Nuggets stieß, konnte er die Folgen seines Fundes nicht ahnen. Mehr als 100 000 Goldgräber strömten nach Ballarat und Bendigo, Goldgräbersiedlungen schossen wie Pilze aus dem Boden. So rasch es einsetzte, so schnell flaute das Goldfieber auch wieder ab. Nach wenigen Jahren schon waren die leicht abzubauenden Vorkommen erschöpft. Fortan mussten Schächte durch die harten Basaltlagen zu den tiefliegenden Adern getrieben werden, was sich nur noch finanzstarke Gesellschaften leisten konnten. Gegen 1870 waren viele Siedlungen wieder von der Landkarte verschwunden, andere Orte überlebten als ruhige Provinzstädtchen. An die stürmischen Tage der Goldrauschära erinnern heute in der Region um Ballarat und Bendigo noch zahlreiche historische Gebäude und viele kleine Museen.

Ballarat ▶ 1, R 17

Die einstige Goldgräbersiedlung Ballarat floriert heute als wichtiger Umschlag- und Handelsplatz der umliegenden Agrarregion. Größter Besuchermagnet ist **Sovereign Hill,** die originalgetreue Rekonstruktion der Goldgräberstadt der Jahre 1851 bis 1861. Geschichte und Geschichten werden lebendig, wenn historisch kostümierte Schauspieler den damaligen Alltag nachstellen. Besucher dürfen gegen einen kleinen Obolus in einem Bach die Goldwäscherpfanne kreisen lassen. Zum Pflichtprogramm gehören Fahrten in Pferdekutschen durch die Stadt.

Vertiefen lassen sich die bei dem etwa dreistündigen Besuch gewonnenen Eindrücke im Besucherzentrum mit einer audiovisuellen Präsentation der Goldrush-Epoche (Bradshaw St., Tel. 03-53 37 11 00, www.sovereignhill.com.au, tgl. 10–17 Uhr, Erw. 39,50 A-$, Kin. 18 A-$, Fam. 100 A-$, inkl. Goldmuseum). Das benachbarte **Goldmuseum** informiert über das Phänomen ›Gold‹ (Bradshaw St., Tel. 03-53 31 19 44, tgl. 9.30–17.20 Uhr, Erw. 8,50 A-$, Kin. 4,10 A-$).

Die Gegend um die Kreuzung der Eureka und Stawell Street war einst Schauplatz jener Revolte, die als Eureka Stockade in die aus-tralischen Geschichtsbücher einging (s. S. 33). Dioramen und Videos im **Eureka Centre** dokumentieren die Ereignisse vom Dezember 1854 (Eureka St., Ecke Rodier St., Tel. 03-53 33 18 54, www.eurekaballarat.com.au, tgl. 9–16.30 Uhr, Erw. 8 A-$, Kin. 4 A-$, Fam. 22 A-$).

Gleich um die Ecke bietet der **Ballarat Wildlife Park** einen guten Überblick über die Tierwelt des Fünften Kontinents (Fussell St., Ecke York St., Tel. 03-53 33 59 33, www.wild

Ballarat

lifepark.com.au, tgl. 9–17.30 Uhr, Erw. 22 A-$, Kin. 13,50 A-$, Fam. 65 A-$).

In der Stadtmitte zeugen entlang der Sturt Road, der breiten Durchgangsader von Ballarat, zahlreiche ansehnliche Gebäude vom Wohlstand, den die Goldfunde dem Ort bescherten. In der Lydiard Street präsentiert die **Art Gallery of Ballarat** – neben einer Sammlung australischer Malerei – als bedeutendstes Exponat das Originalbanner der Eureka-Rebellion (Tel. 03-53 20 58 58, www.balgal.com, tgl. 9–17 Uhr, Erw. 5 A-$, Kin. frei). Am Ufer des Lake Wendouree mit der Ruderstrecke der Olympischen Spiele von 1956 erstrecken sich die **Ballarat Botanical Gardens** mit Gewächshaus und Pavillons (Tel. 03-53 20 74 44, www.ballaratbotanicalgardens.com, tgl. 8 Uhr bis zum Sonnenuntergang, Eintritt frei). An Wochenenden und Feiertagen rumpelt auf einer gut 1 km langen Strecke die Ballarat Vintage Tramway durch den Botanischen Garten (Tel. 03-53 34 15 80, Sa/So u. Fei sowie tgl. in den Schulferien 12–17 Uhr, Erw. 4 A-$, Kin. 2 A-$).

Infos

Ballarat Visitor Information Centre: The Eureka Entre, Eureka St., Ecke Rodier St., Tel. 18 00-44 66 33, www.visitballarat.com.au, tgl. 9–17 Uhr.

Übernachten

Design trifft auf Klassik ► **The Ansonia:** 32 Lydiard St., Tel. 03-53 32 46 78, Fax 53 32 46 98, www.theansoniaonlydiard.com.au. Modernes Boutiquehotel hinter historischer Fassade, mit Kunstausstellungen im lichtdurchfluteten Atrium. DZ 165–275 A-$.

Romantischer Schlupfwinkel ► **Abena's Boutique Accommodation:** 210 Grant St., Tel. 03-53 38 73 97, www.ballarat.com/abenas. Hübsch restauriertes kleines Kolonialhaus mit drei Zimmern im viktorianischen Stil. DZ 160 A-$.

Mit kolonialem Flair ► **The George Hotel:** 27 Lydiard St., Tel. 03-53 33 48 66, Fax 53 33 48 18, www.georgehotelballarat.com.au. Plüschige Kolonialherberge im Herzen der Stadt, mit Restaurant und Bar. DZ ab 75 A-$ (mit Gemeinschaftsbad), ab 90 A-$ (eigenes Bad/WC).

Camping und Holzbungalows ► **Windmill Holiday Park:** 56 Remembrance Dr., Tel. 03-53 34 16 86, www.ballaratwindmill.com.au. Sehr gut ausgestatteter Campingplatz mit komfortablen Holzbungalows, Pool und Kinderspielplatz.

Essen & Trinken

Kreative Bistroküche ► **Anise Restaurant:** 315 Learmonth St., Buninyong, Tel. 03-53 41 28 26, tgl. 12–15, 18–22 Uhr. Leichte, saisonal orientierte moderne australische Küche. Vorspeisen 10–12 A-$, Hauptgerichte 18–32 A-$.

Italienisch-australisch ► **Dino's on Sturt:** 212 Sturt St., Tel. 03-53 32 97 11, tgl. 12–15, 17–22.30 Uhr. Hervorragende australische Gaumenfreuden mit mediterranem Einfluss. Vorspeisen 9–11 A-$, Hauptgerichte 18–29,50 A-$.

Einkaufen

Aboriginal-Kunsthandwerk ► **Kirrit Barreet – Aboriginal Balla-Art:** 403–407 Main Rd., Tel. 03-53 32 27 55, www.aboriginalballarat.com.au, Mo–Fr 9–17, Sa 10–16 Uhr. Hochwertiges Kunsthandwerk der Ureinwohner.

Termine

Ballarat Begonia Festival (März): Blumenfest mit kulturellem Beiprogramm.

Ballarat Spring Springfest (Sept.): Buntes Volksfest.

Blood on the Southern Cross: Sovereign Hill, Bradshaw St., Tel. 03-53 37 11 99, www.sovereignhill.com.au, Beginn je nach Jahreszeit zwischen 17.30 und 22.30 Uhr, Erw. 47,50 A-$, Kin. 25,50 A-$, Fam. 129 A-$. Dramatische Inszenierung der Eureka Stockade, der Rebellion der Goldgräber vom Dezember 1854, mit vielen Showeffekten.

Verkehr

Züge: Verbindungen mit V/Line nach Melbourne, Bendigo, Echuca, Swan Hill u. a. Auskunft: Ballarat Station, Tel. 13 61 96.

Goldenes Dreieck und Grampians National Park

Ararat ▶ 1, Q 17

Nächste Station auf dem Weg in die grandiose Bergwelt der Grampians ist Ararat. Dort bebte es einst vor Betriebsamkeit, als Goldsucher das Unterste zuoberst wendeten. Der Ära des Goldrausches hat das heutige Agrarzentrum einige stattliche Gebäude zu verdanken. Während das Goldfieber jedoch rasch abflaute, erwies sich ein anderes wirtschaftliches Standbein als wesentlich langlebiger – die Produktion von Wein, die Mitte der 1960er-Jahre Einwanderer aus Frankreich begonnen hatten. Heute stellen die Winzer um Ararat beste rote und weiße Tafelweine her; renommiert sind die Sektkellereien von Great Western, nördlich von Ararat.

Infos

Ararat & Grampians Visitor Information Centre: Barkly St., Ecke Vincent St., Tel. 03-53 52 20 96, tgl. 9–17 Uhr.

Übernachten

Mit geräumigen Zimmern ▶ Statesman Motor Inn: Western Hwy, Tel. 03-53 52 41 11, Fax 53 52 41 25. Komfortabel ausgestattete Zimmer, Restaurant. DZ 100–125 A-$.

Grampians National Park
▶ 1, Q 16/17

Westlich des Western Highway erstrecken sich die Grampians – Gariwerd in der Sprache der Aborigines –, ein bis zu 1167 m hoher Ausläufer der Great Dividing Range, der abrupt aus der weiten Ebene aufsteigt. Einen Teil des Mittelgebirges nimmt der **Grampians National Park** ein, das größte Naturschutzgebiet von Victoria. Markante Kennzeichen des etwa 400 Mio. Jahre alten Gebirgszugs sind spektakuläre Steilabbrüche an den Ostflanken, die scharf mit den sanft abfallenden Hängen im Westen kontrastieren.

Während der Blütezeit zwischen September und November verwandeln rund 900 Arten von Wildblumen die Grampians in ein Farbenmeer. Ein Netz von markierten Wanderwegen durchzieht die für den Naturtourismus ausgezeichnet erschlossene Bergwelt. Auch eine Stippvisite in die Vergangenheit bietet sich an, denn schon Jahrtausende bevor der britische Landvermesser Thomas Mitchell 1836 als erster Weißer die Gebirgsregion erkundete, lebten dort Aborigines. Von ihrer Kultur zeugen rund 60 Bildergalerien, die sich im Westteil der Region in der Victoria Range konzentrieren.

Das Tor zur Erkundung der Grampians ist der Bergort **Halls Gap.** Erste Anlaufstelle sollte das Brambuk National Park & Cultural Centre sein, in dem eine Ausstellung und audiovisuelle Schauen über die geologische Entwicklung sowie Fauna und Flora der Region unterrichten. Die Ranger geben Tipps für Wanderungen und andere Unternehmungen im Nationalpark. Zugleich erfährt man im Brambuk Centre Wissenswertes über das Leben und die Kultur der hier einst ansässigen Aborigines (277 Grampians Rd., Tel. 03-53 61 40 00, www.brambuk.com.au und www.parkweb.vic.gov.au, tgl. 9–17 Uhr, Eintritt frei).

Mit Halls Gap als Ausgangspunkt kann man die Grampians auf einer etwa 250 km langen Rundfahrt erkunden. Die Mount Victory Road windet sich Richtung Nordwesten nach Zumsteins. Nach wenigen Kilometern erreicht man den Wonderland Carpark, den Ausgangspunkt für Touren in der **Wonderland Range.** Ein eindrucksvolles Naturerlebnis in dieser auch bei Kletterern beliebtes-ten Region verspricht die Wanderung durch die malerische Felsenschlucht des Grand Canyon zum **Pinnacle Lookout**, von dem sich ein grandioser Blick bietet. Zurück zum Ausgangspunkt geht es über die **Stony Creek Gorge** mit einem tosenden Wasserfall (Rundweg 6 km/3 Std.).

Andere gute Panoramapunkte lassen sich per Auto erreichen. So zweigt zwischen Halls Gap und Zumsteins eine Stichstraße zum **Boroka Lookout** ab, der einen weiten Blick über Halls Gap, den Lake Bellfield und die Mount Difficult Range bietet. Nächste Station ist der **Reids Lookout** mit einem Meldeturm für Buschfeuer. Von dort führt ein einfacher Fußweg zu den **Balconies,** einem der fotogensten Felsengebilde der Grampians (hin und zurück 2 km/1 Std.). Ebenfalls an der

aktiv unterwegs

Wanderung zum Pinnacle Lookout

Tour-Infos
Start: Wonderland Carpark an der Mount Victory Road westlich von Halls Gap
Länge: 4,2 km
Dauer: 2–2,5 Std.
Schwierigkeitsgrad: mittelschwer

Diese überaus lohnende Wanderung führt zu einem der schönsten Aussichtspunkte in den nördlichen Grampians und in einer Schleife wieder zurück zum Aussichtspunkt. Das abwechslungsreiche Gelände sorgt dafür, dass Wanderer nicht erst auf dem Gipfel für ihre Anstrengungen belohnt werden. Vom Wonderland Carpark aufbrechend überquert man zunächst auf einer kleinen Fußgängerbrücke den **Stony Creek.** Nach wenigen Metern ist der **Grand Canyon** erreicht, eine felsige Schlucht in karger Umgebung. Steile Stufen führen hinauf zu einem glatten Felsplateau, auf dem man den Pfeilmarkierungen bis zu den **Bridal Veil Falls** folgt. Der kleine Wasserfall ist nach starken Regenfällen am schönsten, allerdings muss die kurze Strecke unter den Fällen dann über Steine hüpfend zurückgelegt werden. Die Landschaft wird nun allmählich grüner, am Wegrand finden sich im Frühling und Sommer kleine farbenprächtige Orchideen.

Vorbei an bizarren Felsformationen erreicht man schließlich die **Street of Silence,** eine kaum mehr als schulterbreite Passage zwischen zwei hoch aufragenden Felsen, die jegliches Geräusch aus der Außenwelt abblocken. Nach einem letzten steilen Anstieg kommt der viel fotografierte **Pinnacle** in den Blick, eine exponierte Felsnadel oberhalb einer senkrechten Wand. An klaren Tagen bietet sich von hier aus ein überwältigender Blick auf das Lake Bellfield, das Tal um Halls Gap und die gegenüberliegende Mount William Range. Bei einem Picknick lässt sich die Aussicht genießen. Der Rückweg erfolgt auf derselben Route oder man folgt den Wegweisern zum **Wonderland Loop Track.** Dieser Weg führt am Gebirgskamm entlang und fällt dabei stetig ab. Er passiert eine felsige Schlucht und führt schließlich durch dichten Eukalyptus- und Nadelwald talwärts. Im Talgrund angekommen stößt man auf den Caravan Park von Halls Gap, den man durchquert. Am Ende des Campingplatzes biegt hinter der Schranke ein Weg links ab zum **Venus Bath,** einem natürlichen Felsenpool mit glasklarem Wasser. Man folgt dem **Stony Creek** weiter bis zum Wonderland Carpark. Wer diesen alternativen Rückweg wählt, sollte ca. 2,5 Std. zusätzlich einplanen.

Corinna Melville

Goldenes Dreieck und Grampians National Park

Tipp: Naturhotels im Grampians National Park

Luxuriös nächtigen im Einklang mit der Natur – dies bieten drei außergewöhnliche Lodges im Grampians National Park. Die Gäste der **Aquila Eco Lodges** schlafen in *Treehouses*, nach ökologischen Prinzipien erbauten Holzbungalows, deren Fenster freie Sicht auf mächtige Eukalyptusbäume bieten. Alle Gebäude besitzen einen großen Wohnraum mit Holzofen, ein oder zwei Schlafzimmer und ein Kitchenette. Von der gemütlichen Wohnterrasse kann man Kängurus beobachten. Die Lodge hat kein Restaurant, aber die Gäste fahren zum Dinner gern ins nahe Städtchen Dunkeld, wo das landesweit als Pilgerziel für Gourmets bekannte Royal Mail Hotel (Tel. 03-55 77 22 41) mit erstklassiger spanisch beeinflusster modern-australischer Küche aufwartet (Aquila Eco Lodges, Victoria Valley Road, Dunkeld, Tel. 03-55 77 25 82, www.ecolodges.com.au, Bungalow ab 250 A-$).

Maximal zehn Gäste beherbergt die **Meringa Springs Lodge.** Jeder der fünf Bungalows verfügt über einen offenen Kamin und einen eigenen Whirlpool mit Blick auf das malerische Wartook Valley. Morgens und am späten Nachmittag tummeln sich Dutzende Kängurus auf dem naturbelassenen Gelände der Lodge. Das Restaurant bietet australische und internationale Gerichte (Meringa Springs, 2974 Northern Grampians Road, Wartook, Tel. 03-53 83 63 63, www.meringasprings.com.au, Bungalow ab 440 A-$).

Dem romantischen Hideaway **Boroka Downs** ist ein Spa-Bereich angeschlossen, in dem man sich vor dem Bergpanorama verwöhnen lassen kann (Boroka Downs, Birdswing Road, Pomonal, Tel. 03-53 56 62 43, www.borokadowns.com.au, Bungalow ab 545 A-$).

Mehr auf die Bedürfnisse von Backpackern zugeschnitten ist die **Asses Ears Wilderness Lodge** auf einer idyllisch gelegen, großen Farm im Wartook Valley mit Blick auf die Berge. (Asses Ears Wilderness Lodge, Schmidt Rd., Brimpaen, Tel. 03-53 83 92 15, www.assesearslodge.com.au, Hütte (mit eigener Dusche/WC) 23–33 A-$/pro Pers.).

Mount Victory Road liegen mit den **McKenzie Falls** die spektakulärsten Wasserfälle des Nationalparks (kurze Wanderung vom Parkplatz auf einem Stufenpfad hin und zurück 1,5 km/1 Std.). Halbzahmen Kängurus begegnet man in **Zumsteins,** einem weitläufigen Picknickareal.

In den sanft abfallenden Westhängen der Grampians gibt es die meisten der Aboriginal-Felsmalereien dieser Region. Einfache Felszeichnungen von anthropomorphen Wesen findet man in der **Ngamaddji Shelter** (2 km nördlich von Lah-Arum Abzweigung in östlicher Richtung, dann 6 km), vornehmlich Handabdrücke dagegen in der **Gulgurn Manja Shelter** (5 km südlich am Western Highway in den nördlichen Grampians). Etwas beschwerlicher gestalten sich die Abstecher zur **Billimina Shelter** und zur **Manja Shelter,** die man nur auf Schotterpisten erreicht. Auf dem am Westrand der Grampians entlangführenden Henty Highway gelangt man über Cavendish nach **Dunkeld.** Von dort kann man den Nationalpark von Süden her auf der Grampians Tourist Road durchqueren. Südlich von Halls Gap zweigt von der ›Touristenstraße‹ eine 10 km lange Stichstraße zum Fuß des 1167 m hohen **Mount William** ab, des höchsten Gipfels der Grampians. Den letzten, teils sehr steilen Abschnitt kann man nur zu Fuß zurücklegen (vom Straßenende hin und zurück 3 km/1,5 Std.).

Wer auf der Grampians-Rundfahrt keine Gelegenheit hatte, Koalas, Wombats, Opossums und andere einheimische Tiere zu beobachten, kann das im **Halls Gap Zoo** südöstlich von Halls Gap (s. S. 228) nachholen (4061 Ararat Halls Gap Rd., Tel. 03-53 56 46 68, www.hallsgapzoo.com.au, tgl. 10–17 Uhr, Erw. 18 A-$, Kin. 9 A-$, Fam. 45 A-$).

Die Balconies im Grampians N. P.

Goldenes Dreieck und Grampians National Park

Infos
Halls Gap Visitor Information Centre: Grampians Rd., Tel. 18 00-06 55 99, www.visithallsgap.com.au und www.grampianstravel.com, tgl. 9–17 Uhr.

Übernachten
Hüttenromantik ▶ **Halls Gap Log Cabins:** Grampians Rd., Tel. 03-53 56 42 56, www.hallsgaplogcabins.com.au. Rustikale Lodge mit komfortabel ausgestatteten Blockhütten und beheiztem Pool. Blockhütte ab 115–145 A-$.

Günstige Motel-Units ▶ **The Grampians Motel:** Grampians Rd., 4 km südl. von Halls Gap, Tel. 03-53 56 42 48, www.grampiansmotel.com.au. Gemütliches Touristenmotel mit gutem Restaurant und beheiztem Pool, im großen Garten grasen Kängurus. DZ 85–118 A-$.

Panoramaverglaste Zimmer ▶ **Kookaburra Lodge:** 26–28 Heath St., Halls Gap, Tel. 03-53 56 43 95, www.kookaburralodge.com.au. Gemütliche Herberge, ruhig und zentral. DZ 84–109 A-$.

Camping und Cabins ▶ **Halls Gap Caravan Park:** Grampians Rd., Halls Gap, Tel. 03-53 56 42 51, www.hallsgapcaravanpark.com.au. Gut ausgestatteter Campingplatz mit gemütlichen Cabins, nebenan ein öffentliches Freibad.

Essen & Trinken
Bodenständig ▶ **Halls Gap Tavern:** 5 Dunkeld Rd., Tel. 03-53 56 44 16, tgl. 12–15, 17–22.30 Uhr. Steaks, Seafood und Pasta sowie Weine aus den Anbaugebieten um Ararat und Great Western. Vorspeisen 7,50–9,50 A-$, Hauptgerichte 14–28 A-$.

Ein kulinarisches Abenteuer ▶ **Bushfoods Café:** Brumbuk Centre, Grampians Rd., Tel. 03-53 61 40 00, tgl. 11–19 Uhr. Gerichte der australischen ›Busch‹-Küche zu empfehlen ist der *Kangaroo-Burger*. Gerichte 5,50–26 A-$.

Aktiv
Abenteuersport ▶ **Adventure Services:** Shop 4, Stony Creek Store, Tel. 03 53 56 45 56. Anfängerkurse im Abseilen, Klettern, Kanu- und Kajakfahren sowie Bushwalking- und Mountainbike-Touren.

Von den Grampians nach Adelaide ▶ O – Q 15–16

Horsham
Nördlich der Grampians liegt Horsham, die inoffizielle Hauptstadt der intensiv genutzten Agrarregion Wimmera, die als Getreide- und Wollkammer Australiens gilt. In der Stadt informiert die **Wool Factory** über den Wirtschaftszweig, auf dem allein einst Australiens Wohlstand basierte (Golf Course Rd., Tel. 03-53 82 03 33, Mo–Fr 9–16, Sa/So u. Fei 10–15 Uhr, Eintritt frei).

Folgt man dem Western Highway gen Norden, kommt man zum Landstädtchen Dimboola, wo sich ein Abstecher an den Rand des **Little Desert National Park** anbietet. Der Name ist irreführend, da die Little Desert weder klein noch eine Wüste ist. Vermutlich erhielt die Region diese Bezeichnung wegen des sandigen Bodens, auf dem bei den hier noch relativ hohen Niederschlägen Zwerg-Eukalypten, Akazien, Heidebusch und Wildblumen gedeihen. Einen ersten Eindruck vom Nationalpark vermittelt der kurze Pomponderoo Hill Nature Walk, der 5 km südlich von Dimboola beginnt.

Am Murray River ▶ P/Q 15
Am Nordrand des Little Desert National Park entlang führt der Western Highway nach South Australia, wo er in den Dukes Highway übergeht. Stopps lohnen sich auf der Fahrt Richtung Adelaide kaum. Erst kurz vor den Toren der Hauptstadt von South Australia locken wieder zwei Städte mit Sehenswürdigkeiten: **Tailem Bend,** nahe der Mündung des Murray River in den Lake Alexandrina, mit dem Museumsdorf Old Tailem Town (Princes Hwy, Tel. 03-85 72 38 38, www.oldtailemtown.com., tgl. 10–17 Uhr, Erw. 21 A-$, Kin. 11 A-$, Fam. 53 A-$) und **Murray Bridge** mit der Cathedral of John the Baptist, die mit ihren 95 m^2 angeblich die kleinste Kathedrale der Welt ist.

Goldfields und Murray River

Auf der zweiten Inlandsroute von Melbourne nach Adelaide geht es durch geschichtsträchtiges Land mit Goldrauschstädten zum Murray River. Dem ›Rhein des Fünften Kontinents‹ folgend, gelangt man vor die Tore von Adelaide. Für die 1200 km lange Route sollte man vier Tage einplanen.

Goldfields ▶ 1, R 16/17

Von Ballarat führt der Midland Highway zum Murray River. Dabei durchschneidet er eine historisch bedeutsame Region mit Städten, deren Wurzeln in die Zeit des Goldbooms reichen. Wer nach **Daylesford** oder in den Nachbarort **Hepburn Springs** reist, hat allerdings nicht viel im Sinn mit der ›goldenen Vergangenheit‹ von Victoria, eher sucht er in den Bädern der beiden Städtchen Linderung von Rheuma oder anderen schmerzvollen Leiden. Hier befindet sich das Mineralquellenzentrum von Australien mit über 100 heißen und kalten Heilquellen.

Über Guildford erreicht man **Castlemaine**, einst das dritte große Zentrum des Goldrush, heute ein beschaulicher Ort, der sich mit Kunstausstellungen und klassischen Konzerten einen Namen als Kulturstadt gemacht hat. Die landesweit bekannte Castlemaine Art Gallery präsentiert Werke bedeutender australischer Maler (Lyttleton St., Tel. 03-54 72 22 92, castlemainegallery.com. Mo–Fr 10–17, Sa/So 10–12, 13–17 Uhr, Eintritt frei). Wechselausstellungen zeitgenössischer Kunst finden in den Castlemaine Markets statt. In dem klassizistischen Gebäude aus dem Jahre 1862 gewährt zudem ein kleines Heimatmuseum einen Blick in die Goldrauschära (Mostyn St., Tel. 03-54 72 27 12, tgl. 13–17 Uhr, Eintritt frei). Spaziergänge kann man im Botanischen Garten machen, der sich an der Peripherie der Stadt um einen kleinen See ausbreitet.

Maldon gilt als eine der besterhaltenen Goldgräberstädte in Victoria, aber auch **Maryborough** pflegt seine viktorianische Bausubstanz aus der Goldrauschära. Im Goldfields Museum von **Dunolly** befindet sich unter rund 10 000 Exponaten eine Kunststoffattrappe des Welcome Stranger Nugget, des mit einem Gewicht von 62,875 kg zweitgrößten bislang entdeckten Goldklumpens der Welt (27 Thompson St., Tel. 03-54 68 12 62, Sa/So 13.30–16.30 Uhr, Erw. 5 A-$, Kin. 2,50 A-$, Fam. 12,50 A-$).

Infos
… in Daylesford
Daylesford Visitor Information Centre: 49 Vincent St., Tel. 03-53 48 13 39, Mo–Fr 9–17, Sa/So 10–16 Uhr.
In Castlemaine
Castlemaine Visitor Information Centre: Market Bldg., 44 Mostyn St., Tel. 03-54 71 17 95, www.maldoncastlemaine.com.au, Mo–Fr 9–17, Sa/So 10–16 Uhr.

Übernachten
… in Daylesford
Kurhotel mit Tradition ▶ **Central Springs Inn:** Camp St., Ecke Howe St., Tel. 03-53 48 31 34, www.centralspringsinn.com.au. Denkmalgeschütztes Kurhotel mit Restaurant und Wellnessabteilung. DZ 105–215 A-$.
… in Castlemaine
Familienfreundliches Motel im Grünen ▶ **Castle Motel:** 1 Duke St. (Melbourne Rd.), Tel. 03-54 72 24 33, Fax 54 72 40 11,

Goldfields und Murray River

Tipp: Wellness-Oase

Das Hepburn Bathhouse & Spa in Hepburn Springs ist einer der bekanntesten Wohltats-Tempel der Region. Geboten werden Pools, Saunen und Jacuzzi (Eintritt: 17,50 A-$) sowie verschiedene kosmetische Behandlungen und Heilmassagen wie Shiatsu (65 A-$/Std.) und Reiki (70 A-$/Std.). ›Wellness-Pakete‹ mit verschiedenen Anwendungen sollten im Voraus bestellt werden. Auskunft und Buchung: Hepburn Bathhouse & Spa, Hepburn Springs, Tel. 03-53 21 60 00, www.hepburnbathhouse.com, Mo–Do 10–19, Fr 10–20, Sa/So 9–19 Uhr.

www.castlemotel.com.au. Komfortables Motel mit Restaurant und Pool. DZ 95–135 A-$.

Essen & Trinken
In Daylesford
Gourmet-Paradies ▶ **Lake House:** King St., Tel. 03-53 48 33 29, www.lakehouse.com.au, tgl. 12–15, 17.30–22.30 Uhr. Preisgekröntes Restaurant mit *New Australian Cuisine*, am See. Vorspeisen 10,50–16 A-$, Hauptgerichte 18–34 A-$.

Bendigo ▶ 1, R 16

Bendigo entwickelte sich dank reicher Goldfelder zwischen 1851 und 1870 zu einer der größten Städten in Victoria. Vom Glanz dieser Epoche zeugen heute noch zahlreiche Bauwerke, die als das besterhaltene Ensemble viktorianischer Architektur in Australien gelten. Die imposantesten Gebäude – alle Ende des 19. Jh. errichtet – gruppieren sich im Zentrum um die Alexandra Fountain, etwa das Shamrock Hotel und die Town Hall. Im Rosalind Park dient ein ausrangierter Förderturm als Aussichtsplattform.

Nicht versäumen sollte man einen Besuch der **Bendigo Art Gallery,** die Werke australischer Maler präsentiert (42 View St., Tel. 03-54 43 60 88 91, www.bendigoartgallery.com.

au, tgl. 10–16 Uhr, Eintritt frei, Spende erbeten). Auch die Chinesen, die einst auf den Goldfeldern von Bendigo schürften, haben in der Stadt ihre Spuren hinterlassen, wie etwa das im Jahre 1860 errichtete **Joss House** am Emu Point in North Bendigo, einen dem Gott Kuan Kung geweihten Tempel (Finn St., Tel. 03-54 43 82 55, Mi, Sa, So 11–16 Uhr, Erw. 3 A-$, Kin. 1 A-$, Fam. 6 A-$).

Die Geschichte der chinesischen ›Gastarbeiter‹ dokumentiert das **Golden Dragon Museum** in der Bridge Street. Zum weitläufigen Museumsareal gehören ein taoistischer Tempel und ein chinesischer Garten mit Lotusteich und Pavillons (5–9 Bridge St., Tel. 03-54 41 50 44, www.goldendragonmuseum.org, tgl. 9.30–17 Uhr, Erw. 8 A-$, Kin. 4 A-$, Fam. 20 A-$).

Ein ›Muss‹ ist die Besichtigung der **Central Deborah Goldmine,** einer aufgelassenen Goldmine, die noch bis 1954 in Betrieb war und heute ein riesiges Bergbaumuseum beherbergt. In der ersten von insgesamt 16 Ebenen können Besucher sich 60 m unter der Erde ein Bild von den einstigen Arbeitsbedingungen machen (76 Violet St., Tel. 03-54 43 83 22, www.central-deborah.com, Führungen Mo–Fr 9.30, 11, 12.30, 14, 15.30, Sa/So 9.30, 11, 12.30, 13, 14.30, 16 Uhr, Erw. 24 A-$, Kin. 12 A-$, Fam. 60 A-$).

Infos
Bendigo Visitor Information Centre: Old Bendigo Post Office, 51–67 Pall Mall, Tel. 18 00-81 31 53, www.bendigo.tourism.com, tgl. 9–17 Uhr.

Übernachten
Ein viktorianischen Juwel ▶ **Marlborough House:** 115 Wattle St., Tel. 03-54 41 41 42, www.marlboroughhouse.com.au. Plüschige Zimmer in einer viktorianischen Villa mit dem Flair der Goldrauschzeit, Bibliothek mit offenem Kamin. DZ ab 169 A-$ (inkl. Frühstück).
Koloniales Flair ▶ **Shamrock Hotel:** Pall Mall, Ecke Williamson St., Tel. 03-54 43 03 33, www.hotelshamrock.com.au. Viktorianisches Kolonialhotel mit Bar und Restaurant. DZ ab 120 A-$.

Echuca

Gut und günstig ▶ Bendigo Haymarket Motor Inn: 5 McIvor Rd., Tel. 03-54 41 56 54, www.bendigohaymarket.com.au. 14 geräumige Zimmer, beheizter Pool. DZ ab 115 A-$.
Camping und Cabins ▶ Central City Caravan Park: 362 High St. (Calder Hwy), Tel. 03-54 43 69 37, www.centralcitycaravanpark.com.au. Gut ausgestattet, Cabins und Pool.

Essen & Trinken

Kulinarische Institution ▶ Whirrakee: 17 View Point, Tel. 03-54 41 55 57, Di–So 12–15, 18–22 Uhr. Italienische und moderne australische Gaumenfreuden. Vorspeisen 10–14 A-$, Hauptgerichte 18–34 A-$.
Asiatisch-australisch ▶ Malayan Orchid: 157 View St., Tel. 03-54 42 44 11, Mo–Fr 12–14, 17–22, Sa 17–22 Uhr. Malaysische Curries mit australischem Büffel-, Känguru- und Krokodilfleisch. Vorspeisen 9–12 A-$, Hauptgerichte 16–26 A-$.

Aktiv

Stadttouren ▶ Bendigo ›Talking‹ Tram Tour: 76 Violet St., Tel. 03-54 42 28 21, www.bendigotramways.com, tgl. ab 9.30–16 Uhr alle 30 Min., Abfahrt Central Deborah Gold Mine, Erw. 15 A-$, Kin. 9 A-$, Fam. 43 A-$. Stadtrundfahrt in einer historischen Straßenbahn mit Erläuterungen zu den Sehenswürdigkeiten.

Termine

Chinese New Year (Jan./Feb.): Drachenumzüge, Feuerwerke u. a.
Easter Fair (März/April, Ostern): Kulturveranstaltungen mit einer chinesischen Drachenprozession als Höhepunkt.

Verkehr

Züge: V/Line fährt nach Melbourne, Ballarat, Echuca, Swan Hill u. a. Info: Bendigo Station, Tel. 03-54 40 27 65.

Echuca ▶ 1, R 16

Von Bendigo sind es noch rund 100 km bis nach Echuca am Zusammenfluss von Murray, Goulburn und Campaspe, das vielen Aussies als ein Stück australischer ›Urgeschichte‹ gilt. Während der Dampfschiffära war der Ort der geschäftigste Binnenhafen in Australien. Damals wurden in der 1853 gegründeten Stadt jährlich bis zu 100 000 Ballen Wolle verladen. Am Ufer des Murray standen damals 80 Kneipen. Die Sehenswürdigkeiten von Echuca konzentrieren sich am Murray River im historischen Dorf Port of Echuca, in dem die Atmosphäre des 19. Jh. erhalten blieb.

Ein etwa zweistündiger Rundgang beginnt am dreistöckigen, 1865 aus massivem Red Gum-Holz erbauten Pier, wo sich die Epoche der Flussdampfer am besten nacherleben lässt. Dort haben die historischen Schaufelraddampfer ›P.S. Adelaide‹ (1866), ›P.S. Alexander Arbuthnot‹ (1923), ›P.S. Canberra‹ (1912), ›P.S. Hero‹ (1874), ›P.S. Pevensey‹ (1901) und ›P.S. Pride of the Murray‹ (1924) ihren vermutlich letzten Ankerplatz gefunden. In einer umgebauten Lagerhalle informieren eine Ausstellung und eine audiovisuelle Show über die Schifffahrt auf dem Murray River (Port of Echuca: Murray Esplanade, Tel. 03-54 82 42 48, www.portofechuca.org.au, tgl. 9–17 Uhr, Erw. 12 A-$, Kin. 8 A-$, Fam. 35 A-$; Kombinationsticket mit einstündiger Fahrt auf einem Raddampfer: Erw. 27,20 A-$, Kin. 13,50 A-$, Fam. 74 A-$).

Besucher dürfen auch einen Blick in die dampfbetriebene **Sägemühle Red Gum Works** werfen, in der heute noch wie einst Fluss-Eukalypten aus dem nahe gelegenen Barmah Forest verarbeitet werden. Hier restaurierte man auch den Flussdampfer ›P.S. Hero‹, dessen Wrack im Schlamm des Murray River entdeckt worden war (Mo–Fr 10–14, Sa/So 9–16 Uhr, Eintritt frei). Gegenüber dem Pier stehen das Star Hotel aus dem Jahre 1867 und das 1858 erbaute Bridge Hotel, zwei gemütliche Pub-Restaurants mit historischem Flair. Liebhaber alter Autos sollten einen Blick in das **National Holden Museum** mit einer Sammlung von über 30 Oldtimern werfen (7–11 Warren St., Tel. 03-58 80 20 33, www.holdenmuseum.com.au, tgl. 9–17 Uhr, Erw 6,50 A-$, Kin. 3 A-$, Fam. 15 A-$). Den Höhepunkt eines Besuches von Echuca, eine

Goldfields und Murray River

Der Murray River

nostalgische **Kreuzfahrt** auf dem Murray River in einem restaurierten Schaufelraddampfer, sollte man wegen der starken Nachfrage rechtzeitig buchen.

Infos
Echuca Moama Tourist Information Centre: 2 Heygarth St., Tel. 18 00-80 44 46, www.echucamoama.com, tgl. 9–17, Sa/So 10–16 Uhr.

Übernachten
Historisches B & B ▶ **Steam Packet Inn:** 37 Murray Esplanade, Tel. 03-54 82 34 11, www.steampacketinn.com.au. Elegante Bed & Breakfast-Pension im historischen Hafenviertel. DZ 150–170 A-$ (inkl. Frühstück).
Verlässlicher Kettenkomfort ▶ **Pevensey Motor Lodge:** 365 High St., Tel. 03-54 82 51 66, www.bestwestern.com.au/pevensey. Familienfreundliches Motel mit geräumigen Zimmern und beheiztem Pool, 10 Gehminuten vom Hafenviertel. DZ 125–145 A-$.
Gut und günstig ▶ **Big River Motel:** 317 High St., Tel. 03-54 82 25 22, www.bigriverechuca.com.au. 15 zweckmäßig ausgestattete Zimmer, ruhig, mit kleinem Pool. DZ 75–95 A-$.
Camping und Cabins ▶ **Echuca Caravan Park:** Crofton St., Tel. 03-54 82 21 57, www.echucacaravanpark.com.au. Großer, gut ausgestatteter Campingplatz am Murray River mit geräumigen Cabins und Pool; fußläufige Entfernung zum Hafenviertel.

Essen & Trinken
In-Lokal am Hafen ▶ **Oscar W's:** 101 Murray Esplanade, Tel. 03-54 82 51 33, www.os

Nach Swan Hill

›P.S. Emmylou‹, ›P.S. Pride of the Murray‹) laden zu Mini-Kreuzfahrten auf dem Murray River ein. Reservierung und Ticketverkauf im zentralen Booking Office, 57 Murray Esplanade, Tel. 03-54 82 52 44, www.murraypaddlesteamers.com.au (Abfahrten regelmäßig tgl. 9.45–16 Uhr, Erw. ab 20 A-$, Kin. ab 8,50 A-$, Fam. ab 52 A-$). **Kingfisher Wetland Cruises:** 57 Murray Esplanade, Tel. 03-58 55 28 55, www.kingfishercruises.com.au. Zweistündige Bootstour zum Barmah Forest, dem größten existierenden Wald von *River Red Gums* in Australien (Mo, Mi, Do, So 12.30 Uhr, Erw. 25 A-$, Kin. 18 A-$, Fam. 82 A-$).

Termine
Port of Echuca Heritage Steam Festival (Okt.): Wettfahrt von Raddampfern und Volksfest.

Verkehr
Züge und Busse: Verbindungen mit V/Line nach Melbourne, Ballarat, Bendigo, Swan Hill, Mildura, Albury-Wodonga u. a., Auskunft: Echuca Station, Tel. 13 61 96.

Nach Swan Hill ▶ R 15/16

Rund 100 km nordwestlich von Echuca bildet das **Seengebiet von Kerang** eine riesige Oase für unzählige Wasservögel. Allein an den drei Reedy Lakes brüten jedes Frühjahr 100 000 Ibisse. Am Middle Lake, 9 km nördlich von Kerang, kann man von einem Aussichtsturm am frühen Morgen und bei Sonnenuntergang Vögel beobachten. Gute Bade- und Wassersportmöglichkeiten bietet der Lake Charm 18 km nördlich von Kerang.

Swan Hill
Swan Hill am Murray River war in den 50er-Jahren des 19. Jh. eine Anlaufstelle für Flussdampfer. Einen Blick in die Vergangenheit bietet das **Pioneer Settlement**, eine originalgetreu nachgebaute Flussstadt der Raddampferära. Die größte Attraktion des Museumsdorfs ist der alte, restaurierte Raddamp-

carws.com.au, tgl. 11–23 Uhr. Schmackhafte Grillgerichte vor dem Panorama des Murray River. Vorspeisen 8,50–14,50 A-$, Hauptgerichte 19,50–38 A-$.

Dinner Cruises ▶ M. V. Mary Ann: Booking Office, 41 Murray Esplanade, Tel. 03-54 80 22 00, www.maryann.com.au. Italienische Gerichte bei einer Flussfahrt. Vorspeisen 8–12 A-$, Hauptgerichte 18,50–38 A-$.

Pub-Restaurant ▶ The Bridge Hotel: 1 Hopwood Pl., Tel. 03-54 82 22 47, tgl. 11.30–15, 17.30–22.30 Uhr. Rustikales Restaurant in historischem Gemäuer mit internationalen Gerichten. Vorspeisen 8–12 A-$, Hauptgerichte 17,50–29 A-$.

Aktiv
Bootstouren ▶ Zahlreiche **historische Schaufelraddampfer** (z. B. ›P.S. Canberra‹,

Goldfields und Murray River

fer ›P.S. Gem‹, der in einem Staubecken des Murray River liegt und heute ein heimatkundliches Museum beherbergt (Tel. 1800-98 19 11, tgl. 9.30–16 Uhr, Erw. 22,60 A-$, Kin. 12 A-$, Fam. 56 A-$).

Infos
Swan Hill Region Information Centre: McCrae St., Ecke Curlewis St., Tel. 1800-62 53 73, www.swanhillonline.com, Mo–Fr 9–17, Sa/So 10–16 Uhr.

Übernachten
Familienfreundlich ▶ **Murray River Motel:** 481 Campbell St., Tel. 03-57 44 12 45, www.murrayrivmotel.com.au. Angenehm, ruhig, mit Pool und Garten. DZ 105–125 A-$.
Camping und Cabins ▶ **Riverside Caravan Park:** Monash Dr., Tel. und Fax 03-50 32 14 94, www.swanhillriverside.com.au. Schön gelegen, gut ausgestattet, mit geräumigen Cabins.

Aktiv
Dampferfahrten ▶ ›**P. S. Pyap**‹: Pioneer Settlement, Tel. 1800-98 19 11, www.pioneersettlement.com.au, tgl. 10.30, 14.30 Uhr, Erw. ab 16,80 A-$, Kin. 10 A-$, Fam. 42,50 A-$. Nostalgische Kreuzfahrten auf dem Murray River auf einem historischen Schaufelraddampfer.

Mildura ▶ 1, Q 15

Mildura, Mittelpunkt der hochproduktiven Agrarregion Sunraysia, in der hauptsächlich Zitrusfrüchte und Weintrauben angebaut werden, ist eingebettet in riesige Obstplantagen und Weinfelder, während nur wenige Kilometer entfernt braun verbrannte Erde vorherrscht. *Irrigation* heißt das Zauberwort, künstliche Bewässerung über weitverzweigte Kanäle mit dem Wasser des Murray River. Das ›Wunder‹ in der Halbwüste vollbrachten die kalifornischen Brüder George und William Chaffey, die in den 80er-Jahren des 19. Jh. die Grundlagen für ein geniales Bewässerungssystem legten.

Einen guten Einblick in die Irrigationsmethoden am Murray vermittelt eine Plantagenbesichtigung, etwa ein Besuch in der **Orange World**, 7 km nordwestlich von Mildura am Silver City Highway Richtung Wentworth (Tel. 03-50 23 51 97, tgl. 9.30–16, Führungen tgl. 11.30, 14.30 Uhr, Erw. 12,50 A-$, Kin. 8,50 A-$, Fam. 35,50 A-$).

In dem nach amerikanischem Vorbild schachbrettförmig angelegten Mildura lohnt ein Blick in das Herrenhaus **Rio Vista,** den einstigen Wohnsitz des Stadtgründers George Chaffey von 1889, der heute ein Mu-

Mildura

seum mit Memorabilien der Familie sowie eine Kunstgalerie mit zeitgenössischer Malerei und Plastik beherbergt (199 Cureton Ave., Tel. 03-50 18 83 30, www.orangeworldmildura.com.au, tgl. 10–16 Uhr, Erw. 5 A-$, Kin. 2 A-$, Fam. 12 A-$).

Im **Working Men's Club** in der Deaking Avenue steht die mit knapp 91 m angeblich längste Theke der Welt, durch deren 36 Zapfhähne das Bier tagtäglich in Strömen fließt. Zwar ist der Klub nur Mitgliedern zugänglich, doch bei Touristen macht man gern eine Ausnahme.

Infos
Mildura Visitor Information Centre: 180–190 Deakin Ave., Tel. 03-50 18 83 80, www.visitmildura.com.au, Mo–Fr 9–17.30, Sa/So 9–17 Uhr.

Übernachten
Mit Flussblick ▶ **Murray View Motel:** 82 Seventh St., Tel. 03-50 21 12 00, www.goldenchain.com.au. Schön ausgestatteten Zimmern und beheizter Pool. DZ ab 86 A-$.

Camping und Cabins ▶ **Golden River Holiday Resort:** Flora Ave. (River Rd.), Tel. 18

Nostalgischer Schaufelraddampfer auf dem Murray River

Goldfields und Murray River

aktiv unterwegs

Hausboottouren auf dem Murray River

Tour-Infos
Start: Murray Bridge
Ende: Waikerie oder Renmark
Länge: ca. 210 bzw. ca. 330 km
Dauer: 3 bzw. 4 Tage
Infos und Buchung: OZ Houseboats, Tel. 08-83 65 77 76, www.ozhouseboats.com.au
Preise: Boote mit 8–12 Betten 1500–2500 A-$ für 3 Tage (Fr–So) oder 4 Tage (Mo–Do), 2100–4200 A-$ für 7 Tage; mit 4 Betten 800–1050 A-$ für 3 Tage (Fr–So) oder 4 Tage (Mo–Do), 1200–2000 A-$ für 7 Tage.

Rot glühen die Sandsteinklippen in der Spätnachmittagssonne. Eine leichte Brise vertreibt die heiße Luft des Sommertags. Magpie-Gänse ziehen vorüber, Eisvögel stürzen sich ins Wasser, Kormorane trocknen am Ufer ihre Flügel. Störche, Reiher und Ibisse staksen in Ufernähe hochbeinig durchs flache Wasser. Mit behäbigem Flügelschlag heben sich vor dem Schiffsbug Pelikane in die Luft. Zwischen River Red Gums am Ufer hüpfen Kängurus umher und betrachten neugierig die Boote, die auf dem Fluss vorüberziehen. Es dürfte in Australien wohl keine stressfreiere Art zu reisen geben als das beschauliche Dahingleiten in einem Hausboot auf dem Murray River. Ohne vorgeschriebene Ankerplätze und Bootsgedränge in der Fahrrinne dümpelt man in den Tag hinein. Zum Übernachten legt man an den Sandstränden der Flussbiegungen an, wo abends am Lagerfeuer Wildwest-Romantik aufkommt.

Hausboote wirken zwar plump, sind aber praktisch und komfortabel. Eine Klimaanlage ist ebenso selbstverständlich wie eine komplett ausgerüstete Küche. Sonderzubehör wie Fahrräder oder motorisierte Beiboote kann gegen Aufpreis dazugebucht werden. Einen Führerschein für die schwimmenden Bungalows benötigt man in Australien nicht. Die langsam laufenden Boote (maximal 10 km/h) sind einfach zu fahren und deshalb gerade für Anfänger besonders gut geeignet.

Ein guter Ausgangspunkt für eine Erkundung des Unterlaufs des Murray River ist das Städtchen **Murray Bridge,** das auch Heimathafen historischer und nachgebauter Raddampfer ist. Erstes Etappenziel ist **Mannum,** wo der Fluss die Größe eines Binnensees hat. Zahlreiche Schilfinseln bilden hier ein Refugium für eine artenreiche Vogelwelt. Nordöstlich von Mannum hat sich der Murray River regelrecht in den weichen Sandsteinfels hineingefräst. Immer wieder wartet der Fluss hier mit spektakulären Perspektiven und einer teils canyonhaften Landschaft auf. Ein imposantes Steilufer mit Aussichtspunkten gibt es bei Walker Flat. Nördlich von **Swan Reach** beginnt ein ausgeklügeltes System von Schleusen und Wehren zur Regulierung des Wasserstandes des Murray River.

Die als Riverland bezeichnete Region im Dreieck Waikerie–Renmark–Loxton präsentiert sich als ein einziger großer Obst- und Weingarten. Der Anbau von Früchten und Reben in dieser ursprünglich sehr trockenen Gegend wurde erst durch künstliche Bewässerung mit dem kostbaren Nass des Murray möglich. Um **Waikerie** erstreckt sich heute Australiens größtes Anbaugebiet für Zitrusfrüchte. Weinliebhaber sollten etwa 5 km westlich der Stadt Berri bei der Berri Estates Winery in **Glossop** anlegen, die als größtes Weingut südlich des Äquators gilt (Tel. 08-85 82 03 40, Mo–Sa 9–17, So u. Fei 10–16 Uhr, Eintritt frei). **Renmark,** neben Waikerie ein möglicher Endpunkt der Tour, ist ein weiteres agroindustrielles Zentrum des Plantagengebiets am Murray. 4 km südwestlich der Stadt liegt **Joe Bredl's Reptile Park** mit der umfangreichsten Reptiliensammlung Südaustraliens (Sturt Highway, Tel. 03-85 95 14 31, tgl. 9–18 Uhr, Erw. 12,50 A-$, Kin. 6,25 A-$).

00-62 12 62, www.aspenparks.com.au. Caravan Park am Ufer des Murray River mit komfortablen Cabins.

Aktiv
Dampferfahrten ▶ ›**P.S. Melbourne**‹: Booking Office, Mildura Wharf, Tel. 03-50 23 22 00, www.paddlesteamers.com.au, tgl. 10.50, 13.50 Uhr, Erw. 25 A-$, Kin. 15 A-$, Fam. 65 A-$. Nostalgische Kreuzfahrten auf dem Murray River.

Verkehr
Züge/Busse: V/Line-Züge und -Busse von/nach Melbourne, Ballarat, Bendigo, Swan Hill, Echuca, Albury-Wodonga u. a., Auskunft: Mildura Station, Tel. 13 61 96.

Nach Adelaide ▶ 1, O–Q 15

Von **Mildura** geht es auf dem über weite Abschnitte schnurgeraden Sturt Highway durch eine wüstenähnliche Ödnis nach South Australia. Um der Verbreitung von Fruchtfliegen Einhalt zu gebieten, darf kein Frischobst und -gemüse über die Bundesstaatengrenze gebracht werden. Reisende, die Zeit haben, sollten bei Blanchetown den Sturt Highway verlassen und auf schmalen Nebenstraßen, dem Murray River folgend, nach Adelaide fahren. Immer wieder wartet der Fluss an seinem Unterlauf mit spektakulären Perspektiven und einer teils canyonhaften Landschaft auf. Abschnittsweise hat sich der Murray River in den Sandstein hineingefräst. Ein imposantes Steilufer mit Aussichtspunkten gibt es bei **Walker Flat**, wo man den Murray mit einer kostenlosen Autofähre überqueren kann. Bei **Murray Bridge**, wo 1878 die erste Brücke über den Murray gebaut wurde, trifft die Nebenstraße auf den South Eastern Freeway, auf dem man rasch nach Adelaide gelangt.

Infos
… in Renmark
Renmark Tourist Information Centre: Murray Ave., Tel. 08-85 86 67 04, Mo–Fr 9–17, Sa/So 10–16 Uhr.

… in Mannum
Mannum Visitor Information Centre: 6 Randell St., Tel. 08-85 69 13 03, Mo–Fr 9–17, Sa/So 10–16 Uhr.

Übernachten
… in Renmark
Ruhig und angenehm ▶ **Citrus Valley Motel:** 210 Renmark Ave., Tel. 08-85 86 67 17, www.citrusvalleymotel.com.au. Familiäres Motel mit Restaurant und beheiztem Pool. DZ ab 79 A-$ (inkl. Frühstück).
Camping und Cabins ▶ **Riverbend Caravan Park:** Sturt Hwy, Tel. 08-85 95 54 31. Gut ausgestatteter, schön gelegener Caravan Park mit geräumigen Cabins.
… in Mannum
Am Murray River ▶ **Mannum Motel:** 76 Cliff St., Tel. 08-85 89 18 08, www.mannummotel.com.au. Freundliches Motel mit Restaurant und Pool. DZ 95–125 A-$.
Camping und Cabins ▶ **Mannum Caravan Park:** Purnong Rd., Tel. 08-85 69 18 08, Fax 85 69 19 31. Gut ausgestattet, schön gelegen, mit Cabins.

Aktiv
… in Renmark
Dampferfahrten ▶ **Renmark River Cruises:** Tel. 08-85 95 18 62, www.riverland.net.au, tgl. 14 Uhr, Erw. 38 A-$, Kin. 20 A-$, Fam. 85 A-$. 2-stündige Kreuzfahrten auf dem Murray River.
… in Mannum
Dampferfahrten ▶ ›**P.S. Murray Princess**‹: c/o Captain Cook Cruises, 96 Randell St., Tel. 18 00-80 48 43, www.captaincook.com.au. Mehrtägige Kreuzfahrten auf dem Murray River mit einem nostalgischen Raddampfer (drei Tage ab 825 A-$).
… in Glossop
Weingutbesichtigung ▶ **Berri Estates Winery:** Sturt Hwy, Glossop, 5 km westlich von Berri, Tel. 08-85 82 03 40, www.cwines.com.au, Mo–Sa 9–17, So/Fei 10–16 Uhr, Eintritt frei. Mit einer eindrucksvollen Jahresproduktion von 7 Mio. l Tafelwein gilt das Unternehmen als größtes Weingut südlich des Äquators.

Das Outback von New South Wales

Westlich der Blue Mountains (s. S. 140) führt die Route durch Kolonial- und Goldrauschstädte in die Rolling Hills, die welligen Ausläufer der Great Dividing Range. Jenseits dieser fruchtbaren Region durchschneiden schnurgerade Highways trockene Grassavannen und steinige Halbwüsten – das Outback von New South Wales, Heimat von Millionen von Schafen, aber nur wenigen Menschen. Landschaftlicher Höhepunkt auf der etwa 1700 km langen Strecke ist der Warrumbungle National Park.

Bathurst ▶ 1, U 15

Im Jahre 1815, also bereits zwei Jahre nachdem Gregory Blaxland, William Lawson und Charles Wentworth einen Weg durch die Gebirgsbarriere der Blue Mountains entdeckt hatten, gründeten weiße Siedler am Ufer des Macquarie River **Bathurst**. Im Februar 1851 lösten Goldfunde eine wahre Invasion von Abenteurern aus, die sich nach dem Abflauen des Goldfiebers als Farmer und Handwerker niederließen. Heute ist Bathurst Mittelpunkt einer florierenden Agrarregion, in der vor allem Weizen und Wolle produziert werden.

In der ältesten Binnenstadt von Australien blieben etliche Bauwerke aus der Gründerzeit erhalten. Besonders sehenswerte Kolonialbauten reihen sich entlang der Kings Parade. Im Ostflügel des zwischen 1849 und 1882 errichteten Court House ist heute das **Bathurst Historical Museum** mit einem Sammelsurium an Erinnerungsstücken aus vergangenen Tagen untergebracht (Russell St., Tel. 02-63 32 47 55, Di/Mi 10–16, Do 10–13, Sa 9.30–16.30, So 10–16 Uhr, Erw. 2,50 A-$, Kin. 1,50 A-$, Fam. 6,50 A-$).

Gegenüber dem Museum erheben sich der 31 m hohe Glockenturm Carillon sowie das South African War Memorial, eine Gedenkstätte zur Erinnerung an die australischen Soldaten, die im Burenkrieg auf britischer Seite kämpften.

An der südwestlichen Peripherie der Stadt windet sich um den Mount Panorama die berühmteste Bergrennstrecke von Australien, auf welcher zu Ostern Motorradrennen und im Oktober Autorennen ausgetragen werden. Im **National Motor Racing Museum,** das an der Rennstrecke liegt, dreht sich alles um den Motorsport (Mount Panorama Circuit, Tel. 02-63 32 18 72, tgl. 9–16.30 Uhr, Erw. 6 A-$, Kin. 3 A-$, Fam. 15 A-$).

Auf dem Plateau des Berges erstreckt sich der **Sir Joseph Banks Nature Park,** in dem Kängurus, Koalas und Emus (McPhillamy Park, Mount Panorama Circuit, Tel. 02-63 33 62 85, tgl. 9–15.30 Uhr, Erw. 3 A-$, Kin 2 A-$, Fam. 8 A-$). Ebenfalls am Mount Panorama befindet sich das Freilichtmuseum **Bathurst Goldfields,** die Rekonstruktion einer Goldgräbersiedlung (Mount Panorama Circuit, Tel. 02-63 32 20 22, Führungen Mo–Fr auf Anfrage, Erw. 9,50 A-$, Kin. 4,75 A-$, Fam. 23,75 A-$).

Ein Abstecher auf teils ungeteerten Straßen führt von Bathurst in nördliche Richtung über das Goldgräberdorf Sofala zum ca. 80 km entfernten **Hill End,** einer heute unter Denkmalschutz stehenden Goldgräberstadt, die mit Wildwestatmosphäre lockt. Gut 100 km südwestlich von Bathurst liegt am malerischen Lachlan River das Landstädtchen **Cowra** mit einem schönen japanischen Garten.

Infos
Bathurst Visitors Centre: 28 William St., Tel. 18 00-68 10 00, www.bathurst.nsw.gov.au, Mo–Fr 9–17, Sa 10–16 Uhr.

Übernachten
Zimmer unterschiedlicher Kategorien ▶ Bathurst Motor Inn: 87 Durham St., Tel. 02-63 31 22 22, www.bathurstmotorinn.com.au. Zimmer für jeden Geldbeutel, mit Restaurant, Fitness-Center und Pool. DZ 60–150 A-$.

Camping und Cabins ▶ Easts Bathurst Holiday Park: Sydney Rd. (Great Western Hwy), Tel. 02-63 31 82 86, www.easts.com.au. Sehr gut ausgestatteter, familienfreundlich betriebener Campingplatz, mit komfortablen Cabins, Pool und Kinderspielplatz.

Essen & Trinken
Mit begrüntem Innenhof ▶ The Crowded House: 1 Ribbon Gang Ln., Tel. 02-63 34 23 00, tgl. 12–15, 18–22 Uhr. Leichte moderne australische Küche mit mediterranem Einschlag in stilvollem Ambiente. Vorspeisen 12–14 A-$, Hauptgerichte 18,50–34 A-$.

Verkehr
Züge: Tgl. Expresszüge nach Sydney, Dubbo und Broken Hill. Außerdem tgl. Züge der Sydney CityRail (gelbe Linie) von Sydney nach Lithgow, von dort Busse nach Bathurst. Auskunft: CountryLink, Tel. 13 22 32.

Busse: Tgl. Verbindungen mit Greyhound Australia, Tel. 13 00-47 39 46, nach Sydney und Adelaide.

Orange und Wellington
▶ 1, T 15 und T 14

Nächstes Etappenziel ist das an den Ausläufern des erloschenen, 1395 m hohen Vulkans Mount Canabolas gelegene Agrarzentrum **Orange**. Angebaut werden vor allem Äpfel und Kirschen. Einen Spaziergang im Schatten einheimischer und importierter Bäume kann man im Botanischen Garten machen.

Wellington ist für seine Kalksteinhöhlen mit mächtigen Stalagmiten und Stalaktiten unterschiedlichster Formen und Farben bekannt. Besonders sehenswert ist die Cathedral Cave 8 km südlich des Ortes nahe dem Mitchell Highway (Caves Rd., Tel. 02-68 45 29 70, Führungen tgl. 9, 10, 11, 12, 14, 15, 16 Uhr, Erw. 15 A-$, Kin. 9,50 A-$, Fam. 44 A-$). Südöstlich des Ortes erstreckt sich der Burrendong-Dam-Stausee, ein beliebtes Naherholungsgebiet mit vielen Wassersportmöglichkeiten.

Infos
… in Wellington
Wellington Visitor Information Centre: Cameron Park, Tel. 1800-62 16 14, www.visitwellington.com.au. Mo–Fr 9–17, Sa/So 10–16 Uhr.

Übernachten
… in Wellington
Schön am Fluss gelegen ▶ Bridge Motel: 5 Lee St., Tel. 02-68 45 25 55, Fax 68 45 31 88. Idyllische Lage am Macquarie River, mit gutem Restaurant und Salzwasserpool. DZ 75–95 A-$.

Camping und Cabins ▶ Caves Caravan Park: Caves Rd., Tel. 02-68 45 29 70, Fax 68 45 31 88. Neben den Wellington Caves gelegen, sehr gut ausgestattet, mit motelähnlichen Cabins.

Dubbo ▶ 1, T 14

Inmitten der Western Plains, des durch große Stauseen gut bewässerten Weizengürtels von New South Wales, liegt die wohlhabende Stadt **Dubbo**. Besonders beachtenswert unter den historischen Kolonialgebäuden des Ortes, die sich vornehmlich entlang der Macquarie Street reihen, sind die 1876 erbaute **Bank of New South Wales,** die heute ein Museum für Regionalgeschichte beherbergt (Tel. 02-68 82 53 59, tgl. 10–13, 14–16.30 Uhr, Eintritt frei), und das düstere Gefängnis **Old Dubbo Gaol** (Tel. 02-68 01 44 60, tgl. 9–16.30 Uhr, Erw. 15 A-$, Kin. 5 A-$, Fam. 35 A-$). Der **Western Plains Zoo,** Australiens größter Freigehegezoo mit Tieren aus allen Erdteilen, breitet sich 5 km südwestlich von

Das Outback von New South Wales

Dubbo aus (Obley Rd., Tel. 02-68 81 14 00, www.taronga.org.au, tgl. 9–17 Uhr, Erw. 37 A-$, Kin. 18 A-$, Fam. 93 A-$).

Infos
Dubbo Visitors Centre: Macquarie St., Ecke Erskine St., Tel. 02-68 01 44 50, www.dubbotourism.com.au, tgl. 9–17 Uhr.

Übernachten
Geräumige Motel-Units ▶ **Blue Gum Motor Inn:** 109 Cobra St., Tel. 02-68 82 09 00, www.bluegummotorinn.com.au. Gut geführtes, familienfreundliches Motel mit geräumigen Zimmern und Pool. DZ 95 A-$.

Camping und Cabins ▶ **Dubbo City Caravan Park:** Whylandra St., Tel. 02-68 82 48 20, www.dubbocaravanpark.com.au. Gut ausgestattet, mit komfortablen Cabins, schönem Pool und überdachten Grillstellen.

Verkehr
Züge: Tgl. Expresszüge von/nach Sydney, Bathurst und Broken Hill; tgl. mehrere Züge der Sydney CityRail (gelbe Linie) von Sydney nach Lithgow, von dort Busverbindungen über Bathurst und Orange bis nach Dubbo; Auskunft: CountryLink, Tel. 13 22 32.

Busse: Tgl. Busse von Greyhound Australia von/nach Sydney und Adelaide, Auskunft: Tel. 1300-47 39 46.

Abstecher von Dubbo

Coonabarabran ▶ 1, U 13

Ein Abstecher von Dubbo führt auf dem Newell Highway zum Warrumbungle National Park, einem der großartigsten Nationalparks Australiens. Zunächst geht es zum Landstädtchen **Coonabarabran,** das sich den Beinamen ›Astronomy Capital of Australia‹ verliehen hat. 24 km westlich des Ortes befindet sich mit dem **Siding Spring Observatory** eine der bedeutendsten Sternwarten Australiens. Hobby-Astronomen können durch ein Teleskop die Sternenvielfalt des ›südlichen‹ Nachthimmels beobachten (Tel. 02-68 42 62 11, www.sidingspringexploratory.com.au, Mo–Fr 9.30–16, Sa/So u. Fei 10–14, Führungen Mo–Fr 11 Uhr, in den Abendstunden auf Anfrage, Erw. 12,50 A-$, Kin. 7,50 A-$, Fam. 32,50 A-$).

Infos
Coonabarabran Visitors Centre: Newell Hwy, Tel. 18 00-24 28 81, www.warrumbungleregion.com.au, tgl. 9–17 Uhr.

Übernachten
Outback-typisches Motel ▶ **Country Gardens Motel:** Newell Hwy, Ecke John St. und Edwards St., Coonabarabran, Tel. 02-68 42 17 11, www.coonabarabran.com/countrygardens. Gemütliche Zimmer, Restaurant und Pool. DZ ab 115 A-$.

Camping und Cabins ▶ **John Oxley Caravan Park:** Oxley Hwy, Tel. 02-68 42 16 35. Gut ausgestattet, mit Cabins.

Warrumbungle National Park

Westlich von Coonabarabran ragen die Warrumbungle Mountains abrupt aus der weiten Inlandebene empor. Geprägt wird dieses Gebiet durch vielgestaltige Felsformationen, bizarre Felsentürme und -nadeln sowie gewaltige Steindome und -kuppen. Die Höhen und Gipfel des **Warrumbungle National Park,** Zeugen gewaltiger vulkanischer Eruptionen, die sich hier vor Jahrmillionen ereigneten, sind die ›harten Kerne‹ erloschener Vulkane und riesiger Lavablöcke, die den Kräften der Erosion widerstanden (s. a. aktiv unterwegs S. 246f.)

Infos
Warrumbungle National Park Visitor Centre: Tel. 02-68 25 43 64, www.nationalparks.nsw.gov.au, tgl. 9–16 Uhr. Informationen über Flora und Fauna sowie Wanderungen; hier bezahlt man auch die Eintrittsgebühr zum Nationalpark in Höhe von 7 A-$/ Auto.

Übernachten
Dem Nationalpark am nächsten ▶ **Warrumbungle Mountain Motel:** Timor Rd., Tel.

Breadknife, Warrumbungle National Park

Das Outback von New South Wales

aktiv unterwegs

Touren im Warrumbungle National Park

Tour-Infos
Start: Camp Pincham 2 km südl. des Warrumbungle National Park Visitor Centre
Länge: zwischen 1 km und 14,5 km
Dauer: zwischen 20 Min. und 5–6 Std.
Schwierigkeitsgrade: von einfach über moderat bis sehr anspruchsvoll
Information: Warrumbungle National Park Visitor Centre s. S. 244.

Ausgangspunkt für die beiden schönsten Wanderungen im Warrumbungle National Park ist der Picknickplatz Camp Pincham 2 km südlich des Besucherzentrums. Auf einem markierten, abschnittsweise sehr steilen Pfad mit über 1000 Stufen geht es zum Aussichtspunkt **Fans Horizon,** von dem sich ein prächtiges Panorama der bizarr erodierten Vulkanschlote der Grand High Tops öffnet (hin und zurück 3,6 km/2 Std.).

Eine gute Kondition erfordert auch die Tagestour zu den **Grand High Tops** mit dem **Breadknife,** der spektakulärsten Felsformation in den höheren Lagen des Nationalparks. Zwar ist der gut beschilderte Wanderpfad Pincham Trail abschnittsweise gepflastert sowie mit Brücken und Treppen bestens ausgebaut, doch können einige steile Passagen Untrainierten durchaus zu schaffen machen. Zunächst läuft man durch flaches Terrain, be-

äugt von Grauen Riesenkängurus und Rotnacken-Wallabies, die keine Scheu vor Wanderern zu haben scheinen. Auch Reptilien sind entlang des Pfads immer wieder anzutreffen, neben Blauzungenskinken vor allem Flossenfüßer, häufig für Schlangen gehaltene Eidechsen. Nach 2 km zweigt der **Goulds Circuit** ab, ein anspruchsvoller Rundweg durch lichten Mischwald, in dem man mit etwas Glück Koalas sichtet – Tipp: Auf zerkratzte Stämme von Eukalyptusbäumen achten (6,3 km/3 Std.). Auch auf dem **Pincham Trail** wird es nun zunehmend steiler, selbst wenn die beschwerlichsten Passagen durch Metalltreppen ›entschärft‹ sind. Die Mühe des Aufstiegs wird mit einem schönen Blick auf das Breadknife belohnt, eine 90 m hohe, nur 1,5 m breite Felsformation, die wie ein gigantisches Brotmesser aussieht. Zurück geht es auf dem gleichen Weg (hin und zurück 12,5 km/4–5 Std.) oder man entscheidet sich für den weitgehend naturbelassenen Pfad entlang dem meist ausgetrockneten **West Spirey Creek,** auf dem man verschiedene Aussichtspunkte mit herrlichen Gipfelpanoramen passiert, etwa den **Point Wilderness** (Rundweg 14,5 km/5-6 Std.).

Eine Reihe weiterer Wanderungen, wie die Besteigung des **Mount Exmouth** (hin und zurück 16,8–17,3 km/5–7 Std.) oder der grandiose Panoramablicke bietende **Belougery Split Rock Circuit** (4,6 km/3 Std.) sollten nur von erfahrenen *bushwalkers* in Angriff genommen werden. Auch für Rollstuhlfahrer geeignet ist der **Gurianawa Track** beim Besucherzentrum (Rundweg 1 km/ca. 20 Min.). Hobby-Ornithologen wird es zum **Wambelong Nature Trail** ziehen, der bei der Canyon Picnic Area 1 km nordwestlich des Besucherzentrums beginnt (Rundweg 1,1 km/ 30 Min.). Ebenfalls behindertengerecht ausgebaut ist der Pfad zum **Whitegum Lookout** etwa 10 km östlich des Visitor Centre an der Straße Richtung Coonabarabran (hin und zurück 1 km/30 Min.).

Von Dubbo nach Cobar

02-68 42 18 32, www.warrumbungle.com. Ca. 9 km westl. von Coonabarabran gelegenes, günstiges Standquartier für den Nationalpark mit einfachen, aber gemütlichen Zimmern, Salzwasserpool. DZ ab 70 A-$.
Camping ▶ Camp Blackman: Tel. 02-68 25 43 64. Gut ausgestatteter Platz im Nationalpark, in der Ferienzeit Buchung erforderlich.

Lightning Ridge ▶ 3, K 6

Weit abseits der eigentlichen Route liegen im tiefsten Outback von New South Wales die Opalfelder von **Lightning Ridge,** der weltweit einzige Fundort des schwarzen, teuersten Opals. Nachdem dort 1902 die ersten *black opals* gefunden worden waren, kamen unzählige Glücksritter. Besucher können bei einer organisierten Tour eine Opalmine besichtigen und beim Schleifen von Opalen zuschauen, etwa in **The Big Opal** (Three Mile Rd., Tel. 02-68 29 02 47, tgl. 9–17, Führung 10 Uhr, Erw. 9,50 A-$, Kin. 5,50 A-$, Fam. 24,50 A-$). Ausgestattet mit einer Lizenz *(fossicking permit)* dürfen sie in den Abraumhalden der professionellen Opalgräber ihr Glück versuchen. Von der kargen Landschaft und der Einsamkeit der Region fühlten sich auch zahlreiche australische Künstler angezogen, deren Ateliers und Galerien besichtigt werden können.

Infos

Lightning Ridge Tourist Centre: Morilla St., Tel. 02-68 29 14 66, www.wj.com.au, Mo–Fr 10–16 Uhr.

Übernachten

Mit Outback-Flair ▶ Black Opal Motel: Opal St., Tel. 02-68 29 05 18, Fax 68 29 05 32. Klein und einfach. DZ 75–85 A-$.
Camping ▶ Crocodile Caravan and Camping Park: Harlequin St., Tel. u. Fax 02-68 29 05 32. Einfach, mit On-Site-Vans.

Von Dubbo nach Cobar
▶ 1, T 14 – S 13

In der Übergangszone zwischen dem Weizengürtel der Western Plains und dem trockenen

Das Outback von New South Wales

Opale: Funkelnde Feuersteine

Thema

Eines der faszinierendsten, aber sicherlich nicht billigsten Souvenirs, die man von Australien mit nach Hause bringen kann, ist ein Opal. Das je nach Laune der Natur in allen Farben des Regenbogens schillernde Kieselsäuremineral gehört zu den teuersten Preziosen auf dem internationalen Edelsteinmarkt. Über 90 % aller Opale werden in Australien gefunden.

Opale sind kristalline Substanzen, die sich durch das Jahrmillionen während Zusammenpressen von Sedimentgestein auf einstigen Seegründen bildeten. Deutlich kann man in den Schächten und Stollen der Minen die Opaladern als dunkle Bänder in dem ansonsten rotbraunen Gestein erkennen. Die wichtigsten Fundstätten liegen an den Ufern prähistorischer, seit langem verschwundener Seen im Innern des Fünften Kontinents, die sich einst von Queensland über den Nordwesten von New South Wales bis hinein nach South Australia ausdehnten.

Man unterscheidet drei Hauptarten von Opalen. Die seltenste und daher teuerste Variante ist der Schwarze Opal *(black opal),* der sich durch ein leuchtendes, sehr intensives Farbenspiel auszeichnet, das aus einem dunkelgrauen bis schwarzen Grund hervorschimmert. An zweiter Stelle der Preisskala rangiert der Felsopal *(boulder opal),* der eine Basis aus Sandstein oder eisenhaltigem Gestein besitzt. Wie der Schwarze Opal hat er dunkle Farben, allerdings kostet er nur einen Bruchteil dessen, was man für einen raren *black opal* anlegen muss. Den sogenannten Weißen Opal (*white opal* oder *light opal*) findet man am häufigsten. Diese Version ist ein glasig bis wächsern glänzendes, milchigweißes Mineral mit farbstarken Einsprengseln.

Der Preis eines Opals richtet sich nach Art, Farbe, Form und Größe. Die Spannbreite für ein Karat Opal erstreckt sich von weniger als 10 A-$ bis weit mehr als 3000 A-$. Hauptkriterium für den Preisunterschied ist die Seltenheit der Steine. Unter den Farben rangiert Rot vor Grün und Blau. Zudem haben Größe und Struktur der Farbpartikel einen Einfluss auf den Wert. Prinzipiell aber ist die Intensität der Farben ausschlaggebend. Je tiefer und brillanter ein Opal leuchtet, desto wertvoller ist er.

Eine wesentliche Rolle spielt auch die Art und Weise, wie ein Opal geschnitten, poliert und präsentiert wird. Wieder unterscheidet man drei Arten. Ein *Solid Opal* ist ein durch und durch natürlicher, sehr wertvoller Opal. Bei einer Doublette *(Opal Doublet)* handelt es sich um eine dünne Scheibe kostbaren Opals, die auf einen schwarzen Grund geleimt ist, entweder auf einen Halbedelstein oder auf einfaches schwarzes Glas. Ein Drilling *(Opal Triplet)* ist eine Doublette, auf die zum Schutz der Farben noch ein klares Quarzkristall geklebt wird.

Doubletten und Drillinge kann man als Laie nur bei losen Steinen erkennen, bei bereits zu Schmuckstücken verarbeiteten Opalen, deren Rückseite nicht mehr sichtbar ist, dagegen kaum. Sie sollten übrigens nie mit Wasser in Berührung kommen, da sich dadurch der Leim auflösen kann. Da es sich beim Opalkauf um eine reine Vertrauenssache handelt, sollte man Steine sowie Opalschmuck nur in renommierten Fachgeschäften erstehen.

Outback liegt westlich von Dubbo die Stadt **Narromine**. Künstliche Bewässerung hat die Umgebung in ein Anbaugebiet für Zitrusfrüchte verwandelt. In großen *saleyards* finden regelmäßig Schafauktionen statt, bei denen man viel Lokalkolorit erleben kann. Von der nicht sonderlich attraktiven Provinzstadt **Nyngan** führt der Mitchell Highway in nördliche Richtung gut 200 km mehr oder weniger schnurgerade nach **Bourke.** Aus der fast menschenleeren Savannenregion werden in den Sommermonaten ständig Hitzerekorde gemeldet. *Back of Bourke* bedeutet übrigens soviel wie ›am Ende der Welt‹.

In der Bergbaustadt **Cobar** am Barrier Highway lohnt sich der Besuch des Great Cobar Outback Heritage Centre mit den Schwerpunkten Aborigines, Pioniersiedler, Bergbau und Schafzucht (Barrier Hwy, Tel. 02-68 36 24 48, Mo–Fr 8–17, Sa/So u. Fei 10–17 Uhr, Erw. 6 A-$, Kin. 3 A-$, Fam. 15 A-$).

Übernachten
… in Cobar
Komfort im Outback ▶ **Cobar Sundowner Motor Inn:** 67 Marshall St., Tel. 02-68 36 23 04, www.sundownermotorinns.com.au. Komfortable Unterkunft, mit Restaurant und Salzwasserpool. DZ 75–110 A-$.
Camping und Cabins ▶ **Cobar Caravan Park:** Barrier Hwy, Tel. 02-68 36 24 25. Gut ausgestattet, mit Cabins.

Wilcannia und Umgebung
▶ 1, R 13

In dem am Darling River gelegenen Städtchen **Wilcannia** wurden während der zweiten Hälfte des 19. Jh. Schafwolle und andere Agrarprodukte auf Raddampfer verladen und nach Goolwa an der rund 1800 km entfernten Murray-Mündung gebracht.

Auf einer mittlerweile durchgehend geteerten, 97 km langen Straße kann man von Wilcannia einen Abstecher ins tiefste Outback machen – nach **White Cliffs,** dem zweiten großen Opalzentrum von New South Wales. Einst ging es dort turbulent zu, als *digger* das Unterste zuoberst wendeten. Zwar ist das Opalfieber abgeklungen und die Einwohnerzahl auf gerade 200 geschrumpft, doch bietet White Cliffs Besuchern noch viel ›Wildwest‹-Atmosphäre.

Um sich vor den extremen Temperaturen und den häufigen Sandstürmen zu schützen, leben viele Menschen dort in Höhlenwohnungen, sogenannten *dugouts*. Sehenswert sind die unterirdischen Kunstgalerien Eagles Gallery (Tel. 08-80 91 67 53, tgl. 9–17 Uhr, Eintritt frei) und Wellingtons Underground Art Gallery (Tel. 08-80 91 66 27, tgl. 14–17 Uhr, Eintritt frei).

Übernachten
… in White Cliffs
Hotels (s. Tipp S. 252)
Camping ▶ **Opal Pioneer Reserve:** Tel. u. Fax 08-80 91 66 88. Einfacher Caravan Park mit Pool.

Broken Hill ▶ 1, Q 14

Wie mit dem Lineal gezogen durchschneidet der Barrier Highway westlich von Wilcannia eine halbwüstenartige Savannenlandschaft. Stopps lohnen sich auf den nächsten knapp 200 km kaum. Etwas Zeit sollte man aber für **Broken Hill** einplanen. Das auch als Silver City bekannte Bergbauzentrum erstreckt sich über den größten bekannten Silber-, Blei- und Zinkvorkommen der Welt. Seine Existenz verdankt Broken Hill dem deutschstämmigen Charles Rasp, der 1883 in den zerklüfteten Bergrücken zufällig auf eine reiche Silberader stieß. In den folgenden Jahren lockten die ergiebigen Erzlagerstätten zahlreiche Glücksritter an. Trotz Dürre, Hitze, Staubstürmen, Skorbut und Typhus entwickelte sich aus dem recht primitiven Bergarbeitercamp schon bald ein funktionierendes Gemeinwesen.

Um die Jahrhundertwende wichen die Holzhütten stattlichen Steinhäusern, und seit 1910 verkehrte auf der Hauptstraße des Ortes eine Dampfbahn. Aus der über 7 km langen, durchschnittlich 200 m breiten und bis

Das Outback von New South Wales

zu über 1200 m in die Tiefe reichenden Erzader fördern heute vier Bergbauunternehmen jährlich rund 2,5 Mio. t Erz. Vermutlich werden aber in nicht allzu ferner Zukunft die profitabel abbaubaren Erzvorkommen erschöpft sein, sodass mit der Stilllegung von Minen zu rechnen ist.

Besuchern präsentiert sich Broken Hill als eine interessante alte Bergwerkstadt, in der man gut Outback-Flair schnuppern kann. Die sehenswertesten Gebäude aus den Gründerjahren konzentrieren sich in der Argent Street. In der Sulphide Street beherbergt das alte Bahnhofsgebäude das **Railway, Mineral and Train Museum** mit einer Mineraliensammlung und Erinnerungsstücken aus der Pionierzeit (Tel. 08-80 88 46 60, tgl. 10–15 Uhr, Erw. 4 A-$, Kin. 2,50 A-$, Fam.10,50 A-$).

Von der Bergbaugeschichte der Stadt berichtet auch **White's Mineral Art Gallery and Mining Museum** in der Allendale Street (Tel. 08-80 80 35 00, tgl. 9–17 Uhr, Erw. 6 A-$, Kin. 3 A-$, Fam. 15 A-$). Mittels interaktiver Displays werden die Themen Geologie und Bergbau im **Geo Centre** anschaulich präsentiert (Bromide St., Ecke Crystal St., Tel. 08-80 87 65 38, Mo–Fr 10–16.45, Sa/So 13–16.45 Uhr, Erw. 7,50 A-$, Kin. 5 A-$, Fam. 20 A-$).

Mit den harten Arbeitsbedingungen der Bergleute kann man sich bei Untertagetouren vertraut machen, die in den stillgelegten **Minen Delprats Mine und Daydream Mine** angeboten werden (Delprats Mine: Mo–Fr 10.30, Sa 14 Uhr, Erw. 23 A-$, Kin. 11,50 A-$, Fam. 57,50 A-$; Daydream Mine: mehrmals tgl. 10–15.30 Uhr, Erw. 16 A-$, Kin. 8 A-$, Fam. 40 A-$; Buchung beim Fremdenverkehrsamt). Willkommen sind Gäste auch beim **Royal Flying Doctor Service** (Broken Hill Airport, Tel. 08-80 80 37 14, www.flyingdoctor.net, Mo–Fr 9–17, Sa/So 11–16 Uhr, Erw. 5,50 A-$, Kin. 2,20 A-$, Fam. 13,20 A-$) und der **School of the Air** (Lane St., Ecke McCulloch St., Unterrichtsbeginn Mo–Fr 8.30, außer in den Ferien, Anmeldung einen Tag im Voraus beim Fremdenverkehrsamt, Erw. 6 A-$, Kin. 4 A-$, Fam. 16 A-$).

In den letzten Jahren hat sich ›The Hill‹ zudem einen Namen als Kulturstadt gemacht. Wesentlichen Anteil daran hatte die Malerschule *The Brushmen of the Bush.* Einen Überblick über das Werk der Outback-Künstler vermittelt die **Broken Hill Regional Art Gallery** in der Argent Street. Die bereits 1904 gegründete und damit nach der Art Gallery of New South Wales in Sydney zweitälteste Kunstgalerie des Staates präsentiert neben Gemälden zeitgenössischer lokaler Künstler auch Werke bedeutender australischer Maler des 19. und frühen 20. Jh. (Tel. 08-80 80 34 40, tgl. 10–17 Uhr, Erw. 5 A-$, Kin. 2,50 A-$, Fam. 12,50 A-$).

Man kann nicht alle der rund zwei Dutzend Privatsammlungen in Broken Hill gesehen haben. Ein ›Muss‹ ist jedoch ein Besuch der Galerie des ehemaligen Bergmanns und Künstlers **Pro Hart** (108 Wyman St., Tel. 08-80 87 24 41, www.prohart.com.au, Mo–Sa 9–17, So 13.30–17 Uhr, Erw. 3,50 A-$, Kin. frei). Besuchenswert sind weiterhin **Absalom's Gallery** (638 Chapple St., Tel. 08-80 87 58 81, tgl. 10–17 Uhr, Eintritt frei), **Ant Hill Gallery** (303 Argent St., Tel. 08-80 87 23 06, Mo–Fr 9–17, Sa 9.30–12.30 Uhr, Eintritt frei) und **Eric McCormick Gallery** (367 McCulloch St., Tel. 08-80 87 84 86, Mo–Fr 13–17, Sa/So 10–17 Uhr, Eintritt frei).

Die Bedeutung von Broken Hill als Kulturstadt unterstreicht ein von internationalen Künstlern gestalteter **Skulpturenpark** 10 km nördlich des Zentrums an der Straße nach Tibooburra. Über einen steinigen Hügel verteilen sich ein Dutzend bis zu über 4 Meter hohe Skulpturen. Besonders beeindruckend ist die Szenerie bei Sonnenuntergang.

24 km nordwestlich von Broken Hill liegt **Silverton**. Ende des 19. Jh. eine florierende Bergbausiedlung mit 3000 Einwohnern, heute eine restaurierte ›Geisterstadt‹, deren Gebäude als Kulissen für einen Western dienen könnten Und tatsächlich ist der Ort ein Anziehungspunkt für Filmproduzenten aus aller Welt. Über die Ortsgeschichte informiert das Silverton Gaol Museum im alten Gefängnis (Tel. 08-80 88 53 17, tgl. 9.30–16.30 Uhr, Eintritt frei, Spende erbeten).

Burra

Infos
Broken Hill Visitor Information Centre: Blend St., Ecke Bromide St., Tel. 08-80 80 35 60, www.visitbrokenhill.com.au, tgl. 8.30–17 Uhr. Hier Buchung der Underground Mining Tours sowie Tickets für School of the Air.

Übernachten
Intim und mit historischem Flair ▶ The Imperial: 88 Oxide St., Tel. 08-80 87 74 44, www.imperialfineaccomodation.com. Modern ausgestattete Zimmer hinter einer historischen Fassade. DZ 180–210 A-$.

Spend a night, not a fortune ▶ Sturt Motel: 153 Rakow St., Tel. 08-80 87 35 58, www.sturtmotel.com.au. Einfach ausgestattete, aber gemütliche Zimmer, mit Pool. DZ 74–89 A-$.

Camping und Cabins ▶ Broken Hill Caravan Park: Rakow St. (Adelaide Rd.), Tel. 08-80 87 38 41. Gut ausgestattet, mit Cabins und Pool.

Aktiv
Outback-Touren ▶ Tri State Safaris: Tel. 08-80 88 23 89, www.tristate.com.au. Ein- bis siebentägige Touren ins Outback rund um Broken Hill, z. B. Zwei-Tages-Tour mit Übernachtung in einem unterirdischen Hotel in White Cliffs ab 530 A-$/pro Pers. im DZ.

Verkehr
Züge: Tgl. Expresszüge von/nach Sydney, Bathurst und Dubbo; der Indian Pacific zwischen Sydney und Adelaide/Perth hält viermal wöchentl. in Broken Hill; Auskunft: CountryLink, Tel. 13 22 32.

Busse: Tgl. Busse von Greyhound Australia von/nach Sydney und Adelaide, Auskunft: Tel. 1300-47 39 46.

Burra ▶ 1, O 14

Auf der Weiterfahrt Richtung Adelaide gilt es ab Broken Hill, zunächst Kilometer zu machen. Ein Stopp lohnt sich nach 355 monotonen Kilometern, die ein Gefühl von der Weite und der Leere des Kontinents vermitteln, erst im Provinzstädtchen **Burra**. Nachdem ein Schafhirte 1845 auf eine Kupferader gestoßen war, entwickelte sich dort bis 1860

Wildwest-Romantik in Silverton

Das Outback von New South Wales

Tipp: Übernachtung im Dugout

Aufgrund der extremen Sommertemperaturen von bis zu über 50 °C und wegen der regelmäßig auftretenden Sandstürme kamen die Opalgräber von **White Cliffs** auf die Idee, aufgegebene Bergwerkstollen als Wohnung zu benutzen. Die mit 22 °C stets angenehm temperierten *dugouts* bieten Schutz vor dem gleißenden Sonnenlicht, dem feinen Staub und nicht zuletzt vor den Fliegenschwärmen. Von der unterirdischen Lage profitieren auch zwei Hotels in White Cliffs, die ihren Gästen ein ganz besonderes Schlaferlebnis bieten, ist es doch hier nicht nur absolut still, sondern obendrein stockdunkel.

PJ's Underground: Dugout 72, Turley's Hill, Tel. u. Fax 08-80 91 66 26, www.babs.com.au/pj. Gemütliche Bed & Breakfast-Pension unter der Erde mit familiärer Atmosphäre; es gibt sechs Zimmer, davon sind drei für Familien geeignet. DZ 145 A-$ (inkl. Frühstück), auf Wunsch dreigängiges Dinner, Erw. 40 A-$, Kin. 20 A-$.
Underground Motel: Tel. 08-80 91 66 77, www.undergroundmotel.com.au. 31 komfortable Zimmer unter der Erde, mit Restaurant und (oberirdischem) Pool. DZ 99 A-$, auf Wunsch dreigängiges Dinner, Erw. 35 A-$, Kin. 17,50 A-$.

---

die größte Kupfermine Australiens. Bis zur Stilllegung 1877 förderte man in der Burra Mine alljährlich 5 % der damaligen Weltproduktion an Kupfererzen.

Der 11 km lange, gut ausgeschilderte **Heritage Drive** verbindet die historischen Punkte des Orts miteinander. In den zwischen 1849 und 1852 errichteten Paxton Square Cottages wohnten einst Bergleute aus Cornwall und Wales, heute dienen die soliden Reihenhäuser zum Teil als Touristenunterkünfte. In den Miners Dugouts, zwei der zahlreichen ›Wohnhöhlen‹ in der Lehmböschung des Burra Creek, lebten Mitte des 19. Jh. zeitweise bis zu 2000 Minenarbeiter mit ihren Familien.

Im ehemaligen General Store dokumentiert das **Market Square Museum** die Geschichte des Ortes (Fr 13–16, Sa 14–16, So 13–15 Uhr, Eintritt frei, Spende erbeten). Auf dem historischen Minengelände des **Burra Mine Open Air Museum** informieren Schautafeln über das Kupferbergwerk (tgl. vom Sonnenauf- bis zum Sonnenuntergang, Eintritt frei).

Sehenswert ist auf dem Gelände das **Morphetts Enginehouse Museum,** ein altes, perfekt restauriertes Maschinenhaus (Mo–Fr 11–13, Sa/So u. Fei 11–14 Uhr, Erw. 5 A-$, Kin. 2,50 A-$, Fam. 12,50 A-$). Südwestlich von Burra erstreckt sich das Weinanbaugebiet **Clare Valley,** in dem vorzügliche weiße Tafelweine produziert werden. Fast alle der gut zwei Dutzend Kellereien stehen für Weinproben und Besichtigungen offen. Am berühmtesten sind die 1851 von deutschen Jesuitenpatern gegründeten Sevenhill Cellars, die sich auf die Herstellung von Messwein spezialisiert haben.

Infos
Burra Tourist Office: 2 Market Square, Tel. 08-88 92 21 54, www.visitburra.com, tgl. 10–16 Uhr. Hier auch Informationen und Plan für den Heritage Drive.

Übernachten
Angenehme Provinzherberge ▶ **Burra Motor Inn:** 2 Market St., Tel. 08-88 92 27 77, www.burramotorinn.websyte.com.au. Behinderten- und kinderfreundlich eingerichtetes Motel mit Restaurant und Hallenbad. DZ 98–103 A-$.

Ehemalige Bergmannsunterkunft ▶ **Paxton Square Cottages:** Kingston St., Tel. 08-88 92 26 22, Fax 88 92 25 08. Ehemalige Bergmannsunterkunft. DZ 80–100 A-$.

Camping ▶ **Burra Caravan & Camping Park:** Bridge Terr., Tel. 08-88 92 24 42. Schön gelegen, gut ausgestattet.

Fliegende Ärzte

Die fliegenden Ärzte im Outback — Thema

Selbst Allerweltskrankheiten endeten früher im australischen Busch oft tödlich. Heute aber stellt der 1928 von dem presbyterianischen Geistlichen John Flynn ins Leben gerufene Royal Flying Doctor Service (RFDS) die medizinische (Not-)Versorgung der Menschen im unendlich weiten Outback sicher.

›Wenn Kranke nicht mehr zum Arzt gehen können, muss er eben zu ihnen kommen‹ – so die frühe Erkenntnis von Reverend John Flynn. Um Hiferufe schnell empfangen zu können, baute er ab 1928 ein Funknetz auf. Als größter Luftrettungsdienst der Welt operiert der RFDS heute von 14 Stützpunkten in Australien und deckt dabei die Regionen außerhalb der Ballungszentren ab – ein Gebiet von über 5 Mio. km². Insgesamt werden alljährlich mehr als 100 000 medizinische Fälle versorgt, Erste-Hilfe-Anweisungen per Funk eingeschlossen.

Generell sind die Leistungen des RFDS kostenlos, obwohl ein Noteinsatz oft tausende von Euro teuer sein kann. Finanziert wird die gemeinnützige Organisation in erster Linie durch Beiträge und Spenden ihrer Mitglieder sowie durch staatliche Zuschüsse. Dank einer Fernsehserie, der die fliegenden Ärzte als Vorbild dienten, haben sich die Bodenstationen zu Touristenattraktionen entwickelt. Ausstellungen und Videos informieren die Besucher über die Arbeit des Luftrettungsdienstes.

Bereits am frühen Morgen kommt Cheffunker Gary in Broken Hill heftig ins Schwitzen. Virtuos bedient er sechs Telefonapparate und das Funkgerät gleichzeitig. Anrufe oder Funksprüche, die keine dringenden Fälle betreffen, nimmt er zu festgesetzten ›Sprechstunden‹ entgegen und leitet sie an das nahe Krankenhaus weiter, wo der diensthabende Arzt aufgrund der genannten Symptome eine Ferndiagnose stellt und dem Patienten entweder Hinweise für eine Selbsttherapie gibt oder dessen Transport in ein Krankenhaus anordnet. Die an das RFDS-Netz angeschlossenen Farmen verfügen über gut bestückte Hausapotheken, in denen jedes der rund 100 Medikamente mit einer Nummer versehen ist. Über Telefon oder Funk sagt der Arzt dem Patienten, welche Nummer das empfohlene Heilmittel trägt und wie es zu verabreichen ist.

Eine Telefonleitung sowie eine Funkfrequenz werden stets für Notrufe freigehalten. Bei einem Notfalleinsatz dauert es nur wenige Minuten, bis ein Sanitätsflugzeug mit einem Arzt und einer Krankenschwester an Bord abhebt. Bereits während des Fluges gibt der Arzt über Funk Erste-Hilfe-Anweisungen an die Helfer vor Ort. Jede RFDS-Maschine ist eine Art fliegende Mini-Intensivstation. Mit Ausnahme größerer chirurgischer Eingriffe ist ein Arzt hier für fast alle denkbaren Notfälle gerüstet. Während des Rückflugs steht er in ständigem Telefonkontakt mit dem Krankenhaus in Broken Hill und erteilt Anweisungen für eine Notaufnahme. Zu den häufigsten Einsätzen im Outback gehören Motorrad- und Autounfälle, Schlangenbisse sowie vor allem alle Arten von Arbeitsunfällen. Als Routineangelegenheit gelten Krankentransporte per Flugzeug in die Kliniken von Adelaide sowie regelmäßige Visiten – meist ein- oder zweimal im Monat – in kleinen Buschhospitälern.

Adelaide und Umgebung

Obwohl mittlerweile Millionenstadt, vermochte Adelaide das Flair und die Atmosphäre eines kleinen, beschaulichen – manche sagen langweiligen – Ortes zu bewahren. Doch lüftet man den Schleier der spröden Schönen am Torrens River, kommt ein sehr lebendiges, junges Gesicht zum Vorschein. Liebhaber erlesener Weine zieht es in das einen Tagesausflug von Adelaide entfernte Barossa Valley, wo rund ein Viertel des australischen Weins gekeltert wird. Beliebte Erholungs- und Feriengebiete im Umland von Adelaide sind Fleurieu Peninsula und Kangaroo Island.

Adelaide, mit rund 1,1 Mio. Einwohnern die fünftgrößte Stadt Australiens, erstreckt sich in einem schmalen Küstenstreifen zwischen dem Gulf St. Vincent im Westen und den wie ein natürliches Schutzschild im Osten aufragenden Bergen der Mount Lofty Ranges. Zwar entstanden während des Baubooms in den 70er- und 80er-Jahren des 20. Jh. in Adelaide wie in Sydney und Melbourne Hochhausbauten, doch präsentiert sich die südaustralische Metropole heute als ein mehr oder minder gelungenes Konglomerat alter und neuer Bauweise. Überdies ist das Zentrum rundherum von ausgedehnten Parks und Grünflächen umgeben, was Adelaide die Bezeichnung ›Hauptstadt im Grünen‹ eingebracht hat.

In den letzten Jahren wurde die Stadt aus ihrem Schlaf gerüttelt. Da entpuppte sich die graue Raupe als farbenfroher Schmetterling. Aus dem als langweilig verschrienen Nest schälte sich in jahrelanger Arbeit eine Kulturmetropole, die internationale Anerkennung genießt. Aus dem Veranstaltungskalender ragen das alle zwei Jahre stattfindende Adelaide Arts Festival und das parallel dazu abgehaltene avantgardistische Adelaide Fringe Festival heraus. Drei Wochen lang wird Adelaide zu einem Treffpunkt für Künstler aus aller Welt, die Opernaufführungen und Kunstausstellungen, Konzerte und Filme präsentieren.

Stadtgeschichte

Adelaide wurde nicht von deportierten Häftlingen und freigelassenen Strafgefangenen aufgebaut, sondern ausschließlich von freien Männern und Frauen. Begonnen hatte die Besiedlung von South Australia im Jahre 1836 mit der Ankunft einiger Presbyterianer, die unter der Kontrolle einer Siedlungsgesellschaft der englischen Staatskirche standen. Aus den Fehlern der unkontrollierten Landnahme in New South Wales hatte man gelernt und setzte daher die Landverteilungstheorie von Edward G. Wakefield in die Praxis um. Wakefield hatte der britischen Regierung vorgeschlagen, Kronland zu einem nicht zu geringen Preis an finanzkräftige Interessenten zu verkaufen. Dadurch sollte von vornherein ausgeschlossen werden, dass zu viel billiges Land an einzelne Besitzer kam, die dann nicht in der Lage waren, es zu bewirtschaften.

Im Jahre 1836 bestimmte der königliche Generallandvermesser Oberstleutnant William Light ein etwa 10 km von der Küste entferntes Areal am Torrens River zum künftigen Standort der Hauptstadt von South Australia, die nach Adelaide, der Gemahlin des englischen Königs William IV., benannt wurde. Neben britischen Immigranten prägten vor allem deutsche Einwanderer, die ihre Heimat Schlesien aus religiösen Gründen verlassen hatten, die Kolonie entscheidend.

Bis in die 1950er- Jahre diente Adelaide in erster Linie als Handels- und Umschlagplatz für Agrarprodukte der umliegenden Regionen sowie als Exporthafen für die Bergbaustädte im weiteren Umkreis. Nach dem Zweiten Weltkrieg führte die Einwanderung vieler Europäer zu einem sprunghaften Anstieg der Bevölkerung, in dessen Folge auch die verarbeitende Industrie des Großraums expandierte.

Downtown Adelaide
▶ 1, O 15

Cityplan: S. 256

Festival Centre Adelaide

Ein günstiger Ausgangspunkt für einen Stadtrundgang, für den man – will man zumindest einen flüchtigen Blick in die Museen am Wege werfen – mindestens einen Tag ansetzen sollte, ist das Zentrum des städtischen Kulturlebens – der **Adelaide Festival Centre** **1**. Die 1973 eröffnete Mehrzweckanlage mit schneeweißen, wie windgeblähte Zelte wirkenden Dächern umfasst das Festival Theatre, die Schauspielbühne Playhouse, das Experimentiertheater The Space sowie ein Freilicht-Amphitheater. Zum Festival Centre gehört weiterhin die Festival Plaza, ein vom deutschen Bildhauer Otto Herbert Hajek mit bunten Steinquadern gestalteter Vorplatz, auf dem kulturelle Ereignisse von eher informellem Charakter wie etwa spontane Dichterlesungen stattfinden (King William Rd., Tel. 08-82 16 86 00, www.adelaidefestivalcentre.com.au, Führungen Di/Do 11 Uhr, Erw. 13 A-$, Kin. unter 10 Jahre frei).

Die North Terrace westlich der King William Street

Einige Schritte südlich des Festival Centre Complex stößt man auf den breiten Flanierboulevard North Terrace, an dem die meisten Sehenswürdigkeiten der Stadt liegen. Stilrein ist dieses architektonische Ensemble allerdings nicht mehr. Aus der Reihe fällt südwestlich des Kulturzentrums das moderne **Convention Centre** **2**. Ganz dem historisierenden Stil des 19. Jh. entspricht dagegen der frühere Bahnhof, ein prunkvolles viktorianisches Sandsteingebäude mit neogotischem Dekor, das mit Millionenaufwand zum **Adelaide Casino** **3** umgebaut wurde.

Das **Old Parliament House** **4**, die 1855 errichtete Tagungsstätte des ersten südaustralischen Parlaments, beherbergt heute das State History Centre, das die Geschichte des Bundesstaates dokumentiert. An das ehemalige Parlamentsgebäude grenzt das **Parliament House** **5**, die heutige Tagungsstätte des Zwei-Kammer-Parlaments von South Australia. Weil immer wieder das Geld ausging, wurde an dem majestätischen, klassizistischen Gebäude mit korinthischen Marmorsäulen über den ungewöhnlich langen Zeitraum von 1883 bis 1939 gebaut (North Terr., Ecke King William St., Tel. 08-82 37 91 00, www.parliament.sa.gov.au, kostenlose Führungen Fr und an sitzungsfreien Tagen 10, 14 Uhr; wenn die Volksvertretung tagt, ist die Besuchergalerie geöffnet Mo–Fr 14–16 Uhr, Eintritt frei).

Die North Terrace östlich der King William Street

Wendet man sich an der Kreuzung der North Terrace und der King William Street in östliche Richtung, erreicht man nach wenigen Metern das **South African War Memorial** **6**, das an die im Burenkrieg (1899–1902) gefallenen Soldaten aus South Australia erinnert. Inmitten des hübschen Prince Henry Garden liegt das der Öffentlichkeit nicht zugängliche Government House. An der Ecke North Terrace und Kintore Avenue gedenkt das National War Memorial der Opfer des Ersten Weltkriegs. Sehr anschaulich dokumentiert das **Migration Museum** **7** die Geschichte der Immigration und die Einwanderungspolitik Australiens von den Anfängen bis zur Gegenwart (82 Kintore Ave., Tel. 08-82 07 75 80, www.history.sa.gov.au, Mo–Fr 10–17, Sa/So u. Fei 13–17 Uhr, Eintritt frei, Spende erbeten).

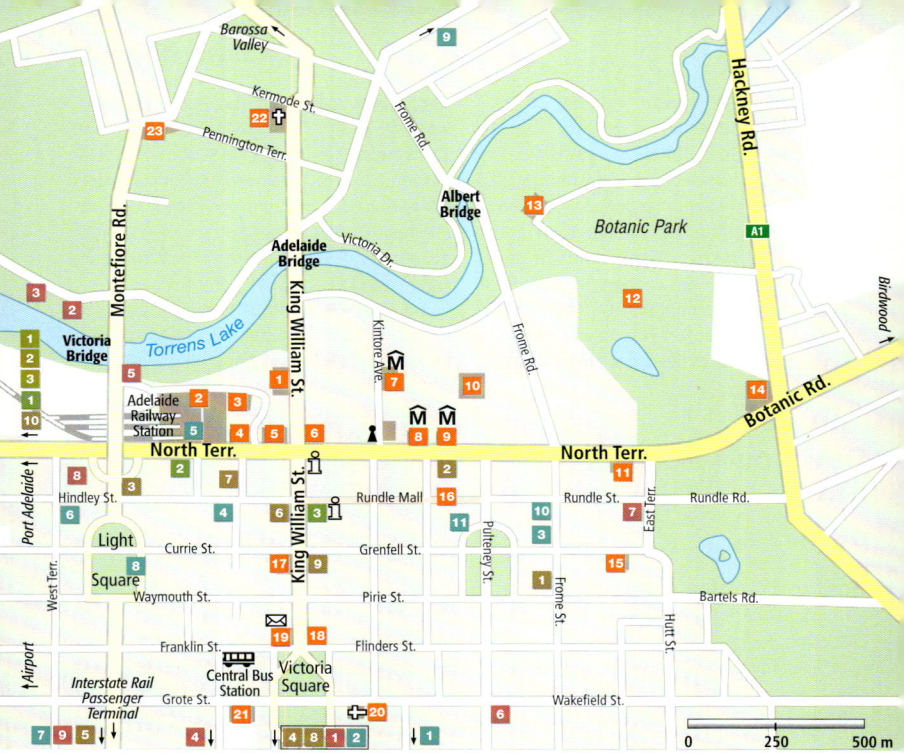

Auf der North Terrace gelangt man zum **South Australian Museum** 8 mit einer einzigartigen Sammlung zur Kultur der Ureinwohner. Randvoll mit Fossilien, Steinen und präparierten Tieren, präsentiert sich dieses Museum auch als eine Schatzkiste der Naturwissenschaft (Tel. 08-82 07 75 00, www.samuseum.sa.gov.au, tgl. 10–17, kostenlose Führungen Mo–Fr 11, Sa/So 14, 15 Uhr, Eintritt frei). In unmittelbarer Nachbarschaft liegt die **Art Gallery of South Australia** 9, hinter deren klassizistischer Fassade sich eine umfangreiche Sammlung australischer, europäischer und asiatischer Kunst befindet (Tel. 08-82 07 70 00, www.artgallery.sa.gov.au, tgl. 10–17, Führungen tgl. 11, 14 Uhr, Eintritt frei, Sonderausstellungen gebührenpflichtig).

Östlich der Kunstgalerie erstreckt sich zwischen North Terrace und Torrens River der weitläufige Campus der **University of Adelaide** 10, deren Fakultäten in zahlreichen viktorianischen Gebäuden untergebracht sind.

Besonders sehenswert ist das neogotische Mitchell Building mit dem Museum of Classical Archaeology (Tel. 08-82 28 52 39, Mo–Fr 12–15 Uhr, Eintritt frei).

Das ansehnliche **Ayers House** 11, ein gelungenes Beispiel für die klassizistische Regency-Architektur des 19. Jh., diente zwischen 1855 und 1897 als noble Residenz des siebenmaligen Premierministers von South Australia Sir Henry Ayers. Heute beherbergen die 40 Räume die Zentrale des National Trust of South Australia, das renommierte Ayers Restaurant sowie ein Museum mit Erinnerungsstücken der Familie Ayers (Tel. 08-82 23 12 34, Di–Fr 10–16, Sa/So u. Fei 13–16 Uhr, Erw. 8 A-$, Kin. frei).

Adelaide Botanic Gardens und Adelaide Zoo

Nächste Station des Stadtrundgangs sind die bereits 1855 angelegten **Adelaide Botanic Gardens** 12 (Tel. 08-82 22 93 11, Mo–Fr 7

Adelaide

Sehenswert
1. Adelaide Festival Centre
2. Convention Centre
3. Adelaide Casino
4. Old Parliament House
5. Parliament House
6. South African War Memorial
7. Migration Museum
8. South Australian Museum
9. Art Gallery of South Australia
10. University of Adelaide
11. Ayers House
12. Adelaide Botanic Gardens
13. Adelaide Zoo
14. National Wine Centre of Australia
15. Tandanya Aboriginal Cultural Institute
16. Adelaide Arcade
17. Edmund Wright House
18. Town Hall
19. General Post Office
20. St. Francis Xavier Cathedral
21. Central Market
22. St. Peter's Cathedral
23. Lights Vision Australia

Übernachten
1. The Majestic Roof Garden Hotel
2. Mercure Grosvenor Hotel
3. Rockford Adelaide
4. Ensenada Motor Inn
5. Quality Hotel South Park
6. Adelaide Paringa Hotel
7. Motel Adjacent Casino
8. Norfolk Motor Inn
9. Blue Galah
10. Adelaide Shores Holiday Village

Essen & Trinken
1. Sammy's
2. River Café
3. Red Ochre Grill
4. Gaucho's
5. Jolley's Boathouse
6. Alphütte
7. Lemongrass
8. Worldsend Hotel
9. Hawker's Corner

Einkaufen
1. Fishermen's Wharf Market
2. Jam Factory

Abends & Nachts
1. Arts Theatre
2. Brecknock Hotel
3. Crown & Anchor Hotel
4. Earth Nightclub
5. Fowler's Live
6. Jive
7. Mars Bar
8. Night Train
9. Old Lion Hotel
10. The Austral Hotel
11. The Jade Monkey

Aktiv
1. Dolphin Cruises
2. M.V. Port Princess
3. Temptation Sailing

Uhr bis zum Sonnenuntergang, Sa/So 9 Uhr bis zum Sonnenuntergang, Eintritt frei). Unter der schützenden Kuppel des 1988 eröffneten Bicentennial Conservatory gedeihen die unterschiedlichsten Regenwaldpflanzen (Tel. 08-82 28 23 11, tgl. 10–16 Uhr, Erw. 5,50 A-$, Kin. 2,75 A-$, Fam. 10 A-$). Nutzpflanzen aus aller Welt zeigt das **Museum of Economic Botany** (Tel. 08-82 28 23 11, Mo–Do 11–15, So 12–16 Uhr, Erw. 3 A-$, Kin. frei).

Ein schöner Spaziergang führt vom Botanischen Garten zum etwas weiter nördlich am Torrens River gelegenen **Adelaide Zoo** 13, in dem man sich einen guten Überblick über die Tierwelt des Fünften Kontinents verschaffen kann (Frome Rd., Tel. 08-82 67 32 55, www.adelaidezoo.com.au, tgl. 9.30–17 Uhr, Erw. 20 A-$, Kin. 12 A-$, Fam. 60 A-$). Im **National Wine Centre of Australia** 14 an der Südostecke des Botanischen Gartens erfährt man Wissenswertes zum Thema ›australischer Wein‹. Eine Probierstube und ein Restaurant laden zum Verweilen, in einem Laden gibt es erlesene Flaschenweine (Botanic Rd., Ecke Hackney Rd., Tel. 08-83 03 33 55, www.wineaustralia.com.au, tgl. 9.30–17 Uhr, Eintritt frei).

Zurück zur King William Street

Der East Terrace folgend, die früher einen Teil der Grand-Prix-Rennstrecke von Adelaide bildete, gelangt man zur Grenfell Street. Im **Tandanya Aboriginal Cultural Institute** 15, das von Ureinwohnern geleitet wird, vermitteln wechselnde Ausstellungen von Malerei und Kunsthandwerk sowie Musik-, Tanz- und Theaterveranstaltungen einen guten Eindruck vom zeitgenössischen Kunstschaffen der Aborigines (253 Grenfell St., Tel. 08-82 24 32 00, www.tandanya.com.au, tgl. 10–17 Uhr, Erw. 5 A-$, Kin. 2,50 A-$, Fam. 12,50 A-$).

Vorbei an den East End Market Buildings geht es auf der Rundle Street weiter zur Rundle Mall, Adelaides verkehrsfreier Einkaufspromenade. Ein nostalgisches Shop-

Adelaide und Umgebung

Adelaide Festival Centre am Torrens Lake

ping-Vergnügen verspricht die **Adelaide Arcade 16**, eine elegante viktorianische Einkaufspassage. Jenseits der King William Street geht die Fußgängerzone in die Hindley Street über, eine kosmopolitische Meile mit europäischen und asiatischen Restaurants sowie Delikatessenläden.

Entlang der King William Street

An der Ecke King William Street/Currie Street präsentiert sich das 1876 errichtete **Edmund Wright House 17** als prunkvolle Renaissance-Doublette. Ursprünglich eine Bank, bildet das Bauwerk heute den stilvollen Rahmen für Konzerte und andere kulturelle Ereignisse. Nördlich des Victoria Square liegen sich an der King William Street die **Town Hall 18**, ein Veranstaltungsort für Konzerte und Empfänge, und das **General Post Office 19** gegenüber, beides majestätische Bauwerke mit markanten Uhrentürmen. Im Schlagschatten des State Administration Centre, der modernen Verwaltungszentrale der Staatsregierung, erhebt sich an der Ostflanke des Victoria

Downtown Adelaide

Nördlich des Torrens Lake

Falls die Energiereserven noch nicht gänzlich erschöpft sind, kann man einen Abstecher nach North Adelaide anschließen. Oberhalb der Pennington Gardens steht an der King William Road die neogotische **St. Peter's Cathedral** [22], deren Hochaltar wegen seiner bemerkenswerten Holzschnitzereien ein besonderes Augenmerk verdient. Am Aussichtspunkt **Lights Vision** [23] auf dem Montefiore Hill, 500 m westlich der Kathedrale, blickt William Light seit rund 180 Jahren auf sein Werk und das seiner Nachfolger.

Infos

The South Australian Travel Centre: 18 King William St., City, Tel. 13 00-65 52 76 u. 08-83 03 20 33, Fax 83 03 22 31, www.tourism.sa.gov.au., Mo–Fr 8.30–17, Sa/So u. Fei 9–14 Uhr. Infos zu Adelaide und Umgebung sowie zu allen touristisch bedeutsamen Regionen von South Australia, Buchung von Hotels, Tagesausflügen, Mietwagen u. a.

Rundle Mall Visitor Information Centre: Rundle Mall, City, Tel. 08-82 03 76 11, Mo–Do 10–17, Fr 10–21, Sa 10–15, So u. Fei 11–16 Uhr.

Port Adelaide Visitor Information Centre: Commercial Rd., Ecke Vincent St., Port Adelaide, Tel. 08-84 05 65 60, www.portenf.sa.gov.au, tgl. 9–17 Uhr.

Royal Automobile Association of SA (RAA): 41 Hindmarsh Square, City, Tel. 13 11 11 u. 08-82 02 46 00, Fax 82 02 45 20, www.raa.net, Automobilklub.

Adelaide im Internet
www.adelaide.southaustralia.com und www.bestrestaurants.com.au

Square die zwischen 1856 und 1926 errichtete **St. Francis Xavier Cathedral** [20]. Im Innern des neogotischen Gotteshauses beeindrucken die schlanken Säulen, umspielt vom Sonnenlicht, das durch kunstvolle Rosettenfenster dringt. Im Angebot des **Central Market** [21] westlich des Victoria Square spiegelt sich die multikulturelle Gesellschaft von Adelaide wider (Di 7–17.30, Do 9–17.30, Fr 7–21, Sa 7–15 Uhr). Vom Glenelg Tram Terminus in der Mitte des Victoria Square verkehren die Straßenbahnen zum Strand von Glenelg.

Übernachten

Prämiertes Boutiquehotel ▶ **The Majestic Roof Garden Hotel** [1]: 55 Frome Rd., East End, Tel. 08-81 00 44 00, www.majestichotels.com.au. Exklusives Boutiquehotel mit luxuriös eingerichteten Zimmern, Gourmet-Restaurant, Fitnesscenter und Dachgarten. DZ 255–375 A-$.

Nobel-behaglich ▶ **Mercure Grosvenor Hotel** [2]: 125 North Terr., City, Tel. 08-84 07

Adelaide und Umgebung

88 88, www.mercuregrosvenorhotel.com.au. Haus mit nostalgischem Charme, zentral, mit Restaurant, Sauna und Fitnessstudio. DZ 165-210 A-$.

Cooles Design ▸ Rockford Adelaide 3: 164 Hindley St., City, Tel. 08-82 11 82 55, www.rockfordhotels.com.au. Boutiquehotel mit 68 mit Liebe zum Detail und Hang zum Minimalismus gestalteten Zimmer an Adelaides beliebtester Ausgehmeile. DZ 160–190 A-$.

In Strandnähe ▸ Ensenada Motor Inn 4: 13 Colley Terr., Glenelg, Tel. 08-82 94 58 22, www.ensenada.com.au. Sehr geschmackvolle Ausstattung, mit Restaurant und Pool, nahe Glenelg Beach, nur 20 Min. mit der Tram in die City. DZ ab 150 A-$.

Unspektakulär, aber komfortabel ▸ Quality Hotel South Park 5: South Terr., Ecke West Terr., City, Tel. 08-82 12 12 77, www.southpark.com.au. Von außen kein wirkliches Schmuckstück, aber gut geführt, komfortabel und ruhig gelegen, mit Restaurant und beheiztem Pool. DZ ab 130 A-$.

Gemütlich origineller Stilmix ▸ Adelaide Paringa Motel 6: 15 Hindley St., City, Tel. 08-82 31 10 00, www.adelaideparinga.com.au. Das Haus mit 45 bestens ausgestatteten Zimmern verbindet kolonialen Charme mit modernem Komfort und exzellentem Service. DZ 95–150 A-$.

Für Sparfüchse ▸ Motel Adjacent Casino 7: 25 Bank St., City, Tel. 08-82 31 88 81, www.moteladjacentcasino.com.au. Sparsam möblierte Zimmer in einem riesigen Gebäude, aber unschlagbar bezüglich Lage und Preis. DZ ab 95 A-$.

Familiär und ruhig ▸ Norfolk Motor Inn 8: 71 Broadway, Glenelg, Tel. 08-82 95 63 54, www.norfolkmotorinn.com.au. Kleines, einfaches Motel in ruhiger Lage nahe dem Glenelg Beach, mit guter Verkehrsanbindung in die City. DZ ab 85 A-$.

Für junge Reisende ▸ Blue Galah 9: 62 King William St., City, Tel. 08-82 31 92 95, www.bluegalah.com.au. Gut geführtes Backpacker-Hostel mit Bar und eigener Reiseagentur. DZ 72 A-$, im Mehrbettzimmer ab 26 A-$/pro Pers.

Camping und Cabins ▸ Adelaide Shores Holiday Village 10: Military Rd., West Beach, Tel. 08-83 56 76 54, www.adelaideshores.com.au. 8 km westl., bestens ausgestattet, große Auswahl an Cabins, Zugang zum schönen Badestrand, gute Busverbindung in die City.

Essen & Trinken

Pilgerziel für Seafood-Fans ▸ Sammy's 1: R1/12 Holdfast Promenade, Glenelg, Tel. 08-83 76 82 11, www.sammys.net.au, tgl. 11.30–15, 17–22.30 Uhr. Überwältigende Auswahl an Fischen, Krebsen, Garnelen, Hummern und Muscheln, im modern-australischen Stil zubereitet. Vorspeisen 12,50–20 A-$, Hauptgerichte 21,50–42 A-$.

Beliebter Italiener mit Terrasse ▸ River Café 2: War Memorial Dr., North Adelaide, Tel. 08-82 11 86 66, www.rivercafe.com.au, Mo–Fr 11.30–15, 17–22.30, Sa 17– 23 Uhr. Italienische Gaumenfreuden vor dem Panorama der City-Skyline, an einem lauen Abend unbedingt einen Platz auf der Terrasse reservieren. Vorspeisen 12,50–18 A-$, Hauptgerichte 19,50–38 A-$.

Bush Food ▸ Red Ochre Grill 3: War Memorial Dr., North Adelaide, Tel. 08-82 11 85 55, www.redochre.com.au, Mo–Fr 12–15, 18–22, Sa/So 18–22 Uhr. Herzhafte Gerichte der australischen Busch-Küche, Spezialitäten: Büffel-, Emu-, Kamel-, Känguru- und Krokodilsteaks. Vorspeisen 10,50–18 A-$, Hauptgerichte 19–36,50 A-$.

Steakhouse ▸ Gaucho's 4: 91–93 Gouger St., City, Tel. 08-82 31 22 99, www.gauchos.com.au, Mo–Fr 12–15, 17.30–23, Sa/So 17.30– 23.30 Uhr, Reservierung empfohlen. Australische Steaks *Argentinian style* und an-

> ### Tipp: Tourabout Adelaide
> Bei halb- und ganztägigen historischen und kulturellen Stadtspaziergängen führen Einheimische Besucher zu versteckten Sehenswürdigkeiten. Mindestens einen Tag im Voraus buchen! (Tel. 08-83 33 11 11, Fax 83 33 10 00, www.touraboutadelaide.com.au, Erw. ab 40 A-$, Kin. ab 20 A-$, Fam. ab 100 A-$)

Adressen

dere Fleischgerichte. Vorspeisen 12–14 A-$, Hauptgerichte 18,50–34 A-$.

Sehr schön am Wasser gelegen ▶ Jolleys Boathouse 5: Jolleys Ln., City, Tel. 08-82 23 28 91, tgl. 11.30–22 Uhr. Vorzügliche moderne australische Küche mit Blick auf den Torrens Lake. Vorspeisen 11,50–14 A-$, Hauptgerichte 18–32 A-$.

Für Heimwehkranke ▶ Alphütte 6: 242 Pulteney St., City, Tel. 09-82 23 47 17, www.alphutte.com.au, tgl. 11–15, 17–23 Uhr. Die schweizerische Gastlichkeit mit Züricher Geschnetzeltem, Rösti u.v.m. Vorspeisen 11–13 A-$, Hauptgerichte 18,50–31 A-$.

Moderne Thai-Küche ▶ Lemongrass 7: 289 Rundle St., City, Tel. 08-82 23 66 27, Mo–Fr 11.30–15, 17–22.30, Sa/So 17–23 Uhr. Thailändische *Nouvelle Cuisine*. Vorspeisen 10–14 A-$, Hauptgerichte 16,50–28 A-$.

Aussie-Hausmannskost ▶ Worldsend Hotel 8: 208 Hindley St., City, Tel. 08-82 31 91 37, www.worldsendhotel.com.au, Mo–Fr 11–24, Sa/So 18–1 Uhr. Uriges Kneipen-Restaurant mit bodenständigen australischen Gerichten, große Auswahl an Fassbier, an Wochenenden Live-Jazz. Vorspeisen 7,50–12 A-$, Hauptgerichte 15–27,50 A-$.

Asia-Snacks ▶ Hawker's Corner 9: 141 West Terr., City, Tel. 08-84 10 05 77, Di–Sa 8–22, So 11.30–20.30 Uhr. Diverse Essensstände mit einem Querschnitt durch die Küchen Asiens – eine Institution in Adelaide. Gerichte ab 8,50 A-$.

Einkaufen

Flohmarkt ▶ Fishermen's Wharf Market 1: Lighthouse Square, Commercial Road (Port Adelaide), Tel. 08-83 41 20 40, So u. Fei 9–17 Uhr. Antikes und Trödel.

Kunsthandwerk ▶ Jam Factory 2: 19 Morphett St., City, Tel. 08-82 31 00 05, www.jamfactory.com.au, Mo–Fr 9–17.30, Sa 10–17, So 13–17 Uhr. Hochwertige kunstgewerbliche Souvenirs.

Aboriginal-Kunst ▶ Tandanya Aboriginal Cultural Institute 15: 253 Grenfell St., City, Tel. 08-82 24 32 00, tgl. 10–17 Uhr. Gemälde namhafter Aboriginal-Künstler sowie hochwertiges Kunsthandwerk der Ureinwohner.

Tipp: Karten kaufen

Buchungen (auch aus Übersee) für alle größeren Kultur- und Sportveranstaltungen übernehmen **Ticketek** (Tel. 13 28 49, www.ticketek.com.au) und **Ticketmaster** (Tel. 13 61 00, www.ticketmaster.com.au).

Abends & Nachts

Zentren des Nightlife mit zahlreichen Restaurants, Pubs und Clubs sind Hindley Street und Gouger Street in der City sowie Melbourne Street in North Adelaide. Buchungen (auch aus Übersee) für alle größeren Kultur- und Sportveranstaltungen übernimmt **Bass Adelaide** (Adelaide Festival Centre, King William Rd., City, Tel. 13 12 46, www.bass.net.au).

Klassische Musik und Theater ▶ Adelaide Festival Centre 1: King William Rd., City, Tel. 13 12 46, www.bass.net.au. Aufführungen des Adelaide Symphony Orchestra und des State Theatre. Tickets: 50–200 A-$. **Arts Theatre** 1: 53 Angas St., City, Tel. 08-82 12 57 77. Theater- und Musicalproduktionen aus dem Inland und aus Übersee. Tickets: 50–100 A-$.

Irish Folk-Rock ▶ Brecknock Hotel 2: 401 King William St., City, Tel. 08-82 31 54 67, So–Do 12–23, Fr/Sa 12–1 Uhr. Irischer Pub mit Guinness vom Fass, Fr/Sa ab 20 Uhr Livemusik.

Junges Szene-Publikum ▶ Crown & Anchor Hotel 3: 196 Grenfell St., City, Tel. 08-82 23 32 12, So–Do 19–2, Fr/Sa 19–3 Uhr. Gute Adresse für Freunde von Techno und Rave.

Angesagter Cub ▶ Earth Nightclub 4: 27 Hindley St., City, Tel. 08-84 10 88 38, www.earthnightclub.com.au, So–Do 19–2, Fr/Sa 19–3 Uhr. Neu und angesagt; in dem Tanztempel lässt es sich auf zwei Etagen stilvoll abtanzen.

Livemusik ▶ Fowler's Live 5: 68–70 North Terr., City, Tel. 08-84 10 78 35, www.fowlerslive.com.au, So–Do 19–2, Fr/Sa 19–3 Uhr. Jazz, HipHop, Techno, Drum & Bass,

Adelaide und Umgebung

Deep House, Funk & Soul – hier gibt es etwas für jeden Geschmack, natürlich live!
Für die jüngere Party-Crowd ▶ Jive 6 : 181 Hindley St., City, Tel. 08-82 11 66 83, www.jivevenue.com, So–Do 19–2, Fr/Sa 19–3 Uhr. Hipper Tanzschuppen mit einem Soundmix von Punk bis Pop.
Für Homos und Heteros ▶ Mars Bar 7 : 120 Gouger St., City, Tel. 08-82 31 96 39, www.themarsbar.com.au, So–Do 19–2, Fr/Sa 19–3 Uhr. Auch bei Heteros beliebter Schwulen-Hotspot, ab und zu Drag Shows.
Makabre Shows ▶ Night Train 8 : 9 Light Square, City, Tel. 08-82 31 22 52, tgl. 19–23 Uhr. Schrilles Theater-Restaurant.
Beliebter Treff der Ü30 ▶ Old Lion Hotel 9 : 163 Melbourne St., North Adelaide, Tel. 08-82 67 37 66, So–Do 12–23, Fr/Sa 12–1 Uhr. Livemusik in historischer Brauerei für Nachtschwärmer gesetzteren Alters.
Coole Location ▶ The Austral Hotel 10 : 205 Rundle St., City, Tel. 08-82 23 46 60, So–Do 12–23, Fr/Sa 12–1 Uhr. Bei szenebewussten Nachteulen beliebter Pub mit Biergarten und Live-Bands.
Kultort ▶ The Jade Monkey 11 : 29A Twin St., City, Tel. 08-82 32 09 50, So–Do 19–2, Fr/Sa 19–3 Uhr. Für Szene-Kenner der *grooviest live music spot* von Adelaide.

Aktiv

Bootsausflüge ▶ Dolphin Cruises 1 : Australian Dolphin Research Foundation, Tel. 08-83 90 35 54. Bootstouren im Port Adelaide mit Delfinbeobachtung (Erw. 26 A-$, Kin. 13 A-$, Fam. 65 A-$). ›**M.V. Port Princess**‹ 2 : Fishermen's Wharf, Commercial Road (Port Adelaide), Tel. 08-83 41 11 94. Hafenrundfahrten (Erw. 16 A-$, Kin. 8 A-$, Fam. 40 A-$). **Temptation Sailing** 3 : Tel. 0412-81 18 38, www.dolphinboat.com.au. 3,5-stündige Bootstour zur Beobachtung von Delfinen. Von Oktober bis April ist es sogar möglich, mit den Tieren zu schwimmen. Schwimmer Erw. 98 A-$, Kin. 88 A-$, Zuschauer Erw. 58 A-$, Kin. 48 A-$.
Stadttouren ▶ Tourabout Adelaide: Tel. 08-83 33 11 11, www.touraboutadelaide.com.au. Halb- und ganztägige Stadtspaziergänge zu versteckten Sehenswürdigkeiten; mindestens einen Tag im Voraus buchen (Erw. ab 40 A-$, Kin. ab 20 A-$).

Termine

Chinese New Year (Jan.): Drachenumzüge, Feuerwerke u. a.
German Shooting Festival (Jan.): ›Deutsches‹ Schützenfest in Hahndorf.
Adelaide Arts Festival (Feb./März der geradzahligen Jahre): Dreiwöchiges Kulturfest.
Adelaide Fringe Festival (Feb./März der geradzahligen Jahre): Avantgardistisches Pendant zum Adelaide Arts Festival.
Womadelaide (Feb./März in ungeraden Jahren): Musik- und Tanzfestival.
Australian Festival for Young People (März/April in ungeraden Jahren): Jugendkunstfestival mit Tanz, Theater und Musik.
Adelaide Cup (Mai): Pferderennen.
Royal Adelaide Show (Sept.): Landwirtschaftsausstellung mit Volksfest.

Verkehr

Flüge: Zwischen dem 7 km westl. gelegenen Flughafen und der City pendelt ein Flughafenbus (Skylink Airport Shuttle, Tel. 08-83 32 05 28, 6.30–21 Uhr alle 30–60 Min., Fahrtdauer ca. 20–30 Min., Erw. 7,50 A-$, Kin. 2,50 A-$). Ein Taxi kostet 15–20 A-$.
Züge: Fernzüge starten ab Interstate Rail Passenger Terminal, Richmond Road, Keswick, Tel. 13 21 47, www.trainways.com.
Busse: Überlandbusse aller Gesellschaften und in alle Richtungen starten ab Central Bus Station, 101–111 Franklin St. (City). Auskunft und Buchung: Transport InfoLine, Tel. 18 00-18 21 60, www.bussa.com.au, Greyhound Australia, Tel. 13 00-47 39 46 oder 08-82 12 50 66; Premier Stateliner, Tel. 08-84 15 55 55.
Mietwagen: Eine große Auswahl an Fahrzeugen jeder Art haben Avis, Tel. 13 63 33; Budget, Tel. 13 27 27; Europcar, Tel. 13 13 90; Hertz, Tel. 13 30 39. Alle Firmen haben Filialen am oder in der Nähe des Flughafens.

Fortbewegung in der Stadt

Auskunft zum Stadtverkehr erteilt **State Transport Authority (STA),** City Information

Rund um Adelaide

Centre, King William/Currie Sts (City), Tel. 08-82 10 10 00, www.adelaidemetro.com.au.
Busse: Es gibt zwei kostenlose Buslinien, die tagsüber in dichten Abständen verkehren. Der **Bee Line Bus Service** bedient die Strecke zwischen der Adelaide Railway Station (North Terr.) und dem Glenelg Tram Terminus (Victoria Sq.) via King William Street, während der **City Loop Bus Service** eine Rundstrecke um die Innenstadt fährt. Ergänzt wird das Busnetz durch die **Adelaide Explorer Tram,** den Nachbau einer Tram, die als ›Touristenlinie‹ tgl. 9–16.30 Uhr zwischen der City und Glenelg pendelt; an 26 Haltestellen kann man mit einer Tageskarte (erhältlich bei den Busfahrern, Erw. 32 A-$, Kin. 16 A-$, Fam. 80 A-$) die Fahrt beliebig oft unterbrechen; Abfahrt vor dem South Australian Visitor & Travel Centre; Info: Tel. 08-82 31 71 72.
Züge: Nahverkehrszüge in alle Vororte starten ab Adelaide Railway Station (North Terr.).
Taxis: sind zahlreich. Taxibestellung: Suburban, Tel. 13 10 08; Yellow Cabs, Tel. 13 22 27.
Mit dem eigenen Fahrzeug: Außer für Wohnmobile gibt es ausreichend Parkmöglichkeiten (z. B. in der Tiefgarage des Adelaide Festival Centre), jedoch benötigt man in der kompakten, bequem zu Fuß zu erkundenden City kein eigenes Fahrzeug.

Rund um Adelaide ▶ 1, O 15

Karte: S. 264

Glenelg [1]

Ein ›Muss‹ für jeden Besucher von Adelaide ist die Fahrt in der 1929 gebauten Glenelg Tram vom Victoria Square in der City zum Moseley Square in **Glenelg.** Nahe der Stelle, an der heute das Rathaus von Glenelg steht, gingen 1836 die ersten Siedler der Kolonie an Land. Im Hafen ankert inmitten zahlreicher Segeljachten die ›H.M.S. Buffalo‹, eine Nachbildung des Schoners, mit dem die Kolonisten nach South Australia kamen. Der weiße Hai steht im Mittelpunkt des Privatmuseums Rodney Fox Shark Experience in der Glenelg Town Hall am Moseley Square (Tel. 08-83 76 33 73, www.rodneyfox.com.au, tgl. 10–17 Uhr, Erw. 7,50 A-$, Kin. 5,50 A-$, Fam. 19,50 A-$).

Um Glenelg erstrecken sich vom Outer Harbour im Norden bis Port Noarlunga im Süden mehr als 30 km herrliche, feinsandige Badestrände, die als die sichersten in Australien gelten. Zu den Highlights dieser Strandhitparade gehören Henley Beach, West Beach, Kingston Park Beach, Christies Beach und Maslin Beach, der 1975 eröffnete, erste offizielle FKK-Strand in South Australia.

Port Adelaide [2]

Historisch Interessierte zieht es von Glenelg weiter nach **Port Adelaide,** den 1840 eröffneten und seit 1870 großzügig ausgebauten Hafen des Großraums Adelaide. Auf mehrere Gebäude im museal gepflegten Hafenviertel ist das South Australian Maritime Museum verteilt, das sich dem Leben am und auf dem Wasser widmet. Herausragende Exponate im Bond Store, dem Hauptgebäude des Seefahrtsmuseums in der Lipson Street, sind zahlreiche Galionsfiguren und eine Sammlung von Schiffsmodellen (126 Lipson St., Tel. 08-82 07 62 55, www.history.sa.gov.au, tgl. 10–17 Uhr, Erw. 8,50 A-$, Kin. 3,50 A-$, Fam. 22 A-$).

Am Pier wacht das leuchtend rot gestrichene Port Adelaide Lighthouse aus dem Jahre 1869 (tgl. 10–17 Uhr, Erw. 2 A-$, Kin. frei). In den ehemaligen Lagerhallen am alten Hafen lockt an Sonn- und Feiertagen ein bunter Flohmarkt Kauf- und Schaulustige aus nah und fern an. Im traditionsreichen Britannia Hotel nahe den Kaianlagen wird seit 1850 Bier gezapft. Im National Railway Museum in der Lipson Street kann man 20 Dampflokomotiven bestaunen (Tel. 08-83 41 16 90, www.natrailmuseum.org.au, tgl. 10–17 Uhr, Erw. 12 A-$, Kin. 5 A-$, Fam. 29 A-$). Das South Australian Historical Aviation Museum in der Mundy Street wartet mit einer Ausstellung historischer Flugzeuge auf (Tel. 08-83 41 26 78, Sa/So u. Fei 10–17 Uhr, Erw. 6 A-$, Kin. 3 A-$, Fam. 15 A-$).

Adelaide Hills

Im Osten des Ballungsgebiets Adelaide sorgen die Adelaide Hills für ein herrliches Berg-

Die Umgebung von Adelaide

und Naturpanorama. Im **Belair National Park** 3 an der südwestlichen Flanke des Höhenzugs warten neben zahlreichen anderen einheimischen Tieren halbzahme Kängurus auf Streicheleinheiten. Mit etwas Glück sieht man in den Kronen hoher Eukalyptusbäume Koalas.

Im Park steht auch das 1859 errichtete, mit Mobiliar der Zeit ausgestattete viktorianische **Old Government House,** der Sommersitz verschiedener Gouverneure von South Australia (Tel. 08-82 78 54 77, www.parks.sa. gov.au, So u. Fei 13–17 Uhr, Erw. 5 A-$, Kin. 2 A-$, Fam. 12 A-$).

Mount Lofty Ranges

Auf dem Mount Lofty Scenic Drive gelangt man zu den Mount Lofty Botanic Gardens, in denen man zwischen Rhododendren und Platanen spazieren kann (Summit Rd., Tel. 08-82 28 23 11, Mo–Fr 10–16, Sa/So u. Fei 10–17 Uhr, Eintritt frei). Die kurvenreiche Panoramastraße führt weiter zum 726 m hohen **Mount Lofty** 4, von dem sich ein überwältigender Blick über den Großraum Adelaide bietet. Nächste Station ist der **Cleland Wildlife Park** 5, ein in natürliches Buschland eingebetteter Tierpark, in dem man in Freigehegen Kängurus, Koalas, Emus und viele andere Spezies der australischen Tierwelt sehen kann (Summit Rd., Tel. 08-83 39 24 44, www.environment.sa.gov.au, tgl. 9.30–17 Uhr, Erw. 13,50 A-$, Kin. 8 A-$, Fam. 36,50 A-$). Nördlich des Cleland Park zweigt die Norton Summit Road von der Panoramastraße ab. Diese landschaftlich reizvolle Bergroute führt zum Morialta Conservation Park, in dem Wanderwege durch eine Schlucht zu den spektakulären Wasserfällen des Fourth Creek führen.

Hahndorf und Birdwood

Südöstlich von Adelaide liegt **Hahndorf** 6, die zweitälteste deutsche Siedlung Australiens. Gegründet wurde diese Ortschaft 1839 von aus Ostpreußen ausgewanderten Lutheranern. Seit Mitte der 1960er-Jahre hat sich Hahndorf mit stilvoll restaurierten (Fachwerk-) Häusern zu einer Attraktion ersten Ranges entwickelt – für australische Touristen. Nirgendwo auf dem Fünften Kontinent ist Australien ›deutscher‹ als hier. Deutsch, oder was Australier dafür halten, ist das Ambiente des Städtchens, deutsch sind vor allem die Speisen, die Kostümierung der Kellnerinnen sowie das ›Prosit der Gemütlichkeit‹ in den verschiedenen *Bavarian Style Restaurants.*

Neben den für australische Ausflugsorte obligatorischen Souvenir- und Kunsthandwerksläden gibt es in Hahndorf einige Mitte des 19. Jh. errichtete Gebäude, die an die Gründerjahre erinnern. In der Historic Hahndorf Academy sind Werke des deutschstämmigen Landschaftsmalers Sir Hans Heysen ausgestellt, der fünf Jahrzehnte in Hahndorf lebte (68 Main St., Tel. 08-83 88 72 50, tgl. 10–17 Uhr, Erw. 5 A-$, Kin. frei). Hoch her geht es in Hahndorf alljährlich im Januar beim Schützenfest, dem größten Bierfest nach ›deutscher Art‹ außerhalb der Bundesrepublik.

Liebhaber von Oldtimern und alten Motorrädern zieht es nach **Birdwood** 7 36 km nordöstlich von Hahndorf. Das National Motor Museum in der 1846 erbauten Birdwood Mill besitzt mit über 400 alten Fahrzeugen die größte Oldtimer-Sammlung südlich des Äquators (Shannon St., Tel. 08-85 68 40 00, www.history.sa.gov.au, tgl. 10–17 Uhr, Erw. 9 A-$, Kin. 4 A-$, Fam. 24 A-$).

Barossa Valley ▶ 1, P 15

Weinberge gibt es in den südlichen Regionen des Bundesstaates South Australia zur Genüge, aber die unumstrittenen Juwelen liegen im Barossa Valley, dem berühmtesten Weinanbaugebiet des Fünften Kontinents, in dem rund ein Viertel allen australischen Tafelweins gekeltert wird. Die sanft gewellte, 40 km lange und durchschnittlich 10 km breite Hochebene nordöstlich von Adelaide erhielt ihren Namen von Oberstleutnant William Light, der sich an das Valle de Bar Rosa in der Nähe von Cadiz erinnert fühlte.

Den Grundstein für die bedeutende Weinindustrie in South Australia legten Mitte des 19. Jh. schlesische Altlutheraner, die nach Australien ausgewandert waren. Die Neusiedler beherrschten die Kunst des Kelterns, innerhalb weniger Jahre waren Rebstöcke angepflanzt und Winzereien eingerichtet. Das mediterrane Klima mit trockenen, warmen Sommern und ausreichenden Regenfällen in den milden Wintermonaten war ideal für die Entwicklung des Weinbaus.

Heute werden im Barossa Valley die meisten prämierten australischen Weine kultiviert, etwa berühmte Weißweine wie der Barossa Riesling. Rund 50 Weinproduzenten gibt es im Barossa-Tal, vom Familienbetrieb bis zur Großkellerei. Fast alle Güter stehen für Weinproben und Besichtigungen offen. Vor allem während der Weinlese von Mitte Februar bis

Adelaide und Umgebung

Weinbauer Jenke, Rowland-Flat, präsentiert seinen Rotwein

Anfang Mai lohnt sich ein Besuch im Barossa Valley.

Lyndoch 8

Von Adelaide erreicht man das Barossa Valley auf dem Sturt Highway über Elizabeth und Gawler. Östlich von Gawler liegt **Lyndoch** mit der Château Yaldara Winery, die nach dem Vorbild mittelalterlicher Burgen mit einem zinnenbewehrten Wachturm errichtet wurde. Das ungewöhnliche Bauwerk birgt eine bemerkenswerte Sammlung von Gemälden und Kunstgegenständen aus verschiedenen europäischen Ländern (Hermann Thumm Dr., Tel. 08-85 24 02 25, www.yaldara.com.au, tgl. 9.30–17 Uhr, Führungen tgl. 10.15, 13.30 Uhr, Erw. 8 A-$, Kin. 4 A-$, Fam. 20 A-$).

Übernachten

Luxuriöse Lodge im Landhausstil ▶ **Abbotsford Country House:** Yaldara Dr., Tel. 08-85 24 4662, www.abbotsfordhouse.com. Georgianisches Schmuckstück am Rande eines renommierten Weinguts mit 8 individuell gestalteten Zimmern, hilfsbereite Besitzer. DZ ab 185 A-$ (inkl. Frühstück).

Essen & Trinken

Deutsche Hausmannskost ▶ **Lyndoch Bakery & Restaurant:** Barossa Valley Way, Tel. 08-85 24 44 22, tgl. 8.30–17 Uhr. Lokal im bayerischen Stil mit deutscher Hausmannskost, in der dazugehörigen Bäckerei gibt es neben Brezeln auch richtiges Schwarzbrot. Vorspeisen 8–12 A-$, Hauptgerichte 16–30 A-$.

Kangaroo Island

Seelöwenjunges in der Seal Bay

5 Kangaroo Island
▶ 1, N/O 16

Im kleinen Hafen **Cape Jervis** an der Südwestspitze der Fleurieu Peninsula legen mehrmals täglich Autofähren zu der einstündigen, bisweilen recht stürmischen Überfahrt nach Kangaroo Island ab. Die mit 4350 km² drittgrößte australische Insel liegt knapp 120 km Luftlinie südwestlich von Adelaide zwischen dem St. Vincent-Golf und der Großen Australischen Bucht. Mangel an Frischwasser sowie die Kargheit der Böden lassen auf Kangaroo Island kaum ackerbauliche Nutzung zu. Die 4000 Insulaner leben vorwiegend von der Schafzucht. Doch schreibt die Regierung von South Australia den Farmern vor, wie und wo sie die Weiden für ihre rund 1 Mio. Schafe anzulegen haben. Damit ist sichergestellt, dass in den knapp 20 Conservation und National Parks, die über ein Drittel der Inselfläche schützen, ein einzigartiger Reichtum an Fauna und Flora erhalten bleibt.

Da weder Dingos und Füchse noch Kaninchen oder andere ›exotische‹ Tiere Kangaroo Island jemals erreichten, konnte sich in der Isolation der Insel die einheimische Tier- und Pflanzenwelt relativ ungestört entwickeln. Und da zudem eine systematische Besiedlung und landwirtschaftliche Nutzung der Insel erst recht spät einsetzte, hielten sich auch die Eingriffe des Menschen in Grenzen. So haben viele Tiere bis heute keinen Fluchttrieb entwickelt, und auch das Ökosystem blieb weitgehend intakt. In den Nationalparks und

Adelaide und Umgebung

Naturschutzgebieten der Insel kann man neben Seehunden, Seelöwen, Schnabeltieren, Emus, Pinguinen, Cape Barren-Gänsen sowie zahlreichen Papageienarten auch Koalas beobachten. Die Kangaroo Island-Kängurus, die der Insel ihren Namen gaben, sowie zahlreiche der kleineren Tammar-Wallabies leben ebenfalls hier.

Weil es hier die unterschiedlichsten Landschaftstypen gibt, bezeichnen manche Kangaroo Island als ›Australien im Kleinformat‹. Während das Inselinnere weitgehend von einer Mallee-Steppe mit kleinwüchsigen Eukalyptusarten und niedrigem Buschwerk geprägt wird, gedeihen im feuchteren Westen stattliche, von Farnen und Moosen bewachsene Bäume. Eindrucksvoll sind die abwechslungsreichen Küstenlandschaften der Insel: bis zu über 200 m hohe Steilklippen im Norden, die immer wieder von flach auslaufenden Sandstränden unterbrochen werden, und ein durchweg wild zerklüftetes Felspanorama im Süden. Besonders schön ist Kangaroo Island im Frühling, wenn sich weite Regionen der Insel in ein buntes Wildblumenparadies verwandeln.

Remarkable Rocks auf Kangaroo Island

Kangaroo Island

Inselrundfahrt

Eingangstor für die meisten Besucher ist der kleine Hafen **Penneshaw.** Mit einem Zwischenstopp im Touristenzentrum American River erreicht man **Kingscote,** den malerisch an der Nepean Bay gelegenen Hauptort der Insel. Aus der Pionierzeit von Kangaroo Island blieb hier lediglich das unter Denkmalschutz stehende Hope Cottage von 1858 erhalten, das heute ein kleines Museum zur Lokalgeschichte beherbergt (Centenary St., Tel. 08-85 53 26 67, tgl. 13–16 Uhr, Erw. 4 A-$, Kin. 2 A-$, Fam. 10 A-$).

Wie Perlen an einer Kette reihen sich an der South Coast Road die Naturattraktionen. Den Auftakt bildet der **Cape Gantheaume Conservation Park** mit der seichten Murray Lagoon. Der größte Süßwassersee von Kangaroo Island ist ein Refugium für viele der etwa 100 Wasservogelarten der Insel.

Einige Kilometer weiter in südwestlicher Richtung zweigt von der South Coast Road eine Stichstraße zum **Seal Bay Conservation Park** ab. In der von Klippen geschützten Bucht lebt eine der größten Kolonien Australischer Seelöwen. Die bis zu 2,5 m großen und bis zu 300 kg schweren Tiere, die sich hier oftmals zu hunderten versammeln, haben so wenig Scheu vor Menschen, dass man – geführt von Rangern – zwischen ihnen herumspazieren kann. Tabu sind jedoch Fotografieren mit Blitzlicht und lautes Sprechen (Tel. 08-85 59 42 07, Führungen mehrmals tgl. 9–17 Uhr, Erw. 11,50 A-$, Kin 8,50 A-$, Fam. 31,50 A-$).

Zwischen der südlichen Küstenstraße und der Seal Bay erstrecken sich in der **Little Sahara** imposante Sanddünen. Ebenfalls auf einer Stichstraße erreicht man **Vivonne Bay** mit einem der wenigen relativ geschützten Badestrände der Südküste. Nächste Station ist der **Kelly Hill Conservation Park.** Im Jahre 1880 wurde hier ein System von Tropfsteinhöhlen entdeckt, als ein Viehzüchter mit seinem Pferd namens Kelly einbrach. Der Mann konnte sich zwar retten, das Pferd aber blieb auf immer verschwunden. Zwar ist heute ein Teil der Höhlen für Führungen erschlossen, in ihrer Gesamtheit aber sind die Kelly Caves immer noch nicht vollständig erforscht. Eisenoxide bewirken übrigens die Rotfärbung der Stalaktiten und Stalagmiten (Tel. 08-85 59 72 31, Führungen tgl. stündl. von 10–16.15 Uhr, Erw. 10,50 A-$, Kin. 7,50 A-$, Fam. 28,50 A-$).

Höhepunkt eines Aufenthalts auf Kangaroo Island ist der Besuch des **Flinders Chase National Park.** Im Besucherzentrum des National Parks and Wildlife Service in Rocky River erhält man Informationen über die Tier- und Pflanzenwelt der Insel sowie Hinweise über Wandermöglichkeiten und die Befahrbarkeit der Pisten. Vom Campingplatz beim

Adelaide und Umgebung

Parkhauptquartier erreicht man das **Cape du Couedic** mit eindrucksvollen Kalkklippen und dem mächtigen, mit Stalaktiten behangenen Kalksteinbogen Admirals Arch sowie die riesigen Granitskulpturen der Remarkable Rocks. Um den Admirals Arch tummeln sich vor allem in der Paarungszeit bis zu 6000 *New Zealand Fur Seals,* eine Pelzrobbenart. Vom Baden sollte man Abstand nehmen, nicht nur wegen der Unterströmungen, sondern vor allem auch, weil die Robben auf der Speisekarte von Haien stehen.

Von Rocky River kurvt eine raue Schotterpiste durch die Ravine des Casoars Wilderness Protection Area zum **Cape Borda.** Dort warnt auf einer 160 m hohen Klippe ein Leuchtturm aus dem Jahre 1858 Seefahrer vor den gefährlichen Klippen der Küste, die seit Mitte des 19. Jh. schon mehr als 60 Schiffen zum Verhängnis geworden sind (Tel. 08-85 59 32 57, Führungen tgl. 10, 11, 12.30, 13.15, 14, 14.45, 15.30, 16.15 Uhr, Erw. 8,50 A-$, Kin. 5,50 A-$, Fam. 22,50 A-$).

Reizvoller als der Playford Highway durch das Inselinnere ist die ungeteerte North Coast Road. Stopps lohnen sich im **Cape Torrens Conservation Park** mit über 200 m hohen Klippen und am **Cape Cassini,** wo die Gischt des Ozeans mit Getöse an lotrecht abfallenden Kliffs brandet. Wer sich für den Playford Highway entscheidet, kann sich bei einem Stopp im **Parndana Wildlife Park** einen Überblick über die Tierwelt von Kangaroo Island verschaffen (Tel. 08-85 59 60 50, tgl. 9–17 Uhr, Erw. 17,50 A-$, Kin. 9,50 A-$, Fam. 44,50 A-$).

Infos

Kangaroo Island Gateway Visitor Information Centre: Howard Dr., Penneshaw, Tel. 08-85 53 11 85, Fax 85 53 12 55, www.tourkangarooisland.com.au, Mo–Fr 9–17, Sa/So u. Fei 10–16 Uhr.
National Parks & Wildlife Regional Office: 37 Dauncey St., Kingscote, Tel. 08-85 53 23 81, tgl. 9–17 Uhr.
Flinders Chase Visitor Centre: Flinders Chase National Park, Tel. 08- 85 59 72 35, tgl. 9–17 Uhr. Besucherzentrum des National Parks & Wildlife Service.

Tipp: ›Kangaroo Island Parks Pass‹

Wer Kangaroo Island auf eigene Faust entdecken möchte, sollte den ›Kangaroo Island Parks Pass‹ erwerben (50 A-$), der nicht nur Parkeintritte, sondern auch von Rangern geführte Touren umfasst. Erhältlich im Büro des National Parks & Wildlife Service in Kingscote oder im Flinders Chase Visitor Centre (S. 260).

Übernachten

Exklusives Hideaway ► Southern Ocean Lodge: Hanson Bay, Kingscote, Tel. 02-99 18 43 55 u. 08-85 59 73 47, www.southernoceanlodge.com.au. Auf einem einsamen Kliff thronende Luxus-Eco-Lodge im modernen Art-déco-Stil. Suite ab 1350 A-$.
Luxuriöses Gästehaus ► Wanderers Rest: Bayview Rd., American River, Tel. 08-85 53 71 40, www.wanderersrest.com. au. Guesthouse mit familiärer Atmosphäre und den Annehmlichkeiten eines Luxushotels, Pool, hervorragendes Restaurant; weniger geeignet für Kinder unter 10 J. DZ ab 240 A-$ (inkl. Frühstück).
Für Sportive ► Kangaroo Island Seafront: 49 North Terr., Penneshaw, Tel. 08-85 53 10 28, www.seafront.com.au. Hotelanlage mit vielfältigen Sportmöglichkeiten und beheiztem Pool; das Restaurant Sorrento gilt als eine kulinarische Institution der Insel. DZ 170–220 A-$.
Traditionshaus ► Ozone Seafront Hotel: The Foreshore, Kingscote, Tel. 08-85 53 20 11, www.ozonehotel.com. Traditionsreiches Hotel am Strand, mit Pool und Sauna, Restaurant mit internationaler Speisekarte. DZ 135–225 A-$.
Klein, fein und mit Meerblick ► Matthew Flinders Terraces: Bayview Rd., American River, Tel. 08-85 53 71 00, www.kangaroo-island-au.com/matthewflinders. Kleines, familiäres Hotel mit Restaurant, Pool und schönem Blick aufs Meer. DZ 125–155 A-$.
Jugendherberge ► Penneshaw Youth Hostel: 43 North Terr., Penneshaw, Tel. 08-

Kangaroo Island

85 53 12 84, www.yha.com.au. Gut geführte Jugendherberge. DZ ab 70 A-$, im Mehrbettzimmer ab 26 A-$ p. P.

Camping und Cabins ▶ Kangaroo Island Caravan Park: The Esplanade, Kingscote, Tel. u. Fax 08-85 53 23 25. Zentral, gut ausgestattet, mit Cabins, Pool. **Emu Bay Caravan Park:** Kingscote, Tel. und Fax 08-85 53 10 75. 15 km nordwestl. von Kingscote an einem Badestrand, gut ausgestattet, mit Cabins. Weitere Campingplätze, allesamt sehr einfach (mit Toiletten, nur teilweise Duschen), gibt es im **Cape Gantheaume Conservation Park,** Tel. 08-85 53 82 33, und im **Flinders Chase National Park,** Tel. 08-85 59 72 35. Während der Hauptreisezeit unbedingt rechtzeitig reservieren.

Essen und Trinken

New Australian Cuisine ▶ Roger's Deli & Café: The Esplanade, Kingscote, Tel. 08-85 53 20 53, tgl. 9–21 Uhr. Kleines Bistro-Café mit hervorragenden Gerichten der modernen australischen Küche. Vorspeisen 8–12 A-$, Hauptgerichte 14–24 A-$.

Einkaufen

Eukalyptusöl ▶ Emu Ridge Eucalyptus: MacGillivray, Willson's Rd., Tel. 08-85 53 82 28, www.emuridge.com.au, tgl. 9–14 Uhr, alle 30 Min. kostenlose Führungen. Mit Sonnen- und Windenergie betriebene Eukalyptusöl-Destillerie, mit Museum und Laden.

Aktiv

Outdoor-Touren ▶ Adventure Charters: Kingscote, Tel. 08-85 53 91 19, Fax 85 53 91 22, www.adventurecharters.com.au, ab 255 A-$ (inkl. Verpflegung). Ein- und mehrtägige naturkundliche Inseltouren. **Outlook Tours:** Penneshaw, Tel. u. Fax 08-85 53 10 48, www.the-lookout.com.au, ab 285 A-$ (inkl. Verpflegung). Individuelle Tagestouren zu den Highlights der Insel.

Pelikane füttern ▶ The Wharf: Kingscote, Tel. 08-85 53 31 12, tgl. 17 Uhr. Fütterung von Pelikanen.

Pinguine beobachten ▶ Penguin Tours, c/o Penneshaw Penguin Centre: Lloyd Collins Reserve, Penneshaw, Tel. 08-85 53 11 03, tgl. 19.30, 20.30 Uhr (Winter), 20.30, 21.30 Uhr (Sommer), Erw. 9,50 A-$, Kin. 6,50 A-$. Ein besonderes Erlebnis sind die von Rangern des National Parks & Wildlife Service geführten nächtlichen Spaziergänge zu Sandsteinklippen nahe Kingscote, in denen Zwergpinguine nisten.

Verkehr

Flüge: Mehrmals tgl. pendeln Propellermaschinen zwischen Adelaide und Kingscote (30 Min.). Auskunft und Buchung: Air South, Tel. 18 00-33 96 29 u. 08-82 34 49 88, www.airsouth.com.au; Regional Express (REX), Tel. 13 17 13 u. 08-85 53 29 38, www.regionalexpress.com.au.

Busse: Linienbusse mehrmals tgl. ab Adelaide Central Bus Station nach Cape Jervis (2,5 Std.); die Ankunftszeiten sind auf die Abfahrtszeiten der Fähren abgestimmt; Auskunft und Buchung: SeaLink Connection, Tel. 13 13 01. Auf Kangaroo Island nur Shuttle-Busse, Tel. 04 27-88 75 75, zwischen Penneshaw und Kingscote sowie zwischen Kingscote Airport und Kingscote, ansonsten keine öffentlichen Verkehrsmittel.

Fähren: Zwei Auto- und Passagierfähren verkehren bis zu 8 x tgl. zwischen Cape Jervis und Penneshaw (45 Min., ca. 300 A-$ hin und zurück für 2 Erw. und 1 Pkw); Auskunft und Buchung (in der Hauptsaison unbedingt nötig): Kangaroo Island SeaLink, Tel. 13 13 01, Fax 08-82 02 86 66, www.sealink.com.au. Mehrmals tgl. Auto- und Passagierfähre zwischen Adelaide (Wirrina Cove) und Kingscote (Fahrtdauer 2 Std., ca. 450 A-$ hin und zurück für 2 Erw. und 1 Pkw); Auskunft und Buchung (in der Hauptsaison unbedingt nötig): K.I. Ferries-SA, Tel. 08-85 98 20 00, www.kiferries-sa.com.

Mietwagen: Nicht alle Autoverleiher gestatten die Mitnahme ihrer Fahrzeuge vom Festland nach Kangaroo Island. Wer den Pkw stehen lassen muss, kann in Kingscote und Penneshaw Fahrzeuge mieten, z. B. bei Budget, Tel. 08-85 53 31 33; Hertz, Tel. 08-85 53 23 90; Koala Car Rentals, Tel. 08-85 53 23 99; Thrifty, Tel. 08-82 11 87 88.

Die Lucky Bay: Hier tummeln sich halbzahme Wallabies und Kängurus

Kapitel 2
Der Westen

Der Westen Australiens ist ein Land der Superlative mit atemberaubenden Naturszenerien. Das weite Spektrum umfasst Küstenlandschaften mit goldgelben Stränden und ausgedehnte Wälder mit mächtigen Eukalyptusbäumen im Süden ebenso wie die grandiosen Schluchten und Wasserfälle der Pilbara-Region und des zerklüfteten Kimberley-Plateaus im Norden. Zum Spannungsbogen gehören vor allem auch sonnenverbrannte Trockensteppen und riesige Wüsten wie Gibson Desert und Great Sandy Desert, die fast 90 % der Gesamtfläche von Westaustralien einnehmen.

Obwohl Western Australia als flächenmäßig größter Bundesstaat fast ein Drittel des Fünften Kontinents einnimmt, leben hier nur rund 10 % aller Australier. Doch weisen die meisten westaustralischen Städte bemerkenswerte Zuwachsraten auf, denn es zieht immer mehr Australier aus dem ›übervölkerten‹ Südosten in das riesige Land am Indischen Ozean. So prägen Westaustralien denn auch junge, kosmopolitische Städte voller Energie und Lebensfreude wie Perth, Fremantle, Esperance oder Broome mit einem in dem ›Pionierland‹ kaum vermuteten Kulturleben. Die weltoffene, quirlige Atmosphäre der Städte, die überschwängliche Natur, ausgezeichnete Bade-, Surf- und Tauchmöglichkeiten sowie nicht zuletzt die gelassene Lebensweise der Westeners haben Westaustralien zu einem immer beliebteren Ferienziel werden lassen. Auch Touristen ›verirren‹ sich seit einigen Jahren immer häufiger in Australiens ›wilden Westen‹.

Beste Reisezeit für die gesamte Südregion ist von Oktober bis Mai, für den tropischen Norden von April/Mai bis Oktober/November.

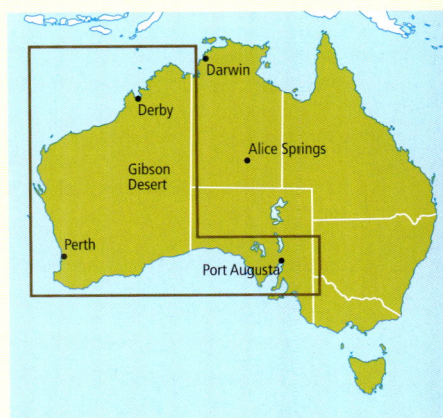

Auf einen Blick
Der Westen

Sehenswert

Wave Rock: Im westaustralischen Outback schwappt der Wave Rock wie eine steingewordene Brandungswelle den Besuchern entgegen (s. S. 289).

Perth und Fremantle: Die geschäftige, strebsame Hauptstadt von Western Australia und ihr Hafen Fremantle an der Mündung des Swan River, wo das Leben eher locker und entspannt pulsiert (s. S. 300 und 305).

6 Karijini National Park: Land der Canyons in der Hamersley Range (s. S. 323).

7 Die Kimberleys: Wildzerklüftetes Hochplateau mit den grandiosen Schluchten Windjana Gorge und Geikie Gorge sowie dem Purnululu National Park mit bizarren Sandsteinkuppeln (s. S. 326).

Schöne Routen

South Coast Highway: Westlich von Albany mäandert der Highway kurvenreich durch die berühmten Southern Forests. In Westaustraliens einzigartigem Eukalyptus-Urwald wachsen oft jahrhundertealte, bis zu 80 m hohe Baumriesen der endemischen Arten Karri und Jarrah (s. S. 291).

Gibb River Road: Ursprünglich für den Viehtransport angelegt, erfreut sich diese ›klassische‹ Outback-Piste auch bei Touristen zunehmender Beliebtheit. Sie führt durch den Kernraum der Kimberleys und erschließt einige der aufregendsten Naturattraktionen der Region (s. S. 330).

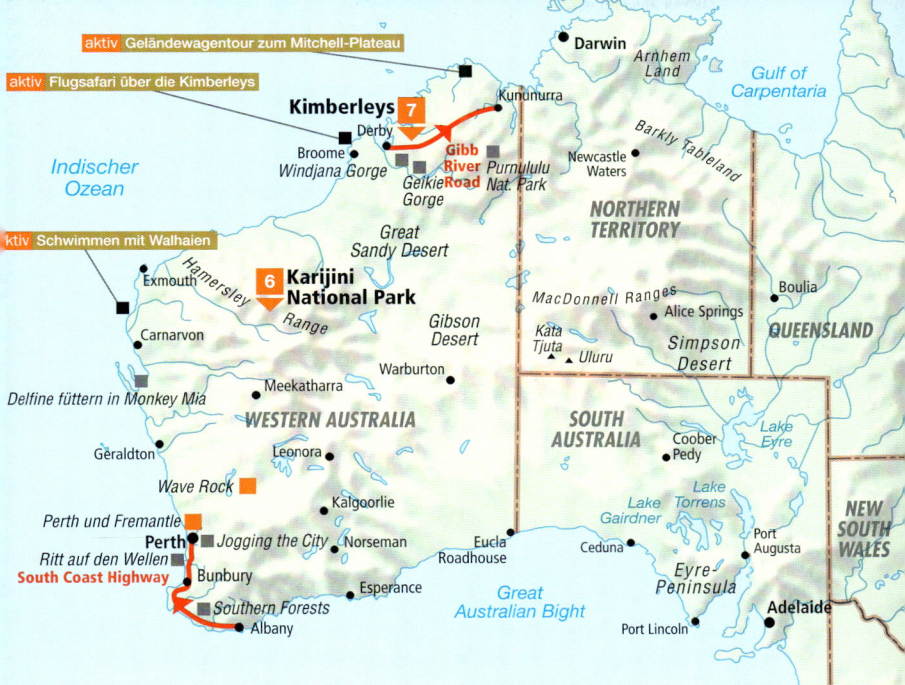

Meine Tipps

Jogging in the City: In Perth lassen sich Sightseeing und Sport gut miteinander verbinden (s. S. 301).

Ritt auf den Wellen: Wenige Kilometer von Perth entfernt finden Surfer feine Sandstrände mit Bilderbuchwellen (s. S. 306).

Delfine füttern in Monkey Mia: An der Shark Bay stehen jeden Morgen Männer, Frauen und Kinder im knietiefen Wasser. Sie warten auf Delfine, die regelmäßig an den Strand von Monkey Mia kommen, um sich ihr Frühstück abzuholen (s. S. 318).

aktiv unterwegs

Schwimmen mit Walhaien: Am Ningaloo Reef vor Exmouth tummeln sich Schwimmer mit friedlichen Walhaien in den Fluten (s. S. 321).

Flugsafari über die Kimberleys: Bei Flugsafaris erlebt man das zerklüftete Kimberley-Plateau, eine der letzten Urlandschaften unseres Planeten, aus der Vogelperspektive (s. S. 327).

Geländewagentour zum Mitchell-Plateau: Der Abstecher von der Gibb River Road zum entlegenen Mitchell Plateau ist ein Allradabenteuer der Extraklasse. Belohnt wird man für die strapaziöse Anfahrt mit grandiosen Wasserfällen und geheimnisvollen Bildergalerien der Aborigines (s. S. 334).

Entlang der Südküste

A lot of nothing nennen die Australier die menschenleeren Halbwüsten ihres Landes. Zwischen Adelaide und Perth sieht man eine ganze Menge davon: Der Highway 1 durchschneidet meist eine karge, weite Landschaft, die sich über schier endlos lange Abschnitte kaum ändert. Abwechslungsreich wird die lange Fahrt erst weit nach der Bundesstaatengrenze in Western Australia.

Die Eyre Peninsula
▶ 1, M – O 14/15

Von Adelaide verläuft der Highway 1 am Nordrand der Yorke Peninsula (s. S. 346) nach Port Augusta. Gut 20 km südwestlich von Port Augusta gabelt sich die Fernstraße. Der Highway A1 führt als Eyre Highway geradewegs nach Ceduna am östlichen Rand der Nullarbor Plain; der Highway B100 beschreibt zunächst als Lincoln Highway, später als Flinders Highway einen weiten Bogen entlang der Küste über die Südspitze der Eyre Peninsula, bevor er bei Ceduna auf den Eyre Highway trifft.

Riesige Weizenfelder im Osten und ausgedehnte Schafweiden im Westen bestimmen das Bild der Eyre Peninsula, die sich wie ein Keil zwischen den Spencer Gulf und die Great Australian Bight schiebt. Die nach dem Australienforscher Edward John Eyre benannte Halbinsel liegt abseits der großen Touristenpfade. Die meisten Reisenden mit Ziel Perth scheuen diesen Abstecher, denn er verlängert die Route um weitere 500 km und zwei Reisetage. Wer sich jedoch für diese Strecke entscheidet, passiert eine abwechslungsreiche Küstenlinie mit spektakulären Felsklippen und hervorragenden Sandstränden.

Whyalla
Tor zur Halbinsel ist Whyalla, eines der bedeutendsten Zentren der Schwerindustrie in Australien. Riesige Stahlwerke, die ihren Erzbedarf aus dem 52 km nordwestlich gelegenen Iron Knob beziehen, prägen das Ortsbild.

Ein guter Blick über die Industrieanlagen bietet sich vom Hummock Hill Lookout in der Stadtmitte. Besucher sind in der Stahlhütte BHP Steelworks willkommen (Führungen Mo, Mi, Fr 9.15 Uhr, Erw. 17 A-$, Kin. 8 A-$, Fam. 42 A-$, Buchung und Treffpunkt im Whyalla Visitor Information Centre, s. u.). Ein Blick in das Whyalla Maritime Museum ist ›Pflicht‹ für Liebhaber nautischer Historie (Lincoln Hwy, Tel. 08-86 45 79 00, tgl. 10–16 Uhr, Erw. 4,50 A-$, Kin. 2 A-$, Fam. 11 A-$).

Infos
Whyalla Visitor Information Centre: c/o Whyalla Maritime Museum, Lincoln Hwy, Tel. 08-86 45 79 00, Mo–Fr 9–17, Sa 9–16, So 10–16 Uhr.

Unterkunft
Bestes Haus im Ort ▶ **Alexander Motor Inn:** 99 Playford Ave., Tel. 08-86 45 94 88, www.alexandermotel.com.au. Gut geführtes Haus mit Restaurant und beheizbarem Pool. DZ 150 A-$.
Camping und Cabins ▶ **Whyalla Foreshore Caravan Park:** Broadbent Terr., Tel. 1800-35 29 66, www.discoveryholidayparks.com.au. Gut ausgestattet, mit Cabins, schön gelegen.

De Eyre Peninsula

Zwischen Whyalla und Port Lincoln 1, O 14 – N 15

Auf dem Weg von Whyalla nach Port Lincoln lohnen sich Stopps in Cowell, dem Jade-Zentrum von Australien, in Port Neill mit herrlichen Stränden und im gepflegten Seebad Tumby Bay. Ein Bootsausflug bringt Naturfreunde von Tumby Bay zum Sir Joseph Banks Group Conservation Park, der eine kleine Inselgruppe umfasst.

Unterkunft
… in Tumby Bay
Am Wasser gelegen ▶ **Tumby Bay Marina Motel:** 4 Berryman St., Tel. 08-86 88 32 11, www.tumbybay.com. Kleines Haus mit gemütlichen Zimmern und Pool. DZ 75–95 A-$.
Camping und Cabins ▶ **Tumby Bay Caravan Park:** Tel. 08-86 88 22 08. Am Strand, gut ausgestattet, mit Cabins.

Port Lincoln ▶ 1, N 15

In dem malerisch an der Boston Bay gelegenen **Port Lincoln** war einst Australiens größte kommerzielle Fischereiflotte zu Hause, die hauptsächlich Thunfisch anlandete. Überfischung führte schließlich zu einem starken Rückgang der Bestände. Heute werden Thunfische als Jungtiere gefangen, auf Fischfarmen gemästet und später tiefgefroren nach Japan exportiert. Ein wichtiges wirtschaftliches Standbein ist Weizen, davon zeugen riesige Silos und Verladeeinrichtungen im Hafen. Muscheln aus den Gestaden der Großen Australischen Bucht präsentiert das Rose Wal Shell Museum (12 Adelphi Terr., Tel. 08-86 82 27 76, tgl. 14–16.30 Uhr, Erw. 3 A-$, Kin. 1,50 A-$, Fam. 7,50 A-$). Die Seefahrtgeschichte der Region dokumentiert das Axel Stenross Maritime Museum (19 Gloucester Terr., Tel. 08-86 82 12 91, Di, Do, So u. Fei 13–17 Uhr, Erw. 4 A-$, Kin. 2 A-$, Fam. 10 A-$).

Gut 30 km südwestlich von Port Lincoln beginnt die mautpflichtige Panoramastraße **Whalers Way,** die am Rande des Lincoln National Park entlang der zerklüfteten Küste der Sleaford Bay verläuft (25 A-$/Auto, Ticket bei Port Lincoln Visitor Information Centre). Ein Bootsausflug führt von Port Lincoln zum 30 km entfernten Dangerous Reef, dem Schauplatz des Filmes »Der weiße Hai«. Dieses Meeresgebiet ist bekannt für seinen maritimen Artenreichtum und berüchtigt wegen des großen Bestands an Haien, einschließlich des Weißen Hais. Wagemutige können sich von einer Plattform in einem Tauchkäfig in die blauen Tiefen hinunterlassen.

Infos
Port Lincoln Visitor Information Centre: 3 Adelaide Pl., Tel. 13 00-78 83 78 www.visitportlincoln.net, tgl. 9–17 Uhr.

Unterkunft
Mit Blick aufs Meer ▶ **Blue Seas Motel:** 7 Gloucester Terr., Tel. 08-86 82 30 22, www.blueseasmotel.com. Neben der schönen Lage überzeugen die großen Zimmer und ein freundlicher Service. DZ 98–120 A-$.

Tipp: Zeitplanung

Für den Westen Australiens sollte man mindestens drei, besser noch vier Wochen einplanen. Wer von Adelaide über Land nach Western Australia reisen will, hat bis Norseman, der ersten größeren Stadt jenseits der Bundesstaatengrenze, rund 2000 größtenteils monotone Straßenkilometer vor sich, die *a lot of nothing* bieten, aber wenige landschaftliche Höhepunkte. Abwechslungsreich wird die lange Fahrt erst nach Norseman, wo es auf dem Weg nach Perth zwei Alternativen gibt: entweder über die Goldfelder um Kalgoorlie oder durch die ausgedehnten Wälder des Southern District. Endscheidet man sich für die erste Möglichkeit, sind zwischen Adelaide und Perth etwa 2700 km zurückzulegen (5–7 Reisetage), bei der zweiten Variante sind es rund 3200 km (6–8 Reisetage).

Für Perth und Umgebung sollte man sich ein oder zwei Tage Zeit nehmen. Gut 4000 km sind es von Perth nach Darwin. Da Abstecher von den Fernstraßen in Nationalparks meist sehr zeitaufwendig sind, sollte man für diese Strecke mindestens zwei Wochen einplanen.

Entlang der Südküste

Die Nullarbor-Küste

Camping und Cabins ▶ **Port Lincoln Tourist Park:** Hindmarsh St., Kirton Point, Tel. 08-86 21 44 44. Sehr gut ausgestattet, große Auswahl an Cabins, schön gelegen.

Aktiv
Für Wagemutige ▶ **Calypso Star Charter:** Tel. 08-83 64 44 28, www.calypsostarcharter.com.au, ab 495 A-$. Tauchabenteuer im Schutzkäfig mit Haibeobachtung.

Von Port Lincoln nach Ceduna ▶ 1, N 15 – M 14

Von Port Lincoln windet sich der Flinders Highway an der Westküste der Eyre-Halbinsel entlang zum knapp 410 km entfernten Ceduna. Stopps lohnen sich im Coffin Bay National Park mit einsamen Stränden, herrlichen Klippen und imposanten Sanddünen und im Point Labatt Conservation Park mit einer großen Seelöwenkolonie (Anfahrt auf einer 43 km langen Schotterstraße). Nahe dem entlegenen Örtchen Baird Bay rund 60 km südöstlich von Streaky Bay können sich Schwimmer und Schnorchler mit zutraulichen Seelöwen und Delfinen im türkisgrünen Wasser tummeln – ein unvergessliches Erlebnis (Baird Bay Charter & Eco Tours, Tel. 08-86 26 50 17, www.bairdbay.com, Okt.–April tgl. 9.30, 13.30 Uhr, Schwimmer Erw. 140 A-$, Kin. 70 A-$, Zuschauer Erw. 100 A-$, Kin. 50 A-$).

Unterkunft
... in Streaky Bay
Mit Lokalkolorit ▶ **Streaky Bay Hotel:** 33 Alfred Terr., Tel. 08-86 26 10 08, www.saho

tels.com.au/streakybay. Stilvolles Pub-Hotel mit gemütlichen Zimmern, im Restaurant gute Counter Meals. DZ 85–95 A-$.
Camping und Cabins ▶ Foreshore Tourist Park: Wells St., Tel. 08-86 26 16 66, www.streakybayftpark.com.au. Sehr gut ausgestattet, mit Cabins, schön gelegen.

Von Port Augusta nach Ceduna ▶ O 14 – M 14

Über weite Abschnitte wie mit dem Lineal gezogen, durchschneidet der nach dem Australienforscher Edward John Eyre benannte Eyre Highway westlich von **Port Augusta** eine Halbwüste, in der sich nur vereinzelt krüppelwüchsige Büsche im kargen Erdreich festkrallen. Gut 40 km nach der Abzweigung des zur Eyre Peninsula führenden Lincoln Highway passiert man die Minenstadt Iron Knob. Weiter westlich kreuzt der Eyre Highway den Lake Gilles Conservation Park, ein Dorado für Vogelfreunde, die aber einen Geländewagen brauchen, um in das Naturschutzgebiet vorzudringen. Ebenfalls nur mit einem Allradfahrzeug darf man sich auf die Piste wagen, die von Kimba Richtung Nordwesten zu den **Gawler Ranges** abzweigt. Der Abstecher lohnt sich vor allem während der Frühjahrsblüte im September und Oktober, wenn sich der sonst karge Landstrich in einen Blütenteppich verwandelt. Ceduna ist als Übernachtungsstopp geschätzt. Der Abstecher lohnt sich vor allem im September und Oktober, wenn sich der sonst karge Landstrich in einen Blütenteppich verwandelt.

Ceduna ist als Übernachtungsstopp geschätzt. Sehenswert sind der Fischereihafen Port Thevenard sowie die 40 km südöstlich gelegene Smoky Bay Oyster Farm (Tel. 08-86 25 70 77, Führungen Mo–Do 15 Uhr, Erw. 6 A-$, Kin. 3 A-$).

Infos
Ceduna Visitor Information Centre: 58 Poynton St., Tel. 08-86 25 27 80, www.ceduna.net, Mo–Fr 9–17.30, Sa/So u. Fei 9–17 Uhr.

Tipp: Holiday Pass

Für die meisten Nationalparks in Western Australia wird ein Eintrittsgebühr von 11 A-$ pro Auto erhoben. Wer plant, mehrere Nationalparks zu besuchen, ist mit einem vier Wochen gültigen Holiday Pass zu 40 A-$/Auto gut beraten. Erhältlich in allen Besucherzentren des Department of Environment and Conservation (s. S. 307).

Übernachten
Angenehm und komfortabel ▶ Ceduna Motel East West: 66–76 McKenzie St., Tel. 08-86 25 21 01, www.cedunamotel.com.au. Gut geführtes Haus mit Restaurant und Pool. DZ 90–100 A-$.
Camping und Cabins ▶ Ceduna Shelly Beach Caravan Park: 178 Decres Bay Rd., Tel. 08-86 25 20 12, www.cedunacaravanpark.com.au. Sehr gut ausgestatteter Platz, mit Cabins, schön gelegen.

Durch die Nullarbor Plain
▶ H – K 13/14

Vor den Toren von Ceduna beginnt die **Nullarbor Plain**, die sich nördlich der Großen Australischen Bucht erstreckt. Der Name, der sich aus den lateinischen Wörtern für ›kein Baum‹ ableitet, bezeichnet eines der größten Karstgebiete der Welt. Völlig baumlos ist allerdings nur der Kernraum dieser Region, der erst weit nördlich des Eyre Highway beginnt. Ansonsten gedeihen auf der ausgedehnten Kalktafel neben Buschwerk auch niedrige Eukalypten und Akazien. Ursache für die spärliche Vegetation ist das poröse Kalkgestein, in dem das Regenwasser sofort versickert. Unter der Nullarbor Plain aber fließen zahlreiche Flüsse, die gewaltige Höhlen aus dem Kalk gewaschen haben. Die Ebene endet abrupt an den Kliffs, die steil in die Große Australische Bucht abfallen und die längste ununterbrochene Klippenküste der Welt bilden. Das Zentrum der Nullarbor Plain durchque-

Entlang der Südküste

ren die Züge Indian-Pacific und Transaustralian sowie der Tea and Sugar Train, ein Versorgungszug für Siedlungen entlang der Bahnlinie. Hier befindet sich auch das längste gerade Schienenstück der Welt: 478 km lang folgen die Gleise ohne jede Kurve dem sanften Auf und Ab der Landschaft. Immer in Küstennähe verläuft dagegen der Eyre Highway.

Cactus Beach ▶ L 14

Von Ceduna sind es 476 km bis zur Grenze mit Western Australia. Meist ist die Landschaft von einschläfernder Monotonie, doch sorgen einige ›Seitensprünge‹ vom Eyre Highway für Abwechslung. Gut 70 km westlich von Ceduna kündigen große Windräder, mit denen Grundwasser an die Oberfläche gepumpt wird, das Städtchen Penong an. 21 km südlich versteckt sich hinter hohen Dünen mit dem **Cactus Beach** einer der besten Brandungsstrände von Australien. Wegen der optimalen Bedingungen geben sich dort Wellenreiter aus dem ganzen Land ein Stelldichein. Angler zieht es zum Fischer-ort Fowlers Bay 26 km südlich des Nundroo Roadhouse, wo Edward John Eyre bei seinem Gewaltmarsch durch die Nullarbor Plain im Sommer 1840/41 eine dreimonatige Pause einlegte. Beim Yalata Roadhouse 55 km weiter westlich kann man nicht nur auftanken, sondern auch Holzschnitzereien der Ureinwohner aus dem nahen Yalata Aboriginal Land kaufen.

Head of Bight ▶ L 13

Wer zwischen Juni und Oktober unterwegs ist, sollte unbedingt bei den Bunda Cliffs an der **Head of Bight** 78 km westlich des Yalata Roadhouse einen Stopp einlegen. Dort kann man in den Wintermonaten (Juni bis Okt.) von einer Aussichtsterrasse *Southern Right Wales* beobachten. Die Meeressäugetiere, die bis zu 18 m lang und über 40 t schwer werden können, ziehen nach einer sechsmonatigen Futterperiode aus ihren arktischen Nahrungsgründen in wärmere Gewässer, um ihre Jungen zu werfen. Im Australian Bight Marine Park wurden Schulen mit mehreren Dutzend ausgewachsenen Walen und zahlreichen Jungtieren gesichtet. Bei ruhigem Wellengang nähern sich die Eltern mit ihrem Nachwuchs der Steilküste bis auf weniger als 100 m. Für den Besuch der Aussichtsplattform ist ein Erlaubnisschein erforderlich, den man beim Besucherzentrum erwerben kann (Head of Bight Interpretive Centre: 12 km südl. des Eyre Highway, Tel. 08-86 25 62 01, 1. Juni bis 31. Okt. tgl. 8–17 Uhr, Erw. 12 A-$, Kin. 10 A-$, Fam. 25 A-$). Vom Nullarbor Roadhouse (s. u.) startet Whale Air zu Walbeobachtungsflügen (Tel. 08-86 25 62 71, ab 115 A-$).

Aussichtspunkte auf die **Bunda Cliffs** erreicht man auf kurzen, meist guten Schotterstraßen, die westlich des Nullarbor Roadhouse vom Eyre Highway abzweigen. Dort heißt es jedoch vorsichtig sein, da die bröckeligen, unterspülten Klippenkanten nicht gesichert sind. Jenseits des Roadhouse durchquert die Fernstraße den Nullarbor National Park, dessen größte Attraktion sich unter der Erde befindet.

Die Felszeichnungen und -ritzungen der Ureinwohner in der **Koonalda Cave** sind bis zu 20 000 Jahre alt. Vermutlich hat die 800 m lange, 120 m breite und fast 80 m hohe Kalksteingrotte den einst hier lebenden Aborigines als Wohn- und Kultstätte gedient (15 km nördlich des Eyre Highway, Zutritt nur in Begleitung von Park Rangern nach Voranmeldung, Tel. 08-86 25 31 44). Die westliche Grenze des Nullarbor National Park markiert zugleich die Grenzlinie zwischen South Australia und Western Australia, die man beim Border Village passiert. Um der Verbreitung von Fruchtfliegen Einhalt zu gebieten, darf kein Frischobst und -gemüse über die Bundesstaatengrenze gebracht werden.

Roadhouses am Eyre Highway ▶ K 13 – G 14

Beim **Eucla Roadhouse** gab es einst eine Telegrafenstation, die Perth mit Adelaide verband. Die Ruine der Old Telegraph Station aus dem Jahre 1877 steht, halb von Flugsand bedeckt, 4 km südlich des Eyre Highway inmitten einer grandiosen Dünenlandschaft von Sahara-Format. Jenseits des Eucla Road-

Durch die Nullarbor Plain

house schwingt sich der Eyre Highway hinauf zum unscheinbaren Eucla Pass. **Mundrabilla Roadhouse** und **Madura Roadhouse** sind die nächsten Stationen auf dem Weg nach Westaustralien, die Reisenden aber nicht mehr als Raststätten mit Tankstellen sowie Motel und Caravan Park bieten.

Beim Madura Roadhouse auf halber Strecke zwischen Adelaide und Perth erklimmt der Highway eine weitere kleine Passhöhe, von der sich ein schöner Blick über die karge Wüstensteppe bietet. Vom Cocklebiddy Roadhouse kann man einen Abstecher durch eine Dünenlandschaft zum Eyre Bird Observatory in der alten Cocklebiddy Telegraph Station machen, ein ›Muss‹ für alle, die gern Vögel beobachten und mit einem Geländewagen unterwegs sind (Tel. 08-90 39 34 50, www.eyrebirds.org, Tagesbesucher und Übernachtungsgäste willkommen, Voranmeldung erbeten, 10 A-$/Auto, DZ 90 A-$, Abzweigung 16 km östl. des Cocklebiddy Roadhouse, dann 35 km südl., die letzten 12 km nur mit Geländewagen).

Westlich von Caiguna könnte man das Lenkrad auf Mittelstellung arretieren, da der Eyre Highway nun exakt 146,6 km ohne jede Kurve und Krümmung verläuft. Nach 1200 km durch Steppe und Halbwüste endet die Durchquerung der Nullarbor Plain in Norseman.

Übernachten

Information im Internet: www.nullarbornet.com.au (unabhängiger online-*travel guide*).

Stützpunkte der Zivilisation ▶ Nullarbor Roadhouse: Tel. 08-86 25 62 71, nullarborrh@bigpond.com. Mit Restaurant und Bar. DZ 110 A-$, Zeltplatz 23 A-$/2 Pers., Stellplatz für Wohnmobil 25,50 A-$/2 Pers. **Border Village:** Tel. 08-90 39 34 74, bordervillagerh@bigpond.com. Mit Restaurant und Pool. DZ 65 A-$ (Gemeinschaftsbad), 110 A-$ (eigenes Bad/WC), Zeltplatz 20 A-$/2 Pers., Stellplatz für Wohnmobil 25 A-$/2 Pers. **Eucla Roadhouse:** Tel. 08-90 39 34 68, Fax 90 39 34 01. Mit Restaurant u. Pool. DZ 110 A-$, Zeltplatz 21,50 A-$/2 Pers. Stellplatz für Wohnmobil 25,50 A-$/2 Pers., Cabins ab 60 A-$. **Mundrabilla Roadhouse:** Tel. 08-90 39 34 65, mundrabilla@bigpond.com. Mit Restaurant und Bar. DZ 95 A-$, Zeltplatz 21 A-$/2 Pers., Stellplatz für Wohnmobil 25 A-$/2 Pers. **Madura Pass Oasis Motel:** Mit Restaurant und Pool. DZ 120 A-$, Zeltplatz 24 A-$/2 Pers., Stellplatz für Wohnmobil 27 A-$/2 Pers. **Cocklebiddy Wedgetail Inn:** Tel. 08-90 39 34 62, cocklebiddy@bigpond.com. Mit Restaurant und Bar. DZ 115 A-$, Zeltplatz 22 A-$/2 Pers., Stellplatz für Wohnmobil 26 A-$/2 Pers. **Balladonia Roadhouse:** Tel. 08-90 39 34 53. Mit Restaurant und Bar. DZ 119–132 A-$, Zeltplatz 21 A-$/2 Pers., Stellplatz für Wohnmobil 24,50 A-$/2 Pers., Cabins ab 60 A-$/2 Pers.

Norseman ▶ 1, F 14

Noch heute befindet sich nahe der Stadt, die ihre Existenz einem Goldrausch Ende des 19. Jh. verdankt, eine der ergiebigsten Goldminen von Australien. Das Wahrzeichen des Ortes, die riesige Abraumhalde Battery Hill, soll noch Gold im Wert von 50 Mio. Dollar enthalten. Ein weiter Blick über die Salzseen um Norseman bietet sich vom Beacon Hill Lookout.

In Norseman hat man die Qual der Wahl: Entweder folgt man dem durchs Binnenland verlaufenden Great Eastern Highway, der, Goldgräberstädte berührend, auf schnellstem Weg nach Perth führt, oder man entscheidet sich für den an der Küste verlaufenden Highway 1. Letztere Möglichkeit bedeutet einen ›Umweg‹ von rund 500 km, ist aber landschaftlich wesentlich reizvoller.

Infos

Norseman Tourist Bureau: 68 Roberts St., Tel. 08-90 39 10 71, tgl. 9–17 Uhr.

Übernachten

Familiär und freundlich ▶ Great Western Motel: Prinsep St., Tel. 08-90 39 16 33, Fax 90 39 16 92. Komfortabel, mit Restaurant und Pool. DZ 95–105 A-$

Camping und Cabins ▶ Gateway Caravan Park: Prinsep St., Tel. 08-90 39 15 00. Gut ausgestattet, mit Cabins.

Die Goldfields

Mit viktorianischen Holz- und Ziegelfassaden strahlen Kalgoorlie-Boulder und Coolgardie, die bedeutendsten Orte im Goldgräberland, noch heute viel Goldrausch-Atmosphäre aus. Etwas abseits der Route liegt eine geologische Kuriosität – die ›versteinerte Brandungswelle‹ Wave Rock.

Ein Blick in die Geschichte

Rund 150 km nördlich von Norseman beginnen die Goldfields von Kalgoorlie. Bei der Suche nach Wasser stieß der Ire Patrick ›Paddy‹ Hannan am 15. Juni 1893 auf eine Goldader, deren Reichtum alle bisherigen australischen Funde in den Schatten stellte. Zwar war bereits ein Jahr zuvor im benachbarten Coolgardie das Goldfieber ausgebrochen, doch löste erst Hannans Entdeckung jenen Goldrausch aus, der die Kolonie Western Australia vor dem damals drohenden wirtschaftlichen Kollaps rettete. Die Goldfunde zogen Tausende von Menschen an, Zelt- und Barackenstädte wuchsen über Nacht aus der kargen Halbwüste.

Um die Jahrhundertwende lebten in Kalgoorlie rund 30 000 Menschen, etwa ein Sechstel der damaligen Gesamtbevölkerung Westaustraliens. Zu jener Zeit gab es dort zwei Börsen, sieben Zeitungen, acht Brauereien und über 100 Hotels mit Kneipen. Mit Kamelkarawanen schaffte man alle benötigten Waren aus dem rund 600 km entfernten Perth heran. In nur wenigen Jahren wurden auf der ›Goldenen Meile‹ zwischen Kalgoorlie und dem Nachbarort Boulder, der damals ergiebigsten Goldader der Welt, mehr als 1000 t Gold gefördert.

Zwar gab es jede Menge des begehrten Edelmetalls, aber kaum Trinkwasser. Als größtes Problem beim Aufbau einer Infrastruktur auf den Goldfeldern erwies sich die Wasserversorgung. Für das rare und zudem sehr salzhaltige Grundwasser der Region mussten die Goldgräber wahre Vermögen zahlen. Das Problem zu lösen gelang 1895 dem irischen Ingenieur Charles O'Connor. Er baute eine 553 km lange, mit Pech wasserdicht gemachte Holz-Pipeline, in der Wasser von einem Stausee nahe Perth herangepumpt wurde. Der Goldrausch verebbte schon wenige Jahre nach der Jahrhundertwende. Als die Goldadern erschöpft waren, zogen die *Diggers* weiter, und ganze Siedlungen verschwanden ebenso schnell, wie sie entstanden waren, wieder von der Landkarte. Erst moderne Technik machte die Goldförderung in Kalgoorlie wieder attraktiv.

Kalgoorlie-Boulder ▶ 1, F 13

Zentrum der Goldregion ist die Doppelstadt **Kalgoorlie-Boulder**, in der heute eine riesige, mehr als 300 m tiefe Tagebaumine große Mengen des Edelmetalls liefert. Angeblich stammt aus der selbst ernannten ›Goldhauptstadt von Australien‹ über die Hälfte der australischen Goldproduktion. Außerdem gibt es in der Gegend von Kalgoorlie-Boulder die größten Nickelvorkommen des Fünften Kontinents. In beiden Orten spiegelt sich der Wohlstand der goldenen Epoche in zahlreichen perfekt restaurierten Bauten wider. Vor allem das schmucke, schnörkelreiche Stadtbild von Kalgoorlie zieht heute Scharen von

Kalgoorlie-Boulder

Kalgoorlies Hannan Street erinnert an Patrick Hannan, der hier Gold entdeckte

Touristen an. Entlang der Hauptstraße Hannan Street, benannt nach dem Mann, dem die Stadt ihre Existenz verdankt, reihen sich stattliche Gebäude aus der Zeit um 1900, etwa das Old Australia Hotel, das Exchange Hotel, das Palace Hotel, das Old Government Building und die Kalgoorlie Town Hall, vor der ein Bronzedenkmal von Patrick ›Paddy‹ Hannan steht.

Kalgoorlies größter Besuchermagnet ist das Bergbaumuseum **The Australian Prospectors and Miners Hall of Fame** an der Eastern Bypass Road 5 km nördlich der Stadt. Dort erfährt man Interessantes über die Geschichte der westaustralischen Goldgräbersiedlungen sowie über frühere und moderne Methoden des Goldbergbaus. Ein anschauliches Bild von den Arbeitsbedingungen der Bergleute in früheren Zeiten vermittelt eine Untertagetour in der Ende der 1960er-Jahre stillgelegten **Hannans North Tourist Mine** auf dem Museumsgelände. Bekleidet mit Schutzhelm und festem Schuhwerk, werden die Besucher in einem Förderkorb über 60 m tief in den Schacht hinabgelassen. Als Führer fungieren ehemalige Bergleute, die

Goldfields

den Gebrauch von Handbohrern und anderem museal wirkenden Arbeitsgerät demonstrieren. Abschließend dürfen die Besucher in einem Bach die Goldwäscherpfanne kreisen lassen (Tel. 08-90 26 27 00, www.mininghall.com, tgl. 9–16.30, Untertagetouren tgl. 10, 13, 14, 15 Uhr, Erw. 20 A-$, Kin. 10 A-$, Fam. 50 A-$, inkl. Untertagetour: Erw. 30 A-$, Kin. 15 A-$, Fam. 60 A-$).

Um das Thema Gold dreht sich auch alles im **WA Museum Kalgoorlie-Boulder** am Nordende der Hannan Street. Das weithin sichtbare Wahrzeichen des Museums ist der ehemalige Förderturm einer aufgelassenen Goldmine, von dessen Plattform sich ein schöner Blick bietet (17 Hannan St., Tel. 08-90 21 85 33, www.museum.wa.gov.au, tgl. außer Mi 9.30–16.30 Uhr, Eintritt frei, Spende erbeten).

In der Nähe des Museums beginnt die legendäre Golden Mile, wo heute allerdings nur noch in der riesigen Tagebaugrube Fimiston Open Pit gefördert wird. Einen Eindruck von den Dimensionen des Bergwerks kann man sich vom Golden Mile Superpit Lookout an der Outram Street in Boulder verschaffen. Mit Hilfe modernster Technologie fördert man dort alljährlich mehr als 20 t Gold.

Auch in **Boulder** gibt es architektonische Zeugen des Goldfiebers, etwa die Town Hall und das Metropole Hotel. Sehenswert ist dort auch das Eastern Goldfields Historical Society Display Centre in der alten Boulder Railway Station (tgl. 9–12 Uhr, Erw. 4,50 A-$, Kin. 2,50 A-$, Fam. 11,50 A-$). Der Bahnhof ist überdies Startpunkt der Loopline Tourist Railway, mit der man auf einer nostalgischen Rundfahrt den südlichen Teil der ›Goldenen Meile‹ kennenlernen kann (Tel. 08-90 93 30 55, Mo–Sa 10, So u. Fei 10, 11.45 Uhr, Erw. 8 A-$, Kin. 4 A-$, Fam. 20 A-$).

In eine vergangene Epoche versetzt fühlt man sich bei einem Besuch einer der urigsten Spielhöllen des Landes, der **Bush Two Up School** 6 km nördlich der Stadt. Bei dem Glücksspiel mit zwei Münzen, das in einem offenen Wellblechverschlag ausgetragen wird, geht es oft um Tausende von Dollars. Die für Uneingeweihte nicht einfach zu verstehenden Regeln haben sich seit den Goldrauschtagen nicht geändert (Broad Arrow St., tgl. ab 16.30 Uhr).

Infos
Kalgoorlie Goldfields Visitor Centre: 250 Hannan St., Kalgoorlie, Tel. 08-90 21 19 66, www.kalgoorlie.com und www.australiasgoldenoutback.com, tgl. 9–17 Uhr.

Übernachten
Wohlfühl-Oase ▶ The **View on Hannans:** 430 Hannan St., Kalgoorlie, Tel. 08-90 91 33 33, Fax 90 91 33 31, www.theviewonhannans.com.au. Komfortable Zimmer, mit Restaurant und Pool, am Rande der Innenstadt. DZ 135–205 A-$.

Angenehmes Kettenmotel ▶ **Hospitality Inn:** Hannan St., Ecke Throssell St., Kalgoorlie, Tel. 08-90 21 28 88, Fax 90 21 12 37, www.hospitalityinns.com.au. Stilvoll eingerichtetes Haus mit Restaurant und Pool. DZ ab 125 A-$.

Für Nostalgiker ▶ **Palace Hotel:** Hannan St., Ecke Maritana St., Kalgoorlie, Tel. 08-90 21 27 88, www.palacehotel.com.au. Gemütliche Zimmer in einem viktorianischen Kolonialhotel mit dem Flair der Goldrauschzeit; sehr angenehm sitzt man im Palace Balcony Restaurant im 1. Stock, in dem australische und internationale Gerichte serviert werden. DZ 65–160 A-$.

Camping und Cabins ▶ **Kalgoorlie Accommodation Village:** 286 Burt St., Boulder, Tel. 08-90 39 48 00, www.discoveryholidayparks.com.au. Bestens ausgestatteter Caravan Park mit Pool und einer großen Auswahl komfortabler Cabins.

Essen & Trinken
Beste Fusion-Küche ▶ **Akudjura:** 418 Hannan St., Kalgoorlie, Tel. 08-90 91 33 11, tgl. 12–15, 17.30–22.30 Uhr. Kleines Restaurant mit hervorragenden Gerichten der asiatisch und südeuropäisch angehauchten ›modernen australischen Küche‹. Vorspeisen 12–16 A-$, Hauptgerichte 18–32 A-$.

Preisgekrönter Asiate ▶ **Top End Thai Restaurant:** 73 Hannan St., Kalgoorlie, Tel.

Auf dem Great Eastern Highway nach Perth

08-90 21 42 86, tgl. 11–23 Uhr. Authentische Thai-Küche. Vorspeisen 10–13,50 A-$, Hauptgerichte 16,50–28 A-$.

Verkehr

Züge: Tgl. der Zug The Prospector von/nach Perth, Tel. 1300-66 22 05, www.transwa.wa.gov.au.

Busse: Tgl. Busse von Greyhound Australia (Tel. 1300-473946) und Perth Goldfield Express (Tel. 18 00–62 04 40) von/nach Perth.

Coolgardie ▶ 1, F 13

Südwestlich von Kalgoorlie liegt **Coolgardie,** mit gerade noch 600 Einwohnern heute nur mehr ein Schatten der blühenden Goldgräberstadt, in der einst rund 20 000 Menschen lebten. Die 1898 errichtete Town Hall beherbergt heute das Goldfields Exhibition Museum mit einer Ausstellung zur ›goldenen Vergangenheit‹ (62 Bayley St., Tel. 08-90 26 60 90, tgl. 9–17 Uhr, Eintritt frei).

Im Freilichtmuseum von Ben Prior, dem **Priors Museum,** kann man alte Dampfmaschinen, Gerätschaften aus aufgelassenen Goldbergwerken und allerlei Kuriositäten bestaunen (Bayley St., Mo–Fr 9–16, Sa/So 10–15 Uhr, Erw. 4 A-$, Kin. 2 A-$, Fam. 10 A-$). Im alten Bahnhof ist das Railway Station Museum untergebracht (Woodward St., Tel. 08-90 26 63 88, tgl. 9–16 Uhr, Erw. 4 A-$, Kin. 2 A-$, Fam. 10 A-$).

Infos

Coolgardie Tourist Bureau: 62 Bayley St., Tel. 08-90 26 60 90, www.coolgardie.wa.gov.au, Mo–Fr 10–17, Sa/So 14–17 Uhr.

Auf dem Great Eastern Highway nach Perth
▶ 1, F 13 – C 14

Knapp 560 km sind es noch bis Perth. Die Fahrt geht durch den ausgedehnten Weizengürtel der westaustralischen Wheatlands, der sich in südlicher Richtung bis fast an die Küste erstreckt. Atemberaubende Sehenswürdigkeiten gibt es nicht auf dieser Route, es lohnt sich jedoch ein knapp 200 km langer Umweg vom Städtchen Merredin zum berühmten **Wave Rock.** Wie eine erstarrte Brandungswelle ragt der Wellenfelsen 8 km nordöstlich von Hyden aus einer mit niedrigem Buschwerk bewachsenen Ebene auf. Der rund 200 m lange und stellenweise bis zu über 15 m hohe Granitfelsen mit einem Alter von 2,7 Milliarden Jahren lag früher einmal teilweise unter der Erde.

Im Erdreich verband sich Wasser mit zerfallenden organischen Stoffen zu milden Säuren, die in Jahrmillionen ganz allmählich den unterirdischen Teil des Felsens zersetzten. Als dann der Boden weggeschwemmt wurde, kam das charakteristische konkave Profil des Wave Rock zum Vorschein. Den eleganten Schwung dieses Naturgebildes unterstreicht ein hell-dunkles Bandmuster, das durch herablaufendes, mit chemischen Stoffen im Gestein reagierendes Regenwasser entstand. Die besten Lichtverhältnisse zum Fotografieren herrschen am Vormittag. 20 Fußminuten entfernt, stößt man auf den bizarren Felsen Hippo's Yawn – das gähnende Nilpferd.

Information
In **Hyden**

Wave Rock Visitor Centre: 20 Marshall St., Tel. 08-98 80 50 22, www.waverock.com.au, tgl. 9–17.30 Uhr.

Übernachten
… in **Hyden**

Komfort im Outback ▶ **Hyden Wave Rock Hotel:** 2 Lynch St., Tel. 08-98 80 50 52, Fax 98 80 50 41, www.waverock.com.au/motel.htm. Komfortables Haus mit Restaurant und Pool. DZ 145–155 A-$.

Camping und Cabins ▶ **Wave Rock Caravan Park:** Wave Rock, Tel. 08-98 80 50 22, Fax 98 80 50 18. Gut ausgestatteter Platz, mit komfortablen Cabins.

Bis zu 15 m hoch:
Der legendäre Wave Rock

Der Southern District

Dass Western Australia den Beinamen ›Wüstenstaat‹ trägt, mag man auf der Fahrt durch den Southern District kaum glauben, denn die Landschaft präsentiert sich abwechslungsreich und meist üppig grün. Entlang der Südküste reihen sich Strände der Sternekategorie mit schneeweißem Silikatsand, im Binnenland erstrecken sich ausgedehnte Urwälder mit majestätischen Karri- und Jarrah-Eukalypten und in der Südecke von Western Australia liegen hügelige Weinberge, die an europäische Landschaften erinnern.

Nicht Gold, sondern goldfarbene Strände und eindrucksvolle Tropfsteinhöhlen erwarten diejenigen, die von Norseman nach Süden zur Küste fahren. Das geografische Dreieck zwischen Esperance, Albany und Bunbury firmiert unter der Bezeichnung *Southern District of Western Australia*. Ergiebige Regenfälle und eine hohe Luftfeuchtigkeit sorgen dafür, dass dieses Gebiet als einziger Teil des überwiegend karg-trockenen Staates eine üppige Vegetation aufweist. Auf den Hängen der Darling Range und anderer Bergketten der Region sorgen gigantische Eukalypten für imposante Waldpanoramen. Zu diesen Holzmonolithen gehören die majestätischen Karris, die eine Höhe bis zu 80 m erreichen können, sowie die zwischen 40 und 50 m hohen Jarrah-Bäume. Mit über 4000 vorwiegend endemischen Arten gilt die Region zudem als berühmtestes Wildblumengebiet des Fünften Kontinents.

Esperance ▶ 1, F 15

Die Küstenstadt **Esperance**, die Ende des 19. Jh. eine wichtige Rolle als Versorgungshafen für die Goldfelder von Kalgoorlie und Coolgardie spielte, ist das östliche Eingangstor zum Southern District. Dort gibt es außer dem kleinen Esperance Museum, in dem man sich engagiert um die Dokumentation der Regionalgeschichte kümmert (tgl. 13.30–16.30 Uhr, Erw. 3 A-$, Kin. 1,50 A-$) wenig Sehenswertes, umso lohnender aber ist die Erkundung der Umgebung, die zu den schönsten Küstenlandschaften des Kontinents zählt. Herrliche Panoramen der Küste und des vorgelagerten Archipelago de la Recherche erschließt der 40 km lange Great Ocean Drive. Buchten wie die Twilight Bay mit feinsandigen Traumstränden und türkisgrün bis dunkelblau leuchtendem Wasser verlocken zu Aufenthalten. Doch trüben an vielen Stränden hohe Brandungswellen und gefährliche Unterströmungen die Badefreuden.

Infos
Esperance Visitor Centre: Museum Village, Dempster St., Tel. 08-90 83 15 55, www.visit esperance.com, Mo–Fr 9–17, Sa 9–16, So 9–14 Uhr.

Übernachten
B & B mit unvergleichlicher Aussicht ▶ Esperance Bed & Breakfast by the Sea: Lot 34 Stewart St., Tel. 08-90 71 56 40, www.es perancebb.com. Modern ausgestattete Zimmer mit tollem Blick auf das türkisgrüne Meer. DZ 140 A-$ (inkl. Frühstück).
Zentrums- und strandnah ▶ Esperance Beachfront Resort: 19 The Esplanade, Tel.

Southern District

08-90 71 25 13, www.esperancebeachfront resort.com.au. Gemütliche, gut ausgestattete Zwei-Zimmer-Apartments mit Kitchenette und Terrasse, wenige Schritte vom Strand. DZ 105–130 A-$.

Schöner Blick ▶ **Bayview Motel:** 31 Dempster St., Tel. 08-90 71 15 33, www.bayviewmotel.com.au. Helle Zimmer, gutes Restaurant. DZ ab 100 A-$.

Camping und Cabins ▶ **Esperance Seafront Caravan Park:** Goldfields Rd., Ecke Norseman Rd., Tel. 08-90 71 12 51, www.esperanceseafront.com. Gut ausgestattet, in Strandnähe, mit gemütlichen Cabins.

Essen & Trinken

Frisch aus dem Wok ▶ **Golden Orient:** 49 Dempster St., Tel. 08-90 71 37 44, tgl. 11–23 Uhr. Bester ›Chinese‹ der Stadt. Vorspeisen 7,50–10 A-$, Hauptgerichte 12,50–21,50 A-$.

Aktiv

Bootstouren ▶ **Mackenzie's Island Cruises:** 71 The Esplanade, Tel. 08-90 71 57 57, www.woodyisland.com.au, tgl. 9 Uhr, ab 75 A-$. Bootsausflüge zu verschiedenen Inseln des Archipelago of the Recherche mit Seehund- und Delfinbeobachtung.

Cape Le Grand N. P.
▶ 1, F/G 15

Gut 50 km östlich von Esperance beginnt der **Cape Le Grand National Park,** mit grandioser Küstenlandschaft und rauen Granitgipfeln eines der schönsten Naturschutzgebiete in Western Australia (12 A-$/Auto). An Traumbuchten der Seychellen erinnert die von eindrucksvollen Granitfelsen eingerahmte Thistle Cove. Weitere Besuchermagneten des Parks sind die halbmondförmige Lucky Bay mit pulverschneeweißem Silikatsandstrand und einem schön gelegenen Campingplatz, wo sich halbzahme Kängurus und Wallabies tummeln, sowie die idyllische Hellfire Bay mit einem feinen Sandstrand. Eine schweißtreibende Wanderung führt auf den Gipfel des 262 m hohen Frenchman Peak (hin und zurück 3 km/2 Std.).

Infos

Department of Environment and Conservation: Cape Le Grand National Park, Tel. 08-90 75 90 72.

Albany ▶ 1, D 16

500 meist monotone Straßenkilometer trennen Esperance von Albany. Fitzgerald River National Park, Frank Hann National Park und Peak Charles National Park sind entlegene Naturschutzgebiete, in die sich Abstecher lohnen, allerdings nur mit einem zuverlässigen Geländewagen und nach entsprechender Vorbereitung. **Albany** liegt am Princes Royal Harbour, einem perfekt geschützten Naturhafen am King George Sound. Mitte des 19. Jh. ein bekannter Walfangstützpunkt, diente die Stadt später als Kohlebunkerstation für Hochseedampfer auf der Australien-Indien-Route.

Heute ist Albany ein beliebtes Ferienzentrum. Zum viktorianischen Charme der Gründerjahre, den die Stadt bewahren konnte, trägt die 1848 errichtete St. Johns Church ebenso bei wie das **Patrick Taylor Cottage** aus dem Jahre 1832, das heute ein Museum mit stadtgeschichtlichen Exponaten beherbergt (Duke St., Tel. 08-98 41 61 74, tgl. 13–16.15 Uhr, Eintritt frei), und die **Old Farm am Strawberry Hill,** ein Landhaus, dessen Grundstein 1836 gelegt wurde (170 Middleton Rd., Tel. 08-98 41 60 46, www.ntwa.com.au, tgl. 10–16 Uhr, Mitte Juli bis Ende Aug. geschl., Erw. 5 A-$, Kin. 3 A-$, Fam. 12 A-$).

Als maritime Schatzkiste zeigt sich das Seefahrtsmuseum **Albany Residency Museum** mit dem originalgetreuen Nachbau der Brigg ›Amity‹, mit der 1826 die ersten weißen Siedler in den Westen Australiens kamen (Residency Dr., Tel. 08-98 41 48 44, tgl. 10–17 Uhr, Erw. 5,50 A-$, Kin. 2,50 A-$, Fam. 13,50 A-$). Ein herrlicher Blick über Albany und den King George Sound bietet sich vom Mount Clarence Lookout östlich der Stadtmitte.

Gleich südlich von Albany liegt der **Torndirrup National Park** mit eindrucksvoller

Albany

Klippenlandschaft. Stopps lohnen sich bei dem 30 m tiefen Felseinschnitt The Gap sowie bei der Natursteinbrücke The Natural Bridge. Zu den Highlights gehören auch die Blowholes, Spalten in den Klippen, aus denen bei starker Brandung Wasser in die Höhe spritzt.

Das **Albany Whaleworld Museum** an der Frenchman Bay umfasst eine ehemalige Walfangstation, in der zeitweise pro Saison bis zu 850 Wale verarbeitet wurden, das restaurierte Walfängerschiff ›Cheynes IV‹ und eine informative Ausstellung über die Geschichte des Walfangs in Western Australia (Frenchman Bay Rd., Tel. 08-98 44 40 21, www.whaleworld.org, tgl. 9–17 Uhr, zur vollen Stunde 30-minütige Führungen, Erw. 24 A-$, Kin. 12 A-$, Fam. 60 A-$). Seitdem die Wale unter Schutz stehen, haben sich ihre Bestände wieder erholt. Zwischen Juni/Juli und Oktober tauchen vor Albany zahlreiche der Giganten auf. Bei einer *Whale Watching Tour* kann man die Meeressäuger aus der Nähe beobachten.

Infos

Albany Visitor Centre: Old Railway Station, Proudlove Par., Tel. 08-98 41 10 88, www.albanytourist.com.au, tgl. 9–17 Uhr.

Übernachten

Koloniales Ambiente ▶ **The Esplanade Hotel:** Flinders Par., Middleton Beach, Tel. 08-98 42 17 11, www.hotelsaccommodation.com.au/Esplanade_Hotel.htm. Komfortables Hotel mit dem Flair früherer Zeiten. DZ 170–240 A-$.

Sehr gutes Preis-Leistungs-Verhältnis ▶ **Amity Motor Inn:** 234 Albany Hwy, Tel. 08-98 41 22 00, www.amitymotorinn.com.au. Geräumige Zimmer, gutes Restaurant, Pool, am Rande des Zentrums. DZ ab 95 A-$ (inkl. Frühstück).

Camping und Cabins ▶ **Albany Middleton Beach Holiday Park:** 28 Flinders Parade, Middleton Beach, Tel. 08-98 41 35 93, www.holidayalbany.com.au. Bestens ausgestatteter Platz, mit großer Auswahl an geräumigen Cabins, schön gelegen.

Essen & Trinken

Gutbürgerliche Küche ▶ **Earl of Spencer:** Earl St., Ecke Spencer St., Tel. 08-98 41 13 22, www.earlofspencer.com.au, Mo–Sa 12–24, So 14–21 Uhr. Australische Hausmannskost in historischem Gemäuer. zahlreiche Biersorten zur Auswahl. Vorspeisen 5,50–16 A-$, Hauptgerichte 16,50–42 A-$.

Pikant gewürzt ▶ **Bangkok Rose:** 112 York St., Tel. 08-98 42 23 66, tgl. 11–23 Uhr. Leichte Thai-Küche. Vorspeisen 8,50–12 A-$, Hauptgerichte 14–24,50 A-$.

Aktiv

Wale beobachten ▶ **Silver Star Cruises:** Albany Town Jetty, Tel. 04 28-98 42 98 76, www.whales.com.au, Juni–Okt. tgl. 9.30, 13 Uhr, Erw. 75 A-$, Kin. 40 A-$, Fam. 200 A-$. Walbeobachtung in einem Katamaran; im Voraus buchen!

Verkehr

Züge: Tgl. Australind-Zug von Perth nach Bunbury, Tel. 1300-66 22 05, www.transwa.wa.gov.au.

Busse: Von Bunbury tgl. Busverbindung nach Albany via Manjimup, Pemberton, Walpole und Denmark. Tgl. mehrere Busse auf dem Albany Highway von/nach Perth via Kojonup und Mount Barker.

Ausflüge von Albany

Ausflüge in die Wildblumenreservate der Porongurup Range und der Stirling Range lohnen sich vor allem in den Frühlingsmonaten, wenn sich der sonst karge Landstrich in einen riesigen farbenprächtigen Blütenteppich verwandelt. Einen guten Eindruck von der Kette rauer Bergspitzen im **Stirling Range National Park** vermittelt eine Fahrt auf dem 40 km langen Stirling Range Drive, von dem Wanderwege abzweigen. Der mit 1073 m höchsten Erhebung der Region, dem Bluff Knoll im Ostteil des Parks, kann man auf einer 8 km langen Teerstraße nahe kommen. Vom Endpunkt der Straße führt ein Wanderpfad auf den Gipfel, von dem sich ein weiter Blick über die Stirling Range bietet (hin und zurück 6 km/4 Std.).

Southern District

Im Valley of the Giants: Wandern zwischen riesigen Karri- und Red Tingle-Bäumen

Zwischen Albany, Walpole und Busselton ▶ 1, D 16 – C 15

Der rund 120 km lange Küstenstreifen zwischen Albany und Walpole ist mit zahlreichen pittoresken Buchten gespickt. An einer der größten, dem Wilson Inlet, liegt der Ferienort **Denmark**. Südlich des Städtchens erstreckt sich der großartige Brandungsstrand Ocean Beach, auf den man vom Lions Lookout am Wilson Head einen schönen Blick hat.

15 km östlich von Nornalup zweigt vom South Coast Highway eine schmale Straße zum **Valley of the Giants** ab, einem Tal mit riesigen Karri- und Red Tingle-Bäumen. Einzelne der Baumriesen, die bis zu 80 m aufragen, sind mehr als 400 Jahre alt. Durch das grüne Laubdach der majestätischen Eukalypten verläuft in bis zu 40 m Höhe der 600 m lange **Tree Top Walk**. Er eröffnet den Besuchern auf einem außergewöhnlichen Spaziergang ganz neue Waldperspektiven. Die Stahlkonstruktion ist so gebaut, dass sie sich harmonisch in die Naturlandschaft einfügt und die empfindliche ökologische Balance des Eukalypsurwalds nicht beeinträchtigt. Der Laufsteg ist auch für Rollstuhlfahrer geeignet (Tel. 08-98 40 82 63, www.naturebase.net/tourism, tgl. 9–16.15, 26.12.–26.1. 8–17.15 Uhr, Erw. 10 A-$, Kin. 5 A-$, Fam. 25 A-$). Ein ›bodenständiger‹ Naturlehrpfad ist der nahe Ancient Empire Walk, von dem sich die Baumgiganten aus gewohntem Blickwinkel bewundern lassen (Rundweg 500 m/15 Min.).

Ebenso eindrucksvoll ist einige Kilometer östlich von Walpole der Giant Tingle Tree mit einer Höhe von 46 m und einem Umfang von 20 m an der Stammbasis. Um Walpole erstreckt sich der Walpole-Nornalup National Park, der die malerische Küstenlandschaft mit bewachsenen Sanddünen sowie ausgedehnte Karri- und Red Tingle-Wälder im Hinterland umfasst. Forstpisten, etwa die Hilltop Gully Road, bieten oft herrliche Ausblicke.

Übernachten
... in Denmark

A home far from home ▶ **Windrose Bed & Breakfast:** 6 Harrington Break, Tel. 08-98 48 35 02, www.westnet.com.au/windrose. Kleine, familienfreundliche Pension mit behagli-

Schulunterricht per Funk

ABC aus dem Äther — Thema

Die im Hinterland des Fünften Kontinents lebenden Kinder sind meist unvorstellbar weit von der nächsten erreichbaren Schule entfernt. Für diese Buschkinder schuf man daher eine weltweit einzigartige Einrichtung: die School of the Air, die ›Schule aus dem Äther‹.

Die erste School of the Air, heute auch School of Distance Education genannt, wurde 1951 in Alice Springs als ›pädagogische Fakultät‹ des Royal Flying Doctor Service unter Verwendung der Funkstationen des australischen Luftrettungsdienstes aufgebaut. Bis heute sind acht weitere Sprechfunkschulen dazugekommen. Buschweit nehmen mehr als 2000 sechs- bis elfjährige Kinder von Schafzüchtern und Rinderfarmern, von Minenarbeitern und Opalschürfern an dem Fernunterricht teil. Die Schüler wohnen über ein Gebiet von rund 5 Mio. km² verstreut. Ihrem Alter entsprechend, werden sie in Gruppen von sieben bis zehn Schülern eingeteilt. Drei Unterrichtsstunden von jeweils 20 bis 30 Minuten pro Werktag sind Pflicht für jedes Kind.

Der Funkunterricht erfordert von den Lehrkräften eine sorgfältige Vorbereitung. Auf dem Postweg erhält jedes der teilnehmenden Kinder Unterrichtsmaterialien, z. B. Bücher und Ton- und Videokassetten, für jede einzelne Stunde zugeschickt. Die Hausaufgaben tauschen Lehrer und Schüler auf die gleiche Weise aus. Via Äther können nur Fächer wie Englisch, Sozialkunde, Geografie oder Musik unterrichtet werden. Die Unterweisung in naturwissenschaftlichen Fächern und vor allem in Mathematik erfolgt weitgehend schriftlich. Von zunehmend größerer Bedeutung sind neue Unterrichtsmethoden mit den Möglichkeiten, die das Internet bietet. Mindestens ebenso viel Arbeit wie die Funklehrer haben die Mütter, die praktische Lernhilfen geben und die Übungsarbeiten überwachen.

Obwohl die ›Klassenzimmer‹ nicht selten 500 km lang und 300 km breit sind, versuchen die Lehrer, ihre Schüler so oft wie möglich persönlich zu treffen, entweder bei einem Hausbesuch oder im Rahmen eines mehrtägigen School Camp, zu dem die Kinder einmal im Jahr in der nächstgelegenen Provinzstadt zusammenkommen.

Brett, einer der ›Funklehrer‹ der School of the Air, lädt den Gast aus Deutschland zur Teilnahme an einer Unterrichtsstunde seiner Klasse ein. Nach einem kurzen Morgengruß stellt er zunächst fest, ob jemand fehlt. Alle Kinder sind anwesend. »Schuleschwänzen gibt es bei uns praktisch nicht«, erklärt Brett später. Dann steht Geografie auf dem Stundenplan.

»Wer weiß, wo Deutschland liegt?«, fragt Brett. In der Sprechfunkschule hebt man natürlich nicht die Hand, um sich zu melden, wenn man etwas sagen will, sondern drückt auf dem Zwei-Kanal-Funkgerät auf einen Knopf. Da die Schüler darum wetteifern, wer als Erster die richtige Antwort auf die Frage des Lehrers durchgibt, dröhnt aus den Lautsprechern des Schulstudios ein kakophonisches Toninferno. »Richtig, in Europa«, sagt Brett, »und nun schlagt bitte eure Atlanten auf Seite zwölf auf, da findet ihr in der Mitte Deutschland.« Der Visitor from Germany wird nun gebeten, von seiner Heimat zu erzählen. Schließlich ist die Stunde vorüber. »Good bye«, ruft der Hospitant in das Mikrofon. »Good bye«, schallt es aus den Weiten des australischen Outback zurück.

Southern District

Wein zählt zu den wichtigsten Exportgütern des Kontinents: Weingut bei Manjimup

chen Zimmern; die hilfsbereiten, deutschen Besitzer organisieren Wildnistouren im Walpole-Nornalup National Park. DZ 120–130 A-$ (inkl. Frühstück).

Camping und Cabins ▶ **Denmark Rivermouth Caravan Park:** Tel. 08-98 48 12 62, www.denmarkrivermouthcaravanpark.com.au. Sehr gut ausgestatteter Platz, mit geräumigen Cabins, schön gelegen.

Manjimup ▶ 1, D 16

Durch Karri- und Jarrah-Wälder geht die Fahrt Richtung **Manjimup.** 50 km südöstlich der hübschen Holzfällerstadt berührt der South Coast Highway den Shannon National Park. Autofahrer können den Nationalpark auf dem Great Forest Trees Drive erkunden, einer 48 km langen Panoramastraße, für die man Erklärungen über das Autoradio (100 F) empfangen kann. In Manjimup lohnt sich ein Besuch des **Manjimup Timber Park,** der Rekonstruktion eines Holzfällerdorfs der Jahrhundertwende mit einem informativen Holzmuseum (Rose St., Ecke Edwards St., Tel. 08-97 71 18 31, tgl. 9–17 Uhr, Erw. 9,50 A-$, Kin 4,75 A-$, Fam. 23,75 A-$). Südlich des Ortes steht unweit des South Western Highway der 51 m hohe Karri-Baum Diamond Tree Fire Lookout, der einst als Feuerwarnturm diente. Heute können Schwindelfreie vom Ausguck in der Baumspitze die Fernsicht genießen.

Von Manjimup führt der South Western Highway nach Perth. Die längere, aber reizvollere Alternative ist die Fahrt durch den Leeuwin-Naturaliste National Park.

Infos

Manjimup Visitor Centre: Giblett St., Tel. 08-97 71 18 31, www.southernforests.com.au, tgl. 9–17 Uhr.

Zwischen Albany, Walpole und Busselton

Übernachten

Country Charme ▶ Kingsley Motel: 74 Chopping St., Tel. 08-97 71 11 77, www.kingsleymotel.com.au. In zentraler Lage, gute Standardzimmer, aber hervorragendes Restaurant. DZ ab 105 A-$.

Camping und Cabins ▶ Manjimup Caravan Park: Mottram St. (South Western Hwy), Tel. 08-97 71 20 93. Gut ausgestatteter Platz, mit Cabins.

Pemberton ▶ 1, C 16

Südwestlich von Manjimup liegt **Pemberton,** das Zentrum der Holz verarbeitenden Industrie im Südwesten. Die 1913 gegründete Pemberton Sawmill ist eines der größten Sägewerke Australiens. 3 km südöstlich des Ortes ragt der 52 m hohe Eukalyptusriese Gloucester Tree in den Himmel, der als Feuerwarnturm dient. Genau 153 in den Stamm gerammte Holz- und Stahlpflöcke bilden eine Wendeltreppe zur Baumspitze (tgl. 9–18 Uhr, 11 A-$/Auto).

Zwischen Pemberton und Northcliffe erstreckt sich mit dem Kingdom of the Karri das Königreich der bis zu 1000 Jahre alten Karri-Eukalypten. Von Northcliffe, wo ein kleines Museum einen Blick in die Pionierzeit erlaubt (tgl. 10–16 Uhr, Eintritt frei), führt eine Teerstraße zum Ferienort Windy Harbour. Weiter südlich fallen die imposanten Steilklippen des Point D'Entrecasteaux schroff zum Meer ab.

Infos

Pemberton Visitors Centre: Brockman St., Tel. 08-97 76 11 33, www.pembertontourist.com.au, tgl. 9–17 Uhr.

Übernachten

In herrlicher Lage ▶ Karri Valley Resort: Pemberton-Vasse Hwy, Tel. 08-97 76 20 20, www.karrivalleyresort.com.au. Mit Blick auf See und Wald am Lake Beedleup mit preisgekröntem Restaurant, 20 km westl. der Stadt. DZ 195–235 A-$.

Camping und Cabins ▶ Pemberton Caravan Park: 1 Pumphill Rd., Tel. 08-97 76 13 00. Gut ausgestatteter Platz, mit gemütlichen Blockhütten.

Aktiv

Panoramabahn ▶ Pemberton Tramway: Pemberton Railway Station, Tel. 08-97 76 13 22, www.pemtram.com.au, tgl. 10.45, 14 Uhr, Erw. 18 A-$, Kin. 9 A-$, Fam. 45 A-$. Fahrt zum Warren River (ca. 2 Std.); jeden 3. Sa fährt der Zug durch das Kingdom of the Karri von Pemberton nach Northcliffe (hin und zurück 5,5 Std.).

Augusta ▶ 1, C 16

Von dem Ferien- und Fischerdorf **Augusta** lohnt sich ein Abstecher zum Cape Leeuwin mit einem Leuchtturm aus dem Jahre 1895, von dem sich ein ausgezeichneter Blick über die grandiose Küstenlandschaft bietet (Tel. 08-97 58 19 20, Führungen tgl. 9–16.30 Uhr alle 40 Min., Erw. 15 A-$, Kin. 7 A-$).

Infos

Augusta Visitor Centre: Blackwood Ave., Tel. 08-97 58 01 66, www.augusta.wa.au, tgl. 9–17 Uhr.

Übernachten

Mit Flussblick ▶ Augusta Hotel-Motel: Blackwood Ave., Tel. 08-97 58 19 44, www.augusta-resorts.com.au. Sehr schöne Lage am Blackwood River, Bar und Restaurant. DZ 90–150 A-$, Mehrbettzimmer (mit Gemeinschaftsbad) ab 24 A-$/Pers.

Camping und Cabins ▶ Doonbanks Caravan Park: Blackwood Ave., Tel. u. Fax 08-97 58 15 17. Sehr gut ausgestatteter Platz, mit geräumigen Cabins.

Die Caves Road ▶ 1, C 15/16

Zwischen dem Cape Leeuwin, der südwestlichsten Spitze Australiens, und dem Cape Naturaliste erstreckt sich der Leeuwin-Naturaliste National Park mit zerklüfteten Klippenformationen und einem ausgedehnten System faszinierender Tropfsteingrotten. Nördlich von Augusta beginnt die parallel zum Bussell Highway verlaufende **Caves Road,** entlang derer sich rund 300 Höhlen reihen. Als spektakulärste gelten die 8 km nördlich von Augusta gelegenen **Jewel Caves,** deren Stalaktiten und Stalagmiten zu den weltweit größten ge-

Southern District

hören (Führungen tgl. 9.30–15.30 Uhr alle 60 Min., Erw. 20 A-$, Kin. 10 A-$, Fam. 50 A-$). Weiter nördlich folgen die **Lake Cave** mit einem unterirdischen See (Führungen tgl. 9.30–15.30 Uhr alle 60 Min., Erw. 20 A-$, Kin. 10 A-$, Fam. 50 A-$) und die **Mammoth Cave,** in der Fossilien ausgestorbener Säugetiere entdeckt wurden (tgl. 9–17 Uhr, Erw. 20 A-$, Kin. 10 A-$, Fam. 50 A-$).

Im **Cave Works Centre** nahe der Lake Cave vermitteln Displays und Videos Wissenswertes über die geologische Entstehung, Fauna und Flora der Region (Tel. 08-97 57 74 11, tgl. 9–17 Uhr, hier auch Grand Tour Pass für den Besuch aller Höhlen erhältlich: Erw. 48 A-$, Kin. 22 A-$, Fam. 135 A-$).

Margaret River

In der Gegend um das Städtchen **Margaret River,** das den Ruf der renommiertesten Weinanbauregion im Südwesten genießt, werden einige der besten Weine der Welt produziert. Liebhabern edler Rebensäfte bietet sich die Gelegenheit, auf einem der zahlreichen Weingüter dort gezogene Spitzenweißweine zu genießen. Einige der regionalen Winzer erhielten für ihre Erzeugnisse wiederholt internationale Auszeichnungen.

Infos

Visitor Centre & Regional Wine Centre: 100 Bussell Hwy, Tel. 08-97 57 29 11, www.margaretriver.com, tgl. 9–17 Uhr. Auch Infos über Weinanbau in der Region.

Übernachten

In Margaret River und Umgebung gibt es zahlreiche stilvolle B-&-B-Pensionen, schicke Boutiquehotels sowie Ferienhäuser in landschaftlich reizvoller Lage, Informationen und Buchung beim Visitor Centre.

Stilvolles Motel ▶ **Comfort Inn Grange on Farrelly:** 18 Farrelly St., Tel. 18 00-65 01 00, www.grangeonfarrelly.com.au. Motel mit Flair in einem 1885 erbauten Farmhaus, Restaurant und Pool. DZ 145–205 A-$.

Camping und Cabins ▶ **Margaret River Tourist Park:** 44 Station Rd., Tel. 08-97 55 72 180, www.mrtouristpark.com. Sehr gut ausgestatteter Caravan Park mit gemütlichen Cabins.

Essen & Trinken

Für Seafood-Freunde ▶ **Waves:** 151 Bussell Hwy, Tel. 08-97 57 32 32, tgl. 18–23 Uhr. Kleines, feines Fischlokal, Geheimtipp der Ortskundigen und Einheimischen. Vorspeisen 12–16 A-$, Hauptgerichte 19,50–38 A-$.

Aktiv

Weingüter ▶ **Beckett's Flat,** Beckett Rd., Ecke Bussell Hwy, Metricup, Tel. 08-97 55 74 02, www.beckettsflat.com.au, tgl. 10–18 Uhr. Kleines, renommiertes Weingut. **Evans & Tate:** Caves Rd., Ecke Metricup Rd., Wilyabrup, Tel. 08-97 55 62 44, www.evansandtate.com.au, tgl. 10.30–17 Uhr. Preisgekröntes, innovatives Weingut.

Von Margaret River nach Perth ▶ 1, C 14/15

Yallingup

Die bekanntesten Höhlen im Nordteil des Leeuwin-Naturaliste N. P. sind die Ngilgi Caves nahe **Yallingup** (Tel. 08-97 55 21 52, Führungen tgl. 9.30–16.30 Uhr alle 30 Min., Erw. 19,50 A-$, Kin. 9,50 A-$, Fam. 48,50 A-$). Die nördlichste Spitze des Naturschutzgebiets markiert das Cape Naturaliste mit einem Leuchtturm (Tel. 08-97 55 39 55, Führungen tgl. 9.30–16 Uhr alle 30 Min., Erw. 9,50 A-$, Kin. 4,75 A-$, Fam. 23,75 A-$). Ein Spaziergang führt zum Whale Lookout, von dem man von Juni bis Oktober Wale beobachten kann (hin u. zurück 1,5 km).

Busselton

Busselton an der Geographe Bay hat sich wegen seiner wind- und wettergeschützten Lage zu einem beliebten Ferienzentrum der Großstädter aus dem rund 200 km entfernten Perth entwickelt. Einen Eintrag ins Guinness-Buch der Rekorde hätte die Busselton Jetty verdient – mit knapp 2 km ist sie der längste Holzpier der südlichen Hemisphäre.

Von Margaret River nach Perth

Busselton Jetty: der längste Holzpier der Welt

Übernachten

Angenehmes B & B zum Relaxen ▶ **Jacaranda Guesthouse:** 30 West St., Tel. 08-97 51 49 73, www.jacarandaguesthouse.com. Behaglich eingerichtete Zimmer, schöner Garten und ruhige Lage; Kelly und Mick, die hilfsbereiten Besitzer, stehen ihren Gästen jederzeit mit Rat und Tat zur Seite. DZ 120 A-$ (inkl. Frühstück).

Bunbury

In der modernen Hafenstadt **Bunbury** blieben einige sehenswerte Kolonialgebäude erhalten. Das 1867 bis 1880 erbaute King Cottage dient heute als Museum für Regionalgeschichte mit einer historischen Sammlung und viktorianischen Möbeln (77 Forrest Ave., Tel. 08-97 21 75 46, tgl. 14–16 Uhr, Eintritt frei).

Größter Besuchermagnet der Stadt aber sind die Delfine, die in der Geographe Bay leben. Einige der Großtümmler erscheinen regelmäßig vormittags am Strand der Koombana Bay, um sich ihr Futter abzuholen. Im nahen Dolphin Discovery Centre wird Wissenswertes über die Meeressäugetiere vermittelt. Dort kann man auch Bootstouren zur Delfinbeobachtung buchen. Zwischen Dezember und April ist es sogar möglich, mit den verspielten Tieren zu schwimmen (Dolphin Discovery Centre: Koombana Dr., Tel. 08-97 91 30 88, www.dolphindiscovery.com.au, tgl. 9–17 Uhr, Erw. 10 A-$, Kin. 5 A-$, Fam. 25 A-$; Touren: tgl. 9.30, 11, 14 Uhr, Erw. 53 A-$, Kin. 35 A-$, Fam. 161 A-$).

Nordöstlich von Bunburry liegt **Australind,** das sich der kleinsten Kirche in Australien rühmen kann. Die nur 3,8 x 6,7 m große St. Nicholas Church wurde um 1840 als Wohnhütte errichtet, bevor man sie acht Jahre später in ein Gotteshaus umwandelte. Gegenüber steht das Henton Cottage von 1841.

Übernachten

Panoramablick aufs Meer ▶ **Lighthouse Beach Resort:** 69 Carey St., Tel. 08-97 81 27 99, www.lighthousehotel.com.au. Gegenüber dem Leuchtturm und nicht weit vom Strand gelegen, komfortable Zimmer und Apartments mit herrlicher Aussicht, Restaurant und Pool. DZ 125–195 A-$.

Von Bunbury nach Perth

Nach Perth sind es jetzt noch etwas mehr als 140 km. Stopps lohnen sich in dem historischen Postkartenstädtchen **Pinjarra** mit stilvoll restaurierten Gebäuden, darunter die 1830 erbaute ehemalige Kutschenstation Blythewood, in dem beliebten Ferienort Mandurah am Peel Inlet und in Rockingham, dem Ausgangspunkt für Pinguin Island mit Seelöwen- und Pinguinkolonien (www.rockingham wildencounters.com.au).

Perth

Hauptstadt von Western Australia ist die Boomtown Perth. Obwohl der flächenmäßig größte australische Bundesstaat etwa siebenmal so groß ist wie die Bundesrepublik Deutschland, leben dort nur gut 2 Mio. Menschen, rund 1,5 Mio. allein in Perth. Damit ist die Metropole am Swan River die viertgrößte Stadt Down Under.

Dank der immensen mineralischen Bodenschätze und einer auf Hochtouren laufenden Bergbauindustrie entwickelte sich das einst ›rückständige Nest‹ am Indischen Ozean im Eiltempo zu einem wohlhabenden und modernen Geschäftszentrum mit den höchsten Zuwachsraten in Australien. Hypermoderne Glas- und Betonriesen haben das Stadtbild rasch verändert. So werden Schmuckstücke alter Baukunst von den Exponenten einer modernen Zweckarchitektur hart bedrängt – ›reizvolle Kontraste‹ nennt das ein Prospekt des lokalen Fremdenverkehrsamts.

Während Perth in den Nachkriegsjahren vor allem ein bedeutendes Einwanderungsziel für Immigranten aus Europa war, zieht es heute auch viele Australier von der Ostküste hierher, denen es dort zu ›eng‹ geworden ist. Trotz der andauernden Expansion gilt Perth, das vom Rest des australischen Kontinents durch riesige Wüstengebiete getrennt ist, immer noch als eine der isoliertesten Millionenstädte der Welt. Auf dem Landweg ist Perth von Brisbane 5322 km, von Sydney 4336 km, von Melbourne 3386 km und von Adelaide, der nächsten Großstadt, 2720 km entfernt. Jakarta, die Hauptstadt von Indonesien, liegt näher als Canberra.

Kann Perth auch nicht mit spektakulären Attraktionen aufwarten, so besticht die Stadt doch durch ihre herrliche Lage am Swan River sowie durch ihr Klima. Dort beträgt die durchschnittliche Sonnenscheindauer pro Tag fast acht Stunden, und selbst im Juli, dem kältesten Wintermonat, liegt die Durchschnittstemperatur bei 13 °C. Aber auch die heißesten Sommertage, an denen die Quecksilbersäule nicht selten auf bis zu über 40 °C klettert, sind in Perth erträglich. Dafür sorgt der ›Fremantle Doctor‹, eine kühle Brise, die von der Hafenstadt Fremantle herüberweht.

Ein Blick in die Geschichte

Wegen der Abgeschiedenheit, des trockenen Klimas und der wenig ertragreichen Böden in Western Australia zeigte die britische Krone zunächst kaum Interesse an einer Besiedlung dieses Teils des Kontinents. Erst 1826 gründeten die Engländer an der Südküste den Hafen Albany, hauptsächlich um eventuellen Ansprüchen anderer Länder zuvorzukommen. Am 2. Mai 1829 hisste Captain Charles Fremantle an der Mündung des Swan River die britische Flagge und nahm im Namen der Krone die Küste von Neu-Holland, wie Western Australia damals genannt wurde, in Besitz. Bereits zwei Jahre zuvor hatte man in London für den Mündungsbereich des Swan River eine Kolonie ohne Sträflinge geplant. Im Juni 1829 trafen die ersten weißen Siedler ein und begannen knapp 20 km nördlich der Mündung des Flusses ein Dorf zu errichten – die Keimzelle des heutigen Perth.

Die Erwartungen aber wurden rasch enttäuscht. Man sprach den Pionieren mehr oder minder planlos Siedlungsland zu, das sich überdies als weit weniger fruchtbar als angenommen erwies. Außerdem fehlte es

Downtown

den meist städtischen Neuankömmlingen an Erfahrung in der Landwirtschaft. Nach einigen Missernten geriet die Kolonie um 1840 in so ernste Schwierigkeiten, dass das Experiment der privaten Gründung zu scheitern drohte. Als zudem die meisten freien Arbeiter in die expandierenden östlichen Kolonien abwanderten, wurde der Mangel an Arbeitskräften so akut, dass die Siedler entgegen ihren ursprünglichen Absichten die Entsendung von Häftlingen beantragten. Zwischen 1850 und 1868, als die Deportationen nach Australien eingestellt wurden, kamen fast 10 000 Strafverbannte in den Westen. Obwohl sie einen bedeutenden Anteil am Aufbau der Kolonie hatten, setzte der Aufschwung von Western Australia erst in den 1890er-Jahren ein, als die Kunde von großen Goldfunden bei Coolgardie und Kalgoorlie um die Welt ging und Zehntausende in die menschenarme Region strömten.

Als der Goldboom nach 1903 rasch abflaute, setzte erneut eine lange wirtschaftliche Stag-nation ein, die bis Anfang der 1950er-Jahre andauerte, als man in der Pilbara-Region auf die weltweit ergiebigsten Eisenerzvorkommen stieß. Nach der Erschließung ausgedehnter Lager wertvoller Mineralien wurde Western Australia ein neues Eldorado, und Perth vollzog einen beinahe kometenhaften Aufstieg vom Aschenbrödel zu einer bedeutenden Weltstadt.

Downtown ▶ 1, C 14

Cityplan: S. 302

Die Cultural Centre Mall

Einen Stadtrundgang, für den man einen Tag einplanen sollte, beginnt man am besten vor der **City Railway Station** 1, dem zwischen 1893 und 1894 erbauten viktorianischen Schmuckstück der Stadt. Einige Schritte nördlich des Bahnhofs erstreckt sich in der James Street die Cultural Centre Mall, das kulturelle Aushängeschild von Perth, mit der **Western Australian Art Gallery** 2 und dem **Western Australian Museum** 3. Die Kunst-

Tipp: Jogging in the City

Die schönste **Jogging-Strecke** führt von der St. Georges Terrace in der City über die Mount Street zum Kings Park. Durch die Botanic Gardens und danach den Mitchell Freeway unterquerend geht es zum Swan River. Dem nördlichen Ufer folgend kommt man vorbei am Barrack Street Jetty zu den Supreme Court Gardens am Südrand der City. Das macht ca. 3–4 km. Besser lassen sich Sightseeing und Sport kaum miteinander verbinden.

galerie präsentiert traditionelle sowie zeitgenössische australische und europäische Malerei sowie eine gute Sammlung von Aboriginal-Kunst (Tel. 08-94 92 66 00, www.artgallery.wa.gov.au, tgl. 10–17 Uhr, Eintritt frei, Sonderausstellungen und -veranstaltungen gebührenpflichtig). Zu der Anlage des Western Australian Museum gehört die sehenswerte Aboriginal Gallery mit einer Sammlung von Gebrauchsgegenständen und Artefakten der Ureinwohner, das Marine Life Display sowie das Old Perth Gaol, das restaurierte Gefängnis von 1856, mit einer Ausstellung zur Geschichte von Western Australia (Tel. 08-94 27 27 00, www.museum.wa.gov.au, www.liswa.wa.gov.au, tgl. außer Mi 9.30–17 Uhr, Spende erbeten).

Ebenfalls in der ›Kulturmeile‹ von Perth befinden sich die **State Library of Western Australia** (Tel. 08-94 27 31 11, Mo–Do 9–20, Fr 9–17.30, Sa/So 10–17 Uhr) und das **Perth Institute of Contemporary Art** mit Ausstellungen experimenteller und avantgardistischer Kunst (Tel. 08-92 27 93 39, www.pica.org.au, Di–So 11–18 Uhr, Eintritt frei).

Entlang der St. Georges Terrace

Südlich der City Railway Station erstreckt sich das Geschäfts- und Einkaufsviertel. Tagsüber und am frühen Abend herrscht in dem Areal, dessen Magistralen Murray Street, Hay Street und **St. Georges Terrace**

durch kleine Arkaden mit Boutiquen, Cafés und Restaurants miteinander verbunden sind, buntes Treiben. Nirgendwo sonst in der Stadt ist das Nebeneinander von Gestern und Heute so augenfällig wie an der St. Georges Terrace. Der Prachtboulevard überrascht mit einem Potpourri an Stilrichtungen: Strenge georgianische Eleganz, verspielter ›viktorianischer Barock‹ und moderner Funktionalismus bestimmen kontrastreich das Bild.

An der Ecke von Pier Street und St. Georges Terrace stehen die 1906 errichtete presbyterianische **St. Andrews Church** 4 und The Deanery, das in den späten 50er-Jahren des 19. Jh. erbaute Dekanat. Gegenüber präsentiert das zwischen 1859 und 1864 errichtete **Government House** 5, dessen die Hauptfassade untergliedernde Türmchen eine Reminiszenz an den Tower of London sein sollen, eine skurrile Stilmischung aus Neoromanik und Neogotik.

Stirling Gardens und Supreme Court Gardens

Inmitten der **Stirling Gardens** und der **Supreme Court Gardens,** einer grünen Oase im eher etwas trist wirkenden Gebäude-Arrangement des Viertels, befindet sich der Supreme Court sowie das zwischen 1836 und 1837 errichtete **Old Court House** 6, eines der ältesten Gebäude von Perth, das heute das Justizmuseum Francis Burt Law Centre beherbergt (Tel. 08-93 25 47 87, Mo–Fr 10–14.30 Uhr, Eintritt frei).

Südlich der Supreme Court Gardens erklingen täglich in der Mittagszeit die **Swan Bells** 7, ein Ensemble von 18 Glocken un-

Perth

Sehenswert
1. City Railway Station
2. Western Australian Art Gallery
3. Western Australian Museum
4. St. Andrews Church
5. Government House
6. Old Court House
7. Swan Bells
8. St. Georges Cathedral
9. Town Hall
10. London Court
11. Old Perth Boys School
12. Cloisters
13. Kings Park
14. Zoological Gardens
15. Old Mill

Übernachten
1. Esplanade Hotel
2. Aarons
3. Miss Maud Swedish Hotel
4. Sullivans Hotel
5. Hotel Ibis Perth
6. Wentworth Plaza Hotel
7. Norfolk Hotel
8. Globe Backpackers City Oasis Resort
9. Perth Central Caravan Park

Essen & Trinken
1. Incontro
2. C Restaurant in the Sky
3. Frasers's
4. The Fishy Affair
5. Altos
6. Han's Café
7. The Metro Food Court

Einkaufen
1. Fremantle Markets
2. The Australian Shop
3. Creative Native Aboriginal Art Gallery
4. Bannister Street Craftworks
5. Paddy Pallin
6. Subiaco

Abends & Nachts
1. Perth Concert Hall
2. Playhouse Theatre
3. The Blue Room
4. His Majesty's Theatre
5. His Majesty's Tavern
6. Aberdeen Hotel
7. Carnegie's
8. Metropolis City
9. Moon and Sixpence
10. Tiger Lil's Tavern
11. Little Creatures Brewery
12. Universal Bar

Aktiv
1. City Explorer Tour
2. City Sightseeing Bus
3. Fremantle Tram Tours
4. Fremantle Aboriginal Heritage Tour
5. Kings Park Indigenous Heritage Tour
6. Swan River Scenic Cruises
7. Swan Valley Wine Cruise

terschiedlicher Größe zu einem weithin hörbaren Konzert. Von der Aussichtsplattform des 82 m hohen futuristischen Stahl-Glas-Glockenturms bietet sich ein schöner Blick auf die City und den Swan River (Tel. 08-92 18 81 83, www.swanbells.com.au, tgl. 10–18 Uhr, Erw. 12 A-$, Kin. 8 A-$). Fähren nach South Perth sowie Ausflugsschiffe nach Fremantle, zur Rottnest Island und ins Swan Valley legen vom nahen Barrack Street Jetty ab.

Zurück zur St. Georges Terrace

Am nördlichen Rand der Stirling Gardens sorgt eine Gruppe bronzener Kängurus für Aufmerksamkeit. Gegenüber steht der mächtige Ziegelsteinbau der anglikanischen **St. Georges Cathedral** 8 von 1880. In der Barrack Street entstand zwischen 1867 und 1870 die **Town Hall** 9 mit markantem Glockenturm. Seitlich des Haupteingangs wacht eine Statue von Captain James Stirling, dem ersten Gouverneur der Kolonie Western Australia.

Die bekannteste Einkaufsarkade der Stadt, **London Court** 10, wurde einer alten englischen Gasse der Tudorepoche nachempfunden. Zwischen 1852 und 1855 errichteten Strafverbannte die neogotische **Old Perth Boys School** 11, die heute den **National Trust of Western Australia** (Amt für Denkmalpflege) und ein schönes Café beherbergt (139 St. Georges Terr., Tel. 08-93 21 27 54, tgl. 7–18 Uhr).

Gegenüber der Einmündung der Mill Street in die St. Georges Terrace sieht man die Reste der 1858 errichteten **Cloisters** 12, einer ehemaligen anglikanischen Knabenschule, deren altehrwürdiges Ziegelsteinwerk heute in ein modernes Hochhaus integriert ist.

Eine der Lebensadern von Perth: die Wellington Street

Der Kings Park

Den **Kings Park** 13, die schönste Parkanlage von Perth unmittelbar vor den Toren der City, erreicht man leicht zu Fuß oder per Bus (Nummer 33 ab St. Georges Terrace). Ein Großteil des 1872 angelegten Parks besteht aus naturbelassenem Buschland, das sich in den Frühlingsmonaten in ein farbenprächtiges Blumenmeer verwandelt. Zudem beherbergt die Anlage einen Botanischen Garten mit über 2000 westaustralischen Pflanzenarten. Besucher ohne Höhenangst können auf dem 222 m langen Tree Top Walk, der hoch in den Wipfeln von Eukalyptusbäumen verläuft, den Park aus ungewöhnlicher Perspektive sehen (Tel. 08-94 80 36 00, www.bgpa.wa.gov.au/kings-park, Mo–Fr 7 Uhr bis Sonnenuntergang, Sa/So 9 Uhr bis Sonnenuntergang, Eintritt frei, kostenlose ein- oder zweistündige Führungen tgl. 10, 14 Uhr, Treffpunkt Visitor Centre, Fraser Ave.).

Vom Legacy Lookout mit dem State War Memorial zum Gedenken an die australischen Opfer beider Weltkriege bietet sich ein grandioser Blick über Perth und den Swan River, der sich im Zentrum von Perth zu einem bis zu 2 km breiten See weitet, Perth Water oder Melville Lagoon genannt – ein ideales Erholungsgebiet und Wassersportrevier für die Perthianer. Seinen Namen erhielt der Swan River bereits 1697 von Willem de Vlamingh. Der holländische Forschungsreisende benannte den Fluss nach den Schwarzen Schwänen, heute die Wappentiere von Western Australia, die er dort zu Tausenden beobachtete.

South Perth

Südlich der Lagune breitet sich der Stadtteil South Perth aus – am bequemsten erreichbar mit einer Fähre vom Barrack Street Jetty. Von der Anlegestelle sind es fünf Fußminuten zu den **Zoological Gardens** 14, in denen vor allem das Nachttierhaus und das große Aviarium einen Besuch lohnen (20 Labouchere Rd., Tel. 08-94 74 35 51, www.perthzoo.wa.gov.au, tgl. 9–17 Uhr, Erw. 20 A-$, Kin. 10 A-$, Fam. 52,50 A-$). Am südlichen Ende der Narrows Bridge steht die restaurierte Getreidemühle **Old Mill** 15 aus dem Jahre 1835, die heute als ein Mühlenmuseum dient (Tel. 08-93 67 57 88, tgl. 10–16 Uhr, Eintritt frei).

Rund um Perth: Süden und Südwesten

Fremantle

19 km südwestlich der City liegt **Fremantle,** der alte und neue Hafen der Hauptstadt von Western Australia. Die nach Captain Charles Fremantle benannte Stadt an der Mündung des Swan River in den Indischen Ozean wurde zeitgleich mit Perth gegründet. Obwohl Fremantle heute noch ein wichtiger Hafen zur Verschiffung von mineralischen Rohstoffen und landwirtschaftlichen Produkten ist, gelang es, den historischen Charakter des alten Stadtkerns zu erhalten. Dass die meisten der rund 150 alten Bauwerke wieder im Glanz der Kolonialzeit erstrahlen, ist vor allem auch dem America's Cup von 1987, dem bedeutendsten Segelereignis in der Sportgeschichte von Australien, zu verdanken. Damals wurde Fremantle als Austragungsort der Regatta mit viel architektonischem Feingefühl herausgeputzt. Zudem überrascht ›Freo‹ mit netten Bistros und Boutiquen, gemütlichen Pubs und Restaurants sowie interessanten Museen und Galerien. Straßencafés reihen sich an der South Terrace, dem sogenannten Cappuccino Strip. Eine beschauliche Art, Fremantle von der City zu erreichen, bieten die Flussschiffe, die regelmäßig vom Barrack Street Jetty ablegen.

Ein günstiger Ausgangspunkt für einen zwei- bis dreistündigen Rundgang ist das 1831 errichtete **Old Round House** am Arthur Head, das einst als erstes Gefängnis der Swan-River-Kolonie diente. In diesem Gebäude wurden die verbannten Sträflinge nach ihrer Ankunft in Fremantle vorübergehend untergebracht (Tel. 08-93 36 68 97, tgl. 10.30–15.30 Uhr, Eintritt frei, Spende erbeten).

Nächste Station ist das am südlichen Ende der Cliff Street gelegene **Western Australian Maritime Museum** mit Schiffsmodellen, Konstruktionszeichnungen, Galionsfiguren sowie dem rekonstruierten Rumpf der ›Batavia‹, eines 1629 vor der Küste gesunkenen niederländischen Handelsschiffs (Tel. 08-94 31 84 44, www.museum.wa.gov.au/mari time, tgl. außer Mi 9.30–17 Uhr, Erw. 10 A-$, Kin. 5 A-$, Fam. 22 A-$).

Weiter geht es zu den **Fremantle Markets** **1** an der Ecke von South Terrace und Henderson Street. In den 1897 errichteten Hallen werden heute noch regelmäßig Märkte abgehalten (Tel. 08-93 35 25 15, www.fremantle markets.com.au, Fr 9–21, Sa 9–17, So/Mo u. Fei 10–17 Uhr). Gleich nebenan liegen die **Warders Quarters,** die 1851 erbauten ehemaligen Unterkünfte für die Sträflingsaufseher. An der William Street links abzweigend, kommt man nach wenigen Schritten zur Fremantle **Town Hall** von 1887, in der sich ein Fremdenverkehrsbüro befindet. Etwas abseits erhebt sich in der Adelaide Street die anglikanische **St. Johns Church** aus dem Jahre 1881 mit sehenswerten Buntglasfenstern.

Entlang der vom St. Johns Square abzweigenden High Street gibt es einige Kunstgalerien. In der parallel zur High Street verlaufenden Bannister Street locken die **Bannister Street Craftworks** **4**, die Ateliers und Werkstätten mehrerer Künstler und Kunsthandwerker. Etwas abseits liegt das düstere **Fremantle Prison.** Das von Strafdeportierten Mitte des 19. Jh. erbaute festungsartige Gebäude diente bis 1991 als Hochsicherheitsgefängnis. Nur etwas für Besucher ohne Platzangst ist die Tunnel-Tour, bei der man zu Fuß und mit kleinen Booten bis zu 20 m unter der Erde das Stollenlabyrinth des historischen Gefängnisses erkundet (1 The Terrace, Tel. 08-93 36 92 00, www.fremantleprison. com.au, tgl. 10-17 Uhr, Führungen alle 30 Min., Erw. 18 A-$, Kin. 9,50 A-$, Fam. 50 A-$; ›Tunnel Tour‹ Erw. 28 A-$, Kin. 16 A-$, Fam. 72 A-$; ab 19.30 Uhr ›Torchlight Tours‹ – 90-minütige Führungen durch das historische Museum im Schein von Taschenlampen, Erw. 24 A-$, Kin. 14 A-$, Fam. 69 A-$). Den Abschluss des Rundgangs bildet ein Abstecher zum **Victoria Quay im Hafen**, über den sich ein schöner Blick von der Aussichtsplattform des Port Authority Building bietet.

Rottnest Island

Knapp 20 km vor Fremantle liegt die weitgehend aus Sand und Kalkstein bestehende In-

Perth

Tipp: Ritt auf den Wellen

Die citynahen Traumstrände locken nicht nur Schwimmer und Sonnenanbeter, sondern auch Wellenreiter. Einer der bekanntesten Hotspots zum Kiten oder Surfen ist **Scarborough Beach**, der mit Bilderbuchwellen sowohl für Anfänger als auch Fortgeschrittene geeignet ist. Trigg Island, ca. 15 km nordwestlich von Perth, ist dagegen selbst für Könner eine echte Herausforderung. Ein besonderes Highlight sind die nächtlichen Wettkämpfe, die regelmäßig am City Beach veranstaltet werden.

sel **Rottnest Island**, deren Vegetation sich auf niedriges Buschwerk beschränkt. Der Name des Eilands beruht auf einem biologischen Irrtum. Holländer, die hier Ende des 17. Jh. an Land gingen, hielten die zahlreichen dort lebenden Quokkas (eine kleine Känguru-Art) für große Ratten und nannten die Insel daher ›Rattennest‹. Neben schneeweißen Stränden und hervorragenden Tauchrevieren bietet das Eiland, das zu den beliebtesten Wochenendausflugszielen der Perthianer zählt, das ehemalige Gefängnis The Quad und das Quokka Arms Hotel, die einstige Sommerresidenz verschiedener Gouverneure von Western Australia. Auf der Insel gibt es keine Autos, nur einige Ausflugsbusse und viele Mietfahrräder (www.rottnestisland.com; Anreise: Rottnest Express, ab Barrack Street Jetty, City, Tel. 08-94 21 58 88, www.rottnestexpress.com.au, tgl. 8.45, 9.45 Uhr, Rückfahrkarte: Erw. 79,50 A-$, Kin. 45 A-$, Fam. 193,25 A-$ oder ab Victoria Quay, Fremantle, Tel. 08-93 35 64 06, tgl. 7.30, 9.30, 11.30, 15.30, 18 Uhr, Erw. 59,50 A-$, Kin. 35 A-$, Fam. 153,25 A-$).

Norden und Nordwesten

Lake Monger

Gerade 4 km nordwestlich des Zentrums von Perth und leicht mit öffentlichen Verkehrsmitteln erreichbar liegt das Naturschutzgebiet des **Lake Monger** mit zahlreichen Schwarzen Schwänen und anderen Wasservögeln. Problemlos gelangt man per Bus von der City auch an die ausgezeichneten Badestrände am Indischen Ozean, etwa City Beach, Brighton Beach, Scarborough Beach, North Beach, Sorrento Beach und Mullaloo Beach.

Hillarys und Yanchep

Im nördlichen Vorort **Hillarys** befindet sich der weitläufige Jachthafen Hillarys Boat Harbour mit dem Laden- und Restaurantzentrum Sorrento Quay und dem Aquarium of Western Australia, einem riesigen Salzwasseraquarium zum ›Hindurchgehen‹ (Tel. 08-94 47 75 00, www.aqwa.com.au, tgl. 10–17 Uhr, Erw. 28 A-$, Kin. 16 A-$, Fam. 75 A-$). Interaktive Displays sowie Computer- und Videoanimationen vermitteln im auf der anderen Seite des Hafens gelegenen Naturaliste Marine Discovery Centre Einblick in die Forschungsarbeit von Meeresbiologen (Tel. 08-92 03 03 39, www.nmdc.com.au, Mo–Fr 10–16 Uhr, Erw. 7 A-$, Kin. 4 A-$, Fam. 15 A-$).

Yanchep trägt den Beinamen Sun City und erfreut sich als Ferienort großer Beliebtheit. Um das Städtchen breitet sich der Yanchep National Park aus, der mit dem Wasservogelparadies Loch McNess, einem kleinen Tierpark mit Koalagehege und vielen Tropfsteinhöhlen aufwarten kann. Besuchern zugänglich sind die Crystal and Yonderup Caves (Tel. 08-95 61 10 04, www.naturebase.net/yanchep, Führungen Mo/Sa 13.30, 14.15, 15, 15.45, So u. Fei 11.15, 16.30 Uhr, Erw. 11,50 A-$, Kin. 5,75 A-$, Fam. 28,75 A-$).

Osten und Nordosten

Das Swan Valley und Guildford

Die beliebteste Ausflugsregion im Osten von Perth ist das **Swan Valley**, das Tal des Swan River am Rande der Darling Range. Beiderseits des Flusses wird seit mehr als 150 Jahren Wein angebaut. Etwa 40 Weingüter, die fast alle für Proben und Verkauf geöffnet sind, erzeugen dort hochwertige rote und weiße Tafelweine. Am bequemsten erreicht man das

Rund um Perth

Swan Valley im Rahmen einer weinseligen Schiffstour vom Barrack Street Jetty in Perth.

Das Zentrum der Weinregion ist **Guildford.** Sehenswert sind dort das zwischen 1883 und 1885 errichtete viktorianische Woodbridge House (81 Ford St., Tel. 08-92 74 24 32, Mo–Sa 13–16, So u. Fei 11–17 Uhr, Erw. 4,50 A-$, Kin. 2,50 A-$, Fam. 11,50 A-$) und das Halls Museum mit Antiquitäten und Kuriositäten (105 Swan St., Tel. 08-92 74 67 89, tgl. außer Mo 10–16.30 Uhr, Erw. 4 A-$, Kin. 2 A-$). Guildford ist auch der Startpunkt für den 32 km langen Swan Valley Drive durch das Tal des Swan River, der zu einigen der namhaftesten Weingüter der Region führt.

Im Caversham Wildlife Park westlich von Guildford warten Känguru, Koala & Co. auf Besucher (Arthur Rd., Tel. 08-92 48 19 84, www.cavershamwildlife.com.au, tgl. 9–17.30 Uhr, Erw. 22 A-$, Kin. 8 A-$). Einige Kilometer nördlich zweigt eine Straße zum Whiteman Park mit einer Kunsthandwerkerkolonie ab (Lord St., Whiteman, Tel. 08-92 49 24 46, www.whitemanpark.com, Mi–So u. Fei 10–16 Uhr). Im oberen Swan Valley erstreckt sich als eines der letzten unberührten Gebiete des landwirtschaftlich genutzten Flusstals der Walyunga National Park. Weiter nördlich liegt im Tal des Avon River der gleichnamige Nationalpark mit zahlreichen Wanderwegen.

Östlich von Guildford

Folgt man von Guildford dem Great Eastern Highway in östlicher Richtung, so kommt man nach 10 km zum **John Forrest National Park,** dem in den Perth Hills gelegenen ältesten Nationalpark von Western Australia. Südlich von Mundaring liegt der Stausee Mundaring Weir, der die Bergbaustadt Kalgoorlie über eine 553 km lange Pipeline mit Wasser versorgt. Vom Stausee kann man auf einer landschaftlich reizvollen Strecke durch die Darling Range vorbei an den Lesmurdie Falls nach Perth zurückkehren. Fährt man von Mundaring auf dem Great Eastern Highway weiter gen Osten, erreicht man nach rund 60 km das 1831 gegründete Städtchen **York.** In der ältesten binnenländischen Siedlung von Western Australia lohnt sich vor allem wegen des fast stilrein erhaltenen kolonialen Ortsbilds ein Besuch. Sehenswert sind neben dem 1851 errichteten Castle Hotel, das lange Zeit als Postkutschenstation diente, vor allem der Ziegelbau der Town Hall aus dem Jahre 1911 mit reicher Stuckverzierung und eleganten Halbbogenfenstern.

Infos

Western Australian Visitor Centre: Forrest Pl., City, Tel. 13 00–36 13 51, www.wavisitorcentre.com, Mo–Do 8.30–18, Fr 8.30–19, Sa 8.30–17, So 10–17 Uhr. Infos zu Perth und Umgebung sowie zu allen touristisch bedeutsamen Regionen Western Australias; Buchung von Hotels, Ausflügen, Mietwagen u. a.

Fremantle Visitor Centre: Town Hall, Kings Square, Fremantle, Tel. 08-94 31 78 78, Mo–Fr 9–18, Sa/So 10–17 Uhr.

Department of Environment and Conservation: Hackett Dr., Crawley, Tel. 08-92 19 80 00, www.dec.wa.gov.au. Informationen über Nationalparks und Verkauf des Holiday Pass (40 A-$/Auto), mit dem man vier Wochen lang alle Nationalparks in Western Australia besuchen kann.

Royal Automobile Club of Western Australia (RAC): 832 Wellington St., West Perth, Tel. 08-94 21 44 44, www.racwa.com.au und www.mainroads.wa.gov.au (Infos über Highways und Pisten.

Perth im Internet: www.cityofperth.wa.gov.au. und www.experienceperth.com und www.visitfremantle.com.au.

Übernachten

Mit dem Flair alter Zeiten ▶ Esplanade Hotel 1: Marine Terr., Ecke Essex St., Fremantle, Tel. 08-94 32 40 00, www.esplanadehotelfremantle.com.au. Luxushotel im Kolonialstil mit Restaurant und Pool. DZ 195–360 A-$.

Mittelklassehotel in zentraler Lage ▶ Aarons 2: Murray St., Ecke Pier St., City, Tel. 08-93 25 21 33, www.aaronshotels.com.au. Von außen nicht unbedingt ein Schmuckstück, aber behaglich ausgestattete Zimmer und gutes Restaurant. DZ 125–165 A-$.

Lang etabliert und beliebt ▶ Miss Maud Swedish Hotel 3: 97 Murray St., City, Tel.

Perth

08-93 25 39 00, www.missmaud.com.au. Beliebtes Haus im Stadtkern mit komfortablen Zimmern. DZ 125–155 A-$.

Angenehm und ruhig ▶ Sullivans Hotel 4: 166 Mounts Bay Rd., City, Tel. 08-93 21 80 22, www.sullivans.com.au. Gemütliches Hotel am Fuße des Kings Park, mit Restaurant und Pool. DZ 120–150 A-$.

Quadratisch, praktisch, gut ▶ Hotel Ibis Perth 5: 334 Murray St., City, Tel. 08-93 22 28 44, www.ibishotels.com.au. Nicht unbedingt das coolste Hotel der Stadt, aber 125 gut ausgestattete Zimmer, reichhaltiges Frühstücksbuffet und hinsichtlich Lage und Preis kaum zu toppen, zudem Tourbuchungen und Autovermietung. DZ 115–145 A-$.

Mit dem Charme der Alten Welt ▶ Wentworth Plaza Hotel 6: 300 Murray St., City, Tel. 08-93 38 50 00, www.wentworthplazahotelcom.au. Moderne Zimmer in viktorianischem Ambiente, Bar und Restaurant. DZ ab 110 A-$.

Pub-Hotel ▶ Norfolk Hotel 7: 47 South Terr., Fremantle, Tel. 08-93 35 54 05, www.norfolkhotel.com.au. Kein Ort für frühen Schlaf, dafür sind die neun Zimmer (die preiswerteren mit Gemeinschaftsbad) über dem historischen Pub an der Party-Meile von Fremantle geräumig und luftig. DZ ab 95 A-$.

Gegenüber vom Bahnhof ▶ Globe Backpackers City Oasis Resort 8: 561 Wellington St., City, Tel. 08-93 21 40 80, www.globebackpackers.com.au. Einfache Bleibe für Anspruchslose, die ihr Geld lieber für andere Dinge ausgeben. DZ 72 A-$, im Mehrbettzimmer 22–32 A-$/Pers.

Der City am nächsten gelegen ▶ Perth Central Caravan Park 9: 34 Central Ave., Ascot, Tel. 1300-76 00 60, www.perthcentral.com.au. 7 km östlich der City, sehr gut ausgestatteter Platz, mit gemütlichen Cabins.

Essen & Trinken

Gourmet-Paradies ▶ Incontro 1: Mends St./South Perth Esplanade, South Perth, Tel. 08-94 74 55 66, www.incontro.com.au, Di–So 11–15, 17–23 Uhr. Edles Fischrestaurant mit ideenreicher, aber nicht abgehobener Küche und v. a. abends traumhaftem Blick auf die Skyline der City. Vorspeisen 16–24 A-$, Hauptgerichte 22,50–46 A-$.

Restaurant mit Rundblick ▶ C Restaurant in the Sky 2: 44 St. Georges Terr., City, Tel. 08-92 20 83 33, www.crestaurant.com.au, tgl. 11–23.30 Uhr. Drehrestaurant im 33. Stock des St. Martins Tower mit internationalen Gerichten und einem grandiosen Panoramablick. Vorspeisen 14–18 A-$, Hauptgerichte 21–42 A-$.

Stylisch und angesagt ▶ Fraser's 3: Frasers Ave., Kings Park, Tel. 08-94 81 71 00, www.frasersrestaurant.com, tgl. 11.30–15, 17–22.30 Uhr. Leichte Gerichte der ›modernen australischen Küche‹ vor dem Panorama der City-Skyline. Vorspeisen 12–18 A-$, Hauptgerichte 20–41 A-$.

Exotische Gaumenfreuden ▶ The Fishy Affair 4: 132 James St., Northbridge, Tel. 08-93 28 39 39, www.fishyaffair.com.au, tgl. So–Fr 12–15, 17–22, Sa 17–23 Uhr. Neben Seafood ausgezeichnete Fischspezialitäten sowie Gerichte der ›Busch‹-Küche wie Kamel-, Känguru- und Krokodilsteaks. Vorspeisen 12–16 A-$, Hauptgerichte 18–38 A-$.

Klassiker seit Jahren ▶ Miss Maud Swedish Restaurant 3: s. o., tgl. 7.30–23 Uhr. Hervorragende skandinavische Küche, beliebt bei Ausgehungerten: das opulente Frühstücksbuffet und das reichhaltige Smørgasbord. Vorspeisen 11,50–14,50 A-$, Hauptgerichte 16–34 A-$.

Kreative Fusion-Küche ▶ Altos 5: 424 Hay St., Subiaco, Tel. 08-93 82 32 92, tgl. 12–15, 17–23.30 Uhr. Zeitgenössische australische Küche mit asiatischem Einfluss und eine ellenlange Weinkarte mit mehr als 400 edlen Tropfen. Vorspeisen 11–14 A-$, Hauptgerichte 16–32 A-$.

Asiatische Vielfalt ▶ Han's Café 6: 546 Hay St., City, Tel. 08-93 25 37 87, Mo–Fr 11–23, Sa/So 11–22 Uhr. Einfache Ausstattung, aber sehr gute chinesische, japanische und thailändische Gerichte. Vorspeisen 6,50–8,50 A-$, Hauptgerichte 14–24 A-$.

Internationaler Mix ▶ The Metro Food Court 7: Hay Street Mall, City, Mo–Fr 8–19.30, Sa 8–14 Uhr. Imbissstände mit kleinen

Adressen

Hutmode, präsentiert mit typisch australischem Charme, in einem Geschäft in Perth

Gerichten aus aller Welt. Hauptgerichte ab 8,50 A-$.

Einkaufen

Bunter Markt ▶ Fremantle Markets 1: South Terr., Ecke Henderson St., Fremantle, Tel. 08-93 35 25 15, Fr 9–21, Sa 9–17, So/Mo u. Fei 10–17 Uhr. Fleisch, Fisch, Obst, Gemüse, Kunst und Kitsch u. viel Lokalkolorit.

Made in Australia ▶ The Australian Shop 2: 161 Murray Street Mall, City, Tel. 08-93 25 29 97, Mo–Fr 9–19, Sa/So 10–17 Uhr. Hier findet man typisch australische Mitbringsel.

Aboriginal-Kunst als Souvenir ▶ Creative Native Aboriginal Art Gallery 3: Forrest Pl., City (gegenüber Western Australian Visitor Centre), Tel. 08-92 21 58 oo, www.creativenative.com.au, Mo–Do 9–18, Fr 9–19, Sa 9–17, So 12–17 Uhr. Beste Adresse für hochwertiges Aboriginal-Kunsthandwerk.

Kunsthandwerk ▶ Bannister Street Craftworks 4: 8–12 Bannister St., Fremantle, Tel. 08-93 36 20 35, Di–Sa 10–17, So u. Fei 12.30–17 Uhr. Gute Adresse für qualitativ hochwertiges Kunsthandwerk, schöne Souvenirs.

Nostalgisches Einkaufsvergnügen ▶ London Court 10: St. Georges Terr., City, Mo–Do 9–17.30, Fr 9–21, Sa 9–17, So 12–18 Uhr. Shopping nostalgisch in einer Einkaufsarkade im englischen Stil mit vielen Souvenirläden.

Outdoor-Kleidung ▶ Paddy Pallin 5: 885 Hay St., City, Tel. 08-93 23 79 67, Mo–Fr 9–19, Sa 9–17 Uhr. Alles für nasses Wetter und das aus besten Materialien, unter dem gleichen Dach das Perth Map Centre mit einer großen Auswahl an Straßen- und Wanderkarten.

Szeneviertel für Shopping-Events ▶ Subiaco 6: Der Szene-Stadtteil 4 km westl. der

Perth

Tipp: Kartenvorverkauf

(Kreditkarten-) Buchungen auch aus Übersee für alle größeren Kultur- und Sportveranstaltungen übernimmt Ticketmaster (Tel. 13 61 00, www.ticketmaster.com.au).

City ist ein Shopping-Paradies mit Designer-Boutiquen, trendigen Galerien und individuellen Läden, vor allem Mode und Accessoires.

Abends & Nachts

Restaurants, Pubs und Clubs konzentrieren sich in den citynahen Vororten Northbridge und Subiaco sowie in Fremantle. Was wo läuft, listet das wöchentlich erscheinende, kostenlose Xpress Magazine auf (www.xpressmag.com.au).

Nabel des Kulturlebens ▶ Perth Concert Hall 1: 5 St. Georges Terr., City, Tel. 08-94 84 11 33. Musikveranstaltungen jeglicher Art von Klassik bis Rock. Tickets: 50–200 A-$.

Experimentierfreudig und innovativ ▶ Playhouse Theatre 2: 3 Pier St., City, Tel. 08-94 84 11 33. Kleine Bühne mit experimentellem Repertoire. Tickets: 40–70 A-$. **The Blue Room 3:** 53 James St., Northbridge, Tel. 08-92 27 70 05. Experimentierfreudige, alternative Bühne freier Gruppen aus dem In- und Ausland. Tickets: 40-60 A-$.

Musicals aus aller Welt ▶ His Majesty's Theatre 4: Hay St., Ecke King St., City, Tel. 08-93 25 33 44, Tickets: 50–80 A-$. Vielfältiges Programm für Musical-Inszenierungen.

Treffpunkt der Einheimischen ▶ His Majesty's Tavern 5: Hay St., Ecke King St., City, Tel. 08-93 21 53 24, So–Do 12–23, Fr/Sa 12–1 Uhr. Beliebter Pub, gelegentlich Live-Unterhaltung.

Livemusik ▶ Aberdeen Hotel 6: 84 Aberdeen St., Northbridge, Tel. 08-92 27 93 61, So–Do 12–24, Fr/Sa 12–1 Uhr. Rock, Pop u.v.m., tgl. Live-Bands.

Es lebe der Rock ▶ Carnegie's 7: 356 Murray/King Sts, City, Tel. 08-94 81 32 22, www.carnegies.net, tgl. 17–1 Uhr. Zwei Tanzflächen, mehrere Bars und jede Menge Rock-Devotionalien an den Wänden.

Angesagter Mega-Club ▶ Metropolis City 8: 146 Roe St., Northbridge, Tel. 08-93 40 57 35, So–Do 19–2, Fr/Sa 19–3 Uhr. Beliebter Nachtklub auf mehreren Etagen, mit DJs und Live-Bands.

Wie in London ▶ Moon and Sixpence 9: 302 Murray St., City, Tel. 08-93 25 67 41, So-Do 12–23, Fr/Sa 12–1 Uhr. Traditioneller britischer Pub, der in Stil und Service als einer der besten der Stadt gilt, gelegentlich Live-Musik.

Coole Location ▶ Tiger Lil's Tavern 10: 437 Murray St., City, Tel. 08-93 22 73 77, www.tigerlils.com.au, Di–Sa 11–1 Uhr. Bis 22 Uhr werden unverfälschte Thai-Gerichte serviert, danach verwandelt sich das minimalistisch-modern gestylte Trendlokal in eine hippe Party-Lounge.

Beliebte Brauerei-Kneipe ▶ Little Creatures Brewery 11: 40 Mews Rd., Fremantle, Tel. 08-94 30 51 55, www.littlecreatures.com.au, tgl. 11–1 Uhr. Preisgekrönte Biere, italienisch angehauchtes Pub-Essen und wechselnde Fotoausstellungen in einer ›transparenten‹ Boutique-Brauerei; tolle Stimmung, immer sehr voll.

Jazz pur ▶ Universal Bar 12: 221 William St., Northbridge, Tel. 08-92 27 67 71, tgl. 19–1 Uhr. Fast jeden Abend Live-Jazz jeglicher Stilrichtung.

Aktiv

Stadttouren ▶ City Explorer Tour 1: Tel. 08-93 22 20 06, www.perthtram.com.au, tgl. 9.30, 11, 12.30, 14, 15.30, 17 Uhr, Abfahrt Barrack Street Jetty, Erw. 30 A-$, Kin. 12 A-$, Fam. 60 A-$. 90-minütige Stadtrundfahrt im Nachbau einer historischen Tram, bei der Erläuterungen zu den einzelnen Sehenswürdigkeiten gegeben werden. **City Sightseeing Bus 2:** Tel. 08-92 03 88 82, www.citysightseeingperth.com, tgl. 9–17 Uhr im Stundentakt, Abfahrt Barrack Street Jetty, Erw. 27,50 A-$, Kin. 10 A-$, Fam. 55 A-$. Der Touristenbus verkehrt auf einer Schleife durch die Innenstadt; bei den wichtigsten Sehenswür-

Adressen

digkeiten kann man mit einer Tageskarte die Fahrt beliebig oft unterbrechen. **Fremantle Tram Tours** 3: Tel. 08-94 33 66 74, www.fremantletrams.com.au, tgl. 9–17 Uhr im Stundentakt, Abfahrt Fremantle Town Hall, Erw. 22 A-$, Kin. 5 A-$, Fam. 45 A-$. Stadtrundfahrt in einem als Straßenbahn ›verkleideten‹ Bus mit Erläuterungen zu den Sehenswürdigkeiten, mit einer Tageskarte kann man die Fahrt beliebig oft unterbrechen. **Fremantle Aboriginal Heritage Tour** 4: Tel. 08-94 30 86 00, tgl. 11.30 Uhr, Treffpunkt W. A. Maritime Museum, Erw. 12 A-$, Kin. 6 A-$. Von Aborigines geführter Spaziergang durch Fremantle. **Kings Park Indigenous Heritage Tour** 5: Tel. 08-94 83 11 06, www.indigenouswa.com/kings.htm, tgl. 13.30 Uhr, Treffpunkt State War Memorial, Erw. 15 A-$, Kin. 8 A-$ (Buchung im Western Australian Visitor Centre). Spaziergang mit Aboriginal-Guides durch den Kings Park und Botanischen Garten.

Bootstouren ▶ Swan River Scenic Cruises 6: c/o Captain Cook Cruises, Pier 3, Barrack Street Jetty, City, Tel. 08-93 25 33 41, www.captaincookcruises.com.au, tgl. 9.45, 11, 14 Uhr, Erw. 41 A-$, Kin. 22 A-$, Fam. 99 A-$. Kreuzfahrten auf dem Swan River.

Bootstour mit Weinkellerbesichtigung ▶ Swan Valley Wine Cruise 7: c/o Captain Cook Cruises, Pier 3, Barrack Street Jetty, City, Tel. 08-93 25 33 41, www.captaincookcruises.com.au, tgl. 9.45 Uhr, Erw. 146 A-$, Kin. 103 A-$. Bootsausflug auf dem Swan River mit Besichtigung einer Kellerei.

Termine

Perth Cup (Jan., Neujahrstag): Bedeutendes Pferderennen.

Perth International Arts Festival (Feb./März): Großes Kulturfest.

Royal Perth Show (Sept./Okt.): Landwirtschaftsausstellung.

Verkehr

Flüge: Zwischen dem Domestic Airport für Inlandflüge (11 km nordöstl. der City) bzw. dem International Airport (16 km nordöstl. der City) und dem Zentrum pendelt ein Flughafenbus (Perth Airport City Shuttle: Tel. 08-94 75 29 99, alle 30 Min. von 5–21 Uhr, ca. 30 bzw. 40 Min., Erw. 13 bzw. 16 A-$, Kin. 11 bzw. 13 A-$, Fam. 32 bzw. 37 A-$). Mit dem Taxi kostet es 35–40 A-$.

Züge: Interstate-Züge und alle Züge mit Zielen innerhalb von Western Australia (außer Bunbury) starten ab Perth Railway Terminal (West Parade, East Perth), Auskunft und Buchung: Tel. 13 00-66 22 05, www.transwa.wa.gov.au.

Busse: Überlandbusse aller Gesellschaften außer Westrail Busses starten ab Perth Central Bus Station (Wellington St., City), Auskunft und Buchung: Greyhound Australia, Tel. 1300-47 39 46; Westrail Busses starten ab East Perth Terminal (West Parade, East Perth), Auskunft und Buchung: Tel. 13 10 53.

Mietwagen: Eine große Auswahl an Fahrzeugen jeder Art (auch Geländewagen und Wohnmobile) haben Avis (Tel. 08-93 25 76 77), Britz (Tel. 18 00–33 14 54), Budget (Tel. 13 27 27), Europcar (Tel. 13 13 90) und Hertz (Tel. 13 30 39); alle Mietwagenfirmen haben Filialen am oder in der Nähe des Flughafens.

Fortbewegung in der Stadt

Auskunft: Transperth Information Centre, 125 St. Georges Terr., City, Tel. 13 62 13, www.transperth.wa.gov.au, Mo–Fr 7–18, Sa 7.30–15 Uhr.

Busse: Im Innenstadtbereich gibt es drei kostenlose Buslinien (Central Area Transit, CAT) im 10-Min.-Takt, Mo–Do 7–18, Fr 7–1, Sa 8.30–13, So 10–17 Uhr.

Züge: Nahverkehrszüge in alle Vororte und Australind-Züge Richtung Bunbury starten ab City Railway Station (Wellington St., City).

Fähren: Fähren pendeln Mo–Fr 6.45–19.15, Sa/So 7.45–19.15 Uhr im 30-Min.-Takt zwischen Barrack Street Jetty (City) und Mends Street Jetty (South Perth).

Taxis: sind zahlreich, Taxibestellung: Black & White, Tel. 13 10 08; Independent Taxis, Tel. 08-93 33 33 77; Swan Taxis, Tel. 13 13 30.

Mit dem eigenen Fahrzeug: Wohnmobile einmal ausgenommen, bietet die Stadt ausreichend Parkmöglichkeiten in Parkhäusern und Tiefgaragen, allerdings benötigt man in der Innenstadt kein eigenes Fahrzeug.

Von Perth nach Darwin

Gut 4000 km sind es von Perth nach Darwin – eine Entfernung wie von Madrid nach Moskau oder von Island nach Istanbul. Über Hunderte von Kilometern führt das Asphaltband durch hitzeflirrende Halbwüsten und monotones Buschland. Doch abseits der küstennahen Highways liegen einige der schönsten Nationalparks von Australien.

Den Norden von Western Australia sollte man während der Regenperiode zwischen November/Dezember und März/April aus seinen Reiseplänen streichen. Zum einen herrscht dann ein extrem schwüles Klima, zum anderen können sintflutartige Wolkenbrüche innerhalb kurzer Zeit ganze Landstriche in seichte Binnenseen verwandeln. Selbst auf dem asphaltierten Great Northern Highway sitzen dann Autofahrer gelegentlich stunden-, wenn nicht tagelang im Wasser oder Schlamm fest. Ideal sind dagegen die Wintermonate zwischen Mai und Oktober. Tags ist es bei meist klarem Himmel warm und sonnig, nachts kann es allerdings im Binnenland empfindlich kalt werden. Da die Abstecher von den Fernstraßen meist sehr zeitaufwendig sind, sollte man für diese Route mindestens zwei Wochen einplanen.

Von Perth nach Norden
▶ 1, C 14

Mehrere Wege führen von Perth Richtung Norden. Wer die Reise beschaulich angehen will, sollte zunächst die Küste entlang zum **Yanchep National Park** mit Karsthöhlen und einer Koalakolonie fahren und sich später auf Schleichwegen zum Brand Highway ›durchschlagen‹. Wer mit einem Geländewagen unterwegs ist, könnte auf dem Indian Ocean Drive, der direkt an der Küste verläuft, nach **Cervantes** fahren, Ausgangspunkt für das erste Highlight der Route, den Nambung National Park. Zwar ist die Küstenstraße mittlerweile fast durchgehend geteert, doch ist für den geschotterten, rauen Abschnitt zwischen Lancelin und Cervantes ein Geländewagen erforderlich.

Reisende in Eile entscheiden sich besser für den Highway 1, der vom Perther Vorort

Von Perth nach Norden

Midland als Great Northern Highway nordwärts führt. Einige Kilometer östlich von Muchea zweigt der Brand Highway vom Great Northern Highway ab. Zwar ist der durch das Binnenland nach Norden führende Great Northern Highway (Highway 95) die kürzere Alternative zu den küstennahen Brand Highway und North West Coastal Highway (Highway 1), allerdings ist er relativ arm an landschaftlichen Sehenswürdigkeiten.

Nambung National Park
▶ 1, C 14

Die Küstenregion kann schon bald mit den spektakulären **Pinnacles (Zinnen)** im Nambung National Park aufwarten (12 A-$/Auto). Vom kleinen Ort Cervantes am Nordrand des Nationalparks führt eine 17 km lange Teerstraße zu Tausenden von bizarren, bis zu über 5 m hohen Kalksteinsäulen, die wie Stalagmiten aus dem nahezu vegetationslosen Sandboden herauswachsen. Umstritten ist immer noch der geologische Ursprung dieser merkwürdigen Steinplastiken. Eine Theorie nimmt an, dass Wurzelsysteme ehemaliger Vegetation im Laufe von Jahrtausenden durch mineralhaltiges Wasser mit Kalkablagerungen überzogen und später vom Wind freigelegt wurden. Durch die Pinnacle Desert führt ein 5 km langer geschotterter Rundweg, der auch mit einem Personenwagen befahrbar ist.

Infos
Pinnacles Visitor Centre: Aragon St., Cervantes, Tel. 08-96 52 76 72, tgl. 10–17 Uhr. Hier auch Buchung von Touren.

Übernachten
Ideal für den Nationalparkbesuch ▶ **Cervantes Pinnacles Motel:** 7 Aragon St., Cervantes, Tel. 08-96 52 71 45, www.cervantes

Bizarre Steinskulpturen: die Pinnacles im Nambung N.P. in Western Australia

313

Von Perth nach Darwin

Monarch von eigenen Gnaden: Hutt River Province | Thema

Im Jahre 1970 erklärte ein westaustralischer Farmer seinen Grundbesitz für unabhängig und ernannte sich selbst zum Fürst. Sein Reich, das ›souveräne‹ Fürstentum Hutt River Province, ist jedoch auf keiner Landkarte verzeichnet, da es von der australischen Regierung nie anerkannt wurde.

Seine Exzellenz sind ungehalten. Der unangemeldete Besucher stört beim Holzhacken. Einst trug Seine Königliche Hoheit Prinz Leonard den bürgerlichen Namen Leonard George Casley. Während eines Disputs mit der Regierung des Bundesstaates Western Australia erklärte er am 21. April 1970 kurz entschlossen die Unabhängigkeit seines Farmlandes von Australien und ernannte sich selbst wenig später zum Prinzen.

»Die Autonomie war damals unsere große Chance«, erzählt der 80-jährige Herrscher, »auch wenn wir seitdem mit den Behörden ständig auf Kriegsfuß stehen.« Die Regierung in Canberra hat das kleine Reich am Hutt River nie anerkannt. Auch die Aufnahmeanträge bei der UNO und beim britischen Commonwealth of Nations wurden abgelehnt. All das aber hält Prinz Leonard nicht davon ab, mittels Konsuln diplomatische Beziehungen zu rund zwei Dutzend Staaten auf dem Globus zu pflegen. In Deutschland ist gar ein Sonderbotschafter für ihn tätig.

Das Reich des selbsternannten Potentaten misst genau 75 km^2. Zu seinen ›Untertanen‹ zählen neben 30 Menschen rund 10 000 Schafe und einige Dutzend Milchkühe. Auf Leonards Arbeitstisch aber stapeln sich Briefe aus aller Welt, denn zur Hutt River Principality, wie die offizielle Bezeichnung des Territoriums lautet, gehören auch Tausende von Bürgern in aller Welt. »Wir überprüfen jeden peinlich genau, der sich bei uns um die Staatsbürgerschaft bewirbt«, erklärt der Prinz.

Wie es sich für einen richtigen Staat gehört, verfügt die Hutt River Province auch über eine eigene Verfassung, bei deren Formulierung man sich am Vorbild von Liechtenstein orientierte. Die legislative Gewalt übt ein Parlament aus, das alle fünf Jahre gewählt wird. Als Regierungschef fungiert natürlich Prinz Leonard, die wichtigsten Ministerposten haben seine drei Söhne inne. Prinzessin Shirley, Gattin von Prinz Leonard, dagegen fallen rein repräsentative Aufgaben zu.

Der Monarch hat für sein Reich sogar Geldscheine mit seinem Konterfei drucken lassen – auch wenn vermutlich keine Bank der Welt die Währung akzeptiert. Eigene Briefmarken – von der australischen Post natürlich nicht anerkannt – gibt es ebenfalls. Allerdings streiten sich Philatelisten darüber, ob sie nun sammelwürdig sind oder nicht. Immerhin tragen sie dazu bei, den Haushalt aufzubessern. »Seit der Unabhängigkeit hat unsere Wirtschaft einen gewaltigen Aufschwung genommen«, beschreibt Prinz Leonard die ökonomische Lage seines Reiches. Zu verdanken ist dies vor allem den Touristen, die augenscheinlich leichter zu melken sind als Kühe. In manchen Jahren finden pro Woche über 1000 Besucher den komplizierten Weg zu Prinz Leonards Residenz und das, obwohl die Bezirksverwaltung das Aufstellen von Hinweisschildern untersagt. Sie kaufen Briefmarken und Souvenirs, wechseln harte Dollars in die Währung der Hutt River Province um und lassen sich gegen Gebühr Visa in die Pässe stempeln.

pinnaclesmotel.com.au. Komfortable Unterkunft mit hervorragendem Restaurant und Pool. DZ 140–170 A-$.
Camping ►ʀ Cervantes Pinnacles Caravan Park: Aragon St., Cervantes, Tel. 08-96 52 70 60. Gut ausgestatteter Platz, direkt am Strand.

Geraldton ► 1, B 13

Wieder zurück auf dem Brand Highway, erreicht man über die historische Siedlung Greenough mit einem gut erhaltenen Gebäudeensemble aus der zweiten Hälfte des 19. Jh. **Geraldton.** Der Heimathafen einer bedeutenden Langustenflotte ist auch Exporthafen für die Produkte des agrarisch geprägten Hinterlands. Überdies erfreut sich die Stadt, die sich wegen ihres sonnenreichen Klimas mit dem Attribut Sun City schmückt, großer Beliebtheit als Ferienzentrum.

Das gegen 1850 als Garnisonsstadt gegründete Geraldton besitzt mit dem Western Australian Museum Geraldton ein hervorragendes Seefahrtsmuseum mit zahlreichen Fundstücken aus den Wracks holländischer Handelsschiffe, die im 17. und 18. Jh. auf ihrem Weg nach Batavia, der Hauptstadt des damaligen niederländischen Kolonialreichs in Ostindien, an der Küste strandeten (1 Museum Pl., Tel. 08-99 21 50 80, www.museum.wa.gov.au, tgl. 10–16 Uhr, Eintritt frei, Spende erbeten). Die St. Francis Xavier Cathedral wurde zwischen 1916 und 1938 im pseudo-byzantinischen Stil erbaut (Führungen Mo 10, Fr 14 Uhr, Erw. 2 A-$).

In der Nähe des Point Moore Lighthouse von 1879 erstrecken sich gute Badestrände. 6 km vor der Küste erwartet Taucher eine besondere Attraktion – das Wrack des im Jahre 2004 versenkten Fischkutters ›South Tomi‹. Taucher und Schnorchler zieht es auch zu den 70 km westlich von Geraldton gelegenen Houtman Abrolhos Islands mit faszinierenden Unterwassergärten.

Infos
Geraldton Visitor Centre: Bill Sewell Complex, Chapman Rd., Ecke Bayly St., Tel. 08-99 21 39 99, www.geraldtontourist.com.au, Mo–Fr 9–17, Sa, So u. Fei 10–16 Uhr.

Übernachten
Solides Stadthotel ► Hospitality Inn: 169 Cathedral Ave., Tel. 08-99 21 14 22, www.hospitalityinngeraldton.com.au. Modern ausgestattete Zimmer, Restaurant und Pool. DZ 115–165 A-$.
Camping und Cabins ► Sunset City Beach Holiday Park: Bosley St., Sunset Beach, Tel. 08-99 38 16 55, www.sunset-beach-holiday-park.wa.big4.com.au. 6 km nördl. der Stadt, bestens ausgestatteter Campingplatz mit komfortablen Cabins.

Essen & Trinken
Raffiniert gewürzt ► The Lemon Grass: Fitzgerald St., Tel. 08-99 64 11 72, tgl. 11–23 Uhr. Authentische Thai-Küche. Vorspeisen 8–12 A-$, Hauptgerichte 14–22 A-$.

Aktiv
Wracktauchen ► Batavia Coast Divers: Tel. 08-99 21 42 29, www.bataviacoastdiver.com, ab 155 A-$. Tauchexkursionen zum Wrack der ›South Tomi‹.
Flugsafaris ► Geraldton Air Charter: Geraldton Airport, Tel. 08-99 23 34 34, www.geraldtonaircharter.com.au, ab 195 A-$. Mit kleiner Propellermaschine zu den Houtman Abrolhos Islands.

Die Hutt River Province
► 1, B 12

Nördlich von Northampton liegt die **Hutt River Province**. Das ›unabhängige‹ Fürstentum ist selten auf einer Landkarte verzeichnet, da die australische Regierung es nicht anerkennt. Dennoch lohnt sich eine Visite bei Prince Leonard of Hutt, einem Farmer, der nach einer Auseinandersetzung mit der Regierung von Western Australia 1970 die Unabhängigkeit seines Besitzes erklärte und sich zum Regenten ernannte. Der Weg zur Residenz ist nicht leicht zu finden, da der skurrile Potentat ständig auf Kriegspfad mit den Behörden lebt, die die aufgestellten Wegweiser sofort entfernen. Knapp 10 km nördlich von Northampton zweigt vom North

Von Perth nach Darwin

West Coastal Highway die Chilimony Road nach Westen ab. Nach etwa 15 km geht es bei der Mumby-Schaffarm an der Kreuzung links ab. Nun sind es noch 17 km auf einer guten Schotterpiste bis zur Hutt River Province (tgl. 10–16 Uhr, www.principality-hutt-river.com, s. auch Thema S. 314).

Kalbarri National Park
▶ 1, B 12

Etwa 50 km nördlich von Northampton zweigt bei Binnu eine asphaltierte Stichstraße vom North West Coastal Highway meerwärts nach Kalbarri ab. Um den beliebten Ferienort dehnt sich mit dem **Kalbarri National Park** einer der interessantesten, weil landschaftlich kontrastreichsten Nationalparks von Western Australia aus. Das Naturschutzgebiet beeindruckt vor allem durch die Sandsteinfelsen der 80 km langen, tief eingeschnittenen Schlucht des Murchison River sowie eine Küstenlinie, an der sich spektakuläre Klippenformationen reihen.

Einige der besten Aussichtspunkte über dem Canyon des Murchison River sind mit dem Auto erreichbar. Nur 2 bzw. 4 km nördlich der Straße nach Kalbarri liegen Ross Graham Lookout und Hawks Head Lookout. 25 bzw. 27 km sind es auf einer Schotterpiste bis zu den Aussichtspunkten an der Z Bend und dem Loop. Oberhalb des Loop, dort, wo der Fluss eine beinahe ovale Schleife bildet, befindet sich mit Natures Window ein ›Fenster‹ in den Sandsteinschichten der rotbraunen Klippen. Einen grandiosen Rundblick hat man auch vom Meanarra Lookout 2 km südlich der Hauptstraße, wenige Kilometer vor dem Ort Kalbarri.

Südlich von Kalbarri erschließt eine Panoramastraße einen 20 km langen Küstenabschnitt. Einige der Aussichtspunkte wie Red Bluff, Mushroom Rock, Eagle Gorge und Natural Bridge sind durch Klippenpfade miteinander verbunden. Zwischen Juni und Oktober kann man von dort mit etwas Glück und Geduld sowie einem guten Fernglas vorbeiziehende Buckelwale beobachten. In Kalbarri lohnt sich ein Besuch des von Menschenhand geschaffenen Regenwalds Rainbow Jungle mit großen Flugvolieren, in denen Papageien und andere einheimische Vögel umherflattern (Red Bluff Rd., Tel. 08-99 37 12 48, Mo–Sa 9–17, So 10–17 Uhr, Erw. 15 A-$, Kin. 7,50 A-$, Fam. 37,50 A-$). Im benachbarten Seahorse Sanctuary werden Seepferdchen für den Export in alle Welt gezüchtet (Tel. 08-99 37 11 24, www.seahorsesanctuary.com.au, Di–Sa 10–16 Uhr, Erw. 7 A-$, Kin. 4 A-$, Fam. 18 A-$).

Infos
Kalbarri Visitor Centre: Grey St., Kalbarri, Tel. 08-99 37 11 04, Fax 99 37 14 74, www.kalbarriwa.com, tgl. 9–17 Uhr.

Übernachten
Erstklassige Lage ▶ **Kalbarri Beach Resort:** Grey St., Ecke Glotworthy St., Kalbarri, Tel. 18 00-09 60 02, www.kalbarribeachresort.com. Elegantes Resort mit großzügigen Apartments, Restaurant und Pool. DZ ab 165 A-$.
Apartments mit Blick auf die Küstenlandschaft ▶ **Kalbarri Seafront Villas:** 108 Grey St., Kalbarri, Tel. 08-99 37 10 25, www.kalbarriseafrontvillas.com.au. Gemütliche, gut ausgestattete Ein- und Zwei-Zimmer Apartments mit Kitchenette und Terrasse, wenige Schritte vom Strand, mit kleinem Pool. DZ ab 150 A-$.
Camping und Cabins ▶ **Kalbarri Tudor Holiday Park:** Porter St., Kalbarri, Tel. 08-99 37 10 77, www.kalbarri.wa.big4.com.au. Etwas abseits vom Strand, sehr gut ausgestatteter Platz, mit Pool und großer Auswahl an Cabins; Kinder freuen sich über die zahlreichen halbzahmen Kängurus im Park.

Aktiv
Kamelsafaris ▶ **Kalbarri Camel Safaris:** Buchung bei Kalbarri Visitor Centre, mehrmals tgl. ab 9 Uhr, Erw. 40 A-$, Kin. 32,50 A-$. 45-minütige Ausritte auf Kamelen.
Bootsausflüge mit Walbeobachtung ▶ **Kalbarri Explorer:** Tel. u. Fax 08-99 37 20 27,

Hawks Head im Kalbarri National Park

Von Perth nach Darwin

Am Strand von Monkey Mia sind halbzahme Delfine die Attraktion

www.kalbarriexplorer.com.au, Erw. ab 65 A-$, Kin. ab 25 A-$. Bootsausflüge zur Delfin- und Walbeobachtung (Juni–Dez.).

Monkey Mia ▶ 3, A 6

Die landschaftlich recht monotone Fahrt zwischen Geraldton und Carnarvon sollte man beim Overlander Roadhouse 170 km nördlich von Binnu für einen Abstecher zum kleinen Ort **Monkey Mia** an der Shark Bay unterbrechen. Dort kommen jeden Tag meist am frühen Morgen ein knappes Dutzend halbzahmer Delfine an den Strand, die Touristen in Anwesenheit eines Rangers mit einigen Fischen füttern dürfen.

Um die Delfine nicht von den Almosen abhängig zu machen, bekommen sie ihr Fischfutter nur in kleinen Mengen (etwa ein Drittel ihres Tagesbedarfs) und zu unregelmäßigen Zeiten. Jungtiere unter vier Jahre und Männchen dürfen nicht gefüttert werden. Nach ihrer Stippvisite am Strand schwimmen die Meeressäuger wieder hinaus in die Shark Bay.

Streng verboten ist es, Delfine abseits des markierten Strandabschnitts und außerhalb der festgelegten Zeiten selbst zu füttern. Wissenswertes über die Meeressäuger erfährt man im Dolphin Information Centre (Tel. 08-99 48 13 66, www.dolphins.org, tgl. 9–16.30 Uhr, Erw. 8 A-$, Kin. 3 A-$, Fam. 15 A-$).

An der Shark Bay um Monkey Mia und den Ferienort Denham erstrecken sich einige Strände der Fünf-Sterne-Kategorie, etwa der von Abermillionen kleiner Muscheln gebildete Shell Beach. Im klaren, seichten Wasser des Hamelin Pool kann man Stromatolithe sehen. Die von Blaualgen aufgebauten Kalksteingebilde aus dünnen blätterteigähnlichen Lagen werden auf ein Alter von 3500 Mio. Jahren geschätzt.

Das **Shark Bay World Heritage Discovery Centre** in Denham informiert über die einzigartige Meereswelt der 1991 von der UNESCO zum Weltnaturerbe erklärten Shark Bay (Tel. 08-99 48 15 90, www.sharkbayinterpretivecentre.com.au, tgl. 9–18 Uhr, Erw. 12 A-$, Kin. 6 A-$, Fam. 30 A-$).

Auf der lang gestreckten Dirk Hartog Island betrat im Oktober 1616, also 150 Jahre bevor Captain James Cook die Ostküste erkundete, der holländische Seefahrer Dirk Hartog als erster Europäer den australischen Kontinent.

Übernachten

Herrliche Lage am Strand ▶ **Monkey Mia Dolphin Resort:** Tel. 08-99 48 13 20 u. 18 00–65 36 11, www.monkeymia.com.au. Ferienkomplex mit komfortablen Bungalows und Cabins sowie Stellplätzen für Zelte und Wohnmobile. Cabins ab 86,50 A-$, Bungalows 229–308 A-$.

Carnarvon ▶ 3, A 5

Carnarvon 150 km südlich des Wendekreises des Steinbocks ist Zentrum des fruchtbaren Gascoyne District mit zahlreichen Bananenplantagen. Informativ ist eine Besichtigung der Westoby Banana Plantation (500 Robinson St., Tel. 08-99 41 80 03, Mo–Fr 9–17, Sa/So 10–16 Uhr, Eintritt frei).

Infos

Carnarvon Visitor Centre: Robinson St., Tel. 08-99 41 11 46, www.carnarvon.org.au. Mo–Fr 9–17, Sa/So 10–16 Uhr.

Übernachten

Modern und gemütlich ▶ **Hospitality Inn:** West St., Tel. 08-99 41 16 00, www.hospitalityinncarnarvon.com.au. Gut geführtes Kettenmotel mit Restaurant und Pool. DZ 120–160 A-$.

Schön gelegen ▶ **Carnarvon Caravan Park:** Robinson St., Tel. 08-99 41 81 01. 4 km östl. der Stadt, gut ausgestatteter Platz, mit geräumigen Cabins.

Essen & Trinken

Am Gascoyne River ▶ **Waters Edge Restaurant:** 121–125 Olivia Terr., Tel. 08-99 41 11 81, tgl. 12–15, 17.30–21.30 Uhr. Seafood und Steaks vom Feinsten. Vorspeisen 10–13,50 A-$, Hauptgerichte 18–32 A-$.

Abstecher zum Mount Augustus ▶ 3, B 5

Er ist doppelt so groß wie der Uluru, aber nicht einmal halb so berühmt. Im Nirgendwo des westaustralischen Outback ragt aus einer Spinifex- und Mulga-Ebene der wenig besuchte **Mount Augustus** empor. Mit einer Höhe von 1105 m, einer Länge von 7 km und einer Breite von 3 km gilt der rot leuchtende Felsrücken als größter Monolith der Erde.

Für den 500 km langen Abstecher von Carnarvon zum Mount Augustus benötigt man einen Geländewagen. Zunächst geht es in östliche Richtung zur kleinen Outback-Siedlung Gascoyne Junction. Nördlich des Gascoyne River erstreckt sich der kaum erschlossene Kennedy Range National Park mit zerklüfteten Bergen und tiefen Schluchten. Eine vor allem nach der Regenzeit sehr raue Piste führt von Gascoyne Junction über die Dairy Creek Homestead und die Cobra Station zum Mount Augustus Outback Tourist Resort, dem Ausgangspunkt für eine Erkundung der Region.

Um den Monolithen verläuft der 49 km lange Burringurrah Drive, von dem Stichstraßen zu Schluchten, Höhlen und Felsenpools abzweigen. Nur wer körperlich fit ist, sollte sich an den steilen Aufstieg zum Gipfel des Mount Augustus wagen – es müssen 700 m Höhenunterschied bewältigt werden (hin und zurück 12 km/6–8 Std.). Wenn die Witterungsverhältnisse entsprechend günstig sind, kann man vom Mount Augustus über die Rinderfarmen Dooley Downs Homestead und Pingandy Homestead Richtung Norden zur Hamersley Range mit dem Karijini National Park fahren. Unproblematischer ist die Fahrt zum Great Northern Highway, auf den man südlich des Kumarina Roadhouse trifft.

Von Perth nach Darwin

Übernachten

Bodenständig ▶ Mount Augustus Outback Resort: Tel. u. Fax 08-99 43 05 27. 4 km nordöstl., einfache, klimatisierte Zimmer in Wohncontainern und Caravan Park sowie Restaurant, Bar und Tankstelle. DZ ab 95 A-$, Zeltplatz ab 22 A-$/2 Pers., Stellplatz für Wohnmobil ab 28 A-$/2 Pers.

Coral Bay ▶ 3, A 5

Ein anderer, lohnender Abstecher führt vom Minilya Roadhouse am North West Coastal Highway auf einer durchgehend geteerten Straße zur kleinen, knapp 100 km nördlich gelegenen Feriensiedlung **Coral Bay** mit pulverschneeweißen Stränden und einem Meer, das in allen Blau- und Grüntönen schillert. Nur wenige Meter vom Strand entfernt entdecken Schnorchler traumhafte Korallengärten. Wasserscheuen bieten Glasbodenboote ›Taucherlebnisse‹ im Trockenen.

Infos
Im Internet: www.coralbay.org.

Übernachten

Schöne Aussicht ▶ Ningaloo Reef Resort: Robinson St. Tel. 08-99 42 59 34, www.nigaloreefresort.com.au. Ruhige Ferienanlage mit Restaurant und Pool sowie schönem Blick auf das türkisgrüne Meer. DZ 196–370 A-$.

Hostel im Resort-Stil ▶ Ningaloo Club Backpackers: Robinson St., Tel. 08-93 85 66 55, www.ningalooclub.com. Gut geführte Budget-Unterkunft mit Pool, Zimmer mit Ventilator oder Klimaanlage. DZ 90–110 A-$, Mehrbettzimmer 27–29 A-$/Pers.

Camping und Cabins ▶ Peoples Park Caravan Village: Robinson St., Tel. 08-99 42 59 33, www.peoplesparkcoralbay.com. Sehr gut ausgestatteter Platz, in Strandnähe, mit geräumigen Komfort-Cabins.

Aktiv

Fisch- und Korallenbeobachtung mit Glasbodenbooten ▶ Coral Viewing Tours: Tel. 08-99 42 59 55, www.coralbayadventures.com.au, mehrmals tgl., Erw. 32 A-$, Kin. 15 A-$, Fam. 80 A-$. Einstündiger Ausflug in einem Glasbodenboot mit Fisch- und Korallenbeobachtung.

Delfine und Mantarochen beobachten ▶ Ningaloo Experience: Peoples Park Shopping Village, Tel. u. Fax 08-99 42 58 77, www.ningalooexperience.com, Erw. 165 A-$, Kin. 105 A-$, Fam. 450 A-$. Ganztägige Bootsausflüge zum Ningaloo Reef zur Beobachtung von Delfinen und Mantarochen sowie saisonbedingt Dugong-Seekühen und Buckelwalen (Juni–Nov.).

Exmouth ▶ 3, A 5

Hochseeangler, mehr noch aber Taucher und Schnorchler zieht es zum Ferienort **Exmouth.** Besuchermagnet ist der Ningaloo Marine Park, der mit 260 km das längste Korallenriff in Western Australia schützt. Kenner behaupten, die Unterwasserwelt sei mit rund 220 Korallen- sowie mehr als 500 Fischarten vielfältiger als jene des Great Barrier Reef.

Einen Teil der Halbinsel, an deren Nordspitze Exmouth liegt, nimmt der Cape Range National Park ein. Einen guten Eindruck vom Ostteil des Nationalparks mit tief eingeschnittenen Canyons aus Kreidefelsen vermittelt die Fahrt auf der Charles Knife Canyon Road, die 30 km südlich von Exmouth abzweigt.

Die immer wieder herrliche Ausblicke eröffnende, 11 km lange Schotterpiste führt zum Thomas Carter Lookout, dem Ausgangspunkt für den Badjirrajirra Walk Trail (Rundweg 8 km/3 Std.). Nicht entgehen lassen sollte man sich eine Bootstour durch die Yardie Creek Gorge im westlichen Teil des Nationalparks (Yardie Creek Boat Cruises, Buchung im Milyering Visitor Centre am nordwestlichen Parkeingang, Tel. 08-99 49 28 08, Erw. 22,50 A-$, Kin. 11,25 A-$, Fam. 56,25 A-$). Zum Cape Range National Park gehören auch feine Sandstrände, an denen in den Sommermonaten riesige Meeresschildkröten ihre Eier ablegen.

Die Pilbara

aktiv unterwegs

Schwimmen mit Walhaien

Tour-Infos
Start: Exmouth
Dauer: Tagestour
Infos und Buchung: Blue Horizon Charters, Tel. 08-99 49 16 20, www.makaira.com.au; Exmouth Diving Centre, Tel. 08-99 49 12 01, www.exmouthdiving.com.au.
Preise: Eine Tagestour kostet etwa 350–400 A-$ (inkl. Verpflegung).
Karte: ▶ 3, A 5

Statt vom Boot aus nach auftauchenden Schwanzflossen Ausschau zu halten, können Sie im **Ningaloo Marine Park** – weltweit vermutlich einzigartig – mit riesigen Walhaien schwimmen und schnorcheln. Keine Sorge: Im Gegensatz zu ihren fleischfressenden Artgenossen sind Walhaie friedliche Meeresbewohner. Mit ihren Riesenmäulern, die bis zu anderthalb Meter breit werden, und ihren etwa 3000 dünnen, kurzen Zähnen filtern sie Plankton, Krill und andere Kleinstlebewesen aus dem Wasser. An dem Fleisch eines Erdenwurms haben sie absolut kein Interesse.

Das **Ningaloo Reef** ist einer der wenigen Orte der Welt, an denen man die immer seltener werdenden Giganten noch beobachten kann. Ihr Erscheinen ist allerdings saisonbedingt. Die ersten Tiere werden nach dem Vollmond Ende März gesichtet, wenn die Korallen des Riffs zu laichen beginnen und den Walhaien ein riesiges Nahrungsangebot bescheren. Sicher beobachten lassen sich die sanften Meeresgiganten von Mitte April bis Mitte Mai. In den Sommermonaten Juni/Juli ziehen sie meist weiter.

Für das Schwimmen mit den bis zu 18 m langen und bis zu 40 t schweren Kolossen gelten Regeln. Auf jedem Boot gibt es Aufsichtspersonen, die darauf achten, dass die Tiere nicht belästigt oder gar berührt werden. Wer teilnehmen will, sollte frühzeitig buchen, denn zum Schutze der Walhaie sind die Besucherzahlen begrenzt.

Infos
Exmouth Visitor Centre: Maidstone Cresc., Tel. 18 00-28 73 28, www.exmouthwa.com.au, www.australiascoralcoast.com (Infos zum Nigaloo Reef), Mo–Fr 9–17, Sa/So u. Fei 9–13 Uhr.

Übernachten
Fünf-Sterne-Zelte ▶ Ningaloo Reef Sal Salis: Yardie Creek Rd., Tel. 08-95 71 63 99, www.salsalis.com.au. Luxuriöses Zeltlager im Cape Range National Park, hinter Dünen versteckt, nur wenige Schritte zum Strand, gute Schnorchelmöglichkeiten im dicht vorgelagerten Ningaloo Reef. Zelt bei Doppelbelegung 730 A-$/Pers.
Für die unterschiedlichsten Ansprüche ▶ Potshot Hotel Resort: Murat Rd., Tel. 08-99 49 12 00, www.potshotresort.com. Großes Ferienhotel mit Zimmern für jeden Geldbeutel vom Drei-Sterne-Apartment bis zum Backpacker-Schlafsaal, Restaurant u. Pool. DZ 98–179 A-$, im Mehrbettzimmer ab 26 A-$/Pers.
Camping und Cabins ▶ Exmouth Cape Holiday Park: Truscott Cresc./Murat Rd., Tel. 18 00-62 11 01, www.exmouth-cape-holiday-park.wa.big4.com.au. Bestens ausgestatteter Platz, große Auswahl an Cabins, mit Pool.

Die Pilbara   ▶ 3, A/B 4/5

Auf dem North West Coastal Highway kommt man in eine Region namens **Pilbara.** In dem Gebiet von der fast anderthalbfachen Größe der Bundesrepublik Deutschland leben weniger als 100 000 Menschen. Vor wenigen De-

Von Perth nach Darwin

kaden noch war die Pilbara fast menschenleer. Doch dann setzte praktisch über Nacht ein wohl einzigartiger Industrieboom ein. Als der Viehzüchter Langley Hancock 1952 bei einem Gewitter gezwungen war, unerforschtes Gebiet in niedriger Höhe zu überfliegen, fielen ihm bläuliche Adern im Gestein auf – Hancock hatte das bislang größte Eisenerzlager der Welt entdeckt. Seitdem spielt sich in der Pilbara ein gigantischer Ausbeutungsprozess ab.

Dort, wo einst Kängurus und Emus in der Hitze gedöst hatten, wuchsen Infrastrukturen für Abbau, Verarbeitung und Abtransport der hochkonzentrierten Eisenerze. Zehntausende von Menschen wurden durch die hohen Gehälter, mit denen die Minengesellschaften winkten, angelockt. Es entstanden Firmenstädte aus der Retorte, künstliche Wohnanlagen mit allem Komfort.

Nester wie Dampier und Port Hedland erhielten riesige Hafenanlagen, um den wertvollen Rohstoff verschiffen zu können, vorzugsweise nach Japan und seit einiger Zeit auch nach China. Innerhalb von nur zwei Jahrzehnten avancierte das Eisenerz zum Katalysator der westaustralischen Wirtschaft. Trotz einer hohen Förderquote lagern in den Hamersley und Ophthalmia Ranges, dem Kerngebiet des Eisenerzreviers, immer noch 25 Mrd. Tonnen Erz von außergewöhnlich hoher Qualität – ungefähr zwei Drittel der vermuteten Eisenerzvorkommen des Kontinents.

Die Pilbara ist trotz ihrer Unwirtlichkeit und der oftmals mörderischen Hitze – Tagestemperaturen von über 40 °C sind im Sommer die Regel – eine der interessantesten australischen Landschaften. Sie umfasst uralte, stark erodierte Gebirgsrümpfe und Plateaus. Tief eingeschnittene Schluchten, deren Wände je nach Sonnenstand in den verschiedensten Farben leuchten, erinnern ein wenig an den Grand Canyon. Da es in ihnen auch während längerer Trockenperioden Grundwasserteiche gibt, wachsen dort Palmen, Farne und andere Pflanzen, die von Gewächsen aus einer Epoche der Erdgeschichte abstammen, als das Zentrum von Australien noch nicht ausgetrocknet war.

Tom Price ▶ 3, B 5

In das Herz der Pilbara gelangt man, wenn man beim Nanutarra Roadhouse vom North West Coastal Highway Richtung Tom Price abzweigt. Wie das knapp 100 km südwestlich gelegene Paraburdoo ist **Tom Price** eine Firmenstadt des Konzerns Hamersley Iron mit Supermärkten, Kinos und Grünanlagen. Nach Voranmeldung kann man die Tagebaumine von Tom Price besichtigen. Dort werden gigantische Eisenerzvorkommen im *open cut mining* ausgebeutet, wobei Eisenerz aus dem Boden gesprengt und von Baggern auf riesige 240-Tonnen-Lastwagen verladen wird. Die Trucks karren das Eisenerz zu sogenannten *crushers*, wo es in maximal 10 cm große Brocken zerkleinert wird. Anschließend transportieren von bis zu sechs hintereinander gekoppelten Diesellokomotiven gezogene Züge mit bis zu 240 Waggons von je 100 t Ladevermögen und einer Länge von bis zu 3 km die Ladung an die Küste.

Infos
Tom Price Visitor Centre: Central Ave., Tel. 08-91 88 11 12, www.tompricewa.com.au und www.australiasnorthwest.com, tgl. 9–17 Uhr.

Übernachten
Komfort im Outback ▶ **Tom Price Hotel Motel:** Central Rd., Tel. 08-91 89 11 01, Fax 91 89 11 64. Komfortabel, mit Restaurant und Pool. DZ 115–155 A-$.

Camping und Cabins ▶ **Tom Price Tourist Park:** Nameless Valley Dr., Tel. u. Fax 08-91 89 15 15. 4 km nördl. der Stadt, gut ausgestatteter Platz, mit Cabins und Pool.

Aktiv
Besichtigung einer Tagebaumine ▶ **Lestok Tours:** Tel. 08-91 88 11 12, www.lestoktours.com.au, Erw. 25 A-$, Kin. 15 A-$, Fam. 65 A-$. Tour zur Tagebaumine von Tom Price.

Infos
Karijini National Park Visitor Centre: Banyjima Dr., Tel. 08-91 89 81 21, www.naturebase.net, tgl. 9–16 Uhr.

Karijini National Park

Anderthalbmal so groß wie Deutschland, aber nur 100 000 Einwohner: die Pilbara

Karijini National Park
▶ 3, B 5

Neben den von Menschenhand geschaffenen ›Attraktionen‹ hat die zentrale Pilbara-Region Landschaftskulissen von urzeitlicher Schönheit zu bieten. Ein Juwel unter den regionalen Naturschutzgebieten ist der **Karijini National Park** in der stark verwitterten Hamersley Range. Spektakuläre Bergpanoramen darf man in dieser Region allerdings nicht erwarten. Der ›Zahn der Zeit‹ hat bereits alles mehr oder weniger abgetragen und abgeschliffen. Was den Zauber dieser rauen Landschaft ausmacht, sind die von der Erosion tief in die Gesteinsschichten hineingefrästen Schluchten sowie die bunten Felsformationen, deren Vielfarbigkeit Mineralien wie Kupfer, Asbest und Eisen hervorrufen. Die grandiosesten Schluchten liegen in der Nordregion des Nationalparks, verlaufen meist von Süd nach Nord, sind bis zu 100 m tief und besitzen fast alle ständig wasserführende und von üppiger Vegetation umrahmte Felsenpools. Markierte unterschiedlich lange Wanderwege erschließen die Region.

Die Hauptattraktionen des Nationalparks konzentrieren sich um den **Oxer Lookout,** wo vier Canyons – Red, Joffre, Weano und Hancock Gorge – aufeinander treffen. Vom Parkplatz am Oxer-Aussichtspunkt können Wagemutige teils über Eisenleitern in die Hancock Gorge hinabsteigen, von der man, eiskaltes Wasser durchschwimmend, über die Red Gorge zur Weano Gorge gelangt. Weniger riskant ist die Wanderung vom Parkplatz zur Weano Gorge, in der die 100 m steil aufragenden Felswände abschnittsweise bis auf einen Meter zusammenwachsen (hin und zurück 2 km/1 Std.).

Zur **Dales Gorge** führen zwei kleinere Wanderungen. Vom Parkplatz auf dem Plateau oberhalb der Fortescue Falls, der einzigen ganzjährig wasserführenden Fälle des

Von Perth nach Darwin

Parks, verläuft ein Weg hinab in die Schlucht, wo er sich zum Circular Pool, der von steil aufragenden Felswänden umgeben wird, schlängelt (hin und zurück 3 km/2 Std.). Ein anderer Pfad verläuft vom Parkplatz an der Abbruchkante der Schlucht entlang zu einem Aussichtspunkt oberhalb des Circular Pool (hin und zurück 2 km/1 Std.).

Auf dem Weg nach Wittenoom lohnt sich ein Abstecher zur **Hamersley Gorge.** Die Schlucht gilt als ein Schaufenster der geologischen Vergangenheit Australiens, weil an den Felswänden die einzelnen Gesteinsschichten und Sedimentablagerungen besonders gut erkennbar sind. Durch die malerische Rio Tinto Gorge erreicht man **Wittenoom.** Das Städtchen, einst Eingangstor zum Nationalpark, hat seine besten Tage hinter sich und wird wohl früher oder später das Schicksal einer Ghosttown erleiden. Ein Schild am Ortseingang, das Besucher vor herumfliegenden Asbestfasern warnt, erklärt den Niedergang des Ortes. 1947 begann man, in der **Wittenoom Gorge** Asbest abzubauen. Obwohl die Mine bereits 1966 stillgelegt wurde, besteht vor allem an windigen Tagen immer noch die Gefahr, Krebs erregende langfaserige Asbestfäden einzuatmen. Zahlreiche Häuser in Wittenoom stehen leer oder wurden abgerissen. Ausgangsort für Erkundungen des Karijini National Park ist mittlerweile das Auski Tourist Village 42 km östlich am Great Northern Highway.

Infos

Karijini National Park Visitor Centre: Banyjima Dr., Tel. 08-91 89 81 21, www.naturebase.net, tgl. 9–16 Uhr.

Übernachten

Camping mit Stil ▶ Karijini Eco Retreat: Karijini National Park, 10 km südl. Weano Gorge, Tel. 08-94 25 55 91, www.karijinieco retreat.com.au. 50 komfortable Safarizelte mit Dusche/WC, Restaurant, Kiosk und Tourbuchung; das Resort, dem ein weitläufiger Campingplatz angeschlossen ist, befindet sich im Besitz der Gumana Aboriginal Corporation. Zelt bei Doppelbelegung 260 A-$.

**Gemütliche Motel-Units und Stellplätze ▶
Auski Tourist Village:** Great Northern Hwy, Munjina, Tel. 08-91 76 69 88, Fax 91 76 69 73, www.auskitouristvillage.com.au. Motel mit schönen, klimatisierten Zimmern sowie Caravan Park, Restaurant und Tankstelle. DZ 95–135 A-$.

Camping ▶ Im Nationalpark gibt es **einfache Campgrounds** mit Toiletten nahe der Weano Gorge und nahe der Dales Gorge. 10 A-$/Pers.

Infos

Nationalparktouren ▶ Pilbara Gorge Tours: Tel. 08-91 88 15 34, www.pilbaragor getours.com.au, tgl. 7.30 Uhr ab Tom Price Visitor Centre und 8.45 Uhr ab Karijini National Park Visitor Centre, Erw. ab 125 A-$, Kin. ab 65 A-$. Halb- und ganztägige, sachkundig kommentierte Touren durch die Schluchten des Nationalparks.

Millstream-Chichester National Park ▶ 3, B 4

Von Wittenoom kommt man am schnellsten auf dem Great Northern Highway nach Port Hedland an der Küste. Diesen Weg zu nehmen hieße jedoch eine weitere Sehenswürdigkeit links liegen zu lassen – den **Millstream-Chichester National Park.** Während die östliche Region des Naturschutzgebiets von schroffen Schluchten und kargen Bergrücken durchzogen wird, präsentiert sich der Westteil um die kleine Siedlung Millstream als tropische Oase mit üppiger Vegetation.

Einen scharfen Kontrast zur staubig-trockenen Halbwüste der Pilbara bildend, gibt es dort permanent wasserführende Flussläufe sowie mit Wasserlilien übersäte Teiche. Diesen Garten Eden schuf eine unterirdische Quelle, aus der pro Tag 36 Mio. l Wasser fließen. Einige der mit dem Eisenerzboom an der Küste entstandenen Städte erhalten ihr Trinkwasser mittels einer Pipeline aus dem Millstream-Naturreservat. Gute Wandermöglichkeiten bieten sich entlang des Fortescue River.

Wittenoom Gorge: Der schöne Schein trügt, die Gegend ist stark asbestbelastet

Entlang der Küste in die Kimberleys

Cossack und Point Samson
▶ 3, B 4

Nach der Rundfahrt durch das Land der Canyons trifft man östlich von Roebourne auf den North West Coastal Highway. Das stilvoll restaurierte **Cossack** war einst ein wichtiger Stützpunkt für Perlentaucher sowie Verladehafen für mineralische Rohstoffe und landwirtschaftliche Produkte. Cossacks Bedeutung schwand über Nacht, als der Hafen versandete. Ein schöner Blick auf die historische Siedlung und die geschützte Meeresbucht Butchers Inlet bietet sich vom Tien Tsin Lookout. Im malerischen kleinen Ferienort und Fischereihafen **Point Samson** gibt es eine moderne Trawlerflotte und einige Fischverarbeitungsbetriebe. Der nahe gelegene Verladehafen für Eisenerz am Cape Lambert besitzt den größten Tiefwasserpier von Australien.

Karratha und Dampier ▶ 3, B 4

Karratha wurde mit Beginn des Eisenerzbooms als Verwaltungszentrale für die Pilbara-Region und Wohnstätte für die Mitarbeiter der Bergwerksgesellschaften am Reißbrett geplant. Ursprünglich vom Hamersley-Iron-Konzern als Hafen für die Minenstädte Tom Price und Paraburdoo ausgebaut, ist **Dampier** heute die Hauptbasis der Öl- und Gaswirtschaft in den nordwestlichen Offshore-Bereichen des Kontinents.

Auf der Burrup-Halbinsel liegt das North West Shelf Natural Gas Project, eine riesige Anlage zur Verflüssigung des Erdgases, das mittels einer 135 km langen submarinen Pipeline von der Förderplattform herbeigeschafft wird (Visitor Centre: Burrup Rd., Tel. 08-91 58 82 92, April–Okt. Mo–Fr 9–16, Nov.–März Mo–Fr 10–13 Uhr, Eintritt frei). Da sich die Gewinnung von Salz aus Meerwasser zu einem bedeutenden Wirtschaftszweig der Stadt entwickelt hat, gibt es im Umland

Von Perth nach Darwin

von Dampier riesige Verdunstungsbecken von Salinen.

Port Hedland ▶ 3, B 4

Der Hafen von **Port Hedland** zählt der Tonnage nach zu den größten der Welt. Von dort werden die in der Mount Whaleback Mine bei Newman, der weltweit größten Eisenerztagebaumine, geförderten Eisenerze verschifft. Zudem exportiert man alljährlich ca. 2 Mio. t durch Meerwasserverdunstung gewonnenes Salz. Touristisch hat das auf einer kleinen Insel gelegene und mit dem Festland durch drei Dämme verbundene Port Hedland wenig zu bieten. Informativ und eindrucksvoll ist eine Besichtigung des Erzhafens (BHP Iron Ore Tour: Mo–Fr 9.30 Uhr, Erw. 18 A-$, Kin. 9,50 A-$, Fam. 45,50 A-$, Buchung und Treffpunkt im Tourist Bureau). Ein guter Blick auf den langen Verladepier und die Erzfrachter bietet sich von einem Aussichtsturm beim Fremdenverkehrsamt.

Infos

Port Hedland Tourist Bureau: 13 Wedge St., Tel. 08-91 73 17 11, www.porthedland.wa.gov.au, tgl. 9–17 Uhr.

Übernachten

Mit Meerblick ▶ Hospitality Inn: Webster St., Tel. 08-91 73 10 44, www.porthedland.wa.hospitalityinns.com.au. Komfortables Motel mit Restaurant, Pool. DZ 145–225 A-$.

Camping und Cabins ▶ South Hedland Caravan Park: Hamilton Rd., South Hedland, Tel. 08-91 72 11 97, Fax 91 72 18 38. Gut ausgestatteter Platz, mit Pool und Cabins.

Von Port Hedland nach Broome ▶ 3, B 4 – C 3

Zwischen **Port Hedland** und **Broome** verläuft der Great Northern Highway 600 monotone Kilometer lang zwischen dem Indischen Ozean und der Great Sandy Desert. Gut 40 km östlich von Port Hedland zweigt ein Highway nach Marble Bar ab, das sich mit dem Titel ›Australia's hottest town‹ schmückt. Die einzigen nennenswerten ›Orte‹ entlang der Strecke sind Pardoo Roadhouse und das Sandfire Flat Roadhouse – Raststätten mit Tankstelle, einfachem Motel und Caravan Park.

Ein angenehmerer Platz ist der Eighty Mile Beach Caravan Park, ein auf einer geschotterten Piste zu erreichendes Ferienzentrum an einem 200 m breiten, puderzuckerfeinen Sandstrand, der 140 km lang ist. Hier kann man kilometerlang am Meer entlanglaufen ohne einem Menschen zu begegnen.

Übernachten

Camping und Cabins ▶ Eighty Mile Beach Caravan Park: Tel. 08-91 76 59 41, www.eightymilebeach.com.au. Gut ausgestatteter Platz, mit schattigen Stellplätzen für Zelte und Wohnmobile sowie klimatisierten Cabins, 170 A-$.

7 Die Kimberleys ▶ 3, D 2/3

Nördlich der Großen Sandwüste erstreckt sich das auch heute noch erst teilweise erforschte **Kimberley-Plateau** mit einigen der großartigsten Wildnisgebieten von Australien. Mit rund 400 000 km^2 ist die Kimberley-Region 14-mal so groß wie Belgien, doch leben dort gerade rund 20 000 Menschen. Tief in den rötlichen Fels eingeschnittene Schluchten sorgen im Wechsel mit weiten, offenen Savannen, in denen die flaschenförmigen Baobab-Bäume markante Akzente setzen, für faszinierende Naturszenerien. Schwere saisonale Regenfälle ermöglichen in dieser semitropisch geprägten Region eine extensive Viehwirtschaft.

Auch heute noch sind die Kimberleys trotz aller infrastruktureller Maßnahmen ein unwirtliches und abweisendes Land, das Bewohnern wie Besuchern viel abverlangt. In den Sommermonaten sind dort Temperaturen von über 40 °C an der Tagesordnung. Zur gleichen Jahreszeit setzen monsunartige Niederschläge ganze Landstriche unter Wasser. Flüsse wie der Fitzroy River und der Ord River, normalerweise nicht viel breiter als etwa 100 m, verwandeln sich dann in tosende Ströme, die sich bis zu über 10 km Breite ausdehnen können.

Die Kimberleys

aktiv unterwegs

Flugsafaris über die Kimberleys

Tour-Infos
Start: Broome
Dauer: Halbtages- oder Tagestour
Infos und Buchung: Broome Aviation, Tel. 08-91 92 13 69, www.broomeaviation.com (z. B. Buccaneer Archipelago Scenic Tour, tgl. 7.30–12 u. 12.30–17 Uhr, 520 A-$); King Leopold Air, Tel. 08-91 93 71 75, www.kingleopoldair.com.au (z. B. Kimberley Explorer, Mai–Okt. tgl. 6.30–17.30 Uhr, 860 A-$); Seair Broome, Tel. 08-91 92 62 08, bookings@seairbroome.com.au (mit dem Wasserflugzeug zu den Horizontal Falls und Bootsfahrt durch die Fälle, die halbtägigen Touren sind gezeitenabhängig, ab 525 A-$).

Flugsafaris, die in Broome starten, vermitteln einen guten Eindruck von dem zerklüfteten **Plateau der Kimberleys.** Selbst weit gereiste Weltenbummler geraten ins Schwärmen, wenn sich aus der tief fliegenden Propellermaschine das Panorama bizarrer Felsen und tiefer Schluchten öffnet. Highlights sind zahlreiche Wasserfälle, die über steil abfallende Felswände zu Tal stürzen, etwa die kaskadierenden Fälle der Schluchten Bell Gorge, Adcock Gorge, Galvans Gorge, Manning Gorge und Barnett River Gorge. Superlativ sind die **Mitchell Falls:** In breiten Kaskaden ergießt sich der Mitchell River von Becken zu Becken 140 m in die Tiefe (s. aktiv-unterwegs-Tipp, S. 334f.).

Aus der Vogelperspektive beeindruckt auch die zerrissene Küstenlandschaft der Kimberleys, vor allem der vorgelagerte Buccaneer-Archipel, ein amphibischer Irrgarten aus Inseln und Halbinseln, Mangrovenwäldern und Felsenbuchten. Ein Naturschauspiel bieten die Kaskaden des **Horizontal Waterfall** in der **Talbot Bay:** Aufgrund der enormen Gezeitenunterschiede schießen dort bei Flut Millionen Hektoliter Wasser durch ein schmales Felsentor. Die von Spezialveranstaltern eingesetzten Wasserflugzeuge landen in der Nähe der ›Wasserfälle‹. Ein Vergnügen mit jeder Menge Gischt ist die anschließende Bootsfahrt durch die tosenden Wassermassen.

Broome ▶ 3, C 3

Die mit rund 10 000 Einwohnern größte Stadt der Region ist **Broome,** Anfang des letzten Jahrhunderts weltweit das führende Zentrum der Perlenfischerei. Damals wurden in den Küstengewässern drei Viertel des Weltbedarfs an Perlen und Perlmutt aus dem Meer geholt. Gegen 1930 setzte mit dem Aufkommen von Zucht- und Kunstperlen der Niedergang dieses Erwerbszweigs ein. Heute sammeln die Besatzungen einiger weniger Küstenschiffe junge Austern ein, die dann in Perlenfarmen der Umgebung für die Herstellung von Kulturperlen herangezogen werden. Obwohl Broome heute als ›Tor zu den Kimberleys‹ einen Boom erlebt, hat es sich seine beschauliche Atmosphäre bewahrt.

Vor oder nach einem staubigen Geländewagenabenteuer in der Wildnis der Kimberleys kann man sich herrlich am **Cable Beach** erholen, der sich autobahnbreit westlich der Stadt 25 km lang am Indischen Ozean dahinzieht. Weißer als weiß leuchtet der Silikatsand zwischen Dünenbergen und der Brandung. Fast schon Kultstatus haben die Sonnenuntergänge am Cable Beach, die man stilvoll auf dem Rücken von Kamelen genießt (Red Sun Camel Safaris, Tel. 08-91 93 74 23, Erw. 60 A-$, Kin. 40 A-$). Seinen Namen erhielt der Traumstrand von dem Telegrafenkabel, das einst von dort nach Banyuwangi auf der indonesischen Insel Java führte.

Im **Broome Crocodile Park** in der Nähe des Cable Beach leben Hunderte australi-

Von Perth nach Darwin

Fast wie in einer arabischen Märchenlandschaft: der Cable Beach bei Broome

scher Süß- und Salzwasserkrokodile sowie Alligatoren und Kaimane (Cable Beach Rd., Tel. 08-91 92 14 89, www.malcolmdouglas.com.au. April–Nov. Mo–Fr 10–17, Sa/So 14–17, Führung Mo–Fr 11, Mai–Nov. zusätzlich Mo–Fr 16 Uhr, Erw. 30 A-$, Kin. 20 A-$, Fam. 75 A-$). Am südlichen Ende des Cable Beach, dem **Gantheaume Point,** blieben 130 Mio. Jahre alte Dinosaurierspuren erhalten, die allerdings nur bei extremer Ebbe sichtbar sind. Die auf der Klippe einzementierten Fußstapfen sind Nachbildungen. Auf dem **Japanese Cemetery** zwischen Cable Beach und City findet man die Grabsteine von 140 japanischen Perlentauchern, die 1908 bei einem verheerenden Wirbelsturm ums Leben kamen. In der Nähe kann man im **Shell House** eine der umfangreichsten Muschelsammlungen Australiens bewundern (76 Guy St., Tel. 08-91 92 14 23, Mo–Fr 9–17, Sa/So 9–13 Uhr, Dez.–März Sa geschl., Erw. 4 A-$, Kin. 2 A-$).

Die Geschichte der Perlenfischerei dokumentieren das **Broome Historical Society Museum** im Old Customs House (Robinson/Saville Sts, Tel. 08-91 92 20 75, tgl. 10–13 Uhr, Erw. 5 A-$, Kin. 1 A-$) und das Freilichtmuseum **Pearl Luggers** mit alten Küstenschiffen, die einst Perlentaucher zu den Muschelbänken brachten (44 Dampier Terr., Tel. 08-91 92 20 59, Führungen tgl. 11, 13 Uhr, Erw. 21,50 A-$, Kin. 11,75 A-$, Fam. 54,75 A-$). Im Ortszentrum, das größtenteils von einer liebevoll restaurierten **Chinatown** eingenommen wird, steht das 1916 eröffnete Freilichtkino Sun Pictures (Tel. 08-91 92 10 77, tgl. ab 18.45 Uhr, 18 A-$).

16 km außerhalb bringt der **Wilderness Park** des bekannten Filmemachers Malcolm Douglas den Besuchern die Tierwelt der Kimberleys zum Greifen nahe. Highlight jeder Besichtigungstour ist die Fütterung der Salzwasserkrokodile (Great Northern Hwy, Tel. 08-91 92 14 89, www.malcolmdouglas.com.au, April–Mai tgl. 14–17, Juni–Nov. Mo–Fr 10–17, Sa/So 14–17, Fütterung tgl. 15 Uhr, Erw. 35 A-$, Kin. 20 A-$, Fam. 90 A-$).

Eine fünfstündige Holperfahrt in einem Geländewagen führt zum Cape Leveque an

Die Kimberleys

der Spitze der Dampier Peninsula nördlich von Broome. An einsamen Stränden legen dort Meeresschildkröten ihre Eier in den Sand. Ein Stopp lohnt sich in der Aboriginal Community Beagle Bay.

Infos

Broome Visitor Centre: Broome Hwy/Bagot Rd., Tel. 08-91 92 22 22, www.broomevisitor centre.com u. www.australiasnorthwest.com, Mo–Fr 8–17, Sa/So 9–16 Uhr.

Übernachten

Für anspruchsvolle Urlauber ▶ Cable Beach Club Resort: Cable Beach Rd., Tel. 08-91 92 04 00, www. cablebeachclub.com. Weitläufiges Resorthotel im süd-pazifischen Stil inmitten eines herrlichen Tropengartens, mit Pool und vielfältigen Sportmöglichkeiten, 5 Min. vom Strand. DZ ab 286 A-$, Bungalow ab 447 A-$.

Qualitäts-B & B ▶ Waterfront Bed & Breakfast: 10 Demco Dr., Tel. u. Fax 08-91 92 66 61, www.broomebb.com. Individuell eingerichtete Zimmer, opulentes Frühstück, kleiner Pool, wenige Schritte zum Strand. DZ 210 A-$ (inkl. Frühstück).

Klein, fein, zentral ▶ Broome Motel: Frederick St., Tel. 08-91 92 77 75, www.broome motel.com.au. Helle, geräumige Zimmer mit Kitchenette und ein Pool zum Abkühlen. DZ 1350–175 A-$.

Hostal im Resort-Stil ▶ Kimberley Klub Budget Resort: 62 Frederick St., Tel. 08-91 92 32 33, www.kimberleyklub.com. Architektonisch ansprechende Komfort-Budget-Unterkunft mit Bar und schönem Pool im Innenhof. DZ 80–125 A-$, im Mehrbettzimmer 26–29 A-$ (alle Zimmer mit sanitären Gemeinschaftseinrichtungen).

Camping und Cabins ▶ Cable Beach Caravan Park: Millington Rd., Cable Beach, Tel. 08-91 92 20 66, Fax 91 92 19 97. Sehr gut ausgestatteter Platz, in Strandnähe, mit gemütlichen Cabins.

Essen & Trinken

Kreative Fusion-Küche ▶ Old Zoo Café: 2 Challenor Dr., Cable Beach, Tel. 08-91 93 62 00, tgl. 12–15, 17.30–23 Uhr. Gerichte der modernen australischen Küche mit asiatischen sowie auch kreolischen Einflüssen. Vorspeisen 12–16 A-$, Hauptgerichte 19,50–38 A-$.

Innovative Gerichte, hausgebrautes Bier ▶ Matso's Café: 60 Hamersley St., Tel. 08-91 93 58 11, tgl. 11.30–23 Uhr. Crossover-Küche, in der die Nähe zu Asien spürbar wird; in der hauseigenen Mini-Brauerei wird ein süffiges *Craft Beer* kreiert; sehr schön zum Draußensitzen in einem Tropengarten. Vorspeisen 10–14 A-$, Hauptgerichte 18–34 A-$.

Ideal für den Sundowner ▶ Cable Beach Sand Bar & Grill: Cable Beach, Tel. 08-91 93 13 67, tgl. 11–22 Uhr. Hier sitzt man beim Sonnenuntergang in der ersten Reihe. Vorspeisen 10–12 A-$, Hauptgerichte 14,50–29,50 A-$.

Gut und günstig ▶ Shady Lane Café: Johnny Chi Ln., Chinatown, Tel. 08-91 93 75 34, tgl. 7.30–21 Uhr. Bei einem üppigen *Australian Brekkie* für 15,50 A-$ kann man Kraft schöpfen für den Tag; mittags serviert man fantasievolle Sandwiches oder ›klassische‹ Hamburger (8–12 A-$), dazu frisch gepresste Fruchtsäfte (5–6 A-$).

Aktiv

Ausflüge mit Aborigines ▶ Aboriginal Cultural Tours: Tel. 08-91 92 26 60, Mai–Nov. tgl. 9.30 Uhr, Erw. 77 A-$, Kin. 38,50 A-$. Von Aborigines begleitete Ausflüge in die Umgebung von Broome.

Perlenfarmbesichtigung ▶ Willie Creek Pearl Farm Tours: Tel. 08-91 92 00 00, www. williecreekpearls.com.au, tgl. 10, 14 Uhr, Erw. ab 31,50 A-$, Kin. ab 15,50 A-$, Fam. ab 78,50 A-$. Besichtigung der Willie Creek Pearl Farm.

Einkaufen

Broomes bester Markt ▶ Lane Market: Johnny Chi Ln., Chinatown, Juni–Sept. So 8.30–13.30 Uhr. Bunter Markt für Kunsthandwerk und andere regionale Produkte.

Perlenschmuck ▶ Paspaley Pearls: Carnarvon St., Ecke Short St., Tel. 08-91 93 67 45, tgl. 9–19 Uhr. Exklusiver Perlenschmuck.

Von Perth nach Darwin

Termine

Shinju Matsuri Festival (Sept.): ›Festival der Perlen‹ mit kulturellen Veranstaltungen, www.shinjumatsuri.com.au.

Mango Festival (letztes Wochenende im Nov.): Volksfest mit Musik-, Tanz- und Sportveranstaltungen.

Derby ▶ 3, C 3

Derby nahe der Mündung des Fitzroy River in den King Sound ist ein Exporthafen für Rindfleisch. Eindrucksvoll sind die enormen Gezeitenunterschiede am King Sound von bis zu knapp 12 m. Südlich von Derby steht der Prison Boab Tree, ein riesiger, über 1000 Jahre alter Baobab mit einem Umfang von 14 m, dessen hohler Stamm einst als Kerker für Häftlinge diente.

Wer sich für das Kunsthandwerk der Ureinwohner interessiert, sollte der Aboriginal Corporation Mowanjum 8 km östlich von Derby an der Gibb River Road einen Besuch abstatten. Die Ureinwohner verstehen es vor allem, nach alter Tradition in Baobab-Nüsse komplizierte Muster zu schnitzen.

Infos

Derby Visitor Centre: 2 Clarendon St., Tel. 08-91 91 14 26, www.derbytourism.com.au, Mo–Fr 8.30–16.30, Sa/So u. Fei 9–13 Uhr.

Übernachten

Zum Wohlfühlen ▶ **Boab Inn:** Loch St., Tel. 08-91 91 10 44, www.derbyboabinn.com.au. Gemütliche Zimmer, gutes Restaurant, stimmungsvoller Pub, erfrischender Pool. DZ 125–180 A-$.

Klein, fein und mit viel Flair ▶ **West Kimberley Lodge:** Sutherland St., Ecke Stanwell St., Tel. 08-91 91 10 31, www.westkimberleylodge.com.au. Kleine, familiäre Pension mit Pool, hilfsbereite Besitzer. DZ (mit Gemeinschaftsbad) ab 80 A-$., DZ (Bad/WC) ab 110 A-$.

Camping und Cabins ▶ **Kimberley Entrance Caravan Park:** Rowan St., Tel. 08-91 93 10 55, www.kimberleyentrancecaravanpark.com. Gut ausgestatteter Platz, mit Cabins.

Essen & Trinken

Kulinarische Oase ▶ **The Wharf Restaurant:** Jetty Rd., Tel. 08-91 91 11 95, tgl. 12–15, 18–22 Uhr. Am Pier gelegenes Gartenlokal mit Gerichten der *New Australian Cuisine*, vor allem Seafood. Vorspeisen 12–14 A-$, Hauptgerichte 18,50–34 A-$.

Termine

Boab Festival (Juli): Volksfest mit Rodeo.

Auf der Gibb River Road durch die Kimberleys ▶ 3, D 2/3

Karte: siehe rechts

Bei Derby teilen sich die Wege: Geteert oder ungeteert?, lautet die Frage. Auf dem asphaltierten Great Northern Highway gelangt man über Fitzroy Crossing und Halls Creek am schnellsten in die östlichen Kimberleys. Vor den Toren der Stadt aber beginnt eine der aufregendsten Outback-Routen von Australien – die **Gibb River Road.**

Für den Viehtransport angelegt, windet sie sich rund 700 km durch eine der wildesten Regionen des Fünften Kontinents, ein Land mit Schluchten und Wasserfällen, Savannen und Tafelbergen. Allerdings ist die ›Gibb‹ in einigen Abschnitten eine sehr raue Piste voller Schlaglöcher und Querrillen, für die ein robuster Geländewagen benötigt wird. Unpassierbar für Fahrzeuge jeglicher Art ist sie während des Sommermonsuns von Dezember bis April. Man darf nicht vergessen, in Derby noch einmal zu tanken, denn die nächste Tankstelle gibt es erst nach 300 km beim Mount Barnett Roadhouse, und dort ist Treibstoff ein Drittel teurer.

Das Abenteuer ›Gibb River Road‹ beginnt 64 km östlich von Derby, dort, wo das schmale Asphaltband in eine Schotterpiste übergeht und Staub durch alle Ritzen des Fahrzeugs zu dringen beginnt. Erste der spektakulären Schluchten ist die **Windjana Gorge** **1** (s. S. 336). Nach der Abzweigung zum Windjana Gorge National Park windet sich die Gibb River Road kurvenreich erst durch die Napier Range, später durch die King Leopold Range. Linker Hand kommt die Felsformation des Queen Victoria's Head ins

Gibb River Road

Blickfeld. Die ›Gibb‹ ist auf diesem Abschnitt stellenweise asphaltiert. In weiten Kehren schwingt sich die Piste hinauf zur Inglis Gap, einen von Menschenhand geschaffenen Einschnitt in einem Bergsattel der King Leopold Range. Weit reicht der Blick über das Savannenland mit Baobab-Bäumen. Nach einigen Kilometern zweigt rechts die 8 km lange, nur mit einem Geländewagen zu bewältigende Stichstraße zur **Lennard River Gorge** 2 ab. Felsenpools in der 5 km lange Schlucht, die der Lennard River in jahrmillionenlanger Arbeit in die King Leopold Range gefräst hat, laden zu einem Bad ein. Ein Picknickplatz im Schatten von Schraubenpalmen ist die March Fly Glenn Rest Area, ein paar Kilometer weiter an der Gibb River Road.

Auf Asphalt geht es mit Blick auf den 748 m hohen **Mount Bell** 3 hinauf zur Hauptkette der **King Leopold Range** 4. Nach Querung des Bell Creek an einer Furt markiert ein Wegweiser die Abzweigung zur Silent Grove (19 km) und zur Bell Gorge (29 km) im King Leopold Range National Park. Der knapp 60 km lange ›Umweg‹ zur Bell Gorge auf einer gnadenlosen Holperpiste, die durch drei schlammige Furten führt, ist ein ›Muss‹, denn die Schlucht ist ein weiteres landschaftliches Highlight an der Gibb River Road, zugleich ein Beispiel für die Erosionskraft des Wassers. Silent Grove ist ein Bushcamp bei der Ranger Station am Bell Creek. Weitere schöne Campingplätze am Fluss, die man in Silent Grove reservieren muss, liegen am Track zur Bell Gorge. Ein viertelstündiger Spaziergang auf steinigem Pfad führt zur Felsenschlucht, in die der Bell Creek in tosenden Kaskaden stürzt. Um zum Naturbassin am Fuße der Wasserfälle zu gelangen, watet man durch den Bell Creek und folgt einem über den Bergsattel auf dem jenseitigen Schluchtrand führenden Pfad, der sich steil zum Schluchtboden windet.

Wie ein Garten Eden erscheint die **Adcock Gorge** 5, die sich im Niemandsland versteckt. Während in der Spinifex-Ebene, durch

Von Perth nach Darwin

die sich der Zufahrtstrack windet, Hitze und Trockenheit herrschen, ist es in der von bis zu 30 m hohen Felswällen umgebenen Schlucht schattig und feucht. Dort wachsen Schraubenpalmen und Farne, Wasser tropft aus bemoosten Felsspalten in Tümpel, die von Seerosen bedeckt sind. So idyllisch sich die Oase in der Ödnis präsentiert, so rau ist die Zufahrt. Die ersten 4 km sind mit einem Geländewagen noch gut zu bewältigen, dann aber muss ein Creek an einer nach der Regenzeit sehr tiefen Furt durchquert werden. Danach geht es im Kriechgang über Stock und Stein zur 1 km entfernten Schlucht.

Die **Galvans Gorge** 6 einen halben Kilometer abseits der Gibb River Road erreicht man auf einem kurzen Spaziergang. Über die 20 m hohen Wände der kleinen Felsenschlucht mit Pool sprüht klares Wasser.

Die wasserreiche Schlucht **Manning Gorge** 7 gilt es zu Fuß zu erkunden. Ausgangspunkt für die Wanderung zu den Wasserfällen der Upper Manning Gorge ist das Busch-Camp an der Lagune der Lower Manning Gorge, 7 km westlich des Mount Barnett Roadhouse. Der nur mit Steinen und Blechdosen markierte, am Manning Creek entlang führende Weg ist, da teilweise von hohem Gras überwuchert, nicht immer leicht zu finden. Auf der hin und zurück etwa 4 km langen Wanderung, für die man gut 2 Stunden benötigt, muss man abschnittsweise durch knietiefes Wasser waten. Etwas Zeit und Mühe spart, wer durch den See der Lower Manning Gorge ans andere Ufer schwimmt und damit den Wanderpfad abkürzt. Eine Skizze der Region und Tipps zur Wanderung gibt es im Mount Barnett Roadhouse.

Nach dem Roadhouse führt die Gibb River Road bis zur Abzweigung der Kalumburu Road durch wenig abwechslungsreiches Viehweideland. Über eine 5 km lange holprige Piste erreicht man die Barnett River Gorge mit Wasserfall und Badepool. 420 km nordöstlich von Derby zweigt die nach einer Aboriginal Community an der Napier Broome Bay benannte Kalumburu Road in nördliche Richtung ab. In schlängelnder Linie windet sich das schmale, staubige Band nach der

Querung des Gibb River durch das Gardner Plateau. Zivilisatorischer Mittelpunkt der Region ist die **Drysdale River Station** 8 eine Rinderfarm mit Motel, Campingplatz und Tankstelle.

In die östlichen Kimberleys

Vergleichsweise unspektakulär geht es nach der Kalumburu-Abzweigung auf der Gibb River Road weiter. Aufregend wird es erst wieder an der breiten Furt durch den Durack River. Knapp 30 km weiter zweigt eine Stichstraße zum Naturpool Jack's Waterhole und

Die Kimberleys

Seit jeher betrachten die Aborigines die Windjana Gorge als mystischen Ort

zur **Durack River Homestead** 9 ab. Die über 10 000 km² große *cattle station* ist mit mehr als 12 000 Rindern die größte Viehfarm der Kimberley-Region.

Für einen Adrenalinstoß sorgt nach der Regenzeit die Querung des Bindoola Creek an der **Bluey O'Malley's Crossing** 10. Wenig später bietet sich vom Pentecost Lookout ein schönes Panorama der in Rot- und Ockertönen leuchtenden Tafelberge der Cockburn Range, die jenseits des breiten Pentecost River aufragen. In dieser gewaltigen Naturkulisse wurde das Leinwandepos »Australia«
mit Nicole Kidman und Hugh Jackman gedreht. Die lange, steinige Furt durch den Fluss ist die letzte Prüfung für Geländewagenfahrer auf der Gibb River Road.

Den Schlussakkord setzt eine Bootsfahrt auf dem Chamberlain River durch die **Chamberlain Gorge** 11 mit deren hohen, rot leuchtenden Sandsteinwänden. Bootstouren sowie auch Helikopterflüge starten bei der El Questro Station, 16 km südlich der ›Gibb‹. Eine dreistündige Wanderung führt zur El Questro Gorge, in der Ureinwohner viele tausend Jahre alte Felsmalereien hin-

Von Perth nach Darwin

aktiv unterwegs

Geländewagentour zum Mitchell-Plateau

Tour-Infos
Start: Drysdale River Station (s. S. 332)
Ende: Busch-Camp am Mertens Creek
Länge: hin und zurück 500 km
Dauer: 2–3 Tage
Schwierigkeitsgrad: mäßig schwierig bis sehr schwierig
Karte: s. S. 331

Nach der **Drysdale River Crossing** wird die Kalumburu Road mit hartem Wellblech und tiefen Auswaschungen abschnittsweise sehr ruppig. Doch dies ist nur ein kleiner Vorgeschmack auf die **Port Warrender Road** 13, die, 159 km nördlich der Gibb River Road von der Kalumburu Road abzweigt, zum **Mitchell-Plateau** 12, führt. Für die 82 km bis zum Campingplatz nahe der **Mitchell Falls** 14, muss man mit vier bis fünf Stunden Fahrzeit rechnen. Die Schlüsselstelle des Allrad-Tracks, die King Edward River Crossing, ist nach ca. 8 km erreicht.

Nach der Regenzeit beträgt der Wasserstand in der felsigen, etwa 25 bis 30 m breiten Furt bis zu 80 cm. Das Wasser schießt über die Motorhaube. Am besten hindurch geht es zügig im zweiten Gang mit zugeschalteter Untersetzung L4. Auf einem Busch-Campingplatz am jenseitigen Ufer kann man die aufregende Aktion gebührend feiern.

Durch Sand und Schlammlöcher, über Felsen und auf Furten geht es nach einem steilen Anstieg weiter auf der mühseligen, aber erlebnisreichen Allradfahrt durch das zerklüftete Mitchell-Plateau, das bis Mitte des 20. Jh. kaum von Weißen betreten wurde. Heute noch entdecken hier Botaniker und Zoologen seltene Pflanzen und Tiere. Abschnittsweise säumen *Livistona*-Palmen die raue Piste bis zum einfachen Busch-Camp am **Mertens Creek,** wo die Wanderung zu den Mitchell Falls beginnt. Von dem Campingplatz starten während der Saison Hubschrauber zu Rundflügen über die Wasserfälle. Eine Möglichkeit, die Gegend auf dem Landweg und aus der Vogelperspektive zu erkunden, wäre in den ›kühlen‹ Vormittagsstunden zu den 4 bis 5 km oder zwei Stunden entfernten Mitchell Falls zu wandern und sich dort in der Mittagszeit von einem Hubschrauber abholen zu lassen (Dauer 10 Min., ab 100 A-$).

Auf Trittsteinen im Mertens Creek gelangt man vom Camp ans jenseitige Ufer des Wildbachs. Durch felsiges Terrain windet sich der mit Steinhaufen, weiß bemalten Steinen und an Büschen hängenden weißen Plastikbändern markierte Pfad Richtung Westen zu den **Little Mertens Falls,** die vom Weg zwar zu hören, aber nicht zu sehen sind. Riesige Farne und andere exotische Gewächse wuchern um den kleinen Wasserfall. Nach einem kurzen Abschnitt durch lichten Wald geht es weiter über Felsen am palmenbestandenen Mertens Creek entlang. Dort, wo sich der Bach zu einem Felsenpool weitet, kann man an einem ockerfarbenen Felsüberhang uralte Malereien der einst hier ansässigen Ureinwohner bewundern.

Dies ist nur eine von zahlreichen Aboriginal-Bildergalerien, die – für Ortsunkundige schwer zu finden – in der Region verteilt sind. Wissenschaftlern geben die Felskunstwerke, die, mit ätzenden Farbstoffen aufgetragen, eine Mischung aus Malerei und Gravur sind, Rätsel über Rätsel auf. Stil und Motive sind einmalig. In ganz Australien gibt es nichts Vergleichbares. Es besteht weder eine Ähnlichkeit mit den Wandjina-Malereien in den westlichen Kimberleys noch mit den Quinkan-Darstellungen auf der Cape York Peninsula. Manche der eleganten Menschenfiguren erinnern an ägyptische Felsbilder oder Petroglyphen. Bisweilen sind Tiere dargestellt, die es im Nordwesten von Australien

Die Kimberleys

gar nicht gibt. Welche Bedeutung haben die Malereien? Woher kamen ihre Schöpfer? Fragen, auf die weder Wissenschaftler noch heute in der Region lebende Aborigines eine Antwort haben. Noch nicht einmal das Alter der Kunstwerke ist zu datieren.

Wenige hundert Meter nach der Felsbildgalerie steht man unvermittelt an einer 40 m abfallenden Felswand, über welche die **Big Mertens Falls** zu Tal stürzen. In sicherem Abstand von der Abbruchkante watet man durch den Mertens Creek. Ein Stückchen weiter kündigen sich mit Dröhnen die Mitchell Falls an. Die noch Wochen nach Ende der Regenzeit mächtigen Wasserfälle bestehen aus einer Kette von fünf Kaskaden, die, über die steile Abbruchkante des Mitchell-Plateaus stürzend, mehrere Lagunen bilden.

Das volle Panorama der Wasserfälle lässt sich nur von einem Aussichtspunkt auf der gegenüberliegenden Seite des Mitchell River bewundern. Wenn die Strömung nicht allzu stark ist, kann man etwa 30 m oberhalb der ersten Kaskade durch den 50 bis 60 cm tiefen Fluss waten. Ein mit Steinmarkierungen versehener Track führt zu einem Aussichtspunkt mit Blick auf das tosende Spektakel (hin und zurück 30 Min.). Ein weiterer Pfad, in dessen Verlauf einfache Kletterei über Felsen erforderlich ist, windet sich hinab zum großen Naturpool am Fuße der Wasserfälle (hin und zurück 1,5 Std.).

So verlockend das kühle Wasser auch sein mag, schwimmen sollte man bei den unteren Fällen nicht, denn es könnten Salzwasserkrokodile in der Lagune lauern. Da die Riesenechsen die steilen Wasserfälle nicht überwinden können, kann man im Mitchell River auf dem Plateau hingegen bedenkenlos baden. Spektakulär ist der Helikopterflug zurück zum Camp, eventuell mit einer weiten Schleife über den Surveyor's Pool, einen entlegenen, von Sandsteinklippen umrahmten Naturpool (s. S. 341).

Die Mitchell Falls: In breiten Kaskaden stürzt der Mitchell River 144 m in die Tiefe

Von Perth nach Darwin

terlassen haben. Kürzere Wanderwege erschließen die nahe Emma Gorge. Gut 30 km östlich trifft die Gibb River Road auf den Victoria Highway. Links geht es nach Wyndha (s. S. 340) am südlichen Ende des Cambridge Gulf, rechts nach Kununurra.

Infos

im Internet: www.kimberleyaustralia.com und www.derbytourism.com.au.

Übernachten

Einfache, klimatisierte Zimmer ▶ **Mount Hart Wilderness Lodge:** Tel. 08-91 91 46 45, Fax 91 91 78 37, www.mthart.com.au. Auch Verpflegung z. B. Drei-Gänge-Dinner Erw. 35 A-$, Kin. 15 A-$. DZ ab 120–140 A-$. **Charnley River Station:** Tel. 08-91 91 46 46, www.charnleyriverstation.com.au. **Mount Elizabeth Station:** Tel. u. Fax 08-91 91 46 44, www.mountelizabethstation.com. **Drysdale River Station:** Tel. u. Fax 08-91 61 43 26, www.drysdaleriver.com.au). **Home Valley Station:** Tel. u. Fax 08-91 61 43 22, www.homevalley.com.au. **Digger's Rest Station:** am Rande der Cockburn Ranges in den East Kimberleys, Tel. 08-91 61 10 29, www.diggersreststation.com.au. Auf dem Gelände wurden Schlüsselszenen zum Film »Australia« gedreht. **El Questro Station:** am östlichen Ende der Gibb River Road, Tel. 08-91 69 17 77, www.elquestro.com.au: Neben einem schönen Campingplatz am Pentecost River (Camping 17 A-$) gibt es gemütliche Zimmer und Bungalows mit moderatem Preisniveau (185–300 A-$) oder sehr teure luxuriöse Suiten (2 Nächte EZ/DZ 1800/2900 A-$) in der Homestead auf einer Steilklippe über dem Chamberlain River.

Camping ▶ **Einfache Campingplätze** mit ›Plumpsklos‹, aber ohne Duschen gibt es bei Bell Gorge, Manning Gorge und anderen Schluchten sowie bei den Roadhouses entlang der Gibb River Road.

Windjana Gorge National Park
▶ **3, D 3**

Den ersten, knapp 120 km langen, aber recht gut ausgebauten Abschnitt der Gibb River Road muss man auf jeden Fall benutzen, wenn man zu einer der eindrucksvollsten Schluchtenlandschaften von Australien gelangen will – dem vom Lennard River in die Napier Range gefrästen Canyon des **Windjana Gorge National Park.** Vor 350 Mio. Jahren bedeckte ein seichtes Tropenmeer weite Teile des Nordwestens von Australien. Damals erstreckte sich das 20 bis 30 km breite und über 1000 km lange Korallenriff Devonian Great Barrier Reef in weitem Bogen bis in das Gebiet des heutigen Kununurra. Nachdem sich das Meer zurückgezogen hatte, schnitten Flüsse tiefe Schluchten in die exponierten Teile des ehemaligen Korallenriffs. So entstanden die imposanten Canyons der **Windjana Gorge,** der weiter südöstlich gelegenen Geikie Gorge sowie der Lennard River Gorge, Bell Gorge, Adcock Gorge, Galvans Gorge, Manning Gorge und Chamberlain Gorge entlang der Gibb River Road. Heute noch zeugen Fossilien von Meereslebewesen, die man in den Felswänden dieser Schluchten findet, von der geologischen Formung der Region.

Auf einer Wanderung durch die 3 km lange und bis zu 100 m tiefe Windjana Gorge, die während der Trockenperiode von Mai bis Oktober bis auf einige Wasserlöcher ausgetrocknet ist, kann man Flora und Fauna des Nationalparks bewundern. Neben Schwärmen von Kakadus sieht man Tausende riesiger Fledermäuse, sogenannter Flugfüchse. Auf den Sandbänken der seichten Wasserlöcher, durch die weiße Reiher staksen, dösen häufig harmlose Süßwasserkrokodile. Mit etwas Glück lassen sich auch Pythons und andere Schlangen aufspüren.

Die uralten Felszeichnungen der Aborigines, welche die **Windjana Gorge** seit jeher als einen mystischen Ort betrachten, sind allerdings nur schwer zu finden. Ein idealer Ausgangspunkt für Erkundungen ist der Campingplatz am Schluchteingang nahe der Ranger Station.

Tunnel Creek National Park
▶ **3, D 3**

Gut 30 km südöstlich der Windjana Gorge liegt der kleine **Tunnel Creek National**

Die Kimberleys

Park. Dort hat der Tunnel Creek einen 750 m langen, 3 bis 12 m hohen und bis zu 15 m breiten Tunnel durch die Napier Range gebohrt. Je nach Wasserstand und ausgerüstet mit einer guten Taschenlampe, kann man den Naturtunnel mit Tropfsteinen erkunden.

Geikie Gorge National Park
▶ 3, D 3

Vom Tunnel Creek National Park sind es auf einer rauen, staubigen Piste 68 km bis zum Great Northern Highway. Diesem in südöstlicher Richtung folgend, kommt man nach 42 km zum Städtchen Fitzroy Crossing. Knapp 20 km nordöstlich dieses Ortes, dessen einzige Attraktionen einige Pubs sind, beginnt der **Geikie Gorge National Park** (Zufahrt auf guter Teerstraße). Dort hat der Fitzroy River eine 14 km lange und bis zu 30 m tiefe Schlucht in das ehemalige Korallenriff gegraben. Im Gegensatz zum Lennard River, der nur während der Regenzeit durch die Windjana Gorge fließt, führt der mächtige Fitzroy River ganzjährig Wasser.

An den scharf voneinander getrennten, unterschiedlichen Verfärbungen der Felswände in der Geikie Gorge kann man die starken Pegelschwankungen des Flusses zwischen Trocken- und Regenzeit ablesen – bis zu 16,5 m. Neben Süßwasserkrokodilen bevölkern auch Stachelrochen und Sägefische den Fluss, also Meeresfische, deren Vorfahren zurückblieben, als sich das Meer zurückzog.

Die beste Gelegenheit, die Geikie Gorge kennenzulernen, bieten von Rangern veranstaltete Bootsfahrten (Mai–Nov. mehrmals tgl., Erw. 28 A-$, Kin. 7,50 A-$, Fam. 60 A-$, Buchung im Fitzroy Crossing Tourist Bureau). Einen guten Eindruck vom Nationalpark vermittelt auch der informative **Reef Walk Nature Trail** (hin und zurück 5 km/1,5 Std.).

Infos
Fitzroy Crossing Visitor Centre: Great Northern Hwy, Fitzroy Crossing, Tel. 08-91 91 53 55, www.sdwk.wa.gov.au, April–Sept. tgl. 8–17, Okt.–März Mo–Fr 9–16.30 Uhr.

Übernachten
Gemütliches Hotel und Campingplatz ▶
Fitzroy River Lodge: Great Northern Hwy, Fitzroy Crossing, Tel. 08-91 91 51 41, www.fitzroyriverlodge.com.au. Herberge mit Hotelzimmern und komfortablen Zelten, Restaurant, Pool und Caravan Park. DZ 155–210 A-$.

Stellplätze und Motel-Units ▶ Tarunda Caravan Park: Forrest Rd., Fitzroy Crossing, Tel. 08-91 91 53 30, tarunda@bigpond.com. Einfacher Campingplatz mit motelähnlichen Unterkünften.

Halls Creek ▶ 3, E 3

Knapp 300 km östlich von Fitzroy Crossing liegt **Halls Creek,** ein von Reisenden geschätzter Rastplatz auf dem Weg durch die Kimberleys. In Old Halls Creek, 16 km östlich am Duncan Highway, zeugen nur noch Ruinen und ein vom Flugsand halb verweherter Friedhof von einem Goldrausch, der zwischen 1883 und 1885 für Wirbel sorgte. Der etwa 50 000 Jahre alte **Wolf Creek Meteorite Crater** rund 130 km südlicher ist mit einem Durchmesser von 800 m der zweitgrößte Meteoritenkrater der Welt. Den besten Eindruck erhält man vom Flugzeug (Rundflüge ab Halls Creek), man kann den Krater aber auch mit einem konventionellen Fahrzeug auf der Tanami Road erreichen (Abzweigung vom Great Northern Highway 15 km südwestlich von Halls Creek).

Infos
Halls Creek Visitor Centre: Great Northern Hwy, Tel. 08-91 68 62 62, www.hallscreek.wa.gov.au, Mo–Fr 9–17 Uhr, Nov.–März geschl.

Übernachten
Gediegener Komfort ▶ Kimberley Hotel: Roberta Ave., Tel. 08-91 68 61 01, www.kimberleyhotel.com.au. Bestes Haus im Ort mit geräumigen Zimmern, gutem Restaurant, Bar und Pool. DZ ab 135 A-$.

Camping und Cabins ▶ Halls Creek Caravan Park: Roberta Ave, Tel. 08-91 68 61 69, Fax 91 68 62 77. Gut ausgestatteter Platz, mit Cabins und Pool.

Von Perth nach Darwin

Die Purnululu: steile Felsdome und bizarre Sandsteinkuppeln

Termine
Halls Creek Carnival (Aug.): Volksfest mit Pferderennen und Rodeo.

Aktiv
Rundflüge: Oasis Air, Tel. 08-91 68 64 62, Fax 91 68 62 77, ab 210 A-$. Rundflüge über das Bungle-Bungle-Massiv und den Wolfe Creek Meteorite Crater.

Purnululu National Park ▶ 3, E 3
Hinter dem Namen **Purnululu (Bungle Bungle) National Park** verbirgt sich eine Wunderwelt aus steilen Felsdomen, bizarren Sandsteinkuppeln und wie Bienenkörbe wirkenden Natursteinskulpturen. Aufgrund der unterschiedlichen Härte des Sedimentgesteins kam es durch Erosion zu dieser schier unglaublichen Formenvielfalt. Erst 1987 wurde diese zuvor als Viehweidegebiet genutzte ›vergessene Region‹ zunächst unter dem Namen Bungle Bungle National Park unter Naturschutz gestellt. Die einzige Zufahrt zum Nationalpark, eine sehr raue Piste, zweigt 107 km nördlich von Halls Creek vom Great Northern Highway in östliche Richtung

Die Kimberleys

ab. Bis zur Ranger Station am Parkeingang bei Three Ways sind es noch einmal 53 km, für die man je nach Zustand des Tracks bis zu 3 Std. braucht. Während der Regenzeit von Anfang Januar bis Ende März ist der Purnululu National Park geschlossen. Trinkwasser ist rar im Park, deshalb genügend Vorräte mitnehmen.

Als Ausgangspunkte für Erkundungen des Parks, in dem man zwei oder drei Tage mit Wanderungen verbringen kann, stehen zwei einfache Campingplätze mit Toiletten zur Verfügung – das Kurrajong Camp und das Walardi Camp, wo man Helikopterflüge über das Massiv buchen kann. Der Nationalpark ist durch ein Netz guter Wanderwege erschlossen. Da die Sandsteinformationen brüchig sind, sollte man sie keinesfalls betreten und sich stets auf den angelegten Pfaden bewegen.

Eine Hauptanlaufstelle im Park ist der Echidna Chasm 20 km nordöstlich der Three-Ways-Kreuzung. Vom Parkplatz führt ein Wanderpfad zum Echidna Chasm, einer mehrere hundert Meter langen Schlucht im Felsenlabyrinth. Die aufragenden Wände rücken abschnittsweise so nah zusammen, dass der Himmel nur noch als schmales Band zu erkennen ist. Die Wanderung endet bei einer 300 m abfallenden Felswand, über die während der Regenzeit ein Wasserfall tost (hin und zurück 3 km/1,5 Std.). In den nahen Schluchten Frog Hole Gorge und Mini Palm Gorge wachsen *Livistona*-Palmen (hin und zurück 3 km/1,5 Std. bzw. 5 km/3 Std.).

Als landschaftlich schönstes Wandergebiet aber gilt die Region der ›steinernen Bienenkörbe‹ mit markanten, verschiedenfarbigen Querstreifen. Startpunkt für zwei Wanderungen ist der Parkplatz beim Piccaninny Creek 30 km südöstlich der Three Ways Junction. Ein einfacher Weg führt von dort zur Cathedral Gorge (hin und zurück 2,5 km/2 Std.). Eine Übernachtung in der Wildnis erfordert die schwierige Wanderung zur Piccaninny Gorge (hin und zurück 30 km/2 Tage).

Turkey Creek Roadhouse
▶ 3, E 3

Wer die beschwerliche Anreise in den Purnululu National Park scheut, kann die bizarre Schönheit der Berge bei einem Helikopterflug genießen, den man beim **Turkey Creek Roadhouse** buchen kann (Slingair-Heliwork, Tel. 08-91 68 73 37, www.slingair.com.au, ab 285 A-$). Nördlich von Turkey Creek verläuft der Great Northern Highway zwischen den bizarren Bergrücken der Durack Range und der Carr Boyd Range.

Übernachten

Einfaches Motel ▶ **Turkey Creek Roadhouse:** Great Northern Hwy, Tel. 08-91 68

Von Perth nach Darwin

78 82, turkeycreekroadhouse@bigpond.com. Einfach ausgestattete Standardzimmer, Campingplatz, Restaurant und Tankstelle. DZ 95–125 A-$, Zeltplatz 19 A-$/2 Pers., Stellplatz für Wohnmobil 25 A-$/2 Pers.

Wyndham ▶ 3, E 2

Wyndham am Cambridge Gulf wurde in den 1880er-Jahren als Versorgungshafen und Eingangstor für die Goldfelder von Halls Creek gegründet. Seit Schließung der Schlachthäuser und fleischverarbeitenden Betriebe 1985 verliert der Ort immer mehr an Bedeutung. In den Wyndham Zoological Gardens and Crocodile Farm leben neben Süß- und Salzwasserkrokodilen auch einige Exemplare der seltenen Komodo-Warane (Barytes Rd., Tel. 08-91 61 11 24, tgl. 10–14, Fütterung tgl. 11 Uhr, Erw. 18 A-$, Kin 12 A-$, Fam. 48 A-$).

Ein herrlicher Blick über den mangrovenbestandenen, krokodilreichen Cambridge Gulf, in den fünf Flüsse münden, bietet sich vom Five Rivers Lookout. Der malerisch gelegene Felsenpool The Grotto 30 km westlich von Wyndham ist von steil aufragenden Klippen umgeben.

Infos

Wyndham Tourist Information Centre: c/o Kimberley Motors, Great Northern Hwy, Tel. 08-91 61 12 81, tgl. 6–18 Uhr.

Übernachten

Mit Lokalkolorit ▶ Wyndham Town Hotel: O'Donnell St., Tel. 08-91 61 10 03, Fax 91 61 11 90. Einfach Pub-Hotel mit Restaurant, Bar, Biergarten und Pool. DZ 85–125 A-$.

Camping und Cabins ▶ Wyndham Caravan Park: Baker St., Tel. 08-91 61 10 64, Fax 91 61 12 95. Gut ausgestatteter Platz, mit Cabins.

Kununurra ▶ 3, E 2

Das sympathische Städtchen, dessen Name ›Großes Wasser‹ bedeutet, entstand 1963 als Versorgungs- und Verwaltungszentrum für das Ord River Irrigation Scheme (ORIS), eines der größten Bewässerungssysteme in Australien. Dem 1963 geschaffenen Stausee **Lake Kununurra** folgte neun Jahre später die Aufstauung des Ord River zum Lake Argyle, dem mit 1000 km^2 größten künstlichen See des Fünften Kontinents. Bis heute wurde ein Bewässerungsgebiet von 6000 km^2 geschaffen, auf dem man eine moderne Plantagenwirtschaft betreibt. Angebaut werden Sonnenblumen, Erdnüsse und Sojabohnen sowie verschiedene Obst- und Gemüsearten.

In **Kununurra** lohnt sich ein Besuch der Waringarri Aboriginal Arts Gallery mit Kunstobjekten und Kunsthandwerk der Ureinwohner (Speargrass Rd., Tel. 08-91 68 22 12, Mo–Fr 8.30–12, 13–16.30, Sa 9–12 Uhr, Eintritt frei). Einen schönen Blick über das Bewässerungsgebiet hat man vom Kellys Knob Lookout. Wer keine Zeit hatte, den Purnululu National Park zu besuchen, kann gleich vor den Toren der Stadt im Mirima (Hidden Valley) National Park, dem ›Mini-Bungle Bungle‹, reizvolle kleine Wanderungen unternehmen.

Ein Ausflug von Kununurra führt zum Lake Argyle mit der Durack Argyle Homestead. Der heute als Museum dienende einstige Wohnsitz der Pionierfamilie Durack vermittelt einen guten Eindruck vom Leben der ersten Siedler in den Kimberleys (tgl. 8.30–16.30 Uhr, Erw. 4 A-$, Kin. 2 A-$, Fam. 10 A-$).

Auf dem See, aus dem Dutzende Berggipfel als kleine Inseln ragen, kann man Wassersport betreiben und angeln oder auf Bootstouren Wasservögel und Krokodile beobachten. Im Süden des Lake Argyle erstreckt sich mit der Argyle Diamond Mine die größte Diamantenmine der Welt, in der rund 2000 Beschäftigte vorwiegend Industriediamanten fördern.

Infos

Kununurra Visitor Centre: East Kimberley Tourism House, Coolibah Dr., Tel. 08-91 68 11 77, www.kununurratourism.com, April–Okt. Mo–Fr 8–17, Sa/So 9–16, Nov.–März Mo–Fr 9–16 Uhr.

Übernachten

Ruhig und behaglich ▶ All Seasons Kununurra: Victoria Hwy/Messmate Way, Tel. 08-91 68 14 55, www.allseasons.com.au. Komfortabel, mit Restaurant und Pool. DZ 135–220 A-$.

Gut und günstig ▶ **Kimberley Croc Lodge:** 2 River Fig Ave., Tel. 08-91 68 14 11, www.kimberleycroclodge.com.au. Gut geführtes Backpacker-Hostel mit Pool und begrüntem Innenhof. DZ ab 72 A-$, im Mehrbettzimmer ab 22 A-$/Pers.

Camping und Cabins ▶ **Kona Waters Holiday Park:** Lakeview Dr., Tel. 08-91 68 10 31, www.discoveryholidayparks.com.au. Wunderschöne Lage am Lake Kununurra, sehr gute Ausstattung, gemütliche Cabins.

Essen & Trinken

Top-Adresse für Hausmannskost ▶ **Kelly's Bar & Grill:** Country Club Hotel, 47 Coolibah Dr., Tel. 08-91 68 10 24, tgl. 11.30–15, 17.30–22.30 Uhr. Grillgerichte und andere bodenständige australische Hausmannskost. Vorspeisen 8–12 A-$, Hauptgerichte 16–32 A-$.

Aktiv

Bootstouren mit Vogel- und Krokodilbeobachtung ▶ **Lower Ord Tours:** Tel. 08-91 68 21 44, www.lowerordtours.bigpondhosting.com, April–Okt. tgl. 10–17 Uhr, Erw. 165 A-$, Kin. 110 A-$, Fam. 500 A-$. Bootsausflüge auf dem Ord River und dem Lake Argyle mit Vogel- und Krokodilbeobachtung. **Triple J Tours:** Tel. 08-91 68 26 82, www.triplejtours.net.au, Juni–Aug. tgl. 9–19 Uhr, Erw. 250 A-$, Kin. 180 A-$. Bootsausflüge auf dem Ord River und dem Lake Argyle mit Vogel- und Krokodilbeobachtung.

Flüge zum Bungle Bungle N. P. und Rundflüge ▶ **Aligator Airways:** Tel. 18 00–63 25 33, www.alligatorairways.com.au, ab 295 A-$, Kin. 195 A-$. Flüge in Propellermaschinen zum Bungle Bungle National Park. **Slingair-Heliwork:** Tel. 08-91 69 13 00, Fax 91 68 11 29, www.slingair.com.au, ab 285 A-$. Rundflüge in Propellermaschinen über das östliche Kimberley-Plateau.

Termine

Ord River Festival (Aug.): Volksfest mit Rodeo und kulturellen Veranstaltungen.

Ins Northern Territory
▶ 3, E – G 2/3

Etwa 40 km östlich von Kununurra überquert der Highway 1 die Grenze zwischen Western Australia und dem Northern Territory.

Jenseits der Bundesstaatengrenze warten zwei urwüchsige Nationalparks auf abenteuerlustige ›Entdecker‹: der Keep River National Park mit roten Sandsteindomen, in dem man Aboriginal-Felskunstwerke mit einem Alter von über 50 000 Jahren entdeckte, und der Gregory National Park. Letzterer ist ein wenig besuchtes Naturschutzgebiet mit zerklüfteten Bergketten, Sandsteinplateaus und Schluchten. Die einzigen Stützpunkte für Besucher sind das Victoria River Roadhouse und Timber Creek, wo Bootstouren auf dem Victoria River, dem Lebensraum vieler Salzwasserkrokodile, starten. Wer den kaum erschlossenen Gregory National Park auf eigene Faust besuchen möchte, braucht neben einem zuverlässigen Geländewagen und guter Ausrüstung auch etwas Buscherfahrung.

Eindrucksvolle Panoramen der wilden Bergwelt bieten sich auf dem Escarpment Lookout Walk, der 2 km westlich vom Victoria River Roadhouse beginnt (hin und zurück 3 km/1,5 Std.). Bei Katherine (s. S. 379) trifft der Victoria Highway auf den Stuart Highway, auf dem es noch gut 300 km bis nach Darwin sind.

Übernachten
… in Timber Creek

Motel und Campingplatz ▶ **Timber Creek Gunamu Tourist Park:** Tel. 08-89 75 74 51. Caravan Park mit einfachen Cabins und Motel. Zeltplatz 18,50 A-$/2 Pers., Stellplatz für Wohnmobil 24 A-$/2 Pers., Cabins ab 65 A-$, DZ 95–125 A-$.

Aktiv

Bootstouren ▶ **Victoria River Cruise:** Tel. 08-89 75 08 50, www.victoriarivercruise.com, April–Sept. tgl. außer So 16–19.30 Uhr, Erw. 80 A-$, Kin. 40 A-$. Bootstouren auf dem Victoria River mit Vogel- und Krokodilbeobachtung.

Australiens Wahrzeichen Nummer eins – der Uluru

Kapitel 3
Das Zentrum und Top End

Unmittelbar vor den Toren von Port Augusta am Spencer Gulf beginnt das Outback. Durch diese für Europäer so faszinierende Weite führt der auch Explorers Way genannte Stuart Highway. Er verbindet die Südküste über das ›Rote Herz‹ des Fünften Kontinents mit dem wilden Top End im Norden. Die Fahrt ähnelt einem Roadmovie, das stundenlang mit wenigen Einstellungen auskommt: ausgetrocknete Salzseen, Spinifex-Savannen und Ödland, die Gesteinsrippen abgetragener Wüstengebirge, rote Dünen mit tiefen Tälern, sandiger Boden bis zum Horizont. Hier zeigt sich der trockenste Kontinent der Welt von seiner unwirtlichsten Seite, eine Einöde, die schon grandiose Züge trägt. Einige Außenposten der Zivilisation in Szenerie sind Roadhouses mit Tankstelle, Restaurant, Motel und Caravan-Park.

Coober Pedy, wo mehr als drei Viertel aller Schmuckopale der Welt gefördert werden – ist der einzige größere Ort zwischen Port Augusta und Alice Springs, der inoffiziellen Hauptstadt von Zentralaustralien. Ein ›Seitensprung‹ vom Stuart Highway führt zum Uluru (Ayers Rock), dem heiligen Berg der Aborigines, den Kata Tjuta (The Olgas), einer Ansammlung gigantischer Felskuppeln, und zum Kings Canyon (Watarrka), der eindrucksvollsten Schlucht des Red Centre.

Der nördliche Abschnitt des Stuart Highway verbindet das trockene ›Rote Herz‹ mit dem schwül-warmen Top End, dem tropischen ›oberen Ende‹ des australischen Kontinents. Mit Klima und Vegetation wechselt auch die Farbe. Während im Red Centre ein kräftiges Rotbraun vorherrscht, drängen sich, je weiter nördlich man kommt, üppige Grüntöne ins Bild. Unbestrittenes Highlight des Top End ist der krokodilreiche Kakadu National Park.

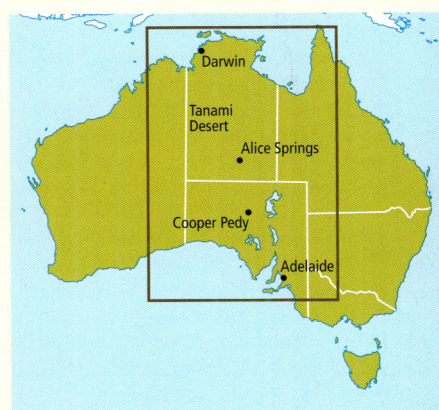

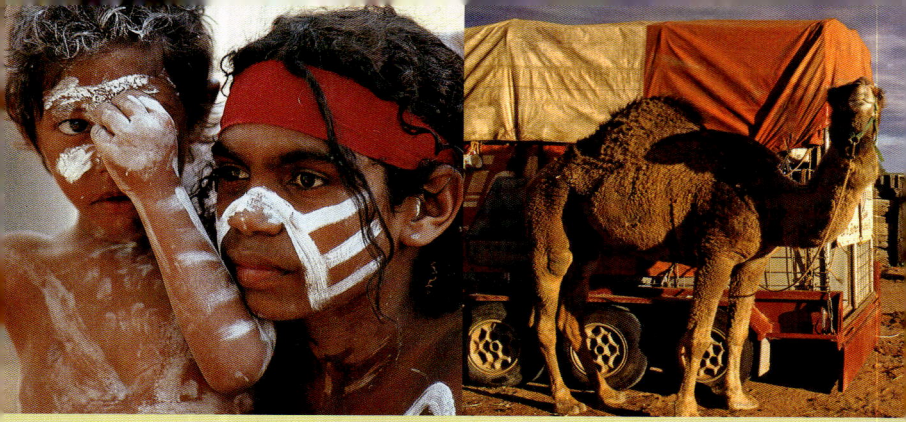

Auf einen Blick
Das Zentrum und Top End

Sehenswert

8 Uluru-Kata Tjuta National Park: Naturschutzgebiet im ›Roten Herzen‹ Australiens mit dem Uluru, dem heiligen Berg der Aborigines, und dem bizarren Felskuppelmassiv Kata Tjuta (s. S. 360).

9 Kings Canyon im Watarrka National Park: In Jahrhundertmillionen haben die Naturelemente die größte und mit über 200 m vertikal abfallenden Felswänden auch eindrucksvollste Schlucht des Red Centre aus einem Sandsteinplateau erodiert (s. S. 362).

10 Kakadu National Park: Weltweit gibt es nur zwei als Nationalparks geschützte Wildnisgebiete, die größer sind. Auf Crocodile Dundees Spuren kann man dort urzeitliche Panzerechsen beobachten. Besucher finden im Park zudem die schönsten Aboriginal-Felsbilder Australiens (s. S. 392).

Schöne Routen

Stuart Highway: Wie in Amerika die legendäre Route 66 symbolisiert in Down Under der Stuart Highway (auch bekannt als Explorers Way), der das Zentrum des Fünften Kontinents in Nord-Süd-Richtung durchzieht, den Mythos von Weite und Grenzenlosigkeit. Viele Australien-Reisende betrachten den ›Ritt‹ auf dem Asphaltband als den ultimativen Road Trip, wenngleich dessen Ruf als eine der abenteuerlichsten Pisten der Welt seit 1987 mit der Asphaltierung endgültig dahin ist (s. S. 356).

Mereenie Loop Road: Mit einem Geländewagen kann man vom Kings Canyon über die schottrig-staubige, aber landschaftlich sehr reizvolle Outback-Piste Mereenie Loop Road auf direktem Weg in die westlichen MacDonnell Ranges fahren (s. S. 363).

Meine Tipps

Zum Booze-Up nach Birdsville: Die Birdsville Races sind berühmt (s. S. 353).

Noodling in Coober Pedy: Hier ist die Suche nach Restopalen eine Art Sport (s. S. 357)

In die Luft gehen: Mit Heißluftballons die spektakulären Panoramen im ›Roten Herzen‹ genießen (s. S. 372).

Urige Buschkneipen: Australien ist das Land des Durstes. Doch keine Sorge, selbst nördlich von Alice Springs gibt es Bier (s. S. 380).

Unterwegs mit Aborigines: Spannender Ausflug in das »Land of the Lightning Brothers« mit Aboriginal-Guides (s. S. 382).

Zu den Aborigines von Bathurst Island und Melville Island: Die lebendige Aboriginal-Kultur des Tiwi-Stammes erleben (s. S. 390).

aktiv unterwegs

Wanderungen im Wilpena Pound: Eine Reihe gut markierter Wanderwege erschließt das steinerne Riesen-Amphitheater im Herzen der Flinders Ranges (s. S. 350).

Pistentour in die Bergwelt der Gammon Ranges: Die Fahrt in die Gammon Ranges bietet u- a. wilde Gebirgslandschaften und weite Savannen mit Kängurus (s. S. 354).

Umrundung des Uluru: Die Anangu-Aborigines sehen es nicht gern, wenn ihr Heiligtum von Touristen erstürmt wird. Eine nicht minder erlebnisreiche Alternative ist die Wanderung um den Monolithen (s. S. 364).

Mit dem Geländewagen ins Palm Valley: Per Allradfahrzeug mit hoher Bodenfreiheit in das von seltenen Marienpalmen gesäumte, sandige Flusstal des Finke River (s. S. 376).

Von Adelaide ins Landesinnere

Gleißendes Licht und mörderische Hitze, Myriaden von Fliegen und puderzuckerfeiner Staub, ausgedörrte Spinifex-Savannen und steinübersätes Ödland sowie ausgetrocknete Flussläufe und verkrustete Salzseen, aber auch malerische Bergzüge und feuchte Schluchten mit den Überbleibseln einer Vegetation der Dinosaurierzeit – in Australiens ›Rotem Herzen‹ erhält man ein Gefühl der Leere und Weite des Fünften Kontinents.

Yorke Peninsula ▶ 3, J/K 1–3

Von Adelaide geht die Fahrt auf dem Princes Highway zunächst zur Yorke Peninsula. Im Nordteil der stiefelförmigen Halbinsel wurden im 19. Jh. ergiebige Kupferlager ausgebeutet. Im Copper Triangle zwischen Kadina, Wallaroo und Moonta stößt man noch heute auf zahlreiche Relikte dieser Zeit. So informieren in **Kadina** im Kadina Farm Shed Museum Erinnerungsstücke über die ›Kupferära‹ (50 Moonta Rd., Tel. 08-88 21 23 33, Mo–Fr 9–17, Sa/So und Fei 10–15.30 Uhr, Erw. 9,50 A-$, Kin. 4,75 A-$, Fam. 23,75 A-$).

Moonta besitzt ein Bergwerksmuseum, das einen guten Eindruck von den Lebens- und Arbeitsbedingungen der vorwiegend aus dem englischen Cornwall stammenden Minenarbeiter vermittelt (Moonta Mines Museum: Tel. 08-88 25 18 91, Mi/Fr/Sa/So 13.30–16, Fei sowie tgl. während der Schulferien 11–16 Uhr, Erw. 5 A-$, Kin. 2 A-$, Fam. 12 A-$). Mit dem eigenen Fahrzeug oder mit einer eigens dafür eingerichteten Schmalspurbahn kann man die Kupferminen der Moonta Mines erkunden (Moonta Mines Railway: Tel. 08-88 25 18 91, Sa/So 13, 14, 15, Fei sowie tgl. während der Schulferien 11, 12, 13, 14, 15 Uhr, Erw. 9,50 A-$, Kin. 4,75 A-$, Fam. 23,75 A-$).

Der **Innes National Park** an der ›Stiefelspitze‹ wartet mit Küstendünen und Salzlagunen sowie spektakulären Klippenformationen auf. Schöne Panoramen der Steilküste bieten sich von den Leuchttürmen, die am Cape Spencer und am West Cape wachen. Am Ethel Beach rostet das Wrack des 1904 gestrandeten Frachters ›Ethel‹. Zum Schwimmen laden die Sandstrände Dolphin Beach, Shell Beach und Browns Beach. Ein guter Ausgangspunkt für Erkundungen des Nationalparks ist das Städtchen Warooka.

Infos
In Kadina

Yorke Peninsula Visitor Information Centre: 50 Moonta Rd., Tel. 18 00-65 49 91, www.yorkepeninsula.com.au, Mo–Fr 9–17, Sa/So und Fei 10–15.30 Uhr.

Übernachten
… in Kadina

Ruhig und angenehm ▶ **Kadina Gateway Motor Inn:** 706 Adelaide Rd., Tel. 08-88 21 27 77, www.goldenchain.com.au. Mit Restaurant und Pool. DZ 99–119 A-$.

Camping und Cabins ▶ **Kadina Caravan Park:** Lindsay Terr., Tel. 08-88 21 22 59. Gut ausgestattet, mit Cabins.

Tipp: Infos im Internet

Empfehlenswerte Websites zu diesem Kapitel sind: www.explorersway.com und www.findersoutback.com.

… in Moonta
Gut und günstig ▶ Moonta Bay Patio Motel: 196 Bay Rd., Tel. 08-88 25 24 73, Fax 88 25 25 66. Mit Restaurant. DZ ab 105 A-$.

Camping und Cabins ▶ Moonta Bay Caravan Park: Tossell St., Tel. 08-88 25 24 06, www.moontabaycp.rvpoint.com.au. Gut ausgestattet, mit Cabins.

… in Warooka
Sympathisches Landgasthaus ▶ Warooka Hotel-Motel: Tel. 08-88 54 00 01, www.warookahotel.com.au. Kleines Motel, im Pub-Restaurant gute *Counter Meals*. DZ 70 A-$.

Port Augusta ▶ 1, O 14

Auf dem Weg von der Yorke Peninsula oder direkt von Adelaide nach Port Augusta passiert der Princes Highway **Port Pirie.** Die Industrie- und Handelsstadt wird von den bis zu 205 m hohen Schornsteinen der Broken Hill Associated Smelters Pty. Ltd. überragt, der weltweit größten Bleischmelzhütte. Auch **Port Augusta** am Spencer Gulf ist ein wichtiges Industriezentrum sowie geschäftiger Verkehrsknotenpunkt. Im **Wadlata Outback Centre** vermitteln Multi-Visions-Schauen, Dioramen und zahlreiche Exponate Besuchern ein umfassendes Bild des australischen Outback (41 Flinders Terr., Tel. 08-86 41 91 93, www.wadlata.sa.gov.au, Mo–Fr 9–17.30, Sa/So 10–16 Uhr, Erw. 9,95 A-$, Kin. 6,50 A-$, Fam. 22,50 A-$).

Über das Leben in Pionierzeiten unterrichtet das **Homestead Park Pioneer Museum** (Elsie St., Tel. 08-86 42 20 35, tgl. 9–16 Uhr, Erw. 7,50 A-$, Kin. 4,50 A-$, Fam. 19,50 A-$). Willkommen sind Gäste auch in der Bodenstation des **Royal Flying Doctor Service** (Port Augusta Airport, Tel. 08-86 42 20 44, www.flyingdoctor.net, Mo–Fr 10–15 Uhr, Eintritt frei, Spende erbeten, s. auch S. 253). Vor den Toren der Stadt liegt der auf die Pflanzen der Trockenzone spezialisierte **Arid Lands Botanic Garden** (Stuart Hwy, Tel. 08-86 41 91 17, Mo–Fr 9–17, Sa/So 10–16 Uhr, Eintritt frei).

Tipp: Kontinentale Entfernungen

Mit Muße fahrend, sollte man sich für die rund **1700 km** lange Strecke zwischen Adelaide und Alice Springs mindestens eine Woche Zeit nehmen, vor allem wenn man Abstecher zum Uluru und den Kata Tjuta plant. Vier Tage sollte man für die fast **1500 km** lange Fahrt von Alice Springs nach Darwin einplanen. Die Besichtigungen von Alice Springs und Darwin sowie Ausflüge in die Umgebung schlagen mit weiteren vier Tagen zu Buche, der Abstecher zum Kakadu National Park mit drei Tagen. Auch bei zügiger Fahrt benötigt man mindestens vier Tage, um die wahrlich kontinentale Entfernung von gut **2600 km** von Darwin bis zur Ostküste zu bewältigen. Mit dem Flugzeug sind es weniger als drei Stunden.

Infos

Port Augusta Tourist Information Office: Wadlata Outback Centre, 41 Flinders Terr., www.portaugusta.sa.gov.au, Tel. 08-86 41 07 93, Mo–Fr 9–17.30, Sa/So 10–16 Uhr.

Übernachten

Zwei-Sterne-Komfort ▶ Comfort Inn Port Augusta: Hwy 1, Tel. 08-86 42 27 55, www.comfortpa.com.au. Gut geführtes Kettenmotel, Restaurant u. Pool. DZ 85-145 A-$.

Für Preisbewusste ▶ Acacia Ridge Motor Inn: 33 Stokes Terr., Tel. 08-86 42 33 77, www.acaciaridgemotorinn.com.au. Einfach, mit Pool. DZ 85–95 A-$.

Camping und Cabins ▶ Port Augusta Holiday Park: Hwy 1, Ecke Stokes Terr., Tel. 08-86 42 29 74, www.portaugustabig4.com. au. Gut ausgestattet, auch Cabins.

Aktiv

Mit dem Postflugzeug ▶ Westwing Aviation: P.O. Box 1037, Mount Isa, QLD 4825, Tel. 07-47 43 21 44, Fax 47 43 86 09, www.westwing.com.au, ab 660 A-$ (ohne Unterkunft und Verpflegung). Längster Postflug der Welt (2600 km), der Touristen eine Möglich-

Von Adelaide ins Landesinnere

Das Kamel – ein gefährlicher Import   Thema

In Brehms Tierleben ist Australien zwar nicht als Heimatland für Kamele ausgewiesen, dennoch ziehen stattliche Herden der Höckertiere durch das Landesinnere. Die Kamele – eigentlich Dromedare, da einhöckrig – sind keine Urbewohner des Kontinents; sie kamen vor 150 Jahren als Last- und Reittiere aus Arabien über Indien nach Australien.

Bis in die 1930er-Jahre bewährten sich in Australien die genügsamen Kamele als unentbehrliche Transportmittel. Von damaligen Endpunkten der Eisenbahn wie Broken Hill in New South Wales oder Marree und Oodnadatta in South Australia, wo sie ihre Fracht – Lebensmittel, Werkzeug, Stacheldraht – übernahmen, trieben einst asiatische Kameltreiber schwerbepackte Karawanen zu den entlegenen Pioniersiedlungen und Minenorten. Auf dem Rückweg schleppten die Wüstentiere tonnenweise Schafwolle sowie Kupfererz. Obwohl nur wenige der Kameltreiber aus Afghanistan stammten, wurden sie von den Australiern kurzerhand Ghans genannt. Meist kamen sie aus Indien und Pakistan.

Die Ghans waren als aufrichtige und zuverlässige ›Spediteure‹ allseits geschätzt, und ihre ›Wüstenschiffe‹ waren geradezu prädestiniert, die Transportprobleme in Australiens Ödlandgebieten zu lösen. Tiervater Brehm fand das Kamel zwar blöd, die Araber aber nennen es weise. Wie auch immer: Für die Wüste sind die Höckertiere ideal. Etwa 4–5 km pro Stunde gehen sie in einem merkwürdigen, schaukelnden Gang. Dieses Tempo halten sie 14 Stunden durch, Tag für Tag, Woche für Woche. Sie schleppen dabei bis zu vier Zentner auf dem Buckel und werden nur morgens und abends mit einem Bündel Heu abgespeist. Kein anderes Tier lässt sich so viel zumuten.

Wie das Kamel – der Weltmeister im Wassersparen – auch längere Durststrecken ohne Schaden übersteht, ist noch nicht restlos geklärt. Hartnäckig hält sich die Mär vom Wasserreservoir im Höcker. Fest steht aber, dass dieser bis zu 20 kg schwere Klumpen auf dem Rücken kein Wasser, sondern Fett speichert. Richtig ist auch, dass ein Kamel in zehn Minuten bis zu 100 l Wasser in seinen Organismus aufnehmen und damit in Extremfällen bis zu 20 Tage auskommen kann.

Ohne die nach Australien eingeführten, genügsamen Wüstenwanderer hätte im 19. Jh. das höllenheiße Landesinnere nicht erforscht werden können, wären damals weder die enormen Bodenschätze entdeckt worden, noch hätten eine Telegraphen- und zwei Eisenbahnlinien quer durch die Wildnis des Riesenkontinents verlegt werden können. Als jedoch die Tiere den Pionieren und Forschern, den Landvermessern und Goldgräbern ihren Dienst getan hatten, wurden sie buchstäblich in die Wüste geschickt. Einige hundert der ›Ausgesetzten‹, so schätzt man, traten im Zeitalter des Autos und der Eisenbahn den Rückzug in die Inlandwüsten an – und vermehrten sich dort unaufhaltsam. Australien ist heute immer noch das einzige Land der Welt mit großen, oft Hunderte von Tieren zählenden Herden wilder Kamele. Inzwischen sollen es 750 000 Tiere sein. Ohne natürliche Feinde verdoppelt sich die Zahl etwa alle acht Jahre. Schon jetzt stellt ihre große Menge eine Bedrohung für das sensible Ökosystem des Outback dar, denn besonders während der Trockenzeit machen Kamele einheimischen Tierarten Wasser und Nahrung streitig.

Der Flinders Ranges National Park

keit bietet, das Outback kennenzulernen: jeden Mittwoch von Port Augusta via Innamincka nach Birdsville in Queensland (dort Übernachtung), am Donnerstag von Birdsville via Marree zurück nach Port Augusta.

Flinders Ranges
▶ 1, O/P 12–14

Bevor man sich von Port Augusta auf dem Stuart Highway (s. S. 356) nach Alice Springs begibt, sollte man unbedingt die schroffe Bergwelt der Flinders Ranges erkunden, die von gut ausgebauten Schotterstraßen durchzogen werden. Outback-Fans fahren auf passablen Tracks (s. S. 351ff.) weiter bis in die ausgedehnten Stein- und Sandwüsten des Nordostens von South Australia, der zu den unberührtesten und landschaftlich reizvollsten Regionen des Fünften Kontinents zählt.

Quorn und Hawker ▶ O 13/14
Über den Pichi Richi Pass erreicht man zunächst **Quorn**, einst ein geschäftiger Eisenbahnknotenpunkt, heute Pilgerziel für Fans historischer Dampflokomotiven. Diesen bietet die **Pichi Richi Railway** mehrmals wöchentlich eine nostalgische Reisemöglichkeit von Woolshed Flat am Fuß der Berge nach Quorn (Tel. 08-86 48 65 98, www.prr.org.au, März–Dez. mehrmals monatlich, Erw. 42 A-$, Kin. 14 A-$, Fam. 98 A-$; Buchung im Wadlata Outback Centre in Port Augusta, s. S. 347).

Auf der Weiterfahrt nach **Hawker** passiert man den 7 m hohen Quarzitfels **Death Rock,** eine Initiationsstätte der Ureinwohner, die in den Yourambulla Caves Felsmalereien hinterlassen haben. Nordöstlich der kleinen Ortschaft Hawker, einem beliebten Ausgangspunkt für Touren in die südlichen Flinders Ranges, führt eine Stichstraße in die Nähe des wegen seiner Aboriginal-Felsbilder bekannten **Arkaroo Rock** (Wanderung ab Parkplatz hin und zurück 3 km/1,5 Std.).

Infos
… in Hawker
Information Centre for Flinders Ranges and the North: c/o Hawker Motors, Wilpena Rd., Ecke Cradock Rd., Tel. 08-86 48 40 14, www.hawkermotors.com.au, tgl. 8–18 Uhr.

Von Adelaide ins Landesinnere

aktiv unterwegs

Wanderungen im Wilpena Pound

Tour-Infos
Start: Besucherzentrum des National Parks & Wildlife Service bzw. Wilpena Pound Resort
Länge: zwischen 1,5 km und 20 km
Dauer: zwischen 1 Std. und 7,5 Std.
Schwierigkeitsgrade: von einfach bis anspruchsvoll

Mit gut markierten Pfaden ist der Wilpena Pound ein ideales Terrain für Wanderungen unterschiedlichster Schwierigkeitsgrade. Insbesondere während der Frühjahrsblüte im September und Oktober finden Buschwanderer und Fotografen hier ein Paradies.

Die Besonderheiten der hiesigen Flora lernt man auf einem bequemen **Naturlehrpfad** kennen, der gleich südlich des Wilpena Pound Resort beginnt (Rundweg 1,5 km/ 1 Std.). Ebenfalls am Resort beginnt die anspruchsvolle Wanderung auf den **Mount Ohlssen Bagge.** Auf der Tour durch steiniges Terrain kann man am frühen Morgen und am späten Nachmittag mit dem Aussterben bedrohten gelbfüßigen Felsen-Wallabies beobachten, für die der Flinders Ranges National Park eines der letzten Refugien ist (hin und zurück 4 km/3 Std.). Eine einfache Wanderung führt vom Wilpena Campground durch die Schlucht des von Fluss-Eukalypten gesäumten Wilpena Creek zum **Old Homestead,** einem historischen Farmhaus aus dem 19. Jh., und weiter zum **Wangara Lookout** (hin und zurück 6 km/3 Std.).

Nicht unbedingt bergsteigerische Erfahrung, aber Kondition und Trittsicherheit erfordert die anstrengende und bei Regen nicht ungefährliche Wanderung auf den **St. Mary's Peak,** der mit 1188 m höchsten Erhebung des Quarzitgebirges. Ausgehend vom Wilpena Campground führt der markierte Pfad zunächst durch flaches Gelände (1,5 Std.), dann steil auf den **Tanderra Saddle** hinauf (1 Std.). Auf dem Berggrat kennzeichnen blaue Pfeile den Weg zum Gipfel (1 Std.). Lohn der Mühe ist ein traumhafter Blick über die riesige ovale Schüssel des Wilpena Pound bis zum rosafarben in der Ferne glitzernden Torrens-Salzsee. Wer über Energiereserven verfügt, muss nicht auf demselben Weg zurückwandern, sondern kann vom Tanderra Saddle südwärts in den Wilpena Pound hinabsteigen und über den **Cooinda Campground** und das **Old Homestead** zum Wilpena Campground zurückkehren (4 Std.; Gesamtstrecke 20 km/Gesamtdauer 7,5 Std.).

Outback-Tracks

Übernachten
… in Quorn
Ungewöhnliches Ambiente ▶ Flinders Ranges Motel: 2 Railway Terr., Tel. 08-86 48 60 16, Fax 86 48 62 79, www.flindersranges. com.au. Uriges Motel in einer alten Mühle, mit Restaurant. DZ 90–100 A-$.

Camping und Cabins ▶ Quorn Caravan Park: Silo Rd., Tel. u. Fax 08-86 48 62 06. Gut ausgestattet, mit Cabins.

… in Hawker
Rustikales Landhotel ▶ Outback Chapmanton Motor Inn: 1 Wilpena Rd., Tel. 08-86 48 41 00, www.hawkersa.info/biz/outback. Familiär, mit Restaurant. DZ 95–100 A-$.

Camping und Cabins ▶ Hawker Holiday Park: Wilpena Rd./Chaceview Terr., Tel. 08-86 48 40 06, www.hawkerbig4holidaypark.com. au. Gut ausgestattet, gemütliche Cabins.

Essen & Trinken
… in Hawker
Kreative Regionalküche ▶ Old Ghan Restaurant: Hawker Railway Station, Tel. 08-86 48 41 76, Do–Sa 17.30–22.30 Uhr. Australische Hausmannskost, raffiniert zubereitet, mit Kunstgalerie. Vorspeisen 8,50–10,50 A-$, Hauptgerichte 14,50–26,50 A-$.

Flinders Ranges National Park ▶ 1, O 13

Zwar sind die aus hartem, erosionsbeständigem Quarzit bestehenden Gipfel und Bergrücken der Flinders Ranges nicht sonderlich hoch, doch zeichnen sie sich durch schroffe Formen und intensive Farben sowie eine artenreiche Tier- und Pflanzenwelt aus. Insbesondere während der Frühjahrsblüte im September und Oktober, wenn sich der sonst verdörrte Landstrich in einen riesigen Blumenteppich verwandelt, finden Buschwanderer und Fotografen hier ein Paradies.

Die von Süden kommende Teerstraße endet in Wilpena, einer kleinen Siedlung am Rande des **Wilpena Pound.** Ein bis zu über 1000 m hoher Felswall umgibt dieses natürliche, 16 km lange und 10 km breite ›Amphitheater‹. Mit 1188 m ist der St. Marys Peak die höchste Erhebung dieses ringförmigen Quarzitgebirges. Die Klamm des Wilpena Creek bei der Felsformation Sliding Rock unweit der Rangerstation in Wilpena bietet den einzigen Zugang zum Wilpena Pound.

Nördlich von Wilpena erschließt ein Netz von teils recht rauen Schotter- und Naturpisten, die nach heftigen Regenfällen tagelang unbefahrbar sein können, den Nationalpark. Zu den Sehenswürdigkeiten dieser Region gehören die malerische **Bunyeroo Gorge,** die **Wilkawillana Gorge** mit uralten Meeresfossilien und die **Brachina Gorge,** in deren steilen Kreidefelsen man 600 Mio. Jahre alte Fossilien von Meereslebewesen fand.

Infos
National Parks & Wildlife Service: Wilpena, Tel. 08-86 48 00 48, tgl. 8–18 Uhr.

Übernachten
Komfort in der Wildnis ▶ Wilpena Pound Resort: Wilpena, Tel. 08-86 48 00 04, Fax 86 48 00 28, www.wilpenapound.com.au. Komfortables Hotel mit Restaurant und Pool sowie schönes, gut ausgestattetes Busch-Camp; Buchung von Flügen über den Wilpena Pound. DZ 130–210 A-$.

Rustikal und herrlich gelegen ▶ Arkaroola-Mount Painter Sanctuary Resort: Tel. 08-86 48 48 48 u. 18 00-67 60 42, www.arkaroola.com.au. Outback-typische Ferienanlage, eingebettet in herrliche Bergwelt, Motel und Caravan Park. DZ 65–175 A-$.

Aktiv
Geführte Tagestour ▶ Ridgetop Tour: Tel. 08-86 48 48 48, www.arkaroola.com.au, tgl. 9 Uhr, Erw. 119 A-$, Kin. 76 A-$. Mit Geländewagen von Arkaroola auf einer abenteuerlichen Piste vorbei an spektakulären Felsformationen und tiefen Schluchten zum Mount Painter.

Outback-Tracks

Strzelecki Track ▶ 1, O/P 12
In **Lyndhurst,** einem kleinen Ort mit Tankstelle am Fuß der Flinders Ranges (s. S. 349),

Von Adelaide ins Landesinnere

zweigt vom Highway 83 in nordöstlicher Richtung der berühmte Strzelecki Track ab. Die bei Trockenheit auch mit robusten Pkws befahrbare, gut ausgebaute Schotterpiste führt über rund 460 km durch die von Salzseen durchsetzte Einöde der Strzelecki Desert zur Siedlung **Innamincka** nahe der Grenze zu Queensland. Route und Wüste wurden Mitte des 19. Jh. von Charles Sturt nach seinem polnischen Forscherkollegen Graf Edmund von Strzelecki benannt.

Birdsville Track ▶ 1, O/P 10–12

Marree ist Ausgangspunkt für zwei der bekanntesten, aber am wenigsten befahrenen ›Straßen‹ Australiens: den legendären Oodnadatta Track, die raue Alternative zum Stuart Highway (s. u.), sowie den nicht weniger mythenumwobenen Birdsville Track, der 520 km weit durch Halbwüsten und vorbei an Salzlagunen nach **Birdsville** führt (s. S. 353). Einst trieben auf dieser Piste *Stockmen* riesige Rinderherden von Queensland zur Eisenbahnverladung nach Marree.

Marree, vor der Wende zum 20. Jh. von einem Bayern namens Hergott als Hergott Springs gegründet, hat seine besten Tage hinter sich. Das Aus kam 1980, als rund 200 km weiter westlich die neue Eisenbahnlinie zwischen Adelaide und Alice Springs eröffnet wurde und man die über Marree und Oodnadatta führende Trasse stilllegte. Heute ist Marree eine Versorgungsstation für die Schaf- und Rinderfarmen der weiteren Umgebung sowie Pilgerziel nostalgischer Outback-Fans. An Blütezeiten erinnern der ehemalige Bahnhof, der heute ein Museum beherbergt, einige verrostende Lokomotiven sowie die alten Rinderpferde.

Der Birdsville Track berührt die **Sturt Stony Desert,** eine lebensfeindliche Kies- und Geröllwüste, und die **Simpson Desert,** eine der großen Sanddünenwüsten der Welt, in der parallele, bis zu 90 m hohe Sandkämme über Hunderte von Kilometern verlaufen.

Übernachten
… in Maree
Mit Lokalkolorit ▶ Great Northern Hotel: Tel. 08-86 75 83 44, Fax 86 75 83 28. Kneipen-Hotel mit Restaurant und viel Outback-Flair. DZ 60–80 A-$.
Camping und Cabins ▶ Oasis Caravan Park: Tel. 08-86 75 83 52. Stellplätze für Zelte und Wohnmobile sowie Cabins.

Aktiv
… in Maree
Rundflüge ▶ Lake Eyre Scenic Flights: c/o Oasis Café, Tel. 08-86 75 83 52, ab 165 A-$. Rundflüge über dem Lake Eyre.

Campground bei William Creek

Tipp: Zum Booze-Up nach Birdsville

100 Einwohner zählt das Outback-Nest **Birdsville**, das in den 80er-Jahren des 19. Jh. als Zollstation an der Grenze zu South Australia entstand. Als nach der Gründung des Commonwealth of Australia 1901 sämtliche Zollschranken abgebaut wurden, verlor Birdsville vorübergehend an Bedeutung. Doch schon bald entwickelte sich der kleine Ort zu einem wichtigen Stützpunkt für Viehzüchter, die ihre riesigen Herden nach Süden trieben.

Zur Blütezeit gab es in Birdsville drei Hotels mit Kneipen, eine Bank und mehrere Läden. Seitdem die Rindviecher ihre letzte Reise zu den Schlachthäusern in komfortablen *road trains* antreten, ist Birdsville, dem gerade noch ein Pub verblieben ist, allerdings nur mehr eine fast vergessene Ansammlung von Häusern *in the middle of nowhere.* Doch einmal im Jahr, am ersten Wochenende im September, ist dort die Hölle los. Dann reisen Tausende von Australiern und Überseebesuchern in Kleinflugzeugen und Geländewagen an, um die Birdsville Races mitzuerleben, das nach dem Melbourne Cup vermutlich berühmteste Pferderennen von Australien.

Für viele ist allerdings das *Booze-Up,* das große Besäufnis, der eigentliche Grund für die beschwerliche Anreise. Stundenlang gießt man an diesem ›verrücktesten Wochenende der Welt‹ Bier in sich hinein, oft bis zur Bewusstlosigkeit. Im Rekordjahr 2001 hinterließen rund 6000 Besucher einen Berg von fast 100 000 leeren Bierdosen.

Infos im Internet: www.birdsvilleraces.com

Oodnadatta Track ▶ 1, O 12 – M 11

Der 650 km lange Oodnadatta Track folgt der in den 1970er-Jahren stillgelegten ›Ghan‹-Bahnlinie zwischen Marree und Marla am Stuart Highway. Bei Trockenheit ist die Outback-Piste auch mit gewöhnlichen Fahrzeugen zu bewältigen, nach heftigen Regenfällen dagegen unpassierbar. Zwischen Marree und **William Creek** stößt der Oodnadatta Track auf das Südufer des **Lake Eyre,** des größten australischen Salzsees, dessen tiefste Stelle 12 m unter dem Meeresniveau liegt. Der von einer bis zu über 2 m dicken Salzkruste überzogene Lake Eyre war seit der Entdeckung durch weiße Australier erst viermal nach starken Niederschlägen mit Wasser gefüllt. Jedesmal schrumpfte aber der Binnensee schon bald wieder zu seichten Pfützen inmitten riesiger, lebensfeindlicher Salzpfannen zusammen.

Beim William Creek Roadhouse zweigt eine gute Schotterpiste nach Coober Pedy ab. **Oodnadatta**, die einzige größere Siedlung entlang der Route, ist mit durchschnittlich 115 mm Jahresniederschlag der trockenste bewohnte Ort von Australien. Zwischen 1891 und 1929, bevor die Eisenbahnlinie nach Alice Springs fertiggestellt war, besaß er einen bedeutenden Kopfbahnhof. In jenen Jahren transportierten Kamelkarawanen Passagiere und Fracht von dort nach Alice Springs. Der alte Bahnhof aus dem Jahre 1890 beherbergt heute ein kleines Museum. Oodnadatta ist auch der Ausgangspunkt für Fahrten in den Witjira National Park mit den Thermalquellen von Dalhousie sowie für Durchquerungen der Simpson Desert, beides Unternehmungen für ›Abenteurer‹ mit Outback-Erfahrung und zuverlässigen Geländefahrzeugen. Von Oodnadatta nach **Marla** am Stuart Highway sind es 214 km durch eine menschenleere Halbwüste.

Infos
… in Oodnadatta
Pink Roadhouse: Tel. 08-86 70 78 22, Fax 86 70 78 31, tgl. 8–20 Uhr.

Übernachten
… in Oodnadatta
Mit Outback-Charme ▶ **Transcontinental Hotel:** Tel. 08-86 70 78 04. Einfaches Pub-Hotel, mit Restaurant. DZ 65–85 A-$.

Camping und Cabins ▶ **Oodnadatta Caravan Park:** Tel. 08-86 70 78 04, Fax 86 70 78 31. Einfacher Platz, mit Cabins.

Von Adelaide ins Landesinnere

aktiv unterwegs

Pistentour in die Bergwelt der Gammon Ranges

Tour-Infos
Start: Wilpena; **Ende:** Arkaroola
Länge: 300 km (plus 120 bzw. 150 km für die Weiterfahrt nach Leigh Creek)
Dauer: 2–3 Tage (plus 1 Tag für Weiterfahrt nach Leigh Creek)
Schwierigkeitsgrad: Einfach bis mäßig schwierig

Auf einer durch die **Brachina Gorge** verlaufenden, etwas abenteuerlichen Piste gelangt man zum Highway 83. Über durchweg nicht asphaltierte Buschpisten kann man auch direkt vom Flinders Ranges National Park zum nördlich gelegenen **Gammon Ranges National Park** fahren. Ein Stopp bietet sich im ehemaligen Kupferort **Blinman** an, der heute ganz auf Touristen eingestellt ist. Im Süden ragt der Bergrücken **Great Walls of China** auf, eine der zahlreichen ›chinesischen Mauern‹, die es in Australien gibt. Westlich von Blinman mäandert die Piste durch die malerische **Parachilna Gorge**, in der entwurzelte, ineinander verkeilte Stämme von Flusseukalypten die Urgewalt der letzten Flut erahnen lassen. **Parachilna,** ein Outback-Nest am Highway 83, besteht aus einer Hand voll Wohnhäuser, einer Tankstelle und dem urigen Prairie Hotel, in dem seit 1876 Bier aus den polierten Messinghähnen gezapft wird.

Gut 30 km östlich von Blinman künden Windräder, die Wasser aus großen Tiefen zu Tage fördern, die **Wirrealpa Homestead** an. Die Zufahrt zur etwas abseits gelegenen **Chambers Gorge** ist mühsam, trotzdem schaffen immer wieder Pkw-Fahrer, deren Wagen eine gute Bodenfreiheit haben, mit Geduld und Vorsicht die ersten 4 bis 5 km. Dann aber befindet man sich in Four-Wheel-Drive-Terrain, denn es gilt ein tiefsandiges Flussbett, einige Wasserlöcher und steinige Passagen zu meistern. Nach weiteren 4 km endet die Stichstraße am Eingang der Schlucht, wo sich ein einfaches Busch-Camp befindet.

Linker Hand, nur einen kurzen Spaziergang entfernt, versteckt sich in einem Seitencanyon eine der heiligsten Stätten der Ureinwohner dieser Region – eine Felswand mit alten Petroglyphen. Mit Sicherheit haben die Felsritzungen einen Bezug zur Traumzeit, die genaue Symbolik der Kreuze und Kreise, der Spiralen und Wellenlinien, der Streifen und Schlangenmuster kennen aber nur die Stammesältesten der Adnyamathanha-Aborigines, die sich dort bis zum heutigen Tag regelmäßig treffen, um religiöse Zeremonien abzuhalten. Einst muss hier ein wichtiges kulturelles Zentrum bestanden haben, das über das ganze Gebiet der Flinders Ranges ausgestrahlt hat. Darauf deuten stilistische Ähnlichkeiten der hiesigen Felsgravuren mit denen in anderen Aboriginal-Galerien der Region hin.

Vorbei an **Balcanoona** mit dem Hauptquartier des National Parks and Wildlife Service schlängelt sich die Piste über Hügelketten und durch trockene Täler durch die Einsamkeit – Wildnis so weit das Auge reicht. Die Schluchten-, Fels- und Berglandschaft des Gammon Ranges National Park ist die spektakulärste dieser Wildnis-Enklaven. Hauptanziehungspunkt des Naturschutzgebietes ist die Region um die einstige Schaffarm **Arkaroola,** wo sich heute ein Ferienkomplex mit Motel, Caravan Park und Swimmingpool sowie eine Sternwarte befinden. Das Management bietet eine faszinierende ›Ridgetop Tour‹ an, die auf einer abenteuerlichen Trasse durch die Bergwelt vorbei an spektakulären Felsformationen, tiefen Schluchten und aufgelassenen Kupferbergwerken zum 790 m hohen Mount Painter führt (Tel. 08-86 48 48 48, www.arkaroola.com.au, tgl. 9 Uhr, Erw. 119 A-$, Kin. 76 A-$). Während diese Route

Outback-Tracks

nicht von Privatfahrzeugen befahren werden darf, sind Ausflüge zu anderen Naturattraktionen der Region auch auf eigene Faust möglich.

Ein Ausflug führt auf einer rauen, aber auch mit einem Pkw befahrbaren Schotterpiste zum **Nooldoo Nooldoona Waterhole** 13 km nordöstlich, in dem sich rote Felswände spiegeln. Morgens, wenn sich hier Felsenwallabies tummeln, erscheint der Teich wie verzaubert. Unterwegs lohnen sich Stopps beim Pinnacle Lookout mit Blick auf eine Granitformation, bei den heißen Quellen von Bolla Bollana sowie bei den aufgegebenen Bolla Bollana Copper Smelters, wo einst Kupfererz verarbeitet wurde.

Eine andere Tour hat die **Paralana Hot Springs** 26 km nördlich zum Ziel. Über einen rauen Schottertrack, vorbei an der Felswand Ochre Wall mit ockerfarbenen Ablagerungen, kommt man zur Baranna Gorge mit dem Naturpool Stubbs Waterhole am Fuße einer steilen Felswand. Von dort schwingt sich die Piste in Kurven über den Claudes Pass entlang der östlichen Ausläufer des Mount Painter-Massivs zu den Thermalquellen, in denen man wegen radioaktiver Spurenelemente jedoch nicht baden sollte.

Nur mit einem zuverlässigen Geländewagen und aktuellen Informationen über den Pistenzustand sollte man sich auf den wenig befahrenen, etwa 120 km langen Track von **Arkaroola** über die verlassene Siedlung **Umberatana** nach Yankaninna an der Verbindungsstraße zwischen Balcanoona und **Copley** am Highway 83 begeben. Unproblematisch dagegen ist die Route von Arkaroola über Balcanoona nach Copley. Die Piste berührt die Italowie Gorge. Die Schlucht mit rostfarbenen Quarzitklippen ist ein Terrain für erfahrene und gut ausgerüstete Wanderer. Besonders beliebt ist der Italowie Bush Walk (einfach 16 km/8 Std.). Reist man mit mehreren, empfiehlt es sich, zwei Gruppen zu bilden, von denen eine am südlichen Ausgangspunkt an der Copley Road startet und die andere im Norden bei Grindell's Hut. Bei den Ausgangspunkten können dann die Fahrzeuge für die Rückfahrt getauscht werden. **Leigh Creek** wurde Anfang der 1980er-Jahre für die Mitarbeiter Leigh Creek Coalmine errichtet. Das alte Leigh Creek, dessen Wurzeln bis 1856 reichten, musste damals den haushohen Schaufelradbaggern der Kohlenmine weichen. Im Tagebau werden hier jährlich 2,5 Mio. t Kohle für die Kraftwerke in Port Augusta gefördert, die einen Großteil des Strombedarfs in South Australia decken.

Von Adelaide ins Landesinnere

Stuart Highway

Wer den rauen Outback-Pisten keine Reize abgewinnen kann, sollte sich dem ›Roten Herzen‹ auf dem Stuart Highway nähern, der in Port Augusta beginnt. Die durchgehend asphaltierte Fernverkehrsstraße ist nach dem großen Australienforscher John McDouall Stuart benannt, dem 1861/62 als erstem die Süd-Nord-Durchquerung des Kontinents glückte.

Der südlichste Abschnitt des Stuart Highway zählt zu den schönsten und interessantesten Strecken in Zentralaustralien. Ein Blick auf die Landkarte erweckt den Eindruck, als führe die Straße durch eine Seenlandschaft. Bei den blauschraffierten Flächen handelt es sich jedoch um fast ständig ausgetrocknete Salzseen und Salzpfannen, die dem Bild der Landschaft beinah surreal anmutende Züge verleihen.

Woomera ▶ 1, N 13

Auf der Höhe des Pimba Roadhouse zweigt eine Teerstraße nach Woomera ab. Die Kleinstadt liegt am Südrand eines Raketentestgeländes, auf dem während der 1950er- und 1960er-Jahre von der britischen Armee mit Zustimmung der australischen Regierung auch Atomwaffentests durchgeführt wurden. Dass dabei nomadisierende Ureinwohner radioaktiv verstrahlt wurden, drang erst nach vielen Jahren an die Öffentlichkeit. Innerhalb der ›Woomera Prohibited Area‹ darf man den Stuart Highway nicht verlassen.

Im **Woomera Heritage Museum** kann man sich über die Geschichte der Raketenversuche informieren. Vor dem Museum sind Raketen ausgestellt (März–Nov. tgl. 9–17, Dez.–Feb. tgl. 10–14 Uhr, Erw. 6,50 A-$, Kin. 3,50 A-$, Fam. 16,50 A-$).

Abstecher nach Roxby Downs und Andamooka ▶ 1, N/O 13

Nahe **Roxby Downs**, 64 km nördlich von Woomera, entdeckte man neben den ergiebigsten Uranvorkommen der Welt riesige Gold- und Kupferlager. In der Olympic Dam Mine, der größten Kupfer-Uran-Mine der Welt, werden in jedem Jahr 70 000 t Kupfer, 1400 t Uranoxid, sogenannter *Yellow Cake*, sowie 550 kg Gold und 1400 kg Silber gefördert. Nach Voranmeldung kann man die Tagebauanlagen des Bergwerks besichtigen (Olympic Dam Tours: Tel. 08-86 71 20 01).

Von Roxby Downs gelangt man auf einer guten Allwetterpiste nach **Andamooka** mit ausgedehnten Opalfeldern. Während Coober Pedy überlaufen ist, hat Andamooka seinen ursprünglichen Pioniercharakter weitgehend erhalten können.

Glendambo ▶ 1, N 13

Reisende in Eile werden sich nicht mit Roxby Downs und Andamooka ›aufhalten‹, sondern unverzüglich nach Coober Pedy fahren. Zwischen Woomera und Glendambo führt der Stuart Highway an verschiedenen Salzseen vorbei. Stopps an den gekennzeichneten Aussichtspunkten lohnen sich. Zwischen Glendambo mit einem Motel, einem Caravan Park sowie einer Tankstelle und Coober Pedy ist die Landschaft dagegen recht monoton. Achtung: Keine Tankstelle auf über 250 km.

Übernachten
**Komfortables Motel und Camping ▶
Glendambo Outback Resort:** Stuart Hwy, Tel. 08-86 72 10 30, www.glendamboout back4x4.com.au. Gut ausgestattete Zimmer, Restaurant und Pool; angeschlossen ist ein einfacher Caravan Park mit Stellplätzen für Zelte und Wohnmobile sowie On-Site-Vans. DZ 85–100 A-$.

Coober Pedy ▶ 1, M 12

Nähert man sich **Coober Pedy,** so erblickt man, soweit das Auge reicht, in der fast baumlosen Ebene nur Erdhügel – als hätten Tausende riesiger Maulwürfe im Boden gewühlt. Im Jahre 1915 gaben sich die Einöden von Coober Pedy als Schatztruhen zu erkennen. Ein *digger* entdeckte die erste Opalader und feierte seinen Triumph so lautstark, dass sich bald Armeen von Schatzsuchern in den Sand buddelten. Heute ist Coober Pedy, wo rund 80 % aller Schmuckopale der Erde ge-

Tipp: *Noodling* in Coober Pedy

Für wenig Geld, aber nur mit gültiger Arbeitsgenehmigung erhält man in Coober Pedy eine Schürferlaubnis, doch das zum Opalschürfen erforderliche Startkapital für die technische Ausrüstung ist sehr hoch. Die meisten Besucher von Coober Pedy beschränken sich daher aufs *noodling*, die kostenlose **Suche nach Restopalen** in den Abraumhalden. Voraussetzung dafür ist, dass man mit bloßen Händen wühlt und keinerlei Werkzeuge verwendet.

Nach einem ungeschriebenen Gesetz sind alle Edelsteine, die sich um Coober Pedy nicht in, sondern auf der Erde befinden, Allgemeineigentum. Die besten Chancen, auf von Profischürfern übersehene Opale zu stoßen, hat man in der Umgebung von Minen, in denen gerade gearbeitet wird. Man kann auch Ausschau halten nach Aborigines, die Abraumhalden durchsuchen – die dort ansässigen Ureinwohner gelten als erfahrene *noodler*. Um böses Blut zu vermeiden, und auch weil es der Anstand gebietet, sollte man vor der ›Schatzsuche‹ den jeweiligen *claim*-Eigentümer um Erlaubnis fragen. Nach Auskunft von Einheimischen ist die sogenannte Jeweller Shop Area zwischen der Old Water Tank Road und dem Harlequin Drive ein Erfolg versprechendes *Noodling*-Gebiet, weil dort in den 1960er-Jahren von professionellen Opalsuchern viele qualitativ hochwertige Opale gefördert wurden.

Immer wieder gelingt es Reisenden, bei einem Zwischenstopp in Coober Pedy ihr Reisebudget deutlich aufzubessern, indem sie die beim *noodling* entdeckten Restopale verkaufen. Angeblich hat hier einmal eine Besucherin in einer Geröllhalde einen wertvollen Opal gefunden, für den sie mehr als 2000 A-$ erhielt. Die meisten Amateursucher kehren aus der rostroten Einöde allerdings nicht mit Taschen voller Edelsteine zurück, sondern nur mit staubiger Kleidung und schmutzigen Händen.

Wer sein Glück auf den Opalfeldern sucht, sollte bedenken, dass die Gegend von Coober Pedy durch aufgegebene Schächte und Stollen durchlöchert ist wie ein Schweizer Käse. Schon mancher ist hier auf Nimmerwiedersehen verschwunden. Der Ortsname Coober Pedy ist übrigens von den Aboriginal-Wörtern Kupa Piti abgeleitet, was so viel bedeutet wie Erdloch des weißen Mannes.

---

fördert werden, die weltweit größte Schürfstätte für Opale (s. auch S. 248). Die so typischen ›Maulwurfshügel‹ sind Abraumhalden unzähliger Stollen und Gänge.

Aufgrund der extremen Temperaturen – 50 °C im Sommer – haben sich viele Edelsteingräber und ihre Familien in unterirdische Schächte, sogenannte *Dugouts*, zurückgezogen. Die durchweg geräumigen Erdwohnungen mit mehreren, oft recht komfortabel ausgestatteten Zimmern bieten ihren Bewohnern trotz einer nicht zu leugnenden Bunkeratmosphäre Vorteile: eine übers Jahr relativ konstante Innentemperatur von 20 bis 25 °C sowie Schutz vor dem puderzuckerfeinen Staub, dem gleißenden Licht und mit etwas Geschick auch vor den Myriaden von Fliegen. Nicht nur Privatwohnungen befinden sich in Coober Pedy unter der Erde, sondern auch Geschäfte, Restaurants, Touristenhotels und sogar zwei Kirchen.

Da es verboten und wegen der ungesicherten Schächte auch zu gefährlich ist, die eingezäunten Opalfelder um Coober Pedy auf eigene Faust zu erkunden, sollte man sich einer der im Ort angebotenen organisierten Touren anschließen. Ehemalige Edelsteingräber bringen die Teilnehmer zu privaten *claims* und erklären ihnen die Techniken des Opalschürfens. Eingeschlossen sind meist Besichtigungen von Opalschleifereien und Höhlenwohnungen.

Im Sightseeing-Programm sollten auch die **Umoona Opal Mine,** eine aufgelassene Opalmine mit einem Opalmuseum (Hutchison St., Tel. 08-86 72 52 88, www.umoonaopal

Von Adelaide ins Landesinnere

mine.com.au, Führungen tgl. 10, 12, 14, 16 Uhr, Erw. 7,50 A-$, Kin. 4 A-$, Fam. 19 A-$), und die museal präparierte **Old Timers Mine** nicht fehlen (Crowders Gully Rd., Tel. 08-86 72 55 55, www.oldtimersmine.com, tgl. 9–17 Uhr, Erw. 9,50 A-$, Kin. 4,75 A-$, Fam. 23,75 A-$). Opale und Opalschmuck kaufen oder auch nur bewundern, kann man in **The Big Winch,** wo sich zudem ein Aussichtspunkt befindet (Tel. 08-86 72 52 64, tgl. 9–18 Uhr, Eintritt frei).

Einen guten Eindruck vom Leben unter der Erde vermittelt ein Besuch des **Diggers Dream Underground Home** (Brewster St., Tel. 08-86 72 54 42, tgl. 11.30–18 Uhr, Eintritt frei, Spende erbeten) oder von **Fayes Underground Home,** das drei Frauen vor gut 30 Jahren in den Fels geschlagen haben (nahe dem Drive-In-Theatre, Mo–Sa 8–17 Uhr, Eintritt frei, Spende erbeten). Auch wer dort nicht logiert, darf einen Blick in das luxuriöse **Desert Cave Hotel** werfen, das teilweise unter der Erde liegt und eine jedermann zugängliche Ausstellung über Opale präsentiert. Angenehm kühl ist es auch in den beiden unterirdischen Gotteshäusern des Ortes, der **St. Peter and Paul Catholic Underground Church** (Gottesdienst: Mi 19.30, So 10.15, 19 Uhr) und der anglikanischen **Catacomb Church.**

Wer eines der echten Outback-Originale von Coober Pedy kennenlernen möchte, sollte die **Democratic Republic of Crocodile's Nest** besuchen. Der ›Präsident‹, Baron Arvid von Blumental – besser bekannt als Crocodile Harry –, hat seinen weißgetünchten *dugout* auf der 17 Mile Road mit viel Gips und noch mehr Fantasie in ein skurriles Gesamtkunstwerk verwandelt (tgl. 10–18 Uhr, Eintritt frei, Spende erbeten).

Ein sehr lohnender Abstecher führt von Coober Pedy zum **Breakaways Reserve.** Zunächst fährt man auf dem Stuart Highway 19 km nach Norden. In Höhe des 14 Mile Field zweigt eine gute Piste in östlicher Richtung zu den Breakaways ab, deren bizarr erodierte Felsformationen den Abbruch der Stuart Ranges am Übergang der Bergkette ins Flachland bilden. Die Farben der Breakaways, die als Kulisse für den Endzeitfilm ›Mad Max III‹ mit Tina Turner dienten, verändern sich mit dem Sonnenstand – das schönste Fotolicht herrscht am späten Nachmittag.

Infos
Coober Pedy Tourist Centre: Hutchison St., Tel. 08-86 72 52 98 u. 18 00-63 70 76, www.cooberpedy.sa.gov.au, Mo–Fr 9–17, Sa/So 10–13 Uhr.

Übernachten
Unter der Erde ▶ Desert Cave Hotel: Hutchison St., Tel. 08-86 72 56 88, www.desertcave.com.au. Luxuriöses Hotel, das teilweise unter der Erde liegt; Auf Wunsch gibt es Zimmer über Tage. DZ 218 A-$.

In ehemaligen Dugouts ▶ Comfort Inn Coober Pedy Experience Motel: Crowders Gully Rd., Tel. 08-86 72 57 77, www.cooberpedyexperience.com.au. Komfortable unterirdische Herberge. DZ 127,50 A-$.

Aus Lehm gebaut ▶ Mud Hut Motel: St. Nicholas Street, Tel. 08-86 72 30 03, www.mudhutmotel.com.au. Große Zimmer und freundlicher Service. DZ 110–130 A-$.

Camping und Cabins ▶ Stuart Range Caravan Park: Stuart Hwy, Ecke Hutchison St., Tel. 08-86 72 51 79, www.stuartrangecaravanpark.com. Gut ausgestattet, mit großer Auswahl an Cabins und Pool.

Essen & Trinken
Leckere Pizza ▶ John's Pizza Bar: Hutchison St., Tel. 08-86 72 55 61, tgl. 9–22.30 Uhr. Die besten Pizzas im südaustralischen Outback. Hauptgerichte 12,50–19,50 A-$.

In ehemaliger Opalmine ▶ Old Miner's Underground Dugout Café: Trow St., Tel. 08-86 72 35 52, tgl. 12–14, 18–22.30 Uhr. Schmackhafte Aussie-Hausmannskost in einem unterirdischen Lokal. Vorspeisen 7,50–9,50 A-$, Hauptgerichte 12,50–19,50 A-$.

Einkaufen
Opalschmuck ▶ Opalios: 8 Hutchison St., Tel. 08-86 72 51 58, www.opalios.com.au. Alteingesessene Opalschleiferei und -galerie.

Bücher ▶ Underground Bookstore: Post Office Hill Rd., Tel. 08-86 72 55 58, Mo–Fr 9–18, Sa/So 10–16 Uhr. Bücher ›unter Tage‹.

Keramik ▶ Underground Pottery: Hutchison St., Tel. 08-86 72 52 26, tgl. 8.30–18 Uhr. Unterirdische Töpferei.

Termine
Opal Festival (März/April, Ostern): Volksfest mit Umzügen, Tanzveranstaltungen und Sportwettbewerben.

Aktiv
Opal-Touren ▶ Desert Cave Tours: c/o Desert Cave Hotel (s. o.), tgl. 14 Uhr, Erw. 60 A-$, Kin. 30 A-$. Besichtigung einer Opalmine und Besuch einer Opalschleifer-Werkstatt.
Opal Quest: c/o Underground Bookstore, Post Office Hill Rd., Tel. 08-86 72 55 58, tgl. 9, 14 Uhr, Erw. 45 A-$, Kin. 22,50 A-$, Fam. 112,50 A-$. Besichtigung einer Opalmine und Besuch einer Opalschleifer-Werkstatt.
Outback-Touren ▶ Mail Run Tour: Tel. 18 00-06 99 11, www.mailruntour.com.au, Mo/Do 9 Uhr, ab 165 A-$. Mit dem Outback-Postie geht es in einem Geländewagen zu entlegenen Siedlungen und Farmen entlang des Oodnadatta Track.
Sternenbeobachtung ▶ Martin's Night Sky Presentation: c/o Radeka's Underground Motel, Hutchison St., Tel. 08-86 72 52 23, tgl. 21 Uhr, Erw. 13,50 A-$, Kin. 6,75 A-$, Fam. 33,75 A-$. Lehrreiche und unterhaltsame Präsentation des ›südlichen‹ Sternenhimmels.

Verkehr
Busse: Tgl. Verbindungen mit Greyhound Australia, Tel. 13 00-47 39 46 u. 08-86 72 51 51, nach Adelaide und Alice Springs.

Mount Connor und Yulara
▶ 1, L 10, K 10

Zwischen Coober Pedy und der Grenze zum Northern Territory gibt es entlang des Stuart Highway nur zwei erwähnenswerte Siedlungen: **Cadney Park Homestead** mit einer Raststätte und einer Tankstelle sowie **Marla,** das immerhin über ein Motel, einen Caravan Park, eine Raststätte, eine Tankstelle und eine Polizeistation verfügt.

Beim Erldunda Motel zweigt der Lasseter Highway ab, der zum Touristendorf **Yulara** – auch Ayers Rock Resort genannt – am Rande des Uluru-Kata Tjuta National Park führt. Etwa auf halber Strecke taucht aus der Ebene ein riesiger Tafelberg auf, der oft fälschlicherweise für den Uluru gehalten wird – der **Mount Connor,** das 1 Mrd. Jahre alte Relikt einer Gebirgskette, die sich hier einst erhob. Trotz der mit 3 km Länge, 1,2 km Breite, und – von der Ebene gemessen – 290 m Höhe eindrucksvollen Erscheinung liegt der Mount Connor eher am Rande des touristischen Interesses.

Bereits in Sichtweite des echten Uluru erstreckt sich der mit viel architektonischem Feingefühl errichtete Yulara-Ferienkomplex, der sich harmonisch in die Umwelt einfügt. Die 1984 eröffnete Retortenstadt, die während der Hauptsaison zwischen April und Oktober zur viertgrößten Stadt des Northern Territory anschwillt, wurde gebaut, um den touristischen Wildwuchs im Uluru-Kata Tjuta National Park mit seiner sensiblen Fauna und Flora einzudämmen. Im **Visitors Information Centre** erhält man Tipps, wie man den 1958 gegründeten Nationalpark mit den beiden vielleicht berühmtesten Naturwundern Australiens kennenlernen kann. Displays und Videos informieren über Geografie, Flora und Fauna der Region (tgl. 8.30–17.30 Uhr).

Infos
Yulara Visitor Information Centre: Tel. 08-89 57 73 77, www.environment.gov.au/parks/uluru, tgl. 9–17 Uhr. Die Eintrittsgebühr zum Uluru-Kata Tjuta National Park beträgt 25 A-$/Pers. (Kin. unter 16 J. frei) zu entrichten am Kassenhäuschen an der Zufahrtsstraße. Das Ticket ist drei Tage gültig.

Übernachten
Für alle Unterkünfte ist von Mai–Okt. eine rechtzeitige Buchung dringend empfohlen, am besten bereits von Europa aus; Buchungen über die zentrale Reservierungsstelle des

Von Adelaide ins Landesinnere

Ayers Rock Resort Tel. (0061) 02-82 96 80 10, 1300-13 40 44 (innerhalb Australiens), www.voyages.com.au, Info-Telefon innerhalb Australiens Tel. 13 00-13 40 44.
Luxuscamp ▶ Longitude 131°: Zeltvillen auf einer Düne mit exklusivem Blick auf den Uluru. Zelt bei Doppelbelegung ab 2180 A-$ (Info: www.longitude131.com.au).
Oase im Outback ▶ Sails in the Desert Hotel: Komfort in der Wüste, mit Restaurant, Pool, Fitness-Center. DZ 480–950 A-$.
Für gehobene Ansprüche ▶ Desert Gardens Hotel: Spitzenhotel mit Restaurant und Pool. DZ 390–590 A-$.
Ideal für Familien ▶ Emu Walk Apartments: Großzügig ausgestattete Apartments mit einem oder zwei Schlafzimmern sowie einer kompletten Küche, ideal für Familien. Apartment 390–590 A-$.
Apartes Designhotel ▶ The Lost Camel Lodge: Geschmackvolles Boutiquehotel mit Restaurant. DZ ab 330 A-$.
Einfach, auch Mehrbettzimmer ▶ Outback Pioneer Hotel: Rustikal, mit Restaurant und Pool (DZ 296–412 A-$); angeschlossen sind eine *Cabin Section* (Cabin mit vier Betten 184–210 A-$) sowie eine *Bunkhouse Section* mit Schlafsälen (ab 45 A-$).
Camping und Cabins ▶ Ayers Rock Campground: Tel. 08-89 57 70 01, Fax 89 57 70 04, campground.reception@ayersrockresort.com.au. Gut ausgestattet, mit Cabins.

Aktiv

Wanderungen mit Aborigines ▶ s. Aktiv unterwegs S. 364f.
Kamelreiten ▶ Frontier Camel Tours: Tel. 08-89 56 24 44, Fax 08-89 56 22 51. Kamelritte (ab 65 A-$).
Sternenbeobachtung ▶ Night Sky Show: c/o Uluru Experience: Tel. 18 00-80 31 74. Lehrreiche Präsentation des ›südlichen‹ Sternenhimmels (tgl. 20.30, 22.15 Uhr, Erw. 30 A-$, Kin. 20 A-$, Fam. 80 A-$).
Rundflüge ▶ Rockayer Scenic Flights: Tel. 08-89 56 23 45. Rundflüge in Propellermaschinen (ab 265 A-$). **Ayers Rock Helicopters:** Tel. 08-89 56 20 77, Fax 08-89 56 20 60. Rundflüge in Helikoptern (ab 110 A-$).

Verkehr

Flüge: Zwischen dem 7 km nördl. gelegenen Connellan Airport und Yulara pendelt ein kostenloser Shuttle-Bus. Direkte Flugverbindungen mit Qantas, Tel. 13 13 13, nach Adelaide, Alice Springs, Cairns, Darwin, Melbourne, Perth und Sydney.
Busse: Tgl. Verbindungen mit Greyhound Australia, Tel. 13 00-47 39 46, nach Alice Springs.

8 Uluru-Kata Tjuta National Park ▶ 1, K 10

Uluru (Ayers Rock)

Wie ein Magnet zieht vor allem der Uluru, der beinahe schon ein Synonym für Australien ist, alle Besucher des Fünften Kontinents magisch an. Genau 348 m überragt der Monolith, der an seiner ovalen Basis einen Umfang von 9,4 km hat, die flache Spinifex-Ebene. Wahrscheinlich handelt es sich beim Uluru um einen vor 600 Mio. Jahren entstandenen Sedimentblock, der aus der weniger widerstandsfähigen Umgebung herauserodiert wurde. Dort, wo sich der Fels erhebt, verschoben sich während einer geologischen Faltungsperiode die waagerechten Sedimentschichten in die Senkrechte. Was man heute von dem mächtigen Felsen sieht, ist die von der Erosion rundgeschliffene Spitze eines gigantischen, steilgestellten Sandsteinblocks, der sich noch einige tausend Meter unter der Erde fortsetzt.

Wie die Kata Tjuta besteht der Uluru aus Arkose-Sandstein, in den verschieden große Teilchen aus Feldspat und Quarz eingelagert sind. Aus der Ferne wirken die Oberflächen des Monolithen und die Felsenkuppeln der Olgas gleichmäßig glatt und rund. Beim Näherkommen erkennt man jedoch die für die Felsmassive charakteristischen ›blätterteigähnlichen‹ Erosionsformen, die durch Abschuppung oder Abschieferung entstanden. Ihren markanten rostroten Farbton erhielten die Felsen durch die Oxidation des im Arkose-Sandstein enthaltenen Eisens.

Uluru-Kata Tjuta National Park

Valley of the Winds in den Kata Tjuta

Zu den eindrucksvollen Erlebnissen im **Uluru-Kata Tjuta National Park** gehört das Wechselspiel des Lichts, das die Felsen in den unterschiedlichsten Farben leuchten lässt. Vor allem der Uluru wechselt wie ein steinernes Chamäleon ständig seine Farbe. Der beste Platz, um diese Metamorphose zu verfolgen, ist die sogenannte **Sunset Viewing Area** zwischen Yulara und dem Uluru.

Die ersten Weißen, die den Berg sahen, waren die britischen Entdecker William Gosse und Ernest Giles. Sie benannten ihn 1873 nach dem damaligen Premier von South Australia Sir Henry Ayers. Seit alters gilt der Felskoloss den dort ansässigen Anangu-Aborigines als zentrales Heiligtum. Dort treffen sich die Traumzeit-Pfade ihrer mythologischen Heroen (s. S. 42f.), der Schöpfer der Welt und des Lebens, die selbst in die Erde eingingen und nun im Uluru ruhen.

Jedes Merkmal des heiligen Felsens, jede Ritze und Spalte, jede Höhle und jedes Wasserloch, hat seinen festen Platz in der Religion und Mythologie der Ureinwohner. In manchen Höhlen und an verschiedenen Felsüberhängen finden sich Felsmalereien, die ihre Schöpfungsmythen und Legenden erzählen. Erst im Jahre 1985 erkannte die Bundesregierung in Canberra die Bedeutung des Uluru für die Ureinwohner an und sprach ihnen den heiligen Berg offiziell als Eigentum zu. Seither wirken Vertreter der Anangu bei der Verwaltung des Nationalparks mit.

Den besten Eindruck von der Größe des Monolithen gibt die Rundwanderung **Uluru Base Walk** (s. aktiv unterwegs S. 364). Wer keine Zeit dafür hat, kann auch auf einer Teerstraße um den Berg herumfahren und von verschiedenen Haltepunkten Spaziergänge machen, etwa den **Mutitjulu Walk** (s aktiv unterwegs S. 365). Wanderer sollten nicht vergessen, dass für die Ureinwohner besonders bedeutungsvolle Plätze, die mit dem Hinweisschild ›Aboriginal Sacred Site‹ markiert sind, weder betreten noch fotografiert werden dürfen. Vertiefen lassen sich die Eindrücke im **Uluru-Kata Tjuta Cultural Centre** am Fuße des Uluru, das von Aborigines betrieben wird. Centre kann man kunsthandwerkliche Pro-

Von Adelaide ins Landesinnere

dukte der Ureinwohner erstehen (Tel. 08-89 56 31 38, Mai–Aug. tgl. 7.30–17.30, Sept.–Okt. 7–17.30, Nov.–April 7–18 Uhr, Eintritt frei).

Kata Tjuta (The Olgas) ▶ 1, K 10

Ein weiteres faszinierendes Denkmal hat sich die Erdgeschichte 35 km westlich des Uluru gesetzt. Dort ragt ein zerklüftetes Bergmassiv aus der brettebenen Spinifex-Ebene auf. Kata Tjuta ›Viele Köpfe‹ heißen die Felsmonumente in der Sprache der Anangu-Aborigines, The Olgas taufte sie 1873 der ›Entdecker‹, Ernest Giles – auf Vorschlag seines Mäzens, des deutschen Botanikers Baron Ferdinand von Müller – nach einer württembergischen Königin. Im Gegensatz zum monolithischen Uluru besteht das Massiv aus 36 Felskuppeln, die sich über 35 km^2 verteilen. Wind und Wasser, Hitze und Kälte zerschnitten den einst zusammenhängenden Sandsteinblock, schliffen die Ecken rund und formten die heutigen Kuppen und Dome.

Mit 1072 m ist der **Mount Olga** der höchste Gipfel dieser Bergkuppen, die sich schlafenden Sauriern gleich aneinander schmiegen. Schmale, tiefe Schluchten, in denen sich Feuchtigkeit ansammelt und die somit ideale Lebensräume für Pflanzen und eine Vielzahl von Tieren bilden, trennen die ursprünglich zusammenhängenden Konglomeratbuckel. Wie der Uluru gelten auch die Kata Tjuta den Aboriginal-Stämmen als heiliges Land.

Die wahre Faszination der Olgas lässt sich nur zu Fuß erschließen. Von einem Parkplatz im Westen des Felsmassivs führt die schönste Wanderung über den Karingana Lookout zum **Valley of the Winds** (Rundweg 8 km/4 Std.). Eine überraschend üppige Vegetation aus Palmen, Farnen und anderen Pflanzenarten, die von Gewächsen aus einer Epoche der Erdgeschichte abstammen, als das Zentrum von Australien noch nicht ausgetrocknet war, finden Wanderer in der tief eingeschnittenen **Olga Gorge** (hin und zurück 2 km/1 Std.). Auf der Fahrt zu den Kata Tjuta lohnt sich wegen des herrlichen Blicks, aber auch, weil Schautafeln über die Ökologie des Gebiets informieren, ein Stopp bei der **Kata Tjuta Viewing Area.**

9 Kings Canyon ▶ 1, L 9

Diese grandiose, weit über 200 m tiefe Sandsteinschlucht mit teils senkrecht abstürzenden Felswänden, bildet das Zentrum des **Watarrka National Park**. In den schattigen Tiefen der Schlucht, in der sich Feuchtigkeit ansammelt, findet man Palmen, Baumfarne und Zykadeen. Als botanische Relikte einer längst vergangenen, feuchteren Epoche dokumentieren diese Pflanzen eindrucksvoll die Klimaveränderungen, denen das *Red Centre* in der jüngeren Erdgeschichte ausgesetzt war. Einen guten Eindruck von der einzigartigen Flora erhält man auf dem **Kings Creek Walk** (hin und zurück 2,5 km/1 Std.).

Anstrengender, aber landschaftlich spektakulärer ist der **Kings Canyon Walk.** Nach einem steilen Aufstieg führt der Rundwanderweg, immer wieder herrliche Ausblicke auf die vertikale Südwand des Canyons eröffnend, zur Lost City, einem Konglomerat verwitterter Sandsteinkuppeln, die wie eine Ansammlung versteinerter Bienenkörbe wirkt.

Nach einem Abstecher zu zwei Aussichtspunkten hoch über dem Boden der Schlucht erreicht man den **Garden of Eden,** eine üppig-grüne Oase an einem Bachlauf in einer Nebenschlucht des Kings Canyon. Ein natürlicher Pool mit glasklarem Wasser lädt dort zum Baden ein. Entlang des südlichen Schluchtrandes geht es zurück zum Ausgangspunkt (6 km/4 Std.).

Infos

Parks and Wildlife Commission: Watarrka National Park Ranger Station, Tel. 08-89 56 74 88, tgl. 8.30–17 Uhr.

Übernachten

Komfort in der Wildnis ▶ **Kings Canyon Resort:** Luritja Rd., Watarrka National Park, von Mai–Okt., man sollte unbedingt rechtzeitig buchen, am besten bereits von Europa aus: Tel. (0061) 02-82 96 80 10, und 1300-13 40 44 (innerhalb Australiens), www.voyages.com.au, Info-Telefon innerhalb Australiens Tel. 13 00-13 40 44. Komfortable Her-

Nach Alice Springs

berge in der Wildnis mit Restaurant und großem Pool. DZ ab 238 A-$.
Camping und Cabins ▶ **Kings Canyon Caravan Park:** Luritja Rd., Watarrka National Park, Tel. u. Fax 08-89 56 74 42, Fax 89 56 74 10, www.voyages.com.au. Sehr gute Ausstattung, mit Cabins.

Aktiv
Wanderungen mit Aborigines ▶ **Lilla Aboriginal Tours:** Tel. 08-89 56 74 17, Fax 89 56 74 10, tgl. 9, 11, 16 Uhr, Erw. 65 A-$, Kin. 45 A-$. Von Aborigines geführte Touren, die Einblicke in die Kultur der Ureinwohner geben.

Nach Alice Springs
▶ 1, L/M 9

Vom Kings Canyon kann man auf der seit 1994 für Touristen freigegebenen Mereenie Loop Road durch offene Halbwüsten und bizarre Bergregionen direkt in den **West MacDonnell National Park** (s. S. 374) mit zerklüfteten Bergketten und spektakulären Schluchten fahren. Da die Mereenie Loop Road durch Aboriginal-Land führt, ist für sie eine Genehmigung erforderlich, erhältlich in Alice Springs beim Fremdenverkehrsamt sowie in der Glen Helen Lodge, in Hermansburg und in der Kings Canyon Lodge (Auskunft: Tel. 08-89 52 58 00, 7,50 A-$/Auto). Wer mit einem Auto oder Wohnmobil reist, gelangt über die Luritja Road und den Lasseter Highway auf asphaltierten Wüstenstraßen zurück zum Stuart Highway. Auf dem Weg nach Alice Springs passiert man die **Henbury Meteorite Craters,** ein Dutzend über 20 ha verstreute Krater, die ein Meteoritenregen vor 4700 Jahren schuf. Der größte hat einen Durchmesser von 180 m und ist 15 m tief, der kleinste durchmisst bei einer Tiefe von nur wenigen Zentimetern 6 m. Erkunden kann man das Gelände auf einer Rundwanderung (2 km/45 Min.).

Gut 90 km südlich von Alice Springs lohnt sich ein Stopp bei der **Stuart's Well Camel Farm,** wo man vom kurzen Ausritt bis zu zweiwöchigen Touren buchen kann (Tel. 08-89 56 09 25, tgl. 9–18 Uhr, ab 35 A-$).

Etwa 75 km südlich von Alice Springs zweigt vom Stuart Highway eine 22 km lange Naturpiste, für die ein Fahrzeug mit Allradantrieb empfohlen wird, in südöstlicher Richtung zum **Rainbow Valley** ab. In diesem Tal in der James Range gibt es vielfarbige Sandsteinklippen, die am frühen Morgen und späten Nachmittag besonders eindrucksvoll sind, sowie seit 40 000 Jahren eine permanente Ausstellung von Aboriginal-Kunst auf Dutzenden von Felswänden.

Piste zum Rainbow Valley

Von Adelaide ins Landesinnere

aktiv unterwegs

Umrundung des Uluru

Tour-Infos
Start: Uluru-Kata Tjuta Cultural Centre
Länge: zwischen 2 km und 9,5 km
Dauer: zwischen 2 Std. und 4 Std.
Schwierigkeitsgrad: einfach
Information: Uluru-Kata Tjuta Cultural Centre (s. S. 361) und Yulara Visitor Information Centre (s. S. 359)
Geführte Wanderungen: Anangu Tours, Tel. 08-89 56 21 23, www.anangutours.com.au.

In den 15 Jahren zwischen 1931 und 1946 bestiegen gerade einmal 22 Menschen den Uluru. Heute sind es wohl alle 15 Minuten ebenso viele. In der Hochsaison gleicht *The Climb*, der durch eine Kette gesicherte Klettersteig, einer Ameisenstraße. Den Anangu tut es in der Seele weh, wenn sie mit ansehen müssen, wie ihr heiliger Berg von Touristen regelrecht erstürmt wird. Für die Ureinwohner ist die Besteigung des Uluru, des Sitzes ihrer göttergleichen Schöpferwesen, ein Tabu, und sie würden es aus religiösen Gründen sehr begrüßen, wenn auch die Besucher davon Abstand nähmen.

Als Alternative zum Aufstieg empfehlen sich der **Uluru Base Walk,** die Rundwanderung um den Monolithen, sowie vor allem auch die meist von Aboriginal-Rangern geführten Touren, die man gut mit dem Base Walk kombinieren kann und die mit der Fauna und Flora des Parks sowie mit der Kultur der Aborigines vertraut machen.

Vom **Uluru-Kata Tjuta Cultural Centre** kann man mit dem Wagen zum zentralen Parkplatz am Fuße des Uluru fahren, dem Ausgangspunkt der Rundwanderung. Wer sich dem heiligen Berg der Anangu langsam nähern möchte, läuft auf dem 2 km langen **Liru Walk** durch von dürreresistenten Akazienarten geprägtes Mulga-Buschland. Besonders reizvoll ist dies nach einem der im australischen Sommer (Dez.–Febr.) gar nicht so seltenen Regenfälle, wenn bunte Matten von Wildblumen die sonst verdorrte Landschaft überziehen. Schließt man sich auf dem Liru Walk einer von Aborigines geführten zweistündigen Tour an, lernt man Liru Tjukurpa, die Schöpfungsgeschichte der mythologischen Liru-Schlange, kennen und erfährt Spannendes über die Fähigkeiten und Kenntnisse, die es den Ureinwohnern ermöglichen, in dieser unwirtlichen Umwelt zu überleben (März–Sept. 8.30, Okt./Feb. 8, Nov.–Jan. 7.30 Uhr, Erw. 69 A-$, Kin. 35 A-$, Buchung bei Anangu Tours, s. links).

Auch auf dem **Mala Walk,** dem 2 km langen ersten Teilabschnitt der im Uhrzeigersinn durchgeführten Rundwanderung, werden von Ureinwohnern begleitete Touren angeboten. Kostenlos sind die von Aboriginal-Rangern geführten 1,5-stündigen Spaziergänge (Mai–Sept. 10, Okt.–April 8 Uhr, Buchung erforderlich bei der Parkverwaltung oder unter Tel. 08-89 56 22 99), kostenpflichtig die kommentierten, 3- bis 3,5-stündigen Wanderungen von Anangu Tours (März–Sept. 10.30, Okt. u. Feb. 10, Nov.–Jan. 9.30 Uhr, Erw. 69 A-$, Kin. 35 A-$, Buchung erforderlich). Bei beiden Touren geht man zu Höhlen und Felsüberhängen, die steinernen Kunstgalerien gleichen. Traumbilder illustrieren die Mala Tjukurpa, das Schöpfungswerk des Roten-Hasen-Wallaby, eines der mythischen Vorfahren der Anangu. Wenn Aborigines von ihrer Schöpfungsmythologie und den Traumzeitwanderungen ihrer Ahnen erzählen, gerät die Wanderung zu einem faszinierenden Ausflug in die sonst so ferne Menschheitsgeschichte, die hier noch immer lebendig ist. Endpunkt des Mala Walk ist die **Kantju Gorge** mit einem tiefen, ständig Wasser führenden Teich. Für Wanderer, die lieber alleine gehen möchten, gibt es im Cultural Centre eine Broschüre zum Mala Walk.

Uluru-Kata Tjuta National Park

Im weiteren Verlauf der Rundwanderung passiert man **Warayuki, Ngaltawata, Tjukatjapi** und **Kuniya Piti**, heilige Stätten der Aborigines, die man weder betreten noch fotografieren darf. Hier gingen Schöpferwesen in das Land ein, als sie ihr irdisches Werk vollbracht hatten. Auch in **Taputji**, einem kleinen Hügel vor der Kuniya-Piti-Stätte, ist nach Vorstellung der Ureinwohner Schöpferkraft der Traumzeit gespeichert, weshalb die oft Little Uluru genannte Erhebung nicht bestiegen werden darf.

Zu einer Höhle mit Felszeichnungen führt der vom Rundweg abzweigende **Mutitjulu Walk.** In einem Wasserloch bei der Grotte lebt nach Auffassung der Aborigines die heilige Regenbogenschlange Wanampi (hin und zurück 1 km/30 Min.). Wer bei Anangu Tours gebucht hat, erfährt auf dem 3- bis 3,5-stündigen **Mutitjulu-Kuniya Piti Walk** Näheres über Kuniya Tjukurpa, das Schöpfungswerk des Sandpython, sowie über die traditionelle Wirtschaftsweise der Aborigines (März–Okt. 14.30, Nov.–Feb. 15.30 Uhr, Erw. 69 A-$, Kin. 35 A-$, Buchung erforderlich).

Vorbei an der heiligen Stätte **Pulari** kehrt man zurück zum Parkplatz, an dem auch The Climb beginnt. Wegen des eindrucksvollen Blicks vom Gipfelplateau gehört die Besteigung des Uluru für die meisten Besucher immer noch quasi zum Pflichtprogramm. Allerdings sieht der Aufstieg von unten wesentlich leichter aus, als er tatsächlich ist. Wer Herz- und Kreislaufbeschwerden hat oder nicht schwindelfrei ist, sollte sich keinesfalls auf den extrem steilen Weg machen. Wiederholt hat es am Uluru schwere Kletterunfälle gegeben – mit seit 1965 bislang 24 Todesopfern. Gedenktafeln erinnern an die Verunglückten.

Aber es gibt immer mehr Touristen, die Respekt vor den Ureinwohnern und ihren religiösen Tabus zeigen und auf die Besteigung des Monolithen verzichten. Stolz tragen viele einen Button mit der Aufschrift »I didn't climb Uluru«.

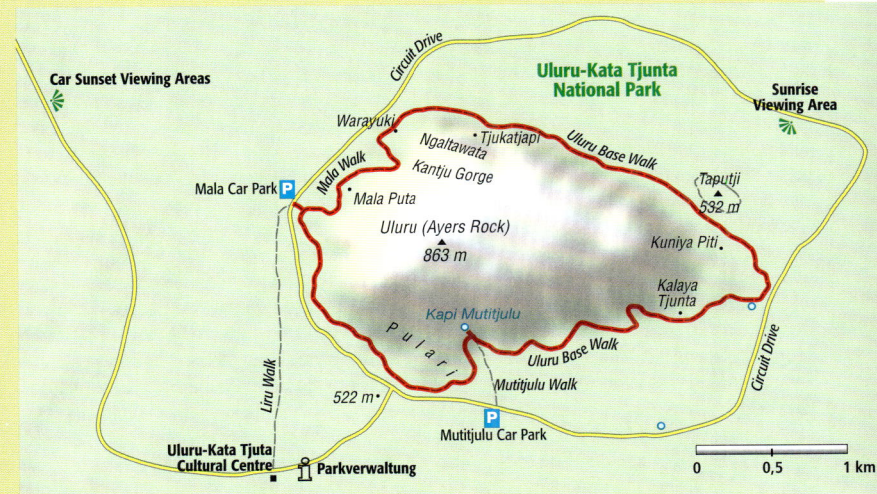

Alice Springs und Umgebung

Fast genau im geografischen Zentrum des Fünften Kontinents liegt Alice Springs. Die meisten Australier sprechen von ›The Alice‹ mit fast zärtlicher Zuneigung. Für sie ist die Stadt Symbol für das Outback sowie für dessen Überwindung und Beherrschung.

Mit dem Namen Alice Springs ist auch der Mythos von frühen ›Entdeckern‹ verbunden, wie etwa John McDouall Stuart, die das Land erforscht und erschlossen haben. Stuarts Spuren folgten 1871 die Landvermesser Gilbert McMinn und William Mills, die damit beauftragt waren, zwischen Adelaide und Darwin eine geeignete Route durch die MacDonnell Ranges für den Bau der Telegrafenleitung zu finden. Die beiden entschieden sich für die Heavitree Gap, einen Felseinschnitt durch die Gebirgskette einige Kilometer südlich des heutigen Alice Springs, zumal hier eine Quelle entdeckt wurde, eine Rarität in der trockenen Inlandssteppe. Die Landvermesser gaben der lebenspendenden Wasserquelle den Namen Alice Springs, zu Ehren der Frau des damaligen Verwaltungsdirektors der Telegrafengesellschaft Charles Todd (nach ihm ist der Todd River benannt, an dem sich heute Alice Springs erstreckt). Mit der 1872 vollendeten Telegrafenleitung war die Verbindung zwischen Adelaide und Darwin sowie via Indonesien und Indien auch mit London hergestellt.

Ursprünglich fungierte Alice Springs nur als eine der Telegrafenstationen, die notwendig waren, weil die Morsezeichen nur etwa 300 km weit gesendet werden konnten. Bis 1929 blieb der Ort ein isoliertes Outback-Nest mit unter 100 Einwohnern, die mittels Kamelkarawanen versorgt werden mussten. Die Weiterentwicklung setzte erst ein, als in jenem Jahr die Eisenbahnlinie von Süden her die Stadt erreichte und der Stuart Highway zwischen Alice Springs und Darwin während des Zweiten Weltkriegs fertiggestellt wurde. Allmählich entwickelte sich die planlos um den Todd River wachsende Stadt zu einem Umschlagplatz der inneraustralischen Rinderindustrie. Dann wurde The Alice vom Tourismus entdeckt, und die Bevölkerung verzwanzigfachte sich bis zu Beginn der 1970er-Jahre. Heute gilt Alice Springs als idealer Ausgangspunkt für Erkundungen der MacDonnell Ranges und des rund 450 km südwestlich gelegenen Ayers Rock (Uluru). Doch ist die Stadt auch ein Beispiel dafür, wie es die Australier verstehen, inmitten einer unbewohnbar erscheinenden Natur aus sonnenverbranntem Ödland eine grüne Oase mit Bäumen und Gärten aufzubauen.

Innenstadt ▶ 1, M 9

Cityplan: S. 370

Ein zwei- bis dreistündiger Rundgang durch das Zentrum beginnt in der Todd Mall, einer Fußgängerzone mit Souvenirläden, Kunstgalerien und Reisebüros. Zwischen der Gregory Terrace und der Parsons Street steht die **John Flynn Memorial Church** [1], ein schlichtes, nach dem Gründer des Royal Flying Doctor Service benanntes Gotteshaus. In den 1920er-Jahren wurde daneben das von Reverend Flynn entworfene **Adelaide House** [2] als erstes Krankenhaus in Zentralaustralien fertiggestellt. Heute beherbergt es das John Flynn Museum, das über die Geschichte des australischen Luftrettungsdienstes informiert (Todd Mall, Tel. 08-89 52 18 56, Mo–Fr 10–16, Sa 10–12 Uhr, Erw. 5,50 A-$, Kin. 3 A-$).

In dem modernen Einkaufszentrum **Alice Plaza** 3 befinden sich Galerien und Souvenirgeschäfte, Cafés und Bistros. An der Ecke Parsons und Hartley Street steht die in den 1920er-Jahren errichtete **Residency** 4, einst Wohnsitz von Regierungsbeamten, heute ein historisches Museum (Tel. 08-89 53 60 73, Mo–Fr 10–14 Uhr, Dez.–Feb. geschl., Erw. 4,50 A-$).

Die **National Pioneer Women's Hall of Fame** 5 im Old Court House gegenüber würdigt mit Ausstellungen die Rolle der Frauen bei der Erschließung des Outback (27 Hartley St., Tel. 08-89 52 90 06, tgl. 10–17 Uhr, Erw. 6,50 A-$, Kin. 3,50, Fam. 16,50 A-$). In der Nähe liegt das alte Gefängnis **Old Stuart Gaol** 6 aus dem Jahre 1908 (8 Parsons St., Tel. 08-89 52 45 16, Mo–Fr 10–12.30, Sa 9.30–12.30 Uhr, Erw. 4 A-$, Kin. 2 A-$, Fam. 10 A-$).

Den Rundgang entlang der Hartley Street fortsetzend gelangt man zur 1929 erbauten **Old Hartley Street School** 7, dem ältesten Schulgebäude der Stadt und heutigen Sitz des Amtes für Denkmalpflege (37–43 Hartley St., Tel. 08-89 52 45 16, Mo–Fr 10.30–14.30 Uhr, Erw. 2 A-$, Kin. 1 A-$, Fam. 5 A-$).

Das auf die einheimische Reptilienwelt spezialisierte **Alice Springs Reptile Centre** 8 in der Stuart Terrace beherbergt neben Tigerschlangen, Todesottern und Taipans, die zu den gefährlichsten Schlangen der Welt zählen, noch allerlei anderes giftiges Kriech- und Krabbelgetier. In großen Terrarien kann man Dornteufel, Kragenechsen und Goannas beobachten. ›Star‹ des Reptilienparks ist ›Terry the Territorian‹, ein großes Salzwasserkrokodil aus dem Kakadu National Park, das hier eine neue Heimat gefunden hat (Bath St./Stuart Terr., Tel. 08-89 52 89 00, www.reptilecentre.com.au, tgl. 9.30–17 Uhr, Erw. 11,50 A-$, Kin. 6,50 A-$).

Gegenüber im regionalen Hauptquartier des **Royal Flying Doctor Service** 9 erhält man interessante Informationen über die Aktivitäten des Luftrettungsdienstes (Stuart Terr., Tel. 08-89 52 11 29, www.flyingdoctor.net/central, Mo–Sa 9–16, So/Fei 13–16 Uhr, Eintritt frei, Spende erbeten).

Außenbezirke

Nördlich der City

Nördlich des Zentrums ragt der **Anzac Hill** 10 empor, zu Fuß über den an der Wills Terrace beginnenden Lions Walk zu erreichen, mit einem Fahrzeug auf einer vom Stuart Highway abzweigenden Zufahrtsstraße. Auf dem Aussichtshügel, von dem sich ein schöner Blick über die Stadt bis zu den kargen MacDonnell-Bergen bietet, erhebt sich ein Kriegsdenkmal in Form eines weißen Obelisken.

Etwa 3 km nördlich der City erstreckt sich das **Alice Springs Telegraph Station Historical Reserve** 11 mit einer Siedlung aus Steinhäusern, die 1872 zur Beherbergung der ersten Europäer in Zentralaustralien um die alte Telegrafenstation herum entstand. Ausstellungen in den Gebäuden, die den Nukleus des heutigen Alice Springs bildeten, dokumentieren die Geschichte der Stadt und geben Einblicke in die Lebensweise der ersten Siedler (North Stuart Hwy, Tel. 08-89 52 39 93, tgl. 8–17 Uhr, Erw. 8,50 A-$, Kin. 5 A-$). Von der Old Telegraph Station führt der 150 km lange Larapinta Trail durch die Bergwelt der westlichen MacDonnell Ranges. Im Visitor Centre der **School of the Air** 12 von Alice Springs erfahren Besucher Wissenswertes über den Schulunterricht per Funk (80 Head St., Tel. 08-89 51 68 34, www.assoa.nt.edu.au, Mo–Sa 8.30–16.30, So u. Fei. 13.30–16.30 Uhr, Erw. 6,50 A-$, Kin. 4,50 A-$).

Westlich der City

Etwa 2 km westlich der City befindet sich am Larapinta Drive das **Alice Springs Cultural Precinct** 13, das aus mehreren Gebäuden besteht (Larapinta Dr./Memorial Ave., Tel. 08-89 51 11 20, tgl. 10–17 Uhr, *Precinct Pass* für alle Sehenswürdigkeiten: Erw. 11,50 A-$, Kin. 7,50 A-$, Fam. 30 A-$). Zentrum des Komplexes ist das Araluen Centre for Arts and Entertainment (www.araluencentre.com.au, das allein durch seine Größe diejenigen Lügen straft, die behaupten Alice Springs sei ein Ort ohne Kultur. Unter dem Dach des Bauwerks finden ein Theater, zwei Galerien, ein Restaurant und Mehrzweckräume Platz. Das nach dem

Alice Springs und Umgebung

deutschstämmigen Völkerkundler Theodore Strehlow, der über 45 Jahre bei Expeditionen die Sitten und Bräuche der Aranda-Aborigines erforsch-te, benannte Strehlow Research Centre vermittelt einen umfassenden Einblick in das Leben und die Kultur der zentralaustralischen Ureinwohner. Randvoll mit Fossilien, Meteoriten und präparierten Tieren, präsentiert sich das naturhistorische Museum of Central Australia. Das Central Australian Aviation Museum auf dem Gelände des früheren Flughafens wartet mit einer Ausstellung alter Flugzeuge und anderer Exponate aus den frühen Tagen der Fliegerei in Zentralaustralien auf.

Auf dem nahen **Alice Springs Memorial Cemetery** [14] fanden zahlreiche Pioniere und Persönlichkeiten des Northern Territory ihre letzte Ruhestätte. Nördlich des Larapinta Drive liegt die **Yipirinya School** [15] der Aborigines, in der Besucher nach Anmeldung willkommen sind (Tel. 08-89 52 56 33, www.yipirinya.com.au).

Im **Alice Springs Desert Park** [16] erschließt ein 1,6 km langer Spazierweg mit Schautafeln die wichtigsten Landschaftsformen des zentralaustralischen Outback: Sand- und Steinwüste, Savanne und Steppe sowie die ausgetrockneten Betten der Wüstenflüsse und Salzseen. Auf dem Rundweg lernen Besucher Vertreter aus Flora und Fauna dieser Lebensräume kennen. Nachtaktive Tiere in ihrem ›natürlichen‹ Lebensraum kann man im Nocturnal House beobachten (Larapinta Dr., Tel. 08-89 51 87 88, www.alicespringsdesertpark.com.au, tgl. 7.30–18 Uhr, Erw. 20 A-$, Kin. 10 A-$, Fam. 55 A-$).

Südlich der City

Im Südosten der City, jenseits des meist ausgetrockneten Flussbetts des Todd River, erstreckt sich über ein hügeliges Terrain der auf die Vegetation der zentralaustralischen Trockenzonen spezialisierte Botanische Garten **Olive Pink Botanic Garden** [17] (Tel. 08-89 52 21 54, tgl. 8–18 Uhr, Eintritt frei, Spende erbeten). Das Trockenbett des Todd River ist Austragungsort der Henley-on-Todd Regatta, bei der die Wettkämpfer in Booten ohne Boden um die Wette sprinten (s. auch S. 50).

Südlich der Heavitree Gap, des berühmten Nadelöhrs, durch das sich der Stuart Highway, die Ghan-Eisenbahnlinie und der Todd River zwängen, liegen die Dattelpalmenplantage **The Date Farm** [18] (Palm Circuit, Tel. 08-89 53 75 58, tgl. 9–18 Uhr, Eintritt frei) und die **Frontier Camel Farm** [4], wo man Kameltouren vom kurzen Ausritt bis zur zweiwöchigen Safari buchen kann (Ross Hwy, Tel. 08-89 50 30 30, www.cameltours.ananguwaai.com.au, tgl. 9–17, Führungen tgl. 10.30, April–Okt. zusätzlich tgl. 14 Uhr, Erw. 7,50 A-$, Kin. 4 A-$, Fam. 19 A-$).

Kinder erwartet am Rande der **Heavitree Gap Outback Lodge** [4] ein ganz besonderes Erlebnis. Dort warten regelmäßig am späten Nachmittag ansonsten scheue schwarzfüßige Felsenwallabies, um sich von den kleinen Besuchern per Hand füttern zu lassen. Weil sie so geschickt klettern können, tragen die flinken Tiere den Beinamen ›australische Gämsen‹.

Memorabilien aus der Pionierzeit präsentiert das **Old Timers Traeger Museum** [19] (South Stuart Hwy, Tel. 08-89 55 53 48, März–Okt. tgl. 14–16 Uhr, Erw. 3 A-$). Freunde historischer Eisenbahnen zieht es zum ausgedehnten Museumskomplex der **Ghan Preservation Society** [20] (Noris Bell Ave., Tel. 08-89 55 50 47, tgl. 10–16.30 Uhr, Okt.–März geschl., Erw. 7,50 A-$, Kin. 5 A-$; mehrmals wöchentl. Fahrten im historischen Ghan). Ein weiteres Paradies für Liebhaber historischer Fahrzeuge liegt gleich nebenan – die **Road Transport Hall of Fame** [21] mit einer Oldtimer-Kollektion (Norris Bell Ave., Tel. 08-89 52 71 61, tgl. 9–17 Uhr, Erw. 8,50 A-$, Kin. 4,50 A-$, Fam. 21,50 A-$).

Infos

Central Australian Tourism Visitor Information Centre: Gregory Terr., Tel. 18 00-64 51 99 u. 08-89 52 58 00, www.centralaustraliantourism.com.au, Mo–Fr 8.30–17.30, Sa/So u. Fei 9–16 Uhr. Infos zu Alice Springs und Umgebung sowie zu allen touristisch bedeutsamen Regionen im ›Roten Herzen‹; Buchung von Hotels, Ausflügen, Mietwagen u. a., Tour Pass für die Mereenie Loop Road.

Adressen

Northern Territory Holiday Information Helpline: Tel. 18 00-62 13 36. Gebührenfreies Info-Telefon.
Central Land Council: 33 Stuart Hwy, P. O. Box 3321, Alice Springs, NT 0871, Tel. 08-89 51 62 11, Fax 08-89 53 43 45, www.clc.org.au, Mo–Fr 8–12, 14–16 Uhr. Passierscheine für die Durchquerung von Aboriginal-Land.
Automobile Association of the Northern Territory: 58 Sargent St., Tel. 08-89 52 10 87. Automobilclub; Landkarten, Infos über Outback-Pisten und deren Zustand etc.

Übernachten

Sehr komfortables Ferienresort ▶ Alice Springs Resort 1: 34 Stott Terr., Tel. 13 00-13 40 44 u. 08-82 96 80 10, www.alicespringsresort.com.au. Elegantes Hotel mit gut ausgestatteten Zimmern zum Wohlfühlen, Top-Lage im Zentrum, Restaurant mit Seafood und Pool im Garten, hilfsbereites Management. DZ ab 245 A-$.

In tropischer Gartenlandschaft ▶ All Seasons Oasis Resort 2: 10 Gap Rd., Tel. 08-89 52 14 44, www.accorhotels.com.au. In schöner Gartenanlage, mit Restaurant und zwei Pools. DZ 125–145 A-$.

Mit gutem Restaurant ▶ Elkira Motel 3: 65 Bath St., Tel. 08-89 52 12 22, www.bestwestern.com.au/elkira. Großzügige und behaglich möblierte Zimmer, zentrale Lage, Restaurant und Pool. DZ 105–145 A-$.

Etwas außerhalb im Grünen ▶ Heavitree Gap Outback Lodge 4: Palm Circuit, Tel. 08-89 50 44 44, www.auroraresorts.com.au. Outback-typische Ferienanlage 3 km südl. der City mit Restaurant, Pool und Campingplatz. DZ 85–145 A-$.

Für Selbstversorger ▶ The Swagmans Rest Motel 5: 67-69 Gap Rd., Tel. 08-89 53 13 33, www.theswagmansrest.com.au. Familienfreundliche geräumige Zimmer und Apartments, mit Pool. DZ 95– 105 A-$.

Freundliches Budget-Hotel ▶ Desert Rose Inn 6: 15 Railway Terr., Tel. 08-89 52 14 11, www.desertroseinn.com.au. Komfortable Budget-Unterkunft im Herzen der Stadt mit Gemeinschaftsküche und Pool. DZ 55–60 A-$ (mit Gemeinschaftsbad), DZ 75–95 A-$ (mit eigenem Bad/WC), im Mehrbettzimmer 40 A-$/Pers.

Gefragtes Backpacker-Domizil ▶ Melanka Lodge 7: 94 Todd St., Tel. 08-89 52 22 33, www.melanka.com.au. Bei jungen Leuten beliebte Unterkunft, es gibt auch EZ und einen Pool. DZ 85–95 A-$, im Mehrbettzimmer ab 25 A-$/Pers.

Camping und Cabins ▶ Stuart Caravan Park 8: Larapinta Dr., Tel. 08-89 52 25 47, www.stuartcaravanpark.com.au. 2 km westl. der City, sehr gute Ausstattung, Cabins und Pool. **Wintersun Caravan Park 9:** North Stuart Hwy, Tel. 08-89 52 40 80. 3 km nördl. der City, gute Ausstattung, Cabins und Pool.

Essen & Trinken

Für Steakfans ▶ The Overlanders Steakhouse 1: 72 Hartley St., Tel. 08-89 52 21 59, tgl. 17.30–22.30 Uhr. *Nomen est omen* – Steaks in allen Variationen. Vorspeisen 8–12 A-$, Hauptgerichte 18,50–34,50 A-$.

Kulinarische Oase ▶ Bluegrass Restaurant 2: Stott Terr./Todd St., Tel. 08-89 55 51 88, tgl. außer Di 12–14.30, 17.30–23 Uhr. Schönes Ambiente, leichte moderne Regionalküche, gute Weine. Vorspeisen 7,50–11,50 A-$, Hauptgerichte 16–32 A-$.

Bush Food und Livemusik ▶ Bojangles 3: 80 Todd St., Tel. 08-89 52 28 73, tgl. 12–14, 17–23 Uhr. Das rustikal im Stil einer *Cattle Station* gestaltete Lokal bietet deftige Aussie-Hausmannskost, viel Outback-Atmosphäre und abends Livemusik, Spezialitäten: Büffel-, Emu-, Kamel-, Känguru- und Krokodilsteaks, gegrillter Barramundi. Vorspeisen 7–10 A-$, Hauptgerichte 17,50–28 A-$.

Einkaufen

Straßenmarkt ▶ Todd Mall Markets 1: Todd Mall, Tel. 08-89 52 92 99, Feb.–Dez. jeden zweiten So 9–18 Uhr. Pittoresker Markt in der Fußgängerzone.

Aboriginal-Kunst(handwerk) ▶ Mbantua Gallery 2: 71 Gregory Terr., Tel. 08-89 52 55 71, Mo–Fr 9–18, Sa 9.30–17 Uhr. Gemälde, Holzschnitzereien und Keramikwaren von Künstlern der Aboriginal Community Utopia.

Alice Springs

Sehenswert
1. John Flynn Memorial Church
2. Adelaide House
3. Alice Plaza
4. Residency
5. National Pioneer Women's Hall of Fame
6. Old Stuart Gaol
7. Old Hartley Street School
8. Alice Springs Reptile Centre
9. Royal Flying Doctor Service
10. Anzac Hill
11. Alice Springs Telegraph Station Historical Reserve
12. School of the Air
13. Alice Springs Cultural Precinct
14. Alice Springs Memorial Cemetery
15. Yipirinya School
16. Alice Springs Desert Park
17. Olive Pink Botanic Garden
18. The Date Farm
19. Old Timers Traeger Museum
20. Ghan Preservation Society
21. Road Transport Hall of Fame

Übernachten
1. Alice Springs Resort
2. All Seasons Oasis Resort
3. Elkira Motel
4. Heavitree Gap Outback Lodge
5. The Swagmans Rest Motel
6. Desert Rose Inn
7. Melanka Lodge
8. Sturt Caravan Park
9. Wintersun Caravan Park

Essen & Trinken
1. The Overlanders Steakhouse
2. Bluegrass Restaurant
3. Bojangles

Einkaufen
1. Todd Mall Markets
2. Mbantua Gallery
3. Papunya Tula Artists
4. Winjeel Tours
5. The Big Opal

Abends & Nachts
1. Sounds of Starlight Theatre
2. Todd Tavern

Aktiv
1. Aboriginal Art & Culture Centre
2. Central Australia Bushwalkers Association
3. Frontier Camel Farm

Papunya Tula Artists 3: 78 Todd St., Tel. 08-89 52 47 31, Mo–Fr 9–17, Sa 10–14, So 13–17 Uhr. Gemälde namhafter Aboriginal-Künstler und hochwertiges Kunsthandwerk der Ureinwohner, im Besitz von Aborigines.
Winjeel Tours 4: 76 Todd St., Tel. 08-89 53 08 70, Mo–Fr 9–19, Sa 9–18, So 10–16 Uhr. Gemälde und Kunsthandwerk der Aborigines, außerdem Buchung von Touren (s. u.) und ausgezeichnete Infos; unter deutsch-australischer Leitung.
Opale ▶ **The Big Opal 5:** 75 Todd Mall, Tel. 08-89 52 44 44, tgl. 9–19 Uhr. Opale und Schmuck sowie Videos zum Thema Opale.

Abends & Nachts

Lightshow mit Didgeridoo-Musik ▶ **Sounds of Starlight Theatre 1:** 40 Todd Mall, Tel. 08-89 53 08 26, www.soundsofstarlight.com, April–Nov. Di/Fr/Sa 20–21.30 Uhr, Erw. ab 30 A-$, Kin. ab 25 A-$, Fam. ab 90 A-$. Faszinierende Didgeridoo-Klänge verbunden mit audiovisuellen Effekten.
Outback-Pub ▶ **Todd Tavern 2:** Todd Mall, Tel. 08-89 52 22 57, tgl. 12–15, 17–24 Uhr. Kneipe mit viel Outback-Atmosphäre, üppige und preiswerte *Counter Meals*.
Folkloreshow ▶ **Red Centre Dreaming 4:** Heavitree Gap Outback Lodge, Palm Circuit, Tel. 18 00 08 96 16, www.auroraresorts.com.au, tgl. 19–22 Uhr, Erw. 105 A-$, Kin. 55 A-$. Folklore-Show bei einem dreigängigen Outback-Menü.

Aktiv

Aborigines-Touren ▶ **Aboriginal Art & Culture Centre 1:** 125 Todd St., Tel. 08-89 52 34 08, www.aboriginalart.com.au, ab 75 A-$. Aboriginal Cultural Tours in der Umgebung von Alice Springs mit ausgezeichneten Tanzvorführungen, im Besitz von Aborigines.

The Aboriginal Dreamtime & Bush Tucker Tour (Rod Steinert Tours) 4: c/o Winjeel Tours, 76 Todd St., Tel. 08-89 53 08 70, Fax 89 53 23 22, www.rstours.com, tgl. 8.30 Uhr, Erw. 83,95 A-$, Kin. 42 A-$. Dreistündige Tour, die einen guten Einblick in Leben und Kultur der Ureinwohner gibt.

Geführte Wanderungen ▶ **Central Australia Bushwalkers Association 2:** c/o Visitor

Alice Springs und Umgebung

Tipp: In die Luft gehen?

Wer wird denn vor dem Frühstück schon in die Luft gehen? Die Leute von Outback Ballooning mit ihren Kunden. Am frühen Morgen starten die roten Bälle in der **Nähe von Alice Springs.** Von der Gondel eines langsam schwebenden Heißluftballons lassen sich die spektakulären Panoramen der ursprünglichen Landschaft im ›Roten Herzen‹ noch intensiver genießen als etwa aus der Kanzel eines Hubschraubers.

Outback Ballooning: Tel. 18 00-80 97 90, www.outbackballooning.com.au, Erw. 235 A-$, Kin. 195 A-$ (zzgl. Versicherung).

Information Centre (s. S. 368), Tel. 08-89 53 19 56. Von ortskundigen Einheimischen geführte Wanderungen in den MacDonnell Ranges, kleiner Unkostenbeitrag erwartet.

Kamelreiten ▶ **Frontier Camel Farm** 3: Ross Hwy, Tel. 08-89 53 04 44, www.cameltours.com.au, Erw. ab 45 A-$, Kin. ab 25 A-$.

Ballonfahrten ▶ **Outback Ballooning:** Tel. 18 00-80 97 90 u. 08-89 52 87 23, www.outbackballooning.com.au. Ballonfahrten während der Morgendämmerung mit anschließendem Sektfrühstück (Erw. 235 A-$, Kin. 195 A-$ zzgl. Versicherung).

Termine

Alice Springs Cup Carnival (April): Pferderennen und Volksfest.

Bangtail Muster (1. Mo im Mai): Volksfest mit Umzügen und Rodeo.

Lion's Camel Cup (Juli): Dromedarrennen.

Henley-on-Todd-Regatta (Aug.): ›Bootsrennen‹ im ausgetrockneten Flussbett des Todd River.

Alice Springs Rodeo (Aug./Sept.): Eine der bedeutendsten Rodeoveranstaltungen im gesamten Zentralaustralien.

Verkehr

Flüge: Zwischen dem 15 km südwestl. der City gelegenen Flughafen und dem Zentrum pendelt ein Flughafenbus (Airport Shuttle Service, Tel. 08-89 53 03 10, Erw. 13,50 A-$, Kin. 6,50 A-$). Ein Taxi kostet 25–30 A-$.

Züge: Zweimal wöchentlich fährt der Ghan nach Adelaide und Darwin (s. auch S. 296). Auskunft und Buchung: Tel. 13 21 47, www.trainways.com.au.

Busse: Tgl. Verbindungen mit Greyhound Australia, Tel. 08-89 52 39 52 u. 13 00-47 39 46, nach Adelaide, Yulara (Ayers Rock Resort), Darwin, Mount Isa, Townsville und Broome. Tgl. Red Centre Touring Transfers nach Yulara (Ayers Rock Resort) und Kings Canyon; Info: Austour, Tel. 18 00-33 50 09.

Mietwagen: Fahrzeuge jeder Art (auch Geländewagen und Wohnmobile) haben Apollo, Tel. 18 00-77 77 79; Budget, Tel. 08-89 52 88 99; Hertz, Tel. 13 00-13 21 05; Outback Auto Rentals, Tel. 08-89 53 53 33. Unbedingt rechtzeitig buchen!

Fortbewegung in der Stadt

Busse: Sehr praktisch ist der **Hop on-Hop off Alice Explorer,** ein Touristenbus, der im 70-Minuten-Takt alle Sehenswürdigkeiten anfährt; mit einer Tageskarte (erhältlich bei den Busfahrern, Erw. 40 A-$, Kin. 30 A-$) kann man die Fahrt beliebig oft unterbrechen. Startpunkt ist die Todd Mall, Ecke Gregory Terr. (tgl. 9, 10.10, 11.20, 12.30, 13.40, 14.50, 16 Uhr), Auskunft: Tel. 08-89 52 21 11, www.alicewanderer.com.au.

Taxis: Alice Springs Taxis, Tel. 08-89 52 18 77.

MacDonnell Ranges ▶ 1, L 9

Karte: S. 375

Alice Springs liegt mehr oder weniger im Zentrum der MacDonnell Ranges, die sich rund 400 km von Ost nach West durch die riesige zentralaustralische Ebene ziehen. In einem komplizierten Erosionsvorgang erhielten die aus zerklüfteten und steilen Bergzügen bestehenden MacDonnells, die durch parallel verlaufende Schluchten voneinander getrennt sind, die Gestalt wellenförmiger Falten. Die Canyons bildeten sich, als Wasserläufe geschichtete Ablagerungen von Sandstein und Schieferton fortspülten, während die härteren

Yipirinya

Yipirinya: Die Schule der kleinen Raupen
Thema

An der westlichen Peripherie von Alice Springs liegt die 1979 von Aborigines im Rahmen eines Selbsthilfeprojekts gegründete Yipirinya School. Die nach der mythologischen Raupe Yipirinya benannte Schule wird von 150 Aboriginal-Kindern im Alter von 6 bis 14 Jahren besucht.

Gegründet wurde die Aboriginal-Schule, um nicht länger dem auf Assimilation abzielenden Bildungsmonopol der weißen Australier ausgesetzt zu sein. 1984 wurde die Privatschule formell anerkannt und erhielt auch die für ihr Bestehen notwendigen finanziellen Mittel. Der Lehrplan propagiert die Two Way Education, eine Art dualen Unterricht. Im Mittelpunkt steht die Bewahrung der traditionellen Sitten und Gebräuche sowie der Sprachen der Ureinwohner. Um diesen Grundblock gruppieren sich ›moderne‹ Fächer wie Englisch, Mathematik und Physik. Dazu der Schulleiter: »Wir wollen unseren Schülern das ganze Spektrum der traditionellen Fertigkeiten unseres Volkes beibringen, ihnen zugleich aber auch modernes Wissen vermitteln, damit sie in der weißen Gesellschaft bestehen können.«

Mittwoch ist der Culture Day in der Yipirinya-Schule. Dann fahren die ›kleinen Raupen‹ mit älteren Mitgliedern ihres Klans hinaus in den Busch. Dort erfahren sie die Entstehungsgeschichte und die Legenden ihres Volkes, lernen die Traumpfade ihrer mythologischen Heroen kennen. Während dieser Exkursionen unterweisen die Stammesältesten die Jungen zudem in der richtigen Handhabung von Bumerang und Speeren, während die Mädchen von den älteren Frauen ihres Volkes lernen, wie man Bush Food findet und zubereitet.

Junge Aborigines lernen die kulturellen Traditionen ihres Volkes

Alice Springs und Umgebung

Quarzitkämme als Reste einer einst mächtigen Gebirgskette stehenblieben.

West MacDonnell National Park

Entlang der beiden gut ausgebauten Straßen Larapinta Drive und Namatjira Drive reihen sich die landschaftlichen Höhepunkte wie Perlen an einer Kette. Vorbei am Alice Springs Desert Park (s. o.) und der Gedenkstätte Flynns Grave für den 1951 verstorbenen ›Vater des Royal Flying Doctor Service‹ erreicht man den West MacDonnell National Park.

Kaum 20 Fahrminuten westlich von Alice Springs öffnet sich in den MacDonnell Ranges die **Simpsons Gap** **1**. Die mächtigste einer Reihe von Schluchten haben der Roe Creek und andere Flüsse in 60 Mio. Jahren in die Rungutjirba Ridge gefräst. Ein Ausflug zu dem pittoresken Flussdurchbruch lohnt sich vor allem am frühen Vormittag oder späten Nachmittag, wenn die Quarzitwände je nach Lichteinfall verschiedene Rotschattierungen widerspiegeln. Dies ist auch die beste Zeit, um die schwarzfüßigen Felsenwallabies zu beobachten, die in langen Sätzen über Felsbrocken springen.

Nächste Station ist der **Standley Chasm** **2**, dessen fast 100 m hohe Wände sich stellenweise zu einer 5 bis 9 m schmalen Klamm verengen. Hier fällt nur während der Mittagszeit etwa eine Stunde lang die Sonne ein, die dann das Quarzitgestein in einem märchenhaften Rot zum Leuchten bringt. Der Fußweg vom Parkplatz zum Canyon (1,5 km/ 30 Min.) führt durch ein ausgetrocknetes Bachbett, das von mächtigen Fluss-Eukalypten gesäumt wird. Der Standley Chasm Nature Park gehört den Iwupataka-Aborigines, die eine geringe Eintrittsgebühr erheben.

Ellery Creek Big Hole **3** überrascht mit einem kleinen, aber tiefen, ständig wasserführenden See – an heißen Sommertagen ein bezaubernder Platz für ein Bad. **Serpentine Gorge** **4** ist eine schmale Schlucht, durch die sich der Serpentine Creek windet. Kernstück der bei Wanderern beliebten **Ormiston Gorge** **5** ist eine weite Schlucht, die der Ormiston Creek in die MacDonnells gefräst hat. Markierte Wanderwege, die beim Visitor Information Centre am Parkeingang beginnen, erschließen das Naturschutzgebiet. Zu empfehlen ist der Ormiston Pound Walk (Rundweg 7 km/4 Std.).

In der **Glen Helen Gorge** **6** verbreitert sich der Finke River zu einer tiefblauen Lagune, die mit orange-roten und rostfarbenen eisenoxidhaltigen Quarzitklippen kontrastiert. Ein Spaziergang führt vom Parkplatz beim Glen Helen Resort zum Ufer des Felsensees, an dem man Vögel beobachten kann. Vor allem bei Sonnenuntergang ist der Blick von Glen Helen auf den 1379 m hohen Mount Sonder eindrucksvoll.

Während man bis zur Glen Helen Gorge Asphalt unter den Rädern hat, bewährt sich auf der schottrig-staubigen Weiterfahrt zur **Redbank Gorge** **7** ein Geländewagen. Eine Wanderung führt durch das meist ausgetrocknete Bett des Redbank Creek, in dem Eukalypten wachsen, zu einem Felsenpool (hin und zurück 2 km/1,5 Std.).

In einem weiten Bogen schwingt sich der **Namatjira Drive** westlich der Redbank Gorge hinauf zum 835 m hohen Tylers Pass, von dem sich ein schönes Panorama des mit Spinifex bewachsenen Hügellands bietet. Südlich der Passhöhe mündet die Schotterpiste, die abschnittsweise sandige Passagen und hartes ›Wellblech‹ aufweist, in den Larapinta Drive. Rechts geht es auf der Mereenie Loop Road zum Kings Canyon (s. S. 362), links nach Hermannsburg und zum Palm Valley.

Übernachten

Rustikale Lodge ▶ **Glen Helen Resort:** Namatjira Dr., Western MacDonnell Ranges, Tel. 08-89 56 74 89, www.glenhelen.com.au. Rustikale Lodge mit gemütlichen Doppel- und einfachen Mehrbettzimmern, Restaurant, Pub, Tankstelle und Campingplatz. DZ 130– 160 A-$, Mehrbettzimmer ab 25 A-$.

Camping ▶ Im Nationalpark gibt es **einfache Campgrounds** mit Toiletten nahe Ellery Creek Big Hole, Serpentine Gorge und Ormiston Gorge sowie im Palm Valley.

Die MacDonnell Ranges

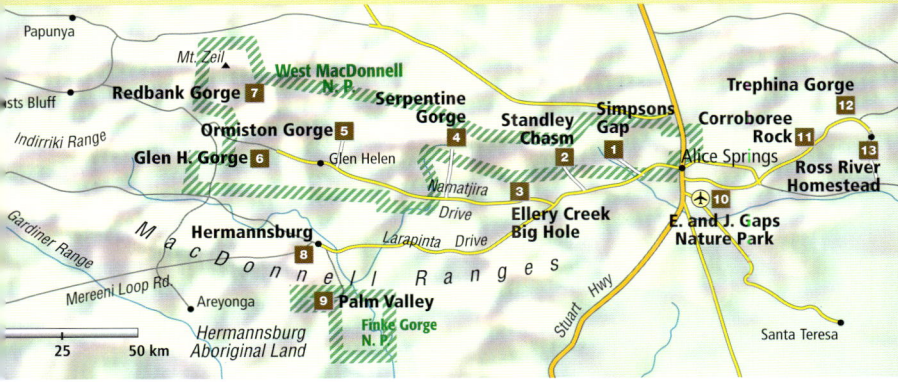

Hermannsburg und Palm Valley

In **Hermannsburg 8**, das 1877 von deutschen Lutheranern als erste Missionsstation im Northern Territory gegründet wurde, leben heute fast ausschließlich Aborigines. Dort kann man die alte Mission besichtigen (Tel. 08-89 56 74 02, tgl. 9–16 Uhr, Erw. 6,50 A-$, Kin. 5 A-$). Dem Maler Albert Namatjira, einst Zögling, hat man 12 km östlich von Hermannsburg ein Natursteindenkmal gesetzt.

Westlich von Hermannsburg zweigt die Piste zum **Palm Valley 9** ab (s. aktiv unterwegs S. 376). In dem zum **Finke Gorge National Park** gehörenden Park gedeihen ca. 3000 der sonst nirgendwo auf der Welt vorkommenden Marienpalmen (Livistona mariae). Man nimmt an, dass die Fächerpalmen von Bäumen abstammen, die hier vor Jahrmillionen am Ufer eines tropischen Binnenmeeres wuchsen. In der Schlucht des Finke River liegen wichtige Kultstätten der Ureinwohner.

Östliche MacDonnell Ranges

Auch die östlichen MacDonnells bieten sehenswerte Schluchten und Klammen. Kernpunkte des **Emily and Jessie Gaps Nature Park 10** sind zwei Flussdurchbrüche im Gebirge, die für die Arandas große mythologische Bedeutung haben, weißen Australiern aber vorwiegend als Bade- und Picknickplätze dienen. An der Ostseite der Emily Gap befinden sich Aboriginal-Felsmalereien, die man bei hohem Wasserstand nur mit einem Boot erreicht. Am **Corroboree Rock 11**, einem weiteren Heiligtum der Ureinwohner, fanden einst bedeutende Zeremonien wie etwa Initiationsriten statt. In den Höhlen des Felsmassivs bewahrten die Aborigines früher Kultgegenstände auf. Um die Basis des Corroboree Rock führt ein Wanderweg (1 km/20 Min.).

Als Höhepunkte der Eastern MacDonnells gelten die Trephina Gorge und das John Hayes Rock Hole. In der breiten Felsenschlucht der **Trephina Gorge 12** mit zeitweise bestehenden Wasserlöchern heben sich mächtige Fluss-Eukalypten kontrastreich gegen die rostfarbenen Quarzitklippen ab. Während der Trockenzeit kann man den Canyon entlang der sandigen Talsohle erkunden. Vom Campingplatz an der Trephina Gorge führt der Ridgetop Walk in einer Höhe von bis zu 350 m über der Ebene zum John Hayes Rock Hole, einer Kette pittoresker Felsentümpel in einer wildromantischen Klamm (10 km/5 Std.).

Ein günstiger Ausgangspunkt für Erkundungen der östlichen MacDonnell Ranges ist die **Ross River Homestead 13**. Mit einem Geländewagen gelangt man von dort in südliche Richtung zur N'Dhala Gorge, die für ihre teils schon stark verwitterten Aboriginal-Felsritzungen bekannt ist. Um die ehemalige Goldgräbersiedlung Arltunga lebten im Jahre 1887 zeitweise bis zu 3000 Menschen. An vergangene Zeiten erinnern einige alte Gebäude. Nur mit Allradfahrzeugen ist der entlegene Ruby Gap Nature Park erreichbar.

Alice Springs und Umgebung

aktiv unterwegs

Mit dem Geländewagen ins Palm Valley

Tour-Infos
Start: Hermannsburg
Länge/Dauer: 20 km, Tagesausflug
Besondere Hinweise: Für die anspruchsvolle Tour ist ein Geländewagen mit hoher Bodenfreiheit erforderlich. Die einzige Möglichkeit, sich mit Benzin, Proviant und Wasser zu versorgen, besteht in Hermannsburg.
Karte: s. S. 375

Nahe der breiten Furt durch den Finke River zweigt einige Kilometer westlich von Hermannsburg die 20 km lange, z. T. sehr holprige Zufahrtspiste zum Palm Valley ab. Das von den Aranda-Aborigines Mpulungkinya genannte Tal verdankt seinen Namen einer nirgendwo sonst auf der Welt vorkommenden Palmenart. Als botanische Relikte einer längst vergangenen, feuchteren Epoche der Erdgeschichte gedeihen an den permanent gefüllten Wasserlöchern des Palm Creek einige Tausend Marienpalmen (auch Red Cabbage Palms genannt). Sie dokumentieren auf eindrucksvolle Weise die dramatischen Klimaveränderungen, denen das Red Centre in der jüngeren Erdgeschichte ausgesetzt war.

Den 910 m hohen **Mount Hermannsburg** passierend, folgt der Track zum Palm Valley bis zur Einmündung des **Palm Creek** dem Bett des **Finke River.** Für die Ouvertüre zum Naturschauspiel sorgt das ›Amphitheater‹, Kalarranga in der Sprache der Aranda, kurz vor dem schönen Busch-Campingplatz im Naturschutzgebiet. Der **Kalarranga Lookout Walk** führt zu einem Aussichtspunkt mit herrlichem Blick auf den von roten Sandsteinklippen umrahmten Felsenkessel, einst eine Kult- und Versammlungsstätte der Ureinwohner (Rundweg 1,5 km/45 Min.). Spätestens nach der Abzweigung zum Busch-Camp, etwa 5 km vor dem Palm Valley, muss man auf Allradantrieb umschalten. Der Geländewagen arbeitet sich durch tiefe Auswaschungen, ächzt über hohe Felsblöcke. Ohne eine hohe Bodenfreiheit hat man hier keine Chance. Einen Vorgeschmack auf das Palm Valley bietet die tropisch anmutende **Cycad Gorge** mit Zykadeen, die an geschützter Stelle ebenfalls die Austrocknung des Zentrums von Australien überlebten.

Das Palm Valley selbst kann nur zu Fuß erkundet werden. Am Parkplatz starten zwei lohnende Wanderwege: Der **Arankaia Walk** führt am Palm Creek entlang durch den östlichen Teil des palmenbestandenen Felsentals. Auf einem Treppenpfad erreicht man den oberen Schluchtrand und kehrt über ein Plateau zum Ausgangspunkt zurück. Unterwegs informieren Schautafeln über Geologie, Fauna und Flora des Naturschutzgebietes (Rundweg 2 km/1 Std.). Tiefer ins Palm Valley eindringen kann man auf dem **Mpulungkinya Walk**, der durch verstreut stehende Grüppchen von Marienpalmen mäandert (Rundweg 5 km/2 Std.). Der einst durch die Schlucht Glen of Palms verlaufende Track zwischen dem Palm Valley und der Piste durch den Finke Gorge National Park ist mittlerweile gesperrt, sodass man auf dem gleichen Track zum Larapinta Drive zurückfahren muss, über den man kam.

Übernachten

Lodge mit viel Outbackflair ▶ **Ross River Homestead:** Tel. 08-89 56 97 11, www.rossriverresort.com.au. Klimatisierte Blockhütten, Restaurant, Campingplatz, Pool und Tankstelle. Blockhütte für 3–4 Pers. 50 A-$/Pers.

Camping ▶ Zwei einfache Campgrounds mit Toiletten gibt es im Trephina Gorge Nature Park.

Die frei zugängliche Schlucht Standley Chasm liegt in Aboriginal-Gebiet

Von Alice Springs nach Darwin

Fast 1500 km verläuft, über weite Strecken schnurgerade, der Stuart Highway durch Halbwüste, Steppe und Buschland von Alice Springs nach Darwin. Dabei vollzieht sich der Übergang vom trocken-heißen ›Roten Herzen‹ zum feucht-heißen, tropischen Top End. Ohne Abstecher sollte man für die Fahrt etwa drei Tage einplanen.

Von Alice Springs nach Mataranka

Barrow Creek ▶ 3, F 4

Rund 35 km nördlich von Alice Springs kreuzt der Stuart Highway den Wendekreis des Steinbocks. Eine ganze Weile später ragt ein Berg aus der Steinwüste – der **Central Mount Stuart,** das geografische Zentrum des Fünften Kontinents. Exakt 283 km nördlich von Alice Springs liegt das winzige Nest **Barrow Creek,** das 1872 als eine der zwölf Relaisstationen der Overland Telegraph Line zwischen Adelaide und Darwin entstand. An die Pionierzeit erinnert dem restaurierte Telegrafenstation. Die meisten Reisenden genießen im urigen Barrow Creek Hotel einen kühlen Drink. Einen Buschpub, in dem Touristen mit *truckies* und *stockmen* bei einem Bier ins Gespräch kommen, gibt es auch in **Wycliffe Well** (s. Tipp S. 380).

Devils Marbles ▶ 3, F 4

Wie von Zyklopenhand verstreut, bedecken nördlich von Wauchope die **Devils Marbles,** Hunderte von teils riesigen ovalen und runden Steinformationen, ein Areal von 18 km². Die rostroten ›Murmeln des Teufels‹ verdanken ihre Entstehung dem Kreislauf von Tag und Nacht, der glühenden Hitze der Wüstentage und der klirrenden Kälte der Wüstennächte. Die abrupten Temperaturveränderungen führten dazu, dass sich die Oberflächenschichten riesiger Granitblöcke ausdehnten und zusammenzogen und dann wie Zwiebelhäute abblätterten.

Viele der Devils Marbles sind nahezu vollkommen runde Kugeln, teils winzig klein, teils von mehreren Metern Durchmesser. Die Aborigines der Region betrachten die Granitgebilde als die Eier der mythischen Regenbogenschlange Wanambi, die für sie als Verkörperung der Fruchtbarkeit den Ursprung allen Lebens bedeutet. Für sie war der Platz einst eine wichtige Kultstätte.

Zwischen den Felskugeln, die bei Sonnenauf- und -untergang in einem märchenhaften Rotton erglühen, verläuft ein geologischer Lehrpfad mit informativen Schautafeln. Am Rande des Devils Marbles Conservation Reserve liegt ein einfacher, aber schöner Campingplatz.

Tennant Creek ▶ 3, F 3

In **Tennant Creek** flammte 1932 der vorläufig letzte große Goldrausch des Fünften Kontinents auf, nach dessen Abflauen dem Ort das Schicksal einer Geisterstadt drohte. Mit der Entdeckung großer Kupfervorkommen kam jedoch in den 1950er-Jahren ein neuer Aufschwung. Memorabilien aus der Goldrauschära beherbergt das **National Trust Museum** (Schmidt St., Mai–Sept. tgl. 14–16 Uhr, Eintritt frei, Spende erbeten). Lebendig wird diese Zeit auch im **Battery Hill Mining Centre,** einem Industriemuseum, in dem noch heute ein alter *shredder* zum Zerklei-

Katherine

nern des Erzes in Betrieb gesetzt wird (Peko Rd., Tel. 08-89 62 12 81, Führungen tgl. 9.30, 15.30, 17 Uhr, Erw. 17,50 A-$, Kin. 8,50 A-$, Fam. 43,50 A-$).

Infos

Tennant Creek Visitor Information Centre: Battery Hill Regional Centre, Peko Rd., Tel. 08-89 62 33 88, www.barklytourism.com.au, Mo–Fr 9–17, Sa/So 10–16 Uhr.

Übernachten

Solide Unterkunft ▶ Eldorado Motor Inn: Paterson St. (Stuart Hwy), Tel. 08-89 62 24 02, www.eldoradomotorinn.com.au. Moderne Zimmer, Restaurant und Pool. DZ 95-115 A-$.

Camping und Cabins ▶ Outback Caravan Park: Peko Rd., Tel. 08-89 62 24 59, outback@swtch.com.au. Gut ausgestattet, mit Cabins und Pool.

Termine

Tennant Creek Cup (Mai): Pferderennen.
Tennant Creek Rodeo (Juli/Aug.) Rodeo mit Rahmenprogramm.

Weiter nach Mataranka ▶ 3, F 2

Gut 20 km nördlich von Tennant Creek liegt das **Three Ways Roadhouse.** Von dort führt der Barkly Highway nach Mount Isa in Queensland (s. S. 399). An dem geschäftigen Verkehrsknotenpunkt erinnert das **John Flynn Memorial** an den Gründer des Royal Flying Doctor Service. Die an spektakulären Sehenswürdigkeiten arme Weiterfahrt wird einige Kilometer weiter nördlich durch das **Stuart Memorial** am Attack Creek unterbrochen, wo der ›Entdecker‹ John McDouall Stuart am 25. Juni 1860 bei einem seiner Versuche, den Kontinent zu durchqueren, von Aborigines angegriffen und zur Umkehr gezwungen wurde.

Renner Springs, Elliott, Newcastle Waters, Dunmarra und Larrimah sind kleine Orte am Stuart Highway, die Reisenden Tankstellen, Fastfood-Restaurants und Unterkünfte bieten. Die meisten Touristen sind sich jedoch einig: Das Schönste an diesen Outback-Nestern ist der nach Norden führende Highway.

So mancher Reisender legt aber einen ausgiebigen Stopp in **Daly Waters** mit einer der urigsten Kneipen des Northern Territory ein (s. Tipp S. 380). Auf der Weiterfahrt gehen die Savannen und roten Halbwüsten von Zentralaustralien allmählich in die grünwuchernde feuchte Urwaldzone des tropischen Nordens über.

Ausspannen von der langen, eintönigen Fahrt kann man in **Mataranka.** Aus konstant 34 °C warmen Thermalquellen sprudeln dort 16 500 l kristallklaren Wassers pro Minute in einen natürlichen Pool, der inmitten eines tropischen Palmenwalds zu einem erfrischenden Bad einlädt. In den Bäumen um den Pool hängen oft Tausende von Flughunden.

Übernachten
In Mataranka

Reizvolle Lage bei den Thermalquellen ▶ Mataranka Homestead: Tel. 08-89 75 45 44, www.matarankahomestead.com.au. Ferienanlage mit viel Outback-Flair bei den Thermalquellen, einfaches Motel sowie Caravan Park mit Cabins, im Restaurant während der Hochsaison jeden Abend Live-Countrymusik. DZ 89 A-$, Cabins 115 A-$.

Katherine ▶ 3, F 2

Nördlich von Mataranka kennt der Stuart Highway während der nächsten rund 100 km nur ein Ziel – **Katherine.** Hobby-Speläologen und Reisende mit Zeit werden südlich der Stadt einen Stopp einlegen. Dort erstreckt sich unter einer bizarren Karstlandschaft das ausgedehnte Höhlensystem des **Cutta Cutta Caves Nature Park,** das man im Rahmen von Führungen besichtigen kann (Stuart Hwy, Tel. 08-89 72 19 40, Führungen März–Nov. tgl. 9, 10, 11, 13, 14, 15 Uhr, Erw. 16 A-$, Kin. 8 A-$).

Katherine ist das Zentrum des ›**Never Never Land**‹, eines von Viehzucht geprägten, breiten Landstreifens, der sich durch das Northern Territory vom Golf von Carpentaria bis zum Joseph-Bonaparte-Golf erstreckt. Dieser im Jahre 1844/45 von Ludwig Leich-

Von Alice Springs nach Darwin

Tipp: Die Bank der Biertrinker und andere urige Buschkneipen

Das kleine Outback-Nest Barrow Creek (s. S. 378) kann mit einer großen Attraktion aufwarten – der Bank der Biertrinker im Pub des **Barrow Creek Hotel.** Die Wand hinter dem Tresen ist mit Geldscheinen im Wert von gut und gern 3000 Dollar tapeziert. Jede Banknote trägt die Signatur ihres Besitzers.

Steve Less, Kneipenwirt und Bankdirektor in Personalunion, erklärt das System der Buschbank. Der vom Besucher mit Namen und Datum versehene Geldschein wird mit einem Reißnagel an die Wand gepinnt. Beim nächsten Kneipenbesuch kann die Spareinlage dann in ›flüssige Währung‹ konvertiert werden. Zinsen zahlt Steve seinen Kunden allerdings nicht.

»Die meisten Touristen, die bei uns ihr Geld anlegen, kommen eh nie wieder«, erklärt Less, »für sie ist das Ganze nichts weiter als ein Gag. So mancher prahlt dann wohl daheim in Europa mit seinem Sparkonto bei einer Bank in Australien.«

Das Barrow Creek Hotel ist nur eine von mehreren originellen Outback-Kneipen am nördlichen Stuart Highway, in denen das größte Möbelstück stets ein mit Bier gefüllter Kühlschrank ist. Vor dem **Wycliffe Well Roadhouse** grüßen kleine grüne Männchen die Vorbeifahrenden. Nach Auskunft des Wirtes benutzen außerirdische Wesen sein Grundstück regelmäßig als Landeplatz für ihre Ufos. Seine Gäste bekommen die Besucher aus anderen Galaxien allenfalls dann zu Gesicht, wenn sie zu viele der mehr als 100 Biersorten aus aller Welt probieren, die der Kneipier auf Lager hat.

Ein »true blue Aussie Outback Pub« ist der **Daly Waters Pub** 3 km abseits des Stuart Highway im tropischen Top End. Kaum ein Reisender lässt die Kneipe links liegen, in der Gerümpel an den Wänden und von der Decke hängt. Visitenkarten und Autokennzeichen aus aller Welt zeugen von einer kosmopolitischen Klientel.

---

hardt erforschten Region setzte Jeannie Gunn, die um 1900 als eine der ersten weißen Frauen nach Katherine kam, mit ihrem Roman »We of the Never Never« ein literarisches Denkmal. Einen lebendigen Eindruck von der Pionierzeit gibt die Ausstellung im heimatkundlichen **Katherine Museum** (Gorge Rd., Tel. 08-89 72 39 45, März–Okt. Mo–Fr 10–16, Sa 9–13, So 14–17, Nov.–Feb. Mo–Fr 10–13, So 14–17 Uhr, Erw. 5 A-$, Kin. 2 A-$).

In der **School of the Air** zeigt man Besuchern traditionelle Unterrichtsmethoden per Funk sowie auch neue Techniken mit den Möglichkeiten, die das Internet bietet (Giles St., Tel. 08-89 72 25 52, www.ksa.nt.edu.au, März–Dez. Mo–Fr 9, 10, 11 Uhr, Erw. 5 A-$, Kin. 2 A-$). 8 km nordwestlich liegt die **Springvale Homestead,** die älteste noch erhaltene Farm des Northern Territory mit Erinnerungsstücken aus der Pionierzeit (Shadforth Rd., Tel. 08-89 72 14 54, kostenlose Führungen Mai–Sept. tgl. 15 Uhr).

Infos
Katherine Visitor Information Centre: Stuart Hwy/Lindsay St., Tel. 18 00-65 31 42 und 08-89 72 26 50, www.visitkatherine.com.au, Mo–Fr 8.30–17, Sa/So u. Fei 10–15 Uhr.

Übernachten
Top-Adresse im Ort ▶ Pine Tree Motel: 3 Third St., Tel. 08-89 72 25 33, www.travelnorth.com.au. Komfortabel, in ruhiger Lage, mit Restaurant und Pool. DZ 139 A-$.

Ideal für Familien ▶ Katherine River Lodge Motel: Giles St., Tel. 08-89 71 02 66, www.katherineriverlodge.net. Gemütliche Zimmer, Restaurant und Pool. DZ 89–99 A-$, Familienzimmer 119–129 A-$.

Freundliches Hostel ▶ Palm Court Backpackers: Giles St., Tel. 08-89 72 27 22,

www.travelnorth.com.au. Bei jungen Leuten beliebte Budget-Unterkunft mit kleinem Pool, alle Zimmer mit Dusche/WC und Klima-Anlage. DZ 57 A-$, Mehrbettzimmer ab 25 A-$.
Camping und kleine Ferienhäuser ▶ Katherine Low Level Caravan Park: Shadforth Rd., Tel. 08-89 72 39 62, Fax 89 72 22 30. Ca. 5 km westl., bestens ausgestattet und schön gelegen, mit gemütlichen Ferienhäuschen, Pool und Bistro.

Essen & Trinken
Treffpunkt einheimischer Gourmets ▶ RJ's Bar & Bistro: Katherine Motel, Katherine Terr./Giles St., tgl. 11.30–14.30, 17–23 Uhr. Gerichte im Stil der modernen australischen Küche, zu empfehlen: Barramundi, gebacken oder gegrillt. Vorspeisen 9–12 A-$, Hauptgerichte 20–32,50 A-$.

Aktiv
Krokodile beobachten ▶ Crocodile Night Adventures: Tel. 18 00-08 91 03, www.travelnorth.com.au, Mai–Okt. tgl. 18.30 Uhr, Erw. 49,50 A-$, Kin. 24,50 A-$. Nächtliche Krokodilbeobachtung auf dem Katherine River.
Rundflüge ▶ Skysafari: Tel. 18 00-08 91 03, www.skysafari.com.au, April–Nov., ab 75 A-$. Helikopterflüge über die Katherine Gorge.

Termine
Australia Day Bush Picnic (26. Jan.): Volksfest mit Pferderennen.
Katherine Cup (Mai): Pferderennen.
Barunga Festival Mitte (Juni): Großes Aboriginal-Kulturfest.
Katherine Festival (Juli): Volksfest mit Rodeo.
Katherine Flying Fox Art & Cultural Festival (Aug.): Volksfest mit Musik- und Tanzveranstaltungen.

Verkehr
Busse: Tgl. Verbindungen von Greyhound Australia von/nach Adelaide, Alice Springs, Darwin, Kununurra und Broome, Auskunft: Tel. 1300-47 39 46. Mehrmals tgl. pendelt ein Shuttle-Bus von Travel North zwischen Katherine und dem Nitmiluk National Park, Auskunft: Tel. 18 00-08 91 03.

Nitmiluk National Park
▶ 3, F 2

Nordöstlich von Katherine erstreckt sich der **Nitmiluk National Park.** Kern dieses wilden Naturschutzgebietes ist die 30 km lange **Katherine Gorge,** die sich bis zu 100 m tief in das Sandsteinplateau des Arnhem Land eingegraben hat. Eigentlich handelt es sich dabei um ein System von 13 einzelnen Canyons, durch die sich der Katherine River schlängelt – in der Trockenzeit als beinahe strömungsloser Fluss, während der Regenperiode – bei einem bis zu 10 m höheren Pegelstand – als tosendes Gewässer

Weil der **Katherine River** das ganze Jahr hindurch Wasser führt, ist die Katherine Gorge ein Refugium für die regionale Flora und Fauna, vor allem für die mit rund 160 Arten überaus vielfältige Vogelwelt. Zu den zahlreichen in den Schluchten lebenden Reptilien gehören auch harmlose Johnstone-Süßwasserkrokodile. Auf keinen Fall sollte man sich eine Flussfahrt entgehen lassen. Flachboote verkehren während der Trockenzeit in den drei unteren Schluchten. Die Canyons des Oberlaufs sind bis zur siebten Schlucht mit Kanus, die man am Parkeingang mieten kann, zugänglich. Zwischen den Schluchten müssen allerdings, je nach Wasserstand, einige steinige Abschnitte zu Fuß überwunden werden.

Den Nationalpark durchzieht überdies ein dichtes Netz markierter Wanderwege, das Unternehmungen unterschiedlichsten Schwierigkeitsgrades ermöglicht. Ausgangspunkt aller Wanderungen ist das Besucherzentrum, in dessen Nähe sich ein großer Caravan Park als Standquartier anbietet.

Zu einem Aussichtspunkt oberhalb der ersten Schlucht führt der kurze, aber steile **Barrawei Walk** (hin und zurück 1 km/1 Std.), den man zum **Loop Walk** ausdehnen kann (Rundweg 3,2 km/1,5 Std.). Schautafeln am Wanderpfad informieren über Flora und Fauna sowie Traumzeit-Mythen der Aborigines. Eine Nebenschlucht der Katherine Gorge, in der zahlreiche Schmetterlinge umherflattern, hat der **Butterfly Gorge Walk** zum Ziel (hin und

Von Alice Springs nach Darwin

zurück 12 km/4,5 Std.). Andere Wanderwege, die tief in den Nationalpark hineinführen, sind eher etwas für Wildnis-abenteurer mit entsprechender Ausrüstung, etwa der **Katherine River Wilderness Walk** (36 km/2 Tage) und der **Edith Falls Wilderness Walk** (76 km/5 Tage).

Auf einer 20 km langen Stichstraße, die 42 km nordwestlich von Katherine vom Stuart Highway in östlicher Richtung abzweigt, erreicht man die **Edith Falls** bequemer. In Kaskaden stürzen die von den Ureinwohnern Leliyn genannten Wasserfälle über die steile Abbruchkante des Arnhem-Land-Plateaus, bevor sie sich in einem großen, krokodilfreien Felsenpool sammeln. Dort bietet sich Besuchern eine Erfrischung, vor allem wenn sie verschwitzt vom Leliyn Walk zu einem Lookout oberhalb der Fälle und einem natürlichen Wasserbecken an der Abbruchkante zurückkommen (Rundweg 2,6 km/1,5 Std.). Wer länger bleiben möchte, findet in der Nähe des Naturpools einen schönen Campingplatz.

Infos
Nitmiluk Visitor Centre: Nitmiluk National Park, Tel. 08-89 72 31 50 und 1300-14 67 43, tgl. 7–17.30 Uhr. Hier Buchung der zwei-, vier- oder achtstündigen Flussfahrten auf dem Katherine River (Erw. 55/70/115 A-$). In der Hochsaison einen Tag vorher buchen!

Übernachten
Camping ▶ **Nitmiluk Gorge Caravan Park:** Nitmiluk National Park, Tel. 08-89 72 12 53, www.nitmiluktours.com.au. Gut ausgestattet, viele handzahme Kängurus.

Von Katherine nach Darwin

Pine Creek ▶ 3, F 2
In der Nähe der Bergbaustadt **Pine Creek** wurde 1877 eine ergiebige Goldader entdeckt. Relikte aus der Vergangenheit findet man im **Pine Creek National Trust Museum** (Railway Terr., Tel. 08-89 76 12 21, Mo–Fr 10–

Tipp: Unterwegs mit Aborigines

Unweit von Katherine erstreckt sich das Land der Manyallaluk-Aborigines. Im Rahmen eines Tagesausflugs in das Land of the Lightning Brothers vermitteln Aboriginal-Guides den Teilnehmern traditionelle Werte der Ureinwohner. Vor Felsgalerien mit urzeitlichen Bildern erzählen sie die Geschichte der mythologischen Brüder des Blitzes und des Donners, die im November, Gewitterstürme über das ausgebrannte Buschland jagend, machtvoll das Ende der Trockenperiode ankündigen. Die Teilnehmer hören auch von Kunapipi, der ebenso grausamen wie fürsorglichen Erdmutter, die in der Schöpfungsmythologie der Aborigines eine zentrale Rolle spielt. Sie spüren etwas von der Spiritualität der Ureinwohner, von ihrem festen Glauben an die mythischen Schöpferwesen – teils Mensch, teils Tier, teils Pflanze –, die mit übernatürlichen Kräften alles schufen, was es gibt auf der Welt.

Die Manyallaluk-Aborigines zeigen ihren Gästen aber auch ›Handfestes‹. Für Europäer wird der Ausflug in den Busch zu einer Lektion in der Kunst des Überlebens in einer ebenso unerbittlichen wie freigiebigen Natur. Dort, wo unerfahrene Weiße kaum Überlebenschancen haben, wo nur Ureinwohner in der wasserlosen Savanne Wasser finden und auf felsigem Boden unsichtbare Tierspuren lesen können, zeigen sie den Teilnehmern, wie man Kängurus und andere Tiere jagt, aus welchen Pflanzen man Trinkwasser gewinnen kann, welche Wurzeln und Knollen genießbar sind, wie man mit Speer und Bumerang umgeht. Zum krönenden Abschluss dürfen sich die Besucher selbst in der Kunst des Bumerang-Werfens üben.

Manyallaluk Abriginal Cultural Tours: Tel. 18 00-64 47 27, www.jawoyn.org/manyallaluk-tours.htm, April–Nov. Mo–Do 8–18 Uhr, Erw. 185 A-$, Kin. 95 A-$.

Von Katherine nach Darwin

Kanu-Fahrt in der Katherine Gorge, Nitmiluk National Park

17, Sa/So 10–14 Uhr, Erw. 3,50 A-$) sowie im **Pine Creek Miners Park,** einem Freilichtmuseum (tgl. 9–17 Uhr, Eintritt frei). Gut 20 km südwestlich des Ortes erstreckt sich der **Umbrawarra Gorge Nature Park,** eine wildromantische Schlucht mit permanenten Wasserlöchern. Von Pine Creek führt der asphaltierte Kakadu Highway zum Ferienzentrum Cooinda im Kakadu National Park (s. S. 392). Unterwegs lohnt sich ein Abstecher zu den etwa 100 m hohen Gunlom Falls (s. S. 398).

Übernachten
Gastlichkeit inmitten eines Tropengartens
▶ **Bonrook Resort:** Stuart Hwy, Tel. 08-89 76 12 32, www.bonrook.com. Drei geschmackvoll eingerichtete Gästehäuser, mit Restaurant und Pool. DZ ab 155 A-$.
Camping ▶ **Pine Creek Caravan Park:** Moule St., Tel. 08-89 76 12 17, Fax 89 76 12 10. Einfach, mit On-Site-Vans.

Termine
Pine Creek Goldrush Festival (Juni): Buntes Volksfest mit zahlreichen Wettkämpfen im Goldwaschen, Pferderennen, Boxkämpfen u. v. m.

Adelaide River und Batchelor
▶ **E/F 2, E 2**
Auf halbem Weg zwischen Pine Creek und Adelaide River liegt **Hayes Creek**. Von dort verläuft westlich des neuen Stuart Highway der alte Stuart Highway, der zwar die etwas längere, aber reizvollere Alternative ist. Knapp 40 km südlich von Hayes Creek erstreckt sich der Tjuwaliyn Nature Park mit den Douglas Hot Springs.

Auf Spuren des Zweiten Weltkriegs wie alte Munitionsbunker stößt man bei **Adelaide River,** wo sich einst das Hauptquartier der australisch-amerikanischen Streitkräfte befand. Ca. 30 km nördlich von Adelaide River biegt eine Straße in südwestlicher Richtung vom Stuart Highway nach **Batchelor** ab. In den 1950er- und 1960er-Jahren war das heute verschlafene Städtchen eine Boomtown. Damals wurden bei Rum Jungle Kupfer- und Uranvorkommen ausgebeutet. Westlich erstreckt sich der **Litchfield National Park,** ein beliebtes Ausflugsziel von Darwin (s. S. 391).

Top End

Darwin ist die Hauptstadt des Northern Territory und zugleich das bedeutendste Zentrum im Top End, dem ›oberen Ende‹ von Australien. Bis zum Zweiten Weltkrieg ein verschlafenes Tropennest, hat sich die Stadt trotz zweimaliger fast völliger Zerstörung zu einem bedeutenden Handelszentrum entwickelt. Von Darwin gut zu erreichen sind die Naturattraktionen Litchfield National Park und Kakadu National Park.

Darwin ▶ 3, E 1

Cityplan: S. 388

Den Naturhafen, dem Darwin seine Existenz verdankt, entdeckte 1839 J.C. Wickham, der Kapitän der ›Beagle‹, mit der einst auch Charles Darwin über den Pazifik gesegelt war. Zu Ehren des Forschers gab Wickham der Bucht den Namen Port Darwin. Aber erst 30 Jahre später, nachdem andere Siedlungsversuche fehlgeschlagen waren, beschloss die Kolonialregierung in Sydney, an dieser Bucht einen Stützpunkt zu errichten.

Die zunächst Palmerston genannte Siedlung erlebte ihren ersten Aufschwung, als 1872 rund 200 km südlich bei Pine Creek Gold gefunden wurde. Nach dem Abflauen des Goldrausches stagnierte die Entwicklung. Hauptgründe dafür waren das feucht-heiße Tropenklima und die mit unerbittlicher Regelmäßigkeit über die Hafenstadt hinwegtobenden Wirbelstürme sowie die geografische Isolation des nördlichen Außenpostens vom Rest des Kontinents.

Die Wende kam während des Zweiten Weltkriegs. Darwin war die erste australische Stadt, die von einer feindlichen Macht angegriffen wurde. Am 19. Februar 1942 attackierten fast 200 japanische Bomber den Hafen, der für das britische Militär damals eine wichtige strategische Bedeutung besaß. Bis zum Ende jenes Jahres folgten 63 weitere Luftangriffe. Insgesamt starben fast 250 Menschen. Aus Angst vor einer japanischen Invasion errichtete man in der Umgebung von Darwin große Armeestützpunkte. Um den Nachschub zu sichern, bauten Australier und Amerikaner in nur drei Monaten die Naturpiste zwischen Darwin und Alice Springs, die einzige Landverbindung nach Süden, zur Asphaltpiste aus.

Eine weitere kritische Phase kam für Darwin, als am Weihnachtstag 1974 der Wirbelsturm Tracy über die Stadt hereinbrach und die größte Naturkatastrophe in der überlieferten Geschichte Australiens auslöste. Vier Stunden genügten Tracy, um 90 % der Häuser zu zerstören. Inzwischen ist Darwin wie ein Phönix aus der Asche neu entstanden. Rund 100 000 Menschen leben in Darwin. Das sind mehr als jemals zuvor, und die Tendenz ist steigend.

Das Zentrum am Hafen

Das kompakte und übersichtliche Stadtzentrum von Darwin kann man bequem in etwa drei Stunden zu Fuß erkunden. Einige der weit über den Großraum verstreuten Sehenswürdigkeiten aber lassen sich nur mit eigenem Fahrzeug oder öffentlichem Bus erreichen.

Als Ausgangspunkt für einen Rundgang durch das Zentrum bietet sich das **Civic Centre** 1 an der Harry Chan Avenue an, in dessen Innenhof ein über 100 Jahre alter Banyan-Baum steht. Durch die Grünanlage des Civic Square gelangt man zur Smith Street mit einigen der wenigen aus dem 19. Jh. erhaltenen Bauwerken. Auf eine turbulente Vergan-

Darwin

Am Pier von Darwin mit einem Sundowner den Sonnenuntergang genießen

genheit kann **Browns Mart** 2 aus dem Jahre 1885 zurückblicken. Zweimal von Wirbelstürmen beschädigt, diente das Steingebäude abwechselnd als Börse, Bordell und Polizeiwache, heute beherbergt es ein Theater.

Von der gegenüberliegenden, 1883 errichteten Old Town Hall, früher eines der stattlichsten Gebäude der Stadt, ließ Tracy nur mehr eine Ruine übrig, ebenso wie von der Christchurch Cathedral. Als einziges Relikt des alten Gotteshauses hat man die Eingangspforte in den 1975 errichteten Neubau integriert. Bei dem Komplex von **Old Court House and Police Station** 3 an der Ecke Smith Street und Esplanade handelt es sich um eine Rekonstruktion des von Tracy zerstörten, ursprünglich 1884 errichteten Gerichtsgebäudes, dem eine Polizeiwache angegliedert war.

Etwas abseits des Rundgangs, aber immer noch gut zu Fuß erreichbar, liegt an der Stokes Hill Wharf das Meerwasseraquarium **Indo Pacific Marine** 4 wo es lebende Korallenbänke und artenreiche Meeresfauna zu sehen gibt (Tel. 08-89 81 12 94, www.indopacificmarine.com.au. April–Okt. tgl. 10–17, Nov.–März Mo–Fr 9–13, Sa/So/Fei 10–17 Uhr, Erw. 18 A-$, Kin. 8 A-$, Fam. 44 A-$).

In der **Australian Pearling Exhibition** im gleichen Gebäudekomplex erfährt man Wissenswertes zum Thema Perlen (Tel. 08-89 99 65 73, tgl. 10–17 Uhr, Erw. 7,60 A-$, Kin. 3,80 A-$, Fam. 18 A-$).

Entlang der Esplanade

Ein schöner Blick auf die Hafenanlage bietet sich vom Survivors Lookout an der Strandpromenade Esplanade. Etwas weiter steht das 1883 errichtete **Government House** 5 auf einer 70 m hohen Klippe. Leider ist das weiße Kolonialgebäude mit sieben markanten Giebeln der Öffentlichkeit nicht zugänglich. Die beiden modernen Gebäude gegen-

Darwin

Sehenswert
1. Civic Centre
2. Browns Mart
3. Old Court House and Police Station
4. Indo Pacific Marine
5. Government House
6. Old Admiralty House
7. Lyons Cottage
8. Crocosaurus Cove
9. Aquascene
10. Victoria Hotel
11. Chinese Joss House
12. Burnett House
13. Darwin Botanic Gardens
14. Museum and Art Gallery of the Northern Territory
15. Fannie Bay Gaol Museum

Übernachten
1. Holiday Inn Esplanade
2. Travelodge Mirambeena Resort
3. Comfort Inn Asti
4. Poinciana Inn
5. Best Western Top End Hotel
6. Melaleuca on Mitchell
7. Free Spirit Caravan Park

Essen & Trinken
1. Buzz Café
2. Hanuman
3. Crustaceans on the Wharf
4. Nirvana Restaurant
5. The Magic Wok
6. Darwin City Eatery

Einkaufen
1. Mindil Beach Sunset Market
2. Nightcliff Markets
3. Parap Marke
4. Aboriginal Fine Arts Gallery

Abends & Nachts
1. Beachfront Hotel
2. Blue Heeler Bar
3. Sunset Jazz Session
4. The Deckchair Cinema

Aktiv
1. Connections
2. Willi's Walkabouts
3. Wildlife River Cruise
4. ›Spirit of Darwin‹

über beherbergen das Parlament und den Obersten Gerichtshof des Northern Territory.

Vorbei am Overland Telegraph Memorial Cairn, das an die Fertigstellung der 2750 km langen Telegrafenleitung von Adelaide nach Darwin im Jahr 1872 erinnert, gelangt man zum 1937 errichteten Stelzenbau des **Old Admiralty House** 6 mit Originalmobiliar aus der Kolonialzeit (Tel. 08-89 81 53 85, Mo–Fr 9–16.30 Uhr, Eintritt frei, Spende erbeten). Gegenüber, an der Ecke von Esplanade und Knuckey Street, steht das 1924/25 erbaute **Lyons Cottage** 7, ein historisches Museum zur Geschichte der Erforschung und Besiedlung des Northern Territory (Tel. 08-89 99 82 55, tgl. 10–16.30 Uhr, Eintritt frei).

Wer schon immer mal einem lebendigen Saltie in die Augen schauen wollte, kann sich diesen Wunsch in **Crocosaurus Cove** 8 erfüllen. Der Tierpark präsentiert mitten in Darwin die umfassendste Sammlung mächtiger Salzwasserkrokodile und tödlicher Schlangen Australiens. Geschützt von einer Kabine aus Acryl können Wagemutige in eines der vier Krokodilbecken abtauchen und so etwas für ihren Adrenalinspiegel tun (Mitchell/Peel Sts, Tel. 08-89 81 75 22, www.crocosauruscove.com.au, Erw. 28 A-$, Kin. 16 A-$, Fam. 74 A-$).

In der Bucht Doctors Gully am nördlichen Ende der Esplanade liegt der Strandabschnitt **Aquascene** 9, wo Tag für Tag während der Flut Hunderte von Fischen herbeischwimmen, um sich füttern zu lassen. Mit der Ebbe schwimmen die Brassen, Katzenfische, Meeräschen und Rochen wieder ins Meer hinaus (Tel. 08-89 81 78 37, www.aquascene.com.au. Fütterungszeit abhängig von den Gezeiten, Erw. 8 A-$, Kin. 5 A-$, Fam. 22 A-$).

Smith Street Mall

In der kleinen palmengeschmückten Fußgängerzone Smith Street Mall liegt der architektonische Stolz von Darwin. Das 1894 erbaute **Victoria Hotel** 10 – meist liebevoll Old Vic genannt – überstand alle tropischen Wirbelstürme, japanischen Bomben sowie neuerdings australische Rockgruppen.

Den Abschluss des Rundgangs bildet der chinesische Tempel **Chinese Joss House** 11. Das wenige, was der Zyklon Tracy am 24. Dezember 1974 von dem Originalbauwerk aus dem Jahre 1887 übrigließ – das Fundament, einige Mauerreste und verschiedene Steinlöwen –, hat man geschickt in die moderne Andachtsstätte der etwa 1000-köpfigen chinesischen Gemeinde einbezogen (Bennett St., Ecke Woods St., tgl. 8–16 Uhr).

Top End

Westlich der City

Ein Besuch des **Burnett House** 12 am Myilly Point, in dem sich heute der Sitz des regionalen National Trust (Amt für Denkmalpflege) befindet, macht mit tropischer Kolonialarchitektur bekannt (Tel. 08-89 81 28 48, Mo–Sa 10–13, So 15.30–18 Uhr, Eintritt frei, Spende erbeten). Von dort hat man einen schönen Blick auf das **Diamond Beach Casino,** einen eher tristen Beton-Monolithen, den manche allerdings für das architektonische Juwel von Darwin halten.

Nördlich des Spielkasinos erstreckt sich der Mindil Beach, von Mai bis Oktober, wenn keine Gefahr von den Box Jellyfish-Quallen droht, ein beliebter Badestrand. In der hübschen Parkanlage am Strand findet in der Trockenzeit der **Mindil Beach Sunset Market** statt, der Ähnlichkeit mit einem asiatischen Nachtmarkt hat (April–Okt. Do 17–22, So 16–21 Uhr).

Östlich der Gilruth Avenue liegen die 1891 angelegten **Darwin Botanic Gardens** 13 mit vielen Tropenpflanzen (Tel. 08-89 47 21 45, tgl. 7–19 Uhr, Eintritt frei). Das **Museum and Art Gallery of the Northern Territory** 14 präsentiert neben einer naturhistorischen Sektion eine Kunstsammlung der Aborigines sowie Stammeskunst südostasiatischer und melanesischer Völker (Conacher St., Fannie Bay, Tel. 08-89 99 82 01, www.magnt.nt.gov.au, Mo–Fr 9–17, Sa/So 10–17 Uhr, Eintritt frei). Vesteys Beach, ein Dorado für Wassersportler, ist Schauplatz der Beer-Can-Regatta (s. S. 50).

Weiter nördlich liegt das 1883 erbaute **Fannie Bay Gaol Museum** 15, das bis 1979 als Gefängnis diente. Heute beherbergt das Gebäude ein Museum zur Stadt- und Regionalgeschichte (East Point Rd., Fannie Bay, Tel. 08-89 89 82 90, tgl. 10–16.30 Uhr, Erw. 5 A-$, Kin. 3 A-$).

Infos

Tourism Top End: Bennett St., Ecke Smith St., Tel. 1300-13 88 86, www.tourismtopend.com.au, Mo–Fr 8.30–17, Sa 9–15, So u. Fei 10–15 Uhr. Infos zu Darwin und Umgebung sowie zu allen touristisch bedeutsamen Regionen im Top End; Buchung von Hotels, Tagesausflügen, Mietwagen u. a.

Northern Territory Holiday Information Helpline: Tel. 18 00-62 13 36. Gebührenfreies Info-Telefon.

Parks and Wildlife Commission of the Northern Territory: P.O. Box 496, Palmerston, NT 0831, Tel. 08-89 89 55 11, Fax 89 38 49. Informationen über Nationalparks.

Northern Land Council: 9 Rowlings St., Casuarina, P.O. Box 42921, NT 0811, Tel. 08-89 20 51 00, Fax 89 45 26 33, www.nlc.org.au. *Permits* für die Durchquerung von Aboriginal-Land sowie für Ausflüge nach Bathurst Island und Melville Island, frühzeitig beantragen.

Automobile Association of the Northern Territory: MLC Bldg., 79–81 Smith St., Tel. 08-89 81 38 37. Automobilclub.

Top End Road Information: Tel. 08-89 27 03 81. Informationen über Outback-Pisten.

Übernachten

Die Preise unterliegen saisonalen Schwankungen. Angegeben sind die für die Hochsaison gültigen Tarife. Die Nebensaison-Tarife liegen etwa 25–30 % darunter.

Schlichte Eleganz ► **Holiday Inn Esplanade** 1: 122 The Esplanade, Tel. 08-89 01 07 04, www.holidayinn.com.au. Ruhige Lage, komfortable Zimmer, guter Service. DZ 180–400 A-$.

Wohlfühl-Oase im Zentrum ► **Travelodge Mirambeena Resort** 2: 64 Cavenagh St., Tel. 08-89 46 01 11, www.travelodge.com.au. Angenehmes Ferienhotel in der City mit 225 komfortablen Zimmern, schönem Pool und Tropengarten; im preisgekrönten Tree Tops Restaurant werden Steaks und Seafood serviert. DZ 178–259 A-$.

Ruhig, in guter Lage ► **Comfort Inn Asti** 3: Smith St. West, Ecke Packard Pl., Tel. 08-89 81 82 00, www.astimotel.com.au. 100 behagliche Standardzimmer, Restaurant und Meerwasserpool. DZ 168–208 A-$.

Hübsche Herberge ► **Poinciana Inn** 4: Mitchell St., Ecke McLachlan St., Tel. 08-89 81 81 11, www.poincianainn.com.au. Mit Restaurant und Pool in tropischer Gartenanlage. DZ 140–165 A-$.

Darwin

Solides Touristenhotel ▶ Best Western Top End Hotel 5 : Mitchell St., Ecke Daly St., Tel. 08-89 81 65 11, www.bestwestern.com.au/topend. Geräumige Zimmer, schöner Pool. DZ 125–140 A-$.

Moderne Budgetunterkunft ▶ Melaleuca on Mitchell 6 : 50 Mitchell St., Tel. 13 00-72 34 37, www.momdarwin.com.au. Zentral, ideal für Jugendliche, der Clou ist eine luftige Dachterrasse mit Bistro-Café und einem schönen Pool. DZ (mit Dusche/WC) ab 110 A-$, im Mehrbettzimmer (mit Gemeinschaftsbad) ab 35 A-$.

Camping und Cabins ▶ Free Spirit Caravan Park 7 : 901 Stuart Hwy, Berrimah, Tel. 08-89 35 08 88, www.freespiritresortdarwin.com.au. 17 km südl. der City, bestens ausgestattet, große Auswahl an gemütlichen Cabins und Motelzimmern, mit gutem Restaurant und drei Pools. Cabins ab 65 A-$, DZ ab 85 A-$.

Essen & Trinken

Verwöhnadresse für besondere Anlässe ▶ Buzz Café 1 : Cullen Bay Marina, Tel. 08-89 41 11 41, tgl. 12–15, 17–23 Uhr. Erlesene Meeresfrüchte und edle Weine vor dem Panorama des Jachthafens. Vorspeisen 12,50–18 A-$, Hauptgerichte 24–42 A-$.

Kreative Fusionküche ▶ Hanuman 2 : 28 Mitchell St., Tel. 08-89 41 35 00, www.hanuman.com.au, tgl. 12–15, 18–23 Uhr. Das Küchenteam kombiniert Thai- und Tandoori-Einflüsse zum derzeit angesagten *Pacific Rim Style*. Vorspeisen 12–17,50 A-$, Hauptgerichte 19,50–39 A-$.

Fisch fangfrisch serviert ▶ Crustaceans on the Wharf 3 : Stokes Hill Wharf, Tel. 08-89 81 86 58, tgl. 12–15, 17–22 Uhr. Wallfahrtsstätte für Seafood-Liebhaber. Vorspeisen 12–16 A-$, Hauptgerichte 19,50–38 A-$.

Raffiniert-asiatisch ▶ Nirvana Restaurant 4 : Smith St., Tel. 08-89 81 20 25, tgl. 11.30–15, 17.30–23 Uhr. Thailändische, malaysische und indische Gerichte, dazu abends live Blues und Jazz, So Bauchtanz. Vorspeisen 9,50–14 A-$, Hauptgerichte 18–34 A-$.

Asia meets Australia ▶ The Magic Wok 5 : Shop 20, West Lane Arcade, Tel. 08-89 81 33 32, tgl. 11–23 Uhr. Asiatische Küche mit australischen Ingredienzen. Vorspeisen 8–12 A-$, Hauptgerichte 16–28 A-$.

Internationales Potpourri ▶ Darwin City Eatery 6 : Smith St., Tel. 08-89 81 36 81, tgl. 7.30–23 Uhr. Gerichte aus aller Welt, vorwiegend asiatisch. Gerichte ab 7,50 A-$.

Einkaufen

Märkte ▶ Mindil Beach Sunset Market 1 : Mindil Beach, Tel. 08-89 81 34 54, April–Okt. Do 17–22, So 16–22 Uhr. Darwins populärster (Floh-)Markt, eine Fundgrube für Schnäppchenjäger, mit großer Auswahl an asiatischen Lebensmitteln, Schmuck, Kleidung u. v. m. **Nightcliff Markets** 2 : Pavonia Way, Nightcliff, Tel. 08-89 88 41 24, So 8–14 Uhr. Ältester Trödelmarkt der Stadt. **Parap Market** 3 : Parap Place, Parap, Tel. 08-89 42 08 05, Sa 8–14 Uhr. Lebhafter Flohmarkt mit sehr gutem asiatischen ›Fast Food‹.

Kunsthandwerk der Aborigines ▶ Aboriginal Fine Arts Gallery 4 : Mitchell St., Ecke Knuckey St., Tel. 08-89 81 13 15, www.aaia.com.au, Mo–Fr 9–19, Sa/So 10–17 Uhr. Kunsthandwerk der Ureinwohner.

Abends & Nachts

Junges Szene-Publikum ▶ Beachfront Hotel 1 : Casuarina Dr., Rapid Creek, Tel. 08-89 81 45 73, So–Do 12–23, Fr/Sa 12–1 Uhr. Beliebte Kneipe, Fr/Sa Livemusik mit Tanz.

Angesagte Location ▶ Blue Heeler Bar 2 : Herbert/Mitchell Sts, Tel. 08-89 41 79 45, tgl. 17–1 Uhr. Pub mit Livemusik.

Für Jazzfreunde ▶ Sunset Jazz Session 3 : MGM Grand Casino, Gilruth Ave., The Gardens, Tel. 08-89 43 88 88, Mai–Sept. So 16.30–20.30 Uhr. Open-Air-Jazz.

Nostalgisches Kino-Vergnügen ▶ The Deckchair Cinema 4 : Stokes Hill Wharf, Tel. 08-89 81 07 00, www.deckchaircinema.com, April–Okt. Mi–So 19 Uhr. Kino unter freiem Himmel mit Liegestühlen (13 A-$).

Kneipe mit Geschichte ▶ Victoria Hotel 10 : Smith Street Mall, Tel. 08-89 81 32 07, So–Do 12–24, Fr/Sa 11–2 Uhr. Traditionsreicher Pub, fast tgl. Livemusik von Jazz bis Rock.

Top End

Aktiv

Touren ▶ **Connections 1:** Tel. 08-89 47 18 77, www.connections.com.au, zwei Tage ab 640 A-$, drei Tage ab 865 A-$. Camping-Ausflüge in Geländewagen zum Kakadu National Park.

Buschwanderungen ▶ **Willi's Walkabouts 2:** Tel. 08-89 85 21 34, www.bushwalking holidays.com.au, ab 125 A-$/Tag. Buschwanderungen im Kakadu National Park und anderen Naturschutzgebieten.

Bootstouren mit Krokodilbeobachtung ▶ **Wildlife River Cruise 3:** c/o Mary River Park, Arnhem Hwy, Tel. 08-89 78 88 77, www.mary riverpark.com.au, tgl. 9, 11, 13, 15, 17.30 Uhr, Erw. 48 A-$, Kin. 24 A-$. Touren auf dem Mary River, 100 km östl. von Darwin.

Hafenrundfahrt ▶ ›**Spirit of Darwin**‹ **4:** Cullen Bay Marina, Tel. 04 17-38 19 77, www.spiritofdarwin.net, tgl. 13.30, 17.30 Uhr, Erw. 40 A-$, Kin. 18 A-$. Bootstouren im Hafen von Darwin.

Termine

Beer-Can-Regatta (Juli/Aug.): Wettrennen von Dosenschiffen.
Festival of Darwin (Aug.): Großes Kunst- und Kulturfest.
World Solar Challenge (Okt.): 3000 km langes Rennen von Solarautos quer durch den Kontinent von Darwin nach Adelaide.

Verkehr

Flüge: Zwischen dem 8 km nördlich von Darwin gelegenen Flughafen und dem Stadtzentrum pendelt ein Flughafenbus (Airport Shuttle Service: Tel. 18 00-35 89 45, Erw. 10 A-$, Kin. 5 A-$). Wer ein Taxi nehmen möchte, bezahlt für die Strecke 22–25 A-$.
Züge: Zweimal wöchentl. Ghan-Zug von/nach Adelaide und Alice Springs. Auskunft und Buchung**:** Tel. 13 21 47, www.trainways.com.au.
Busse: Tgl. Verbindungen von Greyhound Australia von/nach Adelaide, Alice Springs,

Tipp: Zu den Aborigines von Bathurst Island und Melville Island

Getrennt durch die 1,5 km breite Apsley Strait, liegen Bathurst Island und Melville Island rund 80 km nördlich von Darwin. Auf beiden Inseln leben etwa 2500 Eingeborene vom Volk der Tiwi (was in der regionalen Aboriginal-Sprache ›Menschen‹ bedeutet), deren Vorfahren bis ins späte 18. Jh. kaum Kontakt mit Stämmen des australischen Festlands hatten. In ihrer geografischen Isolation, die nur sporadisch durch Besucher von entfernten südpazifischen Inseln unterbrochen wurde, entwickelten die Tiwi eine eigenständige insulare Kultur. Zum Ausdruck kommt dies insbesondere bei der Anfertigung von Kunstgegenständen, etwa Holzschnitzereien, Töpferarbeiten und Stoffmalereien. Bekannt wurden die Tiwi als Schöpfer der einmaligen, bis zu 6 m hohen, mit kunstvollen Ornamenten verzierten Pukamani-Totempfähle.

Ein Besuch der beiden Inseln, die von den Ureinwohnern als *Aboriginal Land* selbst verwaltet werden, ist nur im Rahmen von organisierten Touren möglich. Renommiertester Veranstalter ist Tiwi Tours, eine Agentur im Besitz der Aborigines.

Mitglieder des Tiwi-Stammes machen die Touristen mit der traditionellen Lebensweise und Kultur der Insulaner vertraut. Auf dem Programm stehen auch naturverbundene Aktivitäten. So fahren die Tiwi ihre Besucher mit viel Gespür für die Schlupfwinkel von Krokodilen und anderen Tieren über Flüsse und Meeresarme. Sie bewirten ihre Gäste mit deftiger australischer Hausmannskost, lassen Wagemutige aber auch gerne lokale Delikatessen wie lebende Mangrovenwürmer oder *Witchetty Grubs,* die proteinhaltigen, fingerdicken Larven eines Nachtfalters, kosten. Geschlafen wird im direkt am Meer gelegenen, sehr gut ausgestatteten Putjamirra Camp.
Tiwi Tours: Auskunft und Buchung: Tourism Top End, Tel. 08-89 36 24 99, www.tour ismtopend.com.au, Ein- und Zweitagesausflüge 369 bzw. 618 A-$, inkl. Flug.

Mount Isa, Townsville und Broome, Auskunft: Tel. 08-89 41 09 11 u. 1300-47 39 46; Busterminal in 67–69 Mitchell St.

Mietwagen: Fahrzeuge jeder Art (auch Geländewagen und Wohnmobile) haben Apollo (Tel. 18 00-77 77 79), Britz (Tel. 18 00-33 14 54), Budget (Tel. 13 00-36 28 48) und Hertz (Tel. 13 30 39).

Fortbewegung in der Stadt

Busse: Der Busbahnhof für den Stadt- und Vorortverkehr befindet sich in der Harry Chan Ave., Auskunft: Tel. 08-89 24 76 66. Zu empfehlen ist die Darwinbus Tourcard, eine Tageskarte für 5 A-$.

Taxis: Darwin Cabs, Tel. 08-89 47 33 33.

Rund um Darwin

Karte: S. 393

Einen Vorgeschmack auf das ›Crocodyle Country‹ des Kakadu National Park, den man von Darwin bequem erreicht, gibt der auf Riesenechsen spezialisierte **Crocodylus Park** 1 in Berrimah an der östlichen Peripherie von Darwin (McMillans Rd., Berrimah, Tel. 08-89 22 45 00, www.crocodyluspark.com, tgl. 9–17, Führung 10, 12, 14, 15.30 Uhr, Erw. 27,50 A-$, Kin. 13,50 A-$, Fam. 70 A-$, Bus 5 oder 10 ab City). Etwa 30 km südöstlich von Darwin liegt der üppige tropische Regenwald des **Howard Springs Nature Park** 2, wo ein natürlicher Quellsee zum Bad einlädt (tgl. 8–20 Uhr, Eintritt frei).

Am Stuart Highway 40 km südlich von Darwin befindet sich die **Darwin Crocodile Farm** 3, Australiens erste Krokodilfarm mit über 36 000 australischen Süß- und Salzwasserkrokodilen sowie amerikanischen Alligatoren in allen Wachstumsstadien (Tel. 08-89 88 14 50, www.4porosus.com, tgl. 10–16, Fütterung 14 Uhr, Erw. 14 A-$, Kin. 7 A-$). Südlich der Crocodile Farm zweigt vom Stuart Highway die Cox Peninsula Road zum **Berry Springs Nature Park** 4 ab, mit den zum Schwimmen geeigneten Pools des Flüsschens Berry Creek (tgl. 8–18.30 Uhr, Eintritt frei). Ganz in der Nähe liegt der **Territory Wildlife Park** 5, wo die Tierwelt des Northern Territory fast vollzählig vertreten ist. Sehenswert ist das Nocturnal House, in dem man nachtaktive einheimische Tiere in ihrem ›natürlichen‹ Lebensraum beobachten kann (Cox Peninsula Rd., Tel. 08-89 88 72 00, www.territorywildlifepark.com.au, tgl. 8.30–18 Uhr, Erw. 26 A-$, Kin. 13 A-$, Fam. 71,50 A-$).

Litchfield National Park 6

Etwas weiter entfernt, aber immer noch in Reichweite eines Tagesausflugs erstreckt sich der **Litchfield National Park.** Das wichtigste Eingangstor zu dem 1986 gegründeten Nationalpark, dessen Hauptattraktionen vier große und zahlreiche kleinere Wasserfälle sind, ist **Batchelor** (s. S. 383), 14 km westlich des Stuart Highway. Von dort führt die asphaltierte Litchfield Park Road zu den meisten Sehenswürdigkeiten am südwestlichen Rand des steilen Sandsteinplateaus der Tabletop Range.

Rund 30 km jenseits der Parkgrenze ragen wie Grabsteine auf einem Friedhof meterhohe, sehr schmale Termitenbauten auf, die alle exakt in Nord-Süd-Richtung ausgerichtet sind. Die Bauweise verhindert eine Überhitzung des Nestinneren, da die Sonnenstrahlen zur heißesten Tageszeit nur den Kamm treffen. Die Bauten der sogenannten Kompasstermiten gibt es nur in der Umgebung von Darwin sowie vereinzelt im Arnhem Land und auf der Cape York-Halbinsel.

Etwas später zweigt eine 5 km lange Stichstraße zu den **Florence Falls** ab. Etwa auf halbem Weg verspricht das Buley Rockhole, ein tiefer Felsenpool mit klarem Wasser, Badespaß im Regenwald. Auch am Fuße der Florence Falls kann man in einem Wasserbecken schwimmen, allerdings erst nach einer kleinen Wanderung (hin und zurück 1,8 km/ 1 Std.). Anders als in den krokodilreichen Gewässern des Kakadu National Park ›verirren‹ sich so gut wie nie *Salties* in die ständig von Rangers überwachten Naturpools des Litchfield National Park, in denen man gefahrlos schwimmen kann.

Top End

Die verwitterten Kuppeldome und Sandsteinsäulen der **Lost City** sind für viele Parkbesucher unerreichbar. Dorthin führt nur ein sehr schwieriger Track, für den viele Autovermieter keine Genehmigung erteilen. Während die von der Litchfield Park Road abzweigende nördliche Zufahrt bei Trockenheit und mit fahrerischem Geschick noch im Bereich des ›Machbaren‹ liegt, wird es auf der aus Südosten über die Ruinen der alten Blyth Homestead kommenden Piste geradezu abenteuerlich.

Die Litchfield Park Road schwingt sich vom Plateau hinab ins Tiefland. Nächste Station sind die in eine Felsenschlucht stürzenden **Tolmer Falls,** auf die sich von einer Aussichtsplattform ein schöner Blick bietet. Etwas weiter plätschert der Green Ant Creek durch eine kleine Monsunwaldoase mit Picknickplätzen. Die **Wangi Falls** bilden den größten ›Swimmingpool‹ des Nationalparks und stehen daher auf dem Tourprogramm von Reiseveranstaltern obenan. Bei den Wasserfällen befindet sich ein schöner, aber oft überlaufener Campingplatz. Weiter nördlich wird es wieder ruhiger, zumal die Asphaltstraße nach der Abzweigung zu den Wangi Falls in eine Schotterpiste übergeht. Biologen und Botaniker mit einem Faible für tropischen Regenwald gehen im **Pethericks Rainforest** auf Erkundungszüge. Mit etwas Glück sind seltene Blauflügel-Kookaburras zu beobachten. Wer länger bleiben möchte, findet dort ein schönes Busch-Camp. Etwa 40 km nördlich der Nationalparkgrenze trifft die Straße auf die Cox Peninsula Road, über die man – vorbei am Territory Wildlife Park und Berry Springs Nature Park – zurück zum Stuart Highway gelangt.

Übernachten

Camping ▶ Im Nationalpark gibt es **einfache Campgrounds** mit Toiletten beim Buley Rockhole sowie bei den Florence und Wangi Falls. 4 km nördlich der Wangi Falls liegt der gut ausgestattete Wangi Tourist Park mit Stellplätzen für Zelte und Wohnmobile. Ganz in der Nähe bietet das Monsoon Café (Tel. 08-89 78 20 77) vorzügliche internationale, auch deutsche Gerichte.

10 Kakadu National Park

Ein Ausflug von Darwin, für den man mindestens drei Tage einplanen sollte, führt zum Kakadu National Park in Arnhem Land. Die nach dem holländischen Segelschiff ›Arnhem‹, das es im Jahre 1623 an die Küste verschlagen hatte, benannte Region gilt als uraltes Stammesland der Aborigines, vermutlich war es sogar die Haupteingangspforte für die Besiedlung des Fünften Kontinents vor etwa 45 000 bis 50 000 Jahren. Das Gebiet ist reich an archäologischen Fundstätten und hervorragend erhaltenen historischen Felsmalereien. Heute ist das von zahlreichen mäandernden Flüssen durchzogene Arnhem Land eines der letzten Rückzugsgebiete der Ureinwohner, die hier auch noch weitgehend ihre traditionelle Lebensweise pflegen können.

Entlang des Arnhem Highway

Auf dem Arnhem Highway erreicht man von Darwin den Kakadu National Park, der etwa ein Fünftel des Arnhem Land einnimmt. Etwa 60 km östlich von Darwin erstreckt sich das **Fogg Dam Conservation Reserve** 7. Der Fogg Dam wurde in den 1950er-Jahren im Rahmen eines Staudammprojekts zur Bewässerung von Reisfeldern entlang des Adelaide River aufgeschüttet. Nach dem Scheitern des Vorhabens entwickelte sich ein wertvolles Feuchtbiotop und Vogelschutzgebiet. Vor allem während der Trockenzeit bildet das Fogg Dam Reserve ein wichtiges Refugium für Tausende von Wasservögeln, die sich insbesondere am frühen Morgen gut beobachten lassen.

Einige Kilometer weiter steht am Beatrice Hill das informative **Window on the Wetlands Visitor Centre** 8, das einen guten theoretischen Überblick über das Feuchtgebiet vermittelt (Tel. 08-89 88 81 88, tgl. 7.30–19.30 Uhr, Eintritt frei). ›Springende Krokodile‹ bilden den Höhepunkt einer Fahrt mit dem Ausflugsboot ›Adelaide River Queen‹ auf dem nahen Adelaide River. Die Bootsführer locken 800 bis 900 kg schwere und 5 bis 6 m lange Salties mit Fleischbrocken, die an Angelruten befestigt sind. Mit olympiareifen

Litchfield N. P. und Kakadu N. P.

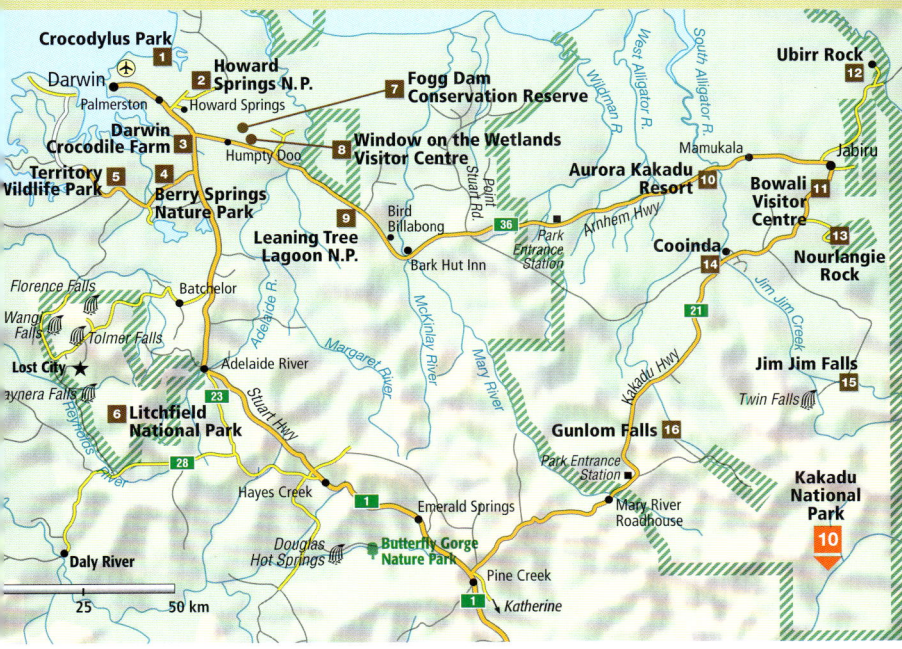

Sprüngen schnellen die Riesenechsen aus den Fluten, um nach den Happen zu schnappen (Tel. 08-89 88 81 44, www.jumpingcrocodilecruises.com.au, März–Okt., tgl. 9, 11, 13, 15, Nov.–Feb. tgl. außer So 9, 11, 14, 15 Uhr, Erw. 35 A-$, Kin. 20 A-$, Fam. 80 A-$).

Ein weiteres Vogelparadies, wo sich Enten, Gänse, Reiher, Ibisse und viele andere Vögel ein Stelldichein geben, ist der **Leaning Tree Lagoon Nature Park** 9 am Marrakai Creek. Auf der Weiterfahrt fallen entlang des Arnhem Highway immer wieder meterhohe Termitenbauten auf, die sich wie Grabsteine auf einem stillen Friedhof aus der Grassavanne erheben.

Kakadu National Park

Rund 150 km östlich von Darwin passiert man die Grenze zum Kakadu National Park, der 1987 in die *World Heritage List* der Unesco aufgenommen wurde. Diese ›Leihgabe‹ von etwa zwei Dutzend Aboriginal-Völkern an den australischen Staat ist der größte Nationalpark des Kontinents sowie der drittgrößte der Welt. Der Name des von alljährlich rund 350 000 Naturliebhabern besuchten Nationalparks hat nichts mit Kakadus zu tun, sondern stammt von Gagudju, der Bezeichnung für eines der hier ansässigen Aboriginal-Völker.

Der von vier mächtigen Strömen und ihren Nebenflüssen durchschnittene Nationalpark fasziniert durch ein kontrastreiches Landschaftsbild mit Mangrovenwäldern, Überschwemmungsebenen, savannenähnlichen Tieflandgebieten, Hügelland mit lichten Eukalyptuswäldern und der 500 km langen schroff abfallenden Abbruchkante des Plateaus. Ebenso abwechslungsreich ist die Flora und Fauna des Nationalparks. Vor allem die Überschwemmungsgebiete sind ein Paradies für Ornithologen. Während der Trockenzeit versammeln sich hier Zehntausende von Wasservögeln entlang der wasserführenden Flussläufe und flachen Lagunen. Das breite Pflanzenspektrum spannt sich von den salzwassertoleranten Mangroven der Gezeiten-

Top End

zone über die Sumpfwälder der Überschwemmungsgebiete mit charakteristischen Papierrindenbäumen und Schraubenpalmen bis zu den verschiedenen Eukalyptusarten. Während der Regenzeit lassen sintflutartige Niederschläge den Pegelstand der Flüsse zu dramatischen Höhen anschwellen. Dann verwandelt sich rund ein Viertel des Nationalparks in eine ausgedehnte Seenlandschaft, die von farbenprächtigen Teppichen aus Wasserlilien, Lotusblumen und Seerosen bedeckt ist.

An etwa 5000 Plätzen im Kakadu National Park haben die Vorfahren der heute noch hier lebenden Gagudju-Aborigines Felsenkunstwerke geschaffen, deren früheste auf ein Alter von mindestens 20 000 Jahren datiert werden. Leider werden viele dieser prähistorischen Bildergalerien wohl im Laufe der Zeit verschwinden, da immer weniger Aborigines über die Fertigkeiten verfügen, sie gemäß den alten Traditionen wieder aufzufrischen (s. S. 56).

Etwa 50 km östlich der Parkgrenze liegt am South Alligator River das Feriendorf **Aurora Kakadu Resort** 10. Östlich dieses Flusses, dessen Name auf dem biologischen Irrtum eines frühen Entdeckers beruht, der die hier heimischen Krokodile für Alligatoren hielt, dehnt sich das Feuchtbiotop von **Mamukala** aus. Während der Trockenperiode leben dort bis zu 25 000 Magpie-Gänse. Ein Rundweg bietet ausgezeichnete Möglichkeiten zur Vogelbeobachtung (3 km/2 Std.).

Im **Bowali Visitor Information Centre** 11 in der Nähe des Parkhauptquartiers südwestlich des Ortes Jabiru vermittelt eine Ausstellung alles Wissenswerte über die Fauna und Flora des Parks sowie die Geschichte und Kultur der hiesigen Aborigines. Rangers geben zudem Tipps zu Wanderungen, geführten Touren und anderen Aktivitäten im Nationalpark (Tel. 08-89 38 11 20, tgl. 8–17 Uhr, Eintritt frei). **Jabiru** ist eine auf dem Reißbrett entstandene 1500-Einwohner-Stadt für die Mitarbeiter der nahen Ranger Uranium Mine, wo man trotz Protesten von Natur- und Umweltschützern jährlich 3000 t Uranoxid fördert.

Ein ›Muss‹ sind Ausflüge zu den bekanntesten Bildergalerien des Parks, dem Ubirr Rock und dem Nourlangie Rock mit ausge-

zeichneten Beispielen von Felsenmalereien, teils im Röntgenstil, teils im Mimi-Stil (s. S. 56). Vom Parkplatz unterhalb des **Ubirr Rock** 12 40 km nördlich des Visitor Centre führt ein Rundweg durch die steinerne ›Kunstgalerie‹ (1 km/1 Std.). Einen schönen Blick auf die Überschwemmungsebenen hat man von einem nur wenige hundert Meter entfernten Aussichtspunkt. In der Nähe des Border Store unweit des Ubirr Rock mit Laden, Tankstelle, Campingplatz und Jugendherberge verläuft am Ufer des East Alligator River der Mann-

Kakadu National Park

Kühle Erfrischung, Barramundi Gorge im Kakadu National Park

garre Monsoon Forest Nature Trail (1,5 km/ 1 Std.). Das Land jenseits des Flusses gehört Aborigines. Wer vom East Alligator River weiter nach Osten vordringen will, benötigt eine Sondergenehmigung und ein zuverlässiges Geländefahrzeug.

Der wichtigste Anlaufpunkt im Zentrum des Kakadu National Park ist der **Nourlangie Rock** 13 30 km südlich des Bowali Visitor Centre. An dem Felsmassiv, das in der Abendsonne rot glüht, zeigen Hunderte von Traumbildern Krokodile und Fische, Schildkröten und Frösche, Kängurus und Schlangen – Darstellungen der Totemtiere der vergöttlichten Schöpferahnen. Auch Bildnisse von Menschen sind zu sehen – sitzend, stehend, jagend oder sich liebend. Meist handelt es sich dabei um Fruchtbarkeitsszenen. Andere anthropomorphe Darstellungen zeigen den ›Blitzmann‹ Namarrgon, der für die vielen schweren Gewitter verantwortlich ist. Ein Rundwanderweg mit Schautafeln erschließt das großartige Felsen-Bilderbuch (1,5 km/1 Std.).

Top End

Crocodile Dundees Spielgefährten: Krokodile — Thema

Rund um den Äquator bis vor gar nicht allzu langer Zeit heftig bejagt, zählen die archaischen Riesenechsen heute weltweit zu den gefährdeten Tierarten. Seitdem sie unter Schutz stehen, haben sie sich aber in Australien stark vermehrt, sodass es in manchen Flüssen des Top End vor Krokodilen nur so wimmelt.

Krokodile gelten als gierig, gefräßig und gefährlich, als warzige Fressmaschinen, die auf Nahrungssuche so ziemlich alles töten, was ihnen in die Quere kommt. Kein Wunder, dass einst mancherorts nur ein totes Krokodil als ein gutes Krokodil galt. In Australien, vor allem entlang der Nordküste des Northern Territory und im nördlichen Queensland, rottete man sie bis auf kleine Restbestände aus. Nachdem 1971 in Australien Krokodile unter Artenschutz gestellt wurden, stieg ihre Zahl wieder auf schätzungsweise 100 000 Tiere an.

Von den 26 Krokodilarten, die es auf der Erde gibt, findet man auf dem Fünften Kontinent zwei: das Süßwasser- oder Johnstone-Krokodil und das Salzwasser- oder Leistenkrokodil. Sie unterscheiden sich vornehmlich in Aussehen, Größe und Verbreitung. Das im tropischen Norden von Australien endemische, bis zu 3 m lange Süßwasserkrokodil lebt hauptsächlich in Binnengewässern. Es hat eine schmale, langgezogene Schnauze und ernährt sich vor allem von kleineren Fischen und Wasservögeln. Abgesehen von der Brutzeit gilt das Süßwasserkrokodil *(Freshie)* als scheu und harmlos.

Das bis zu über 6 m lange Salzwasserkrokodil *(Saltie)* dagegen ist ein gefährliches Raubtier. Es lebt zwar vorzugsweise im Brackwasser von Flussmündungen, dringt aber auch in Süßwassergebiete vor. Gelegentlich trifft man es überdies im offenen Meer an. Seine Schnauze ist im Vergleich zu derjenigen des Süßwasserkrokodils wesentlich breiter und stumpfer. Die *Salties* schnappen nach allem, was ihnen vor ihre riesigen Schnauzen läuft oder schwimmt, selbst nach ausgewachsenen Wasserbüffeln.

Tagsüber liegen Salzwasserkrokodile häufig mit weit geöffneten Rachen auf Sand- oder Schlammbänken. Da sie am Körper keine Schweißdrüsen besitzen, lassen sie so Wasser aus den Mundschleimhäuten verdunsten. Ein Weibchen legt alljährlich 50 bis 60 Eier, aus denen nach drei bis fünf Monaten die Jungen schlüpfen. Das Krokodilnest ist ein 1 m hoher Hügel aus Pflanzen und Sand, den das Weibchen meist hoch auf einer Uferböschung im Schutz von Büschen zusammenscharrt.

Obwohl der Naturtourismus in den australischen Krokodilgebieten zunimmt, kommt es relativ selten zu Unfällen, von denen die meisten durch eigenes Verschulden verursacht werden. Das Risiko einer Krokodilattacke lässt sich auf ein Minimum beschränken, wenn man bestimmte Verhaltensregeln beherzigt. In Krokodilgebieten niemals in natürlichen Gewässern schwimmen oder paddeln. Sich niemals, weder im Wasser noch an Land, Krokodilen oder deren Nestern nähern. Niemals Fische in der Nähe von Krokodilgewässern ausnehmen oder Essensreste am Ufer oder im Wasser zurücklassen. Beim Zelten im Busch immer einen Sicherheitsabstand zu Krokodilgewässern einhalten. Bei Bootstouren Arme und Beine immer im Boot behalten.

Kakadu National Park

Vom Gunwarrde Wardeh Lookout oberhalb der Felsenbildstelle bietet sich ein Blick auf das Escarpment des Arnhem Land-Plateaus. Das vielleicht beste Panorama des Nourlangie Rock eröffnet sich vom Nawurlandja Lookout 2 km nordwestlich (hin und zurück 1,2 km/40 Min.). Nur wenige Touristen besuchen die Nanguluwur-Felsgalerie an der Nordseite des Nourlangie Rock, zu der vom Parkplatz eine Wanderung führt (hin und zurück 4 km/1,5 Std.).

Auch die Weiterfahrt in südlicher Richtung zum Ferienzentrum Cooinda lässt sich für Wanderungen unterbrechen. Bei einer Bootstour auf der seichten Lagune Yellow Water nahe dem Touristendorf **Cooinda** 14 kann man neben vielen Wasservögeln auch Salzwasserkrokodile beobachten. Besonders empfehlenswert ist diese Tour am frühen Morgen oder späten Nachmittag, wenn man den Sonnenauf- bzw. -untergang in berauschenden Farben erleben kann (s. S. 398, Yellow Water Cruises). Gute Möglichkeiten zur Vogelbeobachtung bietet auch der an der Bootsanlegestelle beginnende Yellow Water Walk, der auf einem Holzsteg einige hundert Meter am Rand der Lagune verläuft. Bevor man Cooinda verlässt, sollte man noch einen Blick in das **Warradjan Aboriginal Cultural Centre** werfen, das einen guten Einblick in Leben und Kultur der hiesigen Ureinwohner vermittelt (Tel. 08-89 79 01 45, tgl. 9–17 Uhr, Eintritt frei).

Etwa 6 km nordöstlich von Cooinda zweigt eine 60 km lange, vor allem auf den letzten 10 km sehr raue Buschpiste, die nur mit Geländewagen während der Trocken-zeit befahren werden kann, zu den **Jim Jim Falls** 15 ab. Die Wasserfälle stürzen an der Abbruchkante des Arnhem Land-Plateaus spektakulär über eine rund 200 m senkrecht abfallende Felswand. Um vom Parkplatz zu den Fällen zu gelangen, ist ein 1 km langer, etwas beschwerlicher Marsch über Felsbrocken erforderlich. Sehr lohnend, bei ungünstiger Witterung aber nicht unproblematisch ist die Weiterfahrt zu den 10 km südlich gelegenen **Twin Falls,** die man vom Parkplatz aus allerdings nur (auf einer Luftmatratze) schwimmend erreichen kann.

Von Cooinda windet sich der geteerte Kakadu Highway nach Pine Creek 140 km süd-

Eher scheu und harmlos: das Süßwasserkrokodil, Freshie genannt

397

Top End

lich am Stuart Highway. Einige Kilometer nordöstlich der Southern Entrance Station zum Kakadu National Park bei der kleinen Siedlung Mary River zweigt vom Kakadu Highway eine knapp 40 km lange raue Buschpiste, für die eine gute Bodenfreiheit, aber nicht unbedingt Allradantrieb erforderlich ist, zu den **Gunlom Falls** 16 ab. Am Fuße dieser etwa 100 m hohen Wasserfälle kann man in einem herrlichen Felsenpool schwimmen.

Ein kurzer, anstrengender Fußmarsch führt hinauf zur Abbruchkante, über welche die Wasserfälle stürzen. Auch dort kann man sich in kleinen natürlichen Wasserbecken, den weiten Blick über das Arnhem-Plateau genießend, erfrischen. Ein ideales Standquartier ist der gut ausgestattete Campingplatz am Fuße der Wasserfälle.

Infos

Bowali Visitor Centre: Tel. 08-89 38 11 20, www.environment.gov.au/parks/kakadu, tgl. 8–17 Uhr. Die Eintrittsgebühr zum Kakadu National Park beträgt 25 A-$/Pers., zu entrichten an den Kassenhäuschen an den Zufahrtsstraßen, im Bowali Visitor Centre oder bei Tourism Top End in Darwin (s. S. 388).

Übernachten

Die Preise unterliegen starken saisonalen Schwankungen. Angegeben sind die für die Hochsaison gültigen Tarife. Die Nebensaison-Tarife liegen etwa 25–30 % darunter. Für alle Unterkünfte ist während der Hochsaison eine rechtzeitige Buchung dringend empfohlen.

Bestes Hotel im Nationalpark ▶ Gagudju Crocodile Holiday Inn: Flinders St., Jabiru, Tel. 08-89 79 90 00, www.gagudju-dreaming.com. Origineller Bau in Form eines Krokodils, mit Restaurant und Pool. DZ 189–400 A-$.

Ideal zur Erkundung des Nationalparks ▶ Gagudju Lodge Cooinda: Kakadu Hwy, Cooinda, Tel. 08-89 79 01 45, www.gagudjudreaming.com. Weitläufige Anlage mit Restaurant und Pool nahe der Yellow Water Lagoon, hier auch ein gut ausgestatteter Caravan Park mit Cabins. DZ 169–400 A-$.

Komfortable Anlage ▶ Aurora Kakadu Resort: Arnhem Hwy, Tel. 08-89 79 01 66, www.auroraresorts.com.au. Weitläufiges, schön gelegenes Resort am Rande des Nationalparks nahe des South Alligator River, mit gut ausgestattetem Caravan Park. DZ 169–313 A-$.

Motel-Units und Camping ▶ Kakadu Lodge & Caravan Park: Jabiru Dr., Jabiru, Tel. 08-89 79 24 22, www.auroraresorts.com.au. Feriendorf mit komfortablen, motelähnlichen Unterkünften sowie Restaurant und Pool, hier auch ein sehr gut ausgestatteter Caravan Park. DZ 139–179 A-$.

Camping ▶ Es gibt im ganzen Nationalpark fast **zwei Dutzend einfache Campingplätze,** die meist über Toiletten, mitunter auch über Duschen verfügen.

Aktiv

Bootstouren ▶ Guluyambi Culture Cruise: Djabulukgu Association, Tel. 18 00-08 91 13, www.kakadutours.com.au, Mai–Nov. tgl. 9, 11, 13, 15 Uhr, Erw. 49 A-$, Kin. 27 A-$. Zweistündige Bootstour mit Krokodilbeobachtung auf dem East Alligator River, die mit der traditionellen Lebensweise der Ureinwohner vertraut macht. **Yellow Water Cruises:** Tel. 08-89 79 01 45, www.yellowwatercruises.com, April–Nov. 6.45, 9, 11.30, 13.15, 14.45, 16.30 Uhr, Erw. ab 50 A-$, Kin. ab 40 A-$. Bootsfahrt auf der Lagune Yellow Waters bei Cooinda.

Geländewagentouren ▶ Magela Cultural & Heritage Tour: Djabulukgu Association, Tel. 1800-08 91 13, www.kakadutours.com.au, Mai–Okt. Mo–Fr 7 Uhr, Erw. 245 A-$, Kin. 196 A-$. Eintägige Fahrt im Geländewagen durch den nördlichen Teil des Kakadu National Park bis hinein ins nur begrenzt zugängliche Arnhem Land. **Kakadu Gorge & Waterfall Tours:** Tel. 08-89 79 01 45, www.gagudju-dreaming.com, Mai–Nov. tgl. 6.45 Uhr, Erw. 195 A-$, Kin. 155 A-$. Fahrt im Geländewagen zu den Jim Jim Falls und Twin Falls.

Rundflüge ▶ Kakadu Air Services, Jabiru Airport, Tel. 18 00-08 91 13, www.kakadutours.com.au, ab 130 bzw. 195 A-$. Rundflüge in Propellermaschinen und Helikoptern mit spektakulären Ausblicken.

Vom Top End zur Ostküste
▶ 3, E 1 – K 4

Wer vom Top End zur Ostküste (s. S. 401ff.) will, hat einen langen Weg vor sich. Ungefähr 950 km sind es bis Three Ways, wo der Barkly Highway vom Stuart Highway abzweigt; dann noch einmal etwa 650 km bis Mount Isa, der ersten größeren Stadt auf der Route; und schließlich weitere 1000 km bis nach Townsville am Pazifik. Gut 2600 größtenteils monotone Straßenkilometer, die *a lot of nothing* bieten, aber wenige landschaftliche Höhepunkte. In Mount Isa lohnt sich jedoch die Besichtigung der Bergwerkmuseen.

Mount Isa ▶ 3 H 4
Am Rande des Barkly Tableland liegt Mount Isa, in dessen Nähe ein Goldsucher 1923 auf eine reiche Blei- und Silberader stieß. Im Jahre 1931 wurde mit riesigem Kapitaleinsatz begonnen, die Erzlagerstätten zu erschließen. Heute gehört Mount Isa zu den wenigen Orten der Welt, in denen vier wichtige Metalle (Blei, Kupfer, Silber und Zink) in einer einzigen Mine gefördert werden. Die Mount Isa Mines sind das weltweit größte Blei-Silber-Bergwerk und die zweitgrößte Zinkmine; beim Kupfer nehmen sie den achten Rang ein. Die zur Beherbergung der Bergleute und ihrer Familien gegründete Stadt ist mit etwa 40 000 km^2 der flächenmäßig größte städtische Verwaltungsbezirk der Welt. Die 25 000 Einwohner stammen aus über 50 verschiedenen Nationen.

Die wichtigsten Sehenswürdigkeiten von Mount Isa konzentrieren sich im Museumspark **Outback at Isa.** Neben dem Fremdenverkehrsamt finden sich dort ein teilweise einem Stollen nachempfundenes Museum, in dem man Wissenswertes über geologische Zusammenhänge sowie über die Förderung und spätere Verarbeitung der Erze erfährt. Eine andere Abteilung macht Besucher mit den Lebens- und Arbeitsbedingungen im Outback vertraut.

Unter dem gleichen Dach befindet sich das **Riversleigh Fossils Museum,** das mit 30 Mio. Jahre alten Fossilien urzeitlicher Tiere eine Sammlung von Weltgeltung präsentiert (19 Marian St., Tel. 07-47 49 15 55, www.outbackatisa.com.au, tgl. 8.30–17 Uhr, Erw. 10 A-$, Kin. 6,50 A-$, Fam. 29,90 A-$).

Informativ ist eine Führung durch die **Mount Isa Mines,** während der man Tagebau-Anlagen und Schmelzen sowie einen Teil des Untertagebergwerks sehen kann (Mount Isa Mines Tour**:** Buchung und genaue Tourzeiten beim Fremdenverkehrsamt). Einblicke in Leben und Kultur der hiesigen Ureinwohner bietet das **Kalkadoon Cultural Centre** (Marian St., Tel. 07-47 49 14 36, Mo–Fr 9–17 Uhr, Erw. 4 A-$, Kin. 2,50 A-$).

Ein weiter Blick über die Bergbaustadt öffnet sich am **City Lookout** am Nordostrand des Zentrums.

Infos
Mount Isa Tourist Information Centre: c/o Outback at Isa, 19 Marian St., Tel. 07-47 49 15 55, www.outbackatisa.com.au, tgl. 8.30–17 Uhr.

Übernachten
Während der Woche sind die Motels meist von Mitarbeitern der Minengesellschaft belegt, daher solllte man unbedingt rechtzeitig reservieren!

Originelle Herberge ▶ **All Seasons Burke & Wills:** Grace St., Ecke Camooweal St. (Barkly Hwy), Tel. 07-47 43 80 00, www.accorhotels.com. au. Komfortables, einer alten Goldgräbersiedlung nachempfundenes Motel mit Restaurant und Pool in der Ortsmitte. DZ 125– 165 A-$.

Angenehmes Motel ▶ **Inland Oasis:** 195 Barkly Hwy, Tel. 07-47 43 34 33, www.inlandoasismotel.com.au. Zimmer teilweise mit Kitchenette, mit gutem Restaurant und Pool, 3 km westl. des Zentrums. DZ 82–108 A-$.

Camping und Cabins ▶ **Copper City Caravan Park:** 185 Little West St., Tel. 07-47 43 46 76. Sehr gut ausgestattet, mit Cabins und Pool.

Termine
Mount Isa Rodeo (Aug.): Eines der größten Rodeos des Landes.

Die Whitsundays sind eines der beliebtesten Feriengebiete Australiens

Kapitel 4
Der Osten

Ein Großteil der Ostküste gehört zu Queensland, flächenmäßig der zweitgrößte Bundesstaat. Bewohnt wird dieses Riesenland von nur gut drei Millionen Menschen, 90 % davon konzentrieren sich auf den schmalen Küstenstreifen östlich der Great Dividing Range. Weil hier die Sonne im Jahresmittel acht Stunden am Tag scheint, schmückt sich Queensland mit dem Attribut ›Sunshine State‹.

Landschaftlich hat Queensland viele Gesichter. Im Norden treffen regenreiche Urwälder auf eine palmengesäumte Küste mit weißen und goldgetönten Stränden, die sich mal in enge Buchten schmiegen, mal breit den mächtigen Pazifikwellen entgegenstemmen. Vorgelagert ist das Great Barrier Reef, das größte Korallenriff der Erde mit märchenhaften Tauchrevieren sowie einem Kaleidoskop von Inseln – hier wird der Traum vom Tropenparadies Realität. Jenseits der Great Dividing Range erstreckt sich ein hügeliges Hochplateau, dem die endlos weiten Ebenen des Outback folgen.

Queenslands Hauptstadt Brisbane ist zwar nicht mit vielen Sehenswürdigkeiten gesegnet, punktet aber mit einem angenehmen Klima, das die Einheimischen für das beste der Welt halten. Vor den Toren der Stadt liegen mit der Sunshine Coast und der Gold Coast die größten ›Ferienfabriken‹ des Landes.

Urlauber stellt Queensland vor die Qual der Wahl: Soll man sich an einem puderfeinen Sandstrand aalen oder einen Bootsausflug zu einer der vorgelagerten Trauminseln im Pazifischen Ozean unternehmen? Soll man durch das Tropengrün von Regenwäldern streifen oder in die bunte Welt der Korallengärten am Great Barrier Reef abtauchen? Soll man durch Städte und Badeorte flanieren oder einsame Farmen in den Spinifex-Savannen des Outback besuchen?

Auf einen Blick
Der Osten

Sehenswert

11 Cape Tribulation: Unberührter Regenwald und Traumbuchten im Norden von Queensland (s. S. 423).

12 Great Barrier Reef: Vor der queensländischen Küste erstreckt sich das größte Korallenriff der Erde (s. S. 428).

Eungella National Park: In der zerklüfteten, oft wolkenverhangenen Bergkette kann man mit Glück und Geduld seltene Schnabeltiere beobachten (s. S. 441).

Carnarvon National Park: Ein ›wanderbares‹ Stück Australien mit üppig bewachsenen Schluchten (s. S. 446).

13 Fraser Island: Die größte Sandinsel der Welt vor der Küste des südlichen Queensland (s. S. 448).

Schöne Routen

Captain Cook Highway: Nördlich von Cairns mausert sich der Captain Cook Highway zur Panoramastraße, die dem Auf und Ab der Küstenlandschaft folgt und immer wieder herrliche Ausblicke eröffnet – auf grün überwucherte Berghänge und goldene Strände (s. S. 418).

Bloomfield Track: Am Cape Tribulation beginnt der Richtung Cooktown führende Bloomfield Track, für den man einen Geländewagen benötigt. Die raue Piste schlängelt sich an der Küste entlang durch den Regenwald und gibt an Lichtungen den Blick auf den brandenden Pazifik frei (s. S. 423).

Waterfall Way: Die Panoramastraße, die sich von Armidale durch das New England Tableland hinab in die Küstenebene windet, erschließt einige der schönsten Wasserfälle des Landes (s. S. 486).

Meine Tipps

Die schönsten Regenwald-Lodges im Daintree National Park: Idyllisch im Regenwald des Daintree National Park etwa 150 km nördlich von Cairns gelegen, kombinieren einige Lodges luxuriöses Wohnen und First-Class-Gastronomie mit naturverbundenen Aktivitäten (s. S. 419).

Tauchen leicht gemacht: Wer das Great Barrier Reef besucht und seinen Kopf nicht unter Wasser hält, verpasst eines der größten Naturwunder weltweit – ab zum Tauchen also, das man in Australien relativ einfach und günstig erlernen kann (s. S. 430.

Dreamtime Cultural Centre in Rockhampton: Wer sich für Leben und Kultur der australischen Ureinwohner interessiert, sollte hier unbedingt vorbeischauen (s. S. 444).

aktiv unterwegs

Geländewagentour zum Cape York: Durch die zivilisationsferne Wildnis der Cape York Peninsula (s. S. 426).

Urlaub auf einer Cattle Station: Der Traum vom Cowboy-Leben lässt sich auf Gästefarmen im Outback verwirklichen (s. S. 442)

Durchquerung der Carnarvon Gorge: Wanderung durch die Flussoase des Carnarvon Creek (s. S. 447).

Walbeobachtung in Queensland: Zwischen Anfang August und Mitte Oktober wird die geschützte Hervey Bay zu einem Tummelplatz für Buckelwale (s. S. 449).

Touren im Tweed Valley und im Border Ranges N. P.: An das Alpenvorland erinnernde Kulturlandschaft und urwüchsiger Regenwald (s. S. 472).

Die Küste zwischen Townsville und Cooktown

Auf der 350 km langen Strecke von Townsville gen Norden nach Cairns und weiter nach Cooktown am Südrand der Cape York Peninsula – noch einmal 350 km – kann sich die Landschaft zwischen Berg und Meer nicht entscheiden. In dichten Regenwald verpackt, stößt die Great Dividing Range bis fast an die Küste, die aus einer schier endlosen Reihe von Bilderbuchstränden besteht.

Townsville und Umgebung
▶ 3, K 3

Townsville, der wirtschaftliche und kulturelle Mittelpunkt der Magnetic Coast und mit über 100 000 Einwohnern die drittgrößte Stadt von Queensland, wurde 1864 von dem Kaufmann Robert Towns gegründet. Bereits in den 70er- und 80er-Jahren des 19. Jh. entwickelte sich die Hafenstadt infolge des Bergbaufiebers und der rasch expandierenden Viehwirtschaft im Hinterland sprunghaft. Auch heute noch dient der Port Townsville, einer der wichtigsten Exporthäfen Australiens, vornehmlich der Verschiffung landwirtschaftlicher und mineralischer Produkte. Einen wesentlichen Beitrag zum kulturellen Leben der Stadt leistet die James Cook University mit dem Australian Institute of Marine Science, einem der weltweit renommiertesten Forschungsinstitute für Meeresbiologie. Darüber hinaus ist Townsville, das über eine ausgezeichnete touristische Infrastruktur verfügt, ein guter Ausgangspunkt für Touren zum etwa 60 km entfernten Great Barrier Reef (s. S. 428ff.).

Stadtrundgang
Einen Bummel durch Townsville beginnt man am besten in der **Flinders Mall,** wo sich auch ein Informationskiosk befindet. Während die Fußgängerzone, in der sonntagvormittags ein Straßenmarkt stattfindet, von einem futuristischen Hotelturm überragt wird, reihen sich am nördlichen Ende der Flinders Street einige sehenswerte architektonische Relikte der Stadtgeschichte aneinander.

Am Ross River, in der Flinders Street East, liegt die größte Touristenattraktion von Townsville: das **Reef HQ** (früher: Great Barrier Reef Wonderland) mit dem angeblich größten Korallenriff-Aquarium der Welt. Durch einen Plexiglastunnel gelangen Besucher in eine Unterwasserwelt, die von lebenden Korallenstöcken, Haien, Rochen und unzähligen farbenfrohen Fischen bevölkert wird – ein einzigartiges ›Taucherlebnis‹ ohne Schnorchel und Sauerstoffflasche, ideal für all jene Reisenden, die keine Zeit für einen Ausflug zum Great Barrier Reef haben, aber doch einen Eindruck von der schillernden Unterwasserwelt vor der Ostküste Australiens mit nach Hause nehmen wollen (Tel. 07-47 50 08 00, www.reefHQ.org.au, tgl. 9.30–17 Uhr, Erw. 24,75 A-$, Kin. 12,10 A-$, Fam. 62,10 A-$).

Ein besonderes Kinoerlebnis verspricht der Dokumentarfilm über das Great Barrier Reef, der im angeschlossenen **Omnimax Theatre** über eine 360-Grad-Leinwand flimmert (Tel. 07-47 21 14 81, tgl. 10.45, 11.45, 12.45, 13.45, 14.45 Uhr, Erw. 15 A-$, Kin. 10 A-$, Fam. 40 A-$). Zu dem Komplex gehört noch das **Museum of Tropical Queensland** mit den Schwerpunkten Naturwissenschaft, Geschichte und Technologie (Tel. 07-47 50 08 00, www.mtq.qld.gov.au, tgl. 9.30–17 Uhr, Erw. 12 A-$, Kin. 7 A-$, Fam. 30 A-$).

Townsville und Umgebung

Wie eine Trutzburg überragt der 285 m hohe **Castle Hill** die Stadt. Ein steiler Wanderpfad sowie eine Straße führen auf den Gipfel, von dem der Blick über den Hafen bis zur 13 km entfernten Magnetic Island (s. S. 434f.) reicht. Zu den schönsten Parkanlagen von Townsville gehört der **Queens Garden** mit zahlreichen tropischen Pflanzen am Fuße des Castle Hill.

Ziele in der Umgebung

Etwa 5 km nordwestlich der Stadt liegt der **Town Common Environmental Park,** ein Refugium für zahlreiche Vogelarten. Hier kann man Ibisse, Brolga-Kraniche und Jabiru-Störche beobachten. Im **Billabong Sanctuary** 17 km südlich am Bruce Highway haben Besucher Gelegenheit, Kängurus zu füttern und Koalas zu streicheln oder Salzwasserkrokodile ›hautnah‹ zu erleben (Tel. 07-47 78 83 44, www.billabongsanctuary.com.au, tgl. 8–17 Uhr, Erw. 29 A-$, Kin. 18 A-$, Fam. 88 A-$).

Etwa 35 km südwestlich erstreckt sich der **Mount Elliot National Park** um den Gipfel des 1342 m hohen, gleichnamigen Berges. Zu den Attraktionen gehören dichte Regenwälder, mächtige Granitblöcke und spektakuläre Wasserfälle.

Infos

Townsville & North Queensland Visitor Information Centre: Flinders St. East, Tel. 07-47 21 36 60, www.townsvilleonline.com.au, tgl. 9–17 Uhr.

The Great Barrier Reef Marine Park Authority: Reef HQ, Flinders St. East, Tel. 07-47 50 07 00, www.gbrmpa.gov.au.

Übernachten

Schönes Ferienresort ▶ **Seagulls Resort:** 74 The Esplanade, Belgian Gardens, Tel. 07-47 21 31 11, www.seagulls.com.au. Angenehmes, familienfreundliches Hotel in einem üppigen Tropengarten, zwei Pools und gutes Restaurant. DZ 115–165 A-$, Apartments 185–195 A-$.

Geschmackvolle Motel-Units ▶ **Summit Motel:** 6–8 Victoria St., Stanton Hill, Tel. 07-47 21 21 22, www.summitmotel.com.au. Gemütliche, modern eingerichtete Zimmer, hilfsbereites Personal, Meerwasserpool; unterhalb Castle Hill gelegen. DZ 100–115 A-$.

Optimale Lage ▶ **The Strand Motel:** 51 The Strand, Tel. 07-47 72 19 77, www.strandmotel.com.au. Kleines, sehr sympathisches Motel mit Pool in Top-Lage – wenige Schritte vom Strand, ca. 10 Fußmin. ins Zentrum. DZ 85–95 A-$.

Camping und Cabins ▶ **Rowes Bay Caravan Park:** Heatley's Parade, Rowes Bay, Tel. 07-47 71 35 76, www.rowesbaycp.com.au. Strandnah gelegen und bestens ausgestattet, mit Pool und komfortablen Cabins.

Essen & Trinken

Koloniales Flair ▶ **Yongala Restaurant:** 11 Fryer St., Tel. 07-47 72 46 33, tgl. 12–15, 17.30–22.30 Uhr. Gerichte der modernen australischen Küche in historischem Ambiente, einige Schritte abseits der Strandpromenade. Vorspeisen 8,50–14,50 A-$, Hauptgerichte 18–38 A-$.

Pub & Biergarten ▶ **Seaview Hotel:** 72–74 The Strand, Tel. 07-47 71 63 33, tgl. 11.30–15, 17–22.30 Uhr. Seafood und Steaks *at their best,* So Live-Unterhaltung im Biergarten. Vorspeisen 8–12 A-$, Hauptgerichte 16,50–32 A-$.

Kulinarische Institution ▶ **Harold's Seafood on the Strand:** 57 The Strand, Tel. 07-47 24 13 22, tgl. 10–22.30 Uhr. Kleine Fisch- und Seafoodgerichte zum Mitnehmen, ideal für einen Imbiss an der Strandpromenade. Gerichte 6–12 A-$.

Einkaufen

Straßenmarkt ▶ **Cotters Market:** Flinders Mall, Tel. 07-47 27 96 78, So 8.30–13 Uhr. Pittoresker Markt in der Fußgängerzone

Aktiv

Bootstouren ▶ **Pure Pleasure Cruises:** Reef HQ, Flinders Street East, Tel. 18 00-63 67 78. Tour in einem Katamaran zum Kelso Reef, einem Teil des äußeren Barriereriffs (tgl. 9 Uhr, ab 145 A-$). **Sunsea Cruises:** Breakwater Terminal, Sir Leslie Thiess Dr., Tel. 18 00-63 67 78, www.sunseacruises.com.au.

Die Küste zwischen Townsville und Cooktown

Tagesausflug auf einem Katamaran zum Outer Reef (tgl. 9 Uhr, ab 145 A-$)

Termine
Pacific Festival (Aug./Sept.): Straßenfest mit karnevalähnlichen Umzügen.

Verkehr
Züge: Tgl. Verbindungen nach Brisbane und Cairns, mehrmals wöchentl. nach Mount Isa; Auskunft und Buchung: Tel. 07-47 72 83 58. Bahnhof in 502 Flinders St.
Busse: Tgl. Verbindungen mit Greyhound Australia, Tel. 07-47 21 23 22 u. 13 00-47 39 46, nach Alice Springs, Brisbane, Cairns, Darwin und Mount Isa. Busterminal in Plum/Palmer Streets, South Townsville.
Fähren: s. Magnetic Island S. 434f.

Von Townsville nach Cardwell ▶ 3, K 3

Gut 60 km nördlich von Townsville zweigt vom Bruce Highway eine kurvenreiche Stichstraße ab zum **Paluma Range National Park** um den 990 m hohen Mount Spec mit Wasserfällen und überwältigenden Aussichtspunkten. Spektakuläre Wasserfälle, die in mehreren Kaskaden über glatt geschliffene Granitfelsen stürzen, hat auch der **Jourama Falls National Park** 15 km südwestlich von Ingham zu bieten.

In der hübschen Kleinstadt **Ingham** stellen italienische Einwanderer einen hohen Bevölkerungsanteil. Hier stehen mit der Macknade Mill die älteste Zuckermühle Australiens und mit der Victoria Mill die größte Raffinerie der südlichen Hemisphäre für Rohzucker (Tel. 07-47 76 17 22, Führungen Juni–Dez. tgl. 9.30, 11.30, 13.30 Uhr, Erw. 13,50 A-$, Kin. 6,75 A-$, Fam. 33,75 A-$). Von Lucinda, wo sich eine 5,76 km lange Förderanlage befindet, wird der Rohzucker verschifft.

Über eine abschnittsweise staubig-schottrige Piste erreicht man 48 km nordwestlich von Ingham die **Wallaman Falls,** die über eine breite Felswand 305 m in die Tiefe stürzen. Eine Niederschlagsmenge von durchschnittlich 4000 mm pro Jahr sorgt dafür, dass dieses tosende Spektakel nie an Wucht verliert. Wegen der ausgiebigen Regenfälle präsentiert sich die bis nach Cairns reichende North Coast von Queensland jahrein, jahraus

Heimat für Salzwasserkrokodile: die Mangrovensümpfe des Hinchinbrook Channel

in einem üppigen Tropengrün. Zwischen den beiden Orten Ingham und Cardwell verläuft der Bruce Highway entlang dem malerischen **Hinchinbrook Channel,** einer schmalen Meeresstraße zwischen dem Festland und der vorgelagerten Hinchinbrook Island (s. S. 435f.). Sowohl die Insel als auch die Festlandküste werden von Mangrovenwäldern und -sümpfen gesäumt, die an die Everglades in Florida erinnern. Dort finden Salzwasserkrokodile einen idealen Lebensraum.

Ausflugsboote zur Hinchinbrook Island legen einige Kilometer südlich von Cardwell in der Feriensiedlung **Port Hinchinbrook** ab. Die Insel ist ein Paradies für Naturfreunde, die dort tagelang durch die Wildnis streifen können). Wer sich näher über den tropischen Regen- und Mangrovenwald informieren möchte, sollte dem Rainforest and Reef Centre in **Cardwell** einen Besuch abstatten (Bruce Hwy, Tel. 07-40 66 86 01, tgl. 8–16.30 Uhr, Nov.–März Sa/So geschl., Eintritt frei).

Nördlich von Cardwell beginnt der **Edmund Kennedy National Park,** der ausgedehnte Mangrovenwälder umfasst. Einen guten Eindruck von der Flora der Gezeitenzone vermittelt der mit Holzpfaden und Brücken ausgezeichnete präparierte Mangrove Boardwalk (hin und zurück 3,5 km/1 Std.). In Acht nehmen sollte man sich allerdings vor den im trüben Wasser lauernden *Salties,* wie die Salzwasserkrokodile genannt werden.

Infos
… in Ingham
Hinchinbrook Visitor Centre: Bruce Hwy/Lannercost St., Tel. 07-47 76 52 11, www.hinchinbrooknq.com.au, Mo–Fr 8.45–17, Sa/So u. Fei 9–14 Uhr.

Übernachten
… in Ingham
Preisgünstige Motel-Units ▶ **Herbert Valley Motel:** Bruce Hwy, Tel. 07-47 76 17 77, Fax 07-47 76 36 46. Mit Restaurant und Pool. DZ 70–80 A-$.

Camping und Cabins ▶ **Palm Tree Caravan Park:** Townsville Rd. (Bruce Hwy), Tel. 07-47 76 24 03. Mit Cabins.

… in Cardwell
Motel-Units und Campsite ▶ **Beachcomber Motel & Tourist Park:** 43A Marine Parade, Tel. 07-40 66 85 50, www.cardwellbeachcomber.com.au. Nette Ferienanlage am Strand mit Motel und Caravan Park. DZ 90–100 A-$.

Camping und Cabins ▶ **Kookaburra Holiday Park:** Bruce Highway, Tel. 07-40 66 76 48, www.kookaburraholidaypark.com.au. Gut ausgestatteter Caravan Park mit komfortablen Cabins und Pool.

Aktiv
… in Port Hinchinbrook
Bootstouren ▶ **Hinchinbrook Island Ferries:** Port Hinchinbrook, Tel. 18 00-77 70 21, www.hinchinbrookferries.com.au. Ausflug nach Hinchinbrook Island (Erw. 125 A-$, Kin. 65 A-$, Fam. 315 A-$).

Termine
… in Ingham
Australian-Italian Festival (Mai): Drei Tage Ess- und Lebenskultur.

Tully und Mission Beach
▶ 3, K 3

Das Wahrzeichen von **Tully,** dem feuchtesten Ort in Australien, ist der ›Goldene Gummistiefel‹ *(Golden Gumboot),* dessen Höhe dem 1950 erreichten bisherigen Spitzenwert von 7900 mm Niederschlag entspricht. Im Ort steht die 1925 gegründete Tully Sugar Mill, die im Rahmen von Führungen besichtigt werden kann (Juni–Nov., aktuelle Termine und Buchung beim Fremdenverkehrsamt).

Von Tully führt ein Abstecher entlang dem **Tully River** nach Cardstone im Hinterland. Am Oberlauf besitzt der Fluss zahlreiche reißende Stromschnellen – ideal für Wildwasserfahrten in Kanus oder Rafts.

Nordöstlich von Tully zweigt vom Bruce Highway eine Straße Richtung Pazifik ab und mäandert durch den **Tam O'Shanter State Forest,** in dem zahlreiche Kasuare – straußenähnliche Laufvögel – ihre Nistplätze ha-

Die Küste zwischen Townsville und Cooktown

ben. An der Küste erstrecken sich über 15 km die palmenbestandenen Sandstrände **South Mission Beach, Wongaling Beach** sowie **Mission Beach,** an denen einige ruhige Ferienkolonien mit Motels und Caravan Parks entstanden sind.

Zwischen Mission Beach/Clump Point und der gerade 5 km entfernten Dunk Island (s. S. 409) verkehren Motorboote. Für Abwechslung zum Strandleben sorgen auch Bootstouren zu den krokodilreichen Mangrovenwäldern und -sümpfen des Edmund Kennedy National Park (s. rechts). Das **Wet Tropics Centre** in Mission Beach zeigt Displays über Fauna und Flora des tropischen Nordens (Porters Promenade, Tel. 07-40 68 70 99, Mo–Sa 9–17, So 9–14 Uhr, Eintritt frei).

Infos
… in Tully
Tully Information Centre: Bruce Hwy, Tully, Tel. 07-40 68 22 88.

Übernachten
… in Mission Beach
Liebenswertes Hideaway ▶ **Sejala on the Beach:** 1 Pacific St., Mission Beach, Tel. 07-40 68 72 41, www.sejala.com.au. Drei komfortable Strandbungalows in einer tropischen Gartenanlage, sehr ruhig, mit Pool. Bungalow ab 240 A-$.

Schöne Anlage im Regenwald ▶ **Mission Beach Ecovillage:** Clump Point Rd., Mission Beach, Tel. 07-40 68 75 34, www.ecovillage.com.au. Stilvolles Bungalowhotel mit tropischer Gartenanlage, Pool und Restaurant. DZ 162–178 A-$.

Camping und Cabins ▶ **Hideaway Caravan Park:** Porters Promenade, Mission Beach, Tel. 07-40 68 71 04, Fax 07-40 68 74 92, www.missionbeachhideaway.com.au. Strandnah, vorzügliche Ausstattung, große Auswahl an Cabins

Essen & Trinken
… in Wongaling Beach
Schöne Verwöhnadresse ▶ **Blarney's by the Beach:** 10 Wongaling Beach Rd., Wongaling Beach, Tel. 07-40 68 81 29, tgl. 18.30–23 Uhr. Kreative Gerichte der modernen australischen Küche. Reservierung zu empfehlen. Vorspeisen 12,50–18 A-$, Hauptgerichte 18,50–40 A-$.

Aktiv
… in Mission Beach
Bootstouren ▶ **MV Quick Cat:** Clump Point Jetty, Tel. 18 00-65 42 42, www.quickcatcruises.com.au. Ausflug nach Dunk Island und zum Outer Reef (tgl. 8.30 Uhr, Erw. 155 A-$, Kin. 77,50 A-$, Fam. 387,50 A-$). **River Rat:** Tel. 07-40 68 80 18, www.riverratcruises.com. 4-stündige Bootstour durch den Mangrovendschungel des Edmund Kennedy National Park u. a. mit Krokodilbeobachtung (Nov.–April tgl. 17, Mai–Okt. 16 Uhr, Erw. 49 A-$, Kin. 26 A-$, Fam. 137 A-$).

Weiter Richtung Cairns
▶ 3, K 3

Auf der Weiterfahrt gen Norden durchschneidet der Bruce Highway ausgedehnte Zuckerrohrplantagen. 7 km südlich von Innisfail, in **Mourilyan,** ist im Australian Sugar Industry Museum die queensländische Zuckerindustrie dokumentiert (Bruce Hwy, Tel. 07-40 63 23 06, www.sugarmuseum.org.au, Mo–Fr 9–17, Sa 9–15, So 9–12 Uhr, Erw. 8 A-$, Kin. 4 A-$, Fam. 20 A-$), und in der hübschen Kleinstadt **Innisfail** feiert man alljährlich im September/Oktober ein mehrtägiges Sugar Festival. Die einzigen weiteren Attraktionen des Orts sind die kleine taoistische Andachtsstätte Lit Sing Gung, eine Hinterlassenschaft chinesischer ›Gastarbeiter‹, die einst in Nord-Queensland Gold schürften (Owen St., Tel. 07-40 61 15 27, tgl. 7–17.30 Uhr, Spende erbeten), sowie die Johnstone River Crocodile Farm 3 km südöstlich von Innisfail, wo man Bekanntschaft mit Süß- und Salzwasserkrokodilen und auch harmloseren Vertretern der australischen Fauna machen kann (Flying Fish Point Rd., Tel. 07-40 61 11 21, www.crocfarm.com, tgl. 8.30–17 Uhr, Fütterung tgl. 11, 15 Uhr, Erw. 19,50 A-$, Kin. 9 A-$, Fam. 48 A-$).

Ein lohnender Ausflug von Innisfail führt zum **Paronella Park** 14 km westlich, in dem sich ein moosüberwachsenes Märchenschloss aus den 1930er-Jahren versteckt (Japoonvale Rd., Old Bruce Hwy, Mena Creek, Tel. 07-40 65 32 25, www.paronellapark.com.au, tgl. 9–19.30 Uhr, Erw. 28 A-$, Kin. 14 A-$, Fam. 70 A-$).

Rund 30 km westlich von Innisfail kann man auf dem am Palmerston Highway gelegenen **Mamu Canopy Walkway** in Schwindel erregenden Höhen durch das grüne Laubdach des Regenwalds spazieren und dabei herrliche Blicke auf majestätische Urwaldriesen und in die Schlucht des Johnstone River genießen (Tel. 07-41 56 13 69, www.epa.qld.gov.au/mamu, tgl. 9–17 Uhr, Erw. 22 A-$, Kin. 9,50 A-$, Fam. 55 A-$). Zwischen Innisfail und Cairns erstreckt sich entlang der Küstenstraße die mit Regenwald bedeckte, stark zerklüftete Gebirgsregion des **Wooroonooran National Park,** welche die mächtigen Massive des Mount Bartle Frere und des 1561 m hohen Mount Bellenden Ker umfasst. Am Fuße des Mount Bartle Frere, des mit 1657 m höchsten Gipfels von Queensland, liegen die Kaskaden der Josephine Falls, zu denen von einem Picknickplatz ein Wanderpfad durch dichten Regenwald führt (hin und zurück 1,5 km/45 Min.). Der Picknickplatz ist auch Ausgangspunkt für die anstrengende Wanderung auf den Gipfel des Mount Bartle Frere (hin und zurück 15 km/12 Std.).

Knapp 10 km südlich von Babinda zweigt eine Straße zum herrlichen Sandstrand **Bramston Beach** mit einer kleinen Ferienkolonie ab. Südlich der Stichstraße erstreckt sich mit dem **Eubenangee Swamp National Park** das letzte unter Naturschutz stehende natürliche Sumpfgebiet zwischen Townsville und Cairns. Dort bieten sich gute Möglichkeiten zur Beobachtung von Wasservögeln, und mit etwas Glück sieht man auch Leistenkrokodile. Eine andere Stichstraße führt von Babinda gen Westen zu den mächtigen Granitblöcken The Boulders im **Babinda Creek,** der sich hier zu tosenden Stromschnellen verengt. Natürliche Felsenpools inmitten einer grandiosen Regenwaldszenerie bieten herrliche Bademöglichkeiten. Wenige Kilometer südlich von **Gordonvale** ragt die 922 m hohe Walshs Pyramid auf, ein Berg mit annähernd perfekter Konusform. Vor der Zuckerstadt Gordonvale windet sich der landschaftlich äußerst reizvolle Gilles Highway in zahllosen Kurven durch die Ausläufer der Great Dividing Range hinauf zum Atherton Tableland (s. S. 413ff.).

Infos
… in Innisfail
Innisfail Information Centre: Bruce Hwy, Tel. 07-40 61 74 22, www.greatgreenway.com.au, Mo–Fr 9–17, Sa/So 10–16 Uhr.

Übernachten
… in Innisfail
Schlicht, aber sauber ▶ **Moondarra Motel:** 21 Ernest St. (Bruce Hwy), Tel. 07-40 61 70 77. Einfaches Motel für Durchreisende, freundlicher Service. DZ ab 75 A-$.

Camping und Cabins ▶ **August Moon Caravan Park:** Bruce Hwy, Tel. 07-40 63 22 11. Gut ausgestattet, mit Cabins, 2 km südl.

Cairns und Umgebung
▶ **3, K 3**

Vor gar nicht allzu langer Zeit noch ein verträumtes Provinzstädtchen, hat Cairns innerhalb weniger Jahre den Aufstieg zu einer touristischen Boomtown vollzogen, die vom Fremdenverkehr lebt. Cairns Airport rangiert unter den internationalen Flughäfen in Australien dem Passagieraufkommen nach mittlerweile an fünfter Stelle, sogar noch vor der Millionenmetropole Adelaide. Die tropische Stadt an der malerischen Trinity Bay ist ein idealer Ausgangspunkt für Kreuzfahrten zum Great Barrier Reef, das nördlich der Stadt dicht an die Festlandküste heranrückt, für Tagesausflüge in das Atherton Tableland, für Wildwassertouren in der Great Dividing Range und für abenteuerliche Geländewagensafaris auf der Cape York Peninsula. Von September bis Dezember wird Cairns vorübergehend zu einem Treffpunkt für Sportfischer aus aller Welt.

Die Küste zwischen Townsville und Cooktown

Auch im modernen Cairns findet man noch hübsche Holzhäuser im Kolonialstil

Sehenswürdigkeiten

Mag Cairns auch eine touristische Drehscheibe ersten Ranges sein, mit viel Sehenswertem ist die Stadt nicht gesegnet. Längst prägen Hotel- und Apartmentblocks das Bild, schon vor langem wurden die alten Stelzenhäuser mit den typischen breiten, tropischen Veranden durch einen Baustil Marke ›moderne Beliebigkeit‹ ersetzt. Einer der Hauptanlaufpunkte für die meisten Besucher ist die **Marlin Marina,** der große, an mediterrane Ferienorte erinnernde Jachthafen von Cairns. Dahinter ragt der **Pier Marketplace** empor, ein moderner Komplex, der ein Luxushotel, mehrere Restaurants, Boutiquen und Büros von Tourveranstaltern beherbergt. Ausflugsboote zum Great Barrier Reef starten vom Reef Fleet Terminal an der südlich gelegenen **Trinity Wharf.**

Geschäftig geht es auf der **Esplanade** mit ihren vielen Läden, Restaurants und Cafés zu. Ein Bummel entlang der Strandpromenade lohnt sich vor allem am Wochenende, wenn dort ein bei Touristen und Einheimischen gleichermaßen beliebter (Floh-)Markt stattfindet. Für Abkühlung sorgt ein schönes Freibad, in dem man kostenlos baden kann. Am City Place in der Stadtmitte lohnt ein Besuch des **Cairns Historical Museum,** das eine Sammlung zur Geschichte des nördlichen Queensland präsentiert (Tel. 07-40 51 55 82, Mo–Sa 10–16 Uhr, Erw. 5 A-$, Kin. 2 A-$, Fam. 12 A-$). Ausstellungen namhafter australischer Künstler finden in der nahen **Cairns Regional Gallery** statt (Abbott/Shields Sts, Tel. 07-40 31 68 65, Mo–Sa 10–17, So u. Fei 13–17 Uhr, Eintritt frei).

Im nördlichen Vorort Edge Hill vermittelt ein Besuch der Bodenstation des **Royal Flying Doctor Service** Einblicke in die Arbeitsbedingungen der Fliegenden Ärzte (1 Junction St., Tel. 07-40 53 56 87, www.flyingdoctorqueensland.net, Mo–Sa 8.30–16.30 Uhr, Erw. 6 A-$, Kin. 3 A-$, Fam. 15 A-$). Entspannen kann man sich in Edge Hill bei einem Spaziergang durch die Tropenvegetation der **Flecker Botanic Gardens** (Collins Ave./Greenslopes St., Edge Hill, Tel. 07-40 50 24 54, Mo–Fr 7.30–17.30; Sa/So 8.30–17.30 Uhr, Eintritt frei). Etwas schweißtreibend dagegen ist die kurze Wanderung auf den Mount Whitfield nördlich des Botanischen Gartens.

Cairns und Umgebung

Die Umgebung von Cairns
▶ 3, J/K 3

In Smithfield, 15 km nördlich von Cairns, befindet sich der **Tjapukai Aboriginal Cultural Park,** wo mehrmals täglich traditionelle, mit Elementen des modernen Musicals versetzte Tänze der Ureinwohner inszeniert werden (Captain Cook Hwy, Tel. 07-40 42 99 99, www.tjapukai.com.au, tgl. 9–17 Uhr, Erw. 34,50 A-$, Kin. 22,50 A-$, Fam. 91,50 A-$).

Südöstlich von Cairns erstreckt sich das weit verzweigte, von Mangroven bestandene **Trinity Inlet.** Die beste Möglichkeit, die zahlreichen Vogelarten und die Leistenkrokodile der sogenannten Everglades kennenzulernen, bietet eine Bootsfahrt. Salzwasserkrokodile kann man auch in der **Cairns Crocodile Farm** am Südende des Trinity Inlet beobachten (Redbank Rd., via Gordonvale, Tel. 07-40 56 30 95, tgl. 9–17 Uhr, Erw. 16,50 A-$, Kin. 10,50 A-$, Fam. 43,50 A-$).

Infos

Visitor Information Centre: The Esplanade/Fogarty Road, Tel. 07-40 51 35 88, www.tropicalaustralia.com.au, www.cairns.qld.gov.au und www.cairnsgreatbarrierreef.org.au, tgl. 8.30–18.30 Uhr. Infos zu Cairns und Umgebung sowie zu allen touristisch bedeutsamen Regionen im nördlichen Queensland; Buchung von Hotels, Tagesausflügen, Mietwagen u. a.

Regional Tourist Information Centre: 36 Aplin St., Tel. 07-40 51 40 66, www.accomcentre.com.au, tgl. 9–18 Uhr. Infos sowie Buchungen von Hotels und Touren.

Queensland Parks & Wildlife Service: 10–12 McLeod St., Tel. 07-40 52 30 96. Informationen über Nationalparks in Queensland.

Royal Automobile Club of Queensland: 112 Sheridan St., Tel. 07-40 51 67 11. Unter anderem Infos über den Zustand der Pisten auf der Cape York Peninsula und Kartenmaterial.

Übernachten

Familienfreundliches Stadthotel ▶ **All Seasons Sunshine Tower:** 136 Sheridan St., Tel. 07-40 51 52 88, www.allseasons.com.au. Großzügige Studios in zentrumsnaher Lage, Restaurant, Pool. DZ 135–145 A-$, Apartment 165–195 A-$.

Unterkünfte in mehreren Kategorien ▶ **Rainbow Inn:** 179 Sheridan St., Tel. 07-40 51 10 22, www.rainbowinn.com.au. Zentrale Lage, schöner Garten, Pool und Restaurant. DZ 115–135 A-$.

Für Selbstversorger ▶ **Reef Palms Motel:** 41 Digger St., Tel. 07-40 51 25 99, www.reefpalms.com.au. Komfortable Suiten in guter Lage, mit Pool. DZ 105–125 A-$.

Klein und mit viel Flair ▶ **Floriana Guest House:** 183 The Esplanade, Tel. 07-40 51 78 86, www.florianaguesthouse.com. 10 individuell ausgestattete Zimmer mit Deckenventilator, zu empfehlen die geräumigen Zimmer 4 und 7 mit Kitchenette und Veranda; kleiner Pool. DZ 79–110 A-$.

Backpacker-Hostel ▶ **Caravella 149:** 149 The Esplanade, Tel. 07-40 31 56 80, www.caravella.com.au. Nette Backpacker-Herberge in Top-Lage: Nur wenige Schritte vom Strand, nur 10 Fußmin. ins Zentrum. Alle Zimmer mit Klimaanlage und sanitären Gemeinschaftseinrichtungen. DZ 75–85 A-$, im Mehrbettzimmer ab 28 A-$/pro Pers.

Camping und Cabins ▶ **Crystal Cascades Holiday Park:** Intake Rd., Redlynch, Tel. 07-40 39 10 36, www.crystalcascades.com.au. 10 km nordwestl. der City, sehr schön gelegen und bestens ausgestattet, mit Pool und Cabins.

Essen & Trinken

Seafood-Restaurant ▶ **Barnacle Bill's Seafood Inn:** 103 The Esplanade, Tel. 07-40 51 22 41, tgl. 17–24 Uhr. Fisch und Meeresfrüchte vom Feinsten. Vorspeisen 11–14,50 A-$, Hauptgerichte 25–35 A-$.

Buschküche ▶ **Dundee's:** 29 Spence St., Tel. 07-40 51 03 99, tgl. 11.30–15, 17–23 Uhr. Kängurulende oder Krokodilsteak? Wer kein Vegetarier ist, hat hier ungewöhnliche Geschmackserlebnisse. Vorspeisen 8–14 A-$, Hauptgerichte 22,50–34 A-$.

Australisch-asiatisch ▶ **Perrottas at the Gallery:** Cairns Regional Gallery, Abbott St., Ecke Shields St., Tel. 07-40 31 68 65, tgl. 11–22.30 Uhr. Das junge Küchenteam verbindet

Die Küste zwischen Townsville und Cooktown

Australien mit Asien. Vorspeisen 8–11 A-$, Hauptgerichte 16–22 A-$.
Internationale Vielfalt ▶ Nightmarkets & Foodcourt: The Esplanade, tgl. 16.30–23 Uhr. Imbissstände mit kleinen Gerichten aus aller Welt. Hauptgerichte ab 7,50 A-$.

Einkaufen
Shopping Mall ▶ The Pier Marketplace: Marlin Marina, tgl. 9–21 Uhr. Großes Einkaufszentrum mit vielfältigen Läden.

Abends & Nachts
Bar mit Livemusik ▶ Johnos Blues Bar: Aplin/Abbott Streets, Tel. 07-40 51 26 96, tgl. 17–2 Uhr. Regelmäßig Livemusik von Jazz bis Rock, Mo/Mi/Fr 19.30 Uhr ›Krötenrennen‹.
Pub mit Plätzen im Freien ▶ Rattle'n' Hum: The Esplanade, Tel. 07-40 51 32 69, tgl. 12–23 Uhr. Beliebter Aussie-Pub, schön zum Draußensitzen.

Aktiv
Stadttouren ▶ City Sights Plus: Tel. 07-40 51 40 55, www.cairnsdiscoverytours.com. Halbtägige Stadtrundfahrt mit Besuch der wichtigsten Attraktionen (tgl. 12.45 Uhr, Erw. 62 A-$, Kin. 32 A-$, Fam. 166 A-$).
Schnorcheln und Tauchen ▶ Compass: Tel. 18 00-81 58 11 u. 07-40 31 72 17, www.reeftrip.com. Mehrtägige Schnorchel- und Tauchtrips zum Outer Reef (ab 340 A-$). **Sunlover Cruises:** Tel. 07-40 50 13 33, www.sunlover.com.au. Schnorchelausflüge zum Moore Reef (Erw. 175 A-$, Kin. 90 A-$, Fam. 447 A-$). **Wavelength:** Tel. 07-40 99 50 31, www.wavelength-reef.com.au. Schnorcheltrips in einem kleinen Schiff für maximal 30 Passagiere zum Agincourt Reef (Erw. 190 A-$, Kin. 105 A-$, Fam. 485 A-$).
Krokodile beobachten ▶ Habitat Cruises: Tel. 07-40 51 40 55. Bootstouren zu den ›Everglades‹ des Trinity Inlet mit Schwerpunkt Krokodilbeobachtung (tgl. 9.30, 13.30 Uhr, Erw. 63,50 A-$, Kin. 32 A-$, Fam. 159 A-$).
Bungee Jumping ▶ A. J. Hackett Bungee: The Pier Marketplace, Marlin Marina, Tel. 07-40 31 11 19. Bungee Jump in Smithfield, 15 km nördl. (ab 135 A-$).
Wandern ▶ Wait-a-while: Tel. 07-40 34 12 02, www.waitawhile.com.au. Von Experten geführte Regenwald-Wanderungen in kleinen Gruppen (ab 165 A-$).
Jeeptouren ▶ Billy Tea Bush Safaris: Tel. 07-40 32 00 77, www.billytea.com.au. Ein geführter Tagesausflug mit Allradfahrzeugen zum Cape Tribulation und Bloomfield Track (tgl. 7.10 Uhr, ab 145 A-$).
Rundflüge ▶ Reefwatch Air Tours: Cairns Airport, Tel. 07-40 35 98 08, www.reefwatch.com. Flüge in kleinen Propellermaschinen über den Regenwald und das Riff (ab 395 A-$). **Aero Tropics:** Cairns Airport, Tel. 13 00-65 61 10 und 07-40 40 12 22, www.aero-tropics.com.au. Postflug von Cairns zu diversen Siedlungen auf der Cape-York-Halbinsel.

Termine
Fun in the Sun (Okt.): Volksfest mit Karnevalsatmosphäre.

Verkehr
Flüge: Zwischen dem 8 km nördl. der City gelegenen Flughafen und dem Zentrum pendelt ein Flughafenbus (Airport Shuttlebus, Tel. 07-40 31 35 55, Erw. 9 A-$, Kin. 5 A-$); die Taxifahrt kostet 18–20 A-$.
Züge: Vom Bahnhof in der McLeod Street, Tel. 13 22 32, www.qroti.bit.net.au, starten tgl. Züge nach Brisbane und Townsville, außerdem die beeindruckende Kuranda Scenic Railway (s. S. 413) ins Atherton Tableland.
Busse: Vom Busterminal bei der Trinity Wharf tgl. Verbindungen mit Greyhound Australia, Tel. 07-40 51 33 88 u. 13 00-47 39 46, nach Brisbane und Townsville, sowie mit Coral Coaches, Tel. 07-40 31 75 77, nach Port Douglas, Mossman, Daintree, Cape Tribulation und Cooktown.
Mietwagen: Fahrzeuge jeder Art (auch Geländewagen und Wohnmobile) haben Avis, Tel. 18 00-22 55 33; Britz, Tel. 18 00-33 14 54; Budget, Tel. 13 27 27; Hertz, Tel. 13 30 39.

Fortbewegung in der Stadt
Busse: Im Stadtbereich sowie zu den Vororten und Stränden an der Marlin Coast verkehrt der Sunbus ab City Place; Auskunft: Tel.

Atherton Tableland

Endpunkt einer spektakulären Zugreise: die Kuranda Railway Station

07-40 57 74 11, www.sunbus.com.au.
Taxis: Black & White Taxis, Tel. 13 10 08.

Atherton Tableland ▶ 3, K 3

Zum Pflichtprogramm einer Cairns-Visite gehört ein Besuch im **Atherton Tableland** – nicht zuletzt wegen der beeindruckenden Anreise per Zug mit der **Kuranda Scenic Railway,** von vielen als eine der weltweit schönsten Bahnfahrten bezeichnet. Beim Bau der 34 km langen, abenteuerlichen Bergstrecke mit 15 Tunnels und 40 Brücken mussten die Ingenieure tief in die technische Trickkiste greifen. Errichtet wurde der Schienenstrang zwischen 1884 und 1891, um Bauholz aus dem Regen-wald des Atherton Tableland zu den Siedlun-gen an der Küste hinunterzutransportieren.

Nicht nur für Eisenbahn-Fans ist die Zugfahrt eine Attraktion, auch bei allen anderen Passagieren hinterlassen die spektakulären Perspektiven – vor allem der herrliche Blick auf die 260 m hohen Barron Falls, die in schillernden Schleiern über eine Steilwand stürzen – einen tiefen Eindruck.

Als nicht minder spannende Alternative für den Rückweg von Kuranda nach Cairns empfiehlt sich die **Skyrail Rainforest Cableway,** mit 7,5 km die längste Seilbahn der Welt. In sechssitzigen Gondeln schweben die Fahrgäste über das Blätterdach des tropischen Regenwalds, wobei der Blick vom Dschungel bis zu den Inseln des Great Barrier Reef reicht. Sowohl die Bahn- als auch die Gondelfahrt führen eindrucksvoll vor Augen, dass das nördliche Queensland neben Stränden und Buchten auch zahlreiche Berge und Täler zu bieten hat. Zugleich bekommt man einen Vorgeschmack auf das Atherton Tableland, ein teils sanft-hügeliges, teils stark zerklüftetes Hochplateau. Die zwischen 600 und 1000 m hoch gelegene Region erhielt ihre topografische Prägung durch heftige vulkanische Aktivitäten, die bis vor rund 10 000 Jahren andauerten. Dank fruchtbarer Lössböden und des regenreichen Klimas ist das Atherton Tableland intensiv genutztes Agrarland. Die ergiebigen Niederschläge haben auf dem

Die Küste zwischen Townsville und Cooktown

Hochplateau zudem einige tosende Wasserfälle geschaffen.

Verkehr

Züge: Kuranda Scenic Railway, Tel. 07-40 36 93 33, www.ksr.com.au, Abfahrt in Cairns, McLeod Street, tgl. 8.30, 9.30 Uhr, in Kuranda tgl. 14, 15.30 Uhr; Erw. 39 A-$, Kin. 19,50 A-$, Fam. 97,50 A-$ (einfach); Erw. 56 A-$, Kin. 27 A-$, Fam. 139 A-$ (hin und zurück).
Seilbahn: Skyrail Rainforest Cableway, Tel. 07-40 38 15 55, www.skyrail.com.au, mehrmals tgl. Kuranda–Smithfield (ca. 15 km nördl. von Cairns); Erw. 41 A-$, Kin. 20,50 A-$, Fam. 102,50 A-$ (einfach); Erw. 59 A-$, Kin. 29,50 A-$, Fam. 147,50 A-$ (hin und zurück).
Für Zug und Seilbahn gibt es auch ein **Kombiticket:** Erw. 89,50 A-$, Kin. 45,25 A-$, Fam. 224,25 A-$.

Kuranda ▶ 3, K 3

Am Rande des Atherton Tableland liegt inmitten einer herrlichen Regenwaldlandschaft Kuranda, das sich von einem Hippie- und Aussteigerparadies zu einem respektablen Touristenort ›gemausert‹ hat. In der farbenprächtigen Budenstadt der täglich stattfindenden **Kuranda Original Rainforest Markets** kann man exotische Lebensmittel und kunsthandwerkliche Produkte erstehen (Therwine St., Tel. 07-40 93 80 60, tgl. 9–15 Uhr). Etwas steril wirken dagegen die Läden der benachbarten **Kuranda Heritage Markets** (tgl. 9–15 Uhr).

Spinnen und andere giftige Kriech- und Krabbeltiere zeigt der **Australian Venom Zoo** (Coondoo St., Tel. 07-40 93 89 05, www.tarantulas.com.au, tgl. 10–16 Uhr, Erw. 16 A-$, Kin. 10 A-$, Fam. 40 A-$). Im **Australian Butterfly Sanctuary** flattern Tausende farbenprächtiger Schmetterlinge (8 Rob Viewers Dr., Tel. 07-40 93 75 75, www.australianbutterflies.com, tgl. 10–16 Uhr, Erw. 15 A-$, Kin. 7,50 A-$, Fam. 37,50 A-$), während die **Birdworld Kuranda** einen Blick auf die australische Vogelwelt ermöglicht (12 Rob Viewers Dr., Tel. 07-40 93 91 88, www.birdworldkuranda.com, tgl. 9–16 Uhr, Erw. 15 A-$, Kin. 7,50 A-$, Fam. 37,50 A-$). Viele Besucher zieht es auch in die **Kuranda Koala Gardens,** wo neben den flauschigen Kuscheltieren halbzahme Kängurus und Wallabies auf Streicheleinheiten warten (14 Rob Viewers Dr., Tel. 07-40 93 99 53, www.koalagardens.com, tgl. 10–16 Uhr, Erw. 15 A-$, Kin. 7,50 A-$, Fam. 37,50 A-$).

Einige Kilometer südöstlich von Kuranda liegt der Tier- und Freizeitpark **Rainforestation** (Tel. 07-40 93 90 33, www.rainforest.com.au, tgl. 9–17 Uhr, Erw. 17 A-$, Kin. 8,50 A-$, Fam. 42,50 A-$). Angeschlossen ist das **Pamagiri Cultural Centre** mit sehr folkloristisch wirkenden Tanzaufführungen von Aborigines (Erw. 20 A-$, Kin. 10 A-$, Fam. 50 A-$).

Auch wer nicht mit der Kuranda Scenic Railway angereist ist, sollte keinesfalls einen Besuch des **Bahnhofs** versäumen. Blumengeschmückt und farnüberwuchert, präsentiert er sich wie ein Gebäude aus dem Märchenland. Und wer die Barron Falls nicht vom Zug aus bestaunen konnte, sollte dies vom **Wrights Lookout** nachholen, der etwa 5 km südöstlich von Kuranda zu finden ist.

Infos

Kuranda Visitor Information Centre: Therwine St., Tel. 07-40 93 93 11, www.kuranda.org, tgl. 9–17 Uhr.

Übernachten

Ein Bett im Busch ▶ Miju Rainforest Retreat: 47 Bangalow Pl., Tel. 07-40 93 93 04, www.mijurainforestretreat.com. Zauberhaftes B & B im Regenwald, mit kleinem Pool. DZ 135 A-$.

Essen & Trinken

Deutsche Hausmannskost ▶ German Tucker Wursthaus: Therwine St., Tel. 07-40 93 73 98, tgl. 9–21 Uhr. Bratwürste und Sauerkraut, dazu deutsches Bier und tolle Stimmung. Gericht 6–16 A-$.

Mareeba ▶ 3, K 3

Von Kuranda erkundet man das Atherton Tableland am besten mit dem eigenen Fahrzeug. Erste Station einer Rundfahrt ist Mareeba, der größte Ort des Atherton Tableland und Zentrum des australischen Kaffeean-

Koalas

Immer mit der Ruhe – die Koalas

Thema

Sie wurden für Faultiere gehalten, für australische Affen oder gar für Bären – alles falsch: Die Koalas gehören zur Spezies der Beuteltiere. Zwar standen die flauschigen Gesellen mit ihren Knopfaugen und Stupsnasen Generationen von Teddys Modell, doch haben ›Koalabären‹ mit echten Bären biologisch nichts gemeinsam.

Einfach so in den Tag hineinleben, viel schlafen und möglichst wenig Aufregung – wer hätte das nicht gern? Die Koalas haben dieses Problem gelöst. Den größten Teil ihres 15 bis 18 Jahre dauernden Lebens verbringen die Koalas hoch in den Wipfeln von Eukalyptusbäumen. Die meiste Zeit, immerhin rund 18 Stunden pro Tag, schlafen die possierlichen Tiere. Erst zur Abenddämmerung werden die Beuteltiere munter und aktiv.

Der Grund für die lässige Lebensart der ›Beutelbären‹ liegt in ihrer Ernährungsweise. Sie nehmen ausschließlich Eukalyptusblätter zu sich und beschränken sich dabei lediglich auf ein halbes Dutzend der rund 600 Arten. Von denen aber mümmelt ein ausgewachsener Koala täglich bis zu zweieinhalb Pfund in sich hinein.

Wegen des ständigen Genusses von Eukalyptusöl duften die Koalas wie kiloschwere Hustenbonbons. Und so reinlich, wie sie riechen, sind sie auch. Nicht weil die behäbigen Kuscheltiere über Gebühr viel Zeit auf Körperpflege verwenden würden, sondern weil ihnen die ätherischen Öle der Eukalyptusblätter aus allen Körperporen dringen. Und das wiederum schätzen Parasiten nicht sonderlich, denn pures Eukalyptusöl ist reines Gift. Der Giftgehalt der blättrigen Nahrung, die ein Koala täglich zu sich nimmt, würde manchem anderen Zeitgenossen den Garaus machen. Ein Koala aber wird davon lediglich ein wenig schläfrig. Trinken übrigens müssen die Baumbeutler nicht, ihren Flüssigkeitsbedarf beziehen sie ausschließlich aus ihrer Nahrung. Dieser Tatsache verdanken sie auch ihren Namen, der aus einem Aboriginal-Dialekt stammt und ›Tier, das nicht trinkt‹ bedeutet.

Ein Weibchen bringt alle zwei Jahre ein Junges zur Welt. Fast ein Jahr lang schleppt die Mutter den Nachwuchs durch die Bäume, die ersten sechs Monate im schützenden Beutel, danach krallt sich das Jungtier auf dem Pelz der Mutter fest. Im zweiten Lebensjahr wagt der Koala die ersten ›Gehversuche‹ im luftigen Revier. Zwar fehlt ihm der für die meisten Kletterbeutler typische Greifschwanz, dafür aber kann er sich mit seinen langen scharfen Krallen überall gut festklammern.

Weit und breit in der Natur lässt sich kaum ein friedfertigeres Geschöpf finden als der Koala. Doch durch die Vernichtung der Eukalyptuswälder wird der Lebensraum der Tiere immer stärker eingeschränkt. Dies ist insofern besonders tragisch für die Koalas, weil ihre Darmflora nur in der Lage ist, ganz bestimmten Eukalyptusarten Nährstoffe zu entziehen. Tausende von Koalas werden zudem alljährlich von Autos überfahren oder fallen Buschfeuern zum Opfer. Die derzeit wohl größte Gefahr für die etwa noch 400 000 ausschließlich an der Ostküste von Australien vorkommenden Tiere aber ist die sogenannte Papageienkrankheit. Die Infektion, bei Papageien erstmals entdeckt, befällt vor allem die Geburtswege der Weibchen und führt zur Unfruchtbarkeit. Etwa die Hälfte aller Koalas soll mittlerweile schon erkrankt sein.

Die Küste zwischen Townsville und Cooktown

baus. Verschiedene Plantagen können besichtigt werden, zum Beispiel **Jaques Coffee Plantation** (8 km südöstl., 137 Leotta Rd., Tel. 07-40 93 32 84, www.jaquescoffee.com, Führungen mehrmals tgl. 9–17 Uhr, Erw. 13,50 A-$, Kin. 6 A-$). Willkommen sind Besucher auch in der Kaffeerösterei **The Coffee Works Mareeba** nordwestlich der Stadt (136 Mason St., Tel. 07-40 92 41 01, www.arabicas.com.au, Führungen mit Kaffee-›Verkostung‹ Mo-Fr 10, 12, 14 Uhr, Erw. 12 A-$, Kin. 6 A-$, Fam. 30 A-$).

Vor allem Kinder begeistert ein Ausflug zur 12 km westlich gelegenen **Granite Gorge.** Dort springen kleine Felsenwallabies in langen Sätzen über Felsbrocken und fressen Besuchern aus der Hand. Wer über Nacht bleiben möchte, findet am Zugang zur Schlucht einen einfachen Campingplatz (Tel. 07-40 93 22 59, www.granitegorge.net).

Übernachten

Sympathisch ▶ Jackaroo Motel: 340 Byrnes St., Tel. 07-40 92 26 77, www.jackaroomotel.com. Zentral, mit Pool. DZ 80–90 A-$.

Camping und Cabins ▶ Mareeba Country Caravan Park: Emerald End Road, Tel. 07-40 92 32 81. Gut ausgestattet, mit Gemeinschaftsküche und Cabins.

Chillagoe-Mungana National Park ▶ 3, J 3

Ein lohnender Abstecher von Mareeba führt auf teils schottrig-staubigen Pisten zum 145 km südwestlich gelegenen Chillagoe-Mungana National Park mit einem ausgedehnten Höhlensystem sowie aus der Karstebene emporragenden, bizarren Felsnadeln und -pyramiden. Drei der Höhlen, in denen bedeutende Fossilienfunde gemacht wurden, sind für Besucher zugänglich (Tel. 07-40 94 71 63, Führungen tgl. 9, 11, 13.30 Uhr, Erw. 18 A-$, Kin. 9 A-$, Fam. 45 A-$).

Übernachten

Hübsches Landhotel ▶ Chillagoe Caves Lodge: 7 King St., Tel. 18 00-44 63 75, caveslodgechillagoe@bigpond.com.au. Klein und gemütlich. DZ 65–85 A-$.

Camping und Cabins ▶ Chillagoe Caravan Park: Queen St., Tel. 07-40 94 71 77. Einfach, mit Cabins.

Atherton und Umgebung
▶ 3, K 3

Das südlich von Mareeba gelegene Atherton, 1885 als Holzfällersiedlung gegründet, ist bestens als Ausgangspunkt für Erkundungen des Umlands geeignet. Auch wenn sie etwas kit-

Am Unterlauf des Tully River

Asherton Tableland

schig wirken, lohnt sich ein Besuch der **Crystal Caves,** künstliche Höhlen voller glitzernder Kristalle (69 Main St., Tel. 07-40 91 23 65, www.crystalcaves.com.au, Mo–Fr 8.30–17, Sa/So 8.30–16 Uhr, Erw. 20 A-$, Kin. 10 A-$, Fam. 55 A-$). Chinesische Einwanderer haben am Ortsrand eine kleine, heute museal konservierte **Chinatown** hinterlassen, in welcher der taoistische Hou Wang Temple steht (86 Herberton Rd., Tel. 07-40 91 69 45, tgl. 10–16 Uhr, Erw. 8 A-$, Kin. 3 A-$, Fam. 19 A-$).

Ein Ausflug führt auf dem Gillies Highway in östlicher Richtung zum Ferienort **Yungaburra** am Ufer des 1958 zur Bewässerung von Tabakplantagen geschaffenen Lake Tinaroo. Südlich von Yungaburra steht der Curtain Fig Tree, eine mächtige Würgefeige. Diese im Atherton Tableland häufigen Bäume sind Schmarotzerpflanzen, deren Luftwurzeln sich um den Stamm des ›Gastbaumes‹ winden, wodurch dessen wasserführende Gefäße abgeklemmt werden und der Baum abstirbt.

Östlich von Yungaburra liegen die beiden kleinen Kraterseen **Lake Eacham** und **Lake Barrine,** rund 65 m tiefe Maare, die vor schätzungsweise 95 000 Jahren als Ventil nach der starken Erhitzung von Grundwasser durch Magma entstanden. Um die von dichtem Hochlandregenwald umrahmten Seen führen reizvolle kürzere Wanderwege. Pelikanen und Schildkröten kommt man während einer Bootsfahrt auf dem Lake Barrine näher. Unweit der dortigen Anlegestelle stehen die über 1000 Jahre alten Baumgiganten *Twin Kauri Pines*.

Infos
In Atherton
Atherton Tableland Promotion Bureau: 42 Mabel St., Tel. 07-40 91 36 08, www.athertontableland.com, Mo–Fr 9–17, Sa/So 10–16 Uhr.

Übernachten
… in Atherton
Hilfsbereite Besitzer ▶ **Atherton Motel:** Maunds Rd., Tel. 07-40 91 15 00, Fax 07-40 91 32 34. Gut geführt, mit China-Restaurant und Pool. DZ 80–85 A-$.

Camping und Cabins ▶ **Atherton Woodlands Tourist Park:** 141 Herberton Rd., Tel. 07-40 91 14 07, Fax 07-40 91 34 49. Campingplatz mit Cabins.

… in Yungaburra
Stilvolle Ferienhäuser ▶ **Birds 'n' Bloom Cottages:** Elm St., Tel. 07-40 95 33 30, www.bnbcottages.com. Komfortabel ausgestattete Ferienhäuser in schöner Lage. DZ 210–260 A-$.

Schön angelegt und preiswert ▶ **Curtain Fig Motel:** 16 Gillies Hwy, Tel. 07-40 95 31 68, www.curtainfig.com. Angenehmes Haus mit Pool. DZ 105–115 A-$.

Essen & Trinken
… in Yungaburra
Alpenländische Atmosphäre ▶ **Nick's:** Gillies Hwy, Tel. 07-40 95 33 30, tgl. außer Mo 12–15, 17.30–22.30 Uhr. Schweizerische und italienische Spezialitäten sowie erlesene australische Gerichte. Vorspeisen 8,50–12 A-$, Hauptgerichte 16–28 A-$.

Aktiv
Bootstouren ▶ **Lake Barrine Cruises:** Tel. 07-40 95 38 47. Kreuzfahrten auf dem Lake Barrine, in der Hochsaison Reservierung empfehlenswert (tgl. 10.15, 15.15 Uhr, Erw. 16 A-$, Kin. 8 A-$, Fam. 40 A-$).

Malanda und Umgebung
▶ 3, J 3

Malanda ist das Zentrum der Milchwirtschaft auf dem Atherton-Plateau. Ein Teil der Produkte wird auf dem sogenannten *Milk Run* per Flugzeug Tausende von Kilometern bis nach Darwin und Alice Springs im Northern Territory sowie nach Wyndham und Derby in der westaustralischen Kimberley-Region transportiert. Mehr über die Milchwirtschaft erfährt man im **Malanda Dairy Centre** (8 James St., Tel. 07-40 95 12 34, tgl. 9–16.30, Führungen Mo–Fr 9–13 Uhr, Erw. 7 A-$, Kin. 3,50 A-$, Fam 17,50 A-$).

Südwestlich von Malanda erstreckt sich der **Mount Hypipamee National Park.** Ein kurzer Rundwanderweg führt zu den Dinner Falls sowie zu einem mächtigen Krater, der

Die Küste zwischen Townsville und Cooktown

vor vermutlich 95 000 Jahren infolge einer gewaltigen Gasexplosion entstand.

Millaa Millaa und Umgebung
▶ 3, K 3

Einer der Höhepunkte eines Ausflugs in das Atherton Tableland ist die Panoramastraße **Waterfall Circuit,** die östlich der Kleinstadt Millaa Millaa vom Palmerston Highway abzweigt und zu den Wasserfällen Millaa Millaa Falls, Zillie Falls und Ellinjaa Falls führt.

Südöstlich von Millaa Millaa beginnt der mit dichtem Regenwald bestandene **Wooroonooran National Park** (s. S. 409). Erschlossen wird die oft wolkenverhangene Bergwelt, auch ›Misty Mountains‹ genannt, von einem Netz guter Wanderwege. Ein großartiger Blick über das Atherton Tableland bietet sich vom 1100 m hohen **Millaa Millaa Lookout** 8 km westlich des Orts an der Mount Hugh Road.

Ravenshoe und Umgebung
▶ 3, K 3

Am Südrand des Atherton Tableland liegt auf 915 m Ravenshoe (gesprochen Ravens-hoe), der höchstgelegene Ort von Queensland. Westlich davon beginnt der **Millstream Falls National Park** mit den Little Millstream Falls, einem guten Platz zum Beobachten von Schnabeltieren, und den Millstream Falls, die als breiteste Wasserfälle in Australien den Beinamen ›Mini-Niagara‹ tragen.

Eine reizvolle, gut 20 km lange Fahrt durch den üppigen Hochlandregenwald führt von Ravenshoe in südlicher Richtung zum **Tully Gorge National Park** mit der 293 m tiefen Schlucht des Tully River, einem Canyon von atemberaubender Schönheit. Vom Tully Gorge Lookout führt ein kurzer Wanderweg hinab zum Schluchtboden (hin und zurück 1,5 km/45 Min.).

Zurück zur Küste gelangt man auf dem Palmerston Highway, der bei Innisfail (s. S. 408) auf den Bruce Highway trifft. Unterwegs lohnen sich Stopps am Crawford Lookout mit einem schönen Blick auf den Johnstone River und beim Mamu Canopy Walkway (s. S. 409).

Übernachten
Solides Motel ▶ **Kool Moon Motel:** 6 Moore St., Tel. 07-40 97 64 07. Einfach ausgestattete Standardzimmer – klein, aber gemütlich. DZ 75–95 A-$.
Camping und Cabins ▶ **Tall Timbers Caravan Park:** Kennedy Hwy, Tel. 07-40 97 64 07. Einfach, mit Cabins.

Marlin Coast

Die Strände bis Palm Cove
▶ 3, K 3

Nördlich von Cairns erstreckt sich bis Port Douglas die Marlin Coast mit einigen der schönsten Sandstrände Australiens – zwar keine Geheimtipps mehr, aber auch nie übervölkert. Von der reizvollen Küstenstraße, dem **Captain Cook Highway,** gehen Stichstraßen zu den Stränden ab. Das südliche Ende der Marlin Coast markiert der Machans Beach, ihm folgen Richtung Norden Holloways Beach, Yorkeys Knob Beach, Kewarra Beach und Clifton Beach.

Der Badeort **Palm Cove** wirkt mit vielgeschossigen Hotel- und Apartmentblocks wie eine Miniaturausgabe von Surfers Paradise an der Gold Coast im südlichen Queensland. Wegen der Box Jelly Fish, einer gefährlichen Würfelqualle, sollte man in dieser Gegend zwischen November und April jedoch nur an mit Netzen gesicherten Stränden baden.

Am Captain Cook Highway bei Palm Cove befindet sich der auf Reptilien spezialisierte **Cairns Tropical Zoo,** der einen Vorgeschmack auf die Wildnis der Cape York Peninsula gibt (Tel. 07-40 55 36 69, www.cairnstropicalzoo.com.au, tgl. 8.30–17 Uhr, Schlangenshow 9.45, 13.45 Uhr, Krokodilshow 11.30, 15 Uhr, Erw. 29 A-$, Kin. 14,50 A-$, Fam. 72,50 A-$).

Hartley's Creek Crocodile Farm, ein weiterer Reptilienpark, liegt nördlich von Ellis Beach am Captain Cook Highway (Tel. 07-40 55 35 76, www.crocodileadventures.com, tgl. 8.30–17 Uhr, Schlangenshow 14 Uhr, Krokodilshow 11, 15 Uhr, Erw. 29 A-$, Kin. 14,50 A-$, Fam. 72,50 A-$).

Tipp: Ein Bett im Busch – Regenwaldlodges im Daintree National Park

Idyllisch im Regenwald des Daintree National Park gelegen, kombinieren einige Resorts und Lodges luxuriöses Wohnen und First-Class-Gastronomie mit naturverbundenen Aktivitäten. Die rustikalen Hotelanlagen, die sowohl gut ausgestattete Zimmer in größeren Gebäuden als auch gemütliche Bungalows und Cabins mit kleiner Veranda bieten, wurden unter Beachtung strenger ökologischer Richtlinien fast ausschließlich aus Holz erbaut. Da sie in einem Nationalpark liegen, der auf der World-Heritage-Liste steht, gelten sehr strenge Auflagen hinsichtlich Abwasser- und Müllentsorgung.

Auf dem Programm der Resorts stehen Regenwald-Spaziergänge unter sachkundiger Leitung von Botanikern, Vogelbeobachtung, Geländewagensafaris, Angeln in Urwaldflüssen oder am Meer sowie Ausritte in die Wildnis. Schon fast ein ›Muss‹ sind Kreuzfahrten zum Great Barrier Reef, das gleich vor der Haustür liegt. Abenteuerlustige können sich an Kajaktouren beteiligen, bei denen das Cape Tribulation umrundet wird. Mit etwas Glück sehen sie dabei Delfine und Meeresschildkröten. Manche Lodges bieten ihren Gästen auch Pools, Fitnesscenter und Tennisplätze. Auf eine Klimaanlage, Fernseher und Telefon muss man allerdings verzichten – nichts soll die Ruhe im Regenwald stören. Besonders empfehlenswert sind folgende drei Unterkünfte:

Coconut Beach Rainforest Resort: 33 km nördl. der Fähre, Tel. 18 00-98 70 77 u. 07-40 98 00 33, www.coconutbeach.com.au. 67 in ein 100 ha großes Regenwaldareal eingebettete, stilvoll in Bambus und Rattan möblierte Bungalows, Terrassenrestaurant am Strand mit Gerichten der ›modernen australischen Küche‹ (v. a. Seafood). Bungalow ab 388 A-$.

Daintree Wilderness Lodge: 14 km nördl. der Fähre, Tel. 07-40 98 91 05, www.daintree wildernesslodge.com.au. Sieben durch Plankenwege miteinander verbundene, modern-elegant ausgestattete Bungalows mitten im Regenwald, im kleinen, halboffenen Restaurant leichte Regionalküche und erlesene Weine. Bungalow ab 260 A-$.

Daintree-Cape Tribulation Heritage Lodge: Thornton Beach, 18 km nördl. der Fähre, Tel. 07-40 98 91 38, www.heritagelodge.net.au. Behaglich eingerichtete Holzbungalows am Rande des Regenwalds; es gibt auch eine Bar und ein Restaurant; in der Nähe liegen die natürlichen Badepools des Cooper Creek. Bungalow ab 235 A-$.

Übernachten

Direkt am Meer ▶ Ellis Beach Beachfront Bungalows and Leisure Park: Captain Cook Hwy, Tel. 18 00-63 70 36, www.ellisbeachbungalows.com. Gut ausgestattete, komfortable Bungalows und Pool, sehr schön gelegen. Bungalows (2 Pers.) 100–180 A-$.

Port Douglas ▶ 3, K 3

Über dem malerisch auf einer felsigen Landzunge gelegenen Port Douglas, einst Geheimtipp von Kennern, liegt ein Hauch von Saint Tropez. Heute ist das 1877 als Versorgungshafen für die Goldfelder am Palmer River gegründete Städtchen ein vor allem bei Tauchern und Hochseeanglern beliebter Standort. Täglich nehmen vom mondänen Jachthafen Marina Mirage Ausflugsboote Kurs auf das Outer Reef. Von einer im Riff verankerten Plattform starten Tauch- und Schnorchelausflüge sowie Helikopter-Rundflüge. Ziele für Kreuzfahrten sind auch die beiden Koralleninseln Low Isles (s. S. 438), wo man tauchen und schnorcheln kann. In die entgegengesetzte Richtung fährt der nachgebaute Raddampfer ›P. S. Lady Douglas‹, dessen Ziel das von Mangroven bestandene **Dickson Inlet** ist (Marina Mirage, Tel. 07-40 99 50 51, tgl. 11.30, 14.15, 16.30 Uhr, Erw. 28 A-$, Kin. 14 A-$, Fam. 70 A-$).

Die Küste zwischen Townsville und Cooktown

Tief in den tropischen Regenwald eindringen, ohne sich den Mühen einer langen Wanderung aussetzen zu müssen, kann man im **Rainforest Habitat** am Cook Highway, etwa 5 km südlich (Port Douglas Rd., Tel. 07-40 99 32 35, www.rainforesthabitat.com.au, tgl. 8–17.30 Uhr, Erw. 32 A-$, Kin. 16 A-$).

Unmittelbar am östlichen Stadtrand erstreckt sich mit dem **Four Mile Beach** ein weit geschwungener Sandstrand wie aus dem Bilderbuch. In den Sommermonaten werden einige Abschnitte mit Netzen gegen die gefährlichen Box-Jelly-Fish-Quallen geschützt. Einen herrlichen Blick auf den Strand genießt man vom Flaggstaff Hill Lookout.

Eine beschauliche Möglichkeit, durch weite Zuckerrohrplantagen von Port Douglas nach Mossman (s. S. 421) weiterzufahren, bietet der nostalgische, von einer kleinen Dampflok gezogene Zug **Bally Hooley** (Marina Mirage, Tel. 07-40 99 50 51, Juli–Okt. So 10 Uhr, Erw. 29,50 A-$, Kin. 16,50, Fam. 75,50 A-$).

Infos
Port Douglas Information Centre: 23 Macrossan St., Tel. 18 00-99 55 56 u. 07-40 99 55 99, www.port-douglas.com, Mo–Fr 9–17, Sa/So 10–16 Uhr.

Übernachten
Wohlfühl-Oase ▶ **Radisson Treetops Resort:** Port Douglas Rd., Tel. 07-40 30 43 33, www.radisson-resorts.com.au. Tropisches Luxusresort mit mehreren Restaurants und herrlicher Poollandschaft. DZ 290–370 A-$.

Für gehobene Ansprüche ▶ **Lazy Lizard Motor Inn:** 121 Davidson St., Tel. 07-40 99 59 00, www.lazylizardinn.com.au. Mit allem Komfort ausgestattete Units, mit Restaurant und Salzwasserpool. DZ 100–150 A-$.

Zentral, ruhig und günstig ▶ **Port Douglas Motel:** 9 Davidson St., Tel. 07-40 99 52 48, www.portdouglasmotel.com. Sympathisches kleines Motel im Zentrum mit einfach, aber stilvoll ausgestatteten Zimmern und Salzwasserpool. DZ 70–110 A-$.

Schöne Anlage ▶ **Port O'Call Lodge:** Port St., Tel. 07-40 99 54 22, www.portocall.com.au. Zimmer unterschiedlicher Qualität, Bar, Bistro und Pool. DZ (mit Gemeinschaftsbad) ab 71 A-$, DZ (mit Bad/WC) ab 80 A-$, im Mehrbettzimmer ab 26 A-$/Pers.

Camping und Cabins ▶ **Tropical Breeze Caravan Park:** 24 Davidson St., Tel. 07-40 99 52 99. Mit Cabins, 5 Min. ins Zentrum, 3 Min. zum Four Mile Beach.

Essen & Trinken
Frisch aus dem Meer ▶ **On the Inlet:** 3 Inlet St., Tel. 07-40 99 52 55, tgl. 12–15, 17–23 Uhr. Seafood vom Feinsten. Vorspeisen 10–14 A-$, Hauptgerichte 18–38 A-$.

Uriges Pub-Restaurant ▶ **Iron Bar:** 5 Macrossan St., Tel. 07-40 99 47 76, tgl. 11–23 Uhr. Mit reichlich Wellblech dekoriert, Steaks in vielen Variationen, schön zum Draußensitzen, in der Hochsaison tgl. 22–2 Uhr Live-Musik. Vorspeisen 7–9 A-$, Hauptgerichte 18–28 A-$.

Mossman und Daintree

Naturschauspiel im Daintree National Park, Cape Tribulation Section

Einkaufen

Straßenmarkt ▶ **Cotters Markets:** Anzac Park, So 9–14 Uhr. Kunstgewerbe, Souvenirs.

Aktiv

Bootstouren ▶ **Quicksilver Cruises:** Marina Mirage, Tel. 07-40 87 21 99, www.quicksilver-cruises.com. Mit einem großen Katamaran (behindertengerechte Einrichtungen) geht es zu einer am Agincourt Reef verankerten Plattform, dort Schnorchelmöglichkeit, Fahrt im Glasbodenboot, Helikopterrundflug (tgl. 8 Uhr, Erw. 186 A-$, Kin. 93 A-$, Fam. 465 A-$).

Termine

Karnak: Tel. 07-40 98 81 44, Mi/Sa 19 Uhr. ›Sound & Light Show‹ in Verbindung mit traditionellen Tänzen der Kuku Yalanji-Aborigines im Regenwald nördlich von Port Douglas (Tickets 45–115 A-$).

Mossman und Daintree
▶ 3, K 3

Mossman markiert das Ende des Captain Cook Highway und bildet das Sprungbrett zur Mossman Gorge. Die wild-romantische Schlucht liegt am Südende des **Daintree National Park,** einer der größten zusammenhängenden Regenwaldregionen im nördlichen Australien. Während die weitgehend unberührte Wildnis nur erfahrenen Wanderern zugänglich ist, kann man die mit üppiger Tropenvegetation bewachsene Schlucht am Unterlauf des Mossman River problemlos auf einer kurzen Rundwanderung erkunden (vom Picknickplatz am Parkeingang 2 km/1 Std.).

Wer wissen möchte, wie eine Zuckermühle funktioniert, kann zur Erntezeit (Juni–Nov.) an einer Führung durch die Mossman Sugar Mill teilnehmen (Tel. 07-40 30 41 90, Mo–Fr 11.30, 13.30 Uhr, Erw. 18 A-$, Kin. 9 A-$).

Die Küste zwischen Townsville und Cooktown

Im ca. 35 km nördlich gelegenen **Daintree** lohnt ein Besuch des Timber Museum (tgl. 10.30–16 Uhr, Erw. 4 A-$, Kin. 2 A-$, Fam. 10 A-$). Bekannt ist der kleine Ort jedoch vor allem als Ausgangspunkt für Flussfahrten zur Krokodilbeobachtung (s. Aktivitäten).

Übernachten
... in Mossman
Luxuriöses Regenwald-Refugium ▶ Silky Oaks Wilderness Lodge: Mossman River Gorge, Tel. 02-82 96 80 10, www.voyages.com.au. Höchster Komfort in der Wildnis, mit Gourmet-Restaurant und Wellness-Center etwa Kräuterdampf- und Blumenbäde, Algenwickel u. a. (ab 120 A-$). DZ ab 577 A-$.
Von Tropengrün umgeben ▶ White Cockatoo: 1–9 Alchera Dr., Tel. 07-40 98 22 22, www.thewhitecockatoo.com. Komfortable Holzhäuser in tropischem Ambiente, mit Salzwasserpool, eine Sektion ist für Nudisten reserviert. DZ 99–139 A-$.
Camping und Cabins ▶ Pinnacle Village Holiday Park: Wonga Beach (24 km nördl. von Mossman), Tel. 07-40 98 75 66, www.pinnaclevillage.com. Zelt- und Wohnmobil-Stellplätz, gemütliche Cabins, zwei Pools, kleiner Laden, an einem herrlichen Strand gelegen.

Aktiv
... in Mossman
Wandern mit Aborigines ▶ Kuku Yalanji Dreamtime Walks: 58 Pringle St., Tel. 07-40 98 25 95, www.yalanji.com.au. Von Aborigines geführte, zweistündige Wanderung durch den Regenwald, bei der man Einblicke in Leben und Kultur der Ureinwohner erhält (tgl. 9.30, 13.30 Uhr, Erw. ab 27,50 A-$, Kin. ab 16 A-$, Fam. ab 70 A-$).
... in Daintree
Krokodilbeobachtung ▶ Etwa zehn Unternehmen bieten Touren zur Krokodilbeobachtung auf dem Daintree River an, die sich preislich und inhaltlich kaum unterscheiden, z. B. **Bruce Belcher's Daintree River Cruises:** Tel. 07-40 98 77 17, www.daintreerivercruise.

Viktorianisches Hotel in Cooktown

com, tgl. 8.15, 9.30, 11, 12, 13.30, 14.30, 15.30, 16 Uhr, Erw. 22 A-$, Kin. 10 A-$.

11 Cape Tribulation ▶ 3, K 3

Jenseits des breiten Daintree River, den man mit einer Autofähre überqueren kann, windet sich eine schmale Straße kurvenreich durch die Cape Tribulation Section des **Daintree National Park.** Mit Dschungel bewachsene Berge grenzen hier unmittelbar an Traumbuchten mit herrlichen Sandstränden und vorgelagerten Korallengärten – *Where the reef meets the rainforest,* wie es in einem Slogan der Fremdenverkehrswerbung heißt.

Im **Daintree Discovery Centre,** ca. 10 km nördlich der Fähre, erfährt man bei Multimedia-Vorträgen mehr über die Fauna und Flora des Nationalparks, der von der UNESCO zum Weltnaturerbe der Menschheit erklärt wurde. Über 1100 Pflanzenarten hat man in den Küstenregenwäldern gezählt. Einblicke in die ›Etagen‹ des Regenwalds bietet ein 23 m hoher Turm mit Aussichtsplattformen (Tel. 07-40 98 91 71, www.daintree-rec.com.au, tgl. 9–17 Uhr, Erw. 28 A-$, Kin. 14 A-$, Fam. 68 A-$).

Das 18 km nördlich der Fähre an der Cape Tribulation Road gelegene **Daintree Entomological Museum** macht Besuchen mit der vielfältigen Insektenwelt der Region vertraut (Tel. 07-40 98 62 69, tgl. 9–17 Uhr, Erw. 10 A-$, Kin. 5 A-$, Fam. 25 A-$). Einen guten Eindruck vom Küstenregen- und Mangrovenwald vermittelt der auf einem Holzbohlensteg verlaufende Naturlehrpfad **Marrdja Board Walk** 28 km nördlich der Fähre (hin und zurück 540 m/45 Min.).

Durch einen ›Tunnel‹ aus dichter tropischer Vegetation geht es vorbei am markanten Thornton Peak zur Alexandra Bay mit dem lang gestreckten **Thornton Beach.** Am **Noah Beach,** einem weißsandigen Strand der Fünf-Sterne-Kategorie, darf man campen. Der Superlativ unter den regionalen Stränden ist der **Cape Tribulation Beach,** hinter dem regenwaldüberwucherte Berge aufragen. Badefreuden kommen dennoch nicht auf, denn im Wasser lauern Krokodile und von November bis April auch giftige Quallen. Das Cape Tribulation erhielt seinen Namen – ›Kap des Kummers‹ – von Kapitän James Cook, dessen Schiff hier an einem Korallenriff leckgeschlagen war. Durch Küstenregenwald und Mangroven führt der Kulki Walk zum **Cape Tribulation Lookout** mit herrlichem Küstenpanorama (hin und zurück 800 m/40 Min.).

Fahrer konventioneller Vehikel müssen am Cape Tribulation umkehren, denn den nach Cooktown (s. S. 424) führenden Bloomfield Track kann man wegen extremer Steigungen nur mit Allradfahrzeugen bewältigen. Dank einer Betontrasse durch das Flussbett ist die Durchquerung des Bloomfield River südlich der Aboriginal-Siedlung Wujal Wujal nicht mehr gezeitenabhängig. Zur Beruhigung der Nerven kann man anschließend im urigen Outback-Pub ›Lion's Den Hotel‹ von Helenvale ein kühles Bier schlürfen.

Beim geheimnisvollen Granitmassiv des Black Mountain National Park, um das sich viele Mythen der Aborigines ranken, mündet der Bloomfield Track in die Cooktown Developmental Road, auf der es noch 28 km bis Cooktown sind. Wer mit einem normalen Pkw oder Wohnmobil dorthin fahren will, muss die landschaftlich weniger reizvolle, aber mittlerweile durchgehend geteerte Inlandroute nehmen.

Übernachten

Rechts und links der Straße zum Cape Tribulation verstecken sich komfortable Lodges (s. S. 419) sowie familiäre Pensionen und preiswerte Backpacker-Hostels im Dickicht des Regenwalds.

Persönlich geführtes Boutique-Resort ▶ Daintree Rainforest Retreat Motel: Cape Tribulation Rd., Cow Bay, Tel. 07-40 98 91 01, www.daintreeretreat.com.au. 11 km nördl. der Fähre, familienfreundlich, mit Salzwasserpool, sehr hilfsbereite Besitzer. DZ 110–130 A-$, Apartment 180 A-$.

Preiswert und naturnah ▶ Crocodylus Village: Buchanan Creek Rd., Cow Bay, Tel. 07-40 98 91 66, www.crocodyluscapetrib.com. 15 km nördl. der Fähre in schöner Naturumgebung, einfache Cabins und Mehrbettzim-

Die Küste zwischen Townsville und Cooktown

mer, mit Pool. DZ 75 A-$, im Mehrbettzimmer 21–23 A-$.

Hütten für Budget-Reisende ▶ PK's Jungle Village: Tel. 07-40 98 00 40, www.pksjunglevillage.com. 2 km südl. des Cape Tribulation, in Backpacker-Kreisen beliebtes Hüttenhotel mit Restaurant, Biergarten und Pool. DZ (mit Gemeinschaftsbad) 88 A-$, DZ (mit Dusche/WC) 110 A-$, im Mehrbettzimmer ab 25–28 A-$/pro Pers.

Camping ▶ Rainforest Village: Cape Tribulation Rd., Tel. 07-40 98 90 15, www.rainforestvillage.com.au. 16 km nördl. der Fähre, einfacher Campingplatz in allerdings sehr schöner Lage.

Essen & Trinken

Tolle Lage am Strand ▶ Café on Sea: Cape Tribulation Rd., Thornton Beach, Tel. 07-40 98 91 18, tgl. 9.30–21 Uhr. 23 km nördl. der Fähre, mediterrane Gerichte und Seafood. Vorspeisen 8,50–10 A-$, Hauptgerichte 14–24 A-$.

Solide Aussie-Hausmannskost ▶ Cassowary Café: 2 km südl. des Cape Tribulation, Tel. 07-40 98 11 69, tgl. 9–22 Uhr. Pizza und Pasta, Steaks und Seafood. Vorspeisen 7,50–10 A-$, Hauptgerichte 12–22 A-$.

Aktiv

Krokodilbeobachtung ▶ Cape Tribulation Wilderness Cruises: Tel. 07-40 33 20 52, www.capetribcruises.com. 60-minütige Bootstouren durch Mangrovenwald (Erw. 25 A-$, Kinder 17,50 A-$).

Wandern ▶ Mason's Tours: Tel. 07-40 98 00 70, www.masonstours.com.au. Von Botanikern geführte Wanderungen durch den Regenwald (Erw. ab 38 A-$, Kin. ab 29 A-$).

Kajaktouren ▶ Tropical Seakayaks: Tel. 07-40 98 91 66, www.crocodyluscapetrib.com. 2-tägige Kajaktouren mit Übernachtung auf Snapper Island (ab 195 A-$).

Cooktown ▶ 3, K 2

Die am Endeavour River gelegene Hafenstadt erhielt ihren Namen nach James Cook, der dort am 17. Juni 1770 landete, um während eines 48-tägigen Zwangsaufenthalts in der geschützten Flussmündung sein leckgeschlagenes Schiff ›Endeavour‹ zu reparieren. Etwas über 100 Jahre später fand ein Ire namens Mulligan am Ufer des knapp 200 km westlich gelegenen Palmer River einen Klumpen reinsten Goldes und löste damit einen Goldboom aus. Cooktown entwickelte sich als Versorgungsbasis der Goldfelder zu einer pulsierenden Stadt, deren Einwohnerzahl innerhalb weniger Jahre auf 35 000 Menschen anschwoll. Gegen 1880 war die Ansammlung von Zelten und Hütten dauerhaften Stein- und Holzgebäuden gewichen.

An der Charlotte Street, der Hauptstraße der Stadt, verteilten sich 65 Kneipen sowie Dutzende von Hotels, Restaurants und Geschäften. Außerdem war dort jede Weltmacht mit einem Konsul vertreten. Dem kometenhaften Aufstieg von Cooktown folgte ein tiefer Fall, als das Gold zur Neige ging. Immer mehr Bewohner verließen die Hafenstadt, und um die Wende zum 20. Jh. lebten dort gerade noch 2000 Leute. Die geografische Isolation sowie Wirbelstürme und Feuersbrünste taten ein Übriges – Cooktown verfiel in einen Dornröschenschlaf, aus dem es erst allmählich wieder erwacht.

Das **James Cook Historical Museum** in der Helen Street dokumentiert die Stadtgeschichte und die Entdeckungsreisen von Kapitän Cook (Tel. 07-40 69 53 86, tgl. 9.30–16 Uhr, Erw. 7,50 A-$, Kin. 5 A-$, Fam. 20 A-$). Lohnend ist auch das **Cooktown Museum** in der Walker Street mit zahlreichen maritimen Exponaten (Tel. 07-40 69 52 09, tgl. 9–16.30 Uhr, Erw. 6 A-$, Kin. 3 A-$, Fam. 15 A-$).

Die meisten architektonischen Relikte der großen Vergangenheit reihen sich entlang der Charlotte Street. Am Ufer des Endeavour River markiert ein Denkmal die Stelle, an der Cook einst an Land ging. Ein grandioser Blick über Cooktown und das Delta des Endeavour River bietet sich vom **Grassy Hill,** auf dem ein alter Leuchtturm steht. Von den Botanic Gardens an der östlichen Peripherie der Stadt führt ein Fußweg zur malerischen **Finch Bay** mit einem weiten Sandstrand. Den besten

Cape York Peninsula

Eindruck vom mangrovengesäumten und krokodilreichen Endeavour River vermittelt eine Bootsfahrt.

Übernachten

Historisches Flair ▶ The Sovereign: Charlotte St., Ecke Green St., Tel. 07-40 43 05 00, www.sovereign-resort.com.au. Kolonialhotel mit modernem Interieur, Restaurant, Pool. DZ 170–205 A-$.

Funktioneller Komfort ▶ Cooktown River of Gold Motel: Hope St., Ecke Walker St., Tel. 07-40 69 52 22, Fax 07-40 69 56 15. Mit Restaurant, Pool. DZ 115–125 A-$.

Camping und Cabins ▶ Tropical Breeze Caravan Park: Charlotte St., Ecke McIvor Rd., Tel. 07-40 69 54 17, Fax 07-40 69 57 40. Mit Cabins und Pool.

Aktiv

4x4-Trips zu Aboriginal-Felsmalereien ▶ Guurrbi Tours: Tel. 07-40 69 60 43, www.guurrbitours.com. Von dem Ureinwohner Willie Gordon sehr kenntnisreich geführte Geländewagen-Touren durch Buschland zu Felsgalerien mit urzeitlichen Bildern (›Rainbow Serpent Tour‹ tgl. 7.45–13.15 Uhr, Erw. 120 A-$, Kin. 75 A-$; ›Great Emu Tour‹ tgl. 13.45–17.15 Uhr, Erw. 95 A-$, Kin. 60 A-$).

Krokodilbeobachtung ▶ Endeavour River Cruises: Cooks Landing Kiosk, Charlotte St., Tel. 07-40 69 57 12. Bootsfahrt auf den Endeavour River mit Krokodilbeobachtung (tgl. 9, 14 Uhr, Erw. 25 A-$, Kin. 15 A-$, Fam. 65 A-$).

Cape York Peninsula
▶ 3, J/K 1/2

»Wer durch dieses Land reist, geht durch die Hölle«, notierte der Australien-Forscher Edmund Kennedy kurz vor seinem Tod in sein Tagebuch. 1848 hatte er versucht, von Cairns aus die Cape York Peninsula zu durchqueren. Sintflutartige Regenfälle, Sumpfgebiete voller Krokodile, reißende Flüsse und Angriffe von Aborigines machten für ihn die Expedition zu einem Albtraum.

Eine kompromisslose Natur beschert der über 200 000 km² großen Region, in deren Weite sich lediglich 10 000 Menschen verlieren, abwechselnd Dürren und Überschwemmungen. Dünn besiedelt, wenig erforscht, kaum erforscht und schwer zugänglich, gilt die Cape York Peninsula, die einer Pfeilspitze gleich nach Norden in Richtung Papua-Neuguinea ragt, als eines der letzten großen Wildnisgebiete der Welt.

Auf etwa einem Siebtel der Fläche erstrecken sich mehrere Nationalparks, die eine einzigartige Tier- und Pflanzenwelt schützen: eine Mischform zwischen der Fauna und Flora Australiens und Neuguineas. Zwar wird auf der Cape-York-Halbinsel die Nähe zum tropischen Asien spürbar, doch wer meint, dieses Dreieck wäre von üppigem Dschungel mit Farnen, Lianen, Schlingpflanzen und Urwaldriesen überwuchert, muss sich eines Besseren belehren lassen. Artenreiche Regenwälder wuchern nur am Cape Tribulation und um Cooktown sowie in Nationalparks an der Ostküste. Im Innern der Halbinsel findet man trockene Savannensteppen, die mit riesigen Termitenburgen gespickt sind, lichte und niedrige Eukalyptuswälder sowie weite Sumpfebenen. Durch die Wildnis windet sich der Cape York Track (s. aktiv unterwegs S. 426f.).

Übernachten

… in Laura

Historisches Pub-Hotel ▶ Quinkan Hotel: Tel. 07-40 60 32 55. Pub-Hotel aus dem Jahr 1887 mit einfachen Zimmern. DZ 85 A-$.

Camping ▶ Ang-Gnarra Caravan Park: Tel. 07-40 60 32 00. Einfach, mit Pool.

… in Coen:

Mit Outback-Flair ▶ Homestead Guest House: Tel. 07-40 60 11 57. Gemütliches B & B. DZ 95 A-$.

Camping ▶ Armbrust Caravan Park: Tel. 07-40 60 11 34. Einfach, mit On-Site-Vans.

… am Cape York:

Herrlich gelegen ▶ Pajinka Wilderness Lodge: Tel. 07-40 69 21 00, Fax 07-40 69 21 10. Komfortables Resorthotel mit auf Stelzen erbauten Bungalows, Pool und Restaurant. DZ ab 275 A-$.

Die Küste zwischen Townsville und Cooktown

aktiv unterwegs

Geländewagentour zum Cape York

Tour-Infos
Start: Cooktown
Ende: Bamaga
Länge: hin und zurück ca. 1600 km
Dauer: 10–12 Tage
Schwierigkeitsgrad: mäßig schwierig bis extrem schwierig
Informationen im Internet: www.capeyorksearch.com

Durch die Wildnis von Cape York windet sich die **Peninsula Development Road,** eine ca. 800 km lange Natur- und Schotterpiste, die landläufig **Cape York Track** genannt wird und trotz aller Ausbaumaßnahmen Fahrer und Fahrzeuge nach wie vor auf eine harte Probe stellt. Doch trotz mancher Flussdurchquerungen gilt der Cape York Track als ein kalkulierbares Abenteuer, das etwas Vorbereitung und Outback-Erfahrung sowie einen allradangetriebenen Geländewagen erfordert. Für das Abenteuer sollte man 10 bis 12 Tage einplanen. Kleine Ortschaften und Roadhouses im Abstand von maximal 400 km sichern die Versorgung mit Treibstoff und Lebensmitteln. Während der Regenzeit zwischen November/Dezember und März/April ist der Cape York Track unpassierbar.

Letzte Stadt vor der Wildnis der Cape York Peninsula ist **Cooktown** (s. S. 424). Dort sollte man noch einmal die Gelegenheit nutzen, um sich mit Vorräten einzudecken. Highlight auf dem südlichen Streckenabschnitt ist die **Quinkan Reserve** nahe dem Outback-Nest **Laura.** Dort gibt es zahlreiche Aboriginal-Felsgalerien mit Hunderten bis zu 25 000 Jahre alten Felsmalereien und Petroglyphen – am leichtesten zugänglich sind die Galerien am **Split Rock, Guguyelangi Rock** und **Turtle Rock,** 13 km südlich des Ortes. Ein Besuch von Laura lohnt sich vor allem zum Cape York Aboriginal Dance Festival (Juni/Juli jeweils in Jahren mit ungeraden Zahlen), einer der seltenen Gelegenheiten, authentische Tänze der Ureinwohner zu sehen. Ebenfalls im Juni/Juli, allerdings jährlich, treffen sich hartgesottene Cowboys zum Laura Races and Rodeo.

Westlich von Laura zweigt eine Piste zum **Lakefield National Park** ab. Das von drei großen Flüssen durchzogene, zweitgrößte Naturschutzgebiet von Queensland ist Lebensraum einer artenreichen Vogel- und Reptilienwelt. Auf dem Parkgebiet liegt auch die Old Laura Homestead, eine historische Station, die die harten Lebensbedingungen der ersten Siedler nachvollziehen lässt.

Nordwestlich von **Coen,** der heimlichen Hauptstadt der Cape York Peninsula, erstreckt sich der teils schwer zugängliche **Mungkan Kandju National Park,** der die ausgedehnten Überschwemmungsgebiete des Archer-Coen-Flusssystems und die mit dichtem Regenwald bedeckte McIllwraith Range umfasst.

Knapp 70 km nördlich von Coen liegt das **Archer River Roadhouse.** 20 km danach zweigt eine sehr raue Piste in nordöstlicher Richtung zum weitgehend unberührten **Iron Range National Park** ab (ca. 108 km bis zum Parkeingang), der das größte Areal von Auen-Regenwald in Australien umfasst. Er wird vom Old Coen Track erschlossen, einem ca. 10 km langen Wanderweg, auf dem man seltenen Vögeln begegnet. Vom Mt. Tozer Lookout hat man einen herrlichen Rundblick über die einzigartige Landschaft.

Noch ein Stückchen weiter nördlich folgt die Abzweigung zur florierenden Bergbaustadt **Weipa** an der Westküste (145 km auf guter Schotterpiste), in deren Umgebung sich die ergiebigsten Bauxitvorkommen der Erde erstrecken. Der zur Aluminiumherstellung benötigte Rohstoff wird hier im Tagebau gewonnen.

Cape York

Während man zumindest in der Trockenzeit von Mai bis Oktober bei umsichtiger Fahrweise auch mit einem robusten Pkw oder Camper bis nach Weipa kommt, ist nördlich der Abzweigung zu diesem Minenort ganzjährig Allradantrieb erforderlich. Vor allem wer die **Old Telegraph Road** befahren möchte, die 40 km nördlich der – durch eine zementierte Furt ›entschärften‹ – Wenlock River Crossing beginnt, muss mit einer Off-Road-Achterbahn sondergleichen rechnen. Heftige Regenfälle im Sommer hinterlassen hier regelmäßig tiefe Auswaschungen und Gräben. Fahrzeug und Nerven schont man, wenn man die **Southern Bypass Road** nimmt.

Einige Kilometer nördlich der Stelle, wo die beiden Pisten wieder zusammentreffen, versprechen die in natürliche Felsenpools stürzenden **Fruit Bat Falls** und **Eliot Falls** einen Badespaß inmitten des kargen Buschlands. Das einst größte Hindernis auf dem Weg zum Cape York, den mächtigen **Jardine River,** kann man per Autofähre überwinden.

Bamaga ist ein größerer, hauptsächlich von Aborigines und Torres Strait Islanders bewohnter Ort mit Krankenhaus, Schule und sämtlichen Versorgungsmöglichkeiten. Rund 30 km nordöstlich ragt das Cape York in die 150 km breite, inselübersäte Meeresstraße Torres Strait, die Australien von Asien trennt. Bewohnt ist die Inselgruppe vorwiegend von etwa 10 000 Torres Strait Islanders, die mit melanesischen Volksstämmen von Neuguinea verwandt sind. Als Verwaltungszentrum der Inselgruppe dient die kleine, 32 km nordwestlich des Cape York gelegene **Thursday Island,** einstmals ein Stützpunkt zahlreicher Perlenlogger, heute ein bedeutender Fischereihafen. In den Küstengewässern vor Cape York liegt **Possession Island,** wo James Cook am 22. August 1770 die britische Fahne hissen ließ und damit Australien für das Empire in Besitz nahm.

Von Bamaga ist es nicht mehr weit zum **Cape York,** dem nördlichsten Punkt des Fünften Kontinents. Papua-Neuguinea ist von hier nur 140 km Luftlinie entfernt. Die Aborigines nennen den Platz ›Pajinka‹, was so viel wie ›Treffpunkt‹ bedeutet. Ein passender Name angesichts der Tatsache, dass vor dem Kap die Wasser des Indischen Ozeans und des Pazifischen Ozeans zusammenfließen. Westlich von The Tip, wie das Cape York auch genannt wird, erstreckt sich mit dem **Frangipani Beach** der nördlichste Strand des australischen Festlandes.

12 Great Barrier Reef ▶ 3, J/K 1–4

Es gilt als das achte Weltwunder: das Great Barrier Reef. Über mehr als 2000 km erstreckt sich dieses weitläufigste Korallenriffsystem der Erde entlang der australischen Ostküste. Wie grüne und goldgelbe Punkte sind über 700 Inseln in das Korallenmeer hineingetupft. Für manchen wird hier der Traum vom Tropenparadies Realität.

Wunderwelt unter Wasser

Die Bezeichnung Great Barrier Reef für dieses faszinierende Naturphänomen ist eigentlich nicht ganz korrekt, denn das Riff bildet keine zusammenhängende Barriere, sondern setzt sich aus fast 3000 Einzelriffen zusammen, die über rund 350 000 km² verstreut sind. Der äußerste Gürtel der Riffkette, das sogenannte Outer Reef, bricht abrupt und steil bis in etwa 2000 m Tiefe ab. Im Norden bei Cairns ist dieser äußere Riffsaum nur etwa 30 km, im Süden bei Mackay dagegen rund 260 km von der Küste entfernt. Zwischen Festland und Outer Reef erstreckt sich eine Lagune, die Tiefen zwischen 50 und 100 m aufweist und oft als Barrier Reef Channel bezeichnet wird. Innerhalb dieses ›Lagunenkanals‹ befinden sich weitere Riffe und Korallenbänke sowie Inseln unterschiedlichster Größe.

Korallen- und Festlandinseln

Von den über 700 Inseln des Great Barrier Reef sind nur eine Hand voll echte Koralleninseln, die ausschließlich aus gebrochenen Korallen und angeschwemmtem Sand bestehen. Die Inseln korallinen Ursprungs haben meist nur einen Durchmesser von wenigen hundert Metern, ihre höchsten Erhebungen liegen selten höher als einen Meter über dem Meeresspiegel. Sie sind teils völlig vegetationslos, teils mit meer- und windbeständigen Pflanzen bewachsen. Für einen Tourismus größeren Stils hat man lediglich drei Koralleninseln erschlossen: Lady Elliot Island (s. S. 430), Heron Island (s. S. 431) und Green Island (s. S. 437f.).

Die meisten der in Festlandnähe aus dem Meer emporragenden Inseln sind Überbleibsel versunkener Küstengebirge. Aus festem Gestein aufgebaut, bilden sie Teile des Kontinents, von dem sie durch Absenkung und Anstieg des Meeresspiegels nach der letzten Eiszeit abgetrennt wurden. Die meist sehr hohen und mit dichter Vegetation bestandenen Festlandinseln sind häufig von schmalen Saumriffen mit Korallengärten umgeben.

Korallenpolypen

Als größtes von lebenden Organismen je geschaffenes Bauwerk der Erde besteht das Great Barrier Reef vorwiegend aus Kalksteingehäusen und -skeletten von Abermilliarden winziger Meerestiere, sogenannten Korallenpolypen. Die im Durchschnitt kaum mehr als 10 mm langen Lebewesen sind wirbellose Organismen, die in ihrem Lebenszyklus fortwährend den mit der Nahrung aufgenommenen Kalk absondern. Daraus produzieren die Polypen, die nur aus einem sackförmigen Körper mit einer von einem Kranz von Tentakeln umgebenen Mundöffnung bestehen, becherförmige Gehäuse. Tagsüber verbergen sich die nachtaktiven Tierchen in diesen Schutzröhren. Bei Dunkelheit werden die mit Nesselkapseln versehenen Fangarme ausgestreckt, um im Wasser schwebendes Plankton aufzunehmen.

Wunderwelt unter Wasser

Unter günstigen Umständen vermehren sich die Polypen rasch und bilden bald eine Kolonie von vielen Millionen einzelner Korallentierchen. Die Kalkskelette der Einzelpolypen verbinden sich im Laufe der Zeit zu oftmals bizarr geformten Korallenstöcken. Diese wiederum können zu Riffen heranwachsen, indem sich abgestorbene Stöcke über Jahrtausende hinweg Lage um Lage aufeinander schichten. Ein Korallenriff besteht somit zum größten Teil aus einem toten Kern, auf dessen Oberfläche sich Kolonien lebender Korallenpolypen angesiedelt haben.

Im Bereich des Great Barrier Reef hat man über 350 verschiedene Korallenarten mit einer fantastischen Formen- und Farbenvielfalt registriert. Am weitesten verbreitet sind die Baumkorallen *(Acropora)*, die sogenannten Hirnkorallen (rundliche Gebilde mit einem Durchmesser bis zu 1 m, die von zahllosen Windungen durchfurcht werden) sowie die Geweih-, Pilz- und Tischkorallen. Neben kalkabsondernden Korallen gibt es sogenannte weiche Korallen, pflanzenähnliche Gebilde mit lederartig weichen Skeletten.

Riffbewohner

Korallen sind aber bei weitem nicht die einzigen Organismen im Great Barrier Reef. In der Korallensee um das Riff zählt man allein über 1500 Fisch- und rund 4000 Weichtierarten. Aus der atemberaubenden Vielfalt der Tropenfische ragen vor allem der Weißbinden-Korallenfisch – auch Clownfisch genannt – und der Papageifisch heraus. Letzterer hat sich bei seiner Nahrungsaufnahme auf Korallenpolypen spezialisiert, deren Kalkskelette er mit seinen kräftigen Kiefern zu zerbeißen vermag.

Der Rotfeuerfisch mit flügelartigen Flossen ist einerseits eines der schönsten, andererseits aber auch eines der gefährlichsten Exemplare der Fischwelt am Riff. Sein Gift ist so wirksam wie das der Kobra. Ebenfalls hochgiftig und darüber hinaus reichlich hässlich ist der Steinfisch, der sich mit seiner graubraunen Farbe und seinem stacheligen Rücken kaum von abgestorbenen Korallenstöcken abhebt. Die bis zu über 1 m lange und mehrere hundert Kilogramm schwere Riesen- oder Mördermuschel sitzt angewachsen zwischen den Korallenstöcken. Zur Unterwasserwelt gehören auch bunte Schwämme, Seesterne und Krebstiere. Die Sandstrände mancher Inseln werden in den Sommermonaten von Meeresschildkröten zum Ablegen ihrer Eier aufgesucht.

Weltwunder in Gefahr

Seit 1983 ist der Riffkomplex als Marine Park unter Naturschutz gestellt. Trotz aller Schutzmaßnahmen droht das Great Barrier Reef jedoch durch Eingriffe des Menschen aus dem ökologischen Gleichgewicht zu geraten. Für die Tourismusindustrie bedeutet das Riff ›Big Business‹. Alljährlich kommen über 700 000 Urlauber aus aller Welt, und ihre Zahl steigt. Innerhalb des Parks hat man knapp zwei Dutzend Inseln für den Fremdenverkehr erschlossen. Mittlerweile wurde der Ausbreitung großer Ferienzentren zwar ein Riegel vorgeschoben, doch befürchten Naturschützer, dass das Great Barrier Reef dem Druck der Besucherscharen nicht standhalten könnte, und fordern daher, die touristische Erschließung nicht weiter voranzutreiben.

Auch die Landwirtschaft beeinträchtigt die Unterwasserwelt, insbesondere der in Monokultur betriebene Zuckerrohranbau. Während der jährlichen Monsunregen gelangen über Flusssysteme neben Sedimenten vor allem Phosphatdünger und Pflanzenschutzmittel in die See, wo sie zu einem Absterben der Korallenstöcke führen. Eine in ihrer ganzen Tragweite noch nicht abzusehende Gefahr geht von den Gold- und Kupferminen in Papua-Neuguinea aus, deren chemisch belasteter Abraum besonders den nördlichen Riffwall bedroht. Weitere Gefahren liegen in den Plänen der petrochemischen Industrie, die vermuteten Ölvorkommen im Riff auszubeuten.

Eine andere Bedrohung geht von der Natur selbst aus: von den berüchtigten Dornenkronen-Seesternen *(Crown of Thorns Starfish)*. Dieser mit Giftstacheln bewehrte Seestern mit einem Durchmesser von bis zu 60 cm kann die winzigen, riffbildenden Koral-

Great Barrier Reef

lenpolypen aus ihren Kalkgehäusen saugen, um sie dann zu fressen. Alle Gegenmaßnahmen haben bislang wenig ausrichten können. Man kennt noch nicht einmal die genauen Ursachen für die immer wieder auftretenden Massenvermehrungen der Dornenkronen, die nach Schätzungen von Experten bereits rund ein Viertel der Korallenriffe im Nordosten Australiens zerstört haben.

Dem Naturwunder setzt zudem die steigende Wassertemperatur zu, die zur sogenannten Korallenbleiche führt. In den kommenden 100 Jahren werden die Durchschnittswerte um etwa zwei Grad zulegen. Schon jetzt, so die Meeresbiologen der University of Queensland, seien die Korallen an der oberen Grenze ihrer Temperaturtoleranz von 31 °C angelangt. Ob sie sich an die zu erwartende rapide Erwärmung anpassen können, bleibt abzuwarten.

Tipp: Tauchen leicht gemacht

Das Great Barrier Reef zählt zu den weltweit beliebtesten Unterwasserzielen. Nicht nur erfahrene Taucher, sondern auch Anfänger kommen hier auf ihre Kosten. Speziell für sie bieten Veranstalter in Cairns, Airlie Beach und anderen Ferienorten so genannte Schnuppertauchgänge. Schon nach einer einstündigen theoretischen Einführung geht es ins Wasser. Unter der Aufsicht der hervorragend geschulten *Dive Masters* lernen selbst ängstliche Menschen, ja sogar Behinderte oder ältere Personen den Zauber der Unterwasserwelt kennen. Wer auf den Geschmack gekommen ist, kann einen Kurs mit Zertifikatsabschluss belegen. Einzige Bedingung sind eine durchschnittliche Fitness und ein ärztliches Zeugnis, in dem bescheinigt wird, dass man keine Herz-, Kreislauf- und Ohrenprobleme hat. Ein Grundkurs nach internationalen Prüfungsvorschriften mit dem *Open Water Certificate* als Abschluss dauert 5–7 Tage und kostet 350–400 Euro, inklusive Ausrüstung und Lehrmaterial. Auch weiterführende Kurse sind relativ preiswert.

Die wichtigsten Inseln von Süd nach Nord ▶ 1, U – W 7 – 9

Lady Elliot Island

Die direkt auf dem Riff gelegene Koralleninsel markiert das Südende des Great Barrier Reef. Sie befindet sich ca. 93 km nordöstlich von Bundaberg und wird von ausgezeichneten Saumriffen umgeben, die sich bei Tauchern und Schnorchlern großer Beliebtheit erfreuen. Zwischen November und Februar legen an den Stränden der Insel Meeresschildkröten ihre Eier ab. Zur gleichen Zeit nisten dort bis zu 200 000 Seevögel.

Übernachten

Inselresort zum Relaxen ▶ Lady Elliot Island Resort: Tel. 18 00-07 22 00 u. 07-41 25 53 44, www.ladyelliot.com.au. Anlage mit Bungalows und Safarizelten, Restaurant, Pool. DZ ab 350 A-$ (inkl. Halbpension).

Verkehr

Flüge: Tgl. kleine Propellermaschinen der Seair, Tel. 18 00-07 22 00, von Bundaberg (30 Min.) und Hervey Bay (40 Min.); Achtung: nur 10 kg Freigepäck!

Lady Musgrave Island

Von spektakulären Riffen gesäumt, ist die unbewohnte Koralleninsel 100 km nordöstlich von Bundaberg ein hervorragendes Tauch- und Schnorchelrevier. In den Sommermonaten suchen dort Tausende von Wasservögeln ihre Nistplätze auf.

Übernachten

Camping ▶ Wer über Nacht bleiben will, muss ein eigenes Zelt und ausreichend Trinkwasser mitbringen und im Besitz eines *Permit* des Department of Environment sein (Gladstone District Office, Tank St., Gladstone, Tel. 07-49 71 65 00, www.smartservice.qld.gov.au/aq).

Verkehr

Schiffsverbindungen: Während der Hauptsaison tgl., sonst mehrmals wöchentl. Aus-

Die wichtigsten Inseln von Süd nach Nord

flüge in einem Katamaran von Port Bundaberg (2,5 Std.) und Town of 1770 (1,5 Std.); Info: Lady Musgrave Cruises, Tel. 18 00-63 17 70, www.lmcruises.com.au, Erw. 165 A-$, Kin. 85 A-$, Fam. 450 A-$.

Heron Island

Weiße Traumstrände, glasklares Wasser und fantastische Korallengärten über und unter Wasser kennzeichnen die 80 km nordöstlich von Gladstone, direkt auf dem Barrier Reef gelegene Heron Island, die wegen ihrer reichen Fauna zum Nationalpark erklärt wurde. Kenner zählen die Tauchgründe zu den weltweit besten.

Die Insel, benannt nach dem weißen Reiher *(heron),* gilt als Vogelparadies mit großen Brutkolonien von Weißkopf-Noddies, Seeschwalben und Sturmtauchern. Zwischen Oktober/November und Januar/Februar suchen Hunderte von Meeresschildkröten die Sandstrände zum Ablegen ihrer Eier auf. Aufgrund der außergewöhnlichen Inselfauna hat sich auf Heron Island eine meeresbiologische Forschungsstation etabliert, in der Besucher willkommen sind. Ein sehr lohnender Ausflug, der auf der Insel angeboten wird, führt zum Wistari Reef.

Übernachten

Exklusiv und naturnah ▶ **Heron Island Resort:** Tel. 1300-23 34 32, www.heronisland.com. Luxuriöse Bungalowanlage mit Gourmet-Restaurant, Pool und Wellnesscenter. DZ ab 750 A-$ *(all inclusive).*

Verkehr

Flüge: Tgl. Helikopterflüge von Gladstone (30 Min.) mit Marine Helicopter Charters, Gladstone Airport, Tel. 07-49 78 17 77, www.marineheli.com.au.
Schiffsverbindungen: Tgl. Katamaran von Gladstone (2 Std.); nur für Übernachtungsgäste. Buchung: Heron Island Resort, Tel. 13 00-23 34 32.

Great Keppel Island

Auf der dicht bewaldeten Festlandinsel 50 km nordöstlich von Rockhampton umfasst das vielfältige Sport- und Freizeitangebot Schnorcheln, Tauchen, Segeln, Windsurfen, Wasserski, Reiten und Drachenfliegen.

Abseits des großen Feriendorfs erstrecken sich ruhige Buchten mit ausgezeichneten Stränden wie Butterfly Beach oder Monkey Beach. Mehrere Veranstalter bieten Bootstouren und Flüge zum Outer Reef an. Bei der benachbarten **Middle Island** befindet sich ein Unterwasserobservatorium (Tel. 07-49 33 67 44, tgl. 8–17 Uhr).

Übernachten

Für Aktivurlauber ▶ **Great Keppel Island Resort:** Tel. 18 00-24 56 58, Fax 07-49 39 17 75, www.gkeppel.com.au. Für Sportbegeisterte (vier Swimmingpools, drei Tennisplätze, zwei Squashplätze, Sechs-Loch-Golfplatz). DZ ab 157–187 A-$, Bungalow ab 225 A-$.

Verkehr

Schiffsverbindungen: Mehrmals tgl. Katamarane und andere große Passagierboote von Rosslyn Bay (20 Min.) mit Keppel Tourist Services, Rosslyn Bay Terminal, Tel. 07-49 33 67 44. Zum Service gehört ein Zubringerbus ab Rockhampton.

Brampton Island

Die Festlandinsel 35 km nördlich von Mackay ist zwar knapp 60 km vom Barrier Reef entfernt, aufgrund der reichen Meeresfauna und -flora der sie umgebenden Saumriffe aber ein Dorado für Taucher, Schnorchler und Unterwasserfotografen. Bootsfahrten zu den Whitsunday Islands und zum Outer Reef stehen auf dem Programm der Tourveranstalter. Ein Netz von Wanderwegen führt zu spektakulären Aussichtspunkten und malerischen Badebuchten. Bei Ebbe kann man zur benachbarten **Carlisle Island** laufen.

Übernachten

Tropisches Hideaway ▶ **Brampton Island Resort:** Tel. 18 00-18 02 209, www.voyages.com.au. Luxuriöse Ferienanlage, die sich harmonisch in die tropische Umgebung einfügt; Restaurant, Pool, großes Sport- und Freizeitangebot. DZ ab 600 A-$ *(all inclusive).*

Great Barrier Reef

Verkehr

Flüge: Tgl. Helikopterflüge von Mackay (15 Min.) mit Marine Helicopter Charter, Tel. 07-49 51 08 88; keine Tagesausflüge.

Whitsunday Islands

Die 35 bis 70 km vom äußeren Riff entfernten **Whitsunday Islands** werden zwar vielfach von Saumriffen umgeben, sind aber keine Koralleninseln, sondern die Gipfel eines Unterwassergebirges, das vom Festland durch tiefe Schluchten getrennt ist. Der vielfältigen Meeresfauna um die Korallenbänke entspricht über Wasser eine abwechslungsreiche Landschaft, in der traumhafte Sandstrände mit dicht bewaldeten, teils kaum zugänglichen Bergen kontrastieren. Die ehedem recht abgeschiedenen ›Whitsundays‹ sind heute eine Mischung aus großen Ferienanlagen und entlegenen Naturschutzgebieten. Vor allem Segler zieht es dorthin, denn die geschützten Gewässer der Whitsunday Passage erlauben ein idyllisches Kreuzen. Ihren Namen erhielten die Inseln von Kapitän James Cook, der hier an Pfingsten *(Whitsunday)* im Jahr 1770 vorbeisegelte. Von den 74 Inseln des Archipels sind übrigens nur sieben bewohnt.

Mitte des 20. Jh. noch unerschlossen, präsentiert sich die 18 km südöstlich von Shute Harbour gelegene **Hamilton Island** mit ihren Hoteltürmen, Apartmenthäusern und dem internationalen Flughafen heute wie Miami Beach, das man auf das Great Barrier Reef verpflanzt hat. Das nahe **Heart Reef,** eine herzförmige Korallenformation, bekommt nur zu sehen, wer einen Rundflug bucht.

Die von einer Korallenlagune umgebene **Hayman Island** 27 km nördlich von Shute Harbour bietet mit üppigem Regenwald und lauschigen Palmenhainen das passende Ambiente für einen ultraluxuriösen Urlaub in einem Inselresort, das weltweit zu den besten Anlagen dieses Stils gehört.

Lindeman Island 33 km südöstlich von Shute Harbour hat den Ruf einer perfekten Ferieninsel für Familien. Sieben Badestrände erwarten auf der zum Nationalpark erklärten Insel große und kleine Urlauber. Ausgedehnte Wanderwege erschließen das von Regenwald bedeckte, bergige Innere der Insel. Ähnliche Möglichkeiten bietet die dem Festland dicht vorgelagerte **South Molle Island** 6 km nordöstlich von Shute Harbour, eine der beliebtesten Inseln der Region. Das Freizeit- und Sportangebot ist ebenso vielfältig wie die Palette an Unterkünften. Auf Wanderwegen kann man das bergige Innere des Insel-Nationalparks erkunden. Den höchsten Punkt des Eilands markiert der 198 m hohe Mount Joffrey, von dem sich ein herrlicher Blick auf die Whitsunday Passage bietet.

Bei jüngeren Leuten sehr beliebt ist **Long Island** 8 km südöstlich von Shute Harbour. Die Strände der zum Nationalpark erklärten Insel sind vom Feinsten. Zudem durchzieht das regenwaldbedeckte Eiland ein Netz von Wanderpfaden. 4 km nordöstlich von Shute Harbour liegt die kleine, aber feine **Daydream Island,** mit ihrer Kombination aus weißem Korallenstrand, idyllischen Palmenhainen und regenwaldbedeckten Berghängen der Inbegriff einer Südsee-Insel. Die ruhige Ferienanlage

Die wichtigsten Inseln von Süd nach Nord

fügt sich harmonisch in die tropische Wildnis ein und wurde wiederholt mit dem australischen Ökotourismuspreis ausgezeichnet.

Auf **Hook Island** 22 km nordöstlich von Shute Harbour, der zweitgrößten Insel der Whitsunday-Gruppe, befindet sich eine preiswerte, vor allem bei jungen Reisenden sehr beliebte Ferienanlage. Landschaftlich reizvoll sind die beiden fjordähnlichen, tief in den Südteil der Insel eingeschnittenen Buchten Nara Inlet und Macona Inlet; tolle Tauch- und Schnorchelmöglichkeiten bietet die Manta Ray Bay im Norden von Hook Island.

Viele der anderen Inseln der Whitsundays entsprechen dem Klischee tropischer Trauminseln und bilden ideale Ziele für temporäre Robinsonaden. Als der wohl schönste Strand gilt der 6 km lange Whitehaven Beach auf Whitsunday Island 16 km östlich von Shute Harbour, der größten Insel der Region. Weitere bei ›Aussteigern auf Zeit‹ beliebte Refugien sind Pentecost Island, Thomas Island, Haslewood Island und Border Island.

Übernachten

Exklusives Inselparadies ▶ **Hayman Island Resort:** Tel. 07-49 40 12 34, www.hayman.com.au. Tropisches Hideaway mit eleganten Zimmern, Gourmet-Restaurants, spektakulären Pools, Wellnesscenter sowie vielfältigen Sport- und Ausflugsmöglichkeiten. DZ 665–1150 A-$.

Ruhiges, kleines Resort ▶ **Peppers Palm Bay Hideaway Resort:** Long Island, Tel. 1800-77 77 60 u. 07-49 46 92 33, www.peppers.com.au/palmbay. An einem herrlichen Sandstrand gelegene ruhige Anlage mit gemütlichen Bungalows im polynesischen Stil, mit Restaurant und Pool. DZ ab 480 A-$ (inkl. Frühstück).

Familienfreundlich & ökologisch ▶ **Daydream Island Resort:** Tel. 18 00-07 50 40 u. 07-49 48 84 88, www.daydreamisland.com. Nach ökologischen Aspekten konzipierte, familienfreundliche Anlage mit mehreren Restaurants und Pools sowie großem Sport- und Freizeitangebot. DZ ab 420 A-$.

Tropenparadies im nördlichen Queensland: die Whitsunday Islands

Great Barrier Reef

Für Aktivurlauber ▶ Ocean Long Island Resort: Tel. 18 00-07 51 25 u. 07-49 46 94 00, www.oceanhotels.com.au. Komfortables Strandhotel; Restaurant, Pool, großes Freizeitangebot. DZ ab 380 A-$.

Clubresort für Familien ▶ Club Med Village: Lindeman Island, Tel. 18 00-25 82 63 u. 07-49 46 93 33, www.clubmed.com.au. Familienfreundliche Anlage mit mehreren Restaurants, Pools, Neun-Loch-Golfplatz. DZ ab 350 A-$.

Entspannt und leger ▶ South Molle Island Resort: Tel. 18 00-07 50 80 u. 07-49 46 94 33, www.southmolleisland.com.au. Familienfreundlich, Restaurant, Pool, großes Freizeitangebot. DZ ab 340 A-$.

Hotelstadt am Riff ▶ Hamilton Island Resort: Tel. 07-49 46 99 99, www.hamiltonisland.com. Modernes Resort mit Wohneinheiten unterschiedlicher Größe und Qualität und vielfältigen Freizeitmöglichkeiten. DZ ab 320 A-$.

Bodenständig ▶ Hook Island Wilderness Resort: Tel. 07-49 46 93 80, www.hookislandresort.com. Ferienanlage im Stil einer Jugendherberge, mit Campingplatz. DZ ab 100 A-$, im Mehrbettzimmer ab 40 A-$/Pers.

Aktiv

Bootstouren, Schnorcheln etc. ▶ Fantasea Cruises: Tel. 07-49 46 51 11, www.fantasea.com.au. Tagesausflüge mit dem Katamaran von Shute Harbour und Hamilton Island zum 26 Seemeilen östlich gelegenen Hardy Reef, wo die große Plattform ›Fantasea Reefworld‹ verankert ist. Den Besuchern bieten sich viele Möglichkeiten, die märchenhafte submarine Welt des Great Barrier Reef kennen zu lernen, auch Nichtschwimmer und Familien mit kleinen Kindern kommen nicht zu kurz – sei es beim Schnorcheln, bei Fahrten in Glasbodenbooten, beim Besuch des Unterwasserobservatoriums oder bei Helikopter-Rundflügen (tgl. 8.30 Uhr ab Shute Harbour, tgl. 9.10 Uhr ab Hamilton Island, Erw. 197 A-$, Kin. 92 A-$, Fam. 476 A-$). Wer möchte, kann auf der Reefworld-Plattform auch übernachten (pro Person im DZ 570 A-$, im Mehrbettzimmer 400 A-$).

Rundflüge ▶ Heliaust: Hamilton Island, Tel. 07-49 46 82 49, www.heliaust.com.au. Das Outer Reef von oben (ab 100 A-$).

Verkehr

Flüge: Tgl. Direktflüge nach Hamilton Island mit Qantas, Jetstar und Virgin Blue von Sydney, Brisbane, Townsville, Mackay, Cairns und anderen Städten an der Ostküste sowie von Melbourne.

Flüge: Tgl. Direktflüge nach Hamilton Island mit Qantas, Jetstar und Virgin Blue von Sydney, Brisbane, Townsville, Mackay, Cairns und anderen Städten an der Ostküste sowie von Melbourne.

Schiffsverbindungen: Fantasea Cruises, Shute Harbour, Tel. 07-49 46 51 11. Tgl. Tagesausflüge und Transfers in Katamaranen von Airlie Beach und Shute Harbour nach Hamilton Island und South Molle Island. Whitsunday Water Taxis, Shute Harbour, Tel. 07-49 46 94 99. Tagesausflüge und Transfers in Motorjachten von Shute Harbour nach Long Island sowie von Shute Harbour und Airlie Beach nach Daydream Island. Whitsunday Connections, Shute Harbour, Tel. 07-49 46 69 00. Tagesausflüge und Transfers in Katamaranen von Shute Harbour nach Hook Island. Vom Hamilton Island Airport gibt es Transfers per Motorjacht zu allen anderen bewohnten Inseln. Spezielle Wassertaxis fahren auch von Shute Harbour nach Hayman Island.

Magnetic Island

Als Kapitän James Cook 1770 an der Insel vorbeisegelte und dabei erhebliche Abweichungen am Kompass feststellte, schob er die Irritationen auf das vermeintlich erzhaltige und deshalb magnetische Gestein dieser Festlandinsel und nannte sie Magnetic Island. In Wirklichkeit jedoch besteht das Eiland hauptsächlich aus nicht magnetischem Granit. Heute rührt die Anziehungskraft von der breit gefächerten Palette an Sport- und Freizeitaktivitäten her. Ein von imposanten Granitmassiven geprägtes Binnenland sowie mehr als 20 Buchten mit Traumstränden machen die Insel zu einem idealen – und erfreulicherweise relativ preiswerten – Urlaubsziel.

Die wichtigsten Inseln von Süd nach Nord

Die rund 2500 ständigen Einwohner leben überwiegend in den Küstensiedlungen Picnic Bay, Nelly Bay, Horseshoe Bay und Arcadia, die fast schon Vororte von Townsville sind. Der von Wanderpfaden durchzogene **Magnetic Island National Park** nimmt die Hälfte der Insel ein. In der **Koala Park Oasis** in Horseshoe Bay beäugen Koalas, Kängurus, Emus und andere einheimische Tiere neugierig Menschen aus aller Herren Länder (Tel. 07-47 78 52 60, tgl. 9–16, Fütterung der Koalas tgl. 11.45, 13.45 Uhr, Erw. 14,50 A-$, Kin. 8,50 A-$, Fam. 37,50 A-$).

Infos
The Island Travel Centre: The Esplanade, Picnic Bay, Tel. 18 00-67 84 78 u. 07-47 78 51 55, www.magnetic-island.com.au, Mo–Fr 8–16.30, Sa/So 8–13 Uhr.

Übernachten
Komfortables Familienresort ▶ Magnetic Island International Resort: Mandalay Ave., Nelly Bay, Tel. 18 00-35 51 97 u. 07-47 78 52 00, www.magneticresort.com.au. Familienfreundliches Ferienhotel in einem üppigen Tropengarten, mit Restaurant und Pool, ca. 800 m zum Strand. DZ 175–245 A-$.

Für Budget-Reisende ▶ Backpackers on the Beach: 1 Nelly Bay Rd., Nelly Bay, Tel. 07-47 78 57 77, www.basebackpackers.com. Besonders bei jugendlichen Reisenden beliebt, mit originellen Holzhütten, direkt am Strand. DZ ab 90 A-$, im Mehrbettzimmer ab 26 A-$/Pers.

Verkehr
Fähren: Zwischen Townsville (vom Breakwater Ferry Terminal oder vom The Strand Terminal) und Magnetic Island pendeln mehrmals tgl. von 6 bis 19 Uhr Fähren. Informationen: Sunferries, Tel. 07-47 71 38 55, www.sunferries.com.au; Magnetic Island Passenger & Car Ferry, Tel. 07-47 72 54 22, www.magneticislandferry.com.au.

Transport auf der Insel: Wegen der hohen Kosten (ab 100 A-$) lohnt es sich für Tagesausflügler kaum, den eigenen Wagen nach Magnetic Island mitzubringen, zumal man in Picnic Bay Autos (Mini Mokes z. B. bei Moke Magnetic, Tel. 07-47 78 53 77), Mopeds und Fahrräder leihen kann. Es gibt auf der Insel auch Linienbusse (Magnetic Island Bus Service, Tel. 07-47 78 51 30, 5.30–19 Uhr).

Orpheus Island
Die zweitgrößte Insel der **Palm Islands** ist gesegnet mit schneeweißen Stränden, mächtigen Granitfelsen und ausgezeichneten Korallenriffen und steht seit 1960 unter Naturschutz. Auf der 38 km östlich von Ingham gelegenen Insel befinden sich eine kleine Ferienanlage für maximal 50 Gäste sowie eine meeresbiologische Forschungsstation der James Cook University von Townsville, in der Besucher willkommen sind.

Übernachten
Exklusives Hotelparadies ▶ Orpheus Island Resort: Tel. 07-47 77 73 77, www.orpheus.com.au. Tropisches Luxus-Hideaway mit allem erdenklichen Komfort, Kinder unter 15 Jahren sind unerwünscht. DZ ab 1450 A-$ *(all inclusive)*.

Verkehr
Flüge: Mehrmals tgl. Wasserflugzeug von Townsville (30 Min.) und Cairns (60 Min.) mit Seair Pacific, Tel. 07-47 71 27 24; keine Tagesausflüge.

Hinchinbrook Island
Die 49 km nördlich von Ingham gelegene größte Kontinentalinsel von Queensland wird vom Festland durch den schmalen, tiefen Hinchinbrook Channel getrennt, weswegen sich auf Hinchinbrook Island eine einzigartige Fauna entwickeln konnte. Die Insel mit spektakulären Wasserfällen präsentiert sich Besuchern als weitgehend unberührte Wildnis aus regenwaldüberwucherten Bergspitzen vulkanischen Ursprungs, die bis zu 1142 m hoch aufragen. Undurchdringliches Mangrovendickicht ist der Lebensraum zahlreicher Vogel- und Reptilienarten. Darüber hinaus verfügt die Insel über fast menschenleere Sandstrände sowie ausgezeichnete Korallenriffe. Hinchinbrook Island ist in erster Linie

Great Barrier Reef

Wer beäugt wen? Am Great Barrier Reef glaubt man sich in einer anderen Welt

Ziel von erfahrenen Wildniswanderern, die den 32 km langen **Thorsborne Trail** (von der Ramsey Bay im Norden bis zum George Point im Süden) in Angriff nehmen. Nach vorheriger Absprache kann man sich am Zielpunkt per Boot abholen lassen.

Übernachten
Romantisches Hideaway ▶ **Hinchinbrook Island Resort:** Tel. 07-40 66 82 70, www.hinchinbrookresort.com.au. Ruhiges Inselresort mit Bungalows und romantischen Baumhäusern, die sich in die Wildnis einfügen. Bungalow ab 275 A-$, Baumhaus ab 445 A-$.

Aktiv
Wandern ▶ Für den **Thorsborne Trail** an der Ostküste braucht man eine Genehmigung des National Parks & Wildlife Service, Cardwell, Tel. 07-40 66 86 01, die frühzeitig beantragt werden sollte.

Verkehr
Schiffsverbindungen: Tgl. Ausflugsboote von Cardwell u. Lucinda zum Cape Richards und durch schmale, von Mangroven gesäumte Kanäle weiter bis nahe Ramsey Bay. Auskünfte: Hinchinbrook Island Ferries, Port Hinchinbrook, Tel. 18 00-77 70 21, www.hinchinbrookferries.com.au; Hinchinbrook Wilderness Safaris, Lucinda, Tel. 07-47 77 83 07, www.hinchinbrookwildernesssafaris.com.au; beide Firmen übernehmen auch den Transfer von Buschwanderern.

Bedarra Island
Die dicht bewaldete und hügelige Festlandinsel 6 km südöstlich von Mission Beach ist ein Fluchtpunkt für gut betuchte Ruhe suchende, die ihren Traum vom Tropenparadies Realität werden lassen wollen. Maximal 32 Gäste dürfen die Einrichtungen der einzigen Hotelanlage genießen, eine der weltweit exklusivsten dieser Art, in der Tagesgäste ebenso wenig erwünscht sind wie Kinder unter 15 Jahren.

Übernachten
Ultimativer Luxus ▶ **Bedarra Island Retreat:** Tel. 07-40 68 82 33, www.voyages.com.au. 16 luxuriöse Strandvillen, Gourmet-Restaurant, vielfältige Sport- und Freizeitmöglichkeiten. Villa ab 1600 A-$ *(all inclusive)*.

Verkehr
Schiffsverbindung: Nach Bedarf Motorboote von Dunk Island (s. u.) und ab Clump Point bei Mission Beach.

Die wichtigsten Inseln von Süd nach Nord

Dunk Island

Die Aborigines nannten Dunk Island, 5 km südöstlich von Mission Beach, einst ›Insel des Friedens und des Überflusses‹. Auch heute noch präsentiert sich die gebirgige, im Innern stark zerklüftete und mit Regenwald überwucherte Festlandinsel, die von traumhaften Sandstränden gesäumt wird, als wahres Tropenidyll. Der Inselnationalpark ist Heimat von über 100 Vogelarten sowie zahllosen bunten Schmetterlingen – besonders prachtvoll ist der Blaue Ulysses, der zweitgrößte Schmetterling Australiens, zugleich das Wahrzeichen der Insel. Dunk Island ist eine reine Fußgängerinsel, deren Westhälfte ein dichtes Netz von Wanderpfaden durchzieht. Lohnend ist die Route auf den Mount Kootaloo, mit 271 m der höchste Punkt der Insel (hin und zurück 2 Std.). Man kann die Tour zu einer Rundwanderung ausdehnen, die vom Mount Kootaloo über das Palm Valley zum Coconut Beach und zurück zur Bootsanlegestelle führt (5 Std.). In der Südwestecke der Insel liegt, eingebettet zwischen tropischen Gärten, eine große Ferienanlage. ›Robinsons‹ auf Zeit zieht es zum nahen **Purtaboi Island.**

Übernachten

Komfortables Familienresort ▶ Dunk Island Resort: Tel. 13 00-13 40 44, www.voyages.com.au. Familienfreundliches Bungalowhotel am Sandstrand der Brammo Bay mit Restaurant, Pool, Neun-Loch-Golfplatz, Wellnesscenter und Kinderclub. DZ ab 600 A-$.

Verkehr

Flüge: Tgl. Flüge der MacAir von Townsville und Cairns (40 Min.).
Schiffsverbindungen: Tgl. Wassertaxis ab Mission Beach; Info: Tel. 07-40 68 83 10. Tgl. 8.30 Uhr ›M. V. Quick Cat‹ von Clump Point Jetty bei Mission Beach nach Dunk Island und weiter zum Outer Reef; Info: Tel. 18 00-65 42 42 u. 07-40 68 72 89, www.quickcatcruises.com.au, Erw. 38 A-$, Kin. 19 A-$.

Fitzroy Island

Die Insel, ein Dorado für Schnorchler und Taucher, ist ein beliebtes Ziel für Tagesausflügler vom 26 km entfernten Cairns. Zahlreiche Korallenriffe umgeben die im Innern bis zu 266 m aufragende, mit dichtem Regenwald bestandene Fitzroy Island. Der Rundwanderweg Lighthouse Circuit Walk windet sich zum Leuchtturm in der Nordostecke der Insel (2 Std.). Etwa zehn Fußminuten von dem bei jugendlichen Aktivurlaubern beliebten Inselresort erstreckt sich der Nudey Beach, einer der wenigen Nacktbadestrände Australiens. Bootsausflüge führen zum nahen Moore Reef mit traumhafter Unterwasserwelt.

Übernachten

Unterkünfte für jedes Budget ▶ Fitzroy Island Hunt Resort: Tel. 07-40 51 95 88, www.huntgroup.com.au. Luxuriöse Ferienanlage mit erlesen ausgestatteten Zimmern und Apartments, mehreren Restaurants und Pools, Wellness- und Fitnesscenter; angeschlossen ist ein ›Adventure Hostel‹ mit Mehrbettzimmern. DZ ab 475 A-$, im Mehrbettzimmer ab 45 A-$/Pers.

Verkehr

Schiffsverbindungen: In der Hochsaison tgl. Katamarane und andere Ausflugsboote von Cairns mit Fitzroy Island Ferries, Tel. 07-40 30 79 07 (20 Min., Erw. ab 75 A-$, Kin. ab 40 A-$, Fam. ab 190 A-$).

Green Island

Die maximal 3 m über dem Meeresspiegel, direkt auf dem Barrier Reef liegende Green Island 27 km nordöstlich von Cairns ist vom Festland leicht erreichbar. Mit nur 660 m Länge und 260 m Breite lässt sich Green Island als Inselwinzling bezeichnen, der seine Besucher – vor allem Tagesausflügler – jedoch mit Traumstränden sowie exzellenten Tauch- und Schnorchelrevieren erfreut. Die Insel und die umgebenden Korallenbänke bilden einen Nationalpark. An der Bootsanlegestelle befindet sich das älteste Unterwasserobservatorium des Great Barrier Reef. Wasserscheuen bietet zudem ein Glasbodenboot ein ›Taucherlebnis‹ im Trockenen. Nahe dem Pier kann man im Barrier Reef Theatre einen Film über die submarine Welt anschauen.

Great Barrier Reef

Empfehlenswert sind das Marineland Melanesia, eine Krokodilfarm mit über 80 Riesenechsen, und die rund 1,5 km lange Rundwanderung um die Insel.

Übernachten

Ökologie und Luxus ▶ Green Island Resort: Tel. 07-40 31 33 00, www.greenislandresort.com.au. Unter ökologischen Aspekten konzipierte Anlage mit luxuriösen Zimmern, Gourmet-Restaurant, Pool und großem Freizeitangebot. DZ ab 495 A-$.

Verkehr

Schiffsverbindungen: Während der Saison tgl. zahlreiche Ausflugsboote von Cairns (1 Std.). Infos: Big Cat Cruises, Tel. 07-40 51 40 55, Erw. ab 69 A-$, Kin. ab 44 A-$, Fam. ab 182 A-$; Great Adventure Cruises, Tel. 07-40 51 40 55, www.greatadventures.com.au, Erw. ab 70 A-$, Kin. ab 45 A-$, Fam. ab 185 A-$.

Michaelmas Cay

Mit der benachbarten **Upolu Cay** gehört Michaelmas Cay 40 km nordöstlich von Cairns zu den wichtigsten Nistplätzen für Wasservögel des Great Barrier Reef. Im australischen Sommer drängen sich dort manchmal über 30 000 Vögel, meist verschiedene Arten von Seeschwalben und Sturmtauchern. Nordöstlich von Michaelmas Cay erstreckt sich das Hastings Reef, ein schmales, rund 10 km langes Korallenriff – ein Paradies für jeden Taucher und Schnorchler.

Verkehr

Schiffsverbindungen: Während der Saison tgl. mehrere Boote von Cairns (2 Std.), z. B. mit dem Segelkatamaran von Ocean Spirit Cruises, Tel. 07-40 31 29 20, www.oceanspirit.com.au, Erw. 189 A-$, Kin. 94,50 A-$, Fam. 487,50 A-$.

Low Isles

Die Low Isles 18 km nordöstlich von Port Douglas sind zwei kleine Inseln, die häufig von Tagesausflüglern besucht werden. Gesäumt von Korallenbänken, bietet Low Island ausgezeichnete Tauch- und Schnorchelmöglichkeiten. Die etwa 700 m lange **Woody Island** wird zu einem großen Teil von Mangroven gesäumt.

Verkehr

Schiffsverbindungen: Während der Hochsaison tgl. Ausflugsboote ab Port Douglas (30–60 Min.) z. B. mit dem Segelkatamaran von Sail Away Cruises, Tel. 07-40 99 47 72, www.sailawayportdouglas.com, Erw. 150 A-$, Kin. 90 A-$, Fam. 432 A-$.

Lizard Island

97 km nordöstlich von Cooktown gelegen, gilt Lizard Island als Juwel des Great Barrier Reef. Die gebirgige, 15 km vom Outer Reef entfernte Festlandinsel wird von Saumriffen mit spektakulären Korallengärten umgeben. Rund zwei Dutzend einsame, von mächtigen Granitblöcken begrenzte Buchten mit traumhaften Sandstränden vermitteln ein Bild perfekter Südsee-Idylle. Einen tollen Blick hat man vom 368 m hohen **Cook's Lookout** (hin und zurück 5 km/2 Std.). Im September und Oktober ist Lizard Island Ziel betuchter Sportfischer, die Jagd auf den Blue Marlin machen. Auf der Insel befinden sich ein Meeresforschungsinstitut sowie ein exklusives Strandhotel, in dem sich Prominente aus aller Welt ein Stelldichein geben. Der erste berühmte Inselgast war Kapitän James Cook, der auf der Suche nach einer Passage durch das Riff am 12. August 1770 hier landete. Er benannte die Insel nach den scheuen Monitor-Eidechsen, die dort in großer Zahl vorkommen.

Übernachten

Für Betuchtere ▶ Lizard Island Resort: Tel. 1300-23 34 32, www.lizardisland.com.au. Exklusive Unterkunft, beliebt bei Prominenten; keine Kinder unter 10 Jahren. Bungalow 1700–2300 A-$ *(all inclusive)*.

Camping ▶ Mit einer Genehmigung des National Parks & Wildlife Service (Tel. 07-40 69 57 77) darf man auf dem einfachen Campground im Lizard Island National Park zelten.

Verkehr

Flüge: Tgl. Verbindungen ab Cairns (1 Std.) mit MacAir.

Die Küste zwischen Townsville und Brisbane

Auf der rund 1400 km langen Strecke von Townsville nach Brisbane, der Hauptstadt von Queensland, zeigt sich der Sonnenscheinstaat von seiner sprichwörtlichen Seite: feinsandige Badebuchten, der Küste dicht vorgelagerte Inseln, kristallklare Fluten, üppig grüne Berge und Hügel und darüber ein meist strahlend blauer Himmel. Aber auch das Hinterland mit seinen herrlichen Nationalparks hat einiges zu bieten.

Die Küste bis Proserpine
▶ 1 T/U 7

Man kann die Tour zügig angehen, denn zwischen Townsville und Proserpine lohnen sich längere Aufenthalte kaum. Der Name ›Twin Sugar Towns‹ für die am mächtigen Burdekin River gelegenen Zwillingsstädte **Ayr** und **Home Hill** deutet auf das wirtschaftliche Standbein der Region hin: den Anbau von Zuckerrohr. Etwa 50 km südöstlich von Home Hill liegt der **Cape Upstart National Park,** ein Granitvorgebirge mit weiten Sandbuchten. Gute Badestrände finden sich bei **Bowen,** einem bei Australiern beliebten Ferienort.

Proserpine und Umgebung werden ebenfalls vom Zucker bestimmt. Wer sich ein Bild vom Produktionsablauf in einer Zuckermühle machen will, kann sich einer Führung durch die Proserpine Sugar Mill anschließen (Tel. 07-49 45 17 55, Juli–Nov. Mo–Fr 10, 14 Uhr, Erw. 13,75 A-$, Kin. 8,50 A-$, Fam. 36 A-$). Vor allem aber dient Proserpine als Tor zur Whitsunday Coast, einer der beliebtesten Ferienregionen an der australischen Ostküste.

Whitsunday ▶ 1, U 7

Es ist noch gar nicht lange her, da lagen die drei Küstenorte **Cannonvale, Airlie Beach** und **Shute Harbour,** die sich zur Großgemeinde Whitsunday zusammengeschlossen haben, in tiefem Dornröschenschlaf. Wachgeküsst wurden sie von Investoren der Tourismusindustrie. Für reine Badeferien ist die Whitsunday Coast mit vielfach steinigen und zumal bei Ebbe wenig einladenden Stränden, die zudem zwischen September und März von den gefährlichen Box-Jelly-Fish-Quallen heimgesucht werden, allerdings kaum geeignet. Die wahre Bedeutung der Orte liegt in ihrer Funktion als Sprungbrett für die Whitsunday Islands (s. S. 432ff.). Neben Transfers vom Festland zu den Inseln werden Tagesausflüge ebenso offeriert wie mehrtägige Segeltörns. Wissenswertes über die Flora und Fauna der Region erfährt man im **Whitsunday Visitor Centre,** dem Besucherzentrum des Queensland Department of Environment & Heritage 2 km östlich von Airlie Beach (Shute Harbour Rd., Ecke Mandalay Rd., Tel. 07-49 46 70 22, Mo–Fr 9–17, Sa 9–12 Uhr, Eintritt frei). Die Straße von Airlie Beach nach Shute Harbour quert den nördlichen Bereich des **Conway Range National Park.** Empfehlenswert ist die Wanderung auf den Mount Rooper, von dem sich ein grandioser Blick über die Whitsunday Passage mit ihrem Insellabyrinth bietet (hin und zurück 4 km/1,5 Std.).

Infos
Whitsundays Visitors & Convention Bureau: Beach Plaza, The Esplanade, Airlie Beach, Tel. 07-49 46 66 73, www.whitsundaytourism.com, tgl. 9–17 Uhr.

Die Küste zwischen Townsville und Brisbane

Übernachten
… in Airlie Beach

Unterkünfte für jeden Geschmack ▶ **Whitsunday Wanderers Resort:** Shute Harbour Rd., Tel. 07-49 46 64 46, www.whitsundaywanderers.com. Weitläufige Anlage in schöner Gartenlandschaft mit komfortablen, motelähnlichen Unterkünften und Stellplätzen für Zelte und Wohnmobile sowie drei Pools, Tennis- und Minigolfplätzen. DZ 128–176 A-$.

Beste Hanglage ▶ **Colonial Palms Motor Inn:** Shute Harbour Rd., Ecke Hermitage Dr., Airlie Beach, Tel. 07-49 46 71 66, www.colonialpalms.bestwestern.com.au. Angenehmes, ruhiges und zentrumsnahes Motel, zwei Pools, vom Restaurant schöner Blick aufs Meer. DZ 95–130 A-$.

Ruhig und günstig ▶ **The Islands Inn:** Shute Harbour Rd., Tel./Fax 07-49 46 67 55. Kleines Ferienmotel in ruhiger Lage 2 km östl., mit Pool. DZ 85–110 A-$.

Camping und Cabins ▶ **Airlie Cove Resort & Van Park:** Shute Harbour Rd., Tel. 07-49 46 67 27, www.airliecove.com.au. Stellplätze für Zelte und Wohnmobile, gemütliche Cabins und komfortable Villas im balinesischen Stil, herrlicher Pool, 2 km östl. gelegen.

Essen & Trinken
… in Airlie Beach

Aussie Style Barbecue ▶ **Capers at the Beach:** The Esplanade, Tel. 07-49 64 19 99, tgl. 12–15, 17–23 Uhr. Grillgerichte, v. a. Steaks und Seafood, schön zum Draußensitzen. Vorspeisen 12–16 A-$, Hauptgerichte 18–38 A-$.

Crossover-Küche ▶ **Chatz Bar 'n' Restaurant:** 390 Shute Harbour Rd., Tel. 07-49 46 43 00, tgl. 11.30–15, 17–24 Uhr. Australisch-asiatische Gerichte, große Weinkarte. Vorspeisen 8–12 A-$, Hauptgerichte 16–28 A-$.

Aktiv

Bootstouren ▶ **Fantasea Cruises:** Shute Harbour, Tel. 07-49 46 51 11, www.fantasea.com.au. Tagesausflug mit einem Katamaran durch die Inselwelt zur Fantasea Reefworld, einer am Outer Reef verankerten Plattform (s. S. 434, tgl. 8.30 Uhr, Erw. 197 A-$, Kin. 92 A-$, Fam. 476 A-$). **Voyager Whitsunday Islands:** Tel. 07-49 46 52 55, www.wherewhathow.com.au. Tagesausflug nach Hook Island, Daydream Island und Whitehaven Beach (tgl. 9 Uhr, Erw. 125 A-$, Kin. 65 A-$, Fam. 315 A-$).

Tauchen ▶ **Oceania Dive:** 275 Shute Harbour Road, Tel. 07-49 46 60 32, www.oceaniadive.com.au. Tauchkurse für Anfänger und mehrtägige Tauchexkursionen für Fortgeschrittene (ab 575 A-$).

Rundflüge ▶ **Air Whitsunday Seaplanes:** Whitsunday Airport, Shute Harbour Rd., Airlie Beach, Tel. 07-49 46 91 11, www.airwhitsunday.com.au. Rundflüge über die Whitsundays (Erw. ab 165 A-$, Kin. ab 155 A-$).

Mackay und Umgebung

Die City ▶ 1, U 8

Inmitten einer vom Zuckerrohranbau geprägten Region liegt Mackay, die inoffizielle ›Zuckerhauptstadt Australiens‹. Acht große Raffinerien produzieren hier rund ein Drittel des australischen Zuckers, der vom Mackay Bulk Sugar Terminal, dem weltweit größten Zuckerhafen, vorwiegend nach Japan und Europa verschifft wird. Verschiedene Zuckerrohrplantagen können im Rahmen von Führungen besichtigt werden, ebenso die Zuckerraffinerie **Farleigh Mill** (Polstone Sugar Cane Farmtours, Tel. 07-49 59 72 98, Juni–Okt. Mo/Mi/Fr 13.30 Uhr, Erw. 16 A-$, Kin. 8 A-$, Fam. 40 A-$; Farleigh Sugar Mill, Chidlow St., Ecke Armstrong St., Tel. 07-49 63 27 00, Führungen Juli–Nov. Mo–Fr 13 Uhr, Erw. 19 A-$, Kin. 10 A-$, Fam. 48 A-$).

Neben einigen historischen Häusern im viktorianischen Kolonialstil hat Mackay den Botanischen Garten **Queens Park** mit einem Orchideenhaus zu bieten (Lagoon St., Tel. 07-49 52 73 00, tgl. 8–19 Uhr, Eintritt frei).

Abstecher in die Umgebung führen zu den beliebten Badestränden Town Beach, Illawong Beach und Eimeo Beach. Außerdem ist Mackay ein guter Ausgangspunkt für einen Besuch der Cumberland-Inselgruppe, insbesondere für Brampton Island (s. S. 431f.).

Mackay und Umgebung

Infos
Mackay Visitor Information Centre: The Mill, Nebo Rd., Tel. 07-49 44 58 88, www.mackayregion.com, Mo–Fr 9–17, Sa/So 10–16 Uhr.

Übernachten
Komfortable Ferienanlage ▶ **Dolphin Heads Resort:** 10 Beach Rd., Dolphin Heads, Tel. 07-49 54 96 66, www.dolphinheadsresort.com.au. 9 km nördl. von Mackay, herrlich gelegene, großzügig konzipierte Anlage mit Restaurant und Pool. DZ 140–320 A-$.

Gut und günstig ▶ **Paradise Lodge Motel:** 19 Peel St., Tel. 07-49 51 36 44, Fax 49 53 13 41. Klein, zentral gelegen, freundlicher Service. DZ 80–85 A-$.

Camping und Cabins ▶ **Mackay Beach Tourist Park:** 8 Petrie St., Illawong Beach, Tel. 18 00-64 51 11, www.big4.com.au. Am Strand, gute Ausstattung, komfortable Cabins und Pool.

Essen & Trinken
Authentisch-thailändisch ▶ **Ban-Na:** 220 Victoria St., Tel. 07-49 51 35 33, Mo–Fr 11.30–14.30, 17–22, Sa/So 17–22 Uhr. Hervorragendes Thai-Restaurant. Vorspeisen 6,50–9,50 A-$, Hauptgerichte 16–22 A-$.

Verkehr
Züge: Vom Bahnhof in der Conners Rd., Paget, tgl. Züge nach Brisbane und Cairns, Auskunft und Buchung: Tel. 07-49 51 72 11 u. 13 22 32.

Busse: Busterminal in Milton St. Tgl. Verbindungen mit Greyhound Australia, Tel. 07-49 51 30 88 u. 13 00-47 39 46, nach Brisbane, Rockhampton, Townsville, Cairns.

Eungella National Park ▶ 1, U 8
Gelegenheit zu ausgedehnten Wildniswanderungen bietet der Eungella National Park ca. 85 km westlich von Mackay. Der Name dieses Nationalparks, der eine zerklüftete, wolkenverhangene Bergkette schützt, stammt aus einer Aboriginal-Sprache und bedeutet ›Land der Wolken‹. Mit seinen üppigen Regenwäldern, tief eingeschnittenen Schluchten und spektakulären Wasserfällen gilt der für Besucher erst teilweise erschlossene Park als eines der unberührtesten Naturschutzgebiete von Queensland. Hier bestehen sehr gute Chancen, Schnabeltiere und Schlangen-

Wanderwege erschließen den Regenwald im Eungella National Park

Die Küste zwischen Townsville und Brisbane

aktiv unterwegs

Urlaub auf einer Cattle Station

Tour-Infos
Start: Wer einige Zeit auf einer *Cattle Station* verbringen möchte, erhält Adressen und Informationen bei Outback Beds, Tel. 18 00-00 52 98, www.outbackbeds.com.au. Einen guten Ruf haben die Myella Station der Familie Eather 120 km südwestlich von Rockhampton (Tel. 07-49 98 12 90, www.myella.com) und die Kroombit Lochenbar Station 195 km südwestlich von Rockhampton (Tel. 07-49 92 21 86, www.kroombit.com.au).
Karte: ▶ 1, U/V 10

Lässig im Sattel zurückgelehnt und mit wirbelndem Lasso neben einer Rinderherde über weites Land zu galoppieren – dieser Traum vom **Cowboy-Leben** lässt sich auf Gästefarmen im Outback verwirklichen. Urlaub auf dem Bauernhof gibt es auch auf dem Fünften Kontinent. Nur heißt der Bauernhof dort *Station* und ist mitunter so groß wie bei uns ein halbes Bundesland.

Zahlreiche australische Farmer haben neben der Viehzucht den **Outback-Tourismus** als lukrative Einnahmequelle entdeckt. Sie wandelten einen Teil ihrer Betriebe in Gästefarmen um, in denen Besucher das wahre Australien kennenlernen können, ohne dabei auf Komfort verzichten zu müssen. Immer mehr Australier und Touristen aus Übersee steuern mit ihren Geländewagen *Stations* an, wo sie eine herzliche Gastlichkeit mitten in der Wildnis erwartet. An australischen Familientischen können sie viel über die Menschen im Outback, ihre Sorgen und Nöte, aber auch die Vorzüge des Lebens fernab großer Städte erfahren.

Auf einer **Working Station** können die Besucher ein Stück Australien ›zum Anfassen‹ erleben. Hier wird Outback live geboten, ohne dass die Gäste das Gefühl haben, Teil einer Theaterinszenierung zu sein. Viele Farmer binden die Besucher in den normalen Tagesablauf ein. Wer will, packt mit an, denn zu tun gibt es auf einer *Station* immer etwas.

Gäste nehmen das Frühstück zusammen mit den *Stockmen* ein, den australischen Cowboys, oft in einem Esszimmer, bisweilen aber auch irgendwo draußen im Busch. Dazu gibt es Tee aus dem *billy* genannten Blechkessel und *damper,* das Brot des Outback. Danach dürfen sattelfeste Outback-Urlauber das Lasso schwingen und beim *Mustering* helfen. Dabei werden die Rinder von weit entfernten Weiden zusammengetrieben, ausgemustert und gebrandmarkt. Zu den Tätigkeiten, die auf einer *Cattle Station* anfallen und bei denen Gäste mithelfen können, gehört auch die Kontrolle und Instandsetzung von Viehtränken und Weidezäunen. Trotz zahlreicher Neuerungen wie dem Einsatz von Hubschraubern beim Zusammentreiben des Viehs ist auf vielen Farmen noch Cowboy-Romantik vergangener Tage erhalten geblieben.

Damit die Ferien nicht in Arbeit ausarten, verfügen viele Gästefarmen über Swimmingpools, manche sogar über Tennisplätze oder ein Fitnesscenter. Obwohl das Alltagsleben auf einer *Station* im Mittelpunkt steht, organisieren manche Gastgeber zusätzliche Unternehmungen. Auf dem Programm stehen dann Unterricht im Peitschenknallen oder Bumerangwerfen, Vogel- und Wildbeobachtungen sowie Wildniswanderungen, Ausritte per Pferd oder Kamel und Geländewagentouren oder Helikopterflüge zu Naturattraktionen der Umgebung. Abends sorgen Barbecues und Countrymusik am Lagerfeuer für Outback-Flair. Mitunter schlafen die Gäste in spartanischen Quartieren, in denen sonst Saisonarbeiter übernachten, häufig bieten die Farmen aber klimatisierte und komfortabel ausgestattete Zimmer in motelähnlichen Gästehäusern oder in restaurierten alten Farmgebäuden.

Rockhampton und Umgebung

halsschildkröten in freier Wildbahn zu beobachten.

Glücklose Besucher können auf dem Rückweg nach Mackay das **Illawong Fauna Sanctuary** in Mirani besuchen, wo zahlreiche einheimische Tiere beheimatet sind (Eungella Rd., 35 km westl. von Mackay, Tel. 07-49 59 17 77, tgl. 9–17, Fütterung der Krokodile 14.30 Uhr, Erw. 15 A-$, Kin. 9,50 A-$, Fam. 39,50 A-$).

Infos
The Ranger Eungella National Park: Tel. 07-49 58 45 52, Fax 07-49 58 45 01, Mo–Fr 9–17, Sa/So 10–16 Uhr.

Übernachten
Rustikale Lodge ▶ **Broken River Mountain Retreat:** nahe der Ranger Station, Tel. 07-49 58 40 00, www.brokenrivermr.com.au. Gemütliche Blockhaus-Lodge mit Restaurant und Pool. DZ 105–160 A-$.

Camping ▶ **Fern Flat Campground:** nahe der Ranger Station, Tel. 07-49 58 45 52. Einfaches, schön gelegenes Buschcamp mit Toiletten und Duschen.

Cape Hillsborough National Park ▶ 1, U 8
Etwa 35 km nordwestlich von Mackay präsentiert der kleine **Cape Hillsborough National Park** lang gestreckte Sandstrände, bizarre Klippenformationen und regenwaldbedeckte Hügel. Der Wedge Island Track führt zu gut platzierten Aussichtspunkten (Rundweg 4 km/1,5 Std.). Frühaufsteher können in den Morgenstunden ein ungewöhnliches Naturereignis beobachten: Kängurus hopsen an den Strand, um mit einigen Schlucken Meerwasser ihren Salzbedarf zu decken.

Rockhampton und Umgebung ▶ 1, U/V 9

Auf der Weiterfahrt Richtung Rockhampton verläuft der Bruce Highway durch eine Region, die von tropischer allmählich in subtropische

Der Farmer treibt seine Rinder zusammen

Tipp: Das Dreamtime Cultural Center

Dumpf hallen die rauen Laute durch den Raum, die Kevin dem Didgeridoo entlockt, dem Blasinstrument der australischen Ureinwohner. Ein magischer Klangteppich trägt die Zuhörer in eine andere Welt. Sie spüren etwas von der Spiritualität der Aborigines, von deren Verwurzelung in der Traumzeit, in der mythische Schöpferwesen – teils Mensch, teils Tier, teils Pflanze – mit ihren übernatürlichen Energien und Kräften alles schufen, was es auf der Welt gibt. Man lernt, dass die Urzeitheroen nach Vollendung ihres Werks in das Land eingingen, dass sie heute noch in Flüssen und Felsen, Grotten und Wasserlöchern leben und dass aus dieser Vorstellung heraus das Land für die Aborigines heilig ist – die Kultur der Aborigines kann ohne ihr Stammesland nicht existieren. Beim anschließenden Rundgang durch den Kräutergarten beweist Robert, dass das uralte Wissen der Aborigines über die Heilwirkung vieler Pflanzen noch nicht verloren ist. Er demonstriert, wie man mit einem Holzquirl und einigen trockenen Flechten in Sekundenschnelle Feuer entfachen kann, in dem er wenig später *witchetty grubs* gart, fingerdicke Larven eines Nachtfalters.

Wer sich für das reiche Kulturleben der australischen Ureinwohner interessiert, sollte auf dem Weg von Brisbane nach Cairns unbedingt das **Dreamtime Cultural Centre** 8 km nördlich von **Rockhampton** besuchen. Während die Kultur der Aborigines andernorts in Australien oftmals zum Touristenzirkus verkommen ist, vermittelt ein Besuch dieses Zentrums, das von Aborigines geführt wird, einen authentischen Einblick in deren Lebensweise. Leider erfährt man nur wenig über das Unrecht, das der Urbevölkerung Australiens widerfuhr. Kein Video und keine Schautafel berichtet von den vielen zehntausend Aborigines, die im Laufe der weißen Besiedlung des Fünften Kontinents ums Leben kamen: durch Mord und Totschlag, Krankheiten und Seuchen, Alkohol und Drogen.

Dreamtime Cultural Centre: Bruce Hwy, North Rockhampton, Tel. 07-49 36 16 55, www.dreamtimecentre.com.au, Mo–Fr 10–15.30 Uhr, Erw. 13,50 A-$, Kin. 6,50 A-$, Fam. 33,50 A-$).

Aborigines bringen Besuchern ihre traditionellen Wertvorstellungen nahe

Rockhampton und Umgebung

Landschaft übergeht. ›Rocky‹ liegt unmittelbar am Tropic of Capricorn, dem Wendekreis des Steinbocks, der die Grenze zwischen den Tropen und Subtropen markiert. Auf das satte Grün der Zuckerrohrplantagen folgt das ausgebleichte Gelb eines trockenen, savannenartigen und nur mit lichten Eukalyptuswäldern bestandenen Landstrichs, der vorwiegend für die Viehwirtschaft genutzt wird.

Über 2 Mio. Rinder weiden in der Region um Rockhampton. Sehenswerte Viehauktionen finden mehrmals wöchentlich in den *Saleyards* von **Gracemere** 9 km südwestlich am Capricorn Highway statt (Termine beim Fremdenverkehrsamt oder unter Tel. 07-49 31 73 00).

Rockhampton besitzt zwar zahlreiche historische Gebäude – vor allem nahe dem Fitzroy River an der Victoria Parade und der Quay Street – sowie mit der **Rockhampton Art Gallery** (Victoria Parade, Tel. 07-49 31 12 48, Di–Fr 10–16, Sa/So 11–16 Uhr, Eintritt frei) eine Kunstgalerie von überregionaler Bedeutung, ist ansonsten aber eher unspektakulär. Eine Ausnahme bilden die **Rockhampton Botanic Gardens,** die neben einer herrlichen Sammlung tropischer Pflanzen auch ein Aviarium und einen kleinen Zoo mit einheimischen Tieren besitzen (Spencer St., South Rockhampton, Tel. 07-49 22 16 54, Bot. Garten tgl. 6–18 Uhr, Zoo tgl. 8–17 Uhr, Eintritt frei; Fütterung der Regenbogen-Loris 15 Uhr, Fütterung der Koalas 15.15 Uhr).

Hobby-Speläologen zieht es zum kleinen Ort The Caves 21 km nördlich von Rockhampton, wo sich unter einer Karstlandschaft das ausgedehnte Höhlensystem der **Capricorn Caves** erstreckt (Tel. 07-49 34 28 83, www.capricorncaves.com.au, Führungen tgl. 9–16 Uhr zur vollen Stunde, Erw. 19,50 A-$, Kin. 9,50 A-$, Fam. 48,50 A-$).

Vom östlich gelegenen **Rosslyn Bay** nehmen Ausflugsschiffe Kurs auf Great Keppel Island (s. S. 431) und Middle Island, nahe der sich ein großes Unterwasserobservatorium befindet. Ca. 45 km südlich liegt bei **Keppel Sands** die Koorana Crocodile Farm, wo Panzerechsen aller Wachstumsstadien leben (Tel. 07-49 34 47 49, www.koorana.com.au, tgl. 10–15, Führung tgl. 10.30, 13 Uhr, Erw. 17,50 A-$, Kin. 8,50 A-$, Fam. 43,50 A-$).

Infos

Tropic of Capricorn Tourist Information Centre: Gladstone Rd. (Bruce Hwy), Tel. 18 00-67 67 01, www.capricorntourism.com.au, tgl. 9–17 Uhr.

Rockhampton Tourist Information Centre: Customs House, 208 Quay St., Tel. 18 00-80 58 65, www.rockhamptoninfo.com, Mo–Fr 8.30–16.30, Sa/So u. Fei 9–16 Uhr.

Übernachten

Drei-Sterne-Kettenhotel ▶ Cattle City Motor Inn: 139 Gladstone Road (Bruce Hwy), Tel. 07-49 27 78 11, www.cattlecity.bestwestern.com.au. Komfortables Stadthotel mit Restaurant und Pool. DZ 115–140 A-$.

Gemütlich & günstig ▶ Wintersun Motel: Bruce Hwy, North Rockhampton, Tel. 07-49 28 87 22, Fax 07-49 26 10 36. Mit Restaurant, Pool. DZ 80–90 A-$.

Camping ▶ Tropical Wanderer Holiday Village: 398 Yaamba Rd. (Bruce Hwy), North Rockhampton, Tel. 07-49 26 38 22, www.tropicalwanderer.com.au. Bestens ausgestatteter Caravan Park mit Cabins und Pool.

Essen & Trinken

Kulinarische Oase ▶ Le Bistro on Quay: 194 Quay St., Tel. 07-49 22 20 19, tgl. 11.30–14.30, 18–22.30 Uhr. Französisch inspirierte *Modern Australian Cuisine*. Vorspeisen 7,50–12,50 A-$, Hauptgerichte 18–32 A-$.

Termine

Rocky Roundup (Aug.): Großes Rodeo mit Volksfest.
Rocktoberfest (Okt.): Aussie-Oktoberfest.

Verkehr

Züge: Tgl. Verbindungen nach Brisbane und Cairns, Auskunft und Buchung: Tel. 13 22 32.
Busse: Vom George Street Terminal tgl. Verbindungen mit Greyhound Australia, Tel. 07-49 21 18 90 u. 13 00-47 39 46, nach Brisbane, Emerald, Mackay, Townsville, Cairns.
Fähren: s. Great Keppel Island S. 397

Die Küste zwischen Townsville und Brisbane

Abstecher in die Gemfields
▶ 1, T 9

Mindestens drei Tage Zeit und ein robustes, aber nicht unbedingt allradgetriebenes Fahrzeug benötigt man für einen Abstecher, der in die Central Highlands von Queensland führt. Die Region umfasst mehrere Bergketten und Hochplateaus der Great Dividing Range westlich von Rockhampton.

Anakie und Umgebung
Etwas mehr als 300 km sind es von Rockhampton über Emerald nach Anakie, wo die Edelsteinfelder *(Gemfields)* von Zentral-Queensland beginnen. Aus dieser Region kommt ein Großteil der Weltproduktion an Saphiren, auch Rubine, Topase, Amethyste und Diamanten werden dort gefördert. In den Hauptschürfgebieten im Umkreis von Anakie, Rubyvale, The Willows und Sapphire gibt es Geschäfte mit Edelsteinschmuck. Mancherorts werden auch Führungen durch Minen angeboten.

Infos
Central Highlands Visitor Information Centre: Clermont St., Emerald, Tel. 07-49 82 41 42, www.centralhighlandstourism.org.au, Mo–Fr 9–17, Sa/So 10–16 Uhr.

Carnarvon National Park
Südlich von Emerald erstreckt sich der an Naturattraktionen reiche **Carnarvon National Park,** ein ›wanderbares‹ Stück Australien, das vier Sektionen umfasst. Während Salvator Rosa, Ka Ka Mundi und Mount Moffatt nur sehr schwer zugänglich sind, kann man die **Carnarvon Gorge** in der Trockenzeit auch mit konventionellen Fahrzeugen erreichen. In Jahrmillionen haben der Carnarvon Creek und seine Nebenflüsse das bis zu 200 m tiefe Schluchtsystem mit fantastischen Klippenformationen in das weiche Sandsteinplateau des Consuelo Tableland gefräst. Während die Vegetation auf dem Plateau vornehmlich aus lichten Eukalyptuswäldern besteht, finden sich in den Schluchten Palmen und Palmfarne sowie verschiedene Arten von Moosen und Orchideen. Farn- und moosbewachsene Schluchten, tosende Wasserfälle, malerische Klammen, ein von steil aufragenden Felswänden umrahmtes natürliches Amphitheater und Felsmalereien der Aborigines machen eine Wanderung durch den **Carnarvon Creek** zu einem unvergesslichen Erlebnis (s. aktiv unterwegs S. 447).

Infos
… im Carnarvon National Park:
Queensland Parks & Wildlife Service: Ranger Station am Parkeingang, Tel. 07-49 84 45 05, Mo–Fr 9–17, Sa/So 10–16 Uhr.

Übernachten
… im Carnarvon National Park:
Komfort in der Wildnis ▶ **Carnarvon Gorge Wilderness Lodge:** 3 km östl. der Ranger Station nahe der Carnarvon Gorge, Tel. 07-49 84 45 03, www.carnarvon-gorge.com. 30 komfortable Holzhäuser. DZ ab 310 A-$ (VP).
Camping und Cabins ▶ **Takarakka Bush Resort:** nahe Wilderness Lodge, Tel. 07-49 84 45 35, www.takarakka.com.au. Gut ausgestatteter Campingplatz mit Cabins.
Queensland Parks & Wildlife Service Camping Area: nahe Ranger Station, Tel. 07-49 84 45 05, Fax 07-49 84 45 19. Einfach, aber schöne Lage, von Mai bis Oktober rechtzeitig reservieren.

Weiter nach Maryborough

Gladstone ▶ 1, V 9
Die Stadt, 20 km abseits des Bruce Highway, kann zwar nicht mit touristischen Sehenswürdigkeiten aufwarten, dafür aber mit wirtschaftlichen Superlativen: Port Gladstone ist hinsichtlich der Tonnage der bedeutendste Exporthafen von Queensland, die Gladstone Power Station das größte Kohlekraftwerk des Bundesstaates und die Boyne Smelters die produktivste Aluminiumhütte in Australien. Darüber hinaus besitzt Gladstone den größten Jachthafen südlich des Äquators und ist ein beliebter Ausgangsort für Fahrten und Flüge zur Heron Island (s. S. 431).

Weiter nach Maryborough

aktiv unterwegs

Durchquerung der Carnarvon Gorge

Tour-Infos
Start: Queensland Parks & Wildlife Service Camping Area nahe der Ranger Station
Länge: zwischen 6,4 km und 19 km
Dauer: zwischen 2,5 Std. und 6 Std.
Schwierigkeitsgrad: von moderat bis anspruchsvoll
Information: Queensland Parks & Wildlife Service (s. S. 446), www.carnarvongorge.com/nationalpark.html
Karte: ▶ 1, T 10

Ein dichtes Netz an Wanderwegen erschließt die an Naturattraktionen reiche Carnarvon Gorge. Besonders erlebnisreich ist die Wanderung durch die Flussoase des **Carnarvon Creek,** bei der man bis zu 2 m lange Buntwarane, Wasserdrachen und Felsen-Wallabies beobachten kann, mit etwas Glück sogar Schnabeltiere – Tipp: auf aufsteigende Luftblasen im Wasser achten.

Dem Lauf des Wildbachs folgend, kommt man nach 3,6 km zum **Moss Garden,** einer üppig-grünen Oase in der **Violet Gorge,** ihrerseits eine malerische Nebenschlucht der Carnarvon Gorge. Schatten und Feuchtigkeit haben hier ein Refugium für Moose und Farne geschaffen, eine scheinbar aus der Zeit gefallene eigene Welt. Ein natürlicher, von einem kleinen Wasserfall gespeister Pool mit glasklarem Wasser lädt zum Baden ein.

500 m weiter lockt das von steil aufragenden, wild überwucherten Felswänden umrahmte **Amphitheatre,** in das man mittels einer Stahlleiter gelangt, zu einem Seitensprung vom Hauptwanderweg. Nach 4,8 km sind die **Aljon Falls** erreicht, hinter denen sich der bezaubernde **Wards Canyon** öffnet, ein wahrer Garten Eden, in dem Riesenfarne *(Angiopteris evecta)* mit bis zu 6 m langen Wedeln wachsen.

In der **Art Gallery,** einer den Ureinwohnern heiligen Felsgalerie bei km 5,6, legen ebenso wie in der **Cathedral Cave** bei km 9,3 am Endpunkt der Wanderung Traumbilder Zeugnis von einer uralten Aboriginal-Kultur ab. In den ehemaligen Kultstätten der Ureinwohner sind viele Tausend Jahre alte Schablonenzeichnungen zu sehen. Die Künstler hielten Gegenstände wie Bumerangs und Äxte oder Hände und Arme an die Wand und sprühten mit dem Mund Ockerfarbe darüber, wobei nur die Umrisse sichtbar blieben (hin und zurück 19 km/6 Std.). Wer noch über genügend Energiereserven verfügt, kann auf dem Rückweg einen Abstecher auf den 200 m hohen **Boolimba Bluff** machen, besser aber man plant dafür einen Extratag ein. Wegen des grandiosen Blicks über die tief eingeschnittene Schlucht lohnt sich die Wanderung sehr, jedoch ist etwas einfache Kletterei über Felsen erforderlich (ab dem Campingplatz hin und zurück 6,4 km/2,5 Std.).

Bundaberg und Umgebung
▶ 1, W 10

In **Bundaberg,** rund 50 km östlich des Bruce Highway an der Küste, wird der dunkle, kräftige Bundie-Rum hergestellt. Die 1888 gegründete **Bundaberg Distillery** in der Avenue Street kann besichtigt werden (Tel. 07-41 31 29 99, www.bundabergrum.com.au, Führungen Mo–Fr 10, 11, 13, 14, 15, Sa/So u. Fei 10, 11, 12, 13, 14 Uhr, Erw. 7,50 A-$, Kin. 3,50 A-$, Fam. 18,50 A-$). Historische Gebäude im viktorianischen Kolonialstil reihen sich entlang der Bourbong Street im Zentrum; die Sehenswürdigkeiten konzentrieren sich im sogenannten Bundaberg Tourist Centre an der nordwestlichen Peripherie der Stadt jenseits des Burnett River.

Zu diesem Komplex gehören die **Bundaberg Botanic Gardens,** in denen man zwischen alten Bäumen und gepflegten Blu-

Die Küste zwischen Townsville und Brisbane

menbeeten schlendern und dabei exotische Pflanzenarten aus aller Welt entdecken kann (Young St., Tel. 07-41 52 29 66, Mo–Fr 7–16.30, Sa/So 10–16.30 Uhr, Eintritt frei).

Der Stadt- und Regionalgeschichte ist das **Bundaberg and District Historical Museum** am Rande des Botanischen Gartens gewidmet (Young St., Tel. 07-41 52 29 66, tgl. 10–16 Uhr, Erw. 5 A-$, Kin. 2 A-$, Fam. 10 A-$). Nahebei wird in der Hinkler Hall of Aviation das Andenken des deutschstämmigen Flugpioniers Bert Hinkler bewahrt, der 1928 den ersten Alleinflug von England nach Australien unternahm (Mt. Perry Rd./Young St., Tel. 07-41 52 02 22, tgl. 10–16 Uhr, Erw. 5 A-$, Kin. 2 A-$, Fam. 10 A-$).

Ausflüge in die nähere Umgebung von Bundaberg führen zu dem kleinen Ferienort **Moore Park** mit kilometerlangem Sandstrand und zu den vermutlich 25 Mio. Jahre alten 35 **Mystery Craters,** deren Entstehung selbst Experten Rätsel aufgibt (Lines Rd., South Kolan, 27 km südwestl., Tel. 07-41 57 72 91, tgl. 9–17 Uhr, Erw. 6 A-$, Kin. 3 A-$, Fam. 15 A-$).

Am Strand des **Mon Repos Environmental Park** 14 km nordöstlich der Stadt kann man zwischen November und März – unter Aufsicht von Rangers – beobachten, wie sich seltene Karett-Meeresschildkröten zur Eiablage an den Strand schleppen (Tel. 07-41 53 88 88, www.bookbundabergregion.com.au, Erw. 8,70 A-$, Kin. 4,60 A-$, Fam. 20,60 A-$). Bundaberg ist auch ein ideales Sprungbrett fürden Besuch von Lady Elliot Island und Lady Musgrave Island (s. S. 430). Südlich der Stadt beginnt der ca. 100 km lange Küstenstreifen der Fraser Coast mit feinsandigen Stränden.

Infos

Bundaberg Visitor Information Centre: 186 Bourbong St., Tel. 07-41 53 88 88, www.bundabergregion.info, tgl. 9–17 Uhr.

Übernachten

Komfortables Quartier in der City ▶ **Sugar Country Motor Inn:** 220 Bourbong St., Tel. 07-41 53 11 66, www.sugarcountry.com.

Zentral, mit Restaurant und Salzwasserpool. DZ 115–135 A-$.

Camping ▶ **Turtle Sands Caravan Park:** Mon Repos Beach, Tel. 07-41 59 23 40. Ca. 14 km nordöstl. von Bundaberg am Strand, gute Ausstattung.

Verkehr

Züge: Tgl. Verbindungen nach Brisbane und Cairns, Auskunft und Buchung: Tel. 13 22 32.
Busse: Tgl. Verbindungen mit Greyhound Australia nach Brisbane, Hervey Bay, Rockhampton, Mackay, Townsville und Cairns, Auskunft: Tel. 13 00-47 39 46.

Maryborough ▶ 1, W 10

Als eine der ältesten Städte von Queensland kann das am Mary River gelegene Maryborough mit zahlreichen stilvoll restaurierten Exemplaren viktorianischer Baukunst aufwarten. Viele Kolonialgebäude finden sich in der Hauptstraße, beispielsweise das **Customs House Hotel** von 1860 mit schmiedeeisernem Balkongitterwerk oder das italienischen Renaissance-Vorbildern nachempfundene **Post Office Building** von 1869. Der einstige Wohlstand der Stadt spiegelt sich auch in zahlreichen Privathäusern wider.

13 Hervey Bay und Fraser Island ▶ 1, W 10

Gut 30 km nordöstlich von Maryborough liegt das Ferienzentrum **Hervey Bay,** zu dem sich die Küstenorte Point Vernon, Pialda, Scarness, Torquay und Urangan zusammengeschlossen haben. Im Meerwasseraquarium **Neptunes Reefworld** kann man einen ›Spaziergang‹ durch farbenprächtige Korallengärten machen (Dayman Point, Urangan, Tel. 07-41 28 98 28, tgl. 9.30–16 Uhr, Erw. 17,50 A-$, Kin. 9,50 A-$, Fam. 44,50 A-$). Die Great **Sandy Region Botanic Gardens** in Urangan zeigen einen bunten Querschnitt der regionalen Pflanzenwelt (Elizabeth St., Tel. 07-41 25 97 00, tgl. 8–18 Uhr, Eintritt frei). Hervey Bay ist auch ein beliebter Ausgangspunkt für Bootstouren zur Beobachtung von Buckel-

Hervey Bay und Fraser Island

aktiv unterwegs

Walbeobachtung in Queensland

Tour-Infos
Start: Bootstouren zur Walbeobachtung starten in Urangan Boat Harbour (s. S. 452)
Dauer: 4–4,5 Std.
Wichtige Hinweise: Ein gutes Renommee haben Jason und Virginia, die Besitzer des großen Katamaran M. V. Whalesong (s. S. 452)
Karte: ▶ 1, W 10

Der sanfte Riese verrät sich zuerst an seinem ›Blas‹, einer senkrecht flimmernden Wolke kondensierenden Wasserdampfes. Dann durchbricht ein mächtiger Körper die Wasseroberfläche, ein schwarz-grauweißer Koloss mit dem Gewicht von einem guten Dutzend Elefanten katapultiert sich in die Höhe, scheint für den Bruchteil einer Sekunde in der Luft zu verharren, um gleich darauf nach einer gischtenden Landung wieder tief ins Meer einzutauchen. Nur die Schwanzflosse, von der ein meterbreiter Wasserfall herabrauscht, ist noch einen Augenblick lang zu sehen. Dann ist der Spuk vorbei, und die See liegt wieder ruhig und unergründlich da.

Dieses Schauspiel ist einem Buckelwal *(Humpback Whale)* zu verdanken, leicht zu erkennen an den ›Warzen‹ an seinen Finnen. Allerdings muss man geduldig sein, denn das Meeressäugetier kann bis zu 90 Minuten in der Tiefe tauchen.

Alljährlich zwischen Anfang August und Mitte Oktober ziehen rund 1000 dieser gewaltigen Kreaturen, die bis zu 15 m lang und über 40 t schwer werden können, nach einer sechsmonatigen Futterperiode aus ihren antarktischen Nahrungsgründen in wärmere Gewässer, um ihre Jungen zu werfen.

Ein Tummelplatz der grauen Riesen ist die geschützte, nährstoffreiche **Hervey Bay** etwa 200 km nördlich von Brisbane, in der die Buckelwale große Schwärme winziger Fische finden. Meeresforscher vermuten, dass einst regelmäßig weit über 10 000 Tiere vor der Süd- und Ostküste Australiens auftauchten, aber Walfänger dezimierten bis zum Verbot der Buckelwaljagd Anfang der 1960er-Jahre die Bestände auf wenige hundert Exemplare. Seitdem die Meeressäuger unter Schutz stehen, hat sich ihre Population wieder erstaunlich schnell vergrößert.

Als einer der besten Plätze in Australien, um die Riesen in ihrer natürlichen Umgebung zu beobachten, gilt die oben erwähnte Hervey Bay. Im Touristenzentrum bieten mehrere Veranstalter *Whale Watching Cruises* an (s. S. 452), bei denen man den Giganten des Meeres sehr nahe kommen kann. Eine ›Wal-Garantie‹ gibt es freilich nicht.
Weitere Infos: www.whalewatching.com.au.

walen *(Humpback Whales),* die zwischen Anfang August und Mitte Oktober in den geschützten Gestaden vor der Fraser Coast auftauchen, um ihre Jungen zu werfen. Und nicht zuletzt dient Hervey Bay als Sprungbrett für Ausflüge zur vorgelagerten Fraser Island.

Abgesehen von einigen Felsformationen vulkanischen Ursprungs besteht die 123 km lange und bis zu 25 km breite **Fraser Island** gänzlich aus Sand. Dieser Sand, ein Verwitterungsprodukt der Great Dividing Range, gelangte durch Flüsse im Südosten von Queensland ins Meer, wo er von Meeresströmungen entlang der Küste nordwärts transportiert wurde und sich an exponierten Stellen des Festlandsockels ablagerte. Neben endlos langen Stränden und riesigen Dünen gibt es auf der Insel bunte Sandsteinformationen *(Coloured Sands),* etwa The Cathedrals und The Pinnacles im mittleren Teil der Ostküste. Die von Gelb bis Rot reichende Farbpalette der Klippen entstand durch die

Die Küste zwischen Townsville und Brisbane

Oxidation des im Sandstein enthaltenen Eisens und anderer Mineralien. Von den mehr als 40 Süßwasserseen konzentrieren sich die schönsten im Südteil der Insel.

Das weite Spektrum der Vegetationsformationen spannt sich von Mangrovenwäldern im Gezeitenbereich über offene Küstenheiden (im Frühling ein Wildblumenparadies) bis zu subtropischen Regenwäldern. Unter den Baumarten ragt der Satinay heraus, ein bis zu 70 m hoher Gigant mit einem säulengeraden Stamm. Zur Fauna von Fraser Island, die als **Great Sandy National Park** von der Unesco unter Schutz gestellt wurde, gehören zahlreiche Vogel- und Reptilienarten sowie eingeführte Tiere wie Wildpferde *(Brumbies)* und Dingos.

Für den Naturtourismus ist Fraser Island durch ein dichtes Netz von Sandpisten erschlossen, die nur mit Jeeps befahren werden dürfen. Am Besucherzentrum der Central Station beginnen der 30 km lange Northern Circuit, der über den Lake McKenzie zum Lake Wabby führt (rote Pfeile), und der ebenfalls 30 km lange Southern Circuit, der die Seen Jennings, Birrabeen, Benaroon und Boomanjin passiert und an der Ostküste bei Dilli Village endet (grüne Pfeile). Die Naturattraktionen der Ostküste erreicht man auf einer Fahrt entlang des 75 Mile Beach, der bei Ebbe fest und glatt ist wie eine Asphaltstraße.

Fraser Island ist nicht nur ein Tummelplatz für Geländewagenfahrer, sondern auch ein ideales Terrain für Wanderer. Bei der Central Station beginnt der 600 m lange Naturlehrpfad Wanggoolba Creek Boardwalk durch die zentrale Regenwaldregion. Eine längere Wanderung führt von der Central Station zum Lake McKenzie, dem vielleicht idyllischsten See der Insel (hin und zurück 12 km/3 Std.).

Ein ›Muss‹ ist auch der kurze Naturlehrpfad Eli Creek Boardwalk an der Mündung des Eli Creek, des größten Flusses auf Fraser Island. Da sich auf der Insel ständig Myriaden von Sandfliegen an den Besuchern gütlich tun, sollte man ein wirksames Insektenschutzmittel mitnehmen.

Infos
... in Hervey Bay

Hervey Bay Visitor Centre: Urraween Rd., Ecke Maryborough-Hervey Bay Rd., Tel. 07-41 25 98 55, www.herveybay.qld.gov.au, tgl. 9–17 Uhr. Fremdenverkehrsamt sowie Buchungsstelle für Ausflüge nach Fraser Island und Whale-Watching-Touren.

Infos im Internet: www.fraserisland.net.

Übernachten
... in Hervey Bay

Strandnah relaxen ▶ **Playa Concha Motor Inn:** 475 The Esplanade, Torquay, Tel. 07-41 25 15 44, www.playaconcharesort.com. Behagliche, in Bambus und Rattan ausgestat-

Harvey Island und Fraser Island

Lake Wabby, einer von 40 Süßwasserseen auf Fraser Island

tete Zimmer, Pool, in der Nähe einige gute Restaurants. DZ ab 88 A-$, Apartments 125–154 A-$.

Deutsche Leitung ▶ Bay View Motel: 399 The Esplanade, Torquay, Tel. 07-41 28 11 34, www.thebayviewmotel.com.au. Ruhig, in Strandnähe, deutschsprachige Besitzer, gute Beratung sowie Tourbuchung. DZ 75–85 A-$.

Camping und Cabins ▶ Fraser Lodge Holiday Park: 20 Fraser St., Torquay, Tel. 1800-64 14 44, www.fraserlodge.com.au. Bestens ausgestattet, Stellplätze für Zelte und Wohnmobile, komfortable Cabins und Villas, zwei Pools, Tennisplatz, Internetcafé, Buchung von Ausflügen, nur 250 m entfernt von einem schönen Badestrand.

... auf Fraser Island

Komfortables Öko-Resort ▶ Kingfisher Bay Resort: North White Cliffs, Tel. 18 00-07 25 55 und 07-41 20 33 33, www.kingfisherbay.com. Nach ökologischen Aspekten gebaut, höchster Komfort in der Wildnis, mehrere Restaurants und Pools. DZ ab 285 A-$.

Ferienanlage am Strand ▶ Eurong Beach Resort: Eurong, Tel. 18 00-11 18 08, www.eurong.com. Stilvolles Strandhotel mit Restaurant und Pool. DZ 130–150 A-$, Apartments 180–270 A-$.

Camping und Cabins ▶ Cathedral Beach Resort & Camping Park: Cathedral Beach, Tel. 07-41 27 91 77, Fax 07-41 27 92 34. Stellplätze für Zelte und Allrad-Camper sowie ge-

Die Küste zwischen Townsville und Brisbane

räumige Cabins, 400 m zum Strand. **National Parks & Wildlife Service Camping Areas:** Tel. 07-54 86 31 60. Einfache Campingplätze der Nationalparkverwaltung, etwa bei der Central Station.

Essen & Trinken
… in Hervey Bay
Beliebtes Fischrestaurant ▶ **The Deck:** Hervey Bay Marina, Buccaneer Ave., Urangan Boat Harbour, Tel. 07-41 25 11 55, tgl. 12–15, 17–23 Uhr. Meeresspezialitäten vor dem Panorama des Jachthafens. Vorspeisen 8–12 A-$, Hauptgerichte 18–34 A-$.

Aktiv
Walbeobachtung ▶ **M. V. Whalesong:** Urangan Boat Harbour, Tel./Fax 07-41 24 34 64, www.whalesong.com.au. Ausflug in großem Katamaran zur Beobachtung von Buckelwalen (Aug.–Okt. tgl. 7.30, 13 Uhr, Erw. 125 A-$, Kin. 65 A-$, Fam. 320 A-$).
Trips nach Fraser Island ▶ **Fraser Explorer Tours,** Tel. 1800-24 91 22, www.fraserexplorertours.com.au. Tagesausflug nach Fraser Island (tgl. 6.30 Uhr ab Urangan Boat Harbour und Rainbow Beach, Erw. 159 A-$, Kin. 99 A-$). **Kingfisher Bay Lake McKenzie Tour:** Tel. 18 00-07 25 55, www.kingfisherbay.com. Tagestrip nach Fraser Island unter sachkundiger Leitung (tgl. 6.45 Uhr ab Urangan Boat Harbour, Erw. 155 A-$, Kin. 85 A-$).
Rundflüge ▶ **Air Fraser Island:** Tel. 07-41 25 36 00, www.airfraserisland.com. Flüge in kleinen Propellermaschinen nach Fraser Island sowie Rundflüge zur Walbeobachtung (ab 105 A-$).

Verkehr
Fähren: Autofähren nach Fraser Island tgl. ab Urangan Boat Harbour, Tel. 07-41 25 44 44; Mary River Heads bei Hervey Bay, Tel. 07-41 25 55 11; Inskip Point bei Rainbow Beach, Tel. 07-41 27 91 22.
Busse: U. a. regelmäßige Verbindungen mit Hervey Bay Bus Services, Tel. 07-41 21 37 19, nach Maryborough.
Mietwagen: Jeeps vermietet zum Beispiel Safari 4WD Hire, 120 Boat Harbour Dr., Tel. 18 00-68 98 19, www.safari4wdhire.com.au. Selbstfahrer benötigen für Fraser Island ein *Permit,* zu erhalten u. a. bei: Hervey Bay City Council, Tavistock St., Torquay, Tel. 07-41 25 02 22, Mo–Fr 9–17 Uhr; Marina Kiosk, Buccaneer Ave., Urangan Boat Harbour, Tel. 07-41 28 98 00, tgl. 6–18 Uhr; River Heads General Store, 9 Ariadne St., River Heads, Tel. 07-41 25 71 33, tgl. 6.30–18 Uhr.

Sunshine Coast ▶ 1, W 10/11

Die Strände des rund 150 km langen Küstenstreifens zwischen Noosa und Brisbane firmieren unter dem Begriff Sunshine Coast. Nach der Gold Coast südlich von Brisbane nimmt die ›Sonnenscheinküste‹ in der Popularitätsskala der australischen Ferienregionen Rang zwei ein. Allerdings geht es in den dortigen Badeorten etwas ruhiger und beschaulicher zu als in den überdrehten Glitzerbädern der Gold Coast. Großer Beliebtheit erfreut sich die Sunshine Coast vor allem auch bei betuchten Ruheständlern aus den kühlen Südstaaten, was ihr den Beinamen ›Gottes Wartezimmer‹ eingetragen hat.

Noosa und Umgebung ▶ 1, W 11
Über **Gympie,** den ehemaligen Schauplatz eines turbulenten Goldrausches mit einem informativen Gold Mining Museum (215 Brisbane Rd., Tel. 07-54 82 39 95, tgl. 9–17 Uhr, Erw. 5 A-$, Kin. 2,50 A-$, Fam. 12,50 A-$), gelangt man nach **Noosa.** Die am breiten Mündungs-trichter des Noosa River gelegene Stadt markiert das nördliche Ende der Sunshine Coast und ist deren elegantester und teuerster Badeort. Noosa hat sich in den letzten Jahren einen Namen als kulinarisches Zentrum gemacht. In Australiens Gourmet-Metropole kreierten Köche die *New Australian Cuisine* und lösten damit eine kulinarische Revolution aus, die nach und nach das ganze Land erfasste.

Östlich des Ortes nimmt der **Noosa National Park** die Spitze des felsigen Vorlands ein. Für eine Wanderung ist der Coastal Track über den Dolphin Point und die Granite Bay

Sunshine Coast

zu der imposanten Klippenformation Hells Gates zu empfehlen. Von dort kann man einen Abstecher zur Alexandria Bay mit weitem Sandstrand und bizarren Klippen bei Oyster Rocks und Lion Rock machen oder auf dem Tanglewood Track quer durch die mit Regenwald bestandene Landzunge zum Parkeingang zurückkehren (Rundweg ohne Abstecher zur Alexandria Bay 7 km/3 Std.). Mit etwas Glück sieht man in den windgebeutelten Kronen hoher Eukalyptusbäume Koalas.

In der Nachbarstadt **Tewantin** begeistert das Privatmuseum ›The Big Shell‹ mit seiner umfangreichen Sammlung von Muscheln und Schnecken in allen Farben und Formen. Der angeschlossene Laden verkauft Schmuckstücke aus Muscheln und Korallen (Gympie St., Tel. 07-54 47 12 68, Do–Mo 10.30–16 Uhr, Erw. 6 A-$, Kin. 3 A-$, Fam. 15 A-$).

Zwischen Noosa-Tewantin und dem nördlichen Tin Can Bay erstreckt sich der **Great Sandy National Park** mit zahlreichen großen Süßwasserlagunen. Den besten Eindruck von diesem Naturschutzgebiet vermitteln Bootstouren, die in Noosa und Tewantin angeboten werden. Wer im Besitz eines allradgetriebenen Fahrzeugs ist, kann sich von Tewantin mit der Autofähre über den Noosa River setzen lassen und bei Ebbe entlang dem Cooloola Beach vom Süd- zum Nordende des Nationalparks fahren (35 km). Die Sandsteinklippen der Teewah Coloured Sands, die man dabei passiert, schillern aufgrund eingelagerter Mineralien in allen Regenbogenfarben und begeistern vor allem im Abendlicht nicht nur Fotografen. Am Nordrand des Nationalparks liegt der ruhige Ferienort **Rainbow Beach,** der als Startpunkt für Fraser Island immer beliebter wird.

Infos
Tourism Noosa: Hastings Street, Noosa Heads, Tel. 13 00-06 66 72, www.tourismnoosa.com.au, tgl. 9–17 Uhr.

Übernachten
Luxus am Sandstrand ▶ **Netanya Noosa Hotel:** 75 Hastings St., Tel. 07-54 47 47 22, www.netanyanoosa.com.au. Elegantes Hotel am Strand; Restaurant, Pool, Fitnesscenter. DZ ab 330 A-$.

Familiäres Mittelklassehotel ▶ **Chez Noosa Resort Motel:** 263 Edward St., Tel. 07-54 47 20 27, www.cheznoosa.com.au. Ruhig, mit großzügig ausgestatteten Zimmern und Pool, strandnah. DZ ab 105 A-$.

Camping und Cabins ▶ **Noosa River Caravan Park:** Russel St., Noosaville, Tel. 07-54 49 70 50. Mit Cabins.

Essen & Trinken
Pionier der New Australian Cuisine ▶ **Ricky Ricardo's:** Noosa Wharf, Quamby Place, Tel. 07-54 47 24 55, tgl. 12–15, 17.30–23 Uhr. Mit ihrer Kochkunst lockt Leonie Palmer, der kreative Kopf dieses mehrfach ausgezeichneten Gourmet-Tempels, seit Jahren Feinschmecker aus ganz Australien nach Noosa. Geboten werden teils französisch, teils asiatisch angehauchte Gerichte der *New Australian Cuisine* und eine fast schwindlig machende Weinkarte. Dreigängiges Menü 75–95 A-$.

Gourmet-Paradies ▶ **Berardo's on the Beach:** 49 Hastings St., Tel. 07-54 48 08 88, tgl. 11.30–14.30, 17.30–23 Uhr. *New Australian Cuisine*. Vorspeisen 12–16 A-$, Hauptgerichte 34–38 A-$.

Aktiv
Nationalpark-Exkursion ▶ **Noosa Everglades Discovery:** Tel. 07-54 49 03 93, www.thediscoverygroup.com.au. Kombination aus Geländewagen- und Bootstour zum Great Sandy National Park (tgl. 9-16.30 Uhr, Erw. 95 A-$, Kin. 70 A-$, Fam. 300 A-$).

Delfinbeobachtung ▶ **Wild Dolphin Feeding Tour:** Tel. 07-54 73 94 88, www.dolphinecotours.com. Bootstour mit Beobachtung und Fütterung von Delfinen (tgl. 6–12 Uhr, Erw. 75 A-$, Kin. 65 A-$, Fam. 225 A-$).

Termine
Gold Rush Festival (Okt.): Volksfest mit Kulturprogramm in Gympie (s. S. 452).

Mooloolaba ▶ 1, W 11
Außer einer perfekten touristischen Infrastruktur haben die weiteren Hauptorte dieser

Die Küste zwischen Townsville und Brisbane

Küstenregion – Maroochydore, Alexandra Headland, Mooloolaba und Caloundra – nicht viel zu bieten. Eine Ausnahme ist die sehenswerte **Underwater World** in Mooloolaba, wo man in die Unterwasserwelt Australiens abtauchen kann, ohne nass zu werden. Ein riesiger Meereswassertank bietet Hunderten von Fischarten Platz. Die Besucher laufen durch einen Tunnel aus Acrylglas und können Muränen, Manta-Rochen und Haie aus nächster Nähe betrachten (Parkyn Par., Tel. 07-54 44 22 55, www.underwaterworld.com.au, tgl. 9–16.30 Uhr, Erw. 18,95 A-$, Kin. 11,95 A-$, Fam. 49,85 A-$).

Infos
Sunshine Coast Visitors Centre: Melrose Parade, Ecke Sixth Ave., Cotton Tree, Tel. 07-54 59 90 50, www.sunshinecoasttourism.com, tgl. 9–17 Uhr.

Übernachten
Preisgünstige Motel-Units ▶ **Motel Mediterranean:** 197 Brisbane Rd., Tel. 18 00-63 00 13, www.motelmediterranean.com. Kleine, ruhige Unterkunft mit italienischem Restaurant und Pool. DZ 90–110 A-$.
Camping und Cabins ▶ **Maroochy Beach Park:** Parkyn Parade, Tel. 07-54 44 12 01. Gut ausgestatteter Campingplatz am Strand mit geräumigen Cabins.

Das Hinterland der Sunshine Coast ▶ 1, W 11

Reisenden, die dem Strandleben keine Reize abgewinnen können, bietet sich in Richtung Süden eine Alternativroute durch das Hinterland an. Ausgangspunkt ist das am Bruce Highway gelegene **Nambour,** in dessen Umgebung Zuckerrohr sowie Ananas und andere tropische Früchte angebaut werden. Im Ort befindet sich eine Zuckermühle, die von einer mitten auf der Durchgangsstraße verkehrenden Eisenbahn mit Rohstoff versorgt wird. Einige Kilometer südlich liegt die **Sunshine Plantation,** deren Wahrzeichen eine als Aussichtsturm dienende riesige Fiberglas-Ananas ist. Die Besucher werden mit einer Schmalspurbahn durch die Plantage gefahren (Bruce Hwy, Tel. 07-54 42 13 33, tgl. 9–17 Uhr, Erw. 12,50 A-$, Kin. 6,50 A-$, Fam. 31,50 A-$). Gäste sind auch in der nahe gelegenen **Macadamia Nut Factory** gern gesehen (Bruce Hwy, Tel. 07-54 42 12 99, Mo–Fr 10–17 Uhr, Erw. 12,50 A-$, Kin. 6,50 A-$, Fam. 31,50 A-$).

Westlich von Nambour windet sich eine Straße hinauf in die Bergwelt der Blackall Range. Im **Mapleton Falls National Park** 4 km nordwestlich des Ortes Mapleton stürzt ein Wasserfall über eine Felswand 120 atemberaubende Meter in die Tiefe. Auch im nahen **Kondalilla National Park** kann man spektakuläre Wasserfälle wie die 100 m hohen, von Regenwald umrahmten Kondalilla Falls betrachten. 5 km weiter südlich haben sich im Bergort **Montville** zahlreiche Kunsthandwerker niedergelassen, die ihre Produkte in Galerien und Läden entlang der

Das Hinterland der Sunshine Coast

Hauptstraße anbieten. Die auf dem Kamm der Blackall Range verlaufende Panoramastraße eröffnet immer wieder herrliche Blicke auf die 30 km entfernte Sunshine Coast, und vom **Mary Cairncross Park** südlich von **Maleny** bietet sich eine grandiose Sicht auf die Kette der bizarren, vegetationslosen Felsspitzen der **Glass House Mountains,** die unvermittelt aus der flachen Küstenebene ragt. Felskegel und -säulen aus dem Eruptivgestein Trachyt sind Überbleibsel erloschener Vulkane, die den Kräften der Erosion widerstanden. Kapitän Cook gab den zwischen 200 und 556 m hohen Felsformationen ihren Namen, weil ihr Aussehen ihn an die Glasschmelzen seiner Heimat Yorkshire erinnerte.

Vier der zehn Vulkangipfel wurden zu Nationalparks erklärt. Alle Berge sind beliebte Kletterziele, die allerdings – mit Ausnahme des 253 m hohen Mount Ngungun (hin und zurück 1400 m/2 Std.) – nur von erfahrenen Bergsteigern in Angriff genommen werden sollten. Einen weiteren Aussichtspunkt mit einem grandiosen Panorama des Felsensembles erreicht man, wenn man in der Ortschaft Glass House Mountains oder in Beerburrum dem Hinweisschild ›Lookout‹ folgt.

Größter Besuchermagnet der Region ist der **Australia Zoo** bei **Beerwah,** in dem man sich von Taipans, Tigerschlangen und Todesottern Schauer über den Rücken jagen lassen kann. Im Tierpark leben auch Süß- und Salzwasserkrokodile. Wenn man über gute Englischkenntnisse verfügt, kann man bei *Wildlife Talks* Wissenswertes über die australische Reptilienwelt erfahren. Der Besitzer des Tierparks war der aus dem Fernsehen bekannte *Crocodile Hunter* Steve Irwin, der 2006 auf tragische Weise ums Leben gekommen war (Glasshouse Mountains Tourist Route, Tel. 07-54 36 20 00, www.australian.zoo.com.au, tgl. 8.30–16, Krokodil-Fütterung tgl. 12 Uhr, Erw. 49 A-$, Kin. 29 A-$, Fam. 146 A-$).

Der Regenwald im Hinterland der Sunshine Coast

Brisbane und Umgebung

Fragt man Einwohner von Sydney oder Melbourne nach ihrer Meinung über Brisbane, so sagen sie: »Sieht ein bisschen aus wie Dallas!« Ein Münchner würde die Hauptstadt von Queensland, die 1824 als Auffangbecken für die widerspenstigsten Strafdeportierten der Kolonie New South Wales gegründet wurde, vielleicht mit Frankfurt vergleichen. Was heißen soll, dass Brisbane, wo fast jeder zweite Queenslander lebt, nach gängigen Kriterien keine besonders attraktive Metropole ist.

Lange Zeit führte Brisbane ein Aschenbröteldasein im Schatten der Metropolen Sydney und Melbourne. In den 1980er-Jahren aber hat die Hauptstadt von Queensland einen erstaunlichen Entwicklungssprung vollzogen. Aus ›Brissie‹, das ehedem den wenig schmeichelhaften Ruf der provinziellsten Metropole Australiens hatte, wurde binnen kurzer Zeit ein hektisches Zentrum von Handel, Verwaltung und Hochfinanz.

Das Fundament des erstaunlichen Aufschwungs bildeten die immensen natürlichen Ressourcen von Queensland, die mineralischen Bodenschätze und landwirtschaftlichen Erzeugnisse. Ein weiterer Katalysator war die Weltausstellung ›Expo 88‹. Mit der Metamorphose ging auch ein Bauboom einher, der seinesgleichen sucht. In den Jahren des wirtschaftlichen Aufschwungs erwarb die Millionenstadt am Brisbane River ein denkbar schlechtes Renommee für den rücksichtslosen Umgang mit alter Bausubstanz, die man gedankenlos Neubauprojekten opferte. Heute kontrastieren zweckmäßige Glas-Beton-Paläste mit einigen altehrwürdigen viktorianischen Gebäuden, die wie Fremdkörper im Stadtbild wirken.

Durch seinen etwas spröden Charme und relativ dünn gesäte Sehenswürdigkeiten gilt Brisbane nicht unbedingt als Besuchermagnet. Doch hat die queensländische Metropole auch positive Seiten: das sonnenreiche subtropische Klima etwa, das die Brisbanites für das beste der Welt halten, oder das multikulturelle Fluidum einer offenen, toleranten Gesellschaft. Vielen Besuchern dient Brisbane als Sprungbrett für die Feriengebiete der Gold Coast und der Sunshine Coast, die sich vor den Pforten der Stadt erstrecken.

Stadtgeschichte

Australiens Sonnenscheinstaat hatte einen denkbar ungünstigen Start. 1824 veranlasste Sir Thomas Brisbane, der damalige Gouverneur von New South Wales, die Gründung einer Strafkolonie an der Moreton Bay beim heutigen Brisbane. Bereits 1825 musste die Moreton Bay Colony, in die man die renitentesten Rückfallverbrecher von New South Wales deportierte, nach kriegerischen Auseinandersetzungen mit den dort ansässigen Ureinwohnern an einen neuen Standort weiter im Inland verlegt werden. 1834 erhob man die Strafkolonie, die mittlerweile den Namen ihres Gründers trug, zur Stadt. Ein Gefängnis aber blieb Brisbane weiterhin, denn der Umkreis von 80 km um den Ort wurde zum Sperrgebiet für jeden freien Siedler erklärt.

Nach der Entdeckung fruchtbarer Weidegebiete in den Darling Downs jenseits der Great Dividing Range westlich von Brisbane setzte gegen 1840 von Sydney eine vehe-

Das Zentrum

mente Landnahme ein, unter deren Druck die Strafkolonie schließlich aufgelöst wurde. Im Jahr 1842 öffnete man die Region offiziell für freie Siedler. Viehfarmer trieben riesige Rinderherden in die weiten Savannenebenen und Tafelländer westlich der Great Dividing Range und legten damit den Grundstein für die lukrative Rinderzucht, die jahrzehntelang das Rückgrat der queensländischen Wirtschaft bildete. Brisbane und sein Umland waren 35 Jahre lang ein von Sydney kontrollierter Außenposten, bevor man sich 1859 auf Drängen der einflussreichen *Squatter* von New South Wales lossagte. Zu Ehren von Königin Victoria gab man der neu gegründeten Kolonie den Namen Queensland und erkor Brisbane zur Hauptstadt.

Das Zentrum ▶ 1, W 11/12

Cityplan: S. 462

Entlang der Ann Street

Als Ausgangspunkt für einen Stadtrundgang, für den man etwa einen halben Tag einplanen sollte, bietet sich der viktorianische Prachtbau der **Central Railway Station** 1 aus dem Jahr 1901 an. In der gegenüberliegenden kleinen Grünanlage **Anzac Square** erinnert der klassizistische ›Shrine of Remembrance‹ an die im Ersten Weltkrieg gefallenen australischen Soldaten. Vorbei an den beiden neogotischen Kirchen Ann Street Presbyterian Church und Albert Street Uniting Church erreicht man den **King George Square.**

City Hall 2

An der Westseite des King George Square, einer Stadtoase mit Springbrunnen, ragt der architektonische Stolz der Stadt auf: die **City Hall.** Brisbanes Wahrzeichen wirkt heute etwas verloren in der modernen Skyline. Überragt wird das zwischen 1920 und 1930 errichtete Gebäude von einem 85 m hohen Uhrturm im italienischen Renaissance-Stil, von dessen Aussichtsplattform sich ein schöner Blick bietet. Die 90 m lange Sandsteinfassade akzentuiert ein mächtiger Portikus mit einer korinthischen Säulenreihe. Blickfang der Fassade ist das 18 m lange Basrelief im Giebelfeld über dem Haupteingang, eine allegorische Darstellung des Staates als Beschützer seiner Bürger. Neben Büros der Stadtverwaltung beherbergt das Rathaus auch das **Museum of Brisbane,** in dem die Sozialgeschichte der Stadt dokumentiert wird (Uhrturm: Tel. 07-32 25 43 55, Mo–Fr 8.30–15.30, Sa 9–12 Uhr, freier Eintritt, Museum: Tel. 07-32 24 67 69, www.museumofbrisbane.com.au, tgl. 10–17 Uhr, Eintritt frei).

Rund um die George Street

Der Prachtboulevard, der parallel zum Brisbane River verläuft, gilt als Synonym für Stil und Eleganz. Dies manifestiert sich im zwischen 1885 und 1928 errichteten **Treasury Building** 3, das als schönstes Exemplar des italienischen Renaissance-Stils südlich des Äquators gilt. Heute verbirgt sich hinter der Fassade des altehrwürdigen Gebäudes das Conrad Treasury Casino. Schräg gegenüber beginnt die Fußgängerzone **Queen Street Mall,** die sich bis zur Edward Street erstreckt. Besonderes Augenmerk verdient in dieser beliebtesten Einkaufsmeile von Brisbane das große Kaufhaus **Myer Centre** 4, das sich in einem Komplex aus vier in den 1880er-Jahren errichteten Kolonialgebäuden befindet. Im Zentrum der Mall gibt es einen Infokiosk der Fremdenverkehrsbehörde.

Das **Land Administration Building** 5 an der George Street, eine prachtvolle, zwischen 1901 und 1905 errichtete Renaissance-Doublette, bildet heute den stilvollen Rahmen für ein Luxushotel. Gleich um die Ecke, in der William Street, stehen die **Old Commissariat Stores** 6, Brisbanes 1829 errichteter erster Gebäudekomplex aus Stein, heute **Museum der Royal Historical Society of Queensland** (Tel. 07-32 21 41 98, www.queenslandhistory.org.au, Di–Fr 10–16 Uhr, Erw. 5 A-$, Kin. 2,50 A-$, Fam. 12,50 A-$). Am südlichen Ende der George Street befindet sich mit **The Mansions** 7 ein weiteres architektonisches Schmuckstück. Heute beherbergt der Ziegelsteinkomplex mit neoklassizistischen Stilelementen Boutiquen und Restaurants.

Brisbane und Umgebung

Queensland Cultural Centre 8

Über die Victoria Bridge, in deren Nähe sich mit der Hayles bzw. North Quay Wharf ein Pier für Ausflugsboote befindet, kommt man zum architektonisch ansprechenden Komplex des **Queensland Cultural Centre,** der sich an das Südufer des Brisbane River schmiegt. Zu dem modernen Kulturzentrum gehört die **Queensland Art Gallery** mit einer reichen Sammlung von Werken australischer und europäischer Künstler (Tel. 07-38 40 73 03, www.qag.qld.gov.au, Mo–Fr 10–17, Sa/So 9–17 Uhr, Eintritt frei, Sonderausstellungen und -veranstaltungen gebührenpflichtig). Unter demselben Dach befindet sich das **Queensland Museum** mit einer gut bestückten technischen und naturhistorischen Abteilung sowie einer großen ethnologischen Sammlung zur Geschichte, Kunst und Kultur der Aborigines; Wissenschaft und Technik zum Ausprobieren präsentiert das dem Staatsmuseum angeschlossene **Sciencentre** (Tel. 07-32 24 48 96, www.qm.qld.gov.au, Mo–Fr 10–17, Sa/So 9–17 Uhr, Eintritt frei, Sciencentre: Erw. 12 A-$, Kin. 9 A-$, Fam. 40 A-$).

Des Weiteren umfasst der große Kulturkomplex die 2006 als größtes Kunstmuseum des Kontinents eröffnete **Gallery of Modern Art (GoMA),** die neben zeitgenössischer australischer Kunst und Aboriginal Art auch moderne internationale Kunst präsentiert, etwa Werke von Baselitz, Degas und Picasso (Tel. 07-38 40 73 03, www.qag.qld.gov.au, Mo–Fr 10–17, Sa/So 9–17 Uhr, Eintritt frei), die **State Library of Queensland** (Tel. 07-38 40 76 66 96, www.slq.qld.gov.au, Mo–Do 10–20, Fr-So 10–17 Uhr, Eintritt frei) sowie, auf der anderen Seite der Melbourne Street, den **Performing Arts Complex** 2 mit einem Schauspielhaus und einem Konzertsaal.

South Bank Parklands

Zur Pause nach dem Besuch der Museen eignen sich die südöstlich des Kulturzentrums liegenden South Bank Parklands, ein stilvoll gestalteter Freizeit- und Naherholungspark auf dem ehemaligen Gelände der World Expo 88. Dort kann man in einem Pool, der einem natürlichen See nachempfunden wurde, schwimmen oder an einem Sandstrand ein Sonnenbad nehmen.

Ein schöner Blick bietet sich aus den verglasten Gondeln des 60 m hohen Riesenrads **Wheel of Brisbane** (Tel. 07-38 44 34 64, www.thewheelofbrisbane.com.au, Mo–Do 10–22, Fr/Sa 9–24, So 9–22 Uhr, Erw. 15 A-$, Kin. 10 A-$, Fam. 42 A-$). Eine Oase der Ruhe ist die buddhistische **Nepalese Pagoda,** die anlässlich der Weltausstellung von 1988 errichtet wurde. Gleich daneben kann man auf einem Holzpfad einen kleinen Spaziergang durch einen subtropischen Miniatur-Regenwald machen, der mitten in der Großstadt wuchert.

Mit einer Fülle an Exponaten und multimedialen Hilfsmitteln dokumentiert das **Queensland Maritime Museum** 9 am südlichen

Das Zentrum

South Bank Parklands: (sonnen-)baden mit Blick auf die Skyline von Brisbane

Ende der Southbank Parklands die Geschichte der Seefahrt in australischen Gewässern von vorkolonialer Zeit bis zur Gegenwart (Dock St., Tel. 07-38 44 53 61, www.qmma.ecn.net.au, tgl. 9.30–16.30 Uhr, Erw. 8 A-$, Kin. 3,50 A-$, Fam. 18 A-$). Vom Seefahrtsmuseum führt die Fußgängerbrücke Goodwill Bridge zurück zum Nordufer des Brisbane River.

City Botanic Gardens 10

Fast die gesamte Südspitze der vom Brisbane River umschlossenen Halbinsel mit dem Central Business District nehmen die **City Botanic Gardens** ein, einst der Gemüsegarten der Strafkolonie, heute eine Oase der Ruhe mit Spazier- und Radwegen. Die künstlichen Teiche und Seen des Botanischen Gartens sind ein Refugium für Wasservögel wie Reiher und Ibisse. Bei einem kurzen Spaziergang auf einem Holzbohlenpfad am Ufer des Brisbane River gewinnt man Einblicke in einen Mangrovenwald (www.brisbaneqld.gov.au/botanicgardens).

Am Rande des Botanischen Gartens stehen das zwischen 1865 und 1868 erbaute, französischen Renaissance-Vorbildern nachempfundene **Parliament House** 11 (George St., Ecke Alice St., Tel. 07-32 26 75 62, www.parliament.qld.gov.au, kostenlose Führungen an sitzungsfreien Tagen Mo–Fr 9.30, 10.30, 11.15, 14.30, 15.15, 16.15 Uhr) und das **Old Government House** 12 aus dem Jahr 1860, das heute aus dem Jahr 1860 München, das heute ein historisches Museum und ebenfalls eine Kunstgalerie beherbergt (Tel. 07-38 64 80 05, www.ogh.qut.com, So–Fr 10–17 Uhr, Eintritt frei).

Brisbane und Umgebung

Östliche Innenstadt

Ein Spaziergang führt am Fluss entlang zur Eagle Street, in der moderne Glas-Beton-Paläste für architektonische Akzente sorgen, beispielsweise Waterfront Place und Riverside Centre, zwei Komplexe mit Läden und Restaurants. Dort befindet sich auch der **Eagle Street Pier 13,** eine Anlegestelle für luxuriöse Raddampfernachbauten.

Das Viertel östlich der Elizabeth Street dominiert die 1863 errichtete **St. Stephens Cathedral 14**, die mit neogotischen Zierformen ganz dem historisierenden Stil des vorigen Jahrhunderts entspricht. Schräg gegenüber der Kathedrale erstreckt sich das riesige **General Post Office 15**. Das angegliederte **GPO Museum** zeigt eine Sammlung zur Geschichte des Post- und Telefonwesens (261 Queen St., Tel. 07-34 05 12 02, Di–Fr 9.30–13, 14–15.30 Uhr, Erw. 6 A-$, Kin. 3 A-$, Fam. 15 A-$). Über den Post Office Square, einen weiteren grünen Ruhepol mit imposanten Baobab-Bäumen, geht es zurück zum Ausgangspunkt des Rundgangs, der Central Railway Station.

Ein lohnenswerter Abstecher führt zum **Old Observatory 16,** auch Old Mill genannt, an der Wickham Terrace. Das 1828 von Sträflingen ursprünglich als Windmühle errichtete Gebäude wurde nach wenigen Jahren zur Tretmühle umgerüstet, in der Strafdeportierte die Mühlsteine antreiben mussten. Später diente der Bau als Signal- und Wetterstation (Tel. 07-33 06 88 88, Mo–Sa 10–15 Uhr, Eintritt frei).

Vororte

In **Fortitude Valley,** ca. 1,5 km nördlich des Zentrums, lockt eine Chinatown mit ausgezeichneten Restaurants und gut sortierten Delikatessenläden. Ein schöner Blick auf Brisbane bietet sich von der stählernen, 782 m langen Story Bridge, welche die beiden Stadtteile Fortitude Valley und Kangaroo Point miteinander verbindet.

Kneipen, Restaurants aller Preisklassen, Secondhand-Läden und Buchhandlungen kennzeichnen den südöstlich von Fortitude Valley gelegenen Vorort **New Farm.** An einer Schleife des Brisbane River erstreckt sich der weitläufige New Farm Park, der sich zwischen September und November in ein vielfarbiges Blütenmeer verwandelt.

Etwa 4 km nördlich des Stadtkerns liegt der Vorort **Newstead.** Umgeben von einer hübschen Parkanlage erhebt sich dort auf einem Hügel über dem Brisbane River das elegante viktorianische Newstead House aus dem Jahr 1846, das heute museal genutzt wird (Tel. 07-32 16 18 46, www.newsteadhouse.com.au, Mo–Fr 10–16, So/Fei 14–17 Uhr, Erw. 7,50 A-$, Kin. 5 A-$, Fam. 20 A-$). Schräg gegenüber beherbergt der Nachbau des historischen Gebäudekomplexes Breakfast Creek Wharf zahlreiche Geschäfte und ein halbes Dutzend Restaurants. Auf der anderen Seite des Breakfast Creek stehen das 1889 errichtete Breakfast Creek Hotel, eine der ältesten Kneipen der Stadt, sowie in der Higgs Street das Joss House von 1885, Brisbanes einziger chinesischer Tempel. Erinnerungen an die ›gute alte Zeit‹ rufen die Exponate des nahen heimatkundlichen Miegunyah Folk Museum wach, das in einem hölzernen Pfahlhaus von 1884 untergebracht ist (Jordan Terr., Tel. 07-32 52 29 79, Mi 10.30–15, Sa/So 10.30–16 Uhr, Erw. 5,50 A-$, Kin. 3 A-$, Fam. 14 A-$).

Rund um Brisbane

▶ 1, W 11/12

Eine große Anzahl einheimischer und exotischer Tiere lebt im **Alma Park Zoo** 28 km nördlich, Queenslands größtem zoologischen Garten (Alma Rd., Dakabin, Tel. 07-32 04 65 66, www.almaparkzoo.com.au, tgl. 9–17 Uhr, Erw. 30 A-$, Kin. 21 A-$, Fam. 85 A-$).

Badestrände

Mit sauberen Sandstränden und guter Wasserqualität lockt **Sandgate** an der Bramble Bay 20 km nördlich der City. Auch die Badestrände, die sich auf der **Redcliffe Peninsula** bei Redcliffe, Margate und Scarborough 30 km nördlich der City erstrecken, sind an heißen Tagen Tummelplätze der Brisbanites.

Rund um Brisbane

Mount Coot-tha Park und Brisbane Forest Park

Etwa 5 km westlich von Brisbane erstreckt sich der **Mount Coot-tha Park,** auf dessen ausgedehntem Areal auch die **Mount Coot-tha Botanic Gardens** mit vielen einheimischen und importierten Pflanzen liegen. Tropisches Flair von Menschenhand bietet das große Kuppelgewächshaus Tropical Display Dome. Weitere Attraktionen sind der Fragrant Garden (›Duftgarten‹) und der Japanese Garden (Tel. 07-34 03 25 33, tgl. 9–17 Uhr, Eintritt frei, Bus 37A ab Queen Street Bus Station). Durch Teleskope kann man im **Sir Thomas Brisbane Planetarium** am sehr oft prächtigen Sternenhimmel die Formationen über der Südhalbkugel bewundern (Tel. 07-34 03 25 78, Mi–So auf Anfrage). Eine Panoramastraße windet sich auf den 285 m hohen Mount Coottha hinauf, von dem sich ein weiter Blick über den Großraum Brisbane bietet.

Ist man mit dem eigenen Fahrzeug unterwegs, kann man den Besuch des Mount Coot-tha Park mit einem weiteren Ausflugszielen verbinden: Im Vorort The Gap beginnt der **Brisbane Forest Park,** wo das Walkabout Creek Wildlife Centre über die Fauna und Flora einer subtropischen Flusslandschaft informiert (Mount Nebo Rd., Tel. 07-33 00 48 55, tgl. 9–16.30 Uhr, Erw. 7,50 A-$, Kin. 4,50 A-$, Fam. 19,50 A-$).

Durch dichten Eukalyptuswald mäandert die Straße von dort zu den kleinen Bergorten **Mount Nebo** und **Mount Glorious,** vor allem in den heißen Sommermonaten beliebte Wochenenddestinationen der Großstädter.

Lone Pine Koala Sanctuary

Zu den Hauptattraktionen von Brisbane gehört das 11 km südwestlich des Zentrums malerisch am Brisbane River gelegene Lone Pine Koala Sanctuary, Australiens ältestes und größtes Koalagehege. Neben rund 100 der knopfäugigen Kletterbeutler präsentiert der Tierpark auch verschiedene Känguru-Arten, Emus, Wombats, Possums, Dingos und Warane. Vor allem Kinder begeistert dieser Zoo, denn viele der Tiere sind so zutraulich, dass sie aus der Hand fressen (Jesmond Rd., Fig Tree Pocket, Tel. 07-33 78 13 66, www.koala.net, tgl. 8.30–17 Uhr, Erw. 28 A-$, Kin. 19 A-$, Fam. 65 A-$, Bus 430 ab Queen Street Bus Station, Bus 445 ab Adelaide St. oder Ausflugsboote ab Hayles Wharf/North Quay und Southbank Culture Centre Pontoon (gegenüber State Library), z. B. Mirimar Cruises, Tel. 1300-72 97 42, www.mirimar.com, tgl. 10 Uhr, Erw. 55 A-$, Kin. 33 A-$, Fam. 160 A-$).

Ausflugsschiff auf dem Brisbane River

Infos

Brisbane Visitor Information Centre: Queen Street Mall, City, Tel. 07-30 06 62 90, Mo–Do 9–17.30, Fr 9–19, Sa 9–17, So 9.30–16.30 Uhr. Infos zu Brisbane und Umgebung sowie zu allen touristisch bedeutsamen Regionen des südlichen Queensland.

Queensland Parks & Wildlife Service: 160 Ann St., Cit), Tel. 07-32 27 81 85, www.epa.qld.gov.au. Infos über Nationalparks.

Royal Automobile Club of Queensland (RACQ): 300 St. Pauls Terr., Fortitude Valley, Tel. 07-33 61 24 44, Fax 07-32 52 35 87.

Brisbane im Internet: www.visitbrisbane.com.au, www.whatrestaurant.com.au.

Übernachten

Bewährter Kettenkomfort ▶ **Holiday Inn Brisbane** 1: 159 Roma St., City, Tel. 07-32 38 22 22, www.holidayinn.com.au. Viersterne-Stadthotel mit geräumigen Zimmer im netten postmodernen Stil; Restaurant, Bar und Dachterrasse mit Whirlpool. DZ 209–437 A-$.

Apartes Boutiquehotel ▶ **Inchcolm Hotel** 2: 73 Wickham Terr., City, Tel. 07-32 26 88 88, www.inchcolmhotel.com.au. Zentrales, elegantes Hotel in historischem Gemäuer mit individuell gestalteten Suiten, preisgekröntem Restaurant, Pool und sehr persönlichem Service. Suite 190–250 A-$.

Beste City-Lage ▶ **Rothbury on Ann** 3: 301 Ann St., City, Tel. 07-32 39 88 88, www.rothburyhotel.com. Der edlen Fassade entspricht das gediegene Interieur – komfortable Zimmer und Apartments mit eleganten Möbeln und erlesenen Wohnaccessoires. DZ 155–245 A-$.

Stilvoll-modern ▶ **Urban Brisbane** 4: 345 Wickham Terr., City, Tel. 07-38 31 61 77,

Brisbane

Sehenswert
1. Central Railway Station
2. City Hall
3. Treasury Building
4. Myer Centre
5. Land Administration Building
6. Old Commissariat Stores
7. The Mansions
8. Queensland Cultural Centre
9. Queensland Maritime Museum
10. City Botanic Gardens
11. Parliament House
12. Old Government House
13. Eagle Street Pier
14. St. Stephen's Cathedral
15. General Post Office
16. Old Observatory

Übernachten
1. Holiday Inn Brisbane
2. Inchcolm Hotel
3. Rothbury on Ann
4. Urban Brisbane
5. Metropolitan Motor Inn
6. Spring Hill Terraces Motel
7. Explorers Inn
8. Newstead Gardens Motel
9. Annies Shandon Inn
10. Brisbane City YHA
11. Caravan Village Brisbane

Essen & Trinken
1. Customs House
2. Tukka
3. Era Bistro
4. Watt

Einkaufen
1. Jan Power's Farmers' Market
2. Riverside Craft Market
3. South Bank Lifestyle Market
4. Australian Indigenous Tribal Galleries
5. Quilpie Opals

Abends & Nachts
1. Brisbane Powerhouse
2. Performing Arts Complex
3. Brisbane Arts Theatre
4. Brisbane Jazz Club
5. Ric's Café Bar
6. Cloudland
7. The Beat Mega Club
8. The Wickham Hotel
9. Breakfast Creek Hotel
10. Exchange Hotel
11. Story Bridge Hotel
12. The Brewhouse

Aktiv
1. River City Cruises
2. XXXX Ale House
3. Mr. Day Tours

---

www.urbanbrisbane.com.au. Schöner City-Blick, schlicht-elegant eingerichtete Zimmer, Restaurant, Bar und Pool. DZ 115–165 A-$.

Familiär & gemütlich ▶ Metropolitan Motor Inn 5: 106 Leichhardt St., City, Tel. 07-38 31 60 00, www.metropolitanmotorinn.com. Ruhiges, zentrumsnahes Motel mit Restaurant. DZ 109–159 A-$.

Nette Betreiber ▶ Spring Hill Terraces Motel 6: 260 Water St., Spring Hill, Tel. 07-38 54 10 48, www.springhillterraces.com. Familiäre Unterkunft am Rande der City, mit Pool. DZ 105–125 A-$.

Gutes Preis-Leistungs-Verhältnis ▶ Explorers Inn 7: George St., Ecke Turbot St., City, Tel. 07-32 11 34 88, www.explorers.com.au. Das zentral gelegene Motel bietet eine angenehme Mischung aus kolonialer Tradition und zeitgemäßem Komfort. DZ 95–120 A-$.

Ruhig und etwas außerhalb ▶ Newstead Gardens Motel 8: 48 Jordan Terr., Newstead, Tel. 07-32 52 70 08. Kleine, aber nette Nichtraucherzimmer mit Kitchenette und Balkon, nahe Chinatown und Breakfast Creek Wharf, gute City-Anbindung. DZ 105 A-$.

Angenehme Frühstückspension ▶ Annies Shandon Inn 9: 405 Upper Edward St., City, Tel. 07-38 31 86 84, www.babs.com.au/annies. Gemütliches B & B in einem viktorianischen Stadthaus, die preiswerteren Zimmer mit Gemeinschaftsbad. DZ (Gemeinschaftsbad) 78 A-$, DZ (Bad/WC) 88 A-$ (inkl. Frühstück).

Jugendherberge ▶ Brisbane City YHA 10: 392 Upper Roma St., City, Tel. 07-32 36 10 04, www.yha.org.au. Zentral und modern, mit Restaurant und Dachterrassen-Pool. DZ ab 72 A-$, im Mehrbettzimmer ab 26 A-$/Pers.

Camping ▶ Caravan Village Brisbane 11: 763 Zillmere Rd., Aspley, Tel. 07-32 63 40 40, www.caravanvillage.com.au. 13 km nördl. der City, sehr gut ausgestattet, mit gemütlichen Cabins und Pool.

Essen & Trinken

Für Steakfans ▶ Cha Cha Char 13: Shop 5, Eagle Street Pier, Eagle St., City, Tel. 07-32

Brisbane und Umgebung

11 99 44, tgl. 11.30-23 Uhr. Saftige Steaks dominieren in dem luftigen Restaurant am Brisbane River. Vorspeisen 16,50–24,50 A-$, Hauptgerichte 28–49 A-$.

Spitzenküche mit Ausblick ▶ Customs House 1: 399 Queen St., City, Tel. 07-33 65 89 99, www.customshouse.com.au, Mo 11.30–15, Di–Sa 11.30–15, 17–22.30, So 9–15 Uhr. Hervorragende modern-australische Küche und Seafood vor dem Panorama des Brisbane River. Vorspeisen 15,50–22,50 A-$, Hauptgerichte 28–47,50 A-$.

Bush food ▶ Tukka 2: 145 Boundary St. (West End), Tel. 07-38 46 63 33, www.tukkarestaurant.com.au, Di–So 17.30–23, Fr–So zusätzlich 12–15 Uhr. Küchenchef Stephane Bremont hat die ›Buschkost‹ in Brisbane salonfähig gemacht. Sein Repertoire umfasst Kängurusteak mit einer Sauce aus wilden Pflaumen, gegrilltes Emufilet mit Rote-Bete-Risotto sowie Quandong-Kuchen, dessen Hauptingredienz die säuerliche Frucht eines Wüstenbusches ist. Vorspeisen 12–18 A-$, Hauptgerichte 24–38 A-$.

Australisch-asiatisch ▶ Jade Buddha 13: Eagle Street Pier, City, Tel. 07-32 21 28 88, www.jadebuddha.com.au, tgl. 11.30–23 Uhr. Zeitgenössische australische Küche mit asiatischem Einfluss. Vorspeisen 11,50–18 A-$, Hauptgerichte 19,50–38 A-$.

Bistro-Restaurant ▶ Era Bistro 3: 102 Melbourne/Merivale St., South Brisbane, Tel. 07-38 32 47 22, www.erabistro.com.au, tgl. 7–24 Uhr. Von fantasievollen Frühstücksvarianten über Tapas und leichte Gerichte der zeitgenössischen Aussie-Küche bis zum späten Drink gibt es hier alles. Vorspeisen 11,50–17,50 A-$, Hauptgerichte 19,50–36 A-$.

Kreativ & relaxt ▶ Watt 4: Brisbane Powerhouse, 119 Lamington St., New Farm, Tel. 07-33 58 54 64, www.watt.net.au, Di–So 11.30–15, 17–23 Uhr. Ideenreiche australisch-asiatische Fusion-Küche, herrlicher Flussblick. Vorspeisen 11–17 A-$, Hauptgerichte 19,50-35 A-$.

Unkompliziert und preiswert ▶ Myers Food Mall 4: Myer Centre, Queen Street Mall City, Tel. 07-32 21 41 99, Mo–Fr 9–19, Sa 9–16 Uhr. Imbissstände mit internationalen Gerichten, ideal für die Mittagspause. Gerichte ab 9,50 A-$.

Einkaufen

Kaufhaus ▶ Myer Centre 4: Queen Street Mall, City, Tel. 07-32 21 41 99, www.myercentreshopping.com.au, Mo–Do 9–17.30, Fr 9–21, Sa 9–17, So/Fei 10.30–16 Uhr. Architektonisch interessantes Einkaufszentrum mit internationalem Warenangebot.

Märkte ▶ Jan Power's Farmers' Market 1: Brisbane Powerhouse, New Farm, jeden 2. u. 4. Sa im Monat 6–12 Uhr. Fleisch und Fisch, Obst und Gemüse sowie viel Lokalkolorit. **Riverside Craft Market 2:** Eagle St. City, So 8–16 Uhr. Großer Kunsthandwerksmarkt. **South Bank Lifestyle Market 3:** South Bank Parklands, South Brisbane, www.southbankmarket.com.au, Fr 17–22, Sa 10–17, So 9–17 Uhr. Hunderte von Ständen mit Kunsthandwerk, Design und Mode, Bio-Snacks und Reformkost u. v. m.

Ethno-Kunst ▶ Australian Indigenous Tribal Galleries 4: 376 George St., City, Tel. 07-32 36 17 00, www.indigenousgallery.com.au, Mo–Fr 9–19, Sa/So 10–18 Uhr. Beste Adresse für qualitativ hochwertiges Aboriginal-Kunsthandwerk. Wer hier ein Didgeridoo kauft, erhält kostenlosen Unterricht.

Opale ▶ Quilpie Opals 5: Lennon's Plaza, 68 Queen St., City, Tel. 07-32 21 73 69, www.quilpieopals.com.au, Mo–Fr 9–19, Sa 9–16 Uhr. Opale und Opalschmuck, steuerfreier Einkauf bei Vorlage von Reisepass und internationalem Flugschein.

Abends & Nachts

Clubs und Lounges, Diskotheken und Live-Bühnen haben ihr Quartier in der Brunswick Street im Vorort Fortitude Valley. Weitere Ausgehmeilen mit Restaurants, Pubs und Clubs findet man in den Stadtteilen Petrie Terrace und Paddington. Gute Ausgehtipps enthält die Rubrik *What's On In Town* in der Donnerstagsausgabe der ›Courier Mail‹.

Kulturzentren ▶ Brisbane Powerhouse 1: 1 119 Lamington St., New Farm, Tel. 07-33 58 86 00, www.brisbanepowerhouse.org, tgl. 17–1 Uhr. Kulturzentrum mit experimen-

Adressen

tellem Theater, Tanz, Musik, Ausstellungen, Workshops etc. **Performing Arts Complex** 2 : Melbourne St., South Brisbane, Tel. 13 62 46, www.qpac.com.au. Kulturelle Veranstaltungen jeder Art. Ticktets 50–200 A-$.

Theater ▶ **Brisbane Arts Theatre** 3 : 210 Petrie Terr., Paddington, Tel. 07-33 69 23 44, www.artstheatre.com.au. Inszenierungen von Theaterstücken und Musicals aus dem In- und Ausland. Tickets 50–100 A-$.

Jazzlokal ▶ **Brisbane Jazz Club** 4 : 1 Annie St., Kangaroo Point, Tel. 07-33 91 20 06, www.brisbanejazzclub.com.au, So–Do 19–23, Fr/Sa 19–2 Uhr. Am Wochenende Live-Bands.

Livemusik ▶ **Ric's Café Bar** 5 : 321 Brunswick St., Fortitude Valley, Tel. 07-38 54 17 72, So–Do 19–2, Fr/Sa 19–3 Uhr. Von Szene-Kennern mit der Auszeichnung *grooviest live music spot* von Brisbane versehen, viele begabte Nachwuchsmusiker.

Nachtclubs ▶ **Cloudland** 6 : 641 Ann St., Fortitude Valley, Tel. 07-38 72 66 00, www.cloudland.tv, Di–So 11 Uhr ›til late‹. Tagsüber ein ruhiges Bistro mit Lounge-Bar, abends laut und am Wochenende immer voll, beliebt beim eher jüngeren Partyvolk, Live-Bands. **The Beat Mega Club** 7 : 677 Ann St., Fortitude Valley, Tel. 07-32 57 49 19, www.thebeatmegaclub.com.au, tgl. 19–5 Uhr. Der älteste Tanzklub von Brisbane mit internationalen DJs; beliebt bei Gays, aber keine reine Schwulenvenue; regelmäßig fulminante Drag Shows. **The Wickham Hotel** 8 : 308 Wickham St., City, Tel. 07-38 52 13 01, www.thewickham.com.au, So–Do 21–3, Fr/Sa 21–4 Uhr. Lesben- und Schwulen-Hotspot. Fr/Sa schrille Shows mit Travestiekünstlern.

Kneipen ▶ **Breakfast Creek Hotel** 9 : Kingsford Smith Dr., Newstead, Tel. 07-32 62 59 88, www.breakfastcreekhotel.com.au, tgl. 11–23 Uhr. Eines der ältesten Kneipen-Restaurants von Brisbane, riesige Steaks und Livemusik. **Exchange Hotel** 10 : Edward St., Ecke Charlotte St., City, Tel. 07-32 29 35 22, www.theexchange.com.au, tgl. 11–24 Uhr. Watering Hole für Banker und Broker mit lecker-leichten *Nouvelle Cuisine*-Gerichten. **Story Bridge Hotel** 11 : 200 Main St., Kangaroo Point, Tel. 07-33 91 22 66, www.storybridgehotel.com.au, tgl. 11–24 Uhr. In diesem seit den 1890er-Jahren existierenden Pub finden jährlich am 26. Januar die ›Australia Day Cockroach Races‹ (Kakerlakenrennen) statt. Von der Terrasse im oberen Stock hat man einen schönen Blick auf die City-Skyline. Im Biergarten spielen regelmäßig Bands. **The Brewhouse** 12 : Level 1, 142 Albert St. (City), Tel. 07-30 03 00 98, www.thebrewhouse.com.au, So–Do 11–14, Fr/Sa 11–3 Uhr. Hier wird hausgebrautes Bier gezapft.

Termine

Feste & Veranstaltungen:

Chinese New Year (Jan.): Drachenumzüge, Feuerwerke etc. in Chinatown.

Queensland Music Festival (Juli): Zweiwöchiges Musikfest – Klassik bis Rock mit oft mehr als 3000 Künstlern.

Brisbane Festival (Aug./Sept., gerade Jahre): Dreiwöchiges Kunst- und Kulturspektakel.

Riverfestival (Sept.): Ein einwöchiges Straßenfest mit Umzügen, Feuerwerken und kulturellen Veranstaltungen.

National Festival of Beers (Okt.): Australische Version des Münchner Oktoberfests.

Aktiv

Bootstouren ▶ **River City Cruises** 1 : Tel. 04 28-27 84 73, www.rivercitycruises.com. 90-minütige Kreuzfahrten auf dem Brisbane River ab South Bank Parklands Jetty A (tgl. 10.30, 12.30 Uhr, Erw. 25 A-$, Kin. 15 A-$, Fam. 60 A-$). **Kookaburra River Queens** 14 : Eagle Street Pier, City, Tel. 07-32 21 13 00, www.kookaburrariverqueens.com. Kreuzfahrten auf dem Brisbane River in einem Raddampfernachbau (Mo–Sa 10, 12.45, 19.30, So 10, 12.45, 15.30, 18.30 Uhr, ab 35 A-$).

Tour durch den botanischen Garten ▶ **City Botanic Gardens Free Guided Walks** 10 : Tel. 07-34 03 25 35. Kostenlose, sachkundig geführte Spaziergänge durch den Botanischen Garten, Treffpunkt vor dem Besucherpavillon (tgl. außer So u. Fei 11, 13 Uhr).

Walbeobachtung ▶ **Moreton Bay Whale Watch:** Tel. 07-38 80 04 77, www.whalewatching.net. Ausflug in einem großen Katamaran

Brisbane und Umgebung

Brisbanes Strände bieten optimale Bedingungen für Surfer

zur Beobachtung von Walen (Juli–Okt. tgl. 10 Uhr, Erw. 125 A-$, Kin. 85 A-$, Fam. 335 A-$).

Brauereibesichtigung ▶ XXXX Ale House
2: Black St., Ecke Paten St., Milton, Tel. 07-33 61 75 97, www.xxxx.com.au. Besichtigung von Queenslands größter Brauerei XXXX (gespr.: *Four Ex*), Vorabbuchungen obligatorisch, Führungen mehrmals tgl. Mo–Sa 10–16 Uhr, Erw. 22 A-$, Kin. 11–18 J. 15 A-$).

Ausflüge ins Hinterland ▶ Mr. Day Tours
3: 6 Griffith St., Sandgate, Tel. 07-32 69 39 13, www.mrdaytours.com.au. Trips in Kleingruppen durch den Regenwald in Brisbanes Hinterland, zu Künstlerateliers und Schaffarmen (Erw. ab 110 A-$, Kin. ab 55 A-$).

Verkehr

Flüge: Zwischen dem 16 km nordöstl. der City gelegenen Flughafen und dem Brisbane Transit Centre (Roma St., City) pendelt ein Flughafenbus (Sky Trans, Tel. 07-32 36 10 00, 5.30–23.30 Uhr alle 15–30 Min., 30–35 Min., Erw. 10,50 A-$, Kin. 7,50 A-$). Etwas schneller geht es mit dem Zug (Air Train, Tel. 13 12 30, 5–20 Uhr alle 15 Min., 20–25 Min., Erw. 11,50 A-$, Kin. 6,50 A-$). Wer ein Taxi nehmen will, bezahlt 25–30 A-$.

Züge: Fernzüge in alle Richtungen starten ab dem Brisbane Transit Centre, Roma St., City. Auskunft und Buchung bei Traveltrain, Tel. 13 22 32, www.traveltrain.com.au.

Busse: Überlandbusse aller Gesellschaften und in alle Richtungen starten ab dem Brisbane Transit Centre, Roma St., City. Auskunft: Greyhound Australia, Tel. 13 00-47 39 46; Coachtrans, Tel. 13 00-36 17 88 (Regionalbusse zur Gold Coast).

Mietwagen: Eine große Auswahl an Fahrzeugen jeder Art haben Avis, Tel. 13 63 33; Budget, Tel. 13 27 27; Europcar, Tel. 13 13 90; Hertz, Tel. 13 30 39. Alle Firmen haben Filialen am oder in der Nähe des Flughafens.

Fortbewegung in der Stadt

Auskünfte erteilt die **Public Transport Information,** Tel. 13 12 30, www.translink.com.au.
Busse: Die kostenlosen roten **The Loop**-Busse verkehren Mo–Fr 7–18 Uhr im Fünf-Minuten-Takt auf zwei Rundstrecken in der City.

Ergänzt wird das Busnetz durch die Sightseeinglinie **City Sights Tours;** der Touristenbus fährt tgl. 9–16 Uhr alle 40 Min. auf einer Rundstrecke durch die City, Fortitude Valley und South Brisbane, an 19 verschiedenen Haltestellen (u.a. City Hall und Post Office Square), kann man mit einer Tageskarte, die auch für die City-Cat-Fähren gilt (erhältlich bei den Busfahrern, Erw. 28 A-$, Kin. 18 A-$, Fam. 74 A-$), die Fahrt beliebig oft unterbrechen. Infos: Tel. 07-32 35 73 79, www.citysights.com.au.

Züge: Nahverkehrszüge in alle Vororte starten ab Central Railway Station, Ann St. (City).

Fähren: Auf dem Brisbane River pendelt tgl. 6–22.30 Uhr im 20-Minuten-Takt die City-Cat-Fähre (22 Anlegestellen). Ticket- und Info-Schalter am Eagle Street Pier.

Mit dem eigenen Fahrzeug: Außer für Wohnmobile gibt es ausreichend Parkmöglichkeiten in Parkhäusern (z. B. unter den South Bank Parklands), allerdings benötigt man in der kompakten City kein eigenes Fahrzeug.

Taxis: Black & White Cabs, Tel. 13 10 08; Yellow Cabs, Tel. 13 19 24.

Inseln in der Moreton Bay
▶ 1, W 11

In der Moreton Bay unmittelbar vor den Toren von Brisbane liegen 365 Inseln, von denen die meisten gänzlich aus Sand bestehen. Die drei Hauptinseln – Moreton Island, North Stradbroke Island und South Stradbroke Island – schieben sich wie Riegel zwischen den Südpazifik und die Moreton Bay. Aufgrund der geschützten Lage hat sich die riesige Meeresbucht zu einem idealen Revier für Angler, Skipper und andere Wassersportler entwickelt.

Moreton Island
Sand fein wie Schnee und Dünen hoch wie Berge sind die Kennzeichen von Moreton Island. Den höchsten Inselgipfel markiert der Mount Tempest, mit 279 m zugleich der höchste Sandberg der Welt. Geprägt wird dieses ursprüngliche Wildnisgebiet, das unter Naturschutz steht, durch klare Frischwasserlagunen sowie Buschland aus Küstenheiden. Vor allem an Wochenenden locken die schönen Badestrände Erholungssuchende aus dem nahen Brisbane an.

Ein Ausflug nach Moreton Island ist vor allem für Kinder ein besonderes Erlebnis. Halbzahme Delfine tummeln sich bei Einbruch der Dunkelheit im knietiefen Wasser am Strand von Tangalooma an der Westküste, um sich füttern zu lassen. Man kann das Spektakel im Rahmen eines Tagesausflugs erleben oder eine Übernachtung im Tangalooma Wild Dolphin Resort einplanen. Mit Glück und Geduld kann man zwischen Juli und Oktober Buckelwale beobachten, die an der Küste vorbeiziehen.

Infos
Queensland Parks & Wildlife Service: c/o Tangalooma Wild Dolphin Resort, Tel. 07-34 08 27 10, tgl. 9–17 Uhr.

Übernachten
Ideal für Familien ▶ **Tangalooma Island Resort:** Tel. 07-36 37 20 00, www.tangalooma.com. Strandresort im mediterranen Stil mit Restaurant, Pool und vielfältigem Sportangebot. DZ ab 420 A-$ (inkl. Transport ab Brisbane, Halbpension und Delfinfütterung).

Aktiv
Delfinbeobachtung ▶ **Dolphin Wild Cruises:** Tel. 07-38 80 44 44, www.dolphinwild.com.au. Tagestour zur Moreton Island mit Delfinbeobachtung (tgl. 9.30 Uhr ab Redcliffe, Erw. 115 A-$, Kin. 65 A-$, Fam. 299 A-$, Hotelabholung möglich). **Moreton Bay Escapes:** Tel. 13 00-55 93 55, www.moretonbayescapes.com.au. Ein- und mehrtägige Ausflüge nach Moreton Island mit Delfinbeobachtung und Schnorcheln (tgl. ab Brisbane Transit Centre, Roma St., City, Erw. ab 140 A-$, Kin. ab 80 A-$, Fam. ab 365 A-$). **Tangalooma Wild Dolphin Tours:** Tel. 07-36 37 20 00, www.tangalooma.com. Beobachtung und Fütterung von Delfinen (tgl. ab Tangalooma Island Resort, Zeiten auf Anfrage, Erw. ab 50 A-$, Kin. ab 28 A-$).

Brisbane und Umgebung

Verkehr

Busse: Tgl. 9 Uhr ab Brisbane Transit Centre, Roma St., City, mit McCafferty's nach Pinkenba. Auskunft: Tangalooma Reservations, Tel. 07-36 37 20 00.

Fähren: Autofähre (nur Allrad-Fahrzeuge) tgl. von Scarborough nach Bulwer. Auskunft: Combie Trader, Tel. 07-32 03 63 99, www.moreton-island.com, und Moreton Venture Ferry Service, Tel. 07-39 09 33 33, www.micat.com.au. Tgl. 10 Uhr Passagierfähre zum Tangalooma Island Resort ab Holt Street Wharf in Pinkenba am Brisbane River. Auskunft: Tangalooma Reservations, Tel. 07-32 68 63 33.

North Stradbroke Island

Mit einer Länge von 37 km und einer Breite von bis zu 11 km ist North Stradbroke Island die größte Insel in der Moreton Bay. Kilometerlange Strände sowie fischreiche Küstengewässer machen sie zu einem Dorado für Schwimmer, Surfer und Sportfischer. Auf ›Straddie‹ leben ständig rund 3000 Menschen, in der Hochsaison schwillt die Inselbevölkerung jedoch vorübergehend auf bis zu 40 000 an. Trotz der vielen Touristen verfügt North Stradbroke über eine intakte und vielfältige Tier- und Pflanzenwelt. Das bekannteste Naturschutzgebiet erstreckt sich um den von Sanddünen eingerahmten Süßwassersee Blue Lake.

Hauptort ist das bereits 1827 gegründete Dunwich an der Westküste. Etwa 3 km nördlich liegen die von Süßwasserquellen gespeisten Myora Springs mit Picknickplätzen, 5 km östlich das beliebte Wassersportrevier des Brown Lake. Bei Point Lookout locken die Brandungsstrände Cylinder Beach, Deadmans Beach und Frenchmans Beach Surfer an. Südlich von North Stradbroke Island liegt, getrennt durch die schmale Jumpinpin Passage, ihre fast gänzlich unbewohnte Schwesterinsel South Stradbroke Island.

Infos

North Stradbroke Island Visitors Centre: Junner St., Dunwich, Tel. 07-34 09 95 55, www.stradbroketourism.com.au, Mo–Fr 8.30–17, Sa/So 8.30–15 Uhr.

Übernachten

Strandresort für Aktive ► **Whalewatch Ocean Beach Resort:** 7 Samarinda Dr., Point Lookout, Tel. 07-34 09 85 55, www.whalewatchresort.com.au. Komfortable Anlage mit Restaurant, Pool und vielen Sportmöglichkeiten. DZ 215–295 A-$.

B & B mit Aussicht ► **Straddie Views Bed & Breakfast:** 26 Cumming Pde., Point Lookout, Tel. 07-38 21 00 57, www.babs.com.au/straddieviews. Strandnahe, familiäre Frühstückspension mit schönem Meerblick. DZ 130–140 A-$.

Camping und Cabins ► **North Stradbroke Island Tourist Park:** Dickson Way, Point Lookout, Tel. 07-34 09 81 27, Fax 07-34 09 85 66. Stellplätze für Wohnmobile und Zelte sowie komfortable Cabins.

Verkehr

Fähren: Auto- und Passagierfähren zwischen Cleveland und Dunwich. Stradbroke Ferries (Autofähre), Toondah Harbour, Middle St., Cleveland, Tel. 07-32 86 26 66; Stradbroke Flyer (Passagierfähre), Toondah Harbour, Middle St., Cleveland, Tel. 07-32 86 19 64.

St. Helena Island

Die Fähre von Brisbane nach Moreton Island passiert beim Mündungsdelta des Brisbane River die kleine **St. Helena Island** mit den Überbleibseln eines düsteren Inselgefängnisses, in dem einst die Verbrecher mit der höchsten Rückfallquote der Strafkolonie Brisbane auf Hungerration gesetzt waren. Als ›historischer Nationalpark‹ kann das Eiland nur im Rahmen von organisierten Touren besichtigt werden.

Bribie Island

Bribie Island, mit kilometerlangen Sandstränden und fischreichen Küstengewässern, ist durch eine Brücke mit dem Festland verbunden und daher bequem per Pkw zu erreichen. Badestrände erstrecken sich nahe der Hauptorte Bongaree und Bellara am Pumicestone Channel. Wellenreiter zieht es an die Brandungsstrände beim windgepeitschten Skirmish Point an der Südküste.

Die Küste zwischen Brisbane und Sydney

Mal quirlige Ferienzentren, mal einsame Sandstrände, mal reizvolle Küstenseen, mal hügeliges Hinterland – der knapp 1000 km lange Pacific Highway verspricht eine abwechslungsreiche Reise zwischen den Hauptstädten von Queensland und New South Wales. Darüber hinaus berührt diese Route auch einige historisch interessante Orte.

Gold Coast ▶ 1, W 12

Rund 60 km südlich von Brisbane beginnt die beliebteste Ferienregion von Australien: die Gold Coast. Der 40 km lange Küstenstreifen mit fast zwei Dutzend Stränden erstreckt sich von Southport bis nach Coolangatta. Aus verwaltungstechnischen Gründen hat man die mittlerweile ohnehin zusammengewachsenen Orte und Gemeinden zur City of Gold Coast vereint, der mit über 300 000 Einwohnern jüngsten Großstadt von Australien.

Noch Mitte des vergangenen Jahrhunderts gab es dort nur einige ruhige Fischerdörfer. Dann entdeckten die Späher der Tourismusindustrie die herrlichen Sandstrände und lösten einen Bauboom sondergleichen aus. Innerhalb von nur drei Dekaden verzehnfachte sich die Einwohnerzahl. Gegenwärtig strömen alljährlich 3,5 Mio. meist einheimische Urlauber dorthin, um das subtropische Klima mit durchschnittlich 300 Sonnentagen im Jahr zu genießen. Besuchern präsentiert sich die Gold Coast als eine Mischung aus Miami Beach und Costa Brava, als ein künstliches Urlaubsparadies, in dem alles auf Unterhaltung und Zerstreuung ausgerichtet ist. Hier bestimmen himmelwärts stürmende Feriensilos und Apartmenttürme, die vom frühen Nachmittag an lange Schatten auf die Strände werfen, sowie breite Küstenstraßen, Jachthäfen, Diskotheken, Restaurants und Ladenarkaden das Bild.

Themenparks bei Coomera und Southport

Besuchermagneten sind drei nach Disney-World-Muster angelegte Vergnügungszentren, die sich einige Kilometer nördlich von Coomera am Pacific Highway erstrecken. Der weitläufige Freizeitpark **Dreamworld** bietet eine Achterbahn, ein Koala-Gehege und eine nachgebaute Goldrauschstadt (Tel. 07-55 88 11 11, www.dreamworld.com.au, tgl. 9.30–17 Uhr, Erw. 64 A-$, Kin. 42 A-$). In **Movie World,** der australischen Version von Hollywood, kann man einen Blick hinter die Kulissen von Film und Fernsehen werfen (Tel. 07-55 73 84 85, www.movieworld.com.au, tgl. 10–17 Uhr, Erw. 45 A-$, Kin. 30 A-$). Mit einem riesigen Wellenbad, spannenden Wasserrutschen und mehreren Pools lockt die **White Water World** (Tel. 18 00-07 33 00, tgl. 10–17 Uhr, Erw. 42 A-$, Kin. 28 A-$).

Tipp: Three Park Fun Pass

Dieser Pass bietet fünf Tage lang freien Eintritt zu den Themenparks Seaworld, Movie World und White Water World. Kosten: Erw. 149,95 A-$, Kin. 95,95 A-$. Er ist erhältlich bei Automobilclubs und Reiseagenturen oder online unter www.myfun.com.au. Zu allen Parks gibt es Zubringerbusse ab Brisbane und Surfers Paradise, Auskunft und Buchung unter Tel. 07-55 92 34 88.

Die Küste zwischen Brisbane und Sydney

Southport besitzt mit **Sea World** eine ganz besondere Attraktion. Zum ›aquatischen Disneyland‹ gehören ein großes Ozeanarium, in dem man Haie, Rochen und andere Fische aus der Nähe betrachten kann, ein Vergnügungspark mit Pool und Wasserrutschen, ein Rummelplatz mit Achterbahn, eine Wasserski-Show sowie außergewöhnliche Seehund-, Delfin- und Mörderwal-Dressurnummern (Tel. 07-55 88 22 05, www.seaworld.com.au, tgl. 10–17 Uhr, Erw. 69,95 A-$, Kin. 45,95 A-$).

Surfers Paradise

Mittelpunkt des Ferienzentrums Gold Coast ist Surfers Paradise, das Touristenmekka von Australien mit weithin sichtbarer Skyline. Tagsüber liegt der kilometerlange Strand im Brennpunkt des Interesses, abends und nachts verlagern sich die Aktivitäten in die Klubs und Diskotheken. In dem verschachtelten Komplex **Grundy's Paradise Centre** sind über 100 Geschäfte und zwei Dutzend Restaurants untergebracht. Das **Ripley's Believe It or Not Museum** in der Cavill Mall präsentiert ein buntes Sammelsurium skurriler bis makabrer Objekte (Raptis Plaza, Tel. 07-55 92 00 40, tgl. 9–23 Uhr, Erw. 17,50 A-$, Kin. 12,50 A-$). Barack Obama, Kylie Minougue und anderen Promis begegnet man im **Wax Museum,** dem größten Wachsmuseum der gesamten südlichen Hemisphäre (Elkhorn St., Ecke Ferny Ave., Tel. 07-55 38 39 75, www.waxmuseum.com.au, tgl. 10–22 Uhr, Erw. 15 A-$, Kin. 7,50 A-$, Fam. 37,50 A-$).

Erholung von den hektischen Vergnügungszentren und Freizeitparks bieten einige Naturschutzgebiete und Tierparks südlich von Surfers Paradise. Auf einer felsigen Landspitze bei Burleigh Heads breitet sich der kleine **Burleigh Heads National Park** aus. In West Burleigh liegt der **David Fleay's Wildlife Park,** in dem man Bekanntschaft mit Kängurus, Koalas und anderen einheimischen Tieren machen kann (Tel. 07-55 76 24 11, tgl. 9–17 Uhr, Erw. 17,10 A-$, Kin. 7,95 A-$, Fam. 43,45 A-$).

Hobbyornithologen zieht es in das **Currumbin Sanctuary,** das sich nahe der Stadt Currumbin über ein weites Areal mit natürlichem Buschland erstreckt. Dort kann man in der größten begehbaren Voliere der südlichen Hemisphäre teils seltene australische Vögel beobachten und halbzahme Papageien füttern. Weitere Attraktionen sind Freigehege mit Koalas und Baumkängurus (Gold Coast Hwy, Tel. 07-55 34 12 66, www.currumbin-sanctuary.org.au, tgl. 8–17 Uhr, Erw. 44 A-$, Kin. 26 A-$, Fam. 140 A-$).

Coolangatta

Fährt man von Currumbin weiter in südlicher Richtung, kommt man über Tugun in das große Ferienzentrum Coolangatta, das südliche Pendant zu Surfers Paradise. Von der Schwesterstadt Tweed Heads in New South Wales wird Coolangatta durch eine Halbinsel getrennt, auf der sich am Point Danger das sehenswerte Captain Cook Memorial Lighthouse erhebt.

Infos
In Surfers Paradise

Gold Coast Visitor Information Centre: Cavill Mall, Tel. 07-55 38 44 19, www.goldcoasttourism.com.au, Mo–Fr 8.30–17.30, Sa 9–17, So u. Fei 9–15.30 Uhr.

Übernachten
… in Surfers Paradise

Ideal für Familien ▶ **Paradise Resort Gold Coast:** 122 Ferny Ave., Tel. 1800-07 41 11 u. 07-55 79 44 44, www.paradiseresort.com.au. Familienfreundliches Ferienresort mit Restaurant, Pool und Fitnesscenter; großes Freizeitangebot und Betreuung der Kinder in einem Kids Club. DZ u. Familienzimmer 139–199 A-$.

… in Runaway Bay

Für Ruhebedürftige ▶ **Runaway Bay Motor Inn:** 429 Oxley Dr., Tel. 18 00-64 41 88, www.runawaybaymotorinn.com.au. Gut geführtes Ferienhotel etwas abseits der trubeligen Ferienorte; Restaurant und Pool. DZ 135–165 A-$.

… in Broadbeach

Abseits der Hotelburgen ▶ **Browns at Broadbeach:** 2591 Gold Coast Hwy, Tel. 18

00-06 77 88, www.brownsatbroadbeach.com.au. Kleines Ferienresort etwas abseits der Hotelhochhäuser und doch strandnah mit guter Ausstattung; 5 Min. zum Strand. DZ 105–110 A-$, Apartments 145–155 A-$.

… in North Burleigh Heads
Geräumige Studio ▶ **Outrigger Burleigh Heads Resort:** 2007 Gold Coast Hwy, Tel. 07-55 35 11 11, www.outriggerresort.com.au. Stilvolles Motel im mediterranen Stil mit Restaurant, Pool und gutem Zugang zum Strand. DZ 95–145 A-$.

… in Southport
Camping und Cabins ▶ **Southport Tourist Park:** 6 Frank St. (Gold Coast Hwy), Tel. 07-55 31 22 81, www.gctouristparks.qld.gov.au. Gut ausgestatteter, zentraler Campingplatz mit Cabins und Pool, 100 m zum Strand.

Essen & Trinken
… in Southport
Mit Hafenblick ▶ **Grumpy's Wharf Restaurant:** Mariners Cove, Sea World Dr., Tel. 07-55 32 29 00, tgl. 11.30–23 Uhr. Seafood- und Steak-Restaurant mit schönem Hafenpanorama. Vorspeisen 12–18 A-$, Hauptgerichte 21,50–39 A-$.

Steaks, Steaks, Steaks ▶ **Outback Jacks:** Brighton Parade, Ecke Barney St., Tel. 07-55 32 32 71, www.outback-jacks.com.au. Bietet laut Eigenwerbung *The largest selection of steaks in the world*. Gerichte 19,50–37,50 A-$.

In Burleigh Heads:
Exzellentes Seafood mit Gold-Coast-Panorama ▶ **Oskars on Burleigh:** Burleigh Beach Pavilion, 43 Goodwin Terr., Tel. 07-55 76 37 22, tgl. 12–15, 17.30– 22.30 Uhr. *New Australian Cuisine* mit Schwerpunkt Seafood. Vorspeisen 16–22 A-$, Hauptgerichte 24–42 A-$.

Verkehr
Busse: Tgl. Verbindungen mit Greyhound Australia, Tel. 1300-47 39 46, nach Sydney, Port Macquarie, Coffs Harbour, Byron Bay und Brisbane. Außerdem tgl. (7–22 Uhr alle 60 Min.) Busse von Coachtrans, Tel. 07-32 38 47 00, nach Brisbane. Auf dem Gold Coast Highway zwischen Coomera und Coolangatta verkehren im 15-Minuten-Takt Busse der Surfside Buslines.
Busterminals: Southport, Scarborough St.; Surfers Paradise, Beach Rd., Ecke Cambridge Rd.; Coolangatta, Griffith/Warner Sts.

Das Hinterland der Gold Coast ▶ 1, W 12

Wer den Freizeitvergnügungen an der Gold Coast keine Reize abgewinnen kann, findet in den bis zu 1000 m ansteigenden Bergen des Inlands eine Alternative. Das über weite Regionen von dichtem Regenwald bestandene, gebirgige Hinterland ist so beschaulich und ruhig wie die Küste hektisch und überdreht ist. Ausgangspunkt für eine Erkundung der Bergregion ist Canungra. Nördlich davon liegt das Mount Tamborine-Hochplateau, von dem man spektakuläre Panoramablicke über die Küste genießen kann. Dort gibt es neun kleine Nationalparks, in denen sich gute Wandermöglichkeiten durch subtropischen Wald und zu zahlreichen Wasserfällen bieten.

Im **Tamborine Mountain National Park** etwa 30 km nordwestlich von Southport kann man den Regenwald aus ungewöhnlicher Perspektive erleben – bei einem Spaziergang auf einem Laufsteg, der in bis zu 30 m Höhe durch die Baumkronen führt. Die Stahlkonstruktion ist so gebaut, dass sie sich harmonisch in die Naturlandschaft einfügt und die empfindliche ökologische Balance des Waldes nicht beeinträchtigt (Tamborine Mountain Rd., Tel. 07-55 54 23 33, www.rainforestskywalk.com.au, tgl. 9.30–16 Uhr, Erw. 18,50 A-$, Kin. 9,50 A-$, Fam. 47 A-$).

Lamington National Park
Der Nationalpark umfasst zwei Gebirgszüge vulkanischen Ursprungs. In üppigen subtropischen Regenwäldern gibt es vereinzelt uralte Buchen, Relikte der Vegetation einer längst vergangenen, wesentlich kühleren Periode der Erdgeschichte. Ausgangspunkt für unterschiedlich lange Wanderungen in der Ostregion des Naturschutzgebiets ist die Binna Burra Mountain Lodge (s. Unterkunft),

Die Küste zwischen Brisbane und Sydney

aktiv unterwegs

Touren im Tweed Valley und im Border Ranges N. P.

Tour-Infos
Start: Murwillumbah, World Heritage Rainforest Centre (s. u.)
Länge: 206,5 km
Dauer: 5–6 Std. ohne Wanderungen, mit kürzeren Wanderungen 8–9 Std.
Information: World Heritage Rainforest Centre, Alma Street/Tweed Valley Way, Tel. 02-66 72 13 40, www.tweedcoolangatta.com.au, Mo–Sa 9–16.30, So 9.30–16 Uhr, Eintritt frei
Karte: ▶ 1, W 12

Das landschaftlich reizvolle Tal des Tweed River liegt abseits der großen Reiseströme, obwohl es einiges zu bieten hat. Schmale Straßen mäandern kurvenreich durch eine ›unaustralisch‹ kleinräumige Landschaft, die mit Bergen und Viehweiden ein wenig an das Alpenvorland erinnert. Im Norden wird das Tal von zwei Nationalparks begrenzt, die zum UNESCO-Weltnaturerbe gehören: dem Mount Warning National Park und dem Border Ranges National Park.

Im Zentrum des **Mount Warning National Park** ragt der 1157 m hohe Mount Warning auf, der einst den Schlot eines vor 20 Mio. Jahren aktiven Schildvulkans bildete. Im nördlich angrenzenden **Border Ranges National Park** steht der größte zusammenhängende subtropische Regenwald Australiens mit Baumfarnen, Würgefeigen und uralten Antarktischen Buchen unter Schutz.

Die Erkundungstour beginnt und endet in dem sympathischen 9000-Seelen-Städtchen **Murwillumbah**, mit einer Zuckerraffinerie und Obstplantagen wirtschaftlicher Mittelpunkt des Tweed Valley. Zur Einstimmung empfiehlt sich ein Besuch im sehr informativen **World Heritage Rainforest Centre,** das über die geologischen und botanischen Besonderheiten der Region informiert. Etwa 10 km südwestlich von **Murwillumbah** zweigt vom Highway 40 eine Stichstraße zum Mount Warning National Park ab. Wer den Berg besteigen will, sollte dafür einen Extra-Tag einplanen. Für den anstrengenden Aufstieg entschädigt ein grandioser Panoramablick (hin und zurück 9 km/4 Std.). Ideales Standquartier ist der Mount Warning Holiday Park.

Bei Lilian Rock (km 43,5) zweigt der **Tweed Range Scenic Drive** durch den Border Ranges National Park ab. Die Fahrt auf der gut 60 km langen, zumindest bei Trockenheit auch von Pkws befahrbaren Schotterstraße vermittelt in Verbindung mit kurzen Wanderungen auf markierten Pfaden einen guten Eindruck von der Flora des Nationalparks. Am südlichen Parkeingang (km 52,5) muss eine Eintrittsgebühr von 7 A-$/Auto entrichtet werden. Ab hier schlängelt sich die Piste durch subtropischen Regenwald.

Die **Bar Mountain Picnic Area** (km 60,5) ist der Startpunkt verschiedener Wanderungen. Mit informativen Schautafeln ist der Naturlehrpfad Falcorostrum Loop bestückt (Rundweg 750 m/20 Min.). Einen guten Eindruck vom subtropischen Regenwald vermittelt der markierte Bar Mountain Circuit (Rundweg 3,5 km/1,5–2 Std.).

Vom **Blackbutts Lookout** (km 63,5) öffnet sich ein herrliches Panorama des Mount Warning und der mächtigen Caldera des urzeitlichen Schildvulkans. Von einem Parkplatz an der Straße (km 70,0) läuft man 200 m zum **Pinnacle Lookout** mit dem vielleicht besten Blick auf den Mount Warning.

Bei km 78,5 zweigt der **Brindle Creek Loop** zur **Brindle Creek Picnic Area** (km 80,5) ab. Dort beginnen Wanderwege durch den Regenwald, der den idyllischen Brindle Creek säumt. Bereits auf dem kurzen Hermholtzia Loop (Rundweg 1 km/25 Min.) sieht man Zwergkängurus und Pennantsittiche. Zu einem 1000 Jahre alten, 48 m hohen Urwaldriesen führt der Red Cedar Loop (Rundweg

Das Hinterland der Gold Coast

750 m/20 Min.). Etwas Kondition erfordert der Brindle Creek Walk (hin und zurück 9 km/4–5 Std.), auf dem man mit etwas Glück scheue Leierschwanzvögel (Lyrebirds) sichtet.

Von Moos und Flechten bewachsene, bis zu 2000 Jahre alte Buchen kann man bei der **Antarctic Beech Picnic Area** (km 85,5) bewundern. Ein fantastischer Cinemascope-Blick bietet sich vom **Tweed Valley Lookout** (km 87,5). Bei km 88,5 endet der Brindle Creek Loop und es geht wieder weiter auf dem Tweed Range Scenic Drive.

Ein schöner, wenn auch etwas entlegener Campingplatz auf einer Lichtung im Regenwald befindet sich bei der **Forest Tops Picnic Area** (km 93,0). Nach weiteren 5 km passiert man den westlichen Parkeingang. Die in der Nähe gelegene **Sheepstation Creek Camping Area** (km 99,0) ist ideal für Besucher, die etwas länger bleiben möchten. Ab km 110,0 rollen die Räder wieder auf Asphalt.

Man kann entweder auf der reizvollen **Lions Tourist Road** durch die McPherson Range nach Queensland fahren oder auf dem **Summerland Way** über Kyogle nach Murwillumbah zurückkehren.

Übernachten

Hillcrest Mountain View Retreat: Upper Crystal Creek Rd., Crystal Creek, Tel. 02-66 79 10 23, www.hillcrestbb.com. Gemütliches B & B auf einem Hügel mit herrlichem Blick auf die Berge. DZ 165–185 A-$.

Tweed River Motel: 55 Tweed Valley Way, Tel. 02-66 72 39 33, www.tweedrivermotel.com.au. Angenehmes Haus mit Restaurant und Pool. DZ ab 88 A-$.

Mount Warning Holiday Park: 153 Mount Warning Rd., Tel. 02-66 79 51 20, www.mtwarningholidaypark.com. An der Zufahrtsstraße zum Mount Warning National Park, guter Campingplatz mit Cabins und Pool.

Hinterland bei Murwillumbah

Die Küste zwischen Brisbane und Sydney

die auch ein Besucherzentrum des National Parks and Wildlife Service beherbergt. Unter den Halbtageswanderungen ist die Rundwanderung Daves Creek Circuit zu empfehlen, die durch dichten Regenwald, lichten Eukalyptuswald und offenes Heideland führt und immer wieder grandiose Ausblicke bietet (13 km/4 Std.).

Alle Wanderwege im Westteil des Parks beginnen beim O'Reilly's Rainforest Guesthouse, in dem sich auch eine Ranger Station befindet. Der kurze Moran Falls Track führt zu tosenden Wasserfällen (hin und zurück 6 km/1,5 Std.), der Python Rock Track endet an einem Aussichtsfelsen (hin und zurück 5 km/1,5 Std.). Unbedingt zu empfehlen ist der kurze Naturlehrpfad Tree Top Walk, der teils auf Hängebrücken hoch in den Baumwipfeln verläuft.

Infos
Queensland Parks & Wildlife Service: Binna Burra, Tel. 07-55 33 35 84, Mo–Fr 13–15.30 Uhr; Green Mountains, Tel. 07-55 44 06 34, Mo–Fr 13–15.30 Uhr.

Übernachten
Komfort im Regenwald ▶ O'Reilly's Rainforest Guesthouse: Tel. 07-55 44 06 44, www.oreillys.com.au. Die komfortabel-rustikale Lodge im Regenwald am Rande des Nationalparks bietet individuell eingerichtete Zimmer, teilweise führt der Balkon direkt zu den Bäumen hinaus. Das Restaurant mit schöner Terrasse serviert eine leichte, saisonal orientierte Regionalküche mit frischen Landprodukten. Zum vorbildlichen Öko-Tourismus-Konzept des bereits 1926 gegründeten Familienbetriebs gehören von Botanikern geführte Wanderungen im Regenwald und Touren im Allradbus. In der Nähe der Lodge befindet sich ein einfacher Campingplatz der Parkverwaltung. DZ 278–410 A-$.

Vor fantastischer Bergkulisse ▶ Binna Burra Mountains Lodge: Tel. 07-55 33 36 22, www.binnaburralodge.com.au. Gemütliche Holzbungalows in einer herrlichen Berglandschaft, rustikales Restaurant, der Lodge ist ein Campingplatz angeschlossen. DZ 180–340 A-$ (inkl. Frühstück).

Summerland Coast

Tweed Heads ▶ 1, W 12
Bereits in New South Wales liegt im verästelten Delta des Tweed River das Urlauberzentrum Tweed Heads. Wer sich für die Kultur der australischen Ureinwohner interessiert, sollte dort das **Minjungbal Aboriginal Cultural Centre** besuchen (Kirkwood Rd., South Tweed Heads, Tel. 07-55 24 21 09, Mo–Fr 9–15.30 Uhr, Erw. 15 A-$, Kin. 7,50 A-$, Fam. 45 A-$). Beim Museum beginnt ein Naturlehrpfad, der am mangrovenbewachsenen Ufer des Tweed River entlangführt (1 km/30 Min.).

Summerland Coast

Leuchtturm am östlichsten Punkt des australischen Festlands – Cape Byron

Auf der Weiterfahrt Richtung Süden lohnt es sich, den Pacific Highway zu verlassen und der schmalen Küstenstraße über **Hastings Point** zu folgen. Dort bilden spektakuläre Klippen und kilometerlange Sandstrände eine herrliche Kulisse. Zudem kann man von der felsigen Landspitze oft Delfine beobachten.

Byron Bay ▶ 1, W 12

In den 1960er-Jahren noch ein verschlafenes Fischerstädtchen, ist Byron Bay heute das touristische Zentrum der Summerland Coast, zugleich eine lebhafte Kulturstadt, die mit Festivals landesweit auf sich aufmerksam macht. Weil sich hier angeblich Kraftfelder und Energielinien treffen, hat sich Byron Bay auch zu einem Treffpunkt von Esoterikern entwickelt.

Das nahe gelegene Cape Byron ist der östlichste Punkt des australischen Festlands. Kapitän Cook benannte die Landspitze, die von einem 1901 errichteten Leuchtturm gekrönt wird, nach seinem Entdeckerkollegen John Byron. Vom Rundwanderpfad Cape Byron Walking Track (3,6 km/1,5 Std.) genießt man einen schönen Blick. Der Watego Beach unterhalb des Kaps ist ein Tummelplatz für Surfer.

Die Küste zwischen Brisbane und Sydney

Infos
Byron Bay Visitor Centre: 80 Jonson St., Tel. 02-66 80 85 58, www.visitbyronbay.com, tgl. 9–17 Uhr.

Übernachten
Im Resort-Stil ▶ Byron Sunseeker Motel: 100 Bangalow Rd., Tel. 02-66 85 73 69, www.byronsun.com.au. Strandnah, in tropischer Gartenanlage, mit schönem Pool. DZ 95–190 A-$, Bungalow 105–215 A-$.

Günstig gelegen ▶ Byron Motor Lodge: Lawson St., Ecke Butler St., Tel. 02-66 85 65 22, www.byronmotorlodge.com. Behagliche Zimmer, Pool, wenige Schritte zum Strand, zu Restaurants und Läden. DZ ab 120 A-$.

Camping und Cabins ▶ Clarks Beach Caravan Park: Lighthouse Rd., Tel. 02-66 85 64 96. Gut ausgestattet, mit Cabins, am Strand.

Essen & Trinken
Thailändische Haute Cuisine ▶ Byron Thai: 31 Lawson St., Tel. 02-66 85 84 53, tgl. 11.30–15, 17.30–23 Uhr. Elegantes Thai-Restaurant mit vielfältiger Speisekarte. Vorspeisen 7,50–12 A-$, Hauptgerichte 16–32 A-$.

Exzellente Fischspeisen ▶ Fishmongers: Shop 1, Bay Ln., Tel. 02-66 80 80 80, tgl. 11–22 Uhr. Einfaches Ambiente, aber hervorragende Fischgerichte. Hauptgerichte ab 8,50 A-$.

Einkaufen
Straßenmarkt ▶ Byron Bay Markets: Jeden 1. So im Monat 10–18 Uhr. Kunsthandwerk, Kleidung, Schmuck etc.

Aboriginal Art ▶ Dreamtime Journey: 4/11 Banksia Dr., Tel. 02-66 80 85 05, tgl. 10–17 Uhr. Kunst(-handwerk) der Ureinwohner.

Termine
Blues Festival (Ostern): Mehrtägiges Event mit Blues-Musikern aus aller Welt.

Verkehr
Busse: Tgl. von Greyhound Australia, Tel. 1300-47 39 46, und Premier Motor Services, Tel. 13 14 99, nach Sydney, Port Macquarie, Coffs Harbour, Gold Coast und Brisbane.

Ballina und Umgebung
▶ 1, W 12

Das südliche Ende der Summerland Coast markiert Ballina, das man von Byron Bay am besten entlang der Küste über Lennox Head – bekannt für seinen ausgezeichneten Surfstrand – erreicht. In dem an der Shaws Bay gelegenen Ferienort lohnt der Besuch des **Naval Museum,** wo man das 17 m lange Balsaholzfloß ›Atzlan‹ besichtigen kann, mit dem 1973 vier Abenteurer den Pazifik von Ecuador nach Australien überquerten (Las Balsas Plaza, Tel. 02-66 81 10 02, tgl. 9–16 Uhr, Erw. 2 A-$, Kin. 1 A-$). Südlich von Ballina windet sich der Pacific Highway abseits der Küste durch eine fruchtbare Agrarregion. Eine Stichstraße führt nach **Evans Head,** einem Dorado für Hochseeangler. Der Ort liegt am Nordrand des **Bundjalung National Park,** der ebenso wie der südlich anschließende **Yuraygir National Park** eine herrliche Küstenlandschaft mit einsamen Stränden und felsigen Landspitzen umfasst.

Infos
Ballina Tourist Information Centre: Las Balsas Plaza, Tel. 02-66 86 34 84, www.discoverballina.com.au, Mo–Fr 9–17, Sa/So u. Fei 10–16 Uhr.

Übernachten
Klein und fein ▶ Ballina Palms Motor Inn: Bentinck St., Ecke Owen St., Tel. 02-66 86 44 77, www.ballinapalms.com. Kleines Motel mit behaglich möblierten Zimmern und Salzwasserpool. DZ 103–120 A-$.

Camping und Cabins ▶ Ballina Gardens Caravan Park: Pacific Hwy, Tel. 02-66 86 24 75. Mit gemütlichen Cabins.

Abstecher ins Hinterland
▶ 1, W 12

Im Hinterland der Summerland Coast locken beschauliche Täler und mit Regenwald bestandene Hügel. Auf dem Bruxner Highway geht es von Ballina nach **Lismore,** das mit dem Wilson River Heritage Centre ein sehenswertes naturkundliches Museum besitzt (Molesworth St./Bruxner Hwy, Tel. 02-66 22

01 22, www.lismore.nsw.gov.au, Mo–Fr 9.30–16, Sa/So u. Fei 10–15 Uhr, Erw. 8,50 A-$, Kin. 5 A-$, Fam. 22 A-$). Frei lebende Koalas kann man in ca. 15 km südöstlich gelegenen Tucki Tucki Nature Reserve beobachten. In **Nimbin,** etwa 30 km nördlich von Lismore, gründeten Anfang der 1970er-Jahre zahlreiche Aussteiger Landkommunen, in denen sie ihre Vorstellungen vom einfachen Leben zu realisieren versuchten. Nordöstlich von Nimbin liegt der **Nightcap National Park** mit den Tuntable Falls und anderen imposanten Wasserfällen.

Grafton ▶ 1, W 13

Das nette Städtchen **Grafton** liegt an einer Schleife des Clarence River. Wegen seiner hübschen Parkanlagen und der vielen Jacarandabäume, die den Ort im Frühjahr in ein Blütenmeer verwandeln, trägt Grafton zu Recht den Beinamen ›Garden City‹. Wechselschauen zeitgenössischer Kunst präsentiert die Regional Art Gallery (158 Fitzroy St., Tel. 02-66 42 31 77, Di–So 10–16 Uhr, Eintritt frei). Im Schaeffer House ist die Regionalgeschichte liebevoll aufbereitet (192 Fitzroy St., Tel. 02-66 42 70 11, Di–Do, So 13–16 Uhr, Erw. 5 A-$, Kin. 2,50 A-$, Fam. 12,50 A-$).

Infos

Clarence River Tourist Centre: Pacific Hwy, Tel. 02-66 42 46 77, www.clarencetourism.com, tgl. 9–17 Uhr.

Übernachten

Familiäre Atmosphäre ▶ Jacaranda Motor Lodge: Pacific Hwy, Tel. 18 00-64 25 75, www.jacarandamotorlodge.com.au. 3 km nördl., ruhig, mit Restaurant und Pool. DZ 95–120 A-$.
Camping und Cabins ▶ Grafton Sunset Caravan Park: 302 Gwydir Hwy, Tel. 02-66 42 38 24. Gut ausgestattet, Cabins und Pool.

Termine

Jacaranda Festival (Okt./Nov.): Australiens ältestes Blumenfest mit kulturellem Beiprogramm.

Coffs Harbour ▶ 1, W 13

Über Woolgoolga, wo sich zahlreiche Sikhs aus Nord-Indien niedergelassen haben, gelangt man auf dem Pacific Highway nach Coffs Harbour. Um die beliebte Ferienmetropole erstreckt sich das größte Bananenanbaugebiet von Australien, weswegen der hiesige Küstenabschnitt umgangssprachlich auch ›Banana Coast‹ genannt wird.

Einige Kilometer nördlich von ›Coffs‹ sieht man am Pacific Highway die riesige Bananenattrappe **Big Banana,** die den Eingang zu einer für Besucher geöffneten Bananenplantage markiert. Im Innern der Riesenfrucht erfährt man alles zum Thema Banane. Wer will, kann eine Fahrt in einer Schmalspurbahn durch die Bananenplantage machen (Tel. 02-66 52 43 55, www.bigbanana.com, tgl. 9–16.30 Uhr, Tour Erw. 10,50 A-$, Kin. 8 A-$, Fam. 33 A-$). Im **Botanische Garten** am Coffs Harbour Creek kann man einen schönen Spaziergang im Schatten alter Bäume machen (Hardcare St., Tel. 02-66 52 38 20, tgl. 9–17 Uhr, Eintritt frei).

Insbesondere Kinder begeistert der **Pet Porpoise Pool,** wo sie Delfine streicheln und mit Seehunden schmusen können (Orlando St., Tel. 02-66 59 19 00, www.petporpoisepool.com, tgl. 9–16 Uhr, *seal and dolphin kisses* tgl. 9.30, 12.30 Uhr, *marine magic show* tgl. 10, 13 Uhr, Erw. 30 A-$, Kin. 15 A-$, Fam. 80 A-$).

Von Urunga südlich von Coffs Harbour windet sich der Waterfall Way (s. S. 486f.) nach Armidale im New England Tableland. Auch der Pacific Highway geht im weiteren Streckenverlauf auf Distanz zur Küste. Stichstraßen zweigen vom Highway ab nach Nambucca Heads, Scotts Head und Crescent Head, beliebten Ferienorten mit traumhaften Stränden. Ein etwas längerer Abstecher führt von Kempsey am Pacific Highway nach South West Rocks. Etwa 5 km östlich des Strandorts steht an der Trial Bay das Trial Bay Gaol. Das in den 80er-Jahren des 19. Jh. von Strafdeportierten errichtete Gefängnis diente während des Ersten Weltkriegs als Internierungslager für deutsche Zivilisten Um das

Die Küste zwischen Brisbane und Sydney

Jacaranda-Bäume verwandeln Grafton im Frühjahr in ein lila Farbenmeer

ehemalige Zuchthaus, heute ein historisches Museum, erstrecken sich weite Sandstrände.

Infos
Coffs Harbour Tourist Visitor Centre: Urara Park, Pacific Hwy, Tel. 13 00-36 90 70, www.coffscoast.com.au, tgl. 9–17 Uhr.

Übernachten
Herrliche Lage am Strand ▶ **Quality Resort Nautilus:** Pacific Hwy, Korora, Tel. 02-66 53 66 99, www.nautilusresort.com.au. Ca. 7 km nördl. der City, üppiger Tropengarten, Restaurant und Pool. DZ ab 150–260 A-$, Bungalow 190–610 A-$.

Im mediterranen Stil ▶ **Toreador Motel:** 31 Grafton St. (Pacific Hwy), Tel. 02-66 52 38 87, Fax 02-66 52 58 13. Gegenüber dem Fremdenverkehrsamt, ruhig und gemütlich, mit Pool. DZ 105–120 A-$.

Camping und Cabins ▶ **Bananacoast Caravan Park:** Pacific Hwy, Tel. 02-66 52 28 68, www.bananacoast.net. 4 km nördl. der City, gut ausgestattet, große Auswahl an Cabins.

Essen & Trinken
Dinieren mit Meerblick ▶ **Saltwater on the Beach:** 104 Fiddaman Rd., Emerald Beach (3 km nördl.), Tel. 02-66 56 18 88, www.saltwateronthebeach.com, Mi–So 12–14.30, 18–22

Port Macquarie

Uhr. *New Australian Cuisine* mit thailändischem Einschlag, angenehm zum Draußensitzen mit Blick aufs Meer. Vorspeisen 19–23 A-$, Hauptgerichte 29–34,50 A-$.

Gutes Fischlokal ▶ Mangrove Jack's: The Promenade, 321 Harbour Dr., Tel. 02-66 52 55 17, www.mangrovejackscafe.com.au, tgl. 11.30–15, 17–22 Uhr. Seafood und regionale Spezialitäten. Hauptgerichte 18–32 A-$.

Aktivitäten

Bootsausflüge mit Walbeobachtung ▶ Whale Watch on Pacific Explorer: Pier 1, International Marina, Tel. 0422-21 03 38, www.pacificexplorercom.au. Ausflug in großem Katamaran zur Beobachtung von Buckelwalen *(Humpback Whales)* (Juli–Nov. tgl. 8.30 Uhr, Erw. 85 A-$, Kin. 55 A-$, Fam. 225 A-$).

Verkehr

Züge: Tgl. Verbindungen nach Brisbane und Sydney mit Countrylink, Tel. 13 22 32.
Busse: Tgl. Verbindungen mit Greyhound Australia, Tel. 13 00-47 39 46, und Premier Motor Services, Tel. 13 14 99, nach Sydney, Port Macquarie, Byron Bay, Gold Coast und Brisbane.

Port Macquarie ▶ 1, V 14

Ein Stopp lohnt sich in Port Macquarie, das auf eine bewegte Vergangenheit zurückblickt. Bereits 1821 gegründet, diente die an der Mündung des Hastings River gelegene Stadt der Kolonialregierung lange Zeit als Verbannungsort für rückfällige Sträflinge. Heute hat der Tourismus die Hafenstadt fest im Griff, und die wenigen noch erhaltenen Relikte aus der Kolonialzeit verlieren sich zwischen modernen Hotelbauten und Ladenzeilen.

Sehenswert ist insbesondere die vom Sträflingsarchitekten Francis Greenway konzipierte und von Strafgefangenen zwischen 1824 und 1828 erbaute anglikanische **St. Thomas Church.** Genau 365 000 handgefertigte Ziegelsteine benötigte man für das bis zu 1 m starke Mauerwerk des Gotteshauses (Hay St., Ecke William St., Tel. 02-65 84 10 33, tgl. 9.30–12, 14–16 Uhr).

Die Pioniergeschichte des Ortes illustriert das **Hastings Historical Museum** 22 Clarence St., Tel. 02-65 83 11 08, Mo–Sa 9.30–16.30, So 13–16.30 Uhr, Erw. 5 A-$, Kin. 2 A-$, Fam. 10 A-$). Das lokale Fremdenverkehrsamt und eine Kunstgalerie von überregionaler Bedeutung befinden sich in dem architektonisch interessanten Gebäude **The Glasshouse** (Hay St., Ecke Clarence St., Tel. 02-65 81 80 66, www.glasshouse.org.au, Mo–Fr 9–17.30, Sa/So 9–16 Uhr, Eintritt frei).

Im **Sea Acres Rainforest Centre** südlich von Port Macquarie kann man auf einem 1,3 km langen, auch für Rollstuhlfahrer ge-

Die Küste zwischen Brisbane und Sydney

eigneten Holzpfad den subtropischen Regenwald erkunden (Pacific Dr., Tel. 02-65 82 33 55, tgl. 9–16.30 Uhr, Erw. 12,50 A-$, Kin. 7,50 A-$, Fam. 32,50 A-$).

Koalas und andere Vertreter der australischen Tierwelt präsentiert der **Billabong Koala Park** 10 km westlich (Billabong Dr., Ecke Pacific Hwy, Tel. 02-65 85 10 60, www.billabongkoala.com.au, tgl. 9–17 Uhr, Koala-Fütterung tgl. 10.30, 13.30, 15.30 Uhr, Erw. 15 A-$, Kin. 11 A-$, Fam. 45 A-$).

Kranke und verletzte Koalas werden im **Koala Hospital** in der Ortsmitte gesundgepflegt (Roto House, Lord St., Tel. 02-65 84 15 22, www.koalahospital.org, tgl. 9–17 Uhr, Fütterung 15 Uhr, Eintritt frei). Gute Badestrände findet man südlich von Port Macquarie, etwa Rocky Beach, Flynns Beach, Nobbys Beach oder Shelly Beach.

Wauchope liegt 11 km südwestlich von Port Macquarie und ist für sein ausgedehntes Freilichtmuseum Timbertown bekannt. In dem rekonstruierten Holzfällerdorf aus der Zeit um 1900 lässt sich das Leben der Pioniersiedler anschaulich nachvollziehen (Oxley Hwy., Tel. 02-65 85 19 40, www.timbertown.com.au, tgl. 9.30–15.30 Uhr, Erw. 5 A-$, Kin. 3 A-$, Fam. 12 A-$).

Infos

Port Macquarie Visitor Information Centre: Hay St., Ecke Clarence St., Tel. 13 00-30 31 55, www.portmacquarieinfo.com.au, Mo–Fr 9–17.30, Sa/So 9–16 Uhr.

Übernachten

Boutiquehotel in schöner Lage ▶ **Glasshouse HW Boutique Motel:** 1 Stewart St., Tel. 02-65 83 12 00, www.hwmotel.com.au. Ruhig in Strandnähe gelegen, mit Pool und herrlichem Blick über das Delta des Hastings River. DZ ab 170 A-$ (inkl. Frühstück).

Großzügige Zimmer ▶ **Mid Pacific Motel:** Short St., Ecke Clarence St., Tel. 02-65 83 21 66, www.motelmidpacific.com.au. Komfortables Haus am Hastings River mit Tropengarten und Pool. DZ 115–165 A-$.

Camping ▶ **Sundowner Breakwall Tourist Park:** 1 Munster St., Tel. 18 00-63 64 52, www.sundownerholidays.com. Sehr gut ausgestattet, mit Cabins und Pool, in strandnaher Lage.

Essen & Trinken

In Seafood schwelgen ▶ **Scampi's Marina Seafood Restaurant:** Park St., Tel. 02-65 83 72 00, tgl. 11.30–15, 17–22.30 Uhr. Fischgerichte und Meeresfrüchte vor dem Panorama des Jachthafens. Vorspeisen 12–16 A-$, Hauptgerichte 18,50–38 A-$.

Termine

Carnival of the Pines (Okt.): Volksfest mit kulturellem Beiprogramm.

Verkehr

Züge: Vom Bahnhof in Wauchope (22 km westlich) tgl. Verbindungen nach Brisbane und Sydney mit Countrylink, Tel. 13 22 32.
Busse: Tgl. Verbindungen mit Greyhound Australia, Tel. 13 00-47 39 46, und Premier Motor Services, Tel. 13 14 99, nach Sydney, Coffs Harbour, Byron Bay und Brisbane.

Central Coast

Die Küste bis Newcastle
▶ 1, V 14

Zwischen Port Macquarie und Newcastle erstreckt sich eine der reizvollsten Küstenlandschaften des Kontinents, eine lang gestreckte Seenplatte, die vom offenen Meer durch einen abschnittsweise nur wenige hundert Meter breiten Landstrefen mit teilweise imposanten Dünen getrennt wird. Dort lohnen sich immer wieder ›Seitensprünge‹ vom Pacific Highway zu kleinen Küstenorten, etwa **North Haven, Laurieton** und **Harrington.**

Einige Kilometer südlich von Taree sollte man den Pacific Highway vorübergehend verlassen und der Küstenstraße zu den beliebten Ferienorten **Tuncurry** und **Forster** am malerischen Wallis Lake folgen. Noch weiter südlich berührt die Straße den Myall Lake, ein Dorado für Angler und Wassersportler. Dieser Binnensee nimmt den westlichen Teil

Central Coast

des **Myall Lakes National Park** mit fischreichen Lagunen und riesigen Sanddünen ein.

Eine weitere beliebte Ferienregion erstreckt sich um die Bucht Port Stephens, die mit kilometerlangen Stränden aufwartet. Touristische Hochburgen der Region sind die zusammengewachsenen Ferienorte **Tea Gardens** und **Hawks Nest** sowie das auf der anderen Seite der malerischen Bucht gelegene **Nelson Bay.** Während der Sommermonate schwillt die Bevölkerung der drei Orte um ein Mehrfaches an, wenn es Urlauber aus dem nur rund 150 km entfernten Sydney in Scharen hierher zieht.

Newcastle ▶ 1, V 14/15

Die mit über 400 000 Einwohnern zweitgrößte Stadt von New South Wales wurde 1804 als Verbannungsort für die gefährlichsten Sträflinge der Kolonie gegründet. Bald trug die Siedlung den Beinamen ›Hölle von New South Wales‹. Das nahe Hunter Valley mit riesigen Kohlereserven versorgt Newcastle heute mit preiswerter Energie, sodass sich die Stadt zu einem Industrie- und Handelszentrum mit Stahl- und Eisenproduktion entwickeln konnte.

Zu den wichtigsten Gebäuden aus alten Zeiten zählen die 1902 eingeweihte **Christ Church Cathedral** sowie die 1929 vollendete viktorianische **City Hall** mit mächtigem Glockenturm und das **Post Office Building** aus dem Jahr 1898 im italienischen Renaissancestil. Von überregionaler Bedeutung ist die **Newcastle Region Art Gallery,** die Werke bedeutender australischer Maler des 19. und 20. Jh. zeigt (Laman St., Tel. 02-49 74 51 00, www.nag.org.au, Di–So 10–17 Uhr, Eintritt frei).

Im Ende des 19. Jh. auf der Landzunge Nobbys Head erbauten Fort Scratchley ist das **Newcastle Regional Maritime Museum** mit einer Ausstellung zur Seefahrtsgeschichte untergebracht (Tel. 02-49 74 50 33, www.fortscratchley.com.au, Mi–Mo 10–16 Uhr, Eintritt frei). Von dort bietet sich ein guter Blick über die Stadt und ihre Industrieanlagen. Nahe der City liegt das **Blackbutt Reserve** mit Wanderwegen, Picknickplätzen und Wildgehegen.

Infos

Newcastle Visitors Centre: Wheeler Place, 361 Hunter St., Tel. 18 00-65 45 58, www.visitnewcastle.com.au, Mo–Fr 9–17, Sa/So u. Fei 10–15 Uhr.

Übernachten

Zimmer mit Aussicht ▶ **Noah's on the Beach Motel:** Shortland Esplanade St., Ecke Zaara St., Tel. 02-49 29 51 81, www.noahsonthebeach.com.au. Funktioneller Bau, schöner Hafenblick, Seafood-Restaurant. DZ 188–345 A-$.

Sehr ruhig ▶ **The Novocastrian Motor Inn:** 21 Parnell Pl., Tel. 02-49 26 36 88, www.novocastrian.com.au. Oberhalb der City gelegen, Zimmer unterschiedlicher Kategorien, gutes Restaurant. DZ 149–169 A-$.

Camping ▶ **Redhead Beach Holiday Park:** 1A Kalaroo Rd., Tel. 02-49 44 89 44, www.redheadbeach.com.au. 15 km südl. der City am herrlichen Nine Mile Beach, sehr gut ausgestattet.

Verkehr

Züge: Tgl. mehrere Züge mit Sydney CityRail nach Sydney, Central Station; Auskunft: Tel. 13 15 00.

Busse: Tgl. Verbindungen mit Greyhound Australia, Tel. 13 00-47 39 46, und Premier Motor Services, Tel. 13 14 99, nach Sydney und Port Macquarie.

Die Küste bis Sydney ▶ 1, U 15

Auf der Weiterfahrt Richtung Sydney gibt es erneut eine reizvolle Alternative zum Pacific Highway: die auf einem schmalen Landstreifen zwischen dem Ozean und den Binnenseen Lake Macquarie und Tuggerah Lake verlaufende Küstenstraße. Auf dieser Route lohnt sich ein Stopp im Ferienort **The Entrance,** wo an der Öffnung des Tuggerah Lake zum Pazifik eine große Pelikankolonie heimisch ist (Fütterung tgl. 15.30 Uhr). An den kilometerlangen Sandstränden nördlich von The Entrance verlieren sich die wenigen Spuren von Joggern. Nahe **Gosford** liegt der auf einheimische Reptilien spezialisierte Australian Reptile Park (s. S. 153f.).

Das Inland zwischen Brisbane und Sydney

Die Fahrt auf dem New England Highway durch das Hinterland von Queensland und New South Wales führt über das größte Hochplateau von Australien. Hier liegen nicht nur einige der schönsten Nationalparks des Landes, sondern auch mehrere Orte von historischer Bedeutung sowie Tamworth, die *Australian Country Music Capital*.

Darling Downs ▶ 1, V 11/12

Von der Küstenebene windet sich der Warrego Highway über die Great Dividing Range. Jenseits davon erstreckt sich das wellige, zwischen 400 und 700 m hohe Tafelland der Darling Downs. Dank fruchtbarer Schwarzerdböden vulkanischen Ursprungs und viel Regen gehört die auch *Golden West* genannte Region zu den landwirtschaftlich bedeutendsten Gebieten in Australien.

Toowoomba ▶ 1, V 11

Ökonomisches und kulturelles Zentrum der Darling Downs ist Toowoomba, das wegen seiner prächtigen Gärten und ausgedehnten Parks den Beinamen ›Garden City‹ trägt. Besonders sehenswert sind der **Queens Park** mit den Botanical Gardens, der **Laurel Bank Park** mit seltenen Bäumen sowie der Park am **Picnic Point Lookout,** von dem sich ein herrlicher Blick bietet. Höhepunkte des Jahres sind in Toowoomba das farbenprächtige Blumenfest im September und das Gartenfest im Mai. Zu den landschaftlichen Attraktionen der Umgebung zählen der für seine artenreiche Vogelwelt bekannte **Ravensbourne National Park** und die in eine tiefe Granitschlucht stürzenden **Crows Nest Falls.**

Infos
Toowoomba Visitor Information Centre: James St., Ecke Kitchener St., Tel. 18 00-33 11 55, www.toowoombaholidays.info, Mo–Fr 9–17, Sa/So 10–15 Uhr.

Übernachten
Familiär und gemütlich ▶ Bridge Street Motor Inn: 291 Bridge St., Tel. 07-46 34 32 99, www.bridgestreetmotorinn.com.au. Ruhiges, kleines Motel mit Pool in schöner Gartenanlage, auch gut ausgestattete Studios mit Kitchenette. DZ 96–121 A-$.

Camping und Cabins ▶ Toowoomba Motor Village Caravan Park: 821 Ruthven St., Tel. 07-46 35 81 86, Fax 07-46 36 18 25. Mit komfortablen Cabins.

Termine
Gardenfest (Mai): Australische ›Bundesgartenschau‹.
Carnival of Flowers (Sept.): Blumenfest mit kulturellen Veranstaltungen.

Verkehr
Infos zu Verkehrsverbindungen im Inland s. S. 485.

Warwick ▶ 1, V 12
Warwick gehört zu den ältesten Städten von Queensland. Jährlich am letzten Oktoberwochenende findet hier das **Rose and Rodeo Festival** statt, zu dem rund 400 Cowboys und mehr als 30 000 Zuschauer strömen. Viel Lokalkolorit erlebt man auch bei den dienstags und mittwochs abgehaltenen **Rinder- und Schafmärkten.**

Ausflüge führen zu den **Queen Mary Falls,** die über eine 42 m senkrecht abfallende Felswand in eine Regenwaldschlucht stürzen, und zum **Main Range National Park** mit der Cunningham Gap zwischen dem 1135 m hohen Mount Cordeaux und dem 1168 m hohen Mount Mitchell. Durch die Schlucht verläuft der Cunningham Highway, an dem das Hauptquartier des Nationalparks liegt. Dort beginnen Wanderungen, von denen der durch mehrere Vegetationszonen führende Mount Cordeaux Lookout Walk besonders zu empfehlen ist (hin und zurück 7 km/3 Std.).

Infos
Tourist Information Centre: 49 Albion St. (New England Hwy), Tel. 07-46 61 34 01, Mo–Fr 9–17, Sa/So 10–15.30 Uhr.

Übernachten
Solides Touristenmotel ▶ **Buckaroo Motor Inn:** 86 Wood St., Tel. 07-46 61 37 55. Einfach und gemütlich, mit Pool. DZ 92–130 A-$.

Camping und Cabins ▶ **Oasis Caravan Park:** New England Hwy (South Warwick), Tel. 07-46 61 28 74, www.kahlersoasis.com.au. Mit Cabins und On-Site-Vans.

Stanthorpe ▶ 1, V 12
Stanthorpe liegt im sogenannten *Granite Belt,* einem etwa 15 km breiten und 60 km langen Hochplateau, aus dem mächtige, bis zu 1270 m hohe Granitmassive emporragen. Vor allem während der Frühjahrsblüte im September und Oktober zieht der 25 km südlich gelegene **Girraween National Park** zahlreiche Naturliebhaber an.

Infos
Stanthorpe Information Centre: 28 Leslie Parade, Tel. 07-46 81 20 57, www.stanthorpe.com. Mo–Fr 9–17, Sa/So 10–16 Uhr.

Übernachten
Hüttenromantik ▶ **Happy Valley Retreat:** Glenlyon Dr., Tel. 07-46 81 12 50, Fax 07-46 81 30 82. 4 km westl. der Stadt, rustikale, komfortable Hütten mit 3–5 Betten. Bei Doppelbelegung 135–175 A-$ pro Hütte.

New England Tableland

Camping und Cabins ▶ **Top of the Town Tourist Park:** 10 High St., Tel. 07-46 81 48 88, www.topofthetown.com.au. Sehr gut ausgestattet, mit Cabins und On-Site-Vans.

Bald Rock National Park
▶ 1, V 12

Gut 50 km südlich von Stanthorpe ragt beim Städtchen **Tenterfield** der Bald Rock auf, mit 750 m Länge und 500 m Breite Australiens größter Granitmonolith. Zum Gipfel des kahlen Felsens, der das Hochplateau um 200 m überragt, führt über die Nordostflanke ein steiler Weg. Die anstrengende Wanderung wird mit einem herrlichen 360-Grad-Panoramablick belohnt (hin und zurück 2,5 km/1,5 Std.). Auf dem Weg zum Bald Rock National Park lohnt sich ein Stopp bei den **Boonoo Boonoo Falls,** die in mehreren Stufen talwärts tosen.

New England Tableland
▶ 1, U/V 13/14

Jenseits der Bundesstaatengrenze beginnt das **New England Tableland,** mit knapp 33 000 km^2 die ausgedehnteste Hochlandfläche in Australien. Die durchschnittliche Höhe des New England Tableland, in dessen nördlicher Region einige der schönsten Nationalparks des Landes liegen, beträgt etwa 900 m. Feuchte Luftmassen, die der Ostwind vom Pazifik bringt, sorgen für Schneefälle in den Wintermonaten sowie häufige Gewitter und Hagelstürme im Sommer. Landschaftsbild und Klima erinnerten die Pioniersiedler an ihr Mutterland, sodass sie ihrer neuen Heimat den Namen New England gaben.

Glen Innes ▶ 1, V 13
Gut 1000 m über dem Meeresspiegel liegt in einer pittoresken Berglandschaft das Städtchen **Glen Innes** mit einigen gut erhaltenen Kolonialgebäuden. Relikte aus der Pionierzeit stellt ein Volksmuseum aus, das den merkwürdigen Namen Land of the Beardies History Museum trägt (West Ave., Ecke Ferguson St., Tel. 02-67 32 10 35, www.beardieshistoryhouse.info, Mo–Fr 10–12, 13–16,

Das Inland zwischen Brisbane und Sydney

Sa/So 14–17 Uhr, Erw. 6 A-$, Kin. 3 A-$, Fam. 15 A-$).

In der Mitte des 19. Jh. von Einwanderern aus Schottland, Irland und Wales gegründeten Stadt werden bis heute keltische Traditionen wachgehalten. Auf einem Hügel im Osten hat man zum Gedenken der keltischen Pioniersiedler Menhiren nachempfundene Steinsetzungen errichtet. Bei Glen Innes und um die westliche Nachbarstadt Inverell werden Saphire und andere Edelsteine kommerziell abgebaut. Angeblich stammt ein Drittel aller weltweit geförderten Saphire aus diesem Gebiet.

Einen Eindruck von den schwierigen Arbeitsverhältnissen in einem Bergwerk des 19. Jh. vermittelt das **Mining Museum** im 40 km nordwestlich gelegenen Emmaville (86 Moore St., Tel. 02-67 34 70 25, www.miningmuseum.emmaville.net, Fr–Di 10–16 Uhr, Erw. 2 A-$, Kin. Eintritt frei).

Infos
Glen Innes Tourist Office: New England Hwy, Tel. 02-67 30 24 00, www.glenninnestourism.com, Mo–Fr 9–17, Sa/So 9–15 Uhr.

Übernachten
Gut und günstig ▶ **Central Motel:** 117 Meade St., Tel. 02-67 32 22 00, www.centralmotel.net. Einfach, aber sauber, ruhig, mit Pool. DZ 89–107 A-$.

Camping und Cabins ▶ **Craigieburn Tourist Park:** New England Hwy, Tel./Fax 02-67 32 12 83. Mit Cabins und On-Site-Vans, in natürlichem Buschland.

Termine
Australian Celtic Festival (1. Wochenende im Mai): Traditionelles Keltenfest mit Musik und Tanz.

Gibraltar Range National Park, Washpool National Park
▶ **1, V 12/13**

Glen Innes eignet sich als Basis, um zwei Perlen unter den Nationalparks von New South Wales zu erkunden: den Gibraltar Range National Park und den Washpool National Park, beide wegen ihrer einzigartigen Fauna und Flora zum UNESCO-Weltnaturerbe ernannt. Während den südlich des Gwydir Highway gelegenen Gibraltar Range

Das New England Tableland bei Dorrigo

New England Tableland

National Park zahllose Granitfelsen und offene, mit Grassavannen durchsetzte Eukalyptuswälder prägen, dominieren im Washpool National Park nördlich des Gwydir Highway gemäßigter Regenwald und Felsformationen vulkanischen Ursprungs. Vor allem das Gibraltar-Range-Schutzgebiet verwandelt sich in den Frühlingsmonaten in ein farbenprächtiges Wildblumenparadies. Besonders häufig kommt hier die Waratah vor, das Blütensymbol von New South Wales.

Vom Visitors Centre am Gwydir Highway mäandert der 10 km lange geschotterte Mulligans Drive zur Mulligans Hut mit Picknick- und Campingplatz, dem Ausgangspunkt für diverse Wanderungen im Gibraltar Range National Park. Besonders schön ist der Needles Track, der zu einem bizarren Granitmassiv führt (hin und zurück 6 km/2 Std.).

Die Zufahrt zum Washpool National Park liegt 3 km östlich des Visitors Centre am Gwydir Highway. Eine gute Schotterstraße führt zur 1 km entfernten Granite Picnic Area. Dort beginnt der kurze Granite Loop Walk, der zwei Aussichtspunkte verbindet. Einen guten Einblick in die Regenwaldflora vermittelt der Washpool Walk (Rundweg 8,5 km/ 3,5 Std.); Ausgangspunkt ist der Coombadjha-Picknickplatz, erreichbar auf einer 3 km langen Schotterpiste.

Armidale ► 1, V 13

Armidale, Hauptstadt und kulturelles Zentrum der Neu-England-Region, ist Sitz der University of New England und beherbergt zahlreiche weitere höhere Bildungseinrichtungen. Mit hübschen Gärten und gepflegten Parkanlagen weckt die Universitätsstadt Erinnerungen an Cambridge und Oxford in England. Das britische Flair unterstreichen die katholische St. Marys Cathedral und die anglikanische Cathedral of St. Peter sowie mehrere gut erhaltene viktorianische Kolonialbauten. Lohnend ist ein Besuch des **New England Regional Art Museum,** das mit der Howard Hinton Collection Werke von Arthur Streeton, Tom Roberts, Hans Heysen und anderen australischen Künstlern besitzt (Kentucky St., Tel. 02-67 72 52 55, Di–Fr 10–17, Sa/So 9–16 Uhr,

> **Tipp: Transport im Hinterland**
>
> Alle größeren Orte entlang dem New England Highway sind problemlos mit öffentlichen Verkehrsmitteln zu erreichen. Von Toowoomba, Warwick, Glen Innes, Armidale, Tamworth und Scone gibt es täglich Züge nach Brisbane und Sydney; Info: Countrylink, Tel. 13 22 32. Die gleichen Orte werden auch von Bussen der Gesellschaft Greyhound Australia, Tel. 1300-47 39 46, und regionalen Buslinien bedient.

Eintritt frei). In der Nachbarschaft befindet sich das **Aboriginal Cultural Centre and Keeping Place,** ein der Kultur der australischen Ureinwohner gewidmetes ethnologisches Museum (Kentucky St., Tel. 02-67 71 36 06, www.acc kp.com.au, Mo–Fr 9–16, Sa/So 10–14 Uhr, Eintritt frei, Spende erbeten).

Infos
Armidale Visitors Centre: 82 Marsh St., Tel. 18 00-62 77 36, www.armidaletourism.com. au, tgl. 9–17 Uhr.

Übernachten
Englischer Country-Charme ► Moore Park Inn: Uralla Rd., Tel. 02-67 72 23 58, www. mooreparkinn.com.au. Elegantes Motel mit kolonialem Flair, Restaurant und Pool. DZ 110–160 A-$.

Ruhig und familiär ► Alluna Motel: 180 Dangar St., Tel. 02-67 72 62 26, www.alluna motel.com.au. Makellose Zimmer, freundlicher Service, kleiner Pool, zentral. DZ ab 95 A-$.

Camping und Cabins ► Pembroke Tourist and Leisure Park: 39 Waterfall Way, Tel. 02-67 71 21 23, www.pembroke.com.au. Sehr gut ausgestattet, komfortable Cabins u. Pool.

Essen & Trinken
Mehrfach prämiert ► Archie's on the Park: Uralla Rd., Tel. 02-67 72 23 58, Mo–Sa 18–23 Uhr. Kreative Gerichten der *New Aus-*

Das Inland zwischen Brisbane und Sydney

tralian Cuisine. Vorspeisen 12–18 A-$, Hauptgerichte 19,50–38 A-$.

Einkaufen

Straßenmarkt ▶ **Armidale Markets:** The Mall, letzter So im Monat 9–13 Uhr. Straßenmarkt für Kunst und Kunsthandwerk.

Waterfall Way ▶ 1, V 13

Wollomombi Falls

Die Panoramastraße Waterfall Way, die sich von Armidale durch das New England Tableland hinab in die Küstenebene windet, erschließt einige der schönsten Wasserfälle des Landes. Den Auftakt bilden die spektakulären **Wollomombi Falls,** die 40 km östlich von Armidale in tosenden Kaskaden über eine Felswand in eine Schlucht von atemberaubender Schönheit donnern. Überwältigende Blicke auf die 260 m hohen Wasserfälle, die zu den höchsten ganz Australiens gehören, bieten sich von den Aussichtsplattformen Wollomombi Falls Lookout, Checks Lookout und Gorge Lookout.

New England National Park

Gut 80 km östlich von Armidale berührt der Waterfall Way den New England National Park mit Regenwäldern in tieferen Lagen und Eukalyptusbeständen auf den Gipfeln. Eine 15 km lange geschotterte, auf den beiden letzten sehr steilen Kilometern geteerte Stichstraße windet sich zum 1563 m hohen **Point Lookout** hinauf. Vom höchsten Aussichtspunkt des New England Tableland reicht bei schönem Wetter der Blick über dicht bewaldete Bergketten bis zur 60 km entfernten Pazifikküste. Am Banksia Point beginnen Wanderungen, die einen guten Eindruck von der üppigen Vegetation des gemäßigten Regenwalds vermitteln, etwa der Banksia Point Circular Walk (Rundweg 2 km/1 Std.), der Lyrebird Walk (Rundweg 7 km/3 Std.) und eine kurze Wanderung (hin und zurück 1 km) zum Weeping Rock, einer breiten, steil abfallenden Felswand mit mehreren kleinen Wasserfällen.

Cathedral Rock National Park, Guy Fawkes River National Park

Nördlich des Waterfall Way dehnt sich der **Cathedral Rock National Park** mit bizarren Granitfelsen aus. Die Barokee Area mit Camping- und Picknickplatz ist Ausgangspunkt für den Cathedral Rock Circuit Walk (Rundweg 6 km/3 Std.).

Wer der Zivilisation den Rücken kehren will, ist im **Guy Fawkes River National Park** gut aufgehoben. Das Quellgebiet verschiedener Flüsse ist eine ungebändigte, dramatische Landschaft.

Ebor Falls

Nahe dem Städtchen Ebor am Waterfall Way stürzen über den Guy Fawkes River gebildeten Ebor Falls in zwei Kaskaden über steile Sandsteinfelsen 300 m tief ins Tal. Eine faszinierende Aussicht bietet sich auf dem kurzen Spazierweg zwischen Lower Falls Lookout und Upper Falls Lookout entlang der Kliffabbruchkante.

Dorrigo National Park

Wenige Kilometer nach Ebor biegt der Waterfall Way Richtung Osten ab. Das letzte landschaftliche Highlight auf der Route ist der Dorrigo National Park, der gemäßigten Regenwald umfasst. Von der spektakulär in einen Berghang gebauten Aussichtsplattform **Skywalk** hoch über den Wipfeln der Urwaldriesen genießt man eine grandiose Aussicht. Vertiefen lassen sich die Eindrücke im **Dorrigo Rainforest Centre** (Dome Rd., Tel. 02-66 57 23 09, tgl. 9–17 Uhr, Eintritt frei).

2 km nördlich von Dorrigo stürzen die kleinen Dangar Falls in eine Schlucht. 8 km östlich des sympathischen Landstädtchens liegt mit dem Griffith Mountain Top Lookout ein weiterer schöner Aussichtspunkt.

Bellingen

Vom Hochland schwingt sich die Bergstraße hinab ins Tal des Bellinger River, bevor sie nach dem schmucken Städtchen Bellingen südlich von Coffs Harbour auf den Pacific Highway trifft. Beim alljährlich am dritten Augustwochenende stattfindenden Bellingen Jazz Festival geben sich Spitzen-Jazzer aus aller Welt ein Stelldichein.

Infos
Dorrigo Tourist Information Centre: Hickory St., Tel. 02-66 57 24 86, www.waterfallway.com, Mo–Fr 9–17, Sa/So 10–16 Uhr.

Übernachten
… in Dorrigo
Schön gelegen ► **The Lookout Motor Inn:** Maynard Plains Rd., Tel. 02-66 57 25 11, Fax 02-66 57 26 69. 4 km östl. von Dorrigo in herrlicher Lage, gemütliche Zimmer, gutes Restaurant und uriger Pub. Kinderspielplatz und kleines Tiergehege. DZ 97,50 A-$.

Camping und Cabins ► **Dorrigo Mountain Resort Caravan Park:** Waterfall Way (am östl. Ortsrand), Tel. 02-66 57 25 64, www.dorrigmountainresort.com.au. Stellplätze für Wohnmobile und Zelte, gemütliche Cabins.

Tamworth ► 1, U 13

Obwohl mit nur wenigen Highlights gesegnet, ist Tamworth für durchreisende Touristen interessant. Die selbst ernannte Hauptstadt der Country Music gilt als australische Version des US-amerikanischen Nashville. Als eines der Top-Ereignisse Down Under lockt das alljährlich im Januar stattfindende zehntägige **Country Music Festival** Zehntausende Musikfreunde aus allen Teilen des Kontinents an. An die 2000 Vorstellungen von mehr als 600 Musikern stehen auf dem Programm.

Unübersehbar ragt am Ortsrand die überdimensionale Big Golden Guitar auf, das Wahrzeichen der Stadt. Gleich nebenan kann man im **Gallery of Stars Wax Museum** einige Größen der australischen Countrymusic, in Wachs verewigt, bewundern (New England Hwy, Tel. 02-6 65 26 88, www.biggoldenguitar.com.au, tgl. 9–17 Uhr, Erw. 8,50 A-$, Kin. 6 A-$, Fam. 23 A-$).

Ein weiter Blick über Tamworth und das New England Tableland bietet sich vom Oxley Lookout im Norden der Stadt. Trotz einiger historischer Gebäude in Tamworth kann man die Atmosphäre vergangener Jahre besser in **Nundle,** einem alten Goldgräberdorf mit zahlreichen Ruinen und aufgelassenen Schächten 65 km südöstlich, erleben.

Infos
Tamworth Visitors Information Centre: Peel/Murray St., Tel. 02-67 67 53 00, www.visittamworth.com, tgl. 9–17.

Übernachten
Für Country-Music-Fans ► **Alandale Motor Inn:** New England Hwy, Tel. 02-67 65 79 22, www.alandale.com.au. Von weitläufiger Gartenanlage umgeben, mit Restaurant und Pool in Gitarrenform. DZ ab 99 A-$.

Preisgünstig ► **Town and Country Motor Inn:** 217 Goonoo Goonoo Rd., South Tamworth, Tel. 02-67 65 32 44, www.townandcountrymotorinn.com.au. Kleines familiengeführtes Motel mit Pool und gepflegtem Garten. DZ 90–105 A-$.

Camping und Cabins ► **Paradise Tourist Park:** Peel St., Tel. 02-67 66 31 20. www.paradisetouristpark.com. Gut ausgestattet, mit Cabins, schöne Lage am Fluss.

Essen & Trinken
Steaks at their best ► **Stetsons Steakhouse Saloon:** Craigends Ln., Ecke New England Hwy, Tel. 02-67 62 22 38, tgl. 18–23 Uhr. Lokal mit Wildwestflair, Steaks vom Grill. Hauptgerichte 19,50–31,50 A-$.

Scone ► 1, U 14

Scone gilt als Dorado der Pferdeliebhaber und nennt sich daher *Horse Capital of Australia.* In der Umgebung gibt es verschiedene Gestüte, auf denen Besucher willkommen sind, zum Beispiel Pine Lodge Thoroughbreds (Moobi Rd., Tel. 02-65 45 30 11, vorherige Anmeldung erbeten). Das ganze Jahr hindurch finden Pferdesportveranstaltungen und Fuchsjagden statt.

Etwa 20 km nördlich von Scone liegt der **Burning Mountain,** ein Kohleflöz, das vor

Das Inland zwischen Brisbane und Sydney

etwa 2000 bis 6000 Jahren vermutlich durch Blitzschlag entzündet wurde und heute noch glimmt. Auf dem Gipfel des ›Brennenden Berges‹, wo schwefeliger Rauch aus Felsspalten quillt, führt der Naturlehrpfad Burning Mountain Walking Track (hin und zurück 3,5 km/1,5 Std.).

Östlich von Scone erhebt sich in einer Höhenlage von 400 bis 1590 m das Bergmassiv der **Barrington Tops.** Der dort geschaffene Nationalpark besticht durch seine ursprüngliche Berglandschaft mit gemäßigtem Regenwald in den Talsohlen sowie subalpinen Torfmooren und Schnee-Eukalypten auf dem Hochplateau. Einen guten Eindruck davon vermittelt die Fahrt entlang dem 145 km langen Barrington Tops Forest Drive zwischen Scone und Gloucester.

Infos
Scone Information Centre: Kelly St., Tel. 02-65 45 15 26, Mo–Fr 9–17, Sa/So 10–15.30 Uhr.

Übernachten
Mit dem Flair vergangener Zeiten ▶ Colonial Motor Lodge: Guernsey St., Ecke Parker St., Tel. 02-65 45 17 00, www.colonialmotorlodge.com.au. Gepflegtes Motel und Restaurant. DZ 105 A-$.
Camping ▶ Scone Caravan Park: New England Hwy, Tel. 02-65 45 20 24. Sehr gut ausgestattet, mit Cabins.

Aktiv
Reiten ▶ Scone Stud Tours: Tel. 02-65 45 33 37. Geführte Touren zu verschiedenen Gestüten (ab 85 A-$).

Hunter Valley ▶ 1, U 14

In südlicher Richtung kann man von Scone auf dem New England Highway nun zügig weiterfahren, denn längere Stopps lohnen sich zunächst nicht. Zwei Wirtschaftszweige, die gegensätzlicher kaum sein könnten, prägen das Tal des Hunter River: Weinanbau und Kohleabbau – einerseits produziert man im Hunter River Valley rund 10 % des australischen Weines, andererseits werden dort etwa 30 % der australischen Kohle gefördert. Rebhänge und idyllische Weindörfer mit alten Herrensitzen sowie Kraftwerke und riesige Steinkohlegruben sind die Gegenpole im Landschaftsbild.

Als ›Wein-Hauptstadt‹ des unteren Hunter River Valley gilt **Cessnock.** Zwischen dem Städtchen und der sich nordwestlich erstreckenden Broken Back Range liegen Dutzende von Weingütern, die hervorragende, teilweise preisgekrönte rote und weiße Tafelweine produzieren. In zahlreichen Winzereien sind Besucher zu Besichtigungen und Weinproben willkommen. Ausgezeichnete Gastwirtschaften und gemütliche Herbergen tun ein Übriges, um Reisende von einer raschen Weiterfahrt ins nahe Sydney abzuhalten. Ganz besonders lohnt sich ein Besuch während der Weinlese, die hier in die Monate Februar und März fällt.

Infos
… in Cessnock
Cessnock Tourist Information Centre: Turner Park, Aberdare Road, Tel. 02-49 90 44 77, www.winecountry.com.au und www.huntertourism.com, tgl. 9–17 Uhr.
… in Pokolbin:
Hunter Valley Wine Society: Broke Rd., Tel. 02-49 98 73 97, www.winehunter.com.au, tgl. 9–17 Uhr.

Übernachten
… in Cessnock
Komfortables Motel ▶ Aussie Rest Motel: 43 Shedden St., Tel. 18 00-10 40 10 u. 02-49 91 41 97, www.aussierest.com.au. Gemütlich, freundlicher Service, Salzwasserpool. DZ 115–155 A-$.
Camping und Cabins ▶ Cessnock Cabins & Country Carapark: Allandale-Branxton Rd., Ecke Pokolbin Rd., Nulkaba, Tel. 02-49 90 58 19. Sehr gut ausgestatteter Campingplatz mit gemütlichen Cabins.
… in Pokolbin:
Bezauberndes Kolonialhaus ▶ Peppers Hunter Valley Guest House: Ekerts Rd., Tel.

Hunter Valley

02-49 93 89 99, www.peppers.com.au. Traditionsreiche Herberge, in der man höchsten Komfort mit dem Flair eines Hotels aus früheren Zeiten zu verbinden weiß. DZ 225–375 A-$.
Camping und Cabins ▶ Valley Vineyard Tourist Park: Mount View Rd., Tel./Fax 02-49 90 25 73. Gut ausgestatteter Campingplatz sowie Cabins.

Essen & Trinken
… in Pokolbin
Gourmet-Tempel ▶ Robert's at Pepper Tree: Halls Rd., Tel. 02-49 98 73 30, www.robertsrestaurant.com, tgl. 12–15, 19–21.30 Uhr. Stimmungsvolles Restaurant in Kolonialgebäude aus dem 19. Jh.; erstklassige Gerichte, Kombination von traditioneller australischer und italienisch-französischer Kochkunst. Vorspeisen 14–20 A-$, Hauptgerichte 22–40 A-$.
East meets west ▶ Cellar Restaurant: Broke Rd., Tel. 02-49 98 75 84, Mo–Do 18–22.30, Fr–So 12–14.30, 18–23 Uhr. Asiatisch inspirierte, abwechslungsreiche *New Australian Cuisine*. Vorspeisen 12–16 A-$, Hauptgerichte 22–39,50 A-$

Aktiv
… in Pokolbin
Weintouren ▶ Hunter Valley Day Tours: c/o Hunter Valley Wine Country Visitors Information Centre, Wine Country Dr., Tel. 02-49 51 45 74, www.huntertourism.com/daytours. Tgl. Tour durch das Hunter Valley (ab 115 A-$ inkl. Weinprobe und Lunch).
Empfehlenswerte Weingüter ▶ Hungerford Hill Wines: McDonalds Rd., Tel. 02-49 98 76 66, Mo–Fr 9–16.30, Sa/So u. Fei 10–16.30 Uhr. **Lindemans,** McDonalds Rd., Tel. 02-49 98 76 84, Mo–Fr 9–16.30, Sa/So u. Fei 10–16.30 Uhr. **Pepper Tree Wines:** Halls Rd., Tel. 02-49 98 75 39, Mo–Fr 9–17, Sa/So u. Fei 9.30–17 Uhr. **The Rothbury Estate:** Broke Rd., Tel. 02-49 98 73 63, Mo–Fr 9–16.30, Sa/So u. Fei 10–16.30 Uhr.

Termine
Hunter Valley Harvest Festival (April): Weinlesefest mit viel Kultur.

Herbstfärbung im Hunter Valley

Die Russel Falls: Hauptattraktion des Mount Field National Park

Kapitel 5
Tasmanien

Durch die 240 km breite Bass Strait vom australischen Festland getrennt, liegt die Insel Tasmanien vor der Küste von Victoria. Zwar gehört der kleine Annex geologisch gesehen zum riesigen Australien, doch präsentiert sich das Landschaftsbild der Insel ganz und gar ›unaustralisch‹. Auf Tasmanien gibt es keine weiten Savannenebenen und sich bis zum Horizont ausdehnenden roten Halbwüsten. Vielmehr konzentriert sich auf einer Fläche, die ungefähr derjenigen Bayerns entspricht, ein großes Spektrum unterschiedlichster Landschaftstypen.

Die am dichtesten besiedelten Regionen, der Südosten und die Nordküste, werden durch Felder, Wiesen und Weiden geprägt und erinnern, ebenso wie die leicht bewaldeten Midlands zwischen Hobart und Launceston, ein wenig an das ländliche England. Die Küste im Osten mit imposanten Klippenszenerien ähnelt der irischen, während das zentrale Hochland mit Gletscherseen und Mooren eher skandinavischen Landschaften gleicht. Allein der Südwestteil der Insel, eine fast unberührte Wildnis aus regenwaldüberwucherten Bergen, findet in Europa kein landschaftliches Pendant. Auch die rund 500 000 ›Tassies‹ sind anders als die Aussies vom Festland. Zumeist britischer Abstammung, legen sie auch heute noch großen Wert auf die Traditionen des ehemaligen Mutterlands.

Wegen des niederschlagsreichen Klimas ohne starke Temperaturextreme ist Tasmanien eine üppig grüne Insel. Geografisch und biologisch sind weite Regionen des ›wilden Westens‹ von Tasmanien Naturlandschaften wie aus dem Bilderbuch. Große Teile der Urwälder dürfte kaum je ein Mensch betreten haben, und Wissenschaftler finden hier immer noch Tiere und Pflanzen, die bislang noch kein Bestimmungsbuch nennt.

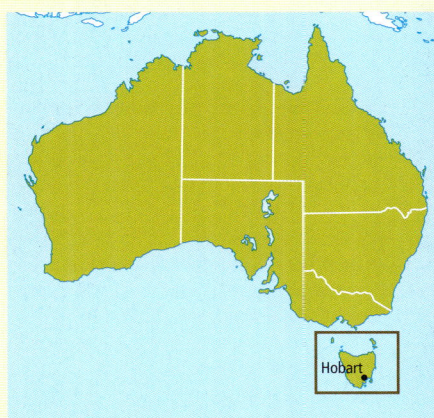

Auf einen Blick
Tasmanien

Sehenswert

14 Hobart: Die ruhige Inselhauptstadt besticht durch eine herrliche Lage und ein eindrucksvolles Ensemble georgianischer Bauwerke (s. S. 494).

Port Arthur: Die ehemalige Strafkolonie ist eine der bedeutendsten historischen Stätten Australiens (s. S. 507).

Launceston: Historische Häuser und Kirchen im georgianischen Stil sowie schöne Parkanlagen machen die Stadt am Derwent River auf Anhieb sympathisch (s. S. 511).

15 Cradle Mountain-Lake St. Clair National Park: Der Nationalpark im zentralen Hochland gilt als eines der besten Trekking-Reviere des Kontinents (s. S. 514).

Schöne Routen

Tasman Highway: Von Hobart führt der Tasman Highway, großteils der Ostküste folgend, nach Launceston. Beinahe alle landschaftlichen Variationen, die Tasmanien zu bieten hat, sieht man auf diesen 435 schönsten Straßenkilometern der Insel (s. S. 506).

Lyell Highway: Die Fahrt auf dem Lyell Highway zwischen Queenstown und Derwent Bridge hinterlässt einen nachhaltigen Eindruck von der ungezähmten Wildnis des Franklin-Gordon Wild Rivers National Park und Cradle Mountain-Lake St. Clair National Park (s. S. 523).

Meine Tipps

Seafood-Restaurants am Victoria Dock in Hobart: Nirgendwo genießt man Meeresspezialitäten frischer als dort, wo der Tagesfang angelandet wird (s. S. 494).

Tahune Forest Air Walk: Spaziergang auf einem Laufsteg in 40 m Höhe durch die Wipfel majestätischer Urwaldriesen (s. S. 504)

Bootstrip auf dem Macquarie Harbour: Auf den Armen des fjordähnlichen Naturhafens dringt man tief in den Regenwald mit seinen uralten Huon-Kiefern ein (s. S. 521).

West Coast Wilderness Railway: Nostalgische Zugfahrt durch herrliche Landschaft von Strahan nach Queenstown (s. S. 522).

aktiv unterwegs

Overland Track: Als Nonplusultra unter den im Cradle Mountain-Lake St. Clair National Park möglichen Routen gilt dieser 65 km lange Buschpfad, der von Nord nach Süd einmal quer durch den Nationalpark führt und dabei sämtliche Vegetationszonen der Region passiert (s. S. 516).

14 Hobart ▶ 2, D 5

Manche Australier bespötteln die südlichste Großstadt des Fünften Kontinents als ein ›Gefängnis der Langeweile‹, doch dank ihrer grandiosen Lage am Fuße steil aufragender Berge gilt die knapp 200 000 Einwohner zählende Inselkapitale als eine der schönsten Städte in Australien.

Cityplan: S. 496

An den breiten Mündungstrichter des River Derwent geschmiegt und von zahlreichen Wasserflächen aufgelockert, erinnert Hobart an norwegische Küstenstädte. Den imposanten Hintergrund der Metropole bildet der 1270 m hohe Mount Wellington, dessen Gipfel oft wolkenverhüllt und schneebedeckt ist.

Neben ihrer herrlichen Lage besticht die Hauptstadt von Tasmanien auch durch Atmosphäre und Charme. Von allen australischen Städten blieben in Hobart Geschichte und Erbe der Vergangenheit am reinsten erhalten, auch wenn einige einfallslose Hochhäuser das Gleichmaß der einst makellos proportionierten Hafenstadt etwas stören. Mit rund 100 unter Denkmalschutz stehenden Gebäuden besitzt Hobart das umfangreichste Ensemble georgianischer Bauwerke in Australien.

Stadtrundgang

Man könnte das am Westufer des River Derwent gelegene, sehr kompakte und überschaubare Zentrum von Hobart mit dem historischen Stadtkern mühelos in einigen Stunden durchstreifen. Es lohnt sich aber, für die Erkundung dieser interessanten Stadt mindestens einen Tag einzuplanen.

An der Sullivans Cove

Als Ausgangspunkt bietet sich der malerische Hafen an der Sullivans Cove an. Das **Victoria Dock** 1 dient als Anlegestelle für Fischkutter; dort wird der angelandete Fang an Ort und Stelle verkauft. Ein Denkmal erinnert an den tasmanischen Antarktisforscher Louis Bernacchi (1876–1942). Im benachbarten **Constitution Dock** 2 dümpeln Jachten und Ausflugsboote. Gegen Jahresende ist dies auch der Ort lärmender Feiern, wenn die ganze Nacht hindurch die Teilnehmer am alljährlichen Sydney-Hobart-Rennen erwartet werden, einem der prestigeträchtigsten Segelereignisse der Welt.

An der Hunter Street nördlich des Victoria Dock reihen sich einige gut erhaltene alte Lagerhäuser, die heute unter anderem das Centre for the Arts, die Kunsthochschule der University of Tasmania, beherbergen. Im Untergeschoss der Akademie zeigt die Plimsoll Gallery Gegenwartskunst (Tel. 03-62 20 24 53, tgl. 12–17 Uhr, Eintritt frei). Über dem Güterhafen und -bahnhof an der Macquarie Wharf ragt der **Cenotaph** 3 auf, das für jede größere australische Stadt obligatorische Kriegerdenkmal, hier in Form eines Obelisken.

Entlang der Macquarie Street

Westlich des Hafenviertels verläuft die Macquarie Street, die von vielen schönen georgianischen Häusern gesäumt wird. Das wenige Schritte vom Constitution Dock entfernte **Maritime Museum of Tasmania** 4 dokumentiert die Geschichte der tasmanischen Seefahrt und des Walfangs (16 Argyle St., Tel. 03-62 34 14 27, tgl. 9–17 Uhr, Erw. 8,50 A-$, Kin. 4,50 A-$, Fam. 21,50 A-$).

Im weiträumigen Gebäude der **Tasmanian Museum and Art Gallery** 5 ist neben der Kunstgalerie mit einer bedeutenden Samm-

Stadtrundgang

lung australischer Malerei und der naturkundlichen Abteilung vor allem die auf die Kultur der tasmanischen Ureinwohner spezialisierte ethnologische Sektion sehr sehenswert (40 Macquarie St., Tel. 03-62 35 07 77, www.tmag.tas.gov.au, tgl. 10–17 Uhr, Eintritt frei).

Gegenüber der 1864 im Stil der italienischen Renaissance erbauten **Town Hall** 6 liegt das **General Post Office** 7, westlich davon geht die Elizabeth Street in eine pulsierende Fußgängerzone über. In der **Cat and Fiddle Arcade** 8 mit zahlreichen Souvenirläden und Boutiquen beobachten bunte Figuren aus alten Kinderliedern die Passanten beim Einkaufsbummel.

State Library Building 9

Kunstinteressierte könnten von dort einen Abstecher zum **State Library Building** machen, das neben der Staatsbibliothek und dem Staatsarchiv auch die **Allport Library** mit dem **Museum of Fine Arts** beherbergt. Die Anlage birgt Tasmaniens umfangreichste Sammlung von historischen Möbeln, Tafelsilber, Glas, Keramik, Büchern, Gemälden und anderen Antiquitäten (91 Murray St., Tel. 03-62 337484, Mo–Fr 9.30–17, letzter Sa im Monat 9.30–14.30 Uhr, Eintritt frei).

Franklin Square

Folgt man der Macquarie Street in südwestlicher Richtung, so gelangt man zum platanenumstandenen **Franklin Square** 10, dem Herzen des historischen Stadtkerns. Mit einer Seekarte in der Hand, steht hier Admiral Sir John Franklin, Gouverneur von Tasmanien zwischen 1837 und 1843, auf einem Steinsockel und erträgt das muntere Treiben unter ihm mit bronzenem Stoizismus. Südwestlich der Grünanlage präsentiert sich die neogotische **St. David's Cathedral** 11 als eindrucksvolles Beispiel kolonialer Sakralarchitektur.

Salamanca Place

Vorbei an dem im voluminösen Gründerzeitglanz erstrahlenden klassizistischen **Parlia-**

Die Victoria Bay zeigt Hobart von einer besonders schönen Seite

Hobart

Sehenswert
1. Victoria Dock
2. Constitution Dock
3. Cenotaph
4. Maritime Museum of Tasmania
5. Tasmanian Museum and Art Gallery
6. Town Hall
7. General Post Office
8. Cat and Fiddle Arcade
9. State Library Building
10. Franklin Square
11. St. David's Cathedral
12. Parliament House
13. Salamanca Place
14. Arthur Circus
15. Narryna Heritage Museum

Übernachten
1. The Henry Jones Art Hotel
2. Corinda's Cottages
3. Lenna of Hobart
4. Barton Cottage
5. Leisure Inn Hobart Macquarie
6. The Lodge on Elizabeth
7. The Astor (Private) Hotel
8. Pittwater Haven
9. Hobart Tower Motel
10. Adelphi Court YHA Hostel
11. Sandy Bay Caravan Park

Essen & Trinken
1. Point Revolving Restaurant
2. Prosser's on the Beach
3. Mure's Fish Centre
4. Ball & Chain
5. Drunken Admiral
6. Mamaluka
7. Strudels
8. Mit Zitrone
9. Cargo Bar Pizza Lounge

Einkaufen
1. Salamanca Market
2. Nautilus Gifts
3. Salamanca Arts Centre
4. Paddy Pallin
5. Naturally Tasmania
6. The Tasmanian Wine Centre

Abends & Nachts
1. Theatre Royal
2. Wrest Point Casino
3. New Sydney Hotel
4. Old Red Lion Tavern
5. Knopwood's
6. Lizbon
7. Tavern 42 Degrees South
8. Hope & Anchor Tavern
9. Irish Murphy's

Aktiv
1. Harbour Cruises
2. Taste Hobart Tour

Adressen

ment House 12 von 1840 (Murray St., Tel. 03-62 33 56 98, kostenlose Führungen nur an sitzungsfreien Tagen Mo–Fr 10, 14 Uhr) erreicht man **Salamanca Place** 13.

Die Reihe der einfachen, von Sträflingen in den 1830er-Jahren errichteten Sandsteinhäuser, die dort den Kai säumt, gilt noch immer als eines der schönsten Ensembles kolonialer Bauten aller australischen Hafenstädte. Die Pinten und Kaschemmen, die Kontore und Speicher aus der Zeit der Walfänger beherbergen heute Kunsthandwerks- und Gemäldegalerien, Cafés und Restaurants. Vor allem in den Sommermonaten verwandelt sich der Salamanca Place an Samstagvormittagen in einen Festplatz der Farben, Gerüche und Töne, wenn ein allseits beliebter großer (Floh-) Markt stattfindet.

Battery Point

Das Altstadtareal von **Battery Point,** das sich auf einem Hügel über dem Salamanca Place ausbreitet, war einst die Gegend der ›kleinen Leute‹, der Matrosen und Dockarbeiter. Heute ist das liebevoll restaurierte Viertel, das seinen Namen nach einer 1818 dort installierten Kanonenbatterie erhielt, mit teils winzig kleinen Katen ein begehrtes Wohngebiet. Besonders pittoresk ist das aus einem guten Dutzend georgianischer Gebäude bestehende Ensemble, das sich am **Arthur Circus** 14 um das Village Green gruppiert. Im 1836 errichteten Narryna House etwas abseits des Arthur Circus illustriert das liebevoll gestaltete **Narryna Heritage Museum** 15 die Pioniergeschichte von Hobart (103 Hampden Rd., Tel. 03-62 34 27 91, Di–Fr 10.30–17, Sa/So u. Fei 14–17 Uhr, im Juli geschl., Erw. 7,50 A-$, Kin. 4,50 A-$, Fam. 19,50 A-$).

Infos

Tasmanian Travel and Information Centre: 20 Davey St., City, Tel. 1800-99 04 40 u. 03-62 30 82 33, bookings@hobarttravelcentre.com.au, Mo–Fr 9–17, Sa 9–16, So 9–13 Uhr. Infos zu Hobart und Umgebung sowie zu allen touristisch bedeutsamen Regionen von Tasmanien; Buchung von Hotels, Tagesausflügen, Mietwagen u. a.

Department of Parks, Wildlife and Heritage: 134 Macquarie St., City, Tel. 13 00-65 51 45, www.parks.tas.gov.au. Informationen über Nationalparks, den Holiday Park Pass (s. S. 501).
Royal Automobile Club of Tasmania (RACT): Patrick St., Ecke Murray St., City, Tel. 03-62 32 63 00 u. 13 11 11 (Notruf). Automobilclub.
Hobart im Internet: www.hobarttravelcentre.com.au, www.tourism.tas.gov.au, www.discover.tasmania.com.

Übernachten

Luxus-Designhotel ▶ The Henry Jones Art Hotel 1 : 25 Hunter St., City, Tel. 03-62 25 70 16, www.thehenryjones.com und www.puretasmania.com.au. Design und edle Naturmaterialien, Kunst und Kunsthandwerk – das stylische Hotel in einer ehemaligen Marmeladenfabrik direkt am Hafen ist die richtige Adresse für alle, die es gern etwas gediegener haben. DZ ab 245–330 A-$.

Koloniales Ambiente ▶ Corinda's Cottages 2 : 17 Glebe St., Glebe, Tel. 03-62 34 15 90, www.corindascottages.com.au. Ensemble historischer, stilvoll möblierter Gebäude, jedes mit offenem Kamin und Hafenblick; ruhig, aufmerksamer Service, private Atmosphäre. DZ 225–235 A-$, Suite 325 A-$.

Alte-Welt-Charme ▶ Lenna of Hobart 3 : 20 Runnymede St., Battery Point, Tel. 03-62 32 39 00, www.lenna.com.au. Traditionsreiches Luxushotel, in dem noch der Glanz alter Zeiten zu spüren ist, mit Restaurant. DZ 205–235 A-$.

Qualitäts-B-&-B ▶ Barton Cottage 4 : 72 Hampden Rd., Battery Point, Tel. 03-62 24 16 06, www.bartoncottage.com.au. Gemütliche Bed & Breakfast-Pension für Nostalgiker im Herzen der Altstadt. DZ 195–225 A-$ (inkl. Frühstück).

Modernes Stadthotel ▶ Leisure Inn Hobart Macquarie 5 : 167 Macquarie St., City, Tel. 03-62 20 71 00, www.leisureinns.com.au. Solides Haus in der Innenstadt, die Zimmer modern und gemütlich. Schöner Blick aus den oberen Etagen, mit Restaurant und beheiztem Pool. DZ 155–205 A-$.

In historischem Gemäuer ▶ The Lodge on Elizabeth 6 : 249 Elizabeth St., City, Tel. 03-

Hobart

62 31 38 30, www.thelodge.com.au. Stilvolle Hotelpension in einem georgianischen Stadthaus. DZ 150–170 A-$ (inkl. Frühstück).

Sehr persönlicher Service ▶ The Astor (Private) Hotel 7: 157 Macquarie St., City, Tel. 03-62 34 66 11, www.astorprivatehotel.com.au. Zentrales, heimeliges B & B im Stil vergangener Tage mit hervorragendem Grillrestaurant. Der Besitzer kennt jeden und hilft bei allen Problemen. DZ 95 A-$ (mit Gemeinschaftsbad), DZ ab 140 A-$ (mit Bad/WC).

Ruhig, klein und gemütlich ▶ Pittwater Haven 8: Tasman Hwy, Midway Point, Tel. 03-62 65 26 93, pittwater_haven@bigpond.com. Die freundlichen und modernen Zimmer des 5 km östl. des Flughafens gelegenen Motels bieten alle Annehmlichkeiten inklusive funktionaler Badezimmereinrichtung. DZ 100–115 A-$.

In schöner Hügellage ▶ Hobart Tower Motel 9: 300 Park St., New Town, Tel. 03-62 28 01 66, www.hobarttower.com.au. Unterkunft im Kolonialstil in ruhiger Umgebung 2 km nördl. der City mit geräumigen Zimmern. DZ 84–96 A-$.

Jugendherberge ▶ Adelphi Court YHA Hostel 10: 17 Stoke St., New Town, Tel. 03-62 28 48 29, adelphi@yhatas.org.au, www.yha.org.au. Sehr gut ausgestattete Jugendherberge 2,5 km nördl. der City, auch Einzel- und Doppelzimmer. DZ ab 72 A-$, im Mehrbettzimmer ab 26 A-$/Pers.

Camping ▶ Sandy Bay Caravan Park 11: 1 Peel St., Sandy Bay, Tel./Fax 03-62 25 12 64. 3 km südl. der City, sehr gut ausgestattet, mit komfortablen Cabins.

Essen & Trinken

Dinner with a view ▶ Point Revolving Restaurant 1: Wrest Point Casino, 410 Sandy Bay Rd., Sandy Bay, Tel. 1800-13 40 90, www.wrestpoint.com.au, tgl. 11–23 Uhr. Drehrestaurant im obersten Stockwerk des Wrest Point Casino mit internationalen Gerichten und grandiosem Panorama, für den Abend unbedingt reservieren. Vorspeisen 14–21,50 A-$, Hauptgerichte 24,50–44 A-$.

Kreativ & zeitgeistig ▶ Prosser's on the Beach 2: Beach Road, Sandy Bay, Tel. 03-62 25 22 76, www.prossersonthebeach.com.au, Di–Fr 11.30–15, 17.30–22.30, Mo/Sa 17.30–22.30 Uhr. Angesagtes Nouvelle-Cuisine-Restaurant mit asiatisch inspirierter Speisekarte, vor allem Fischgerichte, schöner Blick auf den River Derwent, Reservierung empfohlen. Vorspeisen 14–20,50 A-$, Hauptgerichte 24–42 A-$.

In Seafood schwelgen ▶ Mure's Fish Centre 3: Victoria Dock, City, Tel. 03-62 31 21 21, tgl. 11–23 Uhr. Fisch in allen Variationen, Tipp: Trevalla (ein Tiefseefisch) vom Holzofengrill, sehr gut und sehr beliebt. Vorspeisen 12,50–20 A-$, Hauptgerichte 24–40 A-$.

Grillspezialitäten ▶ Ball & Chain 4: 87 Salamanca Pl., City, Tel. 03-62 23 26 55, tgl. 11.30–15, 17–23 Uhr. Eine der besten Adressen für saftige Steaks und Seafood vom Grill. Vorspeisen 12–19,50 A-$, Hauptgerichte 22,50–38 A-$.

Nautisches Ambiente ▶ Drunken Admiral 5: 17–19 Hunter St., Old Wharf, Tel. 03-62 34 19 03, tgl. 12–15, 17–22.30 Uhr. Nautisch angehauchte Atmosphäre, hervorragendes Seafood. Vorspeisen 12–18,50 A-$, Hauptgerichte 22,50–38 A-$.

Kreative Fusionküche ▶ Mamaluka 6: 99 Salamanca Pl., City, Tel. 03-62 24 29 29, tgl. 11–15, 17.30–23 Uhr. Kreative australisch-afrikanische Crossover-Küche, vor allem Seafood. Vorspeisen 10,50–16 A-$, Hauptgerichte 18,50–34 A-$.

Strudelhaus ▶ Strudels 7: 93 Salamanca Pl., City, Tel. 03-62 24 13 69, tgl. 11–23 Uhr. Fantasievolle Strudelvarianten vom klassischen Austrian Apple Strudel bis zum innovativen Spicy Salami Strudel; Sa/So 12–14 Uhr Brunch mit Live-Jazz. Vorspeisen 8,50–12 A-$, Hauptgerichte 15,50–28 A-$.

Moderne Aussie-Küche ▶ Mit Zitrone 8: 33 Elizabeth St., North Hobart, Tel. 03-62 34 81 13, tgl. 10–22 Uhr. Mehrfach für seine leichten, kreativen Gerichte der *New Australian Cuisine* prämiertes Lokal. Vorspeisen 8,50–11,50 A-$, Hauptgerichte 14–28 A-$.

Gourmet-Pizza ▶ Cargo Bar Pizza Lounge 9: 47–51 Salamanca Pl., City, Tel. 03-62 23 77 88, tgl. 11–23 Uhr. Exotische Pizzas, belegt im chinesischen Stil mit Hoisin-Ente oder

Die Geschichte Tasmaniens

Thema

Abel Tasman, ein niederländischer Seefahrer, ›entdeckte‹ 1642 die später nach ihm benannte Insel als erster Europäer. In der Annahme, diese sei ein Teil des australischen Kontinents, taufte er seinen Fund nach dem damaligen Gouverneur der holländischen Kolonie in Ost-Indien Van-Diemens-Land. Im Jahr 1777 nahm Captain Cook das Gebiet für die Britische Krone in Besitz.

Die Landung von zwei französischen Schiffen weckte 1802 bei den Briten Befürchtungen, dass der koloniale Erzrivale die Insel annektieren könne, und die Verwaltung in Sydney handelte daher rasch, um die britischen Besitzansprüche zu untermauern. Knapp 15 Jahre nach Ankunft der ersten Flotte in Sydney unternahm Kapitänleutnant John Bowen an der Risdon Cove im Mündungsdelta des River Derwent einen ersten Besiedlungsversuch. Der Standort erwies sich jedoch als ungeeignet, sodass die Briten ihre Siedlung bereits 1804 an die Sullivans Cove am jenseitigen Ufer des Derwent verlegten. Zu Ehren des damaligen Kolonialministers Lord Hobart gab man ihr den Namen Hobart Town.

Tasmanien, wie die Insel offiziell genannt wurde, nachdem sie 1825 den Status einer eigenständigen Kolonie erlangt hatte, nimmt wegen der dort betriebenen völligen Ausrottung der Aborigines eine besondere Stellung in der australischen Geschichte ein. Vor Ankunft der ersten weißen Siedler lebten auf der Insel rund 70 verschiedene Stammesgruppen mit etwa 4000 bis 5000 Ureinwohnern. Den Briten genügten einige Jahrzehnte, um die tasmanische Urbevölkerung restlos auszurotten. Truganini, die letzte reinblütige Tasmanierin, starb 1876.

Die britischen Kolonialbeamten und -offiziere gingen in Tasmanien aber auch mit einem Großteil ihrer eigenen Landsleute nicht viel besser um. Gleich nach Gründung der Hafenstadt Hobart entwickelte sich die Insel zu einer Verbannungsstätte für die widerspenstigsten der deportierten Strafgefangenen. Im Jahr 1830 ließ der damalige Gouverneur der Insel, George Arthur, sämtliche Häftlinge der Kolonie in Port Arthur zusammenfassen. Zwischen 1830 und 1877, als die Deportationen eingestellt wurden, durchliefen etwa 12 500 Strafverbannte die Gefängnisstadt, die schon bald nach ihrer Gründung den Beinamen ›Hölle auf Erden‹ führte.

Während anfänglich auf Tasmanien fast ausschließlich Strafgefangene und deren Bewacher lebten, ließen sich seit 1827 auch zunehmend freie Siedler nieder. Aufgrund der günstigen Voraussetzungen für Ackerbau und Viehzucht entwickelte sich Hobart, das mittlerweile als Sitz der tasmanischen Kolonialverwaltung fungierte, rasch zu einer der bedeutendsten australischen Hafenstädte. Tasmanien lieferte damals nicht nur Nahrungsmittel nach Sydney, von dort wurde auch Wolle und Getreide ins englische Mutterland verschifft. Darüber hinaus war Hobart in den 1940er-Jahren ein bedeutender Stützpunkt für Wal- und Robbenfänger, die dort zu ihren Expeditionen starteten. Obwohl sich nach dem Zweiten Weltkrieg große Industriebetriebe auf Tasmanien ansiedelten und vor allem die Einwohnerzahl von Hobart stark anstieg, verlagerte sich das wirtschaftliche und politische Schwergewicht seit Mitte des 20. Jh. zunehmend auf das Festland.

Hobart

indisch mit Tandoori-Hühnchen. Der Hit sind sweet pizzas mit Schokolade oder Eiscreme. Gerichte 12–24,50 A-$.

Einkaufen

Bunter Markt ▶ Salamanca Market 1: Salamanca Pl., City, www.salamanca.com.au, Okt.–Mai Sa 8.30–16, Juni–Sept. Sa 8.30–15 Uhr. Kunst und Kunsthandwerk, Textilien und Trödel, Obst und Gemüse – nirgendwo ist die Auswahl an tasmanischen Produkten so groß wie hier.

Souvenirs ▶ Nautilus Gifts 2: Hotel Grand Chancellor, 1 Davey St., City, Tel. 03-62 34 33 51, tgl. 9–19 Uhr. Exklusive Mitbringsel aus Tasmanien.

Kunsthandwerk ▶ Salamanca Arts Centre 3: 77 Salamanca Pl., City, Tel. 03-62 34 84 14, tgl. 9–19 Uhr. ›Supermarkt‹ mit Querschnitt durch das tasmanische Kunsthandwerk.

Outdoor-Bekleidung ▶ Paddy Pallin 4: 119 Elizabeth St., City, Tel. 03-62 31 07 77, www.paddypallin.com.au, Mo–Fr 9–19, Sa 10–16 Uhr. Alles für den Aktivurlaub und für nasses Wetter – aus besten Materialien.

Wollwaren ▶ Naturally Tasmania 5: 35 Elizabeth St., City, Tel. 03-62 34 76 89, Mo–Fr 9–19, Sa 10–16 Uhr. Wollsachen made in Tasmania, bestes Material und beste Handarbeit zu entsprechenden Preisen.

Weine ▶ The Tasmanian Wine Centre 6: 201 Collins St., City, Tel. 03-62 34 99 95, www.tasmanianwinecentre.myshopify.com, Mo–Fr 8–18, Sa 9.30–17 Uhr. Große Auswahl an tasmanischen Weinen, weltweiter Versand.

Abends & Nachts

Theater ▶ Theatre Royal 1: 29 Campbell St., City, Tel. 03-62 33 22 99, www.theatreroyal.com.au. Bühne in einem eleganten georgianischen Gebäude, Ballett, Musical und Theater. Tickets 50–200 A-$.

Casino ▶ Wrest Point Casino 2: 410 Sandy Bay Rd., Sandy Bay, Tel. 1800-13 40 90, www.wrestpoint.com.au, So–Do 13–3, Fr/Sa 13–4 Uhr. Spielkasino, Luxushotel, Restaurants, Bars und zwei Diskotheken.

Livemusik ▶ New Sydney Hotel 3: 87 Bathurst St., City, Tel. 03-62 34 45 16, www.newsydneyhotel.com.au, So–Do 12–23, Fr/Sa 12–1 Uhr. Live-Unterhaltung, Jazz-Folk-Rock. **Old Red Lion Tavern 4:** 314 Macquarie St., City, Tel. 03-62 31 29 11, So–Do 12–23, Fr/Sa 12–1 Uhr. Jazz- und Folk-Bands.

Nachtclubs ▶ Knopwood's 5: 39 Salamanca Pl., City, Tel. 03-62 37 15 69, So–Do 11–24, Fr/Sa 11–2 Uhr. Großer Andrang vor allem am Wochenende – der Dauerbrenner bei der Jugend, unten Kneipe, oben Nightclub. **Lizbon 6:** 217 Elizabeth St., City, Tel. 03-62 34 91 33, Mo–Sa 16–3 Uhr. Erlesene Weine aus Tasmanien und kleine Gerichte der modernen australischen Küche, Live-Jazz.

Cocktailbar ▶ Tavern 42 Degrees South 7: Elizabeth Pier, City, Tel. 03-62 24 77 42, tgl. 12–15, 17–1 Uhr. Mittags und abends werden Gerichte der modernen australischen Küche serviert, danach verwandelt sich das Trendlokal in eine Cocktail-Bar.

Kneipen ▶ Hope and Anchor Tavern 8: 65 Macquarie St., City, Tel. 03-62 36 99 82, So–Do 12–23, Fr/Sa 12–1 Uhr. Historischer Pub, in dem seit 1807 Bier gezapft wird. **Irish Murphy's 9:** 21 Salamanca Pl., City, Tel. 03-62 23 11 19, So–Do 12–23, Fr/Sa 12–1 Uhr. Guinness und Kilkenny vom Fass, dazu spielen am Wochenende Livebands besten irischen Folk-Rock.

Aktiv

Bootstouren ▶ Harbour Cruises 1: Franklin Wharf Pier, Tel. 03-62 23 58 93. Kommentierte Hafenrundfahrten von unterschiedlicher Dauer (tgl. 10.30, 12, 13, 14.30, 16, 18 Uhr, Erw. ab 17,50 A-$, Kin. ab 8 A-$, Fam. ab 43 A-$).

Für Genießer ▶ Taste Hobart Tour 2: Tasmanian Travel and Information Centre, 20 Davey St., City, Tel. 03-62 34 46 66, www.tastehobart.com.au. Vierstündige Tour mit Besichtigung der Cadbury Chocolate Factory, der Cascade Brewery und der Lark Whisky Distillery (Mo–Fr 12.30–16.30 Uhr, Erw. 110 A-$, Kin. 59 A-$, Fam. 310 A-$).

Termine

Royal Hobart Regatta (Feb.): Großes Wassersportfest auf dem River Derwent.

Adressen

Richmond Bridge und St. Johns Church zählen zu Australiens ältesten Bauwerken

Sydney-Hobart-Regatta (Dez.): Prestigeträchtige Segelregatta.
Hobart Summer Festival (Dez./Jan.): Volksfest mit Sport- und Kulturveranstaltungen.

Verkehr

Flüge: Zwischen dem 26 km östl. der City gelegenen Flughafen und dem Zentrum pendelt ein Flughafenbus (Airporter, Tel. 03-62 31 32 33, 6.30–21 Uhr alle 30–60 Min., ca. 30–40 Min., Erw. 11 A-$, Kinder 6 A-$). Wer ein Taxi nehmen möchte, bezahlt ca. 30 A-$.
Busse: Busse aller Gesellschaften starten ab Hobart Transit Centre, 199 Collins St., City. Auskunft und Buchung: Tasmanian Redline Coaches, Tel. 13 00-36 00 00 u. 03-62 31 32 33, www.tasredline.com.au; TassieLink Coaches, Tel. 13 00-30 05 20 u. 03-63 44 44 37, www.tassielink.com.au.
Mietwagen: Eine große Auswahl an Fahrzeugen jeder Art haben Avis, Tel. 18 00-22 55 33; Budget, Tel. 18 00-03 00 35; Europcar, Tel. 18 00-03 01 18; Thrifty, Tel. 18 00-03 07 30. Filialen der Firmen gibt es am Flughafen.

Fortbewegung in der Stadt
Busse: Das öffentliche Busnetz (Auskunft: Tel. 13 22 01) wird durch eine Sightseeinglinie ergänzt. Der Doppeldeckerbus **Explore Hobart by Red Decker** fährt tgl. 9–16.30 Uhr durch die City, an 18 Haltepunkten kann man mit einer Tageskarte die Fahrt beliebig oft unterbrechen; Abfahrt am Tasmanian Travel and Information Centre, 20 Davey St., City; Tageskarten (Erw. 35 A-$, Kin. 17,50 A-$, Fam. 87,50 A-$) bei den Busfahrern; Auskunft: Tel. 03-62 36 91 16 u. 04 08-12 48 35.
Fähren: Zwischen dem Brooke Street Pier (nahe Constitution Dock) und Bellerive am Ostufer des River Derwent verkehrt Mo–Fr mehrmals tgl. eine Passagierfähre. Auskunft: Tel. 03-62 23 58 93.
Mit dem eigenen Fahrzeug: Außer für Wohnmobile gibt es ausreichend Parkmöglichkeiten, allerdings benötigt man in der kompakten Innenstadt kein eigenes Fahrzeug.
Taxis: sind zahlreich. Taxibestellung: City Cabs, Tel. 13 10 08; Taxi Combined, Tel. 13 22 27.

Hobart

Rund um Hobart ▶ 2, H 5

Sandy Bay

Einen krassen Gegensatz zum historischen Hobart bildet das moderne Wrest Point Hotel Casino im Las-Vegas-Stil am Westufer des Derwent im Vorort **Sandy Bay.** Lange Zeit war das 1972 eröffnete Kasino die einzige Spielhölle des Landes und zog Glücksspielbegeisterte aus ganz Australien magisch an.

Überragt werden die südlichen Vororte von Hobart vom 340 m hohen Aussichtsberg Mount Nelson, von dessen Gipfel sich ein herrlicher Blick auf die Stadt und den River Derwent bietet (Bus 57, 58 und 157ab Franklin Square). Im Vorort Lower Sandy Bay liegt am Fuße des Berges Tudor Village, das Modell eines mittelalterlichen englischen Dorfes (827 Sandy Bay Rd., Lower Sandy Bay, Tel. 03-62 25 11 94, tgl. 9–17.30 Uhr, Erw. 8 A-$, Kin. 4 A-$).

Taroona

Rund 10 km südlich des Zentrums steht am Channel Highway bei **Taroona** der 48 m hohe Shot Tower, der eine schöne Aussicht auf das Delta des River Derwent bietet. Der 1870 erbaute Turm diente bis 1904 zur Herstellung von Bleikugeln. Man ließ geschmolzenes Blei von oben in die Tiefe tropfen, das dann während des freien Falls erhärtete und eine perfekte Kugelform annahm (Channel Hwy, Tel. 03-62 27 88 80, tgl. 9–17 Uhr, Erw. 6 A-$, Kin. 3 A-$, Fam. 15 A-$).

Südlich von Taroona erstrecken sich einige Badestrände, von denen der Kingston Beach und die Sandstrände der Blackmans Bay bei den Einheimischen am beliebtesten sind. Im Australian Antarctic Research Headquarter südlich von Kingston informieren Fotos, Videofilme und Schautafeln über den Kontinent des ewigen Eises (203 Channel Hwy, Tel. 03-62 32 32 09, Mo–Fr 9–17 Uhr, Eintritt frei, Buslinie 17 ab Elizabeth St.).

North Hobart

Am nördlichen Stadtrand liegt inmitten eines herrlichen Parks das der Öffentlichkeit nicht zugängliche **Government House,** ein georgianischer Prachtbau aus dem Jahr 1853. Nordwestlich schließen sich die im Jahr 1818 angelegten **Royal Tasmanian Botanical Gardens** an mit einem Tropengewächshaus und einem Kakteenhaus sowie einem zauberhaften Japanese Garden (Queens Domain, Tel. 03-62 36 30 76, tgl. 8–16.45 Uhr, Eintritt frei).

Wohlstand und feudaler Lebensstil einer Pionierfamilie spiegeln sich im **Runnymede House** wider, einem eindrucksvollen Kolonialgebäude von 1836 mit Originalinventar im Vorort New Town (61 Bay Rd., Tel. 03-62 78 12 69, Mo–Fr 10–16.30, Sa/So 12–16.30 Uhr, Erw. 9,90 A-$, Kin. 6,90 A-$, Fam. 25,70 A-$, Buslinien 17, 296, 300 ab Elizabeth St.).

Liebhaber von Süßigkeiten zieht es ins kleine Claremont, wo sie sich in der **Cadbury Chocolate Factory** ein Bild von der Schokoladenherstellung machen können (Tel. 18 00-62 73 67, www.cadbury.com.au. Führungen Mo–Fr 8, 9, 9.30, 10.30, 13 Uhr, Erw. 20 A-$, Kin. 10 A-$, Fam. 50 A-$, Buslinien 37, 38, 39 ab Hobart City Bus Station, Elizabeth St. oder ›Captain Fell's Cadbury Factory Tour‹, Tel. 03-62 23 58 93, Mo–Fr 10, 12 Uhr, Erw. 55 A-$, Kin. 27,50 A-$, Fam. 137,50 A-$; Hinfahrt im Bus, Rückfahrt mit dem Schiff vom Franklin Wharf Pier).

Mount Wellington

Die grandiose Lage von Hobart lässt sich am besten bei einem Ausflug auf den 1270 m hohen **Mount Wellington** genießen. Bei der Anfahrt lohnt sich ein Stopp an der **Cascade Brewery,** der ältesten noch arbeitenden Brauerei von Australien, die bereits im Jahr 1827 gegründet wurde und Besuchern im Rahmen von Betriebsbesichtigungen offen steht (140 Cascade Rd., South Hobart, Tel. 03-62 24 11 17, www.cascadebrewery.com.au, Führungen mehrmals tgl. ab 9.30 Uhr, Erw. 18 A-$, Kin. 7 A-$, Buchung erforderlich, ungeeignet für Kinder unter fünf Jahren, Buslinien 43, 44, 46, 49 ab Franklin Square).

Zum Aussichtspunkt auf dem Gipfel des Mount Wellington windet sich eine 21 km lange Serpentinenstraße. Vom dort bietet sich an klaren Tagen ein weiter Panoramablick.

Huon River Valley und Bruny Island

Ein dichtes Netz von Wanderwegen überzieht die Flanken des Mount Wellington. Auf dem Bergrücken lohnt sich der Spaziergang vom Pinnacle Observation Shelter am Aussichtspunkt zu der bizarren Felsformation Organ Pipes (hin und zurück 3 km/1 Std.).

Verkehr

Bus: Zwischen Hobart und Mount Wellington verkehrt mehrmals täglich ein Bus, Mount Wellington Shuttle Bus Service, Tel. 0408-34 18 04, Mo–Fr 9.30, 12, 14.30, Sa/So 9.30, 13.30 Uhr, Rückfahrkarte 28,50 A-$.

Risdon Cove

Von Bellrive am Ostufer des River Derwent kommt man auf dem East Derwent Highway zur knapp 10 km weiter nördlich gelegenen **Risdon Cove**, wo 1803 der erste Siedlungsversuch der Engländer in Tasmanien scheiterte. Außer Grundmauern und den Nachbauten zweier alter Siedlerhütten gibt es heute allerdings nicht mehr viel zu sehen. Wissenswertes über die europäische Besiedlungsgeschichte von Tasmanien vermittelt eine Ausstellung im Besucherzentrum (Tel. 03-62 33 83 99, tgl. 9.30–16.30 Uhr, Eintritt frei).

Richmond

Zu einem Abstecher in die östlichen Randgebiete von Hobart sollte auch ein Besuch des Städtchens **Richmond** gehören. Im Kolonialdorf mit vielen gut erhaltenen georgianischen Bauten hat ein Stück altes Europa überlebt. Für traditionsbewusste Einheimische ist das bereits 1815 gegründete Richmond beinahe schon ein Teil tasmanischer Urgeschichte, kann sich der Ort doch rühmen, neben der 1823 errichteten Richmond Bridge, Australiens ältester Steinbrücke, mit der St. Johns Church von 1836/37 auch die erste katholische Kirche des Fünften Kontinents zu besitzen. Zu den Sehenswürdigkeiten des Orts gehören zudem das 1825 erbaute Richmond Gaol mit meterdicken Mauern sowie die zwischen 1834 und 1836 errichtete St. Lukes Church. Verschiedene Kolonialgebäude beherbergen heute Galerien, in denen tasmanisches Kunsthandwerk feilgeboten wird. Der **Zoo Doo Wildlife Park** einige Kilometer nördlich des Ortes präsentiert Tasmanische Teufel und andere einheimische Tiere (620 Middle Tea Tree Rd., Tel. 03-62 60 24 44, www.zoodoo.com.au, Erw. 16 A-$, Kin. 10 A-$, Fam. 42 A-$).

Verkehr

Bus: Zwischen Hobart und Richmond verkehrt zweimal täglich ein Bus, Auskunft und Buchung: Richmond Tourist Bus, Tel. 0408-34 18 04, tgl. 9.15, 12.20 Uhr, Rückfahrkarte 28,50 A-$.

Huon River Valley und Bruny Island ▶ 2, D 5/6

Das landschaftlich reizvolle **Tal des Huon River** sowie die Huon Peninsula südlich von Hobart gehören zu den bekanntesten Apfelanbaugebieten von Australien. Mitte des 19. Jh. legte man dort die ersten Obstplantagen an und begann gegen 1865 mit dem Export von Äpfeln auf das australische Festland und später auch nach Europa, insbesondere Großbritannien. Von dort trat einst der grüne Granny Smith seinen Siegeszug um die Welt an. Tasmaniens Apfelindustrie hat ihren Zenit mittlerweile allerdings überschritten. Die Konkurrenz anderer Produzenten sowie steigende Frachtpreise führten in den letzten Jahren zu gewaltigen Gewinnrückgängen. Ein Besuch der Region ist vor allem während der Apfelblüte (Okt. und Nov.) sehr eindrucksvoll.

Grove

Ein erster Stopp auf dem Huon Highway lohnt sich in **Grove** mit dem Huon Valley Apple and Heritage Museum, das über die tasmanische Apfelindustrie informiert (Huon Hwy, Tel. 03-62 66 43 45, Sept.–Mai tgl. 9–17, Juni–Aug. tgl. 10–16 Uhr, Erw. 7,50 A-$, Kin. 5 A-$, Fam. 20 A-$). Über den Hafen von Huonville wird ein Teil der Obsternte exportiert.

Geeveston

Über das georgianische Bilderbuchstädtchen Franklin geht es am Westufer des breiten und

Hobart

Tipp: Spaziergang über den Bäumen

Besucher ohne Höhenangst können auf dem **Tahune Forest Air Walk** den Regenwald aus einer ungewöhnlichen Perspektive erleben. Über brückenähnliche Metallrampen geht es in Schwindel erregenden Höhen durch das Laubdach der majestätischen Urwaldriesen zu einer spektakulär über dem Huon River hängenden Aussichtsterrasse. Die 600 m lange Stahlkonstruktion ist mit großem architektonischem Geschick so angelegt, dass sie sich harmonisch in die Landschaft einfügt und die empfindliche ökologische Balance des Waldes nicht beeinträchtigt. Darüber hinaus kann der Weg in den Lüften auch von Rollstuhlfahrern benutzt werden (Tel. 13 00-72 05 07, www.forestrytas.com.au, tgl. 9–17 Uhr, Erw. 22 A-$, Kin. 10 A-$, Fam. 45 A-$).

malerischen Huon River nach **Geeveston.** Wo sich heute ausgedehnte Apfelplantagen über sanft gewellte Hügel ziehen, wuchsen einst die wegen ihres wertvollen Holzes begehrten Huonkiefern.

Die Geschichte der Holzwirtschaft im Huon River Valley dokumentiert das Esperance Forest and Heritage Centre von Geeveston (Church St., Tel. 03-62 97 18 36, tgl. 9–17 Uhr, Eintritt frei; hier auch Tickets für den Tahune Air Walk erhältlich).

Übernachten

Schöner Flussblick ▶ **Kermandie Lodge:** Huon Highway, Port Huon, Tel. 03-62 97 11 10, www.kermandielodge.com.au. 5 km östl. des Orts am Huon River, gemütliche und geräumige Zimmer mit Kitchenette, beheizter Pool. DZ 88–98 A-$.

Essen & Trinken

Gute Bistroküche ▶ **Kermandie Hotel:** Huon Highway, Port Huon, Tel. 03-62 97 38 69, tgl. 12–15, 17–21.30 Uhr. Kreative Gerichte der *New Australian Cuisine*. Vorspeisen 8,50–12 A-$, Hauptgerichte 16–28 A-$.

Tahune Forest Reserve und Hartz Mountains National Park

Von Geeveston führt die knapp 30 km lange geteerte Arve Road zum **Tahune Forest Reserve,** einem 350 ha großen Naturschutzgebiet an der Mündung des Picton River in den Huon River. Nach 13 km zweigt eine steil ansteigende, abschnittsweise recht raue Schotterstraße zum **Hartz Mountains National Park** ab.

Das mit Hochmooren und Seen durchsetzte sowie größtenteils mit Regenwald bedeckte Plateau um den 1255 m hohen Hartz Peak wurde durch mächtige Gletscher während der letzten Eiszeit geformt. Im Nationalpark gibt es gute Wandermöglichkeiten, etwa zum Waratah Lookout, von dem sich ein schöner Blick über das verästelte Delta des Huon River bietet.

Entlang der Arve Road lohnen sich unbedingt Stopps beim **Big Tree Lookout**, wo sich u. a. ein schöner Blick auf den mit 405 t schwersten Baum von Australien bietet, und beim West Creek Lookout am Rande einer von mächtigen Baumfarnen bewachsenen Schlucht. Die Straße endet beim **Tahune Forest Air Walk,** dem größten Besuchermagneten der Region.

Von Geeveston nach Southport

Südwestlich von Dover, beim ehemaligen Holzfällerdorf **Hastings,** verlocken Thermalquellen mit einer jahrein, jahraus konstanten Temperatur von 27,5 °C und Dolomithöhlen mit Tropfsteinen, etwa die Besuchern zugängliche Newdegate Cave, zu einem Abstecher (Tel. 03-62 98 32 09, Führungen mehrmals tgl. 10–16 Uhr, Erw. 21 A-$, Kin. 10,50 A-$, Fam. 52,50 A-$). **Southport** an der gleichnamigen Bucht ist ein beliebtes Seebad.

Bruny Island

Für die Rückfahrt nach Hobart bietet sich als Alternative zum Huon Highway der Channel Highway an, der entlang dem malerischen D'Entrecasteaux Channel verläuft. Die Wasserstraße wurde ebenso wie Bruny Island nach dem französischen Admiral Bruni d'En-

Huon River Valley und Bruny Island

trecasteaux benannt, der 1792 die Meeresregion südlich von Tasmanien kartierte. Wählt man diese Route, so lässt sich auch ein Abstecher nach **Bruny Island** einplanen. Fähren verkehren mehrmals täglich zwischen dem Küstenort Kettering und Roberts Point auf North Bruny Island.

Bruny Island ist eine Doppelinsel, deren nördlicher und südlicher Teil nur durch einen schmalen Isthmus miteinander verbunden sind. Während die relativ flache Nordinsel als Weidegebiet für Rinder und Schafe dient, präsentiert sich die gebirgige und im Innern mit üppigem Regenwald bedeckte South Bruny Island zumindest teilweise noch als unberührte Inselwildnis.

Die schmale Landenge zwischen den beiden Inselteilen steht als **Bruny Island Neck Game Reserve** unter Naturschutz. Dort befinden sich die zahlreichen Nistkolonien Tausender von Wasservögeln. Abends hat man häufig die Gelegenheit, Zwergpinguine zu beobachten.

An der pittoresken **Adventure Bay** liegt der gleichnamige kleine Ferienort, in dessen Nähe Captain Cook am 25. Februar 1777 landete. Ein Blick in das historische Bligh Museum, das über die frühen ›Entdecker‹ und Seefahrer in den Gewässern Tasmaniens informiert, lohnt sich (Tel. 03-62 93 11 17, tgl. außer Mi 10–15 Uhr, Erw. 6 A-$, Kin. 3 A-$, Fam. 12 A-$). Von Adventure Bay windet sich eine schmale Straße quer durch die Insel nach Lunawanna und weiter zum **Cape Bruny,** wo ein 1836 von Deportierten errichteter Leuchtturm als außergewöhnliche Unterkunft dient und auch besichtigt werden kann (Cape Bruny Lighthouse: Tel. 03-62 98 31 14, Di/Do 10–12, 14–16 Uhr, Erw. 5 A-$, Kin. 2,50 A-$, Fam. 12,50 A-$).

Infos

Bruny D'Entrecasteaux Visitor Centre: Ferry Terminal, Kettering, Tel. 03-62 67 44 94, tgl. 9–17 Uhr.

Übernachten

Schöner Meerblick ▶ **The Tree House:** 54 Matthew Flinders Dr., Alonnah, Tel. 0405-19 28 92, www.thetreehouse.com.au. Kleine Lodge mit freundlich eingerichteter Zimmern und schönem Blick auf den D'Entrecasteaux Channel. DZ 180 A-$.

Ein romantischer Schlupfwinkel ▶ **Cape Bruny Lightstation:** Tel. 03-62 98 31 14, www.brunyisland.net.au. Romantische Unterkunft in einem historischen Leuchtturm. DZ 180 A-S.

Mit kolonialem Flair ▶ **Mavista Spa Cottages:** Resolution Rd., Adventure Bay, Tel. 03-62 93 13 47. Im Kolonialstil eingerichtete Frühstückspension, alle Zimmer mit Jacuzzi. DZ 145–165 A-$ (inkl. Frühstück).

Camping und Cabins ▶ **Adventure Bay Holiday Village & Caravan Park:** Adventure Bay, Tel. 03-62 93 12 70, adventurebay@tassie.net.au. Mit Cabins.

Aktiv

Bootsexkursionen mit Delfin- und Robbenbeobachtung ▶ **Bruny Island Charters:** Adventure Bay, Tel. 03-62 93 14 65, www.brunycharters.com.au. Dreistündiger Ausflug mit einem Expeditionsboot von Adventure Bay zum Cape Bruny und zu den Friar Rocks mit einer Robbenkolonie. Unterwegs beobachtet man Delfine und Seevögel; bisweilen sichtet man auch Wale (Okt.–April tgl. 11 Uhr, Erw. 100 A-$, Kin. 55 A-$, Fam. 300 A-$; auch als Tagestour ab Hobart buchbar, Erw. 165 A-$, Kin. 110 A-$, Fam. 485 A-$). **Bruny Wildlife Tour:** Tel. 13 00-13 79 19, www.brunywildlifeadventure.com.au. Ausflug mit dem Katamaran ›Peppermint Eay II‹ von Hobart nach Bruny Island, von dort dreistündige Tour entlang der Ostküste von South Bruny Island mit dem Expeditionsschiff ›Adventure‹ mit Beobachtung von Delfinen, Robben und Seevögeln; bisweilen zeigen sich auch Wale an diesem Küstenabschnitt (Okt.–April tgl. 8.30– 16.30 Uhr, Erw. 165 A-$, Kin. 110 A-$, Fam. 485 A-$).

Verkehr

Fähren: mehrmals tgl. 6.30–18.30 Uhr Autofähre zwischen Kettering und Roberts Point auf North Bruny Island, Information: Tel. 03-62 72 32 77.

Tasmanien-Rundreise

Mit Hobart als Ausgangs- und Endpunkt verläuft diese Route zunächst entlang der Ostküste mit kilometerlangen, feinsandigen Stränden, die mit bizarren Klippenformationen durchsetzt sind, nach Launceston, der zweitgrößten Stadt von Tasmanien. Von Devonport, dem Fährhafen zum Festland, führt ein Abstecher zum Cradle Mountain-Lake St. Clair National Park, einem der schönsten Nationalparks in Australien. Der letzte Abschnitt der immer entgegen dem Uhrzeigersinn um die Insel verlaufenden Tour bringt uns in den ›wilden Westen‹ von Tasmanien.

Tasman und Forestier Peninsula ▶ 2, E 5

Ziel der ersten Etappe sind die Relikte der berüchtigten Strafkolonie Port Arthur auf der **Tasman Peninsula.** In Sorell zweigt vom Tasman Highway in südlicher Richtung der Arthur Highway, die Stichstraße nach Port Arthur, ab. Über Copping gelangt man nach Dunalley, wo das Tasman Memorial an die erste Landung von Europäern auf der Insel am 2. Februar 1642 erinnert.

Weiter geht es durch die **Forestier Peninsula.** Vom **Pirates Bay Lookout** etwas abseits des Arthur Highway öffnet sich ein überwältigendes Panorama der ›Piraten-Bucht‹. Wenige Kilometer südlich erstreckt sich der flache, felsige Strandabschnitt Tessellated Pavement, der mit seinem von der Flut geschaffenen Naturpflaster wie ein Teil der römischen Via Appia wirkt.

Eaglehawk Neck

Nur wenig südlich liegt die gerade 400 m breite Landenge **Eaglehawk Neck,** die einzige Verbindung zwischen der Forestier und der Tasman Peninsula. Einige Kilometer südlich der Engstelle modellierte das pausenlos anbrandende Meer den 63 m hohen Triumphbogen Tasmans Arch, den kollabierten Felsbogen Devils Kitchen, heute eine 60 m tiefe, brodelnde Meeresschlucht, sowie das Blowhole, wo das Meerwasser unter großem Druck durch ein Loch aus einer Brandungshöhle herausgepresst wird.

Übernachten

Traditionsadresse ▶ Lufra Country Hotel: Pirates Bay Dr., Tel. 18 00-63 95 32 u. 03-62 50 32 62, www.lufrahotel.com. Traditionsreiches, generalsaniertes Haus von 1870 mit kleinen, aber gemütlichen Zimmern und gutem Restaurant. DZ 100–115 A-$.

Schöner Blick auf die Bucht ▶ Eagle View Bed & Breakfast: Pirates Bay Dr., Tel. 03-62 50 32 46, jovian@southcom.com.au. Angenehmes B & B mit zwei zwar wenig geräumigen, aber gemütlichen Schlafzimmern und einem Wohnzimmer mit offenem Kamin. Beim Frühstück auf der Terrasse genießt man das Panorama der Pirates Bay. Die hilfsbereite Besitzerin gibt gern Tipps zu Unternehmungen in der Umgebung. DZ 110 A-$.

Taranna und Umgebung

Im Tasmanian Devil Conservation Park von **Taranna** ist man bemüht, eine mysteriöse Krankheit zu erforschen, welche für die in freier Wildbahn lebenden Tasmanischen Teufel eine tödliche Bedrohung darstellt. Viele der freilebenden Raubbeutler sind von einer Art Krebs befallen. Es gibt keine Behandlung

Tasman und Forestier Peninsula

gegen diese Krankheit, deren Ursache man bislang noch nicht hat entdecken können. Das Devil Survival Visitor Centre hält aktuelle Informationen bereit. Im angeschlossenen Tierpark kann man gesunde ›Teufel‹ beobachten (Arthur Hwy, Tel. 03-62 50 32 30, www.tasmaniandevilpark.com u. www.tassiedevil.com.au, tgl. 9–17 Uhr, Fütterung 10, 11, 13.30, 17 Uhr, Eintritt frei zum Devil Survival Visitor Centre, Tierpark: Erw. 22,50 A-$, Kin. 10 A-$, Fam. 55 A-$).

Etwa 2 km südwestlich von Port Arthur gewährt Palmers Lookout einen schönen Blick auf die Port Arthur Bay. Weitere 5 km südlich hat das Meer in Jahrmillionen die nur bei Ebbe zu betretende 100 m lange Grotte Remarkable Cave aus den Klippen gewaschen.

Übernachten

Im ehemaligen Bahnhof ▶ Norfolk Bay Convict Station: Arthur Hwy, Tel. 03-62 50 34 87, www.convictstation.com. Gemütliche Frühstückspension im 1838 erbauten ersten Bahnhof Australiens, am Strand der Little Norfolk Bay. DZ 165 A-$ (inkl. Frühstück).

Port Arthur

Die Überreste der 1830 errichteten Strafkolonie **Port Arthur** sind die Hauptattraktion der Tasman Peninsula. Damals erkannte George Arthur, der vierte Gouverneur von Tasmanien, die Vorzüge der Tasman Peninsula als ideales natürliches Gefängnis. Die raue Klippenküste bildete den natürlichen Wall zur See hin. Mit einer Meute scharfer Bluthunde ließ sich der schmale Isthmus am Eaglehawk Neck mühelos sichern. Und so wurden seit 1830 die zuvor auf verschiedene Gefängnisse in Tasmanien verteilten Strafdeportierten in Port Arthur zusammengezogen. In Spitzenzeiten lebten dort mehr als 1200 Strafgefangene sowie 1000 Wachsoldaten und Verwaltungsbeamte. Obwohl die Anlage 1895 bei einem Buschfeuer schwere Schäden erlitt, ist heute noch ein Großteil der Strafkolonie erhalten.

Erster Anlaufpunkt des zwei- bis dreistündigen Rundgangs durch Port Arthur ist die Penitentiary, der ehemalige Getreidespeicher, in dem Strafverbannte einst Fronarbeit in einer Tretmühle leisten mussten.

Einen guten Eindruck vom feudalen Lebensstil der Lagerkommandanten vermittelt ein Blick in das herrschaftliche Commandants House. Recht komfortabel lebte einst auch der strafverbannte irische Aristokrat und Rebell William Smith O'Brien in dem nach ihm benannten Sandsteingebäude auf einem Hügel oberhalb der Penitentiary. Alte und gebrechliche sowie seelisch kranke Gefangene wurden ehedem im Lunatic Asylum untergebracht; heute befindet sich hier ein Besucherzentrum mit einem historischen Museum. An rückfällig gewordenen Häftlingen wurde im Modell Prison eine damals neue Form des Strafvollzugs erprobt – die Isolationshaft.

Sehenswert ist auch The Church, die Ruine einer 1836/37 von Gefangenen errichteten neogotischen Kirche. Ein sehr schöner Blick über die historische Stätte bietet sich vom Scorpion Rock Lookout oberhalb der Kirche. In der Port-Arthur-Bucht liegt die Isle of the Dead, die von 1831 bis 1877 als Friedhof genutzt wurde (Port Arthur Historic Site:

Tipp: Rabattpässe

Für die Nationalparks in Tasmanien wird eine Eintrittsgebühr von 24 A-$/Pkw und 12 A-$/Pers. erhoben. Wer den Besuch mehrerer Nationalparks plant, ist mit einem acht Wochen gültigen **Holiday Park Pass** zu 60 A-$/Pkw bzw. 30 A-$/Pers. gut beraten, der in allen Besucherzentren und Ranger Stations des Parks and Wildlife Service Tasmania erhältlich ist. Er gilt jedoch nicht für den Cradle Mountain-St. Clair National Park.

Die **See Tasmania Smartvisit Card** bietet nach Bezahlung eines *All-inclusive*-Preises freien Eintritt zu über 60 Attraktionen in ganz Tasmanien innerhalb eines festgelegten Zeitraums. Erhältlich sind die Karten bei allen tasmanischen Thrifty-Car-Filialen oder online unter www.seetasmaniacard.com (Dreitageskarte Erw. 165 A-$, Kin. 95 A-$).

Tasmanien-Rundreise

Arthur Hwy, Tel. 18 00-65 91 01, www.portarthur.org.au, tgl. 9–17 Uhr, Führungen tgl. 9.30–15.30 Uhr stündl., Erw. 25 A-$, Kin. 11 A-$, Fam. 55 A-$; Bootstouren zur Isle of the Dead tgl. 10.30–15.30 Uhr stündl., Erw. 12 A-$, Kin. 8 A-$, Fam. 32 A-$; ›Ghost Tour‹ tgl. 21.30 Uhr, Erw. 20 A-$, Kin. 12 A-$, Fam. 52 A-$).

Übernachten

Country-Charme ▶ Fox & Hounds Inn: Arthur Hwy, Tel. 03-62 50 22 17, Fax 03-62 50 25 90, www.ghihotels.com. Gemütliches Hotel im Tudorstil mit sehr gutem Restaurant und Tennisplatz. DZ ab 130 A-$.

Camping und Cabins ▶ Port Arthur Caravan & Cabin Park: Garden Point, Tel. 03-62 50 23 40, www.portarthurcaravancabinpark.com.au. Mit komfortablen Cabins

Aktiv

Bootstouren ▶ Tasman Island Cruises: Tel. 03-62 50 22 00, www.tasmancruises.com.au. 3-stündige Tour zum Cape Raoul mit Beobachtung von Delfinen, Robben, Seevögeln und bisweilen Walen (Dez.–April tgl. 10, 14, Mai–Nov. tgl. 10 Uhr, Erw. 100 A-$, Kin. 55 A-$, Fam. 300 A-$; auch als Tagestour ab Hobart buchbar, Erw. 165 A-$, Kin. 110 A-$, Fam. 485 A-$, inkl. Besichtigung von Port Arthur, Erw. 195 A-$, Kin. 125 A-$, Fam. 560 A-$).

Von Sorell nach Bicheno

Buckland und Orford ▶ 2, E 5

Von Sorell, im 19. Jh. die Kornkammer der Insel, führt der Tasman Highway zur kleinen Ortschaft **Buckland** mit der St. John the Baptist Church. In dem Gotteshaus von 1846 findet sich an der Ostseite des Kirchenschiffs ein Buntglasfenster, das aus dem 14. Jh. stammt und das Leben von Johannes dem Täufer darstellt. Zwischen Buckland und Orford windet sich der Tasman Highway durch die malerische Schlucht des Prosser River. **Orford** hat sich mit schönen Stränden und Angelrevieren in letzter Zeit zu einem beliebten Ferienort entwickelt.

Übernachten
… in Orford

Am Flussufer ▶ Island View Motel: Tasman Hwy, Tel. 03 62 57 11 14, islandviewmotel@bigpond.com. Familienfreundliches Haus am Prosser River. DZ 90–100 A-$.

Maria Island ▶ 2, E 5

Die kleine Urlauberkolonie **Louisville** ist das Sprungbrett zur gebirgigen, bis zu 707 m hohen **Maria Island,** die zwischen den Jahren 1825 und 1832 als Verbannungsstätte für Sträflinge diente. An diese Zeit erinnert die kleine Siedlung Darlington mit einigen gut erhaltenen Gebäuden an der Nordspitze des Eilands. Heute kommen Besucher wegen des großartigen Naturerlebnisses, das diese zum Nationalpark erklärte Insel mit ihrer artenreichen Tierwelt verspricht.

Übernachten
… in Louisville

Familienfreundlich ▶ Eastcoaster Resort: Tel. 03-62 57 11 72, www.eastcoaster.com.au. Schön gelegenes Ferienresort mit Motel und Caravan Park sowie Pool. DZ 90–165 A-$.

Verkehr

Fähren: Maria Island Ferry Service, Tel. 03-62 57 15 89, www.mariaislandferry.com. Passagierboot nach Maria Island ab Eastcoaster Resort tgl. 9.30, 13, 15.15 Uhr (Erw. 28 A-$, Kin. 18 A-$, Fam. 74 A-$).

Swansea ▶ 2, E 4

Zwischen dem Fischereihafen Triabunna und dem Ferienzentrum **Swansea** passiert der Tasman Highway die 1843 von Sträflingen errichtete Spiky Bridge, deren Brüstungen mit spitzen Steinen bewehrt sind. Im bereits 1820 an der Great Oyster Bay gegründeten Swansea, früher ein bedeutender Stützpunkt für Walfänger, blieben einige historische Gebäude erhalten. In der Swansea Bark Mill wurde zwischen 1880 und 1960 die Rinde der Black Wattle, einer Mimosenart, gemahlen, um daraus den Grundstoff für das Gerben von Leder zu gewinnen. Angeschlossen ist das East Coast Museum, das die Pioniergeschichte

Von Sorell nach Bicheno

der Region illustriert (96 Tasman Hwy, Tel. 03-62 57 83 82, tgl. 9–17 Uhr, Erw. 7 A-$, Kin. 4,50 A-$, Fam. 16,50 A-$). Nordöstlich des Ortes liegt der herrliche Nine Mile Beach.

Übernachten
Historisches B & B ▶ Meredith House: 15 Noyes St., Tel. 03-62 57 81 19, www.meredith house.com.au. Stilvolles B & B im georgianischen Stil. DZ 180 A-$.
Camping und Cabins ▶ Swansea Holiday Park: Shaw St., Tel. 03-62 57 81 77, www.swanseaholiday.com.au. Schöne Lage am Strand, sehr gute Ausstattung, komfortable Cabins, solarbeheizter Pool.

Essen & Trinken
Prämiert ▶ Schouten House: 1 Waterloo Rd., Tel. 03-62 57 85 64, www.schouten house.com, Mo–Do 18–22, Fr–So 12–15, 18–22.30 Uhr. Regionale Frischeküche in kolonialem Ambiente. Vorspeisen 12–14 A-$, Hauptgerichte 22–34 A-$.

Freycinet National Park ▶ 2, E 4
Ungefähr 10 km südwestlich von Bicheno zweigt eine Stichstraße zum kleinen Küstenort Coles Bay ab. Südlich davon erstreckt sich der Küstennationalpark **Freycinet National Park**, der zu den Highlights unter den tasmanischen Naturschutzgebieten gehört. Dort erfährt das grandiose Naturtheater aus Fels und Meer noch eine Steigerung durch das mächtige, rosafarbene Granitmassiv der Hazards, die einen effektvollen Kontrast zu den weißen Sandstränden an der Great Oyster Bay und dem grünen Eukalyptus-Akazien-Buschland des Parks bilden. Mit dem Auto erreichbar sind im Nordteil des Parks die von Granitfelsen gesäumten Buchten Sleepy Bay und Honeymoon Bay sowie das Cape Tourville mit einem Leuchtturm, von dem sich ein grandioser Blick auf die Hazards bietet. Zu den schönsten Touren im Nationalpark gehört der Wineglass Bay Lookout Walk zu einem Aussichtspunkt auf dem 422 m hohen Mount Amos, von dem man einen herrlichen Blick auf Tasmaniens vielleicht schönste Bucht genießt (Rundweg vom Parkplatz an der Parsons Cove 12 km/5 Std.). Ein Campingplatz befindet sich nahe dem Visitor Centre am Parkeingang.

Infos
Visitor Centre: Tel. 03-62 57 01 01, www.freycinetcolesbay.com, tgl. 9–17 Uhr.

Übernachten
Luxus-Lodge in Traumlage ▶ Freycinet Lodge: Tel. 03-62 57 01 01, www.freycinet lodge.com.au. Komfortable Holzbungalows am Rand des Nationalparks, mit ausgezeichnetem Restaurant, unbedingt Zimmer zur Meerseite buchen, im gesamten Haus Rauchverbot. DZ ab 330 A-$.
Camping und Cabins ▶ Iluka Holiday Centre: Esplanade, Coles Bay, Tel. 03-62 57 01 15, www.ilukaholidaycentre.com.au. Stellplätze für Zelte und Wohnmobile, komfortable Cabins.

Verkehr
Busse: Busverbindungen zwischen Bicheno und Coles Bay mit Coles Bay-Bicheno Coach Service, Tel. 03-62 57 02 93.

Bicheno ▶ 2, E 4
Vor dem großen Fischereihafen und Ferienort **Bicheno,** einem ehemaligen Stützpunkt für Walfänger und Robbenjäger, liegt die kleine Felseninsel Diamond Island mit einer Brutkolonie von Zwergpinguinen. Bei Ebbe und ruhiger See ist dieses Eiland von Bicheno

---

> **Tipp: Für Busreisende**
>
> Für Tasmanien-Besucher, die mit dem Bus reisen, lohnt sich der Kauf einer **Netzkarte**. So ermöglichen der Tassie Pass von Tasmanian Redline Coaches und der Explorer Bus Pass von TassieLink Coaches unbegrenztes Reisen mit beliebig vielen Unterbrechungen im Busnetz der jeweiligen Gesellschaft innerhalb eines bestimmten Zeitraums (7 Day Pass 135 A-$, 10 Day Pass 160 A-$, 14 Day Pass 185 A-$, 21 Day Pass 219 A-$).

Tasmanien-Rundreise

zu Fuß übers Watt erreichbar. In den Aquarien des Sea Life Centre tummeln sich Fische und andere Meerestiere der Tasman-See (1 Tasman Hwy, Tel. 03-63 75 10 82, tgl. 9–17 Uhr, Erw. 5 A-$, Kin. 3 A-$). In der East Coast Natureworld einige Kilometer nördlich von Bicheno leben Tasmanische Teufel und andere einheimische Tiere (Tasman Hwy, Tel. 03-63 75 13 11, tgl. 9–17 Uhr, Erw. 14,50 A-$, Kin. 7,50 A-$, Fam. 36,50 A-$).

Übernachten

Ideal für Familien ▶ **Beachfront at Bicheno:** Tasman Hwy, Tel. 03-63 75 11 11, www.beachfrontbicheno.com.au. Familienfreundlich, mit beheiztem Pool, Kinderspielplatz und Restaurant. DZ 105–145 A-$.

Mit ausgezeichnetem Restaurant ▶ **Silver Sands:** Peggys Point, Tel. 03-63 75 12 66, www.silver.sandsbicheno.com.au. Motelzimmer mit schönem Blick über den Naturhafen, sehr gutes Restaurant. DZ 85–115 A-$.

Camping und Cabins ▶ **Bicheno Cabins & Tourist Park:** 4 Champ St., Tel. 03-63 75 11 17, www.bichenocabins.com.au. Gut ausgestattet, mit komfortablen Cabins.

Aktiv

Pinguinbeobachtung ▶ **Bicheno Penguin Tours:** Tel. 03-63 75 13 33. 1-stündige Tour zur Beobachtung von Zwergpinguinen (tgl. ab 17.30 Uhr, Erw. 19,50 A-$, Kin. 10,50 A-$)

Von Bicheno nach Launceston

St. Helens ▶ 2, E 3

Über die beliebten Seebäder Scamander und Beaumaris erreicht man **St. Helens,** den größten Ort an der Ostküste. Das einst bedeutende Walfängerdorf ist heute ein beliebtes Ferienzentrum, das noch ohne große Hotelanlagen vor sich hinträumt.

Ein kleiner Ausflug zum St. Helens Point mit den imposanten Sanddünen Peron Sand Dunes lohnt sich. Lang gestreckte Sandstrände findet man an der Bay of Fires im Norden der Stadt.

Übernachten

Klein und mit viel Flair ▶ **Warrawee:** Tasman Hwy, Tel. 03-63 76 19 87, warrawee@vision.net.au. B & B in einem herrlichen Holzhaus, schöne Accessoires, keines der Zimmer gleicht dem anderen, Blick auf die Georges Bay. DZ 155–195 A-$.

Geräumige Motel-Units ▶ **Bayside Inn:** 2 Cecilia St., Tel. 03-63 76 14 66, www.baysideinn.com.au. Moderne, großzügig geschnittene Zimmer, Restaurant und Hallenbad. DZ 85–115 A-$.

Camping und Cabins ▶ **St. Helens Caravan Park:** Penelope St., Tel. 03-63 76 12 90, Fax 03-63 76 15 14. Sehr gut ausgestattet, mit komfortablen Cabins.

Essen & Trinken

An Deck eines Schiffes ▶ **Paddlewheeler:** Tasman Hwy, Tel. 03-63 76 12 08, Mo–Fr 18–22.30, Sa/So 12–15, 18–22.30 Uhr. Fisch und Meeresfrüchte auf einem alten Raddampfer. Vorspeisen 12–14 A-$, Hauptgerichte 18–34 A-$.

Zwischen St. Helens und Scottsdale ▶ 2, E 3

Nordwestlich von St. Helens schwenkt der Tasman Highway ins Landesinnere ab. Bei Pyengana zweigt eine 11 km lange Stichstraße in südwestlicher Richtung zu den etwa 90 m hohen St. Columba Falls des George River ab. Von Herrick am Tasman Highway führt eine Straße nach Gladstone, dem Ausgangspunkt zur Erkundung des kaum erschlossenen Mount William National Park sowie den herrlichen, fast menschenleeren Sandstränden der Ringarooma Bay.

Nächste Station am Tasman Highway ist die historische Bergbaustadt **Derby,** in deren Umgebung einst reiche Zinnlager ausgebeutet wurden. Die Tage des Bergbaubooms illustriert das nachgebaute Pionierdorf Tin Miners Village (Tel. 03-63 54 22 62, tgl. 10–16 Uhr, Erw. 6 A-$, Kin. 3 A-$, Fam. 15 A-$).

Am westlichen Ortsrand von **Scottsdale** informiert das architektonisch interessante Forest Eco Centre über das Zusammenspiel von Forstwirtschaft und Ökologie (King St.,

Tel. 03-63 52 64 66, www.forestrytas.com.au, tgl. 9–17 Uhr, Eintritt frei).

Vor allem während der Lavendelblüte im Januar lohnt sich ein Abstecher von Scottsdale zur **Bridestowe Lavender Farm** bei Nabowla, einem der weltweit größten Hersteller von Parfümlavendelöl (13 km westl., Tel. 03-63 52 81 82, www.bridestoweestates.com.au, Nov.–April tgl. 9–17, Mai/Sept./Okt. Mo–Fr 10–16 Uhr, Juni–Aug. geschl., Erw. 5 A-$, Kin. frei).

Die Sandstrände um das beliebte Seebad **Bridport** an der halbmondförmigen Anderson Bay ziehen an warmen Wochenenden Scharen von Ausflüglern an.

Übernachten
In Scottsdale
Viktorianisch-elegantes Ambiente ▶ **Anabel's:** 46 King St., Tel. 03-63 52 32 77, www.anabels.com.au. Stilvolles B & B mit historischem Flair, ausgezeichnetes Nouvelle-Cuisine-Restaurant. DZ 160–175 A-$.

Launceston ▶ 2, D 3

Etwa 60 km tief im Landesinnern, am Ursprung des Tamar River, wo sich South Esk und North Esk River treffen, liegt **Launceston,** mit rund 100 000 Einwohnern die zweitgrößte Stadt Tasmaniens. Bereits 1805 gegründet, entwickelte sich der Ort rasch zum Bildungs-, Handels- und Dienstleistungszentrum des vorwiegend agrarisch geprägten Nordens. Launceston spielte nicht nur in der tasmanischen Geschichte eine große Rolle, es gilt auch als Geburtsstätte von Melbourne. Dort fiel 1835 die Entscheidung, am Yarra River die heute zweitgrößte Metropole von Australien zu gründen. Ausgedehnte Parkanlagen sowie zahlreiche historische Häuser und Kirchen im georgianischen Stil machen Launceston zu einer auf Anhieb sympathischen Stadt.

Stadtrundgang

Ein guter Ausgangspunkt für einen kleinen historischen Stadtspaziergang durch Launceston ist das der Regionalgeschichte gewidmete **Queen Victoria Museum** am Royal Park, dem eine Kunstgalerie angegliedert ist (Wellington St., Tel. 03-63 31 67 77, Mo–Sa 10–17, So 14–17 Uhr, Eintritt frei). Am Civic Square stößt man auf ein georgianisches Schmuckstück von Launceston: das **Macquarie House** von 1830 (Tel. 03-63 31 67 77, Mo–Sa 10–16, So 14–17 Uhr, Eintritt frei). Weitere architektonische Schaustücke reihen sich an der St. John Street, etwa das **Post Office Building** mit markantem Uhrenturm, die neoklassizistische Town Hall mit säulenschwerem Portikus sowie die neogotischen Gotteshäuser St. Johns Church von 1825 und St. Andrews Church von 1849.

Den Streifzug entlang der Cameron Street fortsetzend, erreicht man, vorbei am **Batman Fawkner Inn,** in dem die historische Entscheidung zur Gründung von Melbourne fiel, den **City Park.** Dort befinden sich das John Hart Conservatory mit vielen exotischen Pflanzen sowie das Tiergehege Monkey Island mit rund 30 japanischen Makaken (April–Sept. tgl. 8–16, Okt.–März 8–16.30 Uhr, Eintritt frei). Am Rande des City Park liegen die 1891/92 erbaute, viktorianische Albert Hall, die heute als Kongresszentrum dient, sowie das **Design Centre of Tasmania,** das einen Überblick über das tasmanische Kunstschaffen gibt (Tamar/Brisbane Sts, Tel. 03-63 31 55 06, www.twdc.org.au, tgl. 9.30–17.30 Uhr, Eintritt frei).

Freunde edlen Gerstensaftes zieht es in das Boag's Centre for Beer Lovers in der William Street, in dem einstündige Führungen durch die traditionsreiche **Boag's Brewery** starten (Tel. 03-63 32 63 00, www.boags.com.au, Mo–Fr 8.45–16.30 Uhr, Entritt frei; Führungen Mo–Fr 9–14 Uhr stündl., Erw. 21 A-$, Kin. 10,50 A-$).

Cataract Gorge

Mit dem pittoresken, von den Wassermassen des South Esk River geschaffenen Canyon **Cataract Gorge** liegt ein kleines Naturwunder direkt vor der Haustür von Launceston. An der Kings Bridge beginnen zwei Wanderpfade durch die Schlucht. Am Nordufer des South Esk River verläuft der Cataract Walk, von dem sich immer wieder grandiose Blicke in die

Tasmanien-Rundreise

Bei Scottsdale gibt es einige der größten Lavendelanbauflächen Australiens

Schlucht bieten. Anstrengender ist der Zig Zag Walk entlang dem Südrand des Canyons. Beide Wege treffen sich am First Basin, dem südwestlichen Ende der Schlucht, wo ein 308 m langer Sessellift eine atemberaubende Fahrt über das tosende Wasser bietet. Eine bequemere Art, die Schlucht zu erkunden, bieten Kreuzfahrten auf Ausflugsbooten (Cataract Cruises, Tel. 03-63 34 99 00, Sept.–Mai tgl. 9.30, 10.30, 11.30, 12.30, 13.30, 14.30, 15.30, Juni–Aug. 11.30, 12.30, 13.30 Uhr, Erw. 21 A-$, Kin. 11 A-$, Fam. 53 A-$, Abfahrt Home Point Cruise Terminal).

Rund um Launceston

Wer sich für die Arbeitsabläufe in der ältesten Textilfabrik Australiens interessiert, kann sich einer Führung durch die 1874 gegründeten, 5 km östl. der Stadt gelegenen **Waverley Woollen Mills** anschließen (Waverley Rd., Tel. 03-63 39 11 06, Führungen öfters tgl. Mo–Fr 9–16 Uhr, Erw. 5 A-$, Kin. 3 A-$, Fam. 13 A-$). Ein Rundgang durch das **Franklin House,** einen georgianischen Prachtbau aus dem Jahr 1838 mit Chippendale-Möbeln, versetzt Besucher in vergangene Zeiten (413 Hobart Rd., 6 km südl. der Stadt, Tel. 03-63 44 78 24, tgl. 9–17 Uhr, Erw. 9,50 A-$, Kin. 4,75 A-$). Im georgianischen **Clarendon House** scheint die Zeit stehen geblieben zu sein (Nile Rd., Nile, 27 km südl. der Stadt, Tel. 03-63 98 62 20, tgl. 10–17 Uhr, Erw. 7 A-$, Kin. 3 A-$). Die restaurierten Sandsteingebäude im historischen Dorf **Evandale** haben ihr Erscheinungsbild seit dem 19. Jh. auch kaum verändert.

Der etwa 60 km südöstlich gelegene **Ben Lomond National Park,** der die imposanten Felsbastionen des Ben-Lomond-Hochplateaus umfasst, ist im Sommer ein beliebtes Wandergebiet, im Winter eine gute Skiregion.

Im **Tamar Valley** nordwestlich von Launceston, das den Ruf der renommiertesten

Launceston

Weinanbauregion Tasmaniens genießt, werden einige der besten Weine der südlichen Hemisphäre produziert. Die gelb-blau ausgeschilderte Tamar Valley Wine Route führt in einer Rundfahrt von Launceston zu 21 Weingütern. Alle Güter sind auf Besucher eingerichtet, mit Führungen durch Keltereien und Keller, ausgezeichneten Gastwirtschaften und gemütlichen Unterkünften. Fast immer haben die Winzer Zeit für einen Plausch und eine Probe mit Besuchern – vor allem, wenn die Liebhaber edler Rebensäfte aus einem traditionsreichen Weinland der Nordhalbkugel kommen.

Infos
Launceston Travel and Information Centre: St. John St., Ecke Cimitiere St., Tel. 18 00-65 18 27, www.visitlauncestontamar.com.au, Mo–Fr 9–17, Sa 9–15, So u. Fei 9–12 Uhr.

Übernachten
Ideal für Frischverliebte ▶ Alice's Spa Hideaways: 129 Balfour St., Tel. 03-63 34 22 31, www.alicescottages.com.au. Stilvolle Unterkunft für Romantiker, zur behaglichen Einrichtung jedes Cottage gehören ein Himmelbett, ein Whirlpool und ein offener Kamin. DZ 170–206 A-$ (inkl. Frühstück).

Restauriertes Kolonialgemäuer ▶ Quality Inn Prince Albert: William St., Ecke Tamar St., Tel. 03-63 31 76 33, www.princealbertinn.com.au. 28 sehr geräumige, im viktorianischen Stil eingerichtete Zimmer in einer Kolonialherberge von 1855, mit Gourmet-Restaurant. DZ 135–160 A-$.

Gediegen-traditionell ▶ Colonial Motor Inn: 31 Elizabeth St., Tel. 03-63 31 65 88, www.coloniallinn.com.au. Charmantes Hotel für Reisende mit Hang zur Nostalgie, in traditioneller Eleganz ausgestattete Zimmer. DZ 125–155 A-$.

Zentral & günstig ▶ Batman Fawkner Inn: 35–39 Cameron St., Tel. 03-63 31 72 22, Fax 03-63 31 71 58. Einfache, aber stilvolle Unterkunft in historischem Gemäuer, striktes Rauchverbot, mit Bar im Erdgeschoss. DZ 40–60 A-$ (mit Gemeinschaftsbad), DZ 65–85 A-$ (mit Bad/WC).

Camping ▶ Treasure Island Caravan Park: 94 Glen Dhu St., Tel. 03-63 44 26 00, Fax 03-63 43 17 64. Sehr gut ausgestattet, mit vielen Cabins.

Essen & Trinken
Dorado für Seafood-Fans ▶ Hallam's Waterfront: 13 Park St., Tel. 03-63 34 05 54, www.hallamswaterfront.com.au, tgl. 12–14.30, 17–22 Uhr. Fangfrisches Seafood, aufmerksamer Service, stimmungsvolles Ambiente am Jachthafen. Vorspeisen 14,50–22 A-$, Hauptgerichte 24,50–42 A-$.

Bistro und Gourmet-Restaurant ▶ Stillwater River Café: Ritchies Mill, Paterson Street (gegenüber Penny Royal), Tel. 03-63 31 41 53, www.stillwater.net.au, tgl. 8.30-23 Uhr. In dem rustikalen Lokal in einer ehemaligen Mühle serviert man tagsüber preiswertere Gerichte von der Bistro-Speisekarte; abends verwandelt es sich in ein Feinschmeckerlokal mit kreativen, modern-australischen Gerichten und erlesenen Weinen. Vorspeisen 14– 19,50 A-$, Hauptgerichte 18–39,50 A-$.

Französische Küche ▶ Pierre: 88 George St., Tel. 03-63 31 68 35, tgl. 9–23 Uhr. Tagsüber eine Brasserie, abends ein feines Restaurant mit weißen Leinentüchern und klassischer französischer Küche. Vorspeisen 14– 18,50 A-$, Hauptgerichte 18–38 A-$.

Für Steakfans ▶ Black Cow Bistro: 70 George St., Tel. 03-63 31 93 33, tgl. 11.30–15, 17–22.30 Uhr. Die Schwarze Kuh, ein intimes, hervorragendes Lokal, befindet sich in den Räumen einer ehemaligen Metzgerei. Auf den Tisch kommen nur Steaks von Freilandkühen. Vorspeisen 13,50–18 A-$, Hauptgerichte 18–37,50 A-$.

Hervorragender Inder ▶ Indian Empire: 64 George St., Tel. 03-63 31 25 00, tgl. 11–22.30 Uhr. Serviert werden südindische Speisen und nordindische Tandoori-Spezialitäten vom Feinsten. Vorspeisen 6,50–9,50 A-$, Hauptgerichte 12,50– 22 A-$.

Einkaufen
Wollwaren ▶ Tamar Knitting Mills: 21 Hobart Rd., Tel. 03-63 44 82 55, Mo–Fr 9–17, Sa/So 9–16 Uhr. Wollsachen.

Tasmanien-Rundreise

Schafprodukte ▶ The Sheeps Back: 53 George St., Tel. 03-63 31 25 39, Mo–Fr 9–18, Sa 9–16 Uhr. Mäntel aus Schafleder, Pullover aus Schafwolle etc.

Abends & Nachts
Uriger Pub ▶ The Royal Hotel: 90 George St., Tel. 03-63 31 25 26, So–Do 12–23, Fr/Sa 12–2 Uhr. Mit Livemusik.
Stilvolle Bar ▶ Three Steps on George: 31 Elizabeth St., Tel. 03-63 31 65 88, tgl. 17–24 Uhr. Gemütliche Bar im Colonial Motor Inn.

Verkehr
Busse: Tgl. Verbindungen mit Tasmanian Redline Coaches, Tel. 13 00-36 00 00, und TassieLink Coaches, Tel. 13 00-30 05 20, nach Hobart, Devonport, Burnie etc.; Buster

Von Launceston nach Devonport ▶ 2, C/D 3

In **Hadspen** blieb aus der Kolonialzeit die herrschaftliche Farm Entally House von 1819 erhalten. Neben dem mit Originalinventar ausstaffierten Bauwerk sind auch die Wirtschaftsgebäude mit einer Sammlung alter landwirtschaftlicher Arbeitsgeräte und die Stallungen mit Pferdekutschen sehenswert (Bass Hwy, Tel. 03-63 93 62 01, tgl. 10–12.30, 13–17 Uhr, Erw. 10 A-$, Kin. 5 A-$, Fam. 22 A-$). In Westbury steht mit dem White House von 1841 ein imposantes Kolonialgebäude (King St., Tel. 03-63 93 11 71, Di–So 10–16 Uhr, Erw. 10 A-$, Kin. 5 A-$, Fam. 22 A-$).

Deloraine ▶ 2, D 3
Deloraine besitzt mit der St. Marks Anglican Church von 1859 ein neogotisches Gotteshaus. Einen Blick in vergangene Zeiten gewährt das liebevoll gestaltete Deloraine Museum (98–100 Emu Bay Rd., Tel. 03-63 63 34 71, tgl. 9–17 Uhr, Erw. 5 A-$, Kin. 2,50 A-$). In Deloraine zweigt der Lake Highway ab, der ins zentrale Hochland von Tasmanien führt, das sich als Gewässerpuzzle aus über 3000 Gletscherseen sowie zahllosen Flüssen und Bächen präsentiert. Ein bei Einheimischen und Besuchern beliebtes Ausflugsziel sind die Katarakte der Liffey Falls 27 km südlich der Stadt.

Infos
Great Western Tiers Visitor Centre: 98–100 Emu Bay Rd., Tel. 03-63 63 34 71, tgl. 9–17 Uhr.

Mole Creek ▶ 2, C 3
Gut 20 km westlich von Deloraine liegt der kleine Ort **Mole Creek.** Im Trowunna Wildlife Park einige Kilometer westlich kann man Tasmanische Teufel, Koalas, Wombats und Wallabies beobachten (Mole Creek Rd., Tel. 03-63 63 61 62, www.trowunna.com.au, tgl. 9–17, Jan. tgl. 8–20 Uhr, Erw. 16 A-$, Kin. 8,50 A-$, Fam. 44 A-$). Die Kalksteinhöhlen King Solomons Cave und Marakoopa Cave im Mole Creek Karst National Park sind der Öffentlichkeit zugänglich (King Solomons Cave: Tel. 03-63 63 51 82, Führungen tgl. 10.30, 11.30, 12.30, 14.30, 15.30, 16.30 Uhr, Erw. 9 A-$, Kin. 4 A-$, Fam. 22 A-$; Marakoopa Cave: Tel. 03-63 63 51 82, Führungen tgl. 10–16 Uhr stündl., Erw. 9 A-$, Ki. 4 A-$, Fam. 22 A-$; Eintritt beide Höhlen: Erw. 13 A-$, Kin. 6 A-$, Fam. 32 A-$). Im Süden des Landstädtchens ragen die Bergkämme der Great Western Tiers auf. Als weitgehend unberührte Bergwildnis ist der Walls of Jerusalem National Park um den 1458 m hohen Mount Jerusalem ein ideales Terrain für erfahrene *Bushwalker*.

Übernachten
Heimelige Pension ▶ Mole Creek Guest House: 100 Pioneer Dr., Tel. 03-63 63 13 99, www.molecreekgh.com.au. Auf nette Art altmodisches, liebevoll restauriertes Gästehaus mit gutem Restaurant. DZ 135–155 A-$.

Cradle Mountain-Lake St. Clair N. P. ▶ 2, C 3/4

Der von der Unesco zum Weltnaturerbe der Menschheit erklärte Nationalpark umschließt die landschaftlich schönste Region des zentralen Hochlands mit den höchsten Inselgip-

Cradle Mountain-Lake St. Clair N. P.

feln, neben dem 1545 m hohen Cradle Mountain und dem 1559 m hohen Barn Bluff auch den Mount Ossa, mit 1617 m der höchste Berg von Tasmanien. Die Pflanzenwelt der Region präsentiert sich als ein buntes Florenmosaik, zu dem Hochmoore und subalpine Heiden ebenso gehören wie gemäßigte Regenwälder mit wildverwurzeltem Unterwuchs in den Tallagen.

Erste Anlaufstelle im Park sollte das Cradle Mountain Visitor Centre sein, wo Wanderer von Rangern Ratschläge zu Routenwahl und Ausrüstung erhalten. Etwa 1 km südlich steht das Waldheim Chalet beginnt ein kurzer Naturlehrpfad, der durch einen Teil des Weindorfer Forest mit seltenen King Billy Pines, die bis zu über 1000 Jahre alt werden können, führt (20 Min.).

Den Spaziergang kann man zum lohnenden Rundweg Weindorfer Walk ausdehnen (6 km/3 Std.). Von den zahlreichen Strecken, die an der Nordspitze des Lake Dove beginnen, sind die Rundwanderung um den Lake Dove (6,5 km/2 Std.) und die Besteigung des Cradle Mountain (hin und zurück 12 km/ 6-8 Std., keine Bergsteigererfahrung nötig) besonders zu empfehlen.

Infos

Cradle Mountain Visitor Centre: Tel. 03-64 92 11 33, Fax 64 92 11 20, tgl. 9–17 Uhr. Da der Holiday Park Pass (s. S. 507) nicht für den Cradle Mountain-Lake St. Clair National Park gilt, müssen im Besucherzentrum folgende Eintrittsgebühren entrichtet werden: Erw. 16,50 A-$, Kin. 8,25 A-$, Fam. 41,25 A-$.

Übernachten

Im Busch ▶ **Lemonthyme Lodge:** Dolcoath Road, Moina, Tel. 03-64 92 11 12, www.lemonthyme.com.au. 25 km nordöstl. versteckt im Regenwald gelegene Lodge mit behaglichen Zimmern und Blockhäusern sowie hervorragendem Restaurant. DZ ab 310 A-$.

Alpenländisches Flair ▶ **Cradle Mountain Lodge:** Cradle Valley, Tel. 13 00-13 40 44 u. 03-64 92 13 03, www.cradlemountainlodge.com.au. Rustikal-komfortable Lodge am Nordeingang des Nationalparks mit Restaurant, Bar und Lounge, alle Blockhäuser mit offenem Kamin. DZ ab 288 A-$.

Camping ▶ **Cradle Mountain Campgrounds:** Cradle Valley, Tel. 03-64 92 13 95. Einfacher, aber sehr schön gelegener Campingplatz.

Aktiv

Rundflüge ▶ **Cradle Mountain Helicopters:** Tel. 03-64 92 11 32, www.adventureflights.com.au. 50-minütige Flüge über Cradle Mountain und Dove Lake (ab 190 A-$).

Verkehr

Busse: Wanderer, die den Overland Track zwischen dem Cradle Mountain und dem Lake St. Clair erkunden wollen, können den nördlichen Ausgangspunkt per Bus erreichen, etwa mit Tasmanian Wilderness Travel Tassielink, Launceston, Tel. 03-63 34 44 42 oder Central Coast Four Wheel Drive Tours, Devonport, Tel. 03-64 25 15 43.

Devonport ▶ 2, C 3

Auf der Fahrt von Tasmaniens bekanntestem Naturschutzgebiet zur Nordküste passiert man das vom mächtigen, 1231 m hohen Mount Roland überragte Landstädtchen Sheffield. Dort stellen große Wandmalereien an Häusern Szenen aus der Pionierzeit des Landes dar. Herausragende Sehenswürdigkeit des Fährhafens **Devonport** zum Festland ist das ethnografische Museum Tiagarra Tasmanian Aboriginal Culture and Art Centre am Mersey Bluff, das einen guten Einblick in die Kunst und Kultur der von den Briten im 19. Jh. ausgerotteten tasmanischen Ureinwohner gibt. Beim Museum beginnt ein kurzer Rundweg zu verschiedenen Aboriginal-Kunststätten mit Felsgravierungen (Tel. 03-64 24 82 50, tgl. 9–17 Uhr, Erw. 5,50 A-$, Kin. 3,50 A-$, Fam. 14,50 A-$). Das Tasmanian Maritime and Folkmuseum in der Victoria Parade ist der Regionalgeschichte und der Geschichte der Seefahrt in den Gewässern um Tasmanien gewidmet (47 Victoria Par., Tel. 03-64 24 71 00, April–Sept. Di–So 10–16, Okt.–März Di–So 10–16.30 Uhr, Erw. 4 A-$, Kin. 2, Fam. 10 A-$).

aktiv unterwegs

Overland Track

Tour-Infos
Start: Cradle Mountain Visitor Centre am Lake Dove
Länge: 65 km
Dauer: 6–7 Tage
Schwierigkeitsgrad: einfach bis moderat
Information und Anmeldung: im Internet unter www.overlandtrack.com.au
Transport: Verbindungen zum Cradle Mountain Visitor Centre am Lake Dove, dem Ausgangspunkt der Wanderung, mit Tasmanian Wilderness Travel Tassielink (Tel. 03-64 92 11 32) ab Launceston und Central Coast Four Wheel Drive Tours (Tel. 03-64 25 15 43) ab Devonport. Maxwell's Cradle Mountain-Lake St. Clair Taxi & Bus Service (Tel. 03-64 92 14 31) fährt nach Bedarf vom Lake St. Clair, dem Endpunkt der Wanderung, nach Derwent Bridge am Lyell Highway. Von dort mit TassieLink Coaches oder Tasmanian Redline Coaches nach Hobart.

Als Nonplusultra unter den im Cradle Mountain-Lake St. Clair National Park möglichen Routen gilt der 65 km lange Buschpfad Overland Track, der von Nord nach Süd einmal quer durch den Nationalpark führt. Auf dieser Wanderung, für die man bei mäßigem Tempo sechs bis sieben Tage ansetzen sollte, passiert man sämtliche Vegetationszonen der Region. Gute körperliche Konstitution vorausgesetzt, ist diese Wildniswanderung zwischen dem Cradle Mountain und dem Lake St. Clair trotz einiger Anstiege nicht allzu schwierig. Etliche feucht-schlammige Abschnitte, die Wanderern einst zu schaffen machten, hat man durch Holzbohlenwege ›entschärft‹. Probleme ergeben sich meist nur dann, wenn schlecht ausgerüstete Trekker von einem der auch in den Sommermonaten häufigen Wetterumschwünge überrascht werden, für die diese Region mit 297 Regen- und 58 Schneetagen im Jahr berüchtigt ist. Zur Sicherheit müssen sich Bushwalkers deshalb in den Besucherzentren am Cradle Mountain bzw. am Lake St. Clair ab- und wieder zurückmelden.

Wer plant, die Wanderung auf eigene Faust zu unternehmen, kann sich über die Homepage der Parkverwaltung registrieren. Die Wanderung muss von Norden nach Süden erfolgen. Täglich dürfen beim Cradle Mountain Visitor Centre am Lake Dove nur 34 Independent Walkers starten. Übernachten können sie in den Schutzhütten der Parkverwaltung oder im eigenen Zelt. Proviant muss man mitbringen. Wegen der großen Nachfrage sollte man möglichst frühzeitig buchen, möglich ist dies ab Anfang Juli des Vorjahres. In der Hauptsaison vom 1. November bis 30. April wird zusätzlich zur allgemeinen Eintrittsgebühr in den Nationalpark (Erw. 16,50 A-$, Kin. 8,25 A-$, Fam. 41,25 A-$) für den Overland Track eine Gebühr von 160 A-$ für Erwachsene und von 128 A-$ für Kin. unter 17 J. erhoben.

Die erste Touretappe führt zunächst am **Crater Lake** und den **Crater Falls** vorbei stetig aufwärts zum **Marion Lookout,** wo man einen schönen Blick auf die Cradle Mountains und den Dove Lake genießt. Von dort senkt sich der Track wieder zur **Kitchen Hut** ab, wo ein Sidetrip zum Gipfel des Cradle Mountain abzweigt (hin und zurück 2,5 Std.).

Weiter geht es am zweiten Tag zunächst durch Wald, dann auf Brettersteigen durch offenes Moorland zum **Lake Windermere,** den knorrige alte Eukalypten umstehen. Ein lohnender Abstecher führt zum **Lake Will** und den **Innis Falls,** alternativ steuert man direkt die **Windermere Hut** an, Etappenziel dieses Wegabschnittes.

Den Auftakt zur dritten Touretappe bildet das oft in Nebel gehüllte **Pine-Forest-Moor.** An der Flanke des **Mt. Pelion West** entlang

Overland Track

führt der Track dann langsam absteigend zu den **Frog Flats** und läuft eine Weile am **Forth River** entlang, bevor er zur **Pelion Hut** wieder steil ansteigt, begleitet von den Felsabbrüchen des Mt. Oakleigh.

Am vierten Tag geht es zuerst am **Douglas Creek** entlang weiter südwärts, dann führt der Weg durch steiles Waldgelände zur **Kia Ora Hut.** Viele Wanderer machen einen Abstecher zum **Mt. Ossa,** dessen Gipfelplateau bei gutem Wetter einen fantastischen Rundblick über die gesamte Insel bietet.

Ziel der fünften Tagesetappe ist die **Windy Ridge Hut.** Der Overland Track führt auf diesem Abschnitt durch schummrig-dunklen Regenwald. Der Weg ist stellenweise rutschig und Baumwurzeln erweisen sich immer wieder als Stolperfallen. Der Aufstieg zur **Du Cane Gap** und auch der Abstieg von dieser Passhöhe sind sehr steil. Mehrere Abstecher führen zu kleinen Wasserfällen.

Am sechsten Tag führt der Weg sanft abfallend ins Tal des **Narcissus River,** stets begleitet von Regenwald und daher mit wenig Aussicht. Am Fluss entlang geht es weiter zur **Narcissus Hut**, sie befindet sich an der Stelle, wo der Narcissus River in den Lake St. Clair mündet. Man nähert sich ihr auf einer großen Hängebrücke.

Die letzte Touretappe führt 5 bzw. 7 Stunden am **Lake St. Clair** entlang (es gibt zwei Wegvarianten) zum Visitor Centre und bietet, wenn es nicht gerade regnet, immer wieder schöne Ausblicke. Sollte das Wetter nicht mitspielen, kann man in der Narcissus Hut per Funkgerät Plätze auf der Fähre bestellen, die dreimal täglich über den See zum Anleger beim Visitor Centre schippert.

Wem tagelanges Marschieren zu anstrengend ist, kann die Schönheit der Bergregion auf kürzeren Tagestouren erleben, die dem nördlichen und dem südlichen Abschnitt des Overland Track folgen.

Geführte Wanderungen auf dem gesamten Track, aber auch auf Teilstrecken mit Unterbringung in befestigten Hütten oder Zelten bieten Cradle Huts, Launceston, Tel. 03-63 92 22 11, www.cradlehuts.com.au (Übernachtung in Zweibettzimmern in komfortablen Hütten mit heißen Duschen, ab 2550 A-$ all inclusive), und Craclair Walking Holidays, Launceston, Tel. 03-63 39 44 88, www.craclairtasmania.com (Übernachtung in Zelten, ab 2150 A-$ *all inclusive*).

Tasmanien-Rundreise

Infos
Devonport Visitor Centre: 92 Formby Rd., Tel. 1800-64 95 14, www.devonporttasmania.travel, tgl. 8.30–17 Uhr.

Übernachten
Ideal für Familien ▶ **Mersey Bluff Lodge:** 247 William St., Tel. 03-64 24 52 89, www.merseyblufflodge.com.au. Strandnahes, familienfreundliches Motel mit Spielplatz, im ganzen Haus Rauchverbot. DZ 117–147 A-$.
Bezauberndes Herrenhaus ▶ **MacFie Manor:** 44 MacFie St., Tel. 03-64 24 17 19, Fax 03-64 24 87 66. Kleine Hotelpension in zauberhaftem viktorianischem Kolonialgebäude, nur für Nichtraucher. DZ ab 119 A-$.
Camping ▶ **Mersey Bluff Caravan Park:** Mersey Bluff, Tel. 03-64 24 86 55, mbcp@bigpond.com. Gut ausgestatteter Campingplatz in schöner Lage, mit Cabins.

Essen & Trinken
Aussie-Hausmannskost ▶ **Mallee Grill:** 161 Rooke St., Tel. 03-64 24 44 77, tgl. 12–15, 17.30–21.30 Uhr. Kräftig-derbe australische Küche, vor allem Steaks. Vorspeisen 8–10 A-$, Hauptgerichte 18–28 A-$.

Verkehr
Busse: Tgl. Verbindungen mit Tasmanian Redline Coaches, Tel. 13 00-36 00 00, und TassieLink Coaches, Tel. 13 00-30 05 20, nach Hobart, Launceston, Burnie u. a.; Busterminal in 9 Edward St.
Fähren: 1 x bzw. während der Hochsaison (Dez./Jan.) 2 x tgl. Verbindungen nach Melbourne (s. S. 75). In der Hauptsaison unbedingt rechtzeitig buchen. Auskunft in Devonport: TT Line, The Esplanade, Tel. 18 00-63 49 06, www.tt-line.com.au oder www.spiritoftasmania.com.au (s. S. 79).

Von Devonport nach Stanley ▶ 2, B/C 2/3

Burnie
Westlich von Devonport folgt der Bass Highway vorwiegend dem Küstenverlauf. Über

Penguin erreicht man **Burnie,** die bedeutendste Industrie- und Hafenstadt im Nordwesten von Tasmanien. Ein schöner Blick über den Tiefwasserhafen an der Mündung des Emu River bietet sich vom 245 m hohen Round Hill.

Die größte Sehenswürdigkeit im Ort ist das Pioneer Village Museum, der Nachbau einer Häuserzeile, die aus der Zeit um die Wende zum 20. Jh. errichtet wurde (Little Alexander St., Tel. 03-64 30 57 46, Mo–Fr 10–15 Uhr, Erw. 7,50 A-$, Kin. 3 A-$). Beim Burnie Penguin Observation Centre and Habitat am westlichen Ortsrand kann man bei Einbruch der Dunkelheit Zwergpinguine beobachten. Schautafeln informieren über die befrackten Zwerge (Tel. 03-64 33 17 99, tgl. 9–21 Uhr, Eintritt frei).

Von Devonport nach Stanley

Lake Elysia im Cradle Mountain National Park – ein ganz besonderes Naturerlebnis

Infos
Tasmanian Travel and Information Centre: Little Alexander St., Tel. 03-64 34 61 11, Mo–Fr 8.30–17, Sa/So 9–17 Uhr.

Übernachten
Günstige Lage ▶ Comfort Inn Beachfront Voyager: 9 North Terr., Tel. 03-64 31 48 66, www.beachfrontvoyager.com.au. Zentral und zugleich strandnah gelegen, elegantes Motel mit sehr gutem Restaurant. DZ 129–160 A-$.
Solides Stadthotel ▶ Chancellor Inn Burnie: 139 Wilson St., Tel. 03-64 31 44 55, www.ghihotels.com. Im Herzen der Stadt, gemütliche Zimmer, Restaurant und Pool. DZ 95–125 A-$.
Camping und Cabins ▶ Treasure Island Caravan Park: 253 Bass Hwy, Cooee, Tel. 03-64 31 19 25, oceanview@southcom.com.au. 3 km westl., sehr gut ausgestattet, mit großer Auswahl an Cabins und Hallenbad.

Verkehr
Busse: Tgl. von Tasmanian Redline Coaches (Tel. 13 00-36 00 00) und TassieLink Coaches (Tel. 13 00-30 05 20) von/nach Hobart, Launceston, Devonport u. a.; Busterminal in 117 Wilson St.

Wynyard und Umgebung
Nordwestlich von **Wynyard** beginnt mit dem 114 m hohen, in die Bass Strait ragenden Felsen Table Cape einer der schönsten Küstenabschnitte im Norden von Tasmanien. Mit blütenweißen Stränden sind die Feriensiedlungen Boat Harbour Beach und Sisters

Tasmanien-Rundreise

Tipp: Rabattpässe

Für die Nationalparks in Tasmanien wird eine Eintrittsgebühr von 24 A-$/Pkw und 12 A-$/Pers. erhoben. Wer den Besuch mehrerer Nationaparks plant, ist mit einem acht Wochen gültigen **Holiday Park Pass** zu 60 A-$/Pkw bzw. 30 A-$/Pers. gut beraten, der in allen Besucherzentren und Ranger Stations des Parks and Wildlife Service Tasmania erhältlich ist. Er gilt jedoch nicht für den Cradle Mountain-St. Clair National Park.

Die **See Tasmania Smartvisit Card** bietet nach Bezahlung eines All-inclusive-Preises freien Eintritt zu über 60 Attraktionen in ganz Tasmanien innerhalb eines festgelegten Zeitraums. Erhältlich sind die Karten bei allen tasmanischen Thrifty-Car-Filialen oder online unter www.seetasmaniacard.com (Dreitageskarte Erw. 165 A-$, Kin. 95 A-$).

Beach Tummelplätze für Wassersportler. Sisters Beach liegt im Ostteil des Rocky Cape National Park mit einigen Höhlen, die vor rund 8000 Jahren von tasmanischen Aborigines bewohnt waren. Zum Rocky Cape, dem Ausgangspunkt verschiedener Wanderungen, führt eine 5 km lange, vom Bass Highway abzweigende Stichstraße.

Übernachten

Am Wasser ▶ **The Waterfront Wynyard:** 1 Goldie St., Tel. 03-64 42 23 51, www.thewaterfront.net.au. Modern-behaglich möblierte, geräumige Zimmer, hervorragendes Restaurant mit Schanklizenz, schöne Lage an einem Meeresarm. DZ 125 A-$.

Stanley

Im Schatten des majestätischen, über 150 m hohen Felsmassivs The Nut liegt auf einer weit in die Bass Strait ragenden Halbinsel der geschichtsträchtige Ort **Stanley**. Bereits 1826 hatte dort die Van Diemens Land Company ihren Hauptstützpunkt im nördlichen Tasmanien errichtet. Die bewegte Vergangenheit des malerischen Städtchens spiegeln einige gut erhaltene Blausteingebäude wider. Der altehrwürdige Plough Inn an der Hauptstraße beherbergt heute einen Laden für Kunsthandwerk. Das Van Diemens Land Company Store House, ein historisches Lagerhaus am Hafen, dient als stilvolle Touristenunterkunft. Im mit Originalmobiliar ausgestatteten Lyons Cottage scheint die Zeit stehen geblieben zu sein (14 Alexander Terr., Tel. 03-64 58 11 45, tgl. 10–16 Uhr, Eintritt frei, Spende erbeten).

Das Hauptquartier der Van Diemens Land Company befand sich einst im Highfield Estate 1,5 km nördlich des Ortes (Greenhills, Tel. 03-64 58 11 00, tgl. 10–16 Uhr, Eintritt frei, Spende erbeten). Den Gipfel des sich hoch auftürmenden Vulkanfelsens The Nut erreicht man auf einem Fußweg oder per Sessellift (Tel. 03-64 58 12 86, tgl. 8 Uhr bis zum Sonnenuntergang, Erw. 6 A-$, Kin. 3 A-$).

In den Tanks und Aquarien des Stanley Seaquarium am Fischereihafen tummeln sich allerlei Meeresbewohner, darunter auch kleine Haie (Tel. 03-64 58 20 52, tgl. 9.30–16 Uhr, Erw. 6 A-$, Kin. 3 A-$, Fam. 15 A-$).

Infos

Stanley Visitor Information Centre: 45 Main Rd., Tel. 13 00-13 82 29 u. 03-64 58 13 30, www.stanley.com.au, Mo–Fr 9.30–17.30, Sa/So 10–16 Uhr.

Übernachten

Koloniales Flair ▶ **Abbey's Spa Cottage:** 46 Alexander Terr., Tel. 03-64 58 11 86, www.abbeyscottages.com.au. Komfortable Herberge in kolonialem Gemäuer mit zwei Schlafzimmern, Küche und Whirlpool. DZ 185 A-$ (inkl. Frühstück).

Schöner Blick ▶ **Stanley Seaview Inn:** Dovecote Rd., Tel. 03-64 58 13 00, www.stanleyseaviewinn.com.au. Rustikale Lodge mit stilvoll eingerichteten Zimmern und Ferienwohnungen, schöne Lage, gutes Restaurant. DZ 115–135 A-$, Ferienwohnung 170 A-$.

Landpub mit Zimmern ▶ **Stanley Hotel:** 19 Church St., Tel. 03-64 58 11 61. Pub-Hotel von 1847. DZ (mit Gemeinschaftsbad) 42 A-$, DZ (mit Bad/WC) 88 A-$.

Camping und Cabins ▶ Stanley Cabin & Tourist Park: Wharf Rd., Tel./Fax 03-64 58 12 66. Sehr gut ausgestattet, mit Cabins.

Essen & Trinken

Meeresspezialitäten ▶ Julie and Patrick's Seafood Restaurant: 2 Alexander Terr., Tel. 03-64 58 11 03, tgl. 12–14.30, 17–22 Uhr. Seafood und Grillspezialitäten. Vorspeisen 10–14 A-$, Hauptgerichte 20–34 A-$.

Von Burnie nach Queenstown

Westlich von Burnie zweigt vom Bass Highway der in den Western District von Tasmanien führende Murchison Highway ab. Noch immer sind weite Teile dieser Region eine *Terra Australis Incognita* mit schroffen Berggipfeln, unzugänglichen Flusstälern, tiefen Gletscherseen und dichten Urwäldern, die zwar vom Flugzeug aus vermessen, aber in ihrer Gesamtheit noch nicht von Bodenexpeditionen erforscht wurde.

Roseberry ▶ 2, C 3

Südwestlich der Bergbaustadt **Roseberry** donnern abseits des Murchison Highway die über 110 m hohen Montezuma Falls in eine Regenwaldschlucht. Zu erreichen ist das Naturspektakel auf einer 6 km langen, auf dem letzten Kilometer ungeteerten Stichstraße, die bei einem Parkplatz endet. Dort beginnt ein relativ einfacher, aber oft feucht-schlammiger Wanderpfad zu den höchsten Wasserfällen von Tasmanien (hin und zurück ca. 3 Std.).

Zeehan ▶ 2, B 4

Das abseits des Murchison Highway gelegene **Zeehan** war in der zweiten Hälfte des 19. Jh. eine wohlhabende Silberstadt mit annähernd 10 000 Einwohnern. Eine umfangreiche Sammlung zur Geschichte des Bergbaus an der Westküste präsentiert das West Coast Pioneers Memorial Museum. Prunkstück ist eine von der Münchener Firma Kraus & Co. im Jahr 1895 gebaute Dampflokomotive, die bis 1963 ihren Dienst tat (Main St., Tel. 03-64

Von Burnie nach Queenstown

71 62 25, tgl. 8.30–17 Uhr, Erw. 11 A-$, Kin. 5,50 A-$, Fam. 25 A-$). Das heute verwaiste Gaiety Theatre war im 19. Jh. das größte Theater von Australien.

Übernachten

Zweckmäßiger Komfort ▶ Heemskirk Motor Inn: Main St., Tel. 03-64 71 6107, Fax 03-64 71 66 94. Funktionell ausgestattete Motelzimmer, Restaurant. DZ 95 A-$.

Camping und Cabins ▶ Treasure Island West Coast Caravan Park: Hurst St., Tel. 03-64 71 66 33. Gut ausgestattet, mit Cabins

Strahan ▶ 2, B 4

Am nördlichen Ende des Macquarie Harbour, der wie ein norwegischer Fjord wirkt, liegt der Ort **Strahan**, gesprochen wie Strawn. Die wirtschaftliche Grundlage des Ortes, der heute vorwiegend von der Fischerei und dem Tourismus lebt, bildeten einst die weltweit einmaligen, bis zu 2000 Jahre alten Huonkiefern, die man in den Wäldern um Strahan abholzte. Wegen seiner Beständigkeit war das Holz zur damaligen Zeit besonders im Schiffbau sehr gefragt.

Ein Abstecher nach Strahan lohnt sich vor allem wegen der Kreuzfahrten auf dem **Macquarie Harbour,** dem breiten Mündungstrichter des Gordon River. Auf einer halbtägigen Ausflugsfahrt kann man etwa 40 km in den einzigartigen Regenwald der Westküste vordringen, in dem bis heute mächtige Huonkiefern überlebt haben. Zu den Touren gehört auch ein Stopp bei Sarah Island am Südende des Macquarie Harbour, die zwischen 1821 und 1834 als Gefängnisinsel diente.

Westlich von Strahan erstreckt sich der 40 km lange Ocean Beach mit heftiger Brandung. Dieser Strand ist Teil der mächtigen Fels- und Sandbank, die den Macquarie Harbour fast vollständig vom Ozean abriegelt. Die schmale Öffnung zum Meer trägt bis heute den Namen, den ihr die dorthin verbannten Sträflinge einst gaben: Hell's Gate – Tor zur Hölle.

Infos

West Coast Visitor Information Centre: The Esplanade, Tel. 1800-35 22 00, www.west

Tasmanien-Rundreise

Tipp: West Coast Wilderness Railway

Liebhaber alter Dampflokomotiven und Naturliebhaber kommen im ›wilden Westen‹ von Tasmanien gleichermaßen auf ihre Kosten. Zwischen dem Hafenort Strahan und der Bergwerkstadt Queenstown verkehrt die West Coast Wilderness Railway, ein Schmalspur-Dampfross aus den Pioniertagen des Eisenbahnverkehrs.

Bei der 35 km langen, abenteuerlichen Bergstrecke mit 12 Tunneln und 58 Brücken mussten die Ingenieure tief in die technische Trickkiste greifen – die Überwindung des steilen Rinadeena Saddle zum Beispiel ist nur mit Hilfe eines Zahnradsystems möglich. Errichtet wurde der Schienenstrang gegen Ende des 19. Jh., um Kupfererz aus den Bergwerken von Queenstown an die Küste zu transportieren.

Heute werden täglich zwei vier- bis fünfstündige Fahrten angeboten. Unterwegs unternehmen die Passagiere bei Stopps kurze naturkundliche Wanderungen im Regenwald oder besichtigen ein altes Goldgräbercamp. Auch fürs leibliche Wohl ist gesorgt: Eine freundliche Crew serviert allerlei Häppchen und Getränke.

West Coast Wilderness Railway: Tel. 18 00-62 82 88 u. 03-64 71 43 00, www.puretasmania.com.au, tgl. 10.15, 15.15 Uhr ab Strahan oder Queenstown, einfache Fahrt ab 115 A-$, Hin- oder Rückfahrt mit dem Bus 18 A-$.

---

coast.tas.gov.au, Mai–Okt. tgl. 10–18, Nov.–April tgl. 10–20 Uhr. Mit ungewöhnlichem Geschichtsmuseum.

Übernachten

Für jedes Budget ▶ The Strahan Village: The Esplanade, Tel. 03-64 71 42 00, www.strahanvillage.com.au. Stilvolle Anlage mit Zimmern unterschiedlicher Kategorien, z. T. mit schönem Hafenblick. DZ 139–193 A-$, Apartment ab 247 A-$

Herrlich gelegen ▶ Gordon Gateway: The Esplanade, Regatta Point, Tel. 03-64 71 71 65, www.gordongateway.com.au. Architektonisch ansprechende Bungalows, Top-Lage mit herrlichem Blick über Stadt und Hafen. DZ ab 135 A-$, Apartment ab 175 A-$.

Camping und Cabins ▶ Strahan Caravan and Tourist Park: The Esplanade, Tel. 03-64 71 72 39. Gut ausgestattet, mit Cabins.

Essen & Trinken

Gourmetküche ▶ Franklin Manor: The Esplanade, Tel. 03-64 71 73 11, www.franklinmanor.com.au, tgl. 12–15, 18–22 Uhr. Preisgekröntes *Nouvelle-Cuisine*-Restaurant in Kolonialhotel (DZ ab 205 A-$). Vorspeisen 14–18 A-$, Hauptgerichte 24–39,50 A-$.

Gehobene Regionalküche ▶ Risby Cove Restaurant: The Esplanade, Tel. 03-64 71 73 40, tgl. 12–14.30, 18.30–23 Uhr. Beliebtes Lokal mit schöner Terrasse, leichter Regionalküche (v. a. Seafood), guten Weinen und freundlichem Service. Vorspeisen 8–14 A-$, Hauptgerichte 18–34 A-$.

Aktiv

Bootstouren ▶ Gordon River Cruises: Tel. 1800-42 01 55 u. 03-62 25 70 16, www.puretasmania.com.au. Kreuzfahrten auf dem Macquarie Harbour und Gordon River (tgl. 8.30, in der Hauptsaison zusätzlich 14.45 Uhr, Erw. ab 95 A-$, Kin. ab 60 A-$, Fam. ab 235 A-$). **World Heritage Cruises:** Tel. 18 00-61 17 96 u. 03-64 71 71 74, www.worldheritagecruises.com.au. Gleiches Angebot (tgl. 9 Uhr, Erw. ab 90 A-$, Kin. ab 50 A-$, Fam. ab 230 A-$).

Rundflüge ▶ Strahan Seaplanes & Helicopters: Tel. 03-64 71 77 18, www.adventureflights.com.au. Rundflüge in Wasserflugzeugen und Hubschraubern über den Macquarie Harbour und den Franklin-Gordon Wild Rivers National Park, in der Hauptsaison mindestens eine Woche im Voraus buchen (Erw. ab 190 A-$, Kinder ab 110 A-$).

Queenstown und Umgebung
▶ 2, C 4

Bei der Fahrt auf dem kurvenreichen Lyell Highway zwischen Strahan und Queenstown erhält man Anschauungsunterricht in Sachen Umweltzerstörung. Im Jahr 1881 stießen Prospektoren in den Bergen um **Queenstown** auf Zinn und Kupfer, deren Abbau einige Leute reich machte, die Natur aber dauerhaft schädigte. Kahlgefressene Hügel- und Bergrücken, in denen vereinzelt abgestorbene Bäume von der früher üppigen Vegetation zeugen, bestimmen die Landschaftsszenerie um den Kupferberg Mount Lyell.

Die Bäume um Queenstown wurden gefällt, um die Hochöfen der Kupferschmelzerei zu befeuern. Die dabei freigesetzten schwefelhaltigen Rauchschwaden wiederum vernichteten die verbliebene Vegetation. Mit heftigen Regenfällen schließlich ging das fruchtbare Erdreich buchstäblich den Bach hinunter. Mittlerweile sind die Zinn- und Kupfervorkommen der Region fast erschöpft, unmöglich aber ist es, die verkarstete Mondlandschaft wieder aufzuforsten.

Mit den Arbeitsbedingungen unter Tage kann man sich bei einer Besichtigung der Kupfermine Mount Lyell Mine am Rande von Queenstown vertraut machen (Mount Lyell Underground Tours: Tel. 04 07–04 96 12, tgl. 10, 13 Uhr, Erw. 65 A-$, keine Kinder unter 14 Jahren).

Die Geschichte des Bergbaus um Queenstown dokumentiert eine Ausstellung historischer Fotografien im Galley Museum, das sich im alten Imperial Hotel von 1898 befindet (Driffield St., Ecke Sticht St., Tel. 03-64 71 28 73, Okt.–März Mo–Fr 9.30–18, Sa/So 12.30–18, April–Sept. Mo–Fr 10–17, Sa/So 13–17 Uhr, Erw. 5 A-$, Kin. 3 A-$, Fam. 13 A-$). 4 km östlich von Queenstown liegt der tiefe, mit türkisgrün schimmerndem Wasser gefüllte Krater des aufgelassenen Kupferbergwerks Iron Blow Open Cut.

Infos
Visitor Information Centre: Driffield St., Tel. 03-64 71 23 88, www.westernwilderness.com.au, Mo–Fr 9–17, Sa/So 10–15.30 Uhr.

Von Queenstown nach Hobart

Übernachten
Für Selbstversorger ▶ The Gold Rush Motor Inn: Batchelor St., Tel. 03-64 71 10 05, www.goldrushmotorinn.com.au. Große Zimmer mit Kitchenette. DZ 95–135 A-$.

Freundlicher Service ▶ Queenstown Motor Lodge: 54–58 Orr St., Tel. 03-64 71 18 66, www.queenstownmotorlodge.com.au. Einfache Zimmer, aber ausgezeichnetes Restaurant. DZ 96 A-$.

Camping und Cabins ▶ Queenstown Cabin & Tourist Park: 17 Grafton St., Tel. 03-64 71 13 32, Fax 03-64 71 11 25. Gut ausgestattet, mit Cabins.

Von Queenstown nach Hobart

Franklin-Gordon Wild Rivers National Park ▶ 2, C/D 4–6

Unweit von Queenstown verläuft der **Lyell Highway** durch eines der größten zusammenhängenden Naturschutzgebiete vor Australien. Südlich der Straße erstreckt sich der **Franklin-Gordon Wild Rivers National Park.** Hinter diesem Namensungetüm verbirgt sich eine der wildesten und unzugänglichsten Landschaften von Tasmanien, die nur erfahrenen Buschwanderern und Wildwasserkanuten zugänglich ist. Aber auch die Fahrt auf dem Lyell Highway, bei der sich immer wieder Gelegenheiten für kurze Wanderungen bieten, hinterlässt einen nachhaltigen Eindruck von dieser Wildnisregion. So führt der Nelson Falls Walk durch dichten Regenwald mit Myrten, Sassafras und Baumfarren zu einem idyllischen Wasserfall (hin und zurück 1,2 km/ 20 Min.). Vom Donaghys Hill Wilderness Lookout bietet sich ein herrlicher Blick auf den 1443 m hohen Frenchmans Cap und den Franklin River (hin und zurück 2,3 km/40 Min.).

Lake St. Clair ▶ 2, C 4

Nördlich des Lyell Highway liegt die südliche Region des Cradle Mountain-Lake St. Clair National Park mit dem 17 km langen, bis zu 200 m tiefen glazialen **Lake St. Clair**. Die Ran-

Tasmanien-Rundreise

Queenstown – einst Zentrum des Bergbaus, heute eher kleinstädtisch geprägt

ger Station bei der Cynthia Bay an der Südspitze des Sees markiert den Startpunkt für den Overland Track (s. S. 516f.) in Süd-Nord-Richtung. Die Seen- und Gebirgslandschaft um den Lake St. Clair ist auch ein ideales Terrain für Tageswanderungen. Einfach ist der Naturlehrpfad Watersmeet Nature Walk nahe der Ranger Station (hin und zurück 3 km/45 Min.).

Zu zwei malerischen Bergseen am Fuße des Little Hugel führt der Shadow Lake and Forgotten Lake Walk (hin und zurück 14 km/ 3–4 Std.). Eine Rundwanderung mit herrlichen Panoramablicken auf den Gipfel des 1416 m hohen Mount Rufus ist der Mount Rufus Circuit (18,5 km/6–7 Std.). Als Tagestour bietet sich eine Bootsfahrt von der Cynthia Bay zur Narcissus Bay an, von wo man auf dem Cuvier Valley Track (17 km/7 Std.) oder entlang dem Seeufer (Teil des Overland Track, 15 km/ 6 Std.) zum Ausgangspunkt zurückkehren kann.

Infos

Lake St. Clair Visitor Centre: Cynthia Bay, Tel. 03-64 92 11 33, www.cradlecountry.com.au, tgl. 9–17 Uhr. Da der Holiday Park Pass (s. S. 520) nicht für den Cradle Mountain-Lake St. Clair National Park gilt, müssen im Besucherzentrum folgende Eintrittsgebühren entrichtet werden: Erw. 16,50 A-$, Kin. 8,25 A-$, Fam. 41,25 A-$.

Übernachten

Am Rand des Nationalparks ▶ Derwent Bridge Chalets: Lyell Hwy, Tel. 03-62 89 11 44, www.derwent-bridge.com. Rustikal-gemütliche Lodge mit ausgezeichnetem Restaurant und urigem Pub. DZ 145–230 A-$.
Camping und Hostel ▶ Lake St. Clair Wilderness Resort: Cynthia Bay, Tel. 03-62 89 11 37, www.lakestclairwildernessholidays.com.au. Einfacher, aber schön gelegener Platz und Backpackers Hostel sowie Laden, Café und Restaurant mit Schanklizenz.

Mount Field National Park
▶ 2, D 5

Landschaftlich abwechslungsreich ist die Fahrt auf dem Lyell Highway durch das Tal des River Derwent. Südlich der Landstraße erstreckt sich der **Mount Field National Park**, dessen Vegetationsspektrum sich von gemäßigtem Regenwald bis zu einer alpinen Pflanzendecke spannt. Zu den kürzeren Wanderungen gehört der Russell Falls Nature Walk vom Parkeingang durch üppigen Regenwald zu den in Kaskaden zu Tal stürzenden Russell Falls (hin und zurück 1 km/30 Min.).

Von Queenstown nach Hobart

Lake Gordon und Lake Pedder

Bei Maydena beginnt die 84 km lange Gordon River Road, die zu den Stauseen **Lake Gordon** und **Lake Pedder** führt. Einst erstreckte sich dort eine nahezu unberührte Wildnis. Obwohl Umweltschützer dagegen Sturm liefen, ließ die damalige tasmanische Regierung 1971 den Serpentine River und Gordon River stauen. Mit der Überflutung verschwand ein weltweit einzigartiges Ökosystem. Als Mahnmale ragen heute die Spitzen abgestorbener Bäume aus den Stauseen. Die Asphaltstraße endet beim Gordon Dam mit dem Wasserkraftwerk Gordon Power Station, das für Besucher sporadisch für Führungen geöffnet ist.

South West National Park
▶ 2, C/D 4–6

Lake Gordon und Lake Pedder liegen im **South West National Park**, einer abgesehen von wenigen Wanderwegen völlig unerschlossenen Wildnisregion mit regenwaldüberwucherten Berggipfeln, Gletscherseen und tosenden Wasserfällen sowie endlos langen Sandstränden an der Küste. Etwa auf halbem Weg zwischen Maydena und Strathgordon zweigt eine 35 km lange Schotterstraße zum Scotts Peak Dam ab. Dort ist der Ausgangspunkt für den South West Walking Track. Die erfahrenen und bestens ausgerüsteten *Bushwalker*, die sich an diese Extremwanderung wagen, laufen vom Lake Pedder in zwei bis drei Wochen über den Naturhafen Port Davey zum South East Cape.

New Norfolk ▶ 2, D 5

Gut 10 km nordwestlich von New Norfolk befindet sich bei Plenty die Salmon Ponds Trout Hatchery, wo man Mitte des vorigen Jahrhunderts die ersten Forellen der südlichen Hemisphäre züchtete. Heute werden die Forellen vor allem in den Flüssen und Seen des zentralen Hochlands von Tasmanien ausgesetzt, das sich damit den Ruf eines der besten Reviere für Australiens Sportangler erworben hat (Tel. 03-62 61 16 14, tgl. 9–17 Uhr, Erw. 6 A-$, Kin. 3 A-$). **New Norfolk** zählt zu den historisch bedeutsamsten Städten Australiens. Bereits 1807 gegründet, ist der Ort heute nicht nur für seine zahlreichen gut erhaltenen Gebäude aus der Pionierzeit bekannt, sondern vor allem auch für das Hauptprodukt der umliegenden Agrarregion – Hopfen. Die Gegend um New Norfolk deckt etwa die Hälfte des Hopfenbedarfs der australischen Brauereien. Zu den Sehenswürdigkeiten des Ortes zählt die ehemalige Hopfendarre Oast House aus dem Jahr 1867, die heute ein Museum mit einer Sammlung zur Geschichte des Hopfenanbaus im Derwent Valley beherbergt (Tynwald Park, Lyell Hwy, Tel. 03-62 61 10 30, tgl. 9–18 Uhr, Erw. 6 A-$, Kin. 3 A-$, Fam. 12 A-$). Die 1823 errichtete St. Mathews Church of England, die älteste Kirche Tasmaniens, besitzt schöne Buntglasfenster. Das Bush Inn Hotel von 1825 gilt als älteste lizenzierte Kneipe in Australien. Im Old Colony Inn aus dem Jahr 1835 sind heute eine heimelige Pension und ein Restaurant mit historischem Ambiente untergebracht (s. u.).

Übernachten

Gutes Preis-Leistungs-Verhältnis ▶ The **Junction Motel:** Lyell Hwy, Ecke Pioneer Ave., Tel. 03-62 61 51 79, www.junctionmotel.com.au. Angenehme Unterkunft mit Restaurant. DZ 110 A-$.

Bezauberndes B & B im viktorianischen Stil ▶ **Old Colony Inn:** 21 Montagu St., Tel. 03-62 61 27 31, www.oldcolonyinn.com. Zwei im viktorianischen Stil des 19. Jh. ausgestattete Zimmern und heimeliges Restaurant; angeschlossen ist ein mit viel Liebe gestaltetes heimatkundliches Museum. DZ 85–105 A-$ (inkl. Frühstück).

Camping und Cabins ▶ **New Norfolk Caravan Park:** The Esplanade, Tel. 03-62 61 12 68. Gut ausgestatteter Platz, auch Cabins.

Essen & Trinken

Aussie-Hausmannskost ▶ **Bush Inn Hotel:** 49–51 Montagu St., Tel. 03-62 61 20 11, tgl. 11–14.30, 17–23 Uhr. Historischer Pub, Steaks und andere deftige australische Gerichte. Vorspeisen 8–12 A-$, Hauptgerichte 18–26,50 A-$.

Register

Adcock Gorge (WA) 331
Adelaide (SA) 52, **254 ff.**
 – Adelaide Botanic Gardens 256
 – Adelaide Zoo 257
 – Festival Centre Complex 255
 – King William Street 255
 – National Wine Center of Australia 257
 – North Terrace 255
 – Adelaide Hills 263 f.
 – Tandanya Aboriginal Cultural Institute 257
 – Torrens Lake 259
Adelaide River (NT) 383
Adventure Bay (TAS) 505
Ärtzliche Versorgung 98
Airlie Beach (QLD) 434
Aktivurlaub 87 ff.
Albany (WA) 278, **292 f.,** 300
Albury (NSW) 167
Alexandra Headland (QLD) 454
Alice Springs (NT) 50, 295, 347, **366 ff.**
Alpine National Park (VIC) 171
Alpine Way 166
America's Cup 305
Anakie (QLD) 446
Andamooka (SA) 356
Anderson Bay (TAS) 511
Angaston (SA) 268
Anreise 76 ff.
Apollo Bay (VIC) 217
Ararat (VIC) 228
Archipelago de la Recherche (WA) 291
Argyle Diamond Mine (WA) 340
Armidale (NSW) 477
Arnhem Land (NT) 56, 57, 381
Arthur Highway (TAS) 506
Arthur, George 507
Atherton (QLD) 416
Atherton Tableland (QLD) 409, **413 ff.**
Augusta (WA) 297 f.
Auskunft 102
Australian Bight Marine Park (SA) 284
Avon River (WA) 307
Ayers Rock s. Uluru

Bairnsdale (VIC) 185
Bald Rock National Park (NSW) 483
Ballarat (VIC) 32, 36, 48, **226 f.**
Ballina (NSW) 476
Bamaga (QLD) 427
Barn Bluff (TAS) 515
Barnett River Gorge (WA) 327, 333
Barossa Valley (SA) 265 ff.
Barrington Tops (NSW) 488
Barrow Creek (NT) **378,** 380
Bass Highway (TAS) 518, 519
Bass Strait (TAS) 491, 519
Batchelor (NT) **383,** 391
Batemans Bay (NSW) 178
Bathurst (NSW) 32, **242**
Bathurst Island (NT) 57, **390**
Battery Hill (SA) 285
Bay of Fires (TAS) 510
Beachport (SA) 224
Beaumaris (TAS) 510
Bedarra Island (QLD) 436
Beechworth (VIC) 170
Beerburrum (QLD) 455
Beerwah (QLD) 455
Bega (NSW) 180
Belair National Park (SA) 264
Belgrave (VIC) 210
Bell Gorge (WA) 331, 335
Bellingen (NSW) 486
Bellrive (TAS) 503
Bells Line of Road (NSW) 153
Ben Lomond National Park (TAS) 512
Benalla (VIC) 172
Bendigo (VIC) 32, **234**
Bermagui (NSW) 180
Bernacchi, Louis 494

Berri (SA) 241
Berridale (NSW) 166
Berrima (NSW) 155
Berry Springs Nature Park (NT) 391
Bicheno (TAS) 508
Birdsville (QLD) 349
Birdsville Track (QLD/NT) 352
Black Mountain National Park (QLD) 423
Blackall Range (QLD) 454
Blackheath (NSW) 151
Blackmans Bay (TAS) 502
Blaxland, Gregory 32, 145
Bloomfield Track (QLD) 423
Blue Mountains National Park (NSW) 145 f.
Bluff Knoll (WA) 293
Boat Harbour Beach (TAS) 519
Bodalla (NSW) 179
Boonoo Boonoo Falls (NSW) 483
Border Ranges National Park (QLD, NSW) 472
Border Village (SA) 284
Botany Bay (NSW) 30, 36
Botschaften 67
Boulder (WA) 286
Bourke (NSW) 249
Bowen (QLD) 439
Bowen, John 499
Boyd, Benjamin 182
Braidwood (NSW) 178
Brampton Island (QLD) 431
Bramston Beach (QLD) 409
Brand Highway (WA) 312, 313
Breakaways Reserve (SA) 358
Bribie Island (QLD) 468
Bridport (TAS) 511
Bright (VIC) 171
Brighton Beach (VIC) 209
Brisbane (QLD) **456**
 – Alma Park Zoo 460
 – Brisbane Forest Park 461
 – City Botanic Gardens 459
 – City Hall 457

- Eagle Street Pier 460
- Fortitude Valley 460
- GPO Museum 460
- Land Administration Building 457
- Lone Pine Koala Sanctuary 461
- Mount Coot-tha Park 461
- Museum of Brisbane 457
- New Farm 460
- Newstead 460
- Old Commissariat Stores 457
- Old Government House 459
- Old Observatory 460
- Parliament House 459
- Performing Arts Complex 458
- Queensland Art Gallery 458
- Queensland Cultural Centre 458
- Queensland Maritime Museum 458
- Queensland Museum 458
- Redcliffe Peninsula 460
- Sandgate 460
- Sciencentre 458
- South Bank Parklands 458
- St. Stephen's Cathedral 460
- The Mansions 457
- Treasury Building 457

Broken Hill (NSW) 249 f.
Brooklyn (NSW) 154
Broome (WA) 34, 326, **327 f.**
Bruny Island (TAS) **503 f.**
Buccaneer-Archipel (WA) 327
Buchan Caves (VIC) 183
Buckland (TAS) 508
Bunbury (WA) 291, 292, **299**
Bunda Cliffs (SA) 284
Bundaberg (QLD) 430
Bundjalung National Park (NSW) 476
Bungle Bungle National Park s. Purnululu National Park (WA)
Burleigh Heads National Park (QLD) 470
Burnie (TAS) 518 f.
Burra (SA) 251
Burrup-Halbinsel (WA) 325
Busselton (WA) 294, **298**
Byron Bay (NSW) 475

Cabbage Tree Palms Reserve (VIC) 183
Cable Beach (WA) 327
Cactus Beach (SA) 284
Caiguna (SA) 285
Cairns (QLD) 360
Caloundra (QLD) 454
Cambridge Gulf (WA) 334, 339
Camden (NSW) 155
Canberra (ACT) 33, 36, **156 ff.**, 300, 314
- Anzac Parade 158
- Australian-American Memorial 158
- Blundell's Cottage 158
- High Court 161
- National Aquarium und Zoo 159
- National Botanic Gardens 159
- National Film and Sound Archive 159
- National Gallery of Australia 161
- National Library of Australia 160
- National Museum of Australia 159
- National Science and Technology Centre 160
- New Parliament House 162
- Old Parliament House 161
- Shopping District 159
- The National Capital Exhibition 158
- Yarralumla 163

Cannonvale (QLD) 439
Canunda National Park (SA) 224
Canungra (QLD) 471
Cape Bridgewater (VIC) 221
Cape Bruny (TAS) 505
Cape Conran (VIC) 183
Cape Hillsborough National Park (QLD) 443
Cape Le Grand National Park (WA) 292
Cape Leeuwin (WA) 297
Cape Leveque (WA) 328
Cape Naturaliste (WA) 297, 298
Cape Range National Park (WA) 320
Cape Tourville (TAS) 509
Cape Tribulation (QLD) **423**
Cape Upstart National Park (QLD) 439
Cape York (QLD) 30, 36, **426**
Cape York Peninsula (QLD) 425
Capital Territory 155 ff.
Capricorn Caves (QLD) 445
Captain Cook Highway (QLD) 418
Cardwell (QLD) 406
Carlisle Island (QLD) 431
Carnarvon (WA) 318, 319
Carnarvon National Park (QLD) 402, **446**
Carr Boyd Range (WA) 338
Casley, Leonard George 314
Castlemaine (VIC) 32, 233
Cataract Gorge (TAS) 511
Cathedral Gorge (WA) 338
Cathedral Rock National Park (NSW) 486
Caves Road (WA) 297
Ceduna (SA) 282, 283
Central Mangrove (NSW) 153
Central Tilba (NSW) 180
Cervantes (WA) 313
Cessnock (NSW) 488
Chamberlain Gorge (WA) 334
Charles Knife Canyon Road (WA) 320
Charlotte Pass (NSW) 167
Chillagoe-Mungana National Park (QLD) 416
Chiltern (VIC) 170

527

Register

Clare Valley (SA) 252
Cobar (NSW) 249
Cocklebiddy Telegraph Station (SA) 285
Coen (QLD) 425
Coffs Harbour (NSW) 477
Conway Range National Park (QLD) 439
Coober Pedy (SA) 356
Cook, James 30, 31, 36, 101, 302, 418, 423, 424, 432, 434, 437, 455, 475, 505
Cooktown (QLD) 424
Coolangatta (NSW) 176
Coolangatta (QLD) 470
Coolgardie (WA) 32, 286, **289,** 301
Cooma (NSW) 166
Coomera (QLD) 469
Coonabarabran (NSW) 244
Coorong National Park (SA) 225
Copping (TAS) 506
Coral Bay (WA) 320
Corryong (NSW) 167
Cowra (NSW) 242
Cradle Mountain-Lake St. Clair National Park (TAS) 406, 515 f., 523 f., **515 f.**
Crescent Head (NSW) 477
Croajingolong National Park (VIC) 182
Crows Nest Falls (QLD) 482
Crystal and Yonderup Caves (WA) 306
Currumbin (QLD) 470

Daintree (QLD) 421
Daintree National Park (QLD) 421 ff.
Dales Gorge (WA) 323
Daly Waters (NT) 379
Dampier (WA) 322, 325
Dampier Peninsula (WA) 329
Dampier, William 30
Dandenong Ranges National Park (VIC) 174, **210**
Darling Downs (QLD) 456
Darling Range (WA) 291, 306, 307
Darlington (TAS) 508
Darwin (NT) 34, 37, 50, 312, **384 f.**
Daydream Island (QLD) 433, 440
Daylesford (VIC) 233
Deloraine (TAS) 514
Denmark (WA) 294
Derby (TAS) 510
Derby (WA) 330
Derwent (TAS) 52
Derwent Valley (TAS) 525
Devils Kitchen (TAS) 506
Devils Marbles (NT) 378
Devonian Great Barrier Reef (WA) 335
Devonport (TAS) 514, **515 f.**
Diamond Island (TAS) 509
Dirk Hartog Island (WA) 319
Discovery Bay (VIC) 221
Dorrigo National Park (NSW) 486
Douglas Hot Springs (NT) 383
Drysdale River Station (WA) 332, 333
Dubbo (NSW) 243 f.
Dunk Island (QLD) 437
Dunolly (VIC) 233
Durack Range (WA) 338

Eagle Gorge (WA) 316
Eaglehawk Neck (TAS) 508
East Coast Natureworld (TAS) 510
Ebenezer (NSW) 153
Ebor Falls (NSW) 486
Echuca (VIC) 235
Eden (NSW) 181
Edith Falls (NT) 382
Edmund Kennedy National Park (QLD) 407
Emu River (TAS) 518
Esperance (WA) 277, 2**91 f.**
Esperance Forest (TAS) 504
Eubenangee Swamp National Park (QLD) 409
Eucla Roadhouse (SA) 284, 285
Eungella National Park (QLD) 441
Evandale (TAS) 512
Evans Head (NSW) 476
Exmouth (WA) 279, **320**
Eyre Highway (SA) 280, 283, 284, 285
Eyre Peninsula (SA) 280 ff.
Eyre, Edward John 280, 283, 267

Farnham, John 55
Faulconbridge (NSW) 147
Finke Gorge National Park (NT) 375
Fitzgerald River National Park (WA) 292
Fitzroy Crossing (WA) 330, 336,
Fitzroy Island (QLD) 437
Fitzroy River (WA) 326, 330, 336
Fleurieu Peninsula (SA) 269
Flinders Ranges (SA) 349 f.
Flinders, Matthew 32
Fogg Dam Conservation Reserve (NT) 392
Forster (NSW) 480
Fortescue Falls (WA) 323
Fowlers Bay (SA) 284
Frank Hann National Park (WA) 292
Franklin River (TAS) 523
Franklin-Gordon Wild Rivers National Park (TAS) 492, **523**
Fraser Island (QLD) 448
Fraser, Malcolm 35
Fremantle (WA) 300, 303, **305**
Fremantle, Charles 300, 305
Frenchman Peak (WA) 292
Frenchmans Cap (TAS) 523
Freycinet National Park (TAS) 509
Frog Hole Gorge (WA) 337

Galvans Gorge (WA) 327, 333
Gammon Ranges National Park (SA) 354
Gascoyne District (WA) 319
Gascoyne River (WA) 319
Geelong (VIC) 213
Geeveston (TAS) 503
Geikie Gorge National Park (WA) 336
Geldwechsel 94
George River (TAS) 510
Geraldton (WA) 315
Gibb River Road (WA) 278, **330 f.,** 334
Gibraltar Range National Park (NSW) 484
Gibson Desert (WA) 277
Giles, Ernest 361, 362
Gippsland Lakes (VIC) 183 ff.
Girraween National Park (QLD) 483
Gladstone (QLD) 446
Glass House Mountains (QLD) 455
Glen Innes (NSW) 483
Glenbrook (NSW) 145
Glendambo (SA) 356
Glenelg (SA) 259
Glenrowan (VIC) 172
Gold Coast (QLD) 469
Golden Beach (VIC) 186
Golden Mile (WA) 288
Goldfields (VIC) 233
Goldfields (WA) 286, 288, 289
Golf von Carpentaria 16, 30
Gordon River (TAS) 522, 525
Gordonvale (QLD) 409
Gosford (NSW) 153, 481
Gosse, William 361
Goulburn (NSW) 155
Grafton (NSW) 477
Grampians National Park (VIC) 228 ff.
Great Barrier Reef (QLD) 320, 404, 428

Great Dividing Range 16, 228 ff.
Great Eastern Highway (SA) 285, 289, 307
Great Forest Trees Drive (WA) 296
Great Keppel Island 431
Great Northern Highway (WA) 312, 313, 319, 324, 326, 330, 336, 337, 338
Great Ocean Drive (WA) 291
Great Ocean Road (VIC) 216 ff.
Great Oyster Bay 508
Great Sandy Desert (WA) 277, 279, 326
Great Sandy National Park (QLD) **450,** 453
Great Western Tiers (TAS) 514
Green Island (QLD) 437
Greenway, Francis 52, 111, 121, 122, 124, 131
Gregory National Park (NT) 341
Grose, Francis 31
Grove (TAS) 503
Guildford (WA) 306
Guy Fawkes River National Park (NSW) 486
Gympie (QLD) 452

Hadspen (TAS) 514
Hahndorf (SA) 265
Halls Creek (WA) 330, **336,** 339
Halls Gap (VIC) 228
Hamelin Pool (WA) 318
Hamersley Range (WA) 319, 323
Hamilton Island (QLD) 432
Hancock Gorge (WA) 323
Hancock, Langley 322
Hannan, Patrick ›Paddy‹ 286
Harrington (NSW) 480
Hartog, Dirk 319
Hartz Mountains National Park (TAS) 504
Hastings (TAS) 504
Hastings Point (NSW) 475
Hawke, Bob 35, 37

Hawker (SA) 349
Hawkesbury River (NSW) 153
Hawks Nest (NSW) 481
Hayes Creek (NT) 383
Hayman Island (QLD) 432
Hazards (TAS) 509
Head of Bight (SA) 284
Healesville (VIC) 211
Heart Reef (QLD) 432
Helenvale 423
Hell's Gate (TAS) 521
Hellfire Bay (WA) 292
Henbury Meteorite Craters (NT) 363
Hepburn Springs (VIC) 233
Hermannsburg (NT) 374
Heron Island (QLD) 431
Hervey Bay 448
Hill End (NSW) 242
Hillarys (WA) 306
Hilltop Gully Road (WA) 294
Hinchinbrook Channel (QLD) 407
Hinchinbrook Island 407, **435**
Hinkler, Bert 448
Hippo's Yawn (WA) 289
Hobart (TAS) 491, **494 ff.**
– Franklin Square 495
– Parliament House 495 f.
– Salamanca Place 495
– State Library Building 495
– Tasmanian Museum and Art Gallery 494
– Victoria Dock 494
Honeymoon Bay (TAS) 509
Hook Island (QLD) 433
Horizontal Waterfall (WA) 327
Horsham (VIC) 232
Howard Springs Nature Park (NT) 391
Howard, John 35, 37
Hunter Valley (NSW) 481
Huon Highway (TAS) 503, 504
Huon Peninsula (TAS) 503
Huon River (TAS) 503

Register

Huon River Valley (TAS) 504
Hutt River Province (WA) 315 f.

Ingham (QLD) 406
Innamincka (SA) 349
Innes National Park (NT) 346
Innisfail (QLD) 408, 409
Inverell (NSW) 484
Iron Knob (SA) 280
Iron Range National Park (QLD) 426
Isle of the Dead (TAS) 509

Jamberoo (NSW) 175
Janszoon, William 36
Jenolan Caves (NSW) 152
Jervis Bay (NSW) 176
Jewel Caves (WA) 297
Jindabyne (NSW) 166
John Forrest National Park (WA) 307
Jourama Falls National Park (QLD) 406

Kadina (SA) 346
Kaiserstuhl Conservation Park (SA) 268
Kakadu National Park (NT) 56, **392 ff.**
Kalbarri National Park (WA) 316
Kalgoorlie (WA) 32, 281, 286 ff.
Kalgoorlie-Boulder (WA) **286 f.**
Kanangra Boyd National Park (NSW) 145, 150, 152
Kangaroo Island (SA) 270 f.
Kangaroo Valley (NSW) 177
Karijini National Park (WA) 319, **323 f.**
Kata Tjuta (The Olgas; NT) 359
Katherine (NT) 341, 379
Katherine Gorge (NT) 381
Katoomba (NSW) 147
Keating, Paul John 35, 37
Keep River National Park (NT) 341

Kelly, Ned 170, 172, **173**, 196
Keppel Sands (QLD) 445
Kerang (VIC) 237
Khancoban (NSW) 166
Kiama (NSW) 175
Kimberleys (WA) 278, 279, **309 ff.**
King George Sound (WA) 292
King Solomons Cave (TAS) 514
Kingdom of the Karri (WA) 297
Kings Canyon (NT) 362
Kingston (TAS) 502
Kingston S.E. (SA) 224
Kondalilla National Park (QLD) 454
Koonalda Cave (SA) 284
Kosciusko National Park (NSW/VIC) 165, **166 f.**
Kumarina Roadhouse (WA) 319
Kununurra (WA) 334, **339 ff.**
Kuranda Scenic Railway (QLD) 413

Lady Elliot Island (QLD) 428
Lady Musgrave Island (QLD) 430
Lake Argyle (WA) 339
Lake Barrine (QLD) 417
Lake Cave (WA) 298
Lake Dove (TAS) 515, 516
Lake Eacham (QLD) 417
Lake Eildon (VIC) 174
Lake Elysia (TAS) 519
Lake Eyre (SA) 353
Lake Gilles Conservation Park (SA) 283
Lake Gordon (TAS) 525
Lake Kununurra (WA) 339
Lake Monger (WA) 306
Lake Pedder (TAS) 525
Lake St. Clair (TAS) 514
Lakefield National Park (QLD) 426
Lakes Entrance (VIC) 183
Lakes National Park (VIC) 186
Lamington National Park (QLD) 471

Lancelin (WA) 312
Launceston (TAS) 491, 492, 506, **510 ff.**
Laura (QLD) 425, 426
Laurieton (NSW) 480
Lawson, William 32, 146
Leaning Tree Lagoon Nature Park (NT) 393
Leeuwin-Naturaliste National Park (WA) 296, 297
Lennard River (WA) 331, 335
Lennox Head (NSW) 476
Lesmurdie Falls (WA) 307
Leura (NSW) 147
Liffey Falls (TAS) 514
Light, William 254
Lightning Ridge (NSW) 247
Lincoln Highway (SA) 280, 283
Lindeman Island (QLD) 432
Lindsay, Norman 147
Lismore (NSW) 476
Litchfield National Park (NT) 383, **391 f.**
Lithgow (NSW) 150
Little Desert National Park (VIC) 232
Lizard Island (QLD) 438
Loch McNess (WA) 306
Long Island (QLD) 432
Lorne (VIC) 216
Louisville (TAS) 508
Low Isles (QLD) 419, 438
Lower Glenelg National Park (VIC) 221
Lucky Bay (WA) 292
Lunawanna (TAS) 505
Lyell Highway (TAS) 523 f.
Lyndoch (SA) 266

MacDonnell Ranges (NT) 366, 372 ff.
Mackay (QLD) 428, 431, **440 f.**
Macquarie Harbour (TAS) 521
Macquarie, Lachlan 31, 32, 110
Madura Roadhouse (SA) 285

Der Haupteintrag ist **fett** hervorgehoben.

Magnetic Coast (QLD) 404
Magnetic Island (QLD) 434
Magnetic Island National Park (QLD) 435
Main Range National Park (QLD) 483
Malanda (QLD) 417
Maldon (VIC) 233
Maleny (QLD) 455
Mallacoota (VIC) 182
Mammoth Cave (WA) 298
Mandurah (WA) 299
Manjimup (WA) 296 f.
Manning Gorge (WA) 327, 333, 335, 336
Mannum (SA) 241
Mapleton Falls National Park (QLD) 454
Marakoopa Cave (TAS) 514
Marananga (SA) 268
Marble Bar (WA) 326
Mareeba (QLD) 414
Margaret River (WA) 298
Maria Island (TAS) 508
Marla (SA) 353, 359
Marlin Coast (QLD) 418 ff.
Maroochydore (QLD) 454
Marree (SA) 348, 349, 352, 353
Maryborough (QLD) 233, 446
Marysville (VIC) 174
Mataranka (NT) 378, 379
Maydena (TAS) 525
Megalong Valley (NSW) 152
Melbourne (VIC) 33, 37, 48, 49, 52, **192 ff.**
 – Bourke Street 187
 – Carlton 189
 – Chinatown 187
 – Collins Street 187
 – Docklands 194
 – Eureka Tower 193
 – Federation Square 186
 – Fitzroy und Richmond Royal Botanic Gardens 192
 – Swanston Street 187
 – Victorian Arts Centre 192
 – Yarra Park und Olympic Park 190
Melville Island (NT) 57, **390**
Menzies, Robert Gordon 35, 37
Merimbula (NSW) 180
Merredin (WA) 289
Michaelmas Cay (QLD) 438
Middle Island (QLD) 431
Mildura (VIC) 238
Millaa Millaa (QLD) 418
Millicent (SA) 224
Millstream (WA) 324
Millstream Falls National Park (QLD) 418
Millstream-Chichester National Park (WA) 324
Mimosa Rocks National Park (NSW) 180
Minilya Roadhouse (WA) 320
Minnamurra Rainforest Park (NSW) 175
Mirima National Park (WA) 340
Mission Beach (QLD) 407
Mitchell Falls (WA) 327, 332, 333 ff.
Mitchell-Plateau 334 f.
Mitchell River (WA) 327, 333
Mitchell River National Park (VIC) 186
Mittagong (NSW) 155
Mogo (NSW) 179
Mole Creek (TAS) 514
Monkey Mia (WA) 318 f.
Montezuma Falls (TAS) 521
Montville (QLD) 454
Mooloolaba (QLD) 453
Moonta (SA) 346
Moore Park (QLD) 448
Moreton Island (QLD) 467
Mornington Peninsula (VIC) 209
Morton National Park (NSW) 178
Moruya (NSW) 179
Moss Vale (NSW) 155
Mossman (QLD) 412, **421**
Mossman Gorge (QLD) 421
Mount Augustus (WA) 319
Mount Bartle Frere (QLD) 409
Mount Beauty (VIC) 171
Mount Buffalo National Park (VIC) 171
Mount Connor (NT) 358
Mount Elliot National Park (QLD) 405
Mount Field National Park (TAS) 524
Mount Gambier (SA) 222
Mount Hypipamee National Park (QLD) 417
Mount Isa (QLD) 51, **399**
Mount Jerusalem (TAS) 514
Mount Kosciusko (NSW) 16, 167
Mount Lofty Ranges (SA) 265
Mount Lyell (TAS) 523
Mount Nelson (TAS) 502
Mount Ossa (TAS) 515
Mount Richmond National Park (VIC) 221
Mount Rufus (TAS) 524
Mount Tomah Botanic Gardens (NSW) 153
Mount Victoria (NSW) 152
Mount Warning National Park (NSW) 472
Mount Wellington (TAS) 494, **502**
Mount William National Park (TAS) 510
Mount Wilson (NSW) 153
Mourilyan (QLD) 408
Mundaring Weir (WA) 307
Mundrabilla Roadhouse (SA) 285
Mungkan Kandju National Park (QLD) 426
Murchison Highway (TAS) 521
Murchison River (WA) 316
Murramarang National Park (NSW) 178
Murray River (SA) 225, **232 ff.**, 236, 237, 238

Register

Murwillumbah (NSW) 472
Myall Lakes National Park (NSW) 481

Nabowla (TAS) 511
Nambour (QLD) 454
Nambucca Heads (NSW) 477
Nambung National Park (WA) 313
Napier Range (WA) 330, 335, 336
Naracoorte (SA) 223
Narooma (NSW) 179
Narromine (NSW) 249
Nelson (VIC) 221
Nelson Bay (NSW) 481
Nelson Falls (TAS) 523
New England National Park (NSW) 486
New England Tableland (NSW) 483
New Norfolk (TAS) 525
New South Wales 30, 32, 36
Newcastle (NSW) 480
Newdegate Cave (TAS) 504
Ngilgi Caves (WA) 298
Nightcap National Park (NSW) 479
Nimbin (NSW) 477
Ningaloo Reef (WA) 320, 321
Nitmiluk National Park (NT) 381
Noosa (QLD) 452
Noosa National Park (QLD) 452
Norseman (SA) 281, **285 f.**
North Esk River (TAS) 511
North Haven (NSW) 480
North Hobart (TAS) 502
North Stradbroke Island (QLD) 468
North West Coastal Highway (WA) 316, 320, 321, 322
Northampton (WA) 315
Northcliffe (WA) 297
Nowra (NSW) 176
Nullarbor National Park (SA) 284
Nullarbor Plain (SA) 283 ff.

Nyngan (NSW) 249

O'Brien, William Smith 507
O'Connor, Charles 286
Ocean Beach (TAS) 482
Old Halls Creek (WA) 337
Old Telegraph Road (QLD) 427
Old Telegraph Station (SA) 284
Olinda (VIC) 210
Omeo (VIC) 171
Oodnadatta (SA) 17, **353**
Ophthalmia Ranges (WA) 322
Orange (NSW) 243
Orbost (VIC) 182
Ord River (WA) 326, 339, 341
Orford (TAS) 508
Orpheus Island (QLD) 435
Overlander Roadhouse (WA) 318

Palm Cove (QLD) 418
Palm Islands (QLD) 435
Paluma Range National Park (QLD) 406
Paraburdoo (WA) 322, 325
Paradise Beach (VIC) 186
Pardoo Roadhouse (WA) 326
Parkes, Sir Henry 33
Paynesville (VIC) 180
Peak Charles National Park (WA) 292
Pemberton (WA) 297
Penguin Island (SA) 224
Penny Royal World (TAS) 513
Perth (WA) 36, 298, **300 ff.**
 – Cloisters 303
 – Government House 302
 – Kings Park 303 f.
 – London Court 303
 – Old Court House 302
 – Stirling Gardens 302
 – St. Georges Terrace 303
 – Town Hall 303
 – Western Australian Museum 301
 – Zoological Gardens 304

Phillip Island (VIC) 187 ff.
Phillip, Arthur 30, 31, 36, 110
Pialda (QLD) 448
Piccaninny Creek (WA) 338
Picton River (TAS) 504
Pilbara (WA) 277, 301, **321 ff.**
Pine Creek (NT) 382
Pinnacles (WA) 313, 449
Pirates Bay (TAS) 506
Plenty (TAS) 525
Point D'Entrecasteaux (WA) 297
Point Moore Lighthouse (WA) 315
Point Vernon (QLD) 448
Pokolbin (NSW) 488
Port Adelaide (SA) 263
Port Arthur (TAS) 492, 499, **507 f.**
Port Augusta (SA) 280, 283
Port Campbell National Park (VIC) 217
Port Davey 525
Port Douglas (QLD) 419
Port Fairy (VIC) 218
Port Hedland (WA) 322, 326
Port Hinchinbrook (QLD) 407
Port Jackson 31, 36
Port Macquarie (NSW) 471
Port Pirie (SA) 347
Port Thevenard (SA) 283
Portland (VIC) 221
Possession Island (QLD) 427
Preise 94–95
Prince Leonard of Hutt (WA) 315
Proserpine (QLD) 439
Prosser River (TAS) 508
Purnululu National Park (WA) 278, **337 ff.**
Purtaboi Island (QLD) 437

Queen Mary Falls (QLD) 483
Queenscliff (VIC) 215 f.
Queenstown (TAS) 521, **523**
Quinkan Reserve (QLD) 426
Quorn (NT) 349

Der Haupteintrag ist **fett** hervorgehoben.

Rainbow Beach (QLD) 453
Rainbow Jungle (WA) 316
Rainbow Valley (NT) 363
Ravensbourne National Park (QLD) 482
Ravenshoe (QLD) 418
Red Bluff (WA) 316
Red Gorge (WA) 323
Reiseausrüstung 97
Reisebudget 94 f.
Reisekasse 94 f.
Reiseplanung 69 ff.
Reisezeit 96 f.
Remarkable Cave (TAS) 507
Renmark (SA) 241
Richmond (NSW) 145, 153
Richmond (TAS) 503
Ringarooma Bay (TAS) 510
Rio Tinto Gorge (WA) 324
Rippon Lea (VIC) 209
Risdon Cove (TAS) 503
River Derwent (TAS) 494, 499, 501, 502, 503, 524
Robe (SA) 224
Rockhampton (QLD) 443
Rockingham (WA) 299
Rocky Cape (TAS) 520
Roebourne (WA) 325
Roseberry 4(TAS) 81
Rosslyn Bay (QLD) 445
Rottnest Island (WA) 303
Round Hill (TAS) 518
Rowland Flat (SA) 267
Roxby Downs (SA) 356
Royal Flying Doctor Service 253
Rubyvale (QLD) 446
Rutherglen (VIC) 170

Sackville North (NSW) 153
Sale (VIC) 186
Salt Creek (SA) 225
Sandfire Flat Roadhouse (WA) 326
Sandy Bay (TAS) 502
Sapphire (QLD) 447
Sarah Island (TAS) 521
Sawpit Creek (NSW) 166
Scamander (TAS) 510
Scarborough Beach (WA) 306
Scarness (QLD) 448
School of the Air 295
Scone (NSW) 487
Scotts Head (NSW) 477
Scotts Peak Dam (TAS) 525
Scottsdale (TAS) 512
Seppeltsfield (VIC) 268
Serpentine River (TAS) 525
Shannon National Park (WA) 296
Shark Bay (WA) 319
Sheffield (TAS) 515
Shell Beach (WA) 318
Sherbrooke Forest (VIC) 210
Shoalhaven Heads (NSW) 176
Shute Harbour (QLD) 432
Sicherheit 99
Silverton (NSW) 250
Simpson Desert (SA) 352
Simpsons Gap (NT) 374
Sisters Beach (TAS) 519 f.
Skyrail Rainforest Cableway (QLD) 413
Sleepy Bay (TAS) 509
Snowy Mountains (NSW) 16, 48, **165 ff.**
Sorell (TAS) 508
South Australia 32
South Coast Highway (WA) 294, 296
South East Cape (TAS) 525
South Esk River (TAS) 511
South Molle Island (QLD) 432
South Stradbroke Island (QLD) 467
South West National Park (TAS) 525
South West Rocks (NSW) 477
South Western Highway (WA) 296
Southern Forests (WA) 264
Southern Highlands (NSW) 155 f., 177 f.
Southport (QLD) 469
Southport (TAS) 504
Sport 87 ff.
St. Columba Falls (TAS) 510
St. Helena Island (QLD) 468
St. Helens (TAS) 510
St. Kilda (VIC) 202
Stanley (TAS) 518, **520**
Stanthorpe (QLD) 483
Stirling Range National Park 293
Stirling, James 303
Strahan (TAS) 495, **521 f.**
Strathgordon (TAS) 525
Strzelecki, Graf Edmund von 352
Stuart Highway (NT) 341, 356 f.
Stuart, John McDoual 356
Sturt Stony Desert (SA) 352
Sullivans Cove (TAS) 494
Summerland Coast (NSW) 474
Sunshine Coast (QLD) 452
Surfers Paradise (QLD) 469
Swan Hill (VIC) 237
Swan River (WA) 300 f., 305 ff.
Swan Valley (WA) 306
Swansea (TAS) 508
Sydney (NSW) 30, 31, 33, 37, 47, 52, **110 ff.**
– Argyle Department Store 113
– Art Gallery of New South Wales 122 f.
– Australian Museum 124
– Australian National Maritime Museum 126
– Australian Steam Navigation Building 116
– Balmain 133
– Bondi Beach 130 f.
– Cabramatta 134
– Cadmans Cottage 113
– Campbells Storehouse 116
– Centennial Park 129
– Chinatown 125
– City Farm 134
– Circular Quay 117

Register

- Clovelly 131
- Darling Harbour 125
- Darlinghurst 127
- Dawes Point Park 116
- Downtown 117 ff.
- Elizabeth Bay 129
- Garden of Friendship 125 f.
- Glebe 133
- Harbour Bridge 114 f.
- Hero of Waterloo Hotel 116
- Hyde Park 124
- Hyde Park Barracks 122
- Kings Cross 127
- Lands Department Building 121
- Lord Nelson Hotel 115
- Manly 132
- Martin Place 122
- Metcalfe Stores 116
- Millers Point 115
- Mrs. Macquaries Point 120
- Museum of Contemporary Art 113
- Museum of Sydney 121
- Nurses Walk 115
- Oceanworld 132
- Old Supreme Court Building 122
- Paddington 127, 129
- Paddington Markets 129
- Palm Beach 132
- Parliament House 121
- Parramatta 133
- Pier Four 116
- Pier One 116
- Powerhouse Museum 126
- Queen Victoria Building 125
- Queens Square 122
- Royal Botanic Gardens 120 f.
- South Head 131
- St. Andrews Cathedral 125
- St. James Church 122
- St. Marys Cathedral 124
- State Library of New South Wales 121
- Surf Carnival 123
- Susannah Place 115
- Sydney Aquarium 127
- Sydney Fish Market 126
- Sydney Hospital 121
- Sydney Jewish Museum 127
- Sydney Observatory 115
- Sydney Olympic Park 131
- Sydney Opera House 117
- Sydney Tower 124
- Sydney Wildlife World 127
- Taronga Zoo 131 f.
- The Domain 122
- The Rocks 111 ff.
- The Rocks Centre 112
- The Rocks Discovery Museum 113
- The Rocks Market 116
- Town Hall 125
- Vaucluse 130
- Vaucluse House 130
- Watsons Bay 131
- Westpac Bank 116
- Woolloomooloo 127

Sydney-Hobart-Rennen 494

Table Cape (TAS) 519
Tahune Forest Reserve (TAS) 493, **504**
Tailem Bend (SA) 232
Tallangatta (VIC) 167
Tam O'Shanter State Forest (QLD) 407
Tamworth (NSW) 487
Tantanoola Caves (SA) 224
Tanunda (SA) 267
Taranna (TAS) 506
Taroona (TAS) 502
Tasman Highway (TAS) 492, 506, 508, 510
Tasman Peninsula (TAS) 506, 507
Tasman, Abel 499
Tasmanien 16, 21, 29, 32, 48, 499, 506 ff.

Tasmans Arch (TAS) 506
Tea Gardens (NSW) 481
Telefonieren 101–102
Tennant Creek (NT) 378
Tenterfield (NSW) 483
Tewantin (QLD) 453
The Caves (QLD) 445
The Entrance (NSW) 481
The Gap (WA) 293
The Natural Bridge (WA) 293
The Nut (TAS) 520
The Olgas s. Kata Tjuta
The Willows (QLD) 446
Thistle Cove (WA) 292
Thredbo (NSW) 167
Three Ways (WA) 339
Three Ways Roadhouse (NT) 379
Thursday Island (QLD) 427
Timber Creek (NT) 341
Tin Miners Village (TAS) 510
Tollgate Island (NSW) 178
Tom Price (WA) 322 ff.
Toowoomba (QLD) 482
Top End (NT) 384 ff.
Torndirrup National Park (WA) 292
Torquay (QLD) 448
Torquay (VIC) 216
Townsville (QLD) 399
Trephina Gorge (NT) 375
Triabunna (TAS) 508
Truganini (TAS) 499
Tully (QLD) 17, 407
Tully Gorge National Park (QLD) 418
Tully River (QLD) 407, 418
Tuncurry (NSW) 480
Tunnel Creek National Park (WA) 336
Turkey Creek (WA) 339
Tweed Heads (NSW) 474
Twilight Bay (WA) 291
Twofold Bay (NSW) 181

Uluru (Ayers Rock, NT) 16, 37, 44, 319, 359, **360 f.**
Uluru-Kata Tjuta National Park (NT) 344, 359, **360 ff.**
Umbrawarra Gorge Nature Park (NT) 383
Upolu Cay (QLD) 438
Urangan (QLD) 448
Urunga (NSW) 477

Valley of the Giants (WA) 294
Verkehr 76 ff.
Victoria Highway (NT) 336, 341
Victoria River (NT) 341
Victorian Alps (VIC) 48, **171 f.**
Vlamingh, Willem de 304

Währung 94
Walardi Camp (WA) 339
Walker Flat (SA) 241
Wallaman Falls (QLD) 406
Walls of Jerusalem National Park (TAS) 514
Walpole (WA) 294
Walpole-Nornalup National Park (WA) 294
Walyunga National Park (WA) 307
Wangaratta (VIC) 170, 172
Warrnambool (VIC) 218
Warrumbungle National Park (NSW) 244
Warwick (QLD) 482
Washpool National Park (NSW) 484
Watarrka National Park (NT) 362
Waterfall Circuit (QLD) 418

Waterfall Way (NSW) 477, **486**
Wauchope (NSW) 480
Wave Rock (WA) 278, 289
Waverley Woollen Mills (TAS) 512
Weano Gorge (WA) 323
Weindorfer Forest (TAS) 515
Weipa (QLD) 426
Wellington (NSW) 243
Wentworth Falls (NSW) 146
Wentworth, William Charles 32, 130, 145
Werribee (VIC) 213
West Coastal Highway (WA) 313
West MacDonnell National Park (NT) 363, **374 f.**
Wheatlands (WA) 289
White Cliffs (NSW) 249
Whiteman Park (WA) 307
Whitlam, Edward Gough 35
Whitsunday (QLD) 439
Whitsunday Coast (QLD) 439
Whitsunday Islands (QLD) 431, 432
Wickham, J. C. 384
Wilcannia (NSW) 249
William Creek (SA) 353
William Ricketts Sanctuary (VIC) 210
Wilson Head (WA) 294
Wilsons Promontory National Park (VIC) 186
Windjana Gorge National Park (WA) 330, **336 f.**
Window on the Wetlands Visitor Centre (NT) 392
Windsor (NSW) 153

Windy Harbour (WA) 297
Wisemans Ferry (NSW) 153
Wittenoom (WA) 324
Wittenoom Gorge (WA) 324
Wodonga (NSW) 169
Wolf Creek Meteorite Crater (WA) 337
Wollemi National Park (NSW) 145
Wollomombi Falls (NSW) 486
Wollongong (NSW) 175
Wombeyan Caves (NSW) 155
Woomera (SA) 356
Wooroonooran National Park (QLD) **409,** 418
Wycliffe Well Roadhouse (NT) 380
Wyndham (WA) 34, 340
Wynyard (TAS) 519
Yalata Roadhouse (SA) 284
Yallingup (WA) 298
Yanchep National Park (WA) 306, 312
Yardie Creek Gorge (WA) 320
Yarra Ranges National Park (VIC) 174
Yarra River (TAS) 511
Yarra Valley (VIC) 211
York (WA) 307
Yorke Peninsula (SA) 346
Yulara (NT) 359
Yungaburra (QLD) 417
Yuraygir National Park (NSW) 476

Zeehan (TAS) 521 f.
Zumsteins (VIC) 228, 230

Abbildungsnachweis/Impressum

Abbildungsnachweis
Australian Tourist Commission (ATC): S. 2 o.,
  43 (Harcourt-Webster); 162 (Lund)
Bilderberg, Hamburg: S. 309 (Kunz)
Manfred Braunger, Freiburg: S. 304
DuMont Bildarchiv, Ostfildern: S. 1 Mi., 1 r.,
  103, 126, 402/403, 416, 432/433, 441, Umschlagrückseite u. + o. (Leue); 444 (Gasterland/Teschner)
Roland Dusik, Lauf: S. 1 li., 3 o. + Mi., 4 u.,
  5 o., 7 u., 9 Mi., 18/19, 28, 40/41, 51, 116,
  148, 168, 177, 180, 196, 214, 222/223, 251,
  271, 272/273, 276, 278 li., 282, 294, 296,
  299, 317, 323, 325, 328, 332/333, 335, 342,
  344 li., 373, 397, 406, 410, 413, 422,
  458/459, 473, 478/479, 484, 492 re., 495,
  501, 524
FAN, Lüneburg: S. 8 u., 23 (Haltner)
Huber, Garmisch-Partenkirchen: S. 377, 512 (Huber)
laif, Köln: S. 2 u., 4 o., 8 o., 33, 89, 111, 202,
  236/237, 258/259, 290, 349, 361, 385,
  420/421, 450/451, 461, 490 (Emmler);
  474/475 (Haene); 3 u., 5 u., 7 o., 24, 146,
  184/185, 266, 312/313, 400, 489 (Heeb);
  466 (hemis.fr); 454/455 (Jonkmanns); 402 li.,
  436 (Kreuels); 99, 104/105, 108 li., 194/195,
  212 (La Roque); 74 (Le Figaro Magazine); Titelbild (Le Figaro Magazine/Fautre); 206
  (Malherbe); 9 o., 56 (Tweedie)
LOOK, München: S. 123, 231 (Dressler); 154
  (Fuchs), Umschlagklappe vorn; 6 o., 7 Mi., 9
  u., 106, 132, 137, 344/345, 352, 363, 443,
  492 li., 518/519 (Johaentges); 6 u., 394/395
  (Leue); 108 re., 219 (Wothe)
Mauritius, Mittenwald: S. 287 (imagebroker/
  Mueller); 5 Mi., 64/65, 157, 167, 238/239,
  245, 318, 383 (photolibrary); 278 re.,
  338/339 (Röder)
Wildlife, Hamburg: S. 10/11 (Lacz)

Kartografie
DuMont Reisekartografie, Fürstenfeldbruck
© DuMont Reiseverlag, Ostfildern

Umschlagfotos
Titelbild: Purnululu National Park, Western Australia
Umschlagklappe vorne: Kuranda Dance Group, Cape York/Queensland

Über den Autor: Roland Dusik ist seit 20 Jahren von Beruf Reiseautor und Fotograf, zuallererst aber Globetrotter. Seine Schwerpunkte sind Australien und Südostasien, wo er längere Zeit gelebt hat. Im DuMont Reiseverlag erschienen von ihm die Bände »Australien«, »Australien – Der Osten und Tasmanien«, »Indonesien«, »Laos und Kambodscha« sowie das Reise-Taschenbuch »Bali, Java, Lombok« und die DuMont Direkt »Bangkok«, »Bali« und»Sydney«.

Lektorat: Anke Munderloh, Lioba Waleczek

Hinweis: Autor und Verlag haben alle Informationen mit größtmöglicher Sorgfalt geprüft. Gleichwohl sind Fehler nicht vollständig auszuschließen. Alle Angaben erfolgen ohne Gewähr. Bitte schreiben Sie uns! Über Ihre Rückmeldung zum Buch und über Verbesserungsvorschläge freuen sich Autor und Verlag:
DuMont Reiseverlag, Postfach 3151, 73751 Ostfildern, E-Mail: info@dumontreise.de

1. Auflage 2011
© DuMont Reiseverlag, Ostfildern
Alle Rechte vorbehalten
Grafisches Konzept: Groschwitz, Hamburg
Printed in Hungary